Ethnology Of The Kwakiutl, Volume 35, Part 2

THIRTY-FIFTH ANNUAL REPORT

OF THE

AU OF AMERICAN ETHNOLOGY

TO THE

SECRETARY OF THE SMITHSONIAN INSTITUTION

1913–1914

IN TWO PARTS—PART 2

WASHINGTON
GOVERNMENT PRINTING OFFICE
1921

286439

ACCOMPANYING PAPER

(Continued)

ETHNOLOGY OF THE KWAKIUTL

BASED ON DATA COLLECTED BY GEORGE HUNT

By FRANZ BOAS

970.1
u5ie
v. 35
pt. 2

CONTENTS

VII. THE SOCIAL DIVISIONS OF THE KWĀG·Uɬ
	Page.
Divisions and names of chiefs	795
Ancestors and places of origin of the numayms	802
Paintings and house dishes of the social divisions of the Kwāg·uɬ	805
Names of the Kwāg·uɬ eagles and numayms	820

VIII. FAMILY HISTORIES
Wail of LlaLlɛqwasila, a Gwaᵉsela woman	836
Wail of LlaLlaqōl, a Nāk!wax·daᵋxᵘ woman	885
History of the Maāmtag·ila	891
The Maāmtag·ila	938
Marriage with the Comox	951
Marriage with the Nāk!wax·daᵋxᵘ	1003
History of the Dzɛndzɛnx·q!ayo	1080
The Lāxsā	1093
The Elgūnwēᵉ	1104
Story of the Lɛlɛgēdē, Q!ōmk·!ut!ɛs, Kwāg·uɬ	1117
Wāxap!alasōᵋ	1121
Legend of the G·ēxsɛm, Nāk!wax·daᵋxᵘ	1179
Kwɛxag·ila	1221
Baxᵘbakwālanuxᵘsīwēᵉ	1222
Legend of the Naxnaxuᵉla, Qwɛqᵘsōt!ɛnoxᵘ	1249
Story of the Nɛɛnsx·ā of the Koskimo	1256
Origin of the abalone names of the Āwik·!ɛnoxᵘ	1261
Origin of the abalone names of the Gwaᵉsɛla	1269

IX. SONGS
Song of a speaker	1279
Lāʹqōɬas' song	1282
Song of Ēwanuxᵘdzē	1285
Song of Tsɛxᵋwid	1286
Song of Q!umx·ōd	1287
Song of Llāsotiᵋwalis	1288
Song of Llāqwadzē	1289
Song of Qwax·ila	1290
Feast song of Nɛg·ādzɛ	1291
Mourning song for Mōdaᵋna	1292
Feast song	1293
Shaman's songs	1294
Shaman's songs	1296
Love song	1298
Retort to the preceding love song	1299
Love-song of Tsāk·ɛdɛkᵘ	1301
Song of Mɛnmɛnlɛqɛlas	1303
Song of the same after his return	1304

VII

CONTENTS

	Page.
Love-song of the dead	1306
Parting song	1307
Parting song	1309
Workingman's song	1310
Song of the Warrior K·ˑtlɛm	1311
Song of the son of Chief Hɛlämas of the Năk!wax·daᵋxᵘ	1312
Song of the daughter of a workingman	1313
Song of chief's daughter	1314
Song of parents who want to wake up their son	1315
Song of parents who want to wake up their daughter	1315

X. Addenda

Dog hair	1317
Prayer of the salmon-fisher	1318
Prayer of the halibut-fisher	1318
Prayer of a man who has been bewitched	1327
Prayer to the lark	1328
Disposal of property of a deceased person	1329
The spirits of the fire	1331
Tribute to the chief	1333
Marriage laws	1344
Property rights	1345
Inheritance	1348
Domestic quarrels	1358
Blood revenge	1359
War against the Sanetch	1363
Neqāplenk·em's war song against the Sanetch	1380
Murder after the death of a Gwatslēnoxᵘ child	1381
The Kwakiutl settle at Qālogwis	1386

XI. Vocabulary

Abbreviations	1389
Kwakiutl–English	1390
English–Kwakiutl	1439

XII. Critical Remarks

Critical remarks	1467
Index	1475

ETHNOLOGY OF THE KWAKIUTL

By Franz Boas

VII.—THE SOCIAL DIVISIONS OF THE KWĀG·UŁ

Divisions and Names of Chiefs

I. GWĒTELA (KWÊXÂMŌT)

1. Maämtag·ila

Name for—	Male.	Female.	
Child:	Wāwałk·inē	Wāwałk·inega	1
Youth:	Lʼēsdaq	X̱ŭsᴇla	
Prince or princess:	Yāqōʟas	K·!ēdēlēʻlakᵘ	
Chief or chieftainess:	ʻmāx̱ŭyalidzē	ʟ!ăʟ!aqŭlīʻlakⁿ	
Feast:	--------------	-----------	5
Warrior:	--------------	-----------	
Gwēgŭtsa	K·!ānamaxsta	K·!ᴇnga	
Ceremonial:	Hămsbēʻ	Hămasᴇwīdē	
(Society):	(Hămshămts!ᴇs)	(Hămshămts!ᴇs)	
House:	ʻnᴇmsgᴇmsälaʟᴇlas		10
Dog:	WāwadēʟˈIa		
Canoe:	ʟ!āqwasgᴇm		
Place of origin:	K·!ōdagala		

2. Lōyalaława

Child:	Wălaganᴇm	Wălagănᴇmga	15
Youth:	K·!ᴇnwis	G·ᴇlexwitsla	
Prince or princess:	ʟ!āqusdēsᴇlas	Lāpᴇlasog·iʻlakᵘ	
Chief or chieftainess:	Ts!ᴇxʻēd	Lᴇlēłᴇlas	
Feast:	--------------	-----------	
Warrior:	--------------	-----------	20
Gwēgŭtsa:	Hanāg·ats!ē	K·!ānawēga	
Ceremonial:	ʻnāwis	Tōgŭmālis	
(Society):	(Hămshămts!ᴇs)	(Tōx̱ʻwid)	
House:	ʻmᴇmx·âsgᴇm		
Dog:	ʟ!āgᴇgwats!ē		25
Canoe:	ʟ!āqwasgᴇm		
Place of origin:	K·!ōdagala		

795

	Name for—	Male.	Female.
		3. G·ēxsɛm	
	Child:	Wāgedayō	Wāgedayugwa
	Youth:	Qlōmas	Tslɛx·tslēkᵘ
	Prince or princess:	GayōLɛlas	‘maxŭlayugwa
5	Chief or chieftainess:	K·ĭmk·ɛqɛwīd	Tslɛtslālał
	Feast:	--------------	--------------
	Warrior:	K·ĭlɛmālag·ĭlis	
	Gwēgŭtsa:	X·āwaatslē	Qwēqŭlōyō
	Ceremonial:	Āgēs	‘nāwis
10	(Society):	(Hămshămtslɛs)	(Hămshămtslɛs)
	House:		X·ĭtslax·i⁴latslē
	Dog:		Gēgɛxsta
	Canoe:		Ālēwatslē
	Place of origin:		K·lāqla
15		4. Kŭkwāklum	
	Child:	G·īyaqa	Gīyaqaga
	Youth:	Wābidō⁴	K·ɛLlā
	Prince or princess:	Tsɛx⁴wīd	K·lōxᵘsē⁴stĭlt⁴lakᵘ
	Chief or chieftainess:	Nɛqāplɛnk·ɛm	X·ĭx·ɛmg·ilayugwa
20	Feast:	Kwax·ĭlanōkumē⁴	Mɛlēdē
	Warrior:	⁴yāg·is	--------------
	Gwēgŭtsa:	Tlētlɛsɛmx·tslāna	Qɛwēgɛm
	Ceremonial:	Llāx·ɛlag·ĭlis	Hēlik·ĭmeg·ĭlis
	(Society):	(Hāmatsla)	(K·ĭnqălaLɛla)
25	House:		Hamanēkwīla Dzōnoqlwa
	Dog:		Tlɛxtlāqlōd
	Canoe:		Ēdɛmkwāq
	Place of origin:		Wāqlanakᵘ
		5. SēnLlɛm	
30	Child:	Wadzid	Wādzidalaga
	Youth:	Llɛwɛls	Qlɛxmēn
	Prince or princess:	Wālɛwid	Hămālak·ałɛmēga
	Chief or chieftainess:	⁴nɛmōgwis	Llāqwag·ilayugwa
	Feast:	Kwax·ĭlanōkumē⁴	Mɛnlēdzas
35	Warrior:	--------------	--------------
	Gwēgŭtsa:	Tslāqa	Llɛma⁴is
	Ceremonial:	Llēmɛlxk·lālag·ĭlis	Hayalik·lēdē
	(Society):	(Hămhămtslɛs)	(Hayalik·lal)
	House:		Tlōtlōsgɛm
40	Dog:		SēnLlē
	Canoe:		Mɛmxōsɛla
	Place of origin:		Yĭqlāmen

6. Lăălax·s‘ɛndayo

Name for—	Male.	Female.	
Child:	Ādaxalis	Ādaxalisga	
Youth:	Hămdzalats!ē	Tsɛlxᵘ	
Prince or princess:	Q!ŭmx·ōd	Kwākwadɛkwilayugwa	
Chief or chieftainess:	ʟ!āqwalał	Wāyats!ōłī‘lakᵘ	5
Feast:	Kwax·sē‘stāla	Pōpɛlɛlas	
Warrior:	-------------	-------------	
G̣wēgŭtsa:	Hōʟelid	Xŭxwanɛlq!ɛla	
Ceremonial	‘wālas nānē	‘wīlɛnkŭlag·‘tlis	
(Society):	(Bear)	(Tōx̣‘wid wŭq!ēs)	10
House:		Q!ōmogwats!ē	
Dog:		Q!ŭmx·ɛlayo	
Canoe:		ʟāwɛnulxâla	
Place of origin:		Tayagōʟ	

7. ɛlgŭnwē‘

			15
Child:	G·ī‘yaxalis	G·ī‘yaxalisga	
Youth:	‘nɛmgwanăł	Ts!ats!ayɛm	
Prince or princess:	Lălax·s‘ɛndayo	Ălāk·ilayugwa	
Chief or chieftainess:	G·ēxk·înis	Ălāg·ĭmīł	
Feast:	-------------	-------------	20
Warrior:	-------------	-------------	
G̣wēgŭtsa:	Dămīs	Dăłɛmakᵘ	
Ceremonial	Nōł‘īd	ʟ!ɛmɛlxɛlag·‘tlis	
(Society):	(Nŭłmał)	(Hămshămts!ɛs)	
House:		K!waats!ē	25
Dog:		Kwanesawē‘	
Canoe:		(no canoe name)	
Place of origin:		Tayagōʟ	

II. Q!ōmoyâ‘yē (Kwēxa)

1. Kŭkwā‘k!um

			30
Child:	Ādag·i‘lakᵘ	Ādaga	
Youth:	Wābidō‘	Wīna	
Prince or princess:	Hăwīlkŭlał	ʟ!āqwax·sä	
Chief or chieftainess:	Yăqoʟadzē	K·!ēk·!ɛlag·idzɛmga	
Feast:	Mɛnlēdzadzē	-------------	35
Warrior:	K·‘īlɛm	-------------	
G̣wēgŭtsa:	Lăxʟalił	Dɛx·âla	
Ceremonial	Sayăk·!a	G·ĭgămēq!ōlɛla	
(Society):	(Nŭłmał)	(Chief Nŭłmał)	
House:		‘nɛmsgɛmsi‘lakᵘ	40
Dog:		Qōsɛyē‘	
Canoe:		Xɛwēqwĕdɛkᵘ	
Place of origin:		Wāq!anakᵘ	

	Name for—	2. Haanaḻēnâ	
		Male.	Female.
	Child:	Ādag·ḻlis	Ādag·ḻlisga
	Youth:	X·īmayo	X·īmayugwa
	Prince or princess:	TsExʻwid	LEIk·!Elyugwa
5	Chief or chieftainess:	Yâx·LEn	Lēlɛlk·!āla
	Feast:	--------------	--------------
	Warrior:	--------------	--------------
	Gwēgŭtsa:	Nuxᵘnemis	Hělek·!alaga
	Ceremonial:	ʻnȧx·nEwīsElag·ḻlis	Nawalakumē
10	(Society):	(Hămshămts!Es)	(Tōx̣ʻwid)
	House:		Q!aatsḻē
	Dog:		Hanḻɛmbēʻ
	Canoe:		SīsEyuLEmāla
	Place of origin:		HānaḻēnEwaas

15		3. Yaēx·agɛmēʻ	
	Child:	Tsōłasōʻ	Tsōłasōga
	Youth:	Xwāt!a	Tsak·us
	Prince or princess:	YȧqoḺasEmēʻ	Q!ēx·Lālaga
	Chief or chieftainess:	L!ȧqōḺas	Mōk!ŭxwiʻlakᵘ
20	Feast:	Kwākŭx·ȧlas	PōḺidē
	Warrior:	--------------	--------------
	Gwēgŭtsa:	QȧqɛsbEndāla	Ts!Ex·äxtōsElas
	Ceremonial:	ʻnȧx·q!EsElag·ḻlis	Hēlik·!mēg·ḻlis
	(Society):	(Hămshămts!Es)	(Hayalik·ḻlał)
25	House:	Āmxsɛm g·ōkᵘ	
	Dog:	G·ōgŭndzēs, Q!ɛ'ltsɛm	
	Canoe:	Wīnaatsḻē	
	Place of origin:	X̣ŭdzɛdzȧlis	

		4. Haȧyalik·awē	
30	Child:	Wīsadzē	GɛnaGa
	Youth:	K·!ēnȧxᵘ	MɛnGa
	Prince or princess:	L!āL!aławīs	K·!äsōgwiʻlakᵘ
	Chief or chieftainess:	HäxŭyōsEmēʻ	Hayalik·awēga
	Feast:	--------------	--------------
35	Warrior:	GwāxŭLayāg·ḻlis	--------------
	Gwēgŭtsa:	Yałɛla	P!ɛlxɛla
	Ceremonial:	ʻnaʻnōgwis	NɛnxʻnɛnG·ḻlis

Name for—	Male.	Female.	
(Society):	(Hămshămts!ɛs)	(Bear)	
House:		Hĕleg·ats!ē	
Dog:		Hĕlĕg·anō	40
Canoe:		Gwĕx·sɛmāla	
Place of origin:		Łɛʻlād	

5. Lâxsā [1]

Child:	Wĭtâlâł	Gɛnagalâł	
Youth:	Bāgwanēʻ	Ĕk·!axLa	45
Prince or princess:	Lālak·ots!a	Lɛx·lɛg·ĭdzɛmga	
Chief or chieftainess:	ʻmāx̣ūyalisɛmēʻ	ʻnāx·nag·ɛm	
Feast:	Kwăx·sēʻstāla	L!ɛnk·ɛlas	
Warrior:	ʻyăʻg·ēdɛnŏł	....	
Gwēgŭtsa:	X·ĭx·ɛqɛla	Dădoxsɛmē	50
Ceremonial:	Nɛnōlogɛmēʻ	Nŏłɛmēʻstalĭdzɛmga	
(Society):	(Nŭłmał)	(Nŏłɛm)	
House:		Hōqŭlaēlas	
Dog:		Q!ɛltsɛm	
Canoe:		(No canoe-name)	55
Place of origin:		Łɛʻlād	

6. G·ĭg̣ĭlgam

Child:	Nŏlēʻlak[u]	Wīnaga	
Youth:	Mɛmtsālał	Māmana	
Prince or princess:	Llăłʻĭd	ʻwālasLāla	60
Chief or chieftainess:	K!wăk!wabalasɛmēʻ	Lēʻlēnox[u]	
Feast:	PōLedēʻstala	Mɛnlēdaas	
Warrior:	Wālebăʻyē	....	
Gwēgŭtsa:	Wābɛtōls	ʻnɛmxsaxLāls	
Ceremonial:	Nɛnk·asʻō	ʻnāʻnaqwayēd	65
(Society):	(Bear)	(Paxălalał)	
House:		G·ōkŭstâlis	
Dog:		Yăselana	
Canoe:		Ālēwats!ē	
Place of origin:	K·!āq!a		70

III. ʻWĀLAS KWĀG·UŁ (LÂQWĬʻLĀLA)   1

1. Dzɛndzɛnx·q!ayo

Child:	Dĕyadeas g·iyadzē	G·īyaga	
Youth:	Sex̣ŭlas	Wābidōʻ	
Prince or princess:	Hayałk·ɛngɛmēʻ	ʻmăx̣ŭlayugwa	5

---
[1] All the names of the Lăxsă are newly invented.

Name for—	Male.	Female.
6 Chief or chieftainess:	Yäx·lEn	Häwĕpâlayugwa
Feast:	MElnĕdzadzē	HōgwĕqElas
Warrior:	K·tlEm	-----
Gwĕgŭtsa:	Hanag·īd	Łałk·!u
10 Ceremonial:	Gwa‘yŏkŭlag·'tlis Gĕwas	L!âqosElag·'tlis
(Society):	(Hâmats!a)	(Hâmshâmts!es)
House:	'nawalagwats!ē	
Dog:	Yīxumlats!ē	
15 Canoe:	Kwĕkumāla	
Place of origin:	L!âL!Eq!ûxLa	

2. Wâwăliba‘yē (and Hēmaxsdō)

Child:	Aadôł	Adāgalôł
Youth:	‘mEk·âla	YāsEku
20 Prince or princess:	Aōmak·En	L!ā'qwăł
Chief or chieftainess:	Yăqał‘Enâla	L!âqwaēł
Feast:	MElnĕdzas	MâmEnlŏł
Warrior:	HēmotElasŏ‘	-----
Gwĕgŭtsa:	XŏdzEnŏd	PēpExâla
25 Ceremonial:	Hōx‘wētasŏ‘	X·īts!ânēdē
(Society):	(Hâmshâmts!es)	(Tōx‘wid)
House:	G·ōxug·okŭlĕg·ē	
Dog:	K·alăkwa	
Canoe:	Wīnē‘stā‘lats!ē	
30 Place of origin:	'nălaxLala	

3. G·ēxsEm

Child:	G·ī‘yaqa	G·ī‘yaqaga
Youth:	K!wētē‘	Wagalōs
Prince or princess:	YăqōLas	‘măxŭlayugwa
35 Chief or chieftainess:	LâLelīL!a	TEłts!aas
Feast:	Kwax·sē‘stäladzē	EL!EnkˑElas
Warrior:	K·ĕk·ałElayo	-----
Gwĕgŭtsa:	L!EmsētasŏˑcKˑĕkˑExElaga	K·ĕk·ExElaga
Ceremonial:	‘naxudanadzē	G·īgămĕq!ŏłEla
40 (Society):	(Hâmshâmts!es)	(NŭłEmał)
House:	BExusē‘stālēku	
Dog:	T!sōkŭyē	
Canoe:	Âlēwats!ē	
Place of origin:	K·!âq!a	

IV. Qʼōmkʼuṭʼes (Lōʻelqʼwēnoxᵘ)

1. Lēqʼem

Name for—	Male.	Female.
Child:	Ādēʻstala	Ādēʻstālaga
Youth:	Metsa	Masmenga
Prince or princess:	Gʻayosdēdzasemēʻ	Lʼāqwaga	5
Chief or chieftainess:	Haēlekumēʻ	Qāselas
Feast:	Menlēd	Polelas
Warrior:	Qenkŭlagʻīlidzem	--------------------
Gwēgŭtsa:	Qāselas	Xeweqᵘ
Ceremonial:	Nōlemēʻstalis	Nōlemēʻstalidzemga	10
	or Hēlēkʻadzēl	
(Society):	(Nōlem)	(Nōlem, or Päxelalał)
House:	Lēgemats!ē gʻōkwa	
Dog:	Laqaxʻsāla	
Canoe:	Sīseyŭlemāla	15
Place of origin:	Ōseqᵘ	

2. Lēlegēd

Child:	Ōʻmagʻīlis	Ōʻmagʻīlisga
Youth:	Mäxʻēnoxᵘ	Lʼālaga
Prince or princess:	Ēkʻ!awēgʻiʻlakᵘ	Lēlelayugwa	20
Chief or chieftainess:	Łalepʼālas	Yemgwas
Feast:	Polid	Hōqʼlŭlelas
Warrior:	Gwăxŭleyägʻīlis	--------------------
Gwēgŭtsa:	Lʼemʻyāla	Lʼemtsʼānakᵘ
Ceremonial:	Lʼāqŭselagʻīlis	Wīnēʻstalis	25
(Society):	(Hămshămtsʼes)	(Hawīʻnalał)
House:	Gʻōkustăłē	
Dog:	Pʼāʼlelagʻila	
Canoe:	----------	
Place of origin:	Ōseqᵘ	30

75052—21—35 ETH—PT 2——2

Ancestors and Places of Origin of the Numayms

I. Gwêtela

1 Lō‘yalał, the younger brother of L!āqwag·ila. His father was ‘māxŭyalidzē, | that is Mātag·ila. He first built his house at K·!ōdagala. | Âgwilayugwa was a girl among the children of Mātag·ila, that is | ‘māxŭyalidzē, at K·!ōdagala. ⱠEnsⱡEndzEm
5 was the youngest one among the ‖ children of Mātag·ila, that is ‘māxŭyalidzē, who had three | sons and one daughter. |
Kŭkwāk!um, the first one came down at the place called | Wāq!a-nak^u. |
10 SēnL!Em, the first one came down at a place called ‖ Yîq!āmen. |
Lāālax·s‘Endayo came down at Tāyagōł in the bay of Tsāxis. |
Elgŭn‘wē‘ also came down at Tāyagōł, for he was the younger brother of | Lālax·s‘Endayo. |

II. Q!ōmoyâ‘yē

15 Kŭkwāk!um, the first one came down at the place called ‖ Wāq!a-nak^u, for the Kŭkwāk!um first scattered when | ‘māxwa, chief of the Maămtag·ila of the Kwāg·uł, was | killed. |
Hāănaⱡēnâ, the first one came down at the place called | Hāna-ⱡēnEwaas. ‖

I. Gwêtela

1 Lō‘yalał, yĭx ts!ā‘yaas L!āqwag·ila. Wä, lä hēEm ōmpsē ‘māxŭya-lidzē, yĭx Mātag·ila. Wä, laEm hē g·īl g·ōx‘walise K·!ōdagala. Âgwilayugwa; wä, hēEm ts!Edāq!Egēs sāsEma Mātag·ila, yĭx ‘māxŭyalidsē, lāx K·!ōdagala. ⱠEnsⱡEndzEm; hēEm āma‘yĭnxēs
5 sāsEmas Mātag·ila, yĭx ‘māxŭyalidzē, yūdukwē bEgwānEm sāsEms ⱠE‘wa ‘nEmōkwē ts!Edāqa.
Kŭkwāk!um, yĭxs hāē g·āyaxalisē g·āläsēxa āwīnagwisē ⱠēgadEs Wāq!anak^u.
SēnL!Em, yĭxs hāē g·āyaxalisē g·āläsēxa āwīnagwisē ⱠēgadEs Yîq!ā-
10 men.
Lāālax·s‘Endayo, yĭxs hāē g·āyaxalisē Tāyagōł lāx ōxⱠalisas Tsāxis.
Elgŭn‘wē‘, yĭxs hē‘maaxat! g·āyaxalisē Tāyagōł, yĭxs ts!ā‘yaas Lālax·s‘Endayo.

II. Q!ōmoyâ‘yē

Kŭkwāk!um, yĭxs hāē g·āyaxalisē g·āläsēxa āwīnagwisē ⱠēgadEs
15 Wāq!anak^u, yĭxs hē‘maē g·īl gwēł‘īdaatsa Kŭkwāk!um, yĭxs laē k·lēlax·‘ītsE‘wē ‘māxwa, yĭx g·īgāma‘yasa Maămtag·ilasa Kwāg·uł.
Hāănaⱡēnâ, yĭxs hāē g·āyaxalisē g·āläsēxa āwīnagwisē ⱠēgadEs HānaⱡēnEwaas.

Yaëx·agɛmē. He came down at X̣ŭdzɛdzâlis at the lower side of 20
the river of | ʟɛx·sīwē‘. |
Haăyalik·awē, the first one came down at a place called | Lɛ‘lād. |
Lâxsä. These also came down at Lɛ‘lād, for || Lâxsä was the 25
younger brother of Hĕlik·awē‘. |
G·īg·ĭlgăm, the first one came down at the place called | K·!āq!a,
for this is the real numaym of the ‘wālas Kwāg·uł, | and they
scattered when ‘max̣wa was killed, and they went to the |
Q!ōmoyâ‘yē, though some of the G·īg·ĭlgăm came from the
Q!ōmoyâ‘yē. || And therefore Maēmałp!ɛngɛm was sent away 30
by his | numaym the G·īg·ĭlgăm of the ‘wālas Kwāg·uł to the |
Q!ōmoyâ‘yē. |

III. ‘WĀLAS KWĀG·UŁ

Dzɛnx·q!ayo, the first one came down at a place called | ʟ!äʟ!ɛ-
q!ŭxʟa, inside the bay of Tsāxis. ||
Wālibâ‘yē, the first one came down at the place called | ‘nālax- 35
ʟala; half way up Knight Inlet. |
Hēmaxsdō, the first one also came down at ‘nālaxʟala, for he was |
the younger brother of wālibâ‘yē. |
G·īg·ĭlgăm, the first to come down was ‘wālas Kwax·ĭlanokumē,
the father of || Ōmaxt!ālaʟē‘ at the place named K·!āq!a. | 40

Yaëx·agɛmē, yĭxs häē g·ā́yaxalisē X̣ŭdzɛdzâlis lāx gwāk·!ōtas ‘wäs 20
ʟɛx·sīwa‘yē.
Ha‘yalik·awē, yĭxs häē g·ā́yaxalisē g·ā́läsēxa ăwīnagwisē ʟēgadɛs
Lɛ‘lādē.
Lâxsä, yĭxs hē‘maaxat! g·ā́yaxalisē Lɛ‘lādē, yĭxs tsʟä‘yanukwaē
Hĕlik·awa‘yas Lâxsä.   25
G·īg·ĭlgam, yĭxs häē g·ā́yaxalisē g·ā́läsēxa ăwīnagwisē ʟēgadɛs
K·!āq!a, yĭxs häē ála ‘nɛ‘mēmaatsēxa ‘wālas Kwāg·uł. Wä,
hē‘mis la gwēl‘idaatsēx laē k·!ēlax·‘itsɛ‘wē ‘max̣wa qa‘s lä läxa
Q!ōmoyâ‘yē, qaxs łāxɛlaēxa g·ā́yułē läxa G·īg·ĭlgămaxa Q!ōmo-
yâ‘yē. Wä, hē‘mis lāg·ĭłas k·ayōlɛmē Maēmałp!ɛngɛmdäsēs 30
‘nɛ‘mēmōta G·īg·ĭlgămasa ‘wālas Kwāg·uł qa‘s lä läxa Q!ōmo-
yâ‘yē.

III. ‘WĀLAS KWĀG·UŁ

Dzɛnx·q!ayo, yĭxs häē g·ā́yaxalisē g·ā́läsēxa ăwīnagwisē ʟēgadɛs
ʟ!äʟ!ɛq!ŭxʟa lāx ōxʟalisas Tsāxis.
Wālibâ‘yē, yĭxs häē g·ā́yaxalisē g·ā́läsēxa ăwīnagwisē ʟēgadɛs 35
‘nālaxʟāla läxa nɛgoyâ‘yasa wŭnåłdɛmsas Dzāwadē.
Hēmaxsdō, yĭxs hē‘maaxat! g·ā́yaxalisē g·ā́läsē ‘nālaxʟāla, qaxs
tsʟä‘yaas Wālibâ‘yē.
G·īg·ĭlgam, yĭxs häē g·ā́yaxalisē ‘wālas Kwāx·ĭlanōkumē, yĭx ōmpas
Ō‘maxt!ālaʟēyēxa ăwīnagwisē ʟēgadɛs K·!āq!a.   40

41 G·ēxsᴇm. ʽwālas ʽnᴇmōgwis also came down at K·!āq!a, | for he
was the younger brother of Ōmaxt!ālaʟēʽ. And Ōmaxt!ālaʟēʽ |
gave the name G·ēxsᴇm to his younger brother. When ʽmāxwa
was killed, | some of the G·ēxsᴇm went to the Gwētᴇla of
45 the || Kwāg·uł. Therefore the Gwētᴇla have G·ēxsᴇm, and they
also went to the | Gōsg·imuxᵘ. The G·ēxsᴇmx·sʽanał are
G·ēxsᴇm, and there are also | G·ēxsᴇm of the Nāqᴇmg·ilisăla,
and G·ēxsᴇm of the ʟ!aʟ!asiqwăla, and | G·ēxsᴇm of the Nāk!waxˑdaʽʸᵘ, and G·ēxsᴇm of the Dᴇnaxˑdaʽxᵘ, and | G·ēxsᴇm
of the Hăxwāmis, and G·ēxsᴇm of the Wiwāqē. And all
50 these are || referred to by the G·ēxsᴇm of the ʽwālas Kwāg·uł, as born of these G·ēxsᴇm, | all those whom I have
named among the different tribes. |

This is referred to by the old people of the Kwāg·uł as
"blown away by the | past chief ʽmaxwa," when he was killed.
And also | the same happened to the numaym of the G·īg·ilgăm, for they || all come from the numaym of Ōmaxt!ālaʟēʽ. |
55 They scattered to all the tribes beginning | at the time when
ʽmaxwa was killed, for there was only one numaym | G·īg·ilgăm of ʽwālas Kwāx·ilanokumē, the father of | Ōmaxt!ālaʟēʽ. ||

IV. Q!ŌMK·!UT!ᴇs

60 ʟēq!ᴇm, the first one came down at the place called Ōsᴇqᵘ. |
ʟēʟᴇgēd, they also staid at Ōsᴇqᵘ, for ʟēq!ᴇm was his elder
brother. |

---

41 G·ēxsᴇm, yīxs hēʽmaaxat! g·āyaxalisē K·!āq!a, yix ʽwālas ʽnᴇmōgwis,
yīxs ts!āʽyaas Ōʽmaxt!ālaʟaʽyē. Wā, hēʽmisē Ōʽmaxt!ālaʟaʽyē
ʟēxʽēdᴇs G·ēxsᴇm lāxēs ts!āʽya. Wā, g·īlʽmēsē k·!ēlax·ʽitsᴇʽwē
ʽmāxwa laē măxt!ēda waōkwē G·ēxsᴇm lāxa Gwētᴇlāsa
45 Kwāg·ulē, lāg·ilas G·ēxsᴇmɪɪukwa Gwētᴇla. Hēʽmisa lā laxa
Gōsg·imuxᵘxa G·ēxsᴇmx·sʽanał, hēʽmisa G·ēxsᴇm; hēʽmisa
G·ēxsᴇmasa Nāqᴇmg·ilisăla ʟōʽ G·ēxsᴇmasa ʟ!aʟ!asiqwăla ʟōʽ
G·ēxsᴇmasa Nāk!wax·daʽxᵘ ʟōʽ G·ēxsᴇmasa Dᴇnax·daʽxᵘ ʟōʽ
G·ēxsᴇmasa Hăxwāmis ʟōʽ G·ēxsᴇmasa Wīwāqē. Wā, yu-
50 wīstaᴇm gwēʽyâsa G·ēxsᴇmasa ʽwālas Kwāg·ulē maᴇmyuʟᴇma
G·īg·ēxsᴇmaxsa lāqᴇn ʟēʟᴇqᴇlasōʽ ōgŭxsᴇmakᵘ lēlqwălaʟaʽya.

Hēᴇm gwᴇʽyâsa q!ülsq!ülyaxdāsa Kwāg·ulē yâmēʽstanōsa g·igămayulaē ʽmāxwa, yīxs laē k·!ēlax·ʽītsᴇʽwa. Wā, hēᴇmxaāwisē gwēx·ʽidēda ʽnᴇʽmēmotasa G·īg·ilgăm, yīxs hēmaaxat!
55 ʽnāxwa g·āyulē ʽnᴇʽmēmotas Ōʽmaxt!ālaʟaʽya G·īg·ilgămxwa
lāx G·īg·ilgăm gwēłʽīd lāxwa ʽnāxwax lēlqwălaʟaʽya, g·āg·iʟᴇla lāx ʽmāxwa, yīxs laē k·!ēlax·ʽītsᴇʽwa, yīxs ʽnᴇmʽēmaē g·īl
G·īg·ilgămē ʽnᴇʽmēmotas ʽwālas Kwāx·ilanōkumē, yīx ōmpas
Ōʽmaxt!ālaʟaʽyē.

IV. Q!ŌMK·!ŪT!ᴇs

60 ʟēq!ᴇm, yīxs hāē g·āyaxālisa āwīnagwisē ʟēgadᴇs Ōsᴇqᵘ.
ʟēʟᴇgēdē, hēᴇmxaa lā Ōsᴇqᵘ, yīxs nōlanokwaas ʟēq!ᴇm.

PAINTINGS AND HOUSE DISHES OF THE SOCIAL DIVISIONS OF THE KWĀG·UŁ

I. GWĒTELA

1. Maămtag·ila. The front board of the house is painted with 1 coppers, | one on each side of the door of the house. The posts | on each side of the rear are grizzly bears, below on the floor, and eagles are sitting on the | heads of the grizzly bears, and there is a copper on the chest of each eagle.‖
And on the grizzly bear also stands a man, | and red cedar bark 5 is around the heads of the men. | They are speaking-posts and therefore | the two posts on each side of the door of the house are named "speaking-posts." | These were obtained as supernatural treasures by L!āqwag·ila at the river of K·!ōdagala. This is the great‖ house named ʻnEmsgEmsālaLElas. There are four | house 10 dishes in the large house, two eagle dishes, | and one grizzly-bear dish, and one | wolf dish. They just stay in the house, and the people | talk about them. I do not know why the chief of the‖ numaym Maămtag·ila, ʻmāxūyalidzē, never gave a feast. That is 15 all | about this. This is called q!ɛlsɛm (that is "rotten face," one who gives no feast). |

2. Lōyalaława. On the outside of the front boards of the house of | Ts!Exēd, their chief, is the doubleheaded serpent lying across

---

PAINTINGS AND HOUSE DISHES OF THE SOCIAL DIVISIONS OF THE KWĀG·UŁ

I. GWĒTELA

1. Maămtag·ila, yĭxs k·!ătɛmalaē tsăgɛmasēs g·ōkwaxa L!āqwa 1 lāx ʻwāx·sanēxᵘstâʻyasa t!ɛx·ĭlāsa g·ōkwē. Wä, lä L̞ēL̞āmasa ʻwāx·sōtēwalĭlās nānēda banɛnxālĭlē. Wä, lä k!ŭdzɛtâʻya kwēkwē lāx ōxL̞āʻyasa nănē. Wä, lä pēpaq!ŭpɛlēda kwēkwēkwaxa L!āL!ɛqwa.
Wä, läxaē nānē banɛnxālĭlāsa bɛgwănɛmē la L̞axŭtɛwēx ōxL̞ā- 5 ʻyasa nanē. Wä, ·laɛm L!āgɛxᵘbōłē qēqɛx·amaʻyasa bēbɛgwănɛmē. Wä, laʻmēsē yāq!ɛnt!ɛqa. Wä, hēʻmis lāg·ĭłas L̞ēgadēda mā- ʻłe L̞ēL̞āmsa ʻwāx·sōtstâlĭlasa t!ɛx·ĭlāsa g·ōkwas yāq!ɛnt!ɛqē L̞āma.
Wä, hēɛm L̞ōgwēs L!āqwag·ila lāx wäs K·!ōdagala, yĭxa ʻwālasē g·ōkwaxa L̞ēgadäs ʻnɛmsgɛmsālaLElas. Wä, lä mewēxL̞ēda łōɛl- 10 qwalĭlē haʻnēł lāxa ʻwālasē g·ōkwaxa māʻłɛxL̞a kwēkwa łōqwalĭla.
Wä, hēʻmisa ʻnɛmēxL̞a nānē łōqwalĭla. Wä, hēʻmisa ʻnɛmēxL̞a ālanɛm łōqwalĭla. Wä, âʻmisē hēgwaēł lāxa g·ōkwē. Wä, lä âɛm gwāgwēx·sʻalasa. Wä, laʻmɛn k·!ēs q!ăL̞ɛlax k·!ēsēłas k!wēłats!ē- noxwē g·ĭgāmaʻyasa ʻnɛʻmēmotasa Maămtag·ĭlē ʻmāxŭyalidzē. Wä, 15 laɛm lāba laxēq.—Hēɛm L̞ēgadɛs q!ɛlsɛm.

2. Lōyalaława, yĭx gwăłaasas L!āsanâʻyas tsāgɛmas g·ōkwas Ts!Ex·ʻēdē, yĭx gĭgāmaʻyas, yĭxs sĭsɛyuLaēs xwăłēwaʻyas ōgwāxtâ-

the top | of the front boards of the house, and the thunder-bird sits on the || head of the man in the middle of the double headed serpent. There is no painting on the | front boards of the house. This house was given in marriage by Hōxawid to his princess | Lᴇlēlalas, for Hōxawid was chief of the numaym | G·īg·ᴇlgăm of the Hăx̣wāmis. There are four house dishes in the | house, one a grizzly-bear dish, one a || beaver dish, one a Dzōnoqǃwa dish, | and one a wolf dish. And the name given in marriage is | Kwakwa-x·ālas, a feast name of Chief Tsǃᴇxʻēd. | That is all about this. |

3. G·ēxsᴇm. The way the front of the house of || Chief K·ᴇmk·ᴇ-qᴇwēd is painted is a grizzly-bear painting on each side of the | front of the house. It is not known where he got it, | or whether he obtained it in war. That is all that is said about this.|

4. Kŭkwākǃum. They have no painting on the front of | their house, but they have posts. They are Dzōnoqǃwas standing on|| grizzly bears, one on each side of the door, inside house, and | in the rear of the house there are hox̣ᵘhokᵘ sitting on grizzly bears. | This house was given in marriage by Yaqałʻᴇnlidzē, a chief who lived long ago and was chief of the numaym | Mēmā-g·ins of the Qwēqᵘsotǃēnoxᵘ, for | Nᴇqāpǃᴇnk·ᴇm took for his wife Yaqałʻᴇnlidzē's princess, whose name was Lǃālēlīlayugwa, || and therefore the house was given to him in marriage. In the house

ʻyasa tsāgᴇmasa g·ōkwē. Wä, lä kǃwalēda kŭnkŭnx̣ŭlig·ē läx ōxLäʻyas x·ōmsasa bāk·awaʻyasa sīsᴇyūLē. Wä, laᴇm k·ǃeâs k·ǃātᴇ-mēs tsāgᴇmasa g·ōkwē. Wä, hēᴇm g·ōkŭlxLēs Hōxawidē qaēs k·ǃē-dēlō, yîx Lᴇlēlalasē; yîxs g·īgămaʻyaē Hōxawidāsa ʻnᴇʻmēmotasa G·īg·īlgămasa Hăx̣wāmis. Wä, laʻmē haʻnēła mᴇwēxLa łōᴇlqwalîła haʻnēł läxa g·ōkwēxa ʻnᴇmēxLa nānē łōqwalîła. Wä, hēʻmisa ʻnᴇ-mēxLa tsǃāwa łōqwalîła; wä, hēʻmisa ʻnᴇmēxLa dzōnoqǃwa łōqwalîła; wä, hēʻmisa ʻnᴇmēxLa āLaʻnᴇm łōqwalîła. Wä, hēʻmis Lēgᴇmg·ᴇlx-Laʻyē Kwakwax·ālas qa kǃwēladzᴇxLäyōsa g·īgămaʻyē Tsǃᴇxʻēdē. Wä, laᴇm gwāł läxēq.

3. G·ēxsᴇm, yîx gwälaasas k·ǃātaʻyas tsāgᴇmaʻyas g·ōkwas g·īgă-maʻyasē K·ᴇmk·ᴇqᴇwēdē, yîxs ʻwāx·sōtstālasaēda nānē k·ǃātᴇmēs tsāgᴇmaʻyasa g·ōkwē. Wä, laʻmē k·ǃēs qǃâLᴇlē g·ayōLasasēq Lōʻ wīʻnānᴇmaq. Wä, laᴇm wālē wāldᴇmē qāē.

4. Kŭkwākǃŭm, yîxs k·ǃeâsa k·ǃātᴇmēs tsāgᴇmas Lǃāsanâʻyas g·ōkwas, ōgŭʻla läxēs LᴇLāmē, yîxs LᴇLaxwatâyuēda dzōnoqǃwäxa nēnānē läx ʻwāx·sōtstâlîłasa äwīLᴇläsa g·ōkwē. Wä, lä kǃwādzᴇtâ-ʻya hox̣ᵘhokwēxa nēnanē läxa ʻwāx·sōtēwalîłas ōgwīwalîłasa g·ōkwē. Wä, hēᴇm g·ōkŭlxLēs Yaqałʻᴇnlidzē yîx g·īgămayōlasa ʻnᴇʻmēmotasa Mēmāg·însasa Qwēqᵘsotǃēnoxwē yîxs gᴇg·adaēda g·īgămayōlaē Nᴇqāpǃᴇnk·ᴇmōlas k·ǃēdēłas YaqałʻᴇnlidzeōLaxa Lᴇgadäs Lǃālēlila-yugwa. Wä, hēʻmis g·āxēłas g·ōkŭlxLaʻya g·ōkwē. Wä, hēʻmis

are | four house dishes, one of the great house dishes is a Dzō- 41
noq!wa, | one of them a grizzly bear, and one a | whale, and one
a | killerwhale. These are the four house dishes given in marriage
by Chief ‖ Yaqał‛Enlidzē for his princess L!ālēlilayugwa when she 45
married | NEqāp!Enk·ɛm. That is all I know about the numaym |
Kŭkwāk!um of the GwētEla, for nothing was obtained as supernatural treasure by their ancestors. |
5. SēnL!Em. They have painted on the front of their house
two | suns, one on each side of the front of the outside ‖ of the 50
house. The house has no carved posts, and there are two |
house dishes inside, both doubleheaded serpents. | These were also
obtained in marriage by Chief TsEx‛wēd from the chief | of the numaym NōnEmasEqâlis of the Ławēts!ēs, LElāk·Enēs, | for TsEx‛wēd
had for his wife the princess of LElāk·Enēs, ‖ L!āx·L!ElēdzEmga. 55
However, they never talk about the house given in marriage by |
LElāk·Enēs, for the sun painting of the house belongs to the SēnL!Em. | That is all about this. |
6. Laălax·s‛Endayu. Their chief L!āqwalał has no painting on
the house, | but seven birds are sitting on ‖ top on the edge of the 60
outside of the house front. This was obtained as supernatural
treasure by | LālēliL!a, who was known as a great sea-hunter.

---

mExēL laqēda mEwēxLa łōElqwalīlaxa ‛nEmēxLēda ‛wālasē łōqwalił 41
dzōnoq!wa; wä, hē‛mēsa ‛nEmēxLa łōqwalilē nānē; wä, hē‛mēsa
‛nEmēxLa łōqwalił gwE‛yEma; wä, hē‛mēsa ‛nEmēxLa łōqwalił
māx‛ēnoxwa. Wä, mEwēxLēda łōElqwalilē łōqwaxLāsa g·ĭgămayōlē
Yāqał‛Enlidzēyoła qaēs k·!ēdełwŭłē L!ālēlilayugwōłaxs laē łā‛wadEs 45
NEqāp!Enk·Emōłē. Wä, hēem wāxEn q!ālē łāxa ‛nE‛mēmotasa Kŭkwāk!ŭmasa GwētEla, yīxs k·!eâsaē Logwalas g·ilg·alēsas.
5. SēnL!Em, yīxs k·!ātEmalaē tsāgEmas g·ōkwasēxa ma‛łtsEmē
L!ēsEla, yīxs ‛nāł‛nEmaē łāxa ‛wŭx·sanōLEma‛yas tsāgEmas L!āsanâ-
‛yasa g·ōkwē. Wä, la k·!eâs k·!äs LELămas g·ōkwas. Wä, lä maɫEx- 50
Lāda łōElq!wa ha‛nēł lāqxa ‛nāxwa‛mē sīsēsEyŭLaēda małExLa łōEl-
q!wa. LaEmxaē łōqwaxLē łāxq g·ĭgămayōłaē TsEx‛wēdōła yīs g·ĭgămayōłasa ‛nE‛mēmotasa NōnEmasEqâlisasa Łāwēts!ēsē, yīx LElāk·-
Enēswŭła, yīxs gEg·adaē TsEx‛wīdōłas k·!ēdēłas LElāk·Enēswŭłas
L!āx·L!ElēdzEmga. Wä, laEmɟE k·!ēs gwagwēx·s‛ālasē g·ōkŭlxɟa- 55
‛yas LElāk·Enēswŭłē qaxs häs‛maaxa SēnL!Emē L!ēsEla k·!ātEmēsēs
g·ōkwē. Wä, laEmxaē gwŭł laxēq.
6. Laălax·s‛Endayo, yīxs k·!eâsaē k·!ātEmēs g·ōkwas g·ĭgăma-
‛yasē L!āqwalał, yīxs k!wäsäxtâ‛yēda ăLEbōsgEmē ts!ēk!wa łāx
ōgwäxtâ‛yas tsāgEmas L!āsanâ‛yas g·ōkwas. Hēem logwēs Lāle- 60
liLlaxa ts!ēłwāla ‛wālas ălē‛winoxwa, yīxs ts!ā‛ynē LāleliL!ās L!ā-

62 Lāleliʟ!a was the younger brother of ʟ!āqwalaɫ. | ʟ!āqwalaɫ sent his younger brother ʟāleliʟ!a to | hunt seals at Sālots!a, which is called Nomas. | He started from | ʟex·sīwēʿ, for it is said that the
65 ancestors of the numaym Laālax·s·ʿEndayu lived there. ‖ The name of the steersman of ʟāleliʟ!a is not given. It was | evening when they started for the island Sālots!a. The tide | began to run out, and the canoe was being turned around Then | ʟālēliʟ!a warned his steersman, and told him not to be afraid, because | sea-hunters are not afraid of anything. Then they saw many
70 birds ‖ gathering at the place where they were being gathered ahead of the bow of the | small hunting canoe. Then ʟālēliʟ!a and his steersman paddled quickly. | Then they nearly arrived at (the place) where there were | many birds gathered. Then the top of the front | of a large house appeared from out of the sea. It was not there
75 for a long time. The house came ‖ out of the sea like an island. This was the house of Q!ōmogwa | which was seen by ʟāleliʟ!a. Then he ran into the sea into the | door of the great house coming out of the sea. Then ʟāleliʟ!a told | his steersman that they would go into the great house that came out of the sea. | The
80 steersman said, "Go on. Just paddle." Thus he said. ‖ Then they paddled, going with the tide, which ran into the door of the great house that had come up from the sea. | Then he went in with his small hunting canoe. | And it stood at the right-hand side of the

---

62 qwalaɫ. Wä, lāʿlaē ʿyālaqē ʟ!āqwālaɫaxēs ts!āʿyē ʟāleliʟ!a qa läs ālēxwax mēgwata läx Sālots!axa gwEʿyōwē Nōmas g·āg·ɛlis läx ʟex·sīwēʿ qaxs häaEl g·ōkŭlē g·ālāsa ʿnEʿmēmotasa Laālax·s·ʿEn-
65 dayo. Wä, laʿmē k·!ēs ʟēqalasEʿwē k!waxʟaʿyas ʟāleliʟ!a. Wä, laEmʿlāwisē dzāqwaxs laē ʟex·ʿidē ʟāsgEmēx Sālots!a. Wä, lāʿlaē ts!ax·ʿidēda dEmsx·ē. Wä, laEmʿlaē qEdōsa. Wä, gwāɫElaEmʿlāwisē ʟāleliʟ!a q!āq!agEmlaxēs k!waxʟaʿyē qa k·!ēsēs k·iɫElas qaxs k·!eāsaē k·tɫEm ēs·ālēwinoxwē. Wä, laEmʿlaē dōqwalaxa q!ēnEmē ts!ēl-
70 ts!Ek!wa jäEl pEkwaxēs pEkwasEʿwa lax nEqāg·iwaʿyas āg·iwaʿyas ālēʿwasELElä xwäxwaguma. Wä, âEmʿlāwisē ʿnEmāla yāyaʿna sēxwē ʟūleliʟ!a ʟEʿwēs k!waxʟaʿyē. Wä, laEmʿlāwisē ʀlāq lāg·aa läxa q!ēnEmē pEkwa ts!ēɫts!Ek!wa g·āxaalasē nēɫʿidē ōgwäxtâʿyas tsāgEmasa ʿwālasē g·ōkustâʿya. Wä, k·!ēdzālaē gālaxs g·āxaē hēʿla
75 gwēx·s ʿmEk·âlaxa g·ōkustâʟaʿyē. Wä, hēEm g·ōxᵘsa Q!ōmōgwaʿyē la dōgŭɫts ʟāleliʟ!a. Wä, laEmʿlaē tsEwēlElēda dEmsx·ē ʿwāp läx t!ex·ʿīlāsa ʿwālasē g·ōkustâʟaʿya. Wä, laEmʿlaē ʟāleliʟ!a äxk·!ālaxēs k!waxʟaʿyē qaʿs lālag·ī laēʟ lāxa ʿwālasē g·ōkustâʟaʿya. Wä, âEmʿlāwisē k!waxʟaʿyas ʿnēk·a: "Wāg·a, âEm sēx̣ʿwīdEx," ʿnēx·ʿlaē.
80 Wä, läx·daʿxᵘʿlaē sēʿwēg·Endxa ts!aēʟEla läx t!ex·ʿīlāsa ʿwālasē g·ōkustâʟaʿya. Wä, laʿmē laēʟ ʟEʿwēs ālēwasELEla xwäxwagŭma. Wä, lāʿlaē hāng·aliɫ läxa hēɫk·!ōtēwalīlasa ʿwālasē g·ōkustâʟaʿya. Wä,

great house that had come up from the sea. | Then Lāleliʟ!a saw 83
four house dishes standing in the rear | of the great house that
had come up from the sea, one a whale dish, ‖ and one killer- 85
whale dish, and one sealion | dish, and one seal dish. Then | Lā-
leliʟ!a heard what they said. "Now you have obtained as super-
natural treasure this house that has come up from the sea, |
and these four house dishes. Now go on, and club these sea-otters
as your | supernatural treasure." Thus said what was heard by
him. Immediately Lāleliʟ!a stepped out ‖ of his little canoe. He 90
clubbed the many sea-otters that were crawling about on the
floor | of the house. As soon as his small canoe was full, he went
aboard. | Then the sea began to flood the house, and the | little
canoe of Lāleliʟ!a floated. Then the great house that had come
up disappeared, | and the canoe just floated on the open sea. ‖ Lā- 95
leliʟ!a went home to his village at ʟex·sīwēʻ, his canoe full of
sea-otters. | Then he reported to his elder brother ʟ!āqwalaɬ that a
large house coming up from the sea had been seen; | that they
had gone in, and that he had heard them | saying. "Now you
have obtained as supernatural treasure this house that has come
up, and these four | house dishes. Now club some of these sea-
otters here, for you obtained them as supernatural treasures.
Thus said what I ‖ heard," said Lāleliʟ!a to his elder brother ʟ!ā- 100
qwalaɬ as he reported to him. | Now he gave what he had ob-
tained by good luck, the sea-otters and the four house dishes, |

---

laEmʻlaē dōqŭlē Lāleliʟ!axa ɬoElqwalīlē mEwēxLa haʻnēɬ lāxa ōgwi- 83
walīlasa ʻwālasē g·ōkustâLaʻyaxa ʻnEmēxLa gwEʻyEm ɬōqwalīla,
hēʻmesa ʻnEmēxLa māxʻēnoxᵘ ɬōqwalīla, ʟEʻwa ʻnEmēxLa ʟ!ēxʻEn 85
ɬōqwalīla; wä, hēʻmisa ʻnEmēxLa mēgwat ɬōqwalīla. Wä, lāʻlaē
Lāleliʟ!a wŭLālaxa ʻnēk·a: "LaEms ʟōgwalaxwa g·ōkustâLaʻyēx
ʟEʻwa mEwēxLax ɬōqwalīla. Wä, wēg·a kwēxʻēd lāxwa q!āsax qaʻs
ʟōgwaōs," ʻnēxʻlaē wŭʟElas. Wä, hēxʻʻidaEmʻlāwisē Lāleliʟ!a laɬtâ
lāxēs xwăxwagŭmē qaʻs kwēxʻēdē lāxa q!āsa q!ēnEm g·īlEmg·īlīɬEla 90
lāxa g·ōkwē. Wä, g·îlʻEmʻlāwisē qôt!a xwâxwagumaxs laē lāxs·lāq.
Wä, laʻmē paōɬElīɬēda dEmsxʻē ʻwāpa. Wä, g·îlʻEmʻlāwisē pExʻwalīlē
xwâxwagŭmas Lāleliʟ!a lāalasē x·îsʻēdēda ʻwālasē g·ōkustâLaʻya.
Wä, laʻmē âEm la hănwālax·daʻxᵘ lāxa aōwakʻē. Wä, laʻmē g·āx
nāʻnakwē Lāleliʟ!a lāxēs g·ōkwalasē ʟEx·sīwēʻ qôt!axa q!āsa. Wä, 95
lāʻlaē ts!Ek·!āɬElasēs dōxʻwaʟEla ʻwālasē g·ōkustâLē lāxēs ʻnōlē ʟ!ā-
qwalaɬē. Wä, hēʻmēsēx lEʻmaē laĉʟ lāq. Wä, hēʻmis la wŭLEla-
tsēxa ʻnēk·a: "LaEms ʟōgwalaxwa g·ōkustâLaʻyēx ʟEʻwa mEwēxLax
ɬōqwalīla. Wä, wēg·a kwēxʻēd lāxwa q!āsax qaʻs ʟōgwaōs, ʻnēk·En
wŭʟElē," ʻnēxʻlaē Lāleliʟ!āxēs ʻnōlē ʟ!āqwalaɬē, laē ts!Ek·!āɬElaq. 100
Wä, laʻmē lāk·!Eg·aʻîtsēs ʟōgwaʻya q!āsa ʟEʻwa mEwēxLa ɬoElqwali-

2 to his elder brother Lʴāqwalaɬ, that the house that came up from
the sea should be imitated by him with | all the birds sitting on
the upper edge of the outer | front of the house that came up.
5 LāleliLʴa did not wish ‖ to put to shame his elder brother Lʴāqwa-
laɬ. Therefore he did this with his house that had come up. |
Now LāleliLʴa built a house like that house in | Qālogwis, and he
imitated all, the whale dish, | the killerwhale dish, the sea lion dish,
and the seal dish. Therefore the | numaym Laālax·sʴEndayu own
10 the birds ‖ sitting on the upper edge of the front outside of their house
in this manner: They stand in this way: |
on the outside of the house coming up
from the sea, namely, four cranes | sit-
ting on two crosspieces and | on top
of the place where the two cross-
pieces are nailed on an eagle is seated. | That was the style
of the house coming up from the sea which was first seen by
15 LāleliLʴa. ‖ There is nothing (carved) on the posts. There is
only one thick beam. | Now Qʼūmx·ōd married the | princess of
HaēLEkum. He was the chief of the numaym LēqʼEm. | The
name of his princess was Ōʴmagasemēʴ, and | HaēLEkum gave
20 his house in marriage to his son-in-law Qʼūmx·ōd. The ‖ posts of
the house are flat. There are two in front of the house | and
two flat posts in the rear of the house. The paintings on the |

---

2 lē lāxēs ʴnōlē Lʴāqwalaɬ Lōʴ qa nānaxtsʼEwēsēxa g·ōkustâLaʴyē lāx
ʴnāxwaʴmaē tsʼēkʼwēda kʼūsäxtâʴyax ēk·ʼEnxaʴyasa tsāgEmas Lʼā-
sanâʴyasa g·ōkustâLaʴyē. Wä, laʴmē LāleliLʴa k·ʼēs ʴnēk· qaʴs
5 max·tsʼamasēxēs ʴnōlē Lʴāqwalaɬ lāg·ilas hē gwēx·ʴītsa g·ōkustâLaʴyē
lāq. Wä, laʴmēsē Lʴāqwalalē g·ōkwēlaxa hē gwēx·s g·ōkᵘ lāx
Qālogwis. Wä, lāxaē ʴwīʴlaEm nānaxtsʼEʴwaxa gwEʴyEmē LEʴwa
māx·ʴēnoxⁿ LEʴwa LʼēxʴEnē LEʴwa mēgwatō lōElqwalīla. Wä, hēEm
lāg·ilas āxnōgwadēda ʴneʴmēmotasa Laālax·sʴEndayâsa tsʼēkʼwās
10 kʼwāsäxtâʴyax tsāgEmas Lʼāsanâʴyasēs g·ōkwēxa g·a gwālēg·a (fig.).
Wä, lā Lāsa g·a gwālēg·a (fig.) lāx Lʼāsanâʴyasa g·ōkustâLaʴyē yīxs
mōsgEmaē ādEmgūlēyēda kʼwāsEnaʴyaxa maɬtsʼaqē gayāla. Wä, lā
kʼwaxtâʴyēda kwēkwaxa nEgEtâla LāpʼEnaʴyatsa maʴitsʼaqē gEyāla.
Wä, hēEmʴlaē gwālēda g·ōkustâLaʴyaxs g·ālaē dōxʴwaLElē LāleliLʼāq.
15 Wä, laEm k·ʼeās gwālaats LEḶāmas ōgūʴlā lūqēxs LEkwaēs k·ātēwaʴyē
ʴnEmtsʼaqa. Wä, gEg·adē LEwElgāmaʴyas Lʼāqwalaɬ yīx Qʼūm-
x·ōdē yīs k·ʼēdelas HaēLEkum yīxs g·īgāmaʴyaasa ʴnEʴmēmotasa
Lēqʼem. Wä, lā LēgadEs k·ʼēdelasēs Ōʴmagasemaʴyē. Wä, lā g·ō-
kūlxḶaē HaēLEkumaʴyaxa g·ōkwē lāxēs nEgūmpē Qʼūmx·ōdē. Wä,
20 laʴmē āwâdzō pēpEgEdzowē LEḶāmasa g·ōkwēxa mālExsa lāxa ōʴstâ-
lilasa g·ōkwē. Wä, hēʴmēsa mālExsa laxa ōgwiwalīlē. Wä, lā k·ʼā-

posts in the rear are large wolves looking upward, and | grizzly 23
bears are the paintings of the posts on each side of the door. |
I think that is all.‖

7. Elgūnwē‘. These just kept together from the beginning | with 25
the numaym Laǎlax·s‘ɛndayo. And therefore they have no | different house, but Wanuk^u, who believes that he is now a chief, |
built a house for himself, but there is nothing in the house. |

II. Q!ŌMOYÂ‘YĒ, THE KWĒXA

1. Kŭkwākŭm. They sprung from one source with the Kŭkwa- 1
k!ŭm of the | GwētEla. They also have no painting on the front
boards outside of | the house. Their chief Yāqoʟadzē took for
his wife Ō‘masqwapElag·‘īlis, | the princess of Amāwa‘yus, chief of
the numaym ‖ NaEnsx·a. He gave in marriage the house with the 5
painting | of the whale on the outside front, and inside there are
four | house dishes, one of them a sea-otter house dish, and one |
a killerwhale house dish, and one beaver house dish, and | one
a whale house dish. Then Yāqoʟadzē married again the princess
of ‖ Gwēx·sēsɛlasɛmē‘, Ts!ɛts!ǎlal̊, and | Gwēx·sēsɛlasɛmē‘ gave to 10
his son-in-law in marriage his house. And the painting | on the
outside of the front of the house is a grizzly bear of the sea split

---

dɛdzâlēda ʟēʟǎmasa ōgwiwalīlaxa ēk·!ɛgɛmǎla āwâ ālanɛma. Wä, 22
lä nēnāne k·!ādɛdzâ‘yaxa ʟēʟǎmasa ‘wāx·sōtstǎlil̊asa t!ɛx·‘tla. Wä,
lax·staax^{u‘}mē ‘wīla.

7. Elgūnwē, yīxs â‘maē q!ap!aēl̊tsä g·äg·‘īlɛla lāxēs ǎwānâ‘yē 25
ʟe‘wa ‘nɛ‘mēmotasa Lǎǎlax·s‘ɛndayo. Hē‘mis lāg·ilas k·!eǎs g·ōkwa
ōgū‘lä läx Wanukwẹ yīxs laē ōq!ŭs‘ɛm la g·īgǎma‘ya. Wä, la‘mē
g·okwēla qa‘s g·ōkwa. Wä, lä k·!eǎs gwēx·sdɛms g·ōkwas."

II. Q!ŌMOYÂ‘YĒXA KWĒXA

1. Kŭkwǎk!ŭm, yīxs ‘nɛm‘maē g·āyɛwasas ʟe‘wa Kŭkwǎk!ŭmasa 1
GwētEla. Wä, laɛmxaē k·!eǎs k·!ātɛmēs tsägɛmas ʟlâsanâ‘yas
g·ōkwas. Wä, lä g·īgǎma‘yasē Yāqoʟadzē gɛg·adɛx·‘īdɛs Ō‘masqwapElag·‘īlis, yīx k·!ēdelas Amāwa‘yos, yīx g·īgǎma‘yasa ‘nɛ‘mēmotasa NaEnsx·ā. Wä, la‘mē g·ōkŭlxʟǎlaxa g·ōkwē k·!ātamalē 5
ts!āgɛmas ʟlâsanâ‘yasēxa gwe‘yɛmē. Wä, lä hǎ‘nēla mɛwɛxʟa
l̊ōɛlqwalil̊ lāq, yīxs ‘nɛmēxʟaēda q!ǎsa l̊ōqwalīla ʟe‘wa ‘nɛmēxʟa
max‘ēnox^u l̊ōqwalīla ʟe‘wa ‘nɛmēxʟa ts!ǎ‘wē l̊ōqwalīla; wä, hē‘misa
gwe‘yɛmē l̊ōqwalīla. Wä, lä ēt!ēd gɛg·adē Yāqoʟadzās k·!ēdelas
G̣wēx·sē‘sɛlasɛma‘yē yīx Ts!ɛts!ǎlalē. Wä, laɛmxaē g·ōkŭlxʟǎlaxa 10
g·ōkwē G̣wēx·sē‘sɛlasɛma‘ya lāxēs nɛgŭmpē. Wä, la‘mē k·!ātɛmalē
tsägɛmas ʟlâsanâ‘yas g·ōkwasēxa kwaxsaakwē nānēs. La‘mē hē

13 in two. | One-half of the grizzly bear of the sea is on the right
hand side of the door, and the other half | on the left hand side
15 of the door, and their heads touch at the ‖ door, and the vomiter
is on top of the house. That is a carved man, | for when Yāqoḷadzē
gives an oil feast, the oil box | is put on the roof. And when
they sing the host song of | Yāqoḷadzē, a man goes up to the
roof of the feast house. | There is a gutter on the back of the
20 long square cedar beam. The carved vomiting ‖ man is at the
other end of it in this manner.[1] Then they put the | oil box on
the other end of it, and the man who | takes care of it pours the
oil into the gutter on the back of the | vomiting beam, and the oil
runs along the gutter on the back to the hole | behind the head
25 and it runs out, being vomited by the vomiter, and it ‖ runs into the
fire in the middle of the feast house. This is called | by the Indians
"vomiter-at-smokehole-of-the-feast-house." There are also two |
dishes, one a grizzly-bear house dish, and one a wolf | house dish.
That is all. |

2. Häänaḷēnâ. The crosspiece on top of the front board out-
30 side of the house is the double headed serpent. ‖ They did not get
it from anyone. Not one man | claims to know from whom the

---

13 lēda ăpsōt!ɛnaʻyē nānēsa hĕlk·!ōtstâʻyasa t!ɛx·tla. Wä, lä hē lēda
ăpsōxᵘsäsēda gɛmxōtstâlasasa t!ɛx·tla lāxēs k·ɛmk·ɛqōgamaɫaē lāxa
15 t!ɛx·tla. Wä, laɛm hōqwastâlēda g·ōkwēxa k·!ēkwē bɛgwānɛma,
yīxs g·îlʻmaē k!wēlasē Yāqoḷadzāsa ʟ!ēʻna laē hăng·āsasa ʟ!ēʻnats!âla
k·!ɛmyaxḷa. Wä, g·îlʻmēsē dɛnxʻēdayowē k!wēlaʻyālayowē q!ɛm-
dɛms Yāqoḷadzē lēda bɛgwānɛmē lāxa ōgwäsasa k!wēlaʻyats!ē
g·ōkwa. Wä, lä xwag·eg·ēda g·îltla k·!ɛwɛlkᵘ k!waxʟāwa. Wä,
20 hēɛm hōqwa k·!ēkᵘ bɛgwānɛmē ăpsbaʻyaxa g·a g·wälēg·a.[1] Wä, lä
hănālēda ʟ!ēʻnats!âla k·!îmyaxḷa lax ăpsbaʻyas. Wä, âʻmēsēda bɛ-
gwānɛmēxa aaxsîläq gŭxts!âlasa ʟ!ēʻna läx xŭg·ēg·aʻyas ōxʟaʻyasa
hōqwa. Wä, lä wäg·îlts!âlēda ʟ!ēʻnäxa xŭg·ēg·aʻyas qaʻs lē hēʻnakŭla
läx kwäwapla'yas qaʻs g·äxē hōxʻwidayosa hōqwa. Wä, laʻmē
25 hōxʟālas lāxa laqawâlîɫasa k!wēladzats!ē g·ōkwa. Wä, hēɛm gwɛ-
ʻyâsa bāk!umē hōqwastâla k!wēladzats!ē g·ōkwē. Wä, lä mâlɛxʟa
lōɛlq!wäsxa ʻnɛmēxʟa nānē lōqwalîla; wä, hēʻmisa ʻnɛmēxʟa âlanɛm
lōqwalîla. Wä, laɛmxaē gwâla.
2. Häänaḷēnâ, yîxs sîsɛyūlaē gēg·äxtâʻyax tsägɛmas ʟ!äsanâʻyas
30 g·ōkwas. Wä, lä k·!eâs gwäyōḷaq. K·!eâs ʻnɛmōkwa bɛgwānɛm
q!ēq!älak·!âlax g·äyōḷasasa ʻnɛʻmēmotasa Häänaḷēnâq. Wä, läxaē

---

[1] A sketch accompanied this description which is not repeated here, because the passage is quite clear. See publications of the Jesup North Pacific Expedition, Vol. V., plate 45, fig. 3.

numaym Hāǎnaʟēnâ got it, and | the painting on their canoe is the 32
double headed serpent. Therefore it is called the double headed
serpent | canoe. I shall not give up to try to learn why | they
have the double headed serpent. That is the end.||

3. Yaēx·agEmē. The paintings on the front board outside of 35
the house | are killerwhales facing each other, for this is the house
given in marriage by the chief | of the numaym Kwēk·ȧaēnox^u,
whose name is LEk·Emāxōd, which came from | the history of
ʿnālanokūmg·iʿlak^u. It is said that ʟ!āqoʟas | married ʟ!ā̄ʟEmāxo-
dālayugwa, the princess of LEk·Emāxōd. Therefore || he gave in 40
marriage the house painted with the killerwhales facing each
other | to his son-in-law ʟ!āqoʟas, chief of the numaym | Yaēx·a-
gEmēʿ, and he obtained at the same time four house dishes with
the | house which was given in marriage, one of them is a whale |
feasting dish, one a killerwhale feasting dish, one || a bullhead 45
feasting dish, and one a Dzōnoq!wa feasting dish. | That is all
about this. |

4. Hāǎyalik·awēʿ. The painting on the front outside of the
house is a | whale. The house was given in marriage by Wāg·i-
dēs, | chief of the numaym WīwomasgEm of the Mamalēleqǎla,
whose name was || Wāg·idēs. The princess of Wāg·idēs was Gwē- 50
k·iʿlak^u, who | was now the wife of Chief HāxwayōsEmēʿ, who

---

hēEm k·!ātsEmēs ҳwāk!ūnāsēda sīsEyuʟē lāg·iʟas ʟēgadEs sīsEyuʟtsE- 32
māla ҳwāk!ūnās. Wä, lāʟaLEn k·!ēs yāx·ʿidEʟ q!aq!ēʿstaāLEq lāg·i-
las äxnōgwatsa sīsEyūʟē. Wä, laEm lāba.

3. Yaēx·agEmēʿ, yīxs k·!ātEmālaē tsāgEmas ʟ!āsanāʿyas g·ōkwas 35
yīsa k·Emk·Eqogamǎla māx̱ʿēnoxwa, yīxs g·ōkūlxʟayaas g·īgāma-
ʿyasa ʿnEʿmēmotasa Kwēk·ȧaēnox^uxa ʟēgadEs LEk·Emāxōdēxa g·ayâ
lāx ʿnālanokūmg·iʿlax^uxa nūyǎmē. Wä, lāʿlaē gEg·adē ʟ!āqōʟatsas
ʟ!āʟEmāxodālayugwa yīx k·!ēdēʟas LEk·Emāxōdē. Wä, hēʿmis lāg·i-
las g·āx g·ōkūlxʟālaxa g·ōkwē k·!ātEmālaxa k·Emk·Eqogamǎla 40
māx̱ʿēnox^u lāxēs nEgūmpē ʟ!āqōʟas, yīx g·īgāmaʿyasa ʿnEʿmēmo-
tasa Yaēx·agEmaʿyē. Wä, laEmxaē mEwēxʟa lōElqwalīʟa ʿnEma-
ʿnakūla ʟEʿwa g·ōkūlxʟaʿyē g·ōkwa. Wä, hēʿma ʿnEmēxʟa gwēʿyEm
lōqwalīʟa ʟEʿwa ʿnEmēxʟa māx̱ʿēnox^u lōqwalīʟa; wä, hēʿmēsa ʿnE-
mēxʟa k!ōma lōqwalīʟa; wä, hēʿmēsa ʿnEmēxʟa Dzōnoq!wa lōqwa- 45
līʟa. Wä, laEmxaē ʿwīʿla lāxēq.

4. Hāǎyalik·awēʿ, yīxs k·!ātEmalaē tsāgEmas ʟ!āsanāʿyas g·ōkwas
yīsa gwEʿyEm. Wä, laEmʿlaē g·ōkūlxʟaʿya g·ōkwas Wāg·idēxa
g·īgāmaʿyasa ʿnEʿmēmotasa WīwomasgEmasa Mamalēleqǎlaxa ʟēga-
dEs Wāg·idēs. Wä, hēʿmēs k·!ēdēʟts Wāg·idēsē Gwēk·iʿlak^u, yīx la 50
gEnEmsa g·īgāmaʿyē HāxwayōsEmaʿyē, qaxs hēʿmaē g·īgāmēsa

52 was chief of the | numaym Hāăyalik·awē⁑ of the Kwēxa. There
are | four house dishes in the house which was given in marriage,
one is a Dzōnoq!wa | house dish, and a whale, an eagle, and
55 beaver house dish. ‖ That's all again. |

5. Lâxsä. They just staid with the numaym Hāăyalik·awē⁑, | for
they have no noble ancestor, and, | therefore the numaym Lâxsä
live in a house with the | Hāăyalik·awē⁑,
60 and even at the present ‖ day the Lâxsä continue to stay with
them. That is all about them. |

6. G·ig·îlgăm. They have no painting in front of the house,
neither | at the present day nor in olden times. Their chief only
has around the floor of the | house—K!wăk!wabalasᴇmē⁑ is their
chief—carved men | on the boards of the height of the chest
65 when we are ‖ standing up, and the distance between the carved
men is one fathom. | The carved men begin at the | end of a pole
placed to the right inside of the | door of the house, and going
on to the right towards the rear of the house, and around to the |
70 left hand side of the door, and their ‖ distance from the wall
boards is one fathom. The carved | men are inside of the boards
all around the house, as it is marked here.[1] | Ōmaxt!ālaʟē⁑ did
this, placing men all around, | because this was the way in which

52 ⁑nᴇ⁑mēmotasa Hāăyalik·awa⁑yasa Kwēxa. Wä, lä hă⁑nĕlĕda mᴇ-
wēxʟa lōᴇlqwalîl̄ lāxa g·ōkŭlxʟa⁑yē. Wä, hē⁑maēda dzōnoq!wa
lōqwalîla ʟᴇ⁑wa âlanᴇm ʟᴇ⁑wa kwēkwē ʟᴇ⁑wa ts!ā⁑wē lōᴇlqwalîla.
55 Wä, laᴇmxaē gwāla.

5. Lâxsä, yîxs â⁑maē k·!ŭdᴇnōdzē lāxa ⁑nᴇ⁑mēmotasa Hāăyali-
k·awē, qaxs gwāłᴇla⁑maē k·!ēs nēnâxsâlēs g·alᴇmg·alisē. Wä, hē⁑mis
lāg·iłas âᴇm ⁑nᴇmaēl⁑wadadēda ⁑nᴇ⁑mēmōtasa Lâxsä ʟᴇ⁑wa g·îgă-
ma⁑yasa ⁑nᴇ⁑mēmotasa Hāăyalik·awa⁑ye. Wä, wax⁑mēsēxwa lāx
60 ⁑nāla lā hēx·sāᴇm q!ap!ēxsᴇyōtsa Lâxsä. Wä, laᴇm gwāl lāxēx.

6. G·ig·îlgăm, yîxs k·leâsaē k·!ātᴇma⁑ye tsāgᴇmasēs g·ōkwē lāxwa
ălēx ⁑nāla, ʟᴇwēs g·ālᴇmg·alisē. Wä, lēx·a⁑mēs gwālaats ăwēʟᴇläs
g·ōkwas K!wăk!wabalasᴇma⁑yē yîx g·îgăma⁑yas, yîxs bᴇxᵘsē⁑stalîl-
kwaasa la k·!ēk·!adzâ⁑yaxa saōkēwxa yō ăwâsgᴇmᴇns dzāmaxg·ᴇns
65 ʟâx⁑walēk·. Wä, lä ⁑nāl⁑nᴇmp!ᴇnk· lāxᴇns bāʟāqē ăwâlagâlaasᴇsa
bēbᴇgwānᴇmē k·!ēkwa. Wä, hē⁑misē g·āg·ᴇlîla k·!ēk·!akwē bēbᴇ-
gwānᴇmē sᴇg·ᴇdzâ⁑yē ʟapdᴇmäs dzōxŭm lāx hēłk·!ōtstâłîłasa t!ᴇx·î-
łäsa g·ōkwē la hä⁑stalîłᴇlaxa ăwēʟᴇläsa g·ōkwē qa⁑s g·āxē lāxa
gᴇmxōtstâli⁑lasa t!ᴇx·îla. Wä, lä ⁑nᴇmp!ᴇnk· lāxᴇns bāʟax yîx
70 wālałaasa lāx tsaxsē⁑stā ăwē⁑stᴇlsasa g·ōkwē. Wä, hēᴇm k·!ēdzâ-
yaatsa bēbᴇgwānᴇma ōts!âwasa tsāgᴇma ăwē⁑stāsa g·ōkwēxa xᴇldᴇ-
kwē.[1] Wä, hēᴇm lāg·iłas hē gwēx·⁑idē Ō⁑maxt!ālaʟa⁑yē qa bᴇxᵘsē-
⁑stalîlkwa yîxs hāaᴇl gwaēłēs ʟē⁑lanᴇma g·ig·ᴇgāma⁑yasa lēlqwāla-

[1] A sketch accompanied this description which is not repeated here, because the passage is quite clear.

he invited the chiefs of the tribes | to eat seal at K·!áqa. When ‖ all the men had gone out, he carved the men at the | places where 75 his guests had been sitting. It is as though he had made fun of | the chiefs on account of what he had done when he made carvings of them. | Therefore it is done this way around the house. There are two | house dishes, one a seal house dish, and ‖ the 80 other one a killerwhale house dish. It also | occurred to Ōmaxt!ālaLⁿᵋ to imitate the seal which he had killed | in making a house dish, and it occurred to him that he would go to the killerwhales after his death, | and therefore he imitated the form of a killerwhale for his house dish | when he gave a feast of many seals at K·!āq!a. That's again all about them. ‖

III. ᵋWĀLAS KWĀG·UŁ

1. DzEndzEnx·q!ayu. The painting on the front | outside of the 1 house is the Qōlos, for the Qōlos is the ancestor of the DzEndzEnx·q!ayo. | There are four house dishes of their ancestor YāxLEn. | One of the house dishes is the Qōlos; and also the elder brother of Qōlos, Thunderbird. ‖ That is another feasting-dish. And the | Thunder- 5 bird, the house dish, is made in the same way as the Qōlos house dish is made, and there is a | whale house dish and a beaver. That is all again. |

Laᵋyē qa läs q!Esaxa mēgwatē lāx K·!āq!a. Wä, g·îlᵋEmᵋlāwisē hōqūwElsēda ᵋnāxwa bEgwānEmxs laē k·!ēdzōtsa bEgwānEmē lāx 75 k!wādzēlasdāsēs Lēᵋlānemē. Wä, laEm ᵋnEmāx·is Lōᵋ aEmlałāsa g·īg·Egamaᵋyē lāxēs gwēx·ᵋidaasē yîxs hëᵋmaē la k·!ēdzoyowē. Wä, hëᵋmis lāg·iłas hë gwälē äwēᵋstalîłasa g·ōkwē. Wä, lä mäłExLaᵋma łōqwalîłas. Wä, hëᵋma ᵋnEmēxLa mēgwat łōqwalîła. Wä, hëᵋmisa ᵋnEmēxLa maxᵋēnoxᵘ łōqwalîła. Wä, laEmxaē Ōᵋmaxt!ālaLaᵋyē 80 âEm ᵋnēnk·!ēxᵋēd qaᵋs nānaxts!Ewēwaxa mēgwatēxēs yānEmē qaᵋs łōqwalîła. Wä, lä g·īg·aēxᵋîdExs lēł lāxa māxᵋēnoxwē qō łEᵋłŌ. Wä, hëᵋmis lāg·iłas nānaxts!Ewaxa māxᵋēnoxwē qaᵋs łōElqwalîłExs laē k!wēᵋlatsa q!ēnEmē mēgwata lax K·!āq!a. Wä, laEmxaē lāba.

III· ᵋWĀLAS KWĀG·UŁ

1. DzEndzEnx·q!ayu, yîxs qōlosaē k·!ātEmaᵋyas tsāgEmas L!āsa- 1 nâᵋyas g·ōkwas, qaxs hëᵋmaē g·îlg·alîtsa DzEndzEnx·q!ayoxa qōlosē. Wä, lä mEwēxLa łōElqwalîłas g·īgāmaᵋyasē YāxLEn, yîxs hëᵋmaē ᵋnEmēxLa łōqwalîłtsēda qōlosē. Wä, hëᵋmēsē ᵋnōläs qōlosa kŭnkŭnxŭlig·ē. Hēem ᵋnEmēxLa łōqwalîłts yîxs hëᵋmaaxat!gwälē yîxa kŭn- 5 kŭnxŭlig·aᵋyē łōqwalîłē gwälaasasa qōlosē łōqwalîła; wä, hëᵋmēsa gwEᵋyEmē łōqwalîła; wä, hëᵋmēsa ts!āᵋwē. Wä, laEmxaē lāba.

2. Wāwălĭbā'yē. The painting on the front outside of the house is | the whale, for the ancestor of their chief was a whale. There- 10 fore ‖ his name is Yāqaɫ'ɛnāla. And he painted his origin on the outside | front of his house. There are four house dishes; one is a | whale house dish, another one a killer-whale house dish, and | one a bullhead house dish, and one a Dzōnoqǃwa-of-the-sea house dish. | 15 The numaym Hēmasxdō keeps together with the ‖ numaym Wāwalĭbā'yē, for the Hēmasxdō have no noble ancestor | like the ɛlgŭnwē and the numaym Lāxsä, | and they are ashamed to talk about it. That is again all about this. |

3. Gʻēxsɛm. The painting on t ꞓe outside front | of the house 20 of their chief Lāleliʟǃa, is the same as that of the painting ‖ on the outside front of the house of Kʻɛmkʻɛqɛwēd, who is the chief of the | numaym Gʻēxsɛm of the Gwētɛla. The only difference is that the | Gʻēxsɛm of the 'wālas Kwāgʻul have four house dishes—two | grizzly- bear dishes, one wolf house dish, and | one beaver house dish. It is 25 said, that Chief Lāleliʟǃa ‖ obtained these in marriage from the chief of the numaym Kʻǃɛkǃaēnɒxu of the Āwaīlɛla at Hānwad from the chief who had the name Kʻɛmgēd. | His princess had the name Mɛlē- dzas, as she was the wife of Lāleliʟǃa. | Then he obtained in marriage the house with the crosspiece on top of the front outside |· (represent- ing the) double headed serpent, and sitting between the eyes (of the 30 double headed serpent) the thunderbird ‖ on the head of the man

8   2. Wāwălĭbā'yē, yĭxs kʻǃātamalaē tsāgɛmas ʟǃāsanā'yas gʻōkwa- sēxa gwɛ'yɛm, yĭxs gwɛ'yɛmaē gʻĭlgʻalīsasa gʻīgăma'yas lāgʻilas 10 ʟēgadɛs Yāqaɫ'ɛnāla. Wä, lä kʻǃātɛmtsēs gʻayɛwasē lāx tsāgɛmas ʟǃāsanā'yasēs gʻōkwē. Wä, lä mɛwēxLa lōɛlqwaliɫasxa 'nɛmēxLa gwɛ'yɛm lōqwalīla ʟɛ'wa 'nɛmēxLa māx'ɛnoxwa lōqwalīla lɛ'wa 'nɛmēxLa kǃōma lōqwalīla ʟɛ'wa 'nɛmēxLa Dzōnogwēs lōqwalīla. Wä, la'mē â'ma 'nɛ'mēmotasa Hēmaxsdō la kǃūdɛnōdzēxa 'nɛ'mē- 15 motasa Wāwalĭbā'yē qaxs kʻǃēsaē nāxsâlē gʻägʻɛlɛlasasa 'nɛ'mēmo- tasa Hēmaxsdō hē gwēxʻsa ɛlgūnwa'yē ʟɛ'wa 'nɛ'mēmotasa Lāxsä yĭxs māxʻtsǃōlɛmaē gwāgwēxʻs'alasa. Wä, laɛmxaē lāba.

3. Gʻēxsɛm, hē'maaxat̓! âɛm gwālē kʻǃātɛmas tsāgɛma'yēs ʟǃāsa- nā'yas gʻōkwas gʻīgăma'yasē Lāleliʟǃa, yĭx gʻīgăma'yas kʻǃātɛma'yas 20 tsāgɛma'yas ʟǃāsanā'yas gʻōkwas Kʻɛmkʻɛqɛwēdē, yĭx gʻīgăma'yasa 'nɛ'mēmotasa Gʻēxsɛmasa Gwētɛla. Wä, lēxʻa'mēs ōgwaqala'yōs Gʻēxsɛmasa 'wālas Kwāgʻul yĭxs mɛwēxLaēs lōqwalīlēxa maɫɛxLa nɛnānē lōɛlqwalīla ʟɛ'wa 'nɛmēxLa ālanɛm lōqwalīla. Wä, hē'mēsa 'nɛmēxLa tsǃā'wē lōqwalīla. Wä, laɛmǃlaēda gʻīgăma'yē Lāleliʟǃa 25 gɛgʻadānɛmaq lax gʻīgăma'yasa 'nɛ'mēmotasa Kʻǃɛkʻǃaēnoxxwasa Āwaīlɛla lax Hānwadē, yĭxa gʻīgăma'yē ʟēgadɛs Kʻɛmgēdē. Wä, lä ʟēgadɛs Mɛlēdzasē kʻǃēdēɫas. Wä, hē'mĭs la gɛnɛms Lāleliʟǃa. Wä, hē'mĭs gʻōkŭlxʟālaxa gʻōkwē gēgʻiwalēs tsāgɛma'yas ʟǃāsanā- 'yasa gʻōkwaxa sīsɛyuʟē. Wä, lä kǃwākǃwagŭstā'yēda kŭnkŭnxŭli-

in the middle of the double-headed serpent; and the four | feasting-
dishes which I have just named were also obtained there. That's
the end. |

IV. Q!ŌMK·!UT!ES

1. Lēq!Em. The painting on the front outside of the house is 1
the | killer-whale, which was obtained as supernatural treasure by
the first chief, HaēLEkŭmē‘, who was | a sea-hunter. He went hunt-
ing seal at night at Ōsɛq^u. | There he saw a large house at the upper
side of ‖ Ōsɛq^u, and he saw sparks coming out of the roof. Then | 5
HaēLEkŭmē‘ wished to go ashore to look at it. He | arrived at the
beach, and he went up the beach. Then he | saw that killer whales
were the painting on the outside front of the | house. He arrived at
the door and looked through a ‖ hole. Then he heard many men 10
talking | about him, that he was always trying to head off the people
when they were out sea-hunting. | He heard one man say, "I wish |
our friend HaēLEkŭmē‘ would come so that we might advise him not |
to head us off when we are hunting; for he will get more ‖ game if he 15
keeps behind us." Thus he said. At that | time HaēLEkŭmē‘ jumped
through the door of the house, and | stood at the fire in the middle
of the house. He spoke, | and said, "I am HaēLEkŭmē‘ whom you

g·a‘yē lāx x·ōmsas bāk·awa‘yas. Wä, hë‘mesɛn lāx·de LēLEqalasE- 30
‘wēda mEwēxLa łōElqwalīła. Wä, hëEm g·āyanEmatsēx. LaEm lāba

IV. Q!ŌMK·!UT!ES

1. Lēq!Em, yĭxs k·!ätEmālaē tsāgEmas L!āsanâ‘yas g·ōkwasēsa 1
mäx‘ēnoxwēxa Lōgwa‘yasa g·īlgalisasa g·īgăma‘yasē HaēLEkŭmē, yĭxs
ălē‘winoxwaē. Wä, lālaē ălēxwaxa mēgwataxa gănoLē lāx Ōsɛq^u.
Wä, lā‘laē dōx‘waLElaxa ‘nEmsgEmēsē ‘wälas g·ōk^u lax äpsōtas
Ōsɛq^u. Wä, lā‘laē ·dōqŭlaqēxs ănōbēxsâlaē sälas. Wä, laEm‘lā- 5
wisē HaēLEkŭmē‘ ‘nēk· qa‘s lā āLē‘sta dōx‘wīdEq. Wä, laEm‘lawisē
lāg·alis lāx L!Ema‘isas laEm‘lāwise lâsdēs lāxa L!Ema‘is, lāa‘lasē dōx-
‘waLElaqēxs mäx‘ēnoxwaē k·!ātama‘yas tsāgEma‘yas L!āsanâ‘yasa
g·ōkwē. Wä, lā‘laē lāg·aa lāx t!Ex·!lās. Wä, lā‘laē hănxsâ lāxa
kwâx^usâ qaxs wŭLaaxa q!ēnEma bEbEgwānEm yaēq!Ent!āla gwāgwēx· 10
s‘ŭla laqēxs hēmEnała‘maē g·āg·alagEmaxa lēlqwălaLa‘yaxs· ălē-
xwaē. Wä, lā‘laē wŭLālaxa ‘nEmōkwē bEgwānEm ‘nēk·a: "WänēsLē
g·āxEns, ‘nEmokwai' HaēLEkŭma‘ya qEns Lēxs‘alēqē, qa k·!ēsēs
g·āg·alagEma g·āxEns, yĭxg·īns ălēxwēk· qaxs häLē q!EyōLatsēxa
seyak!wēmasē qō ălxLēLē ‘năxwał g·āxEns,'' ‘nēx·‘łaē. Wä, hëEm- 15
‘łāwis la dEwēLats HaēLEkŭma‘yē lāx t!Ex·!łäsa g·ōkwē qa‘s lā
Lax‘ŭlił lāx ōbēx·Lalāsa laqawalīłasa g·ōkwē. Wä, lā‘laē yâq!Eg·a‘la.
Wä, lā‘laē ‘nēk·a: "Nōgwaɛm HaēLEkŭma‘yaxēs wălagEłōs qa

wished to | come to be given instructions, friends." Thus he said. Then ‖ all the men just hung their heads. Then they lifted their heads, | and an old man spoke, and | said, "What you say is true, friend. We have all been wishing | for you to come into this house of our chief | Hēlē‘stalīsᴇla here. Now you have obtained it as supernatural treasure, and this harpoon that is in it, ‖ and the four house dishes—one a sea-otter house dish, | one a bullhead house dish, one a stomach-of-the-sea-lion | house dish, and one whale house dish." Thus he said. "Now | your name will be ʟ!āqwag·ila, for that is the name of the owner of this | house that you obtained by good luck. Thus it is said by our friends here. ‖ They wish to advise you not to head them off | when we are sea-hunting, but just keep close behind us, then you will obtain much | game. Now you shall sit for four days in the house that you obtained as | supernatural treasure." Thus said the killer-whale man. Then | all the men went out of the house, and went into the water ‖ at the beach, and killer-whales were spouting. | Haēʟᴇkŭmē‘ just sat in the rear of the house which he had obtained as supernatural treasure, | and his steersman went back to his house at Ōsᴇqᵘ. | In vain the steersman of Haēʟᴇkŭmē‘ was questioned. He just | said, "Don't talk about him." Thus he said, for he had seen ‖ the many men coming out of

---

g·āxē qa‘s ʟēxs‘ālasᴇ‘wōs, ‘nē‘nᴇmōkᵘ," ‘nēx·‘laē. Wä, laᴇm‘laē âᴇm ‘nāxwa kwēkumdīlēda ‘nāxwa bᴇgwānᴇma. Wä, lā‘laē x·īt!ēdēda ‘naxwa. Wä, lā‘laē yāq!ᴇg·a‘lēda q!ŭlyakwē bᴇgwānᴇma. Wä, lā‘laē ‘nēk·a: "Āla‘mēs wāldᴇmōs, qāstä, qaxg·anu‘xᵘ āla‘mēk· wŭlaqēla qa‘s g·āxaōs g·āxēʟ lāxōx g·ōkwasg·anu‘xᵘ g·īgămēk· lāxg·a Hēlē‘stalīsᴇlax·xōs ʟōgwēʟaqōs ʟᴇ‘wōx g·ēx·g·aēlēx lāqᵘxwa māstōx ʟᴇ‘wa mēwēxʟax lōᴇlqwalīlaxwa ‘nᴇmēxʟax q!āsa lōqwalīla, ʟᴇ‘wa ‘nᴇmēxʟax k!ōma lōqwalīla, ʟᴇ‘wa ‘nᴇmēxʟa pōxŭntsa ʟ!ēx‘ᴇnē lōqwalīla ʟᴇ‘wa ‘nᴇmēxʟax gwē‘yᴇm lōqwalīla," ‘nēx·‘laē. "Wä, la‘mēts ʟēgadᴇʟts ʟ!āqwag·ila qaxs hē‘maē ʟēgᴇms g·ōgwadäsa g·ōkwaqōs ʟōgwa‘ya. Wä, g·a‘mēsēg·a wāldᴇmg·asg·ᴇns ‘nē‘nᴇmōkwak· yīxs ‘nēk·ēk· qa‘s ʟēxs‘alē lāʟ qa‘s k·!ēsaōs la g·āg·alagᴇmaxᴇnu‘xᵘ ălēxwalg·iwa‘yē qa‘s â‘meōs hēlâxʟē g·āxᴇnu‘xᵘ qa‘s q!ᴇyōlaōsaxa sēyak!wēma. Wä, laᴇmʟas mōp!ᴇnxwa‘s ʟō‘ k!waēl lāxōs ʟōgwa‘yaqōs g·ōkwa," ‘nēx·‘laēda māx‘ēnoxwē bēbᴇgwānᴇma. Wä, lā‘laē ‘wī‘la hōqŭwᴇlsēda bēbᴇgwānᴇmē lāxa g·ōkwē qa‘s lä hē‘stāla lāxa ʟ!ᴇma‘isē. Wä, la‘mē ʟ!āl‘ēdēda māx‘ēnoxᵘ. Wä, âᴇm‘lāwisē la k!waēlē Haēʟᴇkŭmaē lāxa ōgwiwalīlāsēs ʟōgwa‘yē g·ōkwa. Wä, âᴇm‘lāwisē la nā‘nakwē k!waxʟa‘yas lāxēs g·ōkwē läx Ōsᴇqᵘ. Wä, wäx·‘ᴇm‘lāwisē wŭlasᴇ‘wē k!waxʟa‘yas Haēʟᴇkŭmē. Wä, âᴇm‘lāwisē ‘nēk·a: "Gwāldzâs gwŭgwēx·s‘alaqē," ‘nēx·‘laē, qaxs dōqwala‘maēda q!ēnᴇmē bēbᴇgwānᴇmxs g·āxaē hōqŭwᴇls qa‘s lä häyᴇn-

the house, going down | the beach, and going into the sea; and | 41
they all spouted, and the men turned into killer-whales; | and he
also had heard what was said by the killer-whale | men to Haēʟekŭ-
mēʻ. Therefore he did not wish them || to talk about him. When four 45
days had passed, | the steersman of Haēʟekŭmēʻ arose and went | to
the hunting-canoe of Haēʟekŭmēʻ. Then he paddled | and went to the
large house. Before he got near, | he saw the great house; and
painted on the outer || front was a killer-whale. And he saw Haēʟe- 50
kŭmēʻ | walking outside. Then he went ashore, and Haēʟekŭmēʻ |
went to meet him. Then Haēʟekŭmēʻ spoke, and | said, "Come,
master, and go into this my house which I obtained as supernatural
treasure." | Thus he said to him, and immediately the steersman
followed him, || and they went in. Then Haēʟekŭmēʻ saw that | all 55
the four posts were carved in the form of sea-lions, | and there were
sea-lions at the ends of the two beams of the house. | The heads of the
sea-lions showed outside at the front boards of the house. | When he
had done this, Haēʟekŭmēʻ went out of the house; and || his steers- 60
man spoke, and said, | "O Master Haēʟekŭmēʻ! stay here and let me
ask | our tribe to come and move here." Thus he said. | Then he
was just told by Haēʟekŭmēʻ to go. Immediately | the man went

---

ts!ēsʟela lāxa ʟ!ɛmaʻisē qaʻs lä hōxᵘsta !axa dɛmsxʻē ʻwāpa. Wä, lä 41
ʻnāxwa ʟ!âlʻēda; laʻmē la ʻnāxwa la māxʻēnoxʻwēdēda bēbɛgwānɛmē.
Wä, hēʻmisēxs ʻnāxwaʻmaē wŭʟɛlax wăldɛmiʻlälāsa māxʻēnoxwē
bēbɛgwānɛm läx Haēʟekŭmaʻyē. Wä, hēʻmē lāgʻilts kˑ!ēs ʻnēkˑ
qaʻs gwāgwēxˑsʻalē lāq. Wä, gˑîlʻɛmʻlāwisē mōp!ɛnxwaʻsa laē 45
gāgˑustâwēda bɛgwānɛmē, yix k!waxʟaʻyas Haēʟekŭmaʻyē qaʻs lä
lāxēs yāʻyats!ēda ălēʻwasɛʟɛlās Haēʟekŭmaʻyē. Wä, lāʻlaē sēxʻwida
qaʻs lä lāxa ʻwālasē gˑōkwa. Wä, kˑ!ēsʻɛmʻlāwisē ēxˑagˑaaʟɛla
lāqēxs laē dōxʻwaʟɛlaxa ʻwālasē gˑōkwa kˑ!ātamalaē tsāgɛmas
ʟ!āsanâʻyasēxa māxʻēnoxwē. Wä, lä dōqŭlax Haēʟekŭmaʻyaxs 50
gˑigˑɛlsɛlaē. Wä, lāʻlaē lāgˑalis lāq, laɛmʻlāwisē Haēʟekŭ-
maʻyē lālalaq. Wä, lāʻlaē yŭq!ɛgˑaʻla, yix Haēʟekŭmaʻyē. Wä,
lāʻlaē ʻnēkˑa: "Gēlagˑa adä, qaʻs laōs laɛʟ lāxgˑɛn ʟōgwēgˑɛn
gˑōkwa," ʻnēxˑʻlaēq. Wä, hēxʻʻidaɛmʻlāwisē k!waxʟaʻyas la lāsgɛ-
mēq qaʻs lē hōgwiʟa. Wä, laʻmē dōxʻwaʟɛlē Haēʟekŭmaʻyaqēxs 55
laē la ʻnāxwaɛm la kˑ!ēkˑlākᵘ ʟ!ēʟ!exʻɛnēs mōts!aqē ʟēʟūma. Wä,
laxaē la ʟ!ēʟ!exbalaxa maits!aqē kˑēkˑatewēsa gˑōkwē. Gˑāx xˑī-
xˑɛxsâla xˑīxˑōmsasa ʟ!ēʟ!ēxɛnē lüx tsāgɛmas ʟ!āsanûʻyasa gˑōkwē.
Wä, laɛm âlʻɛm hē gwēxʻʻidɛxs laē lāwɛlsē Haēʟekŭmaʻyē. Wä,
lāʻlaē yāq!ɛgˑaʻlēda bɛgwānɛmē, yix k!waxʟaʻyas. Wä, lāʻlaē ʻnēkˑa: 60
"ʻya, q!āgwidä, Haēʟekŭmaʻyā′, yūlagʻaɛma lâx qɛn lālagˑi ăxkˑlā-
laxɛns gˑōkŭlōta qa gˑāxlagˑēsē mɛʻwa lāqᵘ," ʻnēxˑʻlaē. Wä,
ɑɛmʻlāwisē ʻnēxˑsōs Haēʟekŭmaʻyē qaʻs lālagˑē. Wä, hēxʻʻidaɛm-
ʻlāwisē la lāwɛlsēda bɛgwānɛmē qaʻs lä lāxs lāxēs yāʻyats!ē xwā-

65 out and went aboard his small canoe ‖ and paddled. Then he arrived | on the beach of the village at Ōsᴇqᵘ. Then he was met by his tribe; | and immediately he reported about Haēʟᴇkŭmē⁽, that he had obtained a | large house at Aōsayagŭm as supernatural treasure; and before he ended his | report, the tribe pushed their canoes into
70 the water ‖ and loaded them. They took down their houses and took them | to Aōsayagŭm, and they built the houses of the tribe on each side of the | large house. Now the large house was in the middle at | Aōsayagŭm. Now Haēʟᴇkŭmē⁽ was a real chief among his tribe, | the ancestors of the numaym ʟēqǃᴇm. That is the end.‖
75 2. ʟēʟᴇgēd. They have no painting on the outer front of the | house of Chief Ł̣alēpǃālas. A double headed serpent is across | the top of the house front, and a wolf stands on the | man in the middle of the double headed serpent. A raven stands at the door of the |
80 house, and the raven stands with spread legs; and ‖ those who go into the house walk under them, for that is the door of the house between the | feet of the raven. |

Names of the Kwāg·uł Eagles and Numayms

1   These are the names of the Eagles of the Kwāg·uł: |
1 and 2. ʟ·ḷaqwag·ila (Copper-Maker) is the first of the Eagles. | Next to him is Dōqwăyēs, who is of the numaym Dzᴇndzᴇnx·qǃayo |

---

65 xwagŭma. Wä, laᴇmʻlāwisē sēxʻwida. Wä, g·ᴛlʻᴇmʻlāwisē lāg·alis lāx ʟǃᴇmaʻisasēs g·ōkŭlasē Ōsᴇqᵘ lāaʻlasē lālalasōsēs g·ōkŭlōtē. Wä, laᴇmʻlaē hēxʻidaᴇm tsǃᴇkˑlālʻētṣ Haēʟᴇkŭmaʻyaxs ʟǫgwalaaxa ʻwālasē g·ōkwa lāx Aōsayagŭm. Wä, kˑlēsʻᴇmʻlāwisē qǃŭlba tsǃᴇkˑlā-lᴇlaēnaʻyas lāaʻlasē wīʻxᵘstalēda lēlqwălaʟaʻyaxēs xwāx̣wakǃŭna
70 qaʻs mōxsᴇlēq. Wä, laʻmē ʻwīlg·ᴇlsa ʟˑlēx·axēs g·ig·ōkwē qaʻs lās lāx Aōsayogŭm. Wä, âʻmisē ʻwāx·sag·ᴇlsᴇlē g·ig·ōkwas g·ōkŭlōtasēxa ʻwālasē g·ōkwa. Wä, laʻmē nᴇqētsᴇmalasa ʻwālasē g·ōkwa lāx Aōsoyagŭm. Wä, laʻmē âla la g·īgămaʻyē Haēʟᴇkŭmaʻyasēs g·ōkŭlōta g·ālāsa ʻnᴇʻmēmotasa ʟēqǃᴇmē. Wä, laᴇm lāba.
75 2. ʟēʟᴇgēdē, yīxs kǃcâsaē kˑlātᴇmēs tsāgᴇmas ʟǃāsanâʻyas g·ōkwas g·īgămaʻyasē Ł̣alēpǃālas. Wä, lä sīsᴇyuʟē gēgʻiwaʻyas tsaɢᴇmas ʟǃāsanâʻyas g·ōkwas. Wä, lāʻlaē âʟanᴇmē g·ilâla lāx bāk·awaʻyasa sīsᴇyuʟē. Wä, lāʻlaē ʟawilēda gwāʻwina lāx atǃᴇx·tlāsa g·ōkwē. Wä, lāʻlaē gaxalaxa gwāʻwina. Wä, hēʻmis la qāyabodā-
80 lasōsa laēʟē lāxa g·ōkwē qaxs hēʻmaē tǃᴇxīlāsa g·ōkwē āwāgawaʻyas g·ōg·ᴇgŭʻyâsa gwāʻwina.

Names of the Kwāg·uł Eagles and Numayms

1   G·aᴇm ʟēʟᴇgᴇmsa kwēkwēkwasa Kwākŭg·uie:
1 and 2. ʟǃāqwag·ila hēᴇnı xamaēlbēsa kwēkwekwē. (Wä, hēʻmis

of the ʽwālas Kwāg·uł, but Lʽāqwag·ila is of the numaym Maāmtag·ila ‖ of the GwētEla. |

3. Next to him is K·ĭmk·EqEwīd of the numaym G·ēxsEm | of the GwētEla. |

4. Next to him is ʽmax̣ᵘmEwisagEmēʽ, next to K·ĭmk·EqEwīd, | when property is given to the tribes, when he invites all the ‖ four Kwakiutl tribes at Tsāxis. ʽmax̣ᵘmEwisagEmēʽ is of the | numaym Wāwălibâyēʽ of the ʽwālas Kwāg·uł. |

5. Next to ʽmax̣ᵘmEwisagEmēʽ is ʽwālas. | ʽwālas is Eagle of the numaym G·īg·ĭlgăm of the Q!ōmoyâʽyē, who were named by the | first people Kwēxa. ‖

6. Next to him is ÂgwilagEmēʽ, to ʽwālas, for | ÂgwilagEmēʽ is Eagle of the numaym Kŭkwāk!um of the Q!ōmoyâʽyē. |

7. Next to him is G·ēxsēʽstālisEmē, to ÂgwilagEmēʽ, | for G·ēxsē-ʽstālisEmē is Eagle of the numaym Yaēx·agEmēʽ | of the Q!ōmoyâʽyē. ‖

8. Next to him is NEg·ädzē (Great-Mountain), to G·ēxsēʽstālisEmeʽ, for | NEg·ädzē is Eagle of the numaym G·ēxsEm of the ʽwālas Kwāg·uł. |

These are all the Eagles of the three tribes of the GwētEla, | and Q!ōmoyâʽyē, and ʽwālas Kwāg·uł; and there is no Eagle | among the Q!ōmk·!ut!Es. These are the Eagles of the Kwakiutl tribes who

---

mäk·ilaqē Dōqwăyēs, yĭxs ʽnEʽmēmotasa DzEndzEnx·q!ayosa ʽwālas Kwāg·uła,) yĭxs Maămtag·ilaē ʽnEʽmēmotas Lʽāqwag·ila yīsa GwētEla.

3. Wä, hēʽmis mak·tlē K·ĭmk·EqEwīdē, yĭxs ʽnEʽmēmotasa G·ēxsEmēsa GwētEla.

4. Wä, hēʽmis mak·ĭlaqē ʽmax̣ᵘmEwisagEmaʽyē lāx K·ĭmk·EqEwīdē, yĭxs yāqwasEʽwaē lāx lēlqwălaLaʽyaxs p!ēkwaē ʽwīʽlaxa Kwākŭg·ułaxs mōsgEmakwaē lāxg·a Tsāxisek·, yĭxs Wāwălibâyaʽē ʽnEʽmēmotas ʽmax̣ᵘmEwisagEmaʽyasa ʽwālasē Kwāg·uła.

5. Wä, hēʽmis mak·ĭlax ʽmax̣ᵘmEwisagEmaʽyē ʽwālas, yĭxs kwēkwaē ʽwālasasa ʽnEʽmēmotasa G·īg·ĭlgămasa Q!ōmoyâʽyExa gwEʽyâsa g·ālē bEgwānEm Kwēxa.

6. Wä, hēʽmis mak·tla ÂgwilagEmaʽyē lax ʽwālasē, yĭxs kwēkwaē ÂgwilagEmaʽyasa ʽnEʽmēmotasa Kŭkwāk!umasa Q!ōmoyâʽyē.

7. Wä, hēʽmis mak·tla G·ēxsēʽstālisEmaʽyē lāx ÂgwilagEmaʽyē, yĭxs kwēkwaē G·ēxsēʽstālisEmaʽyasa ʽnEʽmēmotasa Yaēx·agEmaʽyēsa Q!ōmoyâʽyē.

8. Wä, hēʽmis mak·tla NEg·ädzē lāx G·ēxsēʽstalisEmaʽyē, yĭxs kwēkwaē NEg·ädzäsa ʽnEʽmēmotasa G·ēxsEmasa ʽwālasē Kwāg·uła.

Wä, laEm ʽwīʽlaxa kwēkwēkwusa yūdux̣ᵘsEmakwēxa GwētEla LEʽwa Q!ōmoyâʽyē LEʽwa ʽwālas Kwāg·uła. Wä, la k·!eâs kwēx̣ᵘsa Q!ōmk·!ut!Ese. G·aEm kwēkwēx̣ᵘsa Kwākŭk·Ewakwēxa g·ōkŭla

live ‖ at Tsāxis; the GwētɛIa, Q!ōmoyâ‘yē, and ‘wālas Kwāg·ul; | and the Q!ōmk·!ut!ɛs have no Eagle. |

The order of the Eagles of the Kwakiutl is not changed when property is given to the tribes | when they are invited; for when the name-keepers | make a mistake, and place one Eagle over another one, ‖ the Eagle at once quarrels with the one who had been named before him, and | often he breaks his copper, and often he gives the | broken piece of copper to the name-keeper, who· keeps the order of seats of all the | men; for there is one man who is the name-keeper of the GwētɛIa, | of the Q!ōmoyâ‘yē, and of the ‘wālas Kwāg·ul, and also of the ‖ Q!ōmk·!ut!ɛs. |

And these are never changed; for when a name-keeper gets weak | because he is old, he gives the office of name-keeper to his | eldest son, for the | name-keeper is not a nobleman. ‖

The name-keeper of the GwētɛIa is called Wīltsē‘stāla, and his seat is | in the numaym Laālax·s‘ɛndayo. |

And the name-keeper of the Q!ōmoyâyē‘ is Sēwid, and his seat is in the | numaym Hāānaʟēnâ. |

And the name-keeper of the ‘wālas Kwāg·ul is Wālâlas, and his ‖ seat is in the numaym G·īg·īlgăm. |

And the name-keeper of the Q!ōmk·!ut!ɛs is called Łālep!ālas, and his seat | is in the numaym ʟēʟɛgēd. |

---

lāx Tsāxisēxa GwētɛIa ʟɛ‘wa Q!ōmoyâ‘yē ʟɛ‘wa ‘wālasē Kwāg·ula. Wä, la k·!eâs kwēx^usa Q!ōmk·!ut!ɛsē.

Wä, hēɛm k·!ēs layap!ālaxs yāqwasɛ‘waasa lēlqwŭlaʟa‘yaxs lēlɛlasɛ‘waēxa kwēkwekwasa Kwākŭk·ɛwakwē, yīxs g·īl‘maē lɛx- lēqŭlīla q!aq!astō lagōtsa ‘nɛmōkwē kwēk" lāxa ‘nɛmōkwē laē hēx·‘idaɛnī xōmal‘īdēda kwēkwē ʟɛ‘wa la nālagōdɛq. Wä, hēt!a q!ŭnālatsē q!ɛltap!ɛx·‘īdaxēs ʟ!āqwa.. Wä, lä q!ŭnāla yäx‘witsa q!ɛldɛkwē ʟ!āqwa lāxa q!āq!astowaxa ʟâʟɛxwa‘yasa ‘nāxwa bē- bɛgwānɛma, yīxs ‘nal‘nɛmōkwaē bɛgwānɛmē q!āq!astowasa Gwē- tɛIa ʟɛ‘wa Q!ōmoyâ‘yē ʟɛ‘wa ‘wālasē Kwāg·ula; wä, hē‘misa Q!ōm- k·!ut!ɛsē.

Wä, hēɛm k·!ēs ʟ!āʟ!ayokŭlē yīxs g·īl‘maē la wayats!āla qaxs laē q!ŭlyakwa q!āq!astowaxs laē lâsasēs q!āq!astōēna‘yē lāx ‘nō- last!ɛgɛma‘yasēs bɛgwānɛmē xŭnōkwa, yīxs k·!ēsaē nâxsâla bɛ- gwānɛma q!āq!astowē.

Wä, hēɛm q!āq!astōsa GwētɛIē Wīltsē‘stāla, yīxs hāē ʟâgwa‘ya ‘nɛ‘mēmâtasa Laālax·s‘ɛndayo.

Wä, hē‘mis q!āq!astōsa Q!ōmoyâ‘yē Sēwidē, yīxs hāē ʟâgwa‘ya ‘nɛ‘mēmotasa Hāānaʟēnâ.

Wä, hē‘mis q!āq!astōsa ‘wālas Kwāg·ulē Walâlasē, yīxs hāē ʟâ- gwa‘ya ‘nɛ‘mēmotasa G·īg·īlgāmē‘.

Wä, hē‘mis q!āq!astōsa Q!ōmk·!ut!ɛsē Łālep!alasē, yīxs hāē ʟâ- gwa‘ya ‘nɛ‘mēmotasa ʟēʟɛgēdē.

And that is the way in which property is given to the Eagles when | 48
property is given to the Kwakiutl tribes who are invited, for they
never ‖ allow any change of the order of their seats. | 50

The Eagle gives his seat to his eldest son; and when | the eldest
child of any Eagle is a girl, then | the girl takes the seat of her
father the Eagle, although she has a younger brother, | for they
can not give the place of the Eagle to the younger brother ‖ of the 55
eldest one of the children. |

The only time when an Eagle gives his seat to the younger brother
of the eldest child | is when that child dies. Then there is no objection on the part of all the people, | when they give property to the
Eagles. |

For that they do not change their names starts from (the time)
when long ago ‖ Ō‘maxtǃālaLē‘, the ancestor of the numaym 60
Gīgʻīlgăm of the | Qǃōmoyā‘yē, made the seats of the Eagles; and
those went down to the | numayms. And the name-keeper Wĭltsē-
‘stala says, | "Now our chiefs have been given everything, and I will
go right down (according to the order of rank)." | Thus he says, when
he gives out the property; for I will just name the names ‖ of one of 65
the head chiefs of the numayms of the | Kwakiutl tribes. They
never change their names from the beginning, | when the first human
beings existed in the world; for names can not go out | of the family
of the head chiefs of the numayms, only to the eldest one | of the
children of the head chief. ‖

Wä, hēₑm gwälaats yŭqǃwina‘yaxa kwēkwekwaxs yāqwasE‘wa- 48
asa lēlqwălaLa‘yax LēłElasE‘waēxa Kwākŭkʻᴇwakwē, yĭxs kʻǃēsaē
hēlqǃāla layapǃāla.   50

Wä, lä lēxʻaᴇm lâdzatsa kwēkwa ‘nōlastǃEgEma‘yē xŭnōkwa, yĭxs
gʻilʻmaē tsǃEdāqē ‘nōlastǃEgEma‘ya sŭsEmasa ‘nāxwa kwēkwekwu
la‘mēsa tsǃEdāqē Lâxstōdxēs kwēkwē ōmpa, yĭxs wäxʻ‘maē tsǃā‘ya-
nuxʷsa bEgwānEmē qaxs kʻǃeâsaē gwēxʻ‘idans layō lāxa tsǃa‘yāsa
‘nōlastǃEgEma‘yasa sŭsEmasa kwēkwē.   55

Wä, lēxʻa‘mēs lāxʻdEmsa kwēkwē lāx tsǃā‘yāsa ‘nōlastǃEgEma-
‘yaxs lE‘laē. Wä, laEm kʻǃeâs wāldEmsa ‘nāxwa bEgwānEm laxēq.
Wä, gʻīlʻmēsō ‘wī‘la yaxʻwītsE‘wēda kwēkwekwē.

Yĭxs kʻǃēsaē Lǃalǃayokŭlē LēLEgEmas gʻägʻīLEla lāx gʻalaōłē
Ō‘maxtǃālaLa‘yē, yĭx gʻäläsa ‘nE‘mēmotasa Gīgʻīlgămasa Qǃōmo- 60
yā‘yē, Lāxwēgʻila qa LāLExwēsa kwēkwekwē LE‘wa nEqaxa lāxa
‘nāłʻnE‘mēmasē. Wä, la ‘nēkʻēda qǃaqǃastowē, yĭx Wĭltsē‘stala:
"La‘mē wīlxtowEns gʻīgʻīgăma‘yē. Wä, la‘mēsEn nEqāxōdEł,"
‘nēkʻᴇxs laē LēxʻēdEx lāxEn lēxʻaēnēEmlē LēqElasō‘La LōLEge-
masa ‘nāłʻnEmōkwē lāx LēLaxuma‘yasa ‘nāłʻnE‘mēmasusa Kwākŭ- 65
kʻᴇwakwēxa kʻǃēsē LǃāLǃayoxLälabEndalaxes LēLEgEmē gʻägʻīLEla
lāx gʻälaōłē bEkumgʻalisa bēbEgwānEmēx, yĭxs kʻǃēsaē łâłtsǃâē-
noxwē LēLEgEmasa Lāxuma‘yasa ‘nāłʻnE‘mēmasē lāxa ‘nōlastǃEge-
ma‘yas sŭsEmasa LēLaxuma‘yē.

70 And the names can not be given to the husband of the | daughter, none of the whole number of the names, beginning with | the ten-months child's name until he takes the name of his father, the name of the | head chief. These are called the "myth names." |

75 The only names of the head chief of the numayms ‖ that can be given in marriage are the names which he obtains in marriage from his fathers-in-law, and | also the privileges, for he can not give his own privileges to his son-in-law. |

And when the head chief of a numaym has no | son, and his child is a girl, she takes the place | of her father as head chief; and when
80 the head chief has no child, ‖ and the younger brother of the head chief (among the brothers | of the man) has a child, even if she is a girl, then the head chief among the | brothers takes the eldest one of the children of his younger brother, and | places him or her in his seat as head chief of the numaym. |

85 Now that finishes our talk about the Eagles, and the ‖ head chiefs of the numayms of the GwētEla, for they never change | their order. |

Now I shall talk about the number of numayms | of the GwētEla and about the number of names of the head chiefs, beginning | from the time when they are born until they become head chiefs of the ‖
90 numaym. |

---

70 Wä, laxaē k·!eâs gwēx·ᵋidaas lasēs ʟē̱ʟᴇgᴇmē lāx lā‘wŭnᴇmasēs ts!ᴇdāqē xŭnōkwa lāx ‘wāxaasasēs ʟē̱ʟᴇgᴇmē g·ägʻı̓ʟᴇla laqēx g·ä-laē hĕlogwila lāg·aa laqēxs laē lâʟᴇx ʟḗgᴇmasēs ōmpēxa ʟāxu-mēxʟäyo ʟ̱ē̱gᴇma. Wä, hēᴇm ʟē̱gadᴇs nūyambalis ʟē̱ʟᴇgᴇmē.

Wä, lēx·a‘mē ʟē̱ʟᴇgᴇmg·îlxʟē̱sa ʟā̱xuma‘yasa ‘nāl‘nᴇ‘mēmasēs
75 gᴇg·adanᴇmē ʟē̱ʟᴇgᴇm lāxēs naᴇngŭmpē ʟᴇ‘wa k·!ēk·!ᴇs‘owē qaxs k·!eâsaē gwēx·‘idaas lasēs k·!ēk·!ᴇs‘ō lāxēs nᴇgŭmpē.

Wä, g·îl‘mēsē k·!eâs xŭnōkwa ʟā̱xuma‘yasa ‘nᴇ‘mēmotēxa bᴇ-gwānᴇmē xŭnōxᵘs, wä, g·îl‘mēsē ts!ᴇdāqē xŭnōkwas laē hē ʟ!ā-yōxēs ōmpē lāxa ʟā̱xuma‘yē. Wä, g·îl‘mēsē k·!eâs xŭnōxᵘsa ʟā-
80 xuma‘yē, wä, g·îl‘mēsē xŭngwadē ts!a‘yäsa ʟā̱xuma‘yasa ‘nᴇ‘mē-mäsa bᴇgwānᴇmē ʟōxs wäx·‘maē ts!ᴇdāqa, wä lēda ʟa̱xuma‘yasa ‘nᴇ‘mēma äx‘ēdᴇx ‘nōlast!ᴇgᴇma‘yas säsᴇmasēs ts!ä‘ya qa‘s lä ʟax"stōts lāxēs ʟā̱xwalaansa ʟā̱xuma‘yasēs ‘nᴇ‘mēmotē.

Wä, laᴇm gwāla gwāgwēx·s‘ala lāxa kwēkwekwē ʟᴇ‘wa ʟēʟa̱xu-
85 ma‘yasa ‘nāl·‘nᴇ‘mēmasasa GwētEla, yîxs k·!ēsaē lālagodala lāxēs gwēgwālaʟᴇlasē.

Wä, la‘mēsᴇn gwāgwēx·s‘alal lāx ‘wāxax·‘idadzasas ‘nāl‘nᴇ‘mē-masasa GwētEla ʟō‘ ‘wāxaasas ʟē̱ʟᴇgᴇmas ʟēʟa̱xuma‘yas g·ägʻı̓ʟᴇla laqēxs g·älaē māyōʟᴇmsēs äbᴇmpē lāg·aa laqēxs laē ʟā̱xumdxēs
90 ‘nᴇ‘mēmotē.

I. NUMAYMS OF THE GWĒTEla | 91

This is the head of the numayms of the Gwētela: |
1. Maămtag·ila. Their head chief is ʻmāx̣ŭyalidzē. This is his name | when he is head chief of his numaym, the Maămtag·ila, and this ‖ is the name when he invites all the tribes. | 95

And his man's name is Yāqōḷas (Place-of-Obtaining-Property) before he | becomes head chief of the Maămtag·ila, for then he gives property to his | tribe the Gwētela. |

And his young man's name is Lǃēsdaq (White-Goose). And Lǃēsdaq gives away property to the young men ‖—that is, when the 100 young men give to one another paddles and mats, in the way | the first men used to do, for the sake of the greatness of the young man's name, | but in our recent days it is different; for shirts and kerchiefs | are given away by the young men for the sake of the greatness of the young man's name, | and nothing is given to old men when the young men ‖ give to one another. | 5

And his child's name, when he is ten months old, is Wāwaɫk·inēʻ | (Found-by-Good-Luck); that is, when they singe off the (hair of the) head, and | after they are painted with ocher, and when the thunderbird straps of | dressed deer-skin are put on. The ocher is for the greatness of the name Wāwaɫk·inēʻ, ‖ when the whole tribe come to 10 paint themselves. |

I. ʻNĀLʻNEʻMĒMASA GWĒTELA 91

Wä, g·aʻmēs ʻmEkumālats ʻnālʻneʻmēmasasa Gwētela g·ada:—
1. Maămtag·ila, yîxs ḷāxumalaax ʻmāx̣ŭyalidzē. Hēem ḷēgEmsēxs laē ḷāxumaʻyasēs ʻnEʻmēmota Maămtag·ila. Wä, hēem ḷēgEmsēxs laē lēlElaxa ʻnāxwa lēlqwălaḷaʻya. 95

Wä, hēʻmis qǃwaxExLäyo ḷēgEmsē Yāqōḷas, yîxs k·ǃēsʻmaē ḷāxumdxēs ʻnEʻmēmota Maămtag·ila, qaxs laē tǃEnsela pǃEsaxēs g·ōkŭlōta Gwētela.

Wä, la hēlʻaxLälax Lǃēsdaq. Wä, laEm gumyadzExLälax Lǃēsdaqēxa hăʻyälʻäxs gumyasapǃaasa sēʻwayowē ḷEʻwa lēElʻwaʻyēxa gwē- 100 g·ilasa g·älē bEgwānEma qa ōʻmayōsēs hēlaxLäyowē ḷēgEma. Wä, lōx ōgŭxʻîdxwa älēx ʻnāla, yîxs qǃEsEnaʻyaē ḷEʻwa laElaxwēwaʻyē la gŭmyadzayōsa hăʻyälʻa qa ōʻmayōsēs gŭmyadzExLäyo ḷēgEma, yîxs kǃeâsaē lasa qǃulsqǃŭlyakwē bēbEgwānEm lāxa hăʻyälʻagâla gŭmyasapǃa. 5

Wä, hēʻmis g·înlExLäyō ḷēgEmsēxs laē hēlogwila yîx Wāwaɫkʻinaʻyē, yîxs laē gwäl tsǃEx·ElîsEmtsEʻwē x·ōmsas ḷōxs laē gwäl gŭmsasōʻsa gŭgŭmyîmē ḷōxs laē ʻwîʻla qEx·ʻāleɫē kŭnx̣wēdEmas ēElagʻîmdzâ. Wä, hēʻmis ōʻmayōs ḷēgEmasē Wāwaɫk·inaʻya gŭgŭmyîmaxs laē ʻnāxwa gwagŭmsēnâsōʻsēs g·ōkŭlōtē. 10

11 And his first name is that of the place where he was borne by his
mother. | When the mother gives birth to her son at Tsāxis, | then
his name is Tsāxisadzē; and when | she gives birth to a girl at
Tsāxis, then her name is Tsāxisga. ||
15 And his sparrow name during the winter dance is K·!ānamaxsta. |
And he is hămshămts!ᴇs, and his name is Hămsbēʻ; for there are
seven | names for the head chiefs of the numaym Maămtag·ila. |
And all these names do not change. They come from the | family
myth; and these are the names of the head chief of the numaym ||
20 Maămtag·ila. |
2. Lōyalalaʻwa. Their head chief is Ts!ᴇxʻēd. That is his name
when | he becomes head chief of the numaym Lōyalalaʻwa, and that
is his name when | he invites all the tribes. |
25 And his man's name is ʟ!āqusdēsᴇlas. That is before || he becomes
head chief of the Lōyalalaʻwa, for then he gives away property to
his | tribe the Gwētᴇla. |
And his young man's name is K·!ᴇnwēs (spider crab), when |
K·!ᴇnwēs gives away to the young men, when they give to one
another paddles and mats, | in the way the people used to do of
30 old for the sake of the greatness of the young man's || name. He
has that name when he gives to the young men, | namely K·!ᴇnwēs. |

---

11 Wä, hēʻmis g·îl ʟēgᴇmsē ăwīnagwīts!ēnaʻyas māyoʟasasēs ăbᴇmpas,
yîxs g·îlʻmaē hē māyoʟaxa ts!ᴇdāqasēs bᴇgwānᴇmē xŭnōkwē Tsā-
xisē. Wä, lä, höx·ʻidaᴇm ʟēxʻētsōʻs Tsāxisadzē. Wä, g·îlʻmēsē
ts!ᴇdaqē māyoʟᴇmasa ts!ᴇdāqē lāx Tsāxisē, laē ʟēgadᴇs Tsāxisga.
15 Wä, lä gwēdzᴇxʟäla K·!ānamaxsta lāxa ts!ēts!ēqa.
Wä, la hămshămts!ᴇsa, wä, lä ʟēgadᴇs Hămsbaʻyē, yîxs aʟᴇbō-
sgᴇmgâᴇx ʟēʟᴇgᴇmxs ʟāxumaʻyasa ʻnᴇʻmēmotasa Maămtag·ila.
Wä, yuwēʻstaᴇm k·!ēs ʟ!aʟ!ayokŭla ʟēʟᴇgᴇmōx g·äg·îʟᴇla läx
nūyamē. Âᴇm höx·sä ʟēgᴇmsa ʟāxumaʻyasa ʻnᴇʻmēmotasa Ma-
20 ămtag·ila.
2. Lōyalalaʻwa, yîxs ʟaxumalaax Ts!ᴇxʻēdē. Hēᴇm ʟēgᴇmsēxs
laē ʟāxumaʻyasēs ʻnᴇʻmēmota Lōyalalaʻwa. Wä, hēᴇm ʟēgᴇmsēxs
laē ʟēʟᴇlaxa ʻnŭxwu lēlqwälaʟaʻya.
Wä, hēʻmis q!wāxᴇxʟäyo ʟēgᴇmsē ʟ!āqus·lēsᴇlasē, yîxs k·!ēsʻmaē
25 ʟāxumdxēs ʻnᴇʻmēmota Lōyalalaʻwa, qaxs laē t!ᴇnsēla p!ᴇsaxēs
g·ōkŭlōta Gwētᴇla.
Wä, lä hēlaxʟälax K·!ᴇnwis. Wä, laᴇm gŭmyadzᴇxʟälax
K·!ᴇnwisēxa hăʻyâlʻäxs gŭmyasap!aasa sēʻway.wē ʟᴇʻwa lēᴇlʻwa-
ʻyēxa gwēg·ilasnsa g·älē bᴇgwānᴇma qa ōʻmayosēs höʻlaxʟäyowē
30 ʟēgᴇma. Wä, hēʻᴇm ʟēgadēda ʟēgᴇmas gŭmyadzᴇxʟäyosa hēlʻä,
yîx K·!ᴇnwisē.

And his child's name when he is ten months old is WălaganEm; | 32
that is, after they singe off (the hair of) the head, and after he is
painted with | ocher, and when the thunderbird straps of dressed
deer-skin are put on. ‖ That is for the sake of the greatness of the 35
name WălaganEm when he is painted, and | when his tribe pain
themselves. |

And his first name when he is borne by his mother is ʻyĭlīs | if
that is where he is born. Then his name is ʻyĭlīs until the time |
when he shall be ten months old. ‖

And his sparrow name is Hanăg·ats!ē (Advice-Receptacle), for 40
Hanăg·ats!ē was song-leader in the beginning | in the winter ceremonial, beginning from the time when the myth people first became
human beings; | and it is only given to the eldest-born | children of
the first Ts!ExʻĕD. Therefore he has | the name, Hanăg·ats!ē. ‖

And in the hămshămts!Es his name is ʻnawīs; | and the name of the 45
head chief of the numaym | Lōyalalaʻwa never changes, for he
changes his name for a short time only | when he gets a name in
marriage. |

3. G·ēxsEm. Their head chief is K·ĭmk·EqEwīd; that is the name
when ‖ he is head chief of the numaym G·ēxsEm, and that is his 50
name when | he invites all the tribes. |

Wä, hëʻmis g·ĭnlExLăyo LĕgEmsēxs laē hĕlogwila yix WălaganEm, 32
yĭxs laē gwăl ts!Ex·EltsEmtsEʻwē x·ŏmsas Lŏxs laē gwăl gŭmsasŏʻsa
gŭgŭmyĭmē Lŏxs laē ʻwĭʻla qEx·ʻăLElē kŭnxwēdEmas ēElag·ĭmdzâ.
Wä, hēEm ŏʻmayŏs LĕgEmasē WălaganEm gŭgŭmyĭmaxs laē 35
ʻnāxwa gwagŭmsēnâsŏʻsēs g·ŏkŭlŏtē.

Wä, hëʻmis g·ĭl LĕgEmsēxs g·ălaē măyoLEmsēs ăbEmpē ʻyĭlīsē
qaxs hăē măyoLʻidayŏsēs ăbEmpē, wä, laʻmŏ LĕgadEs ʻyĭlīsō lălaa
lăxēs hĕlogwilax·dEmLa.

Wä, lä gwēdzE xLălax Hanăg·ats!ē qaēs gwasx·ălaē nâgadē Hanā- 40
g·ats!ē lăxa ts!ētsʻēqa g·äg·ĭLEla lăxs g·ălaē g·äx bEkumg·alisa g·ăla
nūx°nemisa k·!ēs layŏ lăxa ŏgŭʻla bEgwānEmA ŏgŭʻla lăxa ʻnŏlastʻEgEmaʻyas sasEmʻnakŭlăsa g·ăla Ts!Exʻēda. Wä, hëʻmis lăg·ĭlas LĕgadEs Hanăg·ats!ē.

Wä, la LĕgadEs ʻnāwīs lăxēs hămshămts!Es.   45

Wä hëʻEmxat! k·!ēs L!ăL!ayokŭla LĕgEmsa Lăxumaʻyasa ʻnE-
ʻmēmotasa Lōyalalaʻwa yĭxs lēx·aʻmaē yăwasʻid L!ăyEwats LĕgEmasēxs LĕgEmg·ĭlxLalasaē, yĭsēs gEg·adaasē.

3. G·ēxsem, yĭxs Lăxunalaax K·ĭmk·EqEwidē. HēEm LĕgEmsēxs
laē Lăxumaʻyasēs ʻnEʻmēmota G·ēxsEmē. Wä hēEm LĕgEmsēxs laē 50
LĕlElaxa ʻnāxwa lēlqwălaLaʻyu.

And his man's name is GayōLElas, before he becomes | head chief of his numaym G·ēxsEm, for then he gives property to his tribe | the GwētEla. ||

And his young man's name is Q!ōmas (crab); and he is named Q!ōmas | when the young men give away to one another shirts and kerchiefs for the sake of the | greatness of the name Q!ōmas. |

And his child's name is Wāgedayo when he is ten months old, and when the | thunderbird straps of dressed skin are put on, and after he is painted with || ochre, and after the hair has been singed off. |

And when he is born in Ts!amas (Victoria), then his name is Ts!amas. |

His sparrow name is X·āwaats!ē. |

His name as hămshămts!Es is Ägēs. |

And his warrior name is K·îlEmālag·îlis, for he has been a warrior || ever since the myth people became human beings. |

4. Kŭkwāk!um. Their head chief is NEqāp!Enk·Em. This is his name | as head chief of the numaym Kŭkwāk!um; that is | when he invites all the tribes, and he takes the place of his father. |

And his man's name is TsEx‘wīd before he becomes || head chief of the numaym Kŭkwāk!um; for then he gives away property to his | tribe the GwētEla. |

Wä, hē‘mis q!waxExLāyo Lēgemsē GayōLElas, yîxs k·!ēs‘maē Lă- xumdxēs ‘nE‘mēmota G·ēxsEmē, qaxs laē t!Ensēla p!Esaxēs g·ōkŭ- lōta GwētEla.

Wä, lä hēlaxLălax Q!ōmasē. Wä, laEm gŭmyadzExLălax Q!ōma- sēxa hă‘yăł‘äxs gŭmyasap!aasa q!Esena‘yē LE‘wa lälaxwīwa‘yē qa ō‘mayōsēs Lēgemē Q!ōmasē.

Wä, lä g·înłExLălax Wāgedayo yîxs hēłogwīla, yîxs laē ‘wī‘la la qEx·‘ăLElē kŭnxwēdemas ēELag·îmdză Lōxs laē gwăł gŭmsasō‘sa gŭgŭmyîmē, yîxs laē gwăł ts!Ex·EłtsEmtsE‘wa.

Wä, lä māyoLEm lăxa Ts!amasē, wä, hē‘mis Lēgemsē Ts!amasē.

Wä, la gwēdzExLălax X·āwaats!ē.

Wä, la Lēgades Ägēsē lăxēs hămshămts!Ets!ēna‘ye.

Wä, la băbak!waxLălăx K·îlEmālagîlis qaxs gwasx·ălaē babak- k!waxs g·äg·îLElaxs g·ălaē bEkug·alisa nuxᵘnemisē.

4. Kŭkwāk!um, yîxs Lăxumalaax NEqāp!Enk·Eme hēEm Lēgem- sēxs laē Lăxuma‘yasēs ‘nE‘mēmota Kŭkwāk!um. Wä, hēEm Lēgem- sēxs laē LēłElaxa ‘năxwa lēlqwăłaLa‘ya yîxs laē L!ayostōdxēs ōmpē.

Wä, hē‘mis q!waxExLāyo Lēgemsē TsEx‘wīdē, yîxs k·!ēs‘maē Lă- xumdxēs ‘nE‘mēmota Kŭkwāk!um, qaxs laē t!Ensēla p!Esaxēs g·ōkŭlōta GwētEla.

And his young man's name is Wābidō‛; that is, when the young 72
men give to one another paddles | and mats, in the way the people
used to do of olden times, for the sake of the greatness of the | young
man's name. ||

And his warrior name is | Yāg·is. And he only takes the name 75
Yāg·is when he has killed a man, and when he keeps the | scalp of
the one whom he has killed in the way it was done by his ancestors,
for | there is not one of the generations of chiefs NEqāp!Enk·Em who
has not | killed a man; therefore their boxes were filled with ||
scalps of the men they killed, and | therefore he is called Yāg·is. | 80

And his feast name is Kwāx·īlanōkumē. |

And his child's name is G·īyaqa when he is ten months old. |

And his sparrow name in the winter ceremonial is T!ēt!EsEmx·-
ts!āna. ||

When he is hāmats!a he has the name L!äx·Elag·ilis. | 85

And when he was borne by his mother in X̱ŭlkᵘ, at the mouth of
the river | Gwānē‛, then his name is taken from the place where he
was borne by his mother until he is ten months old. | Then he has
the name X̱ŭlkᵘ.

5. SēnL!Em. Their head chief is ‛nEmōgwis. That is his name
when || he invites all the tribes, and when he is head chief of his | 90
numaym SēnL!Em. |

*   *   *   *   *   *   *

Wä, la hel‛axLäla Wābidō‛xa hä‛yāl‛äxs gŭmyasap!aasa sē‛wayowē 72
LE‛wa lēElwa‛yēxa gēg·ilasasa g·ālē bEgwānEma qa ō‛mayōsēs hēl‛ax-
Läyowē Lēgema.

Wä, la bābak!waxLäla ‛yāg·isē. Wä, laEmxaē äl‛Em Lēx‛ēdEs 75
‛yāg·isē yĭxs laē k·!ēlak·axa bEgwānEmē qa‛s g·āxō axēlax L!ēsas
x·ōmsasēs k·!ēlāg·ĭkwē läx gwēg·ilasas g·ĭlg·alisa wiwōmps, yĭxs
k·!eâsaē ‛nEmōx̣ᵘsa L!aL!ayots!äla g·īgämē‛ NEqāp!Enk·Em k·!ēs k·!ē-
lax·‛īdxa bEgwānEmē, läg·ilas hēmEnalaEm qōt!ēs g·ĭldasaxa
sābEkwē L!ētsōx x·ōmsasēs k·!ēlāg·ĭkwē bEgwānEma. Wä, hē‛mis 80
läg·ilas LēgadEs ‛yāg·isē.

Wä, la k!wēladzExLäla Kwāx·ĭlanōkuma‛yē.

Wä, la gĭnlExLäla G·īyaqa, yĭxs laē hēlogwila.

Wä, la gwēdzExLäla T!ēt!EsEmx·ts!āna läxa ts!ēts!ēqa.

Wä, la LēgadEs L!äx·Elag·ĭlis laxēs hāmats!aēna‛yē.   85

Wä, la māyoLEmsēs äbEmpē läx X̱ŭlkwē läx ōx̣ᵘsiwa‛yas wäs
Gwānē‛, wä, hē‛mē LēgEmsExa¹ g·äg·ĭLEla laqēxs g·ālaē māyoLEmsēs
äbEmpē lālaa laqēxs, laē hēlosgEmg·ila. Wä, laEm LēgadEs X̱ŭlkwē.

5. SēnL!Em, yĭxs Lax̣umalaax ‛nEmōgwisē, hēEm LēgEmsēxs laē
LēlElaxa ‛nāx̣wa lēlqwälaLa‛ya qaēs laēna‛yē Lax̣uma‛yasēs ‛nE‛mē- 90
mota SēnL!Emē.

---

¹ Or hē‛mis LēgEmsē.

He is hămshămts!ᴇs and has the name ʟ!ēmᴇlxk·!ālag·ilis. |
(Infant's name, if born in Tsāxis, Tsāxisadzē.) |

6. Laălax·s⁽ᴇndayo. The head chief is ʟ!āqwalał. That is his name when | he is head chief of the numaym Laălax·s⁽ᴇndayo. That is his | name when he invites all the tribes, and when he tells the chiefs ‖ of all the tribes that he takes the place of his father ʟ!āqwalał, for | that is the head chief; and his father ʟ!āqwalał just changes his name, | and he takes the name P!āsᴇlał. And his seat is at the end, the last one in the | numaym Laălax·s⁽ᴇndayo. |

* * * * * * *

And his dance is the grizzly bear, and his name is ⁽wālas nān. |
And when he is borne by his mother in Qălogwis, then | his name is Qălogwidzē. |

* * * * * * *

These are the seven numayms of the Gwētᴇla who ‖ had the name Kwēxâmot among the men of olden times; but the new tribal name | of the Kwēxâmot is Gwētᴇla, since the time of ⁽māxwa, when he | was killed by the Q!ōmoyâ⁽yē. |

(Man's name, Wālewid; young man's name ʟ!ᴇwᴇls (elk); feast name Kwax·ilanōkumē⁽; child's name, Wadzid; sparrow name, Ts!äqa.)
Wä, la hămshămts!ᴇsa la ʟ̣ēgadᴇs ʟ!ēmᴇlxk·!ālag·ilis.
(Infant's name, if born in Tsāxis, Tsāxisadzē.)

6. Laălax·s⁽ᴇndayo, yīxs ʟ̣axumalaax ʟ!āqwalał; hēᴇm ʟ̣ēgᴇmsēxs laē ʟ̣axuma⁽yasēs ⁽nᴇ⁽mēmota Laălax·s⁽ᴇndayo. Wä, hēᴇm ʟ̣ēgᴇmsēxs lae ʟēłᴇlaxa ⁽nāxwa lēlqwălaʟa⁽ya,qa⁽s nēłēxa g·ig·ᴇgăma⁽yasa ⁽nāxwa lēlqwălaʟēxs lᴇ⁽maē ʟ!āyoxēs ōmpē ʟ!āqwalał yīxs laē hēla ʟ̣axuma⁽ya. Wä, â⁽misē ōmpas ʟ!āqwalalē la ʟ!āyoxʟä. Wä, laᴇm ʟ̣ēgadᴇs P!āsᴇlalē qa⁽s lä ʟ̣ȧxsdᴇnd lax māk·!ᴇxsda⁽yasēs ⁽nᴇ⁽mēmota Laălax·s⁽ᴇndayo.

(Man's name, Q!ŭmx·ōd; young man's name, Hămdzalats!ē; feast name, Kwax·sē⁽stāla; child's name, Ādaxalis; sparrow name, Hōʟᴇlid.)
Wä, lä nānē lädäs; wä, la ʟ̣ēgadᴇs ⁽wālas nānē.
Wä, hēlat!a māyoʟᴇmsēs ăbᴇmpē Qălogwisē, wä, hē⁽mis ʟ̣ēgᴇmsē Qălogwidzē.

7. ᴇlgŭnwē⁽ (chief's name, G·ēxk·inis; man's name, Lālax·s⁽ᴇndayo; young man's name, ⁽nᴇmgwanał; child's name, G·iyaxalis; sparrow name, Dämis; nūłmał name, Nōł⁽id; infant's name, if born at Wadzōlis Wadzōlidzē).
Wä, laᴇm ⁽wi⁽laxa ăʟᴇbōsgᴇmak!ūsē ⁽nāł⁽nᴇ⁽mēmatsa Gwētᴇlaxa ʟ̣ēgada Kwēxâmote lāxa g·älä bᴇgwănᴇma. Wä, lâx alōmas lᴇgŭxʟäyosa Kwēxâmotōx Gwētᴇlax, g·āg·iʟᴇla läx ⁽māxwa yīxs laē k·!ēlax·⁽itsōsa Q!ōmoyâ⁽yē.

Now, the names of the head chiefs of the various numayms do not change; | for the head chief can not give his ‖ names to the husband 20 of his princess, | —beginning with the head chief's and man's name, down to | the young man's name, child's name, sparrow name, and | hămshămts!ɛs name, fool-dancer's name, and grizzly-bear dancer's name,—to his | sons-in-law; for it was instituted in olden times that the head chiefs ‖ had to keep their names, and that they could give 25 them to no other than the eldest among their | children. |

Now that finishes our talk about the seven numayms | of the Kwĕxâmot who have the new name Gwētɛla, and the names | beginning with the time when the child is just born until he becomes ‖ head chief of the numaym. That is all. | 30

II. NUMAYMS OF THE Q!ŌMOYA'YĒ | 1

I shall first talk about the name of the tribe Q!ōmoyâ'yē, for | this is the first name of the tribe Q!ōmoyâ'yē. Then a warrior | killed ʻmāxwa at Ēg·ʻisbalis, and ʻmāxwa was the ‖ head chief of the great 5 head numaym of the Gwētɛla, the Maămtag·ila. | When ʻmāxwa was dead, the Q!ōmoyâ'yē changed their name; and | now the name of the tribe was Kwēxa, beginning from the time when they killed the past ʻmāxwa. | And then the Kwāg·uł who have now the

Wä, hästaɛm k·!ēs ʟ!âʟ!ayōkŭlē ʟ̣ēʟ̣ɛgɛmasa ʟ̣ēʟ̣axumaʻyasa 18 ałogŭq!ɛsē ʻnâłʻnɛʻmēmota, yîxs k·!ɛâsaē gwēx·ʻidaasa ʟ̣âxumaʻyē la ʟ̣ēgɛmg·ɛlxʟ̣alasēs ʟ̣axumaʻyē ʟ̣ēʟ̣ɛgɛm lâx lûʻwŭnɛmasēs k·!ēdē- 20 lēxa g·ägîʟɛla lâx ʟ̣ēgɛmas lâxēs ʟ̣axumaʻyaē ʟ̣ɛʻwis q!waxɛxʟ̣äyo ʟ̣ɛʻwis hēlaxʟ̣äyo ʟ̣ɛʻwis g·înlɛxʟ̣äyo ʟ̣ɛʻwis gwēdzɛxʟ̣äyo ʟ̣ɛʻwis hămshămts!ɛs ʟ̣ēʟ̣ɛgɛma, ʟ̣ɛʻwa nōłɛmała ʟ̣ɛʻwa nānē läda lâxēs naɛngŭmpē, yîxs gwâlɛlamoyōłaɛl ɛlg·aaʟɛlōdayo lâxa ʟ̣ēʟ̣axuma- ʻyēxa ʟ̣ēʟ̣ɛgɛmas qa k·!ēsēs lâsas lâxa ōgŭʻla lâx ʻnōlast!ɛgɛmaʻyasēs 25 sāsɛmē.

Wä, laɛm gwâla gwagwēx·sʻâla lâxa ăʟɛbōsgɛmakʻûsē ʻnâłʻnɛ- ʻmēmatsa Kwēxâmotēxa ałɛxʟ̣âlâx Gwētɛla ʟ̣ɛʻwis ʟ̣ēʟ̣ɛgɛmē g·äg·îʟɛla laqēxs g·âlaē mayoʟ̣ɛmsēs ăbɛmpē lâg·aa laqēxs laē ʟ̣âxumdxēs ʻnɛʻmēmotē. Wä laɛm lâba. 30

II. ʻNÂŁʻNEʻMĒMASA Q!ŌMOYÂʻYĒ 1

Hēt!aʟɛn g·îl gwâgwēx·sʻâlasʟ̣a lɛgŭxʟ̣äyâsa Q!ōmoyâʻyē, yîxs hēʻmaē g·îl lɛgŭxʟ̣äyosē Q!ōmayâʻyē. Wä, lä k·!ēlax·ʻidē bâbak!wâsēx ʻmāxwa lâx Ēg·ʻisbalisē, yîxs g·îgâmaʻyaē ʻmŭxwa yîsa ʻmɛkumaʻyasa ʻwâlasē ʻnɛʻmēmotsa Gwētɛlaxa Maămtag·ila. Wä, 5 g·îlʻmēsē ʟ̣ɛʻlē ʻmāxwa lâaʻlasē ʟ̣!ayoxʟ̣äxa Q!ōmoyâʻyē. Wä, laɛmʻlaē lɛgŭxʟ̣âlax Kwēxa, g·äg·îʟɛlaxs laē kwēxʻēdɛx ʻmāxwōł. Wä, laɛmʻlaxaawisa Kwāg·ułɛxa la lɛgŭxʟ̣âlax Gwētɛla ʟ̣!äyoxʟ̣ä. Wä,

9 name GwētEla also changed their name. | They had no longer the
tribal name Kwāg·uł, for that was the first tribal name of the ¶
10 Kwāg·uł; but their tribal name was Kwēxâmot, because | their
chief ʻmāx̣wa had been killed. And thus you know how it began |
that the Q!ōmoyâʻyē have the tribal name Kwēxa; for the name |
kwēza means that they strike with their walking-sticks whatever is
struck by them, and that they | strike with the sword, for it is called
15 *kwēza* to strike with a pole, ǁ as ʻmāx̣wa was struck with when he was
killed. That is all. |

Now I shall talk about the various numayms of the | Q!ōmoyâʻyē.
The head numaym is: |
   1. Kŭkwāk!um.

*   *   *   *   *   *   *

These are the myth names of the head chief of the | numaym
22 Kŭkwāk!um of the Q!ōmoyâʻyē. |

Now I shall begin with the names of the head chief next to this
one. ǁ

*   *   *   *   *   *   *

Now these are all the names of the head chief of the numaym |
Yaēx·agEmē'. |

---

laEmʻlaē gwāł lEgŭxLälax Kwāg·ułē qaxs hēʻmaē g·îl lEgŭxLäyosa
10 Kwāg·ułē. Wä, laEm lEgŭxLälax Kwēxâmotē, qaxs laē kwēxʻē-
tsEʻwēs gīgāmēx·dē ʻmāx̣wa. Wä, yūʻmōkᵘ qaʻs q!ālaōsax g·āg·îLE-
lasas lāg·îłas lEgŭxLälaxa Q!ōmoyâʻyax Kwēxa, yîxs hēʻmaē kwēxa-
x·Lēxa kwēxʻîdāxēs sek·!aganowē lāxēs kwēxasEʻwē Lōxs kwēxʻî-
daasēs kwēxayowē. Wä, hēEm Lēgadɛs kwēxa yîxs dzōmeg·ałaē
15 kwēxElāsa kwēxʻîdāx ʻmāx̣wa laē łEʻlāmatsEʻwa. Wä, yūʻmōqᵘ.

Wä, laʻmēsEn gwāgwēx·sʻālał läxa ałogŭq!Esē ʻnāłʻnEʻmēmatsa
Q!ōmoyâʻyē. Wä, hēEm ʻmEkumālatsēxa

1. Kŭkwāk!um (chief's name, YāqoLadzō; man's name, Hăwīl-
kŭlał; young man's name, Wābidōʻ; child's name, Ādag·iʻlakᵘ; feast
20 name, MEnlēdzadzē; sparrow name, LaxLalît; nŭłmał name, Sa-
yāk·!a; warrior's namo, K·îlEm).

Wä, hēEm nŭyambalis LēLEgEms Lāxumaʻyasa ʻmEkŭmaʻyē ʻnE-
ʻmēmasa Kŭkwāk!umasa Q!ōmoyâʻyē.

Wä, laʻmēsEn lâsL lāx LēLEgEmas Lāxumaʻyas māk·!lāq.

25 2. Haănalēnā (chief's name, Yäx·lEn; man's name, TsEx·ʻwīd;
young man's name, X·îmayo; child's name, Ādag·îlis; sparrow name,
Nuxᵘnemis; hämshämts!Es name, ʻnax·nEwīsElag·îlis).

3. Yaēx·agEmēʻ (chief's name, L!āqōLas; man's name, YāqoLa-
sEmēʻ; young man's name, Xwāt!a; child's name, Tsōłasōʻ; feast
30 name, Kwākŭx·ālas; sparrow name, QāqEsbEndāla; hämshämts!Es
name, ʻnāx·q!EsElag·îlis).

Wä, laEmxaē ʻwīʻla LēLEgEmasa Lāxumaʻyasa ʻnEʻmēmāsa Yaē-
x·agEmaʻyē.

* * * * * * *

These are all the names of the head chief of the numaym | 46
G·īg·ĭlgăm, for there are seven numayms of the Q!ōmoyā'yē. | That
is all about the Q!ōmoyā'yē. |

III. NUMAYMS OF THE 'WĀLAS KWĀG·UŁ | 1

Now I shall talk about the numayms of the 'wālas Kwāg·uł | and
the names of their head chiefs. This is the first, the head | numaym: |
1. DzEndzEnx·q!ayo. 5

* * * * * *

These are all the myth names of the head chief of the ‖ numaym. | 15

* * * * * * *

4. Haŭyalik·awē' (chief's name, HäxŭyōsEmē'; man's name, L!âL!a-
ławīs; young man's name, K·!EnaX^u; child's name, Wīsadzē; spar- 35
row name, YałEla; hămshămts!Es name, 'na'nōgwis; warrior's name,
Gwāxŭlayäg·ĭlis).

5. Lâxsä (chief's name, 'maxŭyalisEmē'; man's name, Lālak·ots!a;
young man's name, BāgwanE'; child's name, WītâLâł; sparrow name,
X·ix·EqEla; nūłmał name, NEnōlogEmē'; feast name, Kwax·sē'stala; 40
warrior's name, 'yāg·ēdEnōł).

6. G·īg·ĭlgăm (chief's name, K!wāk!wabalasEmē'; man's name,
L!âl'īd; young man's name, MEmtsâlał; child's name, Nŏłē'łak^u;
sparrow name, WābEtōls; grizzly-bear dance name, NEnk·as'ō; feast
name, PōLēdē'stāla; warrior's name, Wāleb'yē). 45

Wä, laEm 'wī'la LēLEgEmasa Laxuma'yasa 'nE'mēmaxa G·īg·ĭl-
găm, yīxs ăLEbōsgEmāk!ūsaē 'nāł'nE'mēmasasa Q!ōmoyā'yē. Wä,
laEm 'wī'laxa Q!ōmoyā'yē.

III. 'NĀŁ'NE'MĒMASA 'WĀLAS KWĀG·UŁ 1

Wä, la'mēsEn gwāgwēx·s'ălał lāxa 'nāł'nE'mēmasasa 'wālas Kwā-
g·uł Lō' LēLEgEmas LēLaxuma'yas. Wä, g·a'mēs xa'mabē 'mEk·u-
mēsēg·a

1. DzEndzEnx·q!ayo (chief's name, Yäx·LEn; man's name, Hayał- 5
k·EngEmē'; young man's name, SeXŭlas; child's name, Dēyadeas
g·iyadzē; sparrow name, Hanag·īd; hămshămts!Es name, Gwayōkŭ-
lag·ĭlis; deer-dance (gēgeXŭlał) name, Gēwas; feast name, MElnē-
dzadzē; warrior's name, K·!lEm).

2. Wāwălibā'yē (chief's name, Yāqał'Enāla; man's name, Aōma- 10
k·En; young man's name, 'mEk·âla; child's name, Aadōł; sparrow
name, XōdzEnōd; hămshămts!Es name, Hōx'wētaso'; feast name,
MElnēdzas; warrior's name, HēmotElasō').

Wä, laEmxaē 'wī'la nŭyambālisē LēLEgEms Laxuma'yasa 'nE'mē-
ma. 15

3. G·ēxsEm (chief's name, LāLelīL!a; man's name, Yāqōlas; young
man's name, K!wēt!ē'; child's name, G·ī'yaqa; sparrow name, L!Em
sētasō'; hămshămts!Es name, 'nāx^"danadzē; feast name, Kwāx·sē-
'stāladzē; warrior's name, K·ēk·ałElayo).

IV. NUMAYMS OF THE Q!OMK·!UT!ES |

Now I shall begin with the Q!ōmk·!ut!ᴇs, for they are a tribe different | from the ʽwālas Kwāg·uł, and this is the first | numaym: |—
1. ʟ̣ēq!ᴇm.

* * * * * * *

And he is Nōłᴇm dancer, and has the name Nōłᴇmēʽstalis if it is a man; | but if it is a woman, she has the name Nōłᴇmēʽstalīdzᴇmga; | his feast name is Mᴇnlēd; he is a warrior, and has the name || Qᴇnkulag·īlidzᴇm; and his name is thus because the | head chief of the numaym ʟ̣ēq!ᴇm never laughs. These are all the | names of the head chief. | * * *

These are the different numayms of the four | Kwakiutl tribes, The Kwāg·uł, who are called Kwēxâmot, | of the Q!ōmoyâʽyē, who are called Kwēxa; and || of the ʽwālas Kwāg·uł, who are called Lāqwiʽlāla, because they burn everywhere the houses | of all the tribes when they make war upon them, for the ancestors of the | ʽwālas Kwāg·uł always made war, and therefore their war name is

---

IV. ʽNĀḶʽNᴇʽMĒMASA Q!ŌMK·!UT!ᴇS

Wä, laʽmēsᴇn lâsʟ̣a lāxa Q!ōmk·!ut!ᴇsē, yīxs ōgŭʽlaʽmaē lēlqwălaʟ̣ēʽ lāxa ʽwālas Kwāg·uła. Wä, g·aʽmēs ʽmᴇkumālas ʽnāłʽnᴇʽmēmasasēg·a

1. ʟ̣ēq!ᴇm (chief's name, Haēʟ̣ᴇkŭmēʽ; man's name, G·ayosdēdzasᴇmēʽ; young man's name, Mᴇtsa; child's name, Ādēʽstala; sparrow name, Qūsᴇlas).

Wä, lä nōłᴇmē lādäs. Wä, lä ʟ̣ēgadᴇs Nōłᴇmēʽstalis, yīxs bᴇgwānᴇmaē, wäx·ē ts!ᴇdāqa lä ʟ̣ēgadᴇs Nōłᴇmēʽstalīdzᴇmga. Wä, lä k!wēladzᴇxʟ̣ālax Mᴇnlēdē. Wä, lä bābak!wa; wä lä ʟ̣ēgadᴇs Qᴇnkŭlag·īlidzᴇm, yīxs hēē lāg·iłas hē gwēx·sg·īmāʟ̣a ʟ̣ēgᴇmasēs k·!ēsaē dāʽlēnoxwa ʟ̣āxumaʽyasa ʽnᴇʽmēmāsa ʟ̣ēq!ᴇmē. Wä, laᴇm ʽwīʽlē ʟ̣ēʟ̣ᴇgᴇmasa ʟ̣āxumaʽyas.

2. ʟ̣ēʟ̣ᴇgēd (chief's name, ʟ̣alep!alas; man's name, Ēk·!awēg·iʽlakᵘ; young man's name, Māxʽēnoxᵘ; child's name, Ōʽmag·īlis; sparrow name, ʟ̣!ᴇmyāla; hămshămts!ᴇs name, ʟ̣!āqusᴇlag·īlis; feast name, Pōʟ̣īd; warrior's name, G̣wāxŭʟ̣ᴇyāg·īlis).

Wä, laᴇm ʽwīʽla lāxēq yīx alogŭq!ᴇs ʽnāłʽnᴇʽmēmatsa mōsgᴇmakwē Kwākŭk·ᴇwakwaxa Kwāg·ulēxa ʟ̣ēqᴇlasᴇʽwas Kwēxâmotē. Wä, hēʽmisa Q!ōmoyâʽyēxa ʟ̣ēqᴇlasᴇʽwas Kwēxa. Wä, hēʽmisa ʽwālas Kwāg·ułxa ʟ̣ēqᴇlasᴇʽwas Lāqwiʽlāla qaxs lāqwiʽlālaax g·ig·ōkwasa ʽnāxwa lēlqwāłᴇʟ̣aʽya, yīxs wīnaaq qaxs wīnabᴇsaēxa g·alāsa ʽwālas Kwāg·uł. Wä, hēm·s wīnaxʟ̣āyosē Lāqwiʽlāla. Wä, hēʽmisa

Lāqwi‘läla; and also | the Q!ōmk·!ut!es who are called Lōel- 43
q!wēnox" (halibut-fishers). And so that is all | about this. ‖
These names never change. | 45
I think this is all, for these are the names of the | head chiefs of the numayms of the tribes, and the houses and the | dogs all have names. The reasons why the chiefs of the people of former times | kept dogs was to keep watch against attacks of enemies and against attempts of witchcraft. ‖

Q!ōmk·!ut!esēxa ʟeqelasɛ‘was Lōelq!wēnoxwē. Wä, lawēsʟa ‘wi‘la 43
läxēq.[1]
Wä, hëɛm k·!ēs ʟ!äyoēnox" ʟēʟegemē.   45
Wä, läx·st!aak"‘ɛm ‘wi‘la, yixs ‘näxwa‘maē hë gwäla ʟēʟegemas ʟēʟaxuma‘yas ‘näl‘nɛ‘mēmasa lēlqwälaʟn‘yē ʟɛ‘wa g·ōkwē ʟɛ‘wa waōts!ē; ‘näxwaɛm ʟēʟegada, yixs hë‘maē lägiłasa g·ig·ɛgɛma‘yasa g·älē axēlaxa ‘wats!ē qa‘s q!äq!alalaxa wīna ʟɛ‘wa dädaala ēqa.

[1] Here follows a list of the names of houses and dogs of the chiefs which I have omitted. See tabular statement, pp. 795 et seq. See also Addenda, p. 1386.

VIII. FAMILY HISTORIES

Wail of L!āl!eqwasila,[1] a Gwa'sela Woman[2]

1   Haha hananē! Now I come to think of my forefathers | and of my great-grandfathers. Now I will tell the story of my house | when we were chiefs in the beginning of this our world. |
5   Haha hananē! Yāqaɫɛ'nāla (II 1) went about spouting. ‖ He was my chief in the beginning of the world. He traveled about in his canoe, | a whale; for he was a whale, the ancestor of my people the Gwa'sɛla; | and he went into Nɛgēɫ. He saw that there was a good beach, | and he went ashore there; and Yāqaɫɛ'nāla (II 1) built a
10   house, | and came out of his whale-body. Now, ‖ the whale-canoe of Yāqaɫɛ'nāla (II 1) lay crosswise on the beach. | Then Yaqaɫɛ'nlis (II 1) gave a name to the village, and called it Gwēqɛlis. |
     Haha hananē! Then Yāqaɫɛnlis (II 1) said that he would go and | see the country southward. He went aboard his | traveling-canoe,
15   "Whale," and came to Padzō. There ‖ Yāqaɫɛ'nāla (II 1) saw a good beach, and | the whale landed in the middle of the beach of Padzō. | Yāqaɫɛnlis (II 1) went ashore out of his traveling-canoe,

Wail of L!āl!eqwasila,[1] a Gwa'sela Woman

1   Haha hananē; lāk·as'maēg·in g·ig·aēx·'īdxɛn wīwōmpk·aswūla ʟōkwasɛn gāgasɛlak·asa lāk·as'mēsɛn nɛwēlasg·in gwāł'alīdzɛmēk· g·īqostâlēs lāxō 'nā'lax.
     Haha hananē; wä hēk·as'maēxs lāk·asaē ʟ!āltsē'stalīsɛlē Yāqaɫɛ-
5   'nālaēsxɛn g·īqag·īwa'yē gwalesa 'yā'yasɛlaxēs gwɛ'yīmē 'yīnāsɛla qāk·asɛxs gwɛ'yīmaɛn âwanâyax Gwa'sɛlēk·. Wä, g·āxk·asē g·āxēl'īd lāk·asɛx Nɛgēʟē. Wä, lāk·asē dōx'waʟɛlaxē ēx·'ē a'wīnagwisa. Wä, lāk·asē lag·alis lāq. Wä, lāk·asē g·ōkwīla Yāqaɫɛ'nāla laqēxs lāk·asaē lāqâ lāxē gwɛ'yīmē. Wä, âkwas'mēsē la gēg·īlisɛlak·asa
10   gwɛ'yīmē 'yā'yats!ēs Yāqaɫɛ'nāla lāxē ʟ!ɛma'yaēsē. Wä, lāk·as'mē Yāqaɫɛnlisē ʟēx'ēts Gwēqɛlisē lāxēs la g·ōkwēlasa.
     Haha hananē; hēk·as'mēs la nēg·ats Yāqaɫɛnlisē qa's g·āxk·asē dōxdɛgwēsɛlaxō 'nālenak·âlax. Wä, lāk·as'mē lāxs lāxēs 'yā'yasi-'lālayōwa gwɛ'yīmē. Wä, g·axk·asē lāxō Padzawa. Wä, lāk·asē
15   Yāqaɫɛ'nāla dōx'waʟɛlaqōxs ēk·aēx âwīnagwisa. Wä, lāk·as'mē tsɛx'walīsēda gwɛ'yīmē lāk·asɛx 'nɛgoyâlisas Padzawa. Wä, lāk·as-'laxaē la Yāqaɫɛnlisē lâltâ. lāxēs 'yā'yasi'lālayuwa gwɛ'yīmē qa's lā

---
[1] L!aL!ɛqwasila.
[2] In the following family traditions the individuals are designated by Roman numerals for each generation, by Arabic numerals for each individual. This seemed necessary on account of the constant changes of names.

"Whale," and went | to look at it. He saw that it was a good place 18
to build a house. | And now Chief Yāqaɫɛnɫis (II 1), my ancestor,
built a house ten || steps deep. He closed the mouth of the river 20
at | ɛmxsdɛlis, and therefore the river is called ɛmxsdɛlis (closed-
bottom). | Then Yāqaɫɛnlis's (II 1) name was changed from Yāqa-
ɫɛnlis | to Tsɛxtsɛxūlis (stranded-whale); for that is what the whale
did when | it went ashore at Padzō. Now, Tsɛxtsɛxūlis (II 1)
finished || his house. It was ten steps deep. Then a canoe | came 25
paddling along, and Tsɛxtsɛxūlis (II 1) went to meet (the travelers),
and he | invited them in. A man and his wife | and a pretty young
woman came ashore. They sat down. | Then Tsɛxtsɛxūlis gave
them to eat. And after they had eaten, || Tsɛxtsɛxūlis questioned 30
his guests: "O brother! | who are you?" Then the man said,"I |
am SēnLē‘ (I 1). My village is in the world above, | and this is my
princess, SēnL!ēgas (II 2); and this | is my wife, O brother!" Then
SēnL!ē‘ (I 1) questioned him also: || "And who are you, O brother!" 35
Then | Tsɛxtsɛxūlis (II 1) replied, and said, "I am | Tsɛxtsɛxūlis.
I come from North-End-of-our-World. | I wish to marry your prin-
cess, O brother! so | that our names may be really together." Then ||
SēnL!ē‘ (I 1) asked his princess to sit down by the side of | Tsɛx- 40

dōx‘wīdɛq. Wä, läk·as‘mē dōx‘waLɛlaqēxs ĕk·aē lāx g·ōkwēlasē. 18
Wä, läk·as‘mē Yāqaɫɛnlisēxɛn g·īqag·iwa‘yē g·ōkwēlaxē ‘nɛqax·‘ī-
daxalīlē dzōyagɛkᵘ g·ōkwa. Wä, läk·as‘ma ɛmx·ɛmk·amasax wäs 20
ɛmxsdɛlisē. Wä, hēk·as‘mēs läg·ilas Lēgats ɛmxsdɛlīsa wa. Wä,
läk·ās‘mē L!ā‘yoxLä‘yē Yāqaɫɛnlisē; wä, läk·as‘mē Lēgadē Yāqaɫɛnli-
säsas Tsɛxtsɛxūlisē, qāk·asē gwēx·‘ida asasa gwɛ‘yīmaxs läk·asaē
tsɛxwalisa gwɛ‘yīmē läk·asɛx Padzawē. Wä, läk·as‘mē g·wălk·asē
g·ōkwila‘yas Tsɛxtsɛxūlisēxa nɛqāx·‘idaxalīlē dzōyagɛkᵘ g·ōkwa 25
g·äxk·asaasē sēxwa. Wä, läk·asē Tsɛxtsɛxūlisē lālalāq qak·ats
Lä‘li‘laleq. Wä, g·äxk·asē hōx‘wŭsdēsēda bɛgwānɛmē Lōkwasēs gɛ-
nɛmē Lōkwasa ēx·sokwē alōstāgas ts!ɛdāqa. Wä, läk·asē k!ŭs‘ālīla.
Wä, läk·asē Tsɛxtsɛxūlisē L!ɛxwēlaq. Wä, g·īlk·as‘mēsē gwăl L!ɛ-
xwaxs läk·asaē Tsɛxtsɛxūlisē wŭLak·asxēs L!ɛxwēlag·ilē: "Wä, ‘nɛm- 30
wɛyōt; sō‘maa ɛngwas." Wä, läk·asē ‘nēk·asēda bɛgwānɛmē:
"Nōgwak·as SēnL!a‘ya g·ōkŭla lāx ēk·!ādzēlisasɛns ‘nālak·asēx. Wä,
yōkwas‘mēsɛn k·!ēdɛlk·asa, yīk·asxōx SēnL!ēgasēx; Lōkwasg·īn gɛ-
nɛmk·asɛk·, ‘nɛmwɛyōt." Wä, läk·asē SēnL!a‘yē ōgwaqak·as
wŭLāk·asɛq: "Wä, sōkwas‘maa ɛngwas, ‘nɛmwɛyōt." Wä, läk·asē 35
Tsɛxtsɛxūlisē nä‘naxmēk·asɛq. Wä, läk·asē ‘nēk·asa: "Nōgwak·as
Tsɛxtsɛxūlisē, g·äx·‘īd lak·asxōx gwābalisasɛns ‘nälax. Wä, läk·as-
‘mēsɛn ‘nēk·as qɛn gāgak·!ēxs k·!ēdɛlk·asaqōs, ‘nɛmwɛyōt, qa-
k·asaɛns ā‘ma ‘nɛmg·īlqɛlaxɛns LēLɛgɛmk·asēx." Wä, ōkwas‘mēsē
SēnL!a‘yē ‘yālaxsigwīlaxēs k·!ēdɛlk·asē qa läk·asēs k!wānōdzɛlīla 40

42 tsExūlis, and they were married. Then | SēnL!ē⁽ (I 1) gave as a marriage present the names Sēsaxâlas and Sēwid to | TsExtsExūlis (II 1), and this was the first name obtained in marriage by my ancestor the chief. |

45 Haha hananē! When SēnL!ēgas (II 2) had a child, ‖ a boy, SēnL!ē⁽ (I 1) called his grandson Ānx⁽wīd (III 1), | and Sēsaxâlas called his child Yāqaɬɛnlis (III 1), | and Sēsaxâlas gave his house of ten steps to his | son Yāqaɬɛnlis. Therefore I am on one side Kwakiutl on account of | the chief, my ancestor. ‖

50 Haha hananē! Now, Sēsaxâlas (II 1) said that he would go to | see the regions to the south. SēnL!ē⁽ (I 1) and | his wife, and SēnL!ē gas (II 2) and her son, Anx⁽wīd (III 1), stayed at home. | Now we shall call him by this name, for the child Yāqaɬɛnlis (III 1) | had
55 this name on the side of his father Sēsaxâlas (II 1); ‖ Sēsaxâlas left the whale as food for his father-in-law SēnL!ē⁽ (I 1); | and SēnL!ē⁽ (I 1) gave his flat-bowed canoe to his son-in-law Sēsaxâlas (II 1) | to travel in, for he was going to see the southern regions. | As soon as Sēsaxâlas (II 1) started, | SēnL!ē⁽ (I 1) cut off the blubber of the
60 whale. Now, SēnL!ē⁽ obtained a new name ‖ from this, and his princess was named K·!ämaxalas (II 2). | And after this she was not named SēnL!ēgas (II 2); and SēnL!ē⁽ (I 1) obtained | this new

---

41 TsExtsExūlisē. Wä, lāk·as⁽mē hayasɛk·âlax·⁽idē. Wä, lāk·as⁽mē Sēn-
L!a⁽yē ʟēgɛmg·ɛlxʟâlax Sēsaxâlasē ʟōkwasē Sēwidē lāk·asɛx TsExtsE-
xūlisē. Wä, hēk·as⁽ɛm g·îl gɛg·âdanɛm ʟēʟɛgɛmsɛn g·îqag·iwa⁽yē.
Haha hananē; wä hēk·as⁽ɛm la xūngwadaats SēnL!ēgɛsasa bā-
45 bagumē. Wä, lāk·asē SēnL!a⁽yē ʟēx⁽ēts Ānx⁽widē lāk·asxēs ts!ōxᵘ-
ʟɛma. Wä, lāk·asē Sēsaxâlasē ʟēx⁽ēts Yāqaɬɛnl·sē lāk·asxēs xūnōkwē.
Wä, lāk·as⁽mē Sēs·ɩxâlasē tsǃâsēs nɛqāx·⁽idaxalilē dzōyagɛkᵘ g·ōkᵘ
lāk·asxēs xūnōkwē Yāqaɬɛnl·sē. Wä, hēk·as⁽ɛm la kwaxᵘk·!ōt!ɛ-
nēsɛn g·îqag·iwa⁽yē.
50 Haha hananē; wä, lāk·as⁽mēsē Sēsaxâlasē ⁽nɛxk·as qa⁽s lāk·asē
dōqwaxwa ⁽nālē⁽nak·âlax. Wä, lak·asē āmlēxwē SēnLa⁽yē ʟōkwa-
sēs gɛnɛmē ʟōkwasē SēnL!ēgasē ʟōkwasēs xūnōkwē Ānx⁽widē.
Wä, lāk·as⁽mɛns ʟēqɛlaʟɛs lāk·asqēxs lāk·asaaxt ʟēgadk·ats Yāqa-
ɬɛnlisa g·înānɛmk·asē lāk·asxēs ōmpk·asē Sēsaxâlasē. Wä, lāk·as⁽mē
55 g·ōlisa Sēsaxâlasasa gwē⁽yîmē lāk·asxēs nɛgümpē SēnL!a⁽yē. Wä,
lāk·as⁽mēsē SēnL!a⁽yē lāk·atsēs t!ɛgünē lāk·asxēs nɛgümp Sēsaxâlasē
qak·as ⁽yā⁽yats!ēs lāk·asxēs laēnēʟē dōxdɛgwēsɛlak·asxē ⁽nālē⁽na-
k·âla. Wä, g·îlk·as⁽mēsē ālēx⁽widē Sēsaxâlasaxs lāk·asaē k·!ä-
maxɛlē SēnL!a⁽yaxē gwē⁽yîmē. Wä, lāk·as⁽mē ʟēgɛmōʟē Sēn-
60 L!a⁽yē lāk·asxēq. Wä, lāk·as⁽mē ʟēgadē k·!ēdēlasa K·!ämaxalasē.
Wä, lāk·as⁽mē gwāl ʟēgadɛs SēnL!ēgasē. Wä, lāk·as⁽ɛmxaē g·āya-
nɛmē SēnL!a⁽yaxa ʟēgɛmk·asē lāk·asxēs k·!ämaxɛlak·ats!ēna⁽yaxa

name from the cutting of the blubber of the | whale. Now, Sēsaxᴀ̂las 63
(II 1) arrived at Ōdzᴀ̂las, | for that is where the houses of the ances-
tors of the Nimkish stood, of ‖ Hēxˑhakˑîn (I 2). Then my ancestor 65
Chief Sēsaxᴀ̂las (II 1) was invited in. |—|

Haha hananē! My great-grandfather was taken care of by the |
ancestors of the tribes. |

Haha hananē! Therefore I feel proud in my heart. ‖

Haha hananē! Then Sēsaxᴀ̂las (II 1) followed Hēxˑhakˑîn (I 2), | 70
and they went into the house with the carved posts. Then | Sēsa-
xᴀ̂las (II 1) was told to sit down on the bear-skin spread on the floor.
Then they | broke roasted sockeye-salmon, and Sēsaxᴀ̂las (II 1)
ate. | Sēsaxᴀ̂las saw the princess of ‖ Hēxˑhakˑîn (I 2) sitting by the 75
side of her mother; and | after Sēsaxᴀ̂las (II 1) had eaten, he was
questioned by | Hēxˑhakˑîn (I 2): "Let me ask you, O brother!
who are you?" | Then Sēsaxᴀ̂las said, "I | am Sēsaxᴀ̂las (II 1). I
come from the northern part of our world." Thus he said ‖ to him. 80
"And who are you?" asked Sēsaxᴀ̂las of Hēxˑhakˑîn. | Then he said,
"I am Hēxˑhakˑîn (I 2). I have always | lived in the village of
Ōdzᴀ̂las; and this is my princess | Ḡaᴀxstalas (II 3), and this is her
mother Hēkˑînēdzᴇmga (I 3), | and these are my slaves, and the
speaking-posts of my ‖ house." Thus said Hēxˑhakˑîn (I 2) to Sēsa- 85

gwᴇʻyîmē. Wū, lākˑasʻᴇm lāgˑaē Sēsaxᴀ̂lasē lākˑasᴇx Ōdzᴀ̂lasē 63
qāk·asᴇxs hēk·asaē g·ōkŭlē g·īgᴀ̆maʻyasu g·ālāsu ʻnᴇmgēsē, yîkˑasᴇx
Hēxˑhakˑînē. Wā, lāk·asē ᴌālēʻlālasōʻkwasa yîkˑasxᴇn g·īqagˑiwaʻyē 65
Sēsaxᴀ̂lasē.

Haha, hananē; xa gwālᴇlakˑasʻmōla mayax·îlasōʻkwasᴇn gᴀ̆gᴀ-
sᴇlāsa g·ālā bᴇgwānᴇmsa lēlqwᴀ̆laʟaʻyē.

Haha hananē; hēk·asʻmēs ōkwasʻᴇm ʟᴇmgᴇmisg·în nᴀ̂qēk·asg·în.

Haha hananē; wā, lāk·asʻmē Scsaxᴀ̂lasē lāg·ēx Hēxˑhakˑînē qa- 70
k·ats lā hōgwᴇʟ lāk·asxē g·ōkwē kˑ!ēxˑkˑ!adzᴇkwa. Wā, lākˑasʻmē
k!wādzōlēʟᴇmē Sēsaxᴀ̂lasē lāk·asxē ʟᴇbēlē ʟ!aʻya. Wā, lākˑasē
ᴌᴇnxʻwitsōʻkwasa ʟ!ōbᴇkwē mᴇlēkˑa. Wā, lākˑasʻmc ʟ!ᴇxwakˑasē
Sēsaxᴀ̂lasē. Wā, lākˑasʻmē Sēsaxᴀ̂lasē dōqŭlakˑasᴇx kˑ!ēdēlas
Hēxˑhakˑînaxs k!waēlkˑasaē lākˑasᴇx ᴀ̂psalîlasēs ᴀ̆bᴇmpkˑasē. Wā, 75
g·îlkˑasʻmēsē gwᴀ̆lkˑas ʟ!ᴇxwē Sēs xᴀ̂lasaxs lākˑasaē wŭʟ!ālē Hēxˑ-
hakˑinax Sēsaxᴀ̂lasē: "Wāgˑaxˑᴇn wŭʟākˑasōʟ. ʻnᴇmwᴇyōt, sōkwas-
ʻmaa ᴀ̆ngwakˑatsî" Wā, lākˑasē Sēsaxᴀ̂lasē ʻnēkˑkˑasᴇq: "Nōgwa-
k·as Sēsaxᴀ̂lasa g·äxʻidᴇlakˑasᴇx gwābalˑsasᴇns ʻnālax," ʻnēxˑkˑas
laxaēq. "Wā, ᴀ̆ngwakˑastˑ!äs?" ʻnēxˑkˑasʻlaxaē Sēsaxᴀ̂lasax Hēxˑha- 80
kˑînē. Wā, lākˑasē ʻnēk·a: "Nōgwakˑas Hēxˑhakˑîna. Hēʻmᴇnēs
g·ōkŭlakˑas laxōx Ōdzᴀ̂lasēx. Wā, yōkwasʻmēsᴇn k·!ēdᴇlōx Ḡañx-
stālaskˑasᴇx ʟōkwasōx ᴀ̆bᴇmpkˑasaxs yîk·asxōx Hēk·înēdzᴇmgax,
yōkwasʻmēsᴇn q!āq!ᴇkˑōx. ʟōkwasᴇn yaēq!ᴇntˑ!ālax ʟᴇʟᴀ̆msᴇn
g·ōkwasēx," ʻnēkˑasē Hēxˑhakˑinax Sēsaxᴀ̂lasē. Wā, lāk·asē Sēsa- 85

86 xâlas (II 1). Now, Sēsaxâlas | tried to discover the thoughts of Hēx·hak·ĭn (I 2), and he wooed | his princess. Then Hēx·hak·ĭn told Sēsaxâlas, | the chief, my ancestor, to go ahead (and to marry her), as he had said. | Then Sēsaxâlas (II 1) married her by giving 90 him his traveling-canoe ‖ After they were married, Hēx·hak·ĭn (I 2) spoke, | and said, "Now, listen to me, son-in-law | Sēsaxâlas! You have come to me so that I might be your father-in-law. | Now, these speaking-posts of my house shall go to you, | and this house has a 95 name. It is named Q!aāts!ē, and ‖ this is the name. Now, your name shall be ʿwālas ʿnEmōgwis (II 1); and | also the seal house-dish, and the wolf, and the | dzōnoq!wa, and the beaver, and also two slaves, | to take care of your house-dishes, son-in-law! They belong to this | house; and all this goes to you, son-in-law, ʿwālas 100 ʿnEmōgwis; and ‖ also ten sea-otter blankets and twenty-five | marten blankets and twenty black-bear | blankets, which will be the blankets of your wife, | son-in-law, ʿwālas ʿnEmōgwis (II 1)." Then Hēx·- 5 hak·ĭn (I 2) | sent out some of his slaves to hunt ‖ seals at Dāg·ulkᵘ. As soon as they left, | Hēx·hak·ĭn (I 2) and ʿwālas ʿnEmōgwis (II 1) also started, | for now he no longer had the name Sēsaxâlas. They were going | to invite the ʿnēnêlk·ʿlēnoxᵘ, for they were living up the river | at the upper end of the lake of Gwanēʿ. They had not been

---

86 xâlasē gwānax nâqēk·asas Hēx·hak·ĭnē. Wä, lāk·asʿmē g·āyok!wālax k·!ēdēlk·asas. Wä, lāk·asē ōkwasʿEm wäxē Hēx·hak·ĭnax SēsaxâlasēxEn g·ĭqag·ĭwaʿyē qa ōkwasʿmēs wäg·ĭ lāk·asxēs wāldEmē. Wä, lāk·asʿmē qādzēlʿĭdē Sēsaxâlasasēs t!Egūnē ʿyāʿyats!ē lāk·asEq. 90 Wä, g·ĭlk·asēʿmēsē gwāl qadzēLaxs lāk·asaē yaq!Eg·aʿlē łlēx·hak·ĭnē. Wä, lāk·asē ʿnēk·asa: "Wa, hōʟēlak·asʟ g·āxEn, nEgūmp Sēsaxâlas; g·āxk·asʿEm g·āxʿaʟEla g·āxEn qak·asEn nEgwāyadaōs. Wä, lāk·asʿmēsEk· lälg·ĭn yaēq!Ent!ālag·as ʟēʟâm g·ōkᵘ lāk·asōʟxg·ada ʟēgadk·asEk· g·ōkwa. Hēem ʟēgEmk·atsg·ē Q!aāts!ē, wä, 95 hēk·asʿmēsē ʟēgEmē lāk·asʿEms ʟēgādʟEs ʿwālas ʿnEmōgwisē; wä, hēk·asʿmēsa łōqŭlĭlē mēgwat; wä, hēk·asʿmēsa āʟanEmē ʟōkwasa dzōnoq!wa ʟōkwasa ts!aʿwē. Wä, hēk·asʿmēsa maʿlōkwē q!āq!Ek·â qak·as āaxsĭlaxs łōElqŭlĭlaqōs, nEgūmp. Wä, yōkwasʿEm ʿnamiʿlälōtsōs g·ōkwak·asaqōs, nEgūmp ʿwālas ʿnEmōgwis. Wä, hēk·as- 100 ʿmēsa lastōkᵘ q!āsasgEm ʿnaEnxʿūnaʿya ʟōkwasg·ada sEk·!agâlak· ʟēʟEgExᵘsEm ʿnaEnxʿūnaʿya ʟōkwasg·ada maltsōkŭk· ʟ!EnʟlEntsEm ʿnaEnxʿūnaʿya; wä, hēk·asʿEm ʿnaEnxʿūnēx·tsg·as gEnEmk·asg·ōs, nEgūmp ʿwālas ʿnEmōgwis." Wä, lāk·asʿmē Hēx·hak·ĭnē qak·ats ʿyālaqak·asēsēs waōkwē q!āq!Ek·o qa läs māmēgwat!axa 5 mēgwatē lāk·asēx Dāg·ulkwē. Wä, g·ĭlk·asʿmēsē âlēxʿwĭdExs lāk·asaē ōgwaqa âlēxʿwĭdē Hēx·hak·ĭnē ʟōkwasēs ʿwālasē ʿnEmōgwis qak·asExs lak·asʿmaē gwāl ʟēgadEs Sēsaxâlasē. Wä, lāk·asʿmē lāk·asʟ ʟēlElalxē ʿnēnêlk·!ēnoxwē, yĭk·āsExs hāē g·ōkŭlē ʿnēnêlg·āsē lāk·asEx ʿnEldzās dzEʿlâlas Gwanēʿ. Wä, k·!ēsk·ast!ē gälaxs g·āx-

away long, ‖ when ʻwālas ʻnɛmōgwis arrived at the village of the 10
ʻnēnêlkˑ!ēnoxᵘ, whose chief was | Mâʻnakŭla. As soon as they
arrived at Ōdzâlas, | the slaves also came home bringing fifty |
seals. Then Hēxˑhakˑîn (I 2) gave these as a wedding-feast to his
son-in-law | ʻwālas ʻnɛmōgwis (II 1), to give them as food to his
guests, the ʻnēnêlkˑ!ēnoxᵘ. ‖ Then Hēxˑhakˑîn (I 2) gave him as a 15
marriage present the name Kwaxˑi̯lanōkumēʻ (II 1) | as the feast
name of ʻwālas ʻnɛmōgwis, for | ʻwālas ʻnɛmōgwis (II 1) was to
be his potlatch (inviting) name. Then the fifty | seals were placed
in the four house-dishes, and | they were placed before the ʻnēnêlkˑ!ē-
noxᵘ. When ‖ they had finished, they gave away the ten sea- 20
otter blankets, | twenty-five marten blankets, twenty | black-bear
blankets, to their guests. This was the first | time that property
was given away with a feast of seals in house-dishes, and this was the
first time that the | Gwaʻsɛla made a potlatch at the time of a
feast. ‖

Haha hananē! Therefore I feel like laughing at what | the lower 25
chiefs say when they try to claim higher rank than what I have— |
I, who had in the beginning an ancestor who was a chief who gave
away property at a feast. |

Haha hananē! Now, Ḡaāxstālas (II 3) had a child, | a girl.
When the child was four days old, ‖ Hēxˑhakˑîn (I 2) asked his wife 30

kˑasaē sɛyōgwaʻyē ʻwālas ʻnɛmōgwisaxa ʻnēnêlkˑ!ēnoxwēxa gˑīgadās 10
Mâʻnakŭla. Wä, gˑîlkˑasʻmēsē gˑāxʻaʟɛla lāx Ōdzâlasē gˑāxkˑasaasē
ōgwaqa gˑāxʻälisa q!āq!ɛkˑowē mâlaxa sɛkˑ!āsgɛmgˑustâwē mē-
gwata. Wä, lākˑasʻmē Hēxˑhakˑînē wāwałqālas lākˑasxēs nɛgŭmp
ʻwālas ʻnɛmōgwis qa hämgˑîlîłts lākˑasxēs Lēłɛlaēnaʻyaxa ʻnēnêlkˑ!ē-
noxwē. Wä, lākˑasʻmē ʟēgɛmgˑɛlxʟāla Hēxˑhakˑînax Kwaxˑi̯lanō- 15
kumaʻyē qa k!wēladzɛxʟäyōs ʻwālasē ʻnɛmōgwisa qakˑasɛxs Lēłɛla-
yoxʟäyaē ʻwālasē ʻnɛmōgwisa. Wä, lākˑasʻmē lɛxᵘts!oyowa sɛkˑ!as-
gɛmgˑustâwē mēgwat lākˑasxē mewēxʟa łoɛlqŭlîła. Wä, hēxˑʻi-
dakˑasʻmēsē lākˑas kˑagɛmlîʻlɛmxē ʻnēnêlkˑ!ēnoxwē. Wä, gˑîlkˑas-
ʻmēsē gwāłɛxs lākˑasaē yaxʻwîtsa lastowē q!ēq!asasgɛm ʻnaɛnxʻŭnē 20
ʟōkwasa sēkˑ!agâla ʟēʟɛgɛxᵘsɛm ʻnaɛnxʻŭnē ʟōkwasa małtsokwē
ʟ!ēʟ!ɛntsɛm ʻnaɛnxʻŭnē lākˑasxēs Lēłɛlakwē. Wä, hēkˑasʻɛm gˑîl
yaqwägɛlîłaxēs łōxᵘts!ɛwakwē mēgwata. Wä, hēkˑasʻɛm gˑâlabɛntsa
Gwaʻsɛla ʻmāx̱ʻwid yāqwägɛlîłakˑasxēs k!wēlēkwē.

Haha hananē; xɛn lāgˑiła ōkwasʻɛm dēdalēqɛlas wâłdɛmasɛn 25
gˑīgabâʻyaxs lākˑasaē wäxˑkˑas gˑāgˑēqɑq!axgˑîn gwalēts!ēʻmēgˑîn
gˑîqagˑiʻwāla ʻmāx̱wagˑiwāla k!wēlasagˑiwala.

Haha hananē; wä, lākˑasʻmē xŭngwadîxˑʻīdē Ḡaāxstālasasē ts!ā-
ts!adagɛmē. Wä, gˑîlkˑasʻmēsē mōp!ɛnēła gˑînānɛmkˑasaxs lākˑa-
saē Hēxˑhakˑînē äxkˑ!ālaxēs gɛnɛmē Hēkˑînēdzɛmga qaʻs wałqēsʻi- 30

31 Hēk·inēdzᴇmga (I 3) to give a marriage gift | of ten sea-otter blankets, thirty | marten blankets, and ten black-bear | blankets, and that ᶜwālas ᶜnᴇmōgwis (II 1) | should invite again the ᶜnēnêlk·!ēnoxᵘ on account of the high rank of ᶜmāx̣ūlayugwa (III 2). Then ||
35 Hēx·hak·in (I 2) gave this name as a marriage gift to ᶜwālas ᶜnᴇmōgwis (II 1) for | the name of his daughter. As soon as he had finished his speech, | Hēx·hak·in (I 2) told (this to) ᶜwālasᶜ nᴇmōgwis | ᶜwālas ᶜnᴇmōgwis (II 1) was very glad. | He started at once to invite the
40 ᶜnēnêlk·!ēnoxᵘ. || He did not stay away long, before he came back, paddling in his canoe, with | his guests, the ᶜnēnêlk·!ēnoxᵘ; and ᶜwālas ᶜnᴇmōgwis (II 1) gave away | ten sea-otter blankets and thirty | marten blankets and ten black-bear blankets | to the
45 ᶜnēnêlk·!ēnoxᵘ; and then he told about giving a high rank || to his daughter, who was given two names | —ᶜmāx̣ūlayugwa (III 2), "this name is given by my father-in-law; and | I will give her a name from my side, she shall | be called Gūndēlᴇmga (III 2)." Thus said ᶜwālas ᶜnᴇmōgwis (II 1). | Therefore I am Nimkish on one
50 side, on account of my ancestor the chief || who had married among the Kwakiutl. |

Haha hananē! Therefore I am known by all the tribes | all over this world, and only the chief | my ancestor gave away property in a

31 dēsa lastowē q!āsasgᴇmē ᶜnaᴇnx̣ᶜūnaᶜya; Ḻōkwasa yūdux̣ᵘsōkwē Lᴇ̄Lᴇgᴇx̣ᵘsᴇm ᶜnaᴇnx̣ᶜūnaᶜya; hēk·asᶜmēsē lastowē L!ᴇnL!ᴇntsᴇmē ᶜnaᴇnx̣ᶜūnaᶜya qak·asēs ēt!ēd Lēlᴇlax·ᶜīdē ᶜwālasē ᶜnᴇmōgwisx̣ē ᶜnēnêlk·!ēnoxwē qak·as ōᶜmayōs ᶜmāx̣ūlayugwa. Wä, lāk·asᶜmē
35 Hēx·hak·inē Ḻēgᴇmg·ᴇlxḺālaq lāk·asᴇx ᶜwālasē ᶜnᴇmōgwis qak·as Ḻēgᴇms xūnōkwas. Wä, g·ilk·asᶜmēsē gwālk·asē wāłdᴇmk·asas lāk·asaē nēłē Hēx·hak·inax ᶜwālasē ᶜnᴇmōgwisa. Wä, lāk·asē ālā ēk·ē nāqaᶜyas ᶜwālasē ᶜnᴇmōgwisa. Wä, hēx̣ᶜīdk·asᶜmēsē lāk·as ālēx̣ᶜwīdk·asa Lēłtsayokwasas ᶜwālasē ᶜnᴇmōgwisax̣ē ᶜnēnêlk·!ēno-
40 xwē. Wä, k·!ēsk·asē gālaxs g·āx̣k·asaē aēdaaqa sᴇyōgwaᶜya Lēłtsayāx̣a ᶜnēnêlk·!ēnoxwē. Wä, lāk·asē yūx̣ᶜwīdē ᶜwālasē ᶜnᴇmōgwitsa lastowē q!ēq!asasgᴇm ᶜnaᴇnx̣ᶜūnēᶜ Ḻōᶜkwasa yūdux̣ᵘsōkwē Lēlᴇgᴇx̣ᵘsᴇm ᶜnaᴇnx̣ᶜūnēᶜ Ḻōkwasa lastowē L!ᴇnL!ᴇntsᴇm ᶜnaᴇnx̣ᶜūnēᶜ lāk·asxa ᶜnēnêlk·!ēnoxwē. Wä, hēk·asᶜmēs la ᶜnēg·atsēs ōᶜmayō-
45 gwilaē qa maltsᴇmē LēḺᴇgᴇmsēs ts!ᴇdāq!ᴇdzaᶜyē xūnōkwa lāk·asᴇx ᶜmāx̣ūlayugwa, "yîx Ḻēgᴇmg·ᴇlxḺāᶜyâsg·in nᴇgŭmpᴇk·. Wä, lāk·asᶜmēsᴇn ōgwaqak·asʟ Ḻēx̣ᶜēdᴇłts Ḻēgᴇma g·āg·tlił g·äx̣ᴇn. Lak·asᶜᴇmxaak· Ḻēgadᴇłts Gūndēlᴇmga," ᶜnēk·asē ᶜwālas ᶜnᴇmōgwise. Wä, hēk·asᶜmᴇn lāg·iłk·asa ᶜnᴇmx̣k·!ōtᴇm qasᴇn g·ēqag·iwaᶜyaxs gāg·a-
50 diᶜlālaē lāk·asxaax̣ō Kwāg·ułk·asē.

Haha hananē; hēk·asᶜmᴇn lāg·iłk·asa k·!eâs k·!ēs małt!ēlk·as laxox ǟᶜwiᶜstäx̣sᴇns ᶜnālax. Wä, hēk·asᶜmēsx̣s lēx·ak·asᶜmaē g·ilg·i-

great feast, and therefore | they only try to imitate me. They try to imitate the chief, my grandfather, ‖ who is the root of my family. | 55
Haha hananē! And it was not long before ꜝwālas ꜝnᴇmōgwis | (II 1) had a son. Then Hēx·hak·în (I 2) gave | as a marriage gift four sea-otter blankets, ten | marten blankets, and seven blackbear ‖ blankets, thirty-five mink blankets, | and fifty deer-skin 60 blankets. Then | ꜝwālas ꜝnᴇmōgwis (II 1) thanked his father-in-law. He also | gave him a name. Now ꜝwālas ꜝnᴇmōgwis (II 1) was going to change his name, for | he was already a real chief, therefore Hēx·hak·în (I 2) wished him ‖ to change his name; and now Hēx·hak·in 65 (I 2) gave to his | son-in-law as a marriage gift the name ʟālēliʟ!adzē (II 1), and a name for | the boy. The name ꜝmax̱ŭlag·ꜝilis (III 3) was for the | boy. After this was done, ʟālēliʟ!adzē (II 1) called | the ꜝnēnêlk·ꜝlēnoxᵘ. When they all came, the chief, ‖ the root of my 70 family, gave away property to the ancestors of the ꜝnēnêlk·!ēnoxᵘ. Therefore none | of the lower chiefs has done as my ancestor did. |

Haha hananē! Then ʟāleliʟ!adzē (II 1), on his part, gave to | his son the name ʟ!ālisk·asꜝō (III 3); and ʟ!ālēliʟ!adzē (II 1) gave him the name | ʟ!ālisk·asꜝō (III 3) because he wanted his children ‖ to 75 have names from both sides. Therefore he | also gave a name of

lax·ꜝīdᴇn g·īqag·iwaꜝyē yᴇxᵘsᴇmēk·asᴇxs ʟêɫᴇlaē. Wä, yōkwasꜝmōs 53 ōkwasꜝᴇm la hayig·ēsōkwatsa. Wäx·k·asêx la haꜝyīg·ēxᴇn g·īgaa-
nâyēxᴇn gagasᴇla. 55

Haha hananē; wä, k·!ēsk·asē gāɫaxs lāk·asaē ꜝwālasē ꜝnᴇmōgwisē ēt!ēdk·as xŭngwadᴇx·ꜝītsa bābagumē. Wä, hēx·īdk·asꜝmēsē Hēx·hak·înē ēt!ēd walqēsꜝītsē mōwē q!āsasgᴇm ꜝnaᴇnx̱ꜝûnēꜝ ʟ̣ōkwasa lastowē ʟêʟғgᴇxᵘsᴇm ꜝnaᴇnx̱ꜝûnēꜝ ʟ̣ōkwasa āʟ̣ebowē ʟ!ᴇnʟ!ᴇntsᴇm ꜝnaᴇn-x̱ꜝûnēꜝ ʟ̣ōkwasa mamōx̱ᵘsokŭlasa sᴇk·!a mātsasgᴇm ꜝnaᴇnx̱ꜝûnēꜝ ʟ̣ō- 60 kwasa sᴇk·ax·sōkwē tētᴇk·!ōtsᴇm ꜝnaᴇnx̱ꜝûnaꜝyē. Wä, lāk·asꜝmē mōlē ꜝwālas ꜝnᴇmōgwisas wŭɫdᴇmasēs nᴇgûmp. Wä, hēk·asꜝmēsa ʟ̣ēgᴇmē qak·asᴇxs lak·asꜝmaē ʟ!ayoxʟāʟē ꜝwālasē ꜝnᴇmōgwisē qak·a-sᴇxs lāk·asꜝmaē âlak·!āla g·īgāmaꜝya, lāg·ꜝīlk·asas ꜝnēk·ē Hēx·hak·înē qa ʟ!āyoxʟäꜝyēs. Wä, lāk·asꜝmē Hēx·hak·înē ʟ̣ēgᴇmg·ᴇlxʟ̣ālax ʟā- 65 lēliʟ!adzē lāk·asxēs nᴇgŭmpē. Wä, hēk·asꜝmēsa ʟ̣ēgᴇmē qak·asē bābagumē. Wä, lāk·asꜝmēsē ʟ̣ēgᴇmē ꜝmax̱ŭlag·ꜝlisē qak·asa bābagumē. Wä, g·īlk·asꜝmēsē gwāɫᴇxs lāk·asaē ʟāleliʟ!adzē ēt!ed ʟêɫᴇlaxa ꜝnēnêlk·!ēnoxwē. Wä, gäxk·asꜝᴇmxaē ꜝwīꜝla p!ēkwa g·āläsa ꜝnēnêlk·!ēnoxwē lāk·asxᴇn g·īgaanâꜝyē, k·!eâsg·ꜝilk·asas ꜝnᴇmāx·ꜝi- 70 salēs ʟ̣ōkwasᴇn g·īqag·iwaꜝyē lāk·asxᴇn g·igabâꜝyēx.

Haha hananē; wä, lāk·asꜝmēsē ʟāleliʟ!adzē ōgwaqa lāk·atsē ʟ̣ēgᴇmē lāk·asxēs xŭnōkwē ʟ!ālisk·asꜝō. Wä, lāk·asꜝmō ʟ̣ēxꜝēdғs ʟ!ālisk·asꜝō lāk·asᴇq qak·asᴇxs ꜝnēk·aē ʟāleliʟ!adzē qa gwāɫakas-ꜝmēsē ꜝnᴇmx·ꜝīdēs ʟ̣êʟ̣ᴇgᴇmk·asē ʟ̣ōkwasēs gīg·adīꜝlälasē; lāg·ꜝilk·a- 75

77 his own to his children. Therefore | I am the only one who has many names, because the chief, | the root of my family, married in different tribes. |

80 Haha hananē! Now he gave away the four sea-otter ‖ blankets, ten marten blankets, | seven black-bear blankets, thirty-five | mink blankets, and fifty deer-skin | blankets to the ᵋnênêlk·!ēnoxᵘ. As soon as he had finished | his potlatch, he told the ᵋnênêlk·!ēnoxᵘ
85 that he, ‖ ᵋwālas ᵋnᴇmōgwis (II 1), had changed his name. "You will call me Lāleliʟ!adzē (II 1). | Now you will call my prince ᵋmāx̣ŭlag·îlis (III 3), | that will be his name from his mother's side; | and his name will be ʟ!ālisk·asᵋō (III 3) from his father's side." Thus said | Lāleliʟ!adzē (II 1) to his guests. ‖

90 Haha hananē! Therefore I am full of names and of privileges. | And therefore I have many chiefs as ancestors | all over the world; and therefore I feel like laughing at what is said by | the lower chiefs, when they claim to belong to the chief, my ancestor. |

Haha hananē! Now, Lāleliʟ!adzē (II 1) had four daughters ‖
95 and two sons. The | eldest girl was called ᵋmāx̣ŭlayugwa (III 2) | on her mother's side, and G̣ŭndēlᴇmga (III 2) on her | father's side. The second one was a boy, who was called ᵋmāx̣ŭlag·îlis (III 3) | on

---

76 sas ōgwaqa ʟex̣ᵋēdᴇsēs hᴇsāq ʟēgᴇm lāk·asx̣ēs sāsᴇmē. Wä, hëk·asᵋmēsᴇn lāg·iła lex·ak·asᵋᴇm ʟēʟᴇgᴇmts!â ʟōᵋ gāg·adiᵋlālasasᴇn g·igaanâᵋyē.

Haha hananē; wä, lāk·asᵋmē yāx̣ᵋwidayokwase mōwē q!āsasgᴇm
80 ᵋnaᴇnx̣ᵋūnēᵋ ʟōkwasa lastowē LēʟᴇgᴇX̣ᵘsᴇm ᵋnaᴇnx̣ᵋūnēᵋ ʟōkwasa āʟᴇbōwē ʟ!ᴇnʟ!ᴇntsᴇm ᵋnaᴇnx̣ᵋūnēᵋ ʟōkwasa mamōx̣ᵘsokŭlasa sᴇk·!a mātsasgᴇm ᵋnaᴇnx̣ᵋūnēᵋ ʟōkwasa sᴇk·!ax·sōkwē tētᴇk·!ōtsᴇm ᵋnaᴇnx̣ᵋūnēᵋ lāk·asx̣ē ᵋnênêlk·!ēnoxwē. Wä, g·îlk·asᵋmēsē gwāł k·as yāqwaxs lāk·asaē nełaxa ᵋnênêlk·!ēnoxwaxs lak·asᵋmaē ʟ!āyoxʟā
85 ᵋwālasē ᵋnᴇmōgwisē. "Wä, lāk·asᵋᴇmxaas ʟēqᴇlak·asʟᴇs LāleliL!adzē g·āxᴇn. Wä, lāk·asʟᴇs ʟēqᴇlaʟᴇs ᵋmāx̣ŭlag·îlisē lāk·asx̣ᴇn ʟᴇwᴇlgāmaᵋyēx gwēk·!ot!ᴇndalē ʟēgᴇmē lāx̣ēs ābāsk·!ōtē. Wä, lāk·asē ʟēgadk·ats ʟ!ālisk·asᵋō·lāk·asg·în âsk·!ōtēk·," ᵋnēk·asē LāleliL!adzāxēs Lēlᴇᵋlakwē.

90 Haha hananē; hëk·asᵋmᴇn lāg·îlk·asa ʟēʟᴇgᴇmts!âwē, k·!ēk·!ᴇsᵋōts!â. Wä, hëk·asᵋmᴇn lâg·îlk·asas q!ēnᴇmk·asᴇn g·îg·îqag·iwaᵋyē laxōx ā·wiᵋstāxsᴇns ᵋnālax, ōkwasᵋmēg·în dēdalēqᴇlas wāłdᴇmasᴇn g·igabâᵋyaxs lāk·asaē gōʟ!ālaxᴇn g·īqag·iwaᵋyē.

Haha hananē; wä, lāk·asē mōkwē ts!ēdaq!ᴇdzaᵋyē sāsᴇms LāleliL!adzē.
95 Wä, lāk·asē maᵋlōkwa bēbᴇk!ŭdzaᵋyē sāsᴇms. Hëk·asᵋᴇmxat! ᵋnōlast!ᴇgᴇmaᵋya ts!ᴇdāqē ᵋmāx̣ŭlayugwa lāk·as ʟēgadᴇs lāk·asx̣ēs ābāsk·!ōtē. Wä, lāk·asē ʟēgadk·ats G̣ŭndēlᴇmga lāk·asx̣ēs âsk·!ōtē. Wä, hëk·asᵋmēs māk·îlaqē bᴇgwānᴇmē ʟēgadᴇs ᵋmāx̣ŭlag·îlisē lāk·asx̣ēs ābāsk·!ōtē. Wä, lāk·asē ʟēgadk·ats ʟ!ālisk·asᵋō

his mother's side, and ʟ!ālisk·asʻō (III 3) ‖ on his father's side; and 200
the next girl's name was ʻmāx̣ᵘmᴇwidzᴇmga (III 4) | on her mother's
side, and ʟ!āx·ʟ!ᴇlēdzᴇmga (III 4) on | her father's side. And when
he had another daughter, | her name was Lāqŭlayugwa (III 5) on
her mother's side, | and ʟ!ălĭlĕlayugwa (III 5) on her father's side.
And when they had another ‖ son, his name was ʻmāx̣ŭyālidzē 5
(III 6) | on his mother's side, and ʟ!ᴇldzâlis (III 6) on his | father's
side. Then they had another daughter; and | her name was
Laxᵘlᴇgwēdzᴇmga (III 7) on her mother's side, and | ʟ!âʟ!alᴇlēsila-
yugwa (III 7) (on her father's side.) Six were the children of ʟālē-
liʟ!adzē (II 1) ‖ by his wife G̣aäxtstalas (II 3), the princess of Hēx·- 10
hak·în (I 2). | Therefore I have many different names. |

Haha hananē! Now I shall tell my house history from the
Kwakiutl. | It is known by all the world that ʟālēliʟ!adzē (II 1) was
really | a great chief, and that he had ‖ children. Now the chief of 15
the numaym | Lōyalala‘wa of the Kwakiutl, ʟ!āqwag·ilagᴇmēʻ
(III 8), asked to marry ʻmāx̣ŭlayugwa (III 2), the princess of
ʟālēliʟ!adzē. | Now ʻmāx̣ŭlayugwa was married to ʟ!āqwag·ilagᴇmēʻ
(III 8); | and first he gave as a marriage gift one hundred and fifty
cedar-bark blankets, ‖ fifty-four dressed elk-skins, and two | canoes 20
to ʟālēliʟ!adzē (II 1); and Hēx·hak·în (I 2) received as a marriage

lāk·asxēs âsk·!ōtē. Wä, lāk·asē ts!ᴇdāqa ʟēgadäs ʻmāx̣ᵘmᴇwidzᴇm- 200
ga läxēs ăbāsk·!ōtē. Wä, lāk·asē ʟēgats ʟ!āx·ʟ!ᴇlēdzᴇmga lāk·as-
xēs âsk·!ōtē. Wä, lāk·asē ēt!ēd xŭngwādᴇx·ʻîdk·atsē ts!ᴇdāqē.
Wä, lāk·asē ʟēgadᴇs Lāqŭlayugwa lāk·asxēs ăbāsk·!ōtē; wä,
lāk·asē ʟēgats ʟ!ălĭlĕlayugwa lāk·asxēs âsk·!ōtē. Wä, lāk·ase ēt!ēd
xŭngwadk·atsē bᴇgwānᴇmē. Wä, lāk·asē ʟēgadᴇs ʻmāx̣ŭyālidzē 5
lāk·asxēs ăbāsk·!ōtē; wä, lāk·asē ʟēgats ʟ!ᴇldzâlisē lāk·asxēs
âsk·!ōtē. Wä, lāk·asē ēt!ēd xŭngwadk·atsē ts!ᴇdāqē. Wä, lāk·asē
ʟēgadᴇs Laxᵘlᴇgwēdzᴇmga lāk·asxēs ăbāsk·!ōtē. Wä, lāk·asē ʟēgats
ʟ!âʟ!alᴇlēsilayugwa. Wä, q!ᴇʟlōkwōx sāsᴇmk·asaxs ʟālēliʟ!adzē
lāk·asxēs gᴇnᴇmē G̣aäxstālasē, yîk·asēx k·!ēdēlas Hēx·hak·înē. 10
Wä, yōkwasʻmᴇn ōgŭʻqāla ʟēʟᴇgᴇmk·asōx.

Haha hananē; wä, lāk·asʻmēsᴇn nᴇwîlʻîdk·atsᴇn lāg·îlk·asa Kwā-
g·uła. Wä, lāk·asʻmē q!āłᴇn g·îqag·îwaʻyē ʟālēliʟ!adzāxs âlak·!ālaē
lāk·as g·îgǎmaʻya; yîk·atsōx ăʻwîʻstäxsᴇns ʻnālax. Wä, hĕk·asʻmē-
sēxs sāsᴇmnōkwaasa ts!ēdāqē. Wä, lāk·asa g·îgǎmaʻyasa ʻnᴇʻmē- 15
mōtasa Lōyalalaʻwāsa Kwāg·ułē, yîk·asᴇx ʟ!āqwag·ilagᴇmaʻyē
lāk·as g·āyâlax ʻmāx̣ŭlayugwa, yîk·asᴇx k·!ēdēlas ʟālēliʟ!adzē. Wä,
lāk·as ławadᴇx·ʻîdē ʻmāx̣ŭlayugwäs ʟ!āqwag·ilagᴇmaʻyō. Wä,
hĕk·asʻᴇm g·îl qadzēʟasa k·!ōbawasē sᴇk·!axʻsōg̣ŭg·ᴇyowa ʟokwasa
q!aq!aʟ!ᴇxʻsōkŭlak·atsa mōwē ălāg·îma; wä, hĕk·asʻmēsē małts!aqē 20
g·îg·ālâ lāk·asᴇx ʟālēliʟ!adzē. Wä, hĕk·asʻmē qădzēʟᴇm lāk·asᴇx

22 gift | for his grand daughter (III 2) fifty cedar-bark blankets and |
fifty elk-skins; and Lālēliʟ!adzē (II 1), and his | father-in-law
25 Hēx·hak·īn (I 2), added eight sea-otter blankets, ‖ fifty mink blankets, and seventy | deer-skin blankets, which were given by Lālēliʟ!-
adzē (II 1) to | L!āqwag·ilagEmē⁽ (III 8). Then he gave back
everything | that was given as marriage price by L!āqwag·ilagEmē⁽
(III 8). And then | Lālēliʟ!adzē (II 1) also gave as marriage
present the name ⁽wālas ⁽nEmōgwis to be the name of L!āqwag·i-
30 lagEmē⁽ (III 8); ‖ and Hēx·hak·īn (I 2) also gave as a marriage
gift ten | sea-otter blankets, one hundred deer-skin | blankets, fifty
marten blankets, and | ten bear blankets, and the name | G·ayōs-
dēdzas (III 8), which was to be the name of L!āqwag·ilagEmē⁽ (III 8).
35 Now, ‖ L!āqwag·ilagEmē⁽ (III 8) no longer bore that name that he
had been using before. They | gave him as a marriage gift the name
G·ayōsdēdzas (III 8), which he obtained | from the grandfather (I 2)
of his wife ⁽māxūlayugwa (III 2); and | Lālēliʟ!adzē (II 1) had given
as a marriage gift the name ⁽wālas ⁽nEmōgwis | to L!āqwag·ilagEmē⁽.
40 Now, after this I shall call him G·ayōsdēdzas (III 8). ‖ As soon as
they had finished, the ancestors of the | numaym Lōyālala⁽wa went
aboard their four canoes, and | also ⁽māxūlayugwa (III 2) and her
marriage gifts, and they went back to | their home at Qālogwis.

---

22 Hēx·hak·īnē qak·asēs ts!ōx̣ⁿLEmagasa sEk·!āx·sokwē k·!ōbawas ʟōkwa-
sa sEk·!ax·sōkwē ălāg·īma. Wä, ōkwas⁽mēsē Lālēliʟ!adzē ʟōkwasē
nEgümp Hēx·hak·īnē g·īnwak·atse malgūnālē q!āsasgEmē ⁽naEnx̣⁽ūnē⁽
25 ʟōkwasa sEk·!ax·sōkwē mātsasgEm ⁽naEnx̣⁽ūnē⁽ ʟōkwasa āʟEbōx̣ᵘso-
kwē tētEk·!ōtsEm ⁽naEnx̣⁽ūnē⁽ layâs Lālēliʟ!adzē lāk·asEx L!āqwa-
g·ilagEma⁽yē. Wä, lāk·as⁽Emxaē ōkwas⁽Em ⁽wī⁽la aēdaaqak·asa
qadzēʟEmk·asas L!āqwag·ilagEmē. Wä, lāk·as⁽Emxaē ʟēgEmg·ilxʟa-
⁽yas Lālēliʟ!adzāx ⁽wālasē ⁽nEmōgwisa, qa ʟēgEm L!āqwag·ilagE-
30 ma⁽yē. Wä, lāk·asē Hēx·hak·īnē ōgwaqa wāwalqālasa lastowē
q!ēq!asasgEm ⁽naEnx̣⁽ūnē⁽ ʟōkwasa lāk·!Endē tētEk·!ōtsEm ⁽naEn-
x̣⁽ūnē⁽ ʟōkwasa sEk·!āx·sōkᵘ lēLegEx⁽sEm ⁽naEnx̣⁽ūnē⁽ ʟōkwasa
lāstowē L!EnL!EntsEm ⁽naEnx̣⁽ūnē⁽. Wä, hēk·as⁽mēsa ʟēgEmē
G·ayōsdēdzasē qak·as ʟēgEms L!āqwag·ilagEma⁽yē; wä, lāk·as⁽mē
35 gwāłk·as ʟēgadk·asē L!āqwag·ilagEma⁽yasēs ʟēgEmk·asdē, qāk·asExs
lāk·as⁽maē ʟēgEmg·Elxʟa⁽yē G·ayōsdēdzasē lāk·asExs g·āyanEmk·ats
lāk·asEx gagEmpasēs gEnEmē ⁽māxūlayugwa. Wä, lāk·asē ʟēgEm-
g·Elxʟālak·asē Lālēliʟ!adzāx ⁽wālasē ⁽nEmōgwise lāk·asEx L!āqwa-
g·ilagEma⁽yē. Wä, lāk·as⁽mēsEn ʟēqElak·asLEs G·ayōsdēdzasē lāk·a-
40 sEq. Wä, g·îlk·as⁽mēsē gwāłk·asa qadzēLāxs lāk·asaē hōg̣ūxsēda
g·ūlā ⁽nE⁽mēmotk·atsa Lōyālala⁽wa lāk·asxēs mōts!aqē ⁽yaē⁽yats!ē
ʟōkwasē ⁽māxūlayugwa ʟōkwasēda wāwalqālayō qāk·ats lāk·asē

And then ʻwālas ʻnᴇmōgwis (III 8) gave away | what he had received 44
as a marriage gift from Lālēliʟ!adzē (II 1). ‖

Now, Lālēliʟ!adzē (II 1) knew that there was a tribe living at 45
Sāgumbāla— | a tribe that was named Nāk!wax·daʻxᵘ—who had for
their chief, Ts!ᴇxʻēd (II 4); | and he had a princess, Ts!ᴇxts!ᴇ-
gēdzᴇmga (III 9); and Lālēliʟ!adzē (II 1) | wished to go to get her
in marriage for his prince ʻmāxŭlag·ĭlis (III 3). | Then Lālēliʟ!adzē
(II 1) hired his numaym, ‖ the ancestors of the G·ēxsᴇm of the 50
Nimkish; and my ancestor, the chief, | Lālēliʟ!adzē (II 1), loaded his
canoe with five sea-otter blankets, ten | black-bear blankets, forty
marten | blankets, eighty deer-skin blankets; | and, when they were
all aboard, he started. Then ‖ he arrived at Sāgumbāla, and at 55
once he was | invited by Chief Ts!ᴇxʻēd (II 4). They ate seal; | and
after they had eaten seal, | Ts!ᴇxʻēd questioned his visitor, and said,
"Now, tell me, | where do you come from? Who are you, brother?"
And ‖ Lālēliʟ!adzē (II 1) replied at once, and said, "I am | Lālēliʟ!a- 60
dzē (II 1), who marries all around our world, brother." | And then
Lālēliʟ!adzē (II 1) questioned Ts!ᴇxʻēd (II 4); and he | said, "Now,
let me also ask you, O brother! | who are you, brother?" And
Ts!ᴇxʻēd (II 4) ‖ replied, and said, "It is great what you ask me. | 65

---

nāʻnakᵘ lāk·asxēs g·ōkŭlasē Qälogwisē. Wä, lāk·asʻmē ʻmāxʻwĭd- 43
k·asē ʻwälasē ʻnᴇmōgwisas wūwalqälayōs Lālēliʟ!adzäq.
Wä, lāk·asē Lālēliʟ!adzē q!älaxa g·ōkŭlä lēlqwälaLēʻ lāk·asᴇx 45
Sāgumbālaxa lᴇgŭxʟälax Nāk!wax·daʻxwēxa g·igadās Ts!ᴇxʻēdē.
Wä, lāk·asē k·!ēdadᴇs Ts!ᴇxts!ᴇgēdzᴇmga. Wä, lāk·asʻmēsē Lālēli-
ʟ!adzē ʻnex·k·as qaʻs lē gāgak·!aq qak·asēs ʟᴇwᴇlgᴇmaʻyē ʻmāxŭlag-
g·ĭlisē. Wä, lāk·asʻmē hēlak·asē Lālēliʟ!adzäxēs g·ōkŭlōtēxa g·ālä
ʻnᴇʻmēmotsa G·ēxsᴇmasa ʻnᴇmgēsē. Wä, lāk·asʻmē g·iqag·iwaʻyē 50
Lālēliʟ!adzē mōxsak·atsa sᴇk·!a q!āsasgᴇmē ʻnaᴇnxʻŭnēʻ ʟōkwasa
lastowē ʟ!ᴇnʟ!ᴇntsᴇm ʻnaᴇnxʻŭnēʻ ʟōkwasa mōxˇsōkwē ʟĉʟᴇgᴇxᵘ-
sᴇm ʻnaᴇnxʻŭnēʻ hēk·asʻmēsa malgŭnāltsōkwē tētᴇk·!ōtsᴇm ʻnaᴇn-
xʻŭnēʻ. Wä, g·ilk·asʻmēsē ʻwilxsaxs lāk·asaē ʟᴇxʻīda. Wä, lāk·a-
sē lāg·aa lāk·asᴇx Sāgumbāla. Wä, hēxʻīdk·asʻmēsē Lālēʻlälasō- 55
kwatsa g·igämaʻyē Ts!ᴇxʻēdē. Wä, lāk·asʻmē ʟ!ᴇxwaxē mēgwatē.
Wä, g·ilk·asʻmēsē gwälk·as q!ᴇsaxē mēgwataxs lāk·asaē wŭʟē
Ts!ᴇxʻēdäxēs bāgŭnsē. Wä, lāk·asē ʻnēk·a: "Wä, wäg·ik·asla gwās-
ʻīdᴇx. Wä, sōkwasʻmaa ängwas ʻnᴇmwᴇyōt?" Wä, hēxʻīdk·as-
ʻmēsē Lālēliʟ!adzē nāʻnaxmēk·asᴇq. Wä, lāk·asē ʻnēk·a: "Nōgwak·as 60
Lālēliʟ!adzä gag·adiʻläla laxōx äʻwīʻstäxsᴇns ʻnäʟax, ʻnᴇmwᴇyōt."
Wä, lāk·asē ōgwaqa wŭʟē Lālēliʟ!adzäx Ts!ᴇxʻēdē. Wä, lāk·as-
ʻᴇmxaē ʻnēk·a: "Wä, wēg·ax·ĭn ōgwaqa wŭʟōl, ʻnᴇmwᴇyot. Wä,
sōkwasʻmaa ängwas, ʻnᴇmwᴇyōt?" Wä, hēxʻīdk·asʻmēsē Ts!ᴇxʻēdē
nāʻnaxʻmēk·asᴇq. Wä, lāk·asē ʻnēk·a. "Âlak·asʻmas wŭʟa g·āxᴇn. 65

66 Don't you know that I think I am the only | one famous in the world, I and my | princess, Ts!Exts!EgēdzEmga (III 9)? I am Ts!Ex‘ēd (II 4), head | chief of the Nāk!wax·da‘x"." Thus said the chief. Then |
70 Lālēliʟ!adzē (II 1) said, "O brother! I am ‖ Yāqaɬɛnlis, I am Ānx̣‘wid, I am Sēsaxâlas, | and also Sēwid; I am ‘wālas ‘nɛmōgwis, and I | am Kwax·‘ilanōkumē, and I am Lālēliʟ!adzē. | These are my names which I obtained as marriage gifts | when I married the
75 daughters of the chiefs of the tribes wherever I ‖ went. Now I come to get your name, chief. | I wish to get your princess, Ts!Exts!EgēdzEmga (III 9), brother, | for my prince ‘māx̣ŭlag·‘ilis (III 3)." | Ts!Ex‘ēd (II 4) at once agreed to what Lālēliʟ!adzē (II 1) said; | and
80 Lālēliʟ!adzē (II 1) gave as marriage gift five sea-otter ‖ blankets, ten black-bear skin blankets, | forty marten blankets, and eighty | deer-skin blankets to Ts!Ex‘ēd (II 4) for his princess Ts!Exts!EgēdzEmga (III 9). | As soon as he had finished, Ts!Ex‘ēd (II 4) said, | "Now your wife shall go to you, son-in-law, ‘māx̣ŭlag·‘ilis (III 3). ‖
85 Now your name shall be Xōsɛmdaas (III 3), and my | great dance shall go to you. You shall be cannibal-dancer, and your name shall be | ‘nax̣"danadzē; and the rich-woman dance shall go to you, and her name shall be | G·ilgɛmaxēs; and the fire dance, and his | name shall be K·!ilxɛla; and the attendant of the cannibal-dancer, his ‖

---

66 K·!ēsk·asas q!ālaxg·in lēx·ax·st!aax̣"‘mēg·in ts!ēlwālag·‘ilis ʟōkwasɛn k·!ēdēlk·asōx Ts!Exts!EgēdzEmgax. Wä, nōgwak·as Ts!Ex‘ēda ʟax̣umēsɛn g·ōkŭlota Nāk!wax·da‘xwē," ‘nēk·asa g·īgǎma‘yē. Wä, hēx·-‘ĭdk·as‘mēsē Lālēliʟ!adzē ‘nēk·a: "‘yak·asōʟ ‘nɛmwɛyot; nōgwa-
70 k·as‘ɛm Yāqaɬɛnlisa, nōgwak·as‘ɛm Ānx̣‘wīda, nōgwak·as‘ɛm Sēsaxâlasa ʟōkwasē Sēwidē. Nōgwak·as‘ɛm ‘wālas ‘nemōgwisa; wä, nōgwak·as‘ɛm Kwax·‘ilanōkuma‘ya. Wä, nōgwak·as‘ɛm Lālēliʟ!adzā. Wä, yōkwas‘mɛn ʟēʟɛgɛmk·asōx. Wä, yōkwas‘ɛm ʟēʟɛgɛmg·ɛlxʟēsɛn gāg·adi‘lālasē lāk·asxōx g·īg·īgǎmāk·asaxsa lēlqwālaʟa‘yĭn lālä-
75 lask·asa. Wä, g·äxk·as‘mēsɛn lālōʟ!axs ʟēgɛmaqōs, g·īgǎmē‘. Lāk·as‘mēg·in gāgak·!axs k·!ēdēɬaqōs, ‘nɛmwɛyōt lak·asxōx Ts!Exts!EgēdzEmgax, qak·asg·in ʟɛwɛlgɛmēk· yīk·asg·a ‘max̣ŭlag·‘ilisɛk·.'' Wä, hēx·‘ĭdk·as‘mēsē daēʟɛmē wāldɛmk·asas Lālēliʟ!adzäs Ts!Ex‘ēdē. Wä, lāk·as‘mē qadzēl‘ĭdk·asē Lālēliʟ!adzäsa sɛk·!a q!āsasgɛm
80 naɛnx̣‘ŭnē‘ ʟōkwasa lastowē ʟ!ɛnʟ!ɛntsɛm ‘naɛnx̣‘ŭnē‘ ʟōkwasa mōx̣"sōkwē ʟēʟɛgɛx̣"sɛm ‘naɛnx̣‘ŭnē‘ ʟōkwasa maɬgŭnāltsōkwē tētɛk·!ōtsɛm ‘naɛnx̣‘ŭnē‘ lāk·asɛx Ts!Ex‘ēdē qaēs k·!ēdēlē Ts!Exts!EgēdzEmga. Wä, g·îl‘mēsē gwaɬɛxs lāk·asaasē Ts!Ex‘ēdē ‘nēk·a: "Lāk·as‘Emk· lāk·asʟg·Es gɛnɛmk·asg·ōs, nɛgŭmp ‘māx̣ŭlag·‘ilis.
85 Wä, lāk·as‘ɛm ʟēgadʟɛs Xōsɛmdaasē. Wä lāk·as‘mēsɛk· lāɬg·in ‘wālasɛk· lād lâʟ. Laɛms hāmats!ak·asʟōɬ. Wä, lāɬɛs ʟēgadʟɛs ‘nax̣"danadzē. Wä, hēk·as‘mēsa q!āminâgasē lāk·asʟē ʟēgadk·asʟɛs G·îlgɛmaxēsē. Wä, hēk·as‘mēsa nōnîtsē‘stālalē, wä, hēk·as‘ɛm ʟēgɛmsē K·!ilxɛla. Wä, hēk·as‘mēsa k·înqalaʟɛla, wä, hēk·as‘ɛm

name shall be Hēlik·ǐmēg·ǐlis; and also this carved box, | which 90
contains all the red cedar-bark that belongs to the great dances;
and | one hundred mountain-goat blankets, nine | grizzly-bear blankets, twenty-four lynx blankets, | and fifty dressed elk-skin blankets,
and || sixty mats. That is all, son-in-law, Xōsᴇmdaas (III 3). 95
Now, | you shall see this night, how I show the | cannibal-dancer
that you obtained and the others, that you may not make a mistake when you | show them." Thus said Chief Tsǃᴇx̣ᶜēd (II 4) to
Xōsᴇmdaas. "And | also this house, which is named Kˑǃāwatsǃē,
it shall be yours, || son-in-law; and these house-dishes, | —the 300
grizzly-bear dish, | the wolf dish, and the eagle dish, and the
double-headed serpent dish, — | and also the great feast name.
Now you shall be named | Kwax̣·sē'stala, and ʟālēliʟǃadzē (II 1)
shall have the name | Yāqokǃwālag·ǐlis to add to the chief's names."
Thus said || Tsǃᴇx̣ᶜēd (II 4). Then he finished with this. | 5

Haha hanạnē! These are the names that come from the other
end | of my ancestor the chief; and therefore I feel like laughing at
what the | lower chiefs say, for they try in vain to down me by
talking against my | name. ||

Haha hanạnē! Therefore there is nothing to make me ashamed; 10
for | I only feel proud of what has been done by the chiefs, my

ʟēgᴇmsē Hēlik·ǐmēg·ǐlisē. Wä, hēk·asᶜmēsa k·ǃāwatsǃē g·ǐldasaxg·a 90
g·ǐyǐmtsǃᴇwasg·asg·a ʟǃāʟǃᴇgᴇkwāläsōxs ᶜwālasēx lēlāda. Wä, hē-
ᶜk·asᶜmēsa lāk·ǃᴇndē ᶜmēᶜmᴇlxlōsgᴇm ᶜnaᴇnx̣ᶜūnēᶜ ʟōkwasa ᶜnāᶜnᴇma
g·ǐg·ǐlasgᴇm ᶜnaᴇnx̣ᶜūnēᶜ ʟōkwasa hᴇmogāla ᶜwālasx·ᶜāsgᴇm ᶜnaᴇnx̣-
ᶜūnēᶜ. Wä, hēk·as sᴇk·ǃax·sōkwē ālāg·ǐmsgᴇm ᶜnaᴇnx̣ᶜūnēᶜ ʟōkwas-
g·ada qǃᴇʟǃᴇx·sōkŭk· ǃēᴇlᶜwaᶜya. Wä, nᴇgŭmp Xōsᴇmdaas. Lāk·as- 95
ᶜᴇms dōqwalalxwa gānoʟēx qᴇn ᶜmᴇnᶜēlēsōxs lāk·asaqōs lāʟanᴇma
hāmatsǃa ʟōkwasōs waōkwēx qak·ats k·ǃēsēlōs mēlmēʟᴇlǐla qak·atsō
nēlᶜidāmasʟᴇqᵘ," ᶜnēk·asa g·ǐgamaᶜyē Tsǃᴇx̣ᶜēdāx Xōsᴇmdaasē. "Wä,
yōkwasᶜmēsa g·ōkwēxwa ʟēgadāxs K·ǃāwatsǃē. Lāk·asᶜmōx qōsʟ,
nᴇgŭmp. Wä, yōkwasᶜmēsa lōᴇlqŭlǐlēxwa g·ǐlax lōqŭlǐla ʟōkwasa 300
āʟanᴇmē lōqŭlǐla ʟōkwasa kwēkwē lōqŭlǐla ʟōkwasa sǐsᴇyūʟē lōqŭlǐla.
Wä, hēk·asᶜmēsa kǃwēladzᴇxlāᶜyō ʟēgᴇma. Wä, lāk·asᶜᴇms lēgadʟᴇs Kwax̣·sē'stala. Wä, lāk·asᶜmēsōx ʟēgadk·asʟōx ʟālēliʟǃadzāx.
Yāqokǃwālag·ǐlisē qa g·ǐnwēsōx ʟēʟᴇgᴇmaxsa g·ǐgāmaᶜyēx," ᶜnēk·asē
Tsǃᴇx̣ᶜēdē. Wä, lāk·asᶜmē gwāl lāk·asxēq. 5

Haha hanạnē: hēk·asᶜᴇm ʟēʟᴇgᴇmᴇn g·āgǃʟᴇla lāk·asxᴇn qwēsbalīsaxᴇn g·ǐqag·iwaᶜyē; āg·ǐlk·asᶜmᴇn dēdalēqᴇlas wāldᴇmasᴇn g·ǐgabāᶜyaxs wŭlk·asᶜmaē aēk·ǃagᴇwa qatsēs bēbᴇkǃwēnaᶜyē lāk·asxᴇn
ʟēgᴇm.

Haha hanạnē; k·ǃeâsg·ǐlᴇn xᴇnʟ·ǃēgᴇm wawosǐlqᴇlayokwasa ōkwas- 10
ᶜmeg·ǐn lᴇmlᴇmqǃēqᴇlas gwēgwälag·ǐlīdzasasᴇn g·ǐqag·iwaᶜyaxs gwä-

75052—21—35 ᴇᴛʜ—ᴘᴛ 2——5

12 ancestors, | for in the beginning they were taken care of by the chiefs of the tribes. | Therefore my heart feels proud. |

Haha hananē! When night came, Xōsᴇmdaas (III 3) disap-
15 peared, ‖ for now I shall no longer call him ʻmāxŭlag·ʻĭlis; | and his sister ʻmāx·mᴇwidzᴇmga (III 4), and Lāqŭlayugwa (III 5), | and also ʻmāxŭyalidzē (III 6), disappeared. They stayed in the woods for four | months. Then the cannibal-dancer was captured by the ancestors of the | Nāk!wax·daʻxᵘ, and also the rich-woman-dancer,
20 the fire-dancer, ‖ and the attendant of the cannibal-dancer. Now, Ts!ᴇxʻēd (II 4) gave as a marriage gift | two slaves as food for the cannibal-dancer and the rich-woman-dancer. | And the two slaves were killed to be eaten. | And as soon as the cannibal-dancer and the | rich-woman-dancer had finished eating their food, then they put a
25 black-bear blanket ‖ on the cannibal-dancer. And they dressed in the same way the | rich-woman-dancer; and they put around their necks thick cedar-bark rings; and they put on a thick | head-ring, which is called Winter-Dance-Bringing-Cedar-Bark. | The red cedar-bark of the rich-woman-dancer was not so thick as the thick-ness of the | red cedar-bark of the cannibal-dancer. He had a
30 double-headed mask: ‖ in front it was the crooked-nose mask, and in the back a raven-mask. | And the treasure of the rich-woman-dancer was a large rattle. | The red cedar-bark of the other two, the fire-dancer and the | attendant of the cannibal-dancer, was thin.

---

12 ɬᴇlak·asʻmaē māmayax·silɾ sōkwatsa g·ā̀lä g·īg·ᴇgămēk·atsa lēlqwālaLaʻyē. Yōkwasʻᴇm âᴇm Lᴇmgᴇmsg·ĭn nâqēk·.

Haha hananē; wä, lāk·asʻmēs gănōlʻīda lāk·asaasē x·ʻĭsʻēdē
15 Xōsᴇmdaas, qak·asg·ĭns laʻmēk· gwā̀lk·as ʟ̣ēqᴇlas ʻmāxŭlag·ʻĭlisē. Wä, lāk·asē x·ĭsʻēdē wŭq!wāsē ʻmāx·mᴇwidzᴇmga ʟ̣ōkwasē Lāqŭla-yugwa ʟ̣ōkwasē ʻmāxŭyalidzē. Wä, ōkwasʻmēsē mōsgᴇmg·ĭlaxa ʻmᴇkŭla g·ĭyak·ᴇlaxs lāk·asaē k·ĭmyasōkwasa hāmats!äsa g·alāsa Nāk!wax·daʻxwē ʟ̣ōkwasa q!āminâgasē ʟ̣ōkwasa nōnĭtsēʻstālalē. Wä,
20 hēk·asʻmēsa k·ĭnqalaʟᴇla. Wä, lāk·asʻmē Ts!ᴇxʻēdē wäwalqālasa maʻlōkwē q!āq!ᴇk·ō qa haʻmäsa hāmats!a ʟ̣ōkwasē q!āminâgasē. Wä, lāk·asʻmē k·!ēlax·ʻītsᴇʻwēda maʻlōkwē q!āq!ᴇk·owa qaʻs lē hām-g·īʻlayo. Wä, g·ĭlk·asʻmēsē gwā̀lk·as haʻmāpa hāmats!a ʟ̣ōkwasa q!āminâgaxēs haʻmaʻyē lāk·asaē ʻnᴇx̣ʻŭndayowēda ʟ!āyē ʻnᴇx̣ʻŭnēʻ
25 lāk·asxa hāmats!a. Wä, hēk·asʻᴇmxaāwisē gwēx·sa ʻnᴇx̣ʻŭndayâxa q!āminâgasē. Wä, lāk·asē qᴇnxoyowa ʟ̣ᴇkwē ʟ!āgᴇkᵘ ʟ̣ᴇʻwa ʟ̣ᴇkwē qᴇx·ĭmē ʟ!āgᴇkwa. Wä, hēk·asʻᴇm ʟ̣ōgadᴇs k·!ōsᴇnxawē ʟ!āgᴇkwē. Wä, hälsᴇlak·asʻmēsē wäwilalē ʟ!āgᴇkwasa q!āminâgasē lāk·asᴇx ʟ!āgᴇkwasa hāmats!a. Wä, lāk·asē ʻwāx·sgᴇmē hämsĭwaʻyas. Wä,
30 hēk·asʻma gᴇlōqwiwaʻyē ăpsgᴇms. Wä, lāk·asē gwāxwiwaʻya ăpsgᴇ-mas. Wä, lāk·asē ʻwālas yadᴇnē ʟ̣ōgwēk·asasē q!āminâgasē. Wä,

And they had now the names given as a marriage gift by Ts!ɛx‘ēd 33
(II 4). |

Haha hananē! This was the first winter dance of my tribe ‖ the 35
Gwa‘sɛla, on account of my ancestor, the chief, who married the
daughters of the | chiefs all over the world. Now, Ts!ɛx‘ēd (II 4)
became sick; | and before he died he | asked his son-in-law, Xōsɛm-
daas (III 3), to | take his place; and when he stopped speaking, he
died. ‖ Now, Xōsɛmdaas. (III 3) took his place; and he remained 40
among the | Nāk!wax·da‘xᵘ. Now his name was Ts!ɛx‘ēd (III 3), and
he was | considered as a chief by the ancestors of the Nāk!wax·da‘xᵘ.
Now, | Yāqok!wālag·ilis (II 1),—for I stop calling him Lālēliʟ!adzē
now—because he received as a marriage gift the name Yāqok!wāla-
g·ilis,—wished ‖ to go and see the regions to the north, and he left 45
behind | his prince, Ts!ɛx‘ēd (III 3). |

Now, he arrived at Gwēqɛlis at his own place, | and he built a
house there; and with him were his | other children,—‘māx·mɛ-
widzɛmga (III 4); Lāqŭlayugwa (III 5); ‖ and also his youngest 50
prince, ‘māxŭyalidzē (III 6); and also Laxᵘlɛgwēdzɛmga (III 7), |
the youngest one of his children; and also his wife | Gaāxstālas
(II 3), the princess of Hēx·hak·in (I 2). That was their number. |
Now Yāqok!wālag·ilis (II 1) staid at Gwēqɛlis. |

lāk·asē wiswŭlē ʟ!ēʟ!āgekwasa ma‘lōkwēxa nōnitsē‘stālalē ʟōkwasa 32
k·inqalaʟɛla. Wä, lāk·as‘mē ʟēʟɛgadɛs ʟēʟegɛmg·ɛlxʟa‘ya Ts!ɛx‘ēdē.

Haha, hananē; yōkwas‘ɛm g·ilk·as ts!ēts!ēx‘idaatsɛn g·ōkŭlota 35
Gwa‘sɛla qak·asɛn g·iqag·iwa‘yaxs lāk·asaē gag·adi‘lāla lāk·asxōx
g·ig·igāma‘yaxsōx āwē‘stāxsɛns ‘nālax. Wä, lāk·asē ts!ɛx·q!ɛx-
‘īdēda g·īgāma‘yē Ts!ɛx‘ēdē. Wä, k·lēsk·as‘mēsē wŭyims‘alilɛxs
lāk·asaē ‘nēx·k·asxēs nɛgŭmpē lāk·asɛx Xōsɛmdaasē qa hēk·as‘mēs
ʟaxᵘstōdɛq. Wä, g·ilk·as‘mēsē q!wēl‘īdɛxs lāk·asaē ‘wŭyims‘alila.
Wä, lāk·as‘mē Xōsɛmdaasē ʟaxᵘstōdɛq. Wä, lāk·as‘mē xɛk·!a laxē 40
Nāk!wax·da‘xwē. Wä, lāk·asē ʟēgadɛs Ts!ɛx‘ēdē. Wä, lāk·as‘mē
g·āg·ɛxsīlasōkwatsa g·ālā Nāk!wax·da‘xwa. Wä, lāk·as‘mē Yāqo-
k!wālag·ilisē, qaxg·in la‘mēk· gwāl ʟēqɛlaʟɛs Lālēliʟ!adzē lāk·asqēxs
lɛ‘maē ʟēgɛmg·ɛlxʟa‘yē Yāqok!wālag·ilisē lāq. Wä lāk·as‘mē ‘nēx·
qas lāk·asē dōdɛgŭlɛxwa gwä‘nāk·ālax. Wä, lākas‘mē lōwaʟak·asɛx 45
Ts!ɛx‘ēdēxēs ʟāwɛlgɛma‘yē.

Wä, lāk·as‘mē lāg·aa lāk·asɛx GwēqɛlIsē lāk·asxēs āwīnagwisē.
Wä, lāk·as‘mē g·ōkwēla qak·ats g·ōkᵘ lāk·asɛq qaxs hēk·as‘maē
waōkwēs sāsɛmē yik·asɛx ‘maxmɛwidzɛmga ʟōkwasē Lāqŭlayugwa
ʟōkwasēs āma‘yē ʟāwɛlgɛma‘yē ‘māxŭyalidzē ʟōkwasē Laxᵘlɛgwē- 50
dzɛmgaxa āmā‘yinxa‘yas sāsɛmas. Wä, hēk·as‘mēsʟɛs gɛnɛmē
Gaāxstalasē yik·asɛx k·lēdēlas Hēx·hak·inē. Wä, hēk·as‘ɛm ‘wäxa-
atsē. Wä, lāk·as‘mē xɛk·!ē Yāqok!wālag·ilisē lāk·asɛx GwēqɛlIsē.

Yāqok!wālag̔ĭlis (II 1) had not lived there long, before he died; ‖
55 and then his youngest prince, ᵉmāx̣ŭyalidzē (III 6), | took the place of his father, the past chief. ᵉmāx̣ŭyalidzē (III 6) had not lived long | in the village at G̣wēqᴇlis, before a canoe came paddling, | and stopped at the beach of the house of ᵉmāx̣ŭyalidzē (III 6); and then | ᵉmāx̣ŭyalidzē (III 6) went to meet his visitors, and called them.
60 And ‖ the many children of the man went into the house of ᵉmāx̣ŭ- yalidzē (III 6). | Then he gave them roasted sockeye-salmon, | to- gether with seal-blubber. After they had eaten, | the visitor spoke, and said, "Let me | ask you, O brother! who are you?" Yāqok!wā-
65 lag̔ĭlis (III 6) replied at once, ‖ and said, "I am Yāqok!wālag̔ĭlis, | prince of the great chief Yāqok!wālag̔ĭlis, | (for from now on ᵉmāx̣ŭyalidzē had the name Yāqok!wālag̔ĭlis), | O brother! My mother is G̣aāxstālas (II 3), the princess of | Chief Hēx̔hak̔ĭn (1 2)
70 of the Nimkish." Thus he said. "The ‖ first name of my father was Yāqaɬᴇnlis, when he first came to | live at G̣wēqᴇlis." Thus said Yāqok!wālag̔ĭlis (III 6) to the | man. |

And now Yāqok!wālag̔ĭlis also questioned the man, | and said,
75 "And who are you, brother?" Immediately ‖ the man replied, and said, "I am | Ᾱnx̣ᵉwid (III 1) on the side of my mother, Sᴇnʟ!ēgas

---

Wä, k·!ēsk·asē gāla g·ōkŭlē Yāqok!wālag̔ĭlisaxs lāk·asaē wŭyĭms-
55 ᵉīda. Wä, lāk·asē āma̔yē Ḷāwᴇlgᴇmēsē ᵉmāx̣ŭyalidzē hēk·as̔ᴇm Ḷax̣ᵘstōdxēs g·īgāmēx·dē ōmpa. Wä, k·!ēsk·asē âlaᴇm gälak·as g·ō- kŭlak·asē ᵉmāx̣ŭyalidzē lāk·asᴇx G̣wēqᴇlisax g·āx̣k·asaasa sēyō̔na- kŭla qa̔s g·āx̣k·asē hāngᴇmlīsax g·ōkwas ᵉmāx̣ŭyalidzē. Wä, lāk·asē lālalē ᵉmāx̣ŭyalidzäxēs bāgŭnsē qak·ats ʟᴀlə̔lāleq. Wä, g·āx̣k·asē
60 hōgwᴇʟᴇlak·asa q!ēnᴇmas sāsᴇm bᴇgwānᴇm lāk·asᴇx g·ōkwas ᵉmāx̣ŭ- yalidzē. Wä,lāk·asē ʟ!ᴇx̣ᵉwilag·īlaxa ʟ!ōbᴇkwē mᴇlēk·a masak·atsē xŭdzāsē mēgwata. Wä, g·īlk·as̔mēsē gwāɬk·as ʟ!ᴇx̣waxs lāk·asaē yāq!ᴇg·ᵉalēda bāgŭnsē bᴇgwānᴇma. Wä, lāk·asē ᵉnēk·a: "Wēg·ax·ĭn wŭʟōl ᵉnᴇmwᴇyōt. ângwas?" Wä, hēx·ᵉīdk·as̔mēsē na̔naxma̔yē
65 Yāqok!wālag̔ĭlisaq. Wä, lāk·asē ᵉnēk·a: "Nōgwak·as Yāqok!wālag- ̔ĭlisa Ḷāwŭlgᴇmēsa ᵉwālasdā g·īgāma̔yē Yāqok!wālag̔ĭlisdā (qaxs lāk·as̔maē gwāɬk·as ʟēgadē Yāqok!wālag̔ĭlisas ᵉmāx̣ŭyalidzē), ᵉnᴇmwᴇyot. Wä, lāk·asᴇn ābāyatsōx G̣aāxstālasēx k·!ēdēlaxsa g·īgāma̔yaē Hēx·hak·ĭnasa ᵉnᴇmgēsē," ᵉnēk·asēq. "Wä, lak·asʟāl
70 hē g·īl ʟēgᴇmsᴇn ōmpk·asdäē Yāqaɬᴇnlisē lāk·asᴇxs g·ālaē g·āx̣k·as g·ōkŭla lāk·asx̣ōx G̣wēqᴇlĭs̔ēx," ᵉnēk·asē Yāqok!wālag̔ĭlisaxa bᴇ- gwānᴇmē.

Wä, lāk·asē ōgwaqa Yāqok!wālag̔ĭlisa wŭʟaxa bᴇgwānᴇmē. Wä, lāk·asē ᵉnēk·a: "Wä, āngwak·ast!as, ᵉnᴇmwᴇyot!" Wä, hēx·ᵉīd-
75 k·as̔mēsa bᴇgwānᴇmē nā̔naxmēq. Wä, lāk·asē ᵉnēk·a: "Nōgwak·as Ᾱnx̣ᵉwīda gwēk·!ōt!ᴇndala lāk·asxᴇn ābāsk·!ōtē Sᴇnʟ!ēgasē. Wä,

(II 2); | and my name is Sēsaxȧlas on the side of my father, Yāqaɫɛnlis, | in my village Padzō. Yāqaɫɛnlis (II 1) left me his name | Yāqaɫɛnlis when he went away from us, and went to a place where he knew ‖ people lived at Ōdzȧlas; and I know that he married | the princess of Hēx·hak·ĭn (I 2), Gaāxstalas (II 3)." Thus said Ănxʻwīd (III 1) to | Yāqok!wālag·ĭlis (III 6). Gaāxstalas (II 3) spoke at once, and said, | "Welcome, O child! Now you have seen your brother, | for he talked about your father, child Ănxʻwīd (III 1), who has also ‖ the name Sēsaxȧlas. This is ʻmāxŭyalidzē (III 6); he is next to the youngest." | Then Ănxʻwīd (III 1) said, "These are my | children — three girls, and the eldest one | a boy. His name is Hăxŭyōsɛmēʻ (IV 1), a name given in marriage by | Hăwīlkŭlaɫ (II 5), chief of the numaym G·ēxsɛm of the Q!ōmoyȧʻyē!" ‖ And Ănxʻwīd (III 1) had been given in marriage the name Amāxŭlaɫ (III 1), | and he had no longer the name Ănxʻwīd, and we have to call him after this | Amāxŭlaɫ. Then Yāqok!wālag·ĭlis (III 6) said that he | would go with his elder brother Amāxŭlaɫ (III 1) when he should go home to | Padzō. But Amāxŭlaɫ (III 1) said, "No, it is good, for ‖ we are now head chiefs of the tribes. | I shall be head chief of the Sēnʟ!ɛm of the Kwāg·uɫ; | and my prince Hăxŭyōsɛmēʻ (IV 1), of the | numaym G·ēxsɛm of the Q!ōmoyȧʻyē. And ʻmāxŭɫayugwa (III 2) has for her husband | ʟ!āqwag·ĭlagɛmēʻ

lāk·asɛn Sēsaxȧlasʟa lāxɛn ȧsk·!ōtē yĭk·asxɛn ōmpē Yāqaɫɛnlisē 77
lāk·asxɛn g·ōkŭlasē Padzawa. Wä, ōkwasʻmēsē ʟēqosasēs ʟēgɛmē
Yāqaɫɛnlisē g·äxk·asɛnʟaxs lāk·asaē bȧnoxᵘ qaʻs lāk·as lāxēs q!äla
g·ōkŭlak·as lāx Ōdzȧlasē. Wä, lāk·asɛn q!ālaqēxs lāk·asaē gɛg·a- 80
dɛs k·!ēdēlas Hēx·hak·ĭnē, lāk·asɛx Gaāxstālasē," ʻnēk·asē Ănxʻwīdäx Yāqok!wālag·ĭlisē. Wä, hɛx·ʻīdk·asʻmēsē Gaāxstalasē ʻnēk·asa:
"Wä, gēlak·asʻla xŭnōkᵘ lāk·asʻɛms dōxʻwaʟɛlaxōx ʻnɛmwɛyōt,
gwāgwēx·sʻȧlak·asʻmē ȧsdä ɫȧʟ, xŭnōkᵘ Ănxʻwīd ʟōkwasēs ʻnɛmōxᵘ
ʟēgɛmē Sēsaxȧlasē. Wä, yōkwasʻɛm māk·ĭlaxwa ȧmaʻyĭnxaʻyōx 85
ʻmāxŭyalidzēx." Wä, lāk·asē ʻnēk·ē Ănxʻwīdäq: "Yōkwasʻmēg·ĭn sāsɛmk·asōx yŭdukwēx ts!ɛdäxsȧ ʟōkwasa ʻnɛmōkwēx ʻnōlast!ɛgɛmē
bɛgwānɛma lāk·asōx ʟēgadɛs Hăxŭyōsɛmaʻyē ʟēgɛmg·ɛlxʟēs Hăwīlkŭlaɫ, yĭk·asɛx g·ĭgāmaʻyasa ʻneʻmēmotasa G·ēxsɛmasa Q!ōmoyȧʻyē. Wä, lāk·asōx ʟēgɛmg·ɛlxʟālasōx Ănxʻwīdäxs Amāxŭlaɫē. 90
Wä, lāk·asʻmēsōx gwāɫ ʟēgadk·ats Ănxʻwīdē lāk·asʻmēsɛns ʟēqɛlaʟɛs Amāxŭlaɫē läq. Wä, lāk·asē Yāqok!wālag·ĭlisē ʻnēk·as qaʻs
lūlāg·ī lāsgɛmēxēs ʻnōlē Amāxŭlaɫē qō lāk·asʟ näʻnakᵘ lāk·asɛx
Padzawē. Wä, lāk·asē k·!ēs ʻnēk·ē Amāxŭlaɫē: "Ëx·k·asʻmasēs
laēnēk·asɛns ʻnāxwak·asʻɛm la ʟȧxumē g·īgʻɛgāmēk·atsa lēɛlqwȧlaʟa- 95
ʻyēx. Wä, nōgwak·asʻmaa lāk·asʻmɛn ʟȧxumēsa Sēnʟ!ɛmasa Kwāg·uɫē. Wä, lāk·asōx ʟȧxumaʻyĭn ʟȧwɛlgāmaʻyēxōx Hăxŭyōsɛmaʻyaxsa
ʻneʻmēmotasa G·ēxsɛmasa Q!ōmoyȧʻyē. Wä, lāk·asē läʻwadē ʻmāxŭ-

(III 8), the head chief of the Lōyālala‘wa, the numaym of the ‖
400 Kwāg·uł; and ‘māx̣ŭlag·ïlis (III 3) has for his wife the princess of
Chief | Ts!ᴇx‘ēd (II 4) of the Nāk!wax·da‘xᵘ. And our | father
(II 1) had for his wife the princess of Hēx·hak·ín (I 2), the head chief
of the numaym | G·ēxsᴇm of the Nimkish, our stepmother, Ǧaāx-
stālas (II 3). | I say this because you stand at the head of the
5 Gwa‘sᴇla. ‖ Now look for a wife, O brother! from the region to the |
north of us; and if you do so, we shall be the only | chiefs of the
tribes." Thus said Amāx̣ŭlał (III 1) to his younger brother |
Yāqok!wālag·ïlis (III 6). Immediately the mother of Yāqok!wā-
lag·ïlis (III 6), that | is, Ǧaāxstalas (II 3), said "Let us try to get a
10 wife, Hăwīlkŭlał (III 1 ?) ‖ and also your prince, for Yāqok!wālag·ïlis
(III 6). | What you say is good, child Hăwīlkŭlał, that all of you may
be renowned | chiefs of the first people among the following gene-
rations, | O children!" Thus said Chieftainess Ǧaāxstalas (II 3) to
Hăwīlkŭlał (III 1 ?). |
15 Haha hananē! Therefore I am now at the head ‖ of all these
tribes, and therefore I feel proud of my | names which came from the
other side of the chief, my ancestor, | when he married all over the
world. |
Haha hananē! Now Hăwīlkŭlał (III 1 ?) asked Yāqok!wālag·ïlis
(III 6) | to get ready to go and marry the princess (III 10) of ʟ!āqwa-

———

layugwas ʟ!āqwag·ilagᴇma‘yē Ḻāx̣uma‘yasa Lōyālala‘wa ‘nᴇ‘mēmotsa
400 Kwāg·ulē. Wä, lāk·asē gᴇg·adē ‘māx̣ŭlag·tlisas k·!ēdēlasa g·igă-
ma‘yē Ts!ᴇx‘ēdäxa Nāk!wax·da‘xwē. Wä, lāk·asē gᴇg·adᴇns
ōmpdäsōx k·!ēdelaxs Hēx·hak·ínēxa Ḻāx̣ima‘yasa ‘nᴇ‘mēmotnasa
G·ēxsᴇmasa ‘nᴇmgēsē lāk·asxōx abādzawaqᴇnuxᵘ Ǧaāxstalasēx.
Wä, hēk·as‘mēsᴇn lāg·ila ‘nēk·ē lāk·as‘maaqōs Ḻāx̣umēltsa Gwa‘sᴇlax.
5 Wāg·a ᴀᴇm dōqwała qa‘s gᴇnᴇmōs, ‘nᴇmwᴇyōt lāk·asxō gwā-
nak·ālax; wä, qasō hēł gwēx·‘ïdᴇlē lāk·as‘mēsᴇns lēx·ᴀᴇm g·íg·ᴇ-
gāmēltsa lēᴇlqwălaʟa‘yax," ‘nēk·asē Amāx̣ŭlałaxēs ts!ă‘yē Yāqo-
k!wālag·tlisē. Wä, hēx·‘ídk·as‘mēsē ābᴇmpsa Yāqok!wālag·tlisē
yík·asᴇx Ǧaāxstalasē, ‘nēk·a: "Wēg·ax·íns gāgak·!a Hăwīlkŭlał
10 Ḻōkwasēs Ḻāwᴇlgāma‘yēx qak·asōx Yāqok!wālag·tlisēx. Ex·k·as‘maa-
sēs wăldᴇmaqōs x̣ŭnōkᵘ Hăwīlkŭlał qa‘s ‘nāx̣wa‘mᴇʟōs ts!ełwalał
g·íg·ᴇgāmēsa g·ālā bᴇgwānᴇm lāk·asxa ālk·ᴀsla bēbᴇgwabōlisaʟōł
säsᴇm," ‘nēk·asē ō‘ma Ǧaāxstalasax Hăwīlkŭlałē.
Haha hananē; wä yōkwasᴇm lāg·ílk·asaᴇn k·!eās k·!ēs Ḻāx̣uma-
15 ‘yaas lāxwa ‘nāx̣wäx lēᴇlqwălaʟa‘yaxᴇn ākwasgímᴇn yälaq!ēqᴇlasᴇn
Ḻēʟᴇgᴇmdzēx g·āg·ïlᴇla lāk·asxᴇn qwēsbalisē g·íg·íqag·iwēxs hēlaxaē
lāk·asxēs gāg·adi‘lālaē‘na‘yē.
Haha hananō; wä, lāk·as‘mē Hăwīlkŭlałē āxk·!ālax Yāqok·!wālag·ï-
lisē qa xwānał‘ídēs qa‘s lālag·í gāgak·!ax k·!ēdelas ʟ!āqwag·ila yí-

FAMILY HISTORIES 855

g·ila (II 6), ‖ chief of the Nōx̣ŭnts!idᴇxᵘ, of Rivers Inlet. Now, | 20
they learned that the name of the princess of ʟ!âqwag·ila (II 6) was
Ālāg·îmił (III 10). | At once they made ready, and started | to go to
Rivers Inlet; and when they arrived there, they were invited | in
by Chief ʟ!âqwag·ila (II 6). Now, Amāx̣ŭlał (III 1) saw ‖ the 25
sacred room of the cannibal-dancer at the right-hand side, | inside
the door of the large house; and when they were seated, | Amāx̣ŭlał
(III 1) and his children, and his younger brother Yäqok!wālag·îlis
(III 6), | were given crabapples to eat; but, before they began to
eat, | they took one spoonful of crabapples which ‖ were the first to 30
be given to the cannibal-dancer, who was seated in his sacred room. |
As soon as those came back who had gone to give to eat to him first, |
they said, "Now K!wāk·îyîls has eaten. Let | the visitors whc
came to you, ʟ!âqwag·ila (II 6), begin to eat!" Then Amāx̣ŭlał
(III 1), | and his younger brother Yäqok!wālag·îlis (III 6), and his
crew, ‖ ate. After they had eaten, Amāx̣ŭlał (III 1) spoke, | and he 35
asked for the princess of ʟ!âqwag·ila (II 6), | Ālāk·ilayugwa (III 10),
in marriage. ʟ!âqwag·ila (II 6) told him at once to go ahead, | and
do quickly what he said. Now he gave as a marriage gift ten |
black-bear blankets, four marten blankets, ‖ twenty-five dressed 40
elk-skin blankets, four lynx blankets, | and eleven marmot blankets. |
That is the number that was given in marriage by Yäqok!wālag·îlis

k·asᴇx g·īgŭmaʻyasa Nōx̣ŭnts!idᴇxwasa Āwîk·!ēnoxwē. Wä, lāk·as- 20
ʻmē q!ālak·asqēxs ʟ̯ēgadaē k·!ēdēlas ʟ!âqwag·ilās Ālāg·ímîlē. Wä,
hëx·ʻîdk·asʻmēsē xwānalʻîda. Wä, lāk·asʻmē älëx̣ʻwida qak·ats
lāk·asē lāx Wanukwē. Wä, g·îlk·asʻmēsē lāg·aaxs lāk·asaē ʟālēʻlā-
lasōkwatsa g·īgŭmaʻyē ʟ!âqwag·ila. Wä, lāk·asʻmē Amāx̣ŭlał dōx-
ʻwaʟᴇlaxa mawîlasōx hāmats!a ăx̣ēl lāk·asᴇx hełk·!ōtstâlîlasa ăwī- 25
ʟᴇläs t!ᴇx·ʻlāsa ʻwâlasē g·ōkwa. Wä, g·îlk·asʻmēsē ʻwîʻla k!ūsʻâlîlē
Amāx̣ŭlał ʟ̯ōkwasēs sūsᴇmē ʟ̯ōkwasēs ts!āʻyē Yäqok!wālag·îlisē
lāk·asaē ʟ!ᴇxwīlayowa tsᴇlx̣wē. Wä, k·!ēsk·asʻmēsē hāmx·ʻîdqēxs
lāk·asaē tsēyak·!lēlᴇma ʻnᴇmēxʟa k·āts!ᴇnaq tsᴇlx̣wa. Wä, lāk·asʻmē
g·îlq!ᴇsamatsowa hāmats!a k!wats!ălîl lāk·asxa lᴇmēlats!ē. Wä, 30
g·îlk·asʻmēsē g·äxk·as aēdaaqak·asa g·āg·îlq!ᴇtsîla bᴇgwānᴇmxs lāk·a-
saē ʻnēk·asa: "Lāk·asʻmōx hāmx·ʻîdōx K!wāk·îyîlsēx. Wēg·ax·ōx
hăʻmx·ʻîdōs būgŭnsaqōs, ʟ!âqwag·il." Wä, hëx·ʻîdk·asʻmēsē Amā-
x̣ŭlałē ʟ̯ōkwasēs ts!āʻyak·asē Yäqok!wālag·îlisē ʟ̯ōkwasēs lēᴇlōtē
hăʻmx·ʻîda. Wä, g·îlk·asʻmēsē gwălk·asᴇxs lāk·asaē yäq!ғg·uʻlē 35
Amāx̣ŭlał. Wä, lāk·asʻᴇm gāgak·!ax k·!ēdēlas ʟ!âqwag·ila lāk·asᴇx
Ālāk·ilayugwa. Wä, hëx·ʻîdk·asʻmēsē ʟ!âqwag·ila wäxaq qa wēg·îs
ăᴇm haliʻlälaxēs wäldᴇmē. Wä, lāk·asʻmē qāḓzîlʻîtsa lastowē ʟ!ᴇn-
ʟ!ᴇntsᴇmē ʻnaᴇnx̣ʻūnēʻ ʟ̯ōkwasa mōwē lēlᴇgᴇx̣ᵘsᴇmēʻ ʻnaᴇnx̣ʻūnēʻ
ʟ̯ōkwasa sᴇk·!agăla cᴇlag·ʻîmē ʻnaᴇnx̣ʻūnēʻ ʟ̯ōkwasa mōwē ʻwälasx·äs- 40
gᴇmē ʻnaᴇnx̣ʻūnēʻ ʟ̯ōkwasa ʻnᴇmāg·ʻîyowē kwēkŭx̣ᵘdғsgᴇmē ʻnaᴇn-
x̣ʻūnēʻ. Wä, hēk·asʻᴇɪn ʻwāxaats qāḓzēʟᴇmxs Yäqok!wālag·îlisē

(III 6) | to Chief L!āqwag·ila (II 6) for his princess Ālāg·ĭmĭł (III 10). |
45 As soon as he finished, Chief L!āqwag·ila (II 6) also spoke, ‖ and said,
"O son-in-law, Yāqok!wālag·ĭlis (III 6), come | to your wife. Now
your name shall be L!āqwag·ila (III 6). And | I shall also give you
this copper, which has the name Moon; and these two | slaves, a man
50 and a | woman; and this great winter dance, ‖ the cannibal-dance,
and the name of the dancer K!wä‘staak^u, and | his red cedar-bark;
and also the dance of the attendant of the cannibal, and his name |
Wāwĭyāk·ila; and also the dance of the grizzly bear of the door of
the | house of Cannibal-at-North-End-of-World, with whistles, and
his name | K·ĭlEmālag·ĭlis; and also the begging-dance, and its
55 name ‖ Q!wēq!wasElał; and the carved pole with cedar-bark on top
of it | and with cedar-bark around the neck. | That is Cannibal-at-
North-End-of-World sitting on top of it, | and under it is the raven.
That is Raven-at-the-north-end-of-the-world, | and under it the
60 grizzly bear. That is ‖ Grizzly-bear-at-the-door-of-the-house-of-Can-
nibal-at-North-End-of-World, and | under it the wolf. He is the
scent-taker at the door of the | house of Cannibal-at-North-End-of-
World. And | on the head of the man on top of the pole sits the
eagle. | He is the watchman of Cannibal-at-North-End-of-World,

---

43 lāk·asxa g·ĭgāma‘yē L!āqwag·ila qak·asēs k·!ēdēlē Ālāg·ĭmĭlē. Wä,
   g·ĭlk·as‘mēsē gwāłExs lāk·asaē ōgwaqa yāq!Eg·a‘łēda g·ĭgăma‘yē L!ā-
45 qwag·ila. Wä, lāk·asē ‘nēk·a: "Gĕlag·a nEgūmp, Yāqok!wālag·ĭlis
   lāk·asxg·as gEnEmg·ōs. Lāk·as‘Ems LēgadElts L!āqwag·ila lāk·as-
   ‘Emxaak· lāłg·ada L!āqwak· LēgadEs Nōsa‘yē Lōkwasg·ada ma‘łō-
   kŭk· q!āq!Ek·owa bEgwānEmk·asg·a ‘nEmōkŭk·; wä, lāk·asEk·
   ts!Edāxk·asg·a ‘nEmōkŭk·. Wä, hĕk·as‘mēsg·ada ‘wālasEk· lädax-
50 g·ada hāmats!a. Hĕk·as‘Em LēgEmsē K!wä‘staakwē Lōkwasē
   L!āL!EgEkŭla. Wä, hĕk·as‘mēsa k·ĭnqalaLEla. Hĕk·as‘Em LēgEmsē
   Wāwĭyāk·ila. Wä, hĕk·as‘mēsa ‘nawalagwadē nEnstālĭlas t!Ex·ĭlās
   g·ōkwas Bax^ubakwālanux^usīwa‘yē, wä, hĕk·as‘Em LēgEmsē K·ĭlEmā-
   lag·ĭlisē. Wä, hĕk·as‘mēsa q!wēq!wasElalē. Hĕk·as‘Em LēgEmsē
55 Q!wēq!wasElalē. Wä, hĕk·as‘mēsa ts!ax^usa‘yē k!waxtālaxa L!ā-
   gEkumāläxa L!āgEkwē. Wä, lāk·asē L!āgEk!ŭxâlaxa LEkwē
   L!āgEkwa. Hĕk·as‘Em Bax^ubakwālanux^usīwa‘ya k!waxtâ‘yē. Wä,
   hĕk·as‘mēsa māk·ĭlāq gwa‘wīna. Wä, hĕk·as‘Em Gwāx^ugwaxwāla-
   nux^usīwa‘yē. Wä, lāk·asē nanō ba‘nēLElās. Wä, hĕk·as‘Emxat!
60 nEnstālĭlts t!Ex·ĭlās g·ōkwas Bax^ubakwālanux^usīwa‘yē. Wä, hĕk·as-
   ‘mēsē āLanEmē ba‘nēLElas. Wä, hĕk·as‘Em mēmts!Estālĭlts g·ō-
   kwas Bax^ubakwālanux^usīwa‘yē. Wä, hĕk·as‘mēsa kwēkwē k!wax-
   tEwēx x·ōmsasa bEgwānEmō lūxa ōxtâ‘yasa ts!ax^usa‘yē. Wä,
   hĕk·as‘Em dadōq!walElg·ĭts Bax^ubakwālanux^usīwa‘yax seyak!wē-

FAMILY HISTORIES 857

who looks out for meat ‖ for his food. That is the cannibal-pole. | 65
You shall show it whenever you give a winter dance, O son-in-law
(III 6)! | That is all that I have to say about this," said Lḷāqwag̣ila
(II 6) to him. | Lḷāqwag̣ila (III 6) (for now his name is no longer |
Yāqokḷwālag̣ilis) staid only one night, and, together with his brother
Amāx̣ūlał (III 1), ‖ he went home with his wife Ālāg̣ịmił (III 10) to 70
Gwēqelis; | and Amāx̣ūlał (III 1) staid there with his prince only
four days. | Then he went home to Padzō, together with his mother |
Kḷāmaxalas (II 2), who before had had the name SēnLḷēgas. |

Haha hananē! I am not at all ashamed of the chiefs my ancestors,
who married ‖ among the chiefs all around our world. This was | 75
not done by the ancestors of the lower chiefs, but my ancestors the
chiefs did. | And who approaches what was done by the chiefs my |
ancestors? |

Haha hananē! Now I shall talk about the eldest son ‖ of the
children of my ancestor my chief Hāx̣ūyōsEmē⁽ (IV 1), | the eldest 80
one of the children of Amāx̣ūlał (III 1) and of his wife | KḷēẋkḷE-
lag̣ịdzEmga (III 11), the princess of Hāwīlkūlał (II 5), head chief of
the | great tribe Qḷōmoyâ⁽yē, of the numaym G̣ēxsEm. Now, |
Hāx̣ūyōsEmē⁽ (IV 1) married the princess of Wanuk^u (III 12), ‖
LēlElayugwa (IV 2), chief of the numaym G̣īg̣ịlg̣ăm of the ⁽wālas 85
Kwāg̣ụł, | who lived at Qḷabē⁽, and they had a son (V 1). | Then

---

masē qak̇ats ha⁽mā⁽ya. Wä, hēkˑas⁽Em hamspḷēq ts!ax^usa⁽yē. Wä, 65
lākˑas⁽Ems nēl⁽ēdāmasLEq qakˑatsō yāwix̣ịlalō, nEgūmp. Wä,
lākˑas⁽Em ⁽wī⁽lEn wāldEmkˑasē lāxēq," ⁽nēkˑasē Lḷāqwag̣ilamotḷaq.
Wä, ōkwas⁽mēsē xa⁽masē Lḷāqwag̣ila, qaxs lākˑas⁽maē gwāl Lēga-
dEs Yāqokḷwālag̣ịlisē, Ḷōkwasēs ⁽nEmwEyotē Amāx̣ūlałaxs g̣äx-
kˑasaē nä⁽nak^u Ḷōkwasēs gEnEmē Ālāg̣ịmīłē lākˑasEx Gwēqelisē. 70
Wä, ōkwas⁽mēsē mōpḷEnx̣watsḷEsē Amāx̣ūlałē Ḷōkwasēs Ḷāwel-
gEma⁽yaxs g̣äxkˑasaē nä⁽nakwa lākˑasEx Padzawē Ḷōkwasēs ābempē
Kḷāmaxalasēxa Ḷēgadōlas SēnLḷēgasē.

Haha hananē; kḷeâskˑasaē ōdzaxaatsEn g̣ịqag̣iwa⁽yaxs g̣äg̣adi-
⁽lālaē lāxōx g̣īg̣Egāma⁽yaxsōx āwī⁽stāxsEns ⁽nālax. Yōkwas⁽Em 75
wūyōḶānEmsEn g̣ịgabâ⁽yēx qa⁽s g̣īqag̣iwa⁽yEn nōskˑasēx g̣ịqag̣i-
wa⁽ya, qa ängwakˑasēs ēxˑālalaxa qa⁽s lâLēx gwēgwālag̣ịlīdzasasEn
g̣ịqag̣iwa⁽ya.

Haha hananē; wä, lākˑas⁽mēg̣ịn g̣ịg̣ägEmdālakˑasLEx ⁽nē⁽nōlastḷE-
gEmalīłas sāsEm⁽nakūlāsEn g̣ịqag̣iwa⁽yē Hāx̣ūyōsEma⁽yē. Lä- 80
kˑas⁽Em, ⁽nōlastḷEgEmēs sāsEmas Amāx̣ūlałē Ḷe⁽wis gEnEmē Kḷēẋ-
kḷElag̣ịdzEmga, yịkˑasEx kḷēdēlas Hāwīlkūlałē xāmagEmēkˑasē g̣ī-
gāmēsa ⁽wālatsEmaxa Qḷōmoyâ⁽yēxa ⁽nE⁽mēmotasa G̣ˑēxsEmē. Wä,
lākˑas⁽mē gegˑādExˑīdē Hāx̣ūyōsEma⁽yas kḷēdēlas Wanukwē, yịkˑa-
sEx LēlElayugwa, g̣ịgāma⁽yasa ⁽nE⁽mēmotasa G̣ˑīg̣ịlg̣ămasa ⁽wālasē 85
Kwāg̣ụlaxs g̣ōkūlaē lākˑasEx Qḷaba⁽yē. Wä, lākˑasē xūngwadE-

88 Chief Wanuk^u (III 12) gave him a name, | and he gave to his grandson the name Lēłēlēlēg·ē⁽ (V 1). | Now, he grew up; and that
90 Lēłēlēlēg·ē⁽ || married the princess of ⁽māχwa (IV 3) of the numaym | G·ig·ilgăm of the Nāk!wax·da⁽x^u, Hāmdzid (V 2). They were not married a long time, | when they had a son; and ⁽māχwa (IV 3) | gave him a name, and he named him ⁽māχūlag·ilis (VI 1). | Now,
95 ⁽māχūlag·ilis (VI 1) married the princess of K·!ādē (V 3), || Hāmisk·inis (VI 2), the daughter of the chief of the numaym | G·ēxsᴇm of the ʟ!aʟ!asiqwāla; and before long they | had a son (VII 1), and Chief K·!ādē (V 3) gave him a name, | and he named him Q!ōmk·inis (VII 1). And | then Q!ōmk·inis (VII 1) married the princess of
500 ⁽māχwa (VI 3), Mᴇlēd (VII 2). || He was the head chief of the numaym Tᴇmłᴇmłᴇls | of the Mamalēleqăla. They had not been married long before | they had a son; and Chief ⁽māχwa (VI 3) named him, | he named his grandson Mᴇnlēdzas (VIII 1); | and Mᴇnlēdzas grew
5 up. He || married the princess of the chief of the numaym Lēlᴇwag·ila of the | Dzāwadᴇēnox^u, Yāk·ăyugwa (VIII 2), the princess of K·!ādē (VII 3). And they had not been | married a long time before they had a son; | and K·!ādē (VII 3) gave a name to his grandson, | and named him Q!ōmx·ilag·ilis (IX 1); and when ||

---

87 x·⁽itsa bᴇgwānᴇmē. Wä, lāk·asē hēk·asa g·igăma⁽yē Wanukwē ʟēqēla qak·as ʟēgᴇms. Wä, lāk·asē ʟēx⁽ēdᴇs Lēłᴇłᴇlēg·a⁽yē lāk·asxēs ts!ōx^uLᴇma. Wä, lāk·asē q!wāx⁽ida. Wä, lāk·asē Lēłᴇłᴇlēg·ay⁽ē
90 gᴇg·adᴇx·⁽its k·!ēdēlas ⁽māχwasa Nāk!wax·da⁽x^uasa ⁽nᴇ⁽mēmotasa G·ig·ilgăm, yik·asᴇx Hāmdzidē. Wä, k·!ēsk·asē gāla hayasᴇk·ālaxs lāk·asaē xŭngwadᴇx·⁽itsa bᴇgwānᴇmē. Wä, hēk·as⁽ᴇmxaē ⁽māχwa ʟēqēla qak·as ʟēgᴇms. Wä, lāk·as⁽mē ʟēx⁽ēts ⁽māχūlag·ilisē lāk·asᴇq. Wä, lāk·asē gᴇg·adᴇx·⁽idē ⁽māχūlag·ilisas k·!ēdēlas K·!ādē,
95 yik·asᴇx Hāmisk·inisēxa xŭnōkwas g·igăma⁽yasa ⁽nᴇ⁽mēmotasa G·ēxsᴇmasa ʟ!aʟ!asiqwāla. Wä, k·!ēsk·asē gālaxs lāk·asaē xŭngwadᴇx·⁽itsa bᴇgwānᴇmē. Wä,. lāk·asa g·igăma⁽yē K·!ādē ʟēqēla qak·as ʟēgᴇms. Wä, lāk·asē ʟēx⁽ēts Q!ōmk·inisē lāk·asᴇq. Wä, lāk·asē Q!ōmk·inisē gᴇg·adᴇx·⁽its k·!ēdēlas ⁽māχwa lāk·asᴇx Mᴇlēdē.
500 Wä, hēk·as⁽ᴇm xamagᴇmē g·igămē⁽sa ⁽nᴇ⁽mēmotasa Tᴇmłᴇmłᴇlsasa Mamalēleqăla. Wä, k·!ēsk·asē gāla hayasᴇk·ālaxs lāk·asaē xŭngwadᴇx·⁽itsa bᴇgwānᴇmē. Wä, hēk·as⁽mēsa g·igăma⁽yē ⁽māχwa ʟēqēla qak·as ʟēgᴇms. Wä, lāk·as⁽mē ʟēx⁽ēts Mᴇnlēdzasē lāk·asxēs ts!ōx^uLᴇma. Wä, lak·asē q!wax·⁽idē Mᴇnlēdzasē lāk·asaē
5 gāgak·!ax k·!ēdēlas g·igăma⁽yasa ⁽nᴇ⁽mēmotasa Lēlᴇwag·ilāsa Dzāwadᴇēnoxwē, yik·āsᴇx Yāk·ăyugwa, k·!ēdēlas K·!ādē. Wä, k·!ēsk·asē gāla hayasᴇk·ālaxs lāk·asaē xŭngwadᴇx·⁽itsa bᴇgwānᴇmē. Wä, lāk·asē K·!ādē hēk·as⁽ᴇm ʟēqēlak·as qa ʟēgᴇmsēs ts!ōx^uLᴇma. Wū, lāk·as⁽mē ʟēx⁽ēts Q!ōmx·ilag·ilisē lāk·asᴇq. Wä, g·ilk·as-

Q!ōmx·ïlag·ïlis grew up, he married the princess of | K!wamaxalas 10 (VIII 3). Now, her name was ᴇnᴇmōgwilï'lakᵘ (IX 2). And they had not been married a long time, | when they had a son (X 1); and | then the chief of the numaym G·ēxsᴇm of the Hāxwāmis—that is, | K!wamaxalas (VIII 3)—said that he would give a name to his ‖ grandson (X 1), and he called him K!wamaxᴇlasōgwi'lakᵘ. | Now, 15 K!wamaxᴇlasōgwi'lakᵘ (X 1) married the princess of | Q!ōmoqâ (IX 3), Q!ēx·ʟālaga (X 2). And they had not been married long, | before they had a son (XI 1); and then the | chief of the ancestors of the numaym G·īgaanâ of the Gwawaēnoxᵘ—that is ‖ Q!ōmoqâ 20 (IX 3)—said that he would give a name to his grandson, | and he named him Q!ōmōxᵘs'ala (XI 1). And then Q!ōmōxᵘs'ala | married ʟē'lēnoxᵘ (XI 2), the princess of K·!ōgwīk·ēladzē (X 3), the head chief | of the numaym Sīsᴇnʟ!ē' of the Ławēts!ēs, and they had | a son (XII 1). Now, Chief K·!ōgwīk·ēladzē (X 3) was known to be ‖ savage. And he gave him a name, | and he named his grandson 25 K·!ōgwīk·ēlagᴇmē' (XII 1). | They were living in the village of the ancestors of the Ławēts!ēs, Āʟāgᴇmala. Now, | K·!ōgwīk·ēlagᴇmē' married the princess of Yāx·ʟᴇn (XI 3), | Ts!ālalīłanaga (XII 2). He was the head chief of the numaym ‖ of the Tᴇmltᴇmlᴇls of the 30 Nāk!wax·da'xᵘ. They had not | been married long, when they had a

---

'mēsē q!wāx'ēdē Q!ōmx·ïlag·ïlisē lāk·asaē gᴇg·adᴇx·'īts k·!ēdēlas 10 K!wamaxalasē lāk·asᴇx ᴇnᴇmōgwilï'lakwē. Wä, k·!ēsk·asē gäla hayasᴇk·âlaxs lāk·asaē xŭngwadᴇx·'īdk·atsē bᴇgwānᴇmē. Wä, lāk·asē g·īgăma'yasa ᴇnᴇ'mēmotasa G·ēxsᴇmasa Hāxwāmisē, yīk·asᴇx K!wamaxalasē ᴇnēk· qa's hē'k·as'mē ʟēqēla qak·as ʟēgᴇmsēs ts!oxᵘ- ʟᴇma. Wä, lāk·as'mē ʟēx'ēts K!wamaxᴇlasōgwi'lakwē lāk·asᴇq. 15 Wä, lāk·asē gᴇg·adᴇx·'īdē K!wamaxᴇlasōgwi'lnkwasa k·!ēdēlas Q!ō- moqâ, yīk·asᴇx Q!ēx·ʟālaga. Wä, k·ēs'ᴇmxaāwisē gäla hayasᴇk·â- laxs lāk·asaē xŭngwadᴇx·'ītsa bᴇgwānᴇmē. Wä, lāk·asa g·īgă- ma'yasa g·ālā ᴇnᴇ'mēmotsa G·īgaanā'yasa Gwawaēnoxwē, yīk·asᴇx Q!ōmoqâ, ᴇnēk· qak·as hē'mē ʟēqēla qak·as ʟēgᴇmsēs ts!ōxᵘʟᴇma. 20 Wä, lāk·as'mē ʟēx'ēts Q!ōmōxs'ala. Wä, lāk·asē Q!ōmōxᵘs'ala gᴇg·adᴇx·'īts ʟē'lēnoxwē k·!ēdēlas K·!ōgwīk·ēladzē xamāgᴇma'yē g·īgămēsa ᴇnᴇ'mēmotasa Sīsᴇnʟ!a'yasa Ławēts!ēsē. Wä, lāk·asē xŭngwadᴇx·'ītsa bᴇgwānᴇmē. Wä, lāk·asē hek·as'ma ts!ē'ʟwalōla lāwis g·īgăma'yē K·!ōgwīk·ēladzē. Hēk·as'ᴇm ʟēqēla qa ʟēgᴇms. 25 Wä, lāk·as'mē ʟēx'ēts K·!ōgwīk·ēlagᴇma'yē lāk·asxēs ts!ōxᵘʟᴇma, yīk·asᴇxs hēk·asaē g·ōkŭlē g·ālāsa Ławēts!ēsē Āʟāgᴇmäla. Wä, lāk·asē gᴇg·adᴇx·'īdē K·!ōgwīk·ēlagᴇma'yas k·!ēdēlas Yŭx·ʟᴇnē, yīk·asᴇx Ts!ālalīłanaga, yīk·asxa xămagᴇma'yē g·īgămēsa ᴇnᴇ'mē- motasa Tᴇmltᴇmlᴇlsasa Nāk!wax·da'xwē. Wä, k·!ēs'ᴇmxaāwisē 30 gäla hayasᴇk·âlaxs lāk·asaē xŭngwadᴇx·'ītsa bᴇgwānᴇmē. Wä,

32 son (XIII 1). | Then Yāx·lᴇn gave a name to his grandson, | and he called him Hĕłamas. Then | Hĕłamas (XIII 1) grew up, and he
35 married the princess (XIII 2) of the chief of the ‖ ancestors of the Wīk!ŭnx·da⁽x⁾ᵘ, Wīgwīłba Wāk·as (XII 3), who had as his princess | Lᴇyālag·ilayugwa (XIII 2). They had not been married long, before | they had a son (XIV 1); and then Chief Wīgwīłba | Wāk·as (XII 3) said that he would give a name to his grandson, and he gave | the name Q!aēd (XIV 1) to his grandson. ‖
40 Haha hananē! All those whom I named invited the tribes; | and all gave great feasts; and almost | all of them gave winter dances, which were given to them in marriage by the fathers of their | wives, my ancestors, the chiefs. | Haha hananē!
Now I shall stop wailing. ‖

1 Now[1] I have finished about Hĕłamas (XIII 1), who married Lᴇyālag·ilayugwa (XIII 2), | the princess of Wīgwīłba Wāk·as (XII 3). Now I shall talk about his | prince Q!aēd (XIV 1). Hĕłamas (XIII 1) brought in his canoe | one hundred dressed skin
5 blankets, four slaves, ‖ also four large canoes, and a copper | named Sea-Lion. All this was given as a marriage gift by Chief | Wīgwīłba Wāk·as (XII 3) to Hĕłamas (XIII 1), and also the cannibal-dance, |

32 lāk·asē hĕk·as⁽mē Yāxlᴇnē Lēqᴇla qāk·as Lēgᴇmsēs ts!ōxᵘlᴇma. Wä, lāk·as⁽mē Lēx⁽ēts Hĕłamasē lāk·asxēs ts!ōxᵘlᴇma. Wä, lāk·asē q!wax⁽ēdē Hĕłamasē, lāk·asaē gᴇg·adᴇx⁽⁽its k·!ōdĕlasa·g·īgăma⁽yasa
35 g·āläsa Wīk!ŭnx·da⁽xwē lāk·asᴇx Wīgwīłba Wāk·as, yīk·asᴇxs k·!ō-dadaas Lᴇyālag·ilayugwa. Wä, k·!ēsk·asē gäla hayasᴇk·ālaxs lāk·asaē xŭngwadᴇx⁽⁽ītsa bᴇgwŭnᴇmē. Wä, lāk·asa g·īgăma⁽yē Wīgwīłba Wāk·asē ⁽nēk· qa⁽s hĕk·asē Lēqēla qa Lēgᴇmsēs ts!ōxᵘlᴇma. Wä, lāk·as⁽mē Lēx⁽ēts Q!aēdē lāk·asxēs ts!ōxᵘlᴇma.
40 Haha hananē; ⁽nāxwak·as⁽mōx lēłᴇlax·⁽ίdᴇn lēlᴇqᴇlasōkwasēx. Wä, lāk·asōx ⁽nāxwaᴇmxat! k!wĕlas⁽ēda. Wä, hălsᴇlaᴇmxaāwīsōx k·!ēs ⁽nāxwaᴇm yāwīx·⁽īda yīka·ts wāwałqälayâs wīwōmpas gᴇgᴇnᴇmasᴇn g·īg·iqag·iwa⁽yē. Haha hananē.
Wä, la⁽mē q!wĕl⁽īd q!wäsa.

1 Wä,[1] laᴇmLᴇn gwăł lāx Hĕłamasē laē gᴇg·adᴇs Lᴇyālag·ilayugwa, yīx k·!ōdĕlas Wīgwīłba Wāk·asē. Wä,hĕt!aLᴇn gwāgwĕx·s⁽ālᴀsLē Lāwŭlgᴇma⁽yasē Q!aēdē. Wä, g·āx⁽mē mâlaLa⁽yē Hĕłamasaxa lāk·!ᴇndē ēᴇlāg·īmsgᴇm ⁽naᴇnx⁽ŭnē⁽ Lᴇ⁽wa mōkwē q!ăq!ᴇk·owa; wä
5 hĕ⁽mēsa mōts!aqē äwă xwäxwäk!ŭna; wä, hēᴇm⁽łāwisa L!āqwa Lēgadᴇs mawak·!a. Wä, hēᴇm⁽ᴇl wāwałqälayosa g·īgăma⁽yē Wīgwīłba Wāk·asax Hĕłamasē. Wä, hē⁽ᴇm⁽łāwisa hāmats!a Lō⁽laēda

---
[1] The following part of the family history was not told as a wail, but in ordinary language.

the rich-woman dance, the attendant of the cannibal, and the frog war-dance, | and also the names of the four dancers. The ‖ name of 10 the cannibal-dancer was Xōqumeʟᴇlag·ilisk·asᶜo Baxᵘbakwālanuxᵘ-sīwēᶜ, | and the name of the rich-woman-dancer was G·ilq!ᴇsᴇlag·i-lis, | and the name of the attendant of the cannibal-dancer was Hĕlik·ilak·asᶜo, and | the name of the frog-war-dancer was Tōgŭmālis. Now, Hĕłamas (XIII 1) | had a son; and Wīgwiłba Wāk·as (XII 3) named ‖ his grandson, and he gave him the name Q!aēd (XIV 1). 15 As soon | as Wīgwiłba Wāk·as (XII 3), chief of the ancestors of the | Wik!ŭnx·ᶜdaᶜxᵘ of the Bellabella, had spoken, Hĕłamas (XIII 1) started in his canoe, | ʟᴇyalag·ilayugwa (XIII 2) being placed in the canoe by his father-in-law. Then he went to Qālogwis, for | that is the place where the Kwāg·uł lived. As soon as he arrived, ‖ his prince 20 Q!aēd (XIV 1), and his uncle Māᶜnakŭla, and his | two aunts Hămā-lak·ilaʟᴇmēga and X·ixᴇmg·ilayugwa, disappeared. | Now, Hĕłamas gave a winter dance to his tribe, the ancestors of the Kwāg·uł. | For four months Q!aēd (XIV 1) staid away. Then he was caught. | Then he was given to eat one of the slaves ‖ as he entered the winter-dance 25 house; and Hĕłamas (XIII 1) gave away | one hundred dressed elk-skin blankets, three slaves, | and four large canoes, to his tribe, the ancestors of the | Kwāg·uł; and he broke his copper Sea-Lion for

q!āminâgas ʟṓᶜlaēda k·inqălaʟᴇla; wä, hēᶜmēsa wŭq!äsē ōlala; 8
wä, hēᶜmēsa ʟēʟᴇgᴇmasa mōxwidäla lēlēda. Wä, hēᴇmᶜᴇl ʟē-gᴇmsa hāmats!ē Xōqumeʟᴇlag·ilisk·asᶜo Baxᵘbakwālanuxᵘsīwēᶜ. 10
Wä, hēᴇmᶜlawis ʟēgᴇmsa q!āminâgasē G·ilq!ᴇsᴇlag·ilisē. Wä, hēᴇmᶜlāwis ʟēgᴇmsa k·inqălaʟᴇlē Hĕlik·ilak·asᶜâ; wä, hᴇᴇmᶜlāwis ʟēgᴇmsa wŭq!äsē ōlalē Tōgŭmālisē. Wä, hēᴇmᶜlāwisē Hĕłamasaxs lamaaᶜl xŭngwatsē bābagŭmē. Wä, lāᶜlaē Wīgwiłba Wāk·asē ʟēqēla qa ʟēgᴇmsēs tslōxᵘʟᴇma. Wä, lāᶜlaē ʟᴇxᶜēts Q!aēdē. Wä, g·il'ᴇm-15
ᶜlāwisē gwālē wāłdᴇmas Wīgwiłba Wāk·nsēxa g·igăma'yasa g·ālāsa Wik!ŭnx·daᶜxwasa Hĕłdzaqwē g·āxaᶜlasē ʟᴇxᶜēdē Hĕłamasē k!wax-salasōᶜsēs nᴇgŭmpē ʟᴇyalag·ilayugwa. Wä, lāᶜlaē lāx Qālogwisē qaxs hēmaaᶜl g·ōkŭlatsa Kwāg·ułē. Wä, lāᶜlaē lāg·aaxs lāē hēx·ᶜi-daᴇm x·ᶜisᶜēdē ʟăwᴇlgᴇmaᶜyasē Q!aēdē ʟō q!ŭlēᶜyē Māᶜnakŭla ʟᴇᶜwēs 20 māᶜlōkwē ĕănēsē Hămālak·ilaʟᴇmēga ʟōᶜlaē X·ixᴇmg·ilayugwa Wä laᴇmᶜlaē yāwix·ᴇlē Hĕłamasē qaēs g·ōkŭlota g·ālāsa Kwāg·uła. Wä, lāᶜlaē mōsgᴇmg·ilaxa ᶜmᴇkŭla g·īyak·ilē Q!aēdāxs luē k·imᶜya-sᴇᶜwa. Wä, laᴇmᶜlaē hămg·ilayuwēda ᶜnᴇmōkwē q!āk·o lāqēxs g·āxaē laēʟ lāx yāwix·ilats!ē g·ōkwa. Wä, laᴇmᶜlaē yāxᶜwidē Hĕłamasasa 25 lāk·!ᴇndē ēᴇlag·ᴇmsgᴇmē ᶜnaᴇnxᶜŭnēᶜ ʟōᶜlaēda yūdukwē q!āq!ᴇk·ō; wä, hēᴇmᶜlāwisa mōts!aqē āwâ xwâxwăk!ŭna lūxēs g·ōkŭlōta g·ālāsa Kwāg·ułē. Wä, lāᶜlaē q!ᴇltaxa ʟ!āqwa yiᶜlax Mawak·!a qa g·īgă-

30 the | chief of the numaym Maămtag·ila, Ŏdzē‘stalis. Now, ‖ he was
made ashamed by the report of what Hēlamas (XIII 1) had done in
the winter dance; and | Ŏdzē‘stalis bewitched Hēlamas, who died. |
Then Q!aēd (XIV 1), the prince of Hēlamas (XIII 1), said that he
was | going to put the cannibal-dance of the chief, his father, into
his burial-box. | Therefore they stopped using the cannibal-dance, ‖
35 and the rich-woman dance, and the attendant of the cannibal. He
kept the frog war-dance. | After this they did not dance the cannibal-
dance. |
Then Q!aēd (XIV 1) said that he wanted to marry the princess of |
L!āqwag·ila (XIII 3), chief of the numaym G·ĭg·ĭlgăm of the
Gwa‘sEla, | Hāmēḷas (XIV 2), the princess of L!āqwag·ila (XIII 3).
40 Then Q!aēd (XIV 1) asked the ancestors of the ‖ Kwăg·uł to go and
woo Hāmēḷas (XIV 2). They got ready at once, | and they went in
four large wooing-canoes. | After one day they arrived at G̣wēqElis,
the | village in which the Gwa‘sEla lived. Immediately Q!aēd
(XIV 1) was married to | Hāmēḷas (XIV 2), the princess of L!āqwa-
45 g·ila (XIII 3). After they were ‖ married, L!āqwag·ila (XIII 3) gave
as a marriage gift one hundred mountain-goat skin | blankets, fifty
dressed elk-skin blankets, | twenty-four black-bear blankets, six
lynx | blankets, and his name L!āqwag·ila. | He gave it to Q!aēd
50 (XIV 1), and now Q!aēd had the name L!āqwag·ila (XIV 1). ‖ There-
fore I shall not call him after this Q!aēd, I shall only | name him

ma‘yasa ‘nE‘mēmotasa Maămtag·ilē Ŏdzē‘stalisē. Wä, laEm‘laē
30 ōdzEgEmyowē gwēx·‘idaasas Hēlamasaxs yäwix·‘ilaē. Wä, laEm‘laē
dādaalats Ŏdzē‘stalisē qas ēx‘ētsE‘wē. Wä, laEm‘laē lE‘la.
Wä, lā‘laē ‘nēk·ē Q!aēdē, yīx ḶăwElgEmēx·‘dās Hēlamasdē qa
la‘mēs lāts!āwēs hāmats!aēnēx·dē lāxēs g·ĭgămēx·dē ōmpa. Wä,
hēEm‘lawis lāg·ilasōx x·Eyōyolisaatsa hāmats!a Ḷō‘laē q!aminăgasē
35 Ḷō‘laē k·ĭnqăḶaḶEla. Wä, lā‘laē ăxēlaxa wŭq!ăsē ōlala. Wä, laEm-
‘laē k·!eăs la hāmats!a laxēq.
Wä, lā‘laē ‘nēk·ē Q!aēdē qa‘s gEg·adag·ēxēs q!ăla k·!ēdēits L!ā-
qwag·ila g·ĭgămă‘yasa ‘nE‘mēmotasa G·ĭg·ĭlgămasa Gwa‘sEla. Hā-
mēḶasLä‘laē k·!ēdēlas L!āqwag·ila. Wä, lā‘laē Q!aēdē hēlaxa g·āläsa
40 Kwăg·ułē qa lēs qadzēḶa lāx HāmēḶasē. Wä, hēx·‘idaEm‘lāwisē xwā-
nał‘ida. Wä, lā‘laē mōts!aqē qădzēḶats!äs ăwă xwăxwăk!ūna.
Wä, hēlālaEm‘lāwisēxs laē lāg·aa lax G̣wēqElisē qaxs hēx·sä‘maē
g·ōkŭlē g·āläsa Gwa‘sEla. Wä, hēx·‘idaEm‘lāwisē qadzēł‘ida lāx
HāmēḶasē yīxa k·!ēdēlas L!āqwag·ila. Wä, g·īl‘Em‘lāwisē gwăla
45 qădzēḶäxs lāaEl wāwăłqălē L!āqwag·iläsa lāk·!Endē ‘mElxLōsgEmē
‘naEnx·‘ūna‘ya Ḷō‘lae sEk·!ax·sōkwē ēElag·īmsgEm ‘naEnx·‘ūna‘ya
Ḷō‘laē hămōgăla L!ēḶ!asgEm ‘naEnx·‘ūna‘ya Ḷō‘laē q!Eḷ!a ‘wālasx·äs-
gEm ‘naEnx·‘ūna‘ya. Wä, hēEm‘lawisēs ḶēgEmē L!āqwag·ila. Wä,
laEm‘lae lēs lax Q!aēdē. Wä, laEm Ḷēgadē Q!aēdäs L!āqwag·ila.
50 Wä, lāg·iłEns laEm gwăł ḶēqElas Q!aēdē lāq; lēx·aEmł‘wisEns lāł

L!āqwag·ila (XIV 1). Then the former L!āqwag·ila (XIII 3) gave | 51
his seat to his son-in-law, for he had no son | to take his place: his
only daughter was his princess Hāmēḷas (XIV 2). | Then L!āqwag·ila
(XIV 1) remembered what had been done by the chief of the ||
Maămtag·ila, Ōdzē'stalis, when he killed his father Hĕlamas (XIII 1).| 55
Therefore he told his crew, the ancestors of the Kwāg·uł, that he |
would give away the marriage gift of his father-in-law,—the one hundred
mountain-goat | blankets, fifty dressed elk-skin | and twenty-
four black-bear blankets, and the six lynx || blankets. As soon as 60
he had given them away, | he said, "O Kwāg·uł! now I have given
away this marriage gift, (given by) the | chief my father-in-law for
you, to my own tribe, the Gwa'sEla, | among whom my own fore-
fathers began with the first chief in the beginning, | Yāqaɬɛnlis
(II 1), who gave to this country the name || Ĝwēqɛlis; and now I go 65
home, O Kwāg·uł! for am I not | ashamed of what has been done to
the chief, my father, Hĕlamas (XIII 1), | by the chief who is named
Ōdzē'stalis? Now, go home! and | I shall stay here with my wife,
Hāmēḷas (XIV 2)." Thus said | L!āqwag·ila (XIV 1) to his tribe
the Kwāg·uł; and the Kwāg·uł started at once || and went home, and 70
left L!āqwag·ila behind. |

LēqɛlayôÌqē L!āqwag·ila. Wä, lā'laē L!āqwag·ilamot!a lāxaasēs 51
k!wa'yē lāxēs nɛgümpē qaxs k·!eăsaē bɛgwānɛm xŭnōx̣"s qa
ḷax̣"stōdēq, qaxs lēx·a'mae xŭnōx̣'wītsēs k·!ēdēlē Hāmēḷasē. Wä,
lā'laē L!āqwag·ila g·ĭg·aēx̣'ēdɛx gwēx·idaasas g·ĭgăma'yasa Maămta-
g·ila, yĭx Ōdzē'stalisē yĭxs laē lɛ'lamasɛx ōmpdăsē Hĕlamasē. Wä, 55
hēɛm'lāwis lāg·ilas 'nēk·a laxēs k!wēmēxa g·alāsa Kwāg·uła laē
yāx'wītsa wāwaḷqălayuwasēs nɛgümpa lāk·!ɛndē 'mɛlxlōsgɛmē
'naɛnx̣'ŭna'ya ḷɛ'wa sɛk·!ax·sōkwē ēɛlag·ĭmsgɛm 'naɛnx̣'ŭna'ya
ḷɛ'wa hămōgăla L!ēL!asgɛm¹ 'naɛnx̣'ŭna'ya ḷɛ'wa q!ɛL!a 'wālas-
x·āsgɛm 'naɛnx̣'ŭna'ya. Wä, g·ĭl'ɛm'lāwisē gwăl yāqwaxs lăalas 60
'nēk·a: "'ya, Kwāg·uł, wä, la'mɛn yāx'wītsōx wāwaḷqălayoxsg·ĭn
g·ĭgămēk· nɛgümp lāl g·ayōqă lāxg·ĭnlāk· g·ōkŭlōta lāxg·a Gwa'sɛ-
lak· yĭxg·a qɛlxŏłnōx̣"g·asɛn wīwōmpwŭłaxɛn g·ĭłg·alīsa g·ĭqag·ĭ-
wa'yē Yāqaɬɛnliswŭla, yĭxa ḷēqēlōła qa ḷēgɛmsa äwīnagwisēx
lāxōx Ĝwēqɛlisēx. Wä, g·āx'mɛn nä'nakwa, Kwāg·uł, ēs'maēḷɛn 65
hămax·ts!ax·saa qa gwēx·'idaasaxɛn g·ĭgămēx·dă ōmpē Hĕlamasdă,
yĭsa ḷēgwadă g·ĭgăma'yē Ōdzē'stalisa. Wä, hāg·a nä'nakŭx. La'mēs-
ḷɛn yōx̣"säɛml lōx ḷōgŭn gɛnɛmk· yĭxg·a Hāmēḷasɛk·," 'nēx·'laē
L!āqwag·ilāxa Kwāg·ulē. Wä, lā'laē hēx·'ĭda'ma Kwāg·ulē ălēx'wĭda
qa's g·āxē nä'nakwa. Wä, laɛm łōwaḷax L!āqwag·ila. 70

¹ At all other places L!ɛnl!ɛntsɛm.

71   Then L!āqwag·ila (XIV 1) had a son (XV 1); and then the | father-in-law of L!āqwag·ila A‘max·ăg·ila (XIII 3) — for that was the other name of the | former L!āqwag·ila — said that he would give a name to his grandson, | and he named his grandson Q!ēq!Ex·Lāla
75 (XV 1); and then ‖ A‘măx·ăg·ila (XIII 3) gave as a marriage gift forty mountain-goat blankets, | twenty-five mink blankets, thirty | marmot blankets, four grizzly-bear blankets, | four lynx blankets,
80 and four | marten blankets, and one hundred deer-skin ‖ blankets. And immediately L!āqwag·ila (XIV 1) gave them away to the | ancestors of the Gwa‘sEla, on account of the highness of the name of his prince Q!ēq!Ex·Lāla (XV 1). |

And as soon as Q!ēq!Ex·Lāla (XV 1) grew up, he married | the princess of L!āqwalaɫ (XIV 3), chief of the numaym Lālawiɫɛla of the | L!aL!asiqwăla, for L!āqwalaɫ's princess was named K·!ēdēɫɛmē‘
85 (XV 2). And it was not ‖ long before Q!ēq!Ex·Lāla (XV 1) had a son; | and L!āqwalaɫ (XIV 3) said that he would give a name to his grandson, | and he gave him the name YāqEwīd (XVI 1); | and he gave as his marriage gift fifty mink blankets, | one hundred yellow
90 cedar-bark blankets, twenty sewed sea-otter ‖ blankets, fifty seals, and the whale | house-dish, the killer-whale house-dish, and the wolf house-dish, and | also the grizzly-bear house-dish, and also the feast

---

71   Wä, lā‘laē xŭngwadEx·‘īdē L!āqwag·ilāsē băbagŭmē. Wä, lā‘laē nEgŭmpas L!āqwag·ila, yīx A‘max·ăg·ila, (hē̆Em ‘nEm LēgEms L!āqwag·ilamōt!a), ‘nēx· qa‘s hē‘mē LēqēIa qa LēgEmsēs tsōx̣uLEma. Wä, la‘laē Lēx‘ēts Q!ēq!Ex·Lāla lāxēs tsōx̣uLEma. Wä, laEm‘laē
75 A‘max·ăg·ila wāwaɫqālasa mōx̣usokwē ‘mē‘mElxLōsgEm ‘naEnx̣‘ŭna‘ya LE‘wa sEk·!agăla mātsasgEm ‘naEnx̣‘ŭna‘ya LE‘wa yŭdux̣usōkwē kwēkŭx̣udEsgEm ‘naEnx̣‘ŭna‘ya, LE‘wa mōwē g·īg·īlasgEm ‘naEnx̣‘ŭna‘ya LEwa mōwē ‘wālasx·äsgEm ‘naEnx̣‘ŭna‘ya LE‘wa mōwē LēLEgExsEmē ‘naEnx̣‘ŭna‘ya; wä, hē̆Em‘lāwisa lăk·!Endē tētEk·!ōtsEmē
80 ‘naEnx̣‘ŭna‘ya. Wä, hēx·‘ida‘mēsē L!āqwag·ila yäx‘wīts lāxa g·āäsa Gwa‘sEla qa ōma‘yōs LēgEmasēs LāwElgăma‘yē Q!ēq!Ex·Lāla.

Wä, g·īl‘Em‘lāwisē q!ŭlyax̣‘widē Q!ēq!Ex·Lālāxs laē gEg·adEx·‘īts k·!ēdēɫas L!āqwalaɫē, yīx g·īgăma‘yasa ‘nE‘mēmotasa Lālawiɫɛlāsa L!aLasiqwäla yī‘laxs k!ēdadaē L!āqwalaɫas K·!ēdēɫEma‘yē. Wä, k·!ēs
85 ‘lat!a gălaxs laa‘l xŭngwadEx·‘īdē Q!ēq!Ex·Lālāsa băbagŭmē. Wä, lā‘laē L!āqwalaɫē ‘nēk· qa‘s hē‘mē LēqēIa qa LēgEmsēs tsōx̣uLEma. Wä, laEm‘laē Lēx‘ēdEs Yāq̱Ewīdē lāxēs tsōx̣uLEma. Wä, lā‘lae wāwaɫqālasa sEk·!ax·sokwē mātsasgEm ‘naEnx̣‘ŭna‘ya LE‘wa lăk·!Endē k·!ōbawasa LE‘wa maɫtsokwē q!aq!Enōɫ q!ēq!asasgEm
90 ‘naEnx̣‘ŭna‘ya LE‘wa sEk·!asgEmg·ustā mēgwata LE‘wa gwE‘yīmē ɫōqŭlīla LE‘wa max‘ēnoxwē ɫōqŭlīla LE‘wa āLanEmē ɫōqŭlīla; wä, hē‘mēsa nānē ɫōqŭlīla. Wä, hē‘misa k!wēladzExLäyowē LēgEmē

name | Kwax·sē‘stāla; and the name of Q!ēq!ᴇx·Lāla (XV 1) was 93
changed, and he | now had the name X·îlx‘ēd (XV 1), when the
ancestors of the ʟ!aʟ!asiqwăla lived at Newette, ǂ for now I shall 95
stop calling him Q!ēq!ᴇx·Lāla (XV 1). Immediately | X·îlx‘ēd
(XV 1) got ready to go home with his wife K·!ēdēlᴇmē‘ (XV 2) | and
their child Yāqᴇwīd (XVI 1). Now he was going to his own country, |
Ĝwēqᴇlis. As soon as they arrived there, he gave away | the fifty
mink blankets, one hundred ‖ yellow cedar-bark blankets, twenty 100
sewed sea-otter | blankets, and the food obtained in the marriage
feast, fifty seals. | They put the seals in the four house-dishes; and
as soon | as these were put before the ancestors of the Gwa‘sᴇla, he
gave all the | skin blankets to his guests. That is what is called ‖
"giving away during a feast." Now, X·îlx‘ēd (XV 1) was really a 5
chief | among the Gwa‘sᴇla on account of what he had done. When
Yāqᴇwīd (XVI 1) grew up, | his father X·îlx‘ēd (XV 1) wanted him
to marry the | princess (XVI 2) of ʟ!āqwadzē (XV 3), chief of the
numaym G·ēxsᴇm of the | Gwa‘sᴇla. He married her at once; and
after ‖ the marriage, ʟ!āqwadzē (XV 3) gave to his son-in-law 10
Yāqᴇwīd (XVI 1) | as a marriage gift two slaves, four large canoes, |
forty dressed elk-skin blankets, one hundred | deer-skin blankets,
forty lynx blankets, | seven marten blankets, and twenty ‖ mink 15

Kwax·sē‘stāla. Wä, lāxaē ʟ!āyoxʟä‘yē Q!ēq!ᴇx·Lāla. Wä, laᴇm 93
ʟēgadᴇs X·îlx‘ēdē lālaxs g·ōkŭlaē g·ālāsa ʟ!aʟ!asiqwāla lāx Nᴇ‘wēdē
qaxg·in la‘mēk·gwāl ʟēqᴇlas Q!ēq!ᴇx·Lāla lāq. Wä; hēx·‘idaᴇm‘la- 95
wisē X·îlx‘ēdē xwānaƚ‘īd qa‘s lā nä‘nakwa ʟᴇ‘wīs genᴇmē K·!ēdēlᴇ-
ma‘yē ʟᴇ‘wis xŭnōkwē Yāqᴇwīdē; wä, la‘mē lāł lāxēs āwīnagwisē
Ĝwēqᴇlisē. Wä, g·îl‘ᴇm‘lāwisē lāg·aaxs laa‘l hēx·‘ida‘ᴇm yāqwāgᴇ-
liłasa sᴇk·!ax·sokwē mātsasgᴇm ‘naᴇnx‘ŭna‘ya ʟᴇ‘wa lāk·!ᴇndē dō-
dᴇx"sᴇm k·!ēk!ōbawasa ʟᴇ‘wa małtsokwē q!āq!ᴇnōł q!ēq!asasgᴇm 100
‘naᴇnx‘ŭna‘ya ʟᴇ‘wa ha‘māyaaxsa‘yē sᴇk·!āsgᴇmg·ustāwē mēgwata.
Wä, hēᴇm la āxts!āxa mᴇwēxʟa łōᴇlqŭlîlxa mēgwatē. Wä, g·îl-
‘mēsē k·āgᴇmlī‘lᴇmxa g·ālāsa Gwa‘sᴇlāxs laē yax‘wīdayowēda ‘nāxwa
‘naᴇnx‘ŭna heyap!ōmasgᴇm lāxa k!wēlē. Wä, hēᴇm ʟēgadᴇs
yāxsᴇmē‘ya yāqwāg·îlîlaxa k!wēlē. Wä, laᴇm âlak·!āla‘l g·īgāma‘yē 5
X·îlx‘ēdāsa Gwa‘sᴇla qaēs gwēx·‘idaasē. Wä, lā‘laē q!wāx‘idē
Yāqᴇwidē. Wä, lā‘laē ōmpasē X·îlx‘ēdē ‘nēk· qa wāg·is gᴇg·adīs
k·!ēdēlas ʟ!āqwadzēxa g·īgāma‘yasa ‘nᴇ‘mēmotasa G·ēxsᴇmasa Gwa-
‘sᴇla. Wä, hēx·‘idaᴇm‘lāwisē qādzēl‘īdᴇq. Wä, g·îl‘ᴇm‘lāwisē gwāla
qādzēlᴇxs laa‘l wāwaƚqālē‘laē ʟ!āqwadzāxēs nᴇgŭmpē Yāqᴇwī- 10
dāsa ma‘lōkwē q!āq!ᴇk·ā. Wä, hēᴇm‘lāwisa mōts!aqē âwâ xwŭxwā-
k!ŭna ʟᴇ‘wa mōx"sōkwē ēᴇlag·în sgᴇm ‘naᴇnx‘ŭna‘ya ʟᴇ‘wa lāk·!ᴇndē
tētᴇk·!ōtsᴇm ‘naᴇnx‘ŭna‘ya ʟᴇ‘wa mōx"sōkwē ‘wālasx·āsgᴇm ‘naᴇn-
x‘ŭna‘ya ʟᴇ‘wa āʟᴇbowē Lōʟᴇgᴇx"sᴇm ‘naᴇnx‘ŭna‘ya ʟᴇ‘wa maltso-

16 blankets, and also a name which was to be the name of | Yāqewīd (XVI 1). He gave him the name L!āqwasgᴇm (XVI 1), | and also, as a name for his granddaughter, | Kūnxūlasōgwiʻlakᵘ (XVII 1). As soon as this had been done, L!āqwasgᴇm (XV 3) | made ready to give away his marriage presents to the ancestors of the Gwaʻsᴇla, ||
20 on account of the highness of his princess Kūnxūlasōgwiʻlakᵘ (XVII 1). Now, I finish | calling him Yāqᴇwīd (XVI 1), for his name was now L!āqwasgᴇm (XVI 1). Now, | L!āqwasgᴇm was unfortunate, because his child was a girl. It was | not long before he had another child, a boy (XVII 2). Then | he was really glad
25 on account of the boy. When it was first known || by his grandfather, L!āqwadzē (XV 3), that the child was a boy, he made a great effort | when he gave the next marriage gift; namely, four slaves, four | large canoes, fifty dressed elk-skin blankets, | fifty lynx
30 blankets, twenty-five | mink blankets, thirty marmot || blankets, ten marten blankets, | one hundred deer-skin blankets, one hundred mountain-goat | blankets, and also the name Sēwid (XVII 2) as the | name of his grandson, and also his house. And when he had | done so, L!āqwasgᴇm (XVI 1) said that he would invite the ancestors
35 of the || Nāk!waxˑdaʻxᵘ and of the Äwīkˑ!ēnoxᵘ. Then he sent his | tribe to invite them. One of the | canoes of the Gwaʻsᴇla went

---

15 kwē mātsasgᴇm ʻnaᴇnxʻūnaʻya. Wä, hēʻmisa ḻēgᴇmē qa ḻēgᴇms Yāqᴇwīdē. Wä, laᴇmʻlaē ḻēgᴇmgˑElxḻaʻyē L!āqwasgᴇm qa ḻēgᴇms. Wä, hēʻmisa ḻēgᴇmē qa ḻēgᴇmsēs tsʼōxᵘʟᴇmagasē Kūnxūlasōgwiʻlakwē. Wä, gˑîlʻᴇmʻlāwisē gwāłᴇxs laē hᴇxˑʻidaʻmē L!āqwasgᴇmē xwānałʻida qaʻs yāxʻwidēsēs gᴇgˑadānᴇmē lūxa gˑālāsa Gwaʻsᴇla
20 qa ōʻmayosēs kˑlōdēlē Kūnxūlasōgwiʻlakwē. Wä, laᴇmḻᴇn gwāł ḻēqᴇlas Yāqᴇwīdē lāq qaxs lᴇʻmaē ḻēgadᴇs L!āqwasgᴇmē. Wä, laʻmē ōdzaxagᴇmdē L!āqwasgᴇmaxs tsʼEdāqaēs xūnōkwē. Wä, lāʻlaē kˑ!ēs gālaxs laaᴇl ētʼlēd xūngwadᴇxˑʻītsa bābagūmē. Wä, laʻwēsḻaʻlaē ālakˑ!ala mōlōlᴇma bābagūmaxs gˑālaē mālt!ēgˑaaḻᴇlᴇxs bᴇgwā-
25 nᴇmaasēs gāgᴇmpē L!āqwadzē, wä, hēᴇmʻlāwis lāgˑilas wāłᴇmxˑʻīdᴇxs laaᴇl ētʼlēd wāwałqālasa mōkwē q!āqʼᴇkʼowa ḻᴇʻwa mōtsʼlaqē āwā xwāxwākʼlūna ḻᴇʻwa sᴇkʼlaxˑsokwē ēᴇlagˑīmsgᴇm naᴇnxʻūnaʻya ḻᴇʻwa sᴇkʼlaxˑsokwē ʻwālasxʻāsgᴇm ʻnaᴇnxʻūnaʻya ḻᴇʻwa sēkˑlagāla mātsasgᴇm ʻnaᴇnxʻūnaʻya ḻᴇʻwa yūduxᵘsōkwē kwēkūxᵘdᴇsgᴇm
30 ʻnaᴇnxʻūnaʻya ḻᴇʻwa lāstowē LēLᴇgᴇxᵘsᴇmē ʻnaᴇnxʻūnaʻya ḻᴇʻwa lākˑ!ᴇndē tētᴇkˑ!ōtsᴇmē ʻnaᴇnxʻūnaʻya ḻᴇʻwa lākˑ!ᴇndē ʻmēʻmᴇlxLōsgᴇmē ʻnaᴇnxʻūnaʻya. Wä, hēᴇmʻlāwisa ḻēgᴇmē Sēwidē qa ḻēgᴇmsēs tsʼōxᵘʟᴇma. Wä, hēᴇmʻlāwisēs gˑōkwē. Wä, gˑîlʻᴇmʻlāwisē gwāłᴇxs laaᴇl ʻnēkˑē L!āqwasgᴇmō qaʻs wēgˑē ḻēlᴇlaxa gˑālāsa
35 Nākʼwaxˑdaʻxwē ḻᴇʻwa Äwīkˑ!ēnoxwē. Wä, laᴇmʻlaē ʻyālaqasēs gˑōkūlōtē qa läʻs ḻēłtsayā. Wä, gˑāxʻᴇmʻlaē ʻnᴇmtsʼlaqᴇlāxa xwā-

southward to the village Tēgŭxstē⁽ of the Nāk!wax·da⁽xᵘ; | another canoe went northward to the village | of the Āwīk·!ēnox at K·!ētēt. After four days ‖ they came back, and the Āwīk·!ēnoxᵘ | and Nā- 40 k!wax·da⁽xᵘ came paddling with them. Then the ḶEwElaxa song | was sung by the Āwīk·!ēnoxᵘ; and the ancestors of the Gwa⁽sEla did not understand | the kind of song sung by the Āwīk·!ēnoxᵘ, the song of the ḶEwElaxa, | when they arrived in front of the village. The Āwīk·!ēnoxᵘ landed, ‖ and also the Nāk!wax·da⁽xᵘ landed. 45 They | did not sing when they came. Immediately they were invited in to eat | in the house of ʟ!āqwasgEm (XVI 1); and as soon as they were all inside, | the Āwīk·!ēnoxᵘ began to sing the ḶEwElaxa song; | and the chief of the Āwīk·!ēnoxᵘ, ʟ!āqwag·ila (XV 4), danced. ‖ After he had danced, he took off his red-cedar neck-ring 50 and | his head-mask set with ermine-skins, and he called ʟ!āqwasgEm (XVI 1), | and said to him, "Come to me, child ʟ!āqwasgEm (XVI 1)! Let these | new dancing-things go to you, which I obtained in marriage from the | chief of the Ōyalaidɛxᵘ, Hămdzid (XIV 4). He has for his princess ʟ!āqwăł (XV 5). ‖ Now, your name shall be 55 Hămdzid (XVI 1), for we are descended from the same | ancestors." Thus said ʟ!āqwag·ila (XV 4) to his grandfather. | Immediately ʟ!āqwasgEm (XVI 1) arose and went to the place where ʟ!āqwag·ila (XV 4) was standing; | and ʟ!āqwasgEm (XVI 1) stood by the side

---

k!ŭna Gwa⁽sEla ⁽nā⁽nalaaqa lāxa Nāk!wax·da⁽xwaxs g·ōkŭlaē Tēgŭxs- 37
ta⁽yē. Wä, lā⁽laē gwāgwaaqaxa ⁽nEmts!aqē xwāk!ŭna lāx g·ōkŭlasasa g·ālāsa Āwīk·!ēnoxwē lāx K·!ētēte. Wä, âEm⁽lāwisē mōp!Enxwa⁽sē ⁽nālāsēxs g·āxaē aēdaaqa. Wä, laEm⁽laē sEyōgwēxa Āwī- 40 k·!ēnoxwē ḶE⁽wa Nāk!wax·da⁽xwē. Wä, laEm⁽laē ḶEwElaxak·!āla dEnxElayâsa Āwīk·!ēnoxwē. Wa, laEm⁽laē k·!ēs ayōsEla⁽laē g·ālāsa Gwa⁽sElāx gwēk·!ālasas dEnxalayâsa Āwīk·!ēnoxwa ḶEwElaxak·!ālaē g·āxaē aḶEx⁽ala lāx ʟ!āsakwas. Wä, g·āx⁽laē g·āx⁽alisēda Āwīk·!ēnoxwē. Wä, g·āx⁽laē ōgwaqa g·āx⁽alisēda Nāk!wax·da⁽xwē. LaEm⁽laē 45 k·!ēâs gwēk·!ālats. Wä, hēx·⁽idaEm⁽lāwisē Lē⁽lālasō⁽ qa⁽s lä L!Exwa lax g·ōkwas ʟ!āqwasgEma⁽yē. Wä, g·îl⁽Em⁽lāwisē ⁽wī⁽laēLExs laaEl hēx·⁽idaEm ēt!ēda dEnx⁽idēda Āwīk·!ēnoxwasa ḶEwElaxa. Wä, laEm⁽lāwisē yîxwē g·îgăma⁽yasa Āwīk·!ēnoxwē ʟ!āqwag·ila. Wä, 50 g·îl⁽Em⁽lāwisē gwâł yîxwaxs laē āxōdxēs ʟ!āgEk!ŭxawa⁽yē ḶE⁽wēs g·ig·îlEmakwē yîxwēwa⁽ya. Wä, lā⁽laē Lē⁽lālax ʟ!āqwasgEmē. Wä, laEm⁽laē ⁽nēk·a: "Wä, gēlag·a xŭnōkᵘ ʟ!āqwasgEm qa lālag·isEk. äx⁽āLElag·ada alō⁽masEk· yâxᵘLEn lâL, yîxg·în gEg·adänEmk· lāxa 55 g·îgăma⁽yasa Ōyalaidɛxwē lāx Hămdzidē, yîxs k·!ēdadaas ʟ!āqwăłē. Wä, la⁽mēts ḶēgadElts Hămdzidē qaxs ⁽nEm⁽maâsEns g·âyowasEns wīwōmpwŭlaEns," ⁽nēx·⁽laē ʟ!āqwag·ilāxēs gāgempē. Wä, hēx·⁽idaEm⁽lāwisē ʟ!āqwasgEmē Ḷāxⁿŭłît qa⁽s lä lāx La⁽wi⁽lasas ʟ!āqwag·ila. Wä, g·îl⁽Em⁽lāwisē La⁽wEnōdzElîłē ʟ!āqwasgEmax ʟ!āqwag·ilāxs laē

of L!āqwag̱·ila (XV 4); and | L!āqwag̱·ila took off his grizzly-bear
60 blanket and put it on ‖ L!āqwasgᴇm; and he took off his dancing-
apron and put it on | L!āqwasgᴇm; and he put around his neck the
red cedar-bark ring mixed with white | for the ʟᴇwᴇlaxa dance,
which was to be the red cedar-bark ring of L!āqwasgᴇm (XVI 1),
and he put on his head the head-mask. | And as soon as he had done
it all, L!āqwag̱·ila (XV 4) | told how he had obtained them. He said,
65 "I married ‖ L!āqwāl (XV 5), the princess of Hămdzid (XIV 4),
chief of the Ōyalaidᴇx of the | Bellabella; and this is what I obtained
by marrying her—the ʟᴇwᴇlaxa and the name | Hămdzid. Now,
Hămdzid shall be your name when you give the ʟᴇwᴇlaxa. | And the
name L!āqwasgᴇm shall be your name during the secular season."
Thus said L!āqwag̱·ila (XV 4) | to L!āqwasgᴇm (XVI 1). Then the
70 Āwīk·!ēnoxᵘ sang ‖ four ʟᴇwᴇlaxa songs, and L!āqwasgᴇm (XVI 1)
danced. | And L!āqwag̱·ila (XV 4) just stood by his side. | L!ā-
qwasgᴇm (XVI 1) was shaking the rattle with his one hand as he
danced, going around the fire in the middle of the | dancing-house of
L!āqwasgᴇm (XVI 1). This was the time when the Gwa'sᴇla saw |
the ʟᴇwᴇlaxa for the first time. And the ʟᴇwᴇlaxa came from
75 there. ‖ And the reason why L!āqwag̱·ila (XV 4) gave it to L!ā-
qwasgᴇm (XVI 1) is because he knew that they had the | same
descent. As soon as L!āqwasgᴇm (XVI 1) had finished dancing, | he
spoke, and said, "O L!āqwag̱·ila (XV 4)! | thank you for what you

---

āxōdē L!āqwag̱·ilaxēs g̱·ilasgᴇmē 'nᴇxʻunā'ya qa'ˢ 'nᴇxʻūndēs lāx
60 L!āqwasgᴇmē. Wä, lā'laē āxōdxēs tsāpē qa'ˢ tsāp!ēdēs lāx
L!āqwasgᴇme. Wä, lā qᴇnxōtsa 'mᴇlmaqᴇla qᴇnxawē ʟᴇwᴇlaxa-
xawē L!āgekᵘ lāx L!āqwasgᴇmē. Wä, lā'laē yīxwīyōtsa yīxwī-
wa'yē lāq. Wä, g̱·îl'ᴇm'lāwisē 'wīlg̱·aaLᴇlaxs laē L!āqwag̱·ila
tsʟᴇk·!āl'ītsēs g̱·ayōʟasaq. Wä, lā'laē 'nēk·a: "Lᴇn gᴇg̱·adᴇs ʟ!ā-
65 qwälē, yīx k·!ēdēlas Hămdzidē g̱·īgăma'yasa Ōyalaidᴇxwasa Hēldza-
'qwē. Wä, yō'mēsᴇn gᴇg̱·adānᴇm laqēxwa ʟᴇwᴇlaxa ʟᴇ'wa ʟēgᴇmē
Hămdzidē. Wä, la'mēts ʟēgadᴇlts Hămdzidē lāxwa ʟᴇwᴇlaxax.
Wä, hēx·sā'mēts ʟēgᴇmē L!āqwasgᴇmē lāxa bāxūsē," 'nēx·'laē L!ā-
qwag̱·ilax L!āqwasgᴇmē. Wä, laᴇm'laē dᴇnx'ēdēda Āwik·!ēnoxwasa
70 mōsgᴇmē ʟēʟᴇwᴇlaxak·!āla q!ᴇmq!ᴇmdᴇma. Wä, laᴇm'lāwisē yīxwē
L!āqwasgᴇmē. Wä, â'mēs la ʟāxwēmēlē L!āqwag̱·ila. Wä, la'mē
k!ūxᴇtk!ōlts!anē L!āqwasgᴇmaxs laē yīx"sē'stalīlᴇlaxa laqawalīlasa
ʟᴇwᴇlaxaats!ē g̱·ōxᵘs L!āqwasgᴇmē. Wä, hēᴇm g̱·ālabē dōx'waʟᴇlatsa
Gwa'sᴇläxa ʟᴇwᴇlaxa. Wä, hē'mis la gwēl'īdaatsa ʟᴇwᴇlaxax laxēq.
75 Wä, hē'mis lag̱·ilas L!āqwag̱·ila lās lāx L!āqwasgᴇmaxs q!aʟᴇla'maaxs
'nᴇmōx̱ᵘ'maēs g̱·ayowasa ʟᴇ'wē. Wä, g̱·îl'ᴇm'lāwisē gwāl yīxwē
L!āqwasgᴇmaxs laē yāq!ᴇg̱·a'la. Wä, lā'laē 'nēk·a: "'ya, L!āqwa-
g̱·ila, gēlak·aslax·īg̱·as g̱·āxyōg̱·ōs g̱·āxᴇn; hē'dᴇn 'nē'nak·ilē yīxs

have brought me. This is the reason why I spoke. | I shall not use this great dance. It shall go to my || prince Sēwid (XVII 2). He 80 shall have the name Hămdzid." | Thus spoke L!āqwasgᴇm (XVI 1) to his tribe, the Gwa‘sᴇla, and to the Nāk!wax·da‘x", | and also to the Āwīk·!ēnox", and they all agreed to | what he said. As soon as he had spoken, he gave away the | four slaves to the chiefs of the Nāk!wax·da‘x" and || Āwīk·!ēnox", and four large canoes | went to 85 the chiefs of the two tribes, | and he gave away the one hundred deer-skin blankets to the | two tribes. After this the two tribes | went out. They unloaded their canoes, || and night came. Then 90 L!āqwag·ila (XV 4) spoke | to his tribe, and told them to sing four times the | Lᴇwᴇlaxa songs for Sēwid (XVII 2), the prince of L!āqwasgᴇm (XVI 1), who | was to be a hēlik·'ilaɫ in the Lᴇwᴇlaxa dance. Then L!āqwag·ila (XV 4) taught the | song of the hēlik·'ilaɫ to Sēwid (XVII 1) late at night. And || L!āqwag·ila (XV 4) asked 95 his painters to put up the | sacred room with the moon on it and a toad inside the moon. | At once two painters took four | roof-boards, rubbed them with old cedar-bark mats to remove | the soot, and, when all the soot was off, || they put them down in the rear of the 100 house of L!āqwasgᴇm in the night. | Before daylight they finished.

k·!ēsēɫ nōgwa aaxsilaɫxwa ‘wālasēx lāda, yīxs Lᴇ‘maēx lāɫ lāxᴇn Lᴇwᴇlgăma‘yōx Sēwidēx. Wä, la‘mēsōx· Lēgadᴇɫts Hămdzidē," 80 ‘nēx·‘laē L!āqwasgᴇmaxēs g·ōkŭlōta Gwa‘sᴇla Lᴇ‘wa Nāk!wax·da- ‘xwē, wä, hē‘misa Āwīk·!ēnoxwē. Wä, lā‘laē ‘nāxwaᴇm ōx·‘ag·ayē wāɫdᴇmas. Wä, gīl‘ᴇm‘lāwisē gwāɫ yāq!ᴇnt!ālaxs laaᴇl yāx‘wītsa mōkwē q!āq!ᴇk·owa lāx g·īg·igăma‘yasa Nāk!wax·da‘xwē Lᴇ‘wa Āwīk·!ēnoxwē. Wä, hē‘misa mōts!aqē āwâ xwāxwāk!ŭna. 85 Hēᴇmxʌa lā lāxa g·īg·ᴇgăma‘yasa ma‘ɫtsᴇmakwē lēlqwălaLa‘ya. Wä, lā‘laē yāx‘wītsa lāk·!ᴇndē tētᴇk·!ōtsᴇm ‘naᴇnx‘ŭna‘ya lāxa ma‘ɫtsᴇmakwē lēlqwălaLa‘ya. Wä, laᴇm‘laē gwāɫa laa‘lasē hōqŭ- wᴇlsēda ma‘ɫtsᴇmakwē lēlqwălaLa‘ya. Wä, laᴇm‘laē mōɫtalaxēs mᴇmwāla. Wä, lā‘laē gănul‘ida. Wä, lā‘laē L!āqwag·ila yāq!ᴇ- 90 g·a‘lxēs g·ōkŭlōtē. Laᴇm‘laē nēlaqēxs mōp!ᴇnēLē kwēxᴇla qaēda Lᴇwᴇlaxa qa Sēwidē, yī‘lax Lᴇwᴇlgăma‘yas L!āqwasgᴇmaxs Lᴇ‘maaᴇl hēlik·'ilaɫL lāxa Lᴇwᴇlaxa. Wä, la‘mē L!āqwag·ila q!āq!oL!amatsa yālaxLᴇnasēs hēlik·'ilalē lāx Sēwidaxa la gāla gānoLa. Wä, lāxaē L!āqwag·ila ăxk·!ālaxēs k·!āk·!ᴇt!ēnoxwē qa k·!ōx̣‘waliɫēsēxa 95 ‘mᴇkŭladzăla māwiɫa. Wä, lā‘laē wŭq!āsa ōts!āwasa ‘mᴇkŭla. Wä, hēx·‘idaᴇm‘lāwisa ma‘lōkwē k·!āk·!ᴇt!ēnox" ăx‘ēdxa mōxsa saōkwa qa‘s yīɫtsᴇldzâyēsa k·!āk·!obanē lāxa sēsaōkwē qa lāwāyēsa q!waɫobᴇsē lāq. Wä, g·īl‘ᴇm‘lāwisē ‘wī‘lāwa q!waɫobᴇsaxs laaᴇl ăx‘aliɫas lāxa naqōLᴇwaliɫasa g·ōkwa L!āqwasgᴇmēxa gānoLē. 100 Wä, k·!ēs‘ᴇm‘lāwisē ‘nāx·‘īdᴇxs laē gwāɫa. Wä, laᴇm‘laē ts!ᴇɫ-

2 At once it was a cause of surprise, | when it was seen by the uniniti-
ated of the Nāk!wax·da⁽x^u | and Gwa⁽sᴇla, and also by the other
Āwīk·!ēnox^u. As soon as it was | daylight, in the morning, ʟ!āqwag·i-
5 la (XV 4) asked ʟ!āqwasgᴇm (XVI 1) ‖ to call in the Nāk!wax·da⁽x^u
and Āwīk·!ēnox^u and all the | Gwa⁽sᴇla to eat breakfast in the
dancing-house for the | ʟᴇwᴇlaxa. Then the chief of the Āwīk·!ē-
nox^u, ʟ!āqwag·ila (XV 4), said | that he would show to Sēwid
(XVII 2) how to dance the ʟᴇwᴇlaxa and the great | dance hĕlik·!ĭlaɫ.
10 When the ‖ three tribes came in, ʟ!āqwag·ila (XV 4) arose, and |
said, "I have already told that the ʟᴇwᴇlaxa was a marriage gift |
from Chief Hămdzid (XIV 4) of the Ōyalaidᴇx^u, and that | Q!ōmogwa
is the supernatural property of the hĕlik·!ĭlaɫ, and that the name of the
hĕlik·!ĭlaɫ is | Yēmask·as⁽ō Q!ōmogwa. And now we shall sing for
15 four days for ‖ the hĕlik·!ĭlaɫ. We shall begin now, so that you may
see the | way of dancing of the hĕlik·!ĭlaɫ. This is the sacred room of
the hĕlik·!ĭlaɫ, | what you see standing there, which I obtained in
marriage from the chief of the | Ōyalaidᴇx^u of the Bellabella. I am
speaking about it emphatically, | because it is always asked of the
20 chiefs of the tribes ‖ to say where they obtained the ʟᴇwᴇlaxa by
those who do not know | what is in the box of real chiefs. This is
the | reason for my saying so—that you, Nāk!wax·da⁽x^u and Gwa-
⁽sᴇla, | shall not speak against Yēmask·as⁽ō Q!ōmogwa (XVII 2),
which is the name of the hĕlik·!ĭlaɫ, Sēwid (XVII 2), for | now in the

2 g·ĭmxs laē dōx⁽waʟᴇltsa g·īg·exsēg·a⁽yēxa Nāk!wax·da⁽xwē
ʟᴇ⁽wa Gwa⁽sᴇla ʟṓma waōkwe lāxa Āwīk·!ēnoxwē qaxs g·ĭl⁽ma-
aᴇl ⁽nāx·ˀidxa gaālāxs laa⁽laē ʟ!āqwag·ila ăxk·!ālax ʟ!āqwasgᴇmē
5 qa lᴇlalēsēxa Nāk!wax·da⁽xwē ʟᴇ⁽wa Āwīk·!ēnoxwē ʟṓ⁽ ⁽wī⁽lēda
Gwa⁽sᴇla qa g·āxēsē gaāxstāla lāxa la lōbᴇkwa g·ōkwē qaēda
ʟᴇwᴇlaxa. Wä, la⁽mē ⁽nēk·ē g·īgăma⁽yasa Āwīk·!ēnoxwē ʟ!āqwag·ila
qa⁽s âlak·!ālē nēlasēxs lᴇ⁽maē âlak·!āla lēsa ʟᴇwᴇlaxa ʟᴇ⁽wa ⁽wālasē
lādēda hĕlik·!ĭlalē lāx Sēwidē. Wä, g·ĭl⁽ᴇm⁽lāwisē ⁽wī⁽laēʟēda yū-
10 dux^usᴇmakwē lēᴇlqwālaʟēxs lāa⁽lasē ʟâ⁽x̣ŭlīlē ʟ!āqwag·ila qa⁽s
nᴇgᴇlɫâ⁽yēxᴇn laᴇmx·dē wāldᴇma yīxs âlak·!ālaē gᴇg·adānᴇmaxa
ʟᴇwᴇlaxa lāx g·īgăma⁽yasa Ōyalaidᴇxwē Hămdzidē. Wä, hĕ⁽misēxs
Q!ōmogwayaē g·īgwa⁽yasa hĕlik·!ĭlalē, wä, hĕ⁽mis ʟēgᴇmsa hĕlik·!ĭlalē
Yēmask·as⁽ō Q!ōmogwa. "Wä, la⁽mēsᴇns mop!ᴇnx̣wa⁽sʟ kwēxalaɫ-
15 xwa hĕlik·!ĭlalēx. Wä, la⁽mēsᴇns g·ālabᴇndᴇlxwa gănoʟēx qᴇns
dōqwalēxōx yīx̣wālaēnē⁽laxsa hĕlik·!ĭlalēx. Wä, yūᴇm māwīltsa hĕ-
lik·!ĭlalōs lāqōs dōgŭl k·!ōgwīlaxᴇn gᴇg·adānᴇmēx lāx g·īgăma⁽yasa
Ōyalaidᴇxwasa Hĕldza⁽qwē. Hēdᴇn lāg·ilaᴇn ᴇl⁽ᴇlk·!āla gwāgwēx·-
s⁽āla lāq^u qaxs hĕ⁽mᴇnāla⁽maē wāʟap!ēda ⁽nāx̣wa g·īg·ᴇgămasa lēl-
20 qwălaʟa⁽yē, xa nēk·ē wīdzᴇsdzᴇwīlaōxda ʟᴇwᴇlaxaxa k·!ēsē q!ēq!ālax
g·īyīmts!âwäx g·ĭlg·ildasasa âlak·!āla g·īg·ᴇgăma⁽ya. Wä, hĕ⁽mēsᴇn
⁽nē⁽nak·ĭlē, laᴇms k·!eâsʟ lâl wāldᴇmlos, Nāk!wax·da⁽x^u ʟōs Gwa⁽sᴇl,
qaōx Yēmask·as⁽ō Q!ōmogwaxōx hĕlik·!ĭlalᴇxlayōxs Sēwidē, yīxs

ḺEwᴇlaxa his name shall no longer be Sēwid. Now his name shall be ‖ Hămdzid (XVII 1). As soon as he finishes the ḺEwᴇlaxa, in four | days, then his name shall again be Sēwid (XVII 2). Now he himself will | dance to invite you. And therefore his name is | Yēmask·asᶜō Q!ōmogwa as a hĕlik·ʹĭlaɬ; and his name is | Hămdzid because he takes care of the ḺEwᴇlaxa. That is it." ‖ Thus said L!āqwag·ʹila (XV 4). |

As soon as they had finished breakfast, they went out, and | two painters worked to make the mask of Q!ōmogwa. | And as soon as night came, L!āqwag·ʹila (XV 4), chief of the | Ăwīk·!ēnoxᵘ, asked two of his speakers and two of the ‖ speakers of L!āqwag·ʹilagEmēᶜ (XVI 1) to listen to what the people were saying when they | went to call their tribe and the guests to go into the | dancing-house. As soon as the four | speakers had assembled, L!āqwag·ʹila instructed them what to say outside | of the doors of all the houses. "This is what you will say, ‖

"'O ḺEwᴇlaxa dancers! I call you to restore to his senses Yēmas-k·asᶜō Q!ōmogwa, | the hĕlik·ʹĭlaɬ, Q!ōmogwa. You shall sing for our Yēmask·asᶜō | Q!ōmogwa.'" |

As soon as they stopped speaking at the doors of the houses, | the men, women, ‖ and their children arose, and went into the ḺEwᴇlaxa house, for | all wished to see the new thing that is called ḺEwᴇlaxa,

───────────────────

lEᶜmaēx gwāl ḺēgadEs Sēwidē lāxwa ḺEwᴇlaxax. Wä, laᶜmōx ḺēgadEs Hămdzidē. Wä, g·ilᶜEmlwīsōx gwāLa ḺEwᴇlaxax läx mōxsaLa ᶜnālaɬ laLōx ēt!ēdEl ḺēgadEl Sēwidē laxēq. Wä, laEmḺōx q!ŭlēx·sᶜEm yĭxwaᶜmasxōs bEk!wēnaᶜyaxs LēɬElaēx. Wä, hēᶜmĭs lāg·ʹilasōx ḺēgadEs Yēmask·asᶜō Q!ōmogwa läxēs hĕlik·ʹĭla¢lēᶜnaᶜyē. Wä, lāx· ḺēgadEs Hămdzidē qaēs aaxsīlaēnaᶜyaxa ḺEwᴇlaxax. Wa, yūᶜmoqᵘ," ᶜnēx·ᶜlaē L!āqwag·ʹila.

Wä, g·ilᶜEmᶜlāwisē gwāl gaāxstalaxs laē hōqŭwᴇlsa. Wä, hēx·ᶜidaEmᶜlāwisa maᶜlōkwē k·!ak!E!tēnoxᵘ ēaxᶜēdxa Q!omōkŭmlē. Wä, g·ilᶜEmᶜlāwisē ganoɬᶜīdExs laaᶜlasē L!āqwag·ʹilaxa g·ĭgămaᶜyasa Ăwīk·!ēnoxwē ăxk·!ālaxa maᶜlōkwē läxēs ăᶜyĭlkwē ḺEᶜwa maᶜlōkwē läx ăᶜyĭlkwäs L!āqwag·ʹilagEmaᶜyē qa läs hōḺēlax gwēk·!ālasasēxs laē qāsaxēs g·ōkŭlōtē ḺEᶜwa Lēɬalănᴇmē qa läs ᶜwīᶜla hōgwīLa läxa ḺEwᴇlaxaats!ē g·ōkwa. Wä, g·ilᶜEmᶜlāwisē q!ap!ēx·ᶜīdēda mōkwē ăᶜyĭlkwa, laaᶜlasē L!āqwag·ʹila ḺExsᶜālaq qa gwēk·!ālēts lax L!āsanā-ᶜyas t!Ex·ʹīlāsa ᶜnāxwa g·ig·ōkwa. "Wä, g·aEms wăldEmlg·a:

'ḺēɬElanōgoLa ts!ēts!ēqaō nanăqamaLEnsax Yēmask·asᶜō Q!ōmogwa hĕlik·ʹĭlaɬk·asᶜō Q!ōmogwa; ḺāsēlaLōsxEnsax Yēmask·asᶜō Q!ōmogwa.'"

Wä, g·īlnaxwaᶜmaalasē q!wēlᶜīd läx t!ēt!Ex·ʹīlāsa g·ig·ōkwaxs laaEl hēx·ᶜidaEm ᶜwīᶜla q!wāg·ʹĭlīɬēda bēbEgwănEmē ḺEᶜwis gEgEnEmē Ḻōᶜmēs săsEmē, qaᶜs läEl hōgwEL läxa ḺEwᴇlaxaats!ē g·ōkwa, qaxs ᶜnāxwaᶜmaē x·āx·ets!ănaxa alōmasē ḺēgEmsa ḺEwᴇlaxa. Wä, lāᶜlaē

47 and | all the three tribes came in. Then Lḷāqwag·ila arose | and
called Lḷāqwasgᴇm. And as soon as Lḷāqwasgᴇm stood by the side |
50 of Lḷāqwag·ila, then Lḷāqwag·ila said to all the ‖ tribes, |
"Now this chief shall be assistant in the | future ḷᴇwᴇlaxa dances
of future generations." Thus he said. |
And as soon as he stopped speaking, there was a sacred song sung |
in the sacred room, and this is it: ‖
55 "What, oh, what has become of my supernatural power?
Hōa | hōa! What has become of it? |
It has escaped from me, it has escaped from me, my supernatural
power. | Hōn hōa! It has escaped from me, my supernatural power.
Hōa hōa!" |
There was another sacred song: ‖
60 "Come and fly over me, you who flew away from me to the light of
the world. | Come and fly over me, hō wâya wâya ha haa!" |
As soon as Lḷāqwag·ila stopped singing, he called Lḷāqwasgᴇm: |
"Let us look at the sacred singing behind the front of the | sacred
65 room!" And they went in. They had not stood long, ‖ before
Lḷāqwasgᴇm came back alone. He said, "Take care, | tribes!
That is the voice of the hēlik·ilaɫ. Now begin to | sing, and I shall

---

47 ʽwīʽlaēLēda yūduxᵘsᴇmakwē lēlqwălaLēxs laaᴇī Lâxʽūlīlē Lḷāqwag·ila
qaʽs Lēʽlūlēx Lḷāqwasgᴇmē. Wä, g·îlʽᴇmʽlāwisē la Lâwᴇnōdzᴇlīlē
Lḷāqwasgᴇmax Lḷāqwasg·ilāxs laē ʽnēk·ē Lḷāqwag·ilāxa ʽnāxwa
50 lēlqwălaLaʽya:
"LaᴇmK· Lâxwēmiɫnaxwalg·ada g·īgămēk· lāxa ᴇlʽnākūlaLa Lᴇ-
wᴇlaxaLasa ᴇlʽnakūlaLa bᴇgwānᴇmɫ," ʽnēx·ʽlaē.
Wä, g·îlʽᴇmʽlāwisē qḷwēɫʽīdᴇxs laalʽasa yälaqḷwālā lāx āLadzaʽyasa
māwiɫē yīsg·ada:
55 Wēx·ʽidēg·a ha wēx·ʽihēdēg·a wēx·ʽidēs qaē ʽnawalahakwasdä
hōa hōa wēx·ʽidēsk·a.
Mädosō oʽnōgwa, mädosō oʽnōgwa mädosōs qaē ʽnawalahakwas-
dä hōa hōa madosōqaē ʽnawalahakwasdä hōa hōa.
Wä, lä lâs lāxa ʽnᴇmsgᴇmē yälaxLᴇna:
60 Gēna qḷanäanLa k·âē qḷanēg·īlis lāx ʽnaqŭlayaxēa ha aha gēna
qḷanaanLa hō wâya wâya ha haa.
Wä, g·îlʽᴇmʽlāwisē qḷwēɫʽēdᴇxs laē Lḷāqwag·ila äxk·ḷālax Lḷāqwas-
gᴇmē: "ʽyä, wēx·īns dōqwaxa sayōlaqŭla lāxg·a āLadzēg·asg·a
māwiɫēk·." Wä, lax·daʽxᵘʽlaē lāyak·īlīla. Wä, k·ḷēsʽlatḷa gălaxs
65 g·āxaē nᴇnx·âlē Lḷāqwasgᴇmē. Wä, lūʽlaē ʽnēk·a: "Wēg·a yᴇLḷä-
lᴇx g·ōɫg·ᴇkūlōt; yūᴇm qḷwāsᴇlag·ilīla hēlik·īlalēx. Wä, wēg·a dᴇn-
xʽēdᴇx qᴇn lälag·i gŭnx·ʽīd lalōLḷaqō Lᴇʽwōx Lḷāqwag·ilax qa

try to secure him, together with L!āqwag̱·ila, so that he may | come 68
and dance." Immediately the Āwīk·!ēnoxᵘ sang, | and L!āqwasgᴇm
went back into the room. Before long ‖ the hēlik·'ilał came, wearing 70
the grizzly-bear skin blanket, and around his neck a | thick cedar-
bark ring. He wore on his head the head-mask with ermines, | and
he wore a dancing-apron around his waist. He was | shaking his
rattle with one hand as he was dancing. | He danced around the fire
in the middle of the house. Then L!āqwag̱·ila ‖ and L!āqwasgᴇm 75
were his attendants. Four songs | were sung by the Āwīk·!ēnoxᵘ.
Then they finished. As soon | as they had finished, the hēlik·'ilał
went back to his sacred room; and | L!āqwasgᴇm gave away one
hundred mountain-goat blankets to the | Nāk!wax·daʻxᵘ and to the
Āwīk·!ēnoxᵘ; and as soon as he finished ‖ giving away the mountain- 80
goat blankets, the chief of the | Āwīk·!ēnoxᵘ, L!āqwag̱·ila said to the
Nāk!wax·daʻxᵘ and Gwaʻsᴇla | that they should come back into the
Lᴇwᴇlaxa house the next | evening. Thus he said. |

As soon as he stopped speaking, the Nāk!wax·daʻxᵘ ‖ and the 85
Āwīk·!ēnoxᵘ and the Gwaʻsᴇla went out. And when it was evening |
on the following day, the four speakers went again to call them, |
and they said the same as they had said when they called them the
first time to the dance. | Now they were dancing, and they did the
same that night | as they had done before. And as soon as the

---

g̱·āxēsō yix̣ʻwīda." Wä, hēx·ʻidaᴇmʻlāwisēda Āwīk·!ēnoxwē dᴇn- 68
x·ʻēda. Wä, lāʻlaē L!āqwasgᴇmē lāyakilīla. Wä, k·ēs·ʻlat!a gālaxs
g̱·āxaasa hēlik·'ilalē ʻnᴇx̣ʻūnālaxa g·'îlasgᴇmē ʻnᴇx̣ʻūnaʻya qᴇnx̣âlaxa 70
Lᴇkwē L!āgᴇkwa. Wä, laᴇmʻlaē yix̣wīwālaxa g·ig·ʻîlᴇʻmakwē yix̣wī-
waʻya. Wä, laᴇmʻlaē tsäbᴇx̣ᵘsa yix̣ūxsdēg·aʻyē tsāpa. Wä, lāʻla-
xaē k!ūxᴇtk·!ōłts!ānaxa k!ūxᴇdᴇnāxs laē yix̣wa. Wä, laᴇmʻlaē
yix̣sēʻ'tali'tᴇlaxa laqawalitasa g·ōkwē. Wä, laᴇmʻlaē L!āqwag̱·ila
Lōʻlaē L!āqwasgᴇmē Laxwēmētᴇq. Wä, mōsgᴇmʻlat!a q!ᴇmq!ᴇm- 75
dᴇmē dᴇnx̣ʻēdayuwasa Āwīk·!ēnoxwaxs laē gwāła. Wä, g·'ilʻᴇmʻlā-
wisē gwāłᴇxs laē lāyak·ʻili'ēda hēlik·'ilałē lāxēs mawi'lē. Wä, lāʻlaē
L!āqwasgᴇmē yāx·ʻwitsa lāk·!ᴇndē ʻmēʻmᴇlxLōsgᴇm ʻnaᴇnx̣ʻūnē lāxa
Nāk!wax·daʻxwē Lᴇʻwa Āwīk·!ēnoxwē. Wä, g·'ilʻᴇmʻlāwisē gwāła
yāqwāsa ʻmēʻmᴇlxLōsgᴇmē ʻnaᴇnx̣ʻūnēxs laē nētē g·ig̱ăma'yasa 80
Āwīk·!ēnoxwē L!āqwag̱·ilāxa Nāk!wax·daʻxwē Lᴇʻwa Gwaʻsᴇlāxs
ēt!ēdᴇł g·āxL ʻwilał hōgwᴇL lāxa Lᴇwᴇlaxaats!ē g·ōx̣ᵘxa ēt!ēdᴇLa
ganōłʻīdᴇł, ʻnēx·ʻlaē.

Wä, g·'ilʻᴇmʻlāwisē q!wēłʻēdᴇxs laē ʻwīʻla hōqŭwᴇlsēda Nāk!wax·da-
ʻxwē Lᴇʻwa Āwīk·!ēnoxwē Lōʻma Gwaʻsᴇla. Wä, g·'ilʻᴇmʻlāwisē dzā- 85
qwaxa łᴇnsaxs laaᴇl ēt!ēd qās·ʻidēda mōkwē ăʻyîlkwa. Wä, laᴇmxaē
âᴇm nᴇgᴇltᴇwēxēs g·ūlō wāłdᴇmaxs g·ālaē qūsa qaēda g·ālē kwē-
xᴇla. Wä, laᴇmxaē kwēxᴇla. Wä, hēᴇmxaāwisē gwēg·ilaxa ganō-
Lēs g·ālē gwēg·ilasa. Wä, g·'ilʻmēsē gwāł yix̣ʻwīēda hēlik·'ilałasa mōs-

90 hĕlik·ĭlaɫ finished dancing with the ‖ four songs, he went into the
sacred room. Then | ʟ!āqwasgEm gave away twenty-five mink
blankets and | fifty lynx blankets to the Nāk!wax·da'x^u | and
Āwĭk·!ēnox^u; and when this was done, they all went out. |
In the evening of the following day the four speakers went to
95 call them again, ‖ and said, "This will really be the taming of the
hĕlik·ĭlaɫ." | They would say this after they had said the words which
they used before, | when they were calling them. After they had
gone throughout the whole village, | the three tribes went in. Then |
ʟ!āqwag·ila and ʟ!āqwasgEm went behind the front of the sacred
300 room, ‖ and the hĕlik·ĭlaɫ sang his two sacred songs. | When he
stopped, the Āwĭk·!ēnox^u sang, | the hĕlik·ĭlaɫ came out dancing,
and when they were nearly at the end | of the last of the four songs,
the hĕlik·ĭlaɫ ran out | of the door of the dancing-house, and
5 ʟ!āqwag·ila and ‖ ʟ!āqwasgEm ran after him. It was not long
before they came back. | ʟ!āqwag·ila was carrying the head-
mask and the grizzly-bear blanket, | and ʟ!āqwasgEm carried
the cedar-bark neck-ring and the | dancing-apron and the
rattle. Then ʟ!āqwag·ila said | that he and his friend ʟ!ā-
10 qwasgEm had found them, and they were ‖ talking happily
about what they pretended to have found. Then a whistle
sounded on the beach | in front of the dancing-house. ʟ!āqwag·ila

---

90 gEmē q!Emq!EmdEmxs laē āʟadzElĭɫaxa māwiɫē. Wä, lāxaē ʟ!ā-
qwasgEmē' yāx'witsa sEk·!agâla mātsasgEm 'naEnx'ūna'ya ʟE'wa
sEk·!ax·sōkwē 'wālasx·äsgEm 'naEnx'ūna'ya lāxa Nāk!wax·da'xwē
ʟE'wa Āwĭk·!ēnoxwē. Wä, g·ĭl'mēsē gwāɫExs laē 'wī'ɫa hōqŭwEɫsa.
Wä, lāxaē dzāqwaxs laē ɫEnsa, laē ēt!ēda qās'īdēda mōkwē ä'yĭɫ-
95 kwa. Wä, laEm'laē 'nēk·Exs ɫE'mac̨ âlag·alīʟ nānâqamaɫxa hĕlik·ĭ-
ɫalē: ālnaxwaEm'laē 'nēk·Exs laē 'wī'ɫâwē wāldEmas lāxēs g·āg·ĭlaē
wāɫdEmxs qāsaē. Wä, g·ĭl'Em'lāwisē lābEɫsaxa g·ōkŭlāxs g·āxaē
'wī'ɫaēʟēda yūdux^usEmakwē lēElqwāɫaʟa'ya. Wä, hëx·'idaEm'lāwise
lāyak·ĭlĭlē ʟ!āqwag·ila ʟō' ʟ!āqwasgEmē lāx āʟadza'yasa māwiɫē.
300 Wä, lā'laē yālaqwēda hĕlik·ĭlaɫasa maltsEmē yālaxʟEna. Wä,
g·ĭl'Em'lāwisē q!wēɫ'ēdExs laē dEnx'ēdēda Āwĭk·!ēnoxwē. Wä,
g·āx'laē yĭxŭɫts!ālēɫEɫēda hĕlik·ĭlalē. Wä, g·ĭl'mēsē Elāq q!ŭlbēda
Elxʟa'yasa mōsgEmē q!Emq!EmdEmsa hĕlik·ĭlaɫaxs laaEl dzElx'wEɫs
lax t!Ex·ĭlāsa ʟEwElaxaats!ē g·ōkwa. Wä, lā'laē ʟ!āqwag·ila ʟō'
5 ʟ!āqwasgEmē dzElx^usEmēq. Wä, k·!ēst!a gālaxs g·axaē aēdaaqa
dālē ʟ!āqwag·ilaxa yĭxwīwa'yē ʟE'wa g·ilasgEmē 'nEx'ūna'ya. Wä,
lā'laē ōgwaqa dālē ʟ!āqwasgEmaxa ʟ!āgEk!ŭxawa'yē ʟE'wa yĭxŭxs-
dēg·a'yē tsäpa ʟE'wa k!ŭxEdEnē. Wä, la'mē 'nēx·'laē ʟ!āqwag·i-
lāxs q!āaq ʟE'wēs 'nEmōkwē ʟ!āqwasgEmē. Wä, hëEm'lāwis âlēs
10 ēēk·!eq!ālax·da'x^usēs q!ābōɫāxs laa'lasa ts!ēk!ŭk·!ālä lāxa ʟ!Ema'i-
sasa ʟEwElaxaats!ē g·ōkwa. Wä, lā'laē ʟ!āqwag·ila hēEl g·ĭl wŭʟa-

was the first to hear it, | and he said to Lǃāqwasgɛm they would go 12
at once | to look at it. They just put into the sacred room what they
had found, | and went out. Before long Lǃāqwag·ila came back ‖
and stood in the doorway of the | house, and said, "O dancers! now 15
I have discovered | our dancer, and he has been transformed. He
has become | Qǃōmogwa, and he is going to be well now. Now I will
bring him in." | Thus he said, and he went out again. Before long ‖
he came back, walking backward, with Lǃaqwasgɛm walking in front 20
of him. | He was wearing the mask of Qǃōmogwa. Then Lǃāqwag·ila
told the Äwīk·ǃēnoxᵘ | to go ahead and sing; and as soon as they
began to sing, | the mask of Qǃōmogwa began to dance. And as soon
as they came to the rear of the house, he went in | behind the front
of the sacred room. This is ended. ‖

Then Lǃāqwasgɛm gave away fifty lynx | blankets, ten marten 25
blankets, | thirty marmot blankets, to the Nākǃwax·da'xᵘ | and
Äwīk·ǃēnoxᵘ. That is all about this. This was | the first ḻɛwɛlaxa
in the southern country. ‖ Therefore I am the only one who is first 30
called to be the attendant of the ḻɛwɛlaxa, for | my ancestors were
the first to obtain the dance. Now I have finished talking | about
Lǃāqwag·ila (XV 4), who brought the ḻɛwɛlaxa to Lǃaqwasgɛm
(XVI 1). |

---

x'aLɛlaq. Wä, lā'laē äxk·ǃālax Lǃāqwasgɛmē qa's lāx·da'xwē 12
dōx'wīdɛq. Wä, âɛm'lāwisē la äxtsǃālilasēs qǃēqǃa läxa māwīlē.
Wä, lā'laē hōqüwɛlsa. Wä, k·ǃēs'latǃa gälaxs g·äxaē aēdaaqē
Lǃāqwag·ila. Wä, hēɛm'lāwisē ḻāx'ōlilē äwīLɛläsa tǃɛx·ǃlāsa 15
g·ōkwē. Wä, lā'laē 'nēk·a: "'yâ tsǃēts!ēqo; lanōgwa mäḻtǃēg·aa-
ḻɛlaxg·ins yiχwagîns läg·asg·a la ōgüx'îdaēla. Wä, laēg·as la qǃō-
mogwē'stalîla. Wä, lāg·a hēl'nakŭla. Wä, lanōgwa g·äxēḻamasḻɛ-
g·aqᵘ," 'nēx'laēxs laē χwēlaqa lāwɛlsa. Wä, k·ǃēs'latǃa g·ālaxs
g·äxaē g·axēḻɛla k·ǃānēḻɛla ḻō' Lǃāqwasgɛmē k·amēsgɛmēxa yiχu- 20
mālāxa qǃōmokumlē. Wä, lā'laē Lǃāqwag·ila wäxaxa Äwīk·ǃēnoxwē
qa dɛnx'ēdēs. Wä, g·îl'ɛm'lāwisē dēnx'ēdɛxs laē yiχ'wīdēda qǃō-
mokumlē. Wä, g·îl'ɛm'lāwisē lāg·aa läxa ōgwiwalîlaxs laē latsǃâlil
läxa ālaḏza'yasa māwilē. Wä, la'mē gwāl läxēq.

Wä, la'laē Lǃāqwasgɛmē ēt!ēd yax'wītsa sɛk·ǃax·sōkwē 'wālasx·äs- 25
gɛm 'naɛnx'ūna'ya ḻɛ'wa lastowē lēlegɛχᵘsɛmē 'naɛnx'ūna'ya
ḻɛ'wa yūduχᵘsōkwē kwēküχᵘdɛsgɛm 'naɛnx'ūna'ya läxa Nākǃwax·-
da'xwē ḻɛ'wa Äwīk·ǃēnoxwē. Wä, laɛm gwāl läxēq. Wä, hēɛm
g·îl g·āx ḻɛwɛlaxa läxwa 'nalēnak·ālax äwīnak·āla. Wä, hē'misɛn
läg·ila lēx·aɛm g·îl lē'lälasō' qa lä ḻaχwēmēł läx ḻɛwɛlaxa qaxs 30
hē'maɛn g·ālē g·äxatsa ḻɛwɛlaxa. Wä, laɛm gwālɛns gwāgwēx·s'a-
laēna'yē läx Lǃāqwag·iläxs g·äxaasa ḻɛwɛlaxa lax Lǃāqwasgɛmē.

33 Now I shall talk about him when he was looking for a wife for his
prince | Sēwid (XVII 2); for he was no longer named Yēmask·as⁽ō
35 Q!omogwa (XVII 1), ‖ for he had the name Yēmask·as⁽ō Q!ōmogwa
only during the ʟEwɛlaxa, | and his summer name was Sēwid. Then
he learned about | ⁽nāx·nag·Em (XVII 3) of the ʟ!aʟ!asiqwǎla,
the princess of Amax·ǎg·ila (XVI 3), | another one of the chiefs of the
G·ēxsEm. Then | he married ⁽nāx·nag·Em. They lived in the
40 village of the ancestors of the ʟ!aʟ!asiqwǎla, ‖ GēwasEm. After
they were married, Amax·ǎg·ila (XVI 3) | gave as a marriage gift
sixty sea-otter blankets, | four slaves, one hundred and twenty
cedar-bark blankets, | six canoes, and forty mink blankets. | And
Amax·ǎg·ila (XVI 3) wanted Sēwid (XVII 2) to give a winter dance.
45 And ‖ Amax·ǎg·ila (XVI 3) gave in marriage as privilege the māma-
q!a and its name | Q!ŭlǎd; and the bird-dance, and its name ⁽nawala-
kumēg·ilis; and | the hǎmshǎmts!ɛs, and its name ⁽naxᵘq!ɛsɛlag·ilis;
and the healing-dance, | and its name Ēg·aq!wǎla; and also a secular
name as the name for | Sēwid (XVII 2), namely, A⁽māxǔlaɫ; and we
50 shall call Sēwid A⁽māxǔlaɫ (XVII 2) from now on. ‖ After he had
given the marriage gift, A⁽māxǔlaɫ (XVII 2) | invited the ʟ!aʟ!asi-
qwǎla to go to GwēqElis, the village of | A⁽māxǔlaɫ (XVII 2) and his
tribe the ancestors of the Gwa⁽sEla; for A⁽māxǔlaɫ (XVII 2) wished |
that the ancestors of the ʟ!aʟ!asiqwǎla should take care of the winter
dance that they were going to give. Then | A⁽māxǔlaɫ (XVII 2) and

33 Wä, la⁽mēsEn gwāgwēx·s⁽ālaɫ lāqēxs laē ālā qa gEnEmsēs ʟEwEl-
gāma⁽yē Sēwidē, qaxs lE⁽maē gwāl ʟēgadEs Yēmask·as⁽ō Q!ōmo-
35 gwa qaxs lēx·a⁽maē ʟēgadaats Yēmask·as⁽ō Q!ōmogwāxs ʟEwElaxaē.
Wä, hē⁽mis ʟēgEmsēxa hēEnxē Sēwidē. Wä, hē⁽latla q!aatsēda
ʟ!aʟ!asiqwǎla lāx ⁽nāx·nag·Emē, yīx k·!ēdēlas Amax·ǎg·ila, yīx ⁽nE-
mōkwē lāx g·īg·Egāma⁽yasa ⁽nE⁽mēmotasa G·ēxsEmē. Wä, lā⁽laē
qādzēɫ⁽īdEx ⁽nāx·nag·Emē, yīxs hāē g·ōkǔlē g·ālāsa ʟ!aʟ!asiqwǎlē
40 GēwasE⁽ma. Wä, g·īl⁽Em⁽lāwise gwāla qādzElāxs laā⁽laē Amax·ǎ-
g·ila wāwalqālasa q!ɛʟ!ɛx·sokwē q!ēq!āsasgEm ⁽naEnxᵘǔna⁽ya ʟE⁽wa
mōkwē q!aq!Ek·ā ʟE⁽wa ma⁽ɫtsōgǔg·ōyowē k·!ēk·!ōbawasa ʟE⁽wa
q!ɛʟ!ɛts!aqē xwāxwāk!ǔna ʟE⁽wa mōxᵘsokwē matsasgEm ⁽naEnxᵘǔ-
na⁽ya. Wä, lā⁽laē Amax·ǎg·ila ⁽nēx· qa yāwix·ilēs Sēwidē. Wä,
45 lā⁽laē Amax·ǎg·ila k·!ēs⁽ōgǔlxʟǎlalaxa māmaq!a ʟE⁽wis ʟēgEmē
Q!ŭlǎdē ʟE⁽wa ts!ēk!wēsē ʟE⁽wēs ʟēgEmē ⁽nawalakumēg·ilisē ʟE⁽wa
hǎmshǎmts!ɛsē ʟE⁽wis ʟēgEmē ⁽naxᵘq!ɛsɛlag·ilisē ʟE⁽wa hayalik·ilaɫē
ʟEwis ʟēgEmē Ēg·aq!wǎla; wä, hē⁽misa bāxǔsē ʟēgEma qa ʟēgEms
Sēwidē yī⁽lax A⁽māxǔlaɫē. Wä, la⁽mēsEns ʟēqElaʟEs A⁽māxǔlaɫē lāx
50 Sēwidē. Wä, g·īl⁽Em⁽lāwisē gwāla wāwalqālaxs lāā⁽laē A⁽māxǔlaɫē
lēɫElaxa ʟ!aʟ!asiqwǎla qa läs lāx GwēqElisē lāx g·ōkǔlasa A⁽māxǔ-
laɫē ʟE⁽wis g·ōkǔlōta g·ālāsa Gwa⁽sEla, qaxs ⁽nēk·aē A⁽māxǔlaɫē qa
hē⁽misa g·ālāsa ʟ!aʟ!asiqwǎla aaxsilax yāwix·ilaēnēʟas. Wä, lā⁽laē
⁽wī⁽la ālēx⁽widē A⁽māxǔlaɫē ʟE⁽wis lēɫElakwaxa gaāla. Wä, k·!ēs-

his guests started in the morning. Before ‖ evening they arrived at 55
Gwēqᴇlis. Then | the ʟ!aʟ!asiqwăla wished the four dancers | to
disappear at once that evening, for the ʟ!aʟ!asiqwăla were in a
hurry. | They wanted to make a short stay at Gwēqᴇlis. | The four
dancers staid away only four nights. Then they were caught. ‖
They danced for them four evenings. Then everything was given 60
away | that was given as a marriage gift by Amāx·ăg·ila (XVI 3)—
the sixty sea-otter | blankets; four slaves; six | canoes; forty mink
blankets; | one hundred and twenty cedar-bark blankets; and the
name of the māmaq!a, ‖ Q!ŭlād; and the bird-dance, which had the 65
name ꞌnawalakumēg·îlis; | and the hămshămts!ᴇs, which had the
name ꞌnāxᵘq!ᴇsᴇlag·îlis; | and the healing-dance, which had the
name Ĕg·aq!wāla. At that time | Aꞌmāxŭlaɬ (XVII 2) obtained
first the winter dance of the ʟ!aʟ!asiqwăla. As soon as | Aꞌmāxŭlaɬ
finished giving away, the ʟ!aʟ!asiqwăla went home. ‖ Aꞌmāxŭlaɬ 70
(XVII 2) and his wife | ꞌnāx·nag·ᴇm (XVII 3) had not been married
a long time, when they had a son (XVIII 1). Then | Aꞌmāxŭlaɬ sent
his four speakers—Q!ēk·!ᴇnala, Hănkwasōgwiꞌlakᵘ, | Hăyaq!ᴇntᴇlaɬ,
and Yăq!ᴇntᴇyēg·iꞌlakᵘ—to | tell the chief of the ʟ!aʟ!asiqwăla,
Amāx·ăg·ila (XVI 3), ‖ that ꞌnāx·nag·ᴇm (XVII 3) had a son. 75
They | arrived at the village of Amāx·ăg·ila (XVI 3), and at once |

ꞌᴇmꞌlāwisē dzāqwaxs laaᴇl lāg·aa lāx Gwēqᴇlisē. Wä, hēx·ꞌi- 55
daᴇmꞌlāwisē ꞌnēk·ēda ʟ!aʟasiqwăla qa x·isꞌēdēsa mōkwē sēsᴇ-
natʟᴇsxa la gānolꞌīda qaxs ălak·!ālaē halabalēda ʟ!aʟ!asi-
qwăla ꞌnēx·ꞌᴇl qaꞌs ꞌnᴇmălꞌīdē lax Gwēqᴇlisē. Wä, ăᴇmꞌlāwisē
mōp!ᴇnxwaꞌs x·isālēda mōkwaxs laaᴇl k·ĭmyasᴇꞌwa. Wä, lāꞌlaē
mōp!ᴇna kwēxᴇlasōꞌxa dzēdzaqwa. Wä, lāꞌlaē ꞌwiꞌla yāxꞌwida- 60
yōwa wāwaɬqālayās Amāx·ăg·ilaxa q!ᴇʟ!ᴇx·sōkwē q!ēq!āsasgᴇm
ꞌnaᴇnxꞌūnaꞌya ʟᴇꞌwa mōkwē q!āq!ᴇk·owa ʟᴇꞌwa q!ᴇʟ!ᴇts!aqē
xwāxwăk!ūna ʟᴇꞌwa mōxᵘsōkwē mātsasgᴇmē ꞌnaᴇnxꞌūnaꞌya ʟᴇꞌwa
maꞌɨtsōgŭg·ᴇyowē k·!ōbawasa. Wä, lāꞌlaē ʟēgadēda māmaq!äs
Q!ŭlādē. Wä, hēᴇmꞌlāwisa ts!ēk!wēsē ʟēgadᴇs ꞌnawalakumēg·ꞌīlisē. 65
Wä, hēᴇmꞌlāwisa hămshămts!ᴇsē ʟēgadᴇs ꞌnāxᵘq!ᴇsᴇlag·ꞌīlisē. Wä,
hēꞌmisʟēda hayălek·ꞌlalē ʟēgadᴇs Ĕg·aq!wāla. Wä, laᴇmꞌlaē g·ālōʟē
Aꞌmāxŭlaɬaxa ts!ēts!ēxʟᴇnasa ʟ!aʟ!asiqwăla laxēq. Wä, g·îlꞌmēsē
gwăɬ yaqwē Aꞌmāxŭlaɬaxs laē näꞌnakwēda ʟ!aʟ!asiqwăla.

Wä, lāꞌlaē k·!ēs gäla hayasᴇk·ălē Aꞌmāxŭlalē ʟᴇꞌwis gᴇnᴇmō ꞌnāx·- 70
nag·ᴇmaxs laaᴇl xŭngwadᴇx·ꞌītsa bābagŭmē. Wä, hēx·ꞌidaᴇmꞌlāwisē
ꞌyālaqē Aꞌmāxŭlaɬasēs mōkwē ăꞌyîlkwē Q!ēk·!ᴇnala ʟōꞌ Hănkwa-
sōgwiꞌlakwē ʟōꞌ Hăyaq!ᴇntᴇlaɬ ʟōꞌ Yăq!ᴇntᴇyēg·iꞌlakwē. Wä, laᴇm-
ꞌlaē lăɬ nēlaɬxa g·îgāmaꞌyasa ʟ!aʟ!asiqwălē Amāx·ăg·iläxs Iᴇ-
ꞌmaē xŭngwadᴇx·ꞌīdē ꞌnāx·nag·ᴇmasa bābagŭmē. Wä, läx·daꞌxᵘ- 75
laē lāg·aa lāxa g·ōkŭlasas Amāx·ăg·ila. Wä, hēx·ꞌidaᴇmꞌlawisē

77 Q!ēk·!Enala reported to Amāx·ā̱g·ila that ᶜnāx·nag·Em (XVII 3) | had a son. After he had told the news, | Chief Amāx·ā̱g·ila (XVI 3)
80 invited his tribe, || the ancestors of the L!aL!asiqwăla, to come into his house. And as soon | as they were all in, Amāx·ā̱g·ila arose, and | reported the news that had been brought by the Gwa‘sEla visitors, that his | princess ᶜnāx·nag·Em (XVII 3) had a son. "And therefore I have invited you in, | O tribe! that you may treat me as
85 your chief. Give me your property, || people, that I may give a marriage gift to my son-in-law A‘māx̣ŭlał (XVII 2)." | Thus said Amāx·ā̱g·ila (XVI 3) to his tribe. As soon as he | stopped speaking, they spread a mat in the rear of the | house of Amāx·ā̱g·ila (XVI 3), and the sea-hunters of the | ancestors of the L!aL!asiqwăla went out.
90 It was not long before they came back, || some bringing four sea-otter skins, others three, others | two. They spread them on the mat on the floor. | There were forty-two sea-otter skins on the floor. | After they had done so, the chiefs of the | ancestors of the L!aL!asiqwăla went out. They were not out long, before they came
95 back, || bringing in four slaves and four | large canoes. After they had done so, the common people went out; | and they did not stay away long, before they came back, | bringing one hundred and twenty cedar-bark blankets; and when | they finished, Amāx·ā̱g·ila

---

77 ts!Ek·!ā̱lᶜīdē Q!ēk·!Enāläx Amāx·ā̱g·iläs ᶜnāx·nag·Emaxs LE‘maē xŭngwadasa bābagŭmē. Wä, g·îl‘Em‘lāwisē gwāl ts!Ek·!ā̱lEläxs laaEl hēx·ᶜidaᶜma g·īgăma‘yē Amāx·ā̱g·ila Lēlts!ōd laxēs g·ōlg·īkŭ-
80 lōta g·ālāsa L!aL!asiqwăla qa g·āxēs ᶜwīᶜlaēL läx g·ōkwas. Wä, g·îl-‘Em‘lāwisē g·āx ᶜwīᶜlaēLExs laaEl Lā̱xᶜŭlilē Amāx·ā̱g·ila qaᶜs ts!Ek·!ā̱-lᶜīdēs ts!Ek·!ā̱lEmasa bāgŭnsē Gwa‘sEla, yixs LE‘maē xŭngwadEs k·!ēdēlē ᶜnāx·nag·Emasa bābagŭmē. "Wä, hēᶜmēsEn lāg·ila Lēlts!ōdōl g·ōkŭlōt qaᶜs wäg·iLōs g·āg·ēxsēlal g·āxEn. Wä, laEms p!EdzēLał
85 g·āxEn, g·ōkŭlōt, qEn wāwā̱lqălayōxEn nEgŭmpaē A‘māx̣ŭlala," ᶜnēx·ᶜlaē Amāx·ā̱g·ilaxēs g·ōlg·EkŭlōtÉ. Wä, g·îl‘Em‘lāwisē q!wē-lᶜēd yaq!Ent!ālaxs laaEl LEp!ālīlEma lēᶜwa‘yē läxa naqoLēwalilas g·ōkwas Amāx·ā̱g·ila. Wä, hēᶜlat!a g·îl hōqŭwElsē ēsᶜā̱lēwinoxwasa g·ālāsa L!aL!asiqwăla. Wä, k·!ēsᶜlat!a gä̱laxs g·āxaē aēdaaqa dālēda
90 waōkwaxa mōwē q!ēq!āsa Lōxs yŭdŭxwaē daākwasa waōkwē Lōxs maᶜlaē daākwasa waōkwē. Wä, laEm‘laē LEbEdzodālas läxa LEbēlē lēᶜwa‘ya. Wä, laē sāyak·!ax·sokŭlasa ma‘la q!ēq!āsa la ā̱xēla. Wä, g·îl‘Em‘lāwisē gwā̱lExs laaEl ōgwaqa hōqŭwElsē g·ig·īgăma‘yasa g·ālāsa L!aL!asiqwăla. Wä, k·!ēsᶜEm‘laxaāwisē gä̱laxs g·āxaē aēda-
95 aqa moxᵘ‘laēda q!āq!Ek·owē g·āxēLEms. Wä, hēEm‘lāwisa mōts!aqē ā̱wā xwā̱xwăk!ŭna. Wä, g·îl‘Em‘lāwisē gwā̱lExs laaEl ᶜwīᶜla hōqŭ-wElsēda bēbEgŭlēdaᶜyē. Wä, k·!ēsᶜEm‘laxaāwisē gä̱laxs g·āxaē aēdaa-qa. Wä, lāᶜlaē ma‘ltsogŭg·îyowa k·!ēk·!obawasēg·āxēLEms. Wä, g·îl-‘Em‘lāwisē gwā̱l‘alīlExs laē ᶜnēk·ē Amāx·ā̱g·ila qaᶜs la‘mē LE‘wis

(XVI 3) said he would go with his ‖ tribe to take this to his son-in-law 400
Aᶜmax̣ŭlał (XVII 2), and also | a name to be the name of his grandchild. His name was to be Pₑngwid (XVIII 1). | After he had finished speaking, the tribe went out. They were ready to | start the next morning at daylight. As soon as | daylight came, they loaded the marriage gifts on four large ‖ canoes. | 5

When they were all aboard, they started from the beach with the | four speakers of Aᶜmax̣ŭlał (XVII 2); and the ancestors of the ʟ!aʟ!asiqwăla all went. | Towards evening they arrived at the | village of the ancestors of the Gwaᶜsᴇla, Gwēqᴇlis; and immediately ‖ Amāx̣ᵃg·ila (XVI 3) gave as a marriage gift to his son-in-law 10 Aᶜmax̣ŭlał (XVII 2) what was given to him by his tribe | before they stepped out of their canoes. As soon as | Amāx̣ᵃg·ila (XVI 3) stopped speaking, Aᶜmax̣ŭlał (XVII 2) invited | his father-in-law and his tribe to come ashore to eat in his house. | And when the ʟ!aʟ!asiqwăla were in, they were given ‖ roasted sockeye-salmon; and after that 15 they were given dried mountain-goat meat. | After they had eaten, Aᶜmax̣ŭlał (XVII 2) gave away | twenty sea-otter skins to the chiefs of the ʟ!aʟ!asiqwăla, and | two large canoes, and sixty cedar-bark blankets | to the common people, and also two slaves ‖ to the chiefs. 20 As soon as he finished giving away to the | ʟ!aʟ!siqwăla, he also gave

---

g·ōkŭlotē taōts laxēs nᴇgŭmpē Aᶜmax̣ŭlałē. Wä, häᴇmᶜlawisa ʟēgᴇmē 400 qa ʟēgᴇmsēs ts!ōxᵘʟᴇma. Wä, laᴇmᶜlaē ʟēgadʟᴇs Pᴇngwidē. Wä, g·îlᶜᴇmᶜlāwisē gwăłᴇxs laaᴇl hōqŭwᴇlsē g·ōkŭlōtas qaᶜs xwānałᶜidē qaᶜs wäg·il gäx·ᶜidᴇlxa gaälaʟax läʟa ᶜnāx·ᶜîdᴇł. Wa, g·îlᶜᴇmᶜlāwisē ᶜnaᶜnakŭlaxs laē mōxsalasa wāwałqălayōlē läxa mōts!aqē ăwă x̣wäx̣wăk!ŭna.   5

Wä, g·îlᶜᴇmᶜlāwisē ᶜwîᶜlxsᴇxs laē ᶜnᴇmāx·ᶜidaᴇm ʟᴇxᶜēd ʟᴇᶜwa mōkwē ăᶜyîlxᵛs Aᶜmax̣ŭlałē. Wä, laᴇmᶜlaē ᶜwîᶜlxsa g·ālāsa ʟ!aʟ!asiqwăla. Wä, k·!ēsᶜᴇmᶜlāwisē ʟăla qaᶜs dzāqwaxs laē lăg·aa läx g·ōxᵘdᴇmsasa g·älä Gwaᶜsᴇla läx G̣wēqᴇlisē. Wä, hēx·ᶜidaᴇmᶜlāwisē wāwałqälē Amāx̣ᵃg·iläs p!ᴇdzēʟᴇmasēs g·ōkŭlōtē läxēs nᴇgŭmpē 10 Aᶜmax̣ŭlałaxs k·!ēsᶜmaē hōxᶜwŭltă läxēs yaēᶜyats!ē. Wä, g·îlᶜᴇmᶜlāwisē gwăl yāq!ᴇnt!alē Amāx̣ᵃg·iläxs lāaᶜlaē Aᶜmax̣ŭlałē Lełwŭłtōdxēs nᴇgŭmpē ʟᴇᶜwis g·ōkŭlōtē qa läs ʟ!ᴇx̣wa läx g·ōkwas. Wä, g·îlᶜᴇmᶜlāwisē g·äx ᶜwîᶜlaēʟēda ʟ!aʟ!asiqwăläxs laē ʟ!ᴇx̣wīlayuwasa ʟ!ōbᴇkwē mᴇlēk·. Wä, lāᶜlaē hēleg·îndayowēda x·îlkwē ᶜmᴇlᶜmᴇlq!ᴇgē 15 läq. Wä, g·îlᶜᴇmᶜlāwisē gwăl ʟ!ᴇx̣waxs laē Aᶜmax̣ŭlałē yaxᶜwîtsa maᶜłtsōkwē q!ēq!āsa läxa g·îg·ᴇgāmaᶜyasa ʟ!aʟ!asiqwăla ʟᴇᶜwa maᶜłts!aqē ăwă x̣wäx̣wăk!ŭna. Wä, hēᴇmᶜlāwisa q!ᴇʟ!ᴇx·sōkwē k·!ēk·!obawasa läxa bēbᴇgŭlîdaᶜyē. Wä, hēᶜᴇmᶜlāwisa maᶜlōkwē q!ăq!ᴇk·ō läxaaxa g·îg·ᴇgāmaᶜyē. Wä, g·îlᶜᴇmᶜlāwisē gwăl yāqwaxa ʟ!aʟ!asi- 20 qwăläxs lāaᴇl ōgwaqa yäxᶜwîtsa maᶜłtsōkwē q!ēq!āsa lāᶜlaxa g·îg·ᴇ-

22 away twenty sea-otter skins to the | chiefs of the Gwa‛sɛla, and sixty cedar-bark blankets to the | common people, and two large canoes to the chiefs, | and two slaves, since A‛māxŭlał (XVII 2) had planned ||
25 that he wanted to give one-half of what he had received as a marriage gift to the ʟ!aʟ!asiqwāla, and one-half to the Gwa‛sɛla— | forty sea-otter skins and one hundred and twenty | cedar-bark blankets, four large canoes, and four | slaves, on account of the highness of the name of his prince Pɛngwid (XVIII 1). | Now night came, and he had
30 finished giving away. || At daylight in the morning the ʟ!aʟ!asiqwăla went home. |
When Pɛngwid (XVIII 1) grew up, he married | Lāx‛sɛlēlɛmga (XVIII 2), the princess of the chief (XVII 4) of the numaym Tsēts!-ɛmēleqɛla of the | Nāk!wax·da‛x", who lived in the village Tēgŭxstē‛. |
Pɛngwid (XVIII 1) and Lāx‛sɛlēlɛmga (XVIII 2) had not been
35 married long, when || they had a son. And as soon as HāqɛIał (XVII 4) learned that | his princess had a son, he called his tribe, and he | told them that he would give a marriage gift to his son-in-law. He did not tell his | tribe the amount that he wanted to give as a marriage gift, Hāqɛlał (XVII 4) said only | that he wanted his
40 tribe to go with him. As soon as || he finished his speech, they went out of the house. They got ready, | and early in the morning they loaded their | canoes. When they were loaded, they left, and |

---

22 gāma‛yasa Gwa‛sɛla ʟɛ‛wa q!ɛʟ!ɛx·sōkwē k·!ĕk·!obawasa lāxa bēbɛ-gŭlēda‛yē ʟɛ‛wa ma‛łts!aqē ăwā xwāxwăk!ŭna lāxa g·īg·ɛgăma‛yē ʟɛ‛wa ma‛lōkwē q!aq!ɛk·owa lā‛lax gwălaasas nâqa‛yas A‛māxŭla-
25 łaxs ‛nēk·aē qa‛s â‛mēs naxsaap!ēda ʟ!aʟ!asiqwălä ʟɛ‛wa Gwa‛sɛlāxa wāwałqălayuwa mōx"sokwē q!ēq!āsa ʟɛ‛wa ma‛łtsōgŭg·ɛyowē k·!ĕk·!obawasa ʟɛ‛wa mōts!aqē ăwā xwāxwăk!ŭna ʟɛ‛wa mōkwē q!ăq!ɛk·owa qa ō‛mayōs ʟēgɛmasēs ʟăwɛlgăma‛yē Pɛngwidē. Wä, laɛm‛lāwisē gănoł‛ida laa‛las gwăl yăqwa. Wä, g·īł‛ɛm‛lāwisē ‛nāx·-
30 ‛īdxa gaālāxs laē nü‛nakwēda ʟ!aʟ!asiqwăla.
Wä, g·īł‛ɛm‛lāwisē q!wax‛ēdē Pɛngwidāxs laaɛl gɛg·adɛx·‛īdɛs Lāx·sɛlēlɛmga k·!ēdēłas g·īgăma‛yasa ‛nɛ‛mēmotasa Tsēts!ɛmēleqɛ-lasa Nāk!wax·da‛xwē, yīxs hăaɛl g·ōkŭlē Tēgŭxsta‛ya Nāk!wax·da-‛xwē. Wä, k·!ēs‛lat!a gäla hayasɛk·ălaxs Pɛngwidē ʟō‛ Lāx·sɛlēlɛm-
35 gäxs laē xŭngwadɛx·‛ītsa bābagŭmē. Wä, g·īł‛ɛm‛lāwisē q!ālē Hāqɛ-lałaxēs k·!ēdēłaxs lɛ‛maē xŭngwada, lāaɛl ʟē‛lālaxēs g·ōkŭlōtē. Wä, lā‛laē nełaxs wāwałqăliʟaxēs nɛgŭmpē. Wä, laɛm‛laē k·!ēs nełaxēs g·ōkŭlōtas ‛wäxaasasēs wāwałqălayoʟē, yīxs lēx·a‛maē wäldɛms Hā-qɛlałēs ‛nēk·!ēna‛yē qa läs‛wī‛lēs g·ōkŭlōtē lāxsɛq. Wä, g·īł‛ɛm‛lāwisē
40 gwălē wałdɛmasēxs laē ‛wī‛la hōqŭwɛls lāx g·ōkwas qa‛s xwānał‛idē. Wä, g·īł‛ɛm‛lāwisē ‛nāx·‛īdxa gaālāxs lāaɛl mōxsaxēs yaēyats!ēʟē xwāxwăk!ŭna. Wä, g·īł‛ɛm‛lāwisē ‛wīlxsa lāaɛl ʟɛx‛ēda. Wä, laɛm-

the evening they arrived at G̣wēqElis. Immediately | the marriage 44
gift for his son-in-law PEngwid (XVIII 1) was unloaded. He did
not ‖ give away the marriage gift in the evening, but he gave it away 45
in the morning— | six slaves, four canoes, | twenty black-bear
blankets, forty mink blankets, | two hundred cedar-bark blankets,
and | a name for his son-in-law PEngwid (XVIII 1). Now his ‖
name was T!āt!Endzid (XVIII 1); and he also gave as a marriage 50
gift the name K·ĭmgēd (XIX 1), | to the child of PEngwid (XVIII 1)
and of his wife Lāx·sElēlEmga (XVIII 2). | After they had given the
marriage gift, T!āt!Endzid (XVIII 1) | gave away three slaves and
two canoes | and ten black-bear blankets to the chiefs of the ‖
Nāk!wax·da‘x^u; and he gave twenty mink blankets | and one hun- 55
dred cedar-bark blankets to the common people of the Nāk!wax·-
da‘x^u; | and he gave three slaves and two | canoes and ten black-
bear blankets to the | chiefs of the Gwa‘sEla; and he gave twenty
mink-skin blankets ‖ and one hundred cedar-bark blankets to the 60
common people. | Now the name of the son of T!at!Endzid (XVIII 1)
was K·ĭmgēd (XIX 1). | As soon as he had given away the property,
the Nāk!wax·da‘x^u went home. |

When K·ĭmgēd (XIX 1) was grown up, he married L!āqwäl
(XIX 2), | the princess of Hāyōgwis (XVIII 3), who was chief of

---

‘lāwisē dzāqwaxs lāaEl lāg·aa lāx G̣wēqElisē. Wä, hĕx·‘idaEm‘lāwisē 43
mōłtâla ‘wi‘lasēs wāwałqälayuLaxēs nEgŭmpē PEngwidē. Wä, k·!ēs-
‘lat!a wāwałqälaxa dzāqwa, äl‘Em‘lae wāwałqälaxa la ‘nāx·‘ĭdxa 45
gaälāsa q!ElLlâkwē q!áq!Ek·owa LE‘wa mōts!aqē xwäxwāk!ŭna LE‘wa
ma‘łtsōkwē L!EnL!EntsEmē ‘naEnx̣‘ŭnā‘ya LE‘wa mōx̣^{u}sōkwē matsas-
gEm ‘naEnx̣‘ŭna‘ya LE‘wa ma‘łp!Enyag·ē k·!ēk·!obawasa. Wä, hēEm-
‘lāwisa Lēgemē qa LēgEmsēs nEgŭmpē PEngwidē. Wä, laEm‘laē
Lēgades T!āt!Endzidē. Wä, lä‘laxaē Lēgemg·ElxLālax K·ĭmgēdē qa 50
Lēgems xŭnōkwas PEngwidē LE‘wis genEmē Lāx·sElēlEmga. Wä,
g·il‘Em‘lāwisē gwäla wāwałqälaxs laē hĕx·‘idaEm‘laē T!āt!Endzidē
yax‘witsa yŭdukwē q!áq!Ek·ō LE‘wa ma‘łts!aqē xwäxwāk!ŭna
LE‘wa lastowē L!EnL!EntsEmē ‘naEnx̣‘ŭnā lāx g·ĭg·Egāma‘yasa Nā-
k!wax·da‘xwē. Wä, lä‘laē yāx‘witsa ma‘łtsōkwē mātsasgEm ‘naEnx̣‘- 55
ŭnē LE‘wa lāk!Endē k·!ēk·!obawas lāxa bEgŭlida‘yasa Nāk!wax·da-
‘xwē. Wä, lä‘laē yāx‘witsa yŭdukwē q!áq!Ek·ō LE‘wa ma‘łts!aqē
xwäxwāk!ŭna LE‘wa lastowē L!EnL!EntsEm ‘naEnx̣‘ŭna‘ya lāxa
g·ĭg·Egāma‘yasa Gwa‘sEla. Wä, lä‘laē yāx‘wītsa ma‘łtsōkwē mātsas-
gEm ‘naEnx̣‘ŭna‘ya LE‘wa lāk·!Endē k·!ēk·!obawas lāxa bEgŭlida‘yē. 60
Wä, laEm‘laē Lēgadē bābagŭmē xŭnōx̣^{u}s T!āt!Endzidās K·ĭmgēdē
lāxēq. Wä, g·il‘mēsē gwäl yāqwaxs laē nä‘nakwēda Nāk!wax·da‘xwē.
. Wä, g·il‘mēsē q!wāx‘ĭdē K·ĭmgēdāxs laē gEg·adEx·‘ītē L!āqwälē
yĭx k·!ēdēlas Hāyōgwisē yĭxs g·ĭgāma‘yaē Hāyōgwisasa ‘nE‘mēmo-

65 the numaym ‖ SīsEnLǃēʻ of the Nākǃwax·daʻxᵘ. Now, the white
men had come to live | at Fort Rupert. That is the reason why ten
woolen blankets and | one hundred cedar-bark blankets were given
as a marriage gift. | K·ĭmgĕd (XIX 1) and his wife Lǃāqwăł (XIX 2)
had not been married long, when my mother gave birth to twins. |
70 One was a boy, the other a girl. ‖ As soon as Hăyōgwis (XVIII 3)
knew that his princess had given birth to twins, he | and his numaym,
the SīsEnLǃēʻ, made ready to give a marriage gift to his | son-in-law
K·ĭmgĕd (XIX 1) at Ģĕg·āqē, for now the Gwaʻsᴇla had left Gwĕ-
qᴇlis. | They launched eight canoes, and | loaded them with twenty
75 woolen blankets, and forty mountain-goat ‖ blankets, two hundred
cedar-bark blankets, and | four slaves; and after they had loaded
them, they left | Sāgumbāla—for that is where the SīsEnLǃēʻ of the
Nākǃwax·daʻxᵘ lived | —and it was not yet quite evening when they
arrived at | Ģĕg·āqē. Immediately Chief Hăyōgwis (XVIII 3) gave
80 as a marriage gift ‖ twenty woolen blankets, forty mountain-goat |
blankets, and two hundred cedar-bark blankets, and the four slaves, |
and also the eight canoes, and | a name for K·ĭmgĕd (XIX 1). Now
his name was Yāx·lᴇn (XIX 1), | and also K·ǃădalag·ĭlis (XX 1) for
85 the name of his son, and ‖ LǃāLǃeqwăsila (XX 2) for the name of his
daughter, the twin-children. | After Hăyōgwis (XVIII 3) had

---

65 tasa SīsEnLǃaʻyasa Nākǃwax·daʻxwē. Wä, g·āxʻma māmała g·ōx-
ʻwalēs lāx Tsāxisē. Wä, hëʻmis lāg·iłas lastōwa pǃᴇlxᴇlasgᴇmē ʟᴇʻwa
lākǃlᴇndē k·ǃēk·ǃōbawas qădzēʟᴇma. Wä, k·ǃēstǃa gäła hayasᴇk·āłē
K·ĭmgēdē ʟᴇʻwis gᴇnᴇmē Lǃāqwăłaxs laē yĭkwēlᴇn ăbᴇmpwŭla. Wä,
laʻmē bābăgŭmē ʻnᴇmōkwē. Wä, lä tsǃātsǃadagᴇma ʻnᴇmōkwē.
70 Wä, g·ĭlʻmēsē qǃālē Hăyōgwisaxēs k·ēdēłaxs yĭkwīłaē, laē hēx·ʻidaᴇm
xwānałʻīda ʟᴇʻwis ʻnᴇʻmēmotaxa SīsEnLǃaʻyē qaʻs lä wăwalqălaxēs
nᴇgŭmpē K·ĭmgēdē lāx Ģĕg·āqē qaxs lᴇʻmaē băwēda Gwaʻsᴇläs Gwĕ-
qᴇlisē. Wä, lä wĭʻxᵘstᴇndxa maʻłgŭnałtsǃaqē xwăxwăkǃŭna qaʻs
mōxsēsa maʻłtsokwē pǃᴇlxᴇlasgᴇmē ʟᴇʻwa mōxᵘsokwē ʻmᴇlxlōsgᴇm
75 ʻnaᴇnxʻŭnaʻya ʟᴇʻwa małpǃᴇnyag·ē k·ǃēk·ǃōbawasa. Wä, hëʻmisa
mōkwē qǃāqǃᴇk·owa. Wä, g·ĭlʻmēsē gwāł mōxsᴇlaxs laē ăłēxʻwida
yīxs häē Sāgumbāla g·ōkŭlatsa ʻnᴇʻmēmotasa SīsEnLǃaʻyasa Nā-
kǃwax·daʻxwē. Wä, k·ǃēsʻmēsē ʟăla qaʻs dzāqwēxs laē lāg·aa lāx
Ģĕg·āqē. Wä, hēx·idaʻmēsa g·ĭgămăʻyē Hăyōgwisē wăwalqălasa
80 maʻłtsokwē pǃᴇlxᴇlasgᴇm ʟᴇʻwa mōxᵘsokwē ʻmᴇlxlōsgᴇm ʻnaᴇnx-
ʻŭnaʻya ʟᴇʻwa maʻłpǃᴇnyag·ē k·ǃēk·ǃōbawasa ʟᴇʻwa mōkwē qǃāqǃᴇ-
k·owa; wä, hëʻmisʟēda maʻłgŭnałtsǃaqē xwăxwăkǃŭna; wä, hëʻmisa
ʟēgᴇmē qa ʟēgᴇms K·ĭmgēdē. Wä, laᴇm ʟēgadᴇs Yāxlᴇnē. Wä,
hëʻmis K·ǃădalag·ĭlisē qa ʟēgᴇms bᴇgwānᴇmē xŭnōxᵘs. Wä, hëʻmis
85 Lǃāʟǃeqwăsila qa ʟēgᴇms tsǃEdāqē xŭnōxᵘaxa yĭkwīʻlᴇmē. Wä, g·ĭl-
ʻmēsē gwāł yāqǃᴇntǃālē Hăyōgwisaxs laē K·ĭmgēdē ʟēłwŭłtōdxēs

spoken, K·ĭmgēd (XIX 1) invited his | father-in-law Hāyōgwis 87
(XVIII 3), and his crew, into his house; and when they came in
with the | marriage gift, they were given to eat dried mountain-goat
meat; | and after they had eaten, they gave away four canoes, || two 90
slaves, and ten woolen blankets, to the | chiefs of the Nāk!wax·da'x^u,
and the same number to the | chiefs of the Gwa'sEla; and he gave
one hundred cedar-bark blankets and forty | mountain-goat skin
blankets to the common people of the | Nāk!wax·da'x^u and Gwa'sEla.
When daylight came in the morning, || Hāyōgwis (XVIII 3) and his 95
crew went home. |

As soon as K·!ădalag·ilis (XX 1), the prince | of Yāx·LEn (XIX 1),
grew up to be a man, he married K!wāk!wabalas (XX 3), the princess
of | Yāqaɫenlis (XIX 3), the chief of the numaym NaEnsx·ä of the
NaqEmg·ĭlisEla. | They had a son; and Chief || Yāqaɫenlis (XIX 3) 500
gave the expensive copper Long-Top to his son-in-law | K·!ădalag·i-
lis (XX 1); and he gave him in marriage the name P!ădzEsē 'māxwa
(XXI 1) as the name | for his grandson. Then P!ădzEsē 'māxwa
(XXI 1) sold Long-Top, | which was bought by Ănx'wēd of the
Lawēts!ēs for nine | thousand woolen blankets; and these were
given away by P!ădzEsē 'māxwa (XXI 1) || to all the tribes. And 5
when | P!ădzEsē 'māxwa (XXI 1) was a middle-aged man, he mar-
ried MElnēd (XXI 2), the princess | of Sēwid (XX 4), chief of the

nEgŭmpē Hāyōgwisē Lɛ'wis k!wēmē. Wä, g·ĭl'mēsē 'wīlōltă Lɛ'wa 87
wāwaɫqālayo, laē L!ExwīlayowēdAa x·ĭlkwē 'mEl'mElqEgē lāq. Wä,
g·ĭl'mēse gwal L!Exwaxs laē yāx'widayowēda mōts!aqē xwāxwāk!ŭna
Lɛ'wa ma'lōkwē q!āq!Ek·ō Lɛ'wa lastowē p!ElxElasgEm lāxa g·ĭg·E- 90
gāma'yasa Nāk!wax·da'xwē. Wä, hēEmxaāwisē 'wāxa lāx g·ĭg·Egā-
ma'yasa Gwa'sEla. Wä, lā lāk·!Endē k·!ēk·!obawas Lɛ'wa mōx^usokwē
'mē'mElxLōsgEm 'naEnx'ŭnē' yāx'widayōs lāxa bēbEgŭlīda'yasa
Nāk!wax·da'xwē Lɛ'wa Gwa'sEla. Wä, g·ĭl'mēsē 'nāx·'īdxa g·aālāxs
laē nā'nakwē Hāyōgwisē Lɛ'wis k!wēmē.   95

Wä, g·ĭl'mēsē nExLăăx·'īd bEgwānEmē K·!ădalag·ilisaxs yīx Lă-
wElgăma'yas YāxLEnē laē gEg·adEx·'īts K!wāk!wabalas lāx k·!ēdēlas
Yāqaɫenlis g·īgăma'yasa 'nE'mēmotasa NaEnsx·äsa NaqEmg·ĭli-
sála. Wä, lā xŭngwadEx·'ītsa bābagŭmē. Wä, hē'misa g·īgăma'yē
Yāqaɫenlisē sEp!ēts G·ĭlg·atowēxa q!Eyōxwē L!āqwa lāxēs nEgŭmpē 500
K·!ădalag·ilisē. Wä, lā LēgEmg·ElxLălax P!ădzEsē 'māxwa qa LēgEm-
sēs ts!ōx^uLEma. Wä, la'mē P!ădzEsē 'māxwa lāxōdEx G·ĭlg·atowē.
Wä, lā k·ĭlxwasō's Ănx'wēdăsa Lawēts!ēsasa 'nā'nEmāp!Ex·'īd lōx-
sEmx·'īd p!ElxElasgEma. Wä, hë'mis la 'māx'widayōs P!ădzEsē
'māxwa lāxwa hamaɫElāx lēlqwālaLa'ya. Wä, g·ĭl'mēsē nExLaax·'īd 5
la bEgwānEmē P!ădzEsē 'māxwa laē gEg·adEx·'īts MElnēdō k·!ēdēlas
Sēwidē, g·īgăma'yasa 'nE'mēmotō G·ĭg·ĭlgăm·asa Gwa'sEla. Wä,

8 numaym Gīg·îlgăm of the Gwa'sEla. | PḷādzEsē ʻmāxwa (XXI 1)
and his wife MElnēd (XXI 2) were not married long, | when they had
10 a daughter. Then Sēwid (XX 4) gave as a marriage gift ‖ the valu-
able copper Sea-Lion, and the name Lḷāqwaga (XXII 1) to be the |
name of the daughter of his princess MElnēd (XXI 2). And Lḷāqwaga
(XXII 1), | although she was a woman, gave away what was paid
by the chief of the numaym | TsḷētsḷEmēleqala of the Nākḷwax·-
daʻxᵘ—seven thousand | woolen blankets—for HāqElał had bought
15 the copper Sea-Lion. Now, ‖ Lḷāqwaga (XXII 1) gave away seven
thousand woolen blankets | to the tribes. |
When Lḷāqwaga (XXII 1) was old enough, she married | Hēwäk·ʻE-
lis (XXII 2), chief of the numaym TsḷētsḷEmēleqala of the | Nā-
20 kḷwax·daʻxᵘ, and Lḷāqwaga (XXII 1) had a son. Then ‖ Hēwäk·ʻElis
(XXII 2) gave a name to the child, and he named him | GwEyōs-
dēdzas (XXIII 1). The reason why PḷādzEsē ʻmāxwa (XXI 1) did
not | give a name to his grandson was because he was angry with his
princess | because she married Hēwäk·ʻElis (XXII 2), for he was not
really a chief from his ancestors. | Therefore Hēwäk·ʻElis (XXII 2)
25 himself gave a name to the ‖ son of Lḷāqwaga (XXII 1). GwEyōs-
dēdzas (XXIII 1) is now three years | old. |
Now, I really began at the very | end of our ancestors with the
whale, YāqalEnlis (II 1), and came down to GwEyōsdēdzas | —the

---

8 k·ḷētḷa gäła hayasEk·âlē PḷādzEsē ʻmāxwa ḶEʻwis gEnEmē MElnēdāxs
laē xŭngwadEx·ʻītsa tsḷētsḷadagEmē. Wä, lä Sēwidē sEpḷēts Mawa-
10 k·ḷaxa qḷEyoxwē Lḷāqwa. Wä, lä ḶēgEmg·ElxḶālax Lḷāqwaga qa Ḷō-
gEms tsḷEdāqē xŭnōx̣ᵘsēs k·ʻēdēlē MElnēdē. Wä, laEmxaē Lḷāqwaga
wäxʻmaē tsḷEdāqa ʻmäx̣ʻwits k·ʻîlʻwayâsa g·īgāmaʻyasa ʻnEʻmēmotasa
TsḷētsḷEmēleqalāsa Nākḷwax·daʻxwa äḶEbōpḷEnx·ʻîd lōxsEmx·ʻîd
pḷElxElasgEma yîxs häē HāqElałē k·ʻîlx̣wax Mawak·ḷa. Wä, laʻmē
15 Lḷāqwaga ʻmäx̣ʻwitsa äḶEbōpḷEnx·ʻîdē lōxsEmx·ʻîd pḷElxElasgEm
läxwa hamałElāx lēlqwäłaLaʻya.
Wä, g·îlʻmēsē hełak·ḷōx̣ʻwidē Lḷāqwagäxs laē łāwadEx·ʻîts Hē-
wäk·ʻElisē, g·īgāmaʻyasa ʻnEʻmēmōtasa TsḷētsḷEmēleqalāsa Nākḷwax·-
daʻxwē. Wä, la xŭngwadEx·ʻîdē Lḷāqwagäsa bābagŭmē. Wä, hē-
20 ʻmisē Hēwäk·ʻElisē ḶēqEla qa ḶēgEmsēs xŭnōkwē. Wä, laʻmē ḶEx·ʻē-
dEs GwEyōsdēdzasē laxēs xŭnōkwē. Hē läg·ilas PḷādzEs ʻmāxwa k·ḷēs
hē ḶēqEla qa ḶēgEmsēs tsḷōx̣ᵘLEmäxs wanēqaasēs k·ʻēdēłaxs laē łaʻwa-
dEs Hēwäk·ʻElisaxs k·ḷēsaē äłaEm g·īgāmaʻyēs wīwōmpwüła. Wä,
hēʻmis läg·ilas hēʻmē Hēwäk·ʻElisē ḶēqEla qa ḶēgEmsēs bābagŭmē
25 xŭnōkᵘ läx Lḷāqwaga, yîxs hēʻmaē äłēs yŭduxŭnxēk·Elē GwEyōsdē-
dzasē.
Wä, laʻmEn âlak·ḷāla g·ābEndxEn qwēsbalisa g·äläsEnuʻx̣ᵘ âwa-
nâʻya gwEʻyîmē, yîx YāqalEnlisē g·äxaLEla läx GwEyōsdēdzasē

son of L!āqwaga and there are twenty-three men, beginning with ‖ 30
Yāqaɬɛnlis, coming down to G̣wɛyōsdēdzas (XXIII 1). I did not |
mention that all of them had two or three | wives, and some had four
wives, and a great many children, and | the younger brothers and
sisters of those whom I have named. Now, this great matter is at
an end. |

WAIL OF L!AL!AQŌL, A NĀK!WAX·DA'X^u WOMAN

Hana hana hē! Now I think of my master | L!āL!aqōli'lak^u, my 1
dear one, the chief at the beginning of the world. |

Hana hana hē! Now I'll tell the history of my house, beginning,
with the first | chief of my numaym, 'wālas, who had for their chief
my ancestor, who ‖ came from the first L!āqwag·ila. | 5

Hana hana hē! Hēlē'stēs went spouting around | our world, and
he went into Blunden Harbor; and he went ashore | from his travel-
ing-canoe, Killer-Whale-Mask; and he liked the place because it had
a good sandy | beach. And now my ancestors had for their chief
Hēlē'stēs. ‖ He built a house with four platforms; and when he had | 10
finished his house, a canoe came in sight with four persons | aboard.
Hēlē'stēs went to meet them, and he | called the visitors ashore.
Then my ancestor Hēlē'stēs | gave his visitors seal to eat. When
they had ‖ eaten, Hēlē'stēs spoke, and asked for the name of his | 15

---

xŭnōkwas L!ākwaga lâx ha'yūdɛx·âlax·'idaēs bɛgwānɛma g·āg·ɛLɛla
lāx Yāqaɬɛnlisē g·āxaLɛla lāx G̣wɛyōsdēdzasē. Wä, lāxaɛn k·lēs 30
gwāgwēx·s'āla lāx 'nāxwaēnē'mas maēma'lēl ḷōxs yūdukwaē ḷōxs
maēmōkwaē gɛgɛnɛmasɛn g·ígaanâ'yē ḷōdzēk·asēs sāsɛmē yix ts!ā-
ts!á'yāsɛn la ḷēḷɛqɛlasɛ'wa. Wä, lādzēk·as'mōx lāba.

LĀGWĀLEMAS L!ĀL!AQŌLXA[1] NĀK!WAAXSEMĒ

Hana hana hē; lāk·asq!amaēg·in g·āx g·ig·aēx'ēdxɛn q!āgwidōlaē 1
L!āL!aqōli'lakwa ādaxɛn g·ik·axalēdzɛma lāxō 'nālax.

Hana hana hē; lāk·as'mēsɛn nɛwēlaɬtsɛg·in g·ālɛ̄ng·alisɛk· g·iqa-
g·iwa'yasɛn 'nɛ'mēmotaxa 'wālasē, yix̣·asɛxs g·igadaasɛn ōmpēxa
g·āyaē laxa g·ālä L!āqwag·ila. 5

Hana hana hē; g·āxk·asaē L!āltsē'stalisɛlē Hēlē'stēs lāxō ă'wistäx-
sɛns 'nālax. Wä, lāk·asē lāts!á lāk·asɛx Baāsē qak·ats lâltâwē
lāk·asxēs yā'yats!ēs mūxɛmlē. Wä, lāk·asē áwɛlx'ēdqēxs ēk·aēs
āwinagwisē. Wä, lāk·as'mɛn g·ilg·alisē g·iqag·iwa'yē Hēlē'stēs
g·ōkwēlaxa mōxwidaxalilē dzōyagɛk^u g·ōkwa. Wä, g·ilk·as'mēsē 10
gwāla g·ōkwē g·āxk·asaē tēx̣'widē sēxwa xwāxwāgŭma mōkwē
k!ŭdzɛxsē lāk·asɛq. Wä, lāk·asē Hēlē'stēsē lālalaq. Wä, lāk·asē
Lēlwŭltōdxē bāgŭnsē. Wä, lūk·as'mɛn g·iqag·iwa'yē Hēlē'stēsē
L!ɛxwēlasē mēgwatē lāk·asxēs bāgŭnsē. Wä, g·ilk·as'mēsē gwāla
L!ɛxwa lāk·asaē yāq!ɛg·a'lē Hēlē'stēsē qak·ats wŭLēk·asēx ḷēgɛmasēs 15

---

[1] L!ĀL!aqŌL.

16 visitor; and the visitor replied, and said, | "I am ʿyāk·ᴇwas, and my
tribe are the G·ī́g·ī́lgăm, and I live | in the village Xōqwaēs with my
tribe; | and this woman Tsǃalalī́łanaga, the princess of Yāx·ʟᴇn, is
20 my wife. ‖ Yāx·ʟᴇn is the chief of the Tsǃētsǃᴇmēleqala. And this |
is my prince Tsǃā́lag·ī́lis, and my princess is | Tsǃā́lalī́lī́ʿlakᵘ." Thus
said ʿyāk·ᴇwas. And then ʿyāk·ᴇwas asked | the man where he
came down from. And then the | man said, "I am Hēlḗʿstēs. I
25 go spouting around ‖ our world. I am ʟǃā́qwag·ila, the prince of the
chief | of the Killer-Whales, Hălxsiwalis, Now, I wish to become a |
real man in this place, and I built my house at Blunden Harbor."
Thus said Hēlḗʿstēs. | And ʟǃā́qwag·ila is my ancestral chief, | the
root of the chiefs of the numaym ʿwālas, and he is my ancestral ‖
30 chief. |

Hana hana hē, ahana hana! O Great-One! the great one who
came down is | my lord ʟǃā́qwag·ila, who took for his wife the prin-
cess of | Lord ʿyāk·ᴇwas, Tsǃā́lalī́lī́ʿlakᵘ. And the lord had a child,|
35 Yāqᴇwēʿlas, the prince of Lord ʟǃā́qwag·ila. ‖ And now Lord
ʿyāk·ᴇwas gave as a marriage gift six canoes; | for, indeed, Lord
ʿyāk·ᴇwas had obtained as a supernatural treasure the Grouse, the
canoe-maker; | and therefore he, the only first one to give away

16 bāgŭnsē. Wä, lāk·asē nāʿnaxmaʿyēda bāgŭnsaq, wä lāk·asē ʿnēk·a:
"Nōgwak·asʿᴇm ʿyāk·ᴇwasa. Wä, lāk·asē G·ī́g·ī́lgămx·ʟᴇn g·ōkŭlotē,
yĭk·asg·ĭn hēk·asēk· g·ōkŭlē Xōqwaēsē ʟōkwasᴇn g·ōkŭlōte. Wä,
yōkwasʿmēs k·ǃēdēlk·ats Yāx·ʟᴇnōx Tsǃā́lalī́łanagaxxᴇn gᴇnᴇmk·asēx,
20 yĭk·asᴇxs g·ī́gāmaʿyaē Yāx·ʟᴇnasa Tsētsǃᴇmēleqăla. Wä, yōkwas-
ʿmēsē ʟᴇwᴇlgămayōx Tsǃā́lag·ī́lisēx. Wä, lāk·asᴇn k·ǃēdadᴇsōx Tsǃā́-
lalī́lī́ʿlakwēx," ʿnēk·asē ʿyāk·ᴇwasē. Wä, lāk·asē ōgwaqa wŭlē ʿyā-
k·ᴇwasaxa bᴇgwānᴇmē lāk·asᴇx g·āyᴇmaxaask·asas. Wä, lāk·asa
bᴇgwānᴇmē ʿnēk·asa: "Nōgwak·as Hēlḗʿstēsa ʟǃā́ltsḗʿstalīsᴇlaxwa
25 āwī́ʿstāxsᴇns ʿnālax. Nōgwaᴇm ʟǃā́qwag·ila ʟᴇwᴇlgămēs g·ī́gāma-
ʿyasa māxʿēnoxwē Hălxsiwalīsa. Wä, lāk·asᴇn ʿnēk·as qᴇn g·ā́xk·asē
bāxŭsʿī́d lāk·asxᴇn lāk·asēx g·ōkŭlasaxōx Baāsēx," ʿnēk·asē Hēlḗʿstēs.
Wä, ōkwasʿmēsᴇn g·ī́qag·ī́waʿyē ʟǃā́qwag·ila yĭk·asxᴇn g·ī́gaanā-
ʿyaxg·ĭn ʿnᴇʿmēmotēg·asa ʿwālasē, wä, yōkwasʿmᴇn g·ī́g·ᴇqag·ī-
30 waʿyōx.

Hana hana hē, ahana hana adzēhēsa ʿwālasaxalēdzēx·dēya; wälē
ūdaʿya ʟǃā́qwag·iladzēyōlaxs lāyōla gᴇg·adᴇx·ʿī́dᴇs k·ǃēdēlwŭlas
ādaʿya ʿyāk·ᴇwasē Tsǃā́lalī́lī́ʿlakwa āda. Wä, lāk·asē xŭngwadᴇ-
x·ʿī́dē ādaʿyas Yāqᴇwēʿlasēxa ʟᴇwŭlgămaʿyas ādaʿyē ʟǃā́qwag·ila.
35 Wä, lāk·asʿmē ādaʿya ʿyāk·ᴇwasē qotēx·ʿī́ts qǃᴇʟǃᴇtsǃaqē x̣wā́x̣wā-
kǃūna qäʟaxs ʟōgwalaē ādaʿya ʿyāk·ᴇwasaxē măg·ag·u ʟēqaxē x̣wā-
x̣wākǃūna. Wä, yōkwasʿmēs lāg·ilas lēx·aᴇm g·ī́lk·as sak·axōdᴇn
g·ī́qag·ī́waʿyē ʟǃā́qwag·ilāxa x̣wā́x̣wākǃūna. Wä, k·ǃēsk·asē ālaᴇm

canoes, | was my ancestral chief. And it was not | long before Lord Yäqɛwē‘las was grown up. Then he married ‖ Mɛnlēdaas, the 40 princess of Lord Mɛlnasɛmē‘, chief of the | numaym Q!ōmk·!ut!ɛs of the Gwa‘sɛla. And the lord did not live | long with his wife, when Lord Yäqɛwē‘las had a son; | and Lord Mɛlnasɛmē‘ gave as a marriage gift four | large canoes, and four slaves, and six ‖ grizzly- 45 bear blankets, and twenty mountain-goat | blankets, and one hundred cedar-bark blankets. And he gave to | my pride the name Mɛlnēdzas. And he gave in marriage this name | to the prince of Lord Yäqɛwē‘las. And now | Lord Yäqɛwē‘las gave away the marriage gift of Lord Mɛlnasɛmē‘ ‖ to the ancestors of the Nā- 50 k!wax·da‘xᵘ and Gwa‘sɛla, | who lived in a village inside of Nɛgēl. |

Hana hana hē! This is my pride, the names of | the root of my family, for all my ancestral chiefs gave away property. |

Hana hana hē, ahana hana! O Great-One who came down, ‖ my 55 lord Yäqɛwē‘las! my lord Mɛlnēdzas | gave away property to the Nāk!wax·da‘xᵘ and to the Gwa‘sɛla. And my lord | Mɛlnēdzas gave away the four canoes, and | four slaves, six grizzly-bear blankets, | twenty mountain-goat blankets, and ‖ one hundred cedar- 60 bark blankets, which my lord Mɛlnēdzas | obtained from his father-in-

gälaxs lak·asaē nɛxʟāax·‘īdē āda‘ya YäqɛwēꞌlasĒ, lāk·asaē gɛg·adɛ- 40 x·‘īdɛs Mɛnlēdaasē k·!ēdēlas āda‘ya Mɛlnasɛma‘yē g·īgňma‘yasa ‘nɛ‘mēmotasa Q!ōmk·!ut!ɛsasa Gwa‘sɛla. Wä, k·!ēsk·asē āda‘ya gäla hayasɛk·âlaxs lāk·asaē āda‘ya Yäqɛwē‘lasē xūngwadɛx·‘ītsē bābagŭmē. Wä, lāk·asē āda‘ya Mɛlnasɛma‘yē qōtēx·‘ītsa mōts!aqē āwâ xwāxwăk!ūna ʟōkwasa mōkwē q!āq!ɛk·owa ʟōkwasa q!ɛʟ!a 45 g·īg·ilasgɛm ‘naɛnx‘ūna‘ya ʟōkwasa ma‘ltsōkwē ‘mē‘mɛlxʟōsgɛm ‘naɛnx‘ūna‘ya ʟōkwasa lāk·!ɛndē k·!ēk·!obawasa. Wä, yōkwas‘mē- sɛn ‘yālaqałayōx ʟēgɛmōx Mɛlnēdzas. Wä, lāk·as‘mē ʟēgɛmg·ɛlxʟē qak·as ʟēgɛmsa ʟɛwɛlgŭma‘yas āda‘ya Yäqɛwē‘lasē. Wä, lāk·as- ‘mē āda‘ya Yäqɛwē‘lasē ‘māx‘widk·atsē qōtena‘yās āda‘ya Mɛlna- 50 sɛma‘yē lāk·asɛx g·ālāsa Nāk!wax·da‘xwē ʟokwasa Gwa‘sɛlāxs hēk·asaē g·ōkūlē ōxʟālēsk·asas Nɛgēlē.

Hana hana hē, yōkwas‘mēg·în ‘yālaqała yūwōx ʟēʟɛgɛmaxsɛn āwanâ‘yēxa ‘nāxwak·as‘mōla ‘māx‘widaxɛn g·īg·ɛqag·iwa‘ya.

Hana hana hē, ahana hana adzēhēsa ‘wālasaxalēdzēx·dēya wālē 55 āda‘ya Yäqɛwē‘ladzeyōla wālē āda‘ya Mɛlnēdzadzēyōlaxēs lāyoła ‘mēmāx‘widēaxa Nāk!wax·da‘xᵘʟa‘ya ʟō‘ Gwa‘sɛla layōlē āda‘ya Mɛl- nēdzadzēyōla ‘māx‘widēasa mōts!axdzeyōla sēsag·‘ilmē ʟōkwasē mōxᵘdzēyōla q!āq!ɛk·ō ʟōkwasē q!ɛʟ!a nɛnsgɛm ‘naɛnx‘ūna‘ya ʟō- kwasa ma‘ltsokwē ‘mē‘mɛlxʟōsgɛm ‘naɛnx‘ūna‘ya ʟōkwasa lā- 60 k·!ɛndē k·!ēk·!obawasa. Wä, yōkwas‘ɛm g·āyanɛms āda‘ya Mɛlnē- dzadzēyōla lāk·asxēs nɛgŭmpdzēyōlaē āda‘ya Mɛlnasɛmadzēyōlaxs

62 law̌ Mɛlnasɛmēʻ. | And my great lord Mɛlnēdzas grew | quickly to be called chief. Then my lord Mɛlnēdzas grew up | and married
65 ʻnālasgɛm, the princess of Q!ōmoxᵘsala, ‖ chief of the numaym G·ēxsɛm of the ancestors of the L!aL!asiqwăla. | And then my lord Mɛlnēdzas, and his wife ʻnālasgɛm, | had a son. And my lord Q!ōmoxᵘsala | gave as a marriage gift twenty sea-otter blankets, |
70 ten black-bear skin blankets, six ‖ slaves, four canoes, and one hundred and twenty | cedar-bark blankets; and he also gave as a marriage gift forty | seals as food to go with it, and the sea-otter-house-dish, | the killer house-dish, and the wolf house-dish, and also the |
75 seal house-dish, and the name Q!umx·ɛlag·ʻilis to be ‖ the name of the child of Mɛlnēdzas, for the potlatch to be given at the time of the marriage; | and he also gave him the name Kwakŭx·ălas for a feast name, | when he was to give a feast with the forty seals which were given as a marriage gift | to him by his father-in-law Q!ōmoxᵘsala. And then my lord | Q!umx·ɛlag·ʻilis gave away the marriage gift to he ancestors of the ‖ L!aL!asiqwăla, and also the ancestors of my ⸝ribe, the Nāk!wax·daʻxᵘ; | and my lord Kwakŭx·ălas gave with the property | forty seals in the house-dishes. Now, there were two | names given in marriage—Q!umx·ɛlag·ʻilis, and the feast name | Kwakŭx·ălas. ‖

---

62 layōla ādaʻya Mɛlnēdzadzēyōla q!waq!waxɛyak·as lāk·asɛq qak·ats halōL!ēxē g·īgămēxLä. Wä, lāk·asē ādaʻya Mɛlnēdzasē nɛxLaax·ʻīda lāk·asaē gɛg·adɛx·ʻīdk·ats ʻnālasgɛmē k·!ēdēlas Q!ōmoxᵘsala yīk·asɛx
65 g·īgămaʻyasa ʻnɛʻmēmotasa G·ēxsɛmasa g·alk·asasa L!aL!asiqwăla. Wä, lāk·asē ādaʻya Mɛlnēdzas Ḷōkwasēs gɛnɛmē ādaʻya ʻnālasgɛmē xŭngwadɛx·ʻīdk·atsē bābagŭmk·asē. Wä, lāk·asē ādaʻya Q!ōmoxᵘ-sala wāwalqălasē maʻltsokwē q!ēq!asasgɛm ʻnaɛnx̣ʻŭnaʻya Ḷōkwasē laʻstowē L!ɛnL!ɛntsɛm ʻnaɛnx̣ʻŭnaʻya Ḷōkwasē q!ɛL!ōkwē q!āq!ɛ-
70 k·owa Ḷōkwasē mōts!aqē x̣wāx̣wăk·!ŭna Ḷōkwasē maʻltsogŭg·ɛyowē k·!ēk·!obawasa. Wä, hēk·asʻmēs wāwadzōlɛmsē mōsgɛmg·ustowē mēgwata haʻmāyaaxsaʻya. Wä, hēk·asʻmēsā q!āsa lōqŭlīla Ḷōkwasa māxʻēnoxwē lōqŭlīla Ḷōkwasa ālanɛmē lōqŭlīla; wä, hēk·asʻmēsa mēgwatē lōqŭlīla. Wä, hēk·asʻmēsa ḷēgɛmē Q!umx·ɛlag·ʻilisē qa
75 ḷēgɛmsē xŭnōkwas Mɛlnēdzasē qak·asēs p!ɛts!ēnēLasa wāwalqălayo. Wä, lāk·asē ḷēgɛmg·ɛlxḶălax Kwakŭx·ălasē qak·as ḷēgɛms qak·asō k!wēlasʻīdk·atsē mōsgɛmg·ustāwē mēgwataxa wāwalqălayuwē lāk·asɛq, yīk·atsēs nɛgŭmpē Q!ōmoxᵘsala. Wä, lāk·asʻmēsē ādaʻya Q!umx·ɛlag·ʻilidzēyōla ʻmāx̣ʻwidk·atsē wāwalqălayo lāk·asxē g·ălāsē
80 L!aL!asiqwăla Ḷōkwasē g·alk·asasɛn g·ōkŭlōta Nāk!wax·daʻxwē. Wä, lāk·asʻmē yŭqwag·ʻilīla lāk·asaē ādaʻya Kwakŭx·ălasē ādaʻya loxts!ōdk·atsē mōsgɛmg·ustāwē mēgwata. Wä, lāk·asʻmē maʻltsɛmg·aaLē-lē ḷēgɛmg·ɛlxḶaʻyō yīk·asɛx Q!umx·ɛlag·ʻilisē Ḷōkwasē k!wēladzɛx-Läyōk·asē Kwakŭx·ălasē.

Hana hana hē; ahana hana! O Great-One who came down! my | 85
lord L!āqwag·ila, my lord Yāqɛwē'las, | my lord Mɛlnēdzas, and my
lord Q!umx·ɛlag·ĭlis, they | all gave away much property, and all
gave feasts, | and my ancestral chiefs gave dances. ‖

Ha ha hana hana hē; ahana hana! Therefore I feel like laughing 90
at the | words of the people under me, on account of my ancestral
chiefs, for they stole | the names of my ancestral chiefs, the roots of
my numaym. Ha a! for who dares to use | my names, the names
left by my ancestors? |

Hana hana hē; ahana hana! O Great-One who came down! my ‖
lord, whose own name was Q!umx·ɛlag·ĭlis, he | married Lā- 95
qwag·ilayugwa, princess of | Q!ɛyōkwētɛlasōgwi'lak^u, my lord the
head chief of the great | numaym Qāqɛwadiliqāla of the Dzāwadɛ-
ēnox^u. | Q!ɛyōkwētɛlasōgwi'lak^u, my lord, lived at Gwa'yē. ‖ And 100
Q!umx·ɛlag·ĭlis and his | wife had not been married long, when they
had a son. And immediately | Q!ɛyōkwētɛlasōgwi'lak^u, my lord,
got ready to | give his marriage gift to his son-in-law Q!umx·ɛlag·ĭlis,
my lord. And | he bought the great copper Cause-of-Quarrel for
the ‖ mast of his canoe; and for the place of his princess L!āqwa- 5
g·ilayugwa to sit in, | six shovel-nosed canoes, and four slaves | for
bailing out the canoes; and the blankets to be worn by his | princess

---

Hana hana hē; ahana hana, adzēhēsa 'wālasaxalēdzēx·dēya wālē 85
āda'ya L!āqwag·iladzēyōla wālē āda'ya Yāqɛwē'ladzēyōla wālē
āda'ya Mɛlnēdzadzēyōla wālē āda'ya Q!umx·ɛlag·ĭlidzēyōlaxēs
'nāxwa'mayōla 'wālasīla 'māx̣'widēaxēs 'nāx̣wa'mayōla, k!wēlasēdē-
axē yīyîx̣sɛma'yaēnoxɛn g·ĭg·iqag·iwa'ya.

Ha ha hana hana hē; ahana hana âgwĭl'maɛn la dēdalēqɛlas wâl- 90
dɛmasɛn bēbɛgwabâlētsɛn g·iqag·iwa'yaxs wāx·k·asaē gōLa'yax
LɛLɛgɛmasɛn ä'wanâ'yē g·ĭg·Eqag·iwa'ya hāa qa ăngwak·asēs nālak·asaxg·ĭn
LɛLɛgɛmk·asg·ĭnx̣g·a LɛLɛgɛmēsawēsɛn wīwōmpdzēyōla.

Hana hana hē; ahana hana adzēhēsa 'wālasaxalēdzēya wālē
āda'yaxa q!ūlēxLē'yadzēyōla Q!umx·ɛlag·ĭlisa āda'yaxēs lādzēyōla 95
gɛg·adɛx·'īdē'yas L!āqwag·ilayugwa lăk·asɛx k·!ēdēlĕk·asas Q!ɛyō-
kwētɛlasōgwi'lakwē āda'ya yĭk·asɛx xamagɛma'yē g·īgămēk·atsē 'wā-
lask·asē 'nɛ'mēmotsa Qāqɛwadiliqālasa Dzāwadɛēnoxwē yĭk·asɛxs
hēk·asaē g·ōkūlē āda'ya Q!ɛyōkwētɛlasōgwi'lakwē āda'yē Gwa'yē.
Wä, k·!ēsk·!asē gäla ha'yasɛk·âlē Q!umx·ɛlag·ĭlisē āda'ya Lōkwasēs 100
gɛnɛmk·asaxs lăk·asaē x̣ŭngwadɛx·'īdk·atsē bābagŭmē. Wä, hēx·-
'īdk·as'mēsē Q!ɛyōkwētɛlasōgwi'lakwē āda'ya xwānal'idēya qak·ats
lä qotēx·axēs nɛgŭmpk·asē Q!umx·ɛlag·ĭlisē āda'ya. Wä, lăk·as'mē
k·ĭlx̣'wĭdk·asxē 'wālasē L!āqwa lăk·asɛx T!ɛnt!ālayo qak·ats Lăk·ɛ-
ya'ya. Wä, hēk·as'mēs k!waxsalats!ēs k·!ēdēlasē L!āqwag·ilayu- 5
gwayē q!ɛL!ɛts!aqē t!ēt!ɛgŭna. Wä, hēk·as'mēsa mōkwē q!āq!ɛk·o-
wa qak·as tsālɛlg·ɛsxē t!ēt!ɛgŭnē. Wa, hēk·as'mēs 'nɛx̣'ūna'yaaxsēs

Lǃāqwag·ilayugwa were one hundred mountain-goat blankets, |
10 twenty lynx blankets, ‖ and forty black-bear blankets; and | two
hundred mountain-goat horn spoons were the anchor-line for the
six | canoes in which Lǃāqwag·ilayugwa was seated; and the | name
given in marriage, K·ǃadalag·ilis, was to be the name of the prince
of my lord | Qǃumx·ɛlag·ilis. Then the marriage gift was given
15 away to the ancestors of the ‖ QāqɛwadiliqăIa, and to the ancestors
of the Nākǃwax·da'xᵘ, by | my lord K·ǃadalag·ilis. Now, my lord
K·ǃadalag·ilis grew up to be a man; | and he married Gwēx·sēsɛlas,
princess of the | head chief of the great numaym HaɛyaIik·awē of
20 the | Hăxwāmis, who lived in Aǃaɬxā. ‖ K·ǃadalag·ilis and his wife
had not been married long, when they had a son. | And then the great
chief | Kǃwamaxalas got ready and bought the great,| copper Crane
for the mast of his canoe; and he was going to give the marriage gift
to his son-in-law | Lord K·ǃadalag·ilis, and eight shovel-nosed
25 canoes ‖ for his princess Gwēx·sēsɛlas to sit in, and | forty lynx
blankets to be worn by his princess | Gwēx·sēsɛlas, and twenty
grizzly-bear blankets, | and twenty black-bear blankets, and two
hundred | mountain-goat blankets; and also this cause of my
30 pride, ‖ seven slaves, to bail out the water from the canoes | of

---

8 k·ǃēdĕlasē Lǃāqwag·ilayugwē lāk·ǃɛndē 'mē'mɛlxLōsgɛm 'naɛnx·'ūna-
'ya Lōkwasē ma'ltsokwē 'wālasx·äsgɛm 'naɛnx·'ūna'ya. Wä, hēk·as-
10 'mēsa mōxᵘsokwē LǃɛnLǃɛntsɛm 'naɛnx·'ūna'ya. Wä, hēk·as'mēs
ma'ǃp!ɛnyag·ēts!ēts!ōlōlaq k·āk·ɛts!ɛnaq, mōgwanɛwēsa qǃɛLǃɛtsǃaqē
tǃētǃɛgūn kǃwaxsalats!ēs Lǃāqwag·ilayugwa. Wä, hēk·as'mēs Lēgɛm-
g·ɛlxLa'yē K·ǃadalag·ilisē qak·as Lēgɛmsa Lɛwɛlgɛma'yas Qǃumx·ɛla-
g·ilisē āda'ya. Wä, lāk·as'n.ē 'māx·widayowa qōtenayuwē lāxa g·āläsa
15 QāqɛwadiliqăIa Lōkwasē g·ālāsē Nākǃwax·da'xwē yik·ats K·ǃadala-
g·ilisē āda'ya. Wä, lāk·asē nɛxLăax·'īd bɛgwānɛmē K·ǃadalag·ilisē
āda'ya lāk·asē gɛg·adɛx·'īdk·ats Gwēx·sēsɛlasē k·ǃēdēlk·asas xāma-
gɛma'yē g·īgămēk·atsē 'wālasē 'nɛ'mēmōt HaɛyaIik·awēsa Hăxwā-
misē, yik·asɛxs hēk·asaē g·ōkūlē Aǃaɬxā. Wä, k·ǃēsk·asē gäɬa ha'ya-
20 sɛk·ālē K·ǃadalag·ilis āda'ya Lōkwasē gɛnɛmē lāk·asaē xūngwadɛx·-
'īdk·atsē bābagūmē. Wä, hēx·'īdk·as'mēsa 'wālasē g·īgăma'ya
Kǃwamaxalas xwānal'īdk·asa, wä, lāk·as'mē k·īlx·'widk·asxa 'wālasē
Lǃāqwa Ādɛmgūlē qak·ats Lāk·ɛya'ya lāxēs qōtē'nēLaxēs nɛgūmpē
K·ǃadalag·ilisē āda'ya. Wä, hēk·as'mēsa ma'lgūnālts!aqē g·ig·alā
25 qak·as kǃwaxsalats!ēk·atsēs k·ǃēdēlē Gwēx·sēsɛlasē. Wä, hēk·as-
'mēsa mōxᵘsokwē 'wālasx·äsgɛm 'naɛnx·'ūna'yaaxsēs k·ǃēdelasē
Gwēx·sēsɛlasē Lōkwasa ma'ltsokwē g·īg·ilasgɛm 'naɛnx·'ūna'ya Lō-
kwasa mal'tsokwē LǃɛnLǃɛntsɛm 'naɛnx·'ūna'ya Lōkwasa ma'ǃp!ɛn-
yag·ē 'inē'mɛlxLōsgɛm 'naɛnx·'ūna'ya. Wä, hēk·as'mēsg·īn 'yala-
30 qaɬayōkᵘ yik·asxg·a ăLɛbōkŭk· qǃāq!ɛk·owa qak·as ts!āLɛIg·ɛsg·a

Gwēx·sēsɛlas, the princess of K!wamaxalas, and | two hundred and 32
fifty goat-horn spoons as an anchor-line for the | eight canoes, and
the marriage name | Gwɛ'yīmdzē for the name of the prince of
K·!ădalag·îlis. ‖

This is what my ancestral chiefs in the story of my origin | were 35
doing when they grew up to be great chiefs. Therefore I do not feel
bad, | but I am getting tired telling from beginning to end what was
done by those | of whom I have just spoken. |

Hana hana hē haē haē! ‖

That was the end of the wailing of L!āL!aqōL, the female Nā- 40
k!wax·da'xᵘ. (This is the same | as to say Nāk!wax·da'xᵘ woman.)

HISTORY OF THE MAǍMTAG·ILA[1]

The ancestors of the Kwakiutl were living at Qālogwis, and the | 1
chief of the Maǎmtag·ila, whose name was Q!ōmogwē' (III 11) =
called | his numaym to come into his house. When | they were
all in, his speaker, Dā'lɛwēk·ɛmē', spoke; ‖ and he told why 5
he had been called by the chief Q!ō'mogwē' (III 11), because |
he wished to go and marry Qwaēsogūt (III 12), the princess of
Chief | Down-Dancer (II 6) of the Comox. His numaym told him
at once | to go ahead, and they got ready | to start on the following

---

k!waxsalats!ēg·as Gwēx·sēsɛlas k·!ēdēlasa g·īgăma'yē K!wamaxalasē 31
Lōkwasa sēsax·sok·ăla ts!ēts!ōlolaq k·āk·ɛts!ɛnaq mōgwănɛwēsa
ma'lgūnālts!aqē g·ig·ālă. Wä, hēk·as'mēsa Lēgɛmg·ɛlxLa'yē Gwɛ-
'yīmdzē qak·as Lēgɛms Lɛwɛlgăma'yas K·!ădalag·ĭlisē.

Wä, yōkwas'ɛm gwēgwälag·ĭlīdzatsɛn g·īg·igaanâ'yaxg·ɛn nūyăm- 35
balisēk· gwaax·äla g·īgăma'ya'nakŭla. K·!eâsg·ĭlɛn xɛnL!ēgɛma
ōkwas'mēg·ĭn la qɛlx·'ĭd lälabaax gwēgwälag·ĭlīdzasas gwāgŭsagō-
däxg·ɛn läx gwăl wăldɛma.

Hana hana hē haē haē.

Wä, laɛm lābē lagwălɛmas L!āL!aqōlxa Nāk!waxsɛmē ('nɛmā- 40
x·ĭs Lō' 'nēk·a Nāk!wax·da'xᵘ ts!ɛdāqa).

HISTORY OF THE MAǍMTAG·ILA[1]

G·ōkŭla'laē g·äläsa Kwāg·ulē läx Qālogwisē. Wä, lā'laē g·iga- 1
dēda 'nɛ'mēmasa Maǎmtag·ilāsa Lēgadäs Q!ōmogwa'yēxa Lēlts!ō-
däxēs 'nɛ'mēmotē qa g·äxēs 'wī'laēL läx g·ōkwas. Wä, g·il'ɛm'lā-
wisē g·ax 'wīlaɛlɛxs laaɛl yāq!ɛg·a'lē ɛlkwäsē Dālɛwēk·ɛma'yē.
Wä, laɛm'laē nēlas Lē'lalĭlasēs g·igăma'yē Q!ōmogwa'yē yīxs 5
'nēk·aē qa's lä gāgak·!ax Qwaēsogūtē läx k·!ēdēlasa g·īgăma'yē
Qămxŭlalē, yīsa Q!ōmoxᵘsē. Wä, lā'laē hēx·'ida'mē 'nɛ'mēmotas
'nāxwa wäxaq qa wēg·ēs. Wä, hēx·'idaɛm'läwisē xwānal'ida
qa's lälxa lālē 'nāx·'ĭdɛlxa gaäla läxa Q!ōmoxᵘsē. Wä, lā'laē

---

[1] This genealogy follows out the descendants of one of the women (III 2), mentioned in the genealogy of the Dzɛndzɛnx·q!ayo. See p. 1085.

10 morning to go to the Comox. In the ‖ morning, when daylight came, many of the numaym Maămtag·ila | started, and they arrived at the beach of the village of the ancestors of the | Comox at Puntlatch. Immediately they made the marriage payment out of | the two canoes before going on shore; and after | they had done so, the
15 Maămtag·ila were told to wait in the canoe, for ‖ Qwaēsogŭt was getting ready to carry her things | into the canoe of her husband, Q!ōmogwē‘. It was not | long before the ancestors of the Comox began to beat on the front boards of the house of Down-Dancer, | and there was a thundering noise in the house of Down-Dancer; and all |
20 the men of the Comox said, "Hum!" and the sound of ‖ shell rattles was heard when Qwaēsogŭt (III 12) was led by four men | wearing xwēxwē masks. The woman was singing her sacred song. | She went straight down the beach into the canoe of Q!ōmogwē‘ (III 11) | the xwēxwē went down to the | shore and went back up the beach into
25 the house of ‖ Down-Dancer (II 6). Qwaēsogŭt (III 12) stayed and sat down by the side of | Q!ōmogwē‘ (III 11). When all the xwēxwē were inside, Down-Dancer (II 6) | came out of his house and invited his son-in-law to | eat in his house with his crew. Then | Q!ōmogwe‘ (III 11) and his wife Qwaēsogŭt (III 12) went ashore first. They
30 were followed ‖ by their crew. The shell rattles of the xwēxwē did

10 ‘nax·‘īdxa gaālăxs laē ălēx‘widēda q!ēnEmolēda Maămtag·ila ‘nE‘mēma. Wä, la‘laē läg·alis läx L!Ema‘isasa g·ōkŭlasasa g·äläsa Q!ōmoxᵘsē läx PEnL!atsa, wä, hëx·‘idaEm‘lāwisē qädzēl‘īdExs k·!ēs- ‘maē hōx‘wŭltā laxēs mōts!aqē yaē‘yats!ä. Wä, g·īl‘Em‘lāwisē gwälExs laē äxsE‘wēda Maămtag·ila, qa‘s wäg·ē ēsâla hănäla, qaxs
15 LE‘maē xwänaLElē Qwaēsogŭtaxēs mEmwalaLē, qa‘s g·äxläg·īl lāxs- Ḷā läx yā‘yats!äsēs lā‘wŭnEmē Q!ōmogwa‘yē. Wä, k·!ēs‘lat!a gä- laxs laē lEmxExsēg·īndēda g·älā Q!ōmoxᵘsxa g·ōkwas Qămxŭlalē. Wä, lā‘laē kŭnwat!alēda g·ōkwas Qămxŭlalē. Wä, lā‘laē ‘năxwa hEmxalēda bēbEgwänEmasa Q!ōmoxᵘsē. Wä laEmxaē hëk·!äla
20 xEmsEmēk·ïnasēxs g·äxaē g·älaba‘yē Qwaēsogŭtasa mōkwē yaēxŭ- mälaxa xwäxwēgEmlē. Wä, laEm‘laē yälaqŭlēda ts!Edāqaxs laē häyīnts!ēsEla läxa L!Ema‘isē qa‘s lä hExsEla läx yā‘yats!äs Q!ōmo- gwa‘yē. Wä, laEm‘lāwisa mōkwē xwäxwē läg·aa läx awăxstalisasa dEmsx·äxs g·äxaē xwēlaxŭsdēsa, qa‘s lä xwēlaqa laēL läx g·ōkwas
25 Qămxŭlalē. Wä, laEmḶē xăk·!ē Qwaēsogŭtē la k!wanōdēlExsEx Q!ōmogwa‘yē. Wä, g·īl‘mēsē ‘wī‘laēLēda xwēxwäxs g·äxaē Qămxŭ- lalē läwEls läxēs g·ōkwē. Wä, la‘mē Lēlwŭltōdxēs nEgŭmpē, qa läs L!ExWa läx g·ōkwas ḶE‘wēs lēElōtē. Wä, hē‘mis g·älōltāwē Q!ōmogwa‘yē ḶE‘wis gEnEmē Qwaēsogŭtē. Wä, lā‘laē läsgEmēsō-
30 sēs lēElōtē. Wä, la‘mē hēwäxa q!wēl‘īdē xEmsEmēk·ïnasa xwēxwē

not stop | sounding behind the curtain in the rear end of the house. | 31
Then Q!ōmogwēʻ (III 11) and his wife sat down in the rear end of the | house, outside of the curtain in front of the xwēxwē. They | ate steamed camas. This was the first time that the || ancestors of the 35 Kwakiutl tasted camas. After they had eaten, | Down-Dancer spoke to his tribe, the ancestors of the Comox. | He wanted them to pacify the xwēxwē. The | ancestors of the Comox assembled at once. Then | Down-Dancer (II 6) told his son-in-law to watch the movements of the xwēxwē dancers while they were singing for them, || for 40 he was going to give it as a marriage gift to his son-in-law. After | he had spoken, the song-leader of the ancestors of the Comox, whose name was | NEmnEmEm, arose and shouted, "Wooo!" Then the ancestors of the Comox shouted "Wooo!" | while they were beating on boxes which were turned upside down. | Then four naked dancers came out, || their bodies painted with ochre, and wearing the xwēxwē 45 masks on their faces. Four | songs were sung for them; and when the last song | was ended, then the four dancers walked with quick | steps and all the men of the Comox beat time quickly. Then | the speaker of Down-Dancer, named LEnōlălał, arose and || spoke; 50 and he said, "Look at this, Chief Down-Dancer! | and bring something to drive the supernatural ones into their room." Thus he said. | Then they cut goat-skins into strips | and put them down;

---

xEmʻyāla lāx āLadzēliłasa yāwapEmliłē lāx ōgwiwaliłasa gʻōkwē. 31
Wä, lā k!ūsʻāliłē Q!ōmogwaʻyē ᴌEʻwis genEmē lāx ōgwiwaliłasa gʻōkwē lāx ʟlāsadzeliłasa yāwapEmaliłasa xwēxwē. Wä, laʻmē ʟlE-xwēlagʻiłxa mōt!Exsdē negʻikwa. Wä, hēEm gʻil p!ExʻāʟElatsa gʻā-lāsa Kwāgʻułaxa mōt!Exsdē lāxēq. Wä, gʻilʻmēsē gwāł ʟ!Exwa, wä, 35 lāʻlaē yāq!Egʻaʻlē QămxŭlałaxEs gʻōtgʻEkŭlōtaxa gʻālāsa Q!ōmoxᵘsa. Wä, laEmʻlaē ʻnēxʻ qa yałasōlagʻēsa xwēxwē. Wä, hēxʻidaEmʻlā-wisē q!ap!ēgʻilīłēda gʻālāsa Q!ōmoxᵘsē. Wä, laEmʻlaē ʻnēkʻē Qămxŭ-lałē qa dōqwałēsēs negŭmpax gwāyiʻlālasasēxs laē q!Emtaxa xwē-xwē, "qaxs laʻmēgʻas lał lāʟ negŭmp," ʻnēxʻlaēq. Wä, gʻilʻEmʻlāwisē 40 q!wēłʻīdExs lāaEl ʟāxʻŭliła nāgadāsa gʻālā Q!ōmoxᵘsxa ʟēgadālas NEmnEmEm. Wä, lāʻlaē woooxa. Wä, lāʻlaē ʻnEmādzaqwa wooo-xēda gʻālā Q!ōmōxᵘs, lālaxēs t!EmtsEmayaēnaʻyaxa qōxqEgwiłē xēxEtsEma. Wä, hēEmʻlāwis gʻāxʻwŭlt!aliłElatsa mōkwē xaxEnāla gwēgŭmsʻīdEkwē yaēxŭmala xwēxwäxs lāaEl q!Emtasōsa mōsgEmē 45 q!Emq!EmdEma. Wä, gʻilʻEmlāwisē q!ŭlbēda ăłElxsdaʻyē q!Em-dEmēxs lāaEl tsExᵘsēsēdēda xwēxwē lāxēs mōk!wēnaʻyē. Wä, lāʻlaē t!Emsālēda ʻnāxwa bEgwānEmsa Q!ōmoxᵘsē. Wä, lāʻlaē ᴌaxʻŭliłē ElkwäsQămxŭlałēxa ᴌēgadEs LEnōłălałē, qaʻs yāq!E-gʻaʻłēEl. Wä, lāʻlaē ʻnēkʻa: "Wēgʻa dōqwałax, gʻīgămēʻ Qămxŭ- 50 lał, gʻax lagʻaxʻē kʻīmēxʻsagʻanoLaōsaxgʻas ʻnawałaxᵘgʻōs," ʻnēxʻ-ʻlaē. Wä, hēxʻidaEmʻlawisē la ăxʻētsEʻweda xwēxŭt!ăʻyē ʻmElx-

and after they all had been put down, | Lenōlā̀la̒ shouted, "Wooo!"
and all the Comox shouted at the same time, "Wooo!" ‖ while they
were beating time fast. They shouted "Wooo!" four times, | and
then the four xwēxwē dancers went back behind the curtain. | Now
they were pacified. Then Lenōlā̀la̒ said, | "Now the xwēxwē has
been given as a marriage present to Q!ōmogwēᵋ, and the name |
Hēk!ū́tᴇn. Now this will be the name of Q!ōmogwēᵋ, ‖ and also
another name, Tēsēʟ!a, and Häg·äs, and ʟ!ᴇmᴇlxḕl, | and also
twenty boxes of camas-roots. | That was all he said. Then he finished
with this. | Q!ōmogwēᵋ stayed for four days before going home | to
Crooked-Beach with his Comox wife. Immediately ‖ he gave a feast
with the twenty boxes of camas-roots to the | ancestors of the
Kwakiutl. They did not know what the steamed camas-roots were, |
for that was the first time they had seen them. It was not long
before | Q!ōmogwēᵋ (III 11) and his wife (III 12) had a son. | Then
his name was Tēsēʟ!a (IV 13) and Q!ōmogwēᵋ gave away blankets on
behalf of his ‖ child. Then he had another son, and | his name was
Häg·äs (IV 14); and he had another child, a girl, | and he gave her a
name belonging to the Maǎmtag·ila, | because she was a girl. She
was called Calling-Woman (IV 15). | Then Q!ōmogwēᵋ (III 11) changed
his name, and he named himself ‖ Hēk!ū́tᴇn (III 11). When his three

---

53 Lōwa, qaᵋs g·ā́xē gᴇmxalēlᴇma. Wä, g·îlᵋᴇmᵋlāwisē ᵋwîlg·alîlᴇxs
laē woooxē Lᴇnōlā̀lalē. Wä, lāᵋlaē ᵋnᴇmādzaqwa woooxwēda
55 Q!ōmoxᵘsē lā́xēs t!ᴇmsālaēnaᵋyē. Wä, hēᵋlat!a la mōp!ᴇndzaqwa
woooxaxs laē ᵋwîᵋla la āʟadzᴇndēda mōkwē xwēxwēxa yāwabîlē.
Wä, laᵋmē yā̀lᵋîda. Wä, lāᵋlaē yāq!ᴇg·aᵋlē Lᴇnōlᴇlalē. Wä, laᵋmē
lāk·!ᴇg·aᵋltsa xwēxwē lax Q!ōmogwaᵋyē. Wä, hēᵋmisa ʟēgᴇmē,
yîx Hēk!ū́tᴇnē. Wä, laᴇmᵋlaē ʟēgᴇmʟes Q!ōmogwaᵋyē. Wä,
60 hēᴇmᵋlāwisē ᵋnᴇmsgᴇmē ʟēgᴇma Tēsēʟ!a ʟōᵋ Häg·äs ʟōᵋ ʟ!ᴇmᴇl-
xēlē. Wä, hēᴇmᵋlāwisa maᵋltsᴇmāg·ᴇyowē xᴇtsᴇm mōt!ᴇxsda.
Wä, hēᴇmᵋlaē wāxax·ᵋîdalē wā̀ldᴇmas. Wä, laᴇmᵋlaē gwā̀l laxēq.
Wä, mōp!ᴇnxwaᵋs laē ᵋnā̀lā hēlē Q!ōmogwaᵋyaxs g·āxaē näᵋnakᵘ
lāx Qā̀logwisē ʟᴇᵋwis Q!ōmoxᵘsaaxsᴇmē gᴇnᴇma. Wä, hēx·ᵋida-
65 ᴇmᵋlāwisē k!wēlasᵋîtsa maᵋltsᴇmag·ᴇyowē xᴇtsᴇm mōt!ᴇxsd lāxa
g·ā̀lā Kwāg·ula. Wä, laᴇmᵋlaē ā̀mlq!ᴇsxa nᴇg·îkwē mōt!ᴇxsda,
qaxs hēᵋmaē ā̀lēs ᵋnᴇmp!ᴇna dōxᵋwalᴇlaq. Wä, k·!ēsᵋlat!a gā̀laxs
laē xū̀ngwadᴇx·ᵋîdē Q!ōmogwaᵋyasa bābagū̀mē lāxēs lā gᴇnᴇma.
Wä, laᵋmē ʟēgadᴇs Tēsēʟ!a, yîxs lāaᴇl p!ᴇsᵋîdē Q!ōmogwaᵋyē qaēs
70 xū̀nōkwē. Wä, lāxaē ēt!ēdᵋᴇl xū̀ngwadᴇx·ᵋîtsa bābagū̀mē. Wä,
laᵋmē ʟēgadᴇs Häg·äs. Wä, lāᵋlaē ēt!ēd xū̀ngwatsa ts!ā̀ts!ada-
gᴇmē. Wä, laᴇmᵋlaē ʟēx·ᵋētsēs ʟēx·ʟēgᴇmîlaxs Maǎmtag·ilaē
lāqēxs ts!ā̀ts!adagᴇmaē. Wä, laᴇmᵋlaē ʟēgadᴇs Lāqū̀layugwa lā̀q.
Wä, laᴇmᵋlaxaē ʟ!āyuxʟē Q!ōmogwaᵋyē. Wä, lāᴇmᵋlaē ʟēgad lās
75 Hēk!ū́tᴇnē. Wä, g·îlᵋᴇmᵋlāwisē q!ū̀lsq!ū́lyaxᵋwîdē yū̀dukwē sāsᴇm-

children were grown up, | Hēk!ūtᴇn (III 11) showed the xwēxwē 76
dance. In winter he gave a winter dance, | and he also had the
salmon-dance. | Tēsēʟ!a (IV 13), the eldest one of his children, was
cannibal-dancer, | and Häg·äs (IV 14) was dog-dancer, and Calling-
Woman (IV 15) was salmon-dancer, ‖ and one of the relatives of 80
Hēk!ūtᴇn, Hămdzid, was grizzly-bear dancer. | The name of the
cannibal-dancer was ʟ!ax·ᴇlag·îlis, and the | name of Häg·as was
Head-Dog, and the name of the girl | was Head-Dancer, and the
name of the grizzly bear was Pretty-Grizzly-Bear. | Then Hēk!ūtᴇn
had another son, and his name was ‖ Pᴇngwēd (IV 16). This is also 85
a Kwakiutl name. | Hēk!ūtᴇn (III 11) and his wife, Qwaēsogŭt
(III 12), separated. | She went home to the Comox with Häg·as (IV 14)
and Pᴇngwēd (IV 16), the | youngest one. She took with her to Punt-
latch the four dances which she had seen given | by their father Hē-
k!ūtᴇn when he gave a winter dance. ‖ Now she gave a winter dance 90
for the cannibal-dancer, the salmon-dancer, | dog-dancer, and grizzly-
bear-dancer, and she | used the same songs and the same names that
had been used by the | dancers at Qālogwis. At that time the
names | of the Kwakiutl went for the first time to Comox on account
of the two children of ‖ Hēk!ūtᴇn who went home with their mother. 95
It was not very long before | Hēk!ūtᴇn (III 11) married K·anĕlk·as

sēxs laē nēlʻedămasē Hēk!ūtᴇnaxa xwēxwē. Wä, laʻmē yäwĭx·ĭ- 76
laxa läᴇl ts!ăwŭnxa; hēᴇmʻlāwisa hămēyalalē. Wä, lāʻlaē hāma-
ts!ē ʻnōlast!ᴇgᴇmaʻyas säsᴇmasē Tēsēʟ!a. Wä, lāʻlaē wawasᴇlalē
Häg·äsē, yixs lāaʻlaʟal hămēyalala ts!ātsladagᴇmē Lāqŭlayugwa.
Wä, lāʻlaē näna g·ayolē läx ʟēʟᴇʟâlāsē Hămdzidē, yis Hēk!ūtᴇnē. 80
Wä, yūʻmisʻlaᴇl ʟēgᴇmsa hămats!ōx ʟ!āx·ᴇlag·îlisē. Wä, lāʻlaē
ʟēgadē Häg·äsas Wāwasᴇlīg·aʻyē. Wä, lāʻlaē ʟēgadēda ts!ātsʟada-
gᴇmas Yāyaxŭyaʻyē. Wä, lāʻlaē ʟēgadᴇs Nᴇnk·asʻōxa nänē. Wä,
lāʻlaē ēt!ēd xŭngwadē Hēk!ūtᴇnasa bābagŭmē. Wä, lāʻlaē ʟēga-
dᴇs Pᴇngwēdē. Wä, laᴇmʻlaxae Kwăg·ŭldzᴇs ʟēgᴇma. Wä, laᴇm 85
k·lāsowē Hēk!ūtᴇnē ʟᴇʻwis gᴇnᴇmē Qwaēsogŭtē. Wä, laᴇmʻlaē
näʻnakwa lālaa läxa Q!ōmoxᵘsē ʟōʻlaē Häg·äsē ʟōʻlaē Pᴇngwēdēxa
ămāʻyĭnxaʻyē. Wä, laᴇmʻlaē hăyĭnkŭlaxēs dōgŭlē mōx̱ʻwidāla yäwē-
nᴇmsēs ōmpē Hēk!ūtᴇnaxs laē yäwix·ilalaxa la ts!ăwŭnxa läx
Pᴇnʟ!atsa. Wä, laᴇmʻlaē ʻwīʻla yäwix·ilasa hămats!a, ʟᴇʻwa hămē- 90
yalalē, ʟᴇʻwa wawasᴇlalē. Wä, hēᴇmʻlawisa nänē. Wä, hēᴇm-
ʻlaxaāwis q!ᴇmq!ᴇmdᴇsēda q!ᴇmq!ᴇmdᴇmas ʟᴇʻwa ʟēʟᴇgᴇmasa
lēlēdēs ʟēʟᴇgᴇmē läx Qālogwisē. Wä, hēᴇmʻᴇl g·îl läs ʟēʟᴇgᴇ-
masa Kwăg·ulē läxa Q!ōmoxᵘsē qaēda maʻlōkwē säsᴇms Hēk!ūtᴇ-
naxs lāaʻl näʻnakᵘ ʟᴇʻwēs ăbᴇmpē. Wä, g·îlʻmēsē gagălaxs laē 95
gᴇg·adē Hēk!ūtᴇnas K·anĕlk·asē, yĭx k·!ēdēlas ʻmax·mᴇwēsagᴇ-

97 (III 2) the princess of ᵉmax·mɛwēsegɛmēᶜ (II 1), | chief of the numaym Dzɛndzɛnx·qǃayo. | She was half Bellabella, and first she had for her husband for a while the chief of the | Qǃōmoyâᶜyē, Yāqokǃwalag·ᶜīlis
100 (III 6). Yāqokǃwalag·ᶜīlis (III 6) ǁ was killed by the Haida G·ᶦdɛxân. Therefore | K·anētk·as (III 2) married Hēkǃūtɛn (III 11). They had not been married a long time before | they had a daughter, and | he called her Calling-Woman (IV 17) when he gave away property for the child; | and Hēkǃūtɛn (III 11) changed his name, for he had received
5 in marriage from ᵉmax·mɛwēsagɛmēᶜ (II 1) ǁ the name Yāx·ᴌɛn (III 11) for Hēkǃūtɛn. Now | his name was Yāx·ᴌɛn (III 11), for Calling-Woman (IV 17) descended | from ᵉmax·mɛwēsagɛmēᶜ (II 1), chief of the Dzɛndzɛnx·qǃayo, | the numaym of the Walas Kwakiutl—he who had been married among the Bellabella. | It was not very long
10 before K·anētk·as (III 2) had another ǁ daughter (IV 18). Then at once Yax·ᴌɛn (III 11) gave away property to the ancestors of the | Kwakiutl; and he took a name belonging to his numaym, the | Maămtag·ila, and he named his child ᴌɛlētɛlg·awēᶜ (IV 18). | Now, when his two daughters were grown up, | then Calling-Woman (IV 17)
15 took for her husband Copper-Dancer (IV 19), head chief ǁ of the numaym Lāalax·sᶜɛndayo, and the dance xwēxwē | was given to him by Yāx·ᴌɛn (III 11), and the name Hēkǃūtɛn (IV 19). Then she also | had a daughter (V 4) and Copper-Dancer (IV 19) called her |

---

97 maᶜyē, yīx g·īgāmaᶜyasa ᶜnɛᶜmēmēda Dzɛndzɛnx·qǃayowē, yīxa Hēłdzaqᵘk·ᶦōtɛmē, yīxs läx·dē yāwasᶜīd łāᶜwadɛs g·īgāmaᶜyasa Qǃōmōyâᶜyē läx Yāqokǃwalag·iłsē. Wä, lāᶜlaē kwēxɛkwē Yāqo-
100 kǃwalag·ilisasa Haida, yīs G·ɛdɛxânē. Wä, hēɛmᶜlāwis lāg·iła lā łāᶜwadɛx·ᶜīdē K·anēłk·asas Hēkǃūtɛnē. Wä, lāᶜlaē k·ǃēs gäła lā haᶜyasɛk·âlaxs laē xūngwadɛx·ᶜītsa tsǃātsǃadagɛmē. Wä, lāᶜlaē ᴌēxᶜēdɛs Lāqūlayugwa lāqēxs laē pǃɛsᶜīd qaēs xūnōkwē. Wä, laɛmᶜlaxaē ᴌǃāyōxᴌēyē Hēkǃūtɛnē qaᶜlaxs ᴌēgɛmg·ɛlxᴌālaē ᶜmax·mɛ-
5 wēsagɛmaᶜyas Yāx·ᴌɛnē lā lax Hēkǃūtɛnē. Wä, laɛmᶜlāwisē ᴌēgādɛs Yāx·ᴌɛnē. Wä, hēɛmᶜlāwisē Lāqūlayugwa g·āyaᶜnākūla läx ᶜmax·mɛwēsagɛmaᶜyēxa g·īgāmaᶜyasa Dzɛndzɛnx·qǃayowē ᶜnɛᶜmēmasa ᶜwālasē Kwāg·uɫaxa lax·dē gɛg·ad läxa Hēłdzaᶜqwē. Wä, k·ǃēsᶜɛmᶜłaxaāwisē gäłaxs laē ētǃēd māyolᶜīdē K·anēłk·asasa
10 tsǃātsǃadagɛmē. Wä, la ᶜlaē hɛx·ᶜidaᶜmē Yāx·ᴌɛnē pǃɛsᶜēdxa g·āłā Kwāg·uła. Wä, laɛmᶜlaē äx·ᶜēd läx ᴌēxᴌɛgɛmēłasēs ᶜnɛᶜmēmotaxa Maămtag·ila. Wä, laɛmᶜlaē ᴌɛlētɛlg·awēx·ᴌē xūnōkwas. Wä, laɛmᶜlaē maᶜlōxᵘmē sāsɛmas. Wä, g·īlᶜɛmᶜlāwisē eēxɛntaxa laē łāᶜwadɛx·ᶜīdē Lāqūlayugwäs ᴌǃāqwalałē, yīx xamagɛmaᶜyē g·īgă-
15 mēsa ᶜnɛᶜmēmēda Laălax·sɛndayowē. Wä, laɛmᶜlaē łāyowēda xwē-xwē laq yīs Yāx·ᴌɛnē, ᴌɛᶜwis ᴌēgɛmē Hēkǃūtɛnē. Wä, lāᶜlaē ētǃēd xūngwadɛx·ᶜītsa tsǃātsǃadagɛmē. Wä, lāᶜlaē ᴌēxᶜēdē ᴌǃāqwalaɫasa

FAMILY HISTORIES

Q!ēx·sēsElas (V 4); and then she had a son (V 5); | and Yāx·LEn (III 19
11) gave the name Nāp!ElEmē‘, which he had given in marriage
to Copper-Dancer, ‖ and this name he gave to his youngest child. | 20
When the children of Copper-Dancer (IV 19) were grown up, he
married | ‘nax·nag·Em (IV 20), the eldest daughter of G̣wēx·sēsElasEmē‘
(III 13), the head | of the numaym NōnEmasEqâlis of the Ławēts!ēs.
Now | Copper-Dancer (IV 19) had two wives—the Ławēts!ēs woman
‘nax·nag·Em (IV 20), ‖ and the DzEndzEnx·q!ayo woman K·anēlk·as 25
(IV 17). Now, | ‘nax·nag·Em (IV 20) had not been the wife of Copper-
Dancer (IV 19) for a long time when she had a son; | and when he was
ten months old, the name | Potlatch-Dancer was given as a marriage
present by G̣wēx·sēsElasEmē‘ (III 13). Now Copper-Dancer (IV 19)
changed | his name after this, and took the name Potlatch-Dancer
(IV 19), and ‖ he had another name for his son. | This name was given 30
as a marriage present by G̣wēx·sēsElasEmē‘ (III 13) to his son-in-law, |
and his name was to be Overhanging-Mountain (V 6), and he also gave
his winter-dance | names, for G̣wēx·sēsElasEmē‘ (III 13) had given his
privileges, the | four dances, to his son-in-law Potlatch-Dancer (IV 19)—
namely, the great frog war-dance ‖ and the name of the great frog 35
war-dancer was to be | ‘wīlEnkūlag·‘īlis, and also the ghost-dancer, and
the name of the | ghost-dancer was to be Chief Ghost, and also the
war-dance, and the | name of the war-dancer was to be Wīnax·-

---

Q!ēx·sēsElasē lāq. Wä, lā‘laē ēt!ēd xūngwadEx·‘ītsa bābagūmē. 18
Wä, lā‘laē Yāx·LEnē ḶēgEmg·ElxḶála lāx Nāp!ElEma‘yē lāx L!āqwala-
lalē. Wä, hēEm‘lāwis laEl ḶēgEms ämāyīnxa‘yas sāsEmas. Wä, 20
g·īl‘Em‘lāwisē q!ūlsq!ūlyax‘widē sāsEmas L!āqwalalaxs laē gEg·ā-
dEx·‘īts ‘nāx·‘nagEmē, yīx k·!ēdēlas G̣wēx·sēsElasEma‘yēxa Ḷāx̱u-
ma‘yasa ‘nE‘mēmotasa NōnEmasEqâlīsasa Ławēts!ēsē. Wä, la‘mē
ma‘līlē L!āqwalalaxēs gEgEnEmē lāxa lawēts!ēts!axsEmē ‘nāx·‘na-
g·Emē ḶE‘wa DzEndzEn·q!axsEmē K·anēlk·asē. Wä, laEm‘laē gagāla 25
gEg·adē L!āqwalalas ‘nāx·‘nag·Emaxs laē xūngwadEx·‘ītsa bāba-
gūmē. Wä, g·īl‘Em‘lāwisē hēlogwilēda bābagūmaxs lāaEl ḶēgEm-
g·ElxḶálē G̣wēx·sēsElasEma‘yax P!āsElalē. Wä, laEm‘laē L!āyo-
xLāḶē L!āqwalalē, qaxs lE‘maē ḶēgadElts P!āsElalē. Wä, hēEm‘lā-
wisa ‘nEmsgEmē ḶēgEm qaēda bābagūmē xūnōx̱‘s. Wä laEm- 30
‘laxaē ḶēgEmg·ElxḶēs G̣wēx·sēsElasEma‘yē lāxēs nEgūmpē. Wä,
laEm‘laē ḶēgadElts K·!ēsoyak·‘īlisē. HēEm‘lāwisa ts!ēts!ēq!āla
ḶēḶEgEmē, qaxs lE‘maa‘laē G̣wēx·sēsElasEma‘yē k·!ēs‘ogūlxḶalaxa
mōx̱‘widāla lēlādē lāxēs nEgūmp P!āsElalē ‘wālasē wūq!ēs tōx̱-
‘wida. Wä, hēEm‘El ḶēgEmītsa ‘wālasē wūq!ēs tōx̱‘widē ‘wī- 35
lEnkūlag·‘īlisē; wä, hēEm‘lāwisē lElōlalalē; wä, hēEm‘l ḶēgEmītsa
lElōlalalē LōlEyalisē. Wä, hēEm‘lāwisa hāwīnalalē; wä, hēEm‘lāwis
ḶēgEmītsa hāwīnalalē Wīnax·wīnagEmē. Wä, hēEm‘lāwisa hāyä-

75052—21—35 ETH—PT 2——8

wīnagEmē‘, and the speaker-dance, and the name of the speaker-
40 dancer was to be Made-to-be-Speaker; ‖ and this is the number of
privileges given in marriage by | Gwēx·sēsElasEmē‘ (III 13) to his son-
in-law Potlatch-Dancer (IV 19); and also | the name Potlatch-Dancer
(IV 19) was given by his father-in-law | Gwēx·sēsElasEme‘ (III 13), and
his winter name was ‘wīdzēq!wālasō‘. | Gwēx·sēsElasEmē‘ (III 13)
45 and his tribe the Łāwēts!ēs lived at ĀLEgEmala; ‖ and Potlatch-
Dancer (IV 19) and his tribe, the Kwakiutl, lived at | Qālogwis; and
that is where Gwēx·sēsElasEmē‘ (III 13) and | his tribe came from,
going to Qālogwis, when he took his privileges to his son-in-law, and
also | much food. And after they had stayed for four days, | the
50 Łāwēts!ēs went home to ĀLEgEmala. Immediately ‖ Potlatch-
Dancer (IV 19) invited his numaym the Laǎlax·s‘Endayo and | two of
the head men of all the numayms—the | Maǎmtag·ila, G·ēxsEm,
Kŭkwāk!ŭm, and SēnL!Em, | — and the Laǎlax·s‘Endayo were also
called in, and | their fellow-numaym, the ElgŭnwēE‘. When they
55 were all in, ‖ Potlatch-Dancer (IV 19) spoke, and he told them that
he was going to give a winter dance | with the food given to him
by his father-in-law, and that he would | show the four kinds of
winter dances given to him by his father-in-law. | Then all the chiefs
of the numayms told him | to go on, and at once his children dis-

40 q!EntElalē; wä, hēEm‘lāwis LēgEmltsa hǎyāq!EntElalē Yāq!Ente-
yeg·i‘lakwē. Wä, hēEm‘lāē ‘wǎxax·‘īdalē k·!ēs‘ōgŭlxLa‘yas Gwēx·-
sēsElasEma‘yē lāxēs nEgŭmpē P!āsElalē. Wä, hē‘misLaLē la
LēgEms P!āsElalē yi‘lax LēgEmg·ElxLa‘yasēs nEgŭmpē Gwēx·sēsE·
lasEma‘yē. Wä, laEm‘lāē LēgadEs ‘wīdzēq!wālasE‘we,¹ yīxs hǎaEl
45 g·ōkŭlē Gwēx·sēsElasEma‘yē Lō‘laēs g·ōkŭlōta Łāwēts!ēsē ĀLEgEmāla.
Wä, lā‘laē hēEm‘l g·ōkŭlē P!āsElalē LE‘wis g·ōkŭlōta Kwāg·ulē
Qālogwisē. Wä, hēEm‘lāwis g·ǎx·‘īdē Gwēx·sēsElasEma‘yē LE‘wēs
g·ōkŭlōtaxs g·ǎxaEl lāx Qālogwisē k·!ēs‘ōodxēs nEgŭmpē LE‘wa
q!ēnEmē hē‘maōmasa. Wä, g·il‘Em‘lāwisē mōp!Enxwa‘sa ‘nāla
50 laaEl nä‘nakwēda Łāwēts!ēsē lāx ĀLEgEmāla. Wä, hēx·‘idaEm‘lāwisē
P!āsElalē LElts!ōdxēs ‘nE‘mēmotaxa Laǎlax·s‘Endayowē LE‘wa maē-
ma‘lōkwē lāx LēLaxuma‘yasa ‘nāl‘nEmsgEmak!ŭsē ‘nāl‘nEmēmasaxa
Maǎmtag·ila LE‘wa G·ēxsEmē LE‘wa Kŭkwāk!ŭmē LE‘wa SēnL!E-
mē. Wä, hēEm‘lāwisa Laǎlax·s‘Endayâxs ‘wī‘laēLEla‘maa‘l LE‘wis
55 ‘nEmsgEmak!ŭsa Elgŭn‘wa‘yē. Wä, g·il‘Em‘lāwisē ‘wī‘laēLExs laalas
yāq!Eg·a‘lē P!āsElalē. Wä, laEm‘lāē nēlaxs lE‘maaEl yǎwix·‘īlaltsa
g·ǎxē wāwadzōlEmq yīsēs nEgŭmpē. Wä, hēEm‘lāwis, qa‘s wäg·īl
yāwēnEmnoxᵘltsa mōx‘wēdǎla k·!ēk·!Es‘ō k·!ēs‘ōgŭlxLēsēs nEgŭmpē
lāq. Wä, hēx·‘idaEm‘lāwisa ‘nǎxwa g·īg·EgǎmEsa ‘nāl‘nE‘mēmasē
wǎxalaq, qa wäg·ilas. Hēx·‘idaEm ‘nǎxwa x·īs‘ēdē sāsEmasēxa

¹ Winter dance name.

appeared that ‖ night. Then many winter-dance whistles sounded; 60 and | as soon as those who had been seated had gone out, | Potlatch-Dancer cleared out his house. After they had cleared it out, | they built a fire in the middle; and when the fire in the middle began to burn, | the four speakers of Potlatch-Dancer—who were named ‖ 65 Bāwŭlē in the secular season, and in winter Wāwanagadzō‘; | and another one, ‘nᴇmōgwēsᴇmē‘ in the secular season, | and Wren in winter; and one who was called ʟ!esp!ēgaakᵘ | in the secular season, and Goose in winter; and | also G·ēxk·ᴇnis in the secular season, and Ts!äq!ᴇxsdō in ‖ winter—had red cedar-bark on their heads 70 and | red cedar-bark around their necks. They took tallow of mountain-goat | and rubbed it on their faces; and after doing so, | they took charcoal and blackened their faces. | After doing so, they took eagle-down and ‖ put it on their heads; and when this was done, 75 they | took cedar-bark rope and cut off part for a belt. | Then they took their Sparrow Society canes | and when they had done so, they started. They went to call all the | men, and the women and children, to come quickly ‖ into the house of ‘wīdzēq!wālasō‘ (IV 19), for 80 now | Potlatch-Dancer had already his winter-dance name ‘wīdzē-q!wālasō‘. One of the speakers, said while | they were going and

gānuʟē. Wä, hēx·‘idaᴇm‘lāwisē hēk·!ᴇk·!ălĕda q!ēnᴇmē ʟĕʟᴇx·ᴇxsᴇxs 60 g·ālaē ‘wī‘la la hōqŭwᴇlsēda k!wălax·dē. Wä, lā‘laē hēx·‘idaᴇm ēx‘wītsᴇ‘wa g·ōkwas P!āsᴇlalē. Wä, g·il‘ᴇm‘lāwisē gwālᴇ‘l ēkŭlīla-sōxs laa‘l lāqolīlasᴇ‘wa. Wä, g·il‘ᴇm‘lāwisē x·ʼīqostăwa lāqawalī-laxs lāa‘l q!wālax·‘īdēda mōkwē äyᴇlx̣ᵘs P!āsᴇlalēxa ʟĕgadäs Bāwŭlē lāxa bāx̣ŭsē; wä, lā‘laē Wāwanagadzawēx·ʟa lāxa ts!ē- 65 ts!ēqa. Wä, hēᴇm‘lāwisē ‘nᴇmōgwēsᴇma‘yē lā‘laxa bāx̣ŭsē; wä, lā‘laē Xwāt!ax·ʟa lāxa ts!ēts!ēqa. Wä, hēᴇm‘lāwisē ʟ!ēsp!ēgaakwē lāxa bāx̣ŭsē; wä, lā‘laē Nᴇxaxʟa lā‘laxa ts!ēts!ēqa. Wä, hēᴇm‘lā-wisē G·ēxk·ᴇnisē lāxa bāx̣ŭsē; wä, lā‘laē Ts!äq!ᴇxsdōx̣ᵘʟa lāxa ts!ēts!ēqa. Wä, laᴇm‘laē qēq‘ᴇx·ʼīmālaxa ʟ!āgᴇkwē. Wä, lā‘laxaa 70 qēqᴇnxâla ʟ!āgᴇkwē. Wä, lā‘laē ăx‘ēdxa yāsᴇkwasa ‘mᴇlxʟowē qa‘s yāsᴇkwōdēs lāxēs gēgogŭma‘yē. Wä, g·il‘ᴇm‘lāwisē gwālᴇxs lāaᴇl ăx‘ēdxa ts!ō̆lna, qa‘s ts!ōts!ᴇlᴇmdēs lāxēs gēgōgŭma‘yē. Wä, g·il‘ᴇm‘lāwisē gwālᴇxs lāaᴇl ăx‘ēdxa qᴇmx̣wāsa kwēkwē, qa‘s qᴇmx‘wīdēs lāxēs x·ʼīx·ōmsē. Wä, g·il‘ᴇm‘lāwisē gwālᴇxs lāa‘l 75 ăx‘ēdxa dᴇnsᴇnē dᴇnᴇma, qa‘s t!ōsōdē lāq qā‘las wiwŭsēg·anowē. Wä, g·il‘mēsē gwālᴇxs laē ăx‘ēdxēs gwēgwēsp!ēqē. Wä, g·il‘ᴇm-‘lāwisē gwālᴇxs lāa‘l qās‘ida. Wä, laᴇm‘laē lăl ʟē‘lālalxa ‘nāx̣wa bēbᴇgwānᴇm ʟᴇ‘wa ts!ēdaqē ʟō‘ma g·ʼing·ʼinānᴇm qa g·āxēs hālaēʟ lāx g·ōkwas ‘wīdzēq!wālasᴇ‘wē, qaxs lᴇ‘maē ts!āgᴇxʟālē P!āsᴇla- 80 lax ‘wīdzēq!wālasᴇ‘wē. Wä, g·aᴇm‘l wāltsa ‘nᴇmōkwē lāxa äyᴇl-kwaxs laē qāsēg·a lā‘laxs lāa‘l laēʟ lāx t!ēt!ᴇx·ʼīlāsa ‘nāx̣wa

83 stepping into the doors of all the | houses (for that is as far as they went), | "We call you, members of the Sparrow Society, and the Spar-
85 row Society women, and the Sparrow Society children, ‖ to go into the house of ‘wīdzēq!wālasŏ‘." | This was said by Wāwanagadzŏ‘; and after he had stopped | speaking, Wren spoke and said, | "The supernatural power will come into the house of our chief ‘wīdzēq!wālasŏ‘
90 (IV 19);" | and after Wren had spoken, ‖ Goose also spoke, and said, | "Now let us go, shamans, to see what the supernatural power | will do with the children of our chief ‘widzēq!wālasŏ‘ (IV 19), | for they have been taken by the supernatural power." Thus he said; and after he had ended his words, | then Ts!äq!ᴇxsdō also spoke and
95 said: ‖ "Be quick, shamans, go on, and be quick, and come quickly into the house!" | and after he had ended his words, | they went out; and they went into the other houses, stood in | the doorway, and they said as they had done before when | they were calling. When
200 they came to the end of the village Qālogwis, ‖ they went back into all the houses; and | the four speakers did not go out of the house until the men, | their wives and children, all came out. Then they all | went into the house with the four speakers. This | is called by
5 the ancestors of the Kwakiutl "single call," for in this way ‖ the first appearance of the supernatural power of the winter dance is treated

83 g·ig·ōkwa, yī‘laxs hē‘maē q!wastâlīla āwīlᴇläsa t!ēt!ᴇx·tla: "G·āx-‘mᴇnu‘x^u qasoʟai', gwēgŭdzai' ʟōs gwēgŭts!axsᴇmai' ʟō‘s gwāgŭgwē-
85 dzᴇmai', qa‘s laōs ‘wī‘lts!â lāx g·ōkwas ‘wīdzēq!wālasowai'." Wä, hēᴇm‘l wāldᴇms Wāwanagadzawa‘yē. Wä, g·īl‘mēsē q!ŭlba wāldᴇ-masēxs laē ōgwaqa yāq!ᴇg·a‘lē Xwat!a. Wä, lā‘laē ‘nēk·a: "G·āxēʟēda ‘nawalakwēx lāxōx g·ōkwaxsᴇns g·īgăma‘yēx, lāxa ‘wīdzēq!wālasᴇ‘wēx," ‘nēx·‘laē Xwāt!a. Wä, g·īl‘ᴇm‘lāwisē q!ŭlbē
90 wāldᴇmasēxs lāa‘l ōgwaqa yāq!ᴇg·a‘lē Nᴇxaqē. Wä, laē ‘nēka: "La‘mᴇns lāɬ, pēpᴇxalai', nānaxbaal lax wāldᴇmas ‘nawalakwa, qa gwēx·‘idaasas sāsᴇmasᴇns g·īgăma‘yai' ‘wīdzēq!wālasᴇ‘waxs ‘wī‘lō-ʟānᴇmaasa ‘nawalakwa," ‘nēx·‘laē. Wä, g·īl‘ᴇm‘lāwisē q!ŭlbē wāldᴇ-masēxs laē ōgwaqa yāq!ᴇg·a‘lē Ts!äq!ᴇxsdō. Wä, lā‘laē ‘nēk·a:
95 "Hälag·īlīʟᴇsai' pēpᴇxalai'. Wä, wä, wä ʟāx‘wīt, qa‘s lāōs hāla-ēʟa," ‘nēx·‘laē. Wä, g·īl‘ᴇm‘lāwisē q!ŭlbē wāldᴇmasēxs laē hōqŭwᴇlsa, qa‘s lä‘laxat! lāxa āpsālasē g·ōkwa, qa‘s lāxat! q!wa-stōlīlax t!ᴇx·īläs. Wä, âᴇm‘laxaāwisē nᴇg·ᴇltōdxēs g·īlx·dē gwē-k·!ālasa. Wä, g·īl‘ᴇm‘lāwisē lābᴇlsaxa g·ōx^udᴇmsē lāx Qālogwisaxs
200 g·āxaa‘l aēdaaqa lalaēʟ!a lāxa ‘năxwa g·īg·ōkwa. Wä, laᴇm‘laē äl‘ᴇm hōqŭwᴇlsēda mōkwē äyīlkwäxs lāa‘l ‘wī‘lg·īlīla bēbᴇgwānᴇmē ʟᴇ‘wis gᴇgᴇnᴇmē ʟᴇ‘wīs sāsᴇmē. Wä, g·īl‘ᴇm‘laxaāwisē ‘wīlxtōl-saxa g·ig·ōkwaxs lāa‘l hōgwīlēda mōkwē ä‘yīlkwa. Wä, hēᴇm‘l gwᴇ‘yōsa g·ālē Kwāg·uɬ ‘nᴇmp!ᴇng·tīts!axstē, yīxs hāa‘l gwēg·īla-
5 g·īla ‘nawalakwaxs g·ālaē laēʟ lāx g·ōkwasa g·ālē yāwix·‘llasa g·ālā

when it enters the house of the winter-dance giver among the ances- 5
tors | of the Kwakiutl. Now, the winter-dance whistle was still
sounding behind | the curtain in the rear of the house. Then all |
the men, the women, and the children went in; | and they followed
the rules that you already know about the beginning of the ‖ winter 10
dance, about which I have talked. | .

One year after Potlatch-Dancer (IV 19) had given his winter dance |
(for his name is ‛wīdzēq!wālasō‛ only during the winter dance) | he
died; and at once his prince | Q!ōmx·od (V 6) took the place of his
past father. He gave a potlatch to all ‖ the tribes; and now 15
Q!ōmx·od (V 6) had the name Copper-Dancer (V 6). | He wished to
marry the princess of Chief K·!âde (IV 21) of the L!aL!asiqwāla. |
K·!âde (IV 21) was head chief of the numaym | Laālawīɛla. Then
the numaym of Copper-Dancer (V 6) told him to go | ahead and to
marry her quickly; and all the ‖ numayms of the Kwakiutl launched 20
their canoes at Qālogwis; | and they all paddled, going to P!ɛLɛms, |
for that was where the village of the L!aL!asiqwāla was located. When |
they arrived at P!ɛLɛms, they made the marriage payment for Head-
Princess (V 7), | the princess of K·!âde (IV 21); and after they had
made the marriage payment, ‖ K·!âde (IV 21) came out, carrying a 25
box which was not very large. It was | called "winter-dance box."

Kwāg·uɫa. Wä, laɛm‛laʟē hēk·!ālax·sä‛ma ʟēʟɛx·ɛxsē lāx āʟadza- 6
‛yasa yāwapɛmlīlē lāx ōgwi‛walīlasag·ōkwē. Wä, laɛm‛laē ‛wī‛laēʟēda
‛nāxwa bēbɛgwānɛm ʟɛ‛wa ts!ēdaqē ʟɛ‛wa g·ing·inānɛmē. Wä,
laɛm‛laē âɛm la nɛgɛɫtowēxēs ‛nāxwamōs la q!āɫ qa gwayi‛lālatsa
ts!ēts!ēqa g·āg·iʟɛla lax lā wālaɫaatsɛn wāɫdɛmē. 10

Wä, g·îl‛ɛm‛lāwisē ‛nɛmxɛnxē ts!āwūnxas gwāl yāwix·tlē P!āsɛ-
laɫē, qaxs lēx·a‛maē ʟēgadaatsēs ‛wīdzēq!wālasɛ‛wa ts!ēts!ēqa; wä,
laɛm‛laē wīk·!ɛx‛ēda. Wä, hēx·‛idaɛm‛lāwisē ʟāwɛlgāma‛yasē
Q!ōmx·odē ʟaxustōdxēs ōmpdē. Wä, laɛm‛lāwisē p!ɛs‛ēdxa ‛nāxwa
lēlqwālaʟa‛ya. Wä, laɛm‛laē Q!ōmx·ōdē la ʟēgadɛs ʟ!āqwalaɫē. 15
Wä, lā‛laē ‛nēx·, qa‛s gɛg·adēs k·!ēdēlas g·īgāma‛yasa ʟ!aʟ!asiqwā-
la‛yē K·!âdē, yīxs xamāgɛmayaē g·īgāma‛yē K·!adāsa ‛nɛ‛mēmēda
Laālawīɛla. Wä, hēx·‛ida‛m‛lāwisē ‛nɛ‛mēmās ʟ!āqwalaɫē wāxaq,
qa wāg·ēs hali‛lāla gāgak·!ɛx‛īdɛq. Wä, ‛wī‛lastaɛm‛lāwisa ‛nāxwa
‛nāl‛nɛ‛mēmatsa Kwāg·ulē lɛlstɛndxēs yīyɛnasɛla lāx Qālogwisē. 20
Wä, g·āx‛laē ‛wī‛la sēx‛wida. Wä, laɛm‛laē lāɫ lūx P!ɛLɛmsē,
qaxs hē‛maaɛl g·ōkūlē g·ālāsa ʟ!aʟ!asiqwālayē. Wä, g·îl‛ɛm‛lāwisē
lāg·aa lāx P!ɛLɛmsaxs lāa‛l hēx·‛idaɛm qādzēɫ‛ēdɛx K·!ēdēlɛma‛yē
lāx k·!ēdēlas K·!âdē. Wä, g·îl‛ɛm‛lāwisē gwāɫa qādzɛʟāxs g·āxaa-
‛las g·āxāwūlsē K·!âdē lāxēs dālaxa g·īɫdasē k·!ēs ‛wālasa. Hēɛm 25
ʟēgadɛs k·!āwats!ēxa g·īɫdasē, qaxs hē‛maē g·īts!ɛwatsa ‛ᴅāxwa

27 In it were all the | privileges for the winter dance. Then he stood outside | of his house. He turned his face toward his house, and he called | his princess Head-Princess. He called her to come and ‖
30 stand also outside of the house, where he stood. As soon as he stopped speaking, | Head-Princess (V 7) came, carrying the copper named L!ᴇsaxᴇlayō, | and she stood by the side of her father; and Kᴀ·!ăde (IV 21) | turned his face toward the canoes of the Kwakiutl on the water, and | he called Copper-Dancer (V 6) to come out of his
35 traveling-canoe ‖ and get the winter-dance box and his wife | Head-Princess (V 7). Copper-Dancer (V 6) at once took off his | blanket, stepped out of his canoe, and shouted, "Haha, haha!" | Then he ran up the beach and took the winter-dance box. | Then he was told by Kᴀ·!ăde (IV 21) that there were four kinds of dances in
40 the ‖ box—the war-dance with a bird in its belly, which had the name Tōgŭmalis; | and the throwing-dance, with the name Qwĕltsēs; | and the hămshămts!ᴇs, with the name Nawis; | and also the ghost-dance, with the name Supernatural-Power-coming-up. | And after
45 Kᴀ·!ăde (IV 21) had finished whispering to his son-in-law, he sent ‖ his princess, Head-Princess (V 7) to go with her husband. She was | still carrying the copper. Then Copper-Dancer (V 6) and his wife (V 7) walked side by side, going down the beach, and went aboard the | traveling-canoe; and when Head-Princess (V 7) sat down in the

---

27 kᴀ·!ēkᴀ·!ᴇsᵋō lăxa tsʟēts!ēxʟᴇnē. Wä, lä'laē ʟăxŭyōlsax ʟ!ăsanâ'yasēs gᴀ·ōkwaxs lāā'l gwēgᴇmx·ᵋīd lāxēs gᴀ·ōkwē. Wä, lä'laē lăqʟulaxēs kᴀ·!ēdēlē lāx Kᴀ·!ēdēlᴇma'yē. Wä, laᴇm'laē lĕ'lălaq, qa gᴀ·āxēs
30 ōgwaqa ʟaxŭyōlsa lax ʟădzasas. Wä, gᴀ·îl'ᴇm'lăwisē q!wĕl'ĭdᴇxs gᴀ·āxāalas gᴀ·āxᴇwᴇlsē Kᴀ·!ēdēlᴇma'yē dālaxa ʟ!āqwa ʟĕgadᴇs ʟ!ᴇsaxᴇlayō, qa's gᴀ·āxē ʟăwᴇnōdzᴇlsaxēs ōmpē. Wä, lä'laē Kᴀ·!ădē gwēgᴇmx·ᵋīd lāx mᴇxălasus yaē'yats!asa Kwăgᴀ·ulē. Wä, lä'laē lē'lălax ʟ!āqwalalē, qa lās xamax·ᵋidaᴇm lălᴛă lāxēs ya'yats!ē,
35 qa's lā ăx'ēdxa kᴀ·!āwats!ē gᴀ·îldasa. Wä, hēᴇm'lăwisē gᴇnᴇmasē Kᴀ·!ēdēlᴇma'yē. Wä, hēx·ᵋidaᴇm'lăwisē ʟ!āqwalal xᴇngᴀ·aalᴇxsaxēs nᴇx'ŭna'yē, qa's lā lălᴛă lāxēs yā'yats!ăxs lāā'l xaxalōlaqwa, qa's lăʀl dzᴇlxŭsdēsa, qa's lāᴇl dāx·ᵋīdxa kᴀ·!āwats!ē gᴀ·îldasa. Wä, laᴇm'laē nēlē Kᴀ·!ădasa kᴀ·!ēkᴀ·!ᴇsᵋōwē mōx'widăla gᴀ·îts!ăxa kᴀ·!āwats!ē
40 gᴀ·îldasaxa ōlala, yîxs tsʟēk!wēsaē; wä, hē'mis ʟĕgᴇmsē Tōgŭmalisē. Wä, hē'ᴇm'lăwisa māmaq!a; wä, hē'mis ʟĕgᴇmsē Qwĕltsēsē. Wä, hēᴇm'lăwisa hămshămts!ᴇsē; wä, hē'mis ʟĕgᴇmsē Nawisē. Wä, hēᴇm'lăwisa ʟᴇlōlᴇlalē; wä, hē'mis ʟĕgᴇmsē 'nawalak·ŭstālisē. Wä, gᴀ·îl'ᴇm'lăwisē gwăl ōpa Kᴀ·!ădăxēs nᴇgŭmpaxs lāā'l 'yālaqaxēs kᴀ·!ē-
45 dēlē Kᴀ·!ēdēlᴇma'yē, qa lās lāsgᴇmēxēs lă'wŭnᴇmē. Wä, laᴇm'laē hēx·sŭᴇm dālaxa ʟ!āqwa. Wä, laᴇm'laē 'nᴇmăgōʟᴇmalē ʟ!āqwalal ʟᴇ'wis gᴇnᴇmaxs gᴀ·āxaē hōqŭnts!ēsᴇla, qa's lā hōx'walᴇxs lāxēs yā'yats!ē. Wä, gᴀ·îl'ᴇm'lăwisē k!wăgᴀ·aalᴇxsē Kᴀ·!ēdēlᴇma'yaxs laa'lasē

canoe, | Kˑ!âde (IV 21) spoke again, and said, "Son-in-law, ‖ let me 50
change your name. Your name shall be YāqɛyalīsɛmM (V 6), | and
your secular name Hâmiskˑɛnis (V 6)." Thus he said. When | he
stopped speaking, Copper-Dancer (V 6) spoke, and | took the copper
that his wife was carrying and thanked | his father-in-law (IV 21) for
his word, and after he had thanked him, he ‖ promised to give a 55
potlatch with the copper to the Kwakiutl. Then he changed his
name; | and now he was no more Copper-Dancer (V 6), but his name
was YāqɛyalīsɛmM (V 6); | and when he had stopped speaking, they
turned back | and went home to Qālogwis. When they arrived at |
Qālogwis, YāqɛyalīsɛmM (V 6) cleared the floor of his house, for it was
nearly winter ‖ when he went to marry. When | his house was 60
cleared out, he sent his four speakers to | call the Kwakiutl. He
asked all the men to come into his house. | When it was towards
evening, they came in, and at once | YāqɛyalīsɛmM (V 6) made a pot-
latch to them. It was still the secular season ‖ when he gave a pot- 65
latch to his tribe. Then his name was really | YāqɛyalīsɛmM (V 6);
and he named his younger brother | Nâp!ɛlɛmēˑ (V 5) Hâmiskˑɛnis.
These were their secular names. He did | not make a potlatch to his
tribe, the Kwakiutl, until late in the evening. | Now YāqɛyalīsɛmM
(V 6) barred the door against his tribe ‖ so that they could not go out 70

Kˑ!âdē ēt!ēd yāq!ɛgˑaˑla. Wä, lāˑlaē ˑnēkˑa: "ˑya, nɛgŭmpä, wē-
gˑaxˑɪn ʟ!āyōxs ʟ̣ēgɛmaqōs. Laɛms lāl ʟ̣ēgadɛl YāqɛyalīsɛmMa; 50
wä, hēˑmisē Hâmiskˑɛnise lāxa bāxŭsē," ˑnēxˑlaē. Wä, gˑîlˑɛm-
ˑlāwisē q!wēlˑīdɛxs lāaˑl yāq!ɛgˑaˑlē ʟ!āqwalał. Wä, laɛmˑlaē
däxˑˑīdxa ʟ!āqwa, yɪx dāakwasēs gɛnɛmē. Wä, laɛmˑlaē mōlas
wałdɛmasēs nɛgŭmpē. Wä, gˑîlˑɛmˑlāwisē gwāł mōlaxs lāaˑl dzō-
xwasa ʟ!āqwa qaēda Kwāgˑulē. Wä, laɛmˑlaē ʟ!āyoxʟäs. Wä, 55
laɛmˑlaē gwāł ʟ!āqwalała; wä, laɛmˑlaē ʟ̣ēgadɛs YāqɛyalīsɛmMa
lāxɛq. Wä, gˑîlˑɛmˑlawisē q!wēlˑīdɛxs gˑāxaē xwēlaqɛlēs ʟ̣ɛxˑēda,
qaˑs lä näˑnakwa läx Qālogwisē. Wä, gˑîlˑɛmˑlāwisē lägˑaa läx
Qālogwisē lāaˑl hēxˑˑidaɛm ēxˑˑwīdxēs gˑōkwē, qaxs ts!ăwŭnxba-
ˑnākŭlaē läxˑdɛmas gɛgˑadē YāqɛyalīsɛmMa. Wä, gˑîlˑɛmˑlāwisē la 60
ēgˑīkwē gˑōkwasēxs lāaˑl ˑyālaqasēs mōkwē ăˑyīlkwa, qa läs ʟēˑlä-
laxa Kwākŭgˑulē, qa gˑāxēs ˑwīˑlaēla bēbɛgwānɛmē läx gˑōkwas.
Wä, gˑîlˑɛmˑlawisē dzāqwaxs gˑāxaaˑl ˑwīˑlaēʟa. Wä, hēxˑˑi-
daɛmˑlāwisē YāqɛyalīsɛmMa yāxˑwīdɛq. Wä, laɛmˑlaē bāxŭstalē
p!ɛts!ēnaˑyasēxēs gˑōkŭlōtē. Wä, laɛmˑlaē ălaxˑˑid la ʟ̣ēgadɛs 65
YāqɛyalīsɛmMa. Wä, lāˑlaē ʟ̣ɛxˑēdɛs Hâmiskˑɛnisē lāxēs tsāˑyē
Nâp!ɛlɛmaˑyē. Wä, laɛmˑlaē bēbāxŭdzɛxʟālaq. Wä, ălˑɛmˑlāwisē
gwāł yāqwaxēs gˑōlgˑukŭlōtēda Kwākŭgˑułaxs lāaˑl gäla gănuʟa.
Wä, laɛmˑlaē YāqɛyalīsɛmMa ʟ̣ănekˑoxēs gˑōlgˑukŭlōtē. Laɛmˑlaē
kˑ!ēs hēłq!ălaq hōqŭwɛlsa. Wä, gˑîlˑɛmˑlāwīsē gwāł yŭqwaqēxs 70

71 of the house; and after he had finished giving his potlatch, | the
house trembled as in an earthquake, | and there was a rumbling
sound while the house was shaking. | It did not shake long, then
everything was quiet. | Four times the house shook. Then it
75 stopped. ‖ The Kwakiutl did not know what they had heard, for no
one | knew what caused the sound. After | the rumbling around the
house had been heard four times, it sounded as though many | men
shouted, "Hamamamama!" and they shouted four times, |
"Hamamamama!" (the ghost-cry); and after the cry had been heard
80 four times, ‖ Q!ēx·sēsᴇlas (V 4) came out of the rear of the house,
went around the fire | in the middle of the house, and when she came
to the door, | Yāqᴇyalīsᴇm (V 6) opened the door of the house.
Then | Q!ēx·sēsᴇlas (V 4) ran out; and when she was out of the door, |
it sounded as though many men were shouting, "Hamamamama!" ‖
85 outside of the house; and when they stopped crying "Hamama-
mama!" | Yāqᴇyalīsᴇm (V 6) stood up and spoke. He said, | "O
tribe! this is the supernatural power which came from where | I got
my wife. Now my princess has been taken away by a supernatural
power of the | ʟ!aʟ!asiqwăla. These are the ghosts that have come
90 and have taken my princess ‖ Q!ēx·sēsᴇlas (V 4). Now wash your-
selves with hemlock-branches, tribes, and let us | try to catch
Q!ēx·sēsᴇlas (V 4) in the morning. You | all shall wash yourselves.

71 laaʻl dᴇmlēx̣ʻwīde ăwīʻstäs g·ōkwas. Lāʻlaē hē gwēx·sa nenēnā,
Wä, laᴇm hēk·!āla nᴇqᴇlg·aʻmäsaqēxs lāāʻl dᴇmlēx̣ŭlē ăwīʻstᴇlsas
g·ōkwas. Wä, k·!ēsnax̣waʻlat!a gēg·ilsᴇxs lānax̣waē sᴇlt!ēda. Wä,
lāʻlaē mōp!ᴇndzaqwa dᴇmlēx̣ʻwīdē ăwīʻstᴇlsas g·ōkwasēxs laē gwała.
75 Wä, âᴇmʻlāwisē Kwăkŭg·ulē q!āq!ᴇyaxstōlītsēs wŭʟᴇlē, qaxs k·!ēâ-
saē ʻnᴇmōkᵘ q!âlax hēg·iłas gwēk·!tg·aʻlē. Wä, g·îlʻᴇmʻlāwisē mō-
p!ᴇndzaqwa dᴇmlēx̣ʻwīdē ăwīʻstāsa g·ōkwaxs lāaʻlasē q!ēk·!āla bēbē-
gwānᴇma ʻnᴇmādzaqwā hamamamamaxā, lāʻlaxaē mōp!ᴇndzaqwa
hamamamamama. Wä, g·îlʻᴇmʻlāwisē mōp!ᴇndzaqwaxs g·āxa-
80 aʻlasē pᴇlᴇlē Q!ēx·sēsᴇlasē g·āx̣ʻwŭlt!ālîl, qaʻs lā lāʻstalîlᴇlax lāqa-
wałilasa g·ōkwē. Wä, g·îlʻᴇmʻlāwisē lāʻstalîᴇxs lāaʻl äxstōdē Yāqᴇ-
yalīsᴇmäxa t!ᴇx·ʻilāsēs g·ōkwē. Wä, hēᴇmʻlāwis la dzᴇlx̣ʻwŭldzats
Q!ēx·sēsᴇlasē. Wä, g·îlʻᴇmʻlāwisē lāwᴇls lāxa t!ᴇx·ʻiläxs lāaʻlasē
ʻnᴇmādzaqwa hamamamamaxēda q!ēk·!āla bēbᴇgwānᴇm lāxa ʟ!ā-
85 sanâʻyasa g·ōkwē. Wä, g·îlʻᴇmʻlāwisē q!wēlʻīdēda hamamamaxäxs
lāaʻl ʟāx̣ʻŭlilē Yāqᴇyalīsᴇma, qaʻs yāq!ᴇg·aʻlē. Wä, lāʻlaē ʻnēk·a:
"Wa, g·ōlg·ŭkŭlōt! Wä, yūᴇm ʻnawalakᵘ g·āyaʻnākŭla lāxᴇn
gᴇg·adaasōx. Wä, laʻmē lâʟanᴇmᴇn k·!ēdēlasa ʻnawalakwasa ʟ!a-
ʟ!asiqwăla. Wä, hēᴇm lēslâlēnoxwēda g·āxa äx̣ʻēdxᴇn k·!ēdēlaē
90 Q!ēx·sēsᴇlasa. Wä, wēg·iła q!ēqᴇlax·ʻīdʟᴇx ʻnāx̣ᵘ g·ōlg·ŭkŭlōt, qᴇns
ʻwäʻwildzᴇʻwaʻmēlᴇns lalōʟ!ūlᴇx Q!ēx·sēsᴇlasaxgaālaʟa. Wä, laᴇms
ʻnāx̣waᴇm g·ig·îltalałxwa gănulᴇx, ʟᴇʻwis gᴇgᴇnᴇmaōs, ʟᴇʻwis säsᴇ-

this night, and your | wives and your children shall wash too." 93
Thus he said. "Now I will ask you, ʻwŭnʻwŭnlxˑes, to help me." |
(He meant the cannibal dancers.) "You shall go first when you try
to catch our ‖ friend Q!ēxˑsēsElas (V 4); and also you, ghost-dancers, 95
you shall go next to | the ʻwŭnʻwŭnlxˑes; and you also, war-dancers;
and you, | Sparrow Society, shall follow the war-dancers; you shall
go behind our | friends, for indeed we are now trying to imitate what
my wife told me; | for she was told by her father, and she must give
us instruction and show us ‖ what to do when the supernatural power 300
shows itself; and this is the beginning of the winter dance | of the
L!aL!asiqwăla. My princess Q!ēxˑsēsElas (V 4) | has now been taken
by the ghosts. Now our names will be changed | in the morning. I
shall call you | in the morning, and your wives and your children.
That ‖ is all," he said; and when his speech was ended | ʻmāxwa, 5
chief of the numaym Maămtagˑila, arose | and spoke. He said,
"You have heard the speech | of our chief YāqEyalīsEm (V 6). Now
you have | another kind of supernatural power which you did not
know before. You are great. You ‖ will act so that no wrong will 10
result, for we | are to use it later on. It is different from our supernatural
power, | what you received in war-marriage from your
father-in-law. Shall we not do, | my tribe, according to what you
say to us? | That is all." Thus he said, and then he sat down. ‖

---

maōs," ʻnēxˑʻlaē. "Wä, laʻmēsEn hēlaLōL ʻwŭnʻwŭnlxˑEsä" (xa 93
hāămatsla gwEʻyōs), "ʻlaEms läl gˑālabĭl, qEnsō kˑĭmyalxEns ʻnEmōkwaē
Q!ēxˑsēsElasa. Wä, sōʻmts lēlElōlElalä; laEms māgˑabĭlxa 95
ʻwupʻwŭnlxˑEsē. Wä, sōʻmts tētoxˑʻwīd, laEms läl ElxLēlEsa tētoxˑʻwidē.
Wä, sōʻmElas gwätslEm; laʻEms läl ElxLalēsLEsEns ʻnēʻnEmōkwē,
qăLaxgˑins laʻmēgˑins nānEnk!wax wăldEmasgˑĭn gEnEmkˑ,
yĭxs ʻnēxˑʻmaālaē ōmpasEq qa äʻmēsēkˑ LēxsʻāIa gˑāxEns, qEns gwēgˑilas,
qō gˑāxogwĭln ēʻlʻēdox ʻnawalakwaxsē. Wä, yūEm gˑĭl ts!ēts!ēx- 300
ēdaatsa L!āL!asiqwălōx, yĭx laēnaʻyasē läLanEmEn kˑlēdēlaē Q!ēxˑsēsElasasa
lēslānēnoxwē. Wä, laEmʻlāwisEns ʻnāxwal L!āyoxLāxEns
LēLEgEmax gaālaLa läxEn ēkˑlēnēEmLa LēʻlālaxˑdaʻxuLōLax
gaālaLa LEʻwis ts!ēdaqaōs, LEʻwa gˑĭngˑĭnānEmax gaālaL. Wä,
yūʻmōq," ʻnēxˑʻlaē. Wä, gˑĭlʻEmʻlāwisē q!ŭlbē wăldEmasēxs lāaʻl 5
LāxʻŭlĭlĕLa ʻmāxwaLa gˑīgămēsa ʻnEʻmēmēda Maămtagˑila. Wä,
läʻlaē yāq!Egˑaʻla. Wä, läʻlaē ʻnēkˑa: "Laʻmas wuLElaxgˑa wăldEmgˑasgˑEns
gˑīgămēkˑ läxgˑa YāqEyalīsEmakˑ. LaEms lâlxwa ōgŭqălax
ʻnawalakwaxwa kˑlēsdāqEns q!ăla. Hăwădzēkˑatsōx. Wēgˑa
hēlalaqu qa kˑleâsēs amēlasLEsōx läxōs gˑāxēnēʻLēx gˑāxEns, qEns 10
gˑāxēl aăxsilaLEqu. Wä, laʻmōx ōgŭqala läxEns nōsEx ʻnawalakwa
wīʻnānEmaqōs läx nEgūmpa. Wä, ēsʻmačLalEns äEm wēgˑĭl Lōgŭns
gˑōlgˑŭkŭlōtEkˑ. ÂEml hēEm gwayiʻlälaLēs wäldEmLaōs gˑāxEnuʻxu.
Wä, yūʻmōq," ʻnēxˑʻlaēxs laē k!wāgˑalĭla.

15   Then Yāqɛyalīsɛm (V 6) arose and thanked him for his speech; |
and when he stopped speaking, the men went out. | When they were
outside, Yāqɛyalīsɛm (V 6) | and his wife (V 7) dug a hole in the
middle of the rear of their house one fathom | in length, in the direc-
20   tion toward the door of the house, and ‖ half a fathom wide. Then
Head-Princess (V 7) told them | to put all the soil which she dug out
of it into boxes, | so that it might not be seen, as is done by the |
ʟ!aʟ!asiqwăla when they dig this hole, when they are going to have
a ghost-dance. | Generally they put the soil into boxes, and they ‖
25   put them down in a corner of the dancing-house, where nobody
walks, | and they cover them over with mats, and sometimes they
lay roof-boards | over them. Thus was done by Yāqɛyalīsɛm (V 6)
with the soil that he dug out. | When it was deep enough for a tall
man | to stand in the hole and to be visible for one-half of his body,
30   they stopped digging; ‖ and Head-Princess (V 7) asked Yāqɛyalīsɛm
(V 6) to get a pole | not too thick, four finger-widths in diameter. |
Then Yāqɛyalīsɛm went to get it | out of the woods, and he brought
a stick two fathoms long. | He cut it in two, and put sharp points ‖
35   at the ends. After doing so, his wife | took up one of the poles and
put it down into the hole that had been dug | at the end toward the

15   Wä, lā‘laē ʟāx̣‘ŭlīlĕ Yāqɛyalīsɛma qa‘las mōlēs wăldɛmas. Wä,
g·îl‘ɛm‘lāwisē q!wēl‘ēdɛxs laē ‘wī‘la hōqŭwɛlsēda bēbɛgwānɛmē.
Wä, g·îl‘ɛm‘lāwisē ‘wi‘lɛwɛlsɛxs lāa‘l ‘lăp!idē Yāqɛyalīsɛma
ʟɛ‘wis gɛnɛmaxa năqoʟīwalîlasēs g·ōkwaxa ‘nɛmp!ɛnk·as ‘wäsgɛ-
masē lāxɛns bāʟax, gwēbaliɬ lāxa t!ɛx·īlāsa g·ōkwē. Wä, lā‘laē
20   nɛq!ɛbōd lāxɛns bāʟāqē ‘wädzɛgɛg·aasa. Wä, laɛm‘laē ‘nēk·ē
K·!ēdēlɛma‘yē, qa‘s k·!ats!âlēsa dzɛqwa ‘lălpmōtas lāxa k·!ēk·!ɛm-
yaxʟa, qa k·!ēsēs dōgŭlē gwästaäsasēs lāx gwēg·ilasasa ʟa!ʟ!a-
siqwălaxs ‘lăpaaxa hē gwēx·sē yīxs lalōîtsēlīʟē, yīxs hēmɛnā-
ła‘maē k·!āts!âlasa dzɛqwa lāxa k·!ēk·!ɛmyaxʟa, qa‘s lä hă‘nɛm-
25   g·alīlas lāxa ōnēgwilasa lōbɛkwē lāxa k·!ēsē qāyatsa bēbɛgwā-
nɛmē, qa‘s năx̣ŭyîndēsa lē‘wa‘yē lāq; ʟōxs pāqɛyalîlaasa saōkwē
lāq. Wä, hēɛm‘lāwisē gwēx·‘idē Yāqɛyalīsɛmāxēs ‘lălpmōtē dzɛ-
qwa. Wä, hɛɛm‘lāwisē gwānała qa nɛgoyowēsa g·îldɛxsdē bɛgwā-
nɛmxs ʟaâts!āē lāx ‘wälabɛtalîlalasas ‘lăpa‘yasēxs laē gwăɬ ‘lăpaq.
30   Wä, lā‘laē ăxk·!ălē K·!ēdēlɛma‘yax Yāqɛyalīsɛma, qa ăx‘ēdēsēx
k·!ēsa ʟɛkᵘ dzōx̣ŭmaxa mōdɛnx·sâwa wāg·idas lāxɛns q!wāq!wax·-
ts!āna‘yēx. Wä, hēx·‘idaɛm‘lāwisē Yāqɛyalīsɛma lā ăx‘ēdɛq lāxa
āʟ!ē. Wä, g·āx‘laē wīk·ɛlaxa maɬp!ɛnk·as ‘wāsgɛmasē lāxɛns bāʟax.
Wä, lā‘laē tsɛx·s‘ɛndɛq qa nɛxsēs. Wä, lā‘laē dzōdzox̣ᵘbɛndɛx
35   ēpsba‘yas, qa ēx·bēs. Wä, g·îl‘ɛm‘lāwisē gwăłɛxs lāa‘laē gɛnɛmas
ăx‘ēdxa ‘nɛmts!aqa lāxa dzōx̣ŭmē, qa‘s lä ʟats!ōts lāxēs ‘lăpa‘yē.
Wä, laɛm‘laē gwēbēlts!â lāxa t!ɛx·īlāsa g·ōkwē. Wä, lā‘laē ʟāne-

door of the house. She put it in slanting, | in this way: Then Head-Princess told her husband | to drive it in with his stone hammer. When it was one ‖ span below the floor, he | stopped driving it in. Then she took the other pole | and put it down into the hole so that it was in this way, and YāqEyalīsEm (V 6) | drove it in with his hammer; and when the top was even with the | first one, he stopped. Then his wife took an ‖ empty oil-bottle and 45 split one side the whole length; | and when the kelp bottle had been split along one side, | she tied it to the two poles that were tied together in | the hole that had been dug out. She put the inner side of the kelp outward, because | it was greasy and slippery. She tied it on its ‖ full length, and there was only 50 one way of tying it. | She tied it up and down in this way: There was no cross-tying. After | this was done, Head-Princess (V 7) took something that she had kept secretly in a | basket and put it down. Not even her husband knew | what was in it. Then Head-Princess spoke, ‖ and said, "O, mas- 55 ter! now call the chiefs | of your numayms, one head chief of each of them, that | they come and watch how we work the hole that we dug. Don't | let any one of those who call them show himself to their wives, that they may not guess what you want, |

---

xāla, gᴀ gwälegᴀ (fig.). Wä, lā‘laē Kᐧ!ēdēlEma‘yē äxkᐧ!ālaxēs lā‘wū- 38
nEmē, qa dēgūtōdēq yīsēs pElpElqē. Wä, gᐧīl‘Em‘lāwis ‘nEmp!Enkᐧ
lāxEns q!wäq!waxᐧts!ānᴀ‘yēx lā banalagawēsa äwīnagwīlaxs lāa‘l 40
gwäl dēqwē YāqEyalīsEmäq. Wä, lā‘laxaē ēt!ēd äxᐧ‘ēdxᴀ ‘nEmts!aqē,
qa‘s äxbEtalīlēs, qa gᐧäs gwälegᐧa (fig.). Wä, lā‘laxaē YāqEyalīsEmᴀ
dēgūtōdEq yīsēs pElpElqē lāq. Wä, gᐧīl‘Em‘lāwisē ‘nEmaxtäla LE‘wa
gᐧīlxᐧdē dēqwasōs lāa‘l gwāla. Wä, lā‘laē gEnEmas äxᐧ‘ēdxᴀ lōlap-
mōtasōx L!ē‘nax ‘wä‘wadä, qa‘s LEpsEndēq lāxēs ‘wāsgEmasē. Wä, 45
gᐧīl‘Em‘lāwisē lābEndEx ‘wāsgEmasasa LEpsaakwē ‘wä‘wadēxs lāa‘l
yīl‘ᴀLElōts läx dzēngEqᴀ‘yasa ōxtā‘yasa dzēdzōxŭm läx ōts!āwas
‘lāpᴀ‘ya. Wä, laEm‘laē hē ēkᐧ!adzE‘ya ōts!äxᐧdäsa ‘wä‘wadē, qaxs
L!ēL!ē‘nalaē, qa tsäxᐧēs. Wä, gᐧīl‘mēsē ‘wīlgᐧaaLEla la yīLāla lāxēs
‘wāsgEmasē lāxēs ‘nE‘mēnemē yīL!äsasēqēxs aēkᐧ!aaqElaaxs lāa‘l 50
yīLaq, gᐧa gwālēgᐧa (fig.). Kᐧ!ēs gagayaaqElēs yīLa‘yē. Wä, gᐧīl‘Em-
‘lāwisē gwālExs lāa‘laē Kᐧ!ēdēlEma‘yē äxᐧ‘ēd lāxēs q!wālaltsEyakwē
L!ābata. Wä, gᐧäxᐧ‘laē hängᐧalīlas. Wä, laEm‘laē kᐧ!ēs q!ᴀLElē
lā‘wūnEmasēx gᐧīts!āwaq. Wä, lā‘laē yäq!Egᐧa‘lē Kᐧ!ēdēlEma‘yē.
Wä, lā‘laē ‘nēkᐧa: "‘ya, q!āgwidä. Hāgᐧīla Lē‘lālalxōx gᐧigᐧEgāma- 55
‘yaxsōs ‘nāl‘nE‘mēmats!ē‘nᴀ‘yaq!ōsxōx ‘nāl‘nEmōkŭma‘yaq!Es, qa
gᐧäxlāgᐧīltsō dōqwalalxōx gwēgᐧīlasLas läxwa ‘lāpᴀ‘yaqEns. Ġwāla
äwŭlxᐧEs äxkᐧ!ālaq, qa gEgEnEmas āLa kᐧōtalaxēs äxēlaōsaq. Wä,
wäxᐧ‘mēsEn q!ᴀLElaqōxs lE‘maax ‘näxwa mēxōxda ‘näxwäx bēbE-

60 although I know that all the men ‖ and their wives have gone to sleep. This is the winter dance that I am now | speaking about. And let Q!ēx·sēsᴇlas (V 4) also come and try what she is to do." | Thus she said. Even her husband did not know what was in | the basket, and Yāqᴇyalīsᴇm (V 6) did not wish to ask | his wife about it.
65 He just went out of his house and ‖ went to wake up those to whom she referred, the head chiefs of each numaym of his | tribe. Then he went to the head chief of the numaym | Maămtag·ila, Q!ōmogwē·. Now he had called one of them. | Then he also went to the head chief of the G·ēxsᴇm, Yāqwid; and also | the head chief of the Kŭkwāk!ŭm,
70 Tsᴇx⁽wid; and also the head ‖ chief of the Sēnʟ!ᴇm, ⁽nᴇmōgwis; and also the head chief of the | ʟāyalała⁽wē, Ts!ᴇx⁽ēd; and the ʟāyalała⁽wē are mixed with the | Maămtag·ila and the G·ēxsᴇm; and also the head chief of the ᴇlgŭnwē⁽, | Amax·ʽag·ila, and these are mixed with the Laălax·s⁽ᴇndayo. | And when Yāqᴇyalīsᴇm (V 6) had
75 hardly gone into the house, the chiefs ‖ entered after him. Now Head-Princess | led all of them to their seats at the right-hand side of the rear | of the house, so that they could see plainly the hole that had been dug; and when | they were all in, Q!ēx·sēsᴇlas (V 4) came in, and Head-Princess (V 7) | led her and made her sit down in the
80 rear of the house, at the ‖ end of the hole that had been dug, so that she could see distinctly what was to be done by | Head-Princess, who

60 gwānᴇma ʟē⁽was gᴇgᴇnᴇmax. Wä, yū⁽mēs ts!āts!ēxsīlax·ʟᴇns lāx wāłdᴇma. Wä, hē⁽misē Q!ēx·sēsᴇlasa, qa g·axlāg·iltsē mᴇnēłał," ⁽nēx·⁽laē. Wä, laᴇm⁽laē hēwäxa⁽mē lä⁽wŭnᴇmas q!ăł⁽aʟᴇlax g·its!ā-waxa ʟ!ābatē. Wä, ēts!ᴇm⁽lāwisē Yāqᴇyalīsᴇma ⁽nēx·, qa⁽s g·īt!ālē wŭʟaxēs gᴇnᴇmē. Wä, laᴇm⁽laē åᴇm lāwᴇls lāxēs g·ōkwē, qa⁽s lā
65 gwäxēs gwᴇ⁽yō, qa g·axēs ⁽nāl⁽nᴇmōkŭma⁽yas ⁽nāl⁽nᴇ⁽mēmats!ēna-⁽yasēs g·ŏlg·ŭktilōtē. Wä, g·il⁽ᴇm⁽lāwisē ⁽wīlx·tōdxa ōguma⁽yasa ⁽nᴇ-⁽mēmēda Maămtag·ilē Q!ōmogwa⁽yē; wa, laᴇm⁽laē ⁽nᴇmōk·ōʟᴇq. Wä, hēᴇm⁽lāwisē ōguma⁽yasa G·ēxsᴇmē Yāqwīdē; wä, hēᴇm⁽lāwisē oguma⁽yasa Kŭkwāk!ŭmē Tsᴇx⁽wīdē; wä, hēᴇm⁽lāwisē ōguma-
70 ⁽yasa Sēnʟ!ᴇmē ⁽nᴇmōgwisē; wä, hēᴇm⁽lāwisē ōguma⁽yasa ʟā-yalaławē Ts!ᴇx⁽ēdē, yīxs hāē łᴇng·ilga⁽ya ʟāyalaławāxa Maăm-tag·ila ʟē⁽wa G·ēxsᴇmē. Wä, hēᴇm⁽lāwisē ōguma⁽yasa ᴇlgŭn-wa⁽yē Amax·ʽag·ila, yīxs łᴇng·ilga⁽yaē lāxa Laălax·s⁽ᴇndayowē. Wä, hălsᴇlaᴇm⁽lāwisē g·alagēwa⁽yē Yāqᴇyalīsᴇmasa g·īg·ᴇgă-
75 ma⁽yaxs g·axaa⁽l hōgwīʟa. Wä, laᴇm⁽laē K·!ēdēlᴇma⁽yē q!āx·sīdzēq, qa lāx·da⁽xwēs k!ŭs⁽ālił lāx hēłk·!ōtewali-łasa g·ōkwē, qa hēłp!altāliseēxa la ⁽lābᴇgwēlkwa. Wä, g·il⁽ᴇm⁽lāwisē ⁽wī⁽laēʟᴇxs g·āxaa⁽lasē Q!ēx·sēsᴇlasē g·āxēʟa. Wä, lā⁽laē K·!ēdēlᴇ-ma⁽yē q!āx·sīdzēq, qa lās k!wāg·alił lāxa nāqoʟēwalīłasa g·ōkwē lāx
80 ōba⁽yasa ⁽lābᴇgwēlkwē, qa hēłp!altālēs dōqŭlaxa ⁽nāxwa gwāyi⁽lālats K.!ēdēlᴇma⁽yē, qō łāł mᴇ⁽nēłał qaē. Wä, g·il⁽ᴇm⁽lāwisē ⁽wī⁽la sᴇlt!alī-

was going to show them. When they were all sitting still, | Head- 82
Princess arose. She carried her basket, | and she spoke. She said,
"Thank you, fathers, | for having come quickly. Indeed, I am a
wise woman, for my father || wishes me alone to do what we are here 85
for; and this is | the way of working the winter dance for which we
are assembled here. Now you have come, | fathers, to see the lasso
which we use for catching the ghost-dancer | Q!ēx·sēsElas (V 4).
This is the lasso of my ancestors for the ghost-dancer, | and you came
for this reason. Now let us go and catch || Q!ēx·sēsElas (V 4). You 90
will all be invited by YāqEyalīsEm (V 7), | and you shall all sit
together. The cannibal-dancer shall sit down | in the rear of the
house when this hole will be covered over, | that nobody may come
near to it who is not a cannibal-dancer. | And you, ghost-dancers,
will sit down outside of the || cannibal-dancers, on the board covering 95
of the hole: | and some will sit on one side of the cannibal-dancers
and some on the other side; | and the Sparrow Society, and the
Sparrow Society women, | will sit on each side of the house." Thus
said Head-Princess; and as she said so, she took the | rope out of the
basket, coiled it up in her left hand, || and then she spoke again, and 400
said, "Let me | ask you, chiefs, to do the same as we | L!aL!asiqwăla
do when you catch the ghost-dancer; for when the | L!aL!asiqwăla

---

lExs lāa‘las Lăx‘ŭlīlē K·lēdēlEma‘yē. Wä, laEm‘laē dālaxēs L!ābatē. 82
Wä, lă‘laē yāq!Eg·a‘la. Wä, lă‘laē ‘nēk·a·: "Gēlask·as‘la wīwŏmp-
qExs âlElēlaēx. Qă̱Laxg·in nâgadēk· ts!Edāqa lāg·īlasEn ōmpa ÂEm
‘nēx· qEn nōgwa‘mē ÂEm aāxsīlaxEns g·āxēx gwaēlasa. Wä, yūEm 85
ts!āts!exsilax·LEns g·āxēx k!walaēna‘ya. Wä, g·a‘mēs g·āxēlē
wīwŏmp, qa‘s dōqwalaōsaxg·a x·īmayŏlg·însag·ada lElōlalalēg·a
Q!ēx·sēsElasEk·, yixg·ada x·īmayoku dEnEmsEn qwēsbalīsē lāxēs lēlE-
lōlElalē. Wä, hē‘mēts g·āxēlōs. Wä, hē‘maa, qEnsō lâl k·îmyalExg·a
Q!ēx·sēsElasEk·; wä, laEms g·āx‘mawēsLal lē‘lānEmîtsōx YāqEya- 90
līsEmax. Wä, laEm gwălElaEml q!ap!ēg·alîlElaLa haămats!a k!ūs‘ā-
līlElal lāxa nEqēwalilaxsa g·ōkwēx, qag·ō lâl păxstalîlxuLEg·ada
‘lābEgwēlkŭk·, qa k·!eâsēs nExwabālasa k·!ēsē hāmats!a lāqEk·.
Wä, hē‘misōs, qōsaq!ōs lēlElōlElāla, yixs hē‘maē L!āsEx·dzamwēltsa
haămats!a. Wä, laEm k!wădzewēlxōx paxsta‘yasa ‘lābEgwēlkwēx. 95
Wä, laLēda ēōlala k!wak!wanōLEmalîlLE lāx wāx·sbalîlasa haăma-
ts!a. Wä, hē‘mis lâl k!ūdzēlaslitsa gwēgŭdza ̱Lē‘wa gwēgŭts!axsEma
‘wāx·sanēgwilasag·ōkwēx," ‘nēx·‘laē K·lēdēlEma‘yaxs lāa‘l dâlts!ōdxa
dEnEmē lāxa L!ābatē, qa‘s q!Elx‘waLElōdēs lāxēs gemxōlts!āna‘yē.
Wä, lă‘laxaē ēdzaqwa yāq!Eg·a‘la. Wä, lă‘laē ‘nēk·a·: "Wäg·a‘mas- 400
̱LEn wŭlÂL g·ig·Egămē. Hē‘mas gwēg·ilanu‘xu gwēg·ilasag·anu‘xu
L!aL!Lasiqwălēk·, yixs lElōlălŭlaēs k·îmyasōLōs, yixs g·îl‘maē k·îmyāLa

catch the ghost-dancer, the one who gives the winter dance to the tribe calls the people; | and four rattles are taken and are given to the one who ‖ takes care of the cedar-bark. There are four of them. Then he takes them, | and he begins to shake one of them, and sings his four | secret songs. He stands still while he is singing three of his secret songs; | and when he sings his fourth secret song, he walks | and goes around the fire in the middle of the house. He pretends to look for the war-dancers; ‖ and when he finds one, he gives the rattle that he was using to her; and he | gives the other three rattles to three war-dancers. | When they all have them, the four war-dancers stand up together. | They shake their rattles and sing each her secret song, | for they are war-dancers; and when they finish ‖ their secret songs, the man who takes care of the rattles takes the four | rattles and carries them again, walking around the fire in the middle of the house, | and he gives one rattle each to the four frog-war-dancers. | Then they stand up, shake their rattles, and | each sings her secret song about the frogs in their bodies. Then ‖ they take their rattles and put them away. | They take red cedar-bark and give it to the cannibal-dancer; | and when each cannibal-dancer has a piece of it, they all get excited. Then they all | run out, and the people who try to catch the ghost-dancer run after them. | Then the war-dancers and the frog-dancers are next to the cannibal-dancers, ‖

!LaL!asiqwălăxa lElōlălălaxs laē ĕxˈEm Lĕlalēda yăwixˈîlăxēs gˈōkŭlōtē. Wä, lä ăxˈētsEˈwēda mōsgEmē yīyatˈlala, qaˈs lä tsˈlEwēs lăxa aăxsilăxwa LˈlăgEkwĕx lăxēs mōsgEˈmēnaˈyē. Wä, lä dăxˈˈîdEq. Wä, hēˈmis la yatˈlidaatsēsa ˈnEmsgEmē, qaˈs yălaqwēsa mōsgEmē lăxēs yīyălaxᵘlEnē. Wä, laEm ăxˈsăEm Laˈwîlexs laē yălaqŭlasa yŭduxᵘsEmē. Wä, gˈîlˈmēsē qˈlŭlbaxs laē yălaqwasa mōsgEmōtē, qaˈs qăsîlîlē. Wä, laEm lăˈstalîlelaxa lăqwawalîlē, qaˈs ălăbōlēxa ēōlala. Wä, gˈîlˈmēsē qˈlaqĕxs laē tsˈlăsēs yatElaxˈdē yatˈlala lăq. Wä, lä ĕtˈlēdē tsˈlEwanaqElasa yŭduxᵘsEmē yēyatˈlala lăxa yŭdukwē ōgŭˈla ēōlala. Wä, gˈîlˈmēsē ˈwîlxtoxs laē ˈnEmăgˈîlîl Lăxˈŭlîleda mōkwē ēōlala, qaˈs ˈnEmăxˈˈîdē yatˈlētsēs yēyatˈlala, qaˈs ˈnEmădzaqwē yēyălaqwasēs yēyălaxᵘlEnē lăxēs ēōlalaēnaˈyē. Wä, gˈîlˈmēsē ˈnăxwa qˈlŭlbē yēyălaqŭlaēnaˈyas, laēda aăxsilăxa yēyatˈlala dăxˈˈîdxa mōsgEmē yēyatˈlala, qaˈs lä dălaqĕxs lăaxatˈlăˈstalîlelēs lăxa lăqwawalîlē. Wä, lăxaē tsˈlăsa ˈnălˈnEmsgEmē yatˈlala lăxa mōkwē wīwEqˈlēs ēōlala. Wä, hĕxˈˈîdExˈdaˈxᵘˈmēsē Lăxˈŭlîla, qaˈs yatˈlēdēsēsēs yēyatˈlala, qaˈs yiyălaqwēsēs yiyălaxᵘlEnē lăxēs wīwEqˈlētsˈlēnaˈyē. Wä, gˈîlˈmēsē gwălExs laē ăxˈētsEˈwēda yēyatˈlala, qaˈs yăwasˈˈîdē gˈExasEˈwa. Wä, lä ăxˈētsEˈwēda LˈlăgEkwē, qaˈs yăxˈwîdayowē lăxa hăămatsˈla. Wä, gˈîlˈmēsē ˈwîlxtoxs laē ˈnEmăgˈîlîl xwăxŭsâ. Wä, hēˈmis la dzElxˈwŭldzatsē. Wä, âˈmēsē la qˈlomxˈsEmēsōsa ˈnăxwa kˈîmyălxa lElōlălalē. Wä, laEmˈlaLēda ēōlala Lēˈwa wīwEqˈlēsē măkˈîlălxa hăăma-

and the other ghost-dancers are the last; and last | of all follow the 25
Sparrow Society and the Sparrow women. They go right | to the
place where they hear the cry "Hamamamama!" of the ghosts. |
Then they pretend to bring back Q!ēx·sēsElas; and when the | cannibal-dancers approach her, they will fall down like dead; and the ||
war-dancers and the frog-dancers will go to see why they do so; | there- 30
fore they go to look; and when they come up to them, | there will be
again the cry, "Hamamamama!" of the ghosts. They | all drop
down like dead, and also the | Sparrow Society men and women drop
down. Only the ghost-dancers do not drop down. || Then they go to 35
get urine, and sprinkle it | over the cannibal-dancers and the war- and
frog-dancers, and finally they | sprinkle the urine over the Sparrow
men and women and | also the Sparrow Society children. When
they have all been sprinkled with urine, | they come to life again,
and they all follow the || cannibal-dancers and go back into the 40
winter-dance house; for, as soon as | they drop down like dead, when
the cannibal-dancers, | the war-dancers, the frog-dancers, and all the
others, are struck by the ghost, then the ghost-dancers | catch
Q!ēx·sēsElas and bring her in before any of the others get back |
into the winter-dance house, who were lying there like dead. || She 45
is put into her secret room in the rear of the middle of the house. |
Then the cannibal-dancers come in, sounding their whistles, and go

---

ts!a. Wä, lāLōs lēlElōlălaɬaq!ōs ElxLEles. Wä, hē‘mis lăɬ ElxLaya- 25
asɬtsa gwēgwäts!Ema LE‘wa gwēgŭts!axsEmē. Wä, la‘mē hē‘năkŭlaEmɬ lāxēs wŭLElasLaxa hamamamaxaasLasa lēslânēnoxwa, qō
g·āxbōlaɬ taōdg·ostōdElxōx Q!ēx·sēsElasēx. Wä, g·ïlEmɬwisē ēx·ag·aaLElaLa hăămats!a laqēxs lēLa yāqŭmg·aElsLE. Wä, lăɬ ‘năxwa
EmLa ēōlala LE‘wa wīwEq!ēsē ăwēlElqElax hēg·iɬas gwēx·‘idē. 30
Wä, hē‘mis lāg·iɬas la ‘wī‘la dōx‘wīdEq. Wä, g·ïl‘mēsē lāg·aa lāqēxs
lāa‘l ēdzaqwa hamamamaxēda lēslâlēnoxwē. Wä, hēx·‘idaEmɬwisē
‘năxwa yāqŭmg·aElsa. Wä, la‘mē ‘năxwa yāqŭmg·aElsēda gwēgwäts!Em LE‘wa gwēgŭts!axsEmē. Wä, la‘mē ‘năxwa k·!ēs yāqŭmg·aElsēda lēlElōlălaɬē. Wä, hē‘mē lăɬ ăx‘ēdElxa kwäts!ē, qa‘s lā xosElg·ēs 35
lāxa hăămats!a LE‘wa ēōlala LE‘wa wīwEq!ēsē. Wä,lä ălxLălaxs lāLē
xōsElgEntsa kwäts!ē lāxa gwēgwäts!Emē LE‘wa gwēgŭts!axsEmē Lōla
gwăgŭgwēdzEmē. Wä, g·ïl‘Emɬwisē ‘wīlxtōdEɬ xEwēx̣usa kwäts!ē,
qō lăɬ ‘năxwaEmɬ q!ŭlāx·‘īdEɬ, wä, â‘mis lā ‘wī‘la la ElxLēsa hăămats!äxs laē aēdaaqa, qa‘s lā hōgwīL lāxa lōbEkwē, qaxs g·ïl‘mēx·dē 40
‘năxwa yāqŭmg·aEls laē lēlEwalkwa ‘năxwa hăămats!a LE‘wa ēōlala
LE‘wa wīwEq!ēsē Lō‘ ‘năxwēs waōkwē, lāLasa waōkwē lēlElōlălaɬ
k·imyaɬxōx Q!ēx·sēsElasēx, qa‘s g·āxēɬ g·āg·alagEmaɬ g·āxēɬtsōx
lāxwa lōbEkwaxs k·!ēâs‘mēLē q!ŭlāx·‘īdEɬtsa la yāxyEq!ŭsa. Wä,
g·ïl‘mēsē laēL lāxēs ɬEmē‘lats!ē lāxwa nāqoLēwaliɬēx g·āxaas xwēx̣wa- 45
gwēLElēda hăămats!a, qa‘s lōLaɬ haELEla lāxēs ɬEmē‘lats!ē lāxg·ada

straight into their secret room at the | left-hand corner of the house; and when they are all inside, the Sparrow Society men, | women, and children come in. Then | YāqEyalīsEm (V 6) will give away property for the one who has been caught, and he will change his name. ‖ Then his name will be HōLēlid (V 6), for this is the name of my father; | and after he has given away property, HōLēlid (V 6) will ask help from | your uninitiated children, chiefs, for he must take hold of the lasso | for the ghost-dancer to-morrow night, when she comes down to the floor of the house. | HōLēlid (V 6) will put the rope around her waist.—Now, come and ‖ take this lasso, HōLēlid, for what I told you is all that is to be done | about the ghost-dancer." Thus she said. |

Immediately HōLēlid (V 6) went and took the lasso, which was made of long | cedar rope, and thanked his wife for her speech. When | he had thanked his wife, he turned to the ‖ chiefs who were sitting down, and he said, "Indeed, we shall | be chiefs. Now you have heard the speech of my father-in-law. It is not my | wife here who speaks of these instructions which she gave us for my winter dance, which I give with the | marriage gift, that was given to us, chiefs of the Kwakiutl; | it is he who comes and speaks in my house here. Now, take good care, ‖ so that we shall not miss any of the instructions given to us, for | it is the first time that this will be shown by you, chiefs of the Kwakiutl!" | Thus he said. |

---

gEmxōlīwalîlEk. Wā, g·îl'mēsē 'wi'laēLēda 'nāxwa gwēgwāts!Emē LE'wa gwēgŭts!axsEmē Lō'ma gwāgŭgwēdzEmē lāLaxs yāx'wīdLōx YāqEyalīsEmasa k·īm'yānEmLēx. Wā, la'mōx L!āyōxLāl lāxēq. La'mōx LēgadElts HōLēlidē lāxēq, yīxs LēgEmaaxsEn ōmpē. Wā, g·îl'Emî'wīsōx gwāl yāqwał lāLasōx HōLēlidēx hēlalxōx bēbaxŭts!Edzayaq!ōs g·īg·Egāmē, qa g·axē dāk·!îndElg·ada x·īmayoku dEnEma !āxa lElōlElālax gānoLas lEnsLa, qo lāl lālabEtalîlasLa lElōlălalēx. Wā, yūEmīwīsox HōLēlidēx qEnōyodEltsg·a dEnEm lāq. Wā, gēlag·a äx'ēdExg·ada qEnāyoku dEnEma, HōLēlid, qaxs LE'maē 'wi'la gwāyi'lālasaxa lElōlălalē," 'nēx·'laē.

Wā, hēx·'idaEm'lāwisē HōLēlidē la äx'ēdxa qEnāyowē g·îltla dEnsEn dEnEma, qa'a mōlēs wāldEmasēs gEnEmō. Wā, g·îl'Em'lāwisē gwāl mōlas wāldEmasēs gEnEmaxs lāa'l gwāyaxstax·'īd lāxa g·īg·Egāma'yē g·āx k!ŭdzēla. Wā, lā'laē 'nēk·a: "QāLalEns g·īg·Egāmē. LaEms wŭLElax wāldEmasEn nEgŭmpa, g·aēl 'nēx·g·īn gEnEmk·, yīsēs la LExs'ā'layō qEns gwayi'lālasa qaēda yāwix·'îlaēna'yEn yīs k·!ēs'ōgŭlxLa'yasē g·āxEns g·īg·Egāmēs Kwākŭg·ōl, qaxs hē'maa g·āx 'nēk·Elag·îlîl lāxEn g·ōkwēx. Wā, wāg·îl la yāL!ox'wīdLEx, qEns k·!eâsēl ōgŭgElEntsōl lāx Lēxsala'yo g·āxEns lāxwa hē'mēx alēl 'nEmp!Enal g·āx nēl'īdEl lāl g·īg·Egāmēs Kwākŭg·ōl," 'nēx·'laē.

As soon as he ended his speech, then | the chief of the Maămtag·ila, Q!ōmogwē‘, spoke, and said, "Take ‖ care, friends, for we have 70 never done in this manner in our | ghost-dance. It is done differently by the ᴌ!aᴌ!asiqwăla. Now we | obtained in marriage these privileges. Therefore | I am glad of your speech, Head-Princess (V 7). It is really different from | our way of doing it. I have been trying to understand the different privileges ‖ which I have now, 75 although I am a Kwakiutl, for I never made a mistake in it. | Now, do not let us just sleep, chiefs, for my heart is | happy on account of the treasure which we obtained from the great chief K·˙lăde (IV 21). | That is what I say, Hōᴌēlid (V 6)." Thus he said, and ended his speech. |

Now it was daylight, and at once Q!ōmogwē‘— ‖ oh, I forgot, 80 his name is now changed, for he used his winter name, and | his name was Yŏx̣ŭyagwas,—stood up and asked his friends, | the chiefs of the numayms. He said to them, "Don't | sit there idly! Let us arise and dress ourselves and | let ourselves wake up our tribe to go into ‖ this winter-dance house of our friend Hōᴌēlid (V 6), for | 85 Head-Princess (V 7) knows that we shall really try to handle rightly | the privileges given in marriage to our friend Hōᴌēlid (V 6). Now take | red cedar-bark to put around our heads and for our neck-

Wä, g·îl‘ᴇm‘lāwisē q!ŭlbē wäldᴇmasēxs lāa‘l yāq!ᴇg·a‘lē g·īgăma- 68
‘yasa Maămtag·ila, yîx Q!ōmogwa‘yē. Wä, lā‘lae ‘nēk·a: "Wäg·a ăᴇmî ‘näx̣wa yāʟ!ăʟᴇx ‘nē‘nᴇmōk" hēenoxwawēsᴇns gwēg·ila qaᴇns 70
lēlᴇlōlăłalēx, yîxōx gwayi‘lälasaxsaxsa ʟ!ʟa!asiqwăla. Wä, la‘mᴇns geg·adanᴇmaqᵘxwa ‘wälasēx k·!ēk·!ᴇs‘â. Wä, hē‘mēsᴇn lāg·îla mō- lasōx wāldᴇmaqōs, K·!ēdēlᴇmē. Wä, la‘mōx âlak·lāla ōgŭqăla läxᴇn nōsē dăłaēnēqᵘ. Wä, yū‘mᴇns aläsowa ōgŭqalāx k·!ēk·!ᴇs‘â, qᴇn läloʟ!asōxgŭn Kwäg·ułē, yîxg·în k·!eâsēk· łᴇnts!Ăsᴇ‘wa. Wä 75
gwāłᴇlasᴇns wŭl‘ᴇm mēx‘ēda, g·ig·ᴇgămē. Laᴇm ʟōma la ēx·q!ᴇ- sᴇlag·în nâqek·, qaᴇns ʟōgwa‘yē läxa ‘wälasa g·īgăma‘yē K·!ădē. Wä, qᴇn ‘nēk·ē, Hōᴌēlidä," ‘nēx·‘laēxs laē q!wēl‘īda.

Wä, laᴇm‘lae ‘năx·‘ida. Wä, hēx‘idaᴇm‘lāwisē Q!ōmogwa‘yē,— wäq!ŭnēxᵘʟā, laᴇm ʟ!äyoxʟā qaxs lᴇ‘maē ts!ētsagᴇxʟäla. Wä, 80
laᴇm ʟēgadᴇlas Yŏx̣ᵘyagwasē,—ʟāx̣‘ŭlîla, qa‘s ăxk·lālēxēs ‘nē‘nᴇmō- kwa g·īg·ᴇgăma‘yʟsa ‘năl‘nᴇ‘mēmasē. Wä, lā‘lae ‘nēk·ᴇq: "Gwăllas k!wälax·‘da‘xōʟ. Wēg·a ʟāx̣‘wīdᴇx qᴇns wäg·ē q!wälax·‘īda, qᴇns xamî‘lälamē la gwäxᴇns g·ōlg·ŭkŭlōtax, qa g·ăxlāg·iltso ‘wi‘laēʟ läxōx lōbᴇkwaxsᴇns ‘nᴇmōkwōx Hōᴌēlidēx, qa q!ăl‘aʟᴇlēsōx K·!ēdē- 85
łᴇma‘yaxg·îns âlak·!alīʟᴇk· aēk·ilałxᴇns g·äxēnēlē aāxsilałxōx k·!ēk·!ᴇs‘ōgŭlxʟa‘yaxs läxᴇn ‘nᴇmōkwōx Hōᴌēlidēx. Wä, wēg·a ăx‘ēdᴇx ʟ!āgᴇkwa, qᴇnu‘x" qēqᴇx·ᴇma‘ya, ʟō‘ qᴇnu‘xᵘ qēqᴇnxawa‘ya,

rings, | and tallow to put on our faces, and rope to be used for belts, ‖
90 and also our Sparrow Society canes!" Thus he said. |

Immediately all those things that he named were brought, | and they were put down next to Head-Princess (V 7). Now she also changed her name, and she | used her winter-dance name which she used among the L!aL!asiqwăla. Now she | told her winter-dance
95 name to the chiefs. It was Chiton (V 7). ‖ She said, "That is my name which I obtained from my father." Thus she said. Then | all the chiefs dressed up; and after they had done so, Chiton (V 7) was asked | by Yŏx̣ᵘyagwas, "What shall we say when we | go about to call the people?" Thus he said. Then Chiton (V 7) said, | "Your word is good, for we must use the way of speaking of the L!aL!asi-
500 qwăla in this winter-dance of Hōᴸēlid. ‖ These will be your words: 'Now we walk to invite you, shamans, to | wash your eyes in the house of our friend Hōᴸēlid (V 6),'" she said. | "And after him, the others will also say, 'Now, arise, | and wash your eyes, so that the secular season may come off from your eyes, for | our season has
5 changed, and you will see the winter-dance ‖ season.'" Thus said Chiton (V 7), giving instructions to them. "And that is | all that you will say," said she to them. Then she called | Yŏx̣ᵘyagwas, and whispered to him, saying, "Please ask | the song-leaders not to come into the house, for I will | go and teach them the songs of the ghost-
10 dancers at the ‖ supernatural place when all the tribes are in the

---

Lō⁽ yāsᴇkwa, qᴇnu⁽x̣ᵘ yāsᴇkŭmdē, ᴌō⁽ dᴇnᴇma, qᴇnu⁽x̣ᵘ wŭsēg·a-
90 nōwa; wä, hē⁽mᴇsᴇnu⁽x̣ᵘ gwēgwesp!ēqᴌa," ‘nēx·‘laē.

Wä, hex·‘idaᴇm‘lāwisē ‘wi‘la äx‘ētsᴇ‘wē ᴌᴇᴌᴇqᴇlasᴇ‘was qa‘s g·āxē g·ig·alilᴇma yis K·!ēdēlᴇma‘yē. ᴌaᴇm‘xaē ʟ!āyōxʟä. Wä, laᴇm‘laē hexʟälaxēs ts!ägᴇxʟäyo läxēs ʟ!äʟ!asēq!wēna‘yē. Wä, laᴇm‘laē ‘nēlasēs ts!ägᴇxʟäyo lēgᴇm läxa g·ig·Egäma‘yē Q!änasē. "Wä,
95 hē‘mᴇn ʟēgᴇmē läxᴇn ōmpa," ‘nēx·‘laē. Wä, laᴇm‘laē q!wälax·‘id ‘naxwēda g·ig·Egäma‘yē. Wä, g·il‘ᴇm‘lāwisē gwälᴇxs lāa‘l wŭʟa-sᴇ‘we Q!änasē yis Yŏx̣ᵘyagwasē: "Wēk·!älaʟᴇnu‘x̣ᵘ läxᴇnu‘x̣ᵘ qats!axstalaēnēʟa?" ‘nēx·‘laē. Wä, lä‘laē ‘nēk·ē Q!änasē: "La‘mōx ēk·ōs wäldᴇmaqōs, qaxs ʟ!äʟ!esēq!wälaōx ts!äq!ēna‘yaxs Hōᴸēlidē.
500 Wä, g·aᴇms wäldᴇmig·a: 'La‘mᴇnu‘x̣ᵘ qāsaai' pēpᴇxalai', qa‘s laōs ts!ōxstōd läx g·ōkwasᴇns ‘nᴇmōkwē Hōᴸēlidē'," ‘nēx·‘laē. "Wä, lä‘laē ‘nēg·ap!a‘ya waōkwasēq. Wä, lä‘laē ‘nēk·a: 'Wä, ʟax̣‘wid, qa‘s laōs ‘wi‘la ts!ōx̣ᵘstōda qa läwäyēsōs bābaxustä‘yaq!ōs, qaxs lᴇ‘maēx ōgŭx‘idᴇns ‘nälax, qa‘s dōx‘waʟᴇlaōsaxa ts!ägᴇdzōx
5 ‘näla,'" ‘nēx·‘laē Q!änasaxs lāa‘l ʟēxs‘älaq. "Wä, hēᴇm wäxax·‘i-däʟaʟēs wäldᴇmʟaōs," ‘nēx·‘laēq. Wä, hēᴇm‘lāwis la ʟē‘l!älilatsēx Yŏx̣ᵘyagwasē, qa‘s ōpalēq. Wä, lä‘laē ‘nēk·ᴇq: "Wäx las äxk·!ä-laxa nēnâgadä qa k·!ēsēsē g·äx ōgwaqa hōgwēʟa, qᴇn läʟᴇn q!äq!ōʟ!amatsa q!ᴇmq!ᴇmdᴇmaxsa lᴇlōlälala läx·da‘xŭqwē läxa
10 ‘nawalak!ŭdzasa, yixs g·äxᴇʟasē ‘wi‘laēʟōs g·ōlg·ŭkŭlōtaq!ōs," ‘nēx·-

house." Thus she said | to him. Then the chiefs went out of the 11
house | who were going to call for Hōlēlid (V 6); and they followed
the | instructions given by Chiton (V 7), and they spoke at the doors
of all the houses. | Then Yox̱ᵘyagwas whispered to the song-leaders,
telling them what ‖ Chiton (V 7) had said to him. As soon as the 15
chiefs had gone four times | inviting, all the members of the Sparrow
Society—men, women, | and children—came in, but none of the
song-leaders came. | Then Chiton (V 7) went out of the rear door of
her | house to the Supernatural Place, for there all the song-leaders
were ‖ sitting down. Then Chiton (V 7) spoke | and said, "Thank 20
you, friends, for it is just now given | to you to keep these songs. I
mean I will divulge | the songs of my father which I was given when
I was his ghost-dancer. | Now, listen! for I will sing them now."
Thus she said, and ‖ took a cedar-stick, which she used as a baton. 25
First she sang | with fast beating of time the following song of the
ghost-dancer: |

1. Yamamaa xamama yamamaha xamamamamamē yamamaha |
   xamahamaē hamamama! I was carried down by the ghost-
   woman, | yamamaha xamama yamamaha xamamamamamē!‖
2. Yamamaa xamama yamamaha xamamamamamē yamamaha 30
   xamahamaē hamamama! I was made to walk down by the ghost-
   woman, yamamaha xamama yamamaha xamamamamamē! |

ᶜlaēq. Wä, hēx·ᶜidaᵋEmᶜlāwisē lāx·daᶜxᵘ hōqŭwElsēda g·īg·īgăma- 11
ᶜyēxa qāsElg·îsas Hōlēlidē. Wä, âx·daᶜxᵘᶜEmᶜlāwisē la nEgEltewēx
Ḷēxsᶜālayâs Q!ānasē, qa gwēk·!ālats lāx t!Ex·îlāsa ᶜnāxwa g·ig·ōkwa.
Wä, laEm lāḶa Yōx̱ᵘyagwasē aōlEnōlEmaxa nēnâgadē nēlas wäldE-
mas Q!ānasē lāq. Wä, g·îlᶜEmᶜlāwisē mōp!EnēᶜstEda g·īg·Egămaᶜyē 15
qātsēᶜstaxsg·äxaē ᶜwîᶜlaēḶa ᶜnāx̱wa gwēgwats!Ema ḶEᶜwa gwēgŭts!ax-
sEmē ḶEᶜwa gwăgŭgwēdzEmē. Wä, laEmᶜlaē k·!eâs g·äxsa nēnâ-
gadē. Wä, hēᶜEmᶜlāwis la āḶEx·sEᶜwats Q!ānasa t!Enxḷaᶜyasa
g·ōkwē, qaᶜs lä läxa ᶜnawalak!ŭdzasē, qaxs hēᶜmaē la ᶜwîᶜla k!ŭts!E-
dzatsa nēnâgadē. Wä, hēx·ᶜidaEmᶜlāwisē yāq!Eg·aᶜlē Q!ānasē. Wä, 20
läᶜlaē ᶜnēk·a: "Ḡēlak·as la ᶜnēᶜnEmōkᵘ älᶜmawēsō ts!Ewē lax·daᶜ-
ᶜxōḶxwa dälāxwa q!Emq!EmdEmē; ᶜnēᶜnak·îlē qaxg·în âᶜmēLEk·
ētŭlt!EndElg·în q!Emq!Emdemk· läxEn ōmpaxg·în laōlEk· lElōlălal
läq. Wä, laᶜmēts hōḶēlalqEk·, qEn dEnxᶜidēsEk·," ᶜnēx·ᶜlaēxs laē
äxᶜēdxa k!waᶜxḶāwē, qaᶜs t!Emyayâ. Wä, hēEmᶜlāwis g·îl dEnxᶜîda- 25
yosēda tsaxala q!EmdEmsa lElōlălalē. Wä, g·aᶜmēsēg·a:

1. Yamamaa xamama yamamē yamamaha xamamamamamē yamamaha
   xamahamaē hamamama lēlaxaäsElayoxᵘdōxs lēlEwałanaga-
   x·dē, yamamaha xamama yamamaha xamamamamamē.
2.¹ ——— tōwaxaēsElayoxᵘdōxs lēlEwałanagax·dē ——— 30

---

¹ The burden of the first line is repeated in the second and third lines.

31 3. Yamamaa xamama yamamaha xamamamamamē yamamaha
xamahamaē hamamama! The supernatural watcher walked
with me underground, yamamaha | xamama yamamaha
xamamamamamē! |

Chiton (V 7) sang only three verses of the song with fast time beating | for the song-leaders. Immediately the song-leaders had
35 learned the ‖ ghost-dancer's song with fast time beating. Then they
told Chiton (V 7) to | go ahead and sing the next song of the ghost-
dancer, for they thought | that there must be another song with
slow beating of time. Immediately | Chiton (V 7) began beating
slowly. This is her song—|

1. Yamama xaxamama yamama xaxamama yamama xaxamama ‖
40 yamamahä xaxamama hē hē hē hē! I was carried down | by
the ghost-woman, yamama xaxamama yamama | xaxamama
yamama xaxamama yamamahä xaxamama hē hē | hē hē! |

2. Yamama xaxamama yamama xaxamama yamama xaxamama
yamamahä xaxamama hē hē hē hē I was taken into the house
45 by the ‖ supernatural watcher, yamama xaxamama yamama
xaxamama yamama xaxamama yamamahä xaxamama hē hē
hē hē! |

3. Yamama xaxamama yamama xaxamama yamama xaxamama
yamamahä xaxamama hē hē hē hē! The forehead dress of the
ghost-woman has been put on my forehead, | yamama
xaxamama yamama xaxamama yamama xaxamama yamamahä
xaxamama hē hē hē hē! |

---

31 3. ——— toyowapElayoxᵘdōxs qlōmēsilax·dē ᶜnawalakᵘ yamamaha
xamama yamamaha xamamamamamē.

Wä, yūduxᵘsEmk·!EnalaEmᶜlaēda tsaxāla g·ildzagūms Qlānasē
qaēda nēnâgadē. Wä, hëx·ᶜidaEmᶜlāwisē qlâlᶜēdēda nēnâgadaxa
35 tsaxāla qlEmdEmsa lElōlâlalē. Wä, lāx·ᶜdaᶜxwē wäxax Qlānasē, qa
ētlēdēs dEnxᶜīts waōkwasa qlEmdEmsa lElōlâlalē qaxs k·ōtax·da-
ᶜxᵘᶜmaaqē nEqaxEla tlEmᶜyasas waōkwas. Wä, hëx·ᶜidaEmᶜlāwisē
ēdzaqwa dEnxᶜīdē Qlānasasa nEqaxElās tlEmyasē. Wä, g·aᶜmēsēg·a:

1. Yamama xaxamama yamama xaxamama yamama xaxamama
40 yamamahä xaxamama hē hē hē hē. Lāx·dEn lēlaxaasEla-
yuxᵘdEs lēlEwałanagax·dē yamama xaxamama yamama xa-
xamama yamama xaxamama yamamahä xaxamama hē hē
hē hē.

2. ——— ᶜya lāx·dEn laēḻEmaē lāx g·ōkwas Qlōmēsilax·dē ᶜnawa-
45 lakwē ———.

3. ——— lāx·dEn ēsak·Eyōtsōs ēsak·ewēx·dēs lēlEwałanagax·dē
———.

4. Yamama xaxamama yamama xaxamama yamama xaxamama 48
yamamahä xaxamama hē hē hē hē! The neck-ring of the ghost-
woman has been put around my neck, | yamamahä xaxamama
yamama xaxamama yamama xaxamama yamamahä xaxamama
hē hē hē hē! ‖

It is said that the number of the songs of the ghost-dancer is only 50
two; | and when all the song-leaders could sing the two songs, | they
came out of the woods and entered through the rear door of the
dancing-house. | Now, HōʟElid (V 6) and the other chiefs | of the
numayms did according to the instructions given by Chiton (V 7)
the ‖ preceding night. They had nearly done everything that had to 55
be done | before they went to catch the ghost-dancer. Then Chiton
and the | song-leaders came in through the rear door of the dancing-
house. They had not been in a long time before | all the different
ways were finished. Then the cannibal-dancers were made excited, |
and they first went out, being excited; and ‖ next to them followed 60
those who had been told to go by Chiton (V 7) | following the cannibal-
dancers; and finally the Sparrow Society men, women, and children,
went out. | When the cannibal-dancers came near to the point of
land, | the cry, "Hamamamama!" was heard on the other side of the
point; and | all the cannibal-dancers tumbled about and fell down
on the rocks. ‖ Then the war-dancers went to them to see why they 65
were | falling down on the rocks; and when they came up to them, |

---

4. ——— Lāx·dᴇn qax·osaʻyasōs ēyax̣ŭlax·dēs lᴇlᴇwałanagax·dē 48
———.

Wä, hēᴇm ʻwäxaats qlᴇmqlᴇmdᴇmasa lᴇlōlălałē maʻĭtsᴇmʻᴇmʻlaē. 50
Wä, g·ĭlʻᴇmʻlāwisē ʻnäx̣wa qlälēda nᴇnû̂gadäxa maʻĭtsᴇmē qlᴇmqlᴇm-
dᴇxs lāaʻl hōx̣ʻwŭltla, qaʻs lä g·ayᴇmx·sâ läx tlᴇnxʟaʻyasa lōbᴇ-
kwē. Wä, laᴇmʻlaē qlŭlyälag·ĭlĭlʻmē Hōʟēlidē ʟᴇʻwa g·ĭg·ᴇgäma-
ʻyasa ʻnälʻnᴇʻmēmasē ĥᴇm nᴇgᴇłtᴇwēx ʟèxsʻälayâs Qlänasaqēxa
gä̆nuʟē. Wä, laᴇmʻlāwisē ᴇlāq lâbᴇndᴇx ʻwäxax·ʻidalaasas gwäyĭ- 55
ʻlälasē qaēda k·ĭmyałaxa lᴇlōlălałaxs lāaʻl hōxsowē Qlänasē ʟᴇʻwa
nᴇnû̂gadē lālaxa tlᴇnxʟaʻyasa lōbᴇkwē. Wä, k·lēsʻlatla gaēłᴇxs laē
gwälalĭlē gwēgwälag·ʻĭlilasas. Wä, laᴇmʻlaē ʻnäx̣wa x̣wâx̣ŭsowēda hääᴇ-
matsla. Wä, hēʻmis g·ĭl läwᴇlsᴇxs laē x̣wēx̣wäkwa. Wä, hēʻmis la
mäk·ʻĭlaqē gwᴇʻyâs Qlänasē, qa mäk·ʻĭlaxa häämatsla. Wä, laʻmēsʟa 60
ᴇlxʟaʻya gwēgwätslᴇmē ʟᴇʻwa gwēgŭtslaxsᴇmē ʟᴇʻwa gwâgŭgwē-
dzᴇmē. Wä, g·ĭlʻmēsē ᴇlāq laēłbᴇndēda häämatsla läxa äwĭłbaʻyaxs
lāaʻlasē hämamamaxē âpsädzaʻyasa äwĭłbaʻyē. Wä, hēx·ʻidaᴇmʻla-
wisē ʻnäx̣wa hē gwēx·s wĭwŭnäłʻēdēda häämatsla, qaʻs yäqŭmg·aalē.
Wä, lāʻlaē gwästēda tētōx̣ʻwidē, qaʻs lä dōx̣ʻwidᴇx sēnatlalās läg·ĭlas 65
yäqŭmg·aalē. Wä, g·ĭlʻᴇmʻlāwisē läg·aax·daʻx̣ᵘ läqēxs läalasē ēdza-

67 the cry "Hamamamama!" was uttered again on the other side of the point, and | they all staggered about and fell down on the rocks.
70 Then the Sparrow Society men, | women, and children ran up ‖ to them to see what caused them to fall down; and when | they came up to them, the cry "Hamamamama!" was uttered again on the other side | of the point from the place where they were walking, and all of them staggered about | and fell down on the rocks. Now only the many ghost-dancers were alive. | Then some ghost-dancers took
75 Q!ēx·sēsᴇlas (V 4) ‖ and led her into the winter-dancing house and put her into the sacred room in the | rear of the dancing-house, at the place where they had dug the hole. Then | other ghost-dancers sprinkled with urine those who were lying on the rocks, struck by the ghosts; | and after they had sprinkled the people struck by the ghosts, | they uttered the cannibal cry, became excited, and ran
80 away from the rocks. They went into their ‖ dancing-house, into their sacred room at the left-hand side in the rear of the dancing-house. | When they were in, the men, | women, and children of the Sparrow Society also went in and sat down | at both sides of the ghost-dancers who were sitting in the center of the rear of the | dancing-house, because they did not want any of the Sparrow Society
85 people to come near the hole that they had dug, ‖ for they did not want anyone to see it. | When they were all inside, Hōʟēlid (V 6) asked the song-leaders to | sing the song of the ghost-dancer. Im-

qwa hamamamaxē ăpsadzᴇ⁽yasa ăwîlba⁽yē. Wä, hëx·⁽idaᴇm⁽laxaā-
67 wisē pēpēʟᴇla, qa⁽s yāqŭmg·aalē. Wä, laᴇm⁽lāwisa gwēgwats!ᴇmē ʟᴇ⁽wa gwēgŭts!axsᴇmē ʟᴇ⁽wa gwagŭgwēdzᴇmē ⁽nāxwa dzᴇlx⁽wīda, qa⁽s lä dōx⁽wīdᴇx lāg·îlas ⁽nāxwa âᴇm lā yāxyᴇq!wē. Wä, g·îl⁽ᴇm⁽lā-
70 wisē lāg·aa lāqēxs lāa⁽laxaasē ēdzaqwa hamamamamaxēda ăpsādza-
⁽yasa ăwîlba⁽yas g·îyᴇmg·îlālasas. Wä, lā⁽laē ⁽nāxwaᴇm pēpēʟᴇla qa⁽s yāqŭmg·aalē. Wä, lēx·aᴇm⁽lāwisē lū q!wēq!ŭlēda q!ēnᴇmē lēlᴇlōlălala. Wä, laᴇm⁽laēda waōkwē lēlᴇlōlălāl̄ ăx⁽ēdᴇx Q!ēx·sēsᴇ-
lasē, qa⁽s lä laēʟas lāxa lōbᴇkwē, qa⁽s lä laēʟas lāxa ɪᴇmē⁽lats!ē lāx
75 nāqoʟēwaliîlasa lōbᴇkwē lāq!ălaᴇmxa ⁽lābᴇgwēlkwē. Wä, lā⁽laē xōs⁽īdēda waōkwē lēlᴇlōlălaîtsa kwäts!ē lāxa lēlᴇwᴇlkwē lā yāxyᴇ-
q!wa, qaxs g·îlnaxwa⁽maa⁽l xōs⁽īitsᴇ⁽wēda ɪᴇwᴇlkwaxs lānaxwaē hēx·⁽idaᴇm hămts!ᴇg·a⁽la, qa⁽s lä xwäkᵘ dzᴇlxŭla, qa⁽s lä laēʟ lāxa lōbᴇkwē, qa⁽s lä laēʟ lāxa ɪᴇmē⁽lats!ē lāx gᴇmxotēwalîlasa lōbᴇkwē.
80 Wä, g·îl⁽ᴇm⁽lāwisē ⁽wī⁽laēʟᴇxs lāa⁽l ōgwaqa hōgwîla gwēgwats!ᴇmē ʟᴇ⁽wa gwēgŭts!axsᴇmē ʟᴇ⁽wa gwagŭgwēdzᴇmē, qa⁽s lāɪ̣l k!ŭs⁽ālī lāxa ⁽wāx·sbalilasa lēlᴇlōlălnlaxs hē⁽maaʟal k!ŭdzēla nāqoʟēwalîlasa-
lōbᴇkwē, qaxs k·!ēsaē hēlq!ālaq nᴇxwabalasa ⁽lābᴇgwēlkwasa gwē-
gwats!ᴇmē, qaxs k·!ēsaē ⁽nēx· qa dōx⁽waʟᴇlēsēs ⁽nᴇmōkwa lāq.
85 Wä, g·îl⁽mēsē ⁽wī⁽laēʟᴇxs lāa⁽lasē Hōʟēlidē ăxk·!ālaxa nēnâgadē, qa dᴇnx⁽ēdēsēs q!ᴇmdᴇmasa lᴇlōlălalē. Wä, hëx·⁽idaᴇm⁽lāwisē sᴇk·ō-

mediately they sang | the song with fast beating; and after they 88
had finished, they | sang the song with slow beating; and after they
had sung it, || the head song-leader, whose name was Hanag·ats!ē, 90
arose and | spoke. He said, "O friends! difficult are | these songs
which we have now. | These are the songs of the supernatural power.
These two | songs which we have sung were obtained by our friend
Q!ēxˑsēsElas (V 4) when she || went to the house of the supernatural 95
power. After he had said so, he sat down. | Q!ēxˑsēsElas (V 4) did
not come and dance. Now | HōLēlid (V 6) asked all those chiefs of
the numayms whose children had never danced | to come in the
evening and to work the lasso; | and he also asked the members of
the Sparrow Society—men, women, and || children—to come and 600
pacify the ghost-dancer. After he had spoken, | Chiton (V 7) brought
out the copper bracelets to the place where HōLēlid (V 6) | was standing.
He gave them away at once to all the | members of the Sparrow Society;
and when each had been given one, they went out of
the | dancing-house. When it was almost evening || Yōx̣ᵘyagwas, 5
and his friends, the chiefs of the numayms, | and the song-leaders, came
in. Then Chiton (V 7) thanked them for coming, | because it was
really not the wish of HōLēlid, because he did not | know the ways
of the winter dance of the L!aL!asiqwăla, | nor his tribe, because they

---

dayowa tsaxăła q!EmdEma. Wä, g·il‘Em‘lāwisē q!ŭlbaxs lāa‘l ēdza- 88
qwasa nEqăxElăs t!Em‘yasē. Wä, g·il‘Em‘lāwisē q!ŭlbaxs lāa‘lasē
Lăx̣‘ŭlila Lăx̣ŭma‘yasa nēnăgadēxa Lēgadās Hanag·ats!ē. Wä, la‘laē 90
yāq!Eg·a‘la. Wä, lā‘laē ‘nēk·a: "‘ya, ‘nē‘nEmōkᵘ. PāsEmălag·i‘la-
kwawēsEnu‘x̣ᵘ lāxg·anu‘xᵘ dăłasōkᵘ yĭxg·ada q!Emq!EmdEmk·. Wä,
yŭEm wăłdEms hāyalilagasaōxda lăqEnu‘x̣ᵘ sEqoyâxwa ma‘itsEmēx
q!Emq!EmdEma yānEmaxsEns ‘nEmōkwaē Q!ēxˑsēsElasa lāxēs
lāasdaē g·ōkwasa hayalilagasē," ‘nēx·‘laēxs lāa‘l k!wăg·alila. Wä, 95
laEm‘laē hēwăxa g·āx yĭx̣‘wīd‘laē Q!ēxˑsēsElasē. Wä, âEm‘lāwisē
HōLēlidē la hēlaxa ‘năxwa bēbax̣ŭts!Edzēsa g·ig·Egăma‘yasa ‘năl‘nE-
‘mēmasē, qa g·āx̣ēltsēxa gănuLē dădEnx̣ᵘsīlałxa x·ˑimayowē dEnEma
Lō‘ ‘năx̣wē‘ma gwēgwats!Emē LE‘wa gwēgŭts!axsEmē Lō‘ma gwăgŭ-
gwēdzEmē, qa‘s tEmElqwēłxa lxlōłăłalē. Wä, g·il‘Em‘lāwisē q!wēl‘ē- 600
dExs g·āxaē Q!ănasē ăx‘ălīłElasa L!ăL!Eqwak·!inē k·!ōkŭla lāx Lă‘wi-
lasas HōLēlidē. Wä, hēx·‘idaEm‘lāwisē yāx‘wīts lāxa ‘năxwa gwē-
gŭgŭdza. Wä, g·il‘Em‘lāwisē ‘wī‘lxtōxs laa‘l ‘wī‘la hōqŭwElsa lăxa
lōbEkwē. Wä, g·il‘Em‘lāwisē Elāq dzăqwaxs g·ăxaa‘l hōgwīLē
Yōx̣ᵘyagwasē LE‘wis ‘nē‘nEmōkwa g·ig·Egăma‘yasa ‘năl‘nE‘mēmasē, 5
LE‘wa nēnăgadē. Wä, hēx·‘idaEm‘lāwise Q!ănasē mōlas g·āxEL!ē-
na‘yas, qaxs âla‘maa‘l k·!eâs năqa‘yē HōLēlidē, qaxs k·ˑēsaē
q!ăLElax gwayi‘lălasasa L!aL!asiqwălăxs ts!ăts!ēxsīlaaxa ts!ēts!ēqa.
Wä, hē‘misēs g·ōlg·ŭkŭlōtē, yĭxs k·ˑēsaē dōqŭlaēnox̣ŭx gwayi‘lălasas.

10 had never seen its ways; ‖ and therefore she thanked the chiefs for
coming with the | song-leaders; and Chiton (V 7) also said to them,
"Now go | and call our tribe when it gets dark. | You, Yōx̣ᵘyagwas,
shall say, when you go and stand in the | doorways of the houses of
15 the tribesmen, 'Now, ‖ shamans, let us try to pacify our friend
Supernatural-Power-coming-up (V 4), the | ghost-dancer!' [for now
her name was changed] and after that your | friends shall say: 'Now, I
beg you to pacify our friend | Supernatural-Power-coming-up (V 4),
this great one obtained by magic;' and | your friends shall say after
20 you, 'Now, Yōx̣ᵘyagwas, I engage your ‖ secular child here,
to try to capture our friend | Supernatural-Power-coming-up, so
that she may turn her mind toward us and become secular.' Thus
they will say; and | then your other friends will say after this,
together with you: | 'Go ahead, go ahead, go ahead! Hurry up! We
shall call only once.'" | Thus said Chiton (V 7) as she gave instruc-
25 tions to them. "Now ‖ you will only speak the way I told you; and |
do not forget that one must ask the uninitiated children of the
chiefs, | because they are the ones who will restore the ghost-dancer, |
Supernatural-Power-coming-up (V 7)." Thus she said. |

30 As soon as it grew dark, the chiefs dressed ‖ themselves and called
in the Whale Society; and when | they had dressed themselves, they

10 Wä, hëʿmis lāgiɫas mōlasa g·ig·Egămaʿyaxs g·āxaē hōgwīLEla ʟEʿwa
nēnâgadē. Wä, lāʿlaxaē ʿnēk·ē Q!ānasaq: laEms lăl qats!a-
xstālałxEns g·ŏlg·ŭkŭlōtax, yĭxs lāʟē p!EdEx·ʿiIsʟä. Wä, g·a-
ʿmēts wăldEmʟōsēg·a Yōx̣ᵘyagwas, qasō lăl q!wastâlīl lāxŏx
t!ēt!Ex·ʿilaxsŏx g·ig·ōkwaxsEn g·ŏlg·ŭkŭlōtax: 'Laʿ mEns nānăqa-
15 maʟai' pēpăxalai' lāxEns ʿnEmōkwē ʿnawalak·ustâlisai'" (lāxa lElō-
lălalē gwēʿyōs, qaxs lEʿmaē ʟ!ăyoxʟä.) "Wä, lāʟōx ʿnēg·âbEʿwēʟōs
ʿnEmōkwaqōs: 'LaEms lăl wăx·ʿīdEł nanăqamałxEns ʿnEmōkwai'
ʿnawalak·ustâlisa ʿnēʿnEmōkwa lāxwa ʿwălasēx ʟŏgwala.' Wä, la-
ʟōx ʿnēg·abEwēʟōs ʿnEmōkwaqōs: 'Laʿ mEn hēloʟai' băxuts!Edza-
20 yaq!osai' Yōx̣ᵘyagwasai', qaʿs lāʟōs laloʟ!ałxEns ʿnEmōkwai'
ʿnawalak·ustâlisa, qa gwasōsʿidēs băxŭsʿīda, ʿnēx·ʟē.' Wä, hëʿmis
lăl ʿnēg·abăʿyaasłtsōs waŏkwaqōs ʿnēʿnEmōkwa lāxŏs ʿnEmādzakŭ-
laēnēEmʟēx: 'Wä, wä, wä, hălag·ʿIlĭltsai' ʿnEmp!Eng·ʿīlts!axstālaEm-
ʟEnuʿx̣ᵘ'" ʿnēx·ʿlaē Q!ānasaxs lāaʿl ʟēxsʿalax·daʿxwEq: "Wä, laEms
25 ʿnEmEmł gwēk·!ālasʟEn lā wăldEmx·daʿxōʟ. Wä. hëʿmis qaʿs
k·!eăsaōs ʟ!ElēwēsŌ, qaʿs hëlasEʿwōs lŭx bēbaxŭts!EdzEʿyasa g·īg·E-
găma ʿyē, qaxs hëʿmaē nâqEmx·ʿīdamasłxwa lEłōlălalēx lāxŏx ʿnawa-
lak·ustâlīsēx," ʿnēx·ʿlaē.

Wä, g·ĭlʿEmʿlāwisē p!EdEx·ʿīdExs lāaʿlas ʿnāxwa q!wălax·ʿīdēda
30 g·īg·ĭgăma ʿyē, yĭxs hëʿmaē lEgŭxʟălax gwēgŭyîmē. Wä, g·ĭlʿEm-
ʿlāwisē gwăl q!wălax·axs lāaʿl hōqŭwEls lāxa lōbEkwē. Wä, gwăbEl-

went out of the dancing-house to the north end | of the village; and 32
when they came to the north end of the | houses, they went in, stood
in the doorway, and | Yōx̣ᵘyagwas followed the instructions of
Chiton (V 7) as to what he was to say, ‖ and also the others; and when 35
all had said their words, | they went out, and they went to the houses
of the south side and | went into those too; and they did the same
as before when they spoke. | They went into all the houses, and then
they | went into the winter-dancing house. There they took a rest.
They did not stay there long, ‖ then they went back. Some of the 40
Sparrow Society people were coming in already; | for those who went
inviting said, whenever they went into the | houses, "Now we come
back to call you," and they spoke together. | Thus they went into all
the houses of the village. Then they entered the dancing-house |
and took a short rest there; but before they had ‖ been sitting there 45
a long time, they went out again to call; and what they said | when
they went the third time was when they first entered the | doors of
the houses of the village, "Now we come back again | to call. Get
up, get up!" they said. And when | they reached the end of the
houses of the village, they went back into the dancing-house and ‖
took a rest; but they did not sit down there long before they arose 50
and | went out again a fourth time. Now they really | tried to get
all those who were sitting in their houses. Starting at the | north end

---

saʻlat!exa g·ōx̣ᵘdᴇmsē. Wä, g·íl'ᴇm'lāwisē lābᴇlsa läxa gŭnxa'yē 32
g·ōkŭxs lāa'l hōgwᴇʟa, qa's lä q!wastōliłax t!ᴇx·íläs. Wä, lä'laē
Yōx̣ᵘyagwasē âᴇm nᴇgᴇltōdᴇx ʟēxs'ālayâs Q!änasē, qa gwēk·!älate
ʟᴇ'wis waōkwē. Wä, g·íl'ᴇm'lāwisē 'wílg·alílē wälᴅᴇmx·da'xwas 35
lāa'l hōqŭwᴇlsa, qa's läxat! läxa 'nälalasē g·ōkwa, qa's läxat!
hōgwīʟ läq. Wä, âx·da'x̣ᵘ'ᴇm'laxaāwisē nᴇgᴇltōdxēs g·ílx·dē
gwēk·!älasa. Wä, g·íl'ᴇm'lāwisē 'wílxtōlsaxa g·ig·ōkŭläxs lāa'l
hōgwīʟ läxa lōbᴇkwē, qa's lä x·ōs'íd läq. Wä, k·!ēs'lat!a gaēlᴇxs
lāa'l qätsē'sta. Wä, g·âx'ᴇm'lāwisēda waōkwē gwēgŭdza hōg·wí- 40
ʟᴇla, yíxs hē'maē wälᴅᴇmsa qäsᴇlg·ísaxs länaxwaē hōgwīʟ läxa
g·ōkŭla: "La'mᴇnu'x̣ᵘ qätsē'stai' läxēs 'nᴇmädzaqwaēna'yē."
Wä, g·íl'ᴇmxaāwisē 'wílxtōlsaxa g·ōkŭläxs laē hōgwīʟ läxa lōbᴇ-
kwē, qa's läxat! yäwas'íd x·ōsalíł läq. Wä, k·!ēs'ᴇm'laxaāwisē
gaēl k!ŭdzíl läqēxs lāa'l ēdᴇlts!axsta qätsē'sta. Wä, hēᴇm wälᴅᴇm- 45
sēxs laē yŭdux̣ᵘp!ᴇnē'sta, yíxs 'nēk·aaxs g·ālaē hōgwīʟa läx t!ēt!ᴇ-
x·'läsa g·ōkŭla g·a'mēs wälᴅᴇmsēg·a: "La'mᴇnu'x̣ᵘ ēdᴇlts!axsta
qätsē'stai'. Wä, wä, wä, ʟaʟaʟax̣'wíd," 'nēx·'laē. Wä, g·íl'mēsē
lābᴇlsaxa g·ōx̣ᵘdᴇmsaxs laē ēt!ēd hōgwīʟ läxa lōbᴇkwē, qa's läxat!
x·ōs'íd läq. Wä, k·!ēs'lat!a gaēl k!ŭdzēlᴇxs lāa'l q!wäg·älił, qa's 50
lä hōqŭwᴇlsa. Wä, laᴇm'laē mop!ᴇnē'sta. Wä, laᴇm'laē âlax·'ídᴇł
wā'wíg·ᴇlílałxa k!ŭdzēla läxēs g·ig·ōkwē. Wä, hēᴇm'laxaāwisē

of the village, and going into the | houses, they said at the same time,
55 "We are looking for a face, now we are ‖ really looking for a face.
Now, get up, get up!" | Thus they said, and they did not leave the
house until the | house-owner went out. Then those who were
looking for faces followed him, and they | barred the door behind.
They continued doing this in | all the houses. After they had been
60 to all the houses, they themselves ‖ went in and barred the door of
the | dancing-house. Then all the Whale Society men were seated. |
Now HōLēlid (V 6) arose and spoke. | He said, "Indeed, all my
friends, indeed, let us | carry out our plan. I thank you for
65 coming into the dancing-house, ‖ because it belongs to us. Therefore
I ask you to take good care, friends; | to take care that we make no
mistake, | friends. Let us all be careful! That is what I say. |
Now get ready, you who hold possession of the breath (songs)!" He
meant | the song-leaders. Then he sent all the members of the
70 Whale Society to sit next ‖ to the ghost-dancer Supernatural-
Power-coming-up (V 4). Then | all the members of the Whale
Society went behind the sacred room of the ghost-dancer. | They did
not stay there long, then they uttered the sound of healing, and | the
song-leaders began the song of the ghost-dancer with fast beating; |
the ghost-dancer Supernatural-Power-coming-up (V 4) did not come

---

53 g·äbɛtēda gwăbalasasa g·ōx^udɛmsē. Wä, g·îl'ɛm'lāwisē laēl lāxa
g·ōkwaxs lāx·da'xwaē 'nɛmădzaqwa 'nēk·a: "Dādoqŭmai', la'mɛ-
55 nu'x^u ălax·'îd dădoqŭmai'. Wä, wä, wä, ɩaɩaɩaɩax'wîd,"
'nēx·laēxs lāa'l k·!ēs la lōwaɩas. Wä, g·îl'ɛm'lāwisē 'wî'la lāwɛlsē
g·ōgwadāsēxs lāa'l ɛlxɩa'ya dādoqŭmɛlg·îsē, qa's hē'mē la ɩɛnēx·'î-
dɛx t!ɛx·'îlāsa g·ōkwē. Wä, hēx·säɛm'lāwisē gwēg·ilaxs laxtōdā-
laaxa g·îg·ōkwē. Wä, g·îl'mēsē 'wîlxtōlsaxa g·îg·ōkwaxs lāa'l
60 hōgwēlɛxs häē. Wä, hēx·'idaɛm'lāwisē ɩɛnēx·'îdɛx t!ɛx·'îlāsa
lōbɛkwē. Wä, g·îl'ɛm'lāwisē gwālɛxs lāa'l 'nāxwa k!ŭs'alîlēda gwē-
gŭyîmē. Wä, hēɛm'lāwis lā ɩāx̣'ŭlîlats HōLēlidē, qa's yāq!ɛg·a'lē.
Wä, lā'laē 'nēk·a: "Qāɩaɩɛns 'nāx^u 'nē'nɛmōk^u; qāɩaɩɛns lāxɛns
sēnat!alîlēx. Wä, gēlak·as'laxs g·āxaēx 'wî'laēɩa lāxɛns lōbɛkwēx
65 ɛnyaēɩɛńs äxnōgwatsōx. Wä, hē'mēsɛn lāg·îla hāyāɩ!ōlîl 'nē'nɛ-
mōk^u, qa's yāɩ!ōx·da'xwaōs laxa yāɩ!ōx·'ɩā, āɩɛns amēlalax,
'nē'nɛmōkwai', qɛns ālag·a'mēl hä'yāɩogolîɩ, qɛn 'nēk·ē. Wä,
wāg·îlla q!āgɛmēɩɛx yōlaxs dālaaqosaxwa hasa'yēx." Hēɛm gwɛ-
'yōsēda nēnâgadē. Wä, laɛm'laē 'yālaqasa gwēgŭyîmē, qa läs 'nɛ-
70 xwālaɩɛlaxa ɩɛlōlălale lāx 'nawalak·ustâlisē. Wä, hēx·'idaɛm'lāwisē
lāx·da'x^u 'wî'lēda gwēgŭyîmē āɩadzɛndxa ɩɛmē'lats!āsa ɩɛlōlălalē.
Wä, k·!ēs'lat!a gălaxs lāa'lasē hēlēk·!ɛg·a'lēda gwēgŭyîmē. Wä,hēx·-
'idaɛm'lāwisē dɛnx·'idēda nēnâgadāsa tsaxála q!ɛmdɛmsa ɩɛlōlălalē.
Wä, hēwäxa'lat!a g·āx'wŭlt!alîlēda ɩɛlōlălalē, yîx 'nawalak·ustâlisē,

out, ‖ although they sang the whole song with fast beating. When | 75
the song-leaders stopped singing with fast beating of time, Yōx̣ᵘ-
yagwas came out | of the sacred room, and spoke. He said, "O |
shamans! listen to what I am going to say! I am very | uneasy on
account of the way the ghost-dancer, our friend Supernatural-Power-
coming-up, is acting. ‖ She does not pay attention to us, although we 80
are singing for her. | It seems that she wants to go down into the
ground. It seems that she is held by something | invisible. Try to
sing again, friends!" | He meant the song-leaders. At once they
began and | sang the song of the ghost-dancer with slow time beat-
ing, ‖ but she did not come out to dance while they were singing. 85
When | the song-leaders ended the song, Yōx̣ᵘyagwas spoke with a
loud voice. | He said, "The ghost-dancer is already going down into
the ground." Then | the front of the sacred room went down, and
Supernatural-Power-coming-up (V 4) was seen by the Sparrow
Society. | Her legs as far as her loins were in the ground. ‖ Then 90
Yōx̣ᵘyagwas and his friends | talked aloud and told Hōlelid to get a
long rope to | put a noose around the waist of Supernatural-Power-
coming-up before she had gone too deep into the ground. | Immediately
Hōlelid took the lasso and | put one end around the waist of Super-
natural-Power-coming-up (V 4). They passed ‖ one end of it under 95
the two poles in the hole that had been dug, in which | Supernatural-

---

yīxs wāxʼmaē lā lābendēs qʼemdemē tsaxāla. Wä, gʼiłʼemʼlāwisē 75
gwāl denxeleda nenāgadāsa tsaxālāxs gʼāxaaʼl gʼāxʼūłtʼalīłē Yōx̣ᵘ-
yagwasē lāxa łemēʼlatsʼē, qaʼs yāqʼegʼaʼłē. Wä, lāʼlaē ʼnēkʼa: "ʼya,
pēpexalai', wäentsōs hōlēlaxgʼin wāłdemlekʼ, qaxgʼin lōmaʼmēkʼ
nōlasōx gwaēlasaxsōxda lelōłālalēx lāxens ʼnemōkwōx ʼnawalakʼus-
tâlisēx, yīxs kʼētsʼemaēx qʼāselaxens wanēnaʼyē qʼemtāqᵘ, yīxs 80
âxʼstʼlaxᵘᵉmaēx lālabetaliła yīxs hāēx gwēxʼs nexelalīłtsowa yīse-
nuʼx̣ᵘ kʼlēsa dōgūła. Wä, wēgʼa gūnxʼʼid ēdzaqwax ʼnēʼnemōkᵘ
denxʼīdex." Hēem gweʼyōsēda nenāgadē. Wä, hexʼidaemʼlāwisē
sekʼōd qaʼs denxʼīdēsa neqāxela qʼemdemsa lelōłālalē. Wä, laem-
ʼlaxaē hēwäxa gʼāxʼūłtʼalīłax wāwasdemas denxela. Wä, gʼiłʼemʼlā- 85
wisē qʼłūłbē denxēnaʼyasa nenāgadāxs lāaʼlasē hādzexstalē Yōx̣ᵘya-
gwasē, ʼnēxʼ lāqexs leʼmaē lābetalīłelēda lelōłālalē. Wä, hēʼmis la
tsaqaxaatsa łemēʼlatsʼē. Wä, hēʼmis laʼl dōxʼwalelatsa gwēgūdzāx
ʼnawalakʼustâlisaxs leʼmaaʼl ʼwiłbetālīłēs gʼōgʼigūyowē lāgʼaa lāxēs
ēwanōłgʼaʼyē. Wä, laemʼlaē Yōx̣ᵘyagwasē leʼwis ʼnēʼnemōkwē 90
hādzexstala äxkʼʼālax Hōlēlidē, qa âxʼēdēsēx gʼiłtʼlä denema, qaʼs
xʼimōyōdēs lāx ʼnawalakʼustâlisaxs kʼlēsʼmaē wūngegʼila. Wä,
hēxʼidaemʼlāwisē Hōlēlidē la äxēʼdxa xʼimayowē denema, qaʼs lā
qenōyōts äpsbaʼyas lāx ʼnawalakʼustâlisē. Wä, laemʼlaē tsʼōx̣ᵘsō-
yewē ōbaʼyas lāxa dzēngēlē lāx ōtsʼāwasa ʼlābegwēlkwē lāx lā 95

96 Power-coming-up (V 4) was standing, so that it was this way.¹ When everything had been | done, the head of Supernatural-Power-coming-up (V 4) remained outside the hole. Then | the members of the Whale Society took hold of the lasso as it was going | down into
700 the ground; but they were not strong enough to hold it, and ‖ the end of the rope nearly went down, for a | strong man was sitting at the end of the hole, just behind the | cross-poles and the upright in the hole, one of the | strongest men of the ghost-dancers of the Kwakiutl. There | are two of them in the hole—he and Super-
5 natural-Power-coming-up (V 4)—and they pull the ‖ lasso over the crosspiece inside the hole, where it is tied with the oily split | kelp. When the end of the lasso had nearly gone into the hole, | Hōlᴇlid (V 6) spoke, and said, "Tie down the | end of the magical rope, that I may engage some one!" Thus he said. Then he | asked an un-
10 initiated poor man to come and ‖ take hold of the lasso. Immediately the | son of one man of the Laälax·s‘ᴇndayo numaym took | hold of the lasso and pulled at it, and he pulled part of it out of the floor. | When the rope stopped coming, the boy stood still, | and then his
15 father gave cedar-bark blankets to the Maämtag·ila. ‖ He gave one to each. After he had given them away, | he called his son to sit down. Then Hōlᴇlid (V 6) named | another uninitiated poor man

---

96 ʟax̣ᵘts!ᴇwats ‘nawalak·ustâlisêxa g·a gwälêg·a.¹ Wä, g·îl‘ᴇm‘lāwīsê gwālᴇxs lāa‘lasē t!ᴇbᴇtowē ‘nawalak·ustâlisē. Wä, laᴇm‘lae ‘nā-x̣waᴇm‘] lā dāk·!ᴇna‘ya gwēgûyîmaxa x·īmayowē dᴇnᴇmaxs lāa‘l ts!ᴇnx̣ᵘbᴇtalîlᴇla. Wä, laᴇm‘lae wāʟēda gwēgûyîmē nanêxālaq, qaxs
700 lᴇ‘māa‘l ᴇlāq q!ûlbēda dᴇnᴇmē, qaxs â‘mae la k!wāts!âwēda lâk!wē-masē bᴇgwānᴇm lāxa āʟᴇbēlts!âwasa ‘lābᴇgwēlkwē lāx awāp!a‘yasa dzēnqa‘yasa dzōx̣ûmē lāx ōts!âwasa ‘labᴇgwēlkwē. Wä, hēᴇm g·a-yōla lâk!wēmasē bᴇgwānᴇm lāxa ʟᴇlōlâlaɬasa Kwāg·ulē. Wä, laᴇm ma‘lox̣ᵘts!â ʟō‘ ‘nawalak·ustâlisē. Wä, hēx·‘ida‘x̣ᵘmēs nēxsâlaxa
5 x·īmayowē dᴇnᴇm lāxa dzēngēlēxa la yîʟᴇx̣ᵘsa q!ᴇlēdzâla lᴇbᴇkᵘ ‘wā‘wadâ. Wä, g·îl‘mēsē ᴇlāq q!ûlbēda x·īmayowē dᴇnᴇmxs lāa‘lasē Hōlᴇlidē yaq!ᴇg·a‘la. Wä, lā‘lae ‘nēk·a: "Wēg·a yîl‘aliɬaxōx ōba-‘yaxsa nawalakwēx dᴇnᴇma, qᴇn hēlx·‘īdag·ē," ‘nēx·‘laēxs lae g·a-yaxsdᴇndālax bāx̣ûts!ᴇdza‘yasa wīwosilagabᴇgwānᴇm,qa lās g·îl dā-
10 k·!ᴇndxa x·īmayowē dᴇnᴇma. Wä, hēx·‘idaᴇm‘lāwisē lā‘lae xû-nōkwasa g·ayōlē lāxa ‘nᴇ‘mēmāsa Laälax·sᴇ‘ndayowē, qa‘s lā‘l dā-k·līndxa x·īmayowē dᴇnᴇma, qa‘s nēx‘ēdēq. Wä, k!wāyōlk·as‘lat!a lāq. Wä, g·îl‘mēsē wāla ts!ᴇnkwē dᴇnᴇmas lāa‘l ʟāx̣‘ûlīlēda g·înā-nᴇmē. Wä, hē‘mis la yāx‘wīdaats ōmpasēxa Maämtag·iläsa k·!ōba-
15 wasē. Wä, laᴇm‘lae ‘wîlxtōdᴇq. Wä, g·îl‘ᴇm‘lāwisē gwāl yāqwaxs lāa‘l ʟē‘lālaxēs xûnōkwē, qa lās k!wāg·alîɬa. Wä, lā‘laxaē ʟēqᴇ-lîɬē Hōlᴇlidax bāx̣ûts!ᴇdza‘yasa wīwosᴇlagasa ‘nᴇ‘mēmāsaSēnʟ!ᴇmē.

¹See third figure on p. 907.

of the numaym SēnL!ᴇm, | and his father did the same. He also gave
away to the Lâyalala‘wē. | Then HōLēlid (V 6) spoke again, and called ‖
an uninitiated poor man of the Kŭkwāk!ŭm to take hold of the lasso, | 20
and his father also gave away property to the | G·ēxsᴇm; and when
that was done, the chief | of the Maămtag·ila, Yōx̣ᵘyagwas, stood up
and spoke, and | said, "O friends! it does not seem to be good that
only ‖ HōLēlid takes charge of the magical lasso. Come | and sit 25
down! Let me go and take charge of the magical lasso, | for I truly
passed through the magical power of the ghost-dance." Thus he
said | as he went and took hold of the rope. Now HōLēlid (V 6) sat
down, | and Yōx̣ᵘyagwas called the prince of the chief of the numaym
Lâyalala‘wē, ‖ whose name was Ts!ᴇx‘ēd in the secular season, while 30
his | winter name was Hanag·ats!ē. He was called by Yōx̣ᵘ-
yagwas, | the prince of Lalēp!alas—for he had never been initiated,— |
to go and take hold of the lasso. Lalēp!alas at once went | to take
hold of the lasso, and ‖ pulled at it. The rope nearly came out; and 35
when it | stopped coming towards him, he stopped pulling. Then |
Lalēp!alas stood up, holding the lasso; and | his father, Hānag·a-
ts!ē, gave away many cedar-bark blankets to the numaym SēnL!ᴇm; |
and after he had given them away, he called his son ‖ Lalēp!alas to 40
come and sit down; and when he had sat down, | Yōx̣ᵘyagwas spoke-

---

Wä, hēᴇm‘laxaāwisē gwēx·‘idē ōmpas, yāx‘widaᴇm‘laxaēxa Lâ 18
yalalawa. Wä, lā‘laē ēdzaqwē HōLēlidē. Wä, laᴇm‘laē ᴌēqᴇlilax
bāx̣ŭts!ᴇdza‘yas wiwōsᴇlagasa Kŭkwāk!ŭmē, qa lās dāk·!ᴇndxa x·ī- 20
mayowē dᴇnᴇma. Wä, laᴇm‘lāwisē ōgwaqa yāx‘widē ōmpasēxa
G·ēxsᴇmē. Wä, g·il‘ᴇm‘laxaāwisē gwāᴌᴇxs lāa‘lasē Lāx̣‘ŭlilē g·īgăma-
‘yasa Maămtag·ilē Yōx̣ᵘyagwasē. Wä, lā‘laē yāq!ᴇg·a‘la. Wä, la‘laē
‘nēk·a: "‘ya, ‘nē‘nᴇmōkᵘ k·!ēst!aakwaē ēk‘ē xᴇnᴌᴇlaēna‘yas lᴇx·amē
HōLēlidē aāxsilaxwa ‘nawalakwēx x·īmayo dᴇnᴇma. Wä, gēlag·a 25
k!wāg·alilᴇx, qᴇn lālag·amawīsᴌē aāxsilaxwa ‘nawalakwēx x·īmayo
dᴇnᴇma, qaxg·īn ûlēg·īn lāx·sā ‘naw:lakᵘ lāxwa lᴇlōlâlalēx," ‘nēx·-
‘laēxs lāa‘l dāx·‘idxa dᴇnᴇmē. Wä, laᴇmlaᴌa k!wāg·alilē HōLēlidē.
Wä, lā‘laē ᴌēlᴇlilax ᴌᴇwᴇlgāma‘yas g·īgāma‘yasa ‘nᴇ‘mēmaxa Lâya-
lalawaxa ᴌēgadēda g·īgāma‘yas Ts!ᴇx‘ēdē lāxa bāx̣ŭsē. Wä, la 30
ts!āgᴇxᴌälax Hanag·ats Wä, hēᴇm‘lāwis la ᴌēqᴇlēlᴇms Yōx̣ᵘya-
gwasē ᴌāwᴇlgāma‘yasē Lalēp!alasē, yīxs hē‘maē bāx̣ŭdzᴇxᴌāyōs, qa
lās dāk·lindxa x·īmayowē dᴇnᴇma. Wä, hēx·‘daᴇm‘lāwisē lā‘laē
Lalēp!alasē Lāx̣‘ŭlila, qa‘s lā‘l dāk·!ᴇndxa x·īmayowē dᴇnᴇma, qa‘s
nēx‘ēdē. Wä, k!wayōlqas‘lat!a lāxa dᴇnᴇmē. Wä, g·il‘ᴇm‘lāwisē 35
wāla ts!ᴇnkwēda dᴇnᴇmaxs lāa‘l gwāl nēxaq. Wä, â‘mēsē la ᴌawilē
Lalēp!alasē dāk·linalilxa x·īmayowē dᴇnᴇma. Wä, la‘mē yāx‘widē
ōmpasē Hanag·ats!āsa q!ᴇnᴇmē k·lōbawasē lāxa ‘nᴇ‘mēmēda SēnL!ᴇ-
mē. Wä, g·il‘ᴇm‘lāwisē gwāl yāqwaxs lāa‘l ᴌē‘lālaxēs xŭnōkwē
Lalēp!alasē, qa g·āxēs k!wāg·alila. Wä, g·il‘ᴇm‘lāwisē k!wāg·alilᴇxs 40

42 again, and said, | "Now let the prince of our chief Yāqwid come. I mean | Sēwid. He shall come and take hold of the magical lasso. |
45 That is the son of the chief of the great numaym G·ēxsᴇm." ‖ Thus he said. Immediately the one who had been named arose and | took hold of the rope and pulled at it, and he almost | got it out when he was pulling at it. Then he stopped. He held it in his hands | and stood still. Now the father of Sēwid | took many cedar-bark blankets
50 and gave them to the numaym Kūkwāk!ŭm, ‖ and he gave one to each. When he had finished | giving them away. Yāqwid called his prince to come and sit down; | and after he had sat down, Yŏxᵘ-yagwas spoke again, | and said, "Have you seen, | shamans, our son, I
55 mean the prince ‖ of Yäqwid, almost got it out? That makes me glad, | for I began to feel uneasy, because this | magic lasso was going down into the ground. That is what I say, friends. Now I | will call my prince Tsǃāgᴇyos to come and | take hold of the magic lasso."
60 Then he called ‖ his son Tsǃāgᴇyos to go and take hold of the rope for Yŏxᵘyagwas was still holding | the rope; and when Tsǃāgᴇyos took hold of the | lasso, Yŏxᵘyagwas told him to pull strongly; | "for," he said, "there is nothing that you can not do, my son."

---

41 lāaʻl ēdzaqwa yāqǃᴇg·aʻlē Yŏxᵘyagwasē. Wä, lāʻlaē ʻnēk·a: "Wä, gēlag·ax·ŏx ʟ̣ăwᴇlgăma'yaxsᴇns g·ῑgăma'yaq!ŏx Yāqwīdäx lāxŏx Sēwidäx, qa g·āxēsŏx dāk·ǃīndᴇxg·ada ʻnawalakŭk· x·ʼīmayo dᴇnᴇma laxŏx ʟ̣ăwᴇlgăma'yasŏ g·ῑgăma'yaq!ŏs ʻwālas ʻnᴇʻmēm G·ēxsᴇm,"
45 ʻnēx·ʻlaē. Wä, hēx·ʻidaᴇmʻlāwisē ʟ̣ăx·ʻŭlῑlē ʟ̣ēqᴇlῑlasᴇʻwas, qaʻs lā dāk·ǃīndxa dᴇnᴇmē, qaʻs nēx·ʻēdᴇq. Wä, hălsᴇlaᴇmʻlāwisē k·!ēs ʻwῑʻlŏlᴇxs laē nēxaqēxs lāaʻl wāla. Wä, âᴇmʻlāwisē lāxat! dāk·ǃῑ-nēxa dᴇnᴇmaxs lāaʻl âᴇm la ʟ̣aʻwῑla. Wä, lāʻlaxaē ŏmpasē Sēwidē āx·ʻēdxa qǃēnᴇmē k·ǃŏbawasa, qaʻs yāx·ʻwidēs lāxa ʻnēʻmēmēda Kŭ-
50 kwāk!ŭmē. Wä, laᴇmʻlaxaē ʻwῑlxtŏdᴇq. Wä, g·ῑlʻᴇmʻlāwisē gwāł yāqwaxs lāaʻl ʟ̣ēʻlalē Yāqwīdäxēs ʟ̣ăwᴇlgăma'yē, qa g·āxēs k!wāg·alῑla. Wä, g·ῑlʻᴇmʻlāwisē k!wāg·alῑłᴇxs lāaʻlasē ēdzaqwa yāqǃᴇg·aʻlē Yŏxᵘyagwasē. Wä, lāʻlaē ʻnēk·a: "Laʻmas dŏqŭlaa ʻnaxᵘ pēpaxal? laʻmē hălsᴇlaᴇm k·ǃēs lālᴇns xŭnŏxᵘdaʻxwē lāxŏx ʟ̣ăwᴇl-
55 gămayaqǃŏs Yāqwīdäxᴇn ʻnēnāk·ῑlē, yῑxs lᴇʻmaē ēx·ʻῑdᴇn nâqaʻyē, qaᴇn nŏla, qaxs âʻmaēx hēmᴇnālaᴇm tsǃᴇxᵘᴇtalilᴇlŏxda ʻnawala-kwēx x·ʼīmayo dᴇnᴇma, qᴇn ʻnēk·ē ʻnaxᵘ ʻnēʻnᴇmŏkᵘ." Wä, laʻmē-sᴇn ʟ̣ēłᴇlῑłalxᴇn ʟ̣ăwᴇlgăma'yaqǃŏx Tsǃāgᴇyosax, qa g·āxlāg·ῑltsŏ dāk·ǃīndᴇlxg·ada ʻnawalakŭk· x·ʼīmayo dᴇnᴇma." Wä, lāʻlaē Lēʻlā-
60 laxēs xŭnŏkwē Tsǃāgᴇyosē qa läs lāqᴇxs hēʻmaē dāk·ǃīnayē Yŏxᵘya-gwasaxa dᴇnᴇmē. Wä, g·ῑlʻᴇmʻlāwisē Tsǃāgᴇyosē dāk·ǃīndxa x·ʼīma-yowē dᴇnᴇmxs lāaʻlaē Yŏxᵘyagwasē wāxaq, qa âlax·ʻῑdēs nēx·ʻēdᴇq, "qaxs k·ǃeâsaaqŏs wāʟ̣ema xŭnŏkᵘ," ʻnēx·ʻlaēq. Wä, lāʻlaē hēx·ʻῑ-

Thus he said to him. Then | Ts!āgɛyos pulled at the rope strongly, and ‖ the rope ran out towards him. The ghost-dancer | Supernatural-Power-coming-up stood on the floor in the rear of the house. She was brought out | by the prince of the chief of the numaym Maămtag·ila | Yōx̣ᵘyagwas, for he is the head man of the numayms of the Kwāg·uł. | When the ghost-dancer came out, Ts!āgɛyos stood still, ‖ and Yōx̣ūyagwas gave away many cedar-bark blankets | to 70 the Lăălax·s'ɛndayo; and after he had | given them away, HōLēlid arose again and thanked him because | the ghost-dancer had been brought up by the chief of the Maămtag·ila. Then | he told the members of the Whale Society to carry back Supernatural-Power-coming-up (V 4) ‖ into her sacred room, which had been put up again. 75 When | the members of the Whale Society came out of the sacred room after carrying Supernatural-Power-coming-up (V 4) into it, | they sat down, and HōLēlid gave away | many copper bracelets. After he had done so, | all the members of the Sparrow Society went out; and when ‖ they had gone out, Chiton told HōLēlid (V 6) to bar 80 the door | of the dancing-house. After HōLēlid (V 6) had barred the door, | Chiton (V 7) took off the board covering of the boxes | containing the soil, which they had put into the corner of the dancing-house; and when they had been removed, | she asked HōLēlid (V 6)

da'mē Ts!āgɛyosē ālax·'īd nēx·'ēdxa dɛnɛmē. Wă, ăɛm'lāwisē hăyōlisa dɛnɛmē ts!ɛnx̣ŭqâlîłɛla. Wă, g·äx'laē Lax̣ŭqâlîłēda lɛlōlălałē 65 'nawalak·ustâlisē läx ōgwiwalîłasa g·ōkwē. Wă, la'mē lâqâlîłamatsōsa Lăwɛlgăma'yas g·īgăma'yasa 'nɛ'mēmēda Maămtag·ila, yīx Yōx̣ᵘyagwasē, qaxs mɛkuma'yaasa 'nāx̣wa 'năl'nɛ'mēmatsa Kwăkū̆g·ūłē. Wă, hēɛm'lāwisē lâqâlîłēda lɛlōlălałaxs lāa'l ăɛm la La'wiłē Ts!āgɛyosē. Wă, lā'laē yăx'widē Yōx̣ᵘyagwasa q!ēnɛmē k·!ēk·!ō- 70 bawas läxa 'nɛ'mēmāsa Lăălax·s'ɛndayowē. Wă, g·il'ɛm'lāwisē gwāl yāqwaxs lāa'l Lax̣'ūlîłē HōLēlidē, qa's mōlēs laēna'yas lâqâlîłamasa g·īgăma'yasa Maămtag·ilaxa lɛlōlălałē. Wă, hēɛm'lāwis la äxk·!ălatsēxa gwēgŭyîmē qa dāyak·îli'lɛmēx 'nawalak·ustâlisē, qa's lā laēLɛm läxēs lɛmē'lats!āxs lɛ'mâa'l hēlkwa. Wă, g·il'ɛm'lāwisē g·äx 75 hōx'wŭlts!âliłēda gwēgŭyîmē läxēs laēnax·dē dāyak·ɛlîłax 'nawalak·ustâlisē. Wă, lā'laē k!ŭs'âlîła. Wă, lā'laē yăx'widē HōLēlidāsa q!ēnɛmē L!āL!aqwak·!ɛn k·!ōkŭla läq. Wă, g·il'mēsē gwałalîłɛxs lāa'l 'nāx̣wa hōqŭwɛlsa gwēgŭgŭdza. Wă, g·il'ɛm'lāwisē la 'wilwŭlsɛxs lāa'l äxk·!āla'laē Q!ānasax HōLēlidē qa Lɛnēxᄂīdēsēxatᄂ!ɛxᄁī- 80 läsēs lōbɛkwē. Wă, g·il'ɛm'lāwisē gwāl Lɛnēk·ē HōLēlidäxa t!ɛx·'īläxs lāa'l äxōdē Q!ānasax pēpaqɛya'yasa dzēdzɛqwats!āla k·!ēk·!ɛmyaxɬa mɛxēł läxa ōnēgwiłasa lōbɛkwē. Wă, g·il'ɛm'lāwisē 'wī'läxs lāa'l äxk·!āla lax HōLēlidē, qa läs dādanōdɛq, qa's lā x̣wēlaqa la

85 to help carry it and ‖ put it back into the hole. When all | the boxes had been emptied out, they put them back into the corner. | Then the hole was filled up again. Now the ghost-dance was finished. | The dancer was wearing cedar-bark, mixed white and red, as her head
90 and | neck ring, and on the head-ring a tail-feather ‖ of the eagle was standing up. That is all about the ghost-dancer. |

Now it was one month since the three children (VI) of Hōʟēlid́ (V 6) had disappeared. | Then Chiton (V 7) told her husband Hōʟēlid (V 6) | to call the Whale Society in the evening; namely, the chiefs of the numayms | and the song-leaders, and to ask them to come into the
95 dancing-house. When ‖ they were all in, Chiton (V 7) spoke, and said, | "Thank you, chiefs, for having come in to listen to what I am going to tell you. | Indeed, our winter dance belongs to the ʟ!aʟ!asiqwăla, and | therefore I want you to come and listen how the dance for the three who have disappeared is handled by my tribe | the
800 ʟ!aʟ!asiqwăla. I want ‖ us to go to-morrow to catch them, for we never dance the whole night before catching them, | as is done by the Kwāg·uɫ. We will just follow the way | the ghost-dancer was caught. Hōʟēlid (V 6) will call our | tribe in the morning; and there will be again four war-dancers and | four frog-dancers and four
5 throwing-dancers. They will have their sacred songs ‖ and four

---

85 gŭxts!ōtsa dzEqwa lāxa ‛lăbEgwĕlkwĕ. Wä, g·il‛Em‛lāwisĕ ‛wī‛la la lōpEmts!âwĕda k·!īk·!!myaxʟaxs lŭa‛l mEx‛ālilas lāxa ōnĕgwilē, yixs lāalaʟal qōt!ēda ‛lăbEgwĕlkwĕ. Wä, laEm‛laĕ gwāla lElōlălalĕ lāxēq. Wä, laEm‛laĕ mElmaqElĕ qEx·ima‛yĕ ʟ!āgEx̣ᵘs ʟE‛wis qEnxawa‛yĕ. Wä, lā‛laĕ ʟaap!alĕ qEx·ima‛yĕ ʟ!āgEx̣ᵘsēxa ts!El-
90 k·!Exsda‛yĕ ‛nEmts!axsōx kwĕkwĕx. Wä, laEm gwāl lāxa lElōlălalĕ.

Wä, hĕ‛lat!a lā ‛nEmsgEmg·ila x·isālēda yūdukwĕ sāsEms Hōʟēli- dāxs lā‛laĕ Q!ānasĕ ăxk·!ālaxēs lā‛wŭnEmē lāx Hōʟēlidāxa dzāqwa qa ʟēlts!ōdēsēxa gwĕgŭyimĕ, yix g·ig·Egăma‛yasa ‛năl‛nE‛mĕmasĕ ʟE‛wa nēnâgadĕ, qa g·āxēs ‛wi‛laĕʟEla lāxa lōbEkwĕ. Wä, g·il‛Em‛lā-
95 wise g·āx ‛wi‛laĕʟExs lāa‛lasĕ Q!ānasĕ yāq!Eg·a‛la. Wä, lā‛laĕ ‛nĕk·a: "Wä, g·āx‛Ems g·ig·Egămĕ. Gĕlak·as‛la, qa‛s hōʟēlaōsaxg·in wāldEm- lEk·, qäʟaxs ʟ!aʟ!asiqwāladzEsaEns ts!āq!ēna‛yēx. Wä, yū‛mĕ- sEn lāg·ila ‛nēx· qa‛s g·āxaōs hōʟēlaxg·a gwayi‛lălasg·asEn g·ōkŭlō- taēda ʟ!āʟ!asiqwăla qaēda yūdukwa x·ix·isăla, qaEn laēnē‛mē ‛nēx·,
800 qEns wāg·il k·imyaʟEx lEnsʟa, qa‛nu‛x̣ᵘ k·!ĕts!ēna‛yĕ k·ik·ilnăla lāxēs gwĕg·ilasōs Kwāg·uɫ. ÂEmlxaEns nEgĕltEwĕlxEns gwĕg·ilasĕ- dāxs laĕx k·imyaxa lElōlălalĕ, yixs ʟēlts!ōdaōx HōʟēlidāxEns g·ōlg·ŭ- kŭlōtax gaălaʟa. Wä, hĕEmlxaāwisĕ ‛wăxōx̣ᵘLă ĕōlalĕ mōkwĕ, ʟE‛wa mōx̣ᵘLa wīwEq!ēsa ʟE‛wa mōx̣ᵘLa māmEmaq!al qa‛s yălaqwĕl yīya-
5 taltsa mōsgEmĕ yīyat!ala. Wä, g·il‛Emlwisĕ ‛wi‛lal yălaqwăl. Wä,

rattles; and when each has sung his sacred song, | then the cannibal- 6
dancer will get excited. They will go ahead of the twelve | dancers
who are singing their sacred songs; and we, members of the Sparrow
Society, shall run after them | to the place where those whom we are
going to catch will utter their songs. That is all," | said she. "Now I
shall sing the songs this ‖ night with our friends the song-leaders." 10
Thus she said. Then | Yōxᵘyagwas thanked her for what she had
said. "Indeed, I have obtained this by marriage | from the great
supernatural tribe L!aL!asiqwăla. | Therefore your speech, Chiton
(V 7), is good. Why should I not try | to do everything as it is done
by the L!aL!asiqwăla? Shall I not ‖ follow the words of Chiton 15
(V 7)?" Thus he said. When they finished their speeches, | it was
late in the evening. Then Chiton (V 7) took the batons | and gave
one to each of the song-leaders. | Then Yōxᵘyagwas spoke, and said,
"O Chiton (V 7)! | do not let us sing in this house, else we shall be
heard by the tribe. Let us ‖ go to Supernatural Place this night!" 20
Thus he said. Then | Chiton (V 7) was glad. "Only I did not tell
you quickly, | for that is the way it is done by my tribe the L!aL!a-
siqwăla." Thus she said. | Then they all arose and went out of the
dancing-house, and felt their way | going into the woods to Super-
natural Place. There ‖ they all sat down. Now, Chiton (V 7) | sat 25

---

hē'mis lăl xwăxūsewasîtsa hăămats!a qa'ŝ lăl g·ālabiltsa mā'lōgŭg·i- 6
yowē yīyălaq!wēnoxwa. Wă, ăɛmîwisɛns lăl q!ûmx·sɛmilg·in gwē-
gwatsɛmēk· lăl lăx hēk·!ălasLasa k·îm'yasōLaɛns. Wă, yū'mōq,"
'nēx·'laē. "Wă, la'mēsɛn ōt!ēdɛl dɛnxɛlaîtsa q!ɛmq!ɛmdɛmaxwa
gănuLēx Lɛ'wŭns 'nē'nɛmōkwa nēnâgadēx," 'nēx·'laē. Wă, ăɛm- 10
'lāwisē mōla'laē Yōxᵘyagwasas wăldɛmas: "QăLaxg·îns gɛg·adanɛ-
mēg·aqᵘ lăxa 'wălasē 'nawalakᵘ lēlqwălaLa'ya L!aL!asiqwăla. Wă,
hē'mis lăg·iltsox ēk·ōs wăldɛmaqōs Q!ānas. Māsɛn lăLa wăwax-
ts!ɛwal lăx gwayi'lălasas L!aL!asiqwălaqᵘ. Ɛs'maēLɛns ăɛm wăg·îl
lăxōx wăldɛmi'lălăxs Q!ānas," 'nēx·'laē. Wă, g·tl'mēsē gwălē wăl- 15
dɛmasēxa la gäla gănuLa. Wă, laɛm'lāwisē Q!ānasē ăx'ēdxa t!ɛm-
yayowē, qa'ŝ lä ts!ɛwanaqasa 'năl'nɛmts!aqē lăxa nēnâgadē. Wă,
lā'laē yăq!ɛg·a'lē Yōxᵘyagwasē. Wă, lā'laē 'nēk·a: "'yā, Q!ānas,
gwălax·îns yō dɛnxɛlōxda g·ōkwēx, ăLɛns wŭLɛltsa g·ōkŭlax, qɛns
la'mē lăxa 'nawalak!ŭdzasaxwa gănuLēx," 'nēx·'laē. Wă, âla'lat!a 20
nɛqa lăx nâqayalas Q!ānasē: "ÉsaēLɛn ăɛm halăla 'nēx·'da'xōL,
qaxs hē'maē gwăyayaēlatsɛn g·ōkŭlōta L!aL!asiqwăla,"' nēx·'laēxs
lăa'l 'wī'la q!wăg·tlîla, qa'ŝ lä hōqŭwɛlsa lăxa lōbɛkwē, qa'ŝ lä p!ayak·ɛlaxs lăa'l hōxsak·tla qa'ŝ lä lăxa 'nawalak!ŭdzasa. Wă, lăx·da-
'xᵘ'laē 'wī'la k!ŭs'ɛlsa. Wă, laɛm'laē nɛq!ɛgēlasē k!wădzasas Q!āna- 25

27 in the middle of the song-leaders. Chiton spoke. She | said, "I shall sing the songs of my father when he was | cannibal-dancer, for he has four cannibal songs." | Thus she said, and she sang the song
30 with fast beating. ‖ This is it:— |

1. No one is now looking for food all around the world, maē hamaē hāma | hamaē! |
No one is now looking for human flesh all around the world; maē hamaē hāma | hamaē! ‖
35 2. Hâmâmhâmâm hâhâmhâma maē hâmhâmâhamhamamaē hamaē | hamaē hē hē! |
No one is now looking for skulls all around the world; maē hamaē hāma | hamaē hāma hamaē! |
3. Hâmâmhâmâm hâhâmhâma maē hâmhâmâham hamamaē hamaē ‖
40 hamaē hē hē! |
No one is now looking for corpses all around the world; maē hamaē hāma | hamaē hama hamaē! |
Hâmâmhâmam hâhâmhâma maē hamaē hamaē! |

45 When the song-leaders were able to sing it, ‖ then she sang with slow beating, and this is the song:— |

1. Where are you going to try to find food for the one who gave you supernatural power? Hama hamaē hama | hama! |

———

26 sasa nenâgadē. Wä, laɛmᵋlāwisē yāq!ɛg·aᵋlē Q!ānasē. Wä, lāᵋlaē
ᵋnēk·a: "HëɛmLɛn dɛnxᵋ'idayuLē q!ɛmq!ɛmdɛmasɛn ōmpaxs lāyulē hāmat!sa lāxēs ōmpwüla, yïxs mōsgɛmaēda q!ɛmq!ɛmdɛmas lāxēs hämts!ēnaᵋyē," ᵋnēxᵋlaē. Wä, lāᵋlaē dɛnxᵋītsa tsaxâla q!ɛmdɛma.
30 Wä, g·aᵋmēsēg·a:

1. K·!eâs la hamasahayalas ōwēᵋstahahas ᵋnāla maē hamaē hāma hamaē.
K·!eâs la babakwahayalahas owēᵋstahas ᵋnāla maē hamaē hāma hamaē.
35 2. Hâmâmhâmâm hâhâmhâma maē hâmhâmāham hamamaē hamaē hamaē hē hē.
K·!eâs la xaxoqwahayalahas ōwēᵋstahahas ᵋnāla maē hamaē hāma hamaē hāma hamaē.
3. Hâmâmhâmâm hâhâmhâma maē hâmhâmāham hamamaē hamaē
40 hamaē hē hē.
K·!eâs la lalōlahayalahas ōwēᵋstahahas ᵋnāla maē hamaē hama hamaē hāma hamaē.
Hâmâmhâmâm hâhâmhâma maē hamaē hamaē.

Wä, g·ilᵋɛmᵋlāwisē q!äda nēnâgadāq lāaᵋl ēdzaqwa dɛnxᵋītsa t!ɛm-
45 sawīltâᵋyas t!ɛmᵋyasē. Wä, g·aᵋmēsēg·a:

1. Wīhēs qa hūmasayalag·ilōs Lōgwalag·ila. Hama hamaē hama hama.

I went there to find food for Cannibal-at-North-End-of- | World. ‖
Hamaē hama hamaē âmhāma hamaē âmhamama hamaē | 50
hama hamaē hamaē hamaē hamahamaē! |
2. I have almost been brought into trouble by Cannibal-at-North-
End-of- | World. Hamaē hama hamaē! |
I almost was kept by Cannibal-at-North-End-of-World. ‖ Hamaē 55
hama hamaē! |
I was taken into the sacred room of Cannibal-at-North-End- | of-
World. |
Hamaē hama hamaē âmhama hamaē âmhamama hamaē hama |
hamaē hamaē hamaē hamhamaē! ‖
3. Where are you going to try to find a skull for the one who gave you 60
supernatural power? Hamahahama | hamaē! |
I went there to get skulls for Cannibal-at-North-End-of- | World.
Hamaē hama hamaē! |
I went there, and red cedar-bark was put on me by Cannibal-at-
North-End- ‖ of-World. Hamaē hama hamaē! | 65
I went there and was given the hox^{u}hok^u-cry by Cannibal-at-
North-End-of- | World. Hamaē hama hamaē! |
I went there and was given the cannibal-cry by Cannibal-at-
North-End-of- | World. Hamaē hama hamaē âmhama hama
hamaē! ‖

Hë hēx·dōs lanōgwa hāmasayalag·îlts Baxᵘbakwālanux^{u}sīwaē^ɛ- 48
k·asdēya.
Hamaē hama hamaē âmhāma hamaē âmhamama hamaē hama 50
hamaē hamaē hamaē hamahamaē.
2. ᴇlahaxk·asdᴇwīsᴇn äyamiłamatsōs Baxᵘbakwālanux^{u}sīwaē^{ɛ}k·as-
dēya. Hamaē hama hamaē.
ᴇlahaxk·asdᴇwīsᴇn hak!waanᴇmx·dēs Baxᵘbakwānux^{u}sīwaē^{ɛ}k·as-
dēya. Hamaē hama hamaē. 55
Hē hēx·dōs lanōgwa laēʟᴇmai lāx łᴇmx·łaēlasdēs Baxᵘbakwāla-
nux^{u}sīwaē^{ɛ}k·asdēya.
Hamaē hama hamaē âmhama hamaē âmhamama hamaē hama
hamaē hamaē hamaē hamhamaē.
3. Wîhēs qaē xaxōkwayalag·iłaôs ʟō̥gwalag·iła. Hamahahama ha- 60
maē.
Hē hēx·dōs lanōgwa xaxōkwayalag·îlts Baxᵘbakwālanux^{u}sīwaē^ɛ-
k·asdēya. Hamaē hama hamaē.
Hē hēx·dōs lanōgwa qax·osayasōs ʟ!āʟ!âqŭlax·dēs Baxᵘbakwāla-
nuxsīwaē^{ɛ}k·asdēya. Hamaē hama hamaē. 65
Hē hēx·dōs lanōgwa hōx^{u}hōk!wāla lāx Baxᵘbakwālanux^{u}sīwaē^ɛ-
k·asdēya. Hamaē hama hamaē.
Hē hēx·dōs lanōgwa hămxhămxayag·îlts Baxᵘbakwālanux^{u}sī-
waē^{ɛ}k·asdēya. Hamaē hama hamaē âmhama hama hamaē.

70 And when the song-leaders were able to sing this song, | Chiton (V 7) sang another song with slow beating. This is it:— |
    1. Amaē a hamē hama hamaē hamahamē |
       For food searched for me the real supernatural Cannibal-at-North-End-of-World. | Hamaē hamaē hama! ||
75   Oh for food searched for me the real Cannibal-at-North-End- |-of World! |
       Hama hamaē hē hē hē amaē a hamē hama hamaē hama hamē! |
    2. Am hama hamē hama hamē amaē a hamē hama hamaē hama | hamē! ||
80   For human flesh searched for me the real supernatural Cannibal-at-North-End-of-World. | Hamaē hamaē hama! |
       Oh, for human flesh searched for me the real Cannibal-at-North-End-of-World! | Hama hamaē hē hē hē amaē hama hamaē hamahamē! |
    3. Am hama hamē hama hamē amaē a hamē hama hamaē hama ||
85   hamē! |
       He came carrying a body in his arms, the real supernatural Cannibal-at-North-End-of-World. | Hamaē hamaē hama! |
       Oh, for me carried a body in his arms the real Cannibal-at-North-
90   End-of-World. | Hama hamaē hē hē hē amaē a hamē || hama hamaē hamahamē! |

---

70 Wä, g·îlʽɛmxaāwisē qǃāda nenâgadäxs laē ēdzaqwa dɛnxʽîdē Qǃānasasa tsāg·asilāläs tǃɛmʽyasē. G·aʽmēsēg·a:
    1. Amaē ahamē hama hamaē hamahamē.
       Hamasayalag·îldɛnōgwahas Baxᵘbakwalanuxᵘsīwaēʽk·asdē ʟ̣ōgwalak·asʽowa. Hamaē hamaē hama.
75   ʽya lax·dɛnōgwa hamasayalag·îlts Baxᵘbakwalanuxᵘsīwaeʽk·asdēya.
       Hama hamaē hē hē hē amaē a hamē hama hamaē hama hamē.
    2. Am hama hamē hama hamē amaē a hamē hama hamaē hama hamē.
80   Bābakwayalag·îldɛnōgwas Baxᵘbakwālanuxᵘsīwaēʽk·asdēya ʟ̣ōgwalak·asʽowa. Hamaē hamaē hama.
       ʽya lax·dɛnōgwa bābakwayālag·îlts Baxᵘbakwālanuxᵘsīwaēʽk·asdēya. Hama hamaē hē hē hē amaē hama hamaē hamahamē.
    3. Am hama hamē hama hamē amaē a hamē hama hamaē hama
85   hamē.
       G·āxʽɛmx·dɛwīsē qǃāqǃalɛlak·asaha Baxᵘbakwbalanuxᵘsīwaēʽk·asdēya ʟ̣ōgwalak·asʽowa. Hamaē hamaē hama.
       ʽya, g·āxdɛnōgwa qǃāqǃalɛlāg·îlts Baxᵘbakwālanuxᵘsīwaēʽk·asdēya ʟ̣ōgwalak·asʽowa. Hama hamaē hē hē hē amaē a hamē
90   hama hamaē hama hamē.

4. Am hama hamē hama hamē amaē a hamē hama hamaē hama | 91
   hamē! |
   He came carrying a body in each arm, the real supernatural
   Cannibal-at-North-End-of-World. | Hamaē hamaē hama! ‖
   Oh, he carried a body in each arm, the real supernatural Cannibal- 95
   at-North-End-of-World. | Hama hamaē hē hē hē amaē a hamē
   hama | hamaē hama hamē! | .
5. Am hama hamē hama hamē amaē a hamē hama hamaē hama |
   hamē! ‖
   Oh, I was made to eat corpses from both sides of my mouth 900
   by the real supernatural Cannibal-at-North-End-of-World. |
   Hamaē hamaē hama! |
   Oh, I was made to eat corpses from both sides of my mouth
   by the real supernatural Cannibal-at-North-End-of-World. |
   Hamaē hamaē hē hē hē | amaē a hamē hama hamaē hama
   hamē! ‖

And when the song-leaders could sing this also, Chiton (V 7) | sang 5
also this one: |

1. Oh, I try to eat the food left by the real supernatural | Cannibal-
   at-North-End-of-World. |
   Maēyē hamamayē hamamayē hamamayē hamamamaē hama-
   mahaē ‖ hamaē hamamaē hamamē! | 10

---

4. Am hama hamē hama hamē amaē a hamē hama hamaē hama 91
   hamē.
   G·āxʼɛmx·dɛwīsē ʻwāx·sɛnkŭlak·asʻa lŏɫnɛkŭlak·asʻa Baxᵘbakwā-
   lanuxᵘsīwaēʻk·asdēya L̥ōgwalak·asʻowa. Hamaē hamaē hama.
   ʻya, ʻwāx·sɛnkŭla lŏɫnɛkŭlak·asʻa Baxᵘbakwālanuxᵘsīwaēʻk·asdēya 95
   L̥ōgwalak·asʻowa. Hama hamaē hē hē hē amaē a hamē hama
   hamaē hama hamē.
5. Am hama hamē hama hamē amaē a hamē hama hamaē hama
   hamē.
   ʻya, lax·dɛn ʻwax·sɛmēLamatso lŏlamēLamatsōs Baxᵘbakwala- 900
   nuxᵘsīwaēʻk·asdēya L̥ōgwalak·asʻowa. Hamaē hamaē hama.
   ʻya lax·dɛn ʻwax·sɛmēLamatsō lŏlamēLamatsōs Baxᵘbakwala-
   nuxᵘsīwaēʻk·asdēya L̥ōgwalak·asʻowa. Hamaē hama hē hē hē
   amaē a hamē hama hamaē hama hamē.

Wā, g·ĭlʻɛmʻlaxaāwisē ʻnāxwa q!äda nēnâgadäq, lāaʻlaxaasē Q!ā- 5
nasē ēdzaqwa dɛnxʻīda yîsg·a:

1. Ha, lahax·dōsxa nōgwa hamasayalag·ĭlaha lax hamagawax·dēs
   Baxᵘbakwālanuxᵘsīwaēʻk·asdēyaōɫ L̥ōgwalak·asʻowa.
   Maēyē hamamayē hamamayē hamamayē hamamamaē hamamahaē
   hamaē hamamaē hamamē.   10

12 2. Oh, I try to eat the property left by the real supernatural | Cannibal-at-North-End-of-World. |
    Maēyē hamamayē hamamayē hamamayē hamamamaē ha-
15 mamahaē | hamaē hamamaē hamamē! ‖
    3. Oh, I try to eat the copper left by the real supernatural | Cannibal-at-North-End-of-World. |
    Maēyē hamamayē hamamayē hamamayē hamamamaē hama-
    mahaē | hamaē hamamaē hamamē! |
20 Now the song-leaders could sing the four songs of ‖ the cannibal-dancer, and Chiton (V 7) wanted them to sing all | the songs of the frog-dancer and of the throwing-dancer; and | Yōx̣ᵘyagwas told her to go ahead and sing them. | "Indeed, we shall try to catch all three at one time." | Thus he said, and immediately Chiton (V 7) sang the
25 song of the ‖ throwing-dancer. This it is:— |
    1. Oh, look around for your magic power! | Look for it! Ahä hē ya ahä! |
    2. Oh, get your magic power! Yä ahä hē yä ahä! |
30 3. Oh, look for your magic power that made you like this! ‖ Look for it! | Ahä hē ya ahä!
    4. Oh, catch your magic power that throws down every one! Yä ahä | hē yä ahä! |

---

11 2. Ha, lahax·dōsxa nōgwa yaqamēLa‘yag·ïlaha lāx yähäēqawēx·dēs Bax̣ᵘbakwālanux̣ᵘsīwaē‘k·asdēyaōł Lōgwalak·as‘owa.
    Maēyē hamamayē hamamayē hamamayē hamamamaē hamama-
    haē hamaē hamamaē hamamē.
15 3. Ha, lahax·dōsxa nōgwa L!aqwamēLa‘yag·ïlaha lāx L!äqwagawax·dēs Bax̣ᵘbakwālanux̣ᵘsīwaē‘k·asdēyaōł Lōgwalak·as‘owa.
    Maēyē hamamayē hamamayē hamamayē hamamamaē hamama-
    haē hamaē hamamaē hamamē.
    Wä, la‘mē ‘wi‘la la q!alēda nēnâgadäxa mōsgEmē q!Emq!EmdEm-
20 sa hāmats!a. Wä, lā‘laē Q!ānasē ‘nēx· qa‘s ‘wi‘la‘mē dEnx‘ēts q!Emq!EmdEmasa wEq!ēsē Lē‘wa māmaq!a. Wä, hēx·‘idaEm‘lā-
    wisē âEm wäxē Yōx̣ᵘyagwasaq, qa wäg·is âEm ēdzaqwa dEnx‘īda.
    "QäLaxg·ïns ‘na‘nEmp!Eng·ila‘mēLEk· k·îmyałxwa yūdukwēx," ‘nēx·‘laē. Wä, hēx·‘idaEm‘lāwisē dEnx‘īdē Q!ānasas q!EmdEmasa
25 māmaq!a. Wä, g·a‘mēsēg·a:
    1. Wä, häg·adaha dōx̣ᵘsEmē hēłxōxs ‘nawahalakwähē yäahä. Wä, hēg·a dōhohoqwalä. Ahä hē ya ahä.
    2. Wä, häxōxs ‘nawahalax̣ᵘdzēyaqōs yä ahä hē yä ahä.
    3. Wä, hēg·adaha dōx̣ᵘsEmē hēłxōxs ‘nawahalagumahaqōsa hē yä
30 ahä. Wä, hēg·a dohohoqwalä. Ahä hē ya ahä.
    4. Wä, hēg·ᵘxs gEmx·gEmk·ag·īlax ‘nawahalax̣ᵘdzēyahaqōs yä ahä hē yä ahä.

5. Oh, take out your magic power from those who lie there dead! | 33
   Oh, take it out! Ahä hē ya ahä! ‖

As soon as all the song-leaders could sing it, | she sang the song 35
of the frog-dancer. This it is:— |
1. Put to rest your great magic power, that the | magic power of
   your winter dance may keep quiet, ēya | ēya ēyē ēyē ahēya! ‖
2. Gather up your great magic power that they wish to take from 40
   you, | else your great magic power will be scattered everywhere, | ya ēya ēya ēya ēya ēya ēyē ahēya! |

As soon as all the song-leaders could sing these songs, Chiton (V 7)
stopped singing, and she gave instructions to the ‖ Whale Society 45
and to the song-leaders to do the same | as they had done when they
caught the ghost-dancer, when they were going to catch the cannibal-
dancer, | the throwing-dancer, and the frog-dancer. Thus she said.
And after she finished speaking, | they felt their way back, when they
came out of the woods before daylight. | The whole number of them
did not go to sleep. When daylight came, ‖ Yox̣ᵘyagwas and his 50
friends, the Whale Society, dressed up; | and while they were still
dressing, the sound of the sacred songs of the | throwing-dancer and of
the frog-war-dancer were heard at the place where those who had
disappeared and the cannibal-dancers showed themselves. | It was

5. Wä, hēg·a dahamōdalahaɬxōs gŭnx·gŭnk·ag·ilahaqōs ʻnawahala- 33
   kwä hä yaahä. Wä, hēg·a dahamodala. Ahä hē ya ahä.

Wä, g·îlʻEmʻlaxaäwisē ʻnäx̣wa q!asōsa nēnâgadäx̣s. Lāaʻl ēdza- 35
qwa dEnx·ʻīts q!Emd̄Emasa wEq!ēsē. Wä, g·aʻmēsēg·a:
1. Ōmataɬa lag·ax̣s ʻnawalax̣ᵘdzēyahaqōs yeha, qa ëx·ʻmeɬtsō ōma-
   t!aLElaahēLōs ʻnawahalax̣ᵘdzēyahaqōs ts!āhaēts!ägalīdēēya ēya
   ēya ēyē ēyē ahēya.
2. Wä, q!ap!ēg·îlīsax̣s ʻnawahalax̣ᵘdzēyahaha dāhamaxElag·îlis läx 40
   āLōx̣ gwēlElis läx gēts!ohowaxElag·îlisaxōxs ʻnawahalax̣ᵘdzē-
   yahaqōs ya ēya ēya ēya ēya ēya ēyē ahēya.

Wä, g·îlʻEmʻlāwisē ʻwīʻla la q!alēda nenâgadäxa q!Emq!Emd̄Emax̣s
lāaʻl gwāɬ dEnxElē Q!ānasē. Wä, âEmʻlāwisē la Lēxsʻūlaxa gwēgŭ-
yîmē LEʻwa nēnâgadē qa âʻmē hēEmìxat! gwēgwülag·îlīLēs gwēgwä- 45
lag·îlīlasax̣s laē k·îmyaxa lElōɬâlalē, qō lāl k·îmyaɬxa hāmats!a LEʻwa
māmaq!a LEʻwawEq!ēsē, ʻnēx·ʻlaē. Wä, g·îlʻEmʻlāwisē q!wēlʻīdExs g·ā-
xaē p!āɬt!alax̣s g·äxaē hōx·ʻwŭlt!axa k·!ēsʻEm ʻnāx·ʻīda. Wä, laEmʻlaē
hewäxa mēx·ʻēda läx̣ēs ʻwäxaasē. Wä, g·îlʻEmʻlāwisē ʻnäx·ʻīdExs lāa-
ʻlaē Yōx̣ᵘyagwasē hēx·ʻida q!wälax·ʻīd LEʻwis ʻnēʻnEmōkwa gwēgŭ- 50
yîmē. Wä, hēEmʻlāwis āɬēs q!wälax·ax̣s g·äxaaʻlasē yälaq!walēda mä-
maq!a LEʻwa wEq!ēsē ōlala läxa nēʻlasasa x·ʻīx·Esāɬa LEʻwa hāmats!a.
Wä, g·îlʻEmʻlāwisē wŭḷax·ʻaLElēda ʻnEmōkwē bEgwānEm gwēgŭdzaq

heard by one of the men of the Sparrow Society. | Then he ran and
55 told Hōʟēlid. Immediately ‖ Yōx̣ᵘyagwas sent for him to go with
his friends to call all | the Sparrow people to come quickly into the
dancing-house. Then they | only went once to call. When all had
come in, | they followed the instructions of Chiton (V 7) as to what
they were to do. | After the singers of the secret songs had sung their
60 songs, all the ‖ cannibal-dancers became excited and ran out, and |
the Sparrow people followed them. Now the cannibal-dancers tried
to catch the cannibal-dancer, | and the thrower-dancers caught the
thrower-dancer, and the | frog-war-dancers caught the frog-war-
dancer. Then the song-leaders | and the Whale Society sang the
65 songs, and the whole number ‖ drove back the many members of the
Sparrow Society. They drove them | into the dancing-house. Then
they put the dancers into the sacred room in the left-hand corner of
the | dancing-house. Then they sang for those whom they had
caught; and | when all had danced with the songs, they were put
back into the sacred room | from which they had come one at a time.
70 After this had been done, ‖ the Sparrow people went out, and then
the | Whale people slept for a while until the evening. When |
evening came, the Whale people and the song-leaders were called,
and | they came and sat down in the dancing-house. When it got
dark, | the Whale people dressed themselves; and after they had ‖

---

lāaʻl dzᴇlx̣ʻwīda, qaʻs lāʻl nêlax Hōʟēlidē. Wä, hēx·ʻid g·ilʻmas ʻyāla-
55 qas Yōx̣ᵘyagwasē qa läs qāsʻīd ʟᴇʻwis ʻnēʻnᴇmōkwē ʟāʻlālaxa ʻnäx̣wa
gwēgügū̌dza, qa g·āxēs ʻwīʻla hālaēʟ lāxa lōbᴇkwē. Wä, laᴇmʻlaē
ʻnᴇmp!ᴇng·tīdzaxstālaxs lāaʻl qāsʻida. Wä, g·ilʻᴇmʻlāwisē ʻwīʻlaēʟᴇxs
lāaʻl âᴇm nᴇgᴇltᴇwēx ʟēxsʻalayox̣ᵘdās Q!ānasē qa gwēg·ilats. Wä,
g·ilʻᴇmʻlāwisē gwäl yiyālaqū̌lēda yiyālaq!wēnoxwaxs laaʻl ʻnāx̣wa
60 x̣wäx̣ū̌sowēda häämats!a, qaʻs lā hōqŭwᴇlsa. Wä, laᴇmʻlaē ᴇlx̣ʟālēda
ʻnäx̣wa gwēgügū̌dza. Wä, laᴇmʻlaē k·ʻimyīda häämats!āxa hāmats!a.
Wä, lāʻlaē k·ʻimyīda mämämaq!āxa māmaq!a. Wä, lāʻlaē k·ʻimyalaēda
waōq!wēsē ēōlalaxa wᴇq!ēsē ōlala. Wä, lāʻlaʟēda nēnâgadē ʟᴇʻwa
gwēgüyīmē dᴇnxᴇlas q!ᴇmq!ᴇmdᴇmas. Wä, âdzēk·asʻᴇmʻlāwisᴇk·
65 lā k·ʻimyaxsdēg·ada q!ēnᴇmk· gwēgügū̌dza. Wä, laʻmē k·ʻimyaēʟᴇm
lāxa lōbᴇkwē, qaʻs lā laēʟᴇm lāxa lᴇmēʻlats!ē lāx gᴇmxōtēwalilasa
lōbᴇkwē. Wä, laᴇmʻlaē q!ᴇmt!ētsᴇʻwēda k·ik·ʻimyanᴇmē. Wä, g·il-
ʻᴇmʻlāwisē ʻwīʻla q!ᴇmt!ētsōxs lāaʻl aʟēʻstalēʻlᴇm lāxēs lᴇmēʻlats!ē
lāxēs ʻnaʻlnᴇmōk!ū̌mk·aēnaʻyē. Wä, g·ilʻᴇmʻlāwisē gwäʟᴇxs lāaʻl
70 ʻwīʻla hōqŭwᴇlsēda ʻnäx̣wa gwēgügū̌dza. Wä, laʻmē yāwasʻīd mēx̣ʻē-
dēda gwēgüyīmē lāxēq lālaʻl lāxa lāʟa gänulʻīdᴇl. Wä, g·ilʻᴇmʻlā-
wisē dzāqwaxs lāaʻl gwēx·ʻītsᴇʻwēda gwēgüyīmē ʟᴇʻwa nēnâgadē, qaʻs
g·āxdaʻxwē k!ū̌sʻälil lāxa lōbᴇkwe. Wä, g·ilʻᴇmʻlāwisē p!ᴇdᴇx·ʻī-
dᴇxs lāaʻl q!wälax·ʻīdēda gwēgüyīmē. Wä, g·ilʻᴇmʻlāwisē gwäl

dressed, Chiton (V 7) instructed them what to say. | She told them to 75
say as follows: "Now, shamans, we will pacify Nawis. (She | meant
the cannibal-dancer). Now we will try to restore to his senses
Qwēltsēs! (She | meant the thrower-dancer). Now we will soften
the rough winter dancers of | Ꞌwīꞌlᴇnkŭlag̣ꞌīlis." ‖

This came from the marriage of Copper-Dancer (IV 19) to the daugh- 80
ter (IV 20) of the chief of the | Ƚawētsꞌēs of Chief G̣wēx·sēsᴇlasᴇmē
(III 13); and when | all the members of the Sparrow Society had gone
in, they first sang for the cannibal-dancer | his four songs. Next
came the frog-dancer, | and finally the thrower-dancer; and after all
the songs had been sung, ‖ Hōʟēlid (V 6) gave away many copper 85
bracelets | and many dishes to the members of the Sparrow Society.
After he had done so, | they went out. For four days they kept in
their | sacred room. Then they were purified in the morning. Then
the | wash-basins of the new dancers were given to the people, and
also the ‖ many mats on which they had washed. When this was 90
done, it was daylight. | Then Hōʟēlid (V 6) gave away many cedar-
bark blankets. Now | that was done. It is said that the Kwāg·uł
used this | winter dance of the ʟ!aʟ!asiqwāla only once. |

After Hōʟᴇlid (V 6) had finished his potlatch, it was ‖ reported that 95
G̣wēx·sēsᴇlasᴇmēꞌ (III 13) was dead. Then they | sent for Nāp!ᴇʟᴇ-
mēꞌ (V 5), the younger brother of Hōʟēlid (V 6), to take his seat, | for

q!wālax·axs lāaꞌlaē Q!ānasē Ḷēxsꞌālaq qa gwēk·ꞌlālats. Wā, laᴇmꞌlaē 75
ꞌnēx· qa ꞌnēk·ēs: "Laꞌmᴇns yâlaʟai! pēpᴇxalai' lax Nawisai'." (Lāxa
hāmats!a gwᴇꞌyōs.) "Laꞌmᴇns nanâqamaʟai!lāx Qwēltsēsai'." (Lāxa
māmaq!a gwᴇꞌyōs.) "Laꞌmᴇns tᴇmᴇlqwaʟai' pēpᴇxalai' lax ꞌwīlᴇn-
kŭlag·ꞌīlisai'."

Wā, laᴇm g·ayōł lāxa gᴇg·adanᴇmas ʟ!āqwalalē lāx g·īgāmaꞌyasa 80
Ƚawēts!ēsē lāx g·īgāmaꞌyē G̣wēx·sēsᴇlasᴇmaꞌyē. Wā, g·īlꞌᴇmꞌlāwisē
ꞌwīꞌlaēʟēda ꞌnāxwa gwēgŭgŭdzaxs lāaꞌl hē g·īl q!ᴇmtꞌlētsᴇꞌwēda hā-
mats!āsēs mōsgᴇmē q!ᴇmq!ᴇmdᴇma. Wā, lāꞌlaē māk·ꞌīlēda wᴇq!ēsaq.
Wā, lāꞌlaē ᴇlxʟaꞌya māmaq!a. Wā, g·īlꞌᴇmꞌlāwisē ꞌwīꞌla gwāł q!ᴇmta-
sōxs lāaꞌl yāxꞌwīdē Hōʟēlidāsa q!ēnᴇmē ʟ!āʟ!ᴇqwak·ꞌlīn k·lōkŭla 85
ʟᴇꞌwa q!ēnᴇmē lēᴇlꞌwaꞌya lāxa gwēgŭgŭdza. Wā, g·īlꞌᴇmꞌlāwisē
gwāłᴇxs lāaꞌl ꞌnāxwa hōqŭwᴇlsa. Wā, hēꞌlat!a la mōp!ᴇnxwaꞌsē ꞌnālā
la ƚᴇmēla. Lāaꞌlasē kwāsasᴇꞌwaxa gaāla. Wā, laᴇmꞌlaē yāxꞌwida-
yowēda kwādzats!āxa dzēdzeƚᴇlaꞌya łōᴇlq!wē q!ēxʟa ʟᴇꞌwa kwādzᴇ-
dzowēda q!ēnᴇm lēᴇlꞌwaꞌya. Wā, g·īlꞌᴇmꞌlāwisē gwāłxa la q!ŭlx·ꞌīd 90
la ꞌnālaxs lāaꞌl yāxꞌwīdē Hōʟēlidāsa q!ēnᴇmē k·lēk·lōbawasa. Wā,
laᴇm gwāł laxēq. Wā, ꞌnᴇmp!ᴇnaᴇmꞌlaē ts!āq!ēnenokwa Kwāg·ułas
ts!āq!ēnaꞌyasa ʟ!aʟ!asiqwāla.

Wā, g·īlꞌᴇmꞌlāwisē gwāł yāwix·ꞌīlē Hōʟēlidāxs g·āxaasa ts!ᴇk·lālꞌī-
das G̣wēx·sēsᴇlasᴇmaꞌyaxs lᴇꞌmaē wīk·!ᴇxꞌīda. Wā, laꞌmē nᴇn- 95
kwasᴇꞌwē Nāp!ᴇƚᴇmaꞌyē, yīx ts!āꞌyās Hōʟēlidē, qaꞌs lā ʟax̣ꞌstōdᴇq,

97 Gwēx·sēsElasEmēʻ (III 13) had no other child besides ʻnax·ʻnagEm (IV 20). | The father of HōLēlid (V 6) had a younger brother called Wāyats!Ewīd (IV 22). | Wāyats!Ewīd (IV 22) had a son, Overhanging-
1000 Mountain (V 8). Not long ‖ after HōLēlid (V 6) had given the winter dance, he was taken ill, and also his relative | Wāyats!Ewīd (IV 22). He had not been sick a long time when both died. | Now Gwēx·sēsElasEmēʻ—that is, | Nāp!EłEmēʻ (V 5)—also died, for he had immediately taken the name of | Gwēx·sēsElasEmēʻ when he arrived.
5 Now only one was living, Overhanging-Mountain (V 8). ‖ He immediately took the seat of HōLēlid (V 6), and he took the name | HōLēlid (V 6) for the winter dance, and his secular name in the | numaym Laălax·s'Endayo. He also had a seat among the Maămtag·ila, | because he had a wife from Copper-Dancer from them; and he had a seat in the | Kŭkwāk!ŭm from his mother's side, because the mother of Over-
10 hanging-Mountain was a Kŭkwāk!ŭm woman. ‖ That is all that I was told. | This is the end. Overhanging-Mountain (V 8) had three seats. |

The Maămtag·ila

1 I shall first talk about Mātag·ila, the | Grey Seagull. It is said that he was flying along inside of Gwadzēʻ. | Then he took a rest at K·!ōdagāla. Then he desired to have what was | a pretty beach,

97 qaxs k·!eᴀsaē ōgŭʻla xŭnōx̣ᵘs G·wēx·sēsElasEmaʻyē lūx ʻnāx·ʻnagEmē. Wä, la tsǃäʻyanōkwē ōmpas HōLēlidas Wāyats!Ewēdē. Wä, la x̣ŭngwadEs K·!ēsōyak·ʻilisē, yīx Wāyats!Ewēdē. Wä, k·!ēsʻlat!a gäla
1000 gwāl yäwix·ʻilē HōLēlidāxs lāaʻl qElx·ʻwīda LEʻwis ʻnEmwotē Wāyats!Ewēdē. Wä, k·!ēsʻlaē gĕxgaēłExs lāaʻl wīk·!Ex·ʻēdax·daʻxwa. Wä, laEmʻlaxaē ōgwaqa wik·!Ex·ʻēdē Gwēx·sēsElasEmaʻyē, yīx Nāp!EłEmaʻyē, qaxs hēx·ʻidaʻmaaʻl Lēx·ʻēdEs Gwēx·sēsElasEmaʻyaxs lāaʻl lāg·aa. Wä, laʻmē ʻnEmōx̣ᵘʻEm la q!ŭlē K·!ēsoyak·ʻilisē.
5 Wä, lä hēx·ʻidaEm Laʻx̣ᵘstōdEx HōLēlidē. Wä, laʻmē LĕgadEs HōLēlidē lūxa ts!ēts!ēqa. Wä, lä L!āqwalałLa lāxa bāx̣ŭsē lāxēs ʻnEʻmēmota Laᴀlax·sʻEndayowē. Wä, lāxaē Lāgwēxa Maămtag·ila qa gEg·adaēnaʻyas L!āqwalałē lāq. Wä, lāxaē Lāgwēxa Kŭkwāk!ŭmē qaēs ăbāsk·!ōtē, yīxs Kŭkwāk!ŭmaxsEmaē ābEmpas
10 K·!ēsoyak·Elisē. Wä, hēEm ʻwāxax·ʻīdała wăłdEm g·āxEn. Wä, laEm lāba. Wä, laEm yŭdux̣ᵘsałē k!wayas K·!ēsoyak·ʻilisē.

The Maămtag·ila

1 HēEmLEn g·īl gwāgwēx·sʻalasē Mātag·ila; yīxs yᴀoxda q!wagwēnax ts!ēk!wa. Wä, läʻlaē p!ELEʻnakŭla lāx ōts!ᴀLaʻyas Gwadzaʻyē. Wä, läʻlaē x·ōsʻīd lūx K·!ōdagāla. Wä, läʻlaē ăwŭlx·ʻīdqēxs ēk·aē ăwīnagwisa. Wä, läʻlaē lūwŭyōdxēs ts!ēk!wagEmlē. Wä, laEmʻlaē

and he took off his bird mask and ‖ became a man. Then he built a 5
house, not large. | And after he had built his house, it occurred to
him that he | would walk across to Tsáxis. As soon as he came
through, | he saw smoke at Mālmano. Immediately | Mātag·ila
(for some story-tellers say that his name was Mātag·ila, ‖ and others 10
say that it was Mātmatᴇla, | but the numaym of the Maămtag·ila say
that those are right who call him | Mātag·ila) went there. As soon
as he came | to the house, he saw a man lying on his back outside | of
the house. As soon as the man saw ‖ Mātag·ila coming towards the 15
house, he sat up on the ground. | And as soon as Mātag·ila arrived,
the man spoke, | and said, "Tell me, friend, where do you | come from?"
Thus he said. Immediately Mātag·ila replied, | and said, "I am
Mātag·ila. I come from my house at ‖ K·!ōdagāla, brother. Now I 20
shall also ask you, brother, | who are you?" Thus he said. Immediately the man | replied, and said, "I am Māleleqăla, and | now my
name is Ōdzēˤstalis, brother." Thus he said. Then | Ōdzēˤstalis
arose, and he called Mātag·ila into his house. ‖ Then they sat down 25
in the rear of the house; and | Mātag·ila saw the wife of Ōdzēˤstalis
ʟ!āqwag·ilayugwa, | and a young girl Aōmōl, who was seated at the |
right-hand side in the rear of the house. Then they gave to eat to

bᴇgwānᴇmx·ˤida. Wä, laᴇmˤlaē g·ōkwēlaxa g·ōkwē k·!ēs ˤwālasa. 5
Wä, g·îlˤᴇmlāwisē gwălē g·ōkwēlaˤyas laē ˤnᴇnk·!ēx·ēd qaˤs
g·āxē ts!ēqwa g·āg·axa lāxg·a Tsāxis. Wä, g·îlˤᴇmˤlāwisē g·āxsāxs
laē dōxˤwaʟᴇlaxa kwax·ˤila lāx Mālmanō. Wä, hēx·ˤidaᴇmˤlāwisē Mātag·ila,—yîxs ˤnēk·aēda waōkwē nēnᴇwēˤlēnoxqēxs Mātag·ilax·ʟaē, wä, lä ˤnēk·ēda waōkwaqēxs Mūtmatᴇlax·ʟaē. Wä, lä 10
ˤnēk·ēda ˤnᴇˤmēmōtasa Maămtag·ilāqēxs hēˤmaē nᴇqaxa ʟēqᴇläs
Mātag·ila lūq,—la qāsˤida qaˤs lä lāq. Wä, g·îlˤᴇmˤlāwisē lāg·aa
lāxa g·ōkwē lāaᴇl dōxˤwaʟᴇlaxa bᴇgwānᴇmē t!ēk·!ᴇs lāx ʟ!āsanā-
ˤyasēs g·ōkwē. Wä, g·îlˤᴇmˤlawisēda bᴇgwānᴇm dōxˤwaʟᴇlax Mātag·ila g·āx gwasōlᴇla lāx g·ōkwas, laē k!wāg·aᴇlsēda bᴇgwānᴇmē. 15
Wä, g·îlˤᴇmˤlāwisē lāg·aē Mātag·ila lūqēxs laē yāq!ᴇg·aˤlēda bᴇgwānᴇmē. Wä, lāˤlaē ˤnēk·a: "Wēg·a gwasˤīdᴇx ˤnᴇmwᴇyōt ˤwäs
g·äx·ˤidē," ˤnēx·ˤlaē. Wä, hēx·ˤidaᴇmˤlāwisē Mātag·ila nāˤnaxmēq,
wä, lāˤlaē ˤnēk·a: "Nōgwaᴇm Mātag·ila, g·äx·ˤid lāxᴇn g·ōkŭlasē
K·lōdagāla, ˤnᴇmwᴇyot. Wä, laˤmēsᴇn ōgwaqal wŭʟaʟōl, ˤnᴇmwᴇyōt. 20
Wä, sōˤmaa ăngwas," ˤnēx·ˤlaē. Wä, hēx·ˤidaᴇmlāwisēda bᴇgwānᴇm nāˤnaxmēq. Wä, lāˤlaē ˤnēk·a: "Nōgwaᴇm Māleleqăla. Wä,
lᴇn la ʟēgadᴇs Ōdzēˤstālisē, ˤnᴇmwᴇyōt," ˤnēx·ˤlaēxs laē ʟāx·ˤwᴇlsē
Ōdzēˤstalisē. Wä, lāˤlaē ʟēˤlēʟax Mātag·ila lāxēs g·ōkwē. Wä,
laˤlaē k!ûsˤālîl lāx ōgwiwaˤlîlasa g·ōkwē. Wä, hēᴇmˤlāwis la dōxˤwa- 25
ʟᴇˤlats Matag·ilāx gᴇnᴇmas Ōdzēˤstalisē, yîx ʟ!āqwag·ilayugwa
ʟᴇˤwis ts!ᴇdāq!ᴇdzaˤyē xŭnōkwē Aōmōl, yîxs k!ŭdzēlaē lāxa
hēḷk·!ōtēˤwalîlasa g·ōkwē. Wä, lāˤlaē ʟ!ᴇxwīlasēˤwē Mātag·ila.

30 Mātag·ila; and after he had eaten, Mātag·ila spoke, and said, "O brother: let me tell you why I come to your house. I came to marry your princess." Thus he said. Then Ōdzē‘stalis replied, and said, "O brother! [go on, brother!] I take you in." Thus he said. Then Mātag·ila married Aōmōł, the princess of Ōdzē‘stalis, the
35 first chief of the numaym Mamalēleq !ăm of the Mamalēleqăla. Then Ōdzē‘stālis gave in marriage the name ‘măxŭyalidzō to his son-in-law Mātag·ila; and now Mātag·ila had the name ‘măxŭyalidzē after this. ‘măxŭyalidzē staid four days with his wife Aōmōł at
40 Mālmano. Then he got ready in the morning and walked across, going home to his house at K·!ōdagāla. ‘măxŭyalidzē and his wife Aōmōł had not been living as husband and wife for a long time before they had a son. Immediately ‘măxŭyalidzē said that he would walk across until he came to Mālmano, the village of his father-in-law Ōdzē‘stalis. As soon as ‘măxŭyalidzē entered the
45 house, he reported that he had a son. And immediately Ōdzē‘stalis said to his wife Ł!āqwag·ilayugwa, "Let my grandson have the name Ł!āqwag·ila." Thus he said. Then Ōdzē‘stalis gave this name Ł!āqwag·ila in marriage to his son-in-law ‘măxŭyalidzē as a
50 name for his child. Then ‘măxŭyalidzē went home to his house in

Wä, g·îl‘ᴇm‘lāwisē gwāł ʟ!ᴇxwa lāa‘lasē yāq!ᴇg·a‘lē Mātag·ila. Wä,
30 la‘lae ‘nēk·a: "‘ya, ‘nᴇmwᴇyōt, wēg·ax·în nēlasg·în g·ā‘xēnēk· lāxōs g·ōkūlasēx. Wä, hē‘mᴇn g·ā‘xēnēxg·în gāgak·!ēk· lāxs k·!ēdēłaqōs," ‘nēx·‘lae. Wä, lā‘lae Ōdzē‘stālisē nā‘naxmēq. Wä, lā‘lae ‘nēk·a: " Wēg·a ‘nᴇmwᴇyōt, la‘mᴇn daeʟō̄ʟ" ‘nēx·‘lae. Wä, la‘mē Mātag·ila gᴇg·adᴇs Aōmōłē, ytx k·!ēdēłas Ōdzē‘stālis, ytx g·îlg·alisē
35 g·îgămē‘sa ‘nᴇ‘mēmōtasa Mamalēleq!ămasa Mamalēleqăla. Wä, la‘mē Ōdzē‘stalisē ʟēgᴇmg·îlxʟalax ‘maxŭyālidzē lāxēs nᴇgŭmpē Mātag·ila. Wä, laᴇm ʟēgadē Mātag·îlās ‘măxŭyalidzē lāxᴇq. Wä, mōp!ᴇnxwa‘s lae ‘nālās hēlā ‘măxŭyalidzē ʟᴇ‘wis gᴇnᴇmē Aōmōłē lāx Mālmano. Wä, lāx·da‘xᵘ‘lae xwānal‘īdaxa gaāla qa‘s
40 lā tsłēqwa. Lā‘lae nā‘nakwa lāxēs g·ōkwē lax K·!ōdagāla. Wä, k·!ēs‘lat!a gāla ha‘yāsᴇk·âlē ‘măxŭyalidzē ʟᴇ‘wis gᴇnᴇmē Aōmōłaxs lae xŭngwadᴇx‘îtsa bābagumē. Wä, hēx·‘idaᴇm‘lāwisē ‘măxŭyalidzē g·āx tsłēqwa qa‘s g·āxē lāx Mālmano lāx g·ōkūlasasēs nᴇgŭmpē Ōdzē‘stālisē. Wä, g·îl‘ᴇm‘lāwisē laeʟē ‘maxŭyalidzē lāxa
45 g·ōkwē lae hēx·‘idaᴇm ts!ᴇk·!âl‘îdᴇxs lᴇ‘mae xŭngwadᴇsa bābagumē. Wä, hēx·‘idaᴇm‘lāwisē Ōdzē‘stalisē ‘nēk·a lāxēs gᴇnᴇmē ʟ!āqwag·ilayugwa: " Wēg·iłlax·î ʟēgadʟᴇn ts!ōxᵘʟᴇmās ʟ!āqwag·ila," ‘nēx·‘lae. Wä, laᴇm‘lāwisē Ōdzē‘stālisē ʟēgᴇmg·îlxʟālaxōx ʟ!āqwag·ilax lāxēs nᴇgŭmpē ‘măxŭyalidzē qa ʟēgᴇms xŭnōkwas. Wä, laᴇm‘lae nā‘na-
50 kwē ‘maxŭyalidzē lāxēs g·ōkwē lāx K·!ōdagāla. Wä, laᴇm‘lae

K·!ōdagăla. Then he | named his child L!āqwag·ila; and L!āqwag·ila 51
grew up quickly. | As soon as he was strong enough, he | asked his
father ᴇmāx̣ŭyalidzē to make a bow for him and | four arrows.
Immediately ᴇmāx̣ŭyalidzē ‖ made a bow of yew wood as a bow for 55
his son L!āqwag·ila. | When the bow and the four arrows were
finished, | ᴇmāx̣ŭyalidzē gave them to his son L!āqwag·ila. Then |
L!āqwag·ila took the bow and the four arrows and | put them down
at the head part of his bed, in the evening. Then ‖ he lay down and 60
slept. Now ᴇmāx̣ŭyalidzē never | questioned his son why he lay
down early | in his bed. ᴇmāx̣ŭyalidzē arose early in the morning, |
and went straight to the bed of his son L!āqwag·ila | to look at him.
Now he was not lying down with his bow, ‖ and ᴇmāx̣ŭyalidzē did 65
not know which way his son L!āqwag·ila had gone. | Then he told
his wife Aōmŏł, and | Aōmŏł forbade her husband to talk about it.
Thus she said to him. | When evening came, ᴇmāx̣ŭyalidzē felt
uneasy on account of his | son. In the night, when it was dark, ‖
ᴇmāx̣ŭyalidzē sat down in vain outside of his house, | waiting in 70
vain for his son to come home. He never came. | Then he just went
into his house. |

Now I shall stop talking about ᴇmāx̣ŭyalidzē and his wife | Aōmŏł

Lēx̣ᴇedᴇs L!āqwag·ila lāxēs x̣ŭnōkwē. Wä, lāᴇlaē halag·ōstâ q!wa- 51
ᴇxēnaᴇyas L!āqwag·ila. Wä, g·īlᴇEmᴇlāwisē hēłᴇak·!ox̣ᴇwīdᴇxs laē
äxk·!ālaxēs ōmpē ᴇmāx̣ŭyalidzē qa łᴇkwīlēsēx łᴇk·!wīsa qaē Lōᴇ
mōtsłaqa haänaL!ᴇma. Wä, hēx·ᴇidaᴇmᴇlāwisē ᴇmāx̣ŭyalidzē
łᴇkwīlaxa L!ᴇmq!ē qa łᴇk!wītsēs x̣ŭnōkwē L!āqwag·ila. Wä, 55
g·īlᴇᴇmᴇlāwisē gwāła łᴇk!wisē Lᴇᴇwa mōtsłaqē hāänaL!ᴇma laaᴇlasē
tsłâwē ᴇmāx̣ŭyalidzās lāxēs x̣ŭnōkwē L!āqwag·ila. Wä, lāᴇlaē
L!āqwag·ila däx·ᴇidxa łᴇk!wisē Lᴇᴇwa mōtsłaqē hāänaL!ᴇma qaᴇs lä
äx·ᴇālīłas läx ōgwäxtâlīłasēs kwaᴇlēsasaxa laᴇm dzāqwa. Wä, laᴇ
kŭlg·aᴇłīła qaᴇs mēxᴇēdē. Wä, laᴇmᴇlaē ᴇmāx̣ŭyalidzē hēwäxa 60
wŭłaxēs x̣ŭnōkwē läx läg·iłas xᴇnLᴇla gax·staēł la kŭlx·ᴇida
lāxēs kŭᴇlēlasē. Wä, laᴇmᴇlāwisē gāg·ustâwē ᴇmāx̣ŭyalidzāxa gaāla.
Wä, lāᴇlaē hēᴇnakŭlaᴇᴇm läx kŭᴇlēlasasēs x̣ŭnōkwē L!āqwag·ila
qaᴇs dōx̣ᴇwīdēq. Wä, lāᴇlaē k·!ēâs kŭᴇlīła Lᴇᴇwis łᴇk!wīsē. Wä,
laᴇmē ᴇmāx̣ŭyalidzē k·!ēs q!âLᴇlax gwāgwaag·asasēs x̣ŭnōkwē 65
L!āqwag·ila. Wä, lāᴇlaē nēłāxēs gᴇnᴇmē Aōmŏłē. Wä, âᴇmᴇlāwisē
Aōmŏłē bᴇlaxēs łaᴇwŭnᴇmē qa k·!ēsēs gwāgwēx·sᴇāla läq, ᴇnēx·ᴇlaēq.
Wä, laᴇmᴇlāwisē dzāqwaxs laaᴇlas nānox̣ᴇwīdē ᴇmāx̣ŭyalidzāsēs
x̣ŭnōkwē. Wä, laᴇmᴇlāwisē p!ᴇdᴇx·ᴇīdaxa gānoLē. Wä, wŭłᴇᴇm-
ᴇlāwisē ᴇmāx̣ŭyalidzē la k!wās läx L!āsanâᴇyasēs g·ōkwē wŭłᴇᴇm 70
ēsᴇla qa g·āxēsēs x̣ŭnōkwē nāᴇnakwa. Wē, hēwäxaᴇmᴇlāwisē g·āx̣ā.
Wä, âᴇmᴇlāwisē la laēL lāxēs g·ōkwē.

Wä, laᴇmēsᴇn gwāł gwāgwēx·sᴇāla läx ᴇmāx̣ŭyalidzē Lᴇᴇwis gᴇnᴇmē
Aōmŏłē qᴇn wāg·ī gwāgwēx·sᴇāla läx L!āqwag·ila, yīx nax·ᴇŭstaē

75 and I shall talk about Lǃāqwag̣·ila who walked straight up the
river Kʼǃōdagāla when day was not near yet in the morning. He
went up the small river, and his body became warm when it was
day. Then he sat down on the side of the bank of the small river.
Then he took off his blanket, and he sat down in the water. And
80 he sprinkled his body with water. Four times he sprinkled himself
with water on each side of the neck. Then he heard in the distance
(the cry), "Wip, wip, wip!" Thus said what was heard by him.
Then Lǃāqwag̣·ila guessed what it was— a bird or a quadruped—
that was heard by him crying. Lǃāqwag̣·ila just sat in the water.
85 Then it was as though he was dreaming of the cry, "Wip, wip,
wip!" that he had heard at the upper end of the little river. Then
he was like waking up from his sleep: and he walked out of the
water and sat down where he had left his bear blanket. Then he
was a little afraid of what he had heard. He had not been sitting
90 for a long time, before he made up his mind to go home. Then he
arose, and suddenly he heard something saying, not aloud,
"Lǃāqwag̣·ila go up the river. You will obtain a supernatural
treasure. It would be well for you to bathe again in this river that
all the human smell may come off your body." Thus said what
95 was heard by him. Immediately he took off his bear-skin blanket

---

75 qāyamālax wäs Kʼǃōdagālaxa kʼǃēsʻEm ēxˑala qaʻs ʻnāxˑʻidēxa
gaāla. Wä, kʼǃēsʻEmǃlāwisē ʻnElg·ila lāxa ʻwābidaʻwē laē tsǃEʻlx-
ʻwīdē ōkǃwinaʻyasēxa laʻmē ʻnāla. Wä, lāʻlaē kǃwāg·aElsa lāx ōgwā-
gaʻyasa ʻwābidaʻwē. Wä, lāʻlaē xEnxʻʻīdxēs ʻnExʻūnāʻyē qaʻs lä
kǃwaʻsta lāxa ʻwapē qaʻs xōsītǃēdēsa ʻwapē lāxēs ōkǃwinaʻyē. Wä,
80 hēEmʻlāwis ālēs mōpǃEna xōsʻītsa ʻwāpē lūxēs ʻwāxˑsanōlxawaʻyē
lāaʻlasē wūLElaxa qwēsaxsdālā wip wip wip, ʻnēxʻʻlaē wūLElas.
Wä, laEmʻlāwisē Lǃāqwag̣·ila sEnʻyastōtsa lāx gwēxˑsdEmasē Lōʻ
tsǃēkǃwē Lōʻ g·ĭlg·aēmasa wūLElas hēkˑǃāla. Wä, laEm âEm la
kǃwastElsē Lǃāqwag̣·ila lāxa ʻwāpē. LaEmʻlaē hē gwēxˑs âEm mēxE-
85 lasēs wūLaʻlaēnaʻyaxa wip wip wipxElä lūx ʻnEldzāsa ʻwābidaʻwē.
Wä, lāʻlae hē gwēxˑs tsǃākˑǃEgEʻnakūlasōx mēxax. Wä, lāʻlaē lâʻsta
lāxa ʻwāpē qaʻs lä kǃwāg·aEls lāx xˑīlqǃEdzasasēs ʻnExʻūnaʻya Lǃāʻya.
Wä, laEmʻlaē kʼali·ʻlāla nâqaʻyasēs la wūLEla. Wä, hēʻlatǃa la gēʻs
kǃwāsa. Wä, laEmʻlaē ălēʻsta nâqaʻyas qaʻs g·âxlag·ī âEm näʻnakᵘ
90 lāxēs g·ōkwē. Wä, laEmʻlāwisē Lāx·ʻūlsa lāaʻlasē wāLāxʻaLElaxa
kˑǃēsa hāsEla ʻnēkˑa, "HayōstaEma Lǃāqwag̣·ila lāxwa ʻwäx lāxg·as
Lōgwēlg·ōs. Wä, hētǃas ēg·asē xwēlaqaEm lūʻstExˑʻīd lāxwa ʻwax
qa ʻwilâwēsa bExᵘpǃālax lāxs ōkǃwinaʻyaqōs," ʻnēxʻʻlaē wūLElas
Lǃāqwag̣·ila. Wä, hēxʻʻidaEmʻlāwisē xwēlaqa xˑElxElsaxēs LǃEn-
95 tsEmē ʻnExʻūnaʻya qaʻs lä kǃwaʻsta lāxa ʻwa. Wä, laEmʻlāwisē

and sat down in the river. Then he | sprinkled himself with water 96
on each side of the neck; and | when he had sprinkled himself four
times, he heard again the voice: "Wip, wip, wip!" | it said. Then
he desired to go to try to see it. | He came out of the water, and put
on his bear-skin || blanket. Then he walked up the river. And he 100
did | not go there before he became warm. He sat down | and put
down his bear-skin blanket. Then he arose and went | to sit down
in the water, and he sprinkled both sides of his neck with water. |
As soon as he had sprinkled himself four times, he heard again the
voice, || "Wip, wip, wip!" at a place near where he was. Now it 5
was evening. Then | he really rubbed his body with his hands, and
threw water upon himself. | As soon as he had finished, he came out
of the water, and | sat down on the ground where he had left his
bear-skin blanket. He had not | been sitting there long before he
started, and he had not been going there long along the river || when 10
he took off again his bear-skin blanket, and put it down. | Then he
sat in the water, and threw water on both sides of his neck. | As soon
as he had sprinkled himself four times, the sound, "Wip, wip, wip!"
was | heard by him, while he turned his back to the upper end of the
river. Then Lʼāqwag·ila | turned around to look for (the sound).
What should he see! There was a great house with painted || front 15
with a copper on each side of the door. | Then a hămshămtsǃEs ran

---

xōsasa ʻwāpē lāxēs ʻwāx·sanōɫxawaʻyē. Wä, g·ĭlʻEmʻlaxaūwisē 96
mōpǃEna xōsʻīdExs lāaʻlasē ēdzaqwa wūLEɫas wip wip wip,
ʻnēx·ʻEl. Wä, laēmʻlaē āwŭlxʻīdEq qaʻs lālag·i dadoxʻwaLElaaq.
Wä, laʻlaē lâʻsta lāxa ʻwapē qaʻs ʻnExʻūndēsēs LǃEntsEmē
ʻnExʻūnaʻya. Wä, lāʻlaē qāsʻwŭsta lāxa ʻwā. Wä, lāʻlaē 100
k·ǃēs qwēsg·ilaxs laē tsǃElxʻwida. Wä, laʻlaē kǃwāg·aElsa
qaʻs x·ElxElsēxēs LǃEntsEmē ʻnExʻūnaʻya. Wä, lāʻlaē Lāxʻūls qaʻs lä
kǃwaʻsta lāxa ʻwā. Wä, lā xōsʻētsa ʻwāpē lāxēs ʻwax·sanōɫxawaʻyē.
Wä, g·ĭlʻEmʻlāwisē mōpǃEna xōsʻēdExs laa ēdzaqwa wūLEɫnaxwäs
wip wip wip lāxa ʻnExwāla lāx āxāsasxa laEm dzāqwa. Wä, laEm- 5
ʻlaē âlax·ʻīd gŭsāsēs eʻeyasowē lāxēs ōkǃwinaʻyē lāxēs xōsaēnaʻyasa
ʻwāpē. Wä, g·ǃlEmʻlāwisē gwāla laē lâʻsta lāxa ʻwāpē qaʻs lä kǃwŭ-
g·aEls lāx x·ĭlqǃEdzasasēs LǃEntsEmē ʻnExʻūnaʻya. Wä, k·ǃēsʻlatǃla
gēʻs kǃwāsa laē qāsʻida. Wä, k·ǃēsʻlatǃla qwēsg·ila qāyamālaxa ʻwāxs
laē ētǃēd xEnx·ʻīdxēs LǃEntsEmē ʻnExʻūnaʻya qaʻs x·ElxElsēq. Wä, 10
laʻlaē kǃwaʻsta lāxa ʻwāpē qaʻs xōʻsīdēxēs ʻwāx·sanōɫxawaʻyē. Wä,
g·ĭlʻEmʻlāwisē mōpǃEna xōsʻīdExs lāaEl ēdzaqwa wip wip wipxē wū-
LEɫas lāx gwēk·ālaasas lax ʻnEldzāsa ʻwa. Wä, lāʻlaē ʻmElsʻidē Lǃā-
qwag·ila qaʻs dōxʻwīdēq. ʻmāsLelāwis, ʻwālasa g·ōkᵘ k·ǃlatEmālēs tsā-
qEmaʻyaxa Lǃāqwa ʻnālʻnEmsgEm lāx ʻwāx·sōtstâʻyasa tǃExʻĭla. Wä, 15
hēEmʻlāwis ʻyālag·ĭldzatsa hămshămtsǃEsē LǃāsanâʻyasǃWä, lāʻlaē

17 about outside of the house. | Then the hămshămts!ᴇs went back
behind the house, starting from the | right side of the house. As
soon as he had gone back, ʟ!äqwag·ila | went out of the water, and
20 sat down where he had left his ‖ bear-skin blanket. And it was not
long since he had sat down, when four | men came wearing red
cedar-bark around their necks, and red cedar-bark around their
heads; | and all carried round poles as | sparrow-canes. They came
to the place where ʟ!äqwag·ila was seated; and | one of them spoke,
25 and said, "We are sent by ‖ our friend Ts!ᴇk·!ᴇxsdē to come and
call you to | watch us taming Hămsbēꞌ." Thus they said. Immedi-
ately | ʟ!äqwag·ila arose, put on his bear-skin blanket, | and followed
the four Sparrows. They went into the house, | and ʟ!äqwag·ila sat
30 down at the left hand side inside of the ‖ door of the house. And as
soon as he had sat down, a man, | who was standing in the rear of the
house, spoke, and | said, "Now, take care, shamans! when we tame
our | friend Hămsbēꞌ, for our friend ʟ!äqwag·ila has | come, and he
sits down by our side in order to see the gift that he is going to get."
35 Thus he said. ‖ Then the hămshămts!ᴇs came in, and cried, "Wip,
wip, wip!" | And then immediately the song-leaders beat fast time,
and | they sang a song of the hămshămts!ᴇs with fast beating. And
when it was | at an end, they sang a song with slow time beating.

---

17 āʟēꞌstēda hămshămts!ᴇsē lāx aʟanāꞌyasa g·ōkwē, g·äyag·ᴇ lāx hĕl-
k·!ōdᴇnwaꞌyasa g·ōkwē. Wä, g·ĭlꞌᴇmꞌlāwisē lāꞌyag·ᴇxs laē ʟ!āqwa-
g·ila lāꞌsta lāxa ꞌwāpē qaꞌs lā k!wāg·aᴇls lāx x·ᴛĭq!ᴇdzasasēs ʟ!ᴇn-
20 tsᴇmē ꞌnᴇx·ꞌŭnaꞌya. Wä, k·!ēsꞌlat!a gēꞌs k!wāsa g·āxaasa mōkwē
bēbᴇgwānᴇm qᴇqᴇnxālaxa ʟ!āgᴇkwē. Wä, lāxāē qēqᴇx·ᴇmālaxa
ʟ!āgᴇkᵘ. Wä, lā ꞌnāxwaᴇm sēsek·!āk·ᴇlaxa lēᴇlx·ᴇnē dzōmēg·alaxa
gwēsp!ēqē. G·äxdaꞌxᵘ lāx k!wādzasas ʟ!āqwag·ila. Wä, lāꞌlaē
yāq!ᴇg·aꞌlēda ꞌnᴇmōkwē lāq. Wä, lāꞌlaē ꞌnēk·a: "ꞌyālag·ᴇmnuꞌxᵘ
25 yĭsᴇns ꞌnᴇmōkwē Ts!ᴇk·!ᴇxsdē qᴇnuꞌxᵘ g·axē lēꞌlālōl qaꞌs layōs
x·ĭts!ax·ĭlaxa yāłalax Hămsbaꞌyē," ꞌnēx·ꞌlaē. Wä, hēx·ꞌidaᴇmꞌlā-
wisē ʟ!āqwag·ila ʟax·ꞌtĭlsa qaꞌs ꞌnᴇx·ꞌündēsēs ʟ!ᴇntsᴇmē ꞌnᴇx·ꞌŭnaꞌya
qaꞌs lā lāg·ixa mōkwē gwēꞌgŭdza. Wä, lāꞌlaē hōgwĭʟ lāxa g·ōkwē.
Wä, hēꞌlat!a k!wāg·alīlē ʟ!āqwag·ila lāxa gᴇmxōtstālīlas äwīʟᴇlāsa
30 t!ᴇx·ĭlāsa g·ōkwē. Wä, g·ĭlꞌᴇmꞌlāwisē k!wāg·alīla laaꞌlasē yāq!ᴇg·a-
ꞌlēda ʟaꞌwīlē bᴇgwānᴇm lāxa ōgwiwaꞌlīlasa g·ōkwē. Wä, lāꞌlaē
ꞌnēk·a: "Wāg·ĭl la ꞌyāʟ!āʟᴇx pēpäxāl lāxᴇns yāłaēnēʟaxᴇns
ꞌnᴇmōkwaē Hămsbaꞌya qaᴇns ꞌnᴇmōkwēx ʟ!āqwag·ilax, yĭxs
g·āxaēx k!wanālĭl g·āxᴇns qaꞌs dōqwalēxōs ʟōgwĭʟēx, ꞌnēx·ꞌlaēxs
35 g·axaasē g·āxēʟēda hămshămts!ᴇsē wip wip wipxᴇlaxs g·āxaē g·āxē-
ʟa. Wä, hēx·ꞌidaꞌᴇmꞌlāwisē ꞌnᴇmāx·ꞌĭd ʟēxdzōdēda nēnāgadē qaꞌs
dᴇnx·ꞌēdēsa tsaxāla q!ᴇmdᴇmsa hămshămts!ᴇsē. Wä, g·ĭlꞌᴇmꞌlāwisē
q!ŭlba laē dᴇnx·ꞌētsa nᴇqaxᴇlās t!ᴇmyas q!ᴇmdᴇma. Wä, lāꞌlaē

There were | three songs with slow time beating, besides the one with fast time beating. || There were four songs in all for the hămshămts!ᴇs 40 Hămsbēᶜ. | (I forgot that as soon as the hămshămts!ᴇs came in, he | bit four Sparrows.) As soon as he had finished dancing, | he went into his sacred room. The one who told me the story did not know | what was painted on the sacred room. As soon as he had finished, || an old man arose. He spoke, and | said, "We have tamed him, 45 shamans. Now I shall turn | to our great friend ʟ!āqwag·ila. Now you | have seen the treasure that you obtained, friend ʟ!āqwag·ila, the great dance hămshămts!ᴇs, | Hămsbēᶜ. Now you will have the name Hămsbēᶜ, || and also this great winter-dance house which has 50 the name | ᶜnᴇmsɢᴇmsᴇlaʟᴇlas." Eagles were sitting on top of grizzly-bear posts ᴏn | each side of the rear of the house; and men who had red cedar-bark on their heads | stood on the heads of the grizzly-bear posts on each side of the | door of the house. Those men had red cedar-bark rings who stood on || the grizzly bears on 55 each side of the door, for they were speaking-posts, | and the name of the post on the right-hand side was Wăwäxēmĭl, and the name of the post on the left-hand side was ! G·āg·ēqᴇmĭl. "Now your name will be ! Âwaxᴇlag·ᶜilis in summer; and it will be your chief's name; and | your name will be Dzᴇlk·!ᴇxsdē as a member of the Sparrow Society, when your father gives a winter dance." Thus || said the 60

---

yūdux̣ᵘsᴇma nᴇqaxᴇla q!ᴇmq!ᴇmdᴇms ōgūᶜla lāxa ts!axāla. Hămōsɢᴇmgōᶜlaē q!ᴇmq!ᴇmdᴇmas Hămbaᶜyēxa hămshămts!ᴇsē. 40 (Wä, hēxōʟᴇn ʟ!ᴇlēwēsōxs g·ilᶜmaē g·āxēʟēda hămshămts!ᴇsē laē q!ᴇxᶜīdxa mōkwē gwēgŭdza.) Wä, g·ilᶜᴇmᶜlāwisē gwăl yᴇx̣waxs laē lāts!ālił lāxēs māwiłē. Wä, laᴇm k·!ēs q!ēq!âʟ!alēda nōsa qaᴇn- ʟāx k·!ādᴇdzâᶜyaxa māwiłē. Wä, g·ilᶜᴇmᶜlāwisē gwāla lāaᶜlasē ʟax̣ᶜŭlīłēda q!ŭlyakwē bᴇgwānᴇma. Wä, lāᶜlaē yāq!ᴇg·aᶜla. Wä, 45 lāᶜlaē ᶜnēk·a: Laᶜmᴇns yâłamasaq, pēpāx̣ăl. Wä, laᶜmēsᴇn gwē- ɢᴇmxᶜīdeł lāxᴇns ᶜnᴇmōx̣ᵘdzēx lāxōx ʟ!āqwag·ilax; laᴇms dōx- ᶜwaʟᴇlaxēs ʟōgwayōs, qăst ʟ!āqwag·ilaxa ᶜwälasē lādaxa hămshămts!ᴇsē yĭx Hămsbaᶜyē. Wä, laᴇms ʟēgadᴇłts Hămsbaᶜyē. Wä, yūᶜmēsa ᶜwälasēx ts!āgats!ē g·ōkwaxwa ʟēgadᴇx g·ōkwa yĭs ᶜnᴇms- 50 ɢᴇmsᴇlaʟᴇlas," xwa kwēkwēkwaxs k!ŭdzᴇtâᶜyaaxwa nēnānēx ʟē- ʟāmsa ᶜwāx·sotīwalīlasa g·ōkwēx. Wä, lâx ʟ!ēʟ!agᴇkumālōx bēbᴇ- gwānᴇmōx ʟēʟax̣ŭtâᶜyaxwa nēnānēx ʟēʟāmasa ᶜwāx·sōtstâlīlasa t!ᴇx·ᶜīlasa g·ōkwēx; yᴇxōxda ʟ!ēʟ!agᴇkŭmālax bēbᴇgwānᴇm ʟēʟax̣ŭ- tâwēxwa nēnānēx lāxwa ᶜwāx·sotstâlīlaxsa t!ᴇx·ᶜilax yīxs yēya- 55 q!ᴇnt!ᴇqaēx lâx ʟēgadᴇs Wăwäxēmīla hēlk·!otstâlīłē ʟāma; wä lâx ʟēgadᴇs G·āg·ēqᴇmīlxwa ɢᴇmxōtstâlīłēx ʟāma. "Wä, laᶜmēts ʟēga- dᴇłts Âwaxᴇlag·ᶜilis lāxa bāx̣ŭsē, laᴇms g·īɢᴇxʟālaʟᴇq. Wä, laʟē ʟēgadᴇs Dzᴇlk·!ᴇxsdē lāxa gwēgŭdza, yĭx âsa qō ts!ets!ᶜēxᶜēdʟō,'

61 speaker of the house. Then Lǃāqwag·ila | looked at everything in the house; and after he had seen everything, | the house disappeared. |

Then Lǃāqwag·ila was alone sitting on the ground. | Now it was
65 morning, and Lǃāqwag·ila only wished to ‖ remain sitting on the ground for four days. And, when | he had finished what he was planning during these four days, while he was sitting there, he arose, | took off his bear-skin blanket, put it down, and | went into the water. Then he sprinkled water on each side of his neck, | as he had done before.
70 And after he had done so, he came out of the water, ‖ and went to where he had put down his bear-skin blanket; | and he put it on. Then he lay down, and immediately he | went to sleep. At once he dreamed of the old man, | the speaker of the large winter-dance house. Then | Lǃāqwag·ila dreamed that he was sitting down by his side,
75 and ‖ the old man spoke, and said, "You have done well, friend, | that you did not go home at once, | for they only wished to try you. Therefore your supernatural treasure disappeared, the great | winter-dance house, for you will see it again this evening; | for four
80 nights we shall tame Hāmsbēʻ, your ‖ supernatural treasure friend! And when he is tamed, we shall go and take the | house to the village of your father." Thus he said and disappeared. Now |

---

60 ʻnēx·ʻlaēda yāyaqǃEntEmēlasa g·ōkwē. Wä, laEmʻlāwisē Lǃāqwag·ila dōqwalaxa ʻnāxwa gwālaatsa g·ōkwē. Wä, g·ilʻEmʻlāwisē gwāl dōqwaqēxs laē x·ʻIsElsēda g·ōkwē.

Wä, laEmʻlaē Lǃāqwag·ila âEm la ʻnEmōkǃŭsʻEm la kǃwāsa. Wä, laEm ʻnāx·ʻīdaxa gaāla. Wä, āʻmēsē Lǃāqwag·ila ʻnēx· qaʻs hēx·-
65 säʻmē kǃwasē lālaa lāx mōpǃEnxwaʻsē ʻnāla. Wä, g·ilʻEmʻlāwisē gwālē kǃwēxaʻyas lāx mōpǃEnxwaʻsē hēläs kǃwadzasē lāaʻlasē Laxʻūlsa qaʻs xEnx·ʻīdēxēs LǃEntsEmē ʻnExʻūnaʻya qaʻs x·ʻilxElsēq. Wä, lāʻlaē laʻsta lāxa ʻwāpē. Wä, laEmʻlaē xōsasa ʻwāpē lāxēs ʻwāx·sanōlxa-waʻyē lāxēs g·īlx·dē gwēg·ilasa. Wä, g·ilʻEmʻlāwisē gwāla laē lāʻsta
70 lāxa ʻwāpē qaʻs lā lāx x·Elqǃedzasasēs LǃEntsEmē ʻnExʻūnaʻya. Wä, lāʻlaē ʻnExʻūndEs. Wä, lāʻlaē kŭlg·aElsa. Wä, lāʻlaē hēx·ʻidaEm mēxʻēda. Wä, lāʻlaē hēx·ʻidaEm mēxElasa qǃūlyakwē bEgwānEmxa yāyaqǃEntEmēlasa ʻwālasē g·ōkᵘ, yīxa tsǃāgatsǃē. Wä, laEmʻlaē Lǃā-qwag·ila mēxElas g·āx kǃwanuLEmElsaq. Wä, lāʻlaē yāqǃeg·aʻlēda
75 qǃūlyakwē bEgwānEma. Wä, lāʻlaē ʻnēk·a: "LaEms hēlaxa, qāst, lāxēs gwēx·ʻidaasōs, yīxs k·ǃēsaaqōs âEm hēx·ʻidaEm la näʻnakwa qaxs âʻmaaqōs waLēsasōʻ lāx lāg·ʻilas x·ʻisʻīdēs Lōgwaʻyaōsxa ʻwālasa tsǃāgatsǃē g·ōkwa, qaxs dōxʻwaLElaʻmēLaqōsasaqēxwa dzāqwaLēx yīxg·ins mōpǃEnxwasīlg·axa gāgănōLē yāl̄āLEx Hāmsbaʻyaxēs Lō-
80 gwaʻyōs, qāst. Wä, g·ilʻEmlwisē yāl̄ʻīdEl laʻmēsEnuʻxᵘ lāl taōtsa g·ōkwē lāx g·ōkŭlasas âsa," ʻnēx·ʻlaēxs laē x·ʻisʻīda. Wä, laEmʻlaē

ʟ!āqwag·ila awoke and he went again | into the water for he wished 83
to get what the old man had talked about. | And for a long time he
remained sitting in the water; and ‖ after he had sprinkled himself 85
with water, he sat down again on the | ground where he had left his
bear-skin blanket. And as soon as evening | came, he arose again
and sat down in the water, and sprinkled his body. | And as soon as
he had done so, he went to where he had left his bear-skin | blanket,
and sat down on the ground. And he had just put on his ‖ bear- 90
skin blanket when he saw the great | winter-dance house standing
on the ground. Then he saw all the old | men and the other men
walking about in it. Then | the speaker of the house, the old man of
whom he had dreamed, spoke, | and said, "Now, take care, sha-
mans! ‖ let us tame our friend Hămsbē‛." Thus he said, and 95
turned | to ʟ!āqwag·ila, and he said, "You have done well, friend |
ʟ!āqwag·ila, that you did not just go home to your house when |
the great winter-dance house disappeared, when we first came to
tame our | great friend Hămsbē‛. Now wait until the end of four ‖
nights. When these are finished, your supernatural treasure will go 200
to the village of | your father." Thus he said. As soon as he
finished his speech, there was the sound of "Wip, wip, | wip!"
inside of the sacred room. Immediately the song-leaders | began to
sing the song with fast time beating; and as soon as the fast time

---

ts!ᴇx·‛īdē ʟ!āqwag·ila. Wä, hëx·‛idaᴇm‛lāwisē la ēt!ēdē ʟ!āqwag·ila 82
la‛sta lāxā ‛wāpē qaxs lᴇ‛maē ăwŭlx‛īdᴇx wăldᴇmasa q!ŭlyakwē
bᴇgwānᴇmq. Wä, laᴇm‛laē gălaxs laē k!wä‛stᴇls lāxa ‛wāpē. Wä,
g·īl‛ᴇm‛lāwisē gwăł xōsitasa ‛wāpaxs laē xwēlaqa la k!wäg·aᴇls lāx 85
x·ᴇlq!ᴇdzāsasēs ʟ!ᴇntsᴇmē ‛nᴇx‛ŭna‛ya. Wä, g·īl‛ᴇm‛lāwisē dzāxsto-
‛nākŭlaxs laē ēt!ēd ʟāx‛ŭls qa‛s lä k!wa‛sta lāxa ‛wāpē qa‛s xōset!ē-
dēs. Wä, g·īl‛ᴇm‛lāwisē gwăłᴇxs laē lāx x·ᴇlq!ᴇdzasasēs ʟ!ᴇntsᴇmē
‛nᴇx‛ŭna‛ya qa‛s k!wäg·aᴇlsē. Wä, hēᴇm‛lāwis ālēs gwăł ‛nᴇx‛ŭntsēs
ʟ!ᴇntsᴇmē ‛nᴇx‛ŭna‛ya laa‛lasē dōx‛waʟᴇlaxs k!waēłaē lāxa ‛wālasē 90
ts!āgats!ē g·ōkwa. Wä, laᴇm‛laē ‛nāxwaᴇm dōqŭlaxa q!ŭlyakwē bᴇ-
gwānᴇm ʟᴇ‛wa ăl‛ōgŭ‛la bēbᴇgwānᴇm g·īyīmg·īlīłᴇla łāq. Wä, lā‛laē
yāq!ᴇg·a‛łēda yāyaq!ᴇntᴇmēłē q!ŭlyaku bᴇgwānᴇma, yīx mēxax·dās
ʟ!āqwag·ila. Wä, lā‛laē ‛nēk·a: "Wä, wēg·ił la yᴀʟ!ᴀʟᴇx pēpᴇxăl
qᴇns wēg·i yăłăłxᴇn ‛nᴇmōkwaē Hămsba‛ya," ‛nēx·‛laēxs laē gwē- 95
gᴇmx·‛īd lāx ʟ!āqwag·ila. Wä, lā‛laē ‛nēk·a: "Laᴇms hēłaxa, qăst
ʟ!āqwag·il, yīxs k·!ēsaaqōs ᴀᴇm la nä‛nakwa lāxēs g·ōkwaōs, yīxs
laēx x·‛isᴇlsēda ‛wālasēx ts!āgats!ē g·ōkwaxᴇns g·īlx·dᴇmē yăłaxᴇns
‛nᴇmōx·udzē, yōx Hămsba‛yēx. Wä, laᴇms lălabaałxwa mōxsax
gāgᴇnōʟa. Wä, gwăł la‛mēsōx lăla ʟōgwa‛yaqōs lāx g·ōkŭlasas 200
āsa," ‛nēx·‛laē. Wä, g·īl‛ᴇm‛lāwisē q!ŭlbē wăłdᴇmas laasa wip wip
wipxă lāx ōts!ālitasa łᴇmē‛lats!ē. Wä, hëx·‛idam‛lāwisēda nēnăgadē
dᴇnx‛ēdasa tsaxāla q!ᴇmdᴇms. Wä, g·īl‛ᴇm‛lāwisē q!ŭlbēda tsaxāla

beating was ended, | they sang three songs with slow time beating.
5 And ‖ when they had finished singing the four songs of Hămsbē⁽, | he
went into the sacred room. Then the house never disappeared. |
And now L!āqwag·ila was invited in to go and see the inside ! of the
sacred room. Then he was asked to lie down | inside of the sacred
10 room that night. For four ‖ nights they tamed the hămshămts!ᴇs.
Then | Hămsbē⁽ was really tamed after this. Then the old man,
the | speaker of the house, said to his tribe the Spirits (for | the
hămshămts!ᴇs was Baxᵘbakwālanukᵘ, as he was called | by the
Kwāg·uł; and he is called by the Rivers Inlet people Baxᵘbakwā-
15 lanuxᵘsīwē⁽) ‖ that L!āqwag·ila would go home when day came, |
with his supernatural treasure, the house named ⁽nᴇmsgᴇmsᴇlaʟᴇlas,
and the | great dance hămshămts!ᴇs. "Now you will go home,
L!āqwag·ila, | when it is nearly daylight, for your house is not far
away." | Thus he said. Immediately L!āqwag·ila arose from the
20 place where he was sitting, ‖ and went out of the door of the large
house, and he walked down the | river. And he had not been walk-
ing long when he came | to the house of his father. When he tried
to go into the house of his | father, he saw a large house coming to
the ground | by the side of the house of his father ⁽māxŭyalidzē.
25 L!āqwag·ila ‖ immediately went in to his supernatural treasure, the

---

lūa⁽lasē dᴇnx⁽ētsa nᴇqāxᴇla q!ᴇmdᴇmaxa yūduxᵘsᴇmē. Wä,
5 g·îl⁽mēsē gwāł dᴇnxᴇlasa mōsgᴇmē q!ᴇmq!ᴇmdᴇms Hămsba⁽yē laē
lats!ālił lāxēs ʟᴇmē⁽lats!ē. Wä, laᴇm⁽laē hēwäxa x·ĭs⁽ĭdēda g·ōkwē
qaxs lᴇ⁽maē L!āqwag·ila lē⁽lalasō⁽ qa⁽s lä L!ēk!waqa dōqwax ōts!ā-
lîłasa ɪᴇmē⁽lats!ē. Wä, laᴇm⁽laē ăxk·!ālasō⁽ qa⁽s hē⁽mē kŭlg·alîła
ōts!āwasa ɪᴇmē⁽lats!āxa gānoʟē. Wä, laᴇm⁽lāwisē mōp!ᴇnxwa⁽sa
10 gānoʟas yałaxa hămshămts!ᴇsē. Wä, laᴇm ālak·!āla la yāł⁽ida, yĭx
Hămsba⁽yē lāxēq. Wä, laᴇm⁽lāwisēda q!ŭlyakwē bᴇgwānᴇmxa
yāyaq!ᴇntᴇmēłasa g·ōkwē nēłaxēs g·ōkŭlōta haăyałilagasē (yĭxs
hē⁽maē Baxᵘbakwālanukᵘ, yĭxa hămshămts!ᴇsē, yēxs hē⁽maē ʟēqᴇ-
layōsa g·ālāsa Kwāg·ułaq, yĭx gwē⁽yâsa Āwīk·lēnoxwē Baxᵘbakwā-
15 lanuxᵘsīwē⁽), yĭxs lᴇ⁽maē łāł nä⁽naxᵘLē L!āqwag·ilaxa lāla ⁽nä⁽na-
kŭlał Lᴇ⁽wis Lōgwa⁽ya g·ōkwē Lēgadᴇs ⁽nᴇmsgᴇmsᴇlaʟᴇlasē Lᴇ⁽wa
⁽wālasē lādaxa hămshămts!ᴇsē. "Wä, hāg·îl la nä⁽naxᵘʟōł, L!āqwa-
g·ilaxwa lāx ᴇlāq ⁽nāx⁽ida qaxs k·!ēsaēx qwēsalōs g·ōkwaqōs,"
⁽nēx·⁽laē. Wä, hēx·⁽ida⁽ᴇm⁽lāwisē L!āqwag·ila ʟaxⁱŭlił lāxēs k!waē-
20 ⁽lasē qa⁽s lä lāwᴇls lax t!ᴇx·īlāsa ⁽wālasē g·ōkwa. Wä, la⁽laē qāsatō-
sᴇla lāxa ⁽wa. Wä, ⁽wila⁽xᵘdzē⁽laē gēg·ils qāsaxs g·āxaē g·āx⁽aʟᴇla
lāx g·ōkwasēs ōmpē. Wä, laᴇm⁽lāwisē wäx· lālaēʟ!a lāx g·ōkwasēs
ōmpaxs laē dōx⁽waʟᴇlaxa ⁽wālasē g·ōkwaxs g·āx⁽maē g·ōxⁱŭls lāx
ăpsālasas g·ōkwas ōmpasē ⁽māxŭyālidzē. Wä, âᴇm⁽lāwisē L!āqwa-
25 g·ila hēx·⁽idaᴇm la qās⁽ida qa⁽s lä laēʟ lāxēs Lōgwa⁽ya ⁽wālasē

great | house, and sat down in the rear. Then | L!āqwag·ila just sat 26
down, and he heard his father ᵋmāxū̆yalidzē | speaking outside of the
great house, for he was surprised, | for the large house had come and
was sitting on the ground. ‖

Now (ᵋmāxū̆yalidzē) had forgotten about his prince L!āqwag·ila, 30
that he had felt uneasy about him. | Then L!āqwag·ila arose and went
to the door of the house; | and he called his father, and told him
that the great winter-dance | house was his supernatural treasure
and also the great dance hămshămts!ᴇs, which has the name
Hămsbēᵋ, | and also the name for ᵋmāxū̆yalidzē during the winter
dance, ‖ Ts!ᴇlk·!ᴇxsdē. "Now you will have it for your Sparrow 35
name." Thus he said to his father. | "And your chief name will be
Âwaxᴇlag·ı̄lis." Thus he said. "And | the name of the house is
ᵋnᴇmsgᴇmsᴇlaʟᴇlas. Now you know why | I walked away." Thus
said L!āqwag·ila to his father ᵋmāxū̆yalidzē. | L!āqwag·ila did not
show at once his hămshămts!ᴇs ‖ and his name Hămsbēᵋ, but he 40
gave at once the name Âwaxᴇlag·ı̄lis | to his father, ᵋmāxū̆yalidzē.
From this came the great | house of the numaym Maămtag·ila that
has the name ᵋnᴇmsgᴇmsᴇlaʟᴇlas. |

Then ᵋmaxū̆yalidzē had another son, and he named him | Lōᵋyalăł.
Therefore the numaym Lōᵋyalałaᵋwa ‖ are next to the numaym 45
Maămtag·ila, who are descended from the elder brother. Then
ᵋmāxū̆yalidzē had a | daughter, and he named her Âgwilayugwa. |

---

g·ōkwa qaᵋs lä k!wāg·alı̄ł lāxa ōgwīwalı̆łē. Wä, hēᴇmᵋłāwis ăłēs 26
k!wāg·alı̄łē L!āqwag·ilāxs laē wū̆Lᴇlaxēs ōmpē ᵋmāxū̆yalidzāxs
yāq!ᴇnt!ālaē lāx L!āsanâᵋyasa ᵋwālasē g·ōkwa, yı̄xs q!āyaxaas
g·āxdᴇmas g·ōxᵋūlsa ᵋwālasē g·ōkwa.

Wä, laᵋmē L!ᴇlēᵋwēxēs Lᴇwᴇlgămaᵋyē L!āqwag·ilāxs nānokwaas. 30
Wä, lāᵋlaē L!āqwag·ila ʟāxᵋūlı̄ł qaᵋs lä lāx t!ᴇx·ı̄lāsēs g·ōkwē. Wä,
laᴇmᵋlaē Lēᵋlı̄Laxēs ōmpē qaᵋs nēłēsēs ʟōgwaᵋyaxa ᵋwālasē ts!āgats!ē
g·ōkwa ʟᴇᵋwa ᵋwālasē lāda hămshămts!ᴇsēxa Lēgadās Hămsbēᵋ.
Wä, hēᵋmisa ʟēgᴇmē qa ʟēgᴇms ᵋmāxū̆yalidzē lāxa ts!ēts!ēqa, yı̄x
Ts!ᴇlk·!ᴇxsdē. "Wä, laᴇm las gwēdzᴇxʟālaq," ᵋnēx·ᵋlaēxēs ōmpē. 35
"Wä, lāl las g·ı̄gᴇxʟālax Âwaxᴇlag·ı̄lisē," ᵋnēx·ᵋlaē. "Wä, lōx
ʟēgadōxda g·ōkwaxs ᵋnᴇmsgᴇmsᴇlaʟᴇlas. Wä, laᴇms q!ă̄łᵋaʟᴇlaxᴇn
lāg·ila qāsᵋida," ᵋnēx·ᵋlaē L!āqwag·ilāxēs ōmpē ᵋmāxū̆yalidzē. Wä,
laᴇmᵋlaē L!āqwag·ila k·!ēs hēx·ᵋı̄d nēłᵋēdāmasxa hămshămts!ᴇsē
ʟᴇᵋwis ʟēgᴇmē Hămsbaᵋyē. Wä, lāʟa hēx·ᵋidaᴇm ʟēxᵋēdᴇs Âwaxᴇ- 40
lag·ı̄lisē lāxēs ōmpē ᵋmāxū̆yalidzē. Wä, hēᴇm g·āyolatsa ᵋwālasē
g·ōxᵘsa ᵋnᴇᵋmēmotasa Maămtag·ilaxa ʟēgadās ᵋnᴇmsgᴇmsᴇlaʟᴇlas.

Wä, lä ēt!ēd xū̆ngwadē ᵋmāxū̆yalidzāsa bābagumē. Wä, lä ʟēxᵋē-
dᴇs Lōᵋyalăł lāq. Wä, hēᵋmis lāg·ilas māk·ı̄la ᵋnᴇᵋmēmotasa Lōᵋya-
!ălawa lāx ᵋnᴇᵋmēmotasa ᵋnōlawālı̆la Maămtag·ila. Wä, lä ēt!ēd 45
xū̆ngwadē ᵋmāxū̆yalidzāsa ts!ᴇdāqē. Wä, lä ʟēxᵋēdᴇs Âgwilayugwa,

47 This name was given in marriage by his father-in-law Ŏdzē‘stalis, for the name of his | daughter. Then he had a son, and ‘māx̱ŭyalidzē |
50 named his son Ḻensḻendzem. Now ‖ ‘māx̱uyalidzē and his wife Aōmŏł had four children,—three boys | and one girl. |
   When the four children of ‘māx̱ŭyalidzē were all grown up, | Ḻensḻendzem was made angry by his | eldest brother ʟ!āqwag·ila.
55 Then Ḻensḻendzem just went and lay down ‖ in his bed; and he was considering whether it would be best for him to leave his | elder brothers, because they always made him angry. When it was nearly | daylight, he arose from his bed and went out of the door. | He walked and went down to the beach where a | small canoe of his
60 father was. Then he went aboard and paddled, and ‖ he came out of Gwadzē‘, and he passed Tsāxis when | daylight came. And he went right on that day. And | in the evening he arrived at a good beach in a bay. There | he saw many killer-whales; and when |
65 Ḻensḻendzem landed, he stepped out of his canoe; and the ‖ killer-whales went out of the bay. Then Ḻensḻendzem | named the bay Māxās. He built a house there, | just like the house of his elder brother ʟ!āqwag·ila at K·!ōdagāla. | Then Ḻensḻendzem said that his ancestor was Mātmatela. | (Ḻensḻendzem) is the ancestor of the

---

47 laem lēgemg·îlxʟēs negŭmpasē Ŏdzē‘stalisē qa ʟēgems ts!edāqē x̱ŭnōx̱ᵘs. Wä, lä ēt!ēd x̱ŭngwadesa begwānemē. Wä, la ‘māx̱ŭyalidzē ʟēx‘ēdes Ḻensḻendzem lāq. Wä, laem‘laē mōkwē sāsemas
50 ‘māx̱ŭyalidzē ʟe‘wis genemē Aōmŏłē. Wä, laem yŭdukwa bēbegwānemē, hē‘misa ‘nemōkwē ts!edāqa.
   Wä, hē‘lat!a la ‘nāx̱wa q!ŭlsq!ŭlyax‘wīdē mōkwē sāsems ‘māx̱ŭyalidzē, wä, laem‘lāwisē ʟ!ōłelayowē Ḻensḻendzemasēs ‘nōlast!egemā‘yē ʟ!āqwag·ila. Wä, lā‘laē âem la kŭlg·alîłē Ḻensḻendzemē
55 lāxēs kŭ‘lēlasē. Wä, laem‘laē dōqwāla qa‘s hē ēg·asē lālag·î bāsēs ‘nō‘nela qaxs hēmenāła‘maē ʟ!ōlālasō‘s. Wä, laem‘lāwisē gwēmē lāx ‘nāx·‘īdē lāa‘lasē ʟāx‘ŭlił lāxēs kŭ‘lēlasē qa‘s lä lāwels lāxa t!ex·īla. Wä, g·āx‘laē qās‘ida qa‘s lä lents!ēs lāxa ʟ!ema‘isē lāx ha‘nēdzasasa ăma‘yē t!egŭnsēs ōmpē. Wä, lā‘laē lāxs lāqex̱s laē sēx‘wida. Wä,
60 laem‘laē g·āx‘wŭłts!āla lāx Gwadzē‘. Wä, lā‘laē hāyāqax Tsāxisē lāa‘las ‘nax·‘īda. Wä, hē‘nakŭlaem‘lāwisēxa ‘nāla. Wä, lā‘laē dzāqwax̱s laē lāg·aa lāxa ēk·ē āwīnagwisa ōts!ālisa. Wä, hēem‘lāwis dōqŭlatsēxa q!enemē māx‘ēnoxwa. Wä, g·îl‘em‘lāwisē Ḻensḻendzemē lāg·alis qa‘s lâłtâwē lāxēs yā‘yats!ē lāa‘las ‘wī‘la lâłts!ā-
65 wēda māx‘ēnoxwē lāxa ōts!ālisē. Wä, laem‘laē Ḻensḻendzemē ʟēx‘ēdes Māxās lāxa ōts!ālisē. Wä, laem g·ōkwēlaxa g·ōkwē lāqxa· hē‘mē gwēx·sē g·ōkwas ‘nōläsē ʟ!āqwag·ila lāx K·!ōdagāla. Wä, hēem ‘nēk·ē Ḻensḻendzemaqex̱s Mātmatelax·ʟaēs g·îlg·alisē begwānema. Wä, hēem g·îlg·alitsa Mādiłbē. Wä, lōx ‘nēk·a ālēx

Mādiłbē; and therefore nowadays ‖ the Maămtag·ila say (so) to the 70
Mādiłbē; and therefore | all the privileges of the Maămtag·ila
numaym of the Kwakiutl | and of the Maămtag·ila of the Mādiłbē are
the same. The | privileges were obtained by Ƚɛnsɫɛndzɛm by theft
from his master ʟ!āqwag·ila. Therefore | this is a disgrace for the
Mādiłbē [from the Maămtag·ila of the Kwakiutl], on account of ‖ Ƚɛns- 75
ɫɛndzɛm, the youngest of the children of ᴇmāx̣ūyalidzē. 1 have
never | learned from what tribe the wife of Ƚɛnsɫɛndzɛm came, nor
the name of | his wife, by whom he had four children. | Therefore
there are four numayms among the Mādiłbē. | I shall try to find
this out. That is the end. ‖

Marriage with the Comox

The ancestors of the Comox lived at Pɛntlatch, and they had for 1
their chief | Hēk!ūtɛn (II 1). He married Tēsēʟ!a (II 2), the princess
of Ts!ānanāmex̣ᵘ (I 1). | They had not been married long when Tēsēʟ!a
(II 2) was with child, | and gave birth to a boy. Hēk!ūtɛn (II 1) at
once ‖ gave away blankets to his tribe, and he named his child 5
Nɛmnɛmɛm (III 1). | Then Hēk!ūtɛn and his father-in-law Ts!ā-
nanāmex̣ᵘ (I 1) | wished the child to get married early. They did |
not know where to get a wife for Nɛmnɛmɛm (III 1) among his tribe,

bɛgwānɛma Maămtag·ila lāxa Mādiłbē; wä, hēᴇmis lāg·iłas ᴇnɛmā- 70
x·ʼīsē ᴇnāx̣wa k·!ēk·!ɛsōᴇsa ᴇnᴇᴇmēmotasa Maămtag·ilāsa Kwāg·ułē
ʟōᴇ ᴇnᴇᴇmēmotasa Maămtag·ilāsa Mādiłbē. Wä, laɛm g·iłōʟanɛmē
Ƚɛnsɫɛndzɛmax k·!ēk·!ēsᴇāsēs g·īᴇyē ʟ!āqwag·ila. Wä, hēᴇmis
q!ɛmāsa Mādiłbaᴇyē lāxa Maămtag·ilāsa Kwāg·ułē, qaxs āmayînxa-
ᴇyaē Ƚɛnsɫɛndzɛmas sāsɛmas ᴇmāx̣ūyalidzē. Wä, lɛn hēwāxaɛm 75
q!ālᵏaʟɛlax gwaēnoxwasas gɛnɛmas Ƚɛnsɫɛndzɛmē ʟōᴇ ʟēgɛmas
gɛnɛmas, yîx la g·āᴇyanɛmatsēxēs mōkwē sāsɛm bɛgwānɛmx·sā,
yîx lāg·iłas mōsgɛmak!ūsē ᴇnālᵏnᴇᴇmēmasasa Mādiłbaᴇyē. Wä,
laᴇmēsɛn q!āq!ēᴇstaaʟɛq. Wä, laɛm lāba.

Marriage with the Comox

G·ōkūlaᴇlaē g·ālāsa Q!ōmox̣ᵘsē lāx Pɛnʟ!atsa. Wä, la g·īgadɛs 1
Hēk!ūtɛnē. Wä, la gɛg·adɛx·ᴇīdēs Tēsēʟ!a yîx k·!ēdēlas Ts!ānanā-
mex̣wē. Wä, k·!ēst!a gāła hayasɛk·ālaxs laē bɛwēx̣ᴇwīdē Tēsēʟ!a.
Wä, lā māyułᴇītsa bābagūmē. Wä, hēx·ᴇidaɛmᴇlāwisē Hēk!ūtɛnē
p!ɛsᴇīdxēs g·ōkūlōtē. Wä, laɛm ʟēx̣ᴇēts Nɛmnɛmɛmē lāxēs x̣ū- 5
nōkwē. Wä, lāᴇlaē Hēk!ūtɛnē ʟēᴇwis nɛgūmpē Ts!ananāmex̣wē
wāłaqela, qa wāx·ᴇmēs gax·ᴇid gɛg·adēda g·inānɛmē. Wä, lāᴇlaē
k·!eâs dōgwanɛms qa gɛnɛms Nɛmnɛmɛmē lāxēs g·ōkūlōta g·ā-
lāsa Q!ōmox̣ᵘsē. Wä, lāᴇlaē yāq!ɛg·aᴇlē Hēk!ūtɛnax Ts!ananā-

the | ancestors of the Comox; and Hēk!ŭtᴇn spoke to Ts!ānanā-
10 meẋᵘ ‖ He said to him, "Let us go to the village Ts!ᴇqŭlotᴇn | of
the Lēgwiłda‘xᵘ, for it is said that YäqōʟᴇIas (II 3) has | Calling-
Woman (III 2) as his princess, and Yāqōʟᴇlas is chief of the Wī-
wäqē‘, | of the numaym G·ī̇g·ī̇lg̑ăm. Hēk!ŭtᴇn and his | father-in-
15 law Ts!ānanämeẋᵘ got ready at once, and five of them went ‖ with
their wives, and Nᴇmnᴇmᴇm (III 1) also went. When they | arrived,
they went into the house of Yäqōʟᴇlas (II 3). | There they stayed over
night. Then Hēk!ŭtᴇn paid the marriage money for his son | Nᴇ-
mnᴇmᴇm (III 1) for the princess of Yäqōʟᴇlas, Calling-Woman (III 2).
Immediately | Yäqōʟᴇlas (II 3) gave the name Yāqałᴇnāla (III 1)
20 to his son-in-law. ‖ Then his name was no more Nᴇmnᴇmᴇm; and he
also gave him the seat | of his deceased father, whose name had been
Yāqałᴇnāla (I 2), which was the third seat from the | head seat among
the G·ī̇g·ī̇lg̑ăm. Then Yāqałᴇnāla (III 1) gave a potlatch with the |
marriage mat of his wife, which consisted of many mountain-goat skins
and dressed skins, to the ancestors of the | Wīwäqē‘. Now Yāqałᴇnāla
25 (III 1) stayed with the Wīwäqē‘, ‖ and the double-headed serpent was
also given to him in marriage by Yäqōʟᴇlas (II 3) for the | winter dance,
and also the name of the double-headed serpent dancer; and | the name
for the Sparrow Society of the double-headed serpent winter dancer
is Ts!äq!wa. Then | Hēk!ŭtᴇn (II 1) said at once that his son would
30 give a winter dance in | winter, for Hēk!ŭtᴇn and his ‖ father-in-law

10 meẋwē. Wä, lā‘laē ‘nēk·ᴇq: "Wīdzâx·ins läxa g·ōkŭla lax Ts!ᴇqŭ-
lōtᴇnē läx Lēgwiłda‘xwē, qaxs ‘nēx·sōwaa k·!ēdadē Yäqōʟᴇlasas
Lāqwayugwa," yīxs g·ī̇g̑ăma‘yaē Yäqōʟᴇlasasa Wīwäqa‘yē läxa ‘nᴇ-
‘mēmotasa G·ī̇g·ī̇lg̑ămē. Wä, hēx·‘idaᴇm‘lāwisē xwānał‘īdē Hēk!ŭ
tᴇnē ʟᴇ‘wis nᴇgŭmpē Ts!ananämeẋwē. Wä, lax·da‘xᵘ‘]aē sᴇk·!āla
15 ʟᴇ‘wis gᴇgᴇnᴇmē. Wä, hēᴇm‘lāwisʟa Nᴇmnᴇmᴇmē. Wä, lax·da-
‘xᵘ‘]aē läg·aa. Wä, hēᴇm‘lāwisē g·aēʟᴇlē g·ōkwas Yäqōʟᴇlasē. Wä,
g·ī̇l‘ᴇm‘lāwisē xamaēłᴇxs lāa‘l qādzēlēda Hēk!ŭtᴇnē qaēs xŭnōkwē
Nᴇmnᴇmᴇmē läx k·!ēdēlas Yäqōʟᴇlasē Lāqwayugwa. Wä, hēx·‘ida-
ᴇm‘lāwisē Yäqōʟᴇlasē ʟēgᴇmg·ᴇlxʟ̣älax Yāqałᴇnāla läxēs nᴇgŭmpē.
20 Wä, laᴇm‘laē gwał ʟēgadᴇs Nᴇmnᴇmᴇmē. Wä, hēᴇm‘lāwisa ʟ̣āxwa-
‘yasēs ōmpwŭlēxa ʟēgadōlas Yāqałᴇnāla, yīxs māma‘lōkwalg·oyoē läx
ʟāxŭma‘yasa G·ī̇g·ī̇lg̑ămē. Wä, laᴇm‘laē p!ᴇs‘īdē Yāqałᴇnāläsa
łē‘waxsa‘yasēs gᴇnᴇmē q!ēnᴇm ‘mᴇlxʟō ʟᴇ‘wa ᴇlāg·īmē läxa g·ālāsa
Wīwäqa‘yē. Wä, laᴇm‘laē xᴇk·!ē Yāqałᴇnāla läxa Wīwäqa‘yē.
25 Wä, hēᴇm‘laxaāwis k·!ēs‘ogŭlxʟ̣ēs Yäqōʟᴇlasa sīsᴇyūʟ̣ălalē läxa
ts!ēts!ēqa. Wä, hē‘mis ʟēgᴇmsa sīsᴇyūʟ̣ălalē Sīsᴇyūʟ̣ᴇnālē. Wä,
hē‘mis gwēdzᴇxʟ̣äyōs sīsᴇyuʟ̣ălalē Ts!äq!wa. Wä, hēx·‘idaᴇm‘lā-
wisē ‘nēk·ē Hēk!ŭtᴇnē, qa wäg·ēs yäwix·ī̇lēs xŭnōkwaxa lāʟ̣ē
ts!äwŭnx‘īda, qaxs k·!ēsaē dōqŭlaēnoxwē Hēk!ŭtᴇnē ʟᴇ‘wis nᴇ-
30 gŭmpē Ts!ananämeẋwaxa ts!ēts!ēqa. Wä hē‘mis lāg·ilas hēx·‘i-

Ts!ānanāmex̣ᵘ (I 1) had never seen a winter dance, and therefore he | 32
told him to go ahead. Then YāqōLElas (II 3) asked his carver | to go
into the woods to make a double-headed serpent, in this way when it is
spread | open¹, and in this way when it is folded. Immediately |
the carver went into the woods and carved the mask of the double-
headed serpent;‖ but Hēk!ŭtEn (II 1) and his son did not know that he 35
was working at the double-headed serpent mask for him. When |
winter came, YāqałEnāla (III 1) disappeared, and he | stayed away for
a long time. Then the ancestors of the Wīwāqēʻ caught YāqałEnāla,
and | he was told what to do. They took him into the dancing-
house; ‖ and when night came, they pacified the double-headed 40
serpent dancer, | for that was his name now. Now he wore on his
head the | mask of the double-headed serpent while he was dancing.
After he had danced, | Hēk!ŭtEn (II 1), his father, stood up and spoke,
and said, | "O Wīwāqēʻ! now my prince will always stay here; but
I shall go home ‖ with the double-headed serpent mask to my 45
country, that it may be seen | by my tribe the Comox." Thus he said.
Immediately | YāqōLElas (II 3) sent him to go home with the double-
headed serpent mask. | This was the first winter dance of the Comox,
which came from the | Wīwāqēʻ of the numaym G·īg·ḯlgām of the
Lēgwiłdaʻxᵘ. Then ‖ Hēk!ŭtEn (II 1) left his prince YāqałEnāla(III 1). 50
Now, his son had not | been left there a long time when his wife, Calling-

---

daEm wāxa. Wä, hex·ʻidaEmʻlāwisē YāqōLElasē äxk·!ālaxa g·ît·lē- 31
noxwē, qa läs lāxa āL!ē, qaʻs sīsEyūLEmłilēxa g·a gwāłēg·a¹ yīxs dāła-
łaē; wä, g·îlʻmēsē k·!ōxwałaxs laē g·a gwāłēg·a.¹ Wä, hex·ʻidaEm-
ʻlāwisē la āLēʻstēda g·ît!ēnoxwē, qaʻs g·ît!ēdēxa sīsEyūLEmłē. Wä,
laEm hewāxa g·ayanālē Hēk!ŭtEnē LEʻwis xŭnōkwē YāqałEnālāxa 35
lā ĉaxElasōʻ lāxa āL!āxa sīsEyūLEmłē qaē. Wä, g·îlʻEmʻlāwisē
ts!āwŭnxʻēdExs lāaʻlas x·îsʻîdē YāqałEnāla. Wä, gälaEmʻlāwisē
x·îsāłaxs lāaʻlasa g·ālāsa Wīwāqē k·ʻîmyax YāqałEnāla. Wä, laEmʻlaē
âEm LēxsʻālasōZʻ, qaʻs gwēg·îlasa. Wä, laEmʻlaē laēLEm lāxa lōbe-
kwē. Wä, g·îlʻEmʻlāwisē gānulʻîdExs lāaʻl nanâk·amasEʻwē SīsEyū- 40
Lålałē, qaxs hēʻmaē la LēgEmsē. Wä, laEmʻlaē äxEmālaxēs sīsEyū-
LEmłaxsl aē yîxwa. Wä, g·îlʻEmʻlāwisē gwāl yîxwaxs, lāaʻlas Lāx·ʻûlîłē
ômpasē Hēk!ŭtEnē, qaʻs yāq!Eg·aʻłē. Wä, lāʻlaē ʻnēk·a: "ʻya, Wī-
wāqēʻ laʻmōx yūx̣ᵘsäEm lEn Låwŭlgāmaʻyē, qEn lālag·iLał näʻnakᵘ
LEʻwōxda sīsEyūLåłałēx lāxEn āwīnagwisa, qa lūlag·îłtsōx x·îts!ax·ʻî- 45
tsōʻłtsEn g·ōkŭlōtaēda Q!ōmox̣ᵘsä," ʻnēx·ʻlaē. Wä, hex·ʻidaEmʻlā-
wisē YāqoLElasē ʻyālaqas, qa lālag·ēs näʻnakwa LEʻwa sīsEyūLEmłē.
Wä, hēEmʻl g·îl la ts!ēts!ēxLEn lāxa Q!ōmox̣ᵘsē gäx·ʻîd lāxa Wī-
wāqaʻyē lāx ʻnEʻmēmasa G·īg·îlgEmasa Lēgwiłdaʻxwē. Wä, laEm-
ʻlaē łōwaLē Hēk!ŭtEnaxēs Låwŭlgāmaʻyē YāqałEnāla. Wä, k·!ēsʻ- 50
Emʻlāwisē gāła łōwaLasēs xŭnōkwaxs lāaʻl bEwēx̣ʻwîdē gEnEmasē La-

---

¹ See figures in Publications of the Jesup North Pacific Expedition. Vol. V, Plate 49; fig. 4; and Report
of the U. S. National Museum, 1895, p. 514, 515.

52 Woman, (III 2) was with child. | She gave birth to a girl. Then | Yāqō-
LElas (II 3) gave a name to his grandchild, and he named her | Gᴀ̇g·ȧōɬ-
ɬElaga (IV 1); and it was not a long time before she gave birth to
55 another child, ‖ a boy, and YāqōLElas (II 3) gave him a name. | He
named him Ts!Ex⁽ed (IV 2). Then YāqaɬEnāla (III 1) had two
children | with his wife. When Gᴀ̇g·ȧōɬElaga (IV 1) grew up, | YāqōLElas (II 3) gave his house to his son-in-law as a marriage gift. | The
house was built with four steps all around, in the middle ‖ of the
60 village of the Wīwāqē⁽, at Ts!EqŭlōtEn. Now the house belonged to |
YāqaɬEnāla (III 1), because now he had a son. This is according to
the | laws of the Lēgwiɬda⁽xᵘ. |
Then YāqaɬEnāla (III 1) announced that his princess might be married by one of the sons of the chiefs | of the tribes, that they should
65 come and marry her. This was ‖ reported to the Kwakiutl, who
lived at Qālogwis. |
Immediately G·ayosdäs (IV 3), chief of the numaym | SēnL!Emē
called his numaym the SēnL!Em to come into | his house. Then he
told his numaym that he would go now to marry—the princess of
70 YāqaɬEnāla (III 1) for he had taken the seat ‖ of his father-in-law YāqōLElas (II 3). Then his numaym were glad | on account of what he
had said. They all prepared that | day and went out of the meeting.
In | the morning, when day came, the ancestors of the numaym

---

52 qwayugwa. Wä, la⁽laē mayoł⁽ītsa ts!āts!adagEmē. Wä, hēEm⁽lāwisē
YāqōLElas LēqEla qa LēgEmsēs ts!ōxᵘLEma. Wä, laEm⁽laē LēgadEs
G·ag·ȧōɬElaga. Wä, k·!ēs⁽lat!a gälaxs läx·da⁽xwaē ēt!ēd xŭngwadEx·⁽ī-
55 tsa bābagŭmē. Wä, hēEm⁽laxaāwisē YāqōLElas LēqEla qa LēgEms.
Wä, laEm⁽lae Lēx⁽ēts Ts!Ex⁽ēdē lāq. Wä, ma⁽lōxᵘ⁽lae sāsEmas
YāqaɬEnāla LE⁽wis gEnEmē. Wä, laEm⁽lāwise ēxEnt!ēdē G·ag·ȧōɬElaga, yīxs lāa⁽l g·ōkŭlxLalē YāqōLElasaxēs gōxᵘdē läxēs nEgŭmpē,
yīxs hāa⁽l g·ōk!ŭsa g·ōkwē mōp!enaxalīlēs dzōyaqa⁽yasa nEqētsEma-
60 lasas g·ōxᵘdEmsasa Wīwäqa⁽ye läx Ts!EqŭlōtEnē. Wä, laEm⁽laē hăs
läx YāqaɬEnāla la g·ōkwa, qaxs lāē xŭngwatsa bābagŭme lax gwā-
yayaēlasasa Lēgwiɬda⁽xwē.
Wä, lā⁽laē g·ālaq!alē YāqaɬEnālases k·!ēdēle lax sāsEmas g·īg·Egäma⁽yasa ⁽nāxwa lēlqwăLaLa⁽ya, qa läs qadzēLasE⁽wa. Wä, g·āx⁽laē
65 ts!Ek·!ăl⁽edayo läxa Kwāg·uɬaxs hāe g·ōkŭle Qālogwisē.
Wä, hēx·⁽idaEm⁽lāwise G·āyosdäsē yīx g·igăma⁽yasa ⁽nE⁽mēmēda
SēnL!Emē Lēlts!ōdxes ⁽nE⁽mēmota SēnL!Emē, qa g·āxes ⁽wi⁽laēL läx
g·ōkwas. Wä, laEm⁽laē nēlaxēs ⁽nE⁽mēmotaxs lE⁽maē lăɬ gagak·!aLEx k·!ēdēlas YāqaɬEnāla, qaxs lE⁽maē L!āyox g·īgēnēx·däsēs nE-
70 gŭmpē läx YāqōLElasē. Wä, hēx·⁽idaEm⁽lāwisē ⁽nāxwa mō⁽lē ⁽nE-
⁽mēmotasēs wăldEmas. Wä, laEm⁽lāwisē ⁽nāxwa xwānaɬ⁽īdaxa ⁽nāläxs laē hōqŭwElsa läxēs Lēlts!Ewak!wēnēx·dē. Wä, g·īl⁽Em⁽lāwisē
⁽nāx·⁽idxa gaālāxs lāa⁽l ălēx⁽wīdē g·ālāsa ⁽nE⁽mēmāsa SēnL!Emē.

SēnL!Em started. | They went on for two days southward. Then they arrived at || Gwanēsbē⁽, a cove next to Ts!Eqŭlotɛn. They | 75 went in, and the five canoes of the SēnL!Em which were going to get a wife stayed there. They | sent one canoe ahead; and in it four speakers were seated | to tell Yāqalɛnāla (III 1) that they were sent by their chief G·ayosdäs (IV 3), | who wanted to marry the princess G·āg·ăōlɛ!aga (IV 1), and also || that he wanted to pay the marriage 80 price when the messengers had gone back. Then | the speakers paddled away, and it was not long before the speakers came back. | Then one of the speakers was standing in the canoe, singing his sacred song, | while they were approaching the place where the four canoes were staying that went out to get the princess in marriage. | When they were approaching, he stopped singing his sacred song. || Then he spoke, 85 and said, "Now, listen to me, G·ayosdäs (IV 3)! | Let us go quickly to pay the marriage price, for you have been accepted by the | chief Yāqalɛnāla (III 1) to come and marry his princess. And, also, | Chief G·ayosdäs, and you, numaym SēnL!Em! Let us step into | the winter dance, for the prince of Yāqalɛnala (III 1), Ts!Exēd (IV 2), || has disappeared!" As soon as he stopped speaking, 90 Chief G·ayosdäs (IV 3) spoke, | and thanked him for what he had said; and when he | stopped speaking, they placed the canoes in a row and paddled on. | When they arrived, they stopped in front of the | house of Yāqalɛnāla (III 1), and immediately they paid the

Wä, laɛm⁽lāwis ma⁽lăxsē ⁽nālās ⁽nalōlɛlaxs lāa⁽l läg·aa lāx Gwa- 75 nēsba⁽yēxa ōts!ālisē mak·āla lāx Ts!Eqŭlōtɛnē. Wä, hēɛm⁽lāwisē la mɛxāl⁽īda sɛk·!āts!aqē gagak·!aats!ēsa SēnL!ɛmē. Wä, lā⁽laē ⁽yālagɛma ⁽nɛmts!aqē xwāk!ŭna la k!ŭdzɛxdzatsa mōkwē āyīlkwa, qa⁽s lā nēlax Yāqalɛnālāxs ⁽yālagɛmaasēs g·īgăma⁽yē G·ayosdäsaxs lɛ⁽maē gagak·!ālɛx k·!ēdēlasē G·ag·āōlɛlaga; hē⁽misēxs hēx·⁽ida- 80 ⁽mēlē qādzēlal, qō g·āxl hālāla ⁽yālagɛmē. Wä, hēx·⁽idaɛm⁽lāwisē la sēx⁽wīdēda ă⁽yīlkwē. Wä, k·!ēs⁽lat!a gălaxs g·āxaē aēdaaqēda ă⁽yīlkwē. Wä, laɛm⁽laē Lax⁽ŭxsēda ⁽nɛmōkwē ɛlkwa, qa⁽s yālaqŭlēxs g·āxaē gwāsōlela lāx mɛxălasasa mōts!aqē gāgak·!aats!ä. Wä, g·īl⁽ɛm⁽lāwisē g·āx ēx·a⁽nakŭlaxs lāa⁽l q!wēl⁽īd yālaqŭlaxs lāa⁽l 85 yāq!ɛg·a⁽la. Wä, lā⁽laē ⁽nēka: "Wēg·a hōlēlal g·āxɛn G·ayosdäsä. Wēg·ilaɛns âɛm hali⁽lāla qadzēl⁽ēda, quxs sōmaa⁽l gwāyōbɛdzēsa g·īgăma⁽yē Yāqalɛnāla, qa⁽s g·āxaōs gāgak·!ax k·!ēdēlas. Wä, hē⁽mesa g·īgămē G·ayosdäs Lō⁽s ⁽nɛ⁽mēmot SēnL!ɛm, yīxg·īns tōts!ɛwēklāxwa ts!ēts!ēqax, yīxs x·īsālaē LEwŭlgăma⁽yas Yāqalɛnāla, yīx Ts!ɛ- 90 x⁽ēdē." Wä. g·īl⁽ɛm⁽lāwisē q!wēl⁽īda, lāa⁽las yāq!ɛg·a⁽lēda g·īgăma⁽yē G·ayosdäsē. Wä, laɛm⁽laē mō⁽las wāldɛmas. Wä, g·īl⁽ɛm⁽lāwisē q!wēl⁽īdɛxs lāa⁽l ⁽nɛmāg·iwalēs sɛk·!āts!aqē gāgak·!aats!äxs lāa⁽l sēx⁽wīda. Wä, g·īl⁽ɛm⁽lāwisē lāg·aaxs lāa⁽l mɛxālē lāx nɛqāmalisas g·ōkwas Yāqalɛnāla. Wä, hēx·⁽idaɛm⁽lāwisē qadzēl⁽ēda. Wä, g·īl⁽.

95 marriage price. ‖ When this was done, Yāqaɬɛnāla (III 1) invited the crew of Gˑayosdäs (IV 3) and him too into his house. | When all had entered the house of Yāqaɬɛnāla, | Yāqaɬɛnāla spoke. He called | his princess, Gˑāgˑāōɬɛlaga (IV 1), to come and sit down next to her husband, | Gˑayosdäs (IV 3). Then Gˑāgˑāōɬɛlaga came out of her room
100 at once ‖ and sat down by the side of her husband, Gˑayosdäs. | Then Yāqaɬɛnāla (III 1) spoke again, and said: "O | son-in-law! now you have my princess, and this house will also go to you, | and the name which I obtained from my father-in-law Yāqōʟɛlas (II 3). | Now your
5 name will be Yāqok!wālagˑīlis (IV 3), and also ‖ the winter dance which I obtained from my father-in-law. Now you | will be a great ghost-dancer, and its name is Supernatural-Power-coming-up." Thus he said. | "O tribe! that is what I tried to say to my son-in-law." Thus he said, | and sat down. Immediately the four | speakers of Gˑayosdäs (IV 3) stood up and thanked him for what he had
10 said. ‖ The speakers of Gˑayosdäs were just thanking him. Then Yāqaɬɛnāla (III 1) arose again, | and he gave four xwēxwē to his son-in-law. | Now this was done; and finally the speakers of Gˑayosdäs thanked Yāqaɬɛnāla for what he had given to his son-in-law. | Now the Sēnʟ!ɛm continued to stay at Ts!ɛqŭlōtɛn, for
15 they had stepped into the winter dance. ‖ Immediately Gˑāgˑāōɬɛlaga (IV 1) was with child. | Therefore Gˑayosdäs (IV 3) said to

---

95 ɛmˑlāwisē gwāɬɛxs lāaˑlaē Yāqaɬɛnāla ʟēlˑwŭltōdxa k!wēmas Gˑayosdäsē ʟōˑmēxs hāē. Wä, gˑīlˑɛmˑlāwisē ˑwiˑlaēʟ lāx gˑōkwas Yāqaɬɛnālāxs lāaˑlas yāq!ɛgˑaˑlē Yāqaɬɛnāla. Wä, laɛmˑlaē ʟēlwŭlt!alīɬaxēs kˑ!ēdēlē Gˑagˑāōɬɛlaga, qa gˑāxēs k!wāk!ūgolīɬ ʟɛˑwis lāˑwŭnɛmē Gˑayosdäsē. Wä, hēxˑˑidaɛmˑlāwisē gˑāxˑwŭlt!ālīlē Gˑagˑāō-
100 ɬɛlaga, qaˑs lā k!wanōdzɛlīɬaxēs lāˑwŭnɛmē Gˑayosdäsē. Wä, lāˑlaxaa ēdzaqwa yāq!ɛgˑaˑlē Yāqaɬɛnāla. Wä, lāˑlaē ˑnēkˑa: "Wa, nɛgŭmp, laɛms lāixɛn kˑ!ēdēlēx. Wä, laˑmēsōx laʟa gˑōkwēx lâʟ; hēˑmēsa ʟēgɛmēxɛn gˑayānɛmē lāxɛn nɛgŭmpōx Yāqōʟɛlasēx. Wä, laɛms ʟēgadɛɬ Yāqok!wālagˑīlisē. Wä, hēˑmēsa lādē lāxa
5 ts!ēts!ēqa. Hēɛmxaɛn gˑayanɛmaqēgˑīn nɛgŭmpɛkˑ. Wä, laɛms ˑwālas lɛlōlălalʟōl. Wä, hēˑmis ʟēgɛmsē ˑnawalakˑustālisē," ˑnēxˑˑlaē. "Wä, gˑōkŭlōt, hēɛm wāxɛn wāldɛmaxɛn nɛgŭmpēx," ˑnēxˑˑlaēxs laē k!wāgˑalīla. Wä, hēxˑˑidaɛmˑlāwisē ʟāxˑūlīlēda mōkwē aˑyīlxᵘs Gˑayosdäsē qaˑs mōˑlēs wāldɛmas. Wä, hēɛmˑlāwis āɬēs
10 nɛxsɛmalīɬ mōˑlēda ăˑyīlkwas Gˑayosdäsaxs laaˑlasē ʟaxˑūlīɬ ētˑlēdē Yāqaɬɛnāla. Wä. lāˑlaē lākˑ!ɛgˑaɬtsa mōkwē xwēxwē lāxēs nɛgŭmpē. Wä, laɛm gwāɬ lāxɛq. Wä, lāwisʟaˑlaē mōˑlaˑlaē ăˑyīlkwas Gˑayosdäsas ˑnaxwiˑlāla gˑāxyōs Yāqaɬɛnāla lāxēs nɛgŭmpē. Wä, laɛmˑlaē hēxˑsäɛmˑlēda Sēnʟ!ɛmē Ts!ɛqŭlōtɛnē, qaxs tōts!āē lāxa
15 ts!ēts!ēqa. Wä, lāˑlaē hēxˑˑidaɛm bɛwēxˑwīdē Gˑagˑāōɬɛlaga. Wä, hēɛmˑlāwis lāgˑiɬas Gˑayosdäsē gwāɬɛlaɛm ˑnēxˑ qaˑs wīsgɛmayīɬxēs

his numaym that he would not go home with them | when they 17
returned after the winter dance; and | Yāqaɫɛnāla (III 1) gave the
name Skull to his son-in-law G·ayosdäs (IV 3). | When he had finished,
they caught the one who had disappeared, || Tsǃɛxʻēd (IV 2), the 20
other child of Yāqaɫɛnāla (III 1). Then he was a | cannibal-dancer.
Now the SēnLǃɛm took care of him; and | after the winter dance
was finished, the SēnLǃɛm went home; | but G·ayosdäs (IV 3) and
his wife did not go home. Then | G·āg·āōɫɛlaga (IV 1) gave birth to
a boy; and the child was called || by its father G·ayosdäs, Smoke- 25
All-Round (V 1). | This name belongs to the SēnLǃɛm. Now the
numaym | of G·ayosdäs (IV 3) had gone home to Qālogwis. It was
not very long before | G·āg·āōɫɛlaga (IV 1) had another son, and
Yāqaɫɛnāla | gave him a name. He had the name YāqōLǃēqɛlas
(V 2). || This was a name of the Wīwāqēʻ. | 30

I have forgotten that G·ayosdäs (IV 3) had changed his name, |
for the name was given in marriage to him by his father-in-law
Yāqaɫɛnāla (III 1). | Now his name was Yāqokǃwālag·ʻīlis (IV 3.) |

Now she had another son, and|| Yāqokǃwālag·ʻīlis (IV 3) gave him a 35
name, and called him | Hâmēsɛlaɫ (V 3). This name belonged to the
SēnLǃɛm. | And she gave birth to a girl, and | Yāqokǃwālag·ʻīlis (IV 3)
gave her a name, and called her | Hâmālaqaɫɛmēga (V 4). This name

---

ʻnɛʻmēmotē, qō g·āxL nāʻnaxʷLō, qō gwāɫɛlsLa tsǃēts!ēqa lāx laēnē- 17
mas Lēgɛmg·ɛlxLalē Yāqaɫɛnālax Xɛwēqwē lāxēs nɛgūmpē G·ayos-
däsē. Wä, laɛmʻlāwisē gāɫaxs lāaʻl k·ʻimyasɛʻwēda g·ʻiyak·ʻila, yīx
Tsǃɛxʻēdē, yīx ʻnɛmōkwē xūnōxʷs Yāqaɫɛnāla. Wä, laɛmʻlaē 20
hāmatsǃa. Wä, laɛmʻlaē hēdēda SēnLǃɛmē aaxsilaq. Wä, g·ʻilʻɛm-
ʻlāwisē gwāla tsǃēts!eqāxs g·āxaaʻl nāʻnakwēda SēnLǃɛmē. Wä, laɛm-
ʻlaē k·ʻlēs g·āxē G·ayosdäsē Lēʻwis gɛnɛmē lāxsɛq. Wä, laɛmʻlāwisē
māyulʻidē G·ag·āōɫɛlagāsa bābagūmē. Wä, hēxʻidaɛmʻlāwisē Lēxʻē-
dayuwē Kwaxʻsēʻstāla lāxa g·ʻināɴɛmasēs ōmpē G·ayosdäsē. Wä, 25
laɛm hāsxa SēnLǃɛmē Lēgɛma. Wä, gɛyōlɬ·a g·āx nāʻnakwē ʻnɛʻmē-
motas G·ayosdäsē lāx Qālogwisē. Wä, k·ʻlēsʻlatǃa gāɫaxs lāaʻl ētǃēd
māyulʻidē G·āg·āōɫɛlagāsa bābagūmē. Wä, hēʻlatǃa Yāqaɫɛnāla
Lēqēla qa Lēgɛms. Wä, laɛmʻlaē Lēgadɛs YāqōLǃēqɛlas. Wä, laɛm
Lēgɛmsa Wīwāqayēq. 30

Hēxōlɛn Lǃɛlēwēsɛʻwē G·ayosdāsaxs lɛʻmaē Lǃāyoxlāxēs Lēgɛmē,
yīxs lɛʻmaē Lēgadɛs Lēgɛmg·ɛlxLaʻyasēs nɛgūmpē Yāqaɫɛnāla, yīxs
lɛʻmaē Lēgadɛs Yāqokǃwālag·ʻīlisē.

Wä, lāʻlaxaē ētǃēd xūngwadɛx·ʻītsa bābagūmē. Wä, hēʻlatǃa
ētǃēdē Yāqokǃwālag·ʻīlisē Lēqēla qa Lēgɛms. Wä, laɛmʻlaē Lēgadɛs 35
Hâmēsɛlaɫē lāq. Wä, laɛmʻlaxaē g·ayoɫa Lēgɛmē lāxa SēnLǃɛmē.
Wä, lāʻlaē ētǃēd māyulʻītsa tsāts!ɛdagɛmē. Wä, hēɛmʻlaxaāwis
Lēqēlē Yāqokǃwālag·ʻīlisē qaē. Wä, lāɛm Lēgad las Hâmālaqaɫɛ-
mēga. Wä, laɛmʻlaxaē g·ayoɫa Lēgɛmē lāxa SēnLǃɛmē. Mōxʷʻlaē

40 came from the numaym SēnL!ɛm. They had four ‖ children,—three boys and one | girl. |
Now Yāqok!wālag̣'īlis (IV 3) told his father-in-law that | he wished to go home, and his father-in-law | prepared food for his princess,
45 G·āg·ăōłɛlaga (IV 1); and ‖ when everything was ready, they started early in the | morning. He went with his four children, and | also with his wife G·āg·ăōłɛlaga, and also the Dzōnoq!wa house-dish. | They started, and went northward for three days. Then they | arrived
50 at Qālogwis. After they had stayed there one night, he ‖ called his numaym, the SēnL!ɛm, into his house. He told them that | he had changed his name, because he had obtained a name from his father-in-law. | "My name now is Yāqok!wālag·ïlis." Thus he said. "Now | I will invite the Kwakiutl, the numaym Maămtag·ila, the G·ēxsɛm, | the
55 Kŭkwāk!ŭm, and also the Laălax·s'ɛndayo, to come and ‖ eat out of the Dzōnoq!wa house-dish." Thus he said, and then he stopped. | Then his four speakers arose and thanked him for what he had said; | and immediately they cleared out the house of Yāqok!wālag·ïlis, (IV 3), and | his four speakers went out to invite the Kwakiutl in. | Immedi-
60 ately those who had been invited came in. ‖ They put dried mountain-goat meat into the Dzōnoq!wa house-dish; | and after the guests had finished, they went out. Then | winter came, and Yāqok!wā

40 sāsɛmas, yūdux̣ᵘ'laēda bābagŭmē; wä, lā'laē 'nɛmōkwa ts!āts!ɛdagɛmē.
Wä, laɛm'lāwisē Yāqok!wālag·ïlisē nēlaxēs nɛgŭmpaxs lɛ'maē 'nēx· qa's g·āxlag·ī nā'nakwa. Wä, hēx·'idaɛm'lāwisē nɛgŭmpas xwānał'ida, qa mɛmwālasēs k·!ēdēlē G·ag·ăōłɛlagaxa hēma'yē.
45 Wä, g·īl'ɛm'lāwisē 'wī'la gwāłalaxs lāa'l ălēx'wīdxa la 'nāx·'īdxa gaāla. Wä, laɛm'laē 'wī'la g·āx ʟɛ'wis sāsɛmaxs mōkwaē. Wä, hē'misʟaʟēs gɛnɛmē G·ag·ăōłɛlaga; wä, hē'misa lōqŭlīłē dzōnoq!wa.
Wä, g·āx'laē ʟēx'ēda. Wä, yūdux̣ᵘp!ɛnx̣wa's'laē gwāłɛlaxs g·āxaa'l g·āx'aʟɛla lāx Qālogwisē. Wä, g·īl'ɛm'lāwisē xamaēs laqēxs lāa'l
50 ʟēłts!ōdɛlaxēs 'nɛ'mēmota SēnL!ɛmō. Wä, laɛm'laē nēlaxēs laēnē'mē ʟ!āyuxʟāxēs ʟēgɛmē, qaxs ʟēgɛmg·ɛɪxʟalasaē yīsēs nɛgŭmp.
Wä, hē'mɛn la ʟēgɛmē Yāqok!wālag·ïlisē 'nēx·'laē: "Wä, la'mēsɛn ʟē'lālałxwa Kwāg·ułaxwa 'nɛ'mēmēx Maămtag·ila, ʟɛ'wa G·ēxsɛmē, ʟɛ'wa Kŭkwāk!ŭmē; wä, yū'mēsa Laălax·s'ɛndayo, qa g·āxlāg·iłtsōx
55 hamaats!ēnux̣ᵘ!tsa lōqŭlīłēx dzōnōq!wa," 'nēx·'laxs laē q!wēł'ida.
Wä, lā'laē ʟax̣'ŭłīła mōkwē ă'yīlx̣ᵘs, qa's mō'łēs wāłdɛmas. Wä, hēx·'idaɛm'lāwisē ēx'widētsɛ'wē g·ōkwas Yāqok!wālag·īlisē, yīxs la'maałaʟ·al hōqŭwɛlsēda mōkwē ă'yīlkwa, qa's lā'l ʟē'lālaxa Kwāg·ułē.
Wä, hēx·'idaɛm'lāwisē g·āx'ɛl 'wī'la hōx̣ᵘts!āwa ʟē'lānɛmē. Wä,
60 laɛm'laē łɛx̣ᵘts!ōdxa x·'īlkwē 'mɛł'mɛlq!āgē lāxa lōqŭlīłē dzōnoq!wa.
Wä, g·īl'ɛm'lāwisē gwāła k!wēłaxs lāa'l hōqŭwɛlsa. Wä, lā'laē ts!āwŭnx'īdɛxs lāa'l yāwix·'ïlē Yāqok!wālag·ïlisē. Wä, laɛm'laē x·'īs'ēd-

lag·ilis (IV 3) gave a winter dance. Then | his eldest son, Smoke-All- 63
Round (V 1), disappeared, but the Kwakiutl were not yet | near (the
time of) their winter dance. However, when the || winter dance be- 65
gan, YāqoLlēqElas (V 2) disappeared, and also his younger brother
HâmēsElał (V 3), | and also the girl among them, Hămālaqałemēga
(V 4). They | stayed away for a long time. Then they were caught.
Now Smoke-All-Round (V 1) was a cannibal-dancer. | YāqoLlēqElas
(V 2) was a war-dancer, a frog war-dancer, | and HâmēsElał (V 3)
was a double-headed serpent dancer, and | Hămālaqałemēga (V 4)
was a ghost-dancer; || and when they pacified them, | Yäqokǃwālagilis 70
(IV 3) told his tribe what dances he had obtained from his father-in-
law | Yāqałenāla (III 1). First he spoke about his prince, | Smoke-All-
Round (V 1), and his cannibal dance, for the cannibal belongs to
the SēnLǃEm; | for the past chief of the SēnLǃEm, whose name was
TsExʻwēd (III 4) in the || secular season, had been a cannibal- 75
dancer, and his name was NaxʻnEwis as a cannibal-dancer. | "And
this will be the name of my cannibal-dancer, Smoke-All-Round
(V 1)." Thus he said. | "And this frog war-dancer is also mine,
SēnLǃEm, | that frog war-dancer of my mother, HōnōsEnāga (III 3),
which she obtained from her father, Mōʻnakŭla (II 4), | and therefore
he is named ʻwīʻlEnkŭlag·ilis (V 2); and that is the name of my frog ||
war-dancer, ʻwīʻlEnkŭlag·ilis. In the secular season he is called Yä- 80
qoLlēqElas (V 2); and the | double-headed serpent dancer, who is called
HâmēsElał (V 3) in the secular season, I also obtained from my | father-
pin-law,ʻ Yāqałenāla (III 1), and his name is Double-Headed-Serpent-

ʻlaē ʻnōlastǃEgEmalilas sāsEmasē Kwax·sēʻstāla, yixs k·lēsʻmaē 63
ēx·āla, qaʻs tsǃētsǃēxʻēdaēda g·ālŭ Kwāg·uła. Wä, hēʻłatǃa la tsǃē-
tsǃēxʻēdExs lāaʻl x·isʻēdē YāqoLlēqElasē, Leʻwis tsǃāʻyē HâmēsElałē; 65
wä, hēEmʻłāwisē tsǃEdāqǃEgaʻyasē Hămālaqałemēga. Wä, gäłaEm-
ʻlāwisē x·isālaxs lāaʻl k·imyasEʻwa. Wä, laEmʻlaē hāmatsǃaʻlaē Kwax·-
sēʻstāla. Wä, lāʻlaē tōxʻwīdʻlaē YāqoLlēqElasēxa wŭqǃēsē tōxʻwīda.
Wä, lāʻlaē sisEyūLâlałʻlaē HâmēsElałē. Wä, lāʻlaē lElōłâlałʻlaē Hămā-
laqałemēga. Wä, g·ilʻEmʻlāwisē nanâk·amasōxs lāaʻlaē Yäqokǃwā- 70
lag·ilisē nēlaxēs g·ōkŭlotasēs g·āyanEmē lēlād lāxēs nEgŭmp Yāqałe-
nāla. Wä, hēEmʻłāwis g·il wāłdEmʻlasēs Lewŭlgâmaʻyē, yix Kwax·-
sēʻstāla lāxēs hāmatsǃaēnaʻyē, yixs hăsʻmaaxa SēnLǃEmē hāmatsǃa,
yixs hāmatsǃaēda g·īgāmayūłasa SēnLǃEmēxa Legadā TsExʻwīdē lāxa
bāxŭsē. Wä, lä Legadɛs NäxʻnEwisē lāxēs hāmatsǃēnaʻyē. "Wä, 75
yūʻmis g·āxL LegEmltsEn hāmatsǃäqōx Kwaxʻsēʻstālax," ʻnēxʻlaē.
"Wä, yuʻmēsa wŭqǃēsēx tōxʻwida. Wä, laEmxaōx nōsa SēnLǃEm,
yixs wŭqǃēsaē tōxʻwīdEn äbEmpē HōnōsEnāga lāxēs ōmpē Māʻnakŭla.
Wä, hēʻmis LēgEmsē, ʻwīlEnkŭlag·ilisē; wä, hēʻmis LēgEmg·in wŭqǃēsEk·
tōxʻwīda ʻwīlEnkŭlag·ilisē, yix YāqoLlēqElasē lāxa bāxŭsē. Wä, hē- 80
ʻmisa sisEyūLălałē, yix HâmēsElałē lāxa bāxŭsē. Wä, laEm g·ayōł
lāxEn nEgŭmpē Yāqałenāla, wä hēʻmis LēgEmsē SisEyūLălałē, qaxs LE-

83 Dancer;" for | Skull (that is, Yāqok!wālag·ilis [IV 3]) was showing the
double-headed serpent dance | in the way of the double-headed ser-
85 pent mask of Yāqaɬɛnāla (III 1), which was also shown by ‖ Ts!ɛx‘ēd
(IV 2) the younger brother of Calling-Woman (IV 1), to the Comox; |
and Hămālaqaɬɛmēga (V 4) (that is her | secular name) was a ghost-
dancer. This Yāqok!wālag·ilis (IV 3) had also obtained from his |
father-in-law, Yāqaɬɛnāla, and the name of the ghost-dancer was
Supernatural-Power-coming-up. | "And this I obtained from my
90 father-in-law, Yāqaɬɛnāla (III 1), and also the ‖ house with four steps.
That is all," said he, and sat down. | Then his four speakers arose
and | thanked him for what the chief had said. It was not very long,
then | Yāqok!wālag·ilis (IV 3) and his wife G·ag·āōɬɛlaga (IV 1) sepa-
rated. | She went home with her second son, YāqōL!ēqɛlas (V 2), ‖
95 and Hâmēsɛlaɬ (IV 3); but Yāqok!wālag·ilis (IV 3) did not allow |
Prince Smoke-All-Round (V 1), the eldest one of his | children, and
the youngest one, the girl, Hămālaqaɬɛmēga (V 4), to go along. |
Then G·ag·āōɬɛlaga (IV 1) went home to her place, | Ts!ɛqŭlōtɛn,
200 and there she imitated what she had seen them doing ‖ in the winter
dance of the Kwakiutl at Qālogwis. It was not very | long after
G·ag·āōɬɛlaga had gone home when Yāqok!wālag·ilis (IV 3) |
wished to marry again. His numaym, the SēnL!ɛm, | wished that

83 ‘maē nēl‘īdamasē Xɛwēqwa yīx Yāqok!wālag·ilisaxa sīsɛyūLɛmlē
lāx gwäłaasas sīsɛyūLɛmlas Yāqaɬɛnāla, yīxa läxat! nēl‘ēdamatsōs
85 Ts!ɛx‘ēdē, yīx ts!á‘yas Laqwayugwa lāxa Q!ōmoxᵘsē. Wä, hē-
‘misa Lɛlōlălalē, yīx Hămālaqaɬɛmēga, yīxs hē‘maē Lēgɛms lāxa
bāxŭsē. Wä, laɛm‘laxaē g·āyanɛmē Yāqok!wālag·ilisē lāxēs nɛ-
gŭmpē Yāqaɬɛnāla. Wä, hē‘mis Lēgɛmsa Lɛlōlălalē ‘nawalak·ustă-
lisē. Wä, yū‘mēn g·āyanɛm lāxɛn nɛgŭmpē Yāqaɬɛnāla Lɛ‘wa
90 mōplɛnaxalīlas dzōyaqayē g·ōkwa. Wä," ‘nēx·‘laēxs lāa‘l k!wā-
g·alīla. Wä, hɛx·‘idaɛm‘lāwisē Lāx‘ŭlīlē mōkwē ă‘yīlxᵘs qa‘s mō-
‘lē las wäldɛmi‘lälasēs g·īgāma‘yē. Wä, k·!ēst!a ălaɛm‘l gälaxs
lāa‘l k·!asowē Yāqok!wālag·ilisē Lɛ‘wis gɛnɛmē G·ag·āōɬɛlaga. Wä,
laɛm‘laē nä‘nakwa Lɛ‘wis q!ăyă‘yē xŭnōkwē YāqoL!ēqɛlasē,
95 wä, hē‘misLa Hâmēsɛlalē. Wä, laɛm‘lawisē k·lēs ēx·stosē Yāqo-
k!wālag·ilisasēs Lɛwŭlgāma‘yē Kwax·sē‘stalaxa ‘nōlast!ɛgɛma‘yas
sāsɛmas, Lɛ‘wa ămā‘inxa‘yē ts!ɛdāq xŭnōxᵘsē Hămālaqaɬɛmēga.
Wä, lāx·da‘xᵘ‘ɛm‘laē nä‘nakwa, yīx G·ag·āōɬɛlaga lāxēs ăwīnagwisē
Ts!ɛqŭlōtɛnē. Wä, hēɛm‘lāwis la nānaxts!ɛ‘waxēs ‘năxwa dōdɛgŭl
200 lāxa ts!āq!ēna‘yasa Kwăg·ulē lāx Qālogwisē. Wä, k·lēs‘lat!a ălaɛm
gäla la nä‘nakwē G·ag·āōɬɛlagaxs lāa‘l ‘nēx·‘laē Yāqok!wālag·i-
lisē, qa‘s gɛg·ādɛx·‘īdē. Wä, lā‘laē ‘nēk·ē ‘nɛ‘mēmotasēda SēnL!ɛ-
mē, qa hēs gɛg·ādɛx·‘īdēda Lawēts!ēsē lāx L!ēmɛlxk·lālag·ilisē, yīx

FAMILY HISTORIES 961

he should marry Ringing-Copper (IV 4), the | princess of Ŏdzē‘stālis (III 5). Yāqok!wālag·‘ilis ‖ at once obeyed their wishes. All the 5 SēnL!ᴇm got ready | and went to ĀʟᴇgᴇmāIa, because there the | village of the ancestors of the Ḷāwēts!ēs was located. In the morning, when day came, | the numerous numaym of the SēnL!ᴇm started; and when | they arrived, they paid the marriage price at once; ‖ and 10 after they had paid the marriage price, they were sitting still in their wooing-canoes. | Then Ŏdzē‘stālis (III 5), the head chief of the | Ḷāwēts!ēs, came out. He belonged to the numaym SēsᴇnL!ē‘, the first one | of the numayms; and he said, they said, this: | "Welcome, numaym, SēnL!ᴇm, welcome! Come out of your wooing-canoes ‖ and take 15 the wife of your chief Yāqok!wālag·‘ilis (IV 3) aboard your canoe!" | Thus he said. Then the crew went ashore out of the canoe, | those who paid the marriage money for Yāqok!wālag·‘ilis, and also himself; and when | they had gone in, Ŏdzē‘stālis told them to sit down | on a mat that had been spread in the house. When ‖ all the men of the 20 crew were inside, Yāqok!wālag·‘ilis (IV 3) went in and | sat down in the rear of the house. There he was given food by | his father-in-law, Ŏdzē‘stālis (III 5); and after they had eaten, | Chief Ŏdzē‘stālis spoke. He said, | "Now, listen to my speech, son-in-law! She will be your ‖ wife; and her mat are forty dressed skins | and twenty boxes 25

k·lēdēlas Ŏdzē‘stālisē. Wä, hēx·‘idaᴇm‘lāwisē nānagēg·a‘yē Yā- 5 qok!wālag·‘ilisax waɫdᴇmas. Wä, hēx·‘idaᴇm‘lāwisē xwānal‘ida ‘wī‘lēda SēnL!ᴇmē. Wä, laᴇm‘lae lāɫ lāx ĀʟᴇgᴇmāIāxs häa‘l g·ō-kŭlē g·ālāsa Ḷāwēts!ēsē. Wä, g·‘il‘ᴇm‘lāwisē ‘nāx·‘idxa gaālāxs lāa‘l ālēx‘widēda ‘nᴇ‘mēmōta q!ēnᴇma SēnL!ᴇmē. Wä, g·‘il‘ᴇm‘lāwisē lāg·aaxs lāa‘l hēx·‘idaᴇm qādzēɫ‘ēda. Wä, g·‘il‘ᴇm‘lāwisē gwāl qā- 10 dzēʟāxs hēx·sā‘maa‘l k!ŭdzᴇxsālaʟayēs gagak·!aats!ē xwāxwā-k!ŭna, g·āxaālasē Ŏdzē‘stālisē, yīxa xamagᴇma‘yē g·īgāmēsa Ḷāwēts!ēsē, wä, lä hē ‘nᴇ‘mēmota SēsᴇnL!a‘yē, yīx mᴇkŭma‘yas lāxēs ‘nāɫ‘nᴇmēmats!ēna‘yē. Wä, hēᴇm‘lawisē g·īl waɫdᴇmsē: "Wä, gēlag·a ‘nᴇ‘mēmot SēnL!ᴇm, gēlag·a lāɫtā lāxs gagak·!aa- 15 ts!āqōs, qa‘s g·āxlag·aōs dāg·aaɫᴇxsaxg·as gᴇnᴇmg·ōs, g·īgāmē Yāqok!wālag·‘ilis," ‘nēx·‘laē. Wä, hē‘x·‘idaᴇm‘lāwisē la wīlōɫtāwē k!wēmasa qādzēʟē Yāqok!wālag·‘ilisē ʟō‘mēxs häē. Wä, g·‘il‘ᴇm-‘lāwisē hōgwīʟᴇxs lāa‘laē Ŏdzē‘stālisē äxk·!ālaq, qa lās k!ŭs-‘āliɫ lāxa la ʟᴇpsē‘stālilkwē g·ōkwasēsa lē‘wa‘yē. Wä, g·‘il‘ᴇm- 20 ‘lāwisē ‘wī‘laēʟēda k!wēmaxs lāa‘las laēʟē Yāqok!wālag·‘ilis, qa‘s lä‘l k!wāg·aliɫ lāx nāqoʟēwaliɫasa g·ōkwē. Wä, lā‘laē ʟ!ᴇxwīlasᴇ-‘wa yīsēs nᴇgŭmpē Ŏdzē‘stālisē. Wä, g·‘il‘ᴇm‘lāwisē gwāl ʟ!ᴇxwaxs lāa‘lasē yāq!ᴇg·a‘lēda g·īgāma‘yē Ŏdzē‘stālisē. Wä, lā‘laē ‘nēk·a: "Wēg·a, hōʟēlaʟᴇxg·‘in waɫdᴇmʟᴇk· lāɫ, nᴇgŭmp. Laᴇmʟōx lāʟōs 25 gᴇnᴇmaqōs, g·īgāmē‘. Wä, lōx lē‘wadᴇsa mox"sokwēx ālāg·‘ima.

75052—21—35 ᴇᴛʜ—ᴘᴛ 2——12

27 of oil. Now, | your name will be Aōdzagâlas (IV 3), O son-in-law! Now
your | prince Smoke-All-Round, (V 1) will be called Awīlgâlas (V 1); and
your princess | Hămālaqalemēga (V 4), will be named Mămx·âyugwa in
30 the secular season. || You will be named Head-Winter-Dancer (IV 3);
and your | prince Smoke-All-Round will be named K·!enga (V 1); and
your | princess Hămālaqalemēga will be named Tălts!aas (V 1) in win-
ter; | and you shall have those house-dishes, the grizzly-bear house-dish,
and the wolf and | beaver and killer-whale house-dishes. Now take
35 the four || house-dishes aboard your canoe, so that your tribe may
eat out of them, son-in-law | Yāqok!wālag·ilis (IV 3)." Thus he said.
Immediately Yāqok!wālag·ilis arose. | He called his four speakers,
and they sang at the same time their | sacred songs, and Yāqo-
k!wālag·ilis also sang his | sacred song; and after he had sung, he
40 thanked || Ōdzē'stālis for what he had said. Then they carried down to
the beach the dressed skins and the boxes with | oil, and also the four
house-dishes; and when | they had put them aboard the wooing-canoe,
Yāqok!wālag·ilis (IV 3) | came out of the house of his father-in-law,
walking by the side of his wife, Ringing-Copper (IV 4), | and they
45 went aboard the canoe of Yāqok!wālag·ilis. || Now they went home to
Qālogwis; and when they arrived, | the four speakers stood up in the
canoe, and they reported to the Kwakiutl | that Yāqok!wālag·ilis (IV 3)
had married Ringing-Copper (IV 4), | the princess of Ōdzē'stālis (III 5).

26 Wä, yū'mēsa ma'ltsemg·ustâx dengwats!ē l!ē'na. Wä, laems lăl
Legadelts Aōdzagâlasē, yūl negump. Wä, la'mēsē lăl legadles
Lăwŭlgăma'yaōsē Kwax·sē'stalās Awīlgâlasē. Wä, lāles k·!ēdēlaōsē
Hămālaqalemēga legadelts Mămx·âyugwa lāxwa bāxŭsēx wăl-
30 dema. Wä, lāles legadelts Ts!äqema'yē. Wä, lālē legadles
Lăwŭlgăma'yaōsē Kwax·sē'stalas K·!enga. Wä, lālē legadles
k·!ēdēlaōsē Hămālaqalemēgās Tălts!aasē lāxa ts!ēts!eqa wăldema.
Wä, g·a'mēsēg·a lōelqŭlilēxa nānē lōqŭlil le'wa ālaneme le'wa
ts!ă'wē le'wa mäx'ēnoxwē lōqŭlila. Wä, laems lăl· daxsalxa me-
35 wēxla lōelqŭlil, qa hāmaats!ēsēs g·ōkŭlōtaōs, negump Yāqok!wā-
lag·ilis," 'nēx·'laē. Wä, hex·'idaem'lāwisē lāx'ŭlil'laē Yāqok!wā-
lag·ilisē, qa's le'lalēxēs mōkwē ä'yilkwa. Wä, lă'laē 'nemādzaqwa
yālaqwēda mōkwē ä'yilkwa Lō'mē Yāqok!wālag·ilisē yālaqŭlasēs
yālax"lenē. Wä, g·īl'em'lāwisē q!wēl'ēda lāa'las mō'las wăldemi-
40 'lālās Ōdzē'stālisē. Wä, lā'laē mōxsasa ălāg·imē le'wa dēdengwats!ē
l!ē'na. Wä, hēem'lāwisa mowēxla lōelqŭlila. Wä, g·īl'em'lāwisē
'wilxsa lāxa gagak·!aats!äxs g·axaalasē Yāqōk!wālag·ilisē g·äxā-
wels lāx g·ōkwasēs negumpē hemalâla le'wis geneme l!emelxk·!ā-
lag·ilis, qa's lā'l hōx'walexs lāx yā'yats!ās Yāqok!wālag·ilisē. Wä,
45 laem'laē nä'nakwa lāx Qālogwisē. Wä, g·īl'em'lāwisē lāg·aaxs lāa'l
Lax'wŭlexsa mōkwē ä'yilkwa. Wä, laem'laē ts!ek·!ālelexa Kwă-
g·ulaxs le'maē geg·adē Yāqok!wālag·ilisas l!emelxk·!ālag·ilisē, yix
k·!ēdēlas Ōdzē'stālisē. Wä, laem'lāwisē dzōxwasa mōx"sokwē ālā-

Then they promised to give away forty | dressed skins to the Maămtag·ila and the G·ēxsEm, and to the Kŭkwāk!ŭm, ‖ and also to the Lāā- 50
lax·s⁴Endayo; and they promised twenty | boxes of oil to the four
numayms. The | forty dressed skins were on account of Smoke-All-
Round (V 1); and now | he changed his name, and his name, Awīlgâlas
(V 1) was obtained in marriage from Ōdzē⁴stālis (III 5); | and the twenty
boxes of oil were on account of HămālaqaɫEmēga (V 4), ‖ and she had 55
also changed her name for | the name obtained in marriage from Odzē-
⁴stālis; and she was called Mămx·âyugwa (V 4) ; | and as soon as the
speakers stopped speaking, | the crew and their chief Yāqok!wālag·ī-
lis (IV 3), with his wife, went ashore | into the house. Immediately
the four speakers ‖ went to invite the four numayms to come to a feast 60
to be given with the | forty boxes of oil by Mămx·âyogwa (V 4), the
princess of | Aōdzagâlas (IV 3), for now Yāqok!wālag·ʻlis had changed
his name. | As soon as the four speakers had gone to invite them,
the young men | cleared out the house of Aōdzagâlas (IV 3). They
took ashore the dressed skins ‖ and the boxes of oil, and also the 65
four house-dishes; and | when the guests were in, they poured
the | oil into the four house-dishes, and they put the | grizzly-
bear dish before the Maămtag·ila, and the wolf dish before |
the G·ēxsEm, and the beaver dish before the ‖ Kŭkwāk!ŭm, and the 70

---

g·īma qaēda Maămtag·ila ɫE⁴wa G·ēxsEmē ɫE⁴wa Kŭkwāk!ŭmē; wä,
hē⁴misa Laālax·s⁴Endayuwē. Wä, lā⁴laxaĝ qasōsa ma⁴ltsEmg·ustâwē 50
dEndakᵘ ɫlē⁴na qaxaēda mōsgEmak!ŭsē ⁴nal⁴nE⁴mēma. Wä, laEm-
⁴laē nExEnālē Kwax·sē⁴stala mōx̱ᵘsokwē ălag·ima. Wä, laEm⁴laē
ɫ!āyoxɫäxēs ɫēgEme. Wä, laEm⁴laē ɫēgadEs ɫēgEmg·Elxɫa⁴yas
Ōdzē⁴stalisē Awīlgâlasē. Wä, lā⁴laē nExEnālē HămālaqaɫEmēgäxa
ma⁴ltsEmg·ustâ dēdEngwats!ē ɫ!ē⁴na. Wä, laEm⁴laxaē ɫ!āyoxɫäx 55
ɫēgEmg·Elxɫa⁴yas Ōdzē⁴stalisē. Wä, laEm⁴laē ɫēgadEs Mămx·âyu-
gwa. Wä, g·ïl⁴Em⁴lāwisē q!wēl⁴ēdēda ă⁴yilkwäxs lāa⁴l hōx⁴wŭltâ-
wēda k!wēmē ɫE⁴wa g·īgăma⁴yē Yāqok!wālag·īlisē ɫE⁴wēs gEnEmē,
qa⁴s lā hōgwīɫ lāxēs g·ōkwē. Wä, hēx·⁴idaEm⁴lāwisē mōkwē ă⁴yīlx̱ᵘs
la ɫē⁴lālaxa mōsgEmak!ŭsē ⁴nāl⁴nE⁴mēmasa qa⁴s g·äxē k!wētxa 60
mōsgEmg·ustâwē dēdEngwats!ē ɫ!ē⁴na lūx MEmx·âyugwa k·!ēdēlas
Aōdzagâlasē, qaxs lE⁴maaxat! ɫ!āyowē ɫēgEmas Yāqok!wālag·īlisē.
Wä, g·īl⁴Em⁴laē la ɫē⁴lālaxa mōkwē ă⁴yīlkwa lāa⁴lasa hă⁴yāl⁴a
ēx̱⁴wīdxa g·ōkwas Aōdzagâlasē, yīxs lāa⁴l mōltâlayuwēda ălāg·īmē,
ɫE⁴wa dēdEngwats!ē ɫ!ē⁴na, wä, hē⁴misa mEwēxɫa ɫōElqŭlīla. Wä, 65
g·äx⁴laē ⁴wī⁴laēɫēda ɫē⁴lānEmē. Wä, hēx·⁴idaEm⁴lāwisē lEx⁴ts!oyowē-
da ɫ!ē⁴na lāxa mEwēxɫa ɫōElqŭlīla. Wäl laEm⁴laē k·ax·dzamōlī⁴lEmēda
nanē lāxa Maămtag·ila. Wä, lā⁴laē k·ax·dzamōlī⁴lEmēda ālanEmē
lāxa G·ēxsEmē. Wä, lā⁴laē k·ax·dzamōlī⁴lEmēda ts!āwē lāxa Kŭ-
kwāk!ŭmē. Wä, lā⁴laē k·ax·dzamōlī⁴lEmēda mäx⁴ēnoxwē laxa Laālax·- 70

71 killer-whale dish before the | Laǎᵋlax·sᵋɛndayo. As soon as they
had finished, one of the | speakers spoke, and said, "This is the
weight of the name of | Hămālaqaɬɛmēga (V 4), whose name is now
Mǎmx·ayugwa (V 4) obtained in marriage from | Ōdzēᵋstalis (III 5);"
75 and when he stopped speaking, another speaker spoke, ‖ and said
"Now let us give away the dressed skins!" | and then he gave
them away. When they had all been given out, then | another
speaker spoke, and said, " This is the weight of the name of |
Smoke-All-Round (V 1). He has changed his name, and now his
name is Awīlgâlas (V 1), | for that was received in marriage from
80 Ōdzēᵋstalis (III 5) by my chief ‖ Aōdzâgalas (IV 3), for Yǎqok!wā-
lag·ᵋīlis (IV 3) has changed his name now, | and this is also obtained
in marriage from Ōdzēᵋstalis (III 5) by my chief here." Thus he
said. | As soon as he stopped speaking, the guests went out; and
when | winter came, the Ɬāwētsǃēs came paddling with their | chief
Ōdzēᵋstalis (III 5). He came to pay the marriage debt to his son-
85 in-law Aōdzagâlas (IV 3). ‖ After they had taken ashore dressed
skins and many cedar-bark blankets, | and many baskets of clover-roots
and boxes of | oil and boxes of dried clams and boxes of | dried
salmon,—when all those had been taken ashore out of the | ten
90 canoes, he also gave the copper named ‖ Lēta to his son-in-law,
and also the ten canoes in which were seated the princess of
Ōdzēᵋstalis (III 5). | That was the first great return of marriage

71 sᵋɛndayowē. Wä, g·îlᵋɛmǃlāwisē gwāɬɛxs lāaᵋl yaqǃɛg·aᵋlēda ᵋnɛmōkᵘ
  ɛlkwa. Wä, laɛmᵋlaē nēlasēxs hēᵋmaē ōᵋmayōs la ʟēgɛms Hǎmā-
  laqaɬɛmēgă, yîxs laē ʟēgadɛs Mǎmx·ayugwa, ʟēgɛmg·ɛlxʟēs Ōdzē-
  ᵋstalisē. Wä, g·îlᵋɛmᵋlāwisē qǃwēlᵋīdɛxs lāaᵋl yāqǃɛg·aᵋlēda ᵋnɛmō-
75 kwē ɛlkwa. Wä, lāᵋlaē ᵋnek·a. "Wēg·ax·îns yāxᵋwītsa ǎlag·î-
  mēx," ᵋnēx·ᵋlaēxs lāaᵋl yāxᵋwīts. Wä, g·îlᵋɛmᵋlāwisē ᵋwīᵋlaxs lāaᵋl yā-
  qǃɛg·aᵋlēda ōgūᵋlamaxatǃ ɛlkwa. Wä, lāᵋlaē ᵋnēk·a: "Yūɛm ōmayâs
  Kwax·sēᵋstalaxs laē ʟǃayuxʟā. Wä, laɛms ʟēqɛlaǃts Awīlgâlasē lāq,
  qaxs hēᵋmaē ʟēgɛmg·ɛlxʟēs Ōdzēᵋstalisē lāxg·în g·īgǎmēk·, yîxg·a
80 Aōdzagâlasē, qaxs laᵋmēk· ʟǃāyuxʟǎg·a Yǎqokǃwālag·ᵋīlisɛk·. Wä,
  hēɛmxatǃ ʟēgɛmg·ɛlxʟēs Ōdzēᵋstalisē lāxg·în g·īgǎmēk·,"ᵋ nēx·ᵋlaē.
  Wä, g·îlᵋɛmᵋlāwisē qǃwēlᵋīdɛxs lāaᵋl hōqûwɛlsēda kǃwēlē. Wä, g·îlᵋɛm-
  ᵋlāwisē tsǃāwûnxᵋīdɛxs g·āxaālasa Ɬāwētsǃēsē ᵋwīᵋlamōʟaᵋya sēxwaxēs
  g·īgâmaᵋyō Ōdzēᵋstalisē. Wä, g·āxᵋɛmᵋlaē qotēx·axēs nɛgǔmpē Aōdza-
85 gâlasē. Wä, lāᵋlaē gwāɬ mōltâlasa ǎlǎg·îmē ʟɛᵋwa qǃēnɛmē k·ǃōbawasa
  ʟɛᵋwa qǃēnɛmē ʟǃāʟǃɛbat tǃɛgwatsǃä ʟɛᵋwa qǃēnɛmē dēdɛngwatsǃē
  ʟǃēᵋna. Wä, hēᵋmisa qǃēnɛmē xǎtsɛm k·ǃōmatsǃä ʟōᵋlaēda qǃēnɛmē
  xɛmyatsǃē xēxɛtsɛma. Wä, g·îlᵋɛmᵋlāwisē ᵋwīᵋlōltâ lǎx qotēnatsǃäs
  nɛqatsǃaq tǃētǃɛgūna, wä, laɛmᵋlāwisē sɛpǃītsa ʟǃāqwa ʟēgadɛs
90 Lēta lāxēs nɛgǔmpē; wä, hēᵋmisa kǃwaxsâlatsǃäs k·ǃēdēlas Ōdzēᵋs-
  talisa nɛqatsǃaqē tǃētǃɛgūna. Wä, bēɛmᵋl g·îl ᵋwālas qōtēx·ē Ōdzēᵋs-

money by Ōdzē‛stalis (III 5) | to his son-in-law Aōdzagâlas (IV 3) 92
on account of his princess Ringing-Copper (IV 4). | Then Ōdzē-
‛stalis (III 5) took a carved box and | carried it ashore himself out
of his canoe into the ‖ house of his son-in-law Aōdzagâlas (IV 3), 95
and he put it down in the rear | of the house. It was not long
before he came out again and went | into his canoe. Then he
spoke to his tribe, and | said "O tribe, Now our supernatural
power has gone into the house | of my son-in-law;" and when he
said so, he turned towards the Kwāg·uł, and ‖ said, "Now, take 300
care, son-in-law! This is the box containing the winter dance |
which I have taken into your house. Now purify for its sake!"
Thus he said. | Then he was invited by his son-in-law (IV 3) to
eat. | When they had all gone ashore out of their canoes, they
were given food. | It was evening when they finished eating. They
all ‖ went to eat with the Kwāg·uł. Then the chief of the | Ma- 5
ămtag·ila called ʟ!áqwadzē spoke, and said, "Go on, | Chief Aōdza-
gâlas (IV 3) go on, and see what is in the crest- | box, that you
may give a winter dance!" Thus he said. | Immediately the chief
of the Ławēts!ēs, Ōdzē‛stalis, (III 5), arose ‖ and said, "Go on, 10
Kwāg·uł, and begin your winter dance this evening! | In this box
is the hāmats!a, and his name will be | Ts!axŭxstāla; and also
the thrower-dance, and his name will be | ‛nawalax̣ᵘdzē; and also

---

talisē lāxēs nEgŭmpē Aōdzagâlasē qaēs k·!ēdēʟē ʟ!ēmElxk·!ōlag·ílisē. 92
Wä, lā‛laē âx‛ēdē Ōdzē‛stalisaxa k·!ēsgEmala ămē g·íldasa. Wä,
lā‛laē q!ŭlēx·sEm lā lâltōs lāxēs yā‛yats!ē, qa‛s lä‛l haēʟElas lāx
g·ōkwasēs nEgŭmp Aōdzagâlasē, qa‛s läEl hăng·alíłas lāx ōgwiwalī- 95
łasa g·ōkwē. Wä, k·!ēs‛lat!a găłaxs g·āxaē x̣wēlaqăwElsa, qa‛s
lä‛l lāxs lāxēs yā‛yats!ē. Wä, lā‛laē yāq!Eg·a‛ła lāxēs g·ōkŭlōtē. Wä,
lā‛laē ‛nēk·a: "Wä, g·ōkŭlōt. La‛mē laēʟEns ‛nawalakwa lāx g·ōkwa-
sEn nEgŭmpa," ‛nēx·‛laēxs laē gwēgEmx·‛īd lāxa Kwāg·ulē. Wä, lā-
‛laē ‛nēk·a: "Wēg·a, yāʟ!ōlEx nEgŭmp. YūEm k·!ēs‛owats!ē g·íldasa 300
läx laēʟ laxs g·ōkwaqōs. Wēg·íł la q!ēqElax·‛īdʟōł qaō‛," ‛nēx·‛laē.
Wä, laEm‛laē âEm la ʟēlwŭłtōtsō‛sēs nEgŭmpē, qa‛s lā ʟ!Exwālaq.
Wä, g·íl‛Em‛lāwisē ‛wī‛lōltâ lāxēs yaē‛yats!äxs lāa‛l ʟ!ExwēlasE‛wa.
Wä, laEm‛laē dzāqwaxs lāa‛l gwāla ʟ!Exwa. Wä, lā‛laē ‛nâxwaEm‛El
g·āx k!wamēlēda Kwākŭg·ulē. Wä, lā‛laē yāq!Fg·a‛łe g·ígăma‛yasa 5
Maămtag·ila, yīxa ʟēgadEs ʟ!āqwadzē. Wä, lā‛laē ‛nēk·a: "Wēg·a
g·ígămē‛ Aōdzagâlas. Wēg·a dōx‛wīdxwa g·íts!âwaxwa k·!ēsgEmālax
g·íldasa, qa wäg·ē läxsōx yawix·‛ilsa g·ōkwēx," ‛nēx·‛laē. Wä, hēx·‛-
idaEm‛lāwisē g·ígăma‛yasa Ławēts!ēsē ʟāx‛ŭlíła, yīx Ōdzē‛stalisē.
Wä, lā‛laē ‛nēk·a: "Wēg·a, Kwāg·uł, wēg·a ts!ēts!ēx‛īdElxwa gănoʟēx. 10
Wä, yūEm g·íts!âxwa g·íldasēxxwa hāmats!ēx. Wä, l ē‛mis ʟēgEmłtsē
Ts!axŭxstāla. Wä, yū‛mēsa māmaq!ax. Wä, hē‛mis ʟēgEmłtsē ‛na-
walax̣ᵘdzē yū‛misag·ígămēq!ōłElax. Wä, hē‛mis ʟēgEmłtsē Ōma-

the chief fool-dance, and his name will be | Ōmaqlōlɛla; and also
15 the grizzly-bear dance, and his name will be Nanēnask·!ē‘. || Now
there are four winter dances for my son-in-law, and therefore |
I wish you to begin a winter dance this night." Thus he said. |
Immediately they began the winter dance. Then Awīlgâlas (V 1)
disappeared, for now I | shall not call him Smoke-All-Round (V 1);
and Mămx·âyugwa (V 4) | disappeared, for her name was no more
20 Hămālaqalɛmēga (V 4); and || also the child of the younger brother
(IV 2) of Aōdzagâlas, L!āL!Elɛwis (V 14), the boy | and his younger
brother YâyaqoL!alas (V 15). Now the ancestors of the Kwāg·ul
had a winter dance. | After they had disappeared for a long time,
they were caught again. | Now Awīlgâlas was a cannibal-dancer,
and his name was Ts!axŭxstâla, | and the nephew of Aōdzagâlas
25 was thrower-dancer. His name was L!āL!Elɛwis (V 14), || and now
he was named ‘nawalax̣ᵘdzē; and Mămx· âyugwa (V 4) was chief
fool-dancer, | and her name was Ōmaqlōlɛla (V 4); and YâyaqoL!alas
(V 15) was grizzly-bear dancer, | and his name was Nanēnask·!ē‘.
Now they finished the winter dance. |

Now Ringing-Copper (IV 4) was with child, and she gave birth |
to a boy. Then Ōdzē‘stalis (III 5) came to make another pay-
30 ment to his || son-in-law Aōdzagâlas (IV 3), bringing forty
dressed skins and also a | name; and the name given to the child
borne by Ringing-Copper (IV 4) was | Tsɛx‘wīd (V 5); and
Aōdzagâlas (IV 3) gave away the forty | dressed skins to the four

---

q!ōlɛla. Yū‘mēsa nānex. Wä, hē‘mis Lēgɛmltsē Nanēnask·!ē.
15 Wä, mōx‘widalōs k·!ēs‘oLānɛmaqōs, nɛgŭmpē. Wä, hē‘mēsɛn lāg·ila
walaqēla, qa‘s wäg·eōs ts!ēts!ēx‘ēdxwa gănoLēx," ‘nēx·‘laē. Wä, hex·-
‘idaɛm‘lāwisē ts!ētsēx‘ēda. Wä, laɛm‘laē x·ĭs‘ēdē Awīlgâlasē qaxg·ĭn
la‘mēk· gwāl Lēqɛlas Kwax·sē‘stala lāq. Wä, hēɛm‘lāwisē Mămx·â-
yugwa; wä, laɛmxaa gwāl Lēgadɛs Hămālaqalɛmēga. Wä, hēɛm-
20 ‘lāwisē xŭnōkwas ts!a‘yäs Aōdzagâlasē, yīx L!āL!Elɛwisē bābagŭma
Lɛ‘wis ts!ā‘yē YâyaqoL!alasē. Wä, laɛm‘laē ts!ēts!ēx‘ĭdēda g·ālā
Kwāg·ula. Wä, gälaɛm‘lāwisē x·ĭsālaxs lāa‘l k·ĭmyasɛ‘wa. Wä, la-
ɛm‘laē hāmats!ē Awīlgâlasē. Wä, lä Lēgadɛs Ts!axŭxstāla. Wä,
lā‘laē māmaq!ä Lōlē‘yas Aōdzagâlasē, yīx L!āL!Elɛwisē. Wä, lā‘laē
25 Lēgadɛs ‘nawalax̣ᵘdzē. Wä, lā‘laē g·īgămēq!ōlɛlē Mămx·âyugwa.
Wä, lā‘laē Lēgadɛs Ōmaqlōlɛla. Wä, lā‘laē nānē YâyaqoL!alasē. Wä,
lā‘laē Lēgadɛs Nanēnask· la‘yē. Wä, laɛm‘laē gwāla ts!ēts!ēqa.

Wä, laɛm‘laē bewēx‘widē L!ēmɛlxk·!ālag·ĭlisē. Wä, lā‘laē māyul-
‘ida, yĭsa bābagŭmē. Wä, g·āx‘laē Ōdzē‘stalisē wāwalqālaxēs nɛ-
30 gŭmpē Aōdzagâlasasa mōx̣ᵘsokwē älāg·īma. Wä, hēɛm‘lāwisa
Lēgɛmē. Wä, laɛm‘laē Lēgadla mayōLɛmas L!ēmɛlxk·!ālag·ĭlisas
Tsɛx‘wīdē. Wä, laɛm‘lāwisē Aōdzagâlag·īlisē p!ɛs‘ētsa mōx̣ᵘsokwē
älāg·īm lāxa mōsgɛmak!ŭsē ‘nŭl‘nɛ‘mēma, qa laēs xŭnōkwē Tsɛx-

numayms on behalf of his child Tsᴇxᶜwīd (V 5). | Then she had another boy, and ‖ Ōdzēᶜstalis (III 5) gave another name for the child, 35
and his name was | Q!ᴇlāpa (V 6). Then she had another boy, and |
Ōdzēᶜstalis (III 5) gave presents of food to his son-in-law, and | he
gave a name to the boy. And when | Aōdzagâlas (IV 3) gave a feast,
with the cinquefoil-roots given by his father-in-law, ‖ to the Kwāg·uɫ 40
tribes, then he named this new child ʟāʟēliʟ!a (V 7). | As soon as
Ōdzēᶜstalis (III 5) went home he fainted and | died. Now he had
no son, for his only | child was Ringing-Copper (IV 4), the princess of Ōdzēᶜstalis (III 5). | When it was reported to Ringing-Copper
(IV 4) that her father had died, ‖ she immediately went home with 45
her three children, and | she gave away property to her tribe. Then
Tsᴇxᶜwīd (V 5) took the seat | of Ōdzēᶜstalis (III 5), and now his
name was Ōdzēᶜstalis (V 5). | Then he had the first seat in the
numaym Sīsᴇnʟ!ēᶜ of the Ƚāwēts!ēs. | Then Aōdzagâlas (IV 3) was
sad on account of what his wife Ringing-Copper (IV 4) had
done; ‖ and he did not want his children to come back, | namely, 50
Q!ᴇlāpa (V 6) and his younger brother ʟāʟēliʟ!a (V 7). | Now
Ringing-Copper (IV 4) made them give a potlatch and take
seats | of their relatives who had died before. | The two children
obtained the seats of those who were dead. And for some time

ᶜwīdē. Wä, lāᶜlaē ēt!ēd xŭngwatsa bābagŭmē. Wä, hēᴇmᶜlaxaāwisē
Ōdzēᶜstalisē tsǃâ qa ʟēgᴇmsa g·înānᴇmē. Wä, laᴇmᶜlaē ʟēgadᴇs 35
Q!ᴇlāpa. Wä, lāᶜlaxaa ēt!ēd xŭngwatsa bābagŭmē. Wä, hëx·-
ᶜidaᴇmᶜlāwisē Ōdzēᶜstalisē la wāwaɫqälaxēs nᴇgŭmpē. Wä, laᴇm-
ᶜlāwisē ēt!ēd ʟēgᴇmg·ᴇlxʟala ga ʟēgᴇmsa bābagŭmē. Wä, g·îlᶜᴇmᶜlā-
wisē k!wēlasᶜīdē Aōdzagâlasasa wāwaɫqälayuwē t!ᴇxᵘsōsa yîsēs nᴇ-
gŭmp lāxa Kwāg·ulaxs lāaᶜl ʟēxᶜēts ʟāɹēliʟ!a lāxēs ālē xŭnōkwa. Wä, 40
g·îlᶜᴇmᶜlāwisē la näᶜnakwē Ōdzēᶜstālisaxs lāaᶜl heōda. Wä, laᴇmᶜlaē
ɫᴇᶜla. Wä, laᴇmᶜlaē k·!eâs bᴇgwānᴇm xŭnōxᵘs, qaxs ᶜnᴇmoxᵘᶜmaᶜl
xŭnōx̣ᵘsē ʟ!ēmᴇlxk·!ālag·ilisē, yîx k·!ēdēldäs Ōdzēᶜstalisdē. Wä,
g·îlᶜᴇmᶜlāwisē g·āx ts!ᴇk·!âlᶜîtsᴇᶜwē ʟ!ēmᴇlxk·!ālag·ilisasēs ōmpdē,
lāaᶜl hëx·ᶜidaᴇm la näᶜnakwa ʟᴇᶜwis yūdukwē sāsᴇma. Wä, hëx·ᶜi- 45
daᴇmᶜlāwisē p!ᴇsᶜīdxēs g·ōkŭlotē. Wä, laᴇmᶜlaē ʟax̣ᵘstōdē Tsᴇx-
ᶜwidäx Ōdzēᶜstalisdē. Wä, laᴇmᶜlaē Tsᴇxᶜwīdē ʟēgadᴇs Ōdzēᶜstalisē.
Wä, laᴇmᶜlaē ʟax̣umēsa ᶜnᴇᶜmēmotēxa Sīsᴇnʟ!ēsa Ƚāwēts!ēsē. Wä,
laᴇmᶜlaē ts!îx·tlē nâqaᶜyas Aōdzagâlasē qa gwēx·ᶜidaasasēs gᴇnᴇmē
ʟ!ēmᴇlxk·!ālag·ilisē. Wä, laᴇmᶜlaē ᶜnēx·, qa k·!ēslāg·îs g·āxᶜēno- 50
xwēs waōkwē sāsᴇma, yîx Q!ᴇlāpa ʟᴇᶜwis ts!âᶜyē ʟāʟēliʟ!a. Wä,
âᶜmis la hēᶜmē ʟ!ēmᴇlxk·!ālag·ilisē la p!ᴇsᶜēdamasᴇq, qa ʟax̣ŭmstō-
dēsēxēs waōkwē ʟēʟᴇʟâlaxa gᴇyōłwŭla lēɫᴇᶜla. Wä, laᴇmᶜlaē k!wä-
nōkwa maᶜlōkwē g·îng·înānᴇms k!wēk!wayōɫas. Wä, laē Aōdzagâlasē

55 Aōdzagălas (IV 3) did not ‖ wish to marry. Then he asked in marriage the | princess of Chief ‘māx̣ūyalidzē (IV 5), chief of the numaym, Wīwōmasgᴇm of the Mamalēleqăla, and there were two seats before that of | chief ‘māx̣ūyalidzē. He had a princess Mᴇlēd (V 8). Now | Aōdzagălas (IV 3) wooed her for his prince Awīlgălas (V 1),
60 that is ‖ Smoke-All-Round (V 1). Then the numayms | the Maămtag·ila and G·ēxsᴇm and Kŭkwāk!ŭm and Sēnɪ.!ᴇm | went to pay the marriage money,—and also the Laalax·s‘ᴇndayo. | All the Kwāg·ul went to pay the marriage money, because their strength
65 is the same | as that of the Mamalēleqăla; for the ‖ Q!ōmoyă‘yē and ‘wālas Kwāg·ul are the first of the Kwāg·ul tribes; and also the Q!ōmk·!ut!ᴇs; | and the Mamalēleqăla stand at the head of the Nimkish, Qwēqᵘsōt!ēnoxᵘ | and Łāwēts!ēs; and the Mamalēleqăla do this | when one of their chiefs goes to marry a princess of the | chiefs of the Kwāg·ul. They go and ask the help of the Nimkish
70 and ‖ Qwēqᵘsōt!ēnoxᵘ and Łāwēts!ēs; and Aōdzagălas did the same | with the Kwāg·ul. Then all went to pay the marriage money,— the five | numayms of the Gwētᴇla, and also the Q!ōmoyă‘yē, and the | ‘wālas Kwāg·ul, and the Q!ōmk·!ut!ᴇs. Now, the village of the | Mamalēleqăla was Mēmkumlis, and in the center of the village
75 was the house of ‖ Chief ‘māx̣ūyalidzē (IV 5). As soon as the | Kwāg·ul arrived in Mēmkumlis, there was a sham-fight with

---

55 k·!ēs ‘nēx· qa‘s gᴇyōlō gᴇg·ada. Wä, lā‘laē g·ayox̣‘wīdᴇx k·!ēdēlasa g·īgăma‘yē ‘māx̣ūyalidzē, yɪx g·īgăma‘yasa ‘nᴇ‘mēmaxa Wīwōmasgᴇmasa Mamalēleqăla, yɪxs mama‘lōkwalg·iwalaēs k!wa‘yē, yɪxa g·īgăma‘yē ‘māx̣ūyalidzē, yɪxs k·!ēdadaas Mᴇlēdē. Wä, laᴇm‘laē Aōdzagălasē g·ayălaq qaēs ʟᴇwŭlgăma‘yē Awīlgălasē, yɪx
60 Kwax·sē‘stala. Wä, lā‘laxaē ‘wī‘la la qădzēʟēda ‘nāl‘nᴇ‘mēmaxa Maămtag·ila ʟᴇ‘wa G·ēxsᴇmē ʟᴇ‘wa Kŭkwāk!ŭmē ʟᴇ‘wa Sēnʟ!ᴇmē; wä, hēᴇm‘lāwisa Laălax·s‘ᴇndayowē, yɪxs hē‘maē lāg·ilas ‘wī‘la la qădzēʟēda Kwāg·ulaxs ‘nᴇmālasaē lōq!wēna‘yasa Kwāg·ulē ʟᴇ‘wa Mamalēleqăla, yɪxs mᴇkŭma‘yaēda Kwāg·ulasa Q!ō-
65 moyă‘yē ʟᴇ‘wa ‘wālasē Kwāg·ula; wä, hē‘misa Q!ōmk·!ut!ᴇsē. Wä, lä mᴇkŭma‘yēda Mamalēleqălāsa ‘nᴇmgēsē ʟᴇ‘wa Qwēqᵘsōt!ēnoxwē ʟᴇ‘wa Łāwēts!ēsē. Wä, hēᴇm‘laxaāwisē gwēx·‘idaxa Mamalēleqăla, qō qădzēʟanux̣ᵘlāxē g·īgăma‘yas lāx k·!ēsk·!ēdēlas g·īg·ᴇgăma‘yasa Kwāg·ulē, yɪxs lā lāxē hēlaxa ‘nᴇmgēsē ʟᴇ‘wa
70 Qwēqᵘsōt!ēnoxwē ʟᴇ‘wa Łāwēts!ēsē. Wä, hē‘mis gwēx·‘īdē Aōdzagălasaxa Kwāg·ulē. Laᴇm‘laē ‘wī‘la la qădzēʟēda sᴇk·!āsgᴇmak!ŭsē ‘nāl‘nᴇ‘mēma, yīsa Gwētᴇla. Wä, hē‘misa Q!ōmoyă‘yē ʟᴇ‘wa ‘wālasē Kwāg·ula ʟᴇ‘wa Q!ōmk·!ut!ᴇsē. Wä, laᴇm‘laē hēᴇm g·ōkŭlaxa Mamalēleqălē Mēmkumlisē. Wä, lā‘laē nᴇqētsᴇma‘yē g·ō-
75 kwasa g·īgăma‘yē ‘māx̣ūyalidzāsa g·ōkŭla. Wä, g·ĭl‘ᴇm‘lāwisē lāg·aēda Kwākŭg·ulē lā‘lax Mēmkumlisaxs laa‘l amaqasōsa q!ēnᴇ

the many | people of the Mamaleleqăla: and many of the Kwā- 77
gul were hurt, | and also many of the Mamaleleqăla were hurt, |
for indeed they threw stones at one another because they gave a
name for the child that ‖ Awīlgâlas (V 1) and his wife MElēd 80
(V 8) might have. His name was to be El'Elkŭsas (Blood) | or
Yāyĭlkŭlas when it was born, until it was | ten months old (I just
want to talk about this); and | after the sham-fight, Awīlgâlas
paid the marriage money. | Now, the Kwāg·uł did not wish to
go ashore, ‖ for the princess of Chief | 'māxŭyalidzē (IV 5), MElēd 85
(V 8) was to come down out of the house of her father to | go
into the canoe of her husband Awīlgâlas (V 1). She came | out of
the house of her father with four slaves | and many dressed skins
as a marriage mat, and also the copper ‖ SEwa, on which she was 90
to walk as she was taken down by | 'māxŭyalidzē (IV 5) to the
canoe of his son-in-law Awīlgâlas (V 1); and when | MElēd (V 8)
went aboard the canoe of her husband, 'māxŭyalidzē (IV 5) went
up again. | He just told his son-in-law to wait, and | also all the
Kwāg·uł. He went up the beach in front of the village ‖ and spoke. 95
He said, "Now, listen, son-in-law Awīlgâlas (V 1). | I let go now
this name to you, son-in-law. Now your name shall be | 'māxwa
(V 1), and your father's name shall be 'māxŭlag·ĭlis (IV 3)." Thus
he said. | And immediately he sent his son-in-law to start off

---

mōła lēlqwălaLa'ya Mamalēleqălōła. Wä, laEm'laē q!ēnEmē yĭlkwāsa 77
Kwāg·ułē. Wä, lä'laxaē q!ēnEmē ōgwaqa yĭlkwāsa Mamalēleqăla,
qäLaxs napāp!aasa t!ēsEmē, qaxs Lēqēlaē qa LēgEms, qō xŭngwadīx·-
'īdē Awīlgâlasē LE'wis gEnEmLē MElēdē; wä, laEm Lēgadlaxs El'El- 80
kŭlasē wäx·ē YīyĭlkŭlasLalaxs g·ālaē māyuLEma lälaa läxēs hē-
łogwilaēna'yē. (Wä, â'mEn 'nēx· qEn gwāgwēx·sEx·'īdē lāq.) Wä,
g·îl'Em'lāwisē gwŭla amāqäxs lūa'l qādzēl'īda, yĭx Awīlgâlasē. Wä,
laEm'laē gwālEla 'nēk·ēda Kwākŭg·ułē, qa's k·!ēsē hōx'wŭłtâ läxēs
yaē'yats!ē, qa's gwāgwałōL!amēx k·!ēdēłasa g·īgāma'yē 'mā- 85
xŭyalidzē'yē MElēdē, qa g·axēsē lawEls läx g·ōkwasēs ōmpē, qa's
g·āxē hēxsEla läx yā'yats!āsēs łā'wŭnEmē Awīlgâlasē. Wä, g·āx'-
Em'lāwisē 'nEmāwEls läx g·ōkwasēs ōmpē LE'wa mōkwē q!āk·â.
Wä, hē'misē q!ēnEmē ălāg·îm łē'waxsēs; wä, hē'misa L!āqwa, yĭx
SEwa, qa qādzEwēsōs MElēdäxs g·āxaē taōdaxdzEms 'māxŭyali- 90
dzäxs lax yā'yats!āsēs nEgŭmpē Awīlgâlasē. Wä, g·îl'Em'lāwisē
läxsē MElēdē läx yā'yats!āsēs łā'wŭnEmaxs lāa'l xwēlax'ŭsdēsē
'māxŭyalidzē. ÂEm'laē äxk·!ālaxēs nEgŭmpē qa ēsałēs LE'wa 'nā-
xwa Kwāg·uła. Wä, lä'laē läx·ĭyolsax ōxwiwa'yasa g·ōx^udEmsē. Wä,
lä'laē yāq!Eg·a'la. Wä, laē 'nēk·a: "Wēg·a, hōLēlax, nEgŭmp Awĭl- 95
gâlas, qa lälag·īsg·ada LēgEmk· lâL, nEgŭmp. Wä, laEms LēgadElts
'māxwa. Wä, la äsax LēgadElts 'māxŭlag·ĭlise," 'nēx·'laē. Wä, hēx·-
'idaEm'lāwisē 'yälaqasēs nEgŭmpē qa lälag·īs LEx'ēda. Wä, hēx·'ida-

400 Then | the Kwāg·uł went away; and when they arrived ‖ at Qālogwis, they went ashore, and the Kwāg·uł | took ashore the many dressed skins. When all had been taken out of the canoe, | ᵋmāx̣ŭlag·ᵋīlis (IV 3) for that was now the name of Aōdzagālas (IV 3) | called his speakers to clear his house; and as soon | as they finished clearing
5 his house, he told his speakers to stand outside ‖ of the house and to invite all the Kwāg·uł on behalf of | ᵋmāx̣wa (V 1); for now he was no longer named Awīlgālas (V 1). | The ancestors of the Kwāg·uł went at once into the house | of ᵋmāx̣ŭlag·ᵋīlis (IV 3) to the potlatch. Then he told his | numaym the SēnL!ɛm that the name of Awīlgālas
10 (V 1) was changed to ᵋmāx̣wa (V 1) ‖ and also that this property was given away for his son ᵋmāx̣wa (V 1), for now Aōdzagālas (IV 3), who had changed his name | to ᵋmāx̣ŭlag·ᵋīlis (IV 3), said this when he gave away the dressed skins, | the marriage mat of MɛLēd (V 8) to all the Kwāg·uł. And he gave | one slave to the head man of each of the four numayms,— | to Chief L!āqwadzē, chief of
15 the Maămtag·ila; and ‖ to Chief Yāqɛwīd, chief of the G·ēxsɛm; and | to Chief K·!ādē, chief of the Kŭkwāk!ŭm; and also to | Chief P!asɛłał,—to each of these he gave | one slave, and he sold the copper Sɛwa. | The chief of the numaym Maămtag·ila, L!āqwa-
20 dzē, bought it for ‖ forty elk-skins and a hundred and twenty

---

ɛmᵋlāwisē g·āx ʟɛxᵋēdēda Kwākŭg·ułē. Wä, g·īlᵋɛmᵋlāwisē lāg·aa
400 lāx Qālogwisē, wa, g·īlᵋɛmᵋlāwisē ᵋwīlᵋōłtāwēda Kwākŭg·ułaxs lāaᵋl mōłtodayuwēda q!ēnēmē ălāg·īma. Wä, g·īlᵋɛmᵋlāwisē ᵋwīlᵋōłtăxs lāaᵋl hēx·ᵋidaɛmᵋlaē ᵋmāx̣ulag·ᵋīlisē,qaxs Lɛᵋmaē gwāl Lēgadɛs Aōdzagā- lasē, äxk·!ālaxēs äᵋyīlkwē, qa ēx̣ᵋwidēsēx g·ōkwas. Wä, g·īlᵋɛmᵋlāwisē gwāla ēkwāxa g·ōkwaxs lāaᵋl äᵋxk·!ālaxēs äᵋyīlkwē, qa lās Lăx̣ᵋwŭls
5 lāx L!āsanăᵋyasēs g·ōkwē, qa Lēlɛlāsēxa ᵋnāx̣wa Kwākŭg·uła, qa ᵋmāx̣wa qaxs lɛᵋmaē gwāl Lēgadɛs Awīlgālasē. Wä, hēx·ᵋidaɛm- ᵋlāwisē g·āx̣ᵋɛl ᵋwīᵋlaēLēda p!ēkwē q!ēnɛm lēlqwălaLaᵋya, g·ālā Kwā- kŭg·uł lāx g·ōkwas ᵋmāx̣ŭlag·ᵋīlisē. Wä, laɛmᵋlaē nēlaxēs ᵋnɛᵋmē- mota SēnL!ɛmaxs lɛᵋmaē L!āyuxLē Awīlgālasas ᵋmāx̣wa. Wä, hō-
10 ᵋmisēxs hēᵋmaē sēnatsēs x̣ŭnōkwē ᵋmāx̣wa qaxs lɛᵋmaē L!āyoxLā Aōdzagālasas ᵋmāx̣ŭlag·ᵋīlisē, ᵋnēx·ᵋlaēxs lāaᵋl yāx̣ᵋwītsa ălāg·īmēxa lēᵋwaxsaᵋyas MɛLēdē lāxa ᵋnāx̣wa Kwākŭg·uła. Wä, lāᵋlaē g·ēx·ᵋētsa ᵋnāłᵋnɛmōkwē lāx Lēlaxumaᵋyasa mōsgɛmakwē ᵋnāłᵋnɛᵋmēmasaxa g·īgămayułaē L!āqwadzē, yīx g·īgămaᵋyasa Maămtag·ila; wä, hē-
15 ᵋmisa g·īgămayułae Yāqɛwīdē, g·īgămaᵋyasa G·ēxsɛmē; wä, hēᵋmisa g·īgămayułaē K·!ādoła, g·īgămaᵋyasa Kŭkwāk!ŭmē; wä, hēᵋmisa g·īgămayułaē P!asɛłałwŭła. Wä, hēɛmᵋɛl g·ēx·ᵋēdaatsa ᵋnāłᵋnɛmō- kwē q!āk·â. Wä, lāᵋlaē laxōdɛx Sɛwaxa L!āqwa. Wä, hēᵋłat!a g·īgămaᵋyasa ᵋnɛᵋmēmaxa Maămtag·ila, yīx L!āqwadzē k·īłx̣ᵋwītsa mō-
20 x̣ᵘsokwē ălāg·īm lāq. Wä, hēɛmᵋlāwisa maᵋłtsōgŭg·ᵋtyowē k·!ōbawas

cedar-bark blankets. | Then ʻmāxwa (V 1) gave it away for the 21 weight of his father's name, | ʻmāxŭlag·îlis (IV 3), for he was no longer named Aōdzagâlas (IV 3). | He gave away forty dressed skins to the chiefs of the Q!ōmoyâʻyē | and the ʻwālas Kwāg·uł, and also to the Q!ōmk·!ut!ᴇs, || and he gave away a hundred 25 and twenty blankets to the common people; | and immediately all those who had been called to the potlatch went out when they had received their presents. | Now ʻmāxwa (V 1) and his wife Mᴇlēd (V 8) were a happy couple; | and they had not been married a long time when she was with child; | and she gave birth to a boy, and his name was || ᴇlʻᴇlkŭlas (VI 1) until he 30 was ten months old; and then ʻmāxŭyalidzē (IV 5) | gave as a marriage present forty dressed skins and many cedar-bark blankets to his | son-in-law ʻmāxwa (V 1), and also a name for his child. | Now the name of the child was ʻmāxᵘmᴇwis (VI 1); and now he gave away forty | dressed skins and many cedar-bark blankets to the ancestors of the || Kwāg·uł. Then she had again 35 a boy; and | ʻmāxŭyalidzē (IV 5) brought in his canoe a number of dressed skins and | cedar-bark blankets, and he gave marriage presents to his son-in-law ʻmāxwa (V 1), and | also a name for the child. Then it was to be named | ʻmāxwaq!ōłᴇla (VI 2). Thus he said. When ʻmāxŭyalidzē (IV 5) stopped speaking, || the 40 father of ʻmāxwa (V 1), ʻmāxulag·îlis (IV 3), thanked him for what he had said. | He sent out his speaker to stand outside | of the house

---

łāq. Wä, laᴇmʻlaē ʻmāxwa ōmayogwilas lāx ᒐēgᴇmasēs ōmpē 21 ʻmāxŭlag·îlisē, qaxs lᴇʻmaē gwăł ᒐēgadᴇs Aōdzagâlasē. Wä, laᴇmʻlaē yāxʻwîtsa mōxᵘsokwē ălāg·îm lāxa g·îg·îgâmaʻyasa Q!ōmoyâʻyē ᒐᴇʻwa ʻwālasē Kwāg·uła. Wä, hēᴇmʻlāwisa Q!ōmk·!utᴇsē. Wä, lâʻlaē yāxʻwîtsa maʻłtsōgŭg·îyowē k·!ōbawas lāxa bᴇbᴇkwaxa. 25 Wä, lâʻlaē hēx·ʻida hōqŭwᴇlsēda p!ēkwaxs lāaʻł gwăł yaqwasᴇʻwa. Wä, laᴇmʻlāwisē ēk·ē hayasᴇk·âlaēnaʻyas ʻmāxwa ᒐᴇʻwis gᴇnᴇmē Mᴇlēdē. Wä, k·!ēsʻᴇmʻlāwisē găła hayasᴇkʻâlaxs lāaʻł bᴇwēxʻwidē. Wä, lâʻlaē măyułʻida yîsa bâbagŭmē. Wä, laᴇmʻlaē ᒐēgadᴇs ᴇlʻᴇlkŭlasē łāla laqēxs lāaʻł hēlogwîla. Wä, laᴇmʻlaē ʻmāxŭyalidzē 30 wăłqēsasa mōxᵘsōkwē ălāg·îm ᒐᴇʻwa q!ēnᴇmē k·!ōbawas lāxēs nᴇgŭmpē ʻmāxwa. Hēᴇmʻlāwisa ᒐēgᴇmē qa ᒐēgᴇmsa g·înānᴇmē. Wä, laᴇm ᒐēgadēda g·înānᴇmas ʻmaxᵘmᴇwisa, yîxs lāaʻł p!ᴇsēdayuwēda mōxᵘsokwē ălāg·îm ᒐᴇʻwa q!ēnᴇmē k·!ōbawas lāxa g·āla Kwāg·uła. Wä, lâʻlaē ētʻēd xŭngwatsa bâbagŭmē. Wä, hēx·ʻi- 35 daᴇmʻlāwisē ʻmaxŭyalidzē la mâłaxa hēʻmaxatʻ wäxa ălāg·îm ᒐᴇʻwa k·!ōbawasē, qaʻs lā wăłqēsas lāxēs nᴇgŭmpē ʻmāxwa. Wä, hēʻmēsa ᒐēgᴇmē qa ᒐēgᴇmsa g·înānᴇmē. Wä, laᴇmʻlaē ᒐēgadᴇłts ʻmāxwaq!ōłᴇla, ʻnēxʻlaē. Wü, g·îlʻᴇmʻlāwisē q!wēłʻēdē ʻmāxŭyalidzāxs lāaʻł ᒐâxʻŭłîłē ōmpas ʻmāxwē, yîx ʻmāxŭlag·îlisē, qaʻs mōʻłēs 40 wăłdᴇmas. Wä, hēx·ʻidaᴇmʻlāwisē ʻyālaqasēs ᴇlkwē qa lās ᒐâxʻwŭls

43 and to invite the four numayms | on account of ᴇmāxwaqǃȯlᴇla
(VI 2), the son of ᴇmāxwa (V 1). He said to his speaker,
"You will say so." | Immediately the speaker went out of the ‖
45 house of Chief ᴇmāx̱ŭlag·ῑlis (IV 3), and he shouted, | inviting
them; and when he stopped, he came again | into the house to
clear it out; and after that had been done, | the four numayms
came in. Now | ᴇmāx̱ŭlag·ῑlis (IV 3) told them that the name of
his grandson would be ‖ ᴇmāxwaqǃȯlᴇla (VI 2), which was given
50 in marriage by ᴇmāx̱ŭyalidzē (IV 5) to his son-in-law ᴇmāxwa
(V 1) | Thus he said; and then he gave away dressed skins and
many | cedar-bark blankets; and then they had another son, and |
the same was done by ᴇmāx̱ŭyalidzē (IV 5); and he gave him the
name | Mămx·â (VI 3) for the child borne by Mᴇlēd (V 8). Then ‖
55 Mᴇlēd (V 8) gave birth to another boy, and ᴇmāx̱ŭyalidzē (IV 5)
gave him another name, | Mᴇlēdzas, (VI 4) for the name of the
new-born child; and she | gave birth to a daughter, and ᴇmāx̱ŭ-
yalidzē (IV 5) gave her the name | ᴇmāxᵘmᴇwīdzᴇmga (VI 5) as
a name for the new-born child; and when | Mᴇlēd (V 8) was
again with child, her father, ᴇmāx̱ŭyalidzē, (IV 5) was taken ill. ‖
60 Then ᴇmāxwa (V 1) told his father, ᴇmāx̱ŭlag·ῑlis (IV 3), | to go
quickly and see him at Mēmkumlis, and also Mᴇlēd (V 8) went
from | Qālogwis. When they arrived, the people went to meet

---

42 lāx Lǃāsanâᴇyasēs g·ōkwē qa Lēlᴇlāsēxa mōsgᴇmakwē ᴇnâlᴇnᴇᴇmē-
ma, qa ᴇmāxwaqǃȯlᴇlaxa xŭnōkwas ᴇmāxwa. "ᴇnēx·lᴇs," ᴇnēx·-
ᴇlaēxēs ᴇlkwa. Wä, hēx·ᴇidaᴇmᴇlāwisē la lāwᴇlsēda ᴇlkwa lāx
45 g·ōkwasēs g·ῑgămaᴇyē ᴇmāx̱ŭlag·ῑlisē. Wä, laᴇmᴇlāwisē hŭsᴇlaxs
laē Lēlᴇla. Wä, g·ῑlᴇᴇmᴇlāwisē qǃwēlᴇēdᴇxs g·äxaᴇl xwēlagēLa
lāxa g·ōkwē, qaᴇs ēx·ᴇwīdēq. Wä, g·ῑlᴇᴇmᴇlāwisē gwāla g·äxa-
ᴇlas hōgwīlēda mōsgᴇmakwē ᴇnâlᴇnᴇᴇmēma. Wä, laᴇmᴇlāwisē
ᴇmāx̱ŭlag·ῑlisē nēlaqēxs lᴇᴇmaē Lēgadᴇs tsǃōxᵘlᴇmas ᴇmāxwaqǃō-
50 lᴇla, yῑxs Lēgᴇmg·ᴇlxLaᴇyaas ᴇmāx̱ŭyalidzē lāxēs nᴇgŭmpē ᴇmāxwa,
ᴇnēx·ᴇlaēxs lāaᴇl yaxᴇwītsa ălāg·ῑmē Lōᴇlaēda qǃēnᴇmē kǃlō-
bawasa. Wä, lāᴇlaē ētǃēd xŭngwada yῑsa bābagŭmē. Wä, hēᴇm-
ᴇlaxaawisē gwēx·ᴇῑdᴇlaē ᴇmāx̱ŭyalidzē. Wä, laᴇmᴇlaē Lēgᴇmg·ᴇlxLāla
lax Mămx·â qa Lēgᴇms ālē māyoLᴇms Mᴇlēdē. Wä, lāᴇlaē ētǃēdē
55 Mᴇlēdē māyolᴇitsa bābagŭmē lāᴇlaxaē ᴇmāx̱ŭyalidzē Lēgᴇmg·ᴇlx-
Lālax Mᴇlēdzasē qa Lēgᴇmsa ālē māyoLᴇma. Wä, lāᴇlaē ētǃēd mā-
yolᴇitsa tsǃātsǃadāgᴇmē. Wä, lāᴇlaxaē ᴇmāx̱ŭyalidzē Lēgᴇmg·ᴇlxLālax
ᴇmaxᵘmᴇwīdzᴇmga qa Lēgᴇmsa ālē māyoLᴇma. Wä, hēᴇmᴇlāwis ālēs
bᴇwēx·ᴇwīd ētǃēdē Mᴇlēdäx lāaᴇl tsǃᴇx·qǃᴇx·ᴇῑdēs ōmpē ᴇmāx̱ŭyalidzē-
60 yōla. Wä, hēx·ᴇidaᴇmᴇlāwisē ᴇmāxwa äxk·ǃālaxēs ōmpē ᴇmāx̱ŭlag·ῑlisē,
qaᴇs lä āltsᴇmē dōqwaq lāx Mēmkumlisē, Loᴇmē Mᴇlēdē g·äx·ᴇῑd lāx
Qālogwisē. Wä, lāᴇlaē lāg·aaxs lāaᴇl lālalasᴇᴇwa. Wä, laᴇmᴇlaē

hem, and they told | Mɛlēd (V 8) that her father, ʻmāx̣ūyalidzē 63 (IV 5), had died the night before. | Then the father of ʻmāx̣wa (V 1), ʻmāx̣ŭlag·ʻilis (IV 3), when he heard ‖ the report, fainted 65 and he also died. | Then ʻmāx̣wa (V 1) spoke to his wife Mɛlēd (V 8), and | said, "Oh, my dear! let my father be buried | together with your father. | Now I will stay with the Mamalēleqăla." | Thus he said. His wife Mɛlēd (V 8) agreed with him, ‖ for ʻmāx̣wa (V 1) 70 was ashamed of what had happened to his father, and therefore left his numaym | the SēnL!ɛm. The Mamalēleqăla came home | after burying ʻmāx̣ŭlag·ʻilis (IV 3). | Then | Mɛlēd (V 8) invited the Mamalēleqăla and told her tribe what she thought, | and that she wished her husband, ʻmāx̣wa (V 1), ‖ to take the place of his 75 father-in-law, ʻmāx̣ūyalidzē (IV 5). Then the | Mamalēleqăla agreed to what she said, for he had been a good chief. | Now ʻmāx̣wa (V 1) gave a potlatch to the ancestors of the Mamalēleqăla, | and his name was still ʻmāx̣wa (V 1). |

At this time the white people came to build a house at Tsāx̣is (Fort Rupert) in 1849. Then ‖ ʻmāx̣wa (V 1) was really treated 80 as a chief by the ancestors of the Mamalēleqăla, for they | wanted to keep him, that he should not go back to the Kwāg·uɫ; and he never | went back again, because he was a chief of the numaym Wīwōmasgɛm. | Now Mɛlēd (V 8) gave as a marriage

---

Mɛlēdē tsǃɛk·ǃăɫɛtsōxs lɛʻmaa nēx̣ᵘsɛlsēs ōmpē ʻmāx̣ūyalidzēx·dē. 63
Wä, g·îlʻɛmʻlāwisē ōmpas ʻmāx̣wa, yîx ʻmāx̣ŭlag·ʻilisē hēlatōx wăldɛmasa tsǃɛk·ǃăɫɛläxs lāaʻl hēoda. Wä, laɛmʻlaxaē ɫɛʻla. Wä, hē- 65 x·ʻidaɛmʻlāwisē yāq!ɛg·aʻlē ʻmāx̣wäxēs gɛnɛmē Mɛlēdē. Wä, lāʻlaē ʻnēk·a·: "ʻya, adä, yūlag·aɛmax·ōx wŭnɛmtɛn ōmpdēx qa qǃapǃălaLɛlaʻmēsox ʟō âsdä. Wä, laʻmēsɛn yux̣ᵘsäɛmɫ lâxda Mamalēleqăla x," ʻnēx·ʻlaē. Wä, âlaʻlatǃa hēɫaʟɛla läx nâqaʻyas gɛnɛmasē Mɛlēdē qaxs lɛʻmaē ʻmûx̣wa hămax·tsǃaxsa bâsēs ʻnɛʻmēmota 70 SēnL!ɛmē, qa gwēx·ʻidaasasēs ōmpdē. Wä, lāʻlaē g·äx näʻnakwēda Mamalēleqălāxs wŭnɛmtaax ʻmāx̣ŭlag·ʻilisdē. Wä, lāʻlaē ɫēɫtslōdē Mɛlēdäxa Mamalēleqăla. Wä, laɛmʻlaē nēlas gwălaasasēs nâqaʻyē lüxēs g·ōkŭlōtē, yîxs lɛʻmaē ʻnēx·, qa hēʻmisēs lāʻwŭnɛmē ʻmāx̣wa ʟǃāyostōdxēs nɛgŭmpdē ʻmāx̣ūyalidzēx·dē. Wä, lāʻlaē ʻnāx̣wa 75 ēx·aqa Mamalēleqălāx wăldɛmas, qaxs âlaaʻl ēx·wŭl g·īgăma ʻya. Wä, laɛmʻlaē pǃɛsʻidē ʻmāx̣wäxa g·älä Mamalēleqăla. Wä, hēx·säɛmʻlāwis lēgɛmsē ʻmāx̣wa.

Wä, g·äx·ʻmē g·ōx̣walīdzasēs Tsaxisē laxēq 1849. Wä, laɛmʻlaē âla aēk·ilasɛʻwē ʻmāx̣wä, g·āg·ēxsilasōʻsa g·ālāsa Mamalēleqăla, qaxs 80 dzādzanaaq, qa k·ǃēsēs g·äx aēdaaqa lâxa Kwāg·uɫē. Wä, âlaʻmēsē k·ǃēs la g·äx aēdaaqa, qaxs lɛʻmaē g·īgămēsa ʻnɛʻmēmaxa Wīwōmasgɛmē.

Wä, laɛmʻlaē Mɛlēdē ʟâx̣wig·ɛlxʟâlax ʟax̣waʻyasēs ōmpdē lâxēs

present the seat of her father to her | husband ᵋmāx̣wa (V 1), and she gave as a marriage present the house called Q!aāts!ē ‖ 85 to ᵋmāx̣wa (V 1). Then MElēd (V 8) gave birth to another child (VI 6), | and this youngest child was named Łēbas (VI 6). | Now there were five boys and one girl. | Two winters after ᵋmā- x̣ūyalidzē (IV 5) had died, | ᵋmāx̣wa (V 1) said that he wanted 90 to invite his tribe, the Kwāg·uł, ‖ to come to a potlatch at Mēmkumlis, and he called in his | numaym the WīwōmasgEm to come into his house | Q!aāts!ē. When they were all in, | ᵋmāx̣wa (V 1) at once stood up and spoke. | He said, "O numaym Wi- 95 wōmasgEm! I call you ‖ that you may know what my desire is. I wish you to | go and invite the Kwāg·uł for me." Thus he said; and when | he stopped speaking, one of his speakers arose, | and said that they would go at once and launch the inviting- | 500 canoe; and his numaym said that he should go ahead ‖ quickly. Then they arose at once and | went out of the house of their chief. They prepared themselves; and when | the food was ready that they were going to take, they launched the inviting- | canoe and went aboard. They started off. | ᵋmāx̣wa (V 1) and his wife 5 MElēd (V 8) did not go. The messengers arrived ‖ and invited

lā⁽wūnEmē ᵋmāx̣wa. Wä, lā⁽laē g·ōkŭlxʟ̣ālaxa g·ōkwē ʟ̣ēgadEs Q!aē- 85 ts!ē lāxaax ᵋmax̣wa. Wä, laEm⁽laxaē x̌ŭngwada yix MElēdē. Wä, laEm⁽laē ʟ̣Ex⁽ēdElas Łēbasē lāxēs ālē xŭnōkwa. Wä, laEm⁽laē sEk·lō- kwa bēbEgwānEmē sāsEms. Wä, lā⁽laē ᵋnEmōkwa ts!āts!adagE- ma. Wä, hē⁽lat!a la ma⁽lEnxē ts!ā⁽wŭnxas la łe⁽lē ᵋmāx̣ūyalidzē- x·dāxs lāa⁽l ᵋnēk·ē ᵋmāx̣wa, qa⁽s Lēlelēxēs g·ōkŭlōtaxa Kwākŭg·ułē, 90 qa g·āxēs p!ēkŭs lāx Mēmkumlisē. Wä, lā⁽laē lēlts!ōdxēs la ᵋnEᵋmēmotaxa Wīwōmasgemē, qa g·āxēs ᵋwī⁽laēLEla lāx g·ōkwasē Q!aāts!ē. Wä, g·ā̆x⁽Em⁽lāwisē ᵋwī⁽la hōgwīLa. Wä, g·īl⁽Em⁽lāwisē g·ā̆x ᵋwī⁽laēLExs lāa⁽l hēx·⁽ida⁽mē ᵋmāx̣wa Lā̱x⁽ūlīla qa⁽las yāq!Eg·a⁽łē. Wä, lā⁽laē ᵋnēk·a: "HēdEn Lē⁽lalīlōL, ᵋnEᵋmēmot Wīwōmasgem, 95 qa⁽s q!ālaōsaxg·a gwāłaasg·asg·īn nāqēk·, qaxg·īn ᵋnēk·îk·, qa⁽s lāx·da⁽xwaōs LēlElaxa Kwākŭg·uła qaEn," ᵋnēx·⁽laē. Wä, g·îl⁽Em- ⁽lāwisē q!wēl⁽īdExs lāa⁽l Lā̱x⁽ūlīla g·āyulē lāx ā⁽yîlkwäs. Wä, lā⁽laē ᵋnēx· qa⁽s hēx·⁽ida⁽mē la LElstEndxēs LēltsayuwatsᴸēLē x̣wā- k!ŭna. Wä, lā⁽laē ᵋnāx̱waEm ᵋnēk·ē ᵋnEᵋmēmotas, qa wāg·ōs AEm 500 hali⁽lāla. Wä, AEm⁽lāwisē hēx·⁽idaEm q!wāg·īlīla, qa⁽s lā⁽l hōqŭ- wElsa lāx g·ōkwasēs g·īgāma⁽yē, qa⁽s lā xwānal⁽īda. Wä, g·îl⁽Em⁽lā- wisē gwāx·gūlīłē g·îwūlkwasēxs lāa⁽l lEl⁽stEndxēs LēltsayowatsᴸēLē x̣wāk!ŭna, qa⁽s hōx⁽wałExsē. Wä, lax·da⁽xᵘ⁽Em⁽laē ālēx⁽wida. Wä, laEm⁽laē k·lēs lä ᵋmāx̣wa ʟE⁽wis gEnEmē MElēdē. Wä, lā⁽laē lāg·aēda 5 Lēłtsayo, qa⁽s Lēlalak·!Eg·a⁽lēxa Kwāg·ułē. Wä, hēx·⁽idaEm⁽lāwisē

the Kwāg·ul, and | all of the Kwāg·ul got ready. In the morn- 6
ing, when day came, | the invited Kwāg·ul started. | The canoe
of the messengers kept ahead of them. Then the | Kwāg·ul
arrived in front of the house of ᵋmāxwa (V 1), in the center‖
of the village of Mēmkumlis. Then ᵋmāxwa (V 1) himself | 10
spoke, and invited his guests to eat. When | he stopped speak-
ing the Kwāg·ul went ashore out of their canoes and | went into
the house of ᵋmāxwa (V 1) who gave them to eat. | After they
had eaten, ᵋmāxwa (V 1) wished to give away ‖ many cedar- 15
bark blankets and dressed skins for his potlatch. |
He was told to go on. Then he sent out his speakers | and
called the Kwāg·ul and the Mamalēleqăla. | Then those who were
sent went, and it was not long before they all | came in. When
they were all in the house, ‖ MElēd (V 8), the wife of ᵋmāxwa 20
(V 1) arose and spoke. She said: | "O chiefs of the Mamalēle-
qăla! I will tell you what I have | in my mind. Hereafter my
husband, | ᵋmāxwa (V 1), will take the place of my father. He
will take his seat, and | his name will be ᵋmāxŭyalidze (V 1).
Now, do not name him ᵋmāxwa (V 1), for ‖ he will never leave us 25
Mamalēleqăla, any more." Thus she said. | After she had spoken
all the chiefs of the Mamalēleqăla agreed | to what MElēd (V 8)

———

ᵋnāxwa xwānalᵋidēda Kwākŭg·ulē. Wä, g·īlᵋEmᵋlāwisē ᵋnāx·ᵋidxa. 6
gaālaxs g·āxaaᵋl ᵋwiᵋla ălēx̣ᵋwidēda Lēlalakwa Kwākŭg·ulē. Wä,
âEmᵋlaē g·alag·iwaᵋyē yāᵋyats!äsa Lēltsayowē. Wä, lāᵋlaē lāg·aēda
p!ēkwē Kwākŭg·ul lāx nEqEmālēsa g·ōkwas ᵋmāxwa lax nEqētsEma-
ᵋyasa g·ōkŭla lāx Mēmkumlisē, wä, xāmadzaqwaEmᵋlāwisē ᵋmāxwa 10
yāq!Eg·aᵋla, yīxs lāaᵋl Lēlᵋwŭltōdxēs Lēᵋlānemē. Wä, g·ilᵋEmᵋlāwisē
q!wēlᵋīdExs lāaᵋl hōxᵋwŭltāwēda Kwākŭg·ulē lāxēsy aēᵋyats!ē. Wä,
laEmᵋlāwisē haēLEla lāx g·ōkwas ᵋmāxwa, qaᵋs lāᵋl L!ExwA lāq.
Wä, g·īlᵋEmᵋlāwisē gwāl L!ExwaxS lūaᵋlaē ᵋmāxwa ᵋnēx· qaᵋs yāx-
ᵋwidēsa q!ēnEmē k·lōbawasa LEᵋwa ălāg·ᵋīmē lāxa p!ēkwē. 15
Wä, hēx·ᵋidaEmᵋlāwisē wăxasEᵋwa. Wä, lāᵋlaē ᵋyālaqasēs ăᵋyilkwē
qa läs ᵋwāᵋwiᵋlaēL!a Lēᵋlālaxa Kwākŭg·ulē LEᵋwa Mamalēleqăla.
Wä, hēx·ᵋidaEmᵋlāwisē läda ᵋyālagEmē. Wä, k·lēsᵋlat!a gălaxs
g·āxaaᵋl ᵋwiᵋlaēLa. Wä, g·īlᵋEmᵋlāwisē ᵋwiᵋlaēLExs lāaᵋlas Lăxᵋŭlîtē
MElēdē, yīx gEnEmas ᵋmāxwa, qaᵋs yāq!Eg·aᵋlē. Wä, lāᵋlaē ᵋnēk·a: 20
"ᵋya, g·īg·EgămēS Mamalēleqăl. HēdEn nēlEmx·daᵋxōleg·a gwāla-
asg·asg·īn nāqēk·, yīxs lEᵋmaēx· L!āyostōdLEn lāᵋwŭnEmēx yīxōx
ᵋmāxwăx lāxEn ōmpdäEn. Laᵋmōx lăl lāx k!waᵋyas. Wä, laᵋmēsōx
Lēgadel ᵋmāxŭyalidzē. Wä, laEms gwāl Lēqelas ᵋmāxwa lāqᵘ, qaxs
lEᵋmaēx k·lēsLE lăl băLEns Mamalēleqăl," ᵋnēx·ᵋlaē. Wä, g·īlᵋEm- 25
ᵋlāwisē q!wēlᵋīdExs, lāaᵋlas ᵋnEmälaᵋmEl ēx·ᵋak·ē g·īg·ᵋīgămaᵋyasa
Mamalēleqăläx wăldemas MElēdē. Wä, hēEmᵋlāwis la Lăxᵋŭlîlatsa

28 had said. Then | one of the chiefs of the Kwāg·uł arose and spoke. | He said, "O chiefs of the Mamalēleqāla! do not carry too
30 far ‖ what you are talking about in regard to our chief ʻmāx̣wa (V 1), for | you are not willing to let him come back to us. Let us | Kwāg·uł say to them that he shall let some of the children of our chief | ʻmāx̣wa (V 1) be treated by us as chiefs." Thus he said. Immediately | ʻmāx̣ūyalidzē (V 1) (for we no longer call him ʻmāx̣wa
35 [V 1]) ‖ spoke, and said, "What you say is good, chiefs of the | Kwāg·uł. Now ʻmāx̣waqōłEla (VI 2) and his younger brother | Mămx·â (VI 3) shall go. ʻmāx̣waqōłEla (VI 2) shall have the name G·āyosdäs (VI 2) of the | SēnLEm, and Mămx·â (VI 3) shall also change his name. His | name shall be Smoke-all-Around (VI 3). You
40 know the seats which I had when I was ‖ with you, SēnLEm. They shall go, because I shall truly stay | with the Mamalēleqāla." Thus he said. Now all the | SēnLEm were sorry on account of what he had said. Then he gave away dressed skins | and cedar-bark blankets to the invited Kwāg·uł. As soon as | he had finished his pot-
45 latch, the chief of the numaym Maămtag·ila, ‖ Lʼaqwadzē, arose and spoke. He said, "O | Mamalēleqāla!—and you, Kwāg·uł! how do you feel about the | white people who have come and built a house at Tsāxis? Let us go and see them!" Thus he said. | Immediately all agreed to what he said. | Then all the Kwāg·uł and Mamalēle-

---

28 g·ayōłē lāx g·īg·īgāmaʻyasa Kwākŭg·ulē, qaʻs yāq!Eg·aʻlē. Wä, lāʻlaē ʻnēk·a: "ʻya, g·īg·Egāmēs Mamalēleqāl; âʻma k·!ēs xEnLEla
30 sābEnd lāxōs wāłdEmaqōs qaʻnuʻx̣ᵘ g·īgāmaʻyōx ʻmāx̣wax, yixs lEʻmaaqōs yāx·stōtsōx g·āx ētʼEqa g·āxEnuʻx̣ᵘ. Wä, hēt!aLEns wāłdEmLē Kwākŭg·uł, qa g·āxnokwēsa sāsEmasEns g·īgāmaʻyē ʻmāx̣wa qEns g·āg·ēxsīlasEʻwa," ʻnēx·ʻlaē. Wä, hēx·ʻidaEmʻlāwisē ʻmāx̣ūyalidzē, qaxg·ins laʻmēk· gwāł LēqElas ʻmāx̣wa lāq; wä, lāʻlaē
35 yāq!Eg·aʻla. Wä, lāʻlaē ʻnēk·a: "Ėx·ʻmaēs wāłdEmōs g·īg·Egāmēs Kwāg·uł. Laʻmēsōx lāł lāLōx ʻmāx̣waqōłElax LEʻwōs tsʼaʻyāq!ōx Mămx·âx, qa lālag·īłtsōx ʻmāx̣waqōłElax LēgadElts G·āyosdäsē lāL SēnLEm. Wä, laEmxaawisō Lʼāyoxlālōx MEmx·âx. Wä, laEm-xaāwisō LēgadElts Kwax·sēʻstāla. Wä, las qʼālaEmxEn LÎLExwa-
40 ʻyaq!En lāL SēnLEm, qa hēʻmēltsōx lā qaEn laēnēʻmē âla xEk·!a lāxg·a Mamalēleqālak·," ʻnēx·ʻlaē. Wä, laEmʻlāwisē ʻnāx̣waʻma SēnLEmō māyatas wāłdEmas. Wä, laEmʻlāwisē yāx·ʻwītsa ălāg·ʻīmē LEʻwa k·ʻlōbaʻwasē lāxēs Lēlaʻlakwa Kwākŭg·ulē. Wä, g·īłʻEmʻlāwisē gwāł yāqwaxs lāaʻlasē Lāx̣ʻūlīlē g·īgāmaʻyasa ʻnEʻmēmāsa Maămta-
45 g·ila, ytx Lʼāqwadzē, qaʻs yāq!Eg·aʻlē. Wä, lāʻlaē ʻnēk·a: "ʻya, Mamalēleqāla Lōʻs Kwāg·uł. Wăłōs nēnâqaʻyaq!ōs qaēda gwEʻyâ māmałʻa g·āx g·ōkwīla lōx Tsāxisē, qEns lā dōqwaq?" ʻnēx·ʻlaē. Wä, hēx·ʻidaEmʻlāwisē ʻnāx̣wa ēx·ak·ʻEx wāłdEmas. Wä, hēx·ʻidaEmʻlāwis g·āx ʻwīʻlēda Kwāg·ulē LEʻwa Mamalēleqāla LEʻwa

qăla and ‖ Qǃōmoyā‘yē, and the ‘wālas Kwāg·uł, went to | Tsāxis. 50
Now they believed what was reported to them at | Qālogwis. The
Kwāg·uł and the | Mamalēleqăla went back at once to bring their houses
and all their property, | and they came to build houses at Fort Rupert. Now the Kwāg·uł really left ‖ their village sites at Qālogwis, 55
and the Qǃōmoyā‘yē their village site at Tsǃädē, and the | ‘wālas
Kwāg·uł their village site at Ādapǃē, | and they stayed at Fort Rupert; but the Mamalēleqăla did not stay long, | then they went back
to Mēmkumlis; and the Kwāg·uł | and Qǃōmoyā‘yē and ‘wālas
Kwāg·uł, and also the ‖ Qǃōmk·ǃutǃEs, kept together, and they built 60
houses at Fort Rupert; and when | the Kwāg·uł had built their
houses, G·āyosdäs (VI 2) was a young man. | He had taken the
place of his father (V 1), who was now chief of the Mamalēleqăla, |
that is, of ‘māx̣ŭyalidzē (V 1), who had been chief of the numaym
SēnLǃEm. | Now G·āyosdäs (VI 2) was chief of the SēnLǃEm. Now ‖
his numaym wished him to marry a princess of | some chief of the 65
Kwāg·uł, for they did not want him to marry outside; | and also his
younger brother, Smoke-All-Round (VI 3), for they disliked what
had been done by | their father, whose wife would not let him come
back again. As soon as | the houses which the four Kwāg·uł tribes
had built were finished, G·āyosdäs (VI 2) spoke ‖ to his brother 70
Smoke-All-Round (VI 3). He | said to him that he had seen a woman

Qǃōmoyā‘yē LE‘wa ‘wālasē Kwāg·uła. Wä, g·āx‘laē g·āx‘aLEla läx 50
Tsāxisē. Wä, laEm‘laē ōqǃūs‘īdEx wäłdEmasa tsǃEkǃāłeläs läx
Qālogwisē. Wä, hëx·‘idaEm‘lāwisē la aēdaaqēda Kwākŭg·ułē LE‘wa
Mamalēleqăla, qa‘s lä māwaxēs g·ōkwē LE‘wis ‘nāx̣wa gwēłgwāla,
qa‘s g·āxē g·ōx̣‘walīs läx Tsāxisē. Wä, laEm‘laē ălak·ǃāla bEwēda
Kwākŭg·ułasēs g·ōx̣ᵘdEmsē Qālogwisē Lō‘ Tsǃädē, yîx g·ōx̣ᵘdEmsasa 55
Qǃōmoyā‘yē, Lō‘ Ādapǃē, yîx g·ōx̣ᵘdEmsasa ‘wālasē Kwāg·uła. Wä,
hēEm xEk·ǃa läx Tsāxisē. Wä, lä k·ǃēs gäla‘laēda Mamalēleqăläxs
lāa‘l nä‘nax̣ᵘ läx Mēmkumlisē. Wä, laEm‘laē qǃapǃēx‘‘sāda Kwāg·ułē, LE‘wa Qǃōmoyā‘yē LE‘wa ‘wālasē Kwāg·uła; wä, hē‘misa
Qǃōmk·ǃutǃEsē, yîxs lāa‘l g·ōkwēla läx Tsāxisē. Wä, g·îl‘Em‘lāwisē 60
gwāłē g·ig·ōkwēla‘yasa Kwākŭg·ułaxs lūa‘l hēłak·lōx̣‘widē G·āyosdäsē, yîxs LE‘maē Lǃāyustōdxēs ōmpēxa la g·īgămēsa Mamalēle.
qăla, yîx ‘māx̣ŭyalidzē, yîxs g·īgămayaōłasa ‘nE‘mēma SēnLǃEmē.
Wä, hē‘mis la g·īgăma‘yē G·āyosdäsē yîsa SēnLǃEmē. Wä, laEm‘lās
wisē ‘nēk·ē ‘nE‘mēmotas, qa wāg·īs gEg·ada läx k·ǃēsk·ǃēdēla- 65
g·īg·Egăma‘yasa Kwākŭg·ułē, qaxs k·ǃēsaē la hēłqǃōlEm la gEg·adExtǃa LE‘wis tsǃa‘yē Kwax·sē‘stala, qaxs anāg·Emaē gwēx·‘idaasas ōmpda‘xwasēxs laē xEk·ǃaasōsēs gEnEmē. Wä, g·îl‘Em‘lāwisē
gwāł‘Emg·aElsēda g·īgōkwēla‘ya mōsgEmakwē Kwākŭg·uła, lāa‘lasē
yāqǃEg·a‘łē Gāyosdäsē läxēs ‘nEmwotē Kwax·sē‘stala. Wä, laEm 70
nēłaxs lE‘maē dōx‘waLElaxa ōk·ē läx nāqa‘yas tsǃEdāqa, yîx k·ǃēdēlas

that pleased him, the princess of | Ă‛wālask·īnis (V 9), K·!āmaxalas (VI 7), for he was the head chief of the numaym Haăyalik·awē‛, "that I may | obtain privileges on account of what was done by our father."
75 Thus he said. ‖ Then Smoke-All-Round (VI 3) also spoke. He | told him to go ahead and to call a meeting of their numaym the | Sēnʟ!ᴇm, to tell them of what he had in mind. | Immediately G·āyosdäs (VI 2) wished his younger brother Smoke-All-Round (VI 3) to | call his numaym the Sēnʟ!ᴇm, and Smoke-All-Round (VI 3) went at once
80 to ‖ invite them. It was not long before the numaym Sēnʟ!ᴇm came in. | Then G·āyosdäs (VI 2) spoke, and told them that | he wished to marry the princess of Ă‛wālask·īnis (V 9), K·!āmaxalas (VI 7), | the princess of the chief of the numaym Haăyalik·awē‛.
85 Thus he said. | The numaym agreed at once to his words, and ‖ he made the marriage payment at once. After they had been married, | chief Ă‛wālask·īnis (V 9) stood up and spoke. He | said, "Now, listen, son-in-law G·āyosdäs (VI 2)!—Come, | chiefs of the Sēnʟ!ᴇm, and lift your wife, and carry her to the | house of my son-in-law; for
90 she is sitting on her marriage mat, on these ‖ ten blankets. Your name will be Yāqostōd (VI 2), son-in-law; | and when you wish to give a winter dance, your dancer will be | Hayalik·tla, and his name will be Ts!aqămē‛." Thus he said; | and when he stopped speaking,

---

72 Ă‛wālask·īnisē, yīx K·!āmaxalasē, qaxs hē‛maē xāmagᴇmē g·īgăma‛yē Ă‛wālask·īnisasa ‛nᴇ‛mēmotasa Haăyalik·awa‛yē, "qᴇn wāg·ē k·!āk·!ēs‛oʟ!a lāq, qa gwēx·‛idaasasᴇns ōmpa g·āxᴇns," ‛nēx·‛laē.
75 Wä, hēx·‛idaᴇm‛lāwisē ōgwaqa yāq!ᴇg·a‛lē Kwax·sē‛stala. Wä, laᴇm‛lāwisē ăᴇm wäxaq qa wāg·is ăᴇm ʟēlts!ōdxēs ‛nᴇ‛mēmotaxa Sēnʟ!ᴇmē, qa‛s nēlēsēq yīs gwălaasasēs nāqa‛yē lāq. Wä, hēx·‛idaᴇm‛lāwisē G·āyosdäsē ‛nēx· qa hē‛misēs ts!a‛yē Kwax·sē‛stala la ʟē‛lālaxēs ‛nᴇ‛mēmotaxa Sēnʟ!ᴇmē. Wä, hēx·‛idaᴇm‛lāwisē Kwax·sē-
80 ‛stalala ʟē‛lāla. Wä, k·!ēs‛lat!a gälaxs g·āxaa‛l ‛wī‛laōʟēs ‛nᴇ‛mēmota Sēnʟ!ᴇmē. Wä, lā‛laē yāq!ᴇg·a‛lē G·āyosdäsē, qa‛s nēlēxs lᴇ‛maē ‛nēx· qa‛s gᴇg·adēs k·!ēdēlas Ă‛wālask·īnisē, lāx K·!āmaxalasē lāx g·īgāma‛yasa ‛nᴇ‛mēmaxa Haăyalik·awa‛yē, ‛nēx·‛laē. Wä, hēx·‛idaᴇm‛lāwisē ‛nāxwa ēx·ak·ē ‛nᴇ‛mēmotasēx wāldᴇmas. Wä, hēx·‛i-
85 daᴇm‛lāwisē qādzēl‛īdᴇq. Wä, g·īl‛ᴇm‛lāwisē gwāla qādzēʟaxs lāa‛l ʟāx‛ūlīlēda g·īgāma‛yē Ă‛wālask·īnisē, qa‛s yāq!ᴇg·a‛lē. Wä, lā‛laē ‛nēk·a: "Wēg·a hōʟēlał g·āxᴇn, nᴇgŭmp, G·āyosdäs. Gēlag·a g·īg·ᴇgămēs Sēnʟ!ᴇm dāg·īlīlaxg·as gᴇnᴇmg·ōs qa lālag·isᴇk· lāxēs g·ōkwaōs, nᴇgŭmp, qaxs la‛mēg·as k!wadzălīlg·as lē‛waxsēx·xg·a
90 lastōkᵘ p!ᴇlxᴇlasgᴇma. Wä, hē‛mēts ʟēgᴇmʟōsē Yāqostōdē, nᴇgŭmp. Wä, g·īl‛ᴇmłwīts ‛nēx·ʟᴇ qa‛s ts!ēts!eqaōs lāʟē Hayalik·ī-lalēs sēnatʟaōs; wä, hē‛nis ʟēgᴇmłtsē Ts!āqāma‛yē," ‛nēx·‛laē. Wä, g·īl‛ᴇm‛lāwisē q!wēl‛īdᴇxs lāa‛l ‛nāxwa q!wāg·īlīlēda ‛nᴇ‛mēma, yīxa

the numaym | SēnL!Em arose and went into a room in which
Kˑ!āmaxalas (VI 7), ‖ the princess of Chief Ā‘wālaskˑīnis (V 9), was 95
seated; and when | they had gone into the room, Kˑ!āmaxalas
(VI 7) arose and told them where | the pile of ten blankets, her
marriage mat, was. Then | these were taken by some of the numaym of the SēnL!Em. They | came out of the room, and among
them walked Kˑ!āmaxalas (VI 7), and they ‖ went back to the house 600
of Gˑāyosdäs (VI 2). Immediately | Gˑāyosdäs (VI 2) sent his
speakers to call the Maămtagˑila | and the numaym GˑexsEm and
the Kŭkwāk!um and also the | Laălaxˑs‘Endayo,—the four numayms. Immediately | they went and stood outside of the house of
Gˑāyosdäs (VI 2). ‖ Then they invited, and this is what they said 5
when | they were inviting: "Now, Maămtagˑila, GˑēxsEm, | Kŭkwāk!um, Laălaxˑs‘Endayo, you will see the dance of Yäyaqōl!alas
(VI 3), the daughter[1] of | Yāqostōd (VI 2),"—for his name was no
longer Gˑāyosdäs,—and hereafter | his name was Yāqostōd (VI 2),
which he obtained in marriage. ‖
I have forgotten the name given in marriage by Ā‘wālaskˑīnis (V 9) 10
to be | the name of Smoke-All-Round (VI 3). It is Yäyaqōl!alas
(VI 3), for the potlatch was given by Yāqostōd (VI 2) for his |
younger brother Smoke-All-Round (VI 3). Now his name was no longer
Smoke-All-Round (VI 3), | and I shall name him Yäyaqōl!alas (VI 3). |

SēnL!Emē, qa‘s lä‘l hōxᵘts!ălīl läx k!waēlasas Kˑ!āmaxalasē,
yĭx kˑ!ēdelasa gˑīgăma‘yē | Ā‘wālaskˑīnisē. Wä, gˑīl‘Em‘lāwisē 95
‘wī‘lts!ălīlExs lāa‘l Lax‘ŭlīlē Kˑ!āmaxalasē, qa‘s nēlēs kˑlēgōlasasa lastowē p!ElxElasgEmaxēs lē‘waxsēLē. Wä, gˑīl‘Em‘lāwisē
äx‘alēlEmsa gˑāyulō läxa ‘nE‘mēmotasa SēnL!Emaxs gˑāxaa‘l hōx-
‘wŭlts!ălīla. Wä, laEm‘laē qäga‘yē Kˑ!āmaxalasaqēxs läxˑda‘xwaē
nä‘nakwēda qadzēLaxˑdē läx gˑōkwas Gˑāyosdäsē. Wä, hēxˑ‘idaEm- 600
‘lāwisē Gˑāyōsdäsē ‘yälaqasa ä‘yīlkwē, qa läs Lē‘lälaxa Maămtagˑila
LE‘wa ‘nE‘mēmotē GˑēxsEma LE‘wa Kŭkwāk!ŭm; wä, hē‘misa Laălaxˑs‘Endayowēxa mōsgEmak!ŭsē ‘nāl‘nE‘mēmasa. Wä, hēxˑ‘idaEm-
‘lāwisē läxˑda‘xwa qa‘s Lax‘ŭlsē läx L!āsanā‘yas gˑōkwas Gˑāyosdäsē. Wä, lä‘laē Lē‘lElak!ăla. Wä, gˑa‘mēs wăldEmsēgˑaxs lāa‘l 5
Lēłdzaqwa: "LaEms xˑītsˑ!axˑ‘īlaLai' Maămtagˑilai', GˑēxsEmai',
Kŭkwak!ŭmai', Laălaxˑs‘Endayowai' läx Yäyaqōl!alasai' xŭnōkwas
Yāqostōdai'," qaxs lE‘maē gwāł LēgadEs Gˑāyosdäsē, yīxs lE‘maē
LēgadEłts LēgEmgˑElxLa‘yasē Yāqostōdē.
Wä, hē‘mEn L!Elēwēsē‘wō LēgEmgˑElxLa‘yas Ā‘wālaskˑīnisē qa 10
Lēgems Kwaxˑsē‘stalē Yäyaqōl!alasē, qaxs hē‘maē sēnats Yāqostōdēs
tsla‘yē Kwaxˑsē‘stala. Wä, laEm‘laē gwāł Kwaxˑsē‘stalaxˑLa. La-
‘mēsEn LēqElaLEs Yäyaqōl!alasē lāq.

---

[1] In reality, the younger brother.

15   Then the four numayms came in, ‖ and Yāqostōd (VI 2) spoke, and told | his numaym what he thought, that he would take the | seat of his father, ‘māx̣ūyalidze (V 1), of his numaym SēnL!Em, which | was the head seat, and he wanted his younger brother |
20 YāyaqōL!alas (VI 3) to stand next to him. Thus he said, and ‖ the numaym agreed to what he said. When he finished speaking, | Yāqostōd (VI 2) gave away the ten blankets to the Chiefs of the | four numayms, and he gave the cedar-bark blankets to the | common people. When everything had been given away, they went out. | Yāqostōd (VI 2) and his wife K·!āmaxalas (VI 7) had not been
25 married long ‖ when she was with child, and she gave birth to a daughter; | and Ā‘wālask·īnis (V 9) at once gave a marriage present of ten | blankets to his son-in-law Yāqostōd (VI 2), and he gave him as marriage gift the | name for the new-born princess of K·!āmaxalas (VI 7). | He gave away the name Lē‘lēnoxᵘ (VII 1) for the name
30 of the ‖ child of Yāqostōd (VI 2); and when he had finished his speech he | gave away ten blankets to the chiefs of the four | numayms. After he had given the blankets, the four tribes went out. | When the child of Yāqostōd (VI 2) was ten months old, | Yāqostōd
35 (VI 2) wished to have two ‖ wives, but he did not tell | his wife K·!āmaxalas (VI 7) what he was thinking about. He did as every-

Wä, hëx·‘idaEm‘lāwisē g·āx ‘wī‘la hōgwīlēda mōsgEmak!ūsē ‘nāl-
15 ‘nE‘mēmasa. Wä, lā‘laē yāq!Eg·a‘lē Yāqostōdē. Wä, laEm‘laē nēlaxēs ‘nE‘mēmotas gwālaasasēs nāqa‘yē, yīxs hē‘mēlē Ḷāx̣walaLē Ḷāx̣wa‘yasēs ōmpaē ‘māx̣ūyalidzē lāxēs ‘nE‘mēmotaxa SēnL!EmE, yīxs Ḷāx̣uma‘yaē. Wä, lā‘laē ‘nēx· qa Ḷāwap!a‘yēsēs ts!a‘yē YāyaqōL!alasē laqēxs häē, ‘nēx·‘laē. Wä, âEm‘laxaāwisē ‘nEmāg·a ëx·ak·ē ‘nE-
20 ‘mēmotasēx wāldEmas. Wä, g·īl‘Em‘lāwisē ‘wī‘la gwāłē wāłdEmasēxs lāa‘l yāx‘widē Yāqostōdäsa lastowē p!ElxElasgEm lāx g·ig·Egāma‘yasa mōsgEmakwē ‘nāl‘nE‘mēmasa. Wä, lā‘laē yāx‘wītsa k·!ōbawasē lāxa bēbEkwaxa. Wä, g·īl‘Em‘lāwisē ‘wīlxtōxs lāa‘l ‘wī‘la hōqūwElsa. Wä, k·!ēs‘lat!a gäla hayasEk·ālē Yāqostōdē ḻE‘wis gEnEmē K·!ā-
25 maxalasaxs lāa‘l bEwēx‘wida. Wä, lā‘laē māyuḻ‘ītsa ts!āts!adagEmē. Wä, lā‘laē hëx·‘ida‘mē Ā‘wālask·īnisē la wāwalqālasa lastowē p!ElxElasgEmē lāxēs nEgūmpē Yāqostōdē. Wä, lā‘laē ḻēgEmg·ElxḶālaxa ḻēgEmē qa ḻēgEmsa ts!āts!adagEmē māyoḻEmsēs k·!ēdēlē K·!āmaxalasē. Wä, laEm‘laē ḻēgEmg·ElxḶālax Lē‘lēnoxwē qa ḻēgEmsa xūnō-
30 kwas Yāqostōdē. Wä, g·īl‘Em‘lāwisē gwāł‘laē wāłdEmasēxs lāa‘l yax‘wīd‘lasa lastowē p!ElxElasgEm lāx g·ig·Egāma‘yasa mōsgEmakwē ‘nāl‘nE‘mēmasa. Wä, g·īl‘Em‘lāwisē gwāł yāqwaxs lāa‘l hōqūwElsa ‘wī‘lēda mōsgEmakwē. Wä, g·īl‘Em‘lāwisē la hēlogwila‘laē xūnōkwas Yāqostōdē lāa‘lasē sEnx·‘īdē Yāqostōdē, qa‘s wäg·ē ma‘łiła
35 lāxēs gEgEnEmē. Wä, k·!ēts!Em‘lāwisē nēlasēs sEnyastoliłtsE‘wa lāxēs gEnEmē K·!āmaxalasē. Wä, laEm‘laē läx gwēx·sdEmas q!ēnE-

body does who is doubtful. | He was down-hearted. Then his wife 37
K·!āmaxalas (VI 7) asked him | why he was down-hearted, and he
told her. | He said, "I am troubled; I wish to have two || wives; 40
and you shall be the chief wife, and the other one shall be second
wife, | and it troubles me to think that you may | not let me have
two wives." Then | his wife K·!āmaxalas (VI 7) replied (and said),
"Would it not make me | feel badly if you should take a common
wife? What would || please me would be if you should marry the 45
princess of YāqoLElasEmēᵋ (V 10), | Ālak·ilayugwa (VI 8), because
the numaym | Yaēx·agEmēᵋ has many privileges. Go ahead!" she
said. Then | Yāqostōd (VI 2) was happy; and he sent out his |
younger brother YāyaqōL!alas (VI 3) to call his numaym the
SēnL!Em. ||
He called them immediately, and it was not long before 50
they | all came in. Then he told them that he wanted to
have two wives, | for he said that he was going to marry
Ālak·ilayugwa (VI 8), the princess of YāqoLElasEmēᵋ (V 10). | Thus
he said; and immediately his whole numaym | the SēnL!Em said,
"Indeed, you are a chief! Go on!" Thus he was told. || Then he 55
married her; and after they were married, | the chief YāqoLElasEmēᵋ
(V 10) arose, and called | his princess Ālak·ilayugwa (VI 8) out of
her room with her woman slaves. She | went to her father with her

---

mas nâqaᶜyaxs x̣ŭlsaē. Wä, hēEmᶜlāwis la wūʟās̓ᶜlas gEnEmasē 37
K·!āmaxalasaq läx x̣ŭlyīmas. Wä, hēEmᶜlāwis la nēlas̓ᶜlasēq. Wä,
lāᶜlaē ᶜnēk·Exs hāaᶜl q!eyōs nâqaᶜyasēxs nēnk·!ēqElaē qaᶜs maᶜlilēxēs
gEnEmē, "qaᶜs sōᶜmaōs gEk·imalīla. Wä, lāʟalē gEnEmq!ālaEmLa 40
ālēLaEn gEnEmL," ᶜnēxᶜlaē. "Wä, hēᶜmēsEn g·īg·aēgaᶜyē qasō
k·!ēslax hēlq!alālaxEn maᶜliᶜlEmnokwōs," ᶜnēxᶜlaē. Wä, hēx·ᶜidaEm-
ᶜlāwisē nānaxᶜmaᶜyē gEnEmasē K·!āmaxalasē: "Wä, ēsaēl lēx·aEm
ts!Ex·ilalax läxEn nâqaᶜyē, qasō gEg·adEx·salaxō, yīxs lēx·aᶜmaē hēlᶜa-
LElalax läxEn nâqaᶜyē, qasō gEg·adEx·ᶜidlaxsōx k·!ēdēlaxs YāqoLE- 45
lasEmaᶜyē läxōx Ālak·ilayugwax, qaxs k·!ēk·!Es̓ᶜōts!áᶜxᵘda ᶜnEᶜmē-
motasxa Yaēx·agEmaᶜyē. Wēg·aq,'' ᶜnēxᶜlaē. Wä, hēx·ᶜidaEmᶜlā-
wisē ēx·ᶜidē nâqaᶜyas Yāqostōdē. Wä, laEmᶜlaē ēt!ēdē ᶜyālaqasēs
ts!āᶜya, yīx YāyaqōL!alasē, qa läs Lēᶜlālaxēs ᶜnEᶜmēmotaxa SēnL!Emē.
Wä, hēx·ᶜidaEmᶜlāwisē la Lēᶜlāla. Wä, k·!ēs̓ᶜlat!a gālaxs g·āxaaᶜl 50-
ᶜwīᶜlaēLa. Wä, hēx·ᶜidaEmᶜlāwisē nēlasēs maᶜlēnēLaxēs gEgEnEmē,
yīxs ᶜnēk·aē qaᶜs gEg·adēs Ālak·ilayugwa, yīx k·!ēdēlas YāqoLElase-
maᶜyē, ᶜnēxᶜlaē. Wä, hēx·ᶜidaEmᶜlāwisē ᶜnēk·ēda ᶜnāx̣wa ᶜnEᶜmē-
motsēxa SēnL!Emē: "QäLas g·īgămaᶜyaēx, wēg·a âEmx," ᶜnēxᶜsōᶜlaē.
Wä, lāᶜlaē hēx·ᶜidaEm la qādzēLaq. Wä, g·ilᶜEmᶜlāwisē gwāla qādzē- 55
Laxs lāaᶜl ʟāx̣ᶜūlīlēda g·īgămaᶜyē YāqoLElasEmaᶜyē, qaᶜs Lēlᶜwŭlt!ali
lēxēs k·!ēdēlē Ālak·ilayugwa LEᶜwis q!āk·owē ts!Edāqa. Wä, g·āx-
daᶜxᵘᶜlaē ᶜwāx·sanōdzElīlē Ālak·ilayugwāxēs ōmpē LEᶜwis q!āk·owē.

slaves walking on each side. | Then they put down twenty-five
60 blankets in front of them; || and then YāqoLElasEmēᵉ (V 10) spoke,
and | said, "Let your numaym come, son-in-law, to take your wife, |
and let your wife go with her slaves to | work under your wife; and
this is her marriage mat, these twenty-five | blankets." Thus he
65 said. "O son-in-law! the name of my || grandfather (IV 6) will go
to you, and your name shall be Kwax·ĭlanōkumēᵉ (VI 2), and | the
name of your dancer will be Aōmoł. That is the name of my mother
(IV 6); and when | you wish to give a winter dance, your dancer will
be a cannibal-dancer, and | his name will be ÄmyaxElasōᵉ, and (your
dancer will be a) war-dancer, and | her name will be Ämyaxēd."
70 Thus he said. As soon as he stopped speaking, || the numaym
SēnL!Em arose, took | twenty-five blankets and went out of the
house; and Ālak·ilayugwa (VI 8) | was walking among them with
her slaves. |
I forgot the other marriage gift for the name of | Lēᶜlēnoxᵘ (VII 1).
Her name was to be ᶜmaxŭlayugwa. ||
75 Now they walked together, and they took her to the house of
Yāqostōd (VI 2) | his wife and her slaves. Immediately Yāqostōd
(VI 2) | sent out his speakers to stand up outside of his house and |
to invite the four numayms—the Maămtag·ila, | G·ēxsEm, Kŭkwā-
80 k!um, and the Laăłax·sEndayo,—on account of his || daughter ᶜma-

———————————————————————————————————

Wä, g·āxᶜlaē k·!axalēlEma sak·!agâla p!ElxElasgEma läx L!āsalĭłas.
60 Wä, hēEmᶜlāwis la yāq!Eg·aᶜlats YāqoLElasEmaᶜyē. Wä, lāᶜlaē
ᶜnēk·a: "Wä, gēlag·ax·ōs ᶜnēᶜmēmotaqōs, nEgŭmp, äxᶜēdg·as gEnEm-
g·ōs, qa lälag·īsek· läxēs g·ōkwaōs. LaEmłg·a q!āk·ogwas, qa hēlo-
bałts!anēsōs gEnEmq!ōs. Wä, g·aᶜmēs lēᶜwaxsēg·ēg·ada sEk·!agâlak·
p!ElxElasgEma," ᶜnēx·ᶜlaē, "Wä, nEgŭmp, laEmᶜlaLa LēgEmasEn
65 gagEmpē lōL. Wä, laEms LēgadElts Kwax·ĭlanōkumaᶜyē. Wä, lāLē
LēgadLēs sēnatLaōsas Aōmołē, yĭx LēgEmasEn ăbEmpē. Wä, qasō
ᶜnēx·lax qaᶜs ts!ēts!ēqaōs, wä, lāLē hāmats!aLēs sēnatLaōs. Wä,
hēᶜmis LēgEmltsē ÄmyaxElasEᶜwē. Wä, hēᶜmisa tōxᶜwidē. Wä, lāLē
LēgadElts Ämyaxēdē," ᶜnēx·ᶜlaē. Wä, g·ĭłᶜEmᶜlāwisē q!wēłᶜīdExs
70 lāaᶜl ᶜwīᶜla q!wāg·ĭlīlē ᶜnEᶜmēmotasa SēL!Ema qaᶜs lä äxᶜēdxa sE-
k·!āgâla p!ElxElasgEma qaᶜs g·āxē hōqŭwElsa qāqElax Ālak·ilayugwa
LEᶜwīs q!āk·owē.
HēxōLEn L!Elēwēsēᶜwēda ᶜnEmsgEmē LēgEmg·ElxLaᶜya qa LēgEms
Lēᶜlēnoxwē. Wä, laEmᶜlaē LēgadElts ᶜmaxŭlayugwa.
75 Wä, lāᶜlaē q!ap!emâlaxs lāaᶜl taōdaēLas läx g·ōkwas Yāqostōdē,
yĭx gEnEmas LEᶜwa q!āk·owē. Wä, hēx·ᶜidaEmᶜlāwisē Yāqostōdē
ᶜyālaqasēs äᶜyīlkwē, qa läs Laxᶜŭls läx L!äsanâᶜyasa g·ōkwē qaᶜs
Lēᶜlalēxa mōsgEmak!ŭsē ᶜnäłᶜnEᶜmēmasa, yĭxa Maămtag·ila LEᶜwa
G·ēxsEmō LEᶜwa Kŭkwāk!ŭmē LEᶜwa Laăłax·sᶜEndayowē quēs
80 xŭnōkwē ᶜmaxŭlayugwa. Wä, hēx·ᶜidaEmᶜlāwisē läx·daᶜxᵘ hōqŭwEl-

xŭlayugwa. Immediately the four speakers went out, | and they 81
stood outside of the house of the | chief Kwax·ilanōkumēᵋ (VI 2);
for now he was no longer named | Yāqostōd (VI 2); and one of
the speakers invited them in. | He said, "Now, Maămtag·ila, G·ēxsᴇm, ‖
Kŭkwāk!um, and Laălax·sᵋᴇndayo, come to see the dance of 85
ᵋmāxŭlayugwa (VII 1) the child of | Kwax·ilanōkumēᵋ (VI 2)," for he
was no longer named Yāqostōd (VI 2). | And after the messenger
had called, another one of the speakers said, | "Be quick!" and when
he stopped speaking, | they came into the house of Chief Kwax·ila-
nōkumēᵋ (VI 2) ‖ and cleared it out. After they had cleared it out 90
the | four numayms came in. When they were all | in, Kwax·ilanō-
kumēᵋ (VI 2) arose, and told where | the twenty-five blankets came
from, that they came from | YāqoLᴇlasᴇmēᵋ (V 10). Thus he said;
and he told them about his princess Lālēli·ᵋlakᵘ¹ (VII 1), ‖ that she 95
had changed her name, and that her name was ᵋmāxŭlayugwa
(VII 1). | Then he stopped speaking, and he gave away the
twenty-five | blankets, and the guests went out. It was not
long before | the second wife of Kwax·ilanōkumēᵋ (VI 2) |
Ălak·ilayugwa (VI 8), gave birth to a girl; and immedi-
ately ‖ YāqoLᴇlasᴇmēᵋ (V 10) invited his numaym the Yaē- 700
x·agᴇmēᵋ to | come into his house. When they were all in,
the | chief YāqoLᴇlasᴇmēᵋ (V 10) arose and spoke. | He told his

sēda mōkwē ăᵋyīlkwa, qaᵋs lāᵋl q!wăg·aᴇls lāx ʟ!āsanāᵋyas g·ōkwasēs 81
g·īgăma‘yē Kwax·ilanōkumaᵋyē, qaxs lᴇᵋmaē gwăl ʟᴇgadᴇs Yāqo-
stōdē. Wă, lāᵋlaē Lēlᴇlak·!ālaxa ᵋnᴇmōkwē lāxa ăᵋyīlkwē. Wă,
lāᵋlaē ᵋnēk·a: "Laᴇms x·īts!ax·ilaLai', Maămtag·ilai', G·ēxsᴇmai',
Kŭkwāk!umai', Laălax·sᵋᴇndayowai' lāx ᵋmāxŭlayugwai' xŭnōkwas 85
Kwax·ilanōkumayē," qaxs lᴇᵋmaē gwăl ʟᴇgadᴇs Yāqostōdē. Wă,
g·īlᵋᴇmᵋlāwisē q!wēlᵋēdēda Lēlᴇlg·īsē, lāaᵋlasē ᵋnēk·ēda ᵋnᴇmōkwē
ᴇlkwa: "HālaxsLᴇsai'," ᵋnēx·ᵋlaē. Wă, g·īlᵋᴇmᵋlāwisē q!wēlᵋīdᴇxs
g·āxaaᵋl hōgwīLa lāx g·ōkwasēs g·īgăma‘yē Kwax·ilanōkumaᵋyē,
qaᵋs ēxᵋwidēq. Wă, g·īlᵋᴇmᵋlāwisē gwăl ēkwaqēxs g·āxaaᵋlasē hō- 90
gwiLēda mōsgᴇmak!ūsē ᵋnālᵋnᴇᵋmēmasa. Wă, g·īlᵋᴇmᵋlāwisē ᵋwī-
ᵋlaēLᴇxs laē Lăxᵋŭlile Kwax·ilanōkumaᵋya, qaᵋs nēlēs g·āyaᵋnakŭla-
sasa p!ᴇlxᴇlasgᴇmaxs sᴇk·!agălaē, yīxs hāē g·āyaᵋnakŭlaē, lax
YāqoLᴇlasᴇmaᵋyē, ᵋnēx·ᵋlaē. Wă, lāᵋlaē nēlaxaasēs k·!ēdēlē L!ālēli-
ᵋlakwaxs¹ lᴇᵋmaē L!āyoxLä yīxs lᴇᵋmaē ʟᴇgadᴇs ᵋmāxŭlayugwa. 95
Wă, g·īlᵋᴇmᵋlāwisē q!wēlᵋēdᴇxs lāaᵋl yāxᵋwida, yīsa sēk·!agăla
p!ᴇlxᴇlasgᴇmxs lāaᵋl hōqŭwᴇlsēda Lēlēᵋlakwē. Wă, k·!ēsᵋlat!a
gălaxs lāaᵋl māyulᵋīdē aᵋlīlē gᴇnᴇms Kwax·ilanōkumaᵋyē, yīx
Ălak·ilayugwa yīsa ts!ēts!adagᴇmē. Wă, hēx·ᵋidaᴇmᵋlāwisē Yā-
qoLᴇlasᴇmaᵋyē la Lēᵋlālaxēs ᵋnᴇᵋmēmotaxa Yaēx·agᴇmaᵋyē qa lās 700
ᵋwīᵋlaēLᴇla lāx g·ōkwas. Wă, g·īlᵋᴇmᵋlāwisē ᵋwīᵋlaēLᴇxs lāaᵋlaēda
g·īgăma‘yē YāqoLᴇlasᴇmaᵋyē Lăxᵋŭlīla, qaᵋs yāq!ᴇg·aᵋlē: "Wă,

¹Named Lēᵋlānoxᵘ on p. 980, line 29.

numaym the Yaex·agEmē⁽ that he would give as a marriage gift |
5 thirty-five blankets to his son-in-law ‖ Kwax·ilanōkumē⁽ (VI 2), and
also the house and his other seat; that is, | the seat of his deceased
younger brother, L!āL!ElânEm (V 11); "and also a name for | my
granddaughter who was born by my princess Ālak·ilayugwa (VI 8). |
Her name shall be the name of my dead sister ⁽nEmnasâlayugwa
(V 12). | Now, her name will be ⁽nEmnasâlayugwa (VII 2). Now, ‖
10 my numaym Yaex·agEmē⁽, let us see the child borne | by Ālak·ila-
yugwa." Thus he said, and they put the | thirty-five blankets on
the shoulders of young men, and | they went out of the house, and
they went into the house | of his son-in-law Kwax·ilanōkumē⁽ (VI 2).
15 They sat down inside of the ‖ door of the house, and Chief | YāqoLE-
lasEmē⁽ (V 10) arose and spoke. He said, "Sit up, | son-in-law, and
listen to me, what brought here me and my numaym, the | Yaex·a-
gEmē⁽. We came to see our granddaughter. Now | I give you as a
20 marriage gift these thirty-five ‖ blankets to wipe off the blood of my
granddaughter; | and this name of my deceased sister (V 12) ⁽nEm-
nasâlayugwa shall be hers. | Her name shall be ⁽nEmnasâlayugwa
(VII 2). Now, son-in-law, you will be the owner | of my house, and
you shall own the seat | of my deceased younger brother L!āL!Elâ-
nEm (V 11). There are three seats ahead of him below the eagle;" ‖

---

3 laEm⁽laē nēlaxēs ⁽nE⁽mēmotaxa Yaēx·agEma⁽yaxs wāwalqālīLasa
mamōx̣ᵘsokŭlâsa sEk·!a p!ElxElasgEm lāxēs nEgŭmpē Kwax·ila-
5 nōkuma⁽yē: wä, hē⁽misēs g·ōkwē LE⁽wis Lāxwa⁽yē ⁽nEma, yt⁽lax
Lāxwa⁽yasēs ts!a⁽yōlaē L!āL!ElânEmē. "Wä, hē⁽misa LēgEmē qa
LēgEmsEn ts!ōx̣ᵘLEmagasa yīx māyoLEmasEn k·lēdēlaē Ālak·ilayu-
gwa. Wä, la⁽mēsē LēgadElts LēgEmasEn wŭq!wōlaē ⁽nEmnasâlayu-
gōla. Wä, la⁽mēsē LēgadElts ⁽nEmnasâlayugwa," ⁽nēx·⁽laē. "Wä,
10 wēg·ax·ins ⁽nE⁽mēmot Yaēx·agEmē⁽, qEns lā dōx⁽wīdEx māyoLE-
mas Ālak·ilayugwä," ⁽nēx·⁽laēxs laē k·!Exsayap!Endālasa sEk·lās
mamox̣ᵘsōkŭlayo p!ElxElasgEma lāxa hä⁽yāl⁽a. Wä, g·il⁽Em⁽lāwisē
⁽wī⁽laxs g·āxaē hōqŭwEls lāx g·ōkwas, qa⁽s lä hōgwīL lāx g·ōkwa-
sēs nEgŭmpē Kwáx·ilanōkuma⁽yē, qa⁽s lä k!ŭs⁽âlil lāx āwīLElāsa
15 t!Ex·⁽lāsa g·ōkwē.¹ Wä, xāmax·⁽ida⁽mēsa g·īgāma⁽yē YāqoLElasE-
ma⁽yē Lāx⁽ŭlil, qa⁽s yāq!Eg·a⁽lē. Wä, lä ⁽nēk·a: "Kwāgemlīlla nE-
gŭmp, qa⁽s hōLElaōsag·īn g·āxēnēk· Lō⁽gŭn ⁽nE⁽mēmotEk·, yīxg·a
Yaēx·agEmēk·. G·āxEnu⁽x̣ᵘ dōqwaxEnu⁽x̣ᵘ ts!ōx̣ᵘLEmagasax. La-
⁽mēsEn wāwalqālasg·ada sEk·!ag·as mamox̣ᵘsōkŭlayu p!ElxE-
20 lasgEma, qa⁽s dēg·idanōsaxōx Elx⁽ŭna⁽yaxsEn ts!ōx̣ᵘLEmagasax.
Wä, g·a⁽mēsē g·ada LēgEmg·asEn wŭq!wōlaē ⁽nEmnasâlayugōla.
La⁽mēsō LēgadElts ⁽nEmnasâlayugwa. Wä, la⁽mēts lāLōL nEgŭmp
g·ōgwadEltsEn g·ōx̣ᵘdē. Wä, la⁽mēts lāl Laxwē⁽nox̣ᵘLES Lāxwa-
⁽yasEn tsa⁽yōlaē L!āL!ElânEmōla, yīxs yāyŭdukwalg·iwalaē lāxa

---

¹ From here on the history is personally known to the narrator; hence the quotative—⁽la—is omitted.

thus he said, for now YäqoLElasEmē‘ (V 10) tried to rival | Ā‘wā- 25
lask·inīs (V 9). Therefore he did so, for | YäqoLElasEmē‘ (V 10)
knew what Kwax·ilanōkumē‘ (VI 2) had said to his wife | K·!āmaxa-
las (VI 7) when he first wished to marry Ālak·ilayugwa (VI 8) and
when she was | told that K·!āmaxalas (VI 7) would be the head
wife, and that || Ālak·ilayugwa (VI 8) would be the second wife, at 30
the time when Kwax·ilanōkumē‘ (VI 2) spoke to | K·!āmaxalas
(VI 7), therefore YäqoLElasEmē‘ (V 10) had resolved that his |
princess Ālak·ilayugwa (VI 8) should be head wife. Therefore he
did this. | Then Kwax·ilanōkumē‘ (VI 2) thanked YäqoLElasEmē‘
(V 10) for what he had said, and then | Kwax·ilanōkumē‘ (VI 2)
invited his father-in-law to go to the rear || of the house; and now 35
Kwax·ilanōkumē‘ (VI 2) wished | YäqoLElasEmē‘ (V 10) to speak
for him when he was going to give away property | to the numaym
Yaēx·agEmē‘ of YäqoLElasEmē‘ (V 10)[1]. Then he | promised to
give away thirty-five blankets to the GwētEla, ‘wālas | Kwāg·ul,
Q!ōmk·!ut!Es, on behalf of ‘nEmnasâlayugwa (VII 2), the child of ||
YäqoLElas (VI 2) for now Kwax·ilanōkumē‘ (VI 2) | received a 40
name from his new numaym the Yāēx·agEmē‘. Now he had | two
seats, for he still stayed on the side of the numaym, SĒnL!Em, | and
he also had a seat with the numaym Yaēx·agEmē‘ of the Q!ōmo-
yā‘yē. As soon as he stopped speaking, the speakers of YäqoLEla-

kwēkwē," ‘nēx·‘laē, qaxs lE‘maē dōqwalap!ē YäqoLElasEma‘yē Lō‘ 25
Ā‘wālask·inisē. Hē‘mis lāg·ilas hē gwēx·‘idē, qaxs q!ālamaē Yäqo-
LElasEma‘yax wāldEmas Kwax·ilanōkuma‘yaxēs genEmē K·!āma-
xalasē, yīxs g·ālaē ‘nēx· qa‘s gEg·adēs Ālak·ilayugwa, yīxs laē
‘nēk·a: "Sōem gEk·amalīLEs K·!āmaxalas. Wä, lāLē genEmq!ala-
EmLē Ālak·ilayugwa," yīxs laē ‘nēk·ē Kwax·ilanōkuma‘yax K·!ā- 30
maxalasē. Wä, hē‘mis lāg·ilas āla ts!āsalē YäqoLElasEma‘yē, qa
hēs gEk·amalīlēs k·!ēdēlē Ālak·ilayugwa, lāg·ilas hē gwēx·‘idē. Wä,
lä mō‘lē Kwax·ilanōkuma‘yas wāldEmas YäqoLElasEma‘yaq. Wä,
la Kwax·ilanōkuma‘yē Lē‘lālaxēs nEgümpē, qa lās lāxa ōgwīwali,
lasēs g·ōkwē. Wä, la‘mē ‘nēk·ē Kwax·ilanōkuma‘yē qa‘s helâxsta- 35
lēx YäqoLElasEma‘yē, qaxs lE‘maē g·ayoqâLē Kwax·ilanōkuma‘yē
lāxa ‘nE‘mēmotas YäqoLElasEma‘yaxa Yaēx·agEma‘yē. Wä, la‘mē
dzōxwasa sEk·!ās mamoxᵘsōkūlayo lāxa GwētEla LE‘wa ‘wālasē
Kwāg·ula LE‘wa Q!ōmk·!ut!Esē qa ‘nEmnasâlayugwax xūnōkwas
YäqoLElasē, qaxs la‘mē Lēgemg·ElxLāla qa Lēgems Kwax·ilanō- 40
kuma‘yē lāxa ālē ‘nE‘mēmotsēxa Yaēx·agEma‘yē. Wä, la‘mē ma-
lōxsala, qaxs hēx·sä‘maē las āpsot!Ena‘yasēda ‘nEmēmāsa SĒnL!E-
mē. Wä, lä Lâgōxa ‘nE‘mēmotasa Yaēx·agEma‘yasa Q!ōmoyā‘yē.
Wä, g·il‘mēsē q!wēl‘ēdExs laē hōqūwElsē a‘yilkwas YäqoLElasE-

---
[1] He belonged to this numaym now.

45 sEmē⁴ ‖ went out and stood outside of the house of YāqoLElasEmē⁴, | and they called the GwētEla, ⁴wālas Kwāg·uł, and Q!ōmk·!ut!Es on behalf of | ⁴nEmnasâlayugwa (VII 2), the daughter of YāqoLElas (VI 2). Then they went back into the | house of YāqoLElas (VI 2), and cleared it out; and after they had cleared it out, | they invited
50 the numaym of the Yaēx·agEmē to the house of ‖ YāqoLElas (VI 2) [to go into the house of YāqoLElas] for that had been the house of | YāqoLElasEmē⁴ (V 10). Then YāqoLElas (VI 2) walked among his new numaym | towards his house; and when they | were inside, the GwētEla came in and sat on the right-hand side | of the house.
55 Then came the ⁴wālas Kwāg·uł and sat down ‖ on the upper left-hand side of the house. Then came the | Q!ōmk·!ut!Es and sat down near the door on the left-hand side. | Then YāqoLElasEmē⁴ (V 10) spoke to his son-in-law | YāqoLElas (VI 2), and gave away the thirty-five blankets; | and after he had done so, they all went
60 out. ‖ Immediately Ā⁴wālask·înis (V 9) took away his princess K·!ämaxalas (VI 7), the | wife of YāqoLElas (VI 2) because he could not do what had been done by | YāqoLElasEmē⁴ (V 10) for his son-in-law. (I forgot that the | slaves went with their mistress Ālak·ilayugwa [VI 8]). | Now YāqoLElas (VI 2) had only one wife, the
65 princess of YāqoLElasEmē⁴ (V 10), ‖ Ālak·ilayugwa (VI 8). Now YāqoLElas (VI 2) became proud and | always beat his wife, and

45 ma⁴yē, qa⁴s lä q!wāg·aElsē lāx L!āsanâ⁴yās g·ōkwas YāqoLElasema⁴yē, qa⁴s LēłEläxa GwētEla, ⁴wālas Kwāg·uł, Qōmk·!ut!Esē qa ⁴nEmnasâlayugwa xŭnōkwas YāqoLElasē, ⁴nēk·Exs laē hōgwīla lāx g·ōkwē las YāqoLElasē, qa⁴s ēx⁴widē. Wä, g·îl⁴mēsē gwāl ēkwaqēxs laē Lē⁴lālaxa ⁴nE⁴mēmotasa Yaēx·agEma⁴yē lāx g·ōkwas Yä-
50 qoLElasē, qa g·āxlag·is lāx g·ōkwas YāqoLElasē, yîx g·ōxᵘdäs YāqoLElasEma⁴yē. Wä, g·āx⁴mē qägayē YāqoLElasaxēs alē ⁴nē⁴mēmotaxs laē gwE⁴yōłEla lāxēs g·ōkwas. Wä, g·îl⁴mēsē ⁴wī⁴la hōgwīLExs g·āxaē hōgwīLēda GwētEla, qa⁴s lä k!ŭs⁴ālił lāxa hełk·!ōdoyāłiłasa g·ōkwē. Wä, g·āxēda ⁴wālasē Kwāg·uła, qa⁴s lä k!ŭs⁴ālił
55 lāxa ⁴nElk·!ōdoyolîłasa gEmxanēgwiłasa g·ōkwē. Wä, g·āxēda Q!ōmk·!ut!Esē, qa⁴s lä k!ŭs⁴ālił lāx max·stâliłasa gEmxotsâlîłasa t!Ex·tla. Wä, la⁴mē nēłē YāqoLElasEma⁴yasēs wāłdEmaxēs nEgŭmpē YāqoLElasē. Wä, lä yax⁴wida, yîsa sEk·!äs mamoxᵘsōkŭla-⁴yē p!ElxElasgEma. Wä, g·îl⁴mēsē gwāłExs laē hōqŭwElsa. Wä,
60 hēx·⁴ida⁴mēsē Ā⁴wālask·înisē wātaxōdxēs k·!ēdēłē K·!āmaxalasē, yîx gEnEmx·⁴däs YāqoLElasē. Wä, la⁴mē k·!e⁴ās gwēx·⁴îdaas łâLEx gwēx·⁴îdaasas YāqoLElasEma⁴yē lāxēs negŭmpē. (HēxoLEn L!ElēwēsE-⁴wēda q!āk·o, yîxs lE⁴maē lāsgEmēxēs q!āgwidē Ālak·ilayugwa.) Wä, la⁴mē ⁴nEmōxᵘ⁴Em la gEnEms YāqoLElasē k·!ēdełas YāqoLElasE-
65 ma⁴yē Ālak·ilayugwa. Wä, laEm LEmx⁴ēdē nâqa⁴yas YāqoLElasē, qaxs hēmEnała⁴maē la k·!ēlak·axēs gEnEmē. Wä, hē⁴mis lāg·iłas

therefore | YäqoLElasEmē⁽ (V 10) took away his princess Ălak·i- 67
layugwa (VI 8); and although | Ălak·ilayugwa (VI 8) was no longer
his wife, YäqoLElas (VI 2) still owned the house | and the seat, for they
had ⁽nEmnasâlayugwa (VII 2) for their child. ‖ YäqoLElas (VI 2) was 70
not very long without a wife. Then he asked | in marriage the princess
of Ēwanuxᵘdzē (V 13), chief of the nu̱maym | Laălax·s⁽Endayo.
The name of the princess of Ēwanuxᵘdzē (V 13), was Q!ēx·Lăla
(VI 9); | and YäqoLElas (VI 2) called his numaym the SēnL!Em into
his house and told them | that he wished to marry again. They just
told him to go ahead ‖ and to do quickly as he wanted. Then | 75
he told them that he referred to the princess of | Ēwanuxᵘdzē (V 13)
Q!ēx·Lăla (VI 9), whom he wanted to marry. Thus he said when
he was speaking. | One of his speakers replied, and said, "Go on,
and | do so quickly, and let us pay the marriage money to-day."
Thus he said. Immediately ‖ YäqoLElas (VI 2) took fifty blankets 80
out of his room to | give as marriage payment. After he had taken
them out, the | numaym SēnL!Em went, carrying the blankets on
their shoulders, and went into | the house of Ēwanuxᵘdzē (V 13).
They sat down inside of the door of | the house of Chief Ēwanuxᵘdzē
(V 13), and at once they paid the marriage money, the ‖ fifty 85
blankets. After they had done so, | the speaker of Chief Ēwanuxᵘdzē
(V 13) arose and spoke. He said, | "Remain sitting there. Sēn-

---

YäqoLElasEma⁽yē wātaxōdxēs k·!ēdēlē yt̑x Ălak·ilayugwa. Wä, wax·- 67
⁽misē la k·!ēs gEg·adEsēs gEnEmē Ălakilayugwa, la hEtsäEmxa g·ōkwē
Lē⁽wa La̱xwa⁽yē YäqoLElasē, qaxs lE⁽maē xŭngwadEs ⁽nEmnasâla-
yugwa. Wä, k·!ēst!a gäła k·!eâs gEnEmē YäqoLElasē laē g·ayōx- 70
⁽widEx k·!ēdēlas Ēwanuxᵘdzē, yt̑x g·īgăma⁽yasa ⁽nE⁽mēmotasa Laă-
lax·s⁽Endayowē Q!ēx·Lălax·La, yt̑x Lēgemas k·!ēdēlas Ēwanuxᵘdzē.
Wä, lā Lēits!ōdē YäqoLElasaxēs ⁽nE⁽mēmota SēnL!Emē, qa⁽s nēlēxs
lE⁽maē ⁽nēx· qa⁽s gEg·adē ētlēda. Wä, â⁽misē ⁽nāxwa wäxasō⁽sēs
⁽nE⁽mēmotē, qa âlag·a⁽mēs hali⁽lāla lāx gwäłaasasēs nâqa⁽yē. Wä, 75
hē⁽mis la ⁽nēg·ātsēxs häē gwE⁽yōs, qa⁽s gEnEmē k·!ēdēlas Ēwa-
nuxᵘdzē⁽yē Q!ēx·Lăla, ⁽nēk·Exs laē yäq!Ent!āla. Wä, hēx·⁽ida⁽mēsē
yaq!Eg·a⁽lēda ⁽nEmōkwē lāx ä⁽yīlkwäs. Wä, lā ⁽nēk·a: "Wēg·a âEm
hali⁽lālax, qEns wēg·i qadzeł⁽īdxwa ⁽nālax," ⁽nēk·ē. Wä, hēx·⁽ida-
⁽mēsē YäqoLElasē äx⁽wult!alīłaxa sEk·!ax·sōkwē p!ElxElasgEma, qa⁽s 80
qädzēL̩Ema. Wä, g·îl⁽mēsē ⁽wī⁽lōlt!alīlExs laē ⁽wī⁽lamâlēda ⁽nE⁽mē-
motasa SēnL!Emē k·!ēk·!ExsEyap!alaxa p!ElxElasgEmē, qa⁽s lā hō-
gwīL lāx g·ōkwas Ēwanuxᵘdzē, qa⁽s lā k!ŭs⁽âlīl lāx äwiLElas t!Ex·⁽īläs
g·ōkwasa g·īgăma⁽yē Ēwanuxᵘdzē. Wä, hēx·⁽ida⁽mēsē qädzēLasa
sEk·!ax·sōkwē p!ElxElasgEma. Wä, g·îl⁽mēsē gwäłExs laē La̱x⁽ŭlîlē 85
Elkwäsa g·īgăma⁽yē Ēwanuxᵘdzē qa⁽s yäq!Eg·a⁽lē. Wä, lā ⁽nēk·a:
"Wēg·a k!wäk!wałax SēnL!Em, qa⁽s ēsElaōsaxg·as gEnEmg·aōs, qaxs

88 ʟ!Em, and wait for your wife. She | is getting ready with her marriage mat, so that she may not sit on the floor without a mat in | your house, son-in-law." Thus he said, and went back into the 90 room where ‖ Ēwanux̣ᵘdzē's (V 13) princess, Q!ēx·ʟāla (VI 9) was seated. He did not stay long, then he came back and | stood up. He spoke again, and said, "Now, come, great | numaym SēnL!Em, and carry the princess of | my chief Ēwanux̣ᵘdzē (V 13) away, for she is heavy." Thus he said, | and went back. Then the numaym 95 SēnL!Em arose ‖ and followed him into the room; and soon they came | back carrying on their shoulders one hundred blankets | and among them walked Q!ēx·ʟāla (VI 9), the princess of | Ēwanux̣ᵘdzē (V 13), among the SēnL!Em as they were coming out of the room. When they reached | the door of the house, Ēwanux̣ᵘdzē 800 (V 13) stood up and spoke. ‖ He said, "Wait a while, great numaym SēnL!Em, | for the name that will go to my son-in-law YāqoLElas (VI 2). | His name will be GwE‛yĭmdzē (VI 2), and the name of his dancer will be | MEĭnēd, and these hundred blankets are the marriage mat of | your wife. Now, son-in-law, go 5 to your house!" Then he ‖ stopped speaking, and immediately those who had paid the marriage money went out, | among them Q!ēx·ʟāla (VI 9) and they went into the house of YāqoLElas (VI 2). | YāqoLElas (VI 2) told his speakers to clear out | his house; and after they had cleared it, they went out | and stood

---

88 la‛mēk· xwānaɫElaxg·as łē‛waxsēLEk·, āLak· wŭltalīL k!wastalīL lāxēs g·ōkwaōs, nEgŭmp," ‛nēk·Exs laē lāyak·ĭlīl lāx k!wats!ālilasas k!ēdē-
90 las Ēwanux̣ᵘdzē Q!ēx·ʟāla. Wä, k·!ēst!ē gälaxs g·āxaē aēdaaqa, qa‛s ʟāx̣‛ŭlīlē, qa‛s ēdzaqwē yāq!Eg·a‛la. Wä, lä ‛nēk·a: "Gēlag·a, ‛wälas ‛nE‛mēm, SēnL!Em, qa‛s lälag·aōs q!Eł‛wŭlts!ālīlax k·!ēdēlasEn g·īgāma‛yōx Ēwanux̣ᵘdzEx, qaxs gwāgŭntsēlīLaqōs lāqg·a," ‛nēk·Exs laē ēdzak·ĭlīla. Wä, la‛mē ‛wī‛la q!wag·ĭlīlē ‛nE‛mēmotasa SēnL!E-
95 mē, qa‛s lä lūsgEmēq lāxa ōts!ālīlē. Wä, k·!ēst!a gälaxs g·āxaē ‛wī‛la k·!ēk·!ēxsEyap!alaxa p!ElxElasgEmē, lāk·!Endēda p!ElxElasgEmē hē‛yagowa. Wä, g·āx‛mē qāgayē Q!ēx·ʟālaq yĭx k·ēdēlas Ēwanux̣ᵘdzäxa SēnL!Emaxs g·āxaē hōx‛wŭlts!ālīla. Wä, g·ĭl‛mēsē lāg·aa lāxa ōstâlīlasa g·ōkwaxs laē Ēwanux̣ᵘdzē ʟax̣‛ŭlĭla, qa‛s yāq!Eg·a‛lē,
800 qa‛s ‛nēk·ē: "Wēg·aEmsʟ ʟāḷōxbalax ‛wälas ‛nE‛mēm, yūʟ SēnL!Em, qa la‛mēsg·ada ʟēgEmk·, qa‛s ʟēgEmōs, nEgŭmp YāqoLElas. LaEms ʟēgadElts GwE‛yĭmdzē. Wä, hē‛mis ʟēgEmĭtsēs sēnatLaōsē MEĭnēdē. Wä, yū‛misa lāk·!Endēx p!ElxElasgEma łē‛waxsēsōs gEnEmaqōs. Wä, hāg·a, nEgŭmp, lāxēs g·ōkwaōs." Wä, laEm q!wē-
5 l‛īd yāq!Ent!āla lāxēq. Wä, hēx·‛ida‛mēsē g·ax hōqŭwElsēda qādzēLax·dē qāqElax Q!ēx·ʟāla, qa‛s lä hōgwīL lāx g·ōkwas YāqoLElasē. Wä, hēx·‛ida‛mēsē YāqoLElas äxk·!ālaxēs ä‛yĭlkwē, qa ēx̣‛widēsēxa g·ōkwē. Wä, g·ĭl‛mēsē gwāl ēkwaqēxs laē hōqŭwEls lāxa

up outside of the house and called the ‖ Q!omoyâ‘yē, ‘wālas 10
Kwāg·uł, Q!ōmk·!ut!ɛs, on behalf of MɛInēd (VII 1), the | child
of GwE‘yimdzē (VI 2). After they had said so, they went in,
and it was not long before | the three Kwāg·uł tribes came in.
Then | Chief GwE‘yimdzē (VI 2) arose and spoke. He said, |
"You have heard my new name. I obtained this in marriage
from my father-in-law ‖ Ēwanux̣ᵘdzē (V 13), who gave me the 15
name GwE‘yimdzē (VI 2). Now you shall name me GwE‘yimdzē, |
and you shall name my princess ‘māx̣ŭlayugwa MɛInēd (VII 1)." |
Then he stopped speaking, and he gave away the | hundred blan-
kets; and first he gave to the Q!ōmoyâ‘yē, | and then to the ‘wālas
Kwāg·uł, ‖ and finally he gave blankets to the Q!ōmk·!ut!ɛs. | 20
When he had given away all, then they went out of the house
of | GwE‘yimdzē (VI 2). GwE‘yimdzē and his wife Q!ēx·Lāla
(VI 9) had not been living together for a long time | when they
had a son. He was | named Tsāxis because he was born there. ‖
Four days after he had been born, when the navel-string came 25
off, | Ēwanux̣ᵘdzē (VII 3) gave four boxes of oil and | ten baskets
of clover-roots to his son-in-law GwEyimdzē (VI 2) as a marriage
present, | and also the name Wāwałk·inē (VII 3) for the new-born
child of his princess | Q!ēx·Lāla (VI 9). Then Chief GwE‘yimdzē

---

g·ōkwē qa‘s lä q!wāg·aɛls läx L!āsanâ‘yasa g·ōkwē, qa‘s lɛłɛlēxa
Q!ōmoyâ‘yē, ‘wālasē Kwāg·uł, Q!ōmk·!ut!ɛsē qa MɛInēdē x̣ŭnō- 10
kwas GwE‘yimdzē, ‘nēk·ɛxs g·āxaē hōgwīLa. Wä, k·!ēst!a gälaxs
g·āxaē ‘wī‘laēLēda yŭdux̣ᵘsɛmakwē Kwākŭg·ułа. Wä, hēx·‘ida‘mēsē
Lāx̣‘ŭliłēda g·īgāma‘yē GwE‘yimdzē, qa‘s yāq!Eg·a‘lē. Wä, lä ‘nēk·a:
"LaEms wŭLElaxEn ālē LēgEma, yIx LēgEmg·ElxLa‘yasEn nEgŭmpē
Ēwanux̣ᵘdzē g·āxEnē GwE‘yimdzē. Wä, la‘mēts LēqElaLEs GwE- 15
‘yimdzē g·axEn. Wä, la‘mēts LēqElaLEs MɛInēdē lāxEn k·!ēdēłē
‘māx̣ŭlayugwa,'' ‘nēk·Exs laē q!wēł‘ēda. Wä, lä yāx‘wīda, yīsa
lāk·!Endē p!ElxElasgEma, yIxs hāē g·īl yāx‘wītsE‘wēda Q!ōmoyâ-
‘yasa p!ElxElasgEm. Wä, lä māk·!łasō‘sa ‘wālasē Kwāg·uła yāx‘wī-
tsō‘sa p!ElxElasgEmē. Wä, lä ałElxsda‘ya Q!ōmk·!ut!Esē yāx‘witsō‘sa 20
p!ElxElasgEmē. Wä, g·īl‘mēsē ‘wīlxtōxs laē hōqŭwElsa läx g·ōkwas
GwE‘yimdzē. Wä, k·!ēst!a gäla hayasEk·ālē GwE‘yimdzē LE‘wis
gEnEmē Q!ēx·Lālaxs laē x̣ŭngwadEx·‘ītsa bābagŭmē. Wä, la‘mē
hēx·‘idaEm LēgadEs Tsāxisē, qaxs hāē māyoLEmē. Wä, hēt!a la
mōp!Enx̣wa‘s māyoLaag·Emxs laē läwäyēs ts!EyōxLa‘yē laasē 25
Ēwanux̣ᵘdzē wāwałqālasa mōsgEmē dēdEngwats!ē Lē‘na LE‘wa
nEqasgEmē L!āL!Ebat t!Egwats!ē läxēs nEgŭmpē GwE‘yimdzē; wä,
hē‘misa LēgEmē Wāwałk·ina‘yē qa LēgEmsa ālē māyoLEmsk·!ēdēłasē
Q!ēx·Lālaxa bābagŭmē. Wä, hēx·‘ida‘mēsa g·īgāma‘yē GwE‘yimdzē

30 (VI 2) ‖ sent his speakers to go into all the houses and invite on behalf of | Wāwaɫk·inē (VII 3), the son of Ģwɛ‘yîmdzē (VI 2). "Thus you will say," said Ģwɛ‘yîmdzē (VI 2) | to his speakers. At once they went out of the house and | stood in the doorways of all the houses, inviting all the | men of the Q!ōmoyâ‘yē, ‘wālas
35 Kwāg·uɫ, and Q!ōmk·!ut!ɛs; ‖ and this is what the speakers said as they entered the | doors of the houses of the Q!ōmoyâ‘yē: "I invite you, Q!ōmoyâ‘yē, on behalf of | Wāwaɫk·inē (VII 3), the child of Ģwɛ‘yîmdzē (VI 2.)" And when they stopped speaking, | the others said, "Let us go quickly. | "The fire is now burning low." Thus said another one. And when they had been to all the ‖
40 houses of the Q!ōmoyâ‘yē, they went to the houses of the ‘wālas Kwāg·uɫ, | and said, "Now I call you, ‘wālas Kwāg·uɫ, on behalf of | Wāwaɫk·inē (VII 3), the child of Ģwɛ‘yîmdzē (VI 2)!" and they | said as they had done before. Thus they went into all | the houses of the ‘wālas Kwāg·uɫ; and then they went into the
45 houses of the Q!ōmk·!ut!ɛs, ‖ and they said again, "Now I call you, Q!ōmk·!ut!ɛs, on behalf of | Wāwaɫk·inē (VII 3), the child of Ģwɛ‘yîmdzē (VI 2)." Thus they | went into all the houses, and then they went back into the future feast | house. When the guests came, the Q!ōmoyâ‘yē sat down | in the rear of
50 the house, and the ‘wālas Kwāg·uɫ sat down ‖ at the right-hand

---

30 ‘yālaqasēs ā‘yîlkwē, qa lās lāʟ!ɛsɛla lāxa g·ōkŭla qa lās ʟē‘lāla qa Wāwaɫk·ina‘yē x̣ŭnōkwas Ģwɛ‘yîmdzē. "‘nēx·ʟɛs," ‘nēk·ē Ģwɛ‘yîm- dzāxēs ā‘yîlkwē. Wä, hēx·‘ida‘mēsē la hōqŭwɛls lāxa g·ōkwē, qa‘s lä ʟāʟax̣ustōlts!ax t!ēt!ɛx·‘lāsa ‘nāx̣wa g·īg·ōkwa ʟē‘lālaxa ‘nāx̣wa bēbɛgwānɛmsa Q!ōmoyâ‘yē ʟɛ‘wa ‘wālasē Kwāg·uɫa, ʟɛ‘wa Q!ōm-
35 k·!ut!ɛsē. Wä, g·aɛm wāɫdɛmsa ā‘yîlkwēg·a, yîxs laē laēʟ lāx t!ɛx·î- lāsa g·ōkwasa Q!ōmoyâ‘yē: "La‘mɛn ʟē‘lalōʟai', Q!ōmoyâ‘yai' qa Wāwaɫkinayai' x̣ŭnōkwas Ģwɛ‘yîmdzēyai'." Wä, g·îl‘mēsē q!wē- l‘îdɛxs laē ‘nēk·ēda ‘nɛmōkwē: "Halag·îliʟɛsai'."—"Laɛm q!ŭlx·‘îd- nux̣u lɛgwiɫai'" ‘nēk·ēda ‘nɛmōkwē. Wä, g·îl‘mēsē ‘wîlxtōlsaxa
40 g·ig·ōkwasa Q!ōmoyâ‘yax̣s laē lax g·ōkŭlasasa ‘wālasē Kwāg·uɫa. Wä, lāxaē ‘nēk·a: "La‘mɛn ʟē‘lalōʟai', ‘wālas Kwāg·uɫai' qa Wā- waɫk·inayai' x̣ŭnōkwas Ģwɛ‘yîmdzēyai'." Wä, ǎɛmxaāwisē nā- qɛmg·îltāya ‘nɛmōkwaxēs g·îlx·dē wāɫdɛma. Wä, g·îl‘mēsē ‘wîlxtōl- saxa g·ig·ōkwasa ‘wālasē Kwāg·uɫaxs laē lāx g·ig·ōkwasa Q!ōmk·!u-
45 t!ɛsē. Wä, lāxaē ‘nēk·a: "La‘mɛn ʟē‘lalōʟai', Q!ōmk·!ut!ɛsai' qa Wāwaɫk·inayai' x̣ŭnōkwas Ģwɛ‘yîmdzēyai'," ‘nēk·ē. Wä, g·îl‘mēsē ‘wîlxtōlsaxa g·ig·ōkwē laē aēdaaqa, qa‘s lā laēʟ lāxa k!wēla‘yats!ēʟe g·ōkwa. Wä, g·āx̣ hōgwīʟɛlēda ʟē‘lānɛmē. Wä, laɛm la k!ŭs‘āli- ɫēda Q!ōmoyâ‘yē lāx ōgwiwalîɫasa g·ōkwē. Wä, la k!ŭs‘āliɫēda
50 ‘wālasē Kwāg·uɫ lāx hēk·!ōtsēgwîɫasa k!wēladzats!ē g·ōkwa. Wä,

side of the feasting-house, | and the Q!ōmk·!ut!ᴇs on the left-hand 51
side of the feasting-house. They | sat down there because they
had been invited for a feast. When all were in, | the numaym
Laãlax·s‛ᴇndayo came in and sat down | at the right-hand side of
the door. Then Ēwanux̣ᵘdzē (V 13) arose ‖ and spoke. He said. 55
"Look this way, son-in-law | Gwᴇ‛yimdzē (VI 2), and listen to me!
Send out your numaym | to get the four house-dishes of my
house, so that | my guests may eat out of them! They are the
killer-whale, | whale, seal, and double-headed serpent." Thus he
said as he sat down. ‖ Immediately Gwᴇ‛yimdzē (VI 2) arose and 60
thanked his father-in-law for what he had said. | Then he turned
his face to his numaym, the Sēnʟ!ᴇm, and | said, "O numaym
Sēnʟ!ᴇm, take the four house-dishes | and bring them! Let us try
to have them emptied by our guests!" Thus he said. Then | the
young men of the numaym Sēnʟ!ᴇm went out and carried in ‖
two ladles which are always given with the four house-dishes. 65
It was not | long before the young men came back carrying the
four house-dishes | and the two ladles. They came and put them
down inside | the door of the feasting-house. Then they took the |
cinquefoil-root baskets and placed them by the side of the house-
dishes. ‖ They took the roots out of the baskets and put the 70
raw | cinquefoil-roots into the house-dishes; and when the house-

---

hēt!a k!ŭs‛ālĭlēda Q!ōmk·!ut!ᴇsa lax gᴇmxtsēgwīlē, yĭx hēg·ĭlas 51
k!ŭsālē, qaxs k·!wē‛lasaē ʟē‛lānᴇmāq. Wā, g·ĭl‛mēsē ‛wī‛laēʟᴇxs
g·āxaē hōgwĭʟēda ‛nᴇ‛mēmotasa Laãlax·s‛ᴇndayowē. Wā, lä k!ŭs‛ālĭl
lāxa hēlk·!ōtsā‛yasa t!ᴇx·ĭla. Wā, hē‛mis lä ʟax̣‛ŭlĭ‛lats Ēwanux̣ᵘ-
dzē, qa‛s yāq!ᴇg·a‛lē. Wā, lä ‛nēk·a: "Gwāsgᴇmaḷala, nᴇgŭmp 55
Gwᴇ‛yimdzē, qa‛s hōʟᴇlaōs g·āxᴇn. Wēg·a ‛yālaqaxs ‛nᴇ‛mēmota-
qōs, qa läsōx ăx‛ēdxa mᴇwēxʟä lōᴇlqŭlĭl läxᴇn g·ōkwa, qa ha‛ma-
ats!ēsōs ʟē‛lānᴇmaqōs. Hē‛mēda māx‛ēnoxwa ʟᴇ‛wa gwᴇ‛yĭma,
ʟᴇ‛wa mēgwata, ʟᴇ‛wa sīsᴇyuʟa," ‛nēk·ᴇxs laē k!wāg·alĭla. Wā,
hēx·‛ida‛mēsē ʟax̣‛ŭlĭlē Gwᴇ‛yimdzē, qa‛s mō‛lēs wăldᴇmasēs nᴇ- 60
gŭmpē. Wā, lä gwēgᴇmx·‛ĭd läxēs ‛nᴇ‛mēmotaxa Sēnʟ!ᴇmē: Wā, lä
‛nēk·a: "Hāg·a ‛nᴇ‛mēmot Sēnʟ!ᴇm, ăx‛ēdxa mᴇwēxʟä lōᴇlqŭlĭla,
qa g·āxlag·ĭsēs gŭnx·‛ītsōsᴇns ʟē‛lānᴇmēx," ‛nēk·ᴇxs laē hōqŭwᴇl-
sē ha‛yāl‛āsa ‛nᴇ‛mēmotasa Sēnʟ!ᴇmē, qa‛s lä ăx‛ēdᴇq ʟᴇ‛wa
mā‛ḷᴇxʟa tsēxʟa, yĭx ‛nami‛lālotasa lōᴇlqŭlĭlē mᴇwēxʟa. Wā, k·!ēst!a 65
gälaxs g·āxaē aēdaaqēda hă‛yā‛la dāg·ĭlqᴇlaxa mᴇwēxʟa lōᴇlqŭlĭla
ʟᴇ‛wa mā‛ḷᴇxʟa tsētsēxʟa, qa‛s g·āxē mᴇx‛ālĭlas läx ăwĭʟᴇläsa t!ᴇx·ĭ-
läsa k!wēla‛yats!ē g·ōkwa. Wā, hēx·‛ida‛mēsē ăx‛ētsᴇ‛wēda t!ēt!ᴇ-
gwāts!ē ʟ!āʟ!ᴇbata, qa‛s lä hēhᴇnōdzᴇli‛lᴇm lāxa lōᴇlqŭlĭlē. Wā, lä
lᴇx‛ŭtts!ālayo lāxa ʟ!āʟ!ᴇbata t!ᴇxᵘsōsē qa‛s lä lᴇxts!ālayâ k·!ĭlx·ē 70
t!ᴇxᵘsōs lāxa lōᴇlqŭlĭlē. Wā, g·ĭl‛mēsē ‛wī‛la qōqŭt!ēda lōᴇlqŭlĭlaxs

72 dishes were full, | they put the double-headed serpent dish in front of the Q!ōmoyâ‘yē. Then | the speaker of Gwɛ‘yĭmdzē (VI 2) said, "This double-headed serpent dish is for you, Q!ōmoyâ‘ye!" and they | put the killer-whale dish in front of the ‘wālas
75 Kwāg·uł, and ‖ the speaker said, "This killer-whale dish is for you, ‘wālas Kwāg·uł!" | and they put the seal-dish in front of the Q!ōmk·!ut!ɛs, and | the speaker said, "This seal-dish is for you, Q!ōmk·!ut!ɛs!" Then they put | the whale-dish in front of the Maămtag·ila and G·ēxsɛm and Kŭkwāk!um, | and the speaker said, "This dish is for you, Maămtag·ila, G·ēxsɛm, ‖
80 Kŭkwāk!um! You will eat out of it, you who sit there to help us,— and you, Laălax·s‘ɛndayo!" | Thus he said. Then he took the large ladles and gave one to the | other speaker of Gwɛ‘yĭmdzē (VI 2). Then he told the guests to begin | eating; and he spoke, turning his face towards the numaym Sɛnʟ!ɛm, | and said, "Now bring out the
85 oil, so that I may give the second course to my ‖ guests." Then he took the boxes with oil and | put them down in front of the fire. The | two speakers dipped the ladles into the oil, and gave | one of them to the chief of the Maămtag·ila. Then the speaker said, |
90 "Now, sip this, Âwaxɛlag·ilis!" Then ‖ the other speaker said to the chief of the G·ēxsɛm, "Now you | sip this, Chief Yāqɛwīd!" Immediately the chiefs | arose, took the ladles, and drank the oil;

---

72 laē k·ax·dzamōli‘lɛmēda sīsɛyuʟē lāxa Q!ōmoyâ‘yē. Wä, lā ‘nēk·ē‘ ɛlkwäs Gwɛ‘yĭmdzē: "Lōqŭlas, Q!ōmōyâ‘yē sīsɛyūʟ." Wä, lā k·ax·dzamōli‘lɛmēda max‘ēnoxwē lāxa ‘wālasē Kwāg·uła. Wä, lāxaē
75 ‘nēk·ēda ɛlkwē: "Lōqŭlas ‘wālas Kwāg·uł max‘ēnoxᵘ." Wä, lā k·ax·dzamōlilɛmēda mēgwatē lāxa Q!ōmk·!ut!ɛsē. Wä, lā ‘nēk·ēda ɛlkwē: "Lōqŭlas Q!ōmk·!ut!ɛsē mēgwat." Wä, la k·ax·dzamōli‘lɛ- mēda gwɛ‘yĭmē lāxa Maămtag·ila ʟɛ‘wa G·ēxsɛmē ʟɛ‘wa Kŭkwā- k!umē. Wä, lā ‘nēk·ēda ɛlkwē: "Lōqŭlas Maămtag·ila, G·ēxsɛm,
80 Kŭkwāk!um, ‘wī‘lastaɛmlɛsēx k!wamēłaēx ʟō‘s Laălax·s‘ɛndayo," ‘nēk·ɛxs laē äx‘ēdxa ma‘lɛxla tsēxʟa, qa‘s ts!ɛwēsa ‘nɛmēxʟa lāxa ‘nɛmōxᵘ ɛlkwas Gwɛ‘yĭmdzē. Wä, lā wäxaxa k!wēłē, qa wäg·ēs hamx·‘īda, ‘nēk·ɛxs laē gwēgɛmx·‘id lāxēs ‘nɛ‘mēmotaxa Sɛnʟ!ɛmē. Wä, ‘nēk·a: "Wēg·a, hănōlt!alîłaxwa ʟ!ē‘nax, qɛn hēleg·‘indēxɛns
85 Lē‘lānɛmē," ‘nēk·ɛxs laē äx‘ētsɛ‘wēda dēdɛngwats!ē ʟ!ē‘na, qa‘s g·āxē mɛx‘āli‘lɛm lāxa ōbēx·lala‘līlasa lɛgwīłē. Wä, hēx·‘ida‘mēsa ma‘lōkwē ä‘yīlkᵘ tsē‘stasa tsētsēxʟa lāxa ʟ!ē‘na, qa‘s lā t!ēqwasa ‘nɛmēxʟa lāx·g·īgăma‘yasa Maămtag·ila. Wä, lā ‘nēkēda ɛlkwa: "Laɛms xŭmt!ēdʟai' g·īgăma‘yai' Âwaxɛlag·ilisai'." Wä, lā
90 ‘nēk·ēda ‘nɛmōkwē ɛlkwa lāx g·īgăma‘yasa G·ēxsɛmē: "Laɛms xŭmt!ēdʟai' g·īgăma‘yai', Yāqɛwīdai'." Wä, hēx·‘ida‘mēsa g·īg·ɛgă- ma‘yē ʟăx‘ūlīla, qa‘s dādalēxa tsēxʟa, qa‘s nāx‘idēxa ʟ!ē‘na, la

and | all the head men of the numayms did so,—of the Q!ōmoyā‘yē | and of the numayms of the ‘wālas Kwāg·uł; and after ‖ the 95
head men had drunk, they gave to drink to the men of lower rank. |
When they all had drunk oil, they took with their hands the cinquefoil-roots out of the | house-dishes, carried them in their blankets, and went out. Now this was ended; | and the name of the child of Ġwᴇ‘yîmdzē (VI 2) was Wāwałk·inē (VII 3) until he should be | ten months old. ‖

When he was ten months old, his father, Ġwᴇ‘yîmdzē (VI 2), in- 900
vited all | the young men of the Kwāg·uł tribes to go into his house; and when | they came in, they singed off the hair of Wāwałk·inē (VII 3); and | after they had singed it off, they put straps around his legs and arms; and when | they had done so, they put red ochre on his head and face; ‖ and when the paint had been put 5 on, the young men | also painted their faces; and when their faces were painted, | Ġwᴇ‘yîmdzē (VI 2) took many handkerchiefs and shirts | and gave one to each of the young men. When | each had one, Ġwᴇ‘yîmdzē (VI 2) spoke, and said, "Now stop ‖ calling my 10 child Wāwałk·inē (VII 3). You shall call him | Āʟanᴇm (Wolf) (VII 3)." Thus he said to the young men; and after he had done so, | they went out. It was not very long before Āʟanᴇm (VII 3) began to walk, | for that was his name while he was a young man— for Āʟanᴇm (VII 3) had the ochre-name | when the young men had

hēx·sä gwēg·ilax ʟ̣ēʟaxŭma‘yasa ‘nā̀l‘nᴇ‘mēmasē ʟᴇ‘wa Q!ōmoyā‘yē 93
ʟᴇ‘wa ‘nā̀l‘nᴇ‘mēmasasa ‘wālasē Kwāg·ula. Wä, g·î̀l‘mēsē ‘wîlxtowēda ʟ̣ēʟaxŭma‘yaxs laē tsēx·‘îdxa bēbᴇgŭlīda‘yē. Wä, g·î̀l‘mēsē 95
‘wī‘la la ‘nāx‘îdxa ʟ!ē‘näxs laē ‘wī‘la ᴀᴇm łᴇx‘wŭłtsłā̀laxa t!ᴇxᵘsōsē łāxa łōᴇłqŭlī̀łē, qa‘s hanqᴇłēqēxs laē hōqŭwᴇlsa. Wä, laᴇm gwā̀la.
Wä, laᴇm ʟ̣ēgadē xŭnōkwas Ġwᴇ‘yîmdzäs Wāwałk·ina‘yē lā̀laał qō lā̀l hēlogwilaʟō.

Wä, g·î̀l‘mēsē hēlogwilaxs laē ōmpasē Ġwᴇ‘yîmdzē ʟē‘lā̀laxa ‘naxwa 900
hā‘yā̀l‘äsa Kwākŭg·ŭlē, qa läs ‘wī‘laēʟ lāx g·ōkwas. Wä, g·î̀l‘mēsē g·āx ‘wī‘laēʟa laē ts!ᴇx·ᴇłtsᴇmtsᴇ‘wē sᴇ‘yäs Wāwałk·ina‘yē. Wä, g·î̀l‘mēsē gwā̀la ts!ᴇx·ᴇłtsᴇma‘yaq laē kŭnx̣‘wīt!ētsᴇ‘wa. Wä, g·î̀l‘mēsē gwā̀la kŭnx̣witäxs laē qōbᴇłtsᴇmtsowē x·ōmsas, yîsa gumsē. Wä, g·î̀l‘mēsē gwā̀la qōbᴇłtsᴇmdaq laē ‘naxwa‘ma ha‘yā̀l‘a 5 ōgwaqa gumsᶜîdxēs gōgŭma‘yē. Wä, g·î̀l‘mēsē ‘wī‘la la gumēkwa laē Ġwᴇ‘yîmdzē äx‘ēdxa q!ᴇnᴇmē lā̀ā̀laxwīwa‘ya ʟᴇ‘wa q!ēq!ᴇsᴇna‘yē, qa‘s yāx‘widēsa ‘nał‘nᴇmē lāxa ‘naxwa hā‘yā̀l‘ä. Wä, g·î̀l‘mēsē ‘wîlxtâxs laē yāq!ᴇg·a‘łē Ġwᴇ‘yîmdzē, qa‘s ‘nēk·ē: "Laᴇms gwā̀ł ʟ̣ēqᴇlas Wāwałk·ina‘yē lāxᴇn xŭnōkwêx, Wä, la‘mēts ʟ̣ēqᴇlaʟᴇs 10 Āʟanᴇmē lāqᵘ;" ‘nēk·ēxa hā‘yā̀l‘ä. Wä, g·î̀l‘mēsē gwā̀lᴇxs laē hōqŭwᴇlsa. Wä, k·!ēst!a ā̀laᴇm gälax, laᴇmxᴇnt qāqayîmaxs yîx Āʟanᴇmē, qaxs lēx·a‘maē ʟēgadaatsēs hēłaēna‘yē, yîxs gŭmyadzᴇxɬāyoē Āʟanᴇmē, yîxs lēx·agā̀laēda hā‘yā̀l‘a yāqwap!asa lā̀ā̀laxwī-

15 their own customary small potlatch, in which handkerchiefs, ‖ shirts, paddles, and mats were given away. This | is called by the people of olden times "ochre giving," and they have no | names of high rank for it.—Ālanᴇm was the name which he had obtained from his father Gwᴇʻyîmdzē (VI 2), because he had not yet | given away blankets for a name of high rank for his son Ālanᴇm (VII 3). Now, | Ēwanuxᵘdzē (V 13) felt sorry on account of his grandson,
20 because he had no ‖ name of high rank. Therefore Ēwanuxᵘdzē (V 13) invited his numaym | the Laălax·sʻᴇndayo, and told his numaym that he would give as a marriage gift to his | son-in-law sixty blankets and the name | Łalēpǃalas (VII 3) to be the name of Ālanᴇm (VII 3). Then his numaym agreed | to what he had said;
25 and therefore he immediately counted off ‖ sixty blankets, and put them on the shoulders of the young men | of his numaym, who then went out of the house | and into the house of his son-in-law Gwᴇʻyîmdzē (VI 2). They | sat down near the door, and Ēwanuxᵘdzē himself spoke, | and said, "Look up, son-in-law, Gwᴇʻyîmdzē
30 (VI 2), ‖ and listen to what I have to say to you! I feel sorry | for my grandson (VII 3), because he has no name of high rank yet. Now | I will give him this name, and you shall call him | Łalēpǃalas, and I also give these sixty blankets. | Come and take them!" Thus
35 he said to his son-in-law; and ‖ Gwᴇʻyîmdzē (VI 2) at once arose

15 waʻyē ʟᴇʻwa qǃēqǃᴇsᴇnaʻyē ʟᴇʻwa sēʻwayuwē ʟᴇʻwa lēʻwaʻyē. Hēᴇm gwᴇʻyōsa g·ālē bᴇgwānᴇm gŭmyasē. Wä, lä k·ǃeâsʻᴇm âlaxʟāyo ʟēgᴇma, yîx ʟēgᴇmas lāxēs ōmpē Gwᴇʻyîmdzē, qaxs k·ǃēsʻmaē pǃᴇsʻēda, qaʻs ʟēqᴇlē qa ʟēgᴇmsēs xŭnōkwē Ālanᴇmē. Wä, lä tsǃᴇx·îlē nâqaʻyas Ēwanuxᵘdzē qaēs tsǃōxᵘʟᴇmāxs k·ǃeâsaē âlax-
20 ʟāyo ʟēgᴇma. Wä, lāg·îlas ʟēltsǃōdē Ēwanuxᵘdzāxēs ʻnᴇʻmēmotaxa Laălax·sʻᴇndayowē. Wä, nēlaxēs ʻnᴇʻmēmotaxs wūwalqälîlaxēs nᴇgŭmp yîsa qǃᴇʟǃᴇx·sokwē pǃᴇlxᴇlasgᴇma. Wä, hēʻmisa ʟēgᴇmē Łalēpǃalasē qa ʟēgᴇms Ālanᴇmē. Wä, âʻmisē ʻnâqwa ēx·akē ʻnᴇʻmēmotasēx wäldᴇmas. Âg·îlʻmas hēx·ʻidaᴇm hōsʻwŭltalîlaxa qǃᴇ-
25 ʟǃᴇx·sokwē pǃᴇlxᴇlasgᴇma, qaʻs k·ǃᴇxsᴇyapǃᴇndālēs lāxa hăʻyâlʻäsēs ʻnēʻmēmotē. Wä, g·îlʻmēsē ʻwîʻlaxs laē hōqŭwᴇls lāxēs g·ōkwē, qaʻs lä hōgwīʟᴇla lāx g·ōkwasēs nᴇgŭmpē Gwᴇʻyîmdzē, qaʻs kǃŭsʻälîlē lāx max·stâʻyasa tǃᴇx·îla. Wä, xāmadzaqwaʻmis yāqǃᴇg·aʻlē Ēwanuxᵘdzē. Wä, lä ʻnēk·a: "Kǃwāgᴇmlîl la, nᴇgŭmp, Gwᴇʻyîm-
30 dzē, qaʻs hōʟēlaōsaxg·în wäldᴇmʟᴇk· lâʟ, yîxs tsǃᴇx·îlaᴇn nâqaʻyē qaᴇn tsǃōxᵘʟᴇmax, yîxs k·ǃeâsdäxʻmaēx âlaxʟāyo ʟēgᴇma. Laʻmēsᴇk· lâlg·ada ʟēgᴇmk· qa ʟēgᴇmsōx. Wä, laᴇms ʟēqᴇlaʟᴇs Łalēpǃalasē laqō g·aʻmēsēg·ada qǃᴇʟǃᴇx·sokŭk· pǃᴇlxᴇlasgᴇma. Wä, gēlag·a äxʻēdqᴇk·," ʻnēk·ēxēs nᴇgŭmpē. Wä, hēx·ʻidaʻmēsē Gwᴇ-
35 ʻyîmdzē ʟaxʻŭlîla, qaʻs yāqǃᴇg·aʻlē. Wä,läʻnek·a: " ʻmādzēxaōs wäl-

and spoke. He said, "What do you say, | father-in-law (V 13) ? 36
Do you come again and give me a marriage gift of sixty | blankets
and also this name? Thank you, father-in-law (V 13)!" | Thus he
said, and sent out his wife (VI 9) to call his numaym, the | SēnʟǃEm, to
come into his house. Indeed, there were only three ‖ seated in the 40
house,—himself (VI 2), his wife, and his child (VII 3),—because
Ēwanux̱ᵘdzē (V 13), tried to | surprise his son-in-law GwEʻyîmdzē
(VI 2), and GwEʻyîmdzē (VI 2) did not | know beforehand what his
father-in-law (V 13) was going to say to him. Then the | SēnʟǃEm
came in, and immediately GwEʻyîmdzē (VI 2) | sent out his speak-
ers to stand in front of his house and ‖ to invite the Maămtag·ila, 45
G·ēxsEm, Kŭkwakǃum, | Laălax·sʻEndayo, on behalf of Łalēpǃalas
(VII 3), the son of GwEʻyîmdzē (VI 2). | "That is what you will
say," said GwEʻyîmdzē (VI 2) to his speakers, and when he stopped
speaking, | the speakers went out. They stood in front of | the
house of GwEʻyîmdzē (VI 2) and said, "Now, ‖ Maămtag·ila, G·ēx- 50
sEm, Kŭkwakǃum, Laălax·sʻEndayo, now you may witness the
dance of | Łalēpǃalas (VII 3), the child of GwEʻyîmdzē (VI 2)."
The other speaker said, | "Let us be quick!" Now the numaym Laăla-
x·sʻEndayo was sitting still; | and when they stopped speaking they
went into the house of | GwEʻyîmdzē (VI 2), and it was not long
before the four numayms came in. ‖ Now GwEʻyîmdzē (VI 2) told 55
them that his plan was for ĀlanEm | to have a name of high rank;

dEmaqǃōs, nEgŭmp? Laʻmasēxat! wāwaɫqālaa yîsa qǃEʟǃEx·sokwax 36
pǃElxElasgEmaa; yuʻmisa ʟēgEmaqǃa? Wä, gēlakʻasʻla, nEgŭmp,"
nēk·Exs laē ʻyālaqasēs gEnEmē, qa läʻs ʟēʻlālasEʻwē ʻnEʻmēmotasxa
SēnʟǃEmē, qa g·āxēs ʻwīʻlaēʟEla lāx g·ōkwas. Qäʟaxs yŭduxᵘʻmaē
kǃŭdzēɫ lāxēs g·ōkwē ʟEʻwis gEnEmē ʟEʻwis xŭnōkwē, qaxs tsǃā- 40
tsǃaɫkʻiwaē Ēwanux̱ᵘdzäxēs nEgŭmp, GwEʻyîmdzē, qaxs k·ǃēsaē
qǃāqǃalaɫg·iyuwē GwEʻyîmdzäx wäɫdEmLasēs nEgŭmpaq. Wä, g·āxē
ʻwīʻla hōgwiʟēda SēnʟǃEmē. Wä, hēx·ʻidaʻmēsē GwEʻyîmdzē ʻyā-
laqasēs äʻyîlkwē, qa läs qǃwäg·aEls lāx ʟǃāsanāʻyasēs g·ōkwē, qa
ʟēɫElāsēxa Maămtag·ila, ʟEʻwa G·ēxsEmē, ʟEʻwa Kŭkwakǃumē, 45
ʟEʻwa Laălax·sʻEndayowē qa Łalēpǃalasē xŭnōkwas GwEʻyîmdzē.
"ʻnēx·ʟEs," ʻnēk·ē GwEʻyîmdzäxēs äʻyîlkwē. Wä, g·îlʻmēsē qǃwēɫ-
ʻîdExs laē hōqŭwElsēda äʻyîlkwē, qaʻs lä qǃwäg·aEls lāx ʟǃāsanāʻyas
g·ōkwas GwEʻyîmdzē. Wä, ʻnēk·a: "LaEms x·ītsǃaxʻilaʟai' Maăm-
tag·ilai', G·ēxsEmai', Kŭkwākǃumai', Laălax·sʻEndayowai', qa Ła- 50
lēpǃalas xŭnōkwas GwEʻyîmdzē."—"HālasʟEnsaai'," ʻnēk·ēda ʻnEmō-
kwē ēlkwa. Wä, laEmʟa kǃŭdzēɫtsäʻma ʻnEʻmēmotasa Laălax·sʻ-
Endayowē. Wä, g·îlʻmēsē qǃwēɫʻîdExs laē hōgwiʟa lāx g·ōkwas GwE-
ʻyîmdzē. Wä, k·ʻēstǃa gäʟaxs g·āxē ʻwīʻlaēʟēda mōsgEmakǃūsē ʻnäɫ-
ʻnEmēmasa. Wä, laʻmē nēɫē GwEʻyîmdzäxs häē sēnatē ĀlanEmaxs 55
lEʻmaē ălaxʟäla ʟēgadʟEs Łalēpǃalasē. Wä, g·îlʻmēsē qǃwēɫʻîdExs

57 namely, Łalēp!alas (VII 3). As soon as he stopped speaking, | he gave away the sixty blankets to the four | numayms; and after he had done so, they went out. | Now his name was Łalēp!alas (VII 3),
60 although he was only a young child of his father ‖ Ḡwᴇ‘yimdzē (VI 2). Now Łalēp!alas (VII 3) had four names, beginning | with the first when he was born by his mother Q!ēx·ʟāla (VI 9). Now | Łalēp!alas was grown up. Then Ḡwᴇ‘yimdzē (VI 2) said to his | father-in-law Ēwanux̱ᵘdze (V 13) that he wanted to give a winter dance; and immediately | Ēwanux̱ᵘdzē (V 13) that he would pay
65 the marriage debt to his son-in-law Ḡwᴇ‘yimdzē (VI 2). ‖ When it was nearly winter Ēwanux̱ᵘdze (V 13) paid the marriage debt,— | two hundred and fifty blankets, ten boxes of oil, | twelve boxes of dried salmon, and twenty baskets with cinquefoil-root. | After he had paid the marriage debt, | Łalēp!alas (VII 3) disappeared, and
70 Ḡwᴇ‘yimdzē (VI 2) gave a winter dance. He had ‖ disappeared for a long time, then he was caught. Then Łalēp!alas (VII 3) was hămshămts!ᴇs. | Now his name was Āmyaxᴇlasō‘ (VII 3). Now he had five | names. Then they gave away two hundred and fifty blankets | to the Q!ōmoyâ‘yē, ‘wālas Kwāg·uł, and Q!ōmk·!ut!ᴇs. |
75 Now, he did not give any to the Gwētᴇla. After one ‖ winter he stopped being hămshămts!ᴇs; and when | winter came again, he became a member of the Sparrow Society. Now he had also a name from his | grandfather Ēwanux̱ᵘdze for the secular season;

---

57 laē yāx‘wītsa q!ᴇʟ!ᴇx·sokwē p!ᴇlxᴇlasgᴇm lāxa mōsgᴇmakwē ‘nāl-‘nᴇ‘mēmasa. Wä, g·îl‘mēsē gwālᴇxs laē ‘wī‘la hōqŭwelsa. Wä, la‘mē ʟ̣ēgᴇms Łalēp!alasē lāxēs âēnē‘mē g·înānᴇm x̌ŭnōx̌ᵘsēs ōmpē
60 Ḡwᴇ‘yimdzē. Wä, laᴇm mōsgᴇmē ʟ̣ēʟ̣ᴇgᴇmas Łalēp!alasē g·āg·i-ʟᴇla lāxēs g·î‘lēna‘yē māyoʟ̣ᴇmsēs âbᴇmpē Q!ēx·ʟāla. Wä, la‘mē nᴇxʟᴇax·‘īd la bᴇgwānᴇmē Łalēp!alasē; laasē nēlē Ḡwᴇ‘yimdzāxēs nᴇgŭmpē Ēwanux̱ᵘdzāxs yāwix·ilaēxsdaē. Wä, hēx·‘ida‘mēsē Ēwa-nux̱ᵘdzē ‘nēk·ᴇxs lᴇ‘maē qōtēx·alxēs nᴇgŭmpē, yix Ḡwᴇ‘yimdzē. Wä,
65 g·îl‘mēsē ᴇlāq ts!ā‘wŭnx‘īdᴇxs laē qōtēx·‘īdē Ēwanux̱ᵘdzāsa sᴇk·!a-x·sok·âla p!ᴇlxᴇlasgᴇm, hē‘misa nᴇqasgᴇmē dēdᴇngwats!ē ʟ!ē‘na; g·āg·iwalat!ēda xᴇm‘yats!ē xᴇtsᴇma, hē‘misa g·īg·agâla t!ēt!ᴇgwa-ts!ē ʟ!äʟ!ᴇbata. Hēᴇm waxē. Wä, g·îl‘mēsē gwāla qōtēx·āxs laē x·īs‘īdē Łalēp!alasē. Wä, la‘mē yāwix·ilē Ḡwᴇ‘yimdzē. Wä, gāla-
70 ‘mēsē x·tsūlaxs laē k·imyasᴇ‘wa. Hămshămts!ᴇsē yix Łalēp!alasē. Wä, la‘mē ʟ̣ēgadᴇs Āmyaxᴇlasᴇ‘wē. Wä, laᴇm sᴇk·!āsgᴇmē ʟ̣ēʟ̣ᴇ-gᴇmas. Wä, laᴇm yāx‘wīdayowēdᴀ sᴇk·!ax·sok·âla p!ᴇlxᴇlasgᴇm lāxa Q!ōmoyâ‘yē, ʟ̣ᴇ‘wa ‘wālasē Kwāg·uła, ʟ̣ᴇ‘wa Q!ōmk·!ūt!ᴇsē. Wä, laᴇm k·!ēs lāg·inaxa Gwētᴇla. Wä, ‘nᴇmxᴇnxēla‘mēsēxa ts!ā-
75 ‘wŭnxaxs laē gwāł hămshămts!ᴇsa. Wä, g·îl‘mēsē ēt!ēd ts!ā-‘wŭnx‘īdᴇxs laē gwētsē‘sta. Wä, lᴀᴇmxaē g·āg·îlīlē ʟ̣ēgᴇmas lāxēs gagᴇmpē Ēwanux̱ᵘdzē lāxa bāx̌ŭsē. Wä, lā ʟ!asaxdzēg·i‘lakᵘ lāxa

and his name was L!asaxdzĕg·i‘lak; | as member of the Whale 78
Society in the winter dance; and the name of | Āmyaxɛlasō (VII 3) |
was QEwēgEmē‘ (VII 3) as a member of the Sparrow Society. Now
he had ‖ six names from the beginning, when he was born by his 80
mother, Q!ēx·Lāla (VI 9). |

Now Łalēp!alas (VI 3) was a full-grown man. Now I will | talk
about him after he finished the winter dance. That is why I mentioned
his | secular name. Now GwE‘yîmdze (VI 2) wished his |
son Łalēp!alas (VII 3) to give a potlatch to the Kwāg·uł, to get
for his name the name of the ‖ past chief, HâmēsEłał (V 3) for 85
the name HâmēsEłał also belongs to the numaym SēnL!Em, |
because it is the name given by G·ayōsdäs (IV 3) | to his and
G·āg·ăōłɛlaga's (IV 1) son (V 3), who was the younger brother of
Smoke-All-Round (V 1). | G·āg·ăōłɛlaga (IV 1), and YāqōL!ēqɛlas
(V 2), and his younger brother | HâmēsEłał (V 3) had gone home
to Ts!EqŭlōtEn. Therefore the Lēgwîlda‘x^u ‖ have the names 90
HâmēsEłał and Smoke-All-Round and the name G·āg·ăōłɛlaga, |
for they know all the names of the SēnL!Em. Now I will
speak again about Łalēp!alas (VII 3), who made a potlatch
to the Kwāguł. | He was helped by his father GwE‘yîmdzē
(VI 2) and his | grandfather Ēwanux^udzē (V 13); two hundred
and twenty blankets went ‖ from his father (VI 2) to 95
Łalēp!alas (VII 3), and one hundred and eighty blankets from |

---

ts!ēts!eqa ḻēgEma yīxs gwēgŭyîmaē. Wä, la‘mē ḻēgadē Āmyaxɛla- 78
sE‘was QEwēgEmē lāxēs laēna‘yē gwētsē‘sta. Wä, la‘mē q!EL!ɛs-
gEmē ḻēḻEgEmas g·āg·îLɛlaxs g·ālaē māyoḻEmsēs äbEmpē Q!ēx·Lāla. 80
Wä, laEm âlak·!āla la bEgwānEma yīx Łalēp!alasē, qaxg·în la‘mēk·
ēt!aLEłał laqēxs laē gwał ts!ēts!eqa. Lāg·iłaEn hē ḻēx‘ēdayowē
bāxudzaxLāyâs. Wä, la‘mē ‘nēk·ē GwE‘yîmdzē, qa p!Es‘ēdag·esēs
xŭnōkwē Łalēp!alasaxa Kwākŭg·ulē, qa wäg·ēs ḻēgadEs ḻēgEmɛsa
g·īgămayōłaē HâmēsEłałē, yîxs häs‘maaxa ‘nE‘mēmotasa SēnL!Emē 85
ḻēxḻEgEmîłē HâmēsEłałē, qaxs hē‘maē ḻēx‘ēdayōs G·ayōsdäswŭ-
łaxēs xŭnōk^u ḻō‘ G·āg·ăōłɛlaga, yîxs ts!a‘yanōkwaē Kwax·sē‘stalās.
Wä, lä nä‘nakwē G·āg·ăōłɛlaga ḻō‘ YāqōL!ēqɛlasē ḻEwis ts!ä‘yē
HâmēsEłałē läx Ts!EqŭlōtEnē. Wä, hē‘mis lāg·iłasa Lēgwîlda‘xwē
ḻēgadEs HâmēsEłałē ḻE‘wa Kwax·sē‘stala ḻēgEma qa G·ag·ăōłɛla- 90
gäxs ‘nāxwa‘maē q!ēq!ālax ḻēḻEgEmasa SēnL!Emē. Wä, la‘mēsEns
ēdzaqwał gwāgwēx·sEx·‘īdEł lä Łalēp!alasaxs laē p!Esaxa Kwākŭ-
g·ulē. Wä, laEm ‘nāxwa g·îwałtsēs ōmpē GwE‘yîmdzē ḻE‘wis
gagEmpē Ēwanux^udzē, yîxs hämałtsok·âlaēda p!ElxElasgEmē g·ā-
g·îłîł lax ōmpas Łalēp!ālasē. Wä, lä ma‘łgŭnåłtsogŭg·īyōwa g·āg·îłîłē 95
lax gagEmpasē Ēwanux^udzē hämōp!Enyag·īgawa p!ElxElasgEmē

97 his grandfather Ēwanux̣ᵘdze (V 13). | Ł̓alēp!alas (VII 3) was
helped by the two men with four hundred blankets; and after he
had been helped | with the blankets, Gwᴇʻyĭmdze (VI 2) sent out
Ł̓alēp!alas (VII 3) to | call the speakers who were to be their
1000 guests to come quickly. ‖ Ł̓alēp!alas (VII 3) went at once to call
them, and they all came immediately. | Then Gwᴇʻyĭmdzē (VI 2)
instructed them what to say outside of the | house; and after he
had instructed them, they went out of the house | and stood there.
They said, "Now, | Q!ōmoyâʻyē, ʻwālas Kwāg·ut, Q!ōmk·!ut!ᴇs, you
5 will see (the dance of) Q!ēx·Lāla (VI 9), the child[1] of ‖ Hâmēsēlał
(VII 3)," for Hâmēsᴇlał (VII 3) had his mother Q!ᴇx·Lāla (VI 9)
for his dancer. | It was not long before the three tribes of the
Kwāg·ut came in. | When they were all inside, Gwᴇʻyĭmdzē (VI 2),
arose | and spoke. He said, "Now you will stop naming my prince
Ł̓alēp!alas (VII 3) | for his name is changed, and he will now be ‖
10 named Hâmēsᴇlał (VII 3). Now he will take the seat of the past
Hâmēsᴇlał (V 3), | who held the second seat in my numaym Sēn-
ʟ!ᴇm." | Thus he said to all the Kwāg·ut. Then they all agreed to
what he said. | After he had finished his speech, he gave away the
15 four hundred | blankets; and when he had done so, ‖ they went out.
Now he had seven names, beginning with the first | name obtained
at the time of his birth from his mother, Q!ēx·Lāla (VI 9). It was not
long before his | grandfather Ēwanux̣ᵘdzē died (V 13), and at once

97 g·īwalayōsa maʻlōkwax Ł̓alēp!alasē. Wä, g·īlʻmēsē gwālalīla g·īwa-
layowē p!ᴇlxᴇlasgᴇmaxs laē ʻyālaqē Gwᴇʻyĭmdzās Ł̓alēp!alasē, qa
läs ʟēʻlālaxa äʻyĭlkwaxs ʟēʻlānᴇmaē, qa g·āxēs hālabala. Wä, hēx·ʻi-
1000 daʻmēsē lā Ł̓alēp!alasē ʟēʻlālaq. Wä, hēx·ʻidaʻmēsē g·āxdaʻxwa.
Wä, laᴇmxaē ʟēxsʻalē Gwᴇʻyĭmdzē qa wûłdᴇms läx ʟ!äsanâʻyasēs
g·ōkwē. Wä, g·īlʻmēsē gwāl ʟēxsʻālaqēxs laē hōqŭwᴇls lūxa g·ōkwē,
qaʻs q!wāg·aᴇlsē. Wä, lā ʻnēk·a: "Laᴇms x·īts!ax·īlaʟōlai' Q!ōmo-
yâʻyai', ʻwālas Kwāg·ulai', Q!ōmk·!ut!ᴇsai' läx Q!ēx·Lāla xŭnōkwas
5 Hâmēsᴇlałē, qaxs hēʻmaē sēnatēs äbᴇmpē Q!ēx·Lāla, yĭx Hâmēsᴇ-
lałē." Wä, k·!ēst!a gälaxs g·āxaē ʻwīʻlaēʟēda yūdux̣ᵘsᴇmakwē Kwā-
kŭg·ula. Wä, g·īlʻmēsē ʻwīʻlaēʟᴇxs laē hēʻmē Gwᴇʻyĭmdzē ʟax̣ʻŭlīła,
qaʻs yāq!ᴇg·aʻlē. Wä, lā ʻnēk·a: "Laᴇms gwāl ʟēqᴇlałts Ł̓alēp!a-
lasē läxg·in ʟᴇwûlgămēk·, qaxs laʻmēk· ʟ!āyoxʟä, qaxs laʻmēk·
10 ʟēgadᴇłts Hâmēsᴇlałē. Wä, laʻmēsᴇk· lił läx ʟāxwaʻya Hâmēsᴇ-
łaiwŭła, yĭxs ʻnaʻnᴇmōkwalg·iwālaē läxᴇn ʻnᴇʻmēmota Sēnʟ!ᴇmē,"
ʻnēk·ēxa ʻnāxwa Kwākŭg·ula. Wä, âᴇmxaāwisē ʻnāxwa ēx·ak·ax wäł-
dᴇmas. Wä, g·īlʻmēsē gwāłē wâłdᴇmasēxs laē yāx̣ʻwītsa hämōp!ᴇn-
yag·ĭgawē p!ᴇlxᴇlasgᴇma. Wä, g·īlʻmēsē gwāl yāqwaxs laē ʻwīʻla
15 hōqŭwᴇlsa. Wä, laᴇm ä̱ʟᴇbōsgᴇmē ʟēʟᴇgᴇmas g·äg·īʟᴇla läxēs g·īʻlē-
naʻyē mayoʟᴇmsēs äbᴇmpē Q!ēx·Lāla. Wä, k·!ēst!a gälaxs laē łᴇʻlē
gagᴇmpasē Ēwanux̣ᵘdzēx·dē. Wä, hēx·ʻidaʻmēsē Q!ē·x·Lāla ʻnēx·, qa

---
[1] The dancer is here called the child of the host.

Q!ēxˑʟāla (VI 9) wished that | Hâmēsᴇlał (VII 3) should take the 18
seat of his grandfather Ēwanux̣ᵘdzē (V 13). | Then Q!ēxˑʟāla (VI 9)
told her son Hâmēsᴇlał (VII 3), and ‖ her husband Gwᴇʿyîmdzē 20
(VI 2), to call in the numaym of his grandfather (V 13), | the
Laăłax̣ˑsʿᴇndayo, to come into the house of Ēwanux̣ᵘdzē (V 13). |
Immediately Hâmēsᴇlał (VII 3) himself went to call them, | and
they came in. When they were inside, | Q!ēxˑʟāla (VI 9) arose and
called her son Hâmēsᴇlał (VII 3) ‖ to come and stand by her side; 25
and she spoke, and said, | "See how I stand here with my son (VII 3),
who is the | grandson of my past father Ēwanux̣ᵘdzē (V 13). His
name is Hâmēsᴇlał (VII 3). | Now I wish him to take the seat of
Ēwanux̣ᵘdzē (V 13), | Laăłax̣ˑsʿᴇndayo." Thus said Q!ēxˑʟāla
(VI 9). Immediately all ‖ the men of the numaym Laăłax̣ˑsʿᴇndayo 30
agreed to | what Q!ēxˑʟāla (VI 9) had said. Now she gave away
blankets | to the numaym Laăłax̣ˑsʿᴇndayo, and his name was |
Ēwanux̣ᵘdzē in the numaym Laăłax̣ˑsʿᴇndayo. Now Ēwanux̣ᵘdzē
(VII 3) was the head man | of his new numaym, the Laăłax̣ˑsʿᴇndayo,
and he (VII 3) also ‖ held the seat of Hâmēsᴇlał in his numaym 35
Sēnʟ!ᴇm. Now he had the | two seats of Hâmēsᴇlał and Ēwanux̣ᵘdzē.
Now he married | Nᴇgˑäga (VII 4), and the chief Hamēdᴇgˑᴇmēʿ
(VI 10) of the | numaym Gˑēxsᴇm gave to Hâmēsᴇlał the name Tsᴇx-

hēʿmisē Hâmēsᴇlałē ʟax̣ᵘstōdᴇx k!wäxˑdäsēs gagᴇmpdō Ēwanux̣ᵘdzē. 18
Wä, hēxˑʿidaʿmēsē Q!ēxˑʟāla äxkˑ!ałaxēs xūnōkwē Hâmēsᴇlałē ʟᴇʿwis
läʿwūnᴇmē Gwᴇʿyîmdzē, qa ʟēlts!ōdēsēxa ʿnᴇʿmēmotasēs gagᴇmp- 20
dēxa Laăłax̣ˑsʿᴇndayowē, ya läs ʿwīʿlaēʟᴇla läx̣ gˑōx̣ᵘdäs Ēwanux̣ᵘ-
dzēx̣ˑdē. Wä, hēxˑʿidaʿmēsē xamaxˑʿidaʿmē Hâmēsᴇlałē la ʟēʿlāla
qa gˑāxēs ʿwīʿlaēʟa. Wä, kˑ!ēst!a gälaxs gˑāxaē ʿwīʿlaēʟa. Wä,
hēxˑʿidaʿmēsē Q!ēxˑʟāla ʟax̣ʿūlita, qaʿs ʟēʿlalēxēs xūnōkwē Hâmēsᴇ-
lałē, qa läs ʟāwᴇnōdzēliłᴇq. Wä, lä yäq!ᴇgˑaʿła. Wä, lä ʿnēkˑa: 25
"Wēgˑa dōqwałaxgˑīn ʟaʿwiʿlēnēkˑ ʟōʿgūn xūnōkwᴇkˑ, yîxgˑada ts!ōx̣ᵘ-
ʟᴇmagˑasᴇn ōmpdäē Ēwanux̣ᵘdzēx̣ˑdä, yîxgˑa Hâmēsᴇlałᴇkˑ. La-
ʿmēsᴇn ʿnēxˑ qagˑaʿmēs ʟax̣ᵘstōdᴇx k!waʿyas Ēwanux̣ᵘdzēx̣ˑdä, Laă-
łax̣ˑsʿᴇndayo," ʿnēkˑē Q!ēxˑʟāla. Wä, hēxˑʿidaʿmēsē ʿnāx̣wa ēxˑa-
kˑēda ʿnāx̣wa bēbᴇgwānᴇmsa ʿnᴇʿmēmotasa Laăłax̣ˑsʿᴇndayâx 30
wäldᴇmas Q!ēxˑʟāla. Wä, laʿmē yäx̣ʿwītsa p!ᴇlxᴇlasgᴇmē gˑāyałts!â
läx̣ ʿnᴇʿmēmotasa Laăłax̣ˑsʿᴇndayowē. Wä, laᴇm ʟēgadᴇs Ēwanux̣ᵘ-
dzē lāxa ʿnᴇʿmēmotasa Laăłax̣ˑsʿᴇndayowē. Wä, laᴇm ʟax̣ūmēsēs
ałē la ʿnᴇʿmēmota Laăłax̣ˑsʿᴇndayowē Ēwanux̣ᵘdzē. Wä, lāxaē la
ʟax̣wałaxˑsa lāxēs ʿnᴇʿmēmota Sēnʟ!ᴇmē Hâmēsᴇlałē. Wä, laʿmē 35
maʿłōx̣ᵘsała yîx Hâmēsᴇlał ʟōʿ Ēwanux̣ᵘdzē. Wä, lä gᴇgˑadᴇxˑʿidᴇs
Nᴇgˑäga. Wä, laʿmē ʟēgᴇmgˑᴇlxʟelē gˑīgāmaʿyē ʿnᴇmōx̣ᵘsa ʿnᴇʿmē-
motasa Gˑēxsᴇmē Hamēdᴇgˑᴇmaʿyax Tsᴇxʿwīdē lāx Hâmēsᴇlałē
lāxēs hēēnaʿyē gˑayōłts!â gᴇgˑadēs ʿnᴇmē ʿnᴇʿmēmota Sēnʟ!ᴇmē.

40 ʿwīd | when he married out of his numaym SēnL!ɛm. ‖ He did not keep
his wife Nɛg·āga for a long time when he sent her away, and | Łalē-
p!alas married the princess of the chief of the numaym ḶēḶɛgēd, |
Lēlɛlayugwa (VII 5); and he obtained the name for the secular
season T!at!ɛnts!īd (VII 3) | and four winter names—for the beggar-
45 dance | the name Q!wēq!wasɛlał, and for the war-dance ‖ the name
Māyanid, and for the hămshămts!ɛs the | name L!āqosɛlag·ilis, and
for the fool-dance the name | Nōlɛmēʿsta when (his dancer) was a man,
and if she was a woman, | the name Nōlɛmēʿstalidzɛmga; and
Hâmēsɛlał (VII 3) also did not keep Lēlɛlayugwa (VII 5) as a wife for
50 a long time | before she died. Now he married ‖ X̣wanē (VII 6), the
princess of G̣ŭndox̣ᵘ (VI 11), chief of the numaym | Naɛnsx·ä of the
Koskimo; and Hâmēsɛlał (VII 3) obtained in marriage | the name
G̣ŭndox̣ᵘ, and also the rattle-dance for the winter dance, | with its
name, Dōtɛyig·iʿlax̣ᵘ. Now Hâmēsɛlał (VII 3) and X̣wanē (VII 6)
had no children, | although they had been married for three years. ‖
55 Then Hâmēsɛlał (VII 3) sent X̣wanē (VII 6) away, and he | married
Hek·ïnēdzɛmga (VII 7), the sister of Kwax·ilanōkumēʿ (VII 8), |
chief of the numaym Ts!ēts!ɛmēleqāla; and they gave the cannibal-
dance as a marriage gift, | and the cannibal-mask called "tooth-
mask," and the hōx̣ᵘhōkᵘ head-mask, | and the crooked-beak head-
60 mask, and the name of the cannibal dancer was ‖ Sɛyɛmq!ɛsɛlag·ilis,
and also the thrower-dance with the name ʿnawalax̣ᵘdzē, | and the

40 Wä, k·!ēst!a gäla gɛg·adɛs Nɛg·āgäxs laē k·ayaq. Wä, lä gɛg·adɛs
k·!ēdēlas g·īgāmaʿyasa ʿnɛʿmēmotasa ḶēḶɛgēdē Łalēp!alasē, yīx Lē-
lɛlayugwa. Wä, laɛmxaē ḶɛgɛmōLɛx T!āt!ɛnts!īdē lāxa bāx̣ŭsē.
Wä, hēʿmisa ts!ēts!eqa lōlēda, yīxs mōx̣wēdalaē yīxa q!wēq!wasɛlalē;
wä, hēʿmis ḶɛgɛmsēQ!wēq!wasɛlalē; wä, hēʿmisa tōx̣ʿwidē; wä,
45 hēʿmis ḶɛgɛmsēMāyanidē; wä, hēʿmisa hămshămts!ɛsē; wä, hēʿmis
Ḷɛgɛmsē L!āqosɛlag·ilisē; wä, hēʿmisa nōlɛmē; wä, hēʿmis Ḷɛgɛmsē
Nōlɛmēʿsta yīxs bɛgwānɛmaē. Wä, g·īlʿmēsē ts!ɛdāqa nōlɛmē, laē
Ḷɛgadɛs Nōlɛmēʿstalidzɛmga. Wä, k·!ēsʿɛmxaē gäla gɛg·adɛs Lēla-
layugwa yīx Hâmēsɛlałaxs laē lɛʿlē Lēlɛlayugwax·dē. Wä, lä gɛg·a-
50 dɛxʿʿidɛs X̣wanē k·!ēdēla G̣ŭndox̣ᵘ, g·īgāmaʿyas ʿnɛʿmēmotasa
Naɛnsx·äsa G̣ōsg·īmux̣ᵘ. Wä, laʿmēsē ḶɛgɛmgʿɛlxLaʿyē G̣ŭndox̣wē
qa Ḷɛgɛms Hâmēsɛlalē; hēʿmisa hăyatɛlalē lāxa ts!ēts!eqa; wä, hē-
ʿmis Ḷɛgɛmsē Dōtɛyig·iʿlax̣wē. Wä, laɛmxaē hēwāxa x̣ŭngwadɛx·-
ʿīdē Hâmēsɛlalē lāx X̣wanā, yīxs wāxʿʿmaē yūdux̣ʿwŭnxēs ts!āʿwŭnxē
55 hayasɛk·âla. Wä, laɛmxaē k·ayē Hâmēsɛlałax X̣wanā. Wä, lä
gɛg·adɛs Hēk·ïnēdzɛmga, yīx wŭq!was Kwax·ilanōkumaʿyē, yīx
g·īgāmaʿyasa ʿnɛʿmēmotasa Ts!ēts!ɛmēleqāla. Wä, lä hămsɛlxḷālaxa
hāmats!a, hēʿmisa hămsīwaʿyē g·īk·anagɛmla, hēʿmisa hōx̣ᵘhōkwī-
waʿyē Ḷɛʿwa gɛlōqwīwaʿyē. Wä, hēʿmis Ḷɛgɛmsa hāmats!ēyē Sɛyɛm-
60 q!ɛsɛlag·ilisē. Wä, hēʿmisa māmaq!a. Wä, lä Ḷɛgadɛs ʿnawalax̣ᵘ-

rich-woman dance with the name Q!ominâgesElaɫ, | and the war- 62
dance with the name Tōp!eq; and when the | Nāk!wax·da⁽x⁾ᵘ paid
the marriage debt, then the four men disappeared, | and he
showed the four dances. Now, ‖ these were obtained by the numaym 65
Laǎlax·s⁽ɛndayo, because he wanted very much | to retain the name
of his grandfather L!āsaxdzēg·i⁽lakᵘ (V 13), for that was the winter
dance name of | Ewanuxᵘdzē (V 13). HâmēsElaɫ (VII 3) never had a
child, | although he had many wives; and the only one who could | take
the place of his grandson was the grandson of ‖Lē⁽lēnoxᵘ (VII 1), the 70
child of K·!āmaxalas (VI 7), the princess of Ā⁽wālask·inis (V 9), |
chief of the numaym Haǎyalik·awē of the Q!ōmoyâ⁽yē. | Then
Lē⁽lēnoxᵘ (VII 1) had a daughter (VIII 1); and when | the daughter
of (Lē⁽lēnoxᵘ and) WālEwid (VII 9), chief of the numaym | Hāǎna-
Lēno, was grown up, her name was L!ālēli⁽lakᵘ (VIII 1), the daughter
of Lē⁽lēnoxᵘ (VII 1) ‖ and of her husband WālEwid (VII 9). Then 75
L!ālēli⁽lakᵘ (VIII 1) married | ⁽maxŭlag·ilis¹ (VIII 2); and to him
went the name ⁽maxŭlag·ilis and also | the cannibal dance and the
name Yāgwis and the fire-dance from the brother of | L!ālēli⁽lakᵘ
(VIII 1), who was Nūxᵘnemis (VIII 3) in the winter dance, and
Ōmx·⁽īd in the | secular season. Now L!ālēli⁽lakᵘ (VIII 1) had (four
sons) a son named ⁽nEmōgwis (IX 1), and his ‖ younger brother 80
ŌgwilagEmē⁽ (IX 2), and his younger brother K!wāk!wabālasEmē⁽

---

dzē. Wä, hē⁽misa q!âminâgase Lēgades Q!âminâgesElaɫē. Wä, 61
hē⁽misa tōx⁽widē Lēgades Tōp!eqē. Wä, g·il⁽mēsē gwāla Nāk!wax·-
da⁽xwē qōtēx·axs laē x·is⁽ēd ⁽wī⁽lēda mōkwē bēbEgwānEmx·sä.
Wä, la⁽mē ⁽wī⁽la nēl⁽idāmasxa mōxwidäla lēlēda. Wä, laEm hē
g·ayoqâwa ⁽nE⁽mēmotasa Laǎlax·s⁽Endayowē, yixs hāē laxŭlē Lēge- 65
masēs gagEmp⁽wŭɫē L!āsaxdzēg·i⁽lakwē lāxa ts!ēts!eqa, yix Lēgemas
Ewanuxᵘdzēyuɫē. Wä, laEm wēxa sāsEmnox⁽wida, yix HâmēsE-
laɫē wäx·⁽maē q!ēnEmēs gEgEnEmx·⁽idē. Wä, lēx·a⁽mēs la gwaɫalas,
qa⁽s L!āyoLēsēs ts!ōxᵘLEmē ⁽nEmōgwis, yix ts!ōxᵘLEmās Lē⁽lē-
noxwēxa xŭnōkwas K·!āmaxalasē, yix k·!ēdēɫas Ā⁽wālask·tnisēxa 70
g·īgāma⁽yasa ⁽nE⁽mēmotasa Haǎyalik·awa⁽yasa Q!ōmoyâ⁽yē. Wä,
lā xŭngwadEx·⁽idē Lē⁽lēnoxwasa ts!āts!adagEmē. Wä, g·il⁽mēsē
nExLaax·⁽īd la ts!Edāqē xŭnōkwas WālEwidē, g·īgāma⁽yasa ⁽nE⁽mē-
motasa HāǎnaLēnâ laē Lēgades L!ālēli⁽lakwa xŭnōkwas Lē⁽lēnoxwē
LE⁽wis lā⁽wŭnEmē Wālewidē. Wä, lā lāwadEx·⁽idē L!ālēli⁽lakwas 75
⁽maxŭlag·ilisē.¹ Wä, lā layōwēda Lēgemē ⁽maxŭlag·ilisē, hē⁽misa
hāmats!a Lō⁽ Lēgemasē Yāgwisē LE⁽wa nōnɫtsē⁽stalaɫē yis wŭq!wās
L!ālēli⁽lakwē Nūxᵘnemisē lāxa ts!ēts!eqa. Wä, lā Ōmx·⁽idEx·La lāxa
bāxŭsē. Wä, lā xŭngwadix·⁽īdē L!ālēli⁽lakwas ⁽nEmōgwisē LE⁽wis
ts!ā⁽yē ŌgwilagEma⁽yē LE⁽wis ts!ā⁽yē K!wāk!wabālasEma⁽yē LE⁽wis 80

---

¹ The narrator, who by descent is not a member of the tribe; the son of a white father and a Tlingit mother.

81 (IX 3), and his | younger brother Lēlɛlg·ĭmlilas (IX 4). And
ᴇnᴇmōgwis (IX 1) was taken by Hâmēsᴇlał (VII 3) | to take his
place in the numaym Sēnʟ!ᴇm; and he | took on the other side
K!wāk!wabālasᴇmēᴇ (IX 3) to take his place in the | numaym
85 Laălax·sᴇ'ᴇndayo; and now the name of ᴇnᴇmōgwis (IX 1), ‖ the son
of ᴇmāxŭlag·ĭlis (VIII 2) and ʟ!ālēlĭᴇlakᵘ (VIII 1), was Hâmēsᴇlał
(IX 1); | and the name of K!wāk!wabālasᴇmēᴇ (IX 3) was Ewanuxᵘ-
dzē (IX 3) in the numaym | Laălax·sᴇ'ᴇndayo; and K!wāk!wa-
bālasᴇmēᴇ (IX 3) also had | two seats, as he took the seat of the
father (VI 2) of his | mother[1], Lᴇ'ᴇlēnoxᵘ (VII 1), among the
90 Haăyalikawēᴇ, and ᴇnᴇmōgwis (IX 1) ‖ also had two seats—the head
seat in the numaym Sēnʟ!ᴇm, which | was the marriage-gift of
Hâmēsᴇlał (VII 3) to ᴇmāxŭlag·ĭlis (VIII 2); and he also had | the
seat of Hâmēsᴇlał, which is the fourth in the numaym | Sēnʟ!ᴇm.
And when Hâmēsᴇlał dies, | all his property and his names among
95 the Sēnʟ!ᴇm will go to him (ᴇnᴇmōgwis IX 1); ‖ and the property of
Ēwanuxᵘdzē will go to | Q!ōmx·ĭlag·ĭlis (IX 3) (that is K!wā-
k!wabālasᴇmēᴇ) with his names and all the | dances, for Q!ōmx·ĭlag·ĭlis
is the name of K!wāk!wabālasᴇmēᴇ | in the numaym Laălax·-
sᴇ'ᴇndayo; and he will be | Ēwanuxᵘdzē after the death of Ēwanuxᵘ-
100 dzē; but the name ‖ K!wāk!wabālasᴇmēᴇ belongs to him in the
numaym Haănaʟēno of the Q!ōmoyâᴇyē). | That is all about this. |

81 ts!āᴇyē Lēlɛlg·ĭmlilasē; wä, hēᴇmis la ăxᴇētsōs Hâmēsᴇlałē ᴇnᴇmō-
gwisē qa ʟaxᵘstōdʟēq lāxa ᴇnᴇᴇmēmotasa Sēnʟ!ᴇmē. Wä, lāxaē
ăxᴇēdᴇx ūpsōt!ᴇnaᴇyas K!wāk!wabālasᴇmaᴇyē qa ʟāxᵘstōdʟēq lāxa
ᴇnᴇᴇmēmotasa Laălax·sᴇ'ᴇndayowē, qaxs lᴇᴇmaē ʟēgadē ᴇnᴇmōgwisas
85 Hâmēsᴇlałē, yīx xŭnōkwas ᴇmāxŭlag·ĭlisē ʟōᴇ ʟ!ālēlĭᴇlakwē. Wä,
laᴇmxaăwisē ʟēgadē K!wāk!wabālasᴇmaᴇyas Ēwanuxᵘdzē lāxa ᴇnᴇ-
ᴇmēmotasa Laălax·sᴇ'ᴇndayowē. Wä, laᴇmxaē K!wāk!wabālasᴇma-
ᴇyē maᴇlōxᵘsała ʟᴇᴇwis laēnaᴇyē ʟaxᵘstowēx ʟāxwaᴇyas ōmpᴇwŭlasēs
ăbᴇmpē lᴇᴇlēnoxwē lāxa Haăyalik·awaᴇyē. Wä, lāxaē ᴇnᴇmōgwisē
90 māᴇlōxᵘsāla yīxs ʟaxŭmaᴇyaasa ᴇnᴇᴇmēmōtasa Sēnʟ!ᴇmē, yīx ʟa-
xwīg·ᴇlxʟaᴇyas Hâmēsᴇlałē lax ᴇmāxŭlag·ĭlisē. Wä, lāxaē ʟāxwala
lāx ʟāxwaᴇyas Hâmēsᴇlała yayūdukwalg·iwala lāxa ᴇnᴇᴇmēmotasa
Sēnʟ!ᴇmē. Wä, g·ĭlᴇᴇmĭwisē lᴇᴇlʟē Hâmēsᴇlałē qō lāʟē ᴇnᴇmōgwisē
ᴇwĭᴇlg·aaʟᴇlasʟes dādᴇk·asas ʟᴇᴇwis ᴇnāxwa ʟēʟᴇgᴇmas lāxēs Sēnʟ!ᴇ-
95 ᴇmēnaᴇyē. Wä, lä ᴇwĭlg·aaʟᴇlē dādᴇk·asas Ēwanuxᵘdzē lāx Q!um-
x·ĭlag·ĭlisē, yīx K!wāk!wabālasᴇmaᴇyē ʟᴇᴇwis ʟēʟᴇgᴇmē, ʟᴇᴇwa
ᴇnāxwa lēlēda, qaxs hēᴇmaē ʟēgᴇms K!wāk!wabālasᴇmaᴇyē Q!um-
x·ĭlag·ĭlisē lāxēs ᴇnᴇᴇmēmota Laălax·sᴇ'ᴇndayowē. Wä, lä ălᴇmł
Ēwanuxᵘdzēx·ʟāł qō lᴇᴇlʟē Ēwanuxᵘdzēyē. Wä, hēt!a ʟēgadaats
100 K!wāk!wabālasᴇmaᴇyēs ᴇnᴇᴇmēmota Haănaʟēnâsa Q!ōmoyâᴇyē.
Wä, lawisʟa lāba lāxēq.

---
[1] Really his mother's mother.

Marriage with the Nāk!wax·da⁽x⁾ᵘ

Now I will talk about the Nāk!wax·da⁽x⁾ᵘ, why they have many | 1
names derived from the Äwīk·!ēnoxᵘ and Bellacoola and | also the
Gwa⁽sEla and DzāwadEēnoxᵘ, and Hăxwāmis; for | the chief of the
numaym ⁽wālas, whose ‖ name was ⁽māxwa, got wives among these 5
tribes; and he also married among the numaym | TEmĭtEmlEls of the
Mamalēleqăla, and the numaym Laălax·s⁽Endayo | of the Kwāg·uł,
and also the numaym G·ēxsEmx·s⁽anāla of the | Koskimo. That is
where ⁽māxwa, and his children after him, took wives, and also
among the | Gwawaēnoxᵘ from the numaym Kwēkwaēnoxᵘ. When
⁽māxwa (II 1) was a ‖ young man, the father of ⁽māxwa, Āmāxŭlał 10
(I 1), called his | numaym the ⁽wālas, and | told his numaym that
he wished to get a wife for his prince | ⁽māxwa (II 1) among the
princesses of the chiefs of the tribes, to get crests | from them; and
he told them that he wished him to marry ‖ L!āqwag·ilayugwa (II 2), 15
the princess of L!āqwag·ila (I 2). Thus he said. | Immediately
his numaym thanked him for his speech. The | Nāk!wax·da⁽x⁾ᵘ
lived in the village Tēgŭxstē⁽. They started at once | early in the
morning, and they went to Wanukᵘ, | where the village of the
Äwīk!ēnoxᵘ is located when they catch olachen. ‖ When they arrived 20
the speaker of ⁽māxwa (II 1), whose | name was Gwemâlas, stood up

Marriage with the Nāk!wax·da⁽x⁾ᵘ

HēlEn gwāgwēx·s⁽alasLa Nāk!wax·da⁽xwē lāx lāg·ilas q!ēnEmē 1
LĕLĕgEmas g·aya⁽nākŭla lāxa Äwīk·!ēnoxwē LE⁽wa BElxŭla; wä,
hē⁽misLĕda Gwa⁽sEla LE⁽wa DzāwadEēnoxwē LE⁽wa Hăxwāmisē,
yīxs hē⁽maē gag·adi⁽lālats g·īgăma⁽yasa ⁽nE⁽mēmotasa ⁽wālasēxa
Lĕgadäs ⁽māxwa, yīxs hē⁽maaxat! la geg·adaatsēda ⁽nE⁽mēmotasa 5
TEmĭtEmlElsasa Mamalēleqăla LE⁽wa ⁽nE⁽mēmotasa Laălax·s⁽Enda-
yowasa Kwāg·ułē; wä, hē⁽misLĕda ⁽nE⁽mēmotasa G·ēxsEmx·s⁽anālasā
Gōsg·imoxwē, yīx gag·adi⁽lālasas ⁽māxwa LE⁽wis sāsEm⁽nakŭlas lāxa-
axa Gwawaēnoxwē lāx ⁽nE⁽mēmotasa Kwēkwaēnoxwē. Wä, hēEm
ālēs alostăwē ⁽māxwa. Wä, laEm⁽lāwisē Lĕlts!ōdē ōmp⁽wŭlas ⁽mā- 10
xwäxēs ⁽nE⁽mēmota ⁽wālasē (xa Lĕgadäs Āmāxŭlałē). Wä, lā⁽laē
nēlaxēs ⁽nE⁽mēmotaxs ⁽nēk·aē qa gagak·!ē⁽stalīsElēsēs Lĕwŭlgăma⁽yē
⁽māxwa lāx k·!ēsk·!ēdĕlas g·īg·Egăma⁽yasa lēlqwālaLa⁽yē, qa⁽s k·!ā-
k·!ēs⁽ōL!ē lāq. Wä, laEm⁽lāwisē nēlaxs lE⁽maē ⁽nēx· qa⁽s lā gāga-
k·!ax L!āqwag·ilayugwa lax k·!ēdĕlas L!āqwag·ila, ⁽nēx·⁽laē. Wä, 15
hēx·⁽iadEm⁽lāwisē ⁽nāxwa mō⁽lē ⁽nE⁽mēmotasēs wāldEmas, yīxs hāē
g·ōkŭlē⁽laēda Nāk!wax·da⁽xwē Tēgŭxsta⁽yē. Wä, hēx·⁽idaEm⁽lāwisē
ălēx·⁽wīd⁽laxa la ⁽nāx·⁽īdxa gaāla. Wä, laEm⁽laē lăł lāx Wanukwē,
yīxs hāa⁽l g·ōkŭla ⁽nāxwalama Ēăwīk·!ēnoxwē dzāxwīlaxa dzāxŭnē.
Wä, g·īl⁽Em⁽lāwisē lāg·aaxs lāa⁽l Lax⁽ŭlExsē ElkwäsE ⁽māxwaxa Lĕ- 20
gadäs Gwemâlasē. Wä, lā⁽laē yāq!Eg·a⁽la. Wä, lā⁽laē ⁽nēk·a:

22 and spoke. He said, | "I came to you, great numaym Wīŏkwītɛm, Äwĭk·!ēnoxᵘ! | My chief, ʻmāxwa (II 1) here, came to marry your princess, | Lǃāqwag·ila (I 2), Lǃāqwag·ilayugwa (II 2). Thus he
25 said. Then they paid the marriage money ‖ of sewed blankets; and after they had paid the marriage money, | they heard the whistles of the cannibal-dancer in the house of Lǃāqwag·ila (I 2), | and also the whistles of the fire-dancer and of the rich-woman dancer, and the | sacred song of the shaman-dancer. When each of these had sounded
30 four times, | Lǃāqwag·ila (I 2) came out of his house ‖ carrying a handful of eagle-down. He sang | his sacred song, and he used the eagle-down like a rattle. He | stood in front of his house wearing around his neck a large neck-ring of | red cedar-bark. When he stopped singing, he spoke, and said, | "Come, son-in-law ʻmāxwa
35 (II 1), come into this house, ‖ which will be your house! The winter dances have already been started for you, | because you have come to marry my princess, Lǃāqwag·ilayugwa (II 2)." Thus he said. | Then ʻmāxwa arose in his marriage | canoe. There were four of these; and he told his crew to | obey the words of his father-in-law;
40 and when he said this, ‖ he jumped into the water with his crew; and they went up the beach, | following his father-in-law Lǃāqwag·ila (I 2), who was waiting for them. Then | Lǃāqwag·ila (I 2) entered the house first, and ʻmāxwa (II 1) followed him, | and his whole crew went

---

22 "G·āxʻmɛn g·āxʻaLɛla, ʻwālas ʻnɛʻmēm Wīŏkwītɛm, yŭɫ Äwĭk·!ē-nox",ᵘ g·axg·ĭn g·ĭgămēg·ēg·a ʻmāxwak· gagak·!axōx k·!ēdeɫaq!ōs, Lǃāqwag·il, lāxōx Lǃāqwag·ilayugwäx," ʻnēx·ʻlaēxs lāaʻl qădzēlʻĭda
25 yĭsa qǃaqǃɛnōtē ʻnaɛnx̣ʻūnaʻya. Wä, g·ĭlʻɛmʻlāwisē gwăł qădzēLaxs lāaʻlasē hēk·ǃɛk·ǃalē mɛdzēsasa hāmatsǃa lāx g·ōkwas Lǃāqwag·ila Lōʻlaēda mɛdzēsasa nōnĭtsēʻstalalē Lɛʻwa qǃāmĭnâgasē. Wä, lāʻlaē yälaqǃwālaʻlaē päxălalalas. Wä, g·ĭlʻɛmʻlāwisē mōpǃɛndzaqwēda ʻnāxwa lāxēs ʻnălʻnɛmx·ʻidalaēnaʻyaxs g·āxaaʻl lāwɛlsē Lǃāqwag·ila
30 lāʻlaxēs g·ōkwē, qǃwētsɛmēxa qɛmx̣wäsa kwēkwē. Wä, lāʻlaē yälagŭtɛwēʻlasēs yälaxᵘLɛnē lāxēs yatɛlaēnaʻyasa qɛmx̣wa. Wä, lāʻlaē Lax̣ʻŭls lax Lǃāsanâʻyasēs g·ōkwē. Wä, laɛmʻlaē qɛnx̣âlaxa Lɛkwē Lǃāgɛkwa. Wä, g·ĭlʻɛmʻlāwisē qǃwēlʻĭdɛxs laaʻl yāqǃɛg·aʻla. Wä, lāʻlaē ʻnēk·a: "Gēlag·a, nɛgŭmp ʻmaxwā, qaʻs g·āxlag·aōs g·axēL
35 lāxg·as g·ox̣ᵘlg·ōs. Laɛmk·ʻnāxwa qǃāyatɛlĭlg·a ʻnāx·ʻnɛwälagwĭl-g·as qaēs g·āʻxēnaʻyōs gagak·ǃaxɛn k·ǃēdelē Lǃāqwag·ilayugwa," ʻnēx·-ʻlaē. Wä, hēx·ʻidaɛmʻlāwisē ʻmāxwa Lax̣ʻwŭlɛxs lāxēs gagak·ǃaatsǃē-yē x̣wāxwakǃŭnaxa mōtsǃaqē. Wä, lāʻlaē äxk·ǃālaxēs kǃwēmē, qaʻs nānagēg·ēʻmēx wăldɛmasēs nɛgŭmpē. Âɛmʻlaē ʻnēk·ɛxs laē
40 dɛxᵘsta lāxa ʻwāpē Lɛʻwis kǃwēmaxs laaʻl hōxʻwŭsdēsa, qaʻs lä lāg·ixēs nɛgŭmpē Lǃāqwag·ilāxs ēsɛlaʻmaaq. Wä, hēɛmʻlāwisē Lǃāqwag·ila g·ālaēL lāxēs g·ōkwē. Wä, lāʻlaē māk·ĭlē ʻmāxwäq. Wü, g·āxʻlaē ʻwĭʻlaēLē kǃwēmasēq. Wä, lāʻlaē Lǃāqwag·ila äxk·ǃalax

in. Then ᴌ!āqwag·ila (I 2) asked | ʻmāx̣wa (II 1) to go to his
wife ᴌ!āqwag·ilayugwa (II 2), who was ‖ sitting on a board high up 45
in the rear of the house. He | went to her and sat down by her side.
His | crew sat down in the rear of the house. When they were | all
seated, then the whistles of the cannibal-dancer sounded again |
behind the mat-curtain in the left-hand corner ‖ inside the house; 50
and the whistles of the fire-dancer | and the rich-woman dancer
sounded, and the shaman-dancer sang his sacred song. | Then
ᴌ!āqwag·ila (I 2) arose and stepped to the place in front of the | fire
in the middle of the house. There he stood still. His tribe also |
did not move from the places where they were seated at the sides of
the house. ‖ When the sound of the whistles stopped. ᴌ!āqwag·ila 55
(I 2) spoke, | and said, "Now, listen to the supernatural power of
your wife, | son-in-law ʻmāx̣wa (II 1)! Now you have obtained in
marriage the cannibal-dancer whom you have | heard, and his name,
Hămtsēʻstäsᴇlag·ʻilis, and the | hōx̣hōkᵘ cannibal head-mask, and
the raven head-mask, and the ‖ crooked-beak head-mask, and the 60
gᴇlōgŭdzâlis head-mask—there are | four different kinds of head-
masks for the cannibal-dancer and also the neck-ring of | red cedar-
bark woven and mixed with white bark. The | name of the cedar-
bark neck-ring is k·!ōsᴇnx̣awa; and the head-ring has three | rings,
one on top of the other; and the wrist-ring goes ‖ four times around 65

ʻmāx̣wa qa läs hēʻnakŭla läxēs gᴇnᴇmē ᴌ!āqwag·ilayugwäxs k!wa-
dzâlilaaxa ᴌaēlē saōkwa lāx nāqoᴌēwaliłasa g·ōkwē. Wä, lāʻlaē 45
hēʻnakŭla lāq, qaʻs lä k!wanōdzᴇlilaq. Wä, hēᴇmʻlāwis ʻwīʻla
k!ŭsʻālilē k!wēmasē ōgwiwalilasa g·ōkwē. Wä, g·ilʻᴇmʻlāwisē
ʻwīʻla k!ŭsʻālilᴇxs laaʻlasē ēdzaqwa hēk·!īg·aʻlē mᴇdzēsasa hāmats!a, lāx ăᴌats!ēlilasa yāwapᴇmlilaxa lēʻwaʻyē lāx gᴇmxotsâlilas
ăwīlᴇläsa g·ōkwē. Wä, hēᴇmʻlaxaāwisē hēk·!ālē mᴇdzēsasa nōnł- 50
tsēʻstalalē ᴌᴇʻwa q!āminâgasē. Wä, lāʻlaē hēᴇmx̣at! yälaq!wā-
latsa păx̣ălalalē. Wä, ăᴇmʻlāwisē ᴌaʻwilē ᴌ!āqwag·ila lāx ōbēx·ᴌāla-
lilasa lūqawalilasa g·ōkwē sᴇldēła. Wä, hēᴇmʻlaxaāwisē gwaēlē g·ō-
kŭlōtas k·!eâs la yawīʻnāla läxēs k!ŭdzēlasē ʻwax·sanēgwiłasa g·ōkwē.
Wä, hēʻlat!a lā q!wēlʻidēda mᴇdzēts!ălaxs laaʻl yāq!ᴇg·aʻlē ᴌ!ā- 55
qwag·ila. Wä, lāʻlaē ʻnēk·a: "Wēg·a hōᴌēlax ʻnawalakwasōs gᴇnᴇ-
maqōs, nᴇgŭmp, ʻmāx̣ᵘ. ᴌaᴇms gᴇg·adanᴇmaxēs lāōs wŭᴌax̣ʻaᴌᴇ-
laxa hāmats!a ᴌᴇʻwis ᴌēgᴇmē Hămtsēʻstäsᴇlag·ʻilis, hēʻmisēs hōx̣ᵘ-
hokwiwaʻyē hămsīwaʻya ᴌᴇʻwa gwâx̣wiwaʻyē hămsīwaʻya ᴌᴇʻwa
gᴇlōkwiwaʻyē hămsīwaʻya ᴌᴇʻwa gᴇlōgŭdzâlisē hămsīwaʻya. Wä, 60
mōx̣ʻwidâla hēhămsīwaʻyasa hāmats!ax. Wä, hēʻmis qᴇnx̣awē
ᴌ!āgᴇx̣ᵘsäda k·!īt!âakwē ʻmᴇlmaqᴇla ᴌ!āgᴇkwa. Wä, hēʻmis ᴌē-
gᴇmsa qᴇnx̣awaʻyē ᴌ!āgᴇkwē k·!ōsᴇnx̣awa. Wä, läx̣aē yūdux̣ᵘ-
ts!aq lēᴇlx·ᴇn k!wasaxᴇlē qᴇx·lmaʻyas ᴌ!āgᴇkwa. Wä, lāᴌē
maēmōp!ēnēʻstaᴌē qēqᴇx·ts!anēᴌas x·ilp!ᴇnakᵘ ᴌ!āgᴇkwa. Wä, 65

66 the arm, and is made of twisted red cedar-bark; | and the anklets go four times around the leg, and are made of twisted red cedar-bark. | That will be the way of your dancer, son-in-law ʻmāxwa (II 1). | And this will be the cedar-bark of the fire-dancer. The neck-ring is
70 mixed with white, | and the head-ring is not thick. The ‖ arm-rings go around the wrist twice, and also the anklets. | The name of the fire-dancer will be Gwadzēs. | And this will be the cedar-bark of the shaman-dancer. His neck-ring | and head-ring will be medium-sized, and he will have a small ring of twisted cedar-bark | around the wrist and
75 around the legs, and they will go around four times. ‖ The name of the shaman-dancer will be Hayalak·ʻīlaLEla. And this | is the way of the cedar-bark of the rich-woman dancer. She has a big neck-ring mixed with white, | and at three places there are strips hanging down of cedar-bark mixed white and red, in this way: | Her head-ring will also be red and white—two rings, one on top of the other. | The one below will be
80 smaller than the upper one. The ‖ wrist-rings and leg-rings of red cedar-bark will be white in the middle, and they will pass around four times; | and her name will be Qlōminowa-gasElał; and | the sacred room of the cannibal-dancer will be painted with a moon painting; and | the box containing the winter-dance objects will be painted in this way: The sacred room will stand at the | left-hand side, inside the door of your house, son-in-

66 lāLē maēmopǃEnēʻstaLē qēqEx·sīdzēLas x·ǐlpǃEnakᵘ Lǃāgekwa. Wä, hēEm gwälaasLEsa hāmatsǃalaōs, nEgŭmp, ʻmāxwä. Wä, g·aʻmēs gwälaats Lǃāgekwasa nōnǐtsēʻstalalē, yǐxs ʻmElmaqElaēs qEnxawaʻyē LEʻwis qEx·Emaʻyē k·les LEx̣ᵘ Lǃāgekwa. Wä, lä maē-
70 małpǃEnēʻstaʻma x·ǐlpǃEnakwē Lǃāgekᵘ qēqEx·tsǃanēs LEʻwis qēqEx·sīdzaʻyē. Wä, hēʻmis LēgEmsa nōnǐtsēʻstalalē Gwadzēs. Wä, g·aʻmēs gwälaats Lǃāgekwasa păxŭlalalē, yǐxs hēlag·ǐtaē qEnxawaʻyas LEʻwis qEx·Emaʻyē Lǃāgekwa. Wä, lä wīłEn x·ǐlpǃEnakwa Lǃāgekwē qēqEx·tsǃanēs LEʻwis qēqEx·sīdzaʻyē. Wä, lä maēmopǃEnēʻsta. Wä,
75 g·aʻmēs LēgEmǐtsēg·axa păxŭlalalē Hayalak·ǐlaLEla. Wä, g·aʻmēs gwä-laasLEs LǃāgEx̣ᵘłtsa qǃĀnināgasē, yǐxs LEkwaē ʻmElmaqElēs qEnxa-waʻyē. Wä, lä yūduxwidalē qŭłEnaʻyas ʻmElmoyâg·a gwälēg·a. (fig.). Wä, laxaē maʻǐtsǃaqē qEx·imaʻyas Lǃāgekwa ʻmElmoyâ. Wä, lālē wīlagawaʻya banäLElāsēs ēk·ǃayē. Wä, lāLē ʻmElmoyâwē qēqEx·-
80 tsǃanaʻyē LEʻwis qēqEx·sīdzELa Lǃāgekwaxa maēmopǃEnēʻstaLa LEsLekwa. Wä, hēʻmis LēgEmǐtsē Qǃōminowagasełalē. Wä, g·a-ʻmēs māwiłLEsa hāmatsǃēg·ada ʻmEkŭladzâlak·. Wä, lä hăndzâwa k·ǃāwatsǃē g·ǐldas lāq. g·agwälēg·a (fig.). Wä, lāLē hēl k·ǃōgwēLa mā-wiła gEmxotstâlǐłas āwīLElās tǃEx·ǐlāsēs g·ōkwōs, nEgŭmp, ʻmāxwa.

law ᶜmāx̣wa;‖and your name will be K·ᴀ̈nᴇwēsō in the winter dance, 85
son-in-law." Thus he said. | Then he turned his face toward his tribe,
the Āwīk·!ēnox̣ᵘ, spoke, | and said, "Now give food to my son-in
law | and to his crew!" Immediately they gave food to them; | and
after they had eaten, the cannibal-dancer uttered his cry ‖ behind the 90
front of the sacred room at the left-hand side, inside the door | of the
house. Then they took their batons and | narrow roof-boards to beat
time on, put them down flat outside of the sacred room, | and the
song-leaders sat down close to the sacred room. | When the batons
had been distributed, ‖ ʟ!āqwag·ila stood up. He spoke, and said, 95
"Now | watch us, son-in-law—and you, tribe—to see our ways, |
for I wish you to learn the way to handle these | four winter dances
that I have given to you." Thus he said; | and after he had spoken,
the cannibal-dancer uttered his sound. ‖ Immediately the song- 100
leaders beat time and began to sing. | Then the cannibal-dancer
came out of his sacred room. He was | squatting as he was dancing
about inside the house. When the first song was ended | which was
sung by the song-leaders, the cannibal-dancer ran about with his |
attendants. They ran around the fire in the middle of the house;
and after he had run ‖ around four times, he went back into his 5
sacred room. When he was | going in, the snapping of the mouths of
the four head-masks was heard. |

Wä, laᶜmēts ʟēgadᴇł K·ᴀ̈nᴇwēsō, yūʟ nᴇgŭmpᵉ lāx̣a ts!ēts!ēqa," ᶜnēx·- 85
ᶜlaē. Wä, lāᶜlaē gwēgᴇmx·ᶜīd lāx̣ēs g·ōkŭlōta Ēᴀ̂wīk·!ēnox̣wē qaᶜs yā-
q!ᴇg·aᶜlēq. Wä, lāᶜlaē ᶜnēk·ᴇq: "Wēg·aᴇmasʟ ʟ!ᴇx̣wīlax̣ᴇn nᴇgŭmpēx̣
ʟᴇᶜwōs k!wēmēx̣," ᶜnēx·ᶜlaē. Wä, hēx·ᶜidaᴇmᶜlāwisē ʟ!ᴇx̣wīlag·iła.
Wä, g·îlᶜᴇmᶜlāwisē gwūła ʟ!ᴇx̣wäxs lāaᶜlasē hāmadzᴇlaqwēda hā-
mats!ä lāx̣ āʟadzēlîłasa māwiłē lūx̣ gᴇmx̣ōtstâēᶜlas āwīʟᴇläsa t!ᴇx·î- 90
läsa g·ōkwē. Wä, hëx·ᶜidaᴇmᶜlāwisē äx·ᶜētsᴇᶜweda t!ᴇmyayowē ʟᴇᶜwa
ts!ēq!adzowē sâokᵘ t!ᴇmēdzō, qaᶜs lä pax̣ᶜalēlᴇm lāx̣ ʟ!āsalîłasa mā-
wiłē. Wä, lāᶜlaē k!ŭdzᴇxsēg·alîłēda nēnâgadäx̣ māg·îdzâᶜyasa mā-
wiłē. Wä, g·îlᶜᴇmᶜlāwisē ᶜwīᶜla la yäx̣ᶜwitsōsa t!ēt!ᴇmyayowax̣s lāaᶜl
ʟᴀx̣ᶜwŭlîłē ʟ!āqwag·ila, qaᶜs yäq!ᴇg·aᶜlē. Wä, lāᶜlaē ᶜnēk·a: "Wēg·iłla 95
dōqwałaʟᴇx̣ nᴇgŭmpᵉ ʟᴇᶜwōs g·ōkŭlōtaqōs lāx̣ᴇn ᶜnāx̣waʟa gwayiᶜlā-
lasʟ, qax̣g·în laᶜmēk· ᶜnēx· qaᶜs gwāłᴇlamaōs q!aq!ōʟ!ax̣ēs gwēg·i-
lasʟaōsax̣g·ada mōx̣widåłak· lēlēd lūyowᴇn łAʟ," ᶜnēx·ᶜlaē. Wä,
g·îlᶜᴇmᶜlāwisē q!wēlᶜīdᴇx̣s lāaᶜlasē hāmadzᴇlaqwēda hāmats!a. Wä,
hēx·ᶜidaᴇmᶜlāwisē ʟᴇx̣ᴇdzōdēda nēnâgadē, qaᶜs dᴇnx̣ᶜidē. Wä, g·āx̣- 100
ᶜᴇmᶜlaē łAłts!ālîłēda hāmats!a lāx̣ēs māwiłē. Wä, laᴇmᶜlaē k!wā-
g·iłîłᴇlax̣s yīx̣waē läᶜstalîłᴇla läx̣a g·ōkwē. Wä, g·îlᶜᴇmᶜlāwisē läbē
g·ālē dᴇnx̣ᶜidayâsa nēnâgadäx̣s laaᶜl åłt!ᴇqᴇlîłēda hāmats!a ʟᴇᶜwis
hēlik·a, dzᴇlx̣ᵘsēᶜstalîłᴇlaxa łaqawalîłasa g·ōkwē. Wä, hēᶜlatla la
mōp!ᴇnēᶜstalîłᴇx̣s laē łats!ālił łax̣ēs łᴇmēᶜlats!ē. Wä, g·îlᶜᴇmᶜlāwisē 5
łats!ālîłᴇx̣s laē qᴇmk!ŭg·aᶜlēda mōwē hēhămsīwaᶜya.

7   First the hōxᵘhōkᵘ head-mask came out, | next came the crooked-
    beak head-mask, and next | the raven head-mask came out and
10 finally the ‖ gElogŭdzEwīs head-mask. Each one went back into the
    sacred room after having gone | around the fire once. | Then the
    cannibal-dancer came out naked and ran out of the house; | and it
    was not long before he came back carrying in his arms | a corpse; and
15 when | he came into the door of the house, the shaman-dancer ‖ and
    the rich-woman dancer sang their sacred songs and came out of the |
    sacred room—first the woman-shaman dancer came out, and | last
    the rich-woman dancer. The rich-woman dancer went straight up |
    to the cannibal-dancer and took the corpse out of his arms. Then |
20 she went once around the fire in the middle, and sat down ‖ outside
    of the sacred room with painted front. She | pinched pieces of flesh
    off the corpse and tasted them. The cannibal-dancer was still |
    sitting near the door, and the woman shaman was still | standing in
    the same place at the door of the sacred room. After | the rich-
    woman dancer had four times swallowed pieces of the corpse, the
25 cannibal-dancer arose ‖ and went around the right-hand side of the
    fire and went up | to the rich-woman dancer. He took the corpse
    on his arms and sat down | at the left-hand side of the fire in the
    middle of the house. Then he began to eat it. | He had not been
    eating long when the rich-woman dancer arose and | sat down in

7   Wä, hēEmᶜlāwis g·alōłt!alīlĕda hōxᵘhokwīwaᶜyē hămsīwaᶜya. Wä,
    g·āxᶜlaē māk·tīlĕda gElōkwīwaᶜyē hămsīwĕq. Wä, g·āxᶜlaē ēt-
    ᶜwŭłt!alīlĕda gwaxwīwaᶜyē hămsīwĕq. Wä, g·āxᶜlaē ElxLaᶜyēda
10 gElōgŭdzEwēsē hămsīwĕq. Wä, g·īlᶜEmᶜlāwisē ᶜnEmp!Enēᶜstalīl
    lāxa laqawalīłaxs lāaᶜl ᶜwīᶜla lats!ālīl lāxa lEmēᶜlats!ē. Wä, g·āx-
    ᶜlaē lāłts!ālīlĕda hāmats!a lāxēs xanālaēnaᶜyē, qaᶜs lä dzElx·EwElsa.
    Wä, k·!ēsᶜlat!a gälaxs g·āxaē q!ElīLElaxa lālēnoxwē. Wä, g·īlᶜEm-
    ᶜlāwisē g·āxEL lāxa t!Ex·īlāsa g·ōkwaxs laaᶜl ᶜyälaqwaᶜlaēda păxălalalē
15 Lᴇᶜwa bEgwānEmē q!āminâgasa, qaᶜs g·āxē g·āxᶜwŭlts!ālīl lāxa
    lEmēᶜlats!ē, yīxs hēᶜmaaᶜl g·alōłts!alīlĕda ts!Edāqē păxălalala. Wä,
    lāᶜlaē ElxLaᶜya q!āminâgasē. Wä, hēᶜnakŭlaEmᶜlāwisēda q!āminâ-
    gasē lāxa hāmats!a, qaᶜs q!ElExLEyēxa lālēnoxwē lāq. Wä, hēᶜlat!a
    la ᶜnEmp!Enēᶜstalīl lāᶜstalīlElaxa laqawalīłaxs laaᶜl k!wāg·alīlĕda
20 q!āminâgasē lāx L!āsalīłasa lEmēᶜlats!ē, yīxa māwīlē. Wä, lāᶜlaē
    ēpōd lūxa lālēnoxwē, qaᶜs p!Exᶜēdē lāq. Wä, laEmᶜlaLa hēx·sāEm
    k!waēla hāmats!ēda nExwāła lāxa t!Ex·īla. Wä, lä hēx·sāEm
    Laᶜwīlēda păxălalalē ts!Edūqē t!Ex·īlāsa māwīlē. Wä, g·īlᶜEmᶜlāwisē
    mōp!Enq!Esēda q!āminâgasē lāxa lālēnoxwaxs laaᶜl Laxᶜūlīlĕda
25 hāmats!a, qaᶜs q!ElExLEyēxa laqawalīlē hēᶜnakŭla
    lāxa q!āminâgasē, qaᶜs q!ElExLEyēxa lālēnoxwē, qaᶜs lē k!wāg·alīl
    lūx gEmxanâlīlasa laqawalīlē. Wä, laEmᶜlaē hămx·ᶜīdEq. Wä,
    k·!ēsᶜEmᶜlāwisē gēg·īlīlExs laaᶜlasē q!āminâgasē Laxᶜūlīl, qaᶜs lāᶜl

front of the cannibal-dancer, who was eating of the corpse, and helped him eat it. ‖ At that time the woman-shaman dancer stood behind 30 the | cannibal-dancer singing her sacred song, and she did not stop singing until | the corpse had been eaten by the cannibal-dancer and the rich-woman dancer. When | it had been eaten entirely, the shaman-dancer took a basket and gathered up | the bones that had not been eaten and put them into a basket, ‖ and gave them to one 35 of the attendants of the cannibal-dancer. | The attendant at once went out of the house with the basket containing the bones. Then | the one who had taken out the bones came back and went | up to the cannibal-dancer. He took hold of his hair over the forehead, | dragged him out, and dragged him down to the bank of the river ‖ Wanuk^u. Then they walked into the water; and when they were in 40 waist deep, | the attendant of the cannibal-dancer, who held him by the hair, ducked the head of the cannibal-dancer | and turned round toward the right; and when he arose, | he faced the same way as he had been standing before he ducked him, toward the east. Then he lifted | the head of the cannibal-dancer; and when his mouth appeared out of the water, ‖ the cannibal-dancer uttered the 45 cannibal cry. Then | ᵉmā̱xwa was asked to go out of the house to see how | the cannibal-dancer was being purified after eating the corpse. | They ducked him four times in the river; and after he had been ducked | four times, they came back into the dancing-house, ‖

---

k!wāgᴇmlĭlaxa hāmats!a lŏllala, qaᶜs haᶜmēk·!âlēq. Wä, hēᴇmᶜlā-
wis la laatsa, pāxālalalē ts!ᴇdāqa, qaᶜs lä ḻāwĭl lax äwīg·alîlasa 30
hāmats!a, qaᶜs yālaqŭlē. Wä, âlᶜmēsē gwāl yālaqŭlaxs laē ᶜwīᵋla-
sᴇᶜwēda lâlēnoxwasa hāmats!a ḻᴇᶜwa q!âminâgasē. Wä; g·îlᶜᴇm-
ᶜlāwisē ᶜwīᶜlaxs laaᶜl äx̣ᶜēdēda pāxālalalaxa lᴇxaᶜyē, qaᶜs q!ap!ē-
g·îlĭlēxa xāqē haämōta, qaᶜs äxts!âlēs lāxa lᴇxaᶜyē, qaᶜs
ts!ᴇwēs lāxa g·ayolē lāxa hēlik·āsa hāmats!a. Wä, hēx·ᶜidaᴇm- 35
ᶜlāwisē la lawēldzᴇmēda xaqēsawayaats!ē lᴇxaᶜya. Wä, g·îlᶜᴇmᶜlā-
wisē g·äx aēdaaqēda lax·dē lāwᴇlsasa xāqēsawayaats!ē lᴇxäxs laaᶜl
hēᶜnakūla lāxa hāmats!a, qaᶜs nēsᴇyōdēx sᴇᶜyäs ōgwiwaᶜyas x·ōmsas,
qaᶜs lä nēsᴇwᴇlsaq, qaᶜs lä nēsᴇnts!ēsᴇlaq lāxa äwaxstalisasa wäs
Wanukwē. Wä, la taxt!a lāxa wä. Wä, g·îlᶜmēsē t!ᴇbōyowēda 40
hēlik·āsa hāmats!axa nēsēwayaq laaᶜl hăbᴇnsas x·ōmsasa hāmats!a,
qaᶜs x·tîlp!ēdē hĕlk·!ᴇwēᶜstäla. Wä, g·îlᶜᴇmᶜlāwisē lāg·aa lāxēs gwē-
gᴇmalaasē g·alē tēx̣ᶜwīdaatsa ʟ!ēsᴇlāxa gaälaxs laē x·ītostâmasᴇx
x·ōmsasa hāmats!a. Wä, g·îlᶜᴇmᶜlāwisē q!ax̣ᶜwŭxstax·ᵋīdēda hā-
mats!āxs laaᶜl hēx·ᶜidaᴇm hămts!ᴇg·aᶜla. Wä, laᴇmᶜlaē äxsowē 45
ᶜmā̱xwa, qaᶜs lä lāwᴇls lāxa g·ōkwē, qaᶜs lä dōqwalax gwēg·ila-
saxa hāpāsᴇᶜwēda hāmats!āxs laē gwāl lŏllalxa lâlēnoxwē. Wä,
mōp!ᴇnaᶜlaē hăbᴇndzᴇmē x·ōmsas lāxa wa. Wä, g·îlᶜᴇmᶜlāwisē mō-
p!ᴇna hăbᴇndzᴇmē x·ōmsasēxs g·äxaē x̣wēlagēʟa lāxa lōbᴇkwē.
75052—21—35 ᴇᴛʜ—ᴘᴛ 2——15

50 and he went into his sacred room. The | rich-woman dancer and the shaman-dancer also went back into the sacred room. They had not | stayed there a long time before the cannibal-dancer uttered the cannibal cry. Immediately | the song-leaders began to sing, and the cannibal-dancer came out of his | sacred room wearing a bear-
55 skin. He had around his neck a ‖ thick ring of red cedar-bark called k·!ōsᴇnxawē; and | after the song-leaders finished singing four songs, he went | into his sacred room, and the shaman-dancer always kept near him. | When they had gone into the sacred room, the rich-woman dancer uttered her cry. | She cried in this way:
60 "Hahi hai, hai, hai; hahi, hai!" ‖ Thus she cried while the song-leaders were singing her song. She | wore around the neck a ring of cedar-bark mixed white and red, and she | danced, accompanying the four songs. After the last | song, she went into her sacred room; and the fire-dancer cried, "We, we, we!" | Then the song-leaders
65 sang his ‖ song, and he came and danced for a little while. | He danced and put out the fire in the middle of the house, | and the song-leaders just sang two of his songs | in the dark. After his songs | he went back into the sacred room. Then the fire was built
70 up again; ‖ and when it blazed up, Lǃāqwag·ila (I 2) spoke, | and said, "Have you seen the privileges which I have given to you, | son-in-

---

50 Wä, lā‘laē hēts!ālīʟᴀla lāxa māwiłē. Wä, laᴇm‘lae ōgwaqa lats!ā-lilēda qǃāmināgasē ʟᴇ‘wa pāxālalałē lāxa māwiłē. Wä, k·!ēs‘lat!a gālaxs laa‘l hāmts!ᴇg·a‘łēda hāmats!a. Wä, hēx·‘idaᴇm‘lāwisē dᴇnx‘ēdēda nēnāgadē. Wä, g·āx‘laē lāłts!ālīlēda hāmats!a lāxēs ʟᴇ-mē‘lats!ēxa māwiłē, ‘nᴇx‘ūnālaxa ʟ!ā‘yē. Wä, laᴇm‘laē qᴇnxālaxa
55 ʟᴇkwē ʟ!āgᴇx"xa ʟēgadäs k·!ōsᴇnxawa ʟ!āgᴇkwa. Wä, g·īl‘ᴇm‘lāwisē gwāl dᴇnxᴇlēda nēnāgadāsa mōsgᴇmē qǃᴇmqǃᴇmdᴇmsēxs laē lats!ālīl lāxēs ʟᴇmē‘lats!ē ʟᴇ‘wa pāxālalałē, qaxs qǃapǃēx·sā‘maē ʟᴇ‘wē. Wä, g·īl‘ᴇm‘lāwisē lats!ālīl lāxēs ʟᴇmē‘lats!āxs laa‘lasē hēk·!ᴇg·a‘łēda qǃāmināgasē lāxēs gwēk·!ālasaxs hahi hai, hai, hai; hahi hai,
60 ‘nēx·‘laēxs laᴇm‘laxaē qᴇnxālaxa ‘mᴇlmaqᴇla ʟ!āgᴇkwa. Wä, laᴇm-‘laxaē qᴇnxālaxa ‘mᴇlmaqᴇla ʟ!āgᴇkwa. Wä, g·āx‘ᴇm‘lae yīxwasa mōsgᴇmē qǃᴇmqǃᴇmdᴇms. Wä, g·īl‘ᴇm‘lāwisē qǃūlbēda ᴇlxʟa‘yē qǃᴇmdᴇmsēxs laa‘l lats!ālīl lāxa ʟᴇmē‘lats!ē. Wä, lā‘laē wewewe-xēda nōnltsē‘stalalē. Wä, hēx·‘idaᴇm‘lāwisē dᴇnx‘ēdēda nēnāga-
65 däs qǃᴇmdᴇmas. Wä, g·āx‘ᴇm‘laē yāwas‘īd yīx‘wīda. Wä, hē-‘lat!a la yī‘wēnēsēxs laa‘l k·!ᴇlx‘ēdxa laqawalīlasa g·ōkwē. Wä, ᴀᴇm‘lāwisē wülʻᴇm la dᴇnxᴇlēda nēnāgadāsa ma‘łtsᴇmē qǃᴇmqǃᴇm-dᴇms lāxa pǃᴇdᴇk·tla. Wä, g·īl‘ᴇm‘lāwisē qǃūlbē qǃᴇmdᴇmasēxs laa‘l lats!ālīl lāxa ʟᴇmē‘lats!ē. Wä, lā‘laē x·āx·iq!ᴇx·‘itsē‘wēda ʟᴇ-
70 gwīlē. Wä, g·īl‘ᴇm‘lāwisē x·iqōstāxs laa‘l yāqǃᴇg·a‘łē ʟ!āqwag·ila. Wä, lā‘laē ‘nēk·a: "La‘mas ‘wī‘la dōqūlaxᴇn k·!ēs‘ōgūlxʟa‘yē läʟ,

law ʻmāx̣wa (II 1)? Now carry home the box containing the privileges 72
and | in it take the four dances that you have seen to-night." Thus
spoke Lāqwag̣ila (I 2) | to ʻmāx̣wa (II 1). Immediately ʻmāx̣wa
(II 1) thanked him for what he had said; ‖ for this is the first cannibal- 75
dancer with whistles that came to the Nāk!wax·da⁼xᵘ, | and also the
fire-dance and the rich-woman dance and the | shaman-dance and
the four head-masks, for they had none | before that; and therefore
ʻmāx̣wa (II 1) was really grateful for what Lāqwag̣ila (I 2), his |
father-in-law, had said. Early the following morning ‖ ʻmāx̣wa 80
(II 1) and his wife, Lāqwag̣ilayugwa (II 2), and | his crew were
ready. They loaded the four canoes; and when | they were loaded,
they went aboard. | When they had gone aboard, Lāqwag̣ila (I 2)
came out of his | house and spoke. He said, "Wait a while, ‖ son- 85
in-law; for I will carry down this box containing the privileges, |
and these eight baskets of smoked mountain-goat meat and | these
twenty black-bear skin blankets and | forty lynx-skin blankets and
forty dressed skins, | so that my princess Lāqwag̣ilayugwa (II 2)
may not be cold." ‖ Thus he said. When he stopped speaking, he 90
went into his house; and | it was not long before his numaym came
out carrying the before-mentioned | twenty black-bear skin blankets,
the forty | lynx-skin blankets, the forty dressed skins, | and the

nEgūmpē, ʻmāx̣ᵘ. LaEmsIāl mālałxa k·lāwats!ē g̣ildasa, yix g·its!E- 72
wasasa mōx̣ʻwidałāōs la dōxwaLEłxwa gānōLēx," ʻnēx·ʻlaē Lāqwa-
g̣ilāx ʻmāx̣wa. Wā, hēx·ʻidaEmʻlāwisē ʻmāx̣wa mōʻlas wałdEmas,
qaxs hēʻmaē g·ālEnxē hāmats!a mEdzēdzad g·āx laxa Nāk!wax·- 75
daʻxwē LEʻwa nōnitsēʻstalalē; wā, hēʻmisa q!āminâgasē LEʻwa pā-
xālalalē; Wā, hēʻmisLēda mōwē hēhāmsiwaʻya, yixs k·eāsaē g·āla-
gawaʻya. Wā, hēʻmis lāg·ilas ālak·lāla moʻlē ʻmāx̣wās wałdEmasēs
nEgūmpē Lāqwag̣ila. Wā, g·ilʻEmʻlāwisē ʻnāx·ʻidxa gaäläxs laē
xwānalʻida yix ʻmāx̣wa LEʻwis gEnEmē Lāqwag̣ilayugwa LEʻwis 80
k!wēmē, qaʻs mōxsēxēs mōts!aqē x̣wāx̣wāk!ūna. Wā, g·ilʻEmʻlā-
wisē ʻwiʻlxsē ʻmEmwāläsExs laaʻl ʻwiʻla hōx̣ʻwaLExs lāxēs yaēʻyats!ē.
Wā, g·ilʻEmʻlāwisē ʻwiʻlxsExs g·āxanʻlasē Lāqwag̣ila g·āx̣āwEls lāxēs
g·ōkwē. Wā, lāʻlaē yāq!Eg·aʻla. Wā, lāʻlaē ʻnēk·a: "ĒsElālag·a-
ʻmasL, nEgūmp, qEnuʻx̣ᵘ lālag·il taōdaxsasg·ada k·lāwats!ēk· g·ildasa 85
Lōgwada x·ix·ilgwats!ēk· ʻmElxLowa maʻlgūnāltsEmk· L!āL!ābata
g·aʻmēs g·ada maʻitsokūk· L!ēL!EntsEm ʻnaEnx̣ʻūnaʻya Lōgwada
mōx̣ᵘsokwē ʻwālasx·āsgEm ʻnaEnx̣ʻūnaʻya Lōgwada mōx̣ᵘsokwē ālā-
g·ima; ālōx k·!!naēsalaxōx k·!ēdēłaq!En, yix̣ōx Lāqwag̣ilayugwäx,"
ʻnēx·ʻlaē. Wā, g·ilʻEmʻlāwisē q!wēlʻidExs laaʻl laēL lāxēs g·ōkwē. Wā, 90
k·!ēsʻlat!a gaēLElaxs g·āxaalaēs ʻnEʻmēmotē mowElsElaxa la LēLE-
qElasōsxa maʻitsokwē L!ēL!EntsEm ʻnaEnx̣ʻūnaʻya LEʻwa mōx̣ᵘso-
kwē ʻwālasx·āsgEm ʻnaEnx̣ʻūnaʻya LEʻwa mōx̣ᵘsokwē ālāg·ima. Wā,

eight baskets of smoked mountain-goat meat which he had men-
95 tioned, and ‖ two baskets containing mountain-goat tallow, and | also
the box containing the privileges. They brought them and put them
into ᴇmáxwa's canoe. | As soon as they were all in, ᴇmáxwa arose |
in his canoe and thanked his father-in-law Lāqwag·ila (I 2) for what
he had done. | As soon as he stopped speaking, they started, and he
200 came ‖ home with his wife to Tēgŭxstē. As soon as he arrived, |
ᴇmáxwa (II 1) asked his father, Āmáxŭlaɫ, to | call in the five num-
ayms of the Nāk!wax·daᴇxᵘ in the | evening. Then Āmáxŭlaɫ (I 1)
went to call them. He did | not call them loud, but he whispered, as
5 he ‖ went and sat down by the side of each man. It was not | long
before they came in; and when all were inside, | ᴇmáxwa asked his
father to bar the door of the house. | Immediately ᴇmáxwa arose
and reported what he had obtained | for his tribe; namely, the four
10 dances which were in the privilege-box, ‖ and also the other things.
"Now, I want you to | consider whether I should not give a winter
dance." Thus he said. | Immediately all of them agreed to what he
said, and he gave a winter dance. | Then he showed the four dances
which he had obtained in marriage | from the Āwīk·!ēnoxᵘ. Now the
15 name of ᴇmáxwa (II 1) was Lāqwag·ila. ‖ He gave a feast with the
dried goat-meat and the tallow of the | goats. |

---

hēᴇmisa maᴇlgŭnāltsᴇmē x·ix·ilgwats!ē ᴇmᴇlxᴇlâ Lǃāʟ!ábata ʟᴇᴇwa
95 maᴇïtsᴇmē yix̣ᵘsᴇmayaats!ēsō ᴇmᴇlxᴇlâx Lǃāʟ!ábata. Wä, hēᴇmē-
ʟēda k·!āwats!ē g·ïldasē. Wä, g·āx̣ᴇmᴇlaē mōxdzᴇm lāx yāᴇyatsᴇās
ᴇmáxwa. Wä, g·ïlᴇᴇmᴇlāwisē ᴇwīᴇlxsᴇxs laaᴇlaē ᴇmáxwa ʟáx̣ᴇūlᴇxs
lāxēs yāᴇyats!ē, qaᴇs mōᴇlēs gwēx·ᴇidaasasēs nᴇgŭmpē Lǃāqwag·ila.
Wä, g·ïlᴇᴇmᴇlāwis q!wēlᴇïdᴇxs g·āxaē ʟᴇxᴇēda. Wä, g·āx̣ᴇmᴇlaē
200 nāᴇnakwa ʟᴇᴇwis gᴇnᴇmē lāx Tēgŭxstē. Wä, g·ïlᴇᴇmᴇlāwisē lāg·a-
axs laaᴇlaē ᴇmáxwa äxk·!ālaxēs ōmpē Āmáxŭlaɫē, qa hēx̣ᴇᴇidaᴇmēsē
ʟēltsǃōdxa sᴇk·!asgᴇmakǃŭsē ᴇnālᴇnᴇᴇmēmatsa Nāk!wax·daᴇxwē la
dzāqwa. Wä, hēx·ᴇïdaᴇmᴇlāwisē Āmáxŭlaɫē lä ʟēᴇlāla. Wä, laᴇm-
ᴇlaē k·!ēs hādzᴇxstalaxs laaᴇl ʟēᴇlāla, qaxs āᴇmaaᴇl ōpālaxs lāna-
5 xwaē k·!wanōʟᴇmlïlaxa ᴇnáxwa bēbᴇgwänᴇma, k·!ēsᴇlat!a gā-
laxs g·āxaē ᴇwīᴇlaēʟa. Wä, g·ïlᴇᴇmᴇlāwisē g·āx ᴇwīᴇlaēʟᴇxs laaᴇlaē
ᴇmáxwa äxk·!ālaxēs ōmpē, qa ʟᴇnēx·ᴇïdēsēxa t!ᴇx·ïlāsēs g·ōkwē. Wä,
hēx·ᴇïdaᴇmᴇlāwisē ᴇmáxwa ʟáx̣ᴇūlïla, qaᴇs tsǃᴇk·!ālᴇïdēsēs gwänᴇmē
lāxēs g·ōkŭlōtēxa mōx̣widāla lēlēdaxa g·īts!āwaxa k·!āwats!ē g·ïl-
10 dasa, hēᴇmisʟa ᴇnáxwa ōgŭᴇla lāq. "Wä, laᴇmēsᴇn ᴇnēx· qaᴇs wēg·aōs
dōqwalaxēs nēnâqaᴇyōs, qᴇn wēg·i yāwix·ïla," ᴇnēx·ᴇlaē. Wä, hēx·ᴇï-
daᴇmᴇlāwisē ᴇnáxwa ēx·ᴇᴇakᴇᴇx wāldᴇmas. Wä, laᴇmē yāwix·ïla.
Wä, hēᴇmis ɬa nēlᴇïdaatsa mōx̣widāla lēlēda, yix gᴇg·adānᴇmas
lāxa Āwīk·ǃēnoxwē. Wä, laᴇmᴇlaē ʟēgadē ᴇmáxwās Lǃāqwag·ila.
15 Wä, laᴇm k!wēlasᴇïtsa x·ïlkwē ᴇmᴇlxʟowa ʟᴇᴇwa yix̣ᵘsᴇmēsa
ᴇmelxʟowē.

He also gave away the bear-skin blankets, | the lynx-skin blankets, 17
and the dressed skins, at the winter dance | that he was giving to his
tribe the Nāk!wax·da'x". It was not long before || they had a son. 20
Immediately the | father-in-law (I 2) of L!āqwag·ila—for I call him
no longer ʻmāxwa (II 1), | because he had already the name L!āq-
wag·ila (II 1)—the | former L!āqwag·ila (I 2) (that is, the father-in-
law of the former ʻmāxwa (II 1)), gave as a marriage gift the name |
Nānagwas (III 1) for the child. Now his name was Nānagwas
(III 1), || and it was not long before they had a daughter. | Then her 25
name was L!āqwag·ilayugwa (III 2). Now | L!āqwag·ila (II 1) had
two children. | Nānagwas (III 1) and his sister, L!āqwag·ilayugwa
(III 2), were not yet grown up | when L!āqwag·ila (II 1) wished to
marry the princess of Goxoɫanē, (I 3) Bɛlxanaga (II 3) (Haliotis-
Woman,) || because he was the head chief of the Nuxak·ɛm (I mean the 30
Bellacoola). | Now L!āqwag·ila (II 1) wished to marry the princess of
Goxoɫanē, Bɛlxanaga (II 3), only for her property,[1] | because he
wanted to get in marriage many names | and various winter dances;
and therefore he told his numaym | the ʻwālas, and he was told by
them to go ahead and do it quickly. || Then L!āqwag·ila (II 1) got 35
ready to start | on the following morning with his numaym the
ʻwālas. | Early in the day they started by canoe. His wife remained

Wā, laɛmxaāwisē ʻwīʻla yāx·ʻwītsa L!ɛnL!ɛntsɛmē ʻnaɛnx·ʻūnaʻya 17
ʟɛʻwa ʻwālasx·āsgɛmē ʻnaɛnx·ʻūnaʻya ʟɛʻwa ălăg·ʻImē lāxēs yāwix·ʻi-
laēnaʻyē qaēs g·ōkūlōta Nāk!wax·daʻxwē. Wā, k·ʻlēsʻlatʻla gălaxs
laē xūngwadɛx·ʻīda, yīsa băbagŭmē. Wā, la hēx·ʻidaɛmʻlaē nɛ- 20
gūmpas L!āqwag·ila, —qaxg·in laʻmēk· gwăl ʟēqɛlas ʻmāxwa lāq,
qaʻs ʟɛʻmaē ʟēgadɛs L!āqwag·ila, yīx ʻmāxwa. — Wā, laɛmʻlaē
L!āqwag·ilamōt!a, yix nɛgūmps ʻmāxwamōt!a ʟēgɛmg·ɛlxʟālax Nā-
nagwasē, qaʟēgɛmsa g·ʻinānɛmē. Wā, laɛmʻlaē ʟēgadɛs Nānagwasē.
Wā, k·ʻlēsʻɛmʻlaxaāwisē gălaxs laaʻl ēt!ēd xūngwadɛx·ʻitsa ts!ātsʻla- 25
dāgɛmē, wā, laɛmʻlaē ʟēgadɛs L!āqwag·ilayugwa. Wā, laɛmʻlaē
maʻlōkwē sāsɛmas L!āqwag·ila. Wā, k·ʻlēsʻɛmʻlāwisē q!ūlsq!ūlyax-
ʻwīdē Nānagwasē ʟɛʻwis wūq!wē L!āqwag·ilayugwaxs laaʻl ʻnēx·ʻlaē
L!āqwag·ila, qaʻs lā gagak·!ax k·!ēdēlas Goxoɫanē lax Bɛlxanaga,
yīxs hēʻmaē xamagɛmē g·ʻIgămēsa Nuxak·ɛmxa gwɛʻyōwē Bɛlxūla. 30
Wā, laɛmʻlaē ʻnēk·ō L!āqwag·ila, qaʻs âʻmē xwēsax[1] k·!ēdēlas
Goxoɫanē lax Bɛlxanaga, qaxs ʻnēk·aē, qaʻs ʟāʟēgɛmōL!ēx ʟēgɛma
ʟōʻ ōgūqaɫā lēlēd lāq. Wā, hēʻmis la nēʻlɛmsēxēs ʻnɛʻmēmota
ʻwālasē. Wā, laɛmʻlaē âɛm wāxasōʻ, qaʻs wēg·ī âɛm haliʻlāla. Wā,
lāʻlaē hēx·ʻidaʻmē L!āqwag·ila xwānaɫʻīda, qaʻs wāg·il ălēx·ʻwīdɛɫ 35
qo ʻnāx·ʻīdɛɫxa gaālaʟa ʟɛʻwis ʻnɛʻmēmota ʻwālasē. Wā, g·Ilʻɛm-
ʻlāwisē ʻnax·ʻīdɛx lāaʻl ălēx·ʻwida. Wā, laɛmʻlaē ɛmlēxwē gɛnɛmas

---

[1] X wēsa means a mock marriage performed in order to obtain certain prerogatives.

38 at home | with her two children. Then they arrived at the place of the Bellacoola, | and at once he paid the marriage money for the
40 princess of Goxoɫanē (I 3); and ‖ after he had paid the marriage money, the chief, Goxoɫanē (I 3), came out | of his house with his princess, Bɛlxanaga (II 3), each wearing two | marten-blankets. Four old | men carried each five lynx-skin blankets—twenty | in all.
45 Then Goxoɫanē (I 3) spoke, and ‖ gave the four marten-skin blankets and the twenty lynx-skin | blankets to Lʟāqwag·ila (II 1), and also the name Q!ɛmsdɛx̣ūlɛlxsdē (II 1), | which was to be the name of Lʟāqwag·ila (II 1); and also the name of his princess, Bɛlxanaga (II 3), | was given to Lʟāqwag·ila (II 1) to be the name of his princess Lʟāqwag·ilayugwa (III 2). | That is all that he obtained
50 there. Then they put the ‖ sewed blankets into the canoe of Lʟāqwag·ila (II 1); and | Goxoɫanē (I 3) and his princess Bɛlxanaga (II 3) went into the house. | Lʟāqwag·ila (II 1) was never invited in with his crew. | Therefore Lʟāqwag·ila (II 1) became angry, and said
55 to his crew, | "Let us push off and leave this silly person!" ‖ Thus he said. They left, and in the evening | a warrior of the Nāk!wax·da'x̣ᵘ whose name was K·ᴛlɛm, | said, "Listen to me, Nɛnōlō | and Nandzē!" naming his fellow-warriors, "I am | ashamed because we
60 were not even invited in by the Bellacoola. I ‖ wish you would make

---

38 ʟE'wis ma'lōkwē sāsɛma. Wä, laɛm'lāwisē lāg·aa lāxa Bɛlx̣ūla. Wä, hēx·'idaɛm'lāwisē qādzīl'ēda lāx k·!ēdēlas Goxoɫanē. Wä, g·īl'ɛm-
40 'lāwisē gwāɫ qadzēlaxs g·āxaa'lasa g·īgăma'yē Goxoɫanē g·āxāwūls lāxēs g·ōkwē ʟE'wis k·!ēdēlē Bɛlxanaga 'naɛnx̣'ūnālaxa maēma'lē ʟō-ʟɛgɛxsɛm 'naɛnx̣'ūna'ya. Wä, lā'laē dalēda mōkwē q!ūlsq!ūlyakᵘ bēbɛgwānɛmxa sēsɛk·'la 'wālasx·äsgɛm 'naɛnx̣'ūna'ya ma'ltsox̣ᵘ'laē hāgā. Wä, hēɛm'lāwis yāq!ɛg·a'lē Goxoɫanē. Wä, laɛm'laē g·ax·-
45 k·!ɛk·!altsa mōwē ʟēʟɛgɛxsɛm ʟE'wa ma'ltsokwē 'wī'wālasx·ä'sgɛm 'naɛnx̣'ūnē' lāx Lʟāqwag·ila; wä, hē'misa ʟēgɛmē Q!ɛmsdɛx̣ūlɛlxsdē, qa ʟēgɛms Lʟāqwag·ila. Wä, hē'misē ʟēgɛmasēs k·!ēdēlē Bɛlxanaga g·axyōs lāx Lʟāqwag·ila qa ʟɛgɛms k·!ēdēlasē Lʟāqwag·ilayugwa. Wä, hēɛm wāxē gwānɛmas lāq. Wä, g·āx'ɛm'laē āx'ālɛxdzɛma
50 q!āq!ɛnolē 'naɛnx̣'ūna'ya lāx yā'yats!äs Lʟāqwag·ila. Wä, lā'laē āɛm'la hōgwīʟē Goxoɫana ʟE'wis k·!ēdēlē Bɛlxanaga lāxēs g·ōkwē. Wä, laɛm'laē hēwäxa ʟēlwūltōtsɛ'wē Lʟāqwag·ila ʟE'wis k!wēmē. Wä, hēɛm'lāwis ts!ɛngums Lʟāqwag·ila, lāg·ilas 'nēk·a lāxēs k!wēmē: "Wēg·a āɛm q!ōtɛlīsax, qɛns lālag·i āɛm bāsa ēsēx nēnāxsāla,"
55 'nēx·'laē. Wä, g·āx'ɛm'laē āɛm bās. Wä, hē'lat!a la dzāqwaxs laa'l yāq!ɛg·a'lē bābɛbak!oɫasa Nāk!wax·da'xwa ʟēgadās K·ᴛlɛmē. Wä, lā'laē 'nēk·a: "Wäɛntsōs hōʟēla g·āxɛn, 'nē'nɛmōkᵘ Nɛnōlō, ʟō's Nandzē," 'nēx·'laē ʟēqi'lālaxēs bābɛbak!wotē, "yīxg·īn max·-ts!ēg·inʟasa k·!ēsē āʟat!a ʟēlwūltōd g·axɛnsxa Bɛlx̣ūla. La'mēsɛn
60 'nēx· qa's wäg·aōs gwānaɫaxs nēnāqayaq!ōs, qɛns mɛmx·ts!ɛsīlē lā

up your minds to cover our shame, and to | attack on our way home 61
the Dālwiīdᴇxᵘ." Thus he said. Immediately | ʟ!āqwag·ila (II 1)
agreed to what he said, for the canoes were anchored | near the
entrance to the village of the Dālwiīdᴇxᵘ. When | it got dark, the
six canoes paddled along, ‖ intending to fight against the Dālwiīdᴇxᵘ 65
that night. They (people) were not | yet asleep when they arrived,
and | the warriors anchored at the other side of the point, near the |
village site. When everything was quiet, K·îlᴇm | and his friends,
Nandzē and Nᴇnōlō, started, and ‖ ʟ!āqwag·ila (II 1), with his crew, 70
followed them. It was not long before the village | was on fire, and
then the warriors began to kill the men. | ʟ!āqwag·ila (II 1) went into
the house of the chief of the | Dālwiīdᴇxᵘ and took a large carved box
and carried it | to his canoe and put it aboard. It was not long
before Nandzē came, ‖ carrying three heads which he had cut off; 75
and K·îlᴇm came, carrying four | heads; and Nᴇnōlō came, carrying
two | heads and also a woman-slave; and all the warriors took much |
food, which they carried on their shoulders | into the canoes. Then
Nᴇnōlō gave the woman- ‖ slave to ʟ!āqwag·ila (II 1); and when all 80
had gone aboard, they | went away before daylight. They | went
along, paddling all night, and they had gone a long way | before
day came. They did not rest before evening. Then | they arrived

---

kwākwēxbalaxwa Dālwiīdᴇxwa," ᵉnēx·ᶜlaē. Wä, hēx·ᶜidaᴇmᶜlāwisē 61
ʟ!āqwag·ila ēx·ᶜak·ᴇx wāldᴇmas, qaxs lᴇᶜmaᶜl ᶜnᴇxwālē mᴇxalaasas
yaēᶜyats!ās lāx āwāxstaᶜyas g·ōkūlasasa Dālwiīdᴇxwē. Wä, g·îlᶜᴇm-
ᶜlāwisē p!ᴇdᴇx·ᶜīdᴇxs laaᶜl ᶜwīlg·îʟē sēx̣ᶜwidēda q!ᴇʟ!ᴇts!aqē xwāxwā-
k!ūna. Wä, laᴇmᶜlaē lāł wīnałxa Dālwiīdᴇxwaxa gānuʟē. Wä, 65
k·!ēsᶜᴇmᶜlāwisē ᶜnāxwa mēxᶜēdᴇxs laaᶜl lāg·aa. Wä, âᴇmᶜlāwisē
mᴇxāʟaᶜya wīna lāx ăpsādzaᶜyasa awīlbaᶜyē lāxa nᴇx̣wāla lāxa
g·ōx̣ᵘdᴇmsē. Wä, hēᶜlat!ē la ᶜwīᶜla sᴇlt!ēdᴇxs laaᶜl qāsᶜidē K·îlᴇmē
ʟᴇᶜwis ᶜnēᶜnᴇmōkwē Nandzē ʟōᶜ Nᴇnōlowē. Wä, lāᶜlaē älxʟaᶜyē
ʟ!āqwag·ila ʟᴇᶜwis waxᵘts!āla. Wä, k·!ēsᶜlat!a gālaxs laaᶜl xumtli- 70
dēda g·ōkūla. Wä, hēᴇmᶜlāwis la k·!ēlag·atsa bābᴇbak!wāxa bēbᴇ-
gwānᴇmē. Wä, laᴇmᶜlaē ʟ!āqwag·ila laēʟ lāx g·ōkwas g·īgāmaᶜyasa
Dālwiīdᴇxwē, qaᶜs lēnᴇmēxa k·!ēsgᴇmāla ᶜwālas g·īldasa, qaᶜs lās
lāxēs yāᶜyats!ē, qaᶜs lā hăng·aalᴇxsas. Wä,k·!ēsᶜlat!a gālaxs g·āxaē
Nandzē dālaxa yūdux̣ᵘsᴇmē qāg·îkwa. Wä, g·āxᶜlaē K·îlᴇmē mōs- 75
gᴇmᶜlaē daakwas qāg·îkwa. Wä, g·āxᶜlaē Nᴇnōlōwē dālaxa māᶜltsᴇ-
mē qāg·îkwa, hēᴇmᶜlāwisa ts!ᴇdāqē q!āk·owa. Wä, lāᶜlaē q!ᴇyōʟa
ᶜnāxwa wīnaxa hēmaōmasē, yîx g·āxē t!ēt!ᴇnx̣ᵘsēxs g·āxaē hōx̣ᶜwa-
łᴇxsᴇla lāxēs yaēᶜyats!ē. Wä, laᴇmᶜlaē Nᴇnōlowē ts!āsēs ts!ᴇdāqē
q!āk·o lāx ʟ!āqwag·ila. Wä, g·îlᶜᴇmᶜlāwisē ᶜwīᶜla hōx̣ᶜwałᴇxs lāxēs 80
yaēᶜyats!āxs g·āxaē sᴇp!ēdaxa k·!ēsᶜmaᶜl ʟ̣āla qaᶜs ᶜnāx·ᶜidē. Wä,
g·āx̣ᶜᴇmᶜlāwisē nᴇkūlaxa gānuʟē. Wä, k!wāg·ilaᴇmᶜlāwisē qwēsg·i-
laxs laaᶜl ᶜnāx·ᶜida. Wä, hēwāxaᶜlat!a x·ōsᶜidaxs laē dzāqwa. Wä,

85 at the mouth of Bellacoola Inlet that evening. ‖ There they took a
rest; and when it was nearly | midnight, they started again. At
daybreak they came to a place near the | mouth of Rivers Inlet.
They went on, | and took a rest at the mouth of the Gwa‘sɛla Inlet. |
Then they felt safe, and thought that they were not being pursued by
90 the Dālwiīdɛxᵘ. Then ‖ the warriors scalped the heads which they
had cut off; and after they had done so, | Lⁱāqwag·ila (II 1) spoke,
and said, | "Thank you for what you have done. Now we are not
ashamed, although we were not | invited in by Ǧoxoɬanē (I 3). I
mean that I have also cut off a head." | While he was saying so, he
95 lifted up by the hair a head. Then ‖ they asked the woman-slave for
the name of the man whose head had been cut off by Lⁱāqwag·ila
(II 1); | and the slave said, "That is the head of the chief of the |
Dālwiīdɛxᵘ, and his name was Qāmatsa." Then | he opened the
large carved box; and first he | saw a neck-ring of red cedar-bark,
300 and a head-ring. He did ‖ not take them out, but he just felt among
the red cedar-bark, | and there he felt the whistles of the cannibal-
dancer. | He took one and blew it. Then he | uttered the cannibal-
cry, because he had obtained it in war. Then | his numaym were
glad, because Lⁱāqwag·ila (II 1) himself had cut off the head of the ‖
5 owner of the large carved box. Then | he put back the whistles into

---

g·āx‘ɛm‘laē lāx ăwāxsta‘yas wūnăɬdɛmsasa Bɛlx̣ūlāxs laē gănuɬ‘īda.
85 Wä, hēɛm‘lāwis la x·ōsaLa‘yē yāwas‘ida. Wä, g·īl‘ɛm‘lāwisē ɛlāq
nɛgēg·ēxs lāa‘l ēt lēd sɛp!ēda. Wä, g·āx‘laē ‘nayō lāxa nɛx̣wāɬa lāx
ăwāxsta‘yas wūnăɬdɛmsasa Āwīk·!ēnoxwē. Wä, hē‘năkŭl‘ɛm‘lāwisē,
qa‘s g·āxē x·ōs‘id lāx ăwāxsta‘yas wūnăɬdɛmsasa Gwa‘sɛla. Wä,
laɛm‘laē hēlēx‘id k·!ēs sāsɛ‘wasōsa Dālwiīdɛxwē. Wä, laɛm‘laē
90 sābɛltsɛmdēda bābɛbak!wāxēs qēqāg·īkwē. Wä, g·īl‘ɛm‘lāwisē
gwāla laa‘lasē yāq!ɛg·a‘ɬē Lⁱāqwag·ila. Wä, lā‘laē ‘nēk·a: "Gēla-
k·as‘lax·īns gwēx·‘idaasē qaxg·īns k·!ēsēk· la max·ts!axg·īns k·!ēsēk·
ɬēl‘wūltōtsōs Ǧoxoɬanē, qaxg·īn ‘nē‘nak·iɬɛk· ōgwaqa‘mɛn qāx·‘-
ida," ‘nēx·‘laēxs laē dzōx̣ōstōd nēdzɛxlēxa qāg·īkwē. Wä, lā‘laē
95 wūlāsē‘wēda ts!ɛdāqē q!āk·owa lāx ɹēgɛmas qāg·īkwas Lⁱāqwag·ila.
Wä, lā‘laē ‘nēk‘ēda q!āk·owaqēxs hē‘maē xāmagɛmē g·īgāmēx·dēsa
Dālwiīdɛxwē. Wä, hēɛm‘lāwis ɹēgɛmsē Qāmatsa. Wä, lā‘laē
x·āx̣‘wīdxa ‘wālasē k·!ēsgɛmāla g·īldasa. Wä, hēɛm‘lāwis g·īl dō-
x·‘waɹɛltsēda qɛnxawa‘yē L!āgɛkwa ɹɛ‘wa qɛx·ɛma‘yō. Wä, lā‘laē
300 k·!ēs āx‘wūlts!ōdɛq. Āɛm‘laē p!ēx̣‘wīdɛx ăwābā‘yasa L!āgɛkwē.
Wä, hēɛm‘lāwis la p!ēx̣‘waɹɛlatsēxa mɛdzēsasa hāmatsla. Wä,
g·īl‘ɛm‘lāwisē āx‘ēdqēxs laē pōx̣‘wīdɛq qa hēk·!ɛg·a‘ɬēs. Wä, lā‘laē
hāmts!ɛg·a‘la qaxs ɬɛ‘maē ālak·!āla wīnānɛmaq. Wä, laɛm‘laē
mō‘lē ‘nɛ‘mēmotasēxs hēq!ānox̣ᵘ‘maē L!āqwag·ila qāx·‘īdɛx āxnō-
5 gwadāsa ‘wālasē k·!ēsgɛmala g·īldasa. Wä, laɛm‘laē x̣wēlaqa

the large box, and they started away. | In the evening they arrived 7
at Tēgŭxstē‘, their | village, and immediately ᴌ!āqwag·ila (II 1)
disappeared in winter. | Then he gave a winter dance, and now
ᴌ!āqwag·ila (II 1) was a cannibal-dancer; || and the woman-slave 10
advised ᴌ!āqwag·ila (II 1) what to do, | and told him that the name
of the cannibal-dancer was Qāmatsa; and | the songs were also sung
by the slave to the song-leaders of the Nāk!wax·da‘xᵘ. | Indeed,
why should they not learn the songs of · the | cannibal-dancer?
because they obtained it by killing in war, for it is more valuable
when || obtained in war than when obtained in marriage. When 15
ᴌ!āqwag·ila (II 1) had learned | the ways in which the cannibal-
dance was danced by the Dālwiĭdᴇxᵘ, and the songs, | he got excited
in his cannibal-dance. Then | they killed the woman-slave, and he
ate her, and | ᴌ!āqwag·ila (II 1) himself ate the whole slave. Then
he changed || his name, because he had swallowed the whole woman- 20
slave; | and after that ᴌ!āqwag·ila's (II 1) cannibal name was
Ḷawiŏkᵘ (II 1). |

After ᴌ!āqwag·ila (II 1) had been cannibal-dancer for four winters |
(I shall hereafter call him Qāmatsa (II 1), the | name which he
obtained in war from the chief of the Dālwiĭdᴇxᵘ, whom he had
killed), || Qāmatsa (II 1) still had for his wife ᴌ!āqwag·ilayugwa (II 2), 25
the Āwīk·!ēnoxᵘ | woman. |

äxts!ōtsa mᴇdzēsē lāxa ‘wālasē g·ĭldasa. Wä, g·äx‘laē Ḷᴇx‘ēda. 6
Wä, laᴇm‘lāwisē dzāqwaxs g·äxaē g·äx‘aLᴇla lāx Tēgŭxsta‘yē lāxēs
g·ōkŭlasē. Wä, lā‘laē hēx·‘idaᴇm x·ĭs‘Idē ᴌ!āqwag·ilāxa la ts!ā‘wŭn-
xa. Wä, laᴇm‘laē yāwix·‘ila. Wä, laᴇm hāmats!a yīx ᴌ!āqwag·ila.
Wä, hēᴇm‘lawisa ts!ᴇdāqē q!āk·o Ḷēxs‘ālax ᴌ!āqwag·ila, qa gwēg·ilats 10
Ḷᴇ‘wa Ḷēgᴇmas Qāmatsax·dē lāxēs hāmats!aēnēx·dē. Wä, hē‘misē
q!ᴇmq!ᴇmdᴇmas g·äx dᴇnxōdzᴇmsa q!āk·ō lāx nēnâgadāsa Nā-
k!wax·da‘xwē, qāḶ qa k·!ēsēs ‘wī‘la q!āq!ōḶ!axa q!ᴇmq!ᴇmdᴇmasa
hāmats!āxs Lᴇ‘maē k·!ēlag·anᴇmāq lāxa wina, yīxs lāqaēda wīnā-
nᴇmaxa gᴇg·adānᴇmē. Wä, g·īl‘ᴇm‘lāwisē ‘wī‘la la q!ālē ᴌ!āqwag·i- 15
lāx gwayĭ‘lālasasa Dālwiĭdᴇxwaxēs hāmats!ax·dē Ḷᴇ‘wa q!ᴇmq!ᴇm-
dᴇmaxs laa‘l ẋwasē ᴌ!āqwag·ila lāxēs hāmats!ēna‘yē. Wä, laᴇm‘laē
‘lāwisē k·!ēlax·‘ĭtsᴇ‘wēda ts!ᴇdāqē q!āk·â, qa ha‘mās. Wä, laᴇm‘laē
ᴌ!āqwag·ila ‘naxŭlaxa q!āk·ox·dē ha‘māpᴇq. Wä, laᴇm‘laē ᴌ!ayō-
sᴇ‘wē Ḷēgᴇmas lāxēq qaēs Ḷawēk!wēna‘yasa ts!ᴇdāxdē q!āk·owa. 20
Wä, laᴇm‘laē ᴌ!āqwag·ila hämdzᴇxḶālas Ḷawiŏkwē lāxēq.

Wä, g·îl‘ᴇm‘lāwisē mōx‘ŭnxē tsä‘wŭnxas la hāmats!a, yīx ᴌ!āqwa-
g·ila. La‘mēsᴇn hēł lāł Ḷᴇqᴇlayoqē Qāmatsa yīx wīnānᴇmas, yīx
Ḷēgᴇmx·dāsa k·!ēlax·‘ĭtsᴇ‘wasē g·īgämēx·dāsa Dālwiĭdᴇxwē. Wä,
laᴇm‘laē hēx·sāᴇm gᴇnᴇms Qāmatsē ᴌ!āqwag·ilayugwaxa Āwĭk·!ax- 25
sᴇmē.

27 Then L!āqwag·ilayugwa (II 2) told her husband, Qāmatsa (II 1), | to go and marry the princess of Sēwid (I 4), chief of the numaym | G·īg·ĭlgăm of the Gwa‘sɛla; and the name of the princess of Sēwid
30 was ‘maxᵘmɛwidzɛmga (II 4). ‖ Immediately Qāmatsa (II 1), and his numaym the | ‘wālas, went to pay the marriage money. The Gwa‘sɛla lived in Gwĕk·ɛlis. | They arrived there after one day, and he paid the marriage money at once; and | after the numaym ‘wālas had paid the marriage money, the chief | gave to Qāmatsa (II 1) as a
35 marriage present the name Sēsaxâlas (II 1); ‖ and he gave to Qāmatsa (II 1) for his daughter | the name ‘mɛmxâyugwa (III 2), and also a privilege-box | in which were the cannibal-dance, shaman-dance, and the ōlala, | and also the mouse-dance and red cedar-bark, and their names. | They stayed one night, and then Qāmatsa (II 1) went back
40 with his wife to ‖ Tēgŭxstē‘. Now Qāmatsa (II 1) had two wives — his | Āwīk·ᵋēnoxᵘ wife, L!āqwag·ilayugwa (II 2), as head wife; and his second wife, | the Gwa‘sɛla woman, ‘maxᵘmɛwidzɛmga (II 4). Now | Nänagwas (III 1) and his sister L!āqwag·ilayugwa (III 2), were growing up. |
45 Then K·!ādē (III 3), the prince of Hăwīlkŭlał (II 5), ‖ chief of the numaym Qawadiliqăla of the Dzāwadēēnoxᵘ, married | L!āqwag·ilayugwa (III 2), the princess of Qāmatsa (II 1); but now he was no longer called | Qāmatsa (II 2), but Sēsaxâlas (II 1), and I shall no

27 Wä, lä‘laē L!āqwag·ilayugwa ‘nēx· qa läsēs lā‘wŭnɛmē Qāmatsa gagak·!ax k·!ēdēlas Sēwidē, yĭx g·īgāma‘yasa ‘nɛ‘mēmota G·īg·ĭlgemasa Gwa‘sɛla, yīxs ᴌēgadaē k·!ēdēlas Sēwidās ‘maxᵘmɛwidzɛmga.
30 Wä, hēx·‘idaɛm‘lāwisē la qādzēᴌē Qāmatsa ᴌᴇ‘wis ‘nɛ‘mēmota ‘wālasē, yīxs haa‘l g·ōkŭlatsa Gwa‘sɛlē Gwĕk·ɛlisē. Wä, hēlālaɛm‘lawisēxs laē lāg·aa. Wä, hēx·‘idaɛm‘lāwisē qādzīl‘ēda. Wä, g·īl‘ɛm‘lawisē gwāla ‘nɛ‘mēmotasa ‘wālasē qādzēᴌaxs laa‘lasa g·īgāma‘yē ᴌēgɛmg·ɛlxᴌalax Sēsaxâlasē, qa ᴌēgɛms Qāmatsa. Wä,
35 hē‘mis qa ᴌēgɛms ts!ɛdāqē xŭnōxᵘs Qāmatsa. Wä, laɛm‘laē ᴌēgadɛlts ‘mɛmx·âyugwa. Wä, hēɛm‘lāwisa k·!āwats!ē g·ĭldasa‘yīx g·īts!ɛ‘wasasa hāmats!a ᴌᴇ‘wa păxālalałē ᴌᴇ‘wa ōlala; wä, hē‘misa k·!āpɛlałē ᴌᴇ‘wa L!ēᴌlagɛkwas ᴌᴇ‘wa ᴌēᴌegɛmas. Wä, lä‘laē xa‘māla lāqēxs g·āxaē nä‘nakwē Qāmatsa ᴌᴇ‘wis gɛnɛmē läx
40 Tēgŭxsta‘yē. Wä, laɛm‘laē ma‘lilē Qāmatsäxēs gɛgɛnɛmē ᴌᴇ‘wa Āwīk·!axsɛmē L!āqwag·ilayugwaxa gɛk·ĭmalīlē; wä, lä‘laē a‘līla Gwa‘sɛlaxsɛmē gɛnɛmsē ‘maxᵘmɛwidzɛmga. Wä, laɛm‘laē q!ŭlyax‘widē Nānagwasē ᴌō‘laēs wŭq!wē L!āqwag·ilayugwa.
Wä, g·āx‘laē K·!ādē, yix ᴌewŭlgāma‘yas Hăwīlkŭlałē, yĭx g·īgā-
45 ma‘yasa ‘nɛ‘mēmotasa Qāqăwadiliqălāsa Dzāwadēēnoxwē qadzēᴌax L!āqwag·ilayugwa, läx k·!ēdēlas Qāmatsa, yĭxs lɛ‘maa‘l gwāl ᴌēgadɛs Qāmatsa. Wä, laɛm‘laē Sēsaxâlasᴌē Qāmatsa. La‘mēsɛn gwāl

longer | call him Qāmatsa (II 1); and his princess, | L!āqwag̣ i- 48
layugwa (III 2), had also changed her name, and she was called
ᵋmᴇmxᵋâyugwa (III 2), which ‖ he had obtained in marriage from the 50
chief of the Gwaᵋsᴇla, | Sēwid (I 4). As soon as ᵋmᴇmxᵋâyugwa
(III 2) was married, Sēsaxâlas (II 1) took the large | carved box
which he had obtained in marriage from the chief of the | Āwīk·!ēnoxᵘ,
L!āqwag̣·ila (I 2). He gave it to his son-in-law K·!âdē (III 3); and |
in the box was the cannibal-dance, and its name was Hāmtsēᵋstä-
sᴇlag̣ᵋīlis, ‖ and the hōx̣ᵘhōkᵘ head-mask, and the crooked-beak 55
head-mask, | and the raven head-mask, and the gᴇlōgūdzâlis head-
mask, | and also the cedar-bark ring k·!ōsᴇnxawē and the other |
head-rings, and also the rich-woman dancer and her name and her
cedar-bark, | and the fire-dancer and his name and cedar-bark, ‖
and the shaman-dancer and his name and cedar-bark. All of | these 60
were in the large carved box. These were | given in marriage by
Sēsaxâlas (II 1) to his son-in-law, K·!âdē (III 3), and also the |
secular name ᵋmāx̣wa (III 3). That was the first winter dance from
the | Āwīk·!ēnoxᵘ that went to the Dzāwadᴇēnoxᵘ. Then K·!âdē
(III 3) went home ‖ with his wife ᵋmᴇmxᵋâyugwa (III 2). Then 65
K·!âdē (III 3) at once | gave a winter dance when winter came.
Then he opened his large | carved box and gave a winter dance, and
showed the four dances in it. | After the winter dance he parted from

---

Ḷēqᴇlas Qāmatsa lāq. Wä, laᴇmᵋlaxaāwis L!ayoxLäᵋyē k·!ēdēlasē 48
L!āqwag̣·ilayugwa, qaxs lᴇᵋmaaᵋl Ḷēgadᴇs ᵋmᴇmxᵋâyugwa, yīx Ḷēḷe-
gᴇmg·ᴇlxLaᵋyas g·īgâmaᵋyasa Gwaᵋsᴇlē Sēwidē. Wä, g·ỉlᵋᴇmᵋlāwisē 50
gwāla qâdzēlāx ᵋmᴇmxᵋâyugwa laaᵋlasē Sēsaxâlasē äxᵋālīlaxa ᵋwālasē
k·!ēsgᴇmāla g·īldasaxēs gᴇg·adänᴇmē lāx g·īgâmaᵋyasa Āwīk·!ē-
noxwē, yīx L!āqwag̣·ila, qaᵋs lās lāxēs nᴇgümpē K·!âdē. Wä, hēᴇm
g·īts!âxa g·īldasa hāmatsla ḷᴇᵋwa Ḷēgᴇmasē Hāmtsēᵋstäsᴇlag̣ᵋīlisē
hēᵋmēsa hōx̣ᵘhokwīwaᵋyē hāmsiwaᵋya ḷᴇᵋwa gᴇlōqwīwaᵋyē hāmsi- 55
waᵋya ḷᴇᵋwa gwāx̣wiwaᵋyē hāmsiwaᵋya, ḷᴇᵋwa gᴇlōgūdzâlisē hāmsi-
waᵋya; wä, hēᵋmisa k·!ōsᴇnxawa L!āgᴇkwa ḷᴇᵋwa waōkwasxa
qᴇxᵋīmaᵋyē. Wä, hēᵋmisa Q!āminâgas ḷᴇᵋwis Ḷēgᴇmē ḷᴇᵋwis L!ēL!ā-
gᴇkwē, ḷᴇᵋwa nōnītsēᵋstalalē ḷᴇᵋwis Ḷēgᴇmē ḷᴇᵋwis L!ēL!āgᴇkwē,
ḷᴇᵋwa päxălalalē ḷᴇᵋwis Ḷēgᴇmē ḷᴇᵋwis L!ēL!āgᴇkwē. Wä, hēᵋsta- 60
ᵋmᴇl g·īts!âxa ᵋwālasē k·!ēsgᴇmāla g·īldasa. Wä, hēᵋmis la k·!ēsᵋo-
gülxḷēs Sēsaxâlasē lāxēs nᴇgümpē K·!âdē. Wä, hēᵋmisa bāx̣ū-
dzᴇxLâyowē Ḷēgᴇmē ᵋmāx̣wa. Wä, hēᴇmᵋl g·īl ts!ēts!ēxLᴇnsa
Āwīk·!ēnoxwē lā laxa Dzāwadᴇēnoxwē. Wä, lāᵋlaē näᵋnakwē K·!âdē
ḷᴇᵋwis gᴇnᴇmē ᵋmᴇmxᵋâyugwa. Wä, laᴇmᵋlaē hēxᵋᵋidaᵋmē K·!âdē 65
yāwix·ᵋīlaxa la ts!āᵋwŭnxa. Wä, laᴇmᵋlaē äxstōdxēs ᵋwālasē k·!ēsgᴇ-
māla g·īldasē, qaᵋs hēᵋmē yäᵋwēnᴇma mōx̣wīdāḷa lēlēdē g·īts!âq. Wä,
g·īlᵋᴇmᵋlāwisē gwāl yāwix·ᵋīlaxs laaᵋl k·!asō ḷᴇᵋwis gᴇnᴇmē ᵋmᴇm-

70 his wife | ᵋmᴇmxᵓâyugwa(III 2), and she went home to ‖ Tēgŭxstē.
Now K·!âdē (III 3) had made a mistake in the way in which he
handled the | cannibal-dance of the Äwīk·!ēnoxᵘ, and therefore
ᵋmᴇmxᵓâyugwa (III 2) became angry | with her husband, K·!âdē
(III 3). Therefore she went home. It was | not long before she
married K!wâmaxᴇlasōgwiᵋlakᵘ (III 4), | prince of the chief of the
75 Häxwāmis, K!wâmaxᴇlas (II 6). ‖ Now Sēsaxâlas (II 1) gave the
name ʟ!âqwag·ila to his son-in-law | K!wâmaxᴇlasōgwiᵋlakᵘ, (III 4),
and the name ʟ!âqwag·ilayugwa to | his sister Häx·häk!waēdzᴇmga
(III 5). Now, he did not speak about the | winter dance to his son-
in-law; and after | they had paid the marriage money, Sēsaxâlas (II 1)
80 invited his son-in-law K!wâmaxᴇlasōgwiᵋlakᵘ (III 4) ‖ and his crew.
They stayed for four days at Tēgŭxstē. | Then K!wâmaxᴇlasōgwiᵋlakᵘ
(III 4) returned home with his crew | and his wife ᵋmᴇmxᵓâyugwa
(III 2) (went) to Alalxâ, for that was the village of | the ancestors of
the Häxwāmis; and they were not married long when | ᵋmᴇmxᵓâ-
85 yugwa (III 2) had a son. Then ‖ Sēsaxâlas (II 1) gave as a marriage
gift many cinquefoil-roots and many seals, | and also a seal house-
dish, a killer-whale house-dish, | and a sea-lion house-dish — three
house-dishes to his | son-in-law K!wâmaxᴇlasōgwiᵋlakᵘ (III 4),
and also the name Mᴇnlᶜidaas (IV 1) | for the name of the new-born
90 child of ᵋmᴇmxᵓâyugwa (III 2). Then ‖ K!wâmaxᴇlasōgwiᵋlakᵘ
(III 4) changed his name when he gave a feast of cinquefoil-roots and

x·âyugwa. Wä, g·äxᵋᴇmᶜlaē nä'nakwa yîx ᵋmᴇmxᵓâyugwa läx
70 Tēgŭxstaᶜyē. Wä, laᴇmᶜlaē ʟēgŭltōdē K·!âda gwayiᶜlälasasa Äwī-
k·!ēnoxwē qaēda hāmatsla. Wä, hēᴇmᶜlāwis tsIᴇngŭms ᶜmᴇmxᵓâ-
yugwa läxēs lâᶜwŭnᴇmē K·!âdē, läg·ilas g·äx näᶜnakwē. Wä,
k·!ēsᶜlatla gälaxs laaᶜl ētlēd lâwadᴇs K!wâmaxᴇlasōgwiᶜlakwē, yîx
Lâwŭlgämaᶜyas g·ïgämaᶜyasa Häxwāmisē lax K!wâmaxᴇlasē. Wä,
75 laᴇmᶜlaē Sēsaxâlasē ʟēgᴇmg·ᴇlxʟâlax ʟ!âqwag·ila läxēs nᴇgŭmpē
K!wâmaxᴇlasōgwiᶜlakwē. Wä, hēᴇmᶜlāwisē ʟ!âqwag·ilayugwa qa
ʟēgᴇms wŭq!wäsē Häx·häk!waēdzᴇmga. Wä, laᴇmᶜlaē k·!ēs las
tslâxstala wäldᴇm läxēs nᴇgŭmpē. Wä, g·îlᶜᴇmᶜlāwisē gwâla
qädzēʟäxs laaᶜl lēlwŭltōdē Sēsaxâlasaxēs nᴇgŭmpē K!wâmaxᴇlasō-
80 gwiᶜlakwē ʟᴇᶜwis k!wēmē. Wä, möp!ᴇnxwaᶜsᶜlaē ᶜnâla hēlē Tēgŭx-
staᶜyē. Wä, laē näᶜnakwē K!wâmaxᴇlasōgwiᶜlakwē ʟᴇᶜwis k!wēmē
ʟōᶜmēs gᴇnᴇmē ᶜmᴇmxᵓâyugwa lax Alalxâ, qaxs hēᶜmaaᶜl g·ōkŭlatsa
g·äläsa Häxwāmisē. Wä, k·!ēsᶜlatla gäla hayasᴇk·âlaxs laaᶜl xŭn-
gwadᴇxᵋïdē ᶜmᴇmxᵓâyugwäsa bâbagŭmē. Wä, hᴇx·ᵋidaᴇmᶜlāwisē
85 Sēsaxâlasē la wâwałqâlasa q!ēnᴇmē t!ᴇxᵘsōs ʟᴇᶜwa q!ēnᴇmē mē-
gwata; hēᶜmisa ᶜnᴇmē mēgwat łoqŭlïła ʟᴇᶜwa mäxᶜēnoxwē łoqŭlïła,
ʟᴇᶜwa ʟ!ēxᴇnē łoqŭlïła. Yŭduxŭxʟaᶜlaēda łōᴇlqŭlïłē layōs läxēs
nᴇgŭmpē K!wâmaxᴇlasōgwiᶜlakwē, hēᶜmisa ʟēgᴇmē Mᴇnlᶜidaasē
qa ʟēgᴇms mäyoʟᴇmas ᶜmᴇmxᵓâyugwa. Wä, laᴇmᶜlaē ʟ!âyoxʟäyē
90 K!wâmaxᴇlasōgwiᶜlakwaxs laē k!wēlatsa t!ᴇxᵘsōsē ʟᴇᶜwa mēgwatē,

seals, | for he put the food into the three house-dishes. Now his | 91
name was L!āqwag·ila; and his sister Hăx·hăk!waēdzɛmga (III 5) |
changed her name, and her name was L!āqwag·ilayugwa; and | the
name of the child of ᵋmɛmx·âyugwa (III 2) was Mɛnl!ᵋidaas (IV 1), on
account of ‖ the feast given by L!āqwag·ila (II 1) of the many hair- 95
seals and | cinquefoil-roots. Now she had another son. | Now, the
father of L!āqwag·ila (III 4), K!wāmaxɛlas (II 6), wished to give a
name | to the new child of ᵋmɛmx·âyugwa (III 2). He gave a pot-
latch to the | ancestors of the Hăxwāmis, for the numaym of
K!wāmaxɛlas (II 6) were the G·ēxsɛm of the ‖ Hăxwāmis. Then 400
K!wāmaxɛlas (II 6) gave a potlatch to the G·īg·īlgăm | and Haăya-
lik·awēᵋ, as there are three numayms | among the Hăxwāmis. Then
K!wāmaxɛlas (II 6) gave the name K!wăk!wabalas (IV 2) | to his
grandson, for the child was to take the seat of | K!wāmaxɛlas (II 6)
after his death. Therefore he gave him a name. Now ‖ ᵋmɛmx·â- 5
yugwa (III 2) had two children by her husband L!āqwag·ila (III 4) ; |
and when Mɛnl!ᵋidaas (IV 1) was grown up, he took the head seat in
the | numaym G·ēxsɛm, and his younger brother, K!wăk!wabalas
(IV 2) had the | third seat in the numaym of his elder brother, | the
G·ēxsɛm. That is the seat of K!wāmaxɛlas (II 6), his grandfather.
Now ‖ K!wāmaxɛlas (II 6) had the seat at the end of the numaym 10
G·ēxsɛm. | It was as though K!wāmaxɛlas (II 6) had died already. |

---

yīxs laaᵋl łɛxᵘts!ɛᵋwakᵘ lāxa yūduxᵘūxLa łōɛlqūlīła. Wä, laɛm Lēga- 91
dɛs L!āqwag·ila. Wä, laɛmᵋlaē wŭq!wāsē Hăx·hăk!waēdzɛmga
L!āyuxLā. Wä, laɛmᵋlaē Lēgadɛs L!āqwag·ilayugwa. Wä, hēᵘmisa
xŭnōkwas ᵋmɛmx·âyugwa, laɛmᵋlaē Lēgadɛs Mɛnl!ᵋidaasē, qaxs hē-
ᵋmaē sēnatsa k!wēladzɛmas L!āqwag·ilaxa q!ēnɛmē mēgwata Lɛᵋwa 95
t!ɛxᵘsōsē. Wä, lāᵋlaxaē ēt!ēd xŭngwadɛx·ᵋītsa bābagŭmē. Wä,
laɛmᵋlaē ᵋnēk·ē ōmpas L!āqwag·ila, yīx K!wāmaxɛlasē, qaᵋs lē Lēqēla
qa Lēgɛmsa ălē xŭnōxs ᵋmɛmx·âyugwa. Wä, laɛmᵋlaē p!ɛsᵋēdxa
g·ālāsa Hăxwāmisē, yīxs hāē ᵋnɛᵋmēmotē K!wāmaxɛlasa G·ēxsɛmasa
Hăxwāmisē. Wä, hēɛmᵋlāwis p!ɛsasōs K!wāmaxɛlasa G·īg·īlgămē 400
Lɛᵋwa Haăyalik·awaᵋyē lāx yūduxᵘsɛmak!ūts!ēnaᵋyasa ᵋnălᵋnɛᵋmē-
masasa Hăxwāmisē. Wä, laɛmᵋlaē K!wāmaxɛlasē Lɛxᵋīdɛs K!wă-
k!wabalasē lāxēs ts!ōxᵘLɛma, qaxs lɛᵋmaē L!āyōstōdLa g·ināṇɛmax
K!wāmaxɛlasē qō łɛᵋlLō, lāg·iłas hē Lēqēla qa Lēgɛms. Wä, laɛm
maᵋlōkwē sāsɛmas ᵋmɛmx·âyugwa lāxēs lāᵋwŭnɛmē L!āqwag·ila. 5
Wä, g·īlᵋɛmᵋlāwisē q!ŭlsq!ŭlyaxᵋwīdē Mɛnl!ᵋidaasaxs laē Lāxŭmēsa
ᵋnɛᵋmēmotasa G·ēxsɛmē. Wä, lāᵋlaē ts!aᵋyāsē K!wăk!wabalasē
mamaᵋlōkwalg·iwāla lāx ᵋnɛᵋmēmotasēs ᵋnōla, yīx k!waᵋyas lāxa
G·ēxsɛmē, yīx k!wăx·dās K!wāmaxɛlasē, yīx gagɛmpas. Wä,
âᵋmisē la K!wāmaxɛlasē yāqwasōᵋ lāx māk·!ɛxsdaᵋyasēs ᵋnɛᵋmēmota 10
G·ēxsɛmē. Wä, laɛm gwăłɛlaɛm ᵋnɛmāx·ᵋīs Lō laɛm łɛᵋlē K!wāma-

12 Now he was glad, because his seat was taken by his grandson | K!wāk!wabalas (IV 2). Now I shall stop talking about | Llāqwag·ila (III 4) and his wife (III 2). ‖
15 Now I shall go back and talk about the son of | Sēsaxâlas (II 1), Nānagwas (III 1). Now Sesaxâlas (II 1) wished his prince, Nānagwas (III 1) to | marry the daughter of Kwax·ilanōkŭmē‘ (II 7), | head chief of the numaym Tɛmlitɛmlɛls of the | Mamalēleqăla. The
20 Nāk!wax·da‘x^u said at once that they would go ‖ to get in marriage Wāwalaxɛlag·i‘lak^u (III 6), for that was the name of the princess of | Kwax·ilanōkŭmē‘ (II 7). The Nāk!wax·da‘x^u started to pay the marriage money | on behalf of the chief of the numaym ‘wālas, Nānagwas; for | Sēsaxâlas (II 1) was not chief any more, because he was weak and old. | Then Nānagwas (III 1) took his seat, and
25 Sēsaxâlas (II 1) was given ‖ the last seat in the numaym ‘wālas. Now they gave to | Nānagwas (III 1) the seat of Sēsaxâlas (II 1), which was the first seat. | Now they arrived at ‘mēmkumlis, the village of the Mamalēleqăla; | and when they arrived there, the Nāk!wax·da‘x^u were met in sham-battle by the Mamalēleqăla. | The
30 Nāk!wax·da‘x^u were not frightened. ‖ They all went ashore and | threw stones up the beach at the Mamalēleqăla, and the | Mamalēleqăla threw stones down the beach; and many of the Nāk!wax·da‘x^u were hurt, | and also many of the Mamalēleqăla were hurt; | for there

12 xɛlasē. Wä, lāʟē ēk·ē nâqa‘yas, qaxs lɛ‘maē ʟlāyonox^usēs ts!ōx^u-
lɛmē K!wāk!wabalasē. Wä, la‘mēsɛn gwāl gwagwēx·s‘ālał lāx
Llāqwag·ila ʟɛ‘wis gɛnɛmē.
15 Wä, la‘mēsɛn aēdaaqał gwāgwēx·ax·‘īdeł lāx bɛgwānɛmē xŭnōx^us
Sēsaxâlasē, yīx Nānagwasē. Wä, laɛm‘laē Sēsaxâlasē ‘nēx· qa lās
gɛg·adēs ʟāwŭlgāma‘yē Nānagwasē yīs k!ēdēlas Kwax·ilanōkŭma‘yē,
yīx xamagɛma‘yē g·īgāmēsa ‘nɛ‘mēmotasa Tɛmltɛmlɛlsasa Mama-
lēleqăla. Wä, hēx·‘idaɛm‘lāwis Nāk!wax·da‘xwē ‘nēx· qa‘s lä ‘wī‘la
20 qadzēlax Wāwalaxɛlag·i‘lakwē, qaxs hē‘maē ʟēgɛms k·!ēdēlas Kwa-
x·ilanōkŭma‘yē. Wä, lā‘laē ālēx‘widēda qadzēʟaʟa Nāk!wax·da-
‘xwē, qa g·īgāma‘yasa ‘nɛ‘mēmotasa ‘wālasē, yīx Nānagwasē, qaxs
lɛ‘maē gwāl g·īgāma‘yē Sēsaxâlasaxs lɛ‘maē wāyats!ox‘wida. Wä,
la‘mēsē ʟlāyonux^us Nānagwasē, yīxs laa‘l yāqwasɛ‘wē Sēsaxâlasē
25 lāx māk·!ɛxsda‘yas ‘nɛ‘mēmotasa ‘wālasē. Wä, laɛm‘lāwisē yāqwa-
sɛ‘wē Nānagwasē lāx ʟāxwa‘yas Sēsaxâlasē lāxa ʟaxŭma‘yē. Wä,
laɛm‘lāwisē lāg·aa lāx ‘mēmkumlisē lā‘lax g·ōkŭlasasa Mamalēle-
qăla. Wä, g·īl‘ɛm‘lāwisē lāg·aaxs laa‘l amaqasɛ‘wēda Nāk!wax·da-
‘xwasa Mamalēleqăla. Wä, k·!ēts!ɛm‘lāwisē k·!l‘īdēda Nāk!wax·da-
30 ‘xwē. Âɛm‘laē ‘wī‘la hōx‘wŭltâ lāxēs yaē‘yats!ē, qa‘s ōgwaqē
nɛp‘wŭsdēsɛlasa t!ēsɛmē lāxa Mamalēleqăla. Wä, lā‘laē nɛpɛnts!ē-
sɛlasō‘sa t!ēsɛmasa Mamalēleqăla. Wä, lā‘laē q!ēnɛmē yīlkwāsa
Nāk!wax·da‘xwē. Wä, lā‘laxaē q!ēnɛmē yīlkwāsa Mamalēleqăla,

was nearly a real fight between the warriors of the ‖ Mamalēleqāla 35
and those of the Nāk!wax·da'x", because many | were hurt on each
side; and therefore it is said that there was nearly a real fight |
between K·ilɛm, the warrior of the Nāk!wax·da'x", and the | warrior
of the Mamalēleqāla, named K·ilɛmalag·ilis; and | K·ilɛm was hurt
by K·ilɛmalag·ilis. Then ‖ Chief Kwax·ilanōkūmē' (II 7) put on as 40
medicine for the hurt of K·ilɛm a large canoe, | and therefore it did
not become a real fight. | Another warrior of the Mamalēleqāla
named Nōlid challenged Nandzē, a | warrior of the Nāk!wax·da'x",
and neither won. | After they finished fighting, they paid the mar-
riage money; and after ‖ the marriage money had been paid, Näna- 45
gwas (III 1) and his crew were invited in by his father-in-law. | When
they were all in the house, they were given to eat; and | after eating,
Kwax·ilanōkūmē (II 7) arose and | spoke. He said, "Now, listen to
me, son-in-law | Nänagwas (III 1)! Your wife, Wāwalaxɛlag·i'lak"
(III 6), ‖ will now go to you; and she will carry on her back the 50
copper Causing-Quarrels, and | twenty boxes of oil and ten | boxes
of choke-cherries as traveling-provisions for your wife, Nänagwas
(III 1); | and these four house-dishes will go, | so that your guests
may eat out of them, Chief Nänagwas (III 1) — this double-headed
serpent ‖ house-dish, and this wolf house-dish, this seal house-dish, 55

---

yixs hālsɛla'maa'l k·!ēs äx·âlag·ilis dādɛgāwē bābɛbak!wāsa Mama-
lēleqāla ḷō' bābɛbak!wāsa Nāk!wax·da'xwē, qaxs q!ēnɛmaa'laē 35
yilkwās lāxēs 'wā'wax·sawaē, yixs hē'maa'l lāg·ilas ɛlāq äx·âlag·ilisē
qa K·ilɛmē yix bābak!wāsa Nāk!wax·da'xwaxs dādɛgāō ḷō' bāba-
k!wāsa Mamalēleqālaxa ḷēgadās K·ilɛmalag·ilisē. Wä, lä'laē yilkwē
K·ilɛmē lāx K·ilɛmalag·ilisē. Wä, hē'misa g·igāma'yē Kwax·ilanō-
kūma'yē pɛtstōtsa 'wālasē x̣wāk!ūna lāx yilkwa'yas K·ilɛmē. Wä, 40
hē'mis k·!ēsēlas la äx·âlag·ilis xōmal'idē. Wä, lä'laxaē Lēlōdē bāba-
k!wa 'nɛmōx̣"sa Mamalēleqālaxa ḷēgadās Nōlidē lāx Nandzē bāba-
k!wāsa Nāk!wax·da'xwē. Wä, laɛl k·!eâs yak·âs. Wä, g·il'ɛm'lā-
wisē gwāgūlâxs laa'l qādzēl'ida. Wä, g·il'ɛm'lawisē gwāl qādzē-
laxs laa'l lēl'wūltōtsɛ'wē Nänagwasasēs nɛgūmpē ḷɛ'wis k!wēmē. 45
Wä, g·il'ɛm'lāwisē la 'wī'laēlɛxs laa'l l!ɛxwilag·ila. Wä, g·il'ɛm-
'lāwisē gwāl l!ɛxwaxs laa'l ḷax̣'ūlīlē Kwax·ilanōkūma'yē, qa's
yaq!ɛg·a'lē. Wä, lä'laē 'nēk·a: "Wēga hōlēlal g·āxɛn nɛgūmp
Nänagwas. Laɛmḷax· lālg·as gɛnɛmg·ōs yixg·a Wāwalaxɛlag·i'la-
kūk·. Wä, g·a'mēs ōxlaax̣"ḷɛsēg·a Dɛnt!alayuk" l!āqwa, ḷōgwada 50
ma'itsɛmg·ustōk" dɛngwats!ē l!ē'na, ḷōgwada nɛqāsgɛm t!ētlɛl-
yats!ē k·!imyaxḷa qa g·ɛwūlx̣"sg·as gɛnɛmg·ōs, g·igāmē Nänagwas.
Wä, la'mēsɛk· lālg·ada mowēxlak· lōɛlqūlila qa ha'maats!ēl-
tsēs k!wēlex̣"laōs, g·igāmē Nänagwas, xg·ada sīsɛyulɛk· lō-
qūlila, ḷōgwada ālanɛmk·, ḷōgwada mēgwatɛk· lōqūlila, ḷōgwada 55

56 and this | Dzōnoqǃwa house-dish—and also the Dzōnoqǃwa ladle | and the grizzly-bear ladle; and the name of your dancer will be | Mɛlnas; and your own name, son-in-law Nānagwas (III 1), will be | ᵋmāxŭyalidzē (III 1)." Thus said Kwax·ilanōkŭmēᵋ (II 7). Imme-
60 diately ‖ the father of Nānagwas (III 1), Sēsaxâlas (II 1), arose and thanked him for | what he had said; and when he stopped speaking, Kwax·ilanōkŭmēᵋ (II 7) | asked his son-in-law Nānagwas (III 1) to stay in his house for four days, | until the twenty boxes of oil, | and
65 the ten boxes of viburnum berries, and the four house-dishes, ‖ and the two ladles, and the great copper | Causing-Quarrels, should be ready, for he had to buy the copper from its owner, ᵋnɛmōkŭlag·í- lidzē, | chief of the numaym Mamalēleqǃām. Immediately | the Nākǃwax·daᵋxᵘ took the load out of their canoes | in order to wait
70 until Kwax·ilanōkŭmēᵋ (II 7) had bought the copper. ‖ After they had stayed there for three days at ᵋmēmkumlis, | the copper Causing- Quarrels was bought from ᵋnɛmōkŭlag·ílidzē. | Two slaves, and forty | sewed blankets, one hundred and twenty | new cedar-bark
75 blankets, and two canoes, were paid. ‖ These were the price of the copper Causing-Quarrels among the people of olden times. | The next day, when day came, the Nākǃwax·daᵋxᵘ loaded their canoes | with oil, viburnum-berries, and house-dishes, | and ladles; and when

---

56 dzōnoqǃwak· ɬoqŭlîla; wä, hēᵋmisa dzōnoqǃŭxʟâla tsēxʟa; wä hēᵋmisa nɛnxʟâla tsēxʟa; wä, hēᵋmis ʟēgɛmʟōs sēnatʟaōsē Mɛlnasē. Wä, hēᵋmisʟas ʟēgɛmʟōs nɛgŭmp, Nānagwasē, ᵋmā- xŭyalidzē," ᵋnēx·ᵋlaē Kwax·ilanōkŭmaᵋyē. Wä, hēx·ᵋidaɛmᵋlā-
60 wisē ōmpas Nānagwasē, yɩx Sēsaxâlasē ʟāx·ᵋŭlîl qaᵋs mōᵋlēs wăldɛmas. Wä, g·ílᵋɛmᵋlāwisē qǃwēlᵋídɛxs laaᵋlaē Kwax·ilanōkŭ- maᵋyē äxk·ǃâlaxēs nɛgŭmp Nānagwas qa mōpǃɛnxwaᵋsēs ᵋnâlās hēlē g·ōkwas, qa ᵋwīᵋlēs gwāx·gŭlîlē maᵋltsɛmg·ustâ dēdɛngwatsǃē ʟ̣ēᵋna ʟᴇᵋwa nɛqasgɛmē tǃētǃɛlyatsǃē k·lik·ǃɛmyaxʟa, ʟᴇᵋwa lōɛlqŭlîlē
65 mɛwēxʟa, ʟᴇᵋwa maᵋlɛxʟa tsētsēxʟa; wä, hēᵋmisa ᵋwälasē ʟǃâqwa, yɩx Dɛntǃâlayuwē, yɩxs k·ílxwēlaq lāx ʟǃâgwadäsē ᵋnɛmōkŭlag·ílidzē yɩx g·īgāmaᵋyasa ᵋnᴇᵋmēmotasa Mamalēleqǃɛmē. Wä, hēx·ᵋidaɛm- ᵋlāwisa Nākǃwax·daᵋxwē mōltōdxēs mɛmwälä lāxēs yaēᵋyatsǃē. Wä, laɛmᵋlaē ēsɛla qa k·ílxᵋwídēs Kwax·ilanōkŭmaᵋyaxa ʟǃâqwa. Wä,
70 hēᵋlatǃa la yŭduxᵘpǃɛnxwasē ᵋnâlās la g·is lāᵋlax ᵋmēmkumlisa Nā- kǃwax·daᵋxwaxs laaᵋl k·ílxᵋwītsɛᵋwē Dɛntǃalayuwē lāx ᵋnɛmōkŭlag·í- lidzä. Hēɛm k·ílōma maᵋlōkwē qǃāqǃɛk·owa; hēɛmᵋlāwisa mōxᵘsō- kwē qǃāqǃɛnōɬa ᵋnaɛnxᵋunaᵋya. Hēɛmᵋlāwisa maᵋltsōgŭg·ítyowē tsǃētsǃɛx·as k·ǃēk·ǃobawasa. Hēɛmᵋlāwisa maᵋltsǃaqē xwāxwākǃŭna.
75 Wä, hēɛm ᵋwāxāᵋxwatsa ʟǃâqwē Dɛntǃâlayo lāxa g·ālē bɛgwānɛma. Wä, g·ílᵋɛmᵋlāwisē ᵋnāx·ᵋidxa la lɛnsa laaᵋl mōxsɛlax·ᵋídēda Nā- kǃwax·daᵋxwaxa ʟǃēᵋna ʟᴇᵋwa tǃɛlsē lāxēs yaēᵋyatsǃē ʟᴇᵋwa lōɛlqŭ- lîlē ʟᴇᵋwa tsētsēxʟa. Wä, g·ílᵋɛmᵋlāwisē ᵋwīlxsa lāxa xwāxwākǃŭnāxs

everything was aboard the canoes, | Nānagwas (III 1) and his wife Wāwalaxɛlag·i‛lak⁰ (III 6) came. ‖ She was carrying on her back the 80 copper Causing-Quarrels. And behind them came the father (II 1) of | Nānagwas (III 1), Sēsaxâlas (II 1), singing his sacred song of the secular season. | And they came down to the beach of ‛mēmkumlis. Then they | went aboard the canoe of Nānagwas (III 1); and when all were aboard, | the canoe started, going ‖ home to the village 85 Tēgŭxstē of the Nāk!wax·da‛x⁰. | Then Nānagwas (III 1) said that he would give a feast with the oil and | the viburnum-berries to his tribe the Nāk!wax·da‛x⁰. After they had stayed there for one night, | the numaym of Nānagwas (III 1) went out to get fire-wood for the feasting-time; | and after they had gathered fire-wood, in the morning, when day came, ‖ they invited the four numayms—the G·ēxsɛm, | 90 Sīsînʟ!ē‛, and the Tsētsɛmēleqăla and the Tɛmltɛm!ɛls; for | Nānagwas (III 1), chief of the numaym ‛wālas, was host. | As soon as the four numayms were in the | house of Nānagwas (III 1),—the name of the house was Wadŏltsɛm, — ‖ they poured the viburnum-berries 95 into the house-dishes, two | boxes into each house-dish. And two of them | were not used. Then one | box of oil was taken and poured on the dishes of viburnum-berries; | and after this was done, they gave the double-headed serpent house-dish to the numaym ‖ G·ēxsɛm, and they gave the wolf house-dish to the | numaym 500

g·āxaa‛lasē Nānagwasē ʟɛ‛wis gɛnɛmē Wāwalaxɛlag·i‛lakwē ōxʟā- 80 laxa ʟ!āqwa, yĭx Dɛnt!alayuwē. Wä, lä‛laē ɛlxʟa‛yē ōmpas Nānagwasē yĭx Sēsaxâlasē, yālaqŭlasēs bāx̣ŭyalayuwē yālax⁰ʟɛnaxs g·āxaē hōqŭnts!ēsɛla lāxa ʟ!ɛma‛isas ‛mēmkumlisē. Wä, lū‛laē hōx‛watɛxs lāx ya‛yats!äs Nānagwasē. Wä, g·íl‛ɛm‛lāwisē ‛wīlxs lāxēs yā‛yats!äxs g·āxaē ‛wī‛la sɛp!ēdē yaē‛yats!äs. Wä, la‛mē 85 nä‛nakwēda Nāk!wax·da‛xwē lāxēs g·ōkŭlasē Tēgŭxsta‛yē. Wä, hēx·‛idaɛm‛lāwisē Nānagwasē ‛nēx· qa‛s k!wēlas‛ídēsa ʟ!ē‛na ʟɛ‛wa t!ɛlsē lāxēs g·ōkŭlōta Nāk!wax·da‛xwē. Wä, g·íl‛ɛm‛lāwisē xa‛masɛxs laa‛l änēx·‛ídē ‛nɛ‛mēmotas Nānagwasaxa ɛqwa qa k!wēlasdemas. Wä, lä‛laē gwĭla änēqăxa ɛqwäxs laa‛l ‛nāx·‛idxa gaāläxs 90 laa‛l ʟē‛lälasɛ‛wēda mōsgɛmak!ŭsē ‛nāl‛nɛ‛mēmasaxa G·ēxsɛmē, ʟɛ‛wa Sīsînʟ!aē, ʟɛ‛wa Tsētsɛmēleqăla ʟɛ‛wa Tɛmltɛm!ɛlsē, qaxs hē‛maē ʟē‛lalē g·īgāma‛yasa ‛nɛ‛mēmotasa ‛wālasē, yĭx Nānagwasē. Wä, g·íl‛ɛm‛lāwisē g·ax ‛wī‛laēʟēda mōsgɛmak!ŭsē ‛nāl‛nɛ‛mēma läx g·ōkwas Nānagwasē, yĭxs ʟēgadaē g·ōkwasēs ‛wadŏltsɛmē laa‛lasē 95 gŭxts!älayuwēda t!ɛlsē lāxa mɛwēxʟa lōɛlqŭlĭta maēma‛lɛxʟa‛laē k·!ĭmyaxʟa gŭxts!ōyō lāxa ‛nāl‛nɛmēxʟa lōɛlqŭlĭta. Wä, ma‛ltsɛni- ‛laēda k·!ēsē ʟ!ābala. Wä, lä‛laē äx·‛ētsɛ‛wēda ‛nɛmsgɛmē dɛngwats!ē ʟ!ɛ‛na, qa‛s lä k!ŭnqɛyĭndalayō läx ɪ̣ɛx⁰ts!äla t!ɛlsa. Wä, g·íl‛ɛm‛lāwisē gwäɪ̣ɛxs laa‛l k·ax·‛ítsa sĭsɛyuʟē loqŭlĭl lāxa ‛nɛ‛mē- 500 motasa G·ēxsɛmē. Wä, lä‛laē k·ax·‛ítsa āʟanɛmē lōqŭlĭl lāxa ‛nɛ-

1 Sīsĭnʟ!ēᵋ, and they gave the seal house-dish to the | TsētsᴇmēleqăIa, and they gave the Dzōnoq!wa house-dish to the | numaym Tᴇmĭtᴇmɫᴇls; and after the house-dishes had been put down, | they took the small dishes, put into them viburnum-berries from the remaining ‖
5 two boxes of viburnum-berries, and they placed these in front of the | people of low rank. When everything was distributed, they took the | boxes of oil and put them down next to the door. | Then they gave one box of oil to the holder of the first seat | of each numaym;
10 and when this had been given out, they ‖ divided the rest of the oil among the people of low rank. After | everything had been distributed, the numaym of Nänagwas (III 1) sang, | and the sister of Nänagwas (III 1), ʟ!āqwag·ilayugwa (III 2), danced. Now | the name of her who had been ʟ!āqwag·ilayugwa (III 2) was Mᴇlnas (III 2); | and Nänagwas (III 1) also changed his name, and his name
15 was ‖ ᵋmăx̣ŭyalidzē (III 1). After he had given his feast, he | showed the copper Causing-Quarrels, and he asked some of the | chiefs of the four numayms to buy it. Then Lᴇlāk·ᴇnx·ᶜīd, | chief of the numaym TsētsᴇmēleqăIa, bought the copper | Causing-Quarrels
20 for four slaves, eighty ‖ skin blankets, two hundred and forty cedar-bark blankets, | and four large canoes. It was | double what had been paid by Kwax·ilanōkŭmēᵋ (II 7) when he bought the copper for

---

1 ᵋmēmotasa Sīsĭnʟ!aē. Wä, lāᵋlaē k·ăx·ᵋītsa mēgwatē lōqŭlĭl lāxa TsētsᴇmēleqăIa. Wä, k·ax·ᵋītsa dzōnoq!wa lŏqŭlĭl lāxa ᶜnᴇᶜmēmotasa Tᴇmĭtᴇmɫᴇls. Wä, g·ĭlᶜᴇmᶜlāwisē ᶜwĭlg·alĭlēda lŏᴇlqŭlīɫaxs laaᶜl ăx·ᶜētsᴇᶜwēda lŏq!wa, qaᶜs tsēts!ăIasᴇᶜwēsa t!ᴇlsē g·ayŏl
5 lāxa maᶜĭtsᴇmē k·!ĭmyaxʟa t!ᴇlsa, qaᶜs lä k·ax·dzamōlĭlᴇm lāxa bᴇgŭlidaᶜyē. Wä, g·ĭlᶜᴇmᶜlāwisē ᶜwĭlxtōxs laaᶜl ăx·ᶜētsᴇᶜwēda dēdᴇngwats!ē ʟlēᶜna, qaᶜs g·āxē ᶜmᴇxᶜālĭlᴇm lāx max·stălĭlasa t!ᴇx·tla. Wä, lä k·ax·ᶜidayowēda ᶜnălᶜnᴇmsgᴇmē dᴇngwats!ē ʟ!ēᶜna lāx ʟēʟax̣ŭᶜmaᶜyasa ᶜnălᶜnᴇᶜmēmasē. Wä, g·ĭlᶜᴇmᶜlāwisē ᶜwĭlxtōxs laaᶜl tsētsᴇ
10 x·sᶜălasᴇᶜwēda waōkwē qa lōqŭlasa bᴇgŭlidaᶜyē. Wä, g·ĭlᶜᴇmᶜlāwisē ᶜwĭlxtōxs laaᶜl dᴇnx·ᶜīdē ᶜnᴇᶜmēmotasa Nänagwasē. Wä, hēᴇmᶜlāwis la yĭx·ᶜwīdaats wŭq!wäs Nänagwasē ʟ!āqwag·ilayugwa. Wä, laᴇm ʟ!ayoxʟāxēs ʟēgᴇmē ʟ!āqwag·ilayugwa. Laᴇmᶜlaē ʟēgadᴇs Mᴇlnasē. Wä, laᴇmᶜlaxaāwisē ʟ!āyoxʟāyē Nänagwasē. Wä, laᴇmᶜlaē ʟēgadᴇs
15 ᶜmăx̣ŭyalidzē. Wä, laᴇmᶜlaē gwăl lāxēs k!wēlats!ēnaᶜyaxs laaᶜl nēlᴇlĭlasa ʟ!āqwa, yĭx Dᴇnt!alayo. Wä, laᴇmᶜlaē q!ōsas lāx g·ĭg·ᴇgămaᶜyasa mōsgᴇmak!ŭsē ᶜnălᶜnᴇᶜmēmasa. Wä, hēᶜlat!a Lᴇlāk·ᴇnx·ᶜīdē g·īgămaᶜyasa ᶜnᴇᶜmēmotasa TsētsᴇmēleqăIa k·ĭlx·ᶜwīdxa ʟ!āqwa Dᴇnt!ālayuwasa mōkwē q!ăq!ᴇk·owa; hēᶜmisa maᶜlgŭnaltsokwē
20 q!āq!ᴇnŏɫ ᶜnaᴇnx·ᶜŭnaᶜya; hēᶜmisa hămōx̣ᵘsōk·ăla ts!ēts!ᴇx·as k·!ōbawasa; wä, hēᶜmisa mōts!aqē ăwă x̣wăx̣wăk!ŭna. Wä, laᴇm ᶜwīᶜla la päk·ĭlē k·ĭlwayâs Kwăx·ilanōkŭmaᶜyaxa ʟ!āqwa qaēs nᴇgŭmpē

his son-in-law | Nānagwas (III 1), whose name was now ᴇmᴀχŭyalidzē 23
(III 1). He gave | all the four slaves to the holders of the first seat
in each of the numayms. ‖ He gave one slave to the | holder of the 25
first seat of the G·ēxsᴇm, another one | to the holder of the first seat
of the Sīsînʟǃēᴇ, one slave | to the holder of the first seat of the
Tsētsᴇmēleqăla, and another | slave to the holder of the first seat of
the Tᴇmǀtᴇmǀᴇls; and ‖ he gave in addition to the slave a large canoe 30
to each, for | he gave the canoe to the same men to whom he had
given the slaves. | After he had given away the slaves and canoes |
to the holders of the first seats, ᴇmāxŭyalidzē (III 1) took the eighty |
sewed blankets and gave them away to the chiefs of second rank and
their children; ‖ and after doing so, he took the | two hundred and 35
forty cedar-bark blankets and gave them away to the people of lower
rank. | After these had been given away, the guests went out of the
house. | This is another kind of great feast, which is called "giving
away | at the time of the great feast." This was done by ᴇmāxŭyali-
.dzē (III 1). Very few give this kind ‖ of feast, although they may 40
be head chiefs of all the tribes. |

It was not long before Wāwalaxᴇlagˑiᴇlakᵘ (III 6) had a | daughter
(IV 3); and immediately Kwax·ilanōkŭmēᴇ (II 7) went to | give as a
marriage gift fifty blankets and a hundred cedar-bark blankets to |
ᴇmāxŭyalidzē (III 1), and also the name ʟǃāʟᴇyig·îlis (IV 3) for the

Nānagwasē yīxa la ʟēgadᴇs ᴇmāxŭyalidzē. Wä, laᴇmᴇlaē yāxᴇwīd 23
ᴇwīᴇlasa mōkwē qǃāqǃᴇkˑō lāx ʟēʟāxumaᴇyasa mōsgᴇmakǃūsē ᴇnālᴇnᴇ-
ᴇmēmasa. Wä, laᴇmᴇlaē ᴇnālᴇnᴇmōkwa qǃākˑō la yāqǃwēmāsa 25
ᴇnālᴇnᴇmōkwē ʟāxŭmēsa G·ēxsᴇmē. Wä, lāᴇlaē ᴇnᴇmōxᵘ qǃākˑowē
yaqǃwēmās ʟāxŭmaᴇyasa Sīsînʟǃaᴇyē. Wä, lāᴇlaē ᴇnᴇmōxᵘ qǃākˑowē
yaqǃwēmās ʟāxŭmaᴇyasa Tsētsᴇmēleqăla. Wä, lāᴇlaē ᴇnᴇmōxᵘ
qǃākˑowē yāqǃwēmāsa ʟāxŭmaᴇyasa Tᴇmǀtᴇmǀᴇlsē. Wä, lāᴇlaē
yāqǃwēg·īndayuwēda ᴇnᴇmtsǃaqē ăwâ xwākǃūna lāxa qǃākˑowē, qaxs 30
hēᴇmaaᴇlaxatǃ yāqǃwatsa xwāxwākǃūnē yāgwadᴇsa qǃāqǃᴇkˑowē.
Wä, g·îlᴇᴇmᴇlāwisē gwāl yāqwasa qǃāqǃᴇkˑowē ʟᴇᴇwa xwāxwākǃūnāxs
lāxa ʟēʟaxŭmaᴇyaxs laaᴇl ăxᴇēdxaē ᴇmāxŭyalidzāxa maᴇlgŭnāltsokwē
qǃaqǃᴇnōl ᴇnaᴇnxᴇūnaᴇya, qaᴇs yāxᴇwidēs lāxa g·īg·igᴇlē ʟᴇᴇwis sāsᴇ-
mē. Wä, g·îlᴇᴇmᴇlāwisē gwāl yāqwasēxs laaᴇl ăxᴇēdxa hămoxᵘso- 35
k·ăla k·lēk·lōbawasa, qaᴇs yāxᴇwidēs lāxa bᴇgŭlîdaᴇyē. Wä, g·îl-
ᴇᴇmᴇlāwisē gwāl yāqwaxs laaᴇl ᴇwīᴇla hōqŭwᴇlsēda kǃwēldē. Wä,
hēᴇm ōgŭqala ᴇwālas kǃwēlasē, yīxs hēᴇmaē ʟēgadᴇs yāqwag·îlîla
ᴇwālas kǃwēlasē, gwēxˑᴇidaasas ᴇmāxŭyalidzē. Wä, lā hōlalē hē gwē-
xˑᴇītsa wāxˑᴇmē wŭlgᴇmē g·īgămēsa ᴇnāxwāx lēlqwalaʟaᴇya. 40

Wä, kǃēstǃa gălaxs laaᴇl xŭngwadᴇxˑᴇīdē Wāwalaxᴇlagˑiᴇlakwasa
tsǃātsǃadagᴇmē. Wä, hēxˑᴇidaᴇmᴇlāwisē Kwax·ilanōkŭmaᴇya la
wāwalqălasa lastowē pǃᴇlxᴇlasgᴇm ʟᴇᴇwa lākˑǃᴇndē k·ǃōbawas lāx
ᴇmāxŭyalidzē; wä, hēᴇmisa ʟēgᴇmē ʟǃāʟᴇyig·îlisē; qa ʟēgᴇmsa tsǃā-

45 name of ‖ the daughter of Wāwalaxɛlag·i⁽lakᵘ (III 6). Then |
ʽmāx̣ŭyalidzē (III 1) gave away the blankets to the four numayms of
the Nāk!wax·daʽxᵘ, | and he named his daughter ʟ!ālɛyig·ʼĭlis (IV 3). |
It was not long before Wāwalaxɛlag·i⁽lakᵘ (III 6) gave birth to a boy
(IV 4), | and Kwax·ilanōkŭmēʽ (II 7) again gave a marriage gift of
50 fifty ‖ blankets to his son-in-law ʽmāx̣ŭyalidzē (III 1), and also |
fifty cedar-bark blankets; and he gave as a marriage gift the name |
Wāwalk·inē for the boy, but his true name was Łēlɛlgɛmlīlas
(IV 4). | Two names were given in marriage by Kwax·ilanōkŭmēʽ
(II 7) — | the child's name Wāwalk·inē, and the true name ‖
55 Łēlɛlgɛmlīlas [= Place of dead faces in house] (IV 4).) |
  I forgot that Kwax·ilanōkŭmēʽ (II 7) | did the same for the first
child of Wāwalaxɛlag·i⁽lakᵘ, ʟ!ālɛyig·ʼĭlis (IV 3); for he | gave two
names as a marriage gift — the child's name | Wādɛmālaga (IV 3),
and the true name ʟ!ālɛyig·ʼĭlis (IV 3). ‖
60 Now ʽmāx̣ŭyalidzē (III 1) gave away the fifty blankets | and the
fifty cedar-bark blankets to the G·ēxsɛm, Sīsînʟ!ēʽ, | Tsētsɛmēleqăla,.
and Tɛmltɛmlɛls; and he let his | son, Wāwalk·inē (IV 3) accord-
ing to his child name, and whose true name was | Łēlɛlgɛmlīlas
65 (IV 3), dance. Now Wāwalaxɛlag·i⁽lakᵘ (III 6) ‖ and her husband
ʽmāx̣ŭyalidzē (III 1) had two children. Then Wāwalaxɛlag·i⁽lakᵘ
(III 6) | told her husband ʽmāx̣ŭyalidzē (III 1) to go and marry the

45 ts!adagɛmē, x̣ŭnōx̣ᵘs Wāwalaxɛlag·i⁽lakwē. Wä, laɛmʽlaē ʽmāx̣ŭya-
lidzē p!ɛsʽēts lāxa mōsgɛmak!ŭsē ʽnălʽnɛʽmēmatsa Nāk!wax·daʽxwē.
Wä, laɛm ʟ̣ēqēʽlayunux̣ᵘs lāxēs ts!ɛdāq!ɛdzaʽyē ʟ!ālɛyig·ʼīlisē. Wä,
k·!ēst!a gălaxs laaʽl ēt!ēd māyōlʽidē Wāwalaxɛlag·i⁽lakwasa bābagŭ-
me. Wä, laɛmʽlaxaāwisē Kwax·ilanōkŭmaʽyē wāwalqălasa sɛk·!ā-
50 x·sokwē p!ɛlxɛlasgɛm lāxēs nɛgŭmpē ʽmāx̣ŭyalidzē; wä, hēʽmisa
sɛk·!āx·sokwē k·!ōbawasa. Wä, lāʽlaxaē ʟ̣ēgɛmg·ɛlxʟ̣alaxa ʟ̣ēgɛmē
Wāwalk·inaʽyē, qa ʟ̣ēgɛmsa bābagŭmē. Wä, lāʽlaē ălaxʟălax Łē-
lɛlgɛmlīlasē. Wä, maʽltsɛmē ʟ̣ēgɛmg·ɛlxʟ̣aʽyas Kwax·ilanōkŭ-
maʽyē ʟ̣ɛʽwa g·ĭnlɛxʟäyowē Wāwalk·inaʽyē ʟ̣ɛʽwa ălaxʟäyowē
55 Łēlɛlgɛmlīlasē.
  Hēx̣ōlɛn ʟ!ɛlēwēsōxs hēʽmaaxat! gwēxʽĭdē Kwax·ilanōkŭmaʽyē,
qa g·ālē x̣ŭnōx̣ᵘs Wāwalaxɛlag·i⁽lakwē, yīx ʟ!ālɛyig·ʼīlisē, yīxs
maʽltsɛmaaxaē ʟ̣ēgɛmg·ɛlxʟ̣aʽyas qa ʟ̣ēgɛms, yīxs g·ĭnlɛxʟälaax
Wādzɛmālaga, wä, lā ălaxʟălax ʟ!ālɛyig·ʼīlisē.
60 Wä, laɛmʽlaxaē p!ɛsʽīdē ʽmāx̣ŭyalidzäs sɛk·!axsokwē p!ɛlxɛlasgɛm
ʟ̣ɛʽwa sɛk·!āx·sokwē k·!ōbawas lāxa G·ēxsɛmē ʟ̣ɛʽwa Sīsînʟ!aʽyē,
ʟ̣ɛʽwa Tsētsɛmēleqăla, ʟ̣ɛʽwa Tɛmltɛmlɛlsē. Wä, laɛmʽlaē sēna-
dɛmnox̣ᵘs Wāwalk·inaʽyēxa g·ĭnlɛxʟäyē. Wä, lā ălaxʟălax Łēlɛl-
gɛmlīlasē. Wä, laɛmʽlaē maʽlōkwē sāsɛmas Wāwalaxɛlag·i⁽lakwē
65 ʟ̣ɛʽwis lāʽwŭnɛmē ʽmāx̣ŭyalidzē. Wä, laɛmʽlāwisē Wāwalaxɛlag·i-
⁽lakwē wäxɛlaxēs lāʽwŭnɛmē ʽmāx̣ŭyalidzē, qa lās gāgak·!ax k·!ēdēlas

princess of | Q!ŭmx·ōd (II 8), the holder of the head seat of the numaym 67
Laălax·s⁽ɛndayo of the | Kwāg·uɫ. The name of the princess of
Q!ŭmx·ōd was Q!ēx·sēsɛlas (III 7). | Immediately ⁽māxŭyalidzē
(III 1) told his numaym the ⁽wālas ‖ that he wanted to have two 70
wives, and they agreed to what | their chief said. In the morning,
when day came, they | launched four large canoes to pay the mar-
riage money, and | the whole numaym of the ⁽wālas went aboard.
They arrived at Fort Rupert. | It was the time when the first white
men had come there and were living in tents. ‖ Now they paid the 75
marriage money for Q!ēx·sēsɛlas (III 7), the princess of Q!ŭmx·ōd
(II 8). As soon as | they had paid the marriage money, Q!ŭmx·ōd
(II 8) gave a marriage mat of | one hundred blankets, which were to
be the mat of his princess, because he did not want her | to sit
without a mat in the house of ⁽māxŭyalidzē (III 1) when she was
going to sit down there; | and he gave as a marriage gift the name for
his dancer, Qwāx·ῑlaɫ, ‖ and Q!ŭmx·ōd, to be the name of ⁽māxŭ- 80
yalidzē (III 1). In the | morning, when day came, ⁽māxŭyalidzē
(III 1) and his crew loaded their canoes, | and they went home with
his second wife, | Q!ēx·sēsɛlas (III 7); and when they arrived at
Tēgŭxstē, he | gave away a hundred blankets to the four numayms. ‖
Then ⁽māxŭyalidzē (III 1) changed the name of his princess | 85
ʟ!ālɛyig·ῑlis (IV 3), and now her name was Qwāx·ῑlaɫ (IV 3); and |

Q!ŭmx·ōdē ʟāxŭma⁽yasa ⁽nɛ⁽mēmotasa Laălax·s⁽ɛndayowasa Kwā- 67
g·uɫē, yῑx ʟēgadaa⁽laē k·!ēdēɫas Q!ŭmx·ōdās Q!ēx·sēsɛlasē. Wä,
hēx·⁽ida⁽ɛm⁽lāwisē ⁽māxŭyalidzē nēɫaxēs ⁽nɛ⁽mēmota ⁽wālasaxs
ma⁽lēlexsdaaxēs gɛgɛnɛmē. Wä, lā⁽laē ⁽nāxwa ēx·⁽ak·ɛx·wāɫdɛ- 70
masēs g·ῑgāma⁽yē. Wä, g·ῑl⁽ɛm⁽lāwisē ⁽nāx·⁽idxa gaālaxs lāa⁽l wī-
⁽xstɛndxa mōts!aqē āwŭ xwŭxwāk!ŭna, qā⁽s qādzēʟats!ā. Wä, lā-
⁽laē ⁽wī⁽la hōgŭxsē ⁽nɛ⁽mēmotasa ⁽wūlasē. Wä, g·āx⁽laē lāx Tsāxisē,
yῑxs hē⁽maē āɫēs yaēwapsɛmɛlsa g·alōɫ g·ax māmaɫ⁽a. Wä, laɛm⁽laē
qadzēɫ⁽ῑda lāx Q!ēx·sēsɛlasē lāx k·!ēdēɫas Q!ŭmx·ōdē. Wä, g·ῑl- 75
⁽ɛm⁽lāwisē gwāla qādzēʟāxs lāa⁽laē Q!ŭmx·ōdē lē⁽waxsɛlamatsa
lāk·!ɛndē p!ɛlxɛlasgɛm, qa lē⁽wēsēs k·!ēdēɫē, qaxs gwŭq!ɛɫaaq
wŭɫtālῑɫ lāx g·ōkwas ⁽māxŭyalidzē, qō lāɫ k!wāg·aliʟēs k·!ēdēɫē lāq.
Wä, hē⁽mēsa ʟēgɛmg·ɛlxʟa⁽yas qa ʟēgɛms sēnatʟasē· Qwāx·ῑlalē;
wä, hē⁽misē Q!ŭmx·ōdē qa ʟēgɛms ⁽māxŭyalidzē. Wä, g·ῑl⁽ɛm⁽lāwisē 80
⁽nāx·⁽ῑdxa gaālaxs lāa⁽l mōxsē ⁽māxŭyalidzāxēs yaē⁽yats!ē ʟɛ⁽wis
k!wēmē. Wä, laɛm⁽laē nā⁽nakwa ʟɛ⁽wis ā⁽lῑɫē gɛnɛma, yῑx Q!ex·-
sēsɛlasē. Wä, g·ῑl⁽ɛm⁽lāwisē lāg·aa lāx Tēgŭxsta⁽yaxs lāa⁽l ēt!ēd
p!ɛs⁽ῑtsa lāk·!ɛndē p!ɛlxɛlasgɛm lāxa mōsgɛmak!ŭsē ⁽nāɫ⁽nɛ⁽mē-
masa. Wä, laɛm⁽laē ʟ!āyoxʟā⁽laē k·!ēdēɫas ⁽māxŭyalidzē, yῑx 85
ʟ!ālɛyīg·ῑlisē. Wä, laɛm ʟēgadɛs Qwāx·ῑlaɫē. Wä, laɛm⁽laxaāwisē

87 ʻmāx̣ŭyalidzē (III 1) also changed his name. Now his name was
Q!ŭmx̣ ōd (III 1). | It was not long before Q!ēx̣ sēsElas (III 7) had a
child, a boy. | They went at once, and it was reported to Q!ŭmx̣ ʻĭ-
90 lag̣ ʻilis (II 8) that his ‖ princess Q!ēx̣ sēsElas (III 1) had a boy. |
Then Q!ŭmx̣ ʻilag̣ ʻilis (II 8) gave a marriage gift of fifty | blankets to
his son-in-law Q!ŭmx̣ ōd (III 1), and also the name | for his grand-
son (IV 5), the child of Q!ēx̣ sēsElas (III 7). Now, | he gave as a
marriage gift the name Āmax̣ ʻâg̣ ila (IV 5) for the name of the boy. ‖
95 Q!ŭmxōd (III 1) at once gave away the fifty blankets to the | four
numayms, and now his dancer was his child | Āmax̣ ʻâg̣ ila (IV 5).
It was not long before | Q!ēx̣ sēsElas had another son (IV 6). Then |
Q!ŭmx̣ ʻilag̣ ʻilis (II 8) gave as a marriage-gift thirty-five blankets
600 to his ‖ son-in-law Q!ŭmx̣ ōd (III 1), and also a name for his grand-
son, | and he gave as a marriage-gift the name Ōmag̣ ʻilis (IV 6). |
Q!ŭmx̣ ōd (III 1) gave away the thirty-five blankets | to his numaym
the ʻwālas, and his youngest child, | Ōmag̣ ʻilis (IV 6), danced. Then
5 Q!ŭmx̣ ʻilag̣ ʻilis (II 8) was annoyed by ‖ what had been done by his
son-in-law Q!ŭmx̣ ōd (III 1), because he had given away the
blankets to his own | numaym the ʻwālas, for that implied that |
Q!ŭmx̣ ōd (III 1) thought the thirty-five blankets given as a mar-
riage present to his son-in-law | had not been enough. Therefore

---

87 ʟ!âyoxʟāyē ʻmāx̣ŭyalidzē. Wä, laEmʻlaē ʟēgadEs Q!ŭmx̣ ōdē. Wä,
k·ʻlēsʻlatʼla gälaxs lāaʻl xŭngwadEx·ʻĭdē Q!ēx̣ sēsElasasa bābagŭmē.
Wä, hēx·ʻidaEmʻlāwisē la q!âlag·ʻilasEʻwē Q!ŭmx̣ ʻilag̣ ʻilisasēs k·!ē-
90 dēlē Q!ēx̣ sēsElasaxs lEʻmaē xŭngwatsa bābagŭmē. Wä, hēx·ʻi-
daEmʻlāwisē Q!ŭmx̣ ʻilag̣ ʻilisē la wāwalqālasa sEk·!ax·sōkwē p!ElxE-
lasgEm lāxēs nEgŭmpē Q!ŭmx̣ ōdē; wä, hēʻmisa ʟēgEmē qa ʟēgEm-
sēs tsʼlōxᵘlEma, yĭx xŭnōkwas Q!ēx̣ sēsElasē. Wä, laEmʻlaē
ʟēgEmg·ʻElxʟâlax Āmax̣ ʻâg̣ ila qa ʟēgEmsa bābagŭmē. Wä, hēx·ʻida-
95 Emʻlāwisē Q!ŭmx̣ ōdē p!Esʻētsa sek·ʼlax·sōkwē p!ElxElasgEm lāxa
mōsgEmak!ŭsē ʻnâlʼnEʻmēmasa. Wä, laEmʻlaē hēEm sēnatē Āma-
x̣ ʻâg̣ ʻilaxēs xŭnōkwē. Wä, k·ʻlesʻlatʼla gälaxs lāaʻl ētʼlōd xŭngwadē
Q!ēx̣ sēsElasasa bābagŭmē. Wä, hēx·ʻidaEmʻlāwisē Q!ŭmx̣ ʻilag̣ ʻilisē
lāʻl wāwalqālasa mamōxᵘsōkŭlasa sEk·!a p!ElxElasgEm lāxēs nE-
600 gŭmpē Q!ŭmx̣ ōdē; wä, hēʻmisa ʟēgEmē qa ʟēgEmsēs tsʼlōxᵘlEma.
Wä, laEmʻlaē ʟēgEmg·ʻElxʟâlax Ōmag̣ ʻilisē. Wä, hēx·ʻĭdaEmʻlaxaā-
wisē Q!ŭmx̣ ōdē p!Esʻītsa mamōxᵘsokŭlasa sEk·!a p!ElxElasgEm
lāxēs ʻnEʻmēmota ʻwālasē. Wä, laEm hēEm sēnatsēs ālē xŭnōkwē
Ōmag̣ ʻilisē. Wä, laEmʻlaē ʻyax·sEmē nâqaʻyas Q!ŭmx̣ ʻilag̣ ʻilisē qa
5 gwēx·ʻidaasasēs nEgŭmpē Q!ŭmx̣ ōdEc, qaxs laē hē p!EsasEʻwēs
ʻnEʻmēmota ʻwālasē, yîxs ʻnEmāx·ʻîsaē Q!ŭmx̣ ōdē ʟōʻ k·ʼlōtāxa
ʻmamoxᵘsokŭläsa sEk·!a p!ElxElasgEm wāwalqälayōs lāxēs nEgŭmpē.
Wä, hēʻmis max·tsʼlōlEms Q!ŭmx̣ ʻilag̣ ʻilisē lāg·ʻilas wātaxōdxēs

Q!ŭmx̱·îlag·îlis (II 8) was ashamed, and took away | his princess Q!ēx·sēsɛlas (III 7), and she went home with her two ‖ children, 10 Āmax·âg·ila (IV 5) and his younger brother Ōmag·ʼîlis (IV 6). Q!ŭmx·ōd (III 1) did not | say anything about the doings of his wife. Then | his head wife, Wāwalaxɛlag·iʻlakᵘ (III 6), spoke first, and | said, "Don't let your father-in-law Q!ŭmx·îlag·îlis (II 8) make you ridiculous by what | he has done with your former wife. Go and marry the princess of the ‖ chief of the great numaym G·ēxsɛmx·- 15 sanaɬ of the Koskimo, | T!agwisilayugwa (III 8), the princess of Qwax·ila (II 9), for he has many privileges | and names." Thus she said. Q!ŭmx·ōd (III 1) | agreed at once to what his wife Wāwalaxɛlag·iʻlakᵘ (III 6) had said. | Then he said they would call his numaym ʻwālas. ‖ His wife told him to go ahead, and Q!ŭmx·ōd 20 (III 1) himself | called his numaym the ʻwālas. At once they all | came into his house; and when they were in, | Q!ŭmx·ōd (III 1) told them what his wife had said, that she wished him to go and | marry T!agwisilayugwa (III 8), the princess of Qwax·ila (II 9), the chief of the ‖ great numaym G·ēxsɛmx·sanaɬ of the Koskimo. Thus he 25 said. | Immediately the whole numaym agreed to what he said. | Then one of his numaym said, "Let us | treat our chief Q!ŭmx·od (III 1) like a chief, and let us | help him, and give him property to pay the marriage money!" After he had said so, ‖ he went out of the 30

---

k·!ēdēlē Q!ēx·sēsɛlasē. Wä, g·äx'ɛmʻlaē nä'nakᵘ ʟɛʻwis maʻlōkwē sāsɛma, yîx Āmax·âg·ila ʟɛʻwis ts!äʻyē Ōmag·ʼîlisē. Wä, k·!eâsʻɛɬ 10 wāɬdɛms Q!ŭmx·ōdē qa gwēx·ʻidaasasēs gɛnɛmx·dē. Wä, läʻlaxaē hēɛm g·îl yāq!ɛg·aʻlē gɛk·îmalîɬasē Wāwalaxɛlag·iʻlakwē. Wä, lā- ʻlaē ʻnēk·a: "Gwāla aɛmɬalayōs nɛgŭmpaē Q!ŭmx·ʼîlag·ʼîlisa qaɛs gwēx·ʻidaasaxēs gɛnɛmx·däōs qaʻs lālag·aōs gāgak·!ax k·!ēdēlas g·îgămaʻyasa ʻwālasē ʻnɛʻmēmotaxa G·ēxsɛmx·sanaɬasa Gōsg·imoxwē 15 läx T!agwisilayugwa k·!ēdēlas Qwax·ila, qaxs ōgŭqaɬaēs k·!ēk·ɛ- sʻowē ʟɛʻwis ʟēʟɛgɛmē," ʻnēx·ʻlaē. Wä, hēx·ʻidaɛmʻlāwisē Q!ŭm- x·ōdē ēx·ʻak·ɛx wāɬdɛmasēs gɛnɛmē Wāwalaxalag·iʻlakwē. Wä, laɛmʻlaē ʻnēx· qaʻs ʟēɬts!ōdēxēs ʻnɛʻmēmota ʻwālasē. Wä, hēx·ʻi- daɛmʻlāwisē gɛnɛmas wâxaq. Wä, xamag·ʼîlîlʻɛɪnʻlāwisē Q!ŭmx·ōdē 20 la ʟēʻlālaxēs ʻnɛʻmēmota ʻwālasē. Wä, hēx·ʻidaɛmʻlāwisē g·äx ʻwiʻla hōgwîʟa läx g·ōkwas. Wä, g·îlʻɛmʻlāwisē g·äx ʻwiʻlaēʟɛxs lāaʻl nēlē Q!ŭmx·ōdās wāɬdɛmasēs gɛnɛmē läxēs ʻnēk·!ēnaʻyē, qa läs gāgak·!ax T!agwisilayugwa läx k·!ēdēlas Qwax·ila, g·îgămaʻyasa ʻwālasē ʻnɛʻmēmotasa G·ēxsɛmx·sanaɬasa Gōsg·imoxwē, ʻnex·ʻlaē. 25 Wä, hēx·ʻidaɛmʻlāwisē ʻnāxwa ēx·ʻak·ē ʻnɛʻmēmotasēx wāɬdɛmas. Wä, läʻlaē yāq!ɛg·aʻlē g·ayōlē lālax ʻnɛmēmotas: "Wēg·adzâx·ʼîns g·äg·ēxsîlaxɛns g·îgămaʻyēx läxōx Q!ŭmx·ōdēx, qɛns wäg·i g·ōx·ʻ- wīdɛqᵘ qɛns p!ɛdzēʟalag·ʼîqᵘ, qa qadzēʟayosōx," ʻnēx·ʻlaēxs lāaʻl lāwɛlsa läx g·ōkwas Q!ŭmx·ōdē. Wîlaxᵘdzēʻlaē gäɬaxs g·äxaē aē- 30

30 house of Q!ŭmx̱·ōd (III 1); and he did not stay away long before he
came in again, carrying a pair of blankets, which he gave out of
kindness to his | chief Q!ŭmx̱·ōd (III 1). Then all the | men did
the same as had been done by him, for they wanted the | father-in-
law of Q!ŭmx̱·ōd (III 1), Q!ŭmx̱·ilag·ilis (II 8), to know about it and
35 to feel sore because ‖ he had taken away his princess Q!ēx·sēsɛlas
(III 7). Then Q!ŭmx̱·ilag·ilis (II 8) was really | ashamed when he
knew that his | son-in-law Q!ŭmx̱·ōd (III 1) had said that he did not
want to see his children. | After they had finished speaking, they went
out; and | at daylight, in the morning, those who were to pay the mar-
40 riage money for T!agwisilayugwa (III 8), ‖ the princess of Qwax·ila
(II 9), started, for the village of the Koskimo | was at Nāts!ɛnxdɛm.
The Nāk!wax·da⁵x" went around Cape Scott, | using four large
traveling-canoes. | It took them two days. Then they arrived at
the village of the Koskimo, | Nāts!ɛnxdɛm. Immediately when
45 they arrived, they paid the marriage money; and ‖ after they had
paid the marriage money, Qwax·ila (II 9) stood up | outside of his
long house, carrying ten sea-otter skins. | He turned his face
toward the house, and called his princess | T!agwisilayugwa (III 8)
to come and stand by his side; and when she was | standing by his
50 side, he put down the ten sea-otter skins in ‖ front of his princess
T!agwisilayugwa (III 8). Then he turned | toward the Nā-
k!wax·da⁵x", who had paid the marriage price, and who were sitting |

31 daaqa lɛlqɛlaxa ⁵nɛmxsa p!ɛlxɛlasgɛma, qa⁵s ēaxk·!ɛg·a⁵lēs lāxēs
g·īgăma⁵yē Q!ŭmx̱·ōdē. Wä, lā⁵lae ⁵nāxwaɛm⁵ɛl hayēg·aya ⁵nāxwa
bēbɛgwānɛmx gwēx·⁵idaasas, qaxs ts!āts!ēlwaaē, qa lās q!ālē nɛ-
gŭmpdās Q!ŭmx̱·ōdē, yîx Q!ŭmx̱·ilag·ilisē, qa ts!ix·iles nâqa⁵yas qaēs
35 laēna⁵yē wātaxōdxēs k·lēdēlē Q!ēx·sēsɛlasē. Wä, âlaɛm⁵lāwisē
māx·ts!ē Q!ŭmx̱·ilag·ilisē, qaxs lāa⁵l q!ālax wāldɛmasēs nɛgŭmpdē
Q!ŭmx̱·ōdāxs, ⁵nēk·aaxs k·lēsaē la ēt!ēd la äx⁵ēxsdxēs sāsɛmē·
Wä, g·îl⁵ɛm⁵lāwisē gwālē wāldɛmas, lāa⁵l hōqŭwɛlsa. Wä, g·îl⁵ɛm·
⁵lāwisē ⁵nāx·⁵idxa gaālāxs lāa⁵l ălēx⁵widēda qadzēLaLax T!agwisila-
40 yugwa lāx k·lēdēlas Qwax·ila yîxs häaɛl g·ōkŭlatsa Gōsg·imoxwē
Nāts!ɛnxdɛmē. Wä, laɛm⁵lae ēwaxsdēx Ts!ēqoma⁵ya Nāk!wax·-
da⁵xwē yāyasɛlaxa mōts!aqē ăwă xwāxwăk!ŭna. Wä, âɛm⁵lā-
wisē xa⁵mōyoxs lāa⁵l lāg·aa lāx g·ōkŭlasasa Gōsg·imoxwē lāx
Nāts!ɛnxdɛmē. Wä, hēx·⁵idaɛm⁵lāwisē qādzēl⁵ida, yîxs lāa⁵l lāg·aa,
45 wä, g·îl⁵ɛm⁵lāwisē gwāla qādzēLaxs g·āxaalas Qwax·ila Lax⁵wɛls
lāx L!āsanâ⁵yasēs g·îldēl g·ōkwa dūlaxa lastowē q!āsa. Wä,
lā⁵lae gwēgɛmx·⁵id lāxēs g·ōkwē, qa⁵s Lē⁵lalēxēs k·lēdēlē T!agwi-
silayugwa, qa g·āxēs Lā⁵wɛnots!ēlasɛq. Wä, g·îl⁵ɛm⁵lāwisē g·āxē
k·lēdēlas Lā̂wɛnots!ɛlsaqēxs lāa⁵l mōgwaɛlsaxa lastowē q!āsa lax
50 nɛqɛmālasasēs k·lēdēlē T!agwisilayugwa. Wä, lā⁵lae gwēgɛmx·⁵îd
lāxa qadzēLɛLɛlaxa Nāk!wax·da⁵xwaxs hē⁵mae ālēs k!ūdzɛxsāla

in their canoes. Then he spoke, and said, | "Now, Chief Q!ŭmx·ōd 53
(III 1), look at your wife! | Now she will go to you, son-in-law
Q!ŭmx·ōd (III 1), and these ten [canoe-mat] ‖ sea-otter skins, and the 55
sea-lion house-dish, and the | sea-otter house-dish to eat out of,
and the whale house-dish to eat out of, and the | sea-monster house-
dish to eat out of in your house, | son-in-law Q!ŭmx·ōd (III 1); and
your princess' name | shall be Dōxŭlkwi‘lak (IV 3); and your name
shall be ‖ Waɫâlag·i‘lak^u (III 1), son-in-law Q!ŭmx·ōd (III 1). That 60
is all," | he said. Then he spoke again, and said, | "Now, come and
warm yourselves in my house, son-in-law, and your tribe!" | Thus
he said. At once the Nāk!wax·da‘x^u went ashore out of | their
canoes, and they went into the house of Qwax·ila (II 9). ‖ Immedi- 65
ately he gave them to eat; and after they had finished, | Qwax·ila
(II 9) spoke, and said, "O son-in-law Q!ŭmx·ōd (III 1), | listen to
me! Your wife wants this | house to go to you. Its name is
ʟ!ēxʟ!ēxâgɛm (Aurora-Face). And also what is in it, the | nōnɫɛm
and the mosquito-dance will go to you, son-in-law; and ‖ its name, 70
G·īxg·aqɛlag·ilis, and the land-otter dance and | its name Hăwāɫɛ-
laɫɛmē‘, and the scattering-dance and | its name X·īts!ax·ilasōgwi-
‘lax^u, and the grizzly bear | and its name Nandzē; and that is all,
son-in-law | Q!ŭmx·ōd (III 1)." Then Q!ŭmx·ōd (III 1) really

lāxēs yaē‘yats!ē. Wä, lā‘laē yāq!ɛg·a‘la. Wä, lā‘laē ‘nēk·a: "Wē- 52
g·a, dōqwalax g·īgămē‘ Q!ŭmx·ōdä lāxg·as gɛnɛmg·ōs. Wä, laɛm-
xaak· lāɫ lōɫ, nɛgŭmp Q!ŭmx·ōdä, ʟōgwa lastok^u lē‘waxsēsɛk·
q!āsa, ʟōgwa ha‘maats!āk· ʟ!ēxɛnk· lōqŭlīɫa, ʟōgwa q!āsak· ha- 55
‘maats!āk· lōqŭlīɫa, ʟōgwa gwɛ‘yīmk· ha‘maats!āk· lōqŭlīɫa, ʟōgwa
hānaq!ɛts!āk· ha‘maats!āk· lōqŭlīɫa, qa ha‘maats!ɛɫ lāxēs g·ōxwaōs,
nɛgŭmp Q!ŭmx·ōdä. Wä, hē‘misa ʟēgɛmē qa ʟēgɛmɫtsēs k·!ēdē-
laōs. La‘mē ʟēgadɛɫts Dōxŭlkwi‘lakwē. Wä, la‘mēts ʟēgadɛɫts
Waɫâlag·i‘lakwē, nɛgŭmp Q!ŭmx·ōdä. Wä, laɛm "wī‘la lāxēq," 60
‘nēx·‘laē. Wä, lā‘laē ēdzaqwa yāq!ɛg·a‘la. Wä, lā‘laē ‘nēk·a:¹
"Wū, gēlag·a tɛɫts!a lāxg·īn g·ōxwīk·, nɛgŭmp, ʟɛ‘wōs g·ōkwaōta-
qōs," ‘nēx·‘laē. Wä, hēx·‘idaɛm‘lāwisē ‘wī‘la hōx‘wŭɫtāwēda Nā-
k!wax·da‘xwē lāxēs yaē‘yats!ē, qa‘s lā hōgwiʟ lāx g·ōkwas Qwax·ila.
Wä, hēx·‘idaɛm‘lāwisē yīnēsasɛ‘wa. Wä, g·īl‘ɛm‘lāwisē gwāɫa lāa‘lasē 65
Qwax·ila yāq!ɛg·a‘la. Wä, lā‘laē ‘nēk·a: "‘ya, nɛgŭmp Q!ŭmx·ōdā,
wäɛntsōs hōʟēla g·āxɛn. Āx‘āxsdaōx gɛnɛmaqōs, qa laēsō g·ō-
xwēx laōɫxwo ʟēgadāxs ʟ!ēxʟ!ēxâgɛm. Wä, hē‘misō g·aēɫēx lāq^uxō
nōnɫɛmēx, la‘mōsōx lāɫ laōɫ, nɛgŭmpxō q!ɛq!ēɫɛɫāɫēx; wä, hē‘mōs
ʟēgɛmɫtsoxwē G·īxg·aqɛlag·ilisē; hē‘mēsō hăwāɫɛlaɫē; wä, hē‘mōs 70
ʟēgɛmɫtsoxwē Hăwāɫɛlaɫɛma‘yē; hē‘mēsō gwēlgwēɫawatē; wä,
hē‘mōsa ʟēgɛmɫtsoxwē X·īts!ax·ilasōgwi‘laxwē; hē‘mēsō nānx; wä,
hē‘mōs ʟēgɛmɫtsoxwē Nandzē. Wä, lawisʟa ‘wī‘la, nɛgŭmp
Q!ŭmx·ōdä." Wä, laɛm‘laē âlak·!ala mō‘lē Q!ŭmx·ōdäs, qaxs

¹ The following speeches are in the Koskimo dialect.

75 thanked him. ‖ This was the first nōnłEm. It is different from the dances of the | Nāk!wax·da⁶xᵘ, and came from the Koskimo. It was obtained through marriage | by Q!ûmx·ōd (III 1) from Qwax·ila (II 9). Then they spoke secretly to the | Nāk!wax·da⁶xᵘ about the nōnłEm and the other dances, for none of them knew | how they were used by
80 the Koskimo. Then Q!ûmx·ōd (III 1) told ‖ his wife T!agwisilayugwa (III 8) what his tribe said, | and immediately T!agwisilayugwa (III 8) told her father Qwax·ila (II 9). Therefore | Qwax·ila (II 9) called the Koskimo into his house; and | when they were all inside, Qwax·ila (II 9) arose and | spoke. He said, "Now look, son-in-law
85 Q!ûmx·ōd (III 1)! ‖ Now all the Koskimo have come in to take care of the | supernatural power of the nōnłEm. Now look at it, Nāk!wax·da⁶xᵘ!" | Thus he said. Then the sound of whistling appeared on the roof of the house. He had not | spoken a long time before he stopped. Then | the nephew of Q!ûmx·ōd (III 1) and
90 three others disappeared. The name of the nephew of ‖ Q!ûmx·ōd was K·!ēsoyak·ilis[1] (IV 10); and when they had all | disappeared, the Koskimo sang the four songs | of the nōnłEm. They stayed away for four days. | Then they caught K·!ēsoyak·ilis (IV 10) and the other three. | K·!ēsoyak·ilis (IV 10) was now Mosquito-Dancer, and ‖
95 G·ixg·aqElag·ilis was his name now. Another one was Land-Otter-Dancer, and | his name was Häwāłelałemē⁶. He was a substitute

75 hē⁶maē ăłēs g·il lāla nōnłEmē, Lɛ⁶wē ōgŭqāla lēlāēdɛs lāxa Nāk!wax·da⁶xwē, g·äx·⁶id lāxa Gōsg·imoxwē. Wä, laɛm gɛg·adā-nɛmē Q!ûmx·ōdāq lāx Qwax·ila. Wä, lā⁶laē wŭnwŭnōsa q!ēq!ɛyōda Nāk!wax·da⁶xwasa nōnłEmē Lɛ⁶wis lēlaaidē, qaxs k·lēsaē q!ALɛlax gwayi⁶lälasasa Gōsg·imoxwaxs aāxsilaaq. Wä, lā⁶laē nēlē Q!ûmx·ō-
80 däxēs gɛnɛmē T!agwisilayugwäs wāłdɛmasēs g·ōkûlōtē. Wä, hēx·⁶idaɛm⁶lāwisē nēlä T!agwisilayugwäxēs ōmpē Qwax·ila, läg·iłalas Lēłts!ōdē Qwax·ilāxa Gōsg·imoxwē qa g·āxēs ⁶wi⁶laēLɛla lāx g·ōkwas. Wä, g·il⁶ɛm⁶lāwisē g·āx ⁶wiłaēLɛxs lāa⁶l Lāx⁶ûlilē Qwax·ila, qa⁶s yāq!ɛg·a⁶lē, qa⁶s ⁶nēk·ē: "Wälag·a dōqwałaLɛx, nɛgûmp Q!ûmx·ōdä,
85 g·āx⁶ɛmxaax· ⁶wi⁶laēLałg·a Gōsg·imoxwûk· nānawaxᵘsilałxwō ⁶na-wałaxwaxs nōnłEmä. Wälag·ila dōqwałaLɛx Nāk!wax·da⁶xwä," ⁶nēx·⁶laexs g·āxaasē tsōkwäsa dzēts!ala lāx ōgwäsasa g·ōkwē. K·lēs-⁶lat!ē ăłaɛm gēdzaqwaxs lāa⁶l q!wēł⁶ēda. Wä, laɛm⁶laē x·is⁶ēdē Lōlē⁶yas Q!ûmx·ōdē, hē⁶misa yūdukwē ōgü⁶la läq. Hēɛn⁶ɛl Lōlē⁶s
90 Q!ûmx·ōdēda Lēgadäs K·!ēsoyak·ilisē. Wä, g·il⁶ɛm⁶lāwisē ⁶nāxwa x·is⁶ēdɛxs lāa⁶l dɛnx⁶idayuwēda mōsgɛmē nōnłEmk·lāla q!ɛmq!ɛm-dɛma, yisa Gōsg·imoxwē. Wä, lā⁶laē mōp!ɛnxwa⁶sē ⁶nälāsa x·isûläxs lāa⁶l k·imyasɛ⁶wa yix K·!ēsoyak·ilisē Lɛ⁶wa ōgü⁶la läq, xa yūdukwē. Wä, laɛm⁶laē q!ɛq!ēłɛlalē K·!ēsoyak·ilisē. Wä, laɛm⁶laē Lēgadɛs
95 G·ixg·aqElag·ilisē. Wä, lā⁶laē häwāłelała ⁶nɛmōkwē. Wä, lā⁶laē Lēgadɛs Häwiłelałema⁶yē. Wä, laɛm⁶laē mɛxᵘstālē Lēłɛlgɛmlilasa-

[1] See p. 1075.

for Lêlɛlgɛmlīlas (IV 4), | who was to be Land-Otter-Dancer, for 97
this is a great dance. The land-otter dance is the same in the nōnłɛm
as the | hāmats!a is in the winter dance, and | therefore Q!ūmx·ōd
(III 1) wished his son Lêlɛlgɛmlīlas (IV 4) ‖ to be Land-Otter- 700
Dancer, because he had stayed at home with his mother Wāwalaxɛlag·i-
ᵋlakᵘ (III 6). | Therefore he had to have a substitute; and a substi-
tute also danced the scattering-dance for the | daughter of Q!ūmx·ōd,
Qwāx·īlał (IV 3). The name of the dancer was X·īts!ax·īlasōgwi-
ᵋlaxᵘ. | The scattering-dancer is the same in the nōnłɛm | as the
māmaq!a is in the winter dance, for it is taken care of by chiefs of
high rank. Therefore ‖ Q!ūmx·ōd (III 1) wished his princess to 5
have this dance. Another one was grizzly-bear dancer, | and his
name was Nandzē; and the name given by | Qwax·ila (II 9) in mar-
riage to Q!ūmx·ōd (III 1) was ʟ!ālɛwɛlsɛla (III 1) for the nōnłɛm. |
Qwax·ila (II 9) also gave a second name to Q!ūmx·ōd (III 1) | for the
secular season, Wałâlag·iᵋlakᵘ (III 1), and also the nōnłɛm name ‖
ʟ!ālɛwɛlsɛla (III 1). The shredded cedar-bark of the head-ring | 10
and neck-ring of the dancers and of all the Koskimo is white, when |
they are initiated by the supernatural power of the nōnłɛm. For
four | days they wore cedar-bark on their heads; and after | four
days they put it off. ‖ Qwax·ila (II 9) also gave as a marriage gift 15
many dentalia and cedar-bark blankets to his | son-in-law Q!ūmx·ōd
(III 1). ʟ!ālɛwɛlsɛla (III 1) gave these away to the | Koskimo. |

---

xa la hăwăłɛlała, qaxs ᵋwālasaē läda, yîxs ᵋnɛmāx·īsaē ʟɛᵋwa 97
hŭmats!a lăxa ts!ēts!ēqaxa hăwăłɛlałē lăxa nōnłɛmē. Wä, hēᵋmis
lāg·iłas Q!ūmx·ōdē ᵋnēx· qa hēsēs bɛgwānɛmē xŭnōkwē Lêlɛlgɛmlīlasē
hăwăłɛlała, qaxs ămlēxwaē ʟɛᵋwis ăbɛmpē Wāwalaxɛlag·iᵋlakwē, 700
lāg·iᵋlas mɛxᵘstâlē. Wä, lăxaē mɛxᵘstâᵋya gwēlgwēlawatas ts!ɛdāqē
xŭnōxᵘs Q!ūmx·ōdē, yîx Qwāx·īlałē, yîxs ʟēgadaas X·īts!ax·īlasō-
gwiᵋlakwē. Wä, laɛmxaē ᵋnɛmāx·īsa gwēlgwēlawatē lăxa nōnłɛmē
ʟɛᵋwa māmaq!a lăxa ts!ēts!ēqa, yîxs awīlax·sīlakwaē, lāg·iłas Q!ūm-
x·ōdē ᵋnēx· qa hēsēs k·!ēdēłē Qwāx·īlałē lädɛnuxᵘ. Wä, lă nāna 5
ᵋnɛmōkwē; wä, laɛmᵋlaē ʟēgadɛs Nandzē. Wä, lăᵋlaē ʟēgɛmg·ɛlxʟā-
laxaē Qwax·īlāx ʟ!ālɛwɛlsɛla qa ʟēgɛms Q!ūmx·ōdē lăxa nōnłɛmē,
yîxs lāaᵋl maᵋłtsɛmē ʟēgɛmg·ɛlxʟaᵋyas Qwax·ila ʟōᵋ Wałâlag·iᵋlakwē
qa ʟēgɛms Q!ūmx·ōdē lŭxa bāxŭsē. Wä, hēᵋmisēs nōnłɛmxʟäyowē,
ʟ!ālɛwɛlsɛla. Wä, laɛmᵋlaē qwāxᵘsā yîxa k·ādzɛkwē, yîx qɛx·ī- 10
maᵋyas ʟɛᵋwis qɛnxawaᵋya yaēxwa, ʟɛᵋwa ᵋnāxwa Ġōsg·imoxwaxs
g·ūlaē lŭsgɛmsa ᵋnawălakwasa nōnłɛmē. Wä, lăᵋlaē mōp!ɛnxwaᵋsē
ᵋnāläs qēqɛx·īmālaxa k·ādzɛkwē. Wä, hɛx·ᵋidaᵋmēsē gwāł qēqɛx·ī-
malaxa k·ādzɛkwaxs lāaᵋl mōp!ɛnxwaᵋsē ᵋnāläs, wä, laɛm âᵋmē
Qwax·ila wāwalqälasa q!ēnɛmē ălɛla ʟɛᵋwa k·!ēk·!obawasē lăxēs 15
nɛgŭmpē Q!ūmx·ōdē. Wä, hēᵋmis la p!ɛsēdayōwē ʟ!ālɛwɛlsɛlāxa
Ġōsg·imoxwē.

Now for a while we shall stop calling him Q!ūmx·ōd (III 1),
20 because | he is using the nōnłɛm name L!ā̄łɛwɛlsɛla (III 1). ‖ After
the nōnłɛm was over, Q!ūmx·ōd (III 1) for a time stopped having the
name L!ā̄łɛwɛlsɛla (III 1); | for only when one of his people showed
the nōnłɛm was he called L!ā̄łɛwɛlsɛla (III 1), | in the same way as is
done in the winter dance; for they change their | names when the
winter dance begins, and they do the same with the nōnłɛm. | Then
25 they change their names; and take the nōnłɛm names; and ‖ the
names of the men who gave the nōnłɛm were L!ā̄łɛwɛlsɛla, Q!ɛ̄xētasō‘, | Gwā‘yōlɛlas, and Nɛg·ä, because, that you may know that the
names | of the winter dance, of the nōnłɛm, and of the secular season
are quite different. I just wanted | to talk about this. |

Now, in the morning, daylight came; and Q!ūmx·ōd (III 1), and
30 his ‖ wife T!agwisilayugwa (III 8), and the Nāk!wax·da‘x^u, made
ready to go home. | When they arrived at Tēgūxstē in the evening, |
Q!ūmx·ōd (III 1) asked his wife T!agwisilayugwa (III 8) for | what
he was thinking of. He wished his princess | Qwāx·ī̄lal (IV 3) and
35 his prince Lē̄lɛlgɛmlī̄las (IV 4) to disappear, because ‖ he wanted to
give a nōnłɛm; and his wife T!agwisilayugwa (III 8) told him to go
ahead. | After they had finished talking, they left their canoe | and
went into the house of Q!ūmx·ōd (III 1). Immediately | his head
wife, Wāwalaxɛlag·i‘lak^u (III 6), gave to eat to her husband

18 Wä, la‘mɛns yūwas‘id gwāl Lēqɛlas Q!ūmx·ōdē lāq, qaxs Lɛ‘maē
nōnłɛmxLälax L!ā̄łɛwɛlsɛla. Wä, laɛm gwāla nōnłɛm lāxēq. Wä,
20 laɛmxaāwisē gwāl yāwas‘id Lēgadē Q!ūmx·ōdäs L!ā̄łɛwɛlsɛla, qaxs
g·īl‘maē nōnłɛmLē g·ayōlē läx g·ōkūlotas. Wä, la Lēqɛlasōs L!ā̄łɛwɛlsɛla hē gwēx·sa ts!ēts!ēqāxs hēx·‘ida‘maē L!āyoxLäxēs Lēlɛgɛmaxs g·ālaē ts!ēts!ōx‘ēda. Wä, hēɛmxaāwisē gwēg·ilag·ila nōnłɛmē,
hēx·‘ida‘maē L!āyoxLäxēs nōnłɛmxLāyowē Lēlɛgɛma, yīxs hē‘maē
25 Lēlɛgɛmsa yāwix·tlasa nōnłɛmē L!ā̄łɛwɛlsɛla, Lō‘ Q!ɛ̄xētasɛ‘wē, Lō‘
Gwā‘yōlɛlas, Lō‘ Nɛg·ä, qa‘s q!ā̄laōsaqēxs k·!ēsaē Lawagā̄lē Lēlɛgɛmasa ts!ēts!ēqa Lɛ‘wa nōnłɛmē Lɛ‘wa bāxūsē. Ā‘mɛn ‘nēx· qɛn
gwāgwēx·sɛx·‘idē lāq.

Wä, laɛm‘laē ‘nāx·‘īdxa gnāläxs lāa‘l xwānal‘idē Q!ūmx·ōdē Lɛ‘wis
30 gɛnɛmē T!agwisilayugwa Lɛ‘wa Nāk!wax·da‘xwē, qa‘s g·äxē nä‘nakwa. Wä, g·äx‘laē lāg·aa läx Tēgūxsta‘yaxa la dzāqwa. Wä, hēx·‘idaɛm‘lāwisē Q!ūmx·ōdē äxk·!ālaxēs gɛnɛmē T!agwisilayugwa qa
gwäłaasasēs nāqa‘yē, ‘yīxs ‘nēk·aē qa hēx·‘idag·a‘mēs x·īs‘īdē k·!ēdēłasē Qwāx·ī̄lalē Lɛ‘wis Lāwūlgāma‘yē Lē̄lɛlgɛmlī̄lasē, qaxs lɛ‘maē
35 ‘nēx· qa‘s nōnłɛmē. Wä, lā‘laē āɛm wäxē gɛnɛmasē T!agwisilayugwa.
Wä, g·īl‘ɛm‘lāwisē gwāłē wałdɛmasēxs lāa‘l hōx‘wūltā lāxēs ya‘yats!ē, qa‘s lā hōgwīL läx g·ōkwas Q!ūmx·ōdē. Wä, hēx·‘idaɛm‘lāwisē
gɛk·īmālilasē Wāwalaxɛlag·i‘lakwē L!ɛxwīla qaēs lā‘wūnɛmē Q!ūm-

Q!ŭmx̱·ōd (III 1) | and to his new wife T!agwisilayugwa (III 8); and as soon as ‖ they had eaten, Q!ŭmx̱·ōd (III 1) told Wāwalaxᴇlag·i- 40 ꞓlakᵘ (III 6) his | wish that the supernatural power of the nōnłᴇm should come into his house, and that | their two children, Qwāx·ĭlał (IV 3) and her brother Łēlᴇlgᴇmlīlas (IV 4), | and also two of his nephews, should disappear. | Wāwalaxᴇlag·iꞓlakᵘ (III 6) told him to go ahead, and ‖ Q!ŭmx̱·ōd (III 1) called his numaym, the ꞓwālas, to 45 come into | his house; and when they were in, Q!ŭmx̱·ōd (III 1) spoke, | and said, "This is why I called you, numaym | ꞓwālas, that the supernatural power of the nōnłᴇm should come, and that | Qwāx·ĭlał (IV 3) and Łēlᴇlgᴇmlīlas (IV 4), and my nephew K·!ēsoyak·ꞌĭlis ‖ (IV 10) here, should disappear, and also his younger 50 brother Hămdzid (IV 11)." Four were | named by him. When he stopped speaking, the numaym told him to go ahead. | Then the supernatural power of the nōnłᴇm sounded on the | roof of the house; and the four disappeared, | and they did what they had seen done by the Koskimo. Then ‖ he gave away the ten sea-otter skins to the 55 Nāk!wax·daꞓxᵘ, and his | four dancers used the nōnłᴇm names. When he had done, | Qwax·ila (II 9) gave as a marriage gift many seals, and then Q!ŭmx̱·ōd (III 1) | put them into the four housedishes for the Nāk!wax·daꞓxᵘ. Then | he changed the name of Qwāx·ĭlał (IV 3), and her name was Dōxŭlkwi·ꞓlakᵘ (IV 3); and ‖

---

x·ōdē ʟᴇꞓwis aꞓlīlē gᴇnᴇmē T!agwisilayugwa. Wä, g·ĭlꞓᴇmꞓlāwisē gwäł ʟ!ᴇχwaxs lāaꞓlaē Q!ŭmx̱·ōdē nēlax Wāwalaxᴇlagꞏiꞓlakwasēs 40 ꞓnēk·!ēnaꞓyē, qaꞓs g·āxᴇʟasaēs g·ōkwas ꞓnawălakwasa nōnłᴇmē, qa x·ĭsꞓĭdēsēs maꞓlōkwē sāsᴇma yĭx Qwāx·ĭlalē ʟᴇꞓwis wŭq!wē Łēlᴇlgᴇmlīlasē. Wä, hēꞓmis maꞓlōxᵘʟa g·ayōł łāx ʟōʟalēꞓyas. Wä, âꞓmisē hēx·ꞌidamꞓᴇl wäxasōs Wāwalaxᴇlag·iꞓlakwē. Wä, hēx·ꞌidaᴇmꞓlāwisē Q!ŭmx̱·ōdē ʟēłts!ōdxēs ꞓnᴇꞓmēmota ꞓwālasē, qa g·āxēs ꞓwīꞓlaēʟᴇla läx 45 g·ōkwas. Wä, g·ĭlꞓᴇmꞓlāwisē g·āx ꞓwiꞓlaēʟᴇxs lāaꞓl yāq!ᴇg·aꞓlē Q!ŭmx·ōdē. Wä, lāꞓlaē ꞓnēk·a: "Hēdᴇn Lēꞓlalĭlōʟ, ꞓnᴇꞓmēmot, yōʟ ꞓwālas, qa wēg·ēs g·āxᴇʟa ꞓnawălakwasa nōnłᴇmē, qa x·ĭsꞓēdēg·a Qwāx·ĭlałᴇk· ʟōgwa Łēlᴇlgᴇmlīlasᴇk· ʟōgwa ʟōlēg·ĭnʟᴇg·a K·!ēsoyak·Ꞌĭlisᴇk·. Wä, hēꞓmisē ts!ūꞓyasē Hămdzidē." Wä, mōkwē ʟēxꞓē- 50 tsᴇꞓwa. Wä, g·ĭlꞓᴇmꞓlāwisē q!wēlꞋĭdᴇxs lāaꞓl ăᴇm ꞓnaxᵘ wäxē ꞓnᴇꞓmēmotas, qa wäg·īs. Wä, hēx·ꞌidaᴇmꞓlāwisē hēk·!ᴇg·aꞓlē ōgwäsasa g·ōkwē, yĭx ꞓnawălakwasa nōnłᴇmē. Wä, laꞓmē x·ĭsꞓĭdēda mōkwē. Wä, âꞓmēsē naqᴇmg·ĭltᴇwēx gwēg·ilasasa Gōsg·imoxwē. Wä, laᴇm p!ᴇsꞋĭtsa lastowē q!āsa łāxa Nāk!wax·daꞓxwē. Wä, laᴇmꞓlaē ʟēxꞓēdᴇs 55 nēnōnłᴇmxʟāyâsa mōkwē sēsᴇnats. Wä, g·ĭlꞓmēsē gwāłᴇxs lāaꞓl wāwałqālē Qwax·ĭlāsa q!ēnᴇmē mēgwata. Wä, laᴇmꞓlaē Q!ŭmx·ōdē lᴇxᵘ- ts!ōts läxa mᴇwēxʟa łōᴇlqŭlĭła qaxaēda Nāk!wax·daꞓxwē. Wä, hēꞓmis la ʟ·Ꞌâyoʟaats Qwāx·ĭlalē. Wä, laᴇm ʟēgadᴇs Dōxŭlkwiꞓlakwē. Wä,

60 Q!ŭmx̱·ōd (III 1) changed his own name, and his name was Walâlag·i-
ᵋlakᵘ (III 1). | Now we shall stop calling him Q!ŭmx̱·ōd (III 1),
for his name was now | Walâlag·iᵋlakᵘ (III 1). T!agwisilayugwa
(III 8) had no children, | for she did not remain long having Walâla-
g·iᵋlakᵘ (III 1) for her husband. Then she went home. |
65 Evidently on account of this Walâlag·iᵋlakᵘ (III 1) felt badly, ||
because his wife had gone home. He became ill; | and he had not
been ill a long time before he died. Immediately | LēlElgEmlilas
(IV 4), the son of Walâlag·iᵋlakᵘ, | took the seat of his father, and he
gave away property to the Nāk!wax·daᵋxᵘ. | He took the name
Q!ŭmx̱·ōd (IV 4) for his name, because his mind was sick on account
70 of || what Qwax·ila (II 9) had done when he took away quickly his
princess T!agwisilayugwa (III 8). | He thought they had killed his
father. Therefore | the Nāk!wax·daᵋxᵘ did not want the marriage
names that | Qwax·ila (II 9) had given to the late Q!ŭmx̱·ōd (III 1)
to be used. Only | the four house-dishes and the nōnlEm were kept
75 by the Nāk!wax·daᵋxᵘ. || And now they scattered among the Nā-
k!wax·daᵋxᵘ, and the | relatives of Q!ŭmx̱·ōd (III 1) now all use the
nōnlEm. Now, | the numaym ᵋwālas wished Q!ŭmx̱·ōd (IV 4) to
marry, and to forget | his grief on account of the death of his father.
They | wanted Q!ŭmx̱·ōd (IV 4) to marry Ōmaēliᵋlakᵘ (IV 7), the
80 princess of the chief of the || numaym Kwēkwaēnoxᵘ, LEk·Emax̱ōd

60 laEmxaāwisē L!āyoxLā Q!ŭmx̱·ōdē. Wä, laEm Lēgad ES Walâlag·iᵋla-
kwē. Wä, laᵋmEns gwāl LēqElas Q!ŭmx̱·odē lāq, qaxs lEᵋmaē LēgadES
Walâlag·iᵋlakwē. Wä, laEmᵋlaē hēwäxa xŭngwadEx·ᵋīdē T!agwisila-
yugwa, qaxs k·!ēsaē gäla läᵋwadES Walâlag·iᵋlakwaxs lāaᵋl näᵋnakwa.
Wä, hëx·st!aakᵘᵋEmᵋlāwis la ᵋyäkogŭlīdzEms nâqaᵋyas Walâlag·i-
65 ᵋlakwē quēs gEnEmaxs laē näᵋnakwa. Wä, laᵋmē yäwasᵋīd qElxwa-
lila. Wä, k·!ēsᵋlat!a gaēl qElgwīlExs lāaᵋl wīk·!Exᵋēda. Wä, hëx·ᵋi-
daᵋmēsē Lēlelgemlilasē, yīx bEgwänEmē xŭnōxᵘdEs Walâlagiᵋlaxᵘdē
Lâx̱ᵘstōdxēs ōmpdē. Wä, laEm ᵋpEsᵋīdxa Nāk!wax·daᵋxwē. Wä,
hētla äx·ᵋētsōsē Q!ŭmx̱·ōdē qaᵋs LēgEma, qaxs ts!īx·īlaēs nâqaᵋyē qa
70 gwēx·ᵋidaasas Qwax·ilāxs laē gEyōl wätax̱ōdxēs k·!ēdēlē T!agwisila-
yugwa. Wä, hēᵋmis k·ōdēl g·aᵋyalatsēs ōmpdē. Wä, hēᵋmis lū-
g·ilasa Nāk!wax·daᵋxwē ᵋnēx· qa âᵋmēs ᵋwīᵋla k·!eyâx̱ᵋwidē LēLEgEm-
g·ElxLaᵋyasa g·īgāmaᵋyē Qwax·ila lāx Q!ŭmx̱·ōdExᵋdē. Wä, lëx·a-
ᵋmēs axēlax̱ᵘsa Nāk!wax·daᵋxwa mowēxLa lōElqŭlila Lᴱᵋwa nōnlE-
75 mēxa la gwēlᵋīd lāxa Nāk!wax·daᵋxwē, qaxs laē ᵋnāxwaEm la äxnō-
gwadē LēLELâläs Q!ŭmx̱·ōdExᵋdäsa nōnlEmē. Wä, laᵋmēsē ᵋnēk·ē
ᵋnEᵋmēmotasa ᵋwālasē, qa gEg·adēs Q!ŭmx̱·ōdē, qaᵋs layīngEma-
yōqēxs âlaē q!āk·ax gwēx·ᵋidaasasēs ōmpdē. Wä, hētla gwEᵋyōs
qa gEnEms Q!ŭmx̱·ōdē Ōmaēliᵋlakwē, yīx k·!ēdēlas g·īgāmaᵋyasa
80 ᵋnEᵋmēmotasa Kwēkwaēnoxwē lāx LEk·Emax̱ōdē, yīxs âlak·lalaē

(III 9), for he was the | head chief of the Gwawaēnox^u. Then | 81
Q!ŭmx·ōd (IV 4) and his mother Wāwalaxɛlag·i⁴lak^u (III 6), and
her | daughter Qwāx·ĭlaɫ (IV 3) — for they did not let her be named |
Dōxŭlkwi⁴lak^u (IV 3) — were told by his numaym ⁴wālas to ‖ go 85
ahead and do quickly what they were wishing. Then he was given
property by all | the Nāk!wax·da⁴x^u, for there were five numaym in
all. | Each gave one pair of blankets to the | chief Q!ŭmx·ōd (IV 4),
every man of the numayms, | as though he would wipe off his tears
with the pair of blankets, because he was still crying ‖ for his past 90
father. After they had finished giving blankets, the | five numayms
of the Nāk!wax·da⁴x^u got ready | to pay the marriage money for the
princess of Lɛk·ɛmaxōd (III 9), who was living in the village of the
Gwawaēnox^u | at Hēgɛms. When they arrived at Hēgɛms, | they
paid the marriage money at once, while the Nāk!wax·da⁴x^u remained
sitting ‖ in their canoes. They had twenty-two large traveling- 95
canoes. | After they had paid the marriage money, Lɛk·ɛmaxōd
(III 9) | and his younger brother Pɛnqŭlas (III 10) came, holding in
each hand slaves, | each holding two by their hands as they came and
stood outside of the | house; and with them came their princess
Ōmaēli⁴lak^u (IV 7), with ‖ two female slaves. Ōmaēli⁴lak^u (IV 7) stood 800
between her father, | Lɛk·ɛmaxōd (III 9) and her uncle Pɛnqŭlas

xamagɛmē g·ĭgăma⁴yē Lɛk·ɛmaxōdāsa Gwawaēnoxwē. Wä, â̄ɛmsē 81
Q!ŭmx·ōdē ɫɛ⁴wē ăbɛmpē Wāwalaxɛlag·i⁴lakwē ɫɛ⁴wis ts!ɛdāqē
xŭnōkwē Qwāx·ĭlaɫē, qaxs lɛ⁴maē k·!ēs la hēɫq!ōlɛm ɫēgadɛs Dō-
xŭlkwi⁴lakwē. Wä, â⁴mēsē wāxaxēs ⁴nɛ⁴mēmota ⁴wālasē, qa wā-
g·ēs âɛm hali⁴lälaxēs wâɫdɛmē. Wä, la⁴mē p!ɛdzēlasō⁴sa ⁴nāxwa 85
Nāk!wax·da⁴xwa läxēs sɛk·!äsgɛmak!ūts!ēna⁴yē läxēs ⁴nāl⁴nɛ⁴mē-
mats!ēna⁴yē. Wä, laɛm p!ɛdzēlasa ⁴naɫ⁴nɛmxs p!ɛlxɛlasgɛm läxa
g·ĭgăma⁴yē Q!ŭmx·ōdē läxēs ⁴nāl⁴nɛmōk!wēna⁴yē bɛgwānɛma, yĭxs
⁴nɛmāx·ĭsaē ɫō⁴ dēstōtsa ⁴nāl⁴nɛmxsa p!ɛlxɛlasgɛm lāqēxs q!wāsaē
qaēs ōmpdē. Wä, g·ĭl⁴mēsē gwāla p!ɛdzēlāxs laē hēx·⁴ida⁴ɛm xwā- 90
naɫ⁴ida ⁴wi⁴lēda sɛk·!äsgɛmak!ūsē ⁴nāl⁴nɛ⁴mēmatsa Nāk!wax·da⁴xwē,
qa⁴s lā qadzēlax k·!ēdēlas Lɛk·ɛmaxōdäxs hāē g·ōkŭlaxa Gwa-
waēnoxwē ăxās Hēgɛmsē. Wä, g·ĭl⁴mēsē läg·aa läx Hēgɛmsaxs laē
hēx·⁴idaɛm qâdzēl⁴ida, yĭxs hē⁴maē âɫēs k!ūdzɛxsalēɫa⁴ya Nāk!wax·-
da⁴xwē läxēs yaē⁴yats!ēxa hăma⁴ĭts!äqâlä âl âwâ xwāx̣wăk!ūna 95
yaē⁴yats!ēs. Wä, g·ĭl⁴mēsē gwāla qadzēlāxs g·āxaē Lɛk·ɛmāxōdē
ɫɛ⁴wis ts!ä⁴yē Pɛnqŭlasē ⁴wi⁴wax·sōɫts!anâlaxa q!āq!ɛk·o moēma⁴lō-
kwēs nēnexbaɫts!änēsɛ⁴waxs g·āxaē q!wāg·aɛls läx L!āsanâ⁴yasēs
g·ōkwē; wä, hē⁴misē k·!ēdēlasē Ōmaēli⁴lakwē g·āx qâsɛmtsōsa ma-
⁴lōkwē ts!ēdāq q!āq!ɛk·â. Wä, la ɫāɫɛxŭlsē Ōmaēli⁴lakwaxēs ōmpē 800
Lɛk·ɛmaxōdē ɫɛ⁴wis q!ŭlē⁴yē Pɛnqŭlasē. Wä, â⁴misɫa la ăxsɛ-

2 (III 10). They | told the six slaves to stand in a row, facing seaward; and | when they all had turned seaward, Penqŭlas (III 10), the | younger brother of Lek·Emaxōd (III 9), spoke, and asked
5 Q!ŭmx·ōd (IV 4) to ‖ take care, "because our princess (mine and my brother's) | has a heavy weight. Now, come, son-in-law Q!ŭmx·ōd (IV 4), to your wife!" | Thus he said, and stopped speaking. Then Q!ŭmx·ōd (IV 4) arose | in his canoe. Penqŭlas (III 10) had told him to stand up | and listen to his words. Then Penqŭlas (III 10)
10 asked Ōmaēli‘lak^u (IV 7) ‖ to go to her husband with the six slaves. | Immediately three slaves went, one after another. | Ōmaēli‘lak^u (IV 7) followed close behind the three | slaves, and three other slaves followed Ōmaēli‘lak^u (IV 7). | They went down the beach into
15 the canoe of Q!ŭmx·ōd (IV 4). ‖ There they sat down, and Q!ŭmx·ōd (IV 4) sat next | to his wife Ōmaēli‘lak^u (IV 7). Then Penqŭlas (III 10) spoke again, | and said, "These six slaves are the marriage mat of our princess, | that the princess of Q!ŭmx·ōd (IV 4) may not sit on the floor of your | house, son-in-law, when she goes in. Now,
20 this Dzōnoq!wa ‖ house-dish, the wolf house-dish, the grizzly-bear house-dish, and the beaver | house-dish shall go. These are the house-dishes for Ōmaēli‘lak^u's (IV 7) food, for all the tribes, | which are given by her father, Chief Lek·Emaxōd (III 9); and | you shall have this name, son-in-law. Your name shall be Q!ōmoqâ (IV 4),

---

2 ‘wēda q!ɛL!âkwē q!âq!ɛk·ō, qa dɛnxŭlsē ʟ!âʟ!asgɛmała. Wä, g·îl-‘mēsē ‘nâxwa la ʟ!âʟ!asgɛmâłaxs laē yâq!ɛg·a‘łē Pɛnqŭlasē, yîx ts!â‘yās Lek·Emaxōdē. Wä, la‘mē hâyâʟ!ōlax Q!ŭmx·ōdē qa yā-
5 ʟ!âwēs, "qaxs gwagŭntselīʟaqōs lāxg·a k·!ēdēlg·anu‘x^u ʟōgŭn ‘nɛm-wɛyōtɛk·. Wä, gēlag·a, nɛgŭmp, Q!ŭmx·ōdâ lāxg·as gɛnɛmg·ōs," ‘nēk·ɛxs laē q!wēl‘ida. Wä, hēx·‘ida‘mēsē Q!ŭmx·ōdē ʟâx‘ŭlɛxsa lāxēs yā‘yats!ē. Wä, lâ âxsō qa‘s ʟax‘wŭxsalē yîs Pɛnqŭlasē, qa‘s hōʟēlēx wâldɛmas. Wä, la‘mē âxk·!âlē Pɛnqŭlasax Ōmaēli-
10 ‘lakwē, qa lâlag·îs lāxēs lŭ‘wŭnɛmē ʟe‘wa q!ɛL!âkwē q!âq!ɛk·â. Wä, hēx·‘ida‘mēsē qâs‘idēda yŭdukwē q!âq!ɛk·owa dɛnoxʟalaxs laē qâs‘ida. Wä, lâ qâs‘idē Ōmaēli‘lakwē nɛxwâxʟaxa yŭdukwē q!âq!ɛk·owa. Wä, lâ ɛlxʟa‘ya yŭdukwē q!âq!ɛk·ōx Ōmaēli‘lakwaxs laē hōqŭnts!ēsɛla, qa‘s lâ hōx‘waɛxs lāx yā‘yats!âs Q!ŭmx·ōdē,
15 qa‘s k!ŭs‘âlɛxsē lāq. Wä, g·îl‘mēsē la k!wâk!ŭg·alɛxsē Q!ŭmx·ōdē ʟe‘wis gɛnɛmē Ōmaēli‘lakwaxs laē ēdzaqwa yŭq!ɛg·a‘łē Pɛnqŭlasē. Wä, lâ ‘nēk·a: "Yūɛm łe‘waxsēsa k·!ēdēlaqɛnuxwa q!ɛʟ!âkwēx q!âq!ɛk·â, ālōx wŭltalîłʟōx k·!ēdēlaxsg·a Lek·Emaxōdɛk· lāxēs g·ōkwaōs, nɛgŭmp, qaxō laēʟō. Wä, la‘mēsēk· lâłg·a dzonoq!wak·
20 łōqŭlîla, ʟe‘wa āʟanɛmē łōqŭlîł ʟe‘wa nânē łōqŭlîł, ʟe‘wa ts!âwē łōqŭlîla. Hēɛm ha‘maats!ēsō Ōmaēli‘lakwē qag·a ‘nâxwag·a lēlqwā-laʟa‘ya lāxg·as g·îgâmēk· ōmpēg·a Lek·Emaxōdɛk·. Wä, hē‘misa ʟēgɛmē qa‘s ʟēgɛmōs, nɛgŭmp, laɛms ʟēgadɛłts Q!ōmoqâ. Wä,

and | Qwāx·ĭlał (IV 3) shall be Ts!ᴇnᴅᴇgᴇmg·i‘lakᵘ (IV 3), and also this ‖ house of my chief, which has a name. Now you shall have 25 the | house Wīwax̣ᵘsᴇm. The ends of the beams are wolves, | and the four posts are wolves, and | your dance shall be the great dance from above, son-in-law; and in the winter dance your name shall be G·ĭlgᴇmalis (IV 4).'' | Thus he said. "That is all, son-in-law. Now, come ‖ warm yourself in the house of Lᴇk·ᴇmaxōd (III 9), you 30 and your crew, son-in-law!" | Thus he said. Then he stopped speaking. Immediately the Nāk!wax·da‘xᵘ went ashore | out of their canoes; and when all were in the house, | Q!ŭmx·ōd (IV 4) and his wife went ashore and went in. | Then Lᴇk·ᴇmaxōd told Q!ŭmx·ōd (IV 4) and his wife Ōmaēli‘lakᵘ (IV 7) to sit down in the rear of the house. ‖ Q!ŭmx·ōd (IV 4) and his wife went | right on and sat 35 down. The | six slaves were still sitting in the canoe of | Q!ŭmx·ōd (IV 4), watching it. Now Lᴇk·ᴇmaxōd (III 9) gave dried salmon to his son-in-law | and his crew, and as a second course he gave them cinquefoil-roots; ‖ and after he had given them to eat, Lᴇk·ᴇmaxōd 40 (III 9) spoke, | and said, "Listen to me, chiefs of the Nāk!wax·da‘xᵘ! | I shall ask you to stay here for four days at Hēgᴇms, | that I may get ready the cargo for Ōmaēli‘lakᵘ (IV 7).'' Thus he said, and stopped speaking. | The Nāk!wax·da‘xᵘ agreed to what he said. ‖ Then 45 Lᴇk·ᴇmaxōd (III 9) sent his hunters to go hunting | many seals.

---

la‘mēsē ᴌēgadᴌē Qwāx·ĭlālas Ts!ᴇnᴅᴇgᴇmg·i‘lakwē. Wā, hē‘misa g·ōkwē, yĭxg·a ᴌēgadᴇk· g·ōx̣ᵘsᴇn g·ĭgămēk·. Wā, laᴇms lāl g·ō- 25 gwadᴇłtsg·a Wīwax̣ᵘsᴇmk· g·ōkwa ‘nāx̣waᴇmk· āᴌanᴇmg·a ōbäg·asg·a k·ēk·atēwēg·a ᴌᴇ‘wa mōts!aqē ᴌēᴌāma ‘nāx̣waᴇm ēaᴌanᴇma. Wā, laᴇms ‘wālas‘axaax̣ᵘᴌōł, nᴇgŭmp. Hē‘mēts ᴌēgᴇmᴌōsē G·ĭlgᴇmalisē lāxa ts!ēts!eqa,'' ‘nēk·ē. "Wā, yū‘mōq, nᴇgŭmp. Wā, gēlag·a tᴇłts!a lāxg·a g·ōx̣ᵘg·as Lᴇk·ᴇmaxōdē ᴌᴇ‘wōs k!wēmaqōs, nᴇgŭmp,'' 30 ‘nēk·ᴇxs laē q!wēl‘ida. Wā, hēx·‘ida‘mēsē ‘nāx̣wa la hōx‘wŭłtāwēda Nāk!wax·da‘xwē laxēs yaē‘yats!ē. Wā, g·ĭl‘mēsē ‘wi‘laēᴌᴇxs laē Q!ŭmx·ōdē ᴌᴇ‘wē gᴇnᴇmē hōx‘wŭłtā lāxēs yā‘yats!ē, qa‘s lā hō- gwīᴌa. Wā, la‘mē ‘nēk·ē Lᴇk·ᴇmaxōdē, qa lās k!wāk!ŭgoᴌēwalīlē Q!ŭmx·ōdē ᴌᴇ‘wis gᴇnᴇmē Ōmaēli‘lakwē. Wā, hē‘nākŭla‘mēsē 35 Q!ŭmx·ōdē ᴌᴇ‘wis gᴇnᴇmē Ōmaēli‘lakwē, qa‘s lā k!ŭs‘ālĭł lāq. Wā, laᴇmᴌē k!ŭdzᴇxsalaᴌayēda q!ᴇᴌlōkwē q!āq!ᴇk·ō lāx yā‘yats!äs Q!ŭmx·ōdē q!āq!alālaq. Wā, la‘mē yīnēsē Lᴇk·ᴇmaxōdäxēs nᴇgŭmp ᴌᴇ‘wis k!wēmē yīsa xa‘masē. Wā, lā hēlᵉg·ĭntsa t!ᴇxᵘsōsē lāq. Wā, g·ĭl‘mēsē gwāła yĭnēsasᴇ‘waxs laē yāq!ᴇg·a‘lē Lᴇk·ᴇmaxōdē. 40 Wā, lā ‘nēk·a: "Wāᴇntsōs hōᴌela g·āxᴇn g·ĭg·ĭgămēs Nāk!wax·da‘xᵘ. Hēdᴇn wāldᴇmla qa‘s mōp!ᴇnx̣wa‘sēsēs ‘nāłaōs yō łōx Hēgᴇmsēx, qᴇn xwānałᴇlē qa mᴇmwālasōx Ōmaēli‘lakwēx,'' ‘nēk·ᴇxs laē q!wēl- ‘ida. Wā, â‘mēsē ‘nāx̣wa ēx·‘ak·ēda Nāk!wax·da‘xwax wāldᴇmas. Wā, la‘mē Lᴇk·ᴇmaxōdē ‘yālaqasa hănhănᴌ!ēnoxwē, qa lās mamē- 45

46 The hunters went out | in the evening in eight canoes. | They stayed
away for three days. Then they came back home. | They had one
50 hundred and ten seals in their ‖ eight canoes. The hair of the seals
was already singed off, | and they were cut open. Then Lek·ᴇmaxōd
(III 9) | gave them as a marriage gift to his son-in-law Qlûmx·ōd
(IV 4), and also the feast name | Mᴇnlesid (IV 4). "That is all
now," said Lek·ᴇmaxōd (III 9) | to Qlûmx·ōd (IV 4). "Now, get
55 ready to go home, ‖ son-in-law, with your wife." Thus said Chief
Lek·ᴇmaxōd (III 9). | Then the Nāklwax·da⁽ˣᵘ got ready in the |
evening; and in the morning, when day came, they loaded their |
canoes, and put aboard the four house-dishes and the hundred | and
60 ten seals; and the Nāklwax·da⁽ˣᵘ went aboard ‖ their canoes.
When they were all aboard, | Qlûmx·ōd (IV 4) and his wife, Ōmaēli-
⁽lakᵘ (IV 7), and the six slaves walked down | the beach and went
aboard Qlûmx·ōd's canoe; | and as soon as they had sat down, the
Nāklwax·da⁽ˣᵘ started paddling. | In the evening they arrived at
65 their village. ‖ There they unloaded the four house-dishes and the |
hundred and ten seals, and carried them into the house of Qlûmx·ōd
(IV 4). | As soon as everything was out of the canoe, Qlûmx·ōd
(IV 4) | called his numaym, the ⁽wālas, into his house | to discuss

---

46 gwatlax qlēnᴇma mēgwata. Wä, hᵉx·⁽ida⁽mēsē lāx·da⁽xwēda hănhăn-
ʟlēnoxwaxa la dzāqwaxa ma⁽lgŭnalts!aqas yaē⁽yats!ă hănhănʟlē-
noxwē. Wä, yŭdŭxᵘp!ᴇnxwa⁽sē ⁽nāläsēxs g·āxaē nä⁽nakwēda hăn-
hănʟlēnoxwē ⁽nᴇmx·sōgŭg·˙iyōtla yänᴇmas hägâ mēgwata lāxēs
50 ma⁽lgŭnalts!aqlēna⁽yēs yaē⁽yats!ē lāxēs gwāłᴇlaē ts!ᴇnkwa mē-
gwatē. Wä, lāxaē gwāłᴇlaᴇm yimᴇlkwa. Wä, la⁽mē Lek·ᴇmaxōdē
wāwalqālas lāxēs nᴇgŭmpē Qlûmx·ōdē. Wä, hūmisa mᴇnłᴇxlā-
yō ʟēgᴇma, yïx Mᴇnlesidaas. "Wä, laᴇm ⁽wīla laxēq," ⁽nēk·ē Lek·ᴇ-
maxōdäx Qlûmx·ōdē. "Wäg·a xwānal⁽ˢidex qa⁽s lālag·aōs nä⁽na-
55 kwa, nᴇgŭmp, ʟᴇ⁽wōs gᴇnᴇmaqōs;" ⁽nēk·ēda g·ïgăma⁽yē Lek·ᴇma-
xōdē. Wä, hᵉx·⁽ida⁽mēsē ⁽nāxwa xwānal⁽ˢidēda Nāklwax·da⁽xwaxa
dzāqwa, g·ïl⁽mēsē ⁽nāx·⁽idxa gaālāxs laē ⁽nāxwa mōxsaxēs
yaē⁽yats!ē. Wä, g·āx⁽ma mᴇwēxla łōēlqŭlila ʟᴇ⁽wa mᴇmx·sōgŭ-
g·ïyuwē mēgwata. Wä, la⁽mē ⁽nāxwa hōx⁽walᴇxsēda Nāklwax·-
60 da⁽xwē lāxēs yaē⁽yats!ē. Wä, g·ïl⁽mēsē ⁽wïlxsaxs g·āxaē Qlûm-
x·ōdē ʟᴇ⁽wis gᴇnᴇmē Omaēli⁽lakwē ʟᴇ⁽wa qlᴇLlōkwē qlāqlᴇk·ō hō-
qŭntslēsala qa⁽s lāx·da⁽xwē hōx⁽walᴇxs lāx yä⁽yats!äs Qlûmx·ōdē.
Wä, g·ïl⁽mēsē klūs⁽ālᴇxsᴇxs laē ⁽nᴇmāx·⁽ïd sēx⁽widēda Nāklwax·-
da⁽xwē. Wä, la⁽mēsē dzāqwaxs laē lāg·aa lāxēs g·ōkŭlasē. Wä,
65 hᵉx·⁽ida⁽mēsē mōłtoyowēda mᴇwēxla łōᴇlqŭlila ʟᴇ⁽wa ⁽nᴇmx·sō-
gŭg·ïyowē mēgwata, qa⁽s lä mᴇwēʟᴇlayo lāx g·ōkwas Qlûmx·ōdē.
Wä, g·ïl⁽mēsē ⁽wïlōltâ lāx yä⁽yats!äs laē hᵉx·⁽ida⁽mē Qlûmx·ōdē
ʟē⁽lālaxēs ⁽nᴇ⁽mēmota ⁽walasē, qa g·āxēs ⁽wïlaēʟᴇla lāx g·ōkwas,

what they would do with the seals and when the feast was to be given. ‖ When all were inside, Q!ûmx·ōd (IV 4) spoke, and | said, 70 "O numaym ᵋwālas! I called you to think | about it, when I shall give a feast with these hair-seals." Thus he said to his | numaym ᵋwālas. After he had spoken, | one of the men of the numaym said, "Go on! ‖ Just send them to get fire-wood to cook the seals, so that | 75 our tribe the Nāk!wax·da'x" may eat." Then | four young men of the numaym ᵋwālas were sent out | to get much fire-wood. The four young men | launched the large canoe to get fire-wood, and ‖ started. 80 They went to a place where there was much driftwood; and when they had gone, | Q!ûmx·ōd (IV 4) asked the harpooneers of his numaym ᵋwālas | to cut up ten large seals, to take off the blubber, | and to cut the blubber off spirally, thus: | for he was going to give one of these strips to the chief of each one of the four numayms; that is, of the ‖ other numayms, not the 85 ᵋwālas; and he had | ten seals cut into short strips, in this way:[1] | These were to be given to the people of low rank. They give the limbs | to the chiefs next to the head chiefs, for the | head chiefs receive the brisket of the seal. This is done in ‖ lesser seal-feasts. That is not the custom in a 90 great | feast of more than a hundred seals, for generally a

---

qa'ᵋs hāwaʟīlagâlē qaēda mēgwatē lāx k!wēlasdᴇmʟasēs. Wä, 70 g·îl'mēsē g·ax ᵋwī'laēʟᴇxs lae yāq!ᴇg·a'lē Q!ûmx·ōdē. Wä, lä 'nēk·a: "Hᴇ̈dᴇn ʟē'laleʟōʟ, 'nᴇ'mēmot ᵋwālas, qa'ᵋs aaxsilaōsaxs nᴇnâqa'yaqōs lāxᴇn k!wēlasdᴇmʟasōxda mēgwatēx,"· 'nēk·ēxēs 'nᴇ'mēmota ᵋwālasē. Wä, g·îl'mēsē q!wēł'īdᴇxs laē yāq!ᴇg·a- 'lēda 'nᴇmōkwē lāx 'nᴇ'mēmotas. Wä, lä 'nēk·a: "Wᵋg·a, 75 ᴀᴇm ᵋyālaqa qa läs änēqax ʟᴇqwä, qa ʟ!ōpēsa mēgwatēx qa âlä- sōx q!ᴇsᴇns g·ōkŭlōta Nāk!wax·da'xwēx," 'nēk·ē. Wä, hᵘx·'ida- 'mēsē 'yālagᴇma mōkwē hä'yāł'a g·ayōł lāx 'nᴇ'mēmotasa ᵋwālasē, qa läs änēqax q!ēnᴇma ʟᴇqwa. Wä, hᴇx·'ida'mēsa mōkwē hä'yāł'a wī'x"stᴇndxa ᵋwālasē x̣wāk!ūna, qa'ᵋs änēgats!ēx ʟᴇqwä. Wä, la'mē 80 ʟᴇx·'ēda, qa'ᵋs lä lāxa q!ēq!ādäxa q!ēxalē. Wä, g·îl'mēsē ʟᴇx'ēdᴇxs laē Q!ûmx·ōdē äxk·!ālaxa ēsᴇlēwinoxwasēs 'nᴇ'mēmota ᵋwālasē; qa sᴇsax"sᴇndēsēxa nᴇqasgᴇmē äwâ mēgwata qa sapōdēsēx xŭsᴇ- na'yas, qa'ᵋs t!ōtsē'stalēq, qa g·îlsg·îlt!ēsa xŭsē'lakwē, g·a gwäłēg·a (fig.) qaxs dōqŭlīʟaxa g·îg·îgāma'yasa mōsgᴇmak!ūsē 'nāł'nᴇ'mēmas 85 ōgŭ'la lāx 'nᴇ'mēmotas Q!ûmx·ōdēxa ᵋwālasē. Wä, lāxaē nᴇqas- gᴇma mēgwatē âm'ämäyastowē sakwa'yē g·a gwäłēg·a (fig.). Hᵘᴇm lał k·alalxa bᴇgŭlīda'yē. Wä, lāʟē yāqŭlē ʟasʟalās lāxa mēmak·î- laxa xēxamagᴇma'yē g·îg·îgāma'ya, yîxs k·aak·omalaēda xamagᴇ- ma'yē g·îg·îgāmēsa 'nāł'nᴇ'mēmasaxa häq!wayowasa mēgwatē lāxa 90 gwasa'yē k!wēlatsa mēgwatē. Wä, lāʟē k·'lēs hᵘ gwäla lāxa ᵋwā- lasē k!wēlatsa g·îx·sōgŭg·îyowē mēgwata, yîxs q!ūnālaē sᴇnâla mē-

---

[1] That is, by long parallel cuts crossing at right angles.

93 whole | seal is given to the head chief of each numaym, for | they only cut off the head; that is, when many seals are given at a feast. |
95 I just wanted to talk about this. ‖ Now, the twenty seals that they had cut up were being cooked, | and ninety seals were left raw. It was almost evening when they | finished cutting up the twenty seals, and in the evening also those | who had gone after fire-wood came home. When they arrived on the beach, | the young men of the
900 numaym ʿwālas went down ‖ and carried up the fire-wood into the house of | Q!ŭmxˑōd (IV 4); and when the fire-wood was all inside, they took baskets, | went down to the beach, and picked up stones, and | they carried up the baskets with stones into the house of Q!ŭmxˑōd (IV 4). | When they thought they had enough, they made
5 a cross-pile of fire-wood in the ‖ middle of the host's house; and when it was high enough, | they piled stones on it, so that they were ready when they wanted to put fire to it. | In the morning, when day came, another man of the | numaym ʿwālas took boxes, and | placed them
10 between the door and the fire. ‖ After doing so, he drew water and poured it | into the boxes. When (the boxes) were half full, there was enough water in them. | After this they took red-pine wood | and made tongs, as many as there were | boxes. Then they asked

---

92 gwatē kˑāxˑʿidayâxa xamagEmaʿyē gˑīgămēsa ʿnEʿmēma, yîxs lēxˑaʿmaē lāwoyîwē xEwēqwas lāqēxs q!ēnEmaē k!wēladzEmasa gˑīgămaʿyē mēgwata. ÂʿmEn ʿnēxˑ qEn gwâgwŏxˑsExˑʿīdē lāq. Wä,
95 hēEm ʟ!ōpʟa maʿĭtsEmgˑustâwē mēgwat la sakwasEʿwa. Wä, lā kˑ!ĭlxˑʟa nāʿnEmsōk!wa mēgwata. Wä, laʿmēsē ElāqdzāqwaxsˑLaē gwäla sakwäxa maʿĭtsEmgˑustâwē mēgwata. Wä, laEmxaāwîsē dzāqwaxs gˑäxaē nāʿnakwa ănēqāxa ʟEqwa. Wä, gˑîlʿEm gˑāxʿalisa ănēqāxa ʟEqwäxs laē ʿwiʿdEnts!ēsēda hăʿyălʿăsa ʿnEʿmēmotasa ʿwälasē,
900 qaʿs lā wāwigˑalaxa q!ēxaĭē ʟEqwa, qaʿs lā haēʟElas lāx gˑōkwas Q!ŭmxˑōdē. Wä, gˑîlʿmēsē ʿwiʿlaēʟēda ʟEqwäxs laē ăxʿēdxa laElxaʿyē, qaʿs lā hōqŭnts!ēs lāxa ʟ!Emaʿisē, qaʿs lā xEqwaxa t!ēsEmē, qaʿs lāxat! kˑ!ōgwiʟElaxa t!ētsE!âla laElxē lāx gˑōkwas Q!ŭmxˑōdē. Wä, gˑîlʿmēsē kˑōtaq laEm hĕlalaxs laē hawanaqostălaxa ʟEqwa lāx
5 ăwāgawalĭlasa k!wēladzats!ēlē gˑōkwa. Wä, gˑîlʿmēsē hĕlalaxs laē xEqŭyîndâlasa t!ēsEmē lāq, qa gwalĭlēs qo tsēnabotsōʟEx gˑalēʟas ʿnāxˑʿidʟEx gaälaʟa. Wä, lāxaē ōgŭʿlaEm bEgwānEm gˑayōl lāxa ʿnEʿmēmotasa ʿwälasa ăxʿēdxa kˑ!ĭkˑ!ĭmyaxʟa qāʿs gˑäxē mExʿalĭlalas lāx ăwāgawaʿyasa t!Exˑĭla ʟEʿwa lEgwĭlē. Wä,
10 gˑîlʿmēsē gwālExs laē tsēxˑʿîtsEʿwēda ʿwāpē, qaʿs lā gŭxts!âlayo lāxa kˑ!ĭkˑ!ĭmyaxʟa. Wä, gˑîlʿmēsē bEnkˑ!ŏlts!Exs laē hĕlats!Ewēda ʿwāpē. Wä, gˑîlʿmēsē gwālExs laē ăxʿētsEʿwēda wŭnăgŭlē, qaʿs kˑ!ĭpʟālagˑilasEʿwē, yîxs hēʿmaē wāxa kˑ!ĭpʟālaē ʿwäxasgEmasasa kˑ!ĭkˑ!ĭmyaxʟa. Wä, gˑîlʿmēsē gwālExs laē hĕlasEʿwēda nâ-

the song-leaders ‖ to sing the feasting-song, and | the numaym 15
ʻwālas learned to sing the song that night. When | they all knew
the feasting-song, they went out of | the host's house. In the morning, when day came, they | lighted the fire in the middle of the house;
and when it began to blaze up, they ‖ cleared out the house. After 20
they had done so, the stones were red-hot. | Then all the young men
of the | numaym ʻwālas were asked to help put red-hot | stones into
the boxes to cook the seal. They came and took | each a pair of
tongs, picked out the red-hot ‖ stones, and placed them in the boxes 25
for cooking the | seals; and when the water boiled, they put in the |
butchered seal. When (the boxes) were nearly full, they stopped
putting in more | butchered seal. They took the tongs and | put
more stones on top of the ‖ butchered seal. When the water was 30
boiling, they | took mats and spread them over them; and when
they were all | covered with mats, the young men | took their tongs
and went to invite the four | numayms of the Nākʹwaxʹdaʻxᵘ on
behalf of Mᴇnlesid (IV 4), for ‖ Qʹlūmxʹōd (IV 4) was already using 35
this name, as he was giving a feast. The young men went into | the
houses and called every one by name, | standing inside of the doorway of the house of whomever they were inviting; and when | they

gadē, qaʻs dᴇnxʻēdēsa kʹwēlayalayowē qʹᴇmdᴇma. Wä, laᴇm 15
qʹᴇmdēlaxa la gānuʟaxa ʻnᴇʻmēmotasa ʻwālasē. Wä, gʹ·ī́lʻmēsē
ʻnāxwa la qʹā́laxa kʹwēlayalayo qʹᴇmdᴇmxs laē hōqūwᴇls lāxa
kʹwēladzatsʹēʟē gʹōkwa. Wä, gʹ·ī́lʻmēsē ʻnāxʹʻī́dxa gaālāxs laē tsēnabōtsᴇʻwa la gwalī́la laqawalī́lē. Wä, gʹ·ī́lʻmēsē xʹī́qōstāxs laē ēx-
ʻwī́tsᴇʻwēda gʹōkwē. Wä, gʹ·ī́lʻmēsē gwā́lᴇxs laē mēmᴇnltsᴇmxʻī́- 20
dēda tʹḗsᴇmē. Wä, hēxʹʻidaʻmēsē la āxsᴇʻwēda ʻnāxwa häʻyā́lʻasa
ʻnᴇʻmēmotasa ʻwālasē, qa gʹāxēs gʹiwāla kʹʹʻlipstālasa xʹī́xʹᴇxsᴇmā́la
tʹḗsᴇm lāxa kʹʹʻlikʹʻlimyaxʟa qʹōlatsʹḗlxa mēgwatē. Wä, gʹā́xdaʻxwē
ʻwīʻla āʻmisē ʻnā́lʻnᴇmxʻī́dxa kʹʻlipʟālaa qaʻs kʻʹlipʹlḗdᴇxa xʹī́xʹᴇxsᴇ-
mā́la tʹḗsᴇm, qaʻs lā kʹʹʻlipstālas lāxa kʹʹʻlikʹʻlᴇmyaxʟa qʹōlatsʹḗlxa 25
mēgwatē. Wä, gʹ·ī́lʻmēsē mᴇdᴇlxʻwidḗda ʻwūpaxs laē āxstā́layuwḗda
sāgʹī́kwē mēgwat lāq. Wä, gʹ·ī́lʻmēsē ᴇʟāq qōtʹlaxs laē gwā́l āxstālasa
sāgʹī́kwē mēgwat lāqēxs laē ētʹlḗd āxʻḗdxa kʹʻlipʟālaa, qaʻs ētʹlḗdē
kʹʹlipʹlḗd lāxa xʹī́xʹᴇxsᴇmā́la tʹḗsᴇma, qaʻs lā́xat! ētʹlḗd kʹʻlipᴇyîndū́las
lāxa sāgʹᴇkwē mēgwata. Wä, gʹ·ī́lʻmēsē ā́laxʻʻī́d maᴇmdᴇlqū́laxs laē 30
āxʻḗdxa lēʻwaʻyē qaʻs ʟᴇpᴇyîndēs lāq. Wä, gʹ·ī́lʻmēsē ʻnāxwa la
ʟᴇpᴇyaaxᵘsa lēʻwaʻyaxs laē hēxʹʻidaᴇm la ʻwīʻlamâlḗda häʻyā́lʻa
dā́laxēs kʹʹʻlikʹᴇpʟālaa. Wä, laᴇm lā́l ʟḗʻlālalxa mōsgᴇmakʹōsē ʻnā́l-
ʻnᴇʻmēmatsa Nākʹwnxʹdaʻxwē qa Mᴇnlesidaasē, qaʻs lᴇʻmaē yāwa-
sʻī́dē Qʹlūmxʹōdē ʟḗgadᴇsēxs kʹwēlasaē. Wä, laʻmē lāʟʹᴇsalaxa 35
gʹōkū́laxa häʻyā́lʻa ʟḗʟᴇqᴇlax ʟḗʟᴇgᴇmasēs ʟēʻlālasᴇʻwē lāxēs qʹwa-
stâlatsʹēnaʻyē lāx tʹᴇxʻī́lāsa gʹigʹōkwasēs ʟēʻlālasᴇʻwē. Wä, gʹ·ī́l-

38 had called out the names of all those who lived in the one house, | one
of the young men said, "On behalf of Mɛnlesid (IV 4)." They ||
40 continued saying this until they had gone into all the houses of the
four | numayms. The guests did not come quickly, | because they
were afraid of the many seals that were to be given in the feast, for |
often those who are not accustomed to eat seal-blubber vomit. | It
45 took the men a long time to call again and to get the || four numayms
to go in. | First of all came the head numaym, the G·ēxsɛm. | They
went in and sat down in the rear of the house; and when all were
inside, | the second numaym, the Sīsɛnʟ!ēʻ, came in, and they sat
down | at the right-hand side of the house; and after they were all
50 in, the || Tsētsɛmēleqăla came in and sat down | towards the rear,
on the left-hand side of the house; and finally the | numaym Tɛmltɛmlɛls came and sat down next to the | numaym Tsētsɛmēleqăla.
When the four | numayms of the Nâk!waxʻdaʻxᵘ were inside, they
55 were told to sing their feasting-songs. || Then the first to sing their
song were the head | numaym G·ēxsɛm; and after they were through, |
the numaym Sīsɛnʟ!ēʻ sang their song; and when they were through, |
the numaym Tsētsɛmēleqăla sang their song; and | when they had
60 ended their song, || the numaym Tɛmltɛmlɛls sang their song; | and

38 ʻmēsē ʻwīʻla ʟēʟeqɛlax ʟēʟegɛmasa g·ōkŭla lāxa ʻnɛmsgɛmsē g·ōkwa
laē ʻnēk·ēda ʻnɛmōkwē lāxa hăʻyălʻa "qa Mɛnlesidaasai'." Wä, hē-
40 x·säʻmēsē gwēk·!ăla ʻwaʻwīlxtots!axa g·ig·ōkwasa mōsgɛmak!ŭsē
ʻnălʻnɛʻmēmasa. Wä, lä k·!ēs gɛyōl g·ax hōgwiʟēda ʟēʻlănɛmē
qaxs âlaē lŭk·!ɛnaʻya q!ɛnɛmē mēgwata, yīxs k!wēladzɛmaē, qaxs
q!ŭnălaē hōxsiwaya yäg·īlwatē lăx q!ɛsäxa xŭdzăsa mēgwatē. Wä,
hētla la âla gēg·tlsēda hăʻyălʻa ētsēʻstaxs g·äxaē lâl loxmalēda ʻnăl-
45 ʻnɛʻmēmāxs g·äxaē mōxʻwidasɛxs g·äxaē hōgwiʟɛla. Wä, laɛm
g·ălaēlē ʻmɛkŭmaʻyas .ʻnălʻnɛʻmēmats!ɛnaʻyasxa G·ēxsɛmē, qaʻs
lä k!ŭsʻălīl lāxa ōgwiwalīlasa g·ōkwē. Wä, g·īlʻmēsē ʻwīʻlaēʟɛxs
g·äxaē hōgwiʟēda māk·īla ʻnɛʻmēmotasa Sīsīnʟ!aʻyē, qaʻs lä k!ŭsʻălīl
lāxa hēlk·!ōdɛnēgwilasa g·ōkwē. Wä, g·īlʻmēsē ʻwīʻlaēʟɛxs g·äxas
50 hōgwiʟē ʻnɛʻmēmotasa Tsētsɛmēleqăla, qaʻs lä k!ŭsʻălīl lāxa ʻnɛlk·!ōdoyâlīlasa gɛmxanēgwilasa g·ōkwē. Wä, g·äxē ɛlxʟaʻya ʻnɛʻmēmotasa Tɛmltɛmlɛlsē, qaʻs lä k!wābalilax k!ŭdzēlasasa ʻnɛʻmēmotasa Tsētsɛmēleqăla. Wä, g·īlʻmēsē ʻwiʻlaēʟēda mōsgɛmak!ŭsē
ʻnălʻnɛʻmēmatsa Nâk!waxʻdaʻxwāxs laē wäxasōʻ qaʻs k!wēlalē dɛn-
55 xɛla. Wä, hēɛmxaăwis g·īl k!wēlg·aʻl dɛnxʻēdēda ʻmɛkumaʻyē
ʻnɛʻmēmotasa G·ēxsɛmē. Wä, g·īlʻmēsē q!ŭlbē dɛnxalayâs laē
k!wēlg·aʻl dɛnxʻēdēda ʻnɛʻmēmotasa Sīsīnʟ!aʻyē. Wä, g·īlʻmēsē
q!ŭlbē dɛnxalayâs laē k!wēlg·aʻl dɛnxʻēdēda ʻnɛʻmēmotasa Tsētsɛmēleqăla. Wä, g·īlʻmēsē q!ŭlbē dɛnxalayâs laē k!wēlg·aʻl dɛn-
60 xʻēdēda ʻnɛʻmēmotasa Tɛmltɛmlɛlsē. Wä, g·īlʻmēsē q!ŭlbē dɛn-

when all had sung, they took the drum and put it down | next to the 62
door. Then they took the | four house-dishes, the marriage gift given
to the father (III 1) of Q!ûmx·ōd (IV 4) by the chief | of the Kos-
kimo (II 9)—the sea-otter house-dish, the sea-lion house-dish, the ||
whale house-dish, and the sea-monster house-dish—and they put them 65
down | at the left-hand side of the house. Then they took four
other | house-dishes, the marriage gift to Q!ûmx·ōd (IV 4), given by
the chief of the | Gwawaēnox, Lɛk·ɛmaxōd (III 9)—the Dzōnoq!wa
house-dish, the wolf | house-dish, the beaver house-dish, and the
grizzly-bear house-dish—and they || put them down at the right- 70
hand side, inside the house. The | eight house-dishes had their
heads towards the rear of the house; | and when they put them down,
the speaker of Q!ûmx·ōd (IV 4), | whose name was Ha‘mīd, told the
chiefs of the | four numayms about the four house-dishes—the sea-
otter, || sea-lion, whale and | sea-monster house-dishes—which were 75
obtained as a marriage gift by the dead father (III 1) | of Q!ûmx·ōp
(IV 4) from Qwax·ila (II 9), the chief of the Koskimo. "And | these
were obtained in marriage by my chief Q!ûmx·ōd (IV 4) | —the
Dzōnoq!wa, wolf, beaver, || and grizzly-bear house-dishes—from Chief 80
Lɛk·ɛmaxōd (III 9) | —Now take care, G·ēsxsɛm, Sīsɛnʟ!ē‘, and
TsētsEmēleqăla— | and you, TemltEmlEls—and really eat, for you |
see what you will have to eat; for these | dishes have been selected

---

xElayâsēxs laē ăx‘ētsɛ‘wēda mEnats!ē, qa‘s g·āxē hăng·alîlEm 61
lāxa max·stălilasa t!ɛx·ila. Wä, hōx·‘ida‘mēsē ăx‘ētsɛ‘wēda mE-
wēxʟa lōElqŭlīlaxa gɛg·adānEmas ōmpdäs Q!ûmx·ōdē lāx g·īgăma-
‘yasa Gōsg·imoxwa, q!āsa lōqŭlīla, ʟɛ‘wa. L!ēxEnē lōqŭlīla, ʟɛ‘wa
gwɛ‘yīmē lōqŭlīla, ʟɛ‘wa hānagăts!ä lōqŭlīla, qa‘s lä mɛx‘alē‘lEm 65
lāxa gEmxotstălilasa g·ōkwē. Wä, lā ăx‘ētsɛ‘wēda mEwēxʟa lōEl-
qŭlīla, yîx gɛg·adānEmas Q!ûmx·ōdāxs hāē lāx g·īgăma‘yasa Gwa-
waēnoxwē Lɛk·ɛmaxōdēxa Dzōnoq!wa lōqŭlīla, ʟɛ‘wa āʟanɛmē
lōqŭlīla, ʟɛ‘wa ts!āwē lōqŭlīla, ʟɛ‘wa nānē lōqŭlīla, qa‘s lä
mɛx‘alē‘lEm lāx hēlk!ōtstălīlas ăwīʟɛlāsa g·ōkwē; ‘nāxwa‘ma 70
ma‘lgŭnălɛxʟa lōElqŭlil gwēgwēgɛmăla lāxa ōgwiwalīlasa g·ōkwē.
Wä, g·îl‘mēsē ‘wīlg·alilɛxs laē yāq!ɛg·a‘lē ɛlkwas Q!ûmx·ōdēxa
ʟEgadās Ha‘mīdē. Wä, laɛm nēlaxa g·īg·īgăma‘yasa mōsgE-
mak!ŭsē ‘nāl‘nE‘mēmasa, yīsa mEwēxʟa lōElqŭlīlxa q!āsa
lōqŭlīla, ʟɛ‘wa L!ēxEnē lōqŭlīla, ʟɛ‘wa gwɛ‘yīmē lōqŭlīla, ʟɛ‘wa 75
hānagăts!ä lōqŭlīla, yîxs hē‘maē gɛg·adānEms ōmp‘wŭlasa
la Q!ûmx·ōda lāx g·īgăma‘yasa Gōsg·imoxwē Qwax·ila. "Wä,
g·a‘mēs gɛg·adānEmsg·īn g·īgăměg·ēg·a Q!ûmx·ōdEk·, yîxg·ada
Dzōnoq!wak· lōqŭlīla, ʟōgwada āʟanɛmk· lōqŭlīla, ʟōgwada ts!āwēk·
lōqŭlīla, ʟogwada nānēk· lōqŭlīla, lāxa g·īgăma‘yē Lɛk·ɛmaxōdē. 80
Wä, la‘mēsɛn hayāʟ!ōlaʟōl G·ēxsɛm, ʟōs Sīsɛnʟ!ē, ʟōs TsētsEmēle-
qăla; wä, sō‘mēts TEmltEmlEls, qa‘s âlax·‘idēʟōs hămx·‘īdEl, qaxs
dōqŭla‘maaqōs lāxg·as hēmaats!ēlg·ōs, yīxs âlēk· sEnyaaxᵘg·a gwē-

85 from the animals of the woods, and also from the ‖ chiefs of the animals of the ocean, so that you may eat from them. | Try to eat everything that is in your dishes." Thus said Ha‘mīd. | Then they took the boiled seal and put them into the | eight house-dishes; and when everything was in, Q!ūmx·ōd (IV 4) | arose and gave the
90 Dzōnoq!wa dish and the sea-monster dish ‖ to the head numaym, the G·ēxsɛm. The | young men of the numaym ‘wālas took up the two house-dishes with | blubber and put them in front of the numaym G·ēxsɛm; | and after they had done so, Q!ūmx·ōd spoke again, and said, | "Sīsɛnʟ!ē‘, the whale dish and the wolf dish are for you," and
95 the ‖ young men put the whale dish and the wolf dish | in front of the numaym Sīsɛnʟ!ē‘. After this was done, | Q!ūmx·ōd (IV 4) spoke again, and said, "This sea-lion dish and grizzly-bear dish are for you, Tsētsɛmēleqăla;" | and the young men went and put the
1000 two | house-dishes in front of the numaym Tsētsɛmēleqăla. ‖ And after this had been done, Q!ūmx·ōd (IV 4) spoke again, and said, | "This beaver dish and sea-otter dish are for you, Tɛmɫtɛmɫɛls." Then | the young men went and put the two house-dishes in front of the | numaym Tɛmɫtɛmɫɛls. And when the eight | house-dishes with
5 blubber had been put down, Q!ūmx·ōd (IV 4) sat down. ‖ Then his speaker, Ha‘mīd, arose, and spoke. He said, | "Now, go ahead, you

gŭxᵘsdɛmg·as g·īg·īgămēsa āʟ!ēx g·īlg·aōmasa. Wä, laxaak· ăla
85 g·īg·īgămēsa aōwak·ēxg·as lēlōqŭlalg·ōs, qa‘s ālēʟōs ha‘măpʟ, qa‘s ‘wä‘wīlg·îlts!ɛwēʟō lāxg·as lēlōqŭlalg·ōs," ‘nēk·ē Ha‘mīdē. Wä, la‘mē ăx‘ētsɛ‘wa ʟ!ōpē săkwēlaxᵘ mēgwata, qa‘s lä ăxts!ălayo lāxa ma‘lgŭnālɛxʟa lōɛlqŭlīla. Wä, g·îl‘mēsē ‘wīlts!āxs laē Q!ūmx·ōdē ʟāx‘ŭlīla, qa‘s k·āk·!ɛg·alēsa Dzōnoq!wa ʟɛ‘wa hānagᵘts!ē lōɛlqŭlîl
90 lāxa ‘mɛkŭmālasē ‘nɛ‘mēmotsa G·ēxsɛmē. Wä, lä hēx·‘ida‘mē hä‘yāl‘āsa ‘nɛ‘mēmotasa ‘wālasē ăx‘ălîlaxa ma‘lɛxʟa lōɛlqŭlîl xwēxŭts!āla, qa‘s lä k·ax·dzamōlilas lāxa ‘nɛ‘mēmotasa G·ēxsɛmē. Wä, g·îl‘mēsē gwālɛxs laē ēdzaqwē Q!ūmx·ōdē ‘nēk·a: "Lōqŭlas Sīsînʟ!a‘yē gwē‘yîm ʟɛ‘wa āʟanɛmē lōqŭlīla." Wä, hēx·‘idaɛmxaā-
95 wisē hä‘yāl‘a la k·ax·dzamōlîlasa gwē‘yîmē ʟɛ‘wa āʟanɛme lōqŭlîl lāxa ‘nɛ‘mēmotasa Sīsînʟ!a‘yē. Wä, g·îl‘mēsē gwālɛxs laē ēdzaqwē Q!ūmx·ōdē: ‘nēk·a: "Lōqŭlas Tsētsɛmēleqăla ʟ!ēxɛn ʟɛ‘wa nănē lōqŭlīla." Wä, hēx·‘idaɛmxaāwisēda hä‘yāl‘a la ăx‘ălîlaxa ma‘lɛxʟa lōɛlqŭlīla, qa‘s lä k·ax·dzamōlîlas lāxa ‘nɛ‘mēmotasa Tsētsɛmēleqăla.
1000 Wä, g·îl‘ɛmxaāwisē gwālɛxs laē ēdzaqwē Q!ūmx·ōdē ‘nēk·a: "Lōqŭlas Tɛmɫtɛmɫɛlsē ts!ā‘wē ʟɛ‘wa q!āsa lōqŭlīla." Wä, hēx·‘ida‘mēsēda hä‘yāl‘a la ăx‘ălîlaxa ma‘lɛxʟa lōɛlqŭlīla, qa‘s lä k·ax·dzamōlîlas lāxa ‘nɛ‘mēmotasa Tɛmɫtɛmɫɛlsē. Wä, g·îl‘mēsē ‘wīlg·alîlēda ma‘lgŭnālɛxʟa xwēxŭts!āla lōɛlqŭlîla laasē k!wāg·alîlē Q!ūmx·ōdē. Wä, lä
5 ʟāx‘ŭlîlē ɛlkwāsē Ha‘mīdē. Wä, lä yāq!ɛg·a‘la. Wä, lä ‘nēk·a: "Wä,

four great numayms! Now it is well done. | Now eat as well as you 7
can, and eat it all." Thus he said | and stopped speaking. Then
Hĕlămas, the head chief of the | numaym G·ēxsEm, arose and spoke.
He said, "Don't ‖ sit in this way, Chief Yā̆qok!wălag·ĭlis (he meant 10
the chief of the | numaym SīsEnL!ēᵋ); and also HäqElał (the head
chief | of the TsētsEmēleqăla); | and you, Ts!Exᵋēd (he meant the
chief of the | numaym TEmĭtEmlEls)! Stand up, and let us | show
that we have sweet food to eat!" Thus he said; and when ‖ he 15
stopped speaking, the four chiefs arose. | They were naked, and they
took hold of a | long strip of blubber and ate it. Then the men of
low rank | also arose and took the blubber of the seal | and ate it.
They all stood while they were eating it. They do not ‖ eat the skin 20
of the seal-blubber at a great | seal-feast. After they had eaten
enough, | they sat down. Then the young men of the numaym
ᵋwălas took the house-dishes and carried them out of the house and |
put them down outside. Afterwards they gave the ‖ whole raw seals 25
to the chiefs, and they cut in two pieces | the seals which they gave
to the people of low rank. When they had | finished, the numaym
ᵋwălas assembled in one place in the house, and they sang the new |
feasting-songs of Q!ŭmx·ōd (IV 4), and then | his sister, Qwăx·ĭlał

---

wăg·iłla mōsgEmakᵘ ᵋwălas ᵋnEᵋmēm. Laᵋmō aēk·aakwa. qaᵋs wăg·i- 6
Lōs hamx·ᵋīdElqō, aēk·!aLEs haᵋmapLEqō, qaᵋs ᵋwiᵋlēLōsaqᵘ," ᵋnēk·Exs
laē q!wēlᵋida. Wä, lä Lăxᵋŭlilē Hēlāmasaxa xamagEmaᵋyē g·īgămēsa
ᵋnEᵋmēmotasa G·ēxsEmē, qaᵋs yāq!Eg·aᵋlē. Wä, lä ᵋnēk·a: "Gwăłlas
hē gwaēlē, g·īgămē Yā̆qok!wālag·ĭlis," yĭx g·īgămaᵋyasa ᵋnEᵋmēmo- 10
tasa SīsĭnL!aᵋyē gwEᵋyōs; hēᵋmisē HäqElał, yĭx xamagEmaᵋyē g·īgă-
mēsa TsētsEmēleqăla, "Lōs g·īgămē Ts!Exᵋēd," yĭx g·īgămaᵋyasa
ᵋnEᵋmēmotasa TEmĭtEmlElsē gwEᵋyōs; "qaᵋs Lăxᵋŭlĭłaōs ᵋwīᵋla qEns
ăwŭlx·EyamēxG·ĭns ēx·p!asEwēLEk·lāxEns haᵋmaēnēLēx," ᵋnēk·Exs
laē q!wēlᵋida. Wä, hēx·ᵋidaᵋmēsē ᵋnăxwa q!wāg·ĭlĭlēda mōkwē g·īg·ĭ- 15
gămaᵋya lāxēs xāxEnalaēnaᵋyē. Wä, lä ᵋnăxwa dăx·ᵋidEx ōbaᵋyasa
g·ĭlsg·ĭlt!a xŭdzä, qaᵋs q!Esᵋēdē. Wä, lä ᵋnăxwaᵋmēda bĕbEgŭlīdaᵋyē
ōgwaqa LăxᵋŭlĭIăla, qaᵋs ōgwaqē la dōłts!ăla lāxa xŭdzăsa mēgwatē,
qaᵋs q!Esēq lāxēs ᵋnaxwaᵋmaē Lax·LEᵋwĭlExs q!Esaē. Wä, lä k·!ēs
ōqwaqaEm q!Esaxa k!ŭdzēg·aᵋyasa xŭdzăsa mēgwatē lāxa ᵋwălasē 20
k!wēᵋlatsa mēgwatē. Wä, g·ĭlᵋmēsē ᵋnăxwa hēłᵋak·!Es laqExs laē
k!ŭsᵋāliła. Wä, hēx·ᵋidaᵋmēsa g·āyolē lāxa hăᵋyăłᵋäsa ᵋnEᵋmēmotasa
ᵋwălasē la ăxᵋăliłaxa lōElqŭlĭlē, qaᵋs lä lāwElsas lāxa g·ōkwē, qaᵋs lä
mExᵋElsas lŭx Llāsanăᵋyas. Wä, g·ĭlᵋmēsē gwăłExs lae k·ax·ᵋidayo-
wēda sēsEnăla k·!ĭlx· mēgwat lāxa g·īg·īgămaᵋyē. Wä, lä mēmaᵋĭ- 25
ts!aakwa mēgwatē k·ax·ᵋidayoxa bĕbEgŭlīdaᵋyē. Wä, g·ĭlᵋmēsē gwă-
łExs lae q!ap!ēg·ĭlĭłē ᵋnEᵋmēmotasa ᵋwălasē, qaᵋs dEnxᵋēdēsa ałtsEmē
k!wēᵋlayaᵋlayo q!EmdEms Q!ŭmx·ōdē. Wä, hēᵋmis la yĭxᵋwīdaats

30 (IV 3), danced. When the song of the ‖ numaym was at an end, Haᵋmīd said that Qwāx·ilał (IV 3) had changed her name, for now | her name was Ts!ɛndɛgɛmg·iᵋlakᵘ (IV 3); and Q!ŭmx·ōd (IV 4) | also had changed his name, and his name was now Mɛnlesid (IV 4). Thus he said, and | he stopped speaking. Then all the guests went out.

Now | I shall talk about the sister of Q!ŭmx·ōd (IV4), Ts!ɛndɛ-
35 gɛmg·iᵋlakᵘ (IV 3). ‖ Now, the princes of the chiefs of the | various tribes wanted to marry her, for they had seen the eight house-dishes. | The chief of the numaym Q!ōmk·!ut!ɛs of the | Gwaᵋsɛla, ʟ!āsōtīwalis (III 11), asked her in marriage for his prince Sēsaxâlas
40 (IV 8); | and the Gwaᵋsɛla came to woo her at Baās, for ‖ all the Nāk!waxˑdaᵋxᵘ had gone there with their houses, and did not go back to Tēgŭxstē. | It was evening when they arrived outside of Baās. | Then ʟ!āsōtīwalis (III 11) spoke to his tribe, and said, | "Listen to me, tribes! I do not wish to | pay the marriage money in
45 the evening. Let us sleep here, and go in the morning ‖ to pay the marriage money, when the Nāk!waxˑdaᵋxᵘ wake up!" | Thus he said. Immediately the speaker Pɛngwid arose, | and also spoke. He said, "What you say is good, | chief, for you are going to make really war against Ts!ɛndɛgɛmg·iᵋlakᵘ (IV 3), the | princess of Q!ŭmx·ōd

---

wŭq!wāsē Qwāxˑilalē. Wä, g·ilᵋmēsē la q!ŭlbē dɛnxalayâsa ᵋnɛᵋmē-
30 māxs laē nēlē Haᵋmidās Qwāxˑilałaxs lɛᵋmaē ʟ!āyoxʟä yixs lɛᵋmaē ʟēgadɛs Ts!ɛndɛgɛmg·iᵋlakwē. Wä, hēᵋmisē Q!ŭmx·ōdäxs lɛᵋmaē ōgwaqa ʟ!āyoxʟä, yixs lɛᵋmaē ʟēgadɛs Mɛnlesidaasē, ᵋnēk·ɛxs laē q!wēlᵋīda. Wä, laᵋme hōqŭwɛlsēda k!wēlē läxēq. Wä, laᵋmēsɛn gwāgwēxˑsɛx·ᵋīdɛł lāx wŭq!was Q!ŭmx·ōdē lāx Ts!ɛndɛgɛmg·iᵋla-
35 kwē. Wä, laᵋmē äwŭlqap!ɛsōsa ʟōʟaɛlgämaᵋyas g·ig·igämaᵋyasa ālogŭxsɛmakwē lēlqwälaʟaᵋya, qaxs laē dōgŭla maᵋlgŭnałɛxʟa lōɛlqŭ-lila. Wä, hēt!a g·īgämaᵋyasa ᵋnɛᵋmēmotasa Q!ōmk·!ut!ɛsasa Gwa-ᵋsɛla yix ʟ!āsōtīwalisē gägak·!aq qaēs ʟäwŭlgämaᵋyē Sēsaxâlasē. Wä, g·āxᵋmē gägak·!asōsa Gwaᵋsɛla lax Baāsē, qaxs g·āxaē māwa
40 ᵋnāxwēda Nāk!wax·daᵋxwē lāq. K·ᵋlēs la aēdaaqa lāx Tēgŭxstaᵋyē. Wä, hēᵋmaasēxs g·āxaē g·āxᵋaʟɛla lāx äwīg·aᵋyas Baāsaxa la dzā-qwa. Wä, lä yāq!ɛg·aᵋlē ʟ!āsōtīwalisaxēs g·ōkŭlōtē. Lä ᵋnēk·a: "Wäɛntsōs hōʟēlax g·ōlg·ŭkŭlōt, qaxg·in k·!ēsēk· ᵋnēx· qɛns qädzɛʟēxwa dzûqwax, qɛns yŭᵋmē mēxᵋēdōx, qɛns läʟɛnsax gaālaʟa,
45 qɛns hä qadzɛldɛmʟē qō lāł ᵋnāxwax·st!aaxᵘʟɛ ts!ɛx·ᵋīdʟa Nāk!wax·-daᵋxwax," ᵋnēk·ē. Wä, hēx·ᵋidaᵋmēsē ʟaxᵋŭlīlɛxsē ɛlkwasē Pɛn-gwidē, qaᵋs ōgwaqē yāq!ɛg·aᵋla. Wä, lä ᵋnēk·a: "Ëx·ᵋmis wäldɛmōs, g·īgämē, qaxs ālēʟaqōs wīnał laxōx Ts!ɛndɛgɛmg·iᵋlakwax k·!ēdē-łaq!ɛs Q!ŭmx·ōdē. Wä, hēᵋmis ēk·ēłtsēs wäldɛmōs g·īgämē, qɛns

(IV 4¹), and therefore your word is good, chief. Let us ‖ meet in the 50
daytime and talk with the Nāk!wax·da‘xᵘ about the marriage, for
I | think there will be a sham-fight for the princess of Chief
Q!ŭmx·ōd (IV 4)." | Thus he said and stopped speaking. His
tribe agreed to | what he had said. |

Now they slept; and in the morning, when day came, ‖ the 55
men of the Gwas‘Ela dressed themselves. When they had | finished,
they started in four large canoes; | and when they arrived at the
island in front of Baās, | the four canoes stopped. Then Lḷāsōtī-
walis (III 11) arose and spoke. | He said, "Now, Chief Sēwid, you,
chief of the ‖ numaym G·ī̆g·ī̆lgăm, now go and ask Chief | Q!ŭmx·ōd 60
(IV 4) for his daughter in marriage;—and you, Chief Gwăyōlɛ-
lasɛmē‘—you, chief of this numaym | SīsɛnL!ē‘,—go and ask in mar-
riage the daughter of Chief Q!ŭmx·ōd (IV 4);— | and you, Pɛngwid,
of my numaym Q!ōmk·!ut!ɛs, | go and listen behind our chiefs.—
Now, you, my ‖ young men, paddle for these chiefs." Then he 65
stopped speaking; and they went | into one canoe, the fastest trav-
eling canoe; and | the young men paddled very fast, and arrived at
the beach of the | house of Q!ŭmx·ōd (IV 4). Then the two chiefs, |
Sēwid and Gwăyōlɛlasɛmē‘, and the speaker of Q!ŭmx·ōd, ‖ Pɛngwid, 70
went ashore, and went into the house of Chief Q!ŭmx·ōd (IV 4). |

---

nɛngălił lāxɛns wăldɛmLa Lɛ‘wa Nāk!wax·da‘xwax, qaxg·ĭn k·ōta- 50
‘mēg·ĭns amāqasōł qaōxda k·!ēdēlaq!ɛsa g·ī̆găma‘yaē Q!ŭmx·ōdē,"
‘nēk·ɛxs laē q!wēl‘īda. Wä, ă‘misē ‘nāxwa ēx·‘ak·ē g·ōkŭlōtasēx
wăldɛmas.

Wä, hē‘misē la mēx‘ēdē. Wä, gīl‘mēsē ‘nāx·‘īdxa gaālăxs laē
‘nāxwa q!wălax·‘īdēda bēbɛgwănɛmasa Gwa‘sɛla. Wä, g·ī̆l‘mēsē 55
gwălɛxs laē ‘nāxwa sɛp!ēdēda mōts!aqē ăwâ xwăxwăk!ŭna yă‘ya-
ts!ēs. Wä, g·ī̆l‘mēsē lăg·aa lāx ‘mɛkŭma‘yas Baāsaxs laē mɛxaLa‘yē-
da mōts!aqō yă‘yats!ēs. Wä, lă Lăx‘ŭlɛxsē L!āsōtīwalisē, qa‘s yāq!ɛ-
g·a‘lē. Wä, lă ‘nēk·a: "Wäg·ī̆l la g·ī̆gămē Sēwidă, g·ī̆găma‘yaqōs
‘nɛ‘mēm G·ī̆g·ī̆lgɛm. Laɛms lăł wăLaqag·ī̆lī̆lɛlał lāxa g·ī̆găma‘yaē 60
Q!ŭmx·ōdä, sō‘mēts g·ī̆gămē Gwăyōlɛlasɛmē, g·ī̆găma‘yaqōs ‘nɛ‘mēm
SīsīnL!ē‘ laɛms lăł wăLaqag·ī̆lī̆lɛlał lāxa g·ī̆găma‘yaē Q!ŭmx·ōdä.
Wä, sō‘mēts Pɛngwidă, g·āyołaēx lāxɛn ‘nɛ‘mēmota Q!ōmk·!ut!ɛsē,
laɛms lăł hōLēlēg·ī̆ĭxɛns g·ī̆g·ī̆găma‘yēx. Wä, la‘mēts lăLōł nōs
ha‘yăl‘a sēxwalxwa g·ī̆g·ī̆găma‘yēx," ‘nēk·ɛxs laē q!wēl‘īda. Wä, lä 65
hōgŭxs lāxa ‘nɛmts!aqē xwăk!ŭnaxa yĭnga‘yas yaē‘yats!äs, qa‘s
sēx‘widaēda ha‘yăl‘a yāyana. Wä, g·ī̆l‘mēsē lăg·aa lāx L!ɛma‘isas
g·ōkwas Q!ŭmx·ōdäxs laē hōx‘wŭltăwēda mā‘lōkwē g·ī̆găma‘ya, yĭx
Sēwidē Lō‘ Gwăyōlɛlasɛma‘yē, Lɛ‘wa ɛlkwas Q!ŭmx·ōdē, yĭx Pɛn-
gwidē, qa‘s lä hōgwiLɛla lāx g·ōkwasa g·ī̆găma‘yē Q!ŭmx·ōdē, qa‘s lä 70

---

¹ She is really his sister.

They went and sat down inside of the door of the house. Then | the chief of the numaym Gī̇g·ī́lgăm, Sēwid, spoke, and said, | "Now turn your face this way, Chief Qǃū́mx·ōd (IV 4), and | listen to what brought us here!" (That is the way they talk in great orations.) ǁ "Now we have come to ask in marriage your | princess TsǃEndEgEmg·iᵋlakᵘ (IV 3), Chief Qǃū́mx·ōd (IV 4), for the prince of our chief | LǃāsōtīwaIis (III 11), Sēsaxâlas (IV 8)." Thus he said, and he stopped speaking. Then | Qǃū́mx·ōd (IV 4) replied, and said, "Tell | Chief LǃāsōtīwaIis (III 11) that I accept his prince ǁ Sēsaxâlas (IV 8), because he is of the same rank as my princess." Thus he said, and he stopped speaking. | Then the chief Gwăyōlɛlasɛmēᵋ arose and | spoke. He said, "Indeed, I never fail to get | what I want and what I try to get. Thank you, Chief Qǃū́mx·ōd (IV 4), | that you do not refuse what we offered. Now ǁ I shall turn back and take your good word, great chief, | to my chief LǃāsōtīwaIis (III 11). Now, come, Chief Sēwid,—and | you, PEngwid,—and let us go now!" Thus he said. When they had | stopped speaking, Chief Qǃū́mx·ōd (IV 4) spoke again, and | said, "Please wait a while, chiefs, and ǁ carry along my princess TsǃEndEgEmg·iᵋlakᵘ (IV 3)!" Thus he said, and took | three pairs of blankets, and he gave each | of them one pair.

---

kǃū́sᵋālīl lāx ăwīlɛläs tǃɛx·ī́lāsa g·ōkwē. Wä, hēᵋmis yāqǃɛg·aᵋlē g·īgăma̱ᵋyasa ᵋnɛᵋmēmotasa Gī̇g·ī́lgămē, yīx Sēwidē. Wä, lä ᵋnēk·a: "Wăg·ī́l la hēlgɛmlī́tLɛ gwāsgɛmlī́Lōl g·īgămē Qǃū́mx·ōd, qaᵋs hōLēlaōsaxg·anuᵋxᵘ g·ăxēnēk·." Lāxōx gwēgwasaxsa ᵋwäᵋwalatsīlax wăldɛma. "Wä, g·ăxᵋmɛnuᵋxᵘ wäLaqag·ī́līɛla lâL, g·īgămē Qǃū́mx·ōd, qaōs k·ǃēdēlax laxōx TsǃEndEgEmg·iᵋlakwax, qa Lăwŭlg·ăma̱ᵋyasa g·īgăma̱ᵋyē LǃāsōtīwaIisē, yīx Sēsaxâlasē," ᵋnēk·ɛxs laē qǃwēlᵋida. Wä, lä Qǃū́mx·ōdē näᵋnaxmēq. Wä, la ᵋnēk·a: "Wäga, âɛm ăxa g·īgăma̱ᵋyaē LǃāsōtīwaIisaxg·ī́n daēLaᵋmēg·ax Lăwŭlgăma̱ᵋyasē, lāx Sēsaxâlasa, yīxs ᵋnamălasōᵋmaa Lōgŭn k·ǃēdēlek·," ᵋnēk·ɛxs laē qǃwēlᵋida. Wä, hēᵋmis la Laxᵋū́lilatsa g·īgăma̱ᵋyē Gwăyōlɛlasɛmaᵋyē, qaᵋs yāqǃɛg·aᵋlē. Wä, lä ᵋnēk·a: "QEn wälē, qaxg·ī́n k·ǃēsēk· wiyōLlēnoxᵘxEn gwēᵋyâ qEn lalōLǃasɛᵋwa. Wä, gēlak·asᵋla, g·īgămē Qǃū́mx·ōd, qaxs k·ǃēsaēx âɛm Lālagwālaxg·ī́n wăldɛmk·. Wä, laᵋmēsEn lâl qwēsgɛmałalsg·as ŏx·g·ōs wăldɛmag·ōs ᵋwälas g·īgămē lāxEn nōsa g·īgăma̱ᵋyē LǃāsōtīwaIisa. Wä, gēlag·a g·īgămē Sēwid Lōᵋs PEngwid qEns lālag·ī́," nēk·ɛxs laē qǃwăg·ī́līla. Wä, g·īlᵋmēsē qǃwēlᵋīdɛxs laē ēdzaqwa yāqǃɛg·aᵋlē g·īgăma̱ᵋyē Qǃū́mx·ōdē. Wä, lä ᵋnēk·a: "WēgᵋaɛmsL ēsɛlax, g·īg·īgămē, qaᵋs lɛᵋmaōs qǃɛlɛlqēlaxg·ī́n k·ǃēdēlɛk·, lāxg·a TsǃEndEgEmg·iᵋlakŭk·," ᵋnēk·ɛxs laē ăxᵋēdxa yūduxŭxsa pǃɛlxɛlasgɛma, qaᵋs lä tsǃEwanaqɛlasa ᵋnälᵋnEmxsa laqēxs yūdukwaē. Wä, g·īlᵋmēsē gwäłɛxs laē hōqŭwɛlsēda yūdu-

After this the three | chiefs went out, singing their sacred songs as 93
they went along. They went aboard | the traveling-canoe. The
young men were sitting in the canoe, ‖ waiting for them. Then they 95
paddled back to where the other | canoes were left. The three chiefs
were still standing, | carrying in their arms the blankets, and singing
their sacred songs. When | they arrived, the speaker of Q!ŭmx·ōd,
PEngwid, spoke and | said, "O Chief Lǃāsōtīwalis (III 11)! ‖ you will 100
now see these chiefs coming, carrying in their arms the wife of
Sēsaxâlas (IV 8). | They are so great, that they obtain what they
want, on account of their greatness. | Now, get ready, and let us pay
the marriage-money!" Thus he said, and | he stopped speaking,
Then Lǃāsōtīwalis (III 11) thanked him for what he had said, and |
all the strong young men were put into two canoes ‖ to be ready for a 5
sham-fight. After this had been done, | the bows of the canoes were
put in line, and they started. Now on each side of the | canoes (2 and
3) with the young men, were the canoes used by the
weaker men and by the | chiefs (1 and 4). When they
had nearly arrived at the beach of the house of | Q!ŭmx·ōd
(IV 4), they did not see a single man ‖ walk-ing about, for 10
they had all gone into the house of their chief | Q!ŭmx·ōd (IV
4), and they saw a long roof-board stand-ing on end |
at the bank in front of Baās, in front of the house of

---

kwē g·ī́g·ĭgăma‛ya yiyălagŭtâwēsēs yiyălax^uLEnē, qa‛s lā hēxsEla 93
lāxēs yā‛yats!ā x̣wăk!ūna, qaxs k!ŭdzExsalax·sa‛maēda ha‛yāl‛a
ēsElaq. Wä, lā sēx̣‛wida, qa‛s lā aēdaaqa lāx mExâlasasēs waōx̣^u- 95
ts!aqEla x̣wăx̣wăk!ūna lāx Lax̣Lex̣ŭxsalax·sā‛maēda yūdukwē
gēgEnālałExsxa ‛nāl‛nEmxsa p!ElxElasgEma yiyălaqŭla. Wä, g·ĭl-
‛mēsē lāg·aaxs laē yāq!Eg·a‛łē ElkwäsQ!ŭmx·ōdē, yĭx PEngwidē.
Wä, lā ‛nēk·a: "Wēg·a dōqwałax g·īgămē Lǃāsōtīwalis g·ă-
xEmg·a g·īg·ĭgămēk· gEnālałExsg·as gEnEmǃg·as Sēsaxâlas. Hĕło- 100
laxaēg·a wīyôł laxg·ĭns g·īg·EgămēkJ qaōs ăwâwaasēx. Wä,
wēg·il la xwānał‛ īdEx, qEns lūlag·i qādzĭł‛ēda," ‛nēk·Exs laē
q!wēł‛īda. Wä, la‛mē mō‛łē Lǃāsōtīwalisas wăldEmas. Wä, la‛mē
q!ap!ēg·aalExdzEma lēlâkwē ha‛yāl‛a lāxa ma‛łts!aqē x̣wăx̣wăk!ūna,
qa‛s gwāłałē qō amaqasolaxō. Wä, g·ĭl‛mēsē gwāłExs laē ‛nEmāg·iwa- 5
łēs x̣wăx̣wăk!unāxs laē sEp!ēda. Wä, laEm ‛wāx·sagawa‛yē x̣wax̣wă-
k!ūnāsa hă‛yāl‛a lāx yā‛yats!ā waōyats!âla bēbEgwānEma Le‛wis
g·īg·īgămă‛yē (fig.). Wä, g·ĭl‛mēsē Elāq lāg·aa lāx LǃEma‛isas g·ōkwas
Q!ŭmx·ōdāxs laē dōx‛waLElaqēxs k·!ēâsaē ‛nEmōk^u bEgwānEm
g·īg·īlsEla, qaxs LE‛maaxōL ‛wi‛laēLEla lāx g·ōkwasēs g·īgăma‛yē 10
Q!ŭmx·ōdē. Wä, laxaē dōx‛waLElaxa ēk·!Ebalisē g·ĭlt!a wadzō saōkwa
lāx ōsgEmdza‛yas Baāsē lax nEqEmālisas g·ōkwas Q!ŭmx·ōdē, g·a gwä-

12 Q!ŭmx·ōd (IV 4), in this manner: |
Its name is Climbing-Board.
Not all the Gwa‘sEla knew | what
it meant, why the roof-board was
15 put up. Only one among the ‖ old
men knew what it meant, and then
all the Gwa‘sEla were forbidden |
by that one old man to paddle.
As soon as | they all stopped paddling, the old man, whose |
name was Hayalk·ĭn, spoke, and said, "Now, take care, | young
men, of the roof-board that I see standing on end! It is
20 called ‖ Climbing-Board, for it means a mountain as it is standing on the beach. | Ts!EndEgEmg·i‘lak^u (IV 3) will come and sit on top of what represents a mountain, and you, | young men, will be called upon to go up towards her whom we want to get in marriage; | and if one of you young men succeed in going up to the seat of | Ts!EndEgEmg·i‘lak^u (IV 3), you must stand by her
25 side ‖ and just stand still, and let our chief speak, for | then we shall claim Ts!EndEgEmg·i‘lak^u (IV 3). If you | do not reach the seat of the princess (IV 3) of Chief Q!ŭmx·ōd (IV 4), | then we can not get her whom we came to get in marriage. I mean that | all of you men must take care." Thus he said, and he stopped speaking.
30 Immediately ‖ they all paddled, and came to the beach in front of the house of | Q!ŭmx·ōd (IV 4). Now, the bows of the four canoes |

---

13 lēg·a (*fig.*). HëEm ḷēgadEs NaxEdzowē. Wä, la‘mē k·!ēs ‘nāxwa q!ᴀʟElēda Gwa‘sElāx hēg·iḷas gwaēsa saōkwē. Wä, hĕt!a q!ᴀlanokwēda
15 q!ŭlsq!ŭlyakwaq. Wä, lä bElasE‘wēda ‘nāxwa Gwa‘sEla, qa‘s gwāl māwisʟē sĕxwa, yīsa ‘nEmōkwē q!ŭlyak^u bEgwānEma. Wä, g·ĭl-‘mēsē gwāl ‘nāxwa sĕxwaxs laē yāq!Eg·a‘lēda q!ŭlyakwē bEgwānEma ḷēgadEs Hayalk·ĭnē. Wä, lä ‘nēk·a: "Wēg·a yᴀʟ!ᴀʟEx hă-‘yāl‘ qaEn dōgŭla ḷaēsēx g·ĭldEdzō saōkwa. Yŭɛm ḷēgadEs Na-
20 xEdzowōx, yĭxs nEk·ī‘lakwaēx lāxōs gwaēdzasēx. Wä, g·āxʟē Ts!EndEgEmg·i‘lakwa k!waxtEwīlxwa nEk·ī‘lakwēx, la‘mēts ʟē‘lālasōʟōł ‘nāxwa ha‘yāl‘a, qa‘s laōs nāxa laḷōʟ!aʟxEns qādzEʟasōʟax. Wä, hē‘maasēxs lāg·ustāwēʟē ‘nEmōx^uʟa lᴀʟ ha‘yāl‘a lax k!wāḷaasas Ts!EndEgEmg·i‘lakwē, qa‘s laōs ʟᴀx‘waʟEla lāx ăpsᴀʟElās. Wä,
25 ā‘mēts sElt!ᴀʟEla qa g·āsg·ĭns g·ĭg!gămēk· yaēq!Ent!ālā, qaxg·ĭns la-‘mēk· lᴀʟEx Ts!EndEgEmg·i‘lakwē lāxēq. Wä, hē‘maaqasō wig·ustālaxō lāx k!wāḷaasas k·!ēdēlasa g·īgămā‘yē Q!ŭmx·ōdē: wä, la-‘mēsEns wī‘yōllaxxEns gāgak·!asE‘wēxEn nēnakiḷē, qa‘s ā‘maōs ‘nāxwa yᴀʟ!ᴀx·da‘xwa yŭʟ ha‘yāl‘a," ‘nēk·Exs laē q!wēl‘ida. Wä, hēx·‘i-
30 da‘mēsē ‘naxwa sĕx‘wida, qa‘s lā lāg·alīs lāx ʟ!Ema‘isas g·ōkwas Q!ŭmx·ōdē. Wä, la‘mē ‘nEmāg·iwaḷaxa mōts!aqē xwāxwăk!ŭna

were in line on the beach; and first Chief Sēwid spoke, | anu told the 32
Nāk!wax·da‘x^u to go and get in marriage the princess of | Q!ūmx·ōd
(IV 4), Ts!EndEgEmg·i‘lak^u (IV 3). As soon as he stopped speaking, ‖ the other chief, Gwăyōłɛlasɛmē‘, | spoke also, and said the 35
same as the other one had said to the | Nāk!wax·da‘x^u about their
coming to get in marriage the princess of Q!ūmx·ōd (IV 4), | Ts!EndEgEmg·i‘lak^u (IV 3). Thus he said, and took up a blanket. Then
he called | one of his young men to go and stand by his side in the
canoe. Then he ‖ counted five pairs of blankets, which he put on 40
his shoulders; and after | he had put on the five pairs of blankets, he
said, "Now I shall marry you with these five pairs of blankets." |
The young man went up the beach and carried them | into the house
of Q!ūmx·ōd (IV 4), and put them down in the rear of the house of |
Q!ūmx·ōd (IV 4). | The Nāk!wax·da‘x^u remained in the houses, and
not ‖ one of them showed himself outside. Then he counted five 45
more pairs of | blankets on the shoulders of another young man, and
Gwăyōłɛlasɛmē‘ | said, "Carry these five blankets." They continued doing this, and did not stop until | two hundred and twenty
blankets had been given out of the canoe. | After this had been done
he said, "That is all." Then he turned ‖ towards the Gwa‘sɛla, 50
spoke, and said, "Now, Gwa‘sɛla, | we have finished. Now let us
see what is coming, how they will turn | my word into war." Thus

k·Egēsxa ʟ!Ema‘isē. Wä, hë‘mis g·îl yāq!Eg·a‘lē g·īgăma‘yē Sēwidē. 32
Wä, laEm nēłaxa Nāk!wax·da‘xwasēs gāgak·!aēna‘yax k·!ēdēlas
Q!ūmx·ōdē lāx Ts!EndEgEmg·i‘lakwē. Wä, g·īl‘mēsē q!wēl‘IdExs laē
ʟāx‘wŭlExsēda ‘nEmōkwē g·īgăma‘yē GwăyōłElasEma‘yē. Wä, la‘mē 35
yāq!Eg·a‘ł ōgwaqa. Hēɛmxat! âɛm wăłdEmsēs nēlēna‘yaxaaxa
Nāk!wax·da‘xwasēs gāgak·!aēna‘yax k·!ēdēlas Q!ūmx·ōdē lax Ts!EndEgEmg·i‘lakwē, ‘nēk·Exs laē dāx·‘îdxa p!ElxElasgEmē qa‘s Lē‘lalēxa
g·ayōłē lāxa hă‘yăł‘a qa lās ʟaxwaxdzēxa ҳwāk!ūna. Wä, lä hōts!Eyap!endālasa sɛk·!āxsa p!ElxElasgEm lāq. Wä, g·îl‘mēsē sɛk·!āx- 40
saxs laē ‘nēk·a: "La‘mEn qādzēʟasēq sɛk·!axsa p!ElxElasgEmai'." Wä, hēx·‘ida‘mēsēda hēl‘a lä lâsdēsas qa‘s lä gEmxēlas
lāx g·ōkwas Q!ūmx·ōdē, qa‘s lä gEmxalîlas lāx ōgwiwalîlas g·ōkwas
Q!ūmx·ōdē, yIxs hēx·sä‘maē ‘wi‘laēʟElēda Nāk!wax·da‘xwē; k·!eâs
‘nɛmōx^u nēłEmalag·îlsa. Wä, lä ēt!ēd hōts!Eyap!Entsa sɛk·!axsa 45
p!ElxElasgEm lāxa ōgū‘la‘maxat! hēl‘a. Wä, ‘nēk·ē GwăyōłElasEma‘yē dālaxēq sɛk·!āxsa. Wä, hēx·sä‘mēs la gwēk·!ālē. Wä, ăl‘mēsē gwāłExs laē ‘wi‘lōłtāwēda hăma‘łtsok·âla p!ElxElasgEma. Wä,
g·îl‘mēsē gwăla laē ‘nēk·a: "Wä, laEm ‘wi‘la." Lā gwēgEmx·‘îd
lāxa Gwa‘sɛla, qa‘s yāq!Eg·a‘łēq. Wä, lä ‘nēk·a: "Wä, Gwa‘sɛl, 50
la‘mEns gwăla. La‘mēsEns ōlastogwaałExsʟ, qa gwēbax·‘îdaasʟas
wăłdEmʟasEn wī‘nēdō," ‘nēk·Exs laē k!wāg·aałExsa. Wä, g·îl‘mēsē

53 he said, and sat down; and when | he sat down in the canoe, the
uncle of Ts!ɛndɛgɛmg·i‘lak^u (IV 3), | Qāsnomalas (III 14), came out
55 and stood in front of the house of Q!ǔmx·ōd (IV 4). ‖ He spoke, and
said, "Is that you, Gwa‘sɛla?| Have you come to get in marriage the
princess of my chief | Q!ǔmx·ōd (IV 4)? Now, take care, Gwa‘sɛla!"
Thus he said, and | turned towards the door of the house of Q!ǔmx·ōd
(IV 4), and said, | "Sham-fight!" As soon as he had said "Sham-
60 fight!" the ‖ chiefs of the Nāk!wax·da‘x^u came out, bent forward and
carrying short | poles representing spears, and went against the
Gwa‘sɛla, who were still sitting in their | marriage canoes; and when
the chiefs had come out | of the house, then the young men came.
They did not carry anything. | They went right down to the beach;
65 and when they had gone down, ‖ the chief of the Gwa‘sɛla, ʟlāsōtī-
walis (III 11), arose, and spoke | to his tribe. He said, "Don't sit in
this way, Gwa‘sɛla! | Go and meet the great tribe!" and he said, |
"Wayā'!" and when he said "Wayā'!," all the young men | stood
70 up in their canoes, ‖ jumped into the water, and went to meet
the young men of the Nāk!wax·da‘x^u. Then | they took hold of
one another; and while they were fighting, | Ts!ɛndɛgɛmg·i‘lak^u
(IV 3) went up to the top of the climbing-board, and | sat down on a
platform at the top of the board. They | had not seen when she

---

53 k!wāg·aaɬɛxsɛxs g·āxaas g·āxɛwɛlsē q!ūlēyas Ts!ɛndɛgɛmg·i‘lakwē
yīx Qāsnomalasē, qa‘s ʟāx‘wɛlsē lāx ʟ!āsanā‘yasa g·ōkwas Q!ǔm-
55 x·ōdē. Wä, lā yāq!ɛg·a‘la. Wä, lā ‘nēk·a: "Sō‘maa Gwa‘sɛ-
lasa gagak·!aswa lāxg·a k·!ēdɛlg·asg·īn g·īgămēk· lāxg·a k·!ēdɛlg·as
Q!ǔmx·ōdēwa? Wä, wēg·i!lax·ōs yāʟ!ālɛx, Gwa‘sɛl," ā‘mē ‘nēkɛxs
laē gwēgɛmx·‘īd lāx t!ēx·tlās g·ōkwas Q!ǔmx·ōdāxs laē ‘nēk·a:
"Amaqayē'." Wä, g·îl‘mēsē q!ūlbē amāqaxaēna‘yasēxs g·āxaē
60 sēsaxēsalē g·īg·īgāma‘yasa Nāk!wax·da‘xwē dēdālaxa ts!ɛlts!ox^ustowē
dzōmeg·ała sɛsāyak·!ālas lāxa Gwa‘sɛlāxs k!ūdzɛxsālaē lāxēs gāga-
k·!aats!ē xwāxwāk!ūna. Wä, g·îl‘mēsē ‘wī‘lɛwɛlsēda g·īg·īgāma‘yē
lāxa g·ōkwaxs g·āxaē g·āxāwɛlsēda ‘nāxwa hā‘yāl‘a k·!ēas̱ʟał da-
ax^us, qa‘s lā hāyīnts!ēsɛla lāxa ʟ!ɛma‘isē. Wä, g·îl‘mēsē ‘wī‘lɛnts!ē-
65 sɛxs laē ʟāx‘wūlɛxsē g·īgāma‘yasa Gwa‘sɛlē ʟlāsōtīwalisē, qa‘s yāq!ɛ-
g·a‘lēxēs g·ōkūlōtē. Wä, lā ‘nēk·a: "Gwāllas hē gwälē, Gwa‘sɛl,
wēg·adzā tāta‘wālaxwa ‘wālasēx lēlqwălaʟa‘yē," ‘nēk·ɛxs laē ‘nē-
k·a: "Wayā!" Wä, g·îl‘mēsē wayûxaxs laē ‘nɛmūg·īlɛxsēda hā-
‘yāl‘a q!wūg·īlɛxs lāxēs yaē‘yats!ē xwāxwăk!ūnāxs laē ‘nāxwaɛm
70 dɛxǔmsta, qa‘s tūta‘wālēx hā‘yāl‘āsa Nāk!wax·da‘xwē. Wä, la‘mē
dādɛgox‘wīda. Wä, hē‘mis ālēs yāla dādɛgālas laē Ts!ɛndɛgɛmg·i-
‘lakwē ēk·!ē‘sta lāx ēk·!ɛba‘yasa ʟaēsē naxɛdzō saōkwa, qa‘s lā
k!wadzōdxa ʟalalɛla lāx ālōtba‘yasxa g·a gwalēg·a.[1] Wä, la‘mē
hēwāxa g·āyanōlē lāx·dɛmas lāg·ostā lāq, qaxs lɛ‘maē ālax·‘īd la

---

[1] See figure on p. 1054.

went up there, for the ‖ Gwa'sɛla and the Nāk!wax·da'x" were really 75
fighting. When she | was seated, Qāsnomalas (III 14) stopped his
tribe the Nāk!wax·da'x", | saying that there had been enough sham-
fighting. Immediately he was | obeyed by his tribe the Nāk!wax·-
da'x", who went back | to the top of the bank of the village Baās, and
they all stood behind ‖ the top of the climbing-board. The Gwa'sɛla, 80
on their part, | went into their canoes. Then Qāsnomalas (III 14)
spoke | and said, "O Gwa'sɛla! we have finished the sham-fight, for
we have made a name | for the future child of Ts!ɛndɛgɛmg·i'lak" (IV
3), and our chief | Sēsaxâlās (IV 8). His name shall be ɛl'ɛlkūlas and
Xōmałɛlas, ‖ if by good luck they obtain a child. Now, take care, 85
Gwa'sɛla, | on account of Ts!ɛndɛgɛmg·i'lak" (IV 3)! She is sitting
now on top of a mountain. |—Now you, young men, try to get her!
Go ashore from | your canoes, and try one at a time to run up | to the
seat of this princess of Chief Q!ūmx·ōd (IV 4)!" ‖ Thus he said, and 90
stopped speaking. Then Chief Q!ūmx·ōd (IV 4) | put down forty
blankets on one side of the climbing-board, | and Chief Sēwid of the
Gwa'sɛla stood up and spoke. | He said, "Don't stay in this way,
young men of the Gwa'sɛla! Try to | get the wife for our chief
Sēsaxâlās (IV 8)!" ‖ Thus he said, and he stopped speaking. Imme- 95
diately the young men of the Gwa'sɛla | went ashore out of their

xōmal'īdēda Gwa'sɛla ḷɛ'wa Nāk!wax·da'xwē. Wä, g·īl'mēsē gwā- 75
l'aLɛlaxs laē Qāsnomalasē bɛlk·!ïg·a'ïxēs g·ōkūlotaxa Nāk!wax·da·
'xwē, qa hēlâx·īdēs lāxa amaqaēna'yē. Wä, hēx·'ida'mēsē nānagē-
g·ēsōsēs g·ōkūlōta Nāk!wax·da'xwē. Wä, la'mē k·!ɛk·â, qa's lä 'wīlg·u-
stâ lāx ōxwiwalasas g·ōx"dɛmsas Baāsē, qa's lä 'wī'la q!wāg·aɛls lāx
āLōtbā'yasa naxɛdzowē saōkwa. Wä, g·īl'mēsē 'nāxwa lāxat!hōx'wa- 80
łɛxsēda Gwa'sɛla lāxēs xwāxwāk!ūnāxs laē yāq!ɛg·a'lē Qāsnomalasē.
Wä, lä 'nēk·a: "Wä, Gwa'sɛl, la'mɛns gwālalāxa amāqa, qaxg·īns ḷēqē-
lēk· qa ḷēgɛms xūnōx'wīdɛlaxas Ts!ɛndɛgɛmg·i'lakwē ḷɛ'wa g·īgāma·
'yōx Sēsaxâlasax. Wä, la'mē ḷēgadɛlaxs ɛl'ɛlkūlase ḷō' Xōmałɛlasē,
qaxō wāwalk·inala lāx xūngwadɛx·'īdō. Wä, wēg·illa yaL!ALɛx, Gwa- 85
'sɛl, qag·a Ts!ɛndɛgɛmg·i'lakwak· g·āxɛmk· k!waxtɛwēxg·ada nɛ-
g·āk·. La'mēsō g·āxLōs hā'yāl'āq!ōs laLōl!alqɛk·. Wä, gēlag·a hōx'-
wūltā laxōs yaē'yats!āqōs, qa's gūnx·'īdaōs 'nāl'nɛmōk!umk·a nāxa
laLōl!axg·a k!waxtɛ'wēsōgwasg·a k·ēdēlg·asɛn g·īgāma'yē Q!ūmx·-
ōdē," 'nēk·ɛxs laē q!wēl'ida. Wä, g·āxēda g·īgāma'yē Q!ūmx·ōdē gɛm- 90
xɛlsɛlaxa mōx"sōkwē p!ɛlxɛlasgɛmē lāx āpsɛnxa'yasa naxɛdzowē.
Wä, lä ḷā̱x'wūlɛxsē g·īgāma'yasa Gwa'sɛlē Sēwidē, qa's yāq!ɛg·a'lē.
Wä, lä 'nēk·a: "Gwāllas hē gwēx·sē hā'yāl'as Gwa'sɛl, qa's lālag·aōs
wāwɛldzɛwa laLōl!ax gɛnɛmLasɛns g·īgāma'yōx Sēsaxâlasēx," 'nē-
k·ɛxs laē qwēl'ida. Wä, hēx·'ida'mēsēda hā'yāl'āsa Gwa'sɛla la hōx- 95
'wūltā lāxēs yaē'yats!ē, qa's lä q!wāg·alīs lāx ōx"sīdzalisasa naxɛ-

75052—21—35 ᴇᴛʜ---ᴘᴛ 2----18

97 traveling-canoes, and stood at the lower end of the | climbing-board;
and the chiefs of the Gwaʻsɛla stood | seaward from the young men.
Then one young man tried to run up, | but he did not reach the top.
200 Then they gave him one pair of blankets. ‖ They continued doing
this. Now, there was one really skillful | young man, who was told
by the chiefs to go last, when all the others had given it up. | He was
the only one left to run. Then Chief | Lǃasōtīwalis (III 11) spoke to
him, and said, "Now go, child! You are the one who has | never
given up. Now go and get the name for obtaining the princess of
5 Chief ‖ Qǃûmxʻōd (IV 4)!" Thus he said, and stopped speaking.
Immediately | the young man went. He stepped into the water to
wet his feet, and then he | came back and ran up the climbing-board;
and there he stood by the | side of Tsǃɛndɛgɛmgʻiʻlakᵘ (IV 3); and
while he was standing there, | the chiefs of the Gwaʻsɛla sang their
10 sacred songs. ‖ Now Chief Qǃûmxʻōd (IV 4) gave five pairs of blan-
kets | to the young man. The name of this young man was Gwăyōs-
dēdzas. | Gwăyōsdēdzas did not stand there long when he came down
with Tsǃɛndɛgɛmgʻiʻlakᵘ (IV 3), | and they went into the house of
Qǃûmxʻōd (IV 4). Now Qāsnomalas (III 14) told the | Gwaʻsɛla to
15 go back into their traveling-canoe for a little while, "for ‖ you have
obtained the princess Tsǃɛndɛgɛmgʻiʻlakᵘ (IV 3) of my chief. |
Now listen to what I shall say to you, Chief Sēsaxâlas (IV 8), to
your | prince, Chief Lǃasōtīwalis (III 11)! Now you will receive the

---

97 dzowē saōkwa. Wä, laʻmēsa gʻīgămaʻyasa Gwaʻsɛla qǃwaēs lāx
Lǃāsalisasa hăʻyâlʻa. Wä, lā wāxʻ dzɛlxʻustâwēda ʻnɛmōkwe hēlʻa.
Wä laʻmēsē wīgʻustâxs laē tsǃâsōsa ʻnɛmxsa pǃɛlxɛlasgɛma. Wä,
200 lā hēxʻsăʻmēsē gwēgʻila. Wä, ʻnɛmōkwa âlakʻlala ēxʻsdɛkʻlīn
hēlʻa ʻnēxʻsōsēs gʻīgʻīgămaʻyē, qa ălʻmēLes lâl, qō lâl ʻwīʻlal yāxʻʻidLēs
hăʻyâlʻa. Wä, gʻīlʻmēsē ʻnɛmōxʻûm lāxs laē yāqǃɛgʻaʻlēda gʻīgămaʻyē
Lǃāsōtīwalisē. Wä, lā ʻnēkʻa: "Wēgʻīl la xûnōkᵘ, sōʻmaas kʻleâs wīyō-
Lânɛma. Hăʻgʻal la, qaʻs Lēgadaōsasō lâLɛs lax kʻlēdēlasa gʻīgă-
5 maʻyaē Qǃûmxʻoda," ʻnēkʻɛxs laē qǃwēlʻida. Wä, hēxʻʻidaʻmēsa
hēlʻa la taxtǃa lax dɛmsxʻō ʻwâpa, qaʻs kǃûnkǃûnxsēsɛlēxs gʻāxaē
aēdaaqa. Wä, lā dzɛlxʻōstâ lāxa naxɛdzowē, qaʻs lā Lāxʻwalɛla lāx
ăpsâlɛlâs Tsǃɛndɛgɛmgʻiʻlakwē. Wä, gʻīlʻmēsē la Laxwala laqēxs
lāasē ʻnāxwa yālaqwē gʻīgʻīgămaʻyasa Gwaʻsɛlāsēs yēyālaxᵘLɛnē. Wä,
10 laʻmēda gʻīgămaʻyē Qǃûmxʻōdē yāxʻwitsa sɛkʻlaxsē pǃɛlxɛlasgɛm
lāxa hēlʻa. Hēɛm Lēgɛmsa hēlʻē Gwăyōsdēdzasē. Wä, kʻlēstǃa gäla
Laxwalē Gwăyōsdēdzasaxs gʻāxaē lāxa Lōʻ Tsǃɛndɛgɛmgʻiʻlakwē, qaʻs
lē laōL lāx gʻōkwas Qǃûmxʻōdē. Wä, laʻmē Qāsnomalasē āxkʻlālaxa
Gwaʻsɛla, qa lās hōxʻwalɛxs lāxēs yaēʻyatsʻlē yāwasʻida, "qaxs lɛ-
15 ʻmaaxLaqōs lâLɛx kʻlēdēlasgʻīn gʻīgămēkʻ lāx Tsǃɛndɛgɛmgʻiʻlakwē,
qaʻs hōLēlaōsaxgʻīn wâldɛmLɛkʻ, lōL gʻīgămē, Sēsaxâlas, laxōs Lă-
wûlgămaʻyaqōs gʻīgămē Lǃāsōtīwalis. Wä, laɛm lāLa mɛwēxLa

four | house-dishes—the sea-otter house-dish, the sea-lion house 18
dish, the whale | house-dish, and the sea-monster house-dish. These
were given in marriage to the ‖ dead father (III 1) of my chief here 20
Q!ūmx·ōd (IV 4), by Chief Qwax·ila (II 9) of the | Koskimo. Now,
Chief Sēsaxâlas's (IV 8) name will be | Kwax·ilanōkŭmēʻ (IV 8),
and the marriage mat of Ts!ɛndɛgɛmg·iʻlak^u (IV 3) | will be a hundred
and twenty blankets,—else your wife, | Chief Sēsaxâlas (IV 8),
would sit down on the bare floor of your house,—and also these ten ‖
boxes of crabapples and five boxes of | oil to be poured on the 25
crabapples, and also the house | which I obtained in marriage,
Aurora-Face, from Chief | Qwax·ila (II 9) of the Koskimo, and the
name for your dancer when you | give a feast. His name shall be
Mɛlnēd. That is all ‖ now. Now, come, Gwaʻsɛla, and warm your- 30
selves in the house of | Q!ūmx·ōd (IV 4)! The fire is burning."
Thus he said, and he stopped speaking. | Immediately the Gwaʻsɛla
went ashore out of their canoes and | went into the house of Q!ūmx·ōd
(IV 4). When they had all gone in, | they were given dried salmon
to eat; and after eating, ‖ Q!ūmx·ōd (IV 4) told his brother-in-law 35
Sēsaxâlas (IV 8) to stop over night at Baās, so that | Ts!ɛndɛgɛmg·iʻlak^u
(IV 3) might get ready what she was going to take along.
Then | Sēsaxâlas (IV 8) obeyed what his brother-in-law Q!ūmx·ōd
(IV 4) had said. | In the morning, when day came, the Gwaʻsɛla

---

lōɛlqúlīlaxa q!āsa lōqŭlīla ʟɛʻwa ʟlēxɛnē lōqŭlīla ʟɛʻwa gwēʻyīmē 18
lōqŭlīla ʟɛʻwa hānagats!ē lōqŭlīla. Wä, hēɛm gɛg·ādanɛms ōmp-
ʻwūlasg·in g·īgămēk·, yīxg·a Q!ūmx·ōdɛk· laxa g·īgămaʻyē Qwax·ilās 20
Gōsg·imoxwē. Wä, laʻmēsa g·īgămayōx Sēsaxâlasēx ʟēgadɛlts
Kwax·ilanōkūmaʻyē. Wä, lāk· lēʻwaxsɛlag·a Ts!ɛndɛgɛmg·iʻlakwaxa
maʻltsōgŭg·īyowē p!ɛlxɛlasgɛma āLak· wūltaliʟɛg·a gɛnɛmg·os,
g·īgămē Sēsaxâlas laxēs g·ōkwaōs; g·aʻmēsēg·a nɛqasgɛmk·
ɫɛnxstaats!ē k·!ik·!lmyaxʟa. Wä, hēʻmisa sɛk·!asgɛmē dēdɛngwa- 25
ts!ē ʟlēʻna, qa k!ūngɛmaxsēsa ɫɛnxē. Wä, hēʻmisa g·ōkwē.
Hēɛmxaɛn gɛg·adānɛma ʟlēxʟ!exâgɛmē g·ōk^u lāx g·īgămaʻyasa
Gōsg·imoxwē Qwax·ila. Wä, hēʻmisa ʟēgɛmē qaēs sēnatʟaōs qasō
k!wēʻlasʻīdʟō. Wä, laʻmē ʟēgadɛlts Mɛlnēdō. Wä, laɛm ʻwīʻla
lāxēq. Wä, gēlag·a Gwaʻsɛl, qaʻs g·āxaōs tɛltsǃa lāxg·a g·ōk^ugwas 30
Q!ūmx·ōdē. Laɛmk· lɛqwōlakwa," ʻnēk·ɛxs laē q!wēʻlʻida. Wä,
hēx·ʻidaʻmēsēda Gwaʻsɛla ʻnāxwa hōlwūltâ lāxēs yaēʻyats!ē qaʻs lā
hōgwēʟ lax g·ōkwas Q!ūmx·ōdē. Wä, g·īlʻmēsē ʻwīʻlaēʟɛxs laē
hămg·īlasōsa ts!ɛnkwē xamasa. Wä, g·īlʻmēsē gwâl haʻmāpɛxs laē
äxk·!ālē Q!ūmx·ōdāxēs q!ūlēsē Sēsaxâlasē qa xaʻmāsē lāx Baāsē, qa 35
k·ɫɛswūʟēs Ts!ɛndɛgɛmg·iʻlakwaxēs mɛmwālaʟē. Wä, laʻmē nānageg·aʻyē
Sēsaxâlasax wāldɛmasēs q!ūlēsē Q!ūmx·ōdē. Wä, g·īlʻmēsē
ʻnāx·īdxa gaālāxs laē mōxsɛlaxēs yaēʻyats!ēxa Gwaʻsɛlāsa lēlɛnxsta-

loaded their canoes with the crabapple-boxes | and the boxes of oil
40 and the four house-dishes; ‖ and when all were aboard, Ts!Ende-
gEmg·i‘lak" (IV 3) came out | of the house of her brother Q!ūmx·ŏd
(IV 4) with her husband Sēsaxâlas (IV 8), and | she went aboard the
canoe of her husband Sēsaxâlas (IV 8). When | they were seated,
the Gwa‘sEla paddled away, | going home to their village G̣wēk·īlis.
45 As soon as they arrived ‖ there, the father of Sēsaxâlas (IV 8),
L!āsōtīwalis (III 11), told the | young men of his numaym to clear
out the house, because he wished | a feast to be given at once by his
prince Sēsaxâlas (IV 8), for he was proud of | the four house-dishes
which he had obtained in marriage. When the young men had |
50 cleared out the house, they went to invite the numaym ‖ G·īg·ī́lgăm
and the SīsEnL!ē‘ and the young men of the | numaym Q!ōmk·!ut!Es.
When they were all inside, they took ashore the | ten boxes of crab-
apples and the five boxes | with oil, and also the four house-dishes.
They | put them down inside the door of the house; and after they
55 had ‖ been put down, Chief L!āsōtīwalis (III 11) arose and | spoke.
He said, "Now, look at these, you two | numayms, G·īg·ī́lgăm and
SīsEnL!ē‘! I went to marry Ts!EndEgEmg·i‘lak" (IV 3), | the princess
of Chief Q!ūmx·ŏd (IV 4); and | by good luck I obtained these ten
60 boxes of crabapples ‖ and these five boxes of oil to be poured | over

ats!ē Ḻe‘wa dēdEngwats!ē L!ē‘na. Wä, hë‘misēda mEwēxLa lŏElqŭ-
40 lila. Wä, g·î́l‘mēsē ‘wīlxsExs g·âxaē Ts!EndEgEmg·i‘lakwē hŏqŭwEls
lāx g·ōkwasēs wŭq!wē Q!ūmx·ōdē Ḻe‘wis lä‘wŭnEmē Sēsaxâlasē, qa‘s
lā hōx‘waLExs lax xwāk!ūnāsēs lä‘wŭnEmē Sēsaxâlasē. Wä, g·î́l-
‘mēsē k!ūs‘ālExsExs laē ‘nEmāg·îLē sēx‘widēda Gwa‘sEla. Wä,
la‘mē läl nä‘nax̣"L lāxēs g·ōkūlasē G̣wēk·īlisē. Wä, g·î́l‘mēsē lāg·aa
45 lāqēxs laē hēx·‘ida‘mēsē ōmpas Sēsaxâlasē, yîx L!āsōtīwalisē hēlaxa
hä‘yäl‘asēs ‘nE‘mēmotē, qa ēx‘widēsōx g·ōkwas, qaxs ‘nēk·aē, qa
hali‘lālēs k!wē‘lasēs Ḻăwŭlgāma‘yē Sēsaxâlasē, qaxs yālaqalaasēs
gEg·adānEma mEwēxLa lŏElqŭlîla. Wä, g·î́l‘mēsē gwālēda hä‘yäl‘a
ēkwaxa g·ōkwaxs laē hēx·‘idaEm la Lē‘lālasE‘wēda ‘nE‘mēmotasa
50 G·īg·ī́lgămē Ḻe‘wa ‘nE‘mēmotasa SīsEnL!a‘yē, yîsa hä‘yäl‘āsa ‘nE‘mē-
motasa Q!ōmk·!ut!Esē. Wä, g·î́l‘mēsē g·āx ‘wī‘laēLExs laē mōltoyo-
wēda nEqāsgEmē lēlEnxstaats!ē k·!ik·!imyaxḻa Ḻe‘wa sEk·!āsgEmē
dēdEngwats!ē L!ē‘na. Wä, hē‘misḻēda mEwēxLa lŏElqŭlîla, qa‘s
g·āxē mEx‘alîlElas lāx äwīLElâsa t!Ex·ī́lāsa g·ōkwē. Wä, g·î́l‘mēsē
55 g·āx ‘wī‘la mEx‘alîlExs laē Ḻāx‘ūlîlēda g·īgāma‘yē L!āsōtīwalisē, qa‘s
yāq!Eg·a‘lē. Wä, la ‘nēk·a: "Wēg·a dōqwalax ma‘ltsEmax̣" ‘nE-
‘mēm, yūL G·īg·ī́lgăm Lōs SīsEnL!ē. Lāx·‘dEn gâgak·!ax Ts!EndEgEm-
g·i‘lakŭk· lāxg·a k·!ēdēlg·asa g·īgāma‘yaē Q!ūmx·ōdē. Wä, g·a‘mē-
sEn wāwalk·inēg·as lag·ōs dōgŭlaxg·ada nEqāsgEmk· lēlEnxstaats!ē
60 k·!ik·!imyaxḻa ḻōgwa sEk·!āsgEmk· dēdEngwats!ē L!ē‘na k!ŭngEma-

the crabapples. Now sing your feasting-songs, Gᴵg̣ᴵlgăm, and you, 61
SīsᴇnLlēᵋ!" | Thus he said, and stopped speaking; and immediately
the Gᴵg̣ᴵlgăm sang their feasting-songs. | They sang two feasting-
songs, and two | feasting-songs were also sung by the SīsᴇnLlēᵋ.
After they had sung their ‖ feasting-songs, they poured the crab- 65
apples into the four house-dishes; | and when they had poured one
box into each one | of the house-dishes, they took one box of oil and |
poured it into the four house-dishes. Then they | took many small
dishes and put crabapples into them; ‖ and when the crabapples had 70
been put in, they poured oil over them. | Then all were wet with oil.
Then ʟ!ăsōtīwalis (III 11) stood up | and spoke. He said, "Now I
will distribute the dishes, | my numaym Q!ōmk·!ut!ᴇs." He said,
"This | sea-otter dish and sea-monster dish are for you, Gᴵg̣ᴵlgăm."
Immediately the young men ‖ put the sea-otter dish in front of 75
the chief of the | Gᴵg̣ᴵlgăm, Sēwid; and they put the sea-monster
house-dish | in front of the prince of Sēwid, Kᴵᵗmgēd. After | this
had been done, ʟ!ăsōtīwalis (III 11) spoke again, and said, "This |
whale dish and sea-lion dish are for you, SīsᴇnLlēᵋ!" and immedi-
ately ‖ the young men took up the whale house-dish and put it in 80
front of | the chief of the numaym SīsᴇnLlēᵋ, G̣wăyōlᵋᴇlasᴇmēᵋ; and |
they took the sea-lion dish and put it in front of his prince | Xᵔilxᵋēd.

---

xsaᵋya. Wä, laᵋmēts wēg·ił k!wēᵋlalaʟōł Gᴵg̣ᴵlgăm ʟōs SīsᴇnLlēᵋ," 61
ᵋnēk·ᴇxs laē q!wēłᵋida. Wä, hēx·ᵋidaᵋmēsē k!wēlg·aᵋłēda Gᴵg̣ᴵlgămē.
Wä, maᵋᵗtsᴇmē k!wēᵋlalayâs q!ᴇmq!ᴇmdᴇma. Wä, lăxaē maᵋᵗtsᴇmē
k!wēᵋlalayâs q!ᴇmq!ᴇmdᴇmas SīsᴇnL!aᵋyē. Wä, g·ᴵlᵋmēsē gwăła k!wē-
ᵋlalăxs laē gŭxts!ălayōwēda ʟᴇnxsta lăxa mᴇwēxʟa łōᴇlqŭlîła. Wä, 65
g·ᴵlᵋmēsē gŭxts!ōyowēda ᵋnălᵋnᴇmsgᴇmē k·ᴵlk·ᴵlmyaxʟa lăxa ᵋnălᵋnᴇ-
mēxʟa łōᴇlqŭlîła, laē ăxᵋētsᴇᵋwēda ᵋnᴇmsgᴇmē dᴇngwats!ē ʟ!ōᵋna,
qaᵋs k!ŭnq!ᴇqēs lăxa mᴇwēxʟa łōᴇlqŭlîła. Wä, g·ᴵlᵋmēsē gwălᴇxs
laē ăxᵋētsᴇᵋwēda q!ēnᴇmē łōᴇlq!wa, qaᵋs ăxts!ălayâēda ʟᴇnxsta lăq.
Wä, g·ᴵlᵋmēsē ᵋwīᵋłts!ăwēda ʟᴇnxsta lăqēxs laē k!ŭnq!ᴇqasōsa ʟ!ōᵋna. 70
Wä, g·ᴵlᵋmēsē ᵋwīᵋla k!ŭnq!ᴇgēkŭxs laē ʟaxᵋŭlîłēda g·īgămaᵋyē ʟ!ăsō-
tīwalisē. Wä, lä yăq!ᴇg·aᵋla. Wä, lä ᵋnēk·a: "Laᵋmᴇn k·ăxᵔīdeł
nōs ᵋnᴇᵋmēmot Q!ōmk·!ut!ᴇs," ᵋnēk·ᴇxs laē ᵋnēk·a: "Łōqŭlas, Gᴵg̣ᴵl-
găm q!ăsa ʟᴇᵋwa hănagăts!ē." Wä, hēx·ᵋidaᵋmēsa hăᵋyălᵋa la
k·axᵋdzamōlîłasa q!asa łōqŭlîł lăxa g·īgămaᵋyasa ᵋnᴇᵋmēmotasa 75
Gᴵg̣ᴵlgămē Sēwidē. Wä, lä k·axᵋdzamōlîᵋᴇma hănagats!ē łōqŭlîł
lăx nᴇxdzamōlîłas ʟăwŭlgămaᵋyas Sēwidē Kᴵᵗmgēdē. Wä, g·ᴵlᵋmēsē
gwălᴇxs laē ēdzaqwa ᵋnēk·ē ʟ!ăsōtīwalisē: "Łōqŭlas, SīsᴇnL!aᵋyē
gwᴇᵋyīm ʟᴇᵋwa ʟ!ēxᴇnē łōqŭlîła." Wä, hēx·ᵋidaᴇmxaăwisēda
hăᵋyălᵋa ăxᵋalîłaxa gwᴇᵋyīmē łōqŭlîła, qaᵋs lä k·axᵋdzamōlîła lăx 80
g·īgămaᵋyasa ᵋnᴇᵋmēmotasa SīsᴇnL!aᵋyē G̣wăyōlᴇlasᴇmaᵋyē. Wä, lä
ăxᵋētsᴇᵋwēda ʟ!ēxᴇnē łōqŭlîła, qaᵋs lä k·axᵋdzamōlîᵋᴇm lăx ʟăwŭlgă-

After this had been done, they put | small dishes, one in front of each four men (they call it ‖ "Lā'staak^u" when there is one dish for every | man, and one dish for every chief and for | every prince). When they all had been put down, | Llāsōtīwalis (III 11) told them to go ahead and eat, and they all | began to eat; and after they were through, ‖ Llāsōtīwalis (III 11) told them that now he had changed the name of his prince Sēsaxâlas (IV 8), and that | his name would be Kwax·ilanōkumē' (IV 8), and that the name of his dancer would be | Mɛlnēd. Thus he said, and turned to his numaym the | Q!ōmk·!ut!ɛs, and said, "Don't sit in this way, numaym Q!ōmk·!ut!ɛs, | but go and get the marriage mat of Tslɛndɛgɛmg·i'lak^u (IV 3), the ‖ hundred and twenty blankets, so that we may wipe off the mouths of our chiefs; | otherwise their mouths will be oily." Thus he said, and stopped speaking. | Immediately the young men went out and took the blankets ashore out of | the canoe. They brought them in, and put them down inside of the door of the house. | Then Llāsōtīwalis (III 11) spoke again, and said to his ‖ numaym Q!ōmk·!ut!ɛs, "Now let us wipe off the mouths of our chiefs | with these hundred and twenty blankets, the marriage mat of the princess of | Q!ūmx·ōd (IV 4)." Thus he said, and turned his face to the guests, and | said, holding one pair of blankets, "Now I will wipe off your mouth, | Chief Sēwid." Then a young man belonging to the ‖

ma'yasē X·ĭlx'ēdē. Wä, g·ĭl'mēsē gwālɛxs laē k·ax·dzamōli'lɛma lōɛlq!wa läxa 'nāl'nɛmōkwē bēbɛgwānɛma. Hēɛm Lēgadɛs Lā'staakwē, yĭxs 'nāl'nɛxūlasɛ'waēda lōɛlq!wāsa 'nāl'nɛmōkwē bēbɛgwānɛma, Lē'wa g·īg·īgāma'yaxs 'nāl'nɛxūlaaxa lōɛlqūlīē Lē'wis Lōlaɛlgāma'yē. Wä, g·ĭl'mēsē 'wĭlg·alūlaxs laē wāxasōs Llāsōtiwalisē, qa hāmx·'īdēs. Wä, hēx·'ida'mēsē 'nāxwa hāmx·'īda. Wä, g·ĭl'mēsē gwālɛxs laē nēlē Llāsōtīwalisaxs lɛ'maē Llāyōxlēs Lāwūlgāma'yē Sēsaxâlasē, qaxs lɛ'maē Lēgadɛs Kwax·ilanōkūma'yē. Wa, hē'mis Lēgɛmas sēnatasē, yĭx Mɛlnēdē, 'nēk·ɛxs laē gwēgɛmx·'īd lāxēs 'nɛ'mēmota Q!ōmk·!ut!ɛsē. Wä, lä 'nēk·a: "Gwāllas hē gwaēlē, 'nɛ'mēmot, Q!ōmk·!ut!ɛs, qa's laōs āx·'ēdɛx lē'waxsa'yas Tslɛndɛgɛmg·i'lakūk·xa ma'ītsogūg·ĭyowa p!ɛlxɛlasgɛma, qɛns dāyaxstɛndayoxɛns g·īg·īgāma'yē, āla xɛnlɛlalax q!ēq!ɛldzɛxstalalax," 'nēk·ɛxs laē q!wēl·'ida. Wä, hēx·'ida'mēsēda hā'yāl·a la āx·'wūltōdxa p!ɛlxɛlasgɛmē lāxa xwāk!ūna, qa's g·āxē āx·'ālīlas lāx āwīlɛlāsa t!ɛx·'īlāsa g·ōkwē. Wä, lä Llāsōtīwalisē ēdzaqwa yāq!ɛg·a'la. Wä, lä 'nēk·a lāxēs nɛ'mēmota Q!ōmk·!ut!ɛsē: "La'mɛns dāyaxstɛndɛlxɛns g·īg·ɛgāma'yē yīsg·a ma'ītsogūg·ĭyok^u p!ɛlxɛlasgɛm lē'waxsēsa k·!ōdēlaxs Q!ūmx·ōdā," 'nēk·ɛxs laē gwēgɛmx·'īd lāxa k!wēlē. Wä, lä 'nēk·a: "Laɛm dālaxa 'nɛmxsa p!ɛlxɛlasgɛma. La'mɛn dāyaxstɛndlōl g·īgāmayai Sēwidē." Wä, lä Lax'ūlīlēda hēl·a g·ayōl lāx 'nɛ-

numaym of Kwax·ilanōkŭmēʿ (IV 8) took the one pair of blankets | 5
and gave it to Chief Sēwid; and | Lǃāsōtīwalis (III 11) took up
another pair of blankets, and said, | "Now I will wipe off your
mouth, Chief K·ĭmgēd" (he meant the prince of | Sēwid); and this
also was given by a young man to K·ĭmgēd; ǁ and Lǃāsōtīwalis (III 10
11) continued doing this with the blankets; | and when all had been
given out to the numaym G·īg·ĭlgăm, then he also | wiped off the oil
from the mouth of the Sīsᴇɴʟǃēʿ; and after this had been done, | the
guests went out. Tsǃᴇɴdᴇgᴇmg·iʿlakᵘ (IV 3) did not have a child |
by her husband Kwax·sēʿstāla (IV 8), for she did not stay long ǁ
with her husband. Then they parted. Tsǃᴇɴdᴇgᴇmg·iʿlakᵘ (IV 3) 15
went home | to Baās. For two winters | Tsǃᴇɴdᴇgᴇmg·iʿlakᵘ (IV 3)
had no husband. Then she was asked in marriage by ʿmāx̣ūlag·ĭlis
(IV 9) | of the numaym Sēnʟǃᴇm of the Kwāg·uł; but her | name
was no longer Tsǃᴇɴdᴇgᴇmg·iʿlakᵘ (IV 3), because her uncle ǁ
Qāsnomalas (III 14) made her dance, and her name was ʟăʟǃᴇʟᴇ- 20
wēdzᴇmga (IV 3), and | I shall call her so after this. When her
brother Qǃŭmx·ōd (IV 4 | (but now the name of Qǃŭmx·ōd (IV 4) was
no longer Qǃŭmx·ōd (IV 4), for his name was | K·ǃādalag·ĭlis (IV 4),
the name of his dead uncle K·ǃādalag·ĭlis[1] (III 12), and | I shall now
name him thus, by this his new name) . . . ǁ When ʿmāx̣ūlag·ĭlis 25
(IV 9) finished speaking with K·ǃādalag·ĭlis (IV 4), then ʿmāx̣ūlag·ĭ-
lis | called the Kwāg·uł tribes into the house of his son | ʿnᴇmōgwis.

ʿmēmotas Kwax·ilanōkŭmaʿyē, qaʿs dāx·ʿidēxa ʿnᴇmxsa pǃᴇlxᴇlasgᴇ- 5
ma qaʿs lā tsǃās lāxa g·īgămaʿyē Sēwidē. Wā, lāxaē ētǃēdē Lǃā-
sōtīwalisē dāx·ʿīdxa ʿnᴇmxsa pǃᴇlxᴇlasgᴇma. Wā, lāxaē ʿnēk·a:
"Laʿmᴇn dāyaxstᴇɴdʟōł g·īgămayai' K·ĭmgēdē," lāx ʟ̣ăwŭlgāmaʿyas
Sēwidē gwēʿyōs. Wā, lāxaē tsǃᴇwēsa hēłʿa lāx K·ĭmgēdē. Wā, lā
hēx·sā gwēk·ǃālaxs yăqwaē Lǃāsōtīwalisasa pǃᴇlxᴇlasgᴇmē. Wā, 10
g·īłʿmēsē ʿwīlxtowē ʿnᴇʿmēmotasa G·īg·ĭlgămaxs laē ōgwaqa dā-
yaxstᴇɴdxa ʿnᴇʿmēmotasa SīsᴇɴLǃaʿyē. Wā, g·īłʿmēsē gwāłᴇxs laē
ʿwīʿla hōqūwᴇlsēda kǃwēłdē. Wā, k·ǃēstǃa x̣ūngwadᴇx·ʿīdē Tsǃᴇɴdᴇ-
gᴇmg·iʿlakwē lāxēs lăʿwunᴇmē Kwax·sēʿstāla, qaʿs k·ǃēsaē ălaᴇm gāla
lăʿwadᴇsēxs laē k·ǃasā. Wā, g·āx·ʿᴇm nāʿnakwē Tsǃᴇɴdᴇgᴇmg·iʿla- 15
kwē lāx Baāsē. Wā, hētǃa la maʿłᴇnxē tsǃāwŭnxas k·ǃeās la lā-
ʿwŭnᴇmē Tsǃᴇɴdᴇgᴇmg·iʿlakwaxs laē g·ayox̣·ʿwītsōs ʿmāx̣ūlag·ĭlisē
g·ayołē lāxa ʿnᴇʿmēmotas SēnʟǃᴇMasa Kwāg·ułē, yīxs lᴇʿmaē gwāł
ʟēgadᴇs Tsǃᴇɴdᴇgᴇmg·iʿlakwē, qaxs lax·dē sēnatsēs qǃūlēʿyē Qās-
nomalasē. Wā, laᴇm ʟēx·ʿēdᴇs Lǃāʟǃᴇłᴇwēdzᴇmga łāq. Hēʿmē- 20
sᴇn łăł ʟēqᴇlayoʟᴇq. Wā, g·īłʿmēsē wŭqǃwāsē Qǃŭmx·ōdē, yīxs
lᴇʿmaaxat! gwāł ʟēgadē Qǃŭmx·ōdās Qǃŭmx·ōdē; yīxs laē ʟēgadᴇs
K·ǃādalag·ĭlisē ʟēgᴇmasēs qǃūlēyōlaē K·ǃādalag·ĭlisʿwūła. Wā, hēᴇm-
xāāwisᴇn łăł ʟēqᴇlōyōłqēs ăłē ʟēgᴇma. Wā, g·īłʿmēsē gwāłē wăł-
dᴇmas ʿmāx̣ūlag·ĭlisē ʟ̣ōʿ K·ǃādalag·ĭlisaxs laē ʟēʿlalē ʿmāx̣ūlag·ĭ- 25
lisaxa ʿnāx̣wa Kwākūg·uła, qa łās ʿwīʿlaēʟᴇla lāx g·ōkwasēs x̣ūnō-

---
[1] See p. 1079.

27 (V 1), and then ᵋmāxŭlag̣·ᶦlis (IV 9) told the chiefs that he had | asked in marriage LÌĂL ǃElewēdzEmga (IV 3), the princess of K·ǃĂdalag̣·ᶦlis (IV 4), the chief | of the numaym ᶜwālas, and also that
30 K·ǃĂdalag̣·ᶦlis (IV 4) had ǁ told him to marry his sister quickly. Thus said ᶜmāxŭlag̣·ᶦlis (IV 9). | After he had told this to his chiefs, the Kwāg·uł agreed, | and told him to marry quickly. Immediately ᶜmāxŭlag̣·ᶦlis (IV 9) counted | twelve hundred blankets with the young men of his numaym, | the SēnLǃEm; and when they had all been
35 put down, the ǁ chiefs told them to start, if the next day should be fine. After | they had finished talking, they went out and got ready. At | daylight in the morning he put the twelve hundred blankets | into four large canoes; and when they were all aboard, |
40 they started. At noon they arrived on the island in front of ǁ Baâs; and when the four canoes came together, | the chief of the numaym SēnLǃEm, | HâmisElał, arose and spoke. He said to the chiefs of the | Kwāg·uł, "Now, let us follow the words of our past old men | in regard to what we have to say when we go paddling to get a wife—
45 Now, ǁ Chief PǃasElał, — and you, Chief Nōlis, — and you, Chie Kwax·sēᶜstāladzē, | — go and speak about the marriage to Chief K·ǃĂdalag̣·ᶦlis (IV 4). Now | let the young men take you there, for you always succeed in what you want, | chiefs." Then he stopped

27 kwē ᶜnEmōgwisē. Wā, la ᶜmāxŭlag̣·ᶦlisē nēłaxa g·īg·EgĂmaᶜyaxs g·ayāłaax LǃĂLǃElewēdzEmga lax k·ᶦlēdēłas K·ǃĂdalag̣·ᶦlisē lāx g·īgĂmaᶜyasa ᶜnEᶜmēmotasa ᶜwālasē. Wā, hēᶜmisē K·ǃĂdalag̣·ᶦlisaxs lEᶜmaē
30 ᴀEm hanakǃūla, qaᶜs lā qadzēLasEᶜwēs wūqǃwa, ᶜnēk·ē ᶜmāxŭlag̣·ᶦlisaxs laē ētāłaxēs g·īg·EgĂmaᶜyē. Wā, lā ᶜnāxwaEm ēx·ᶜak·ēda Kwākŭg̣·ułax haliᶜlāla gāgak·ǃa. Wā, hēx·ᶦidaᶜmēsē ᶜmāxŭlag̣·ᶦlisē hōsᶜwŭłtǃałǃłaxa maᶜłtsōgŭnwāla pǃElxElasgEma LŌᶜ hāᶜyāłᶜāsēs ᶜnEᶜmēmota SēnLǃEmē. Wā, g·ᶦlmēsē ᶜwīlg·alīlExs laasē ᶜnāxwa ᶜnēk·ēda g·īg·E-
35 gĂmaᶜyē, qaᶜs ālĕxᶜwidaᶜmēł qō ēx·La ᶜnāłax ǃEnsLa. Wā, g·īlᶜmēsē gwāłē wāłdEmasēxs laē hoqŭwElsa, qaᶜs xwānałᶦidē. Wā, g·ᶦlᶜmēsē ᶜnāx·ᶦidxa gāālāxs laē mōxsasa maᶜłtsogŭnwāla pǃElxElasgEm lāxa mōtsǃaqē āwā xwāxwākǃŭna. Wā, g·ᶦlᶜmēsē ᶜwīlxsExs laē sEpǃēda. Wā, k·ǃēsᶜmēsē nEqālaxs laē lāg·aa lāx ᶜmEkŭmaᶜyas
40 Baāsē. Wā, g·ᶦlᶜmēsē ᶜwīᶜla la qǃapǃēwāłēda mōtsǃaqē xwāxwākǃŭnāxs laē LāxᶜwŭłExsē g·īgĂmaᶜyasa ᶜnEᶜmēmotasa SēnLǃEmē HâmisElałē. Wā, la yāqǃEg·aᶜła. Wā, lā ᶜnēk·alāxa g·īg·EgĂmaᶜyasa Kwākŭg̣·ułē: "LaᶜmEn dāx·ᶦīdLEx wāłdEmasEns qǃūlsqǃūlyaxᵘdā lāxwa g·āxaqEns sēᶜwēnaᶜya gāgak·ǃax wāłdEma, g·īg·EgĂmē. LaEms
45 lāLŌł, g·īgĂmē, PǃasElał Lōs g·īgĂmē Nōlis Lōs g·īgĂmē Kwax·sēᶜstāladzē wāLaqag·ᶦlīlElaȋxa g·īgEmaᶜyaē K·ǃĂdalag̣·ᶦlisa. Wā, laᶜmēts lāł sēxwasōłtsa hāᶜyāłᶜax, qaxs sōᶜmaē k·ǃēâs wīyōLaɴEms g·īg·EgĂmē," ᶜnēk·Exs laē qǃwēłᶦida. Wā, lā lāsē g·īgĂmaᶜyasa

speaking. And the chief of the | numaym Laālax·s⁺ɛndayo, PlasɛlaÍ, and the chief of the ‖ numaym Kŭkwăk!ŭm of the Q!ōmoyâ⁺yē, 50 Nōlis; and the chief of the | numaym Dzɛndzɛnxˑqlayo, Kwax·- se⁺stāladzē, went in one | canoe; and the young men paddled, going to the beach in front of | the house of K·!ădalag·ílis (IV 4). As soon as they arrived, the | three chiefs went ashore and into the house of ‖ K·!ădalag·ílis (IV 4). There they sat down next to the 55 door; and | first Chief PlasɛlaÍ arose and spoke, | and said, "Now sit up, Chief K·!ădalag·ílis (IV 4), and | listen to what I have to say. I come, sent by my chief | ⁺măxŭlag·ílis (IV 9), to speak about the marriage, for I want to pay the marriage money for ‖ your princess 60 ʟ!āʟ!ɛʟɛwēdzɛmga (IV 3)." Thus he said, and stopped speaking. | Then he sat down again; and Chief Nōlis arose, and he also | spoke, and said, "Now you have heard it, Chief | K·!ădalag·ílis (IV 4). I come to speak about the marriage, sent by my chief | ⁺măxŭlag·ílis (IV 9), who wants to marry your princess, Chief K·!ădalag·ílis (IV 4), ‖ ʟ!āʟ!ɛʟɛwēdzɛmga (IV 3)." Thus he said, and stopped speaking. | 65 Then he sat down, and | Kwax·sē⁺stāladzē arose and spoke. He said, | "Indeed, it is necessary to speak in this way when we try to get the princess of a chief. | Listen to me, child, K·!ădalag·ílis (IV 4), for I | came here on account of a great thing. It is really from you that I try to get in marriage your princess, Chief ‖ K·!ădalag·ílis 70 (IV 4). I come, sent by my friend ⁺măxŭlag·ílis (IV 9), | to talk

⁺nɛ⁺mēmotasa Laālax·s⁺ɛndayowē PlasɛlalÉ, ʟōˑ g·ígăma⁺yasa ⁺nɛ- ⁺mēmotasa Kŭkwăk!ŭmasa Q!ōmoyâ⁺yē Nōlisē, ʟōˑ g·ígăma⁺yasa 50 ⁺nɛ⁺mēmotasa Dzɛndzɛnxˑqlayowē Kwax·sē⁺stāladzē lāxa ⁺nēmts!aqē xwăk!ŭna ʟɛ⁺wa hä⁺yăl⁺a. Lā sēx⁺wida, qa⁺s lā lax ʟ!ɛma⁺isas g·ōkwas K·!ădalag·ílisē. Wā, g·íl⁺mēsē lāg·aaxs laē hēx·⁺idaɛm hōx⁺wŭltăwēda yŭdukwē g·íg·ɛgăma⁺ya, qa⁺s lā hōgwiʟ lāx g·ōkwas K·!ădalag·ílisē, qa⁺s k!ūs⁺alilē lax ăwīʟɛlāsa t!ɛx·íla. Wā, hē⁺mis 55 g·íl ʟax⁺ŭlílēda g·ígăma⁺yē PlasɛlalÉ, qa⁺s yăq!ɛg·a⁺lē. Wā, lā ⁺nēk·a: "Wēg·a, k!wāgɛmg·alílɛx g·ígămē K·!ădalag·ílis, qa⁺s hō- ʟɛlaōsaxg·ín wăldɛmʟɛk·. G·āx⁺mɛn ⁺yālagɛmsɛn g·ígăma⁺yaē ⁺mă- xŭlag·ílisa, qɛn g·āxē wāʟaqag·ílílɛla. G·āx⁺mɛn qădzēʟaxs k·lē- dēlaq!ōs lāxōx ʟ!āʟ!ɛʟɛwēdzɛmgāx," ⁺nēk·ɛxs laē q!wēl⁺ida. Wā, 60 la k!wāg·alílaxs laē ʟax⁺ŭlílēda g·ígăma⁺yē Nōlisē. Wā, lāxaē yăq!ɛg·a⁺la. Wā, lā ⁺nēk·a: "Laɛms hōʟēla g·ígămē, yōʟ K·!ă- dalag·ílis. G·āx⁺mɛn wāʟaqag·ílílɛla ⁺yālagɛmsɛn g·ígăma⁺yaē ⁺mă- xŭlag·ílisa laxōs k·lēdēlaq!ōs, g·ígămē K·!ădalag·ílis, laxōx ʟ!āʟ!ɛʟɛ- wēdzɛmgāx," ⁺nēk·ɛxs laē q!wēl⁺ida. Wā, lāxaē k!wāg·alílaxs laē 65 ʟax⁺ŭlílē Kwax·sē⁺stāladzē, qa⁺s yăq!ɛg·a⁺lē. Wā, lā ⁺nēk·a: "Qăʟaxs hēqlamaaxs gwēk·lālag·ílēxwa laloʟlāx k·lēdēlasa g·ígă- ma⁺yē. Wēg·a, hōʟēla g·āxɛn, xŭnōkᵘ K·!ădalag·ílis, yíxs ⁺wālasē- g·ín sē⁺wēnēk·. Âlax·⁺ídɛn gāgak·la laxs k·lēdēlaq!ōs, g·ígămē K·!ă- dalag·ílis. G·āx⁺mɛn ⁺yālagɛmsɛn ⁺nɛmōkwaē ⁺măxŭlag·ílisa, qɛn 70

71 about the marriage. I come to pay the marriage-money for your
princess, | Chief Kʻ!ádalag·ᴵlis (IV 4), for ʟ!ᴀʟ!ᴇʟᴇwĕdzᴇmga (IV 3)."
After he had said so, he stopped | and sat down. At once Qāsnom-
alas (III 14), the | uncle of Kʻ!ádalag·ᴵlis (IV 4), arose. He took one
75 pair of blankets, ‖ spoke, and said, "Now you have her, chief. | Now
your wife will go with you, chiefs. Now come and pay the marriage-
money, | chiefs. Now your wife will go with you; namely, what I
carry here." | Thus he said, and gave two pairs of blankets to each
of the | three chiefs. Then Qāsnomalas (III 14) gave two pairs of ‖
80 blankets to the chiefs, and said, "This is your wife, | these blankets."
Thus he said, and went out. Then | the three chiefs went out,
aboard their | canoe, and they paddled back. When they ap-
proached | the place where they had left the three canoes, they stood
85 up, ‖ holding the blankets in their arms and singing their sacred songs.
When | they arrived, P!asᴇlal spoke. He said, "Now look at me,
Chief | ᴇmāxŭlag·ᴵlis (IV 9)! Now we come, carrying on our arms
your wife, | ʟ!ᴀʟ!ᴇʟᴇwĕdzᴇmga (IV 3). Now we have her, Kwāg·ul.
We were told to go ahead and pay the marriage money | by Chief
Kʻ!ádalag·ᴵlis (IV 4)." Thus he said, and stopped speaking. ‖
90 Immediately strong young men went aboard one of the canoes, |
for it was known that the Nāk!wax·da'xᵘ always had a sham-fight

71 g·āxē wāʟaqāg·ᴵlīla. G·āxᴱmᴇn qādzēʟa lāxōs kʻ!ēdēlaq!ōs, g·īgă-
mē Kʻ!ádalag·ᴵlis laxōx ʟ!ᴀʟ!ᴇʟᴇwĕdzᴇmgāx," ᴱnēk·ᴇxs laē q!wēl-
ᴱida, qaᴱs k!wāg·alᴵlē. Wā, hēx·ᴱidaᴱmēsē Qāsnomalasē, yīx q!ū-
lēᴱyas Kʻ!ádalag·ᴵlisē ʟāxᴱūlīla, dālaxa ᴱnᴇmxsa p!ᴇlxᴇlasgᴇma.
75 Wä, lā yāq!ᴇg·aᴱla. Wā, lā ᴱnēk·a: "Laᴇms lāʟa, g·īg·ᴇgāmē.
Laᴱmēsᴇk· lāig·as gᴇnᴇmg·ōs lāxa ʟōl, g·īg·ᴇgāmē. Gēlag·a qādzēlᴱI-
dᴇx, g·īg·ᴇgāmē. Wā, laᴱmēsᴇk· lāig·as gᴇnᴇmg·ōs yīxg·in daā-
kŭk·," ᴱnēk·ᴇxs laē yāxᴱwītsa maēmaiᴇxs p!ᴇlxᴇlasgᴇm lāxa yŭdu-
kwē g·īg·ᴇgāmaᴱya. Hēᴱmisē Qāsnomalasē la ts!āsa maēmaiᴇxsa
80 p!ᴇlxᴇlasgᴇm lāxa g·īg·ᴇgāmaᴱyē. Wā, lā ᴱnēk·a: "Yūᴇms gᴇnᴇ-
mōxxwa p!ᴇlxᴇlasgᴇmēx," ᴱnēk·ᴇxs laē aēdaaqa. Wā, hēx·ᴱida-
ᴱmēsē la hōqŭwᴇlsēda yŭdukwē g·īg·ᴇgāmaᴱya, qaᴱs lā hōxᴱwaʟᴇxs
lāxa xwāk!ūna. Wā, g·āxᴱmē sēxᴱwida. Wā, g·īlᴱmēsē ᴇlāq lāg·aa
lāx· mᴇxālasasa yŭduxᵘts!aqē xwāxwāk!ŭnaxs laē ʟaxŭmg·aalᴇxsa
85 gēgᴇnaʟaxa p!ᴇlxᴇlasgᴇmē yiyālaqŭlasēs yiyālaxᵘʟᴇnē. Wā, g·īl-
ᴱmēsē lāg·aaxs laē yaq!ᴇg·aᴱlē P!asᴇlalē: "Wēg·a dōqwalax g·īgāmē
ᴱmāxŭlag·ᴵlisē. G·āxᴱmᴇnuᴱxᵘ gᴇnāʟaxg·as gᴇnᴇmg·ōs lāxg·a ʟ!ᴀʟ!ᴇ-
ʟᴇwĕdzᴇmgak·. Laᴱmᴇns lāʟᴇq, Kwākŭg·ul. Wāg·ilaᴇns ᴀᴇm qādzēl-
ᴱida," ᴱnēk·ēda g·īgāmaᴱyē Kʻ!ádalag·ᴵlisē, ᴱnēk·ᴇxs laē q!wēlᴱida. Wā,
90 hēx·ᴱidaᴱmēsē la hōgŭxsēda telakwē hāᴱyālᴱa lāxa ᴱnᴇmts!aqē xwāk!ū-
na, qaxs q!ala'maēda Nāk!wax·daᴱxwaxs hēmᴇnaʟaᴱmaē amāqaxs laē

when | any one of another tribe married their princess. After this 92
had been done, | they put the bows of the marriage canoes in line |
and paddled. When they came to the point of the ‖ island in front 95
of Baās, they saw the climbing-board standing up | in front of the
house of K·!ădalag·ĭlis (IV 4), and there was nobody | walking about
outside of the houses. Then the | four canoes arrived in front of the
house of K·!ădalag·ĭlis (IV 4). | Then P!asElaɫ arose, and spoke to
the Kwāg·uɫ. ‖ He said, "Now I will speak, Chief Nōlis, and Kwax·- 400
sē‘stāla, | the way our ancestors used to speak when they went
wooing." | Thus he said, and turned his face towards the village of the
Nāk!wax·da‘xᵘ; | and he spoke aloud, and said, "I come, great tribe, |
Nāk!wax·da‘xᵘ, I come to woo ʟ!āʟ!EɫEwēdzEmga (IV 3), your ‖
princess, Chief K·!Ădalag·ĭlis (IV 4)." Thus he spoke, and took a 5
blanket, | and he said, "I get married with this one pair, two pairs,
three pairs, | four pairs, ten blankets." Thus he said when there
were five pairs of blankets. | And now the son of ‘māxŭlag·ĭlis (IV 9),
‘nEmōgwis (V 1), carried the | blankets up the beach and put them
into the house of K·!ădalag·ĭlis (IV 4); ‖ and then P!asElaɫ counted 10
another five pairs of blankets and | put them on the shoulder of
‘nEmōgwis, and he carried them into the house of | K·!ădalag·ĭlis
(IV 4); and when there were five hundred blankets, | he spoke again
while he was carrying the blankets. "Now I | carry these." Thus

gāgak·!asE‘wēs k·!ēdēlasa ōgŭxsEmakwē lēlqwălaʟa‘ya. Wä, g·ĭl‘mēsē 92
gwāɫExs laē ‘nEmāg·iwaɫē āg·iwa‘yas qădzēʟats!äs x̱wāx̱wäk!ŭna.
Wä, lä sēx·wida. Wä, g·ĭl‘mēsē tēx·wīd lāx āwīlba‘yasa ‘mEkŭma-
‘yas Baāsaxs laē dōx‘waʟElaxa naxEdzowaxs lE‘maē ēk·!ɛbalis lax 95
ʟ!āsanā‘yas g·ōkwas K·!ădalag·ĭlisē. Wä, lä k·!ēâs ‘nEmōkᵘ
bEgwānEm g·īg·ĭlsEla läx ʟ!āsanā‘yasa g·ōkŭla. Wä, lä lāg·alisēda
mōts!aqē x̱wāx̱wäk!ŭna läx nEqEnts!ēsas g·ōkwas K·!ădalag·ĭlisē.
Wä, lä ʟāx‘ŭlExsē P!asElaɫē, qa‘s yāq!Eg·a‘ɫē läxa Kwākŭg·uɫē. Wä,
lä ‘nēk·a: "La‘mEn yāq!Ent!ālaɫ g·ĭgămē Nōlis, Kwax·sē‘stāladzē 400
läx gwēk·!ālasasEns q!ŭlsq!ŭlyax̣ᵘdä läxwa gāgak·!ax wāɫdEma,"
‘nēkExs laē gwēgEmx·‘ĭd läx g·ōx̣ᵘdEmsasa Nāk!wax·da‘xwē. Wä,
lä yāq!Eg·a‘ɫa hasEla. Wä, lä ‘nēk·a: "G·āx‘mEn ‘wālas lēlqwălaʟē,
Nāk!wax·da‘xᵘ, g·āx‘mEn gāgak·!axōx ʟ!āʟ!EɫEwēdzEmgäx läxōs
k·!ēdēlaq!ōs, g·ĭgămē K·!ădalag·ĭlis," ‘nēk·Exs laē dāx·‘īdxa p!ElxE- 5
lasgEmē. Wä, lä ‘nēk·a: "Qādzēʟasēq nEmxsa, mā‘ɫExs, yŭdux̣ŭxs,
mōxsa lastāai'," ‘nēk·Exs laē sEk·!axsēda p!ElxElasgEmē. La‘mē-
sē x̱ŭnōkwas ‘māx̱ŭlag·ĭlisē, yīx ‘nEmōgwisē, gEmx̣ŭsdēsaxa p!El-
xElasgEmē, qa‘s lä gEmx̱ēʟax läx g·ōkwas K·!ădalag·ĭlisē. Wä,
läxaē ēt!ēdē P!asElaɫē hōs‘īdxa sEk·!axsa p!ElxElasgEma, qa‘s gEm- 10
xsEyap!Endēs läx ‘nEmōgwisē. Wä, laxaē gEmxēʟas läx g·ōkwas
K·!ădalag·ĭlisē. Wä, g·ĭl‘mēsē sEk·!āp!Enyag·Exa p!ElxElasgEmaxs
laē ēdzaqwa ‘nēk·a, laEmxaa dālaxa p!ElxElasgEmē: "La‘mEn

15 he said while he was counting another five pairs of blankets; ‖ and
when there were another five hundred blankets, then he said, "There |
are one thousand blankets!" and he said again, | "Now I carry these
blankets. I call her with these blankets." Then he counted | one
hundred blankets and put them on the shoulders of ten | young men;
20 and when they went up the beach, P!asElaɫ said, ‖ "Now there are
eleven hundred blankets." When the | young men came back,
P!asElaɫ said again, holding up a blanket, | "Now with these hundred blankets I lift your | princess, Chief K·!ădalag·ĭlas (IV 4). I
wish that | your princess come now into my canoe." Thus he said, ‖
25 and put five pairs of blankets on the shoulders of each of the ten |
young men. They took them into the house of K·!ădalag·ĭlis (IV 4); |
and when the young men came back, they went aboard their canoes. |
Then Qāsnomalas (III 14), the uncle of K·!ădalag·ĭlis (IV 4), came
and stood | in front of the house. He turned towards the door of the
30 house of ‖ K·!ădalag·ĭlis (IV 4), and called out aloud, and said,
"Come, now, Chief | K·!ădalag·ĭlis (IV 4), come out with your tribe
and | take your princess to her husband, | ᵉmax̣ŭlag·ĭlis (IV 9)!"
Thus he said, and stopped speaking. Then the | Nāk!wax·da⁵xᵘ went
35 out of the house of K·!ădalag·ĭlis (IV 4) and stood in a row ‖ in front
of the house. Then K·!ădalag·ĭlis (IV 4) followed them with his

---

dālaxeq," ᵉnēk·ᴇxs laē hōsᵉidxa sᴇk·!axsa p!ᴇlxᴇlasgᴇmē. Wä,
15 g·îlᵉmēsē sᴇk·!ap!ᴇnyag·ᴇxa p!ᴇlxᴇlasgᴇmaxs laē ᵉnēk·a: "Laᴇm
lōxsᴇmx·ᵉida hëyag·owa p!ᴇlxᴇlasgᴇmē." Wä, lä ēdzaqwa; lä
ᵉnēk·a dālaxa p!ᴇlxᴇlasgᴇmē: "Laᵉmᴇn Lēᵉlālaseq," lāxaē hōsᵉidxa
lāk·!ᴇndē p!ᴇlxᴇlasgᴇma, qaᵉs k·!ᴇxsᴇyap!ᴇndāles lāxa nᴇqᴀkwē
hăᵉyāɫᵉa. Wä, g·îlᵉmēsē la hōxᵉwŭsdēsēda hăᵉyāɫᵉaxs laē ᵉnēk·ē
20 P!asᴇlaɫē: "La ᵉnᴇmx·sōgŭnwalai'." Wä, g·îlᵉmēsē g·āxēda hă-
ᵉyāɫᵉa aēdaaqaxs laē ēdzaqwē P!ăsᴇlaɫē dālaxa p!ᴇlxᴇlasgᴇmē. Wä,
lä ᵉnēk·a: "Laᵉmᴇn lāg·îlîɫasa lāk·!ᴇndē p!ᴇlxᴇlasgᴇmē lāxs k·!ēdē-
ɫaq!ōs, g·îgămē⁵ K·!ădalag·ĭlis, qaxg·în ᵉnēk·ᴇk·, qa g·āxᵉmesō
g·axᵉalᴇxsōs k·!ēdēɫaq!ōs, g·îgămē⁵, lāxg·în yăᵉyats!ēk·," ᵉnēk·ᴇxs
25 laē gᴇmxsᴇyap!ᴇndālasa sēsᴇk·!axsa p!ᴇlxᴇlasgᴇm lāxa nᴇqᴀkwē
hăᵉyāɫᵉa. Wä, lāxaē gᴇmxēlas lāx g·ōkwas K·!ădalag·ĭlisē. Wä,
g·îlᵉmēsē g·āx aēdaaqēda hăᵉyāɫᵉaxs laē hōxᵉwaɫᴇxs lāxa x̣wāk!ŭna.
Wä, g·āxē Qāsnomalasē, yîx q!ŭlēᵉyas K·!ădalag·ĭlisē ɫăxᵉwᴇls lāx
ʟ!āsanăᵉyasa g·ōkwē. Wä, lä gwēgemaɫa lāx t!ᴇx·ĭlās g·ōkwas
30 K·!ădalag·ĭlisē, qaᵉs lᴇlōxsā hāsᴇla. Wä, ᵉnēk·a: "Gēla, g·îgămē⁵
K·!ădalag·ĭlisai'. Gēla hōqŭwᴇls ʟᴇᵉwas g·ōkŭlōtaq!osai', qaᵉs
lāʟōs taōdaxsasōs k·!ēdēɫaq!ōs lāxg·a lăᵉwŭnᴇmg·asōx lāxg·a ᵉmax̣ŭ-
lag·ĭlisa," ᵉnēk·ᴇxs laē q!wēlᵉida. Wä, g·āxē ᵉwĭᵉla hōqŭwᴇlsēda
Nāk!wax·daᵉxwē lāxa g·ōkwas K·!ădalag·ĭlisē, qaᵉs yîpᴇmg·aᴇlsē
35 lāx ʟ!āsanăᵉyasa g·ōkwē. Wä, g·āxē K·!ădalag·ĭlisē ᴇlxʟ̣ālaxēs k·!ē-

princess | Lᴀ̊ʟ!ᴇɫᴇwēdzᴇmga (IV 3). Lᴀ̊ʟ!ᴇɫᴇwēdzᴇmga (IV 3) 36
wore on her head a | hat covered with abalone shells, and she wore a
blue blanket covered with abalone shell, | and she carried a copper
named Looking-Sideways. They stood | in the middle of the line
of their tribe. Then Qāsnomalas spoke, ‖ and said, "Look at this, 40
chiefs of the Kwāg·uɫ, at this | wife of ꜥmaxūlag·ꞌīlis (IV 9)! This is
the dress of my grandfather, | the way Lᴀ̊ʟ!ᴇɫᴇwēdzᴇmga (IV 3) is
dressed. Now come, chiefs, to this | wife of your chief, and let her go
with her marriage mat, | the copper Looking-Sideways, which is
worth fourteen hundred blankets; ‖ and her dress has sixty | abalone 45
shells, and your name will be Q!ēxētaso (IV 9), | son-in-law, and the
name of your dancer will be | Hēmask·asꜥō Q!ōmogwa and Hēlēꜥstēs
and P!ᴇsp!ᴇdzēdzᴇmga and | Ëx·ts!ᴇmalalīɫiꜥlakᵘ and Hāmasiꜥlakᵘ;"
for the chief had many children, and ‖ therefore he received many 50
names as a marriage gift. "Now come, and take | your wife,
chiefs!" Thus he said, and he stopped speaking. Immediately |
the three chiefs—P!asᴇlaɫ and Nōlis and Kwax·sēꜥstāladzē—| went
ashore. They went to the place where Lᴀ̊ʟ!ᴇɫᴇwēdzᴇmga (IV 3) was
standing; and when | they reached there, K·ꞌādalag·ꞌīlis (IV 4) gave
two pairs of blankets to ‖ each of the three chiefs, and Lᴀ̊ʟ!ᴇɫᴇwē- 55
dzᴇmga (IV 3) | walked back with them. Then she sat down by the

---

dēlē Lᴀ̊ʟ!ᴇɫᴇwēdzᴇmga. Laᴇm ʟᴇtᴇmālē Lᴀ̊ʟ!ᴇɫᴇwēdzᴇmgaxa ēx·- 36
ts!ᴇmsgᴇmāla ʟᴇtᴇmꭍa. Wä, läxaē ꜥnᴇxꜥūnālaxa ēx·tsᴇmala qō-
tsᴇma. Wä, lä dālaxa L!ā́qwa ʟegadᴇs L!ᴇsaxᴇlayuwē. Wä, lä
q!wāg·aᴇls läx nᴇq!ᴇgēlasasēs g·ōkūlōtē. Wä, lä yāq!ᴇg·aꜥɫē Qāsno-
malasē. Wä, lä ꜥnēk·a: "Wēg·a dōqwaɫax g·īg·ᴇgāmēs Kwāg·uɫ läxg·a 40
gᴇnᴇmg·asōx ꜥmaxūlag·ꞌīlisēx. Hēᴇm gwāɫaats!ᴇn gagᴇmpē laxg·a
lāx· gwāɫaatsg·a Lᴀ̊ʟ!ᴇɫᴇwēdzᴇmgak·. Wä, gēlag·a g·īg·ᴇgāmē läxg·a
gᴇnᴇmg·asa g·īgāmaꜥyēx, qa lālag·īsᴇk· ꜥnᴇmāxsᴇla ʟōgwas ɫēꜥwaxsēk·
läxg·a L!ᴇsaxᴇlayōkᵘ, yīxs mōp!ᴇnyag·anāɫaxwēk· yīsa p!ᴇlxᴇ-
lasgᴇmē, ʟōgwas q!wāq!ūlax·ʟᴇnk·, yīxg·a q!ᴇʟ!ᴇsgᴇmg·ustāk!wē- 45
mak· ēx·ts!ᴇma. Wä, hēꜥmisa ʟēgᴇmē laᴇms ʟēgadᴇɫts Q!ēxētasᴇꜥwē,
nᴇgūmp. Wä, hēꜥmisa ʟēgᴇmʟasēs sēnatʟaōs, laꜥmē ʟēgadᴇɫts Hē-
mask·asꜥō Q!ōmogwa ʟōꜥ Hēlēꜥstēs ʟōꜥ P!ᴇsp!ᴇdzēdzᴇmga ʟōꜥ Ëx·ts!ᴇ-
malalīɫiꜥlakᵘ ʟōꜥ Hāmasiꜥlakwē," qaxs q!ēnᴇmaē sāsᴇmasa g·īgāma-
ꜥyēx, läg·iɫas q!ēnᴇma ʟēgᴇmg·ᴇlxʟaꜥyē. "Wä, gēlag·a dāxsaxg·as 50
gᴇnᴇmg·ōs g·īg·ᴇgāmēꜥ," ꜥnēk·ᴇxs laē q!wēɫꜥida. Wä, lä hēx·ꜥidaꜥmē-
da yūdukwē g·īg·ᴇgamaꜥyē P!asᴇlaɫē, ʟōꜥ Nōlisē, ʟōꜥ Kwax·sēꜥstāladzē
la hōxꜥwūltā, qaꜥs lä läx ʟādzasas ʟ!aʟ!ᴇɫᴇwēdzᴇmga. Wä, g·īɫꜥmēsē
lāg·aaxs laē K·ꞌādalag·ꞌīlisē ts!ᴇwanaqasa maēmaɫᴇxsa p!ᴇlxᴇlasgᴇm
läxa yūdukwē g·īg·ᴇgāmaꜥya. Wä, g·āxē qäqᴇlax Lᴀ̊ʟ!ᴇɫᴇwēdzᴇmgāxs 55
g·āxaē aēdaaqa, qaꜥs g·āxē k!wāk!ūgogwaaɫᴇxsas ʟᴇꜥwis lāꜥwūnᴇmē

side of her husband | ʻmāx̱ṳlagʻīlis. They did not run up the climbing-board, which was | just standing there. When Lǃāʟǃɛłɛwēdzɛmga (IV 3) was seated, | Qāsnomalas spoke, and said, "Now wait a while, ‖ Kwāgʻuł, for the privilege-box of your wife, | ʻmāx̱ṳlagʻīlis (IV 9)!" Thus he said, and ran into the house of Kʻlādalagʻīlis (IV 4). | And when he went in, the cannibal whistle and the | qǃāmināgās whistle sounded, and the frog whistle of the frog war-dancer and the whistle of the | fire-dancer, and it was not long before they stopped sounding. ‖ Then Qāsnomalas came out of the house, swinging the | rattle of the assistant of the cannibal; and he told his tribe | the Nākǃwaxʻdaʻxᵘ to beat time fast; and when they were beating time, he caught in his hand the | supernatural power of the winter dance and threw it upon the Kwāgʻuł. | Immediately Lǃāʟǃɛłɛwēdzɛmga (IV 3) told her husband's son, ‖ Yāgwis (V 1), to get excited, and then Yāgwis (V 1) uttered the cannibal cry. | He was excited, went ashore, and ran into the house. | Then Qāsnomalas (III 14) spoke, and said, "Now I | invite you in, friends, on behalf of my son-in-law ʻmāx̱ṳlagʻīlis (IV 9), that we | may pacify Yāgwis (V 1)." Then he stopped speaking, and the ‖ Kwāgʻuł went ashore and went into the house of Kʻlādalagʻīlis (IV 4). | When they were all in the house, ʻmāx̱ṳlagʻīlis (IV 9) and his wife | Lǃāʟǃɛłɛwēdzɛmga (IV 3) went in and sat down in the rear of the house; | and when they were seated, Qāsnomalas (III 14) spoke, and said, | "Now,

ʻmāx̱ṳlagʻīlisē. Wä, laʻmē hēwāxa la nāxʻidaasa naxɛdzowē. Wül-ʻɛm la ʟaēsa. Wä, gʻīlʻmēsē kǃwāgʻaałɛxsē Lǃāʟǃɛłāwēdzɛmgāxs laē Qāsnomalasē yāqǃɛgʻaʻłā. Wä, lä ʻnēkʻa: "Wēgʻaɛmasʟ ēsɛlax, Kwāküg·uł, qa lāsgʻa kʻlēsʻɛwatsǃēkʻ gʻīldatsōs gɛnɛmaqōs, ʻmāx̱ṳ-lagʻīlis," ʻnēkʻɛxs laē dzɛłwīʟa lāx gʻōkwas Kʻlādalagʻīlisē. Wä, gʻīlʻmēsē laēʟɛxs laasē hēkʻǃɛgʻaʻłē mɛdzēsasa hāmatsǃa ʟɛʻwa qǃāmināgāsē, ʟɛʻwa x̱wākǃwalāsa tōx̱ʻwidē wüqǃēsa, ʟɛʻwa nōnǃtsē-ʻstalałē mɛdzēsas hēkʻǃāla. Wä, kʻlēstǃa gāła hēkʻǃālaxs laē qǃwēł-ʻida. Wä, gʻāxē Qāsnomalasē gʻāxāwɛls lāxa gʻōkwē yatɛlaxa yadɛnasōx hēlikʻāsa hāmatsǃa. Wä, lä wāxaxēs gʻōkülota Nā-kǃwaxʻdaʻxwē qa tǃɛmsałēs. Wä, gʻīlʻmēsē tǃɛmsʻīdɛxs laē dāsgɛmd-xa ʻnawālakwasa tsǃētsǃēqa, qaʻs mɛqɛntsǃēsēs lāxa Kwāgʻułē. Wä, hēxʻʻidaʻmēsē Lǃāʟǃɛłɛwēdzɛmga āxkʻǃālax x̱ünōkwasēs łāʻwünɛmē Yāgwisē, qa x̱wasēs. Wä, hēxʻʻidaʻmēsē Yāgwisē hamadzɛlaqwa. Wä, laʻmē x̱wūsa, qaʻs lōłtāwē, qaʻs lä lāʟǃɛsɛła lāxa gʻōküla. Wä, hēxʻʻidaʻmēsē Qāsnomalasē yāqǃɛgʻaʻła. Wä, lä ʻnēkʻa: "Laʻmɛn Lēʻlałoʟai' ʻnɛʻnɛmokwai' qaɛn nɛgümpōx ʻmāx̱ṳlagʻīlisēx, qɛns yałēx Yāgwisē," ʻnēkʻɛxs laē qǃwēłʻida. Wä, lä hēxʻʻidaʻma Kwā-küg·ułē hōxʻwültā, qaʻs lä hōgwīʟ lāx gʻōkwas Kʻlādalagʻīlisē. Wä, gʻīlʻmēsē ʻwīʻlaēʟɛxs laē hōgwīʟē ʻmāx̱ṳlagʻīlisē ʟɛʻwis gɛnɛmē Lǃā-ʟǃɛłɛwēdzɛmga, qaʻs lä kǃūsʻālīł lāxa ōgwiwalīłasa gʻōkwē. Wä, gʻīlʻmēsē kǃūsʻālīłɛxs laē yāqǃɛgʻaʻłē Qāsnomalasē. Wä, lä ʻnēkʻa

friends, Nāk!wax·da'x^u, be ready to pacify ‖ our great friend Yāgwis 80 (V 1)." When he stopped speaking, | Yāgwis (V 1) uttered the cannibal cry at the door, and then | the Nāk!wax·da'x^u sang four songs; and when they had pacified | Yāgwis (V 1), Qāsnomalas (III 14) let him sit down at the seat of | 'maxūlag·ĭlis (IV 9). When he was seated, Qāsnomalas (III 14) brought the ‖ carved privilege- 85 box. On top of the box was a neck-ring | of red cedar-bark. Then he turned to his | tribe the Nāk!wax·da'x^u. He did not speak loud, | and said, "What shall we say against this, what I carry here, my tribe | Nāk!wax·da'x^u? for this is what the late 'māxwā (II 1) obtained in marriage ‖ from the Āwīk·!ēnox^u. Now, this shall go to 90 my son-in-law | 'maxūlag·ĭlis (IV 9), and also the name for this cannibal. His | name shall be Hămtsē'stäsElag·ĭlis; and after a while I shall give | names to the other three dancers when I pay the marriage debt." Thus he said while he was putting | down in front of Yāgwis (V 1) the box containing the carved privileges. After ‖ this 95 they gave food to the Kwāg·uł; and as soon as the | Kwāg·uł had eaten, they went out, and Yāgwis (V 1) | carried the carved box. Then he went out of the house and | went aboard the canoe of his father 'maxūlag·ĭlis (IV 9). Now | L!āL!ElEwēdzEmga (IV 3), and

---

"Wēg·ił la 'nē'nEmōk^u, Nāk!wax·da'x^u, q!āgEmg·alīlEx, qEns yâł'i- dēxEns 'nEmōx^{u}dzĕk·asē lāx Yāgwisē." Wä, g·îl'mēsē q!wēł'idExs 80 g·ăxaē hămts!Eg·a'lē Yāgwisē lăxa t!Ex·ĭla. Wä, la'mē dEnx'īdēda Nāk!wax·da'xwasa mōsgEmō q!Emq!EmdEma. Wä, g·îl'mēsē yâł'idē Yāgwisaxs laē k!wāg·alī'lEms Qāsnomalasē lax k!waēlasas'maxūlag·ĭ- lisē. Wä, g·îl'mēsē k!wāg·alīłExs g·ăxaasē Qāsnomalasē dālaxa k·!āwats!ē k·!ēsgEmala g·ĭldasa. Wä, lä wŭlk·EyalĕdaLEkwē k·!ā- 85 wats!ēk·!ĭnāla qEnxawē L!āgEkwa. Wä, lä gwēgEmg·alĭł lāxēs g·ōkŭlōtaxa Nāk!wax·da'xwē. Wä, lä k·!ēs hāsElaxs laē yāq!E- g·a'ła. Wä, lä 'nēk·a: "Qa 'masēłtsēs wăłdEmLaōs, g·ōkŭlōt, Nāk!wax·da'x^u; qag·ĭn daākŭk·yīxs g·a'maē gEg·adānEms 'maxwōła lāxa Āwīk·!ēnoxwē. Wä, la'mēsîk·!ăł lāxEn nEgŭmpēx lāxōx 90 'maxūlag·ĭlisēx. Wä, hē'misa LēgEmē qaĕda hāmats!a. LaEms LēgadElts Hămtsē'stäsElag·ĭlisē. Wä, ăł'EmłwīsEn LEx'ēdLEx LĕLEgE- masa yŭduxwīdała lēlēd, qEnLō qōtex·aLō," 'nēk·Exs laē hāngEmlī- łasa k·!āwats!ē k·!ēsgEmala g·ĭldas lāx Yāgwisē. Wä, g·îl'mēsē gwăłExs laē hămg·ĭlasE'wēda Kwăkūg·ulē. Wä, g·îl'mēsē gwăłēda 95 Kwăkūg·ulē ha'māpExs laē hōqŭwElsa. Wä, la hē'misē Yāgwisē dā- laxa k·!āwats!ē k·!ēsgEmāla g·ĭldasaxs laē lāwEls lāxa g·ōkwē, qa's lā lāxs lāx xwāk!ŭnāsēs ōmpē 'maxūlag·ĭlisē. Wä, lä ElxLa'yē L!āL!ElEwēdzEmga LE'wis łā'wŭnEmē 'maxūlag·ĭlisaxs laē hōqŭwEls

500 her husband ‘māxūlag‘īlis (IV 9), went last ‖ out of the house, and went aboard the canoe in which Yāgwis (V 1) was seated. When | all the Kwāg·uł had gone aboard, they started, and went home to Fort Rupert. | Late at night they arrived at Fort Rupert, and | immediately all the Kwāg·uł went ashore into their | houses. When
5 daylight came, in the morning, ‘māxūlag‘īlis (IV 9) invited ‖ the Kwāg·uł to a feast in the house of his son ‘nEmōgwis (V 1), | for now his name was no longer Yāgwis (V 1), because it was no real | winter dance. When all the GwētEla, Q!ōmoyā‘yē, | ‘walas Kwāg·uł, and Q!ōmk·!ut!Es had come in, they were given breakfast; | and after
10 breakfast ‘nEmōgwis (V 1) took the copper ‖ Looking-Sideways and told the four Kwāg·uł tribes that he was going to sell it. | At once the chief of the numaym | G·īg·īlgăm of the Q!ōmoyā‘yē, whose name was ‘wālas, arose, and asked ‘nEmōgwis (V 1) for the copper. | Immediately ‘nEmōgwis (V 1) gave the copper | to the chief ‘wālas.
15 He took it, and said that he ‖ would buy it for fourteen hundred blankets. | When he stopped speaking, ‘nEmōgwis (V 1) thanked him for what he had said; | and after they had finished talking, the Kwāg·uł tribes went out | before noon. Then Chief ‘wālas called to-
20 gether the |four Kwāg·uł tribes, to sit in the summer seat outside ‖ of his house; and when all the Kwāg·uł had assembled, | ‘wālas asked all the men to pay their blanket debts, and | immediately they paid him.

---

500 lāxa g·ōkwē qa‘s lā hōx‘wālExs lax lā k!waxdzats Yāgwisē. Wā, g·īl-‘mēsē ‘wīlxsēda Kwākūg·ulaxs laē sEp!ēda, qa‘s lā nä‘nak" lāx Tsāxisē. Wā, la‘mēsē gāla ganoLExs laē lāg·aa lāx Tsāxisē. Wā, ā‘misē hēx·‘idaEm ‘nāxwa la hōx‘wūltāwēda Kwākūg·ulē, qa‘s lā lāxēs g·ig·ōkwē. Wā, g·īl‘mēsē ‘nāx·‘īdxa gaālāxs laē Lē‘lalē ‘māxūlag·ī-
5 lisaxa Kwākūg·ulē, qa, lās k!wēla lāx g·ōkwasēs xūnōkwē ‘nEmōgwisē, qaxs lE‘maē gwāł LēgadEs Yāgwisē, qaxs k·!ēsaē ālaEm ts!ēts!eqa. Wā, g·īl‘mēsē g·āx ‘wī‘laēLēda GwētEla LE‘wa Q!ōmoyā‘yē LE‘wa ‘wālasē Kwāg·uła LE‘wa Q!ōmk·!ut!Esē, laē gaaxstāla. Wā, g·īl‘mēsē gwāł gaaxstālaxs laē äx‘ēdē ‘nEmōgwisaxa L!āqwa, lāx L!E-
10 saxElayowē, qa‘s nēlēxa mōsgEmakwē Kwākūg·ulExs lE‘maē lāxōdLEq. Wā, hēx·‘ida‘mesē Lāx‘ūlīlē g·igāma‘yasa ‘nE‘mēmotasa G·īg·īlgāmasa Q!ōmoyā‘yēxa LēgadEs ‘wālasē. Wā, lā dāk·!ālaxa L!āqwa lāx ‘nEmōgwisē. Wā, hēx·‘ida‘mēsē ‘nEmōgwisē la ts!āsa L!āqwa lāxa g·īgāma‘yē ‘wālas. Wā, la‘mē dāx·‘īdEq. Wā, laEm ‘nēk·Exs
15 lE‘maē k·īłxwas mōp!Enyag·anāla p!ElxElasgEm lāxa L!āqwa, ‘nēk·Exs laē q!wēł‘ida. Wā, hä‘misē ‘nEmōgwisē mō‘las wāłdEmas. Wā, g·īl‘mēsē gwāłē wāłdEmasēxs laē hōqūwElsēda Kwākūg·ulaxa k·!ēs‘Em nEqāla. Wā, hēx·‘ida‘mēsa g·īgāma‘yē ‘wālasē lēx·LElsaxa mōsgEmakwē Kwākūg·uła qa lās k!ūts!Es lāxa āwāgwasē lāx L!āsanā-
20 ‘yas g·ōkwas. Wā, g·īl‘mēsē ‘wīlg·aElsēda Kwākūg·ulaxs laē gūgūnē ‘wālasaxēs g·ig·ālaxa ‘nāxwa bēbEgwānEmaxa p!ElxElasgEmē. Wā, lā

The Kwāg·ut did not stay there a long time. | They paid enough for 23
the price of the copper. Then | they bought it for fourteen hundred
blankets; and ‖ after they had bought it, Yāgwis (V 1) became excited 25
again, and in the evening | he was pacified. Then he danced, wearing
around his neck the thick | cedar-bark ring which carried the winter
dance, and a thick head-ring of red cedar-bark, and he also | wore the
bear-skin blanket while he was dancing. After | they had sung four
songs for him, he was pacified. ‖ Now he had the name given him in 30
marriage by K·!ădalag·ĭlis (IV 4). Now his name was | Hămtsē-
ᵋstäsElag·ĭlis (V 1); and after this he was no longer called Yāgwis
(V 1); | and when he went into the sacred room, they gave away | the
fourteen hundred blankets to the four Kwāg·ut tribes; | and after the
blankets had been given away, the Kwāg·ut went out. ‖ This was the 35
marriage mat given by ʟ!ăʟ!ᴇlᴇwēdzᴇmga (IV 3) to her husband, |
fourteen hundred blankets. Now | K·!ădalag·ĭlis (IV 4) is going to
pay the marriage debt to his brother-in-law ᵋmăx̣ŭlag·ĭlis (IV 9) the
coming winter. | That is all about this. |

Now I shall answer what I have been asked by you about the late 1
chief | ᵋmăx̣ŭyalidzē when he married Q!ēx·sēsᴇlas (III 7), the princess of
Q!ŭmx·ŏd (II 8). | Q!ŭmx·ŏd gave in marriage his name Q!ŭmx·ŏd | to

hᵋx·ᵋidaᴇm gŭnasᴇᵋwa. Wā, k·!ēst!a gēx·g·asa Kwākŭg·ut̥axs lāe hē- 22
lalēda gŭnaᵋyē p!ᴇlxᴇlasgᴇm lāx laōxwasa ʟ!āqwa. Wā, hēx·ᵋida-
ᵋmēsē k·ĭlxwasa mōp!ᴇnyag·anâla p!ᴇlxᴇlasgᴇm lāxa ʟ!āqwa. Wā, g·ĭl-
ᵋmēsē gwäla k·ĭlxwaxs laē xwāsa ēt!ēdē Yāgwisē. Wā, lā gănulᵋidᴇxs 25
laē yâlasᴇᵋwē Yāgwisē. Wā, g·ĭlᵋmēsē yĭx̣ᵋwĭdᴇxs laē qᴇnx̣âlaxa ʟᴇkwē
k·!ōsᴇnxawē ʟ!āgᴇkwa ʟᴇᵋwa ʟᴇkwē qᴇx·ĭmē ʟ!āgᴇkwa. Wā, lāxaē
ᵋnᴇx̣ᵋŭnâlaxa ʟ!ᴇnts!ᴇmē ᵋnᴇx̣ᵋŭnäᵋyaxs laē yĭx̣wa. Wā, g·ĭlᵋmēsē
gwäl q!ᴇmtasōsa mōsgᴇmē q!ᴇmq!ᴇmdᴇmxs laē yâlᵋida. Wā, la-
ᵋmē ʟēgadᴇsa ʟēgᴇmg·ᴇlxʟaᵋyas K·!ădalag·ĭlisē. Wā, laᴇm ʟēgadᴇs 30
Hämtsēᵋstäsᴇlag·ĭlisē. Wā, laᴇm gwäl ʟēgadᴇs Yāgwisē lāxēq.
Wā, g·ĭlᵋmēsē lats!âlĭl lāxa lᴇmēᵋlats!āxs laē yäxᵋwĭdayowēda p!ᴇlxᴇ-
lasgᴇmē mōp!ᴇnyag·anâla lāxa mōsgᴇmak!ŭsē Kwākŭg·ut̥a. Wā,
g·ĭlᵋmēsē gwäla yâqwäsa p!ᴇlxᴇlasgᴇmaxs laē ᵋwĭᵋla hōqŭwᴇlsēda
Kwākŭg·ut̥ē. Wā, hēᴇm lēᵋwaxsēs ʟ!ăʟ!ᴇlᴇwēdzᴇmga lāxēs lāᵋwŭ- 35
nᴇma mōp!ᴇnyag·anâla p!ᴇlxᴇlasgᴇma. Wā, laᵋmēsē qōtēx·aʟē
K·!ădalag·ĭlisaxēs q!ŭlēsē ᵋmăx̣ŭlag·ĭlisaxwa ts!ăwŭnxʟēx. Wā,
laᴇm lāla lāxēq.

Wā, laᵋmēsᴇn nâᵋnaxmēlxēs wŭlasᴇᵋwōs g·axᴇn lāxa g·ĭgăma̓ᵋyōlaē 1
ᵋmăx̣ŭyalidzē yĭxs laē gᴇg·adᴇs Q!ēx·sēsᴇlas lāx k·!ēdēlas Q!ŭm-
x·ŏdē. Wā, lāᵋlaē Q!ŭmx·ŏdē ʟēgᴇmg·ᴇlxʟälaxēs ʟēgᴇmē Q!ŭmx·ŏdē

---

[1] This is the marriage of ᵋmăx̣ŭlag·ĭlis, the narrator, to his second wife.

his son-in-law, ʻmāx̣ūyalidzē (III 1). Then the name of ʻmāx̣ūyalidzē
5 was Q!ūmx̣·ōd after that. Then the father-in-law (II 8) of the one who had now the name Q!ūmx̣·ōd | gave property to his tribe, and then he had the name Q!ūmx̣·ɛlag·ĭlis (II 8). | Now one of the family names of the chief Q!ūmx̣·ōd (II 8) had been given away in marriage, | for he gave him a name in marriage; for Q!ūmx̣·ōd had many family names | before he had given the name Q!ūmx̣·ōd to his son-in-law ʻmā-
10 x̣ūyalidzē. ‖ His family names were Nɛg·ä and Nɛg·ädzē, and | Nɛg·äēsīʻlakᵘ, and Nɛg·äg·iʻlakᵘ, and the other kind of mountain names | were Q!ūmx̣·ōd, and Q!ūmx̣·ɛlag·ĭlis, and Q!ūmx̣·āxɛlag·ĭlis; and | as soon as he had given away in marriage one of his family names, he took | another one of his family names. When he gave
15 away in marriage the name ‖ Q!ūmx̣·ōd, he gave a potlatch to his tribe, and took the other | name Q!ūmx̣·ɛlag·ĭlis; and his numaym had no word against it, | because they were his own family names. |
And when the princess of Q!ūmx̣·ɛlag·ĭlis married again, he | could
20 give away in marriage the name Q!ūmx̣·ɛlag·ĭlis. ‖ He gave a potlatch to his tribe, and took his other family name Q!ūmx̣·āxɛlag·ĭlis; | and when he had given these three family names in marriage | — Q!ūmx̣·ōd, Q!ūmx̣·ɛlag·ĭlis, and Q!ūmx̣·āxɛlag·ĭlis—then | he had the name Nɛg·ä and the other family names derived from mountain. | Therefore you know that I did not make a mistake when (I said that)
25 he who had the name ‖ Q!ūmx̣·ōd and gave the name Q!ūmx̣·ōd

lāxēs nɛgūmpē ʻmāx̣ūyalidzē. Wä, laɛm ḷēgadē ʻmāx̣ūyalidzäs
5 Q!ūmx̣·ōdē lāxēq. Wä, lāʻlaē nɛgūmpasa la ḷēgadɛs Q!ūmx̣·ōdē p!ɛsʻīdxēs g·ōkūlōtē. Wä, laɛm ḷēgadɛs Q!ūmx̣·ɛlag·ĭlisē. Wä, laɛm ʻnɛmsgɛmg·ɛlxḷālē ḷēxḷɛgɛmēlasa g·īgāma yīx Q!ūmx̣·ōdē, yīxs laē ḷēgɛmg·ɛlxḷālaq, yīxs q!ēnɛmaē ḷēxḷɛgɛmēlasa Q!ūmx̣·ōdē, yīxs k·!ēsʻmaē ḷēgɛmg·ɛlxḷālax Q!ūmx̣·ōdē lāxēs nɛgūmpē ʻmāx̣ū-
10 yaʻlidzē. Wä, g·aʻmēs ḷēxḷɛgɛmēltsēg·a Nɛg·ä, ḷōʻ Nɛg·ädzē, Nɛg·äēsīʻlakᵘ, Nɛg·äg·iʻlakᵘ. Wä, g·aʻmēs ʻnɛmx·sa nɛg·ä ḷēḷɛgɛmē Q!ūmx̣·ōdē ḷōʻ Q!ūmx̣·ɛlag·ĭlis ḷō Q!ūmx̣·āxɛlag·ĭlis. Wä, g·īlʻmēsē ḷēgɛmg·ɛlxḷālaxa ʻnɛmsgɛmē lāxēs ḷēxḷɛgɛmīlē laē ḷēxʻētsa ʻnɛmsgɛmē lāxēs ḷēxḷɛgɛmīle. Wä, hēʻmaēxs laē ḷēgɛm-
15 g·ɛlxḷālax Q!ūmx̣·ōde. Wä, lā p!ɛsʻīdxēs g·ōkūlōtē. Wä, lā āxʻēdxēs ʻnɛmsgɛmē ḷēgɛmē Q!ūmx̣·ɛlag·ĭlis. Wä, la k·!eās wāldɛms ʻnɛʻmēmotasēq qaxs hāsʻmaaq ḷēxḷɛgɛmīla.
Wä, g·īlʻmēsē ētlēd lāʻwadē k·!ēdēḷas Q!ūmx̣·ɛlag·ĭlisē, wä, lā gwēx·ʻidaasnox̣ᵘɛm la ḷēgɛmg·ɛlxḷālax Q!ūmx̣·ɛlag·ĭlisē. Wä, la
20 p!ɛsʻīdxēs g·ōkūlōtē qaʻs āxēdēxēs ʻnɛmē ḷēxḷɛgɛmīlēʻ Q!ūmx̣·ɛlag·ĭlis. Wä, g·īlʻmēsē ʻwīʻla la ḷēgɛmg·ɛlxḷālaxa yūdux̣ᵘsɛmē ḷēxḷɛgɛmīltsē Q!ūmx̣·ōdē ḷōʻ Q!ūmx̣·ɛlag·ĭlisē ḷōʻ Q!ūmx̣·āxɛlag·ĭlisē, laē ḷēxʻēdɛs Nɛg·ä ḷɛʻwēs waōkwē nānax·bala ḷēxḷɛgɛmīla. Wä, hēʻmits lāg·iḷaōs q!ᴀlɛlaxg·īn k·!ēsēk· ḷēxḷɛqūlīg·īn lēk· nēx·qēxs

See pp. 1029, 1030, individual II 8.

away in marriage, had the name | Q!ŭmx̔ᴇlag̔ᵻlis. That is all 26 about this. |

Now[1] I shall talk about the children of Q!ŭmx̔ōd (III 1), K̔·ēsoyak̔ᴇ-lis, | and Hămdzid, and the two nephews of Q!ŭmx̔ōd; | for Âgwila (III 12) was the younger brother of Q!ŭmx̔ōd. The name of the elder one of the children of Âgwila was HäqᴇLäx (IV 10), and the name of the 30 younger one was | Q!ēx̔Lāla (IV 11); and the marriage of Âgwila and his wife was a disgrace, | for Âgwila never performed the marriage ceremony with his wife Ălăk̔ilayugwa (III 13). | Some men say that Ălăk̔ilayugwa was an Âwīk̔!ēnoxᵘ woman, | and others say that she was a Gwa‘sᴇla woman, and they are ashamed to talk about them. 35 This is what the Indians call an irregularly married woman,| when she just takes her husband without being formally married. | It is like the female dog and the male dog sticking together. | These children of the chief are not counted, because | their parents acted this way; and the numaym of Âgwila was the numaym of his elder brother Q!ŭmx̔ōd. 40 Âgwila was never treated well | by his people, because he had for his wife Ălăk̔ilayugwa, and | they were not formally married; therefore his children were not well treated, for | they were a disgrace to his elder brother Q!ŭmx̔ōd. Then Q!ŭmx̔ōd pitied his | two nephews; therefore he took them as his dancers. That is all 45 about this. |

Lēgᴇmg̔ᴇlxLalaē Q!ŭmx̔ōdaxēs Lēgᴇmē Q!ŭmx̔ōde. Wä, la Lēgadᴇs 25 Q!ŭmx̔ᴇlag̔ᵻlise. Wä, laᴇm gwäla läxēq.

Wä, la‘mēsᴇn gwägwēx̔s‘älaḷ läx säsᴇmas Q!ŭmx̔ōdē läx K̔·ēsoyak̔ᴇlisē Lō‘ Hämdzide Lᴇ‘wa ma‘lōkwē LōLalēs Q!ŭmx̔ōde, yix Âgwila yixs ts!ä‘yaas Q!ŭmx̔ōde. Wä, lä Lēgadē ‘nōlast!ᴇgᴇ-ma‘yas säsᴇmas Âgwila yis HäqᴇLäḷ. Wä, lä Lēgadē ts!ä‘yäs 30 Q!ēx̔Lāla, yixs q!ᴇma‘yaē ha‘yasᴇk̔ālaēna‘yas Âgwila Lᴇ‘wis gᴇ-nᴇmē qaxs hēwäxaē Âgwila qädzēLaxēs gᴇnᴇmē Ălăk̔ilayugwa, yixs ‘nēk̔aēda waōkwē bᴇgwänᴇmqēxs Âwīk̔!axsᴇmaē Ălăk̔ilayugwa. Wä, lä ‘nēk̔ēda waōkwaqēxs Gwa‘sᴇlaxsᴇmaē. Laᴇm mäx̔ts!a gwägwēx̔s‘äla läq. Wä, hēᴇm gwē‘yâsa bäk!umē k!ŭtᴇxsdaxa ts!ᴇ- 35 däqē yixs wŭl‘maē lä‘wadᴇx̔‘itsēs lä‘wŭnᴇmē k̔·lēs qädzēLasᴇ‘wa. (Hē gwēx̔·sa ‘wäts!äxs k!ŭtᴇxsdaēda ts!ᴇdäqē ‘wats!ē Lᴇ‘wa bᴇgwä-nᴇmē ‘wat!sä.) Wä, hēᴇm k̔·lēs gᴇlōkwē säsᴇmasa g̔ᵻgäma‘yaxs häē gwēx̔·‘idēs g̔ᵻg̔aōlnokwē. Wä, hĕᴇm ‘nᴇ‘mēmots Âgwila yix ‘nᴇ-‘mēmotasēs ‘nōlē Q!ŭmx̔ōdē. Wä, hēᴇm hēwäxaᴇm aēk̔ilasō‘sēs 40 g̔ōkŭlotē Âgwila qaxs laē gᴇg̔atsēs gᴇnᴇmē Ălăk̔ilayugwa yixs k̔·lēsaē qädzēLaq. Wä, läxaē k̔·lēs aēk̔ilasᴇ‘wē sēsᴇmas qaxs lᴇ‘maē q!ᴇmēsēs ‘nōlē Q!ŭmx̔ōdē. Wä, lä‘laē Q!ŭmx̔ōdē wătsēs ma‘lōkwē LōLalēya, läg̔ilas äx‘ēdᴇq qa läs läx sēnatas. Wä, laᴇm gwäla laxēq. 45

[1] See p. 1034, line 89.

46 Now I shall talk about my wife's uncle, Qāsnomālas (III 14);[1] | for that is his shaman's name, for it is said that | Qāsnomālas was the name among people of olden times for a great shaman; and when he had a
50 son, | or even a daughter, the child was at once ‖ washed in water to be purified, for they wished that when he grew up | he should be a shaman, for they wished the child to have the name Qāsnomālas. | Qāsnomālas the shaman never had a child, | and the name of Qāsnomālas is past, because he just died this summer | while he was fishing at Rivers Inlet. ‖
55 Now I shall talk about his name as chief of the | numaym TEmltEmlEls of the Nāk!wax·da‘x^u on his father's side | which was Yāqōl̯as (III 14), for Yāqōl̯as (I 5) was the father of P!āsElal̯. | L̯ālep!alas was an only child |, — that is the mother of P!āsElal̯—, and her father was | LElāk·Enx·‘īd, head chief of the numaym ‘wālas. Then
60 L̯ālep!alas made a potlatch ‖ for her son P!āsElal̯. Then she gave him the name | G·ēxsē‘stalisEma‘yē. Now he was the head chief of the numaym ‘wālas. | Now he obtained the name G·ēxsē‘stalisEma‘yē from his mother's side; | for some chiefs of the tribes and their wives do that way. The chief and his | wife both gave a pot-
65 latch, and their son had ‖ one name from the father's side and one name | from the mother's side. This is done by couples who do not

---

46 Wä, la‘mēsEn gwāgwēx·s‘ālal̯ lāx q!ūlē‘yasEn gEnEmē Qasnomalas, yīxs l̯Egadaas lāxēs păxălaēne‘yē qaxs l̯Egadaa‘laēs g·ĭlg·alĭsasa l̯ē-gEmōx Qasnomalasēxa ‘wālasē păxăla. Wä, g·īl‘mēsē xŭngwa-dEx·‘ītsa băbagumē l̯E‘wa wāx·‘Em ts!āts!adāgema laē hēx·‘idaEm
50 g·īg·ĭltāla lāxa ‘wāpē qa‘s q!ēqElēxs laē hēlak·!ōx‘wida qaxs ‘nēk·aē qa‘s păxălax·‘īdē qaxs ‘nēk·aē qa‘s lĀl̯Exa l̯ēgEmē lāx Qasnomalasē. Wä, lä‘laē hēwāxa wīyōl̯ēda sāsEm‘nākūlāsa Qasnomalasaxa păxăla. Wä, g·axōx l̯Egems Qasnomalasdē qaxs āl‘maa wīk·!Ex‘īdxwa hē-EnxEx lāxēs k·ēl̯asa Āwīk·!ēnoxwē.
55 Wä, la‘mēsEn gwāgwēx·s‘ālal̯ lāx l̯EgEmas lāxēs g·īgăma‘yaasa ‘nE‘mēmotasa TEmltEmlElsasa Nāk!wax·da‘xwē lāxēs āsk·!ōtē Yā-qōl̯asē qaxs hē‘maē ōmps P!āsElalē Yāqōl̯asē. Wä, lā‘laē ‘nEmō-x‘ŭm xŭnōkwē L̯ālep!alasē, yīx ābEmpas P!āsElalasēs ōmpē LElā-k·Enx·‘īdē, yīxs l̯ăxuma‘yaasa ‘nE‘mēmotasa ‘wālasē. Wä, lā p!E-
60 s‘īdē L̯ālep!alasē qaēs xŭnōkwē P!āsElalē. Wä, laEm‘laē l̯Ex‘ēdEs G·ēxsē‘stalisEma‘yē lāq. Wä, laEm l̯ăxumēsa ‘nE‘mēmotasa ‘wālasē. Wa, laEm g·āyānEmaxa l̯EgEmē G·ēxsē‘stalisEma‘yē lāxēs ābāsk·!ōtē qaxs hē‘maē gwēg·ilatsa waōkwē g·īg·Egāmēsa lēlqwăl̯al̯a‘yē l̯E‘wis gEnEmē; ā‘maē ‘nEmāx·‘īd p!Esēda g·īgăma‘yē l̯E‘wis· gEnEmē qa
65 ‘nEmsgEmēs l̯EgEmasēs xŭnōkwē lāxēs āsk·!ōtē. Wä, lāxaē l̯Egad lāxēs ābāsk·!ōtē. Wä, hēEm hē gwēg·ila ha‘yasEk·ālaxa yāx·stōsaq

---

[1] See p. 1063, line 20.

want | their names to go out of their family to their relatives 67
together with the seats and | the privileges. |
Now[1] I shall talk about Sēsaxâlas (IV 8), whose father's name had
been ‖ Sēsaxâlas (III 15). And Sēsaxâlas had a younger brother ʟ!āsō- 70
tīwalis (III 11); | and Sēsaxâlas (III 15) had for his wife ʟ!āʟ!ɛqwasila
(III 16), the princess of | Q!ēq!ɛxˑʟāladzē (II 12), chief of the numaym
of the Gˑīgˑïlgăm of the Gwaˤsɛla; | and Q!ēq!ɛxˑʟāladzē had for his
wife Ēkˑ!ălalilìˤlaku (II 13), and Ēkˑ!ălalilìˤlaku was the princess of |
Yāqōʟas (I 5), head chief of the numaym Q!ōmkˑ!ut!ɛs. ‖ And Sēsa- 75
xâlas (III 15) had a son | with his wife ʟ!āʟ!ɛqwasila (III 16), and
before the boy was two | years old his father Sēsaxâlas died. | Then
the ancestors of the Gwaˤsɛla wished that ʟ!āsōtīwalis (III 11) should
marry[2] | ʟ!āʟ!ɛqwasila, the widow of his elder brother Sēsaxâlas
(III 15). And when ‖ he married ʟ!āʟ!ɛqwasila (III 16), he gave the 80
marriage presents to her son; and | then the son of ʟ!āʟ!ɛqwasila
gave a potlatch with the marriage gifts paid for his mother. |
Then his name was Sēsaxâlas (IV 8), the name of his dead father,
and | he gave an oil feast. Now his name was also Kwaxˑsēˤstāla
(IV 8), the | name of his uncle ʟ!āsōtīwalis (III 11); for his feast
name was ‖ Kwāxˑsēˤstāla. Now the name Kwāxˑsēˤstāla was 85
given in marriage by | Q!ēq!ɛxˑʟāladzē (II 12) to his son-in-
law ʟ!āsōtīwalis. Then | ʟ!āsōtīwalis (III 11) treated his nephew
Sēsaxâlas (IV 8) like his own son, and he gave him the feast

lâłts!âwēs ʟēʟɛgɛme laxēs ʟēʟɛʟâla ʟɛˤwis ʟēʟaxwaˤyē ʟɛwēs kˑ!ē- 67
kˑ!ɛsˤō.
Wä, laˤmēsɛn gwāgwēxˑsˤālał lax Sēsaxâlas, yīxˑs âyadaasa ʟēgadō-
łas Sēsaxâlasē. Wä, lä ts!āˤyanōkwē Sēsaxâlaswŭłas ʟ!āsōtīwalisē. 70
Wä, lä gɛgˑadē Sēsaxâlaswŭłas ʟ!āʟ!ɛqwasila kˑ!ēdēłas Q!ēq!ɛxˑʟā-
ladzē, yīxs gˑīgāmaˤyaasa ˤnɛˤmēmotasa Gˑīgˑïlgămasa Gwaˤsɛla.
Wä, lä gɛgˑadē Q!ēq!ɛxˑʟāladzäs Ēkˑ!ălalilìˤlaku, yīxs kˑ!ēdēłaē
Ēkˑ!ălalilìˤlakwas Yāqōʟas ʟaxumaˤyasa ˤnɛˤmēmotasa Q!ōmkˑ!u-
t!ɛsē. Wä, laɛmˤlāwise xŭngwadē Sēsaxâlaswŭłasa bābagumē 75
ʟɛˤwis gɛnɛmē ʟ!āʟ!ɛqwasila. Wä, kˑ!ēsˤɛmˤlāwisē maˤɛnxē tslă-
wŭnxasa bābagumaxs laē wīkˑ!ɛxˤīdēs ōmpdē Sēsaxâlasē. Wä,
hēxˑˤidaɛmˤlāwisa gˑālāsa Gwaˤsɛla ˤnēxˑ qa kwalōsēs ʟ!āsōtīwalisax
ʟ!āʟ!ɛqwasila läx gɛnɛmasēs ˤnōlaxˑdē Sēsaxâlasdē. Wä, gˑîlˤmēsē
qādzēʟax ʟ!āʟ!ɛqwasila, yīxs hēˤmaē ts!ɛwēdē xŭnōkwas. Wä, 80
hēxˑˤidaˤmēsē xŭnōkwas ʟ!āʟ!ɛqwasila p!ɛsˤītsa qādzēʟɛmax ăbɛm-
pas. Wä, laˤmē ʟēgadɛs Sēsaxâlas yīx ʟēgɛmasēs ōmpdē. Wä, lä
k!wēˤlasˤītsa ʟ!ēˤna. Wä, laɛmxaē ʟēgadɛs Kwaxˑsēˤstāla, yīx
ʟēgɛmasēs q!ŭlēˤyē ʟ!āsōtīwalisē qaxs hēˤmaē k!wēladzɛxʟāyōsē
Kwaxˑsēˤstāla. Wä, laɛm ʟēgɛmgˑɛlxʟaˤyē Kwaxˑsēˤstāla, yīs 85
Q!ēq!ɛxˑʟāladzē läxēs nɛgŭmpē ʟ!āsōtīwalisē. Wä, lä xwayɛnxusila
ʟ!āsōtīwalisaxēs ʟōlēˤyē Sēsaxâlas qa läs k!wēˤladzɛxʟālax

---
[1] See p. 1057, line 94.   [2] According to the levirate custom.

88 name | Kwax·sē‘stāla. Then he was the head chief of the numaym Sīsᴇnᴌ!ē | in the seat of ʟ!āsōtīwalis (III 11), for ʟ!āsōtīwalis treated
90 Sēsax̣âlas like his own son; || for ʟ!āsōtīwalis (III 11) had no child of his own. | ʟ!âʟ!ᴇqwasila had only one child. | Now Sēsaxâlas was the prince of ʟ!āsōtīwalis. Then Sēsaxâlas married my (present) wife, | and he was given in marriage the name | Kwax·ilanōkum. Then my
95 wife, this || ʟ!âᴌᴇyig·ilis (IV 3), gave much oil to her husband | Sēsaxâlas as a marriage present, and at the same time the feast name Kwax·ilanōkum. | Then Sēsaxâlas gave a feast with the oil to his tribe, the | Gwa‘sᴇla, to the two numayms, G·īg·ílgăm and the | Q!ōmk·!u-
100 t!ᴇs; for the numaym of Sēsaxâlas (IV 8) were the Sīsᴇnᴌ!ē‘, || and Sēsaxâlas was the head chief of the numaym | Sīsᴇnᴌ!ē‘. Next to his seat was the seat of ʟ!āsōtīwalis (III 11), | next to the seat of his elder brother Sēsaxâlas (III 15). Then Sēsaxâlas had also a seat | in the numaym Sīsᴇnᴌ!ē‘. Then Sēsaxâlas had two | feast names in his
5 numaym || Sīsᴇnᴌ!ē‘. He had the name Kwax·sē‘stāla, when he was made to give a feast | by his uncle ʟ!āsōtīwalis (III 11); and by his wife when his wife gave him | oil at the time of their marriage, he was given the feast name Kwax·ilanōkum. Next ʟ!āsōtīwalis (III 11) died, | and immediately Sēsaxâlas gave a potlatch. Then | Sēsaxâlas
10 had also the name ʟ!āsōtīwalis. Now Sēsaxâlas had two seats, || his own and that of ʟ!āsōtīwalis. I think that is all about this. |

---

88 Kwax·sē‘stāla. Wä, laᴇm‘laē ᴌax̣umēsa ‘nᴇ‘mēmotasa Sīsᴇnᴌ!ē lāx ᴌax̣wa‘yas ʟ!āsōtīwalisē, qaxs lᴇ‘maē ʟ!āsōtīwalisē xwā-
90 yᴇnx̣ʷsilax Sēsax̣âlasē qaxs k·!ēâsaē t!anawaēs xŭnōx̣ʷs ʟ!āsōtīwalisē. Wä, lāxaē ‘nāwabēwē xŭnōx̣ʷs ʟ!âʟ!ᴇqwasila. Wä, laᴇm ᴌáwᴇlgăma‘yē Sēsaxâlasas ʟ!āsōtīwalisē. Wä, lä gᴇg·adᴇx·‘īdē Sēsaxâlasasg·in gᴇnᴇmk·. Wä, lāk· ᴌēgᴇmg·ᴇlxᴌâlax Kwax·ilanōkum lāx Sēsaxâlasē. Wä, laᴇm lag·in gᴇnᴇmk· yīxg·a
95 ʟ!âᴌᴇyig·ilis wāwadzᴇsa q!ēnᴇme ʟ!ē‘na lāxēs lâ‘wŭnᴇmē Sēsaxâlas qa ‘nᴇmā‘nakŭlōtsa k!wē‘ladzᴇxʟāyō ᴌēgᴇmē Kwax·ilanōkumē. Wä, laᴇm‘laē Sēsaxâlasē k!wē‘las‘itsa ʟ!ē‘na lāxēs g·ōkŭlota Gwa‘sᴇla lāxa ma‘ītsᴇmak!ūsē ‘nāl‘nᴇ‘mēmasaxa G·īg·ílgămē ʟᴇ‘wa Q!ōmk·!ut!ᴇsē qaxs hāē ‘nᴇ‘mēmots Sēsaxâlaswŭla Sīsᴇnʟ!a‘yē.
100 Wä, hē‘mēs ᴌax̣ʷstᴇ‘wēsōs Sēsaxâlasa ᴌax̣uma‘yē lāxēs ‘nᴇ‘mēmota Sīsᴇnʟ!a‘yē. Wä, lä māg·ap!a‘yē ᴌax̣wa‘yas ʟ!āsōtīwalisē lāx ᴌax̣wa‘yasēs ‘nōlō̧lē Sēsaxâlaswŭlē. Wä, hē‘mis la ᴌax̣wēs Sēsaxâlasē lāxaaxēs ‘nᴇ‘mēmota Sīsᴇnʟ!a‘yē. Wä, laᴇm ma‘ītsᴇmē ᴌēgᴇmas Sēsaxâlasē lāxa k!wē‘ladzᴇxʟāyō ᴌēgᴇm lāxēs ‘nᴇ‘mēmota
5 Sīsᴇnʟ!a‘yē. Wä, laᴇm ᴌēgadᴇs Kwax·sē‘stāla, yīxs laē k!wēlasamatsōsēs q!ŭlēyē ʟ!āsōtīwalisē. Wä, la wāwadzᴇso‘sēs gᴇnᴇmasa ʟ!ē‘na. Wä, lä k!wē‘ladzᴇxʟâlax Kwax·ilanōkumē. Wä, lä wīk·!ᴇx‘īdē ʟ!āsōtīwalisdē. Wä, hēx·‘ida‘mēsē p!ᴇs‘īdē Sēsaxâlasē. Wä, laᴇmxaē ᴌēgadē Sēsaxâlasas ʟ!āsōtīwalisē. Wä, laᴇm ma‘lox̣ʷsālē
10 Sēsaxâlasē ʟō‘ ʟ!āsōtīwalisē. Wä, lax·st!aax̣ᵘ‘ᴇm ‘wī‘la lāxēq.

Now¹ I shall talk about Q!ûmxˑōd (IV 4) and why he had the name | 11
Kˑ!ădalagˑîlis (IV 4); for Q!ûmxˑōd married the niece of the chief | of the
numaym Gˑēxsᴇm of the Nāk!waxˑdaᵋxᵘ, whose name was Wāyats!ōli⁴lakᵘ (IV 12), | the daughter of ʟ!āqwagˑilayugwqa (III 17) the sister
of Sēwid (III 18), ‖ head chief of the numaym Gˑēxsᴇm; but the father 15
of Wāyats!ōli⁴lakᵘ was a Gwaᵋsᴇla | whose name was K!waēlaskˑîn
(III 19), head chief of the | numaym Q!ōmkˑ!ut!ᴇs of the Gwaᵋsᴇla.
Therefore | Sēwid had Wāyats!ōli⁴lakᵘ for his princess, because |
K!waēlaskˑîn died early, when Wāyats!ōli⁴lakᵘ (IV 12) was a young
child. ‖ Sēwid took her for his princess, because he had no daughter. | 20
When Wāyats!ōli⁴lakᵘ was grown up, Q!ûmxˑōd | asked her in marriage from her uncle Sēwid. Then Q!ûmxˑōd was accepted. | Then
Q!ûmxˑōd married Wāyats!ōli⁴lakᵘ | from her uncle Sēwid. And Sēwid
gave a copper as a marriage present to ‖ Q!ûmxˑōd, and Sēwid gave him 25
in marriage the name Kˑ!ădalagˑîlis. | Q!ûmxˑōd at once sold the copper. And when | the copper, whose name was Ängwāla, was sold, three |
thousand blankets were the price of the copper. It was bought by
Lᴇlākˑînxˑᵋīd, | chief of the numaym Ts!ēts!ᴇmēleqᴇla. Then
Q!ûmxˑōd ‖ gave a potlatch with the blankets to the five numayms 30
of | the Nāk!waxˑdaᵋxᵘ; that is, besides to the Eagles, to the numayms
Gˑēxsᴇm, | Sīsᴇnʟ!ēᵋ, Tᴇm!tᴇm!ᴇls, and Kwākūgˑul. The | num-

Wä, laᵋmēsᴇn gwāgwēxˑsᵋălał lāx Q!ûmxˑōdē, yîx lāgˑilas ʟēgadᴇs 11
Kˑ!ădalagˑîlis, yîxs laē gegˑadᴇxˑᵋīdē Q!ûmxˑōdä ʟōlēgasas gˑīgāma-
ᵋyasa ᵋnᴇᵋmēmota Gˑēxsᴇmasa Nāk!waxˑdaᵋxᵘxa ʟēgadās Wāyats!ōli-
⁴lakᵘ, yîx ts!ᴇdāqē xûnōxᵘs ʟ!āqwagˑilayugwa, yîx wᴇq!wās Sēwidē,
yîx ʟᴀxumaᵋyasa ᵋnᴇᵋmēmotasa Gˑēxsᴇm. Wä, lāʟa GwaᵋsᴇIē ōmpas 15
Wāyats!ōli⁴laxᵘxa ʟēgadäs K!waēlaskˑîn, yîx ʟᴀxumaᵋyasa ᵋnᴇᵋmēmotasa Q!ōmkˑ!ut!ᴇsasa Gwaᵋsᴇla. Wä, gˑaᵋmēs lāgˑilasa gˑīgāmaᵋyē Sēwidē gˑāx kˑ!ēdadᴇs Wāyats!ōli⁴lakᵘ, yîxs gᴇyōlaē wīkˑ!ᴇxˑᵋēdē K!waēlaskˑîn⁴ōlaxs hēᵋmaē āłēs gˑînānᴇmē Wāyats!ōli⁴lakwē.
Wä, laᴇm āxˑᵋēdē Sēwidā qaᵋs kˑ!ēdēla qaxs kˑ!eāsaē ts!ᴇdāq xûnō- 20
kwa. Wä, gˑt!ᵋmēsē ēxᴇnt!ēdē Wāyats!ōli⁴lakwaxs laē Q!ûmxˑōdē
gˑayāla lāx q!ûlēᵋyasē Sēwidē. Wä, hēxˑᵋidaᵋmēsē Q!ûmxˑōdē daēʟᴇma. Wä, hēxˑᵋidaᵋmēsē Q!ûmxˑōdē qādzēʟax Wāyats!ōli⁴lakwē
lāxēs q!ûlēᵋyē Sēwidē. Wä, la Sēwidē sāyabalasa ʟ!āqwa lāx Q!ûmxˑōdē. Wä, lä ʟēgᴇmgˑᴇlxʟāla Sēwidäx Kˑ!ădalagˑîlis lāx Q!ûm- 25
xˑōdē. Wä, hēxˑᵋidaᵋmēsē Q!ûmxˑōdē lāxōdxa ʟ!āqwa. Wä, gˑt!ᵋmēsē
kˑt!xwasᴇᵋwēda ʟ!āqwaxa ʟēgadäs Ängwāla, yîxs yūduxᵘp!ᴇnaē lōxsᴇmxˑᵋīd p!ᴇlxᴇlasgᴇmē kˑt!waᵋyăxa ʟ!āqwa, yîs Lᴇlākˑînxˑᵋīdē, yîx
gˑīgāmaᵋyasa ᵋnᴇᵋmēmotasa Ts!ēts!ᴇmēleqᴇla. Wä, laᵋmē Q!ûmxˑōd
p!ᴇsᵋētsa p!ᴇlxᴇlasgᴇmē lāxa sᴇkˑ!āsgᴇmakˑ!ūsē ᵋnäłᵋnᴇᵋmēmasasa 30
Nāk!waxˑdaᵋxwēxa ōgūᵋla lāxa kwēkwekwēxa ᵋnᴇᵋmēmotasa Gˑēxsᴇm
ʟᴇᵋwa Sīsᴇnʟ!ē ʟᴇᵋwa Tᴇm!tᴇm!ᴇlsē ʟᴇᵋwa Kwākūgˑulē, yîxs ᵋnᴇᵋmē-

¹ See p. 1063, line 23.

33 aym ot Q!ŭmx·ōd was ‘wālas. Then Q!ŭmx·ōd took at the potlatch the name K·!ădalag·ĭlis. | And these were the family names of
35 Sēwid: || K·!ădōqâ, K·!ădē, and K·!ădē‘stāla, and also the name given in marriage to | Q!ŭmx·ōd, K·!ădalag·ĭlis. Now Sēwid had given one | of his family names to the husband of his niece Wāyats!ōli‘lak^u. | I think that is all about this. |
(Eagle and head chief are those who eat the long cinquefoil roots.||
40 Common people, low people, and speakers are those who | eat short cinquefoil roots.)

HISTORY OF THE DZENDZENX·Q!AYO

1 Now, I will talk about the chief of the numaym DzEndzEnx·q!ayo, | who was called ‘max·mEwīsagEmē‘ (II 1), when he went to marry | LEyālag·ilayugwa (II 2), the princess of Q!aēd (I 1), head chief | of the ĀwīL!ēdEx, the head tribe of the Bellabella. ||
5 The ancestors of the numaym DzEndzEnx·q!ayo went to get her in marriage; | and after they got her in marriage by (paying) fifty dressed elk-skins— | for they were married at once when they arrived at the beach of the house of the | one whose daughter he was to marry—when the elk-skins had been put ashore out of the |

33 madadaē Q!ŭmx·ōdāsa ‘wālasē. Wä, laEm Lēgades K·!ădalag·ĭlis yīx Q!ŭmx·ōdē lāxēs p!Esaē. Wä, g·a‘mēs LēxLEgEmēlts Sēwidēg·a
35 K·!ădōqâ Lō‘ K·!ădē Lō‘ K·!ădē‘stāla; wä, hē‘m:sē la LēgEmg·ElxLēs, yīx K·!ădalag·ĭlis lāx Q!ŭmx·ōdē. Wä, la‘mē ‘nEmsg·Emg·ElxLālē LēxLEgEmēlas Sēwidē lāx la‘wŭnEmasēs Lōlēgasē Wāyats!ŏli‘lakwē. Wä, lāx·st!aax̣‘ŭm ‘wī‘la lāxēq.
(Kwēk^u, ōgumē‘, x̣āmagEmē, Lax̣umē‘, g·īgămē‘ g·ästaEm ha‘māpxa
40 Lāxabâlisē. BEgwānEmq!āla, bEgŭl‘īdē, bEgwabâ‘yē, a‘yīlk^u, g·ästaEm ha‘māpxa t!Ex^usōs.)

HISTORY OF THE DZENDZENX·Q!AYO

1 Wä, la‘mēsEn gwāgwēx·s‘ălal lāx g·īgăma‘yas ‘nE‘mēmāsa Dzendzenx·q!ayowēxa Lēgadā ‘max·mEwīsagEma‘yē yīxs laē gāgak·!ax·‘īdEx LEyālag·ilayugwa lāx k·!ēdēlas Q!aēd, yīxs x̣amagEma‘yaē g·īgămēsa ĀwīL!ēdExwē, yīsa x̣amagEma‘yasa Hēłdza‘qwē. Wä,
5 la‘mē ‘wīl‘wīlg·īLē lā qădzēLēda g·ālāsa ‘nE‘mēmāsa DzEndzEnx·q!ayowē. Wä, g·īl‘mēsē gwŭła qădzēLāsa ălŭg·ĭmaxs sEk·!ax·sokwaē yīxs hēx·‘ida‘maē qădzil‘ēdExs g·ālaē lāg·alis lāx L!Ema‘isas g·ōkwasēs qādzēLēdē. Wä, g·īl‘mēsē ‘wī‘lōltāwēda ălāg·ĭmē qădzēLEm lāxa qādzēLats!ē x̣wăx̣wăk!ūnaxs laē q!wāg·aElsēda mōkwē lāx ăyĭl-

marriage canoe, four of the speakers ‖ of Q!aēd (I 1) arose and 10
invited the chief and his crew to come | and eat in his house; and he
also called his | tribe to come and eat with his son-in-law. When they
were all in, | the people who came to get the chief's daughter in
marriage began to eat. After they had eaten, | the four speakers of
Chief Q!aēd (I 1) arose and told ‖ the tribe that Q!aēd (I 1) was 15
going to give the box with his privileges to his | son-in-law, namely, the
cannibal dance, the tamer of the cannibal-dancer, the rattle, and
the | rich-woman, and also the fire dance, all of which were in the box
of privileges; | for, indeed, they kept in the privilege-box the | neck-
rings of red cedar-bark, the head-rings of red cedar-bark, the leg-
rings, ‖ and the wrist-rings of red cedar-bark, and also the rattle of 20
the cannibal-tamer. | Then they took the privilege-box out of the bed-
room. It was brought out | by the cannibal-dancer of Q!aēd (I 1).
He carried it, for it was given in marriage | to ‘max·mɛwīsagɛmēʻ
(II 1), and the names of the four | privileges were also given. The name
of the cannibal-dancer was Q!ādanats!ē, ‖ and the name of the rich- 25
woman dancer was Q!āminâwagăs, and the name | of the cannibal-
tamer was Ts!āqăxɛlas, and the name of the fire-dancer was | X̱wa-
dzēs; and then the privileges-box was given to | ‘max·mɛwīsagɛmēʻ
(II 1) by his father-in-law (I 1), and also the secular names | Q!wĕl-
taakᵘ and Dōqŭlāsɛla. That is the number of names ‖ given to 30

kwas Q!aēd qaʻs ʟēlʻwŭltōdēxa g·īgămaʻyē ʟɛʻwis lēɛlōtē qa lās 10
ʻwīʻlōsdēsa qaʻs lä ʟ!ɛxwa lāx g·ōkwas. Wä, laɛmxaāwisē äxk·!ālaxēs
g·ōkŭlōtē qa lās k!wamēla lāxēs nɛgŭmpē. Wä, g·īlʻmēsē la ʻwī-
ʻlaēlɛxs laē ʟ!ɛxwīlag·ila qadzeʟɛlɛla. Wä, g·īlʻmēsē gwālalēlɛxs
laē ʟaxʻŭlīlē mōkwē ayīlxᵘsa g·īgămaʻyē Q!aēd. Wä, laʻmē nēla-
xēs g·ōkŭlōtaxs lɛʻmnē lāʟē Q!aēdāsēs k·!ēsʻowats!ē g·īldas lāxēs 15
nɛgŭmpēxa hāmats!a ʟɛʻwa hēlik·!laʟɛla ʟɛʻwis yadɛnē ʟɛʻwa
q!āminâwagăs. Wä, hēʻmisʟēda nonltsēʻstalalē g·īts!āxa k·!ēsʻowats!ē
g·īldasa, yīxs lēx·aʻmē āla g·īyīmts!āxa k·!ēsʻowats!ē g·īldasa ʟlē-
ʟ!agɛk!ŭxawaʻyē ʟɛʻwa ʟ!ēʟ!agɛkŭmaʻyē ʟɛʻwa ʟ!āʟ!ɛgɛxᵘsīdzaʻyē
ʟɛʻwa ʟ!āʟ!ɛgɛxᵘts!anaʻyē. Wä, hēʻmisa yadɛnasa hēlek·īlaʟɛla. Wä, 20
laʻmē axʻētsɛʻwēda k·!ēsʻowats!ē g·īldas lāxa ōts!ālīlē qaʻs g·āxē daaxᵘs
hāmats!āsa g·īgămaʻyē Q!aēdē. Wä, lä dālax·säɛmqēxs laē lāk·!l-
g·alɛm lāx ʻmax·mɛwīsagɛmaʻyē ʟɛʻwa ʟēʟɛgɛmasa mōxʻwidala
k·!ēk·!ɛsʻowa. Wä, hēʻmis ʟēgɛmsa hāmats!ē Q!ādanats!ē. Wä,
hēʻmis ʟēgɛmsa q!āminâwagăs Q!āminâwagăs. Wä, hēʻmis ʟēgɛm- 25
sa hēlik·!laʟɛlē Ts!āqăxɛlasē. Wä, hēʻmis ʟēgɛmsa nōnltsēʻstalalē
X̱wadzēs. Wä, laʻmē lāyowēda k·!ēsʻowats!ē g·īldas lax ʻmax·-
mɛwīsagɛmaʻyasēs nɛgŭmpē. Wä, hēʻmisa baxᵘsē ʟēgɛma,
yīx Q!wĕltaakᵘ ʟōʻ Dōqŭlāsɛla. Wä, hēɛm ʻwāxaatsa ʟēʟɛgɛmē
g·āxyō lāx ʻmax·mɛwīsagɛmaʻyē yīsēs nɛgŭmpē Q!aēdē. Wä, 30

31 ʻmax·mᴇwīsagᴇmēʻ (II 1) by his father-in-law, Q!aēd (I 1). | Now
ʻmax·mᴇwīsagᴇmēʻ (II 1) had the privilege-box, and the | names for
the winter dance, and the secular names; and when | the speakers
stopped speaking, ʻmax·mᴇwīsagᴇmēʻ (II 1) expressed his thanks |
35 for the privilege-box and the secular names; ‖ and when he stopped
speaking, the carved posts of the house were given to him | by his
father-in-law, Q!aēd (I 1). Now the house was given by Q!aēd (I 1)
to | ʻmax·mᴇwīsagᴇmēʻ (II 1); and when the speaker stopped
speaking, the | Bellabella went out. |
40 Now, ʻmax·mᴇwīsagᴇmēʻ (II 1) lived with his Bellabella ‖ wife.
ʻmax·mᴇwīsagᴇmēʻ (II 1) was left by his | numaym the Dzᴇndzᴇnx·-
q!ayo when they went home, and | ʻmax·mᴇwīsagᴇmēʻ (II 1) just
continued to visit his people with his | Bellabella wife at Ts!ādē, for
that is where the Dzᴇndzᴇnx·q!ayo lived. | Now ʻmax·mᴇwīsagᴇmēʻ
45 (II 1) staid for a long time with the Bellabella. ‖ He had two sons and
two | daughters. The name of the eldest son was | ʟāʟēlīʟ!a (III 1);
and the next one was a girl, who was named | K·anēlk·as (III 2);
and the third one was a girl, whose name was | ʟ!āqwaēl (III 3);
and the youngest one was a boy, whose name was Gwēnō (III 4). ‖
50 And when ʟāʟēlīʟ!a (III 1) and K·anēlk·as (III 2) were grown up, |
ʻmax·mᴇwīsagᴇmēʻ (II 1) and his two children, | ʟāʟēlīʟ!a (III 1) and
K·anēlk·as (III 2) went home; and he left behind his wife and | his

---

31 laʻmē lāʟē ʻmax·mᴇwīsagᴇmaʻyaxa k·!ēsʻowats!ē g·īldasa ʟᴇʻwa
ʟēʟᴇgᴇmē lāx ts!ēts!ēqa ʟᴇʻwa bāx̱ŭsē ʟēʟᴇgᴇma. Wä, g·īlʻmēsē
q!wēlʻidēda äʻyīlkwaxs laē mōmᴇlk·!ālē ʻmax·mᴇwīsagᴇmaʻyasa
k·!ēk·!ᴇsʻowats!ē g·īldasa ʟᴇʻwa bāx̱ŭdzᴇxʟayōwē ʟēʟᴇgᴇma. Wä,
35 g·īlʻmēsē q!wēlʻidᴇxs laē ʻwīʻla lāyowēda k·!ēx·k·!adzᴇkwē g·ōku
lāxaaq yīsēs nᴇgŭmpē Q!aēdē. Wä, laʻmē g·ōkŭlxʟē Q!aēdē lāx
ʻmax·mᴇwīsagᴇmaʻyē. Wä, g·īlʻmēsē q!wēlʻidēda ᴇlkwaxs laē hōqŭ-
wᴇlsēda Hēldzaʻqwē.
Wä, laʻmē ʻmax·mᴇwīsagᴇmaʻyē haʻyasᴇk·ála ʟᴇʻwis Hēldzaʻq!wax-
40 sᴇmē gᴇnᴇma. Wä, laᴇm lōwaʟᴇmē ʻmax·mᴇwīsagᴇmaʻyasēs
ʻnᴇʻmēmotaxs g·āxaē näʻnakwēda Dzᴇndzᴇnx·q!ayowē. Wä, äʻmēsē
ʻmax·mᴇwīsagᴇmaʻyē hēʻmᴇnałaᴇm g·āx bāgŭns ʟᴇʻwēs Hēldza-
ʻq!waxsᴇmē gᴇnᴇm lāx Ts!ādē qaxs hēʻmaē g·ōkŭlatsa Dzᴇndzᴇnx·-
q!ayowē. Wä, lä gäla hēlē ʻmax·mᴇwīsagᴇmaʻya Hēldzaʻqwē.
45 Wä, laʻmē sāsᴇmnox̱usa maʻlōkwē bābᴇbaguma hēʻmēsa maʻlōkwē
ts!āts!ēdagᴇma. Wä, laʻmē ʟēgadēda ʻnōlast!ᴇgᴇmaʻyē bābagums
ʟāʟēlīʟ!a. Wä, hēʻmēs mak·!ilaqēda ts!āts!ᴇdagᴇmaqē ʟēgadäs
K·anēlk·asē. Wä, hēʻmisēda q!âyâʻyē ts!āts!ᴇdagᴇma ʟēgadäs ʟ!ā-
qwaēl. Wä, lä āmaʻīnxaʻya bābagumē ʟēgadäs Gwēnawē.
50 Wä, g·īlʻmēsē haʻyałak·!ōxʻwidē ʟaʟēlīʟ!a ʟōʻ K·anēlk·asaxs g·ā-
xaē näʻnakwē ʻmax·mᴇwīsagᴇmaʻyē ʟᴇʻwa maʻlōkwē sāsᴇms, yīx
ʟāʟēlīʟ!a ʟōʻ K·anēlk·asē. Wä, laʻmē lōwaʟasēs gᴇnᴇmē ʟᴇʻwa

two children,—Gwēnō (III 4), the third boy; | and the younger girl, his daughter, Lǃāqwaēl (III 3). They ‖ were going to stay with their 55 mother among the Āwīʟǃēdᴇx. |

Then ʻmax·mᴇwīsaɢᴇmēʻ (II 1) went home with his two children, | taking along his privilege-box, every kind of | food, and two expensive coppers. Lēta and Sea-Lion, | for these were the names of the two coppers. When ‖ they arrived at Tsǃādē, they were called in by 60 their tribe in the evening. | It was nearly winter-time when they arrived. After having eaten, | they all went out, and then his tribe went to eat with him. | When all had gone out, ʻmax·mᴇwīsaɢᴇmēʻ (II 1) sent his two | speakers to ask the chiefs of his numaym ‖ Dzᴇndzᴇnx·qǃayo to come into the house of ʻmax·mᴇwīsaɢᴇmēʻ to a 65 secret meeting; | and when all the men and the women were asleep, | when it was past midnight, the four chiefs | of the Dzᴇndzᴇnx·qǃayo came in,—Hămōtᴇlasōʻ, Qǃŭmlēdnōl, | and Wadzē, and also Yāqoʟas,—and when all were seated, ‖ they were told by ʻmax·- 70 mᴇwīsaɢᴇmēʻ (II 1) that he was going to give a winter dance in | winter with all the kinds of food that he had brought in his canoe, and | the two coppers; and then his prince | ʟāʟēlīʟǃa (III 1) was to disappear to be a cannibal-dancer; and his daughter | K·anĕlk·as

maʻlōkwē lāxēs sāsᴇmē yīx Gwĕnawĕxa qǃāyâʻyē bābaguma, wä, 53 hēʻmisʟēs āmayadzaʻyē tsǃātsǃᴇdaɢᴇm xŭnōkwē ʟǃāqwaēlē. Wä, la- ʻmē hēx·sāᴇml lāda Āwīʟǃēdᴇxwē ʟᴇʻwis ăbᴇmpē. 55

Wä, g·āxʻmēsʟa ʻmax·mᴇwīsaɢᴇmaʻyē ʟᴇʻwis maʻlōkwē sāsᴇm mâlaxa k·ǃēsʻōwatsǃē g·īldasa ʟᴇʻwa ʻnāxwa qaʻs gwĕx·sdᴇma hē- maōmasē ʟᴇʻwa maltsᴇmē lēlaʻxŭla ʟǃāʟǃᴇqwa yīx Lēta ʟō Mawa- k·ǃa qaxs hēʻmaē ʟēʟᴇɢᴇmsa maʻltsᴇmē ʟǃāʟǃᴇqwa. Wä, g·tlʻmēsē lāg·aa lax Tsǃādäx lae hēx·ʻidaᴇm ʟālēʻlālasōsēs g·ōkŭlōtaxa dzā- 60 qwāsēs lāg·alīsdᴇmōxa la ᴇlaq tsǃāwŭnxa. Wä, g·tlʻmēsē gwāl haʻmā- pᴇxs laē hoqŭwᴇlsa ʟᴇʻwa g·āxē kǃwamēlᴇq yīx g·ōkŭlōtasēq. Wä, g·tlʻmēsē ʻwīlʻwŭlsax laē ʻmax·mᴇwīsaɢᴇmaʻyē ʻyālaqasa maʻlōkwē lāxēs āyīlkwē, qa ăwābᴇnōʟᴇmaxa g·īg·īgāmaʻyasēs ʻnᴇʻmēmotēda Dzᴇndzᴇnx·qǃayowē, qa g·āxēs ʻwīʻla lāx g·ōkwas ʻmax·mᴇwīsaɢᴇ- 65 maʻyē, qō lāl ʻwīʻla mēxʻīdʟa ʻnāxwa bēbᴇgwānᴇm ʟᴇʻwis tsǃēdaqē. Wä, g·tlʻmēsē la gwāl nᴇɢēg·exs g·āxaē hōgwiʟeda mōkwē g·īg·ᴇɢā- maʻyasa Dzᴇndzᴇnx·qǃayowē, yīx Hămōtᴇlasᴇʻwē ʟōʻ Qǃŭmlēdnōlē ʟōʻ Wadzē; wä, hēʻmisē Yāqoʟasē. Wä, g·tlʻmēsē ʻnāxwa kǃŭsʻā- līlᴇxs laē nēlē ʻmax·mᴇwīsaɢᴇmaʻyaxs ʟᴇʻmaē yäwix·tlalxa tsǃā- 70 wŭnxē yīsēs māya ʻnāxwa ōgŭqǃēmas hēmaōmasa. Wä, hēʻmisa maʻltsᴇmē ʟǃāʟǃᴇqwa; wä, hēʻmisēxs lᴇʻmaē x·ʻtsʻīdʟē ʟāwᴇlɢāma- ʻyas, yīx ʟāʟēlīʟǃa, yīxs hāmatsǃēʟē; wä, hēʻmisa tsǃātsǃᴇdāɢᴇmē xŭ- nōx"sē K·anĕlk·asaxs lᴇʻmaē x·ʻtsʻīdᴇl lāxēs qǃāminâwagāsēʟē. Wä,

75 (III 2) was to disappear to be a rich-woman dancer; ‖ and after he had spoken, ʟāʟēlīʟ!a (III 1) disappeared when it was nearly daylight; | and in the evening disappeared the girl K·anĕlk·as (III 2), who was to be a | rich-woman dancer. Then he took two young men from | among the nearest relatives, who were to disappear on the following day, to be a | fire-dancer and a cannibal-tamer. Now ‖
80 ᵋmaxᵋmɛwīsagɛmēᵋ (II 1) gave a winter dance to his tribe with what he received in marriage from the | Āwīʟ!ēdɛx of the Bellabella. Now he had the first cannibal-dancer | and rich-woman dancer and fire-dancer and cannibal-tamer. | After he had given his winter dance, he changed the name of ʟāʟēlīʟ!a (III 1); and his | cannibal name was Q!ädanats!ē; and the rich-woman dancer name of
85 K·anĕlk·as (III 2) was ‖ Q!åminâwagås; and the name of the firedancer was X̱wadzēs; | and the name of the cannibal-tamer was Ts!äqăxɛlas. Thus | the Bellabella dances and names came first to the Kwakiutl. | Then he woed the princess of Lălak·ōts!a (II 3), the head chief | of the Tɛmltɛmlɛls, one of the numayms of the Mamalē-
90 leqăla, ‖ for ʟāʟēlīʟ!a (III 1); for now he had changed his name for his secular name, and | his name was now Dōqŭläsɛla (III 1). The name of the princess of Lălak·ōts!a (II 3) was Łɛlɛndzɛwĕk·ē (III 5). | Now he had her for his wife; and | Dōqŭläsɛla (III 1) had not been married long to her when they had a boy. | They called him
95 Pɛngwēd (IV 1). This name was obtained ‖ from his father-in-law

---

75 g·îlᵋmēsē gwālē wåłdɛmasēxs laē x·ʼlsᵋîdē ʟāʟēlīʟ!axa la ɛlūx ᵋnāx·ᵋida. Wä, lä dzāqwaxs laē x·ʼlsᵋîdēda ts!āts!ɛdāgɛmē yīx K·anĕlk·asēxa q!åminâwagåsēʟē. Wä, laᵋmē äxᵋēdxa maᵋlōkwē hăᵋyālᵋā g·ayōł lāxēs māx·mɛg·îlē ʟēʟɛʟâla, qa x·ʼlsᵋîdaxa läxat! ᵋnāx·ᵋida, qa nōnłtsēᵋstālala ʟɛᵋwa hĕlĕk·ʼlaʟɛläxa hāmats!a. Wä, laᵋmē yäwix·ʼ-
80 lālē ᵋmaxᵋmɛwīsagɛmaᵋyē qaēs g·ōkŭlōtasēs gɛg·adānɛmē läxa Āwīʟ!ēdzxwasa Hēᵋldzaᵋqwē. Wä, laᵋmē hămdzadasa g·ālē hāmats!a, ʟɛᵋwa q!åminâwagåsē, ʟɛᵋwa nōnłtsēᵋstālała, ʟɛᵋwa hĕlĕk·ʼlaʟɛla. Wä, g·îlᵋmēsē gwālɛxs yäwix·ʼlaē, laē ʟ!āyoxʟayē ʟāʟēlīʟ!a. Wä, laᵋmē hămdzɛxʟälax Q!ädanats!ē. Wä, läxaē K·anĕlk·asē q!åminâwagɛ-
85 dzɛxʟälax Q!åminâwagåsē. Wä, läxaē ʟēgadēda nōnłtsēᵋstālałas X̱wadzēsē. Wä, hēᵋmisʟ̣aʟ ʟēgɛmsa hēlik·ʼlaʟɛlē Ts!äqăxɛlasē. Wä, hēɛm g·îl g·āx lēlētsa Hēᵋldzuᵋqwē, ʟɛᵋwa ʟēʟɛgɛmē läxa Kwāg·ułē. Wä, laᵋmē g·āyoxᵋwītsɛᵋwē k·!ēdēlas Lălak·ōts!axa xamāgɛmaᵋyē g·îgămēsa Tɛmltɛmlɛlsēxa ᵋnɛmsgɛmakwē ᵋnɛᵋmēmot läxa Mamalēleqăla,
90 qa ʟāʟēlīʟ!a, yīxs lɛᵋmaē ʟ!āyoxʟäxat! läxa bäx̱ŭsē. Wä, laɛm ʟēgadɛs Dōqŭläsɛla, yīxs ʟēgadaē k·!ēdeła Lălak·ōts!äs Łɛlɛndzɛwĕk·ē. Wä, laᵋmē gɛg·adɛxᵋîts, k·!ēstla gåła lä hăyasɛk·ŭla Dōqŭläsɛläxs laē xŭngwadɛxᵋîtsa bābagŭmē. Wä, hĕx·ᵋidaᵋmēsē ʟēxᵋîdɛs Pɛngwēdē läxēs xŭnōkwē. Wä, laᵋmē g·āyanɛmaxa ʟē-
95 gɛmē läxēs nɛgŭmpē läx Mamalēlɛxk·ʼlōt!ɛnaᵋyasēs xŭnōkwē.

on the Mamalēleqăla side for their son. | Then they had another 96
child, a girl, and she was called | Mɛlēd (IV 2). Then they had
another child, a girl, | who had the name Mɛnlēdaas (IV 3); and
they had another child, | a boy, who was named ʟaqǃɛyōs (IV 4). ǁ
Lālak·otsǃa (II 3) gave these names to his son-in-law Dōqŭlāsɛla 100
(III 1) to be the | names of his children. Now the marriage debt was
paid by Lālak·otsǃa (II 3) to Dōqŭlāsɛla (III 1); | and he gave as privi-
leges to his son-in-law the speaker's dance, and the great dance from
above, | and the war-dance, and the double-headed-serpent dance;
and the name of the | speaker's dance was Aōmalał; and the name of
the great dance from above, ǁ Nōng·äxtâ'yē; and the name of the 5
war-dance, ʻwiʟɛnkŭlag·ʻilis; | and the name of the double-headed-
serpent dance was ʻwäx·sgɛmlis. And the secular | name of Dōqŭlă-
sɛla (III 1) was now ʻwālas Kwax·ʻilanōkŭmēʻ, | and (those mentioned
before) were the names of his children. Then he | went back to his
tribe at Tsǃädē, and that winter he gave a winter dance. ǁ He used 10
the names which he had received in marriage from Lālak·otsǃa (II 3) |
for his children; and thus the names of the Mamalēleqăla came to
the | Dzɛndzɛnx·q·layo, and the winter dances. This is all about
the | Bellabella and the Mamalēleqăla. |

Now I will talk about K·anĕlk·as (III 2). She ǁ married the chief 15
of the Qǃōmoyâʻyē, Yāqokǃwālag·ʻilis (III 6). | He received the house

---

Wä, laxaē ētǃēd xŭngwadɛx·ʻītsa tsǃātsǃɛdagɛmē. Wä, laʻmēsē ʟɛxʻē- 96
dɛs Mɛlēdē lāq. Wä, lāxaē ētǃēd xŭngwadɛx·ʻītsa tsǃātsǃɛdagɛmē.
Wä, lāxaē ʟēgadɛx·ʻīdēs Mɛnlēdaasē. Wä, lāxaē xŭngwadɛx·ʻītsa
bābagŭmē. Wä, lā ʟɛx·ʻēts ʟaqǃɛyōsē lāq. Wä, laʻmē hēx·sämē
Lālak·otsǃa tsǃāsa ʟēʟɛgɛmē lāxēs nɛgŭmpē Dōqŭlāsɛla, qa ʟēʟɛ- 100
gɛmsēs sāsɛmē. Wä, laʻmē qōtex·ʻīdē Lālak·ōtsǃāx Dōqŭlāsɛla.
Wä, laʻmē k·ǃēsʻogŭlxʟālaxa hâyūqǃɛntɛlalē, ʟɛʻwa ʻwalasʻaxaā-
kwē, ʟɛʻwa tōx·ʻwidē, ʟɛʻwa sīsɛyūʟɛlālē; wä, hēʻmis ʟēgɛmsa
hâyāqǃɛntɛlalē, Aōmalalē; wä, hēʻmis ʟēgɛmsa ʻwalasʻaxaākwe
Nōng·äxtâʻyē; wä, hēʻmis ʟēgɛmsa tōx·ʻwidē ʻwiʟɛnkŭlag·ʻilisē; wä, 5
hēʻmis ʟēgɛmsa sīsɛyūʟɛlalē ʻwäx·sgɛmlisē; wä, hēʻmis bāxŭs ʟēʟɛ-
gɛmsē, yix Dōqŭlāsɛla. Wä, laɛm ʟēgadɛs ʻwālasē Kwax·ʻilanō-
kŭmaʻyē. Wä, hēʻmis ʟēgɛmas sāsɛmas. Wä, laɛmxaē g·āx
näʻnakwa lāxēs g·ōkŭlasē lāx Tsǃädē. Wä, laʻmē yāwix·ʻilaxa la
tsǃāwŭnxa. Wä, laʻmē ʟɛx·ʻētsa ʟēʟɛgɛmg·ʻelxʟaʻyas Lālak·ōtsǃa 10
lāxēs sāsɛmē. Wä, g·āx·ʻmē ʟēʟɛgɛmasa Mamalēleqăla lāxa Dzɛn-
dzɛnx·q·layowē ʟɛʻwa lēlēdāsa tsǃētsǃēqa. Wä, laɛm gwāł lāxa
Hēʻǃdzaʻqwē ʟɛʻwa Mamalēleqăla.

Wä, laʻmēsɛn ēdzaqwał gwāgwēx·sʻalał lāx K·anĕlk·asaxs laē
lāʻwadɛx·ʻīd lāxa Qǃōmoyûʻyē yis g·īgămaʻyasē Yāqokǃwālag·ʻilisē. 15
Wä, laʻmē lāyowēda g·ōkwē lāq, ʟɛʻwa hāmatsǃa, ʟɛʻwa hēlik·ǃ-

17 and the cannibal dance, and the cannibal-tamer | dance, and the rich-woman dance, and the fire-dance, and the names; | and therefore the Q!ōmoyâ‘yē have Bellabella names. | This is all about the
20 Q!ōmoyâ‘yē; for Yāqok!wālag·ilis (III 6) had only one ‖ child with K·anêlk·as (III 2), a boy, who was named | PōLElas (IV 5). He received the name from Dōqŭlāsela (II 1). | K·anêlk·as (III 2) did not stay long with Yāqok!wālag·ilis (III 6), who | was chief of the numaym Yaēx·āgEmē‘ of the Q!ōmoyâ‘yē. |
25 Now I will talk about DōqŭlāsEla (III 1), who next ‖ took for his wife the princess of the chief of the Ts!ēts!Elwālagāmē‘, | a numaym of the Nimkish—Ḷax·ḶElǐdzEmga (III 7), the princess of | L!āqoḶas (II 4). They had a boy, who received the name | YāqoḶas (IV 6); and they had another child, PEngwēd (IV 7). As soon as | he began
30 to grow up, YāqoḶas (IV 6) married the princess (IV 8) of ‖ Hâmisk·Enis (III 8), chief of the G·īg·ilgām of the Nimkish. Now | YāqoḶas's (IV 6) name was Dōqwăyis, for he changed his name. Now the marriage debt was paid to | Dōqwăyis (IV 6) by Hâmisk·Enis (III 8). Then he gave him the names | A‘māwīyus and K·!ādē for his secular names, and Ḷānalag·ilis for the | hāmshāmts!Es-dance, and G·īgămēq!ōlEla for the great-fool dance, ‖ and ‘wīlEnkûlag·ilis for the war-
35 dance, and NEnq!ōlEla for the | great-bear dance. These were his four names for the winter dance. | Now they changed the name of

---

17 laLEla, ḶE‘wa q!āminâwagāsē, ḶE‘wa nōnîtsē‘stālalē, ḶE‘wis ḶēḶEgEmē. Wä, hē‘mis lāg·ila Hē‘ídzaq!wālē ḶēḶEgEmasa Q!ōmoyâ‘yē. Wä, laEmxaē gwāl lāxa Q!ōmoyâ‘yē, qaxs ‘nEmōx^umaē xŭnōx-
20 ‘wīdās Yāqok!wālag·ilisē lāx K·anêlk·asēxa bābagŭmēxa ḶEgadEs PōLElasē. Wä, laEmxaē hēEm g·ayōla ḶēgEmē Dōqŭlāsela, yîxs Lōmaē ‘nEmāl‘īd lā‘wadē K·anêlk·asas Yāqok!wālag·ilisē, yîxa g·īgăma‘yasa Yaēx·āgEma‘yasa Q!ōmoyâ‘yē.
Wä, la‘mēsEn gwāgwēx·s‘Ex·‘īdEl lāx DōqŭlāsElaxs, laē gaga-
25 k·!Ex·‘īd lāx k·!ēdēlasa g·īgāma‘yasa Ts!ēts!Elwālagāma‘yasa ‘nE‘mēmotē lāxa ‘nEmgēsē, yîx Ḷax·ḶElǐdzEmga, yîxs k·!ēdēlaas L!āqoḶasē. Wä, lā xŭngwadEx·‘ītsa bābagŭmē, yîxa ḶEgadās· YāqoḶasē. Wä, lāxaē ēt!ēd xŭngwadEx·‘īts PEngwēdē. Wä, g·îl‘mēsē q!ŭlyax̣‘wīdē YāqoḶasaxs laē g·ēg·adEx·‘ītsa k·!ēdēlas Hâmisk·E-
30 nīsē, g·īgāma‘yasa G·īg·ilgEmasa ‘nEmgēsē. Wä, laEm ḶEgadē YāqoḶasas Dōqwăyisaxs laē L!āyoxLā. Wä, la‘mē qōtēx·‘ītsE‘we Dōqwăyisas Hâmisk·Enisē. Wä, la‘mē ḶēgEmg·ElxḶālasa yîsōx A‘māwīyusē Ḷō‘ K·!ādē lāxa bāxŭsē. Wä, lā ḶēgadEs Ḷānalag·ilisē lāxa hāmshāmts!Esē; wä hē‘mis G·īgāmēq!ōlEla lāxa ‘wālasē nuḶEmāla.
35 Wä, hē‘mis ‘wīlEnkûlag·ilisē lāxa tōx‘wīdē Ḷō‘ NEnq!ōlEla lāxa ‘wālasē nāna. Wä, laEm ḶēḶEgEms lāxa ts!ēts!eqaxa mōsgEmē ḶēḶEgEma. Wä, la‘mē L!āyoxLa‘yē Ḷax·ḶElǐdzEmgās ‘nā‘nEmp!En-

Ḷax̱·ʟElīdzEmga (IV 8) to ʿnäʿnEmp!Eng·ilayugwa (IV 8) | because 38
her father paid the marriage debt. Now they had a | daughter, who
was named by Hâmisk·Enis (III 8), ʿmax̣ǔlayugwa (V 1). ‖ Then 40
Dōqwăyis (IV 6) came to Fort Rupert with his wife, | ʿnäʿnEmp!Eng·ilayugwa (IV 8), and their princess, ʿmax̣ǔlayugwa (V 1).
Before | ʿmax̣ǔlayugwa (V 1) had grown up, Dōqwăyis (IV 6)
became sick; | and the chief did not lie down long before he died. |
Dōqwăyis (IV 6) left a copper, the great expensive copper ‖ Lōbiḻila, 45
which he had obtained from his father-in-law Hâmisk·Enis (III 8)
when the latter paid his marriage debt; | and when those who had
buried Dōqwăyis (IV 6) came home, | Âwadē invited all the men of
the GwētEla (that is, the real | Kwāg·uł) and the Q!ōmoyâʿyē. He
did not invite the | ʿwālas Kwāg·uł, for the dead chief, Dōqwăyis
(IV 6), belonged to them. ‖ And when all had come into the house of 50
Âwadē, he told them | why he had called them in. He said, "Now
we will go and comfort | ʿmax̣ǔlayugwa (V 1), because she was the
princess of the past Dōqwăyis (IV 6); for | the girl ʿmax̣ǔlayugwa
(V 1) is the only daughter of Dōqwăyis, | although Dōqwăyis (IV 6)
had a younger brother, PEngwēd (IV 7); but ‖ he could not take the 55
place of his elder brother, because Dōqwăyis. (IV 6) had | ʿmax̣ǔlayugwa (V 1) for his daughter, and she belonged to the elder line of the
head family of | max·mEwīsagEmēʿ (II 1). The eldest brother and
his descendants are always the head family; | and they could not

---

g·ilayugwaxs laē qōtex̱·ʿīdēs ōmpē. Wä, laʿmē x̱ǔngwadEx·ʿītsa ts!āts!EdagEmē. Wä, lä Ḷēx̱ʿēdē Hâmísk·Enisas ʿmax̣ǔlayugwa lāq. Wä, g·āx̱ʿmē Dōqwăyisē lāx TsāxisE ḷEʿwis gEnEmē 40
ʿnäʿnEmp!Eng·ilayugwa ḷEʿwis k·!ēdēlē ʿmax̣ǔlayugwa. Wä, k·!ēs-
ʿmēsē laEm ēxEnt!ēdē ʿmax̣ǔlayugwäxs laē ts!Ex·q!Ex·ʿīdē Dōqwăyisē, wä k·!ēst!a gaēl qElgwīlExs laē wik·!Ex·ʿīdēda g·īgămayōła. Wä, laʿmē ʟ!āqwaēłâlē Dōqwăyisaxa ʿwālasē łax̱ǔla ʟ!āqwē
Lōbiḻila, yīx g·āyānEmas lāxēs nEgǔmpē Hâmisk·Enisaxs laē qōtē- 45
x·aq. Wä, g·îlʿmēsē g·āx nä̌ʿnakwa wunEmtāx Dōqwăyisaxs laē
Lēłts!ōdē Âwadōłaxa ʿnāx̱wa bēbEgwānEmsa GwētElaxa ălak·!āla
Kwāg·ula, ḷEʿwa Q!ōmoyâʿyē. Wä, laEm k·!ēs ḷālēlts!ōtk·ʿīnaxa
ʿwālasē Kwāg·ula, qaxs hēʿmaē g·ixgwałEx Dōqwăyisdē. Wä,
g·îlʿmēsē g·āx ʿwīʿlaēʟ lāx g·ōkwas Âwadäxs laē nēlasēs ḷēʿłāłe- 50
łaxa ʿnāx̱wa bEgwānEma. Wä, laʿmēs ʿnēk·a qaʿs lā ts!Elwaqax
ʿmax̣ǔlayugwa lāx k·!ēdēlas Dōqwăyisdē, qaxs ʿnEmōx̱ʿmaē x̱ǔnōx̱ʿʷdEs Dōqwăyisdēda ts!āts!EdagEmē, yīx ʿmax̣ǔlayugwa, yīxs
wāx·ʿmaē tsā!yanōkwē Dōqwăyisdās PEngwēdē. Wä, la. k·!eās
gwēx·ʿidaas hē Ḷax·ʷstōdxēs ʿnōlax·dē, qaxs x̱ǔngwadaē Dōqwă- 55
yisdās ʿmax̣ǔlayugwa, yīxs ʿnōlawālīłaē, qaxs kwēkwaē ʿmax·mEwīsagEmayōlē. Wä, hēx·säʿmēs kwēkwa ʿnōlawālīłexa g·ayâwē lāq. Wä, lāxaē k·!eās gwēx·ʿidaas lāyowa ʿwālasē ʟ!āqwē

give the great copper | Lōbiłila to Pɛngwēd (IV 7). Therefore
60 Âwadē wished to go ‖ and comfort ‛māx̱ūlayugwa (V 1) who was to
take the place of her past father. | When Âwadē stopped speaking,
the men went out | and entered the house of ‛māx̱ūlayugwa (V 1)
and all the | ‛wālas Kwāg·uł were inside and sitting down with
‛māx̱ūlayugwa (V 1) in the rear | of the house. Then the Gwētɛla
65 sat down at the right-hand side, ‖ inside the house; and the Q!ō-
moyâ‛yē sat down on the left-hand side | of the house; and when
they were all in, the head chief | of the Maămtag·ila, Âwaxɛlag·ĭlis,
stood up and comforted her; | and when he had ended his speech, he
sat down. Then the | head chief of the Kŭkwāk!ŭm, Ōdzē‛stālis,
70 stood up and comforted her, ‖ and when he had ended his speech he
sat down; then the | head chief of the G·ī́g·ĭlgăm of the Q!ōmoyâ‛yē,
Yāqoḷadzē, arose and | comforted ‛māx̱ūlayugwa (V 1), and when
he had ended his speech | he sat down; then the head chief of the
Yaēx·agɛmē‛, | Lālak·ōts!a, stood up and comforted her, and when
75 he had ended his speech ‖ he sat down. Now four chiefs had spoken. |
Then Hāmasaqa, chief of the Dzɛndzɛnx·q!ayo, stood up. | He
carried the great expensive copper, Lōbiłila, and he | promised to sell
it to give property to all the tribes on behalf of ‛māx̱ūlayugwa (V 1).

Lōbiłila lāx Pɛngwēdē. Wä, hē‛mis lāg·ĭłas Âwadē ‛nēx· qa‛s lā
60 ts!ɛlwaqax ‛māx̱ūlayugwa, qaxs ʟɛ‛maē ʟax̣ᵘstōdɛɫxēs ōmpdē. Wä,
g·ĭl‛mēsē q!wēl‛īdē Âwadāxs laē ‛wī‛la hōqŭwɛlsēda bēbɛgwānɛmē,
qa‛s lāx·da‛xwē lāx g·ōkwas ‛māx̱ūlayugwa. Wä, la‛mē ‛wī‛laēʟɛ-
lēda ‛wālasē Kwāg·uł k!wēsɛmēɫɛx ‛māx̱ūlayugwa lāxa ogwiwālilas
g·ōkwas. Wä, â‛misē k!ŭs‛ālīɫɛlēda Gwētɛla lāxa hēlk·lōts!ālĭłas
65 āwīʟɛlāsa g·ōkwē. Wä, hētlalāda Q!ōmoyâ‛ya gɛmxots!ālĭłas āwī-
ʟɛlāsa g·ōkwē. Wä, g·ĭl‛mēsē ‛wī‛laēʟɛxs laē ʟax̣‛ūlīlē xamāgɛ-
ma‛yasa Maămtag·ila, yĭx Âwaxɛlag·ĭlisē; wä, lä ts!ɛlwax‛ēda.
Wä, g·ĭl‛mēsē lābē wāłdɛmas laē k!wāg·alĭła. Wä, lä ʟax̣‛ūlīlē
xamāgɛma‛yasa Kŭkwāk!ŭmē Ōdzē‛stalisē qa‛s ts!ɛlwax‛ēdē. Wä,
70 g·ĭl‛mēsē lābē wāłdɛmas laē k!wāg·alĭła. Wä, lä ʟax̣‛ūlīlē xamā-
gɛma‛yasa G·ī́g·ĭlgɛmasa Q!ōmoyâ‛ya, yĭx Yāqoḷadzē, qa‛s
ts!ɛlwax‛ēdēx ‛māx̱ūlayugwa. Wä, g·ĭl‛mēsē lābē wāłdɛmas laē
k!wāg·alĭła. Wä, la ʟax̣‛ūlīlē xamāgɛma‛yasa Yaēx·agɛma‛yē, yĭx
Lālak·ōts!a, qa‛s ts!ɛlwax‛ēdē. Wä, g·ĭl‛mēsē lābē wāłdɛmas laē
75 k!wāg·alĭła. Wä, la‛mē mōkwa g·īg·ĭgăma‛yē yaq!ɛg·a‛la. Wä,
la‛mēs ʟax̣‛ūlīlē Hāmasaqa, yĭx g·īgăma‛yasa Dzɛndzɛnx·q!ayowē.
Wä, la‛mē dālax Lōbiłilaxa ‛wālasē łax̱ula ʟlāqwa. Wä, la‛mē dzō-
x̱was qaēda ‛nāx̱wa lēlqwālaʟa‛ya qa ‛māx̱ūlayugwa. Wä, laɛm

Now | he changed her name to Dōqwăyis (V 1). Then they gave blankets ‖ to the head man. That is all about this. | 80

Now Dōqwăyis (V 1) was wooed by Wāg·idis (V 2) | head chief of the Laă‘lax·sᴇ‘ndayo, soon after Dōqwăyis (V 1) had invited | all the tribes.[1] |

Dōqwăyis had not had Wāg·idis for her husband for a long time when she had a ‖ son . . . Then his name was Tsāxis (VI 1) [of that 85 boy,] | because he was born in Tsāxis. When he was ten months old, | the thunder-bird rings were put on him . . . |

Not long after this Dōqwăyis (V 1) gave away blankets on behalf of her son (VI 1). | Now Dōqwăyis herself spoke, and said to her numaym, ‖ the Dzᴇndzᴇnx·q!ayo, that her son would take the | 90 head seat, and that she, Dōqwăyis (V 1), would stand at the end of the | Dzᴇndzᴇnx·q!ayo, and that the name of Dēyad (VI 1) would be Dōqwăyis (VI 1). | His mother's name was now Yăqoʟas (V 1). It was not | long before Wāg·idis (V 2) and his wife (V 1) Yăqoʟas had another son (VI 2); ‖ and when he began to grow up, then 95 Wāg·idis (V 2) gave away blankets | on behalf of his new son (VI 2). He was going to place him in the seat | of his own father, of the numaym Laălax·sᴇ‘ndayo, who had died, and who was named | ʟᴇlbᴇx·sālag·îlis (IV 9). Now the new child of Wāg·idis (VI 2) had

ʟ!āyoxʟä, laᴇm ʟēgadᴇs Dōqwăyisē. Wä, laᴇm yăqwasō‘ lāxa kwēkwē. Wä, laᴇm gwāl laxēq.   80

Wä, la‘mē gagak·!ᴇx·‘ītsᴇ‘wē Dōqwăyisas Wāg·idisē, yîx xamagᴇma‘yasa Laălax·s‘ᴇndayowē nᴇxwāg·ēqēxs lāx·dē ʟēlᴇlē Dōqwăyisaxa ‘nāxwa lēlqwălaʟa‘ya.[1]

Wä, k·!ēst!a gäla lā‘wadē Dōqwăyisa Wāg·īdisaxs laē xŭngwadîx·‘ītsa băbagŭmē . . . Wä, la‘mē ʟēgadᴇs Tsāxisē, yîxs băbagŭ- 85 maē, qaxs häe māyōʟᴇme Tsāxisē. Wä, lä hēlogwīlaxs laē kŭnxwēdᴇkwa . . .

Wä, k·!ēst!a ălaᴇm gălaxs laē p!ᴇs‘ĭdē Dōqwăyisē qaēs xŭnōkwē. Wä, la‘mē xamōda‘mē Dōqwăyisē nēlaxēs ‘nᴇ‘mēmotēda Dzᴇndzᴇnx·q!ayowaxs lᴇ‘maē laʟēs xŭnōkwē ʟ!āyostōdʟᴇq lāxa 90 kwēkwē. Wä, ă‘misē Dōqwăyisē la ʟăxwala lāxa gwăxsdᴇ‘yasa Dzᴇndzᴇnx·q!ayowē. Wä, la‘mē ʟēgadē Dēyadäs Dōqwăyisē. Wä, ă‘misē lä ăbᴇmpas la ʟēgadᴇs Yăqoʟasē. Wä, k·!ēst!a ălaᴇm gălaxs laē ēt!ēd xŭngwadᴇx·‘ĭdē Wāg·idisē ʟᴇ‘wiäs gᴇnᴇmē Yăqoʟasē. Wä, g·îl‘mēsē q!wāq!ŭlyakwălaxs laē p!ᴇs‘ĭdē Wāg·idisē 95 qaēs ălē băbagŭm xŭnōkwa. Wä, la‘mē ʟax"stōts lāx ʟaxwa‘yasēs ōmpwŭlē lāxa ‘nᴇ‘mēmotē, yîxa Laălax·s‘ᴇndayowēxa ʟēgadōlas ʟᴇlbᴇx·sālag·îlisē. Wä, la‘mē ʟēgadēda ălē xŭnōx"s Wāg·idisas.

[1] Here follows the description of the customs relating to pregnancy and birth, p. 649. In regard to this marriage, see also p. 1111.

a name. | Then the grandfather (III 8) of Yāqoḷas (V 1) — that is, the
father (III 8) of the mother (IV 8) of Yāqoḷas (V 1), — || died, for her
father was Hâmisk‘ɛnis (III 8). He was the chief of the numaym |
Ts!ēts!ɛlwālagămē‘ of the Nimkish; and the mother of | Yāqoḷas
(V 1), ‘na‘nɛmp!ɛng‘ilayugwa (IV 8), had no time to take her
father's seat, when | she also was taken ill and died. Now Yāqoḷas
(V 1) | was with child, and the chiefs of the Nimkish wished in vain ||
for Yāqoḷas (V 1) to take the seat of her grandfather, Hâmisk‘ɛnis
(III 8). | Then Yāqoḷas (V 1) said that she would take it after a
while. Then she had another | son (VI 3); and when he began to
grow up, | Yāqoḷas (V 1) and Wāg‘idis (V 2) gave blankets to the
Nimkish, | and then the new child took the seat of Hâmisk‘ɛnis
(III 8) in his numaym the || Ts!ēts!ɛlwālagămē‘; and his name was
Hâmisk‘ɛnis (VI 3), although he was | a child, and he also
took his seat. That is all about this. |

Now I will speak again about Wāg‘idis (V 2), when he wooed the
princess of | ‘māxwa (V 3), head chief of the Māmalēleqāla on behalf
of his eldest son | Dōqwăyis (VI 1); for the princess of ‘māxwa (V 3)
was Hāmdzid (VI 4). Now || Dōqwăyis (VI 1) married her. It was
not a long time before they had | a son (VII 1). When the son of
Dōqwăyis (VI 1) was | ten months old, he was given the name
Wāwalk‘inē (VII 1), for this is the name of the child | of Dōqwăyis.
Now the child got a name from his | mother's side. Then ‘māxwa

Wä, la‘mē łɛ‘lē gagɛmpās Yāqoḷasē, yīx ōmpas ăbɛmpas Yāqo-
ḷasē, yīxs ăyadaas Hâmisk‘ɛnisē, yīxa g‘īgăma‘yasa ‘nɛ‘mēmāsa
Ts!ēts!ɛlwālagăma‘yasa ‘nɛmgēsē. Wä, wīsomālat!a ăbɛmpas
Yāqoḷasē, yīx ‘nā‘nɛmp!ɛng‘ilayugwa la ḷaxᵘstōdxēs ōmpäxs laē
ōgwaqa ts!ɛx‘q!ɛx‘‘īda, wä, lä wīk‘!ɛx‘ēda, yīxs la‘maaxaa Yāqo-
ḷasē bɛwēkwēkwa. Wä, laɛm wāx‘a g‘īg‘ɛgāma‘yasa ‘nɛmgēsē ‘nēx‘
qa hē‘misē Yāqoḷasē lā ḷaxᵘstōdxēs gagɛmpdē Hâmisk‘ɛnisdē.
Wä, lä ‘nēk‘ē Yāqoḷasē, qa‘s hayałăłēs la. Wä, la‘mē ēt!ēd
xŭngwadɛx‘‘īda, yīsa bābagŭmē. Wä, g‘īl‘mēsē q!wāq!ūlyax‘wī-
dālaxs laē Yāqoḷasē ḷō‘ Wāg‘idisē p!ɛts!ɛlɛlaxa ‘nɛmgēsē. Wä,
la‘mē ḷaxᵘstōdēda ałē xŭnōxᵘsēx Hâmisk‘ɛnisdē lāxēs ‘nɛ‘mēmota
Ts!ēts!ɛlwālagăma‘yē. Wä, la‘mē ḷēgadɛs Hâmisk‘ɛnisa wāx‘‘mē
g‘ĭnānɛma. Wä, laɛmxaē lăLɛx k!wa‘yas. Wä laɛmxaē gwāl lāq.
Wä, la‘mēsɛn ēdzaqwaLɛs Wāg‘idisaxs laē gagak‘lax k‘lēdɛlas
‘māxwa, yīx xāmagɛma‘yē g‘īgāmēsa Mamalēleqāla qaēs ḷawŭl-
gāma‘yē Dōqwăyisē, yīxs k‘lēdadaē ‘māxwas Hāmdzidē. Wä,
la‘mē gɛg‘adē Dōqwăyisas. Wä, k‘lēst!a gälaxs laē xŭngwadɛx‘‘ī-
tsa bābagŭmē. Wä, la‘mēs hăyaqēda xŭnōkwas Dōqwăyisaxēs
hēłogwilaēna‘yē, yīx Wāwalk‘ina‘yē, qaxs hē‘maē ḷēgɛms xŭnō-
kwas Dōqwăyīsē. Wä, laɛm gwēk‘!ōt!ɛndalē ḷēgɛmas xŭnōkwas
lāxēs ăbask‘lōtē. Wä, la‘mē ts!ɛx‘q!ɛx‘‘īdē ‘māxwa. Wä, k‘lēst!a

(V 3) was taken ill, and after a ‖ short time he died. Before he died, 20 but | when he knew that he was not going to recover, because he was getting | weaker all the time, he asked his daughter (VI 4) to | call in his numaym, the Mamaleleq!ăm, for he said he wanted to speak to them. | Immediately Hămdzid (VI 4) called in her numaym. ‖ When 25 all came in, Chief ‘măxwa (V 3) | spoke, and he told his numaym that his mind was getting weak | on account of his sickness. "I wish | my grandchild Wăwałk·inē (VII 1) to take my place. His name | shall be ‘măxwa when I die." Thus he said to his tribe. ‖ Now, what 30 should his numaym say? for really the child was of his own blood, | the child of Dōqwăyis (VI 1) and of his wife Hămdzid (VI 4). | When night came, Chief ‘măxwa (V 3) died, | and in the morning at daybreak the Mamaleleqăla buried | their chief ‘măxwa (V 3). When the people who had buried him came back, ‖ the chief of the numaym 35 Wīwomasgᴇm, | Nᴇg·ä, called his tribe the Mamaleleqăla; and when | they were all in his house, Nᴇg·ä said that he called them | to comfort Hămdzid (VI 4) and her child Wăwałk·inē (VII 1). | Then all who were in the house of Nᴇg·ä went out and ‖ went into the 40 house of Wăwałk·inē (VII 1); and the | chiefs of the Mamaleleqăla spoke in turns, comforting Wăwałk·inē (VII 1) | and his mother

gäłaxs laē wik·‘ᴇx‘īda. Wä, hēxōʟexs k·!ēs‘maē wik·!ᴇx‘īda. Wä, 20 laᴇm q!âʟᴇlē ‘măxwaxs k·!ēsaē la ēk·!ēma, yīxs â‘maē hēxtâła wăʟ!ēmadzᴇ‘nâkŭla. Wä, hē‘mis la ăxk·!ālatsēxēs k·!ēdēłē qa ʟēłts!ōdēsēxēs ‘nᴇ‘mēmotēda Mamaleleq!ᴇmē, qaxs ‘nēk·aaxs wăldᴇmnōk!wēxsdaaq. Wä, hᴇx·‘ida‘mēsē Hămdzidē ʟēłts!ōdᴇx ‘nᴇ‘mēmotas. Wä, g·îl‘mēsē g·ăx ‘wī‘laōlᴇxs laasa g·īgăma‘yē ‘măxwa 25 yăq!ᴇg·a‘ła. Wä, la‘mē nēlaxēs ‘nᴇ‘mēmotaxs lᴇ‘maē ‘wī‘wᴇʟ!ēx‘ēdē nâqa‘yas lăxēs ts!ᴇx·q!aēna‘yē: "Wä, yu‘mēsᴇn gwᴇ‘yō qa ʟ!āyo g·axᴇnᴇn ts!ōxᵘʟᴇmăqōx Wăwałk·ina‘yē. Wä, lă‘mōx ʟēgadlᴇs ‘măxwa qᴇnʟō lăł wᴇyᴇmsalēʟō;" ‘nēk·ēxēs g·ōkŭlōtē. Wä, qa ‘māsēs wăldᴇmas ‘nᴇ‘mēmotas, qaxs âla‘maē hᴇsᴇmq ᴇlkwēda 30 g·înânᴇmē, yīx xŭnōkwas Dōqwăyisē ʟᴇ‘wis gᴇnᴇmē Hămdzidē. Wä, g·îl‘mēsē gănuł‘īdᴇxs laē wik·!ᴇx‘ēdēda g·īgăma‘yē ‘măxwa. Wä, g·îl‘mēsē ‘năx·‘īdxa gaăłaxs laē wŭnᴇmt!ēdēda ‘năxwa Mamaleleqălăxēs g·īgămēx·dē ‘măxwa. Wä, g·îl‘mēsē g·ăx nä‘nakwa wŭnᴇmtax·daq, laē hᴇx·‘ida‘mē g·īgăma‘yasa ‘nᴇ‘mēmotasa Wīwo- 35 masgᴇmē Nᴇg·ä lᴇx·ʟᴇlsaxēs g·ōkŭlōtēxa Mamaleleqăla. Wä, g·îl‘mēsē ‘wī‘laēʟ lăx g·ōkwasēxs laē nēłē Nᴇg·äxs hē‘maē ʟēłts!ōdᴇg·îł, qa‘s la ts!ᴇlwaqax Hămdzidē ʟᴇ‘wis xŭnōkwē Wăwałk·ina‘yē. Wä, la‘mē ‘wī‘la lā hōqŭwᴇls lăx g·ōkwas Nᴇg·ä qa‘s la hogwīʟ lăx g·ōkwas Wăwałk·ina‘yē. Wä, la‘mē ʟ!āʟ!ayogŭlîłᴇla ts!ᴇlwa- 40 qēda g·īg·ᴇgăma‘yasa Mamaleleqăla ts!ᴇlwaqax Wăwałk·ina‘yē, ʟᴇ‘wis ăbᴇmpē Hămdzidē ʟo‘mē Dōqwăyisē. Wä, g·îl‘mēsē ‘wilxtōd

43 Hămdzid (VI 4), and Dōqwăyis (VI 1). After all | the chiefs had
comforted her, Hāwasɛlał, who was chief | under ʿmăxwa, arose and
45 promised to give away blankets to all the tribes ‖ on behalf of
Wāwałk·inē (VII 1); and now his name was to be changed, and his
name was | ʿmăxwa (VII 1); and he was the highest among all the
Mamalēleqăla, | although he was a child. That is all about this. |
Now, you know there was one daughter of | ʿmăx·mɛwīsagɛmēʿ
50 (II 1), ʟ!āqwaĕł (III 3), and also one son, ‖ Gwēnō (III 4), who were
left behind among the Āwīʟ!ēdɛxᵘ, when he went | home with his
prince ʟālēlīʟ!a (II 1) and K·anełk·as (II 2) to | Ts!ādē. As soon
as Gwēno (III 4) was a young man, he married | the princess of
Wāk·as (II 5), chief of the Ōyalaīdɛxᵘ; and the name of | the princess
55 of Wāk·as (II 5) was Q!ākŭyīg·iʿlakᵘ (III 9). They had a son, ‖ and
the name of this child was Gwăyōłɛlas (IV 10). | He took this name
from the names of ʿmax·mɛwīsagɛmēʿ (II 1). | That is all that I will
say about this. |
Now, ʟ!āqwaĕł (III 3) married Chief Ts!ɛsē (III 10) of the
60 Xaēsɛla, | and she had a son, and the name of the son ‖ was ʿmax·-
mɛwīsagɛmēʿ (IV 11). The boy obtained his name | from the
Dzɛndzɛnx·q!ayo; and | ʟ!āqwaĕł (III 3) was also given in mar-
riage the name ʟ!āqwaĕłax ʿmaxŭyalīdze (III 3). These names also
came from | the Dzɛndzɛnx·q!ayo. And she had another child, a girl. |

43 la ts!ɛlwaxʿīdēda g·īg·ɛgăma'yaxs laē ʟăxʿŭlīłē Hāwasɛlałēxa g·iga-
bâʿyax ʿmăxwa. Wä, laʿmē dzōxwa qaēda 'năxwa lēlqwălaʟaʿya
45 qa Wāwałk·inaʿyē, yīxs ʟɛʿmaē ʟ!āyōxʟä. Wä, laɛm ʟēgadɛs
ʿmăxwa. Wä, laɛm kwēkwa yīsa 'năxwa Mamalēleqăla, yīxs wäx·-
ʿmaē g·īnānɛma. Wä, laʿmē gwăł laxēq.
Wä, laɛmʟas q!ăʟɛlaqēxs 'nɛmōkwaēda ts!ɛdāqē xŭnōxᵘs ʿmăx·-
mɛwīsagɛmaē, yīx ʟ!āqwaĕłē; wä, hēʿmisa 'nɛmōkwē bābagŭm
50 xŭnōxᵘs, yīx Gwēnawē łōʿwaʟɛs lāxa Āwīʟlēdɛxwaxs g·ăxaē nā-
ʿnakᵘ ʟɛʿwis ʟɛwŭlgăma'yē ʟālɛlīʟ!a; wä hēʿmisē K·anełk·asē lāx
Ts!ādē. Wä, g·īłʿmēsē hēłak·!ōxʿwidē Gwēnawaxs laē gɛg·adɛx·ʿīts
k·!ēdēłas Wāk·asē, yīx g·īgăma'yasa Ōyalaīdɛxwē. Wä, la ʟēgadē
k·!ēdēłas Wāk·asas Q!ākŭyīg·iʿlakwē. Wä, laʿmē xŭngwadɛx·ʿītsa
55 bābagŭmē. Wä, laʿmē ʟēgadēda g·īnānɛmas Gwăyōłɛlas. Wä,
laʿmē gwēk·!ōt!ɛndāla lāx ʟɛx·ʟɛgɛmēłas ʿmax·mɛwīsagɛmaʿyē.
Wä, hēɛmʟɛn walox'waʟɛlał lāq.
Wä, lā łăʿwadē ʟ!āqwaĕłē lāxa Xaēsɛla lāx g·īgăma'yasē Ts!ɛsē.
Wä, laɛm xŭngwadɛx·ʿītsa bābagŭmē. Wä, laʿmē ʟēgadē xŭnō-
60 kwas ʿmăx·mɛwīsagɛma'yē. Wä, laɛmxaē gwēk·!ōt!ɛnalē ʟēgɛ-
masa bābagŭmē lāxa Dzɛndzɛnx·q!ayowē.. Wä, laɛmxaē ʟēgɛm-
g·ɛlxʟalē ʟ!āqwaĕłax ʿmăxŭyalīdzēx. Wä, laɛmxaē g·ăyola ʟēgɛmē
lāxa Dzɛndzɛnx·q!ayowē. Wä, la ētlēd xŭngwadɛx·ʿītsa ts!ăts!ɛ-
dagɛmē. Wä, la ʟēgadɛs ʿwālasʟāla. Wä, laɛmxaē g·ayōla ʟē-

Her name was ᵋwālasʟāla (IV 12), and she obtained ‖ the name from 65
the Dzɛndzɛnxˑqlayo, and the winter dances which she gave in marriage | to her husband. It is said that Lǃāqwaēl (III 3) had many
children by her | husband; and it is said the children married other
women | among the Xaēsɛla, and therefore the northern tribes have
the names Hămdzid and | Lǃāqwag·ila. At last this is the end. ‖

This is the reason why the names of the Dzɛndzɛnxˑqlayo are 70
scattered. | It is on account of their chief ᵋmaxˑmɛwīsagɛmēᵋ
because he went far away to marry, | and on account of his children
and grandchildren. That is all. |

The Lâxsä

I shall begin with LǃōLǃotsa, the poor one who helped | Ōᵋmaxtǃā- 1
laʟē, when they lived in the village K·ǃāqǃa. Nobody | knows
where LǃōLǃotsa came from. He would have been chief on account
of his supernatural treasure, | the canoe found on the river G·ɛyōxᵘ,
but he just gave it to Ōᵋmaxtǃālaʟē, ‖ when he first came home 5
sitting in the hunting- | canoe, which he obtained as a supernatural
treasure from Blue-Grouse. Then LǃōLǃotsa was foolish, | and he
was only the steersman of Ōᵋmaxtǃālaʟē. He | never became rich,
for he was made unlucky by the hunting-canoe which he obtained as
supernatural treasure. | He only continued skinning sea-otters which
were speared by ‖ Ōᵋmaxtǃālaʟē, and only was looking on when 10

---

gɛmē lāxa Dzɛndzɛnxˑqlayowē ʟɛᵋwa tsǃētsǃēxʟɛnē lā lāg·ɛlxʟēs 65
lāxēs lāᵋwŭnɛmē. Wä, lāᵋlaē qǃēnɛmē sāsɛmas Lǃāqwaēlē ʟɛwis
łāᵋwunɛmē. Wä, laɛmᵋlaxaāwisē łaɛlwadē waōkwē tsǃēdaq sāsɛms
lax gwāyasa Xaēsɛla, yīx lāg·ila ʟēʟɛgadēda gwāyasēs Hămdzid ʟōᵋ
Lǃāqwag·ila. Wä, ladzâlaᵋmē lāba lāxēq.

Wä, hēɛm lāg·iłas gwēlᵋīdē ʟēʟɛgɛmasa Dzɛndzɛnxˑqlayowē 70
qaēs g·īgămaᵋyē ᵋmāxᵘmɛwīsagɛmaᵋyaxs qwēqŭsg·ilaē lāx gɛg·adē
ʟɛᵋwis sāsɛmē ʟɛᵋwis tsǃōtsǃōxᵘlɛma. Wä, laɛm gwała.

The Lâxsä

Hēɛmʟɛn g·āg·īʟɛlaʟē LǃōLǃotsa, yīxa wīwosīlaga hēlōbałtsǃanēs 1
Ōᵋmaxtǃālaʟē, yīxs g·ōkŭlaē lāx K·ǃāqǃa. Wä, hēᵋmēsēx k·ǃēsaē
qǃałē g·āyolasas Lǃōlǃotsa, yīxs wāxˑiłaxsdē g·īgămē qaēs ʟōgwaᵋya
xwākǃŭna lāx wäs G·ɛyōxwē. Wä, âᵋmēsē la tsǃâs lax Ōᵋmaxtǃāla-
laᵋyaxs g·ālaē g·āx nāᵋnakwa kǃwaxsāla lāxēs ʟōgwaᵋya ălēᵋwatsǃē 5
xwākǃŭna lāxa māg·ag·u. Wä, laᵋmē gwāłɛlaɛm nɛnōlowē LǃōLǃo-
tsa. Wä, laᵋmē âɛm la kǃwaxʟēs Ōᵋmaxtǃālaʟaᵋyē. Wä, laᵋmē
hēwāxa qǃōmxˑᵋida qaxs lɛᵋmaē amēłamatsōsēs ʟōgwaᵋya ălēᵋwatsǃē
xwākǃŭna. Wä, laɛmᵋlaē âɛm hēmɛnāła sāpaxa qǃāsa ălēᵋwänɛms
Ōᵋmaxtǃālaʟaᵋyē. Wä, laɛmᵋlāē âɛm x·īts!axˑīlax Ōᵋmaxtǃālaʟaᵋyaxs 10

12 Ō‛maxt!ālaLē | invited all the villages in the bay of Tsāxis. | Many
tribes lived there—Lālax·s‛ɛndayo, and Dzɛnx·q!ayo, | and the
others. L!ōL!otsa was always walking, | and he went to the village
15 of Lālax·s‛ɛndayo at Tāyagoł. He would ‖ always come home when
it was nearly morning, for | Lālax·s‛ɛndayo had a pretty woman for
a slave. Her name was Tsēłē. It is | not known where she came
from. L!ōL!otsa went to her | every day. Now Tsēłē was pregnant. | L!ōL!otsa took Tsēłē for his wife. After some time she
20 gave ‖ birth to a child, and L!ōL!otsa did not marry his wife Tsēłē in
the formal way. | This is called an illegitimate marriage (sticking
together). Now Tsēłē gave birth | to a boy, and Lālax·s‛ɛndayo was
ashamed of what had been done | by his slave Tsēłē. He thought
about the name which he was to give | to L!ōL!otsa. Then he gave
25 him [the name in marriage] Nɛnōlogɛmē‛ as ‖ a marriage-name for
L!ōL!otsa, and also L!ēsp!ēgaakᵘ for the name of his child. | Lālax·-
s‛ɛndayo just invented these two names. | Now Nɛnōlogɛmē‛
wished to remain with Lālax·s‛ɛndayo. Then | Nɛnōlogɛmē‛ left
Ō‛maxt!ālaLē. Now | his wife Tsēłē was again with child, and she
30 gave birth to a boy, ‖ and his children were called illegitimate children. | Then Lālax·s‛ɛndayo made a name for him [his name], and he
named him | Bawɛlē. Then Tsēłē had another child; and | Lālax·-

---

11 Lēłɛlaaxa ‛nāxwa g·ōxᵘg·ɛgwēs lāxg·a ōts!ālisg·as Tsāxis. Wä, laɛm-
‛laē q!ēnɛm la lēlqwalaLa‛ya g·ōkŭlotas Lālax·s‛ɛndayo Lō‛ Dzɛnx·q!a-
yo Lɛ‛wīs waōkwē. Wä, laɛm‛lāwisē hēmɛnala‛mē L!ōL!otsa la qās‛ida
qa‛s lē lāx g·ōkŭlasas Lālax·s‛ɛndayo lāx Tāyagołē. Wä, lā‛laē ālna-
15 xwaɛm g·āx nā‛naxᵘxa la ɛlāq ‛nāx·‛īdxa gaāla, yīxs q!āgwadaē Lā-
lax·s‛ɛndayāsa ēx·sōkwē ts!ɛdāqaxa Lēgadās Tsēłē. Wä, laɛmxaē
k·!ēs q!āłē g·ayolasas. Wä, hē‛mis lānaxwa hēlɛnsōs L!ōL!otsaxa
‛nāxwa gāgɛnoLa. Wä, laɛm‛lāwisē bɛwēx̣‛widē Tsēłē. Wä, ăɛm-
‛lāwisē L!ōL!otsa la gɛg·adɛx·‛īdēs Tsēłē, g·āg·alagɛmaqēxs k·!ēs‛maē
20 māyuł‛īda. Wä, la‛mē hēwāxa qādzēLē L!ōL!otsāxēs gɛnɛmē
Tsēłē. Wä, hēɛm Lēgadɛs k!ŭt!ɛxsdē. Wä, la‛mē Tsēłē māyuł-
‛ītsa bābagŭmē. Wä, lā‛laē Lālax·s‛ɛndayo max·ts!as gwēx·‛idaa-
sasēs q!āk·owē Tsēłē. Wä, la‛mē sɛnx·‛īd qa‛s Lēgɛmg·ɛlxLa‛yē
lax L!ōL!otsa. Wä, laɛm‛laē Lēgɛmg·ɛlxLālax Nɛnōlogɛma‛yē qa
25 Lēgɛms L!ōL!otsa; hē‛misē L!ēsp!ēgaakᵘ qa Lēgɛms xŭnōkwas. Wä,
laɛm â‛mē Lālax·s‛ɛndayo sɛnēnōx̣ᵘsa ma‛ltsɛmēx Lēlɛgɛma. Wä,
la‛mē Nɛnōlogɛma‛yē hēla dzɛnaasē Lālax·s‛ɛndayowē. Wä, la‛mē
ălax·‛īd bɛwē Nɛnōlogɛma‛yas Ō‛maxt!ālaLa‛yaxs laē ēt!ēd bɛwē-
kwēs gɛnɛmē Tsēłē. Wä, laɛmxaē māyuł‛īdē Tsēłasa bābagŭmē.
30 Wä, hēɛm Lēgadɛs k!ŭt!ɛxsdānɛm g·ing·īnānɛmē sāsɛmas. Wä,
la‛mē Lālax·s‛ɛndayowē Lēqēla qa Lēgɛms. Wä, la‛mē Lɛx‛ēts
Bawɛlē. Wä, la‛mē wāx·dzāla māyoLē Tsēłē. Wä, laɛmxaē
Lālax·s‛ɛndayowē L!āyux Lēgɛmas Tsēłē. Wä, laɛm Lēx‛ēdɛs

'sɛndayo changed the name of Tsēlē and he named her | Lālax̱·-s'aqⁱanakᵘ, for he was helped by ‖ Nenōlogɛmēᶜ, his wife and his 35 children, for they all were working. | And therefore Lālax·s'ɛndayo treated Lālax·s'aqⁱanakᵘ as his own daughter. | Now Lālax·s'aqⁱanakᵘ gave birth to a girl | next to the two boys which were first born. | Then Lālax·s'ɛndayo named her Ālāk·ⁱilayugwa, ‖ and he also 40 only made up this name. "The name means," | thought Lālax·-s'ɛndayo, "that she will make dressed skins for me." | Thus he thought. Therefore he named the girl Ālāk·ⁱilayugwa. | Then the many children of Nenōlogɛmēᶜ grew up. | Then Lālax·s'ɛndayo saw that ‖ Lⁱēspⁱēgaakᵘ, the eldest one of the children of | Nenōlogɛmēᶜ, 45 was wise. He took care of his property. Then | Lⁱēspⁱēgaakᵘ said that he would invite the people living at K·ⁱāqⁱa | —'wālas Kwax·ⁱilanōkŭmēᶜ, and his prince Ō'maxtⁱālaLē, and his younger brother | 'wālas 'nɛmōgwis — to give a potlatch. As soon as they came into ‖ the house of Lālax·s'ɛndayo, 'wālas Kwax·ⁱilanōkŭmēᶜ felt sick at 50 heart | when he saw LⁱōLⁱotsa, who had now the name Nenōlogɛmēᶜ, | who formed now a great tribe with his children; for | 'wālas Kwax·ⁱilanōkŭmēᶜ had given Nenōlogɛmēᶜ to Lālax·s'ɛndayo | to be his slave. And then Lālax·s'ɛndayo said that ‖ Nenōlogɛmēᶜ 55 and his children should now form another tribe. | And the name of

---

Lālax·s'aqⁱanakwē lāq, qaxs âlaē Lālax·s'ɛndayowē la hēlɛmālas Nenōlogɛma'yē Lɛ'wis gɛnɛmē Lɛ'wis sāsɛmē, qaxs ēaxɛlaē 'nāxwa; 35 wä hē'mis lāg·ⁱilas Lālax·s'ɛndayowē 'nɛmāx·ⁱs'ɛm lā Lō' xŭngwadɛs Lālax·s'aqⁱanakwē. Wä, laɛm'laē ts!ātsⁱɛdagɛmē māyuLɛmas Lālax·s'aqⁱanakwē māk·ⁱlāxa ma'lōkwē bābɛbagŭmē g·ⁱl māyuLɛms. Wä, laɛm'laē Lālax·s'ɛndayowē Lēx'ēdɛs Ālāk·ⁱilayugwa lāq. Wä, laɛmxaē âɛm sɛnānɛmaxa Lēgɛm, yix 'nē'nak·ⁱilasa Lēgɛmē, yixs 40 'nēnk·ⁱēqɛlaē Lālax·s'ɛndayo, "Lɛ'maas ălāk·ⁱilal qaɛn," 'nēx·'laē nâqa'yas. Wä, hē'mis lāg·ⁱilas Lēx'ēdɛs Ālāk·ⁱilayugwa lāxa ts!āts!ɛdagɛmē. Wä, lā'laē qⁱūlsqⁱūlyax̱'widēda qⁱēnɛmē sāsɛms Nenōlogɛma'yē. Wä, laɛ'mlaē Lālax·s'ɛndayowē dōqŭlaqēxs nâgadaē bɛgwānɛmē Lⁱēspⁱēgaakwēxa 'nōlastⁱɛgɛma'yas sāsɛmas Nenō- 45 logɛma'yē. Laɛm'laē axēlaxēs dādɛk·asē. Wä, laɛm'laē 'nēk·ē Lⁱēspⁱēgaakwē qa's Lēlɛlēxa g·ōkŭla lāx K·ⁱāqⁱa lāx 'wālas Kwax·ⁱilanōkŭma'yē Lɛ'wis Lɛwɛlgăma'yē Ō'maxtⁱālaLa'yē Lɛ'wis ts!ā'yē 'wālas 'nɛmōgwisē qā's pⁱɛsēq. Wä, g·ⁱl'ɛm'lāwise g·āx hōgwiLa lāx g·ōkwas Lālax·s'ɛndayo lāa'lasē ts!ɛx·ⁱla nâqa'yas 'wālas Kwax·ⁱ- 50 lanōkŭmē laē dōx'waLɛlax LⁱōLⁱotsaxa la Lēgadɛs Nenōlogɛma'yaxs ⁱaē la qⁱēnɛm lēlqwălaLa'ya Lɛ'wis sāsɛmē. Wä, hē'mis lāg·ⁱilas g·ēx'ēdē 'wālas Kwax·ⁱilanōkŭma'yas Nenōlogɛma'yē lāx Lālax·-s'ɛndayowē qa qⁱāk·ōs. Wä, hē'mis la 'nēg·ats Lālax·s'ɛndayowaxs ōgŭ'la'maē la lēlqwălaLa'yē Nenōlogɛma'yē Lɛ'wis sāsɛmē. Wä, 55 la'mēsōx lɛgŭxLālax ɛlgŭnwē g·āg·ⁱLɛla lāxwa 'nālax, 'nēx·'laē

57 that tribe was Elgŭnwē⁽ beginning that day. Thus said | Lālax̱·-
s⁽Endayo to ⁽wālas Kwax̱·ĭlanōkŭmē⁽, and now the name of the
tribe | of NEnōlogEmē⁽ and his children was Elgŭnwē⁽. Now |
L!ēsp!ēgaak" gave away property to his guests. And then L!ēsp!ē-
60 gaak" ‖ said that he would change his name, and he said his name
would be | G·ēxk·Enis. He did not get the name G·ēxk·Enis from
any place. | He only thought that he was a chief, because he invited
the tribe from | K·!āq!a. But they can not wipe off their ancestors: |
his father L!ōL!otsa and his mother Tsēlē had been slaves. This is
65 called by the ‖ Indians "not-noble stock," because they are slaves on
both sides, those whose tribal name is | Elgŭnwē⁽. It is a great dis-
grace to the numaym Elgŭnwē⁽ that | both were slaves — the father of
G·ēxk·Enis and his mother — | and also that ⁽wālas Kwax̱·ĭlanōkŭmē⁽
gave away NEnōlogEmē⁽ | that is L!ōL!otsa, to Lālax·s⁽Endayo. ‖
70 Now G·ēxk·Enis and his younger brother BawElē | were grown up,
and also their sister Ālāk·ilayugwa. Now he tried in vain | to marry
the princess of DzEnx·q!ayo, whose name was ⁽māx̱ṵlayugwa. |
Now DzEnx·q!ayo had also changed his name DzEnx·q!ayo; | and he
75 had the name Hayałk·EngEmē⁽. He laughed, and ‖ said, "Don't try
too much G·ēxk·Enis. Evidently you believe | that you are a chief,
G·ēxk·Enis, that you ask for your wife DzEnx·q!ayugwa." | Thus said
Hayałk·EngEmē⁽, and called him his slave. Then | G·ēxk·Enis

---

57 Lālax·s⁽Endayo lāx ⁽wālas Kwax̱·ĭlanōkūma⁽yē. Wä, la⁽mē lEgŭxLā-
lax Elgŭnwa⁽yē NEnōlogEma⁽yē Ḻe⁽wis· sâsEmē. Wä, lā⁽laē yāx-
⁽widē L!ēsp!ēgaakwaxēs LēlElakwē. Wä, la⁽mē ⁽nēk·ē L!ēsp!ēgaa-
60 kwē qa⁽s L!āyoxLēxēs Ḻēgemē. Wä, laEm⁽laē ⁽nēx· qa⁽s Ḻēgadēs
G·ēxk·Enis. Wä, laEm k·!ēâs g·ayoḺatsēxēs Ḻēgemē G·ēxk·Enisē,
yĭxs â⁽maē k·ōta laEm g·ĭgāma⁽ya qaēs LēlElaēna⁽yaxa g·ōkŭla lāx
K·!āq!a. Wä, la k·!ēâs gwēx·⁽idaas dēg·ĭlElē q!āq!Ek·âēs g·ĭlg·ali-
sēxēs ōmpē L!ōL!otsa Ḻe⁽wis âbEmpē Tsēlē. Wä, hēEm gwe⁽yâsa
65 bāk!ŭmē k·!eâs âwānâya ōgŭ⁽la qa⁽laq!Egŭnōsē, yĭxa la lEgŭxLālax
Elgŭnwa⁽yē. Wä, laEm ⁽wālas q!Emāsa ⁽nE⁽mēmotasa Elgŭnwa⁽ya,
yĭxs malēdāla, yĭxs q!āq!Ek·âē ōmpas G·ēxk·Enis Ḻe⁽wis âbEmpē.
Wä, hē⁽misē ⁽wālas Kwax̱·ĭlanōkūma⁽yaxs laē g·ēx⁽its NEnōlogE-
ma⁽yē, yĭx L!ōL!otsa lax Lālax·s⁽Endayowē.
70 Wä, laEm⁽lāwisē q!ŭlsq!ŭlyakwē G·ēxk·Enisē Ḻe⁽wis ts!ā⁽yō BawElē.
Wä, hē⁽misḺēs wEq!wē Ālāk·ilayugwa. Wä, laEm⁽laē wāx· ⁽nēk·
qa⁽s gEg·adēs k·!ēdēlas DzEnx·q!ayâxa Ḻēgadā las ⁽māx̱ṵlayugwa.
Wä, âEm⁽lāwisē DzEnx·q!ayâxa lE⁽māxat! L!āyoxLā DzEnx·q!a-
yowē. LaEm⁽laē Ḻēgadēs Hayałk·EngEmē, dāl⁽ĭda. Wä, lā⁽laē
75 ⁽nēk·a: "Gwałdzâs xEnL!āla G·ēxk·Enisa lE⁽maaxEnqōs ōq!ŭs⁽Em la
g·ĭgāma⁽ya G·ēxk·Enisa, yūdzâx·ē gEnEmsē yŭx DzEnx·q!ayugwax,"
⁽nēx·⁽laē Hayałk·EngEma⁽yē Ḻēx⁽ēdxēs q!āk·owē. Wä, laEm⁽laē
G·ēxk·Enisē q!āL⁽aLElaqēxs q!āq!Ek·áēs g·ĭg·aōlnuk" lāxēq qaxs wE-

found out that his parents had been slaves; for he did | not believe it, 79 although he had been told by them that his parents had been slaves. ‖ Now he only had Dzɛnx·q!ayugwa for his sweetheart. He had not 80 been long | in the house of Hayałk·ɛngɛmēᵋ, when Dzɛnx·q!ayugwa left | and went into the house of Lālax·sᵋɛndayo. Now Lālax·sᵋɛndayo changed his name | and his name was ʟ!āqwalał; for | Nɛnōlogɛmēᵋ and his children still remained there. The reason why ‖ Dzɛnx·q!ayugwa went away was that she discovered that she was 85 with child. Then she | gave birth to a girl. Now ʟ!āqwalał thought up a | name for her, and a name occurred to him, and he called | the child of G·ēxk·ɛnis Ālāg·ı̓mił. Then Dzɛnx·q!ayugwa | gave birth to a boy, who was born next to ‖ Ālāg·ı̓mił. Then G·ēxk·ɛnis 90 invented a name, | and his invention was Ek·!awig·iᵋlakᵘ. That was the name of the boy. | He named him Ek·!awig·iᵋlakᵘ. The name was | only an invention. |

Now I stop for a while to talk about G·ēxk·ɛnis, and I ‖ shall talk 95 about the sister of G·ēxk·ɛnis, Ālāk·ilayugwa, who became | the sweetheart of Ts!ág·iᵋlakᵘ, a foolish man, the youngest one | of the five sons of the chief of the numaym | Haáyalik·awēᵋ, who was named Häxŭyōsɛmēᵋ; for | the youngest one is never taken care of by his father, there being five sons and ‖ he was like a slave and a 100

---

yōq!ŭsaaxs wäx·aē ᵋnēx·sɛᵋwa, yı̓xs q!āq!Ek·âēs g·ı̓g·aōlnukwē. Wä, laᵋmē âᵋmɛl waʟadɛx·ᵋı̓dɛs Dzɛnx·q!ayugwa. Wä, k·!ēsᵋlat!a gåla 80 hēla g·ōkwas Hayałk·ɛngɛma yı̓xs g·āxaē bɛwē Dzɛnx·q!ayugwa qaᵋs g·āxē lāx g·ōkwas Lālax·sᵋɛndayo yı̓xs lɛᵋmaaxat! ʟ!āyuxʟā Lālax·sᵋɛndayowē. Wä, laɛm ʟēgadɛs ʟ!āqwalał qaxs hēx·säᵋmaē lä Nɛnōlogɛmēᵋyē ʟɛᵋwis säsɛmē. Hēɛl lāg·ilas g·āx māᵋwa laē Dzɛnx·q!ayugwa, qaxs laē q!âłaxs lɛᵋmaē bɛwēkwa. Wä, lāᵋlaē 85 mäyuł·itsa ts!âts!ɛdagɛmē. Wä, laɛmᵋlaē ʟ!āqwalał sɛna qa ʟēgɛms. Wä, lāᵋlaē g·ı̓g·aēx·ᵋēd qa ʟēgɛms. Wä, laᵋmē ʟēx·ᵋēts Ālāg·ı̓mı̓lē lāxa xŭnōkwas G·ēxk·ɛnisē. Wä, laɛmᵋlaē Dzɛnx·q!ayugwa yāla mäyuʟasa bābagŭm laē ēt!ēdē mäyuʟɛms māk·ı̓lax Ālāg·ı̓mı̓lē. Wä, hēᵋlat!a G·ēxk·ɛnisē sɛnx·ᵋı̓d qa ʟēgɛms. Wä, 90 laɛmᵋlaē sɛnānɛmax Ek·!awig·iᵋlakᵘ. Laɛmᵋlaē ʟēx·ᵋēts lāxēs bābagŭmē xŭnōkwa. Wä, laᵋmē ʟēgadɛs Ek·!awig·iᵋlakᵘ lāq. Wä, laɛmxaē âɛm sɛnānɛmaxa ʟēgɛms.

Wä, laᵋmɛn gwäł gwägwɛx·sᵋāla lāx G·ēxk·ɛnisē yŭwasᵋı̓da qɛn gwägwēx·sᵋalē lāx wŭq!wās G·ēxk·ɛnisē lāx Ālāk·ilayugwa, yı̓xs 95 laaxat! wāʟadɛs Ts!ág·iᵋlaxᵘxa nɛnōlowē bɛgwānɛma ämäyı̓nxaᵋyas sɛk·!ākwē bēbɛgwānɛm sāsɛm bagwanɛmx·sās g·ı̓gāmaᵋyasa ᵋnɛᵋmēmotasa Haáyalik·awaᵋyēxa ʟēgadɛs Häxŭyōsɛmaᵋyē, yı̓xs k·!ēsaē q!ādzayo ämäyı̓nxaᵋyasēs ōmpax sɛk·!ākwaē bagwanɛmx·säyē sāsɛmas, yı̓xs âᵋmaē ᵋnɛmāx·ı̓s ʟɛᵋwa q!āk·ō ʟɛᵋwa ᵋwats!ē. Wä, laɛmᵋlaē 100

2 dog. Now | Ālāk·ilayugwa really loved Ts!âg·i⁴lakᵘ, and | Ts!âg·i-
⁴lakᵘ never left the house of Lāqwalał; for | Ts!âg·i⁴lakᵘ came as a
stranger from south of Tsāxis. Now | Ālāk·ilayugwa really did not
5 mind that her brother G·ēxk·ᴇnis tried to tell her ‖ in vain that she
should not make known that Ts!âg·i⁴lakᵘ was her lover. | Ālāk·i-
layugwa only said that she was proud | to have for her lover the
prince of Häxŭyōsᴇmē⁴. Then | G·ēxk·ᴇnis was silent. Now Ālāk·i-
layugwa was with child. | Then she was driven away by her brother
10 G·ēxk·ᴇnis, when he found out that ‖ Ālāk·ilayugwa was with child.
Immediately Ts!âg·i⁴lakᵘ | asked Ālāk·ilayugwa to carry their goods
to | a cave this side of K·!āq!a. Then the lovers carried their goods
there. | Then Ts!âg·i⁴lakᵘ and his beloved Ālāk·ilayugwa | staid there
a long time. Then she gave birth to a boy in the cave. They ‖
15 lived there a long time in the cave. Then Ālāk·ilayugwa | asked her
lover Ts!âg·i⁴lakᵘ to go with their goods to Wādzolis. | Immediately
Ts!âg·i⁴lakᵘ loaded his small canoe, and | they went to Wādzolis.
When they arrived there, | Ts!âg·i⁴lakᵘ took his slow-match box and
20 he took out ‖ his slow-match, which was burning at one end just like
a rope of soft cedar bark. | Then he made a fire; and when the fire
blazed up, | he put out his slow-match, and put it into the slow-
match box. | Now he was already making fires wherever he went

---

1 âlak·!āla łăxŭlanōkwē Ālāk·ilayugwas Ts!âg·i⁴lakwē. Wä, la⁴mē
Ts!âg·i⁴lakwē k·!ēs bᴇχᵘbōkwas g·ōkwas Lāqwalalē, yīxs bāgŭnsaē
Ts!âg·i⁴lakwē g·āx·⁴īd lāxa ⁴nālēnak·âlās Tsāxisē. Wä, la⁴mē âlak·!āla
k·!ēs āwīlag·ilē Ālāk·ilayugwa lāx wāx·aēs wŭq!wa yīx G·ēxk·ᴇnisaxs
5 wāx·aē āxk·!āla qa k·!ēsēs xᴇnLᴇla nēłtsᴇmâłax wāLadaas Ts!âg·i⁴la-
kwē. Wä, âᴇm⁴lāwisē Ālāk·ilayugwa ⁴nēk·ᴇxs Lᴇmqaēs nâqa⁴yaxs
wāLadaasa Lāwᴇlgāma⁴yas Häxŭyōsᴇma⁴yē. Wä, âᴇm⁴lāwisē G·ēx-
k·ᴇnisē la q!wēl⁴ēda. Wä, laᴇm⁴laē bᴇwēx̣⁴widē Ālāk·ilayugwa. Wä,
la⁴mē k·āyōlᴇmsēs wŭq!wē G·ēxk·ᴇnisē, yīxs laē q!ā⁴staqēxs laē
10 bᴇwēkwē Ālāk·ilayugwa. Wä, â⁴mēsē hēx·⁴ida⁴mē Ts!âg·i⁴lakwē
āxk·!ālax Ālāk·ilayugwa qa⁴s lāx·da⁴xwē ma⁴wa lāxa gwāsa⁴yas
K·!āq!a lāxa x·opēse. Wä, laᴇm⁴lāwise mā⁴wēda wāLāla. Wä,
laᴇm⁴lāwisē gālak·as hēlē Ts!âg·i⁴lakwē Lᴇ⁴wis wāLᴇlē Ālāk·ilayu-
gwa. Wä, laᴇm⁴laē māyuł⁴itsa bābagŭmē laxa x·opēsē. Wä, laᴇm-
15 ⁴lāwisē gālak·as⁴ᴇm g·ōkŭla lāxa x·opēsē. Wä, lā⁴lae Ālāk·ilayugwa
āxk·!ālaxēs waLᴇlē Ts!âg·i⁴lakᵘ qa⁴s lā ma⁴wa lāx Wādzolis. Wä,
hēx·⁴idaᴇm⁴lāwisē Ts!âg·i⁴lakwē moxsaxēs x̣wāx̣wāgŭmē. Wä, la⁴mē
lāx·da⁴x lāx Wādzolis. Wä, g·īl⁴ᴇm⁴lāwisē lāg·aa laē hēx·⁴ida⁴mē
Ts!âg·i⁴lakwē āx⁴ēdxēs pᴇnāgats!ē g·īldasa. Wä, lā⁴laē āxwŭlts!ōd-
20 xēs pᴇnāqēxa x·īxbala g·īlt!a hē gwēx·sa dᴇnᴇma k·ādzᴇkwē.
Wä, la⁴mē lᴇx⁴wālisa. Wä, g·īl⁴mēsē x·ĭk·ōstâwē !ᴇqwēla⁴yas laē
k·!īlx⁴ēdxēs pᴇnaqē, qa⁴s g·ēts!ōdēs lāxēs pᴇnāgats!ē g·īldasa. Wä,
la⁴mē gwāłᴇlaᴇm lāxsā lāxēs Lᴇqwi⁴lālasē. Wä, la⁴mē ⁴nēx·xēs

(Lāxsä). Now he said to his | beloved Ālāk·ilayugwa, "Let our child have a name, ‖ and his name is Mā‘nakūla (Moving-along), as 25 we were doing when we went | moving our goods to Wādzolis." Thus said Ts!âg·i‘lakᵘ to his beloved | Ālāk·ilayugwa. Now their illegitimate child had the name | Mā‘nakūla. He also just invented this name for his | son. These are the ancestors of the numaym Lāxsä. ‖ And therefore the people of the numaym are ashamed of the 30 name Lāxsä, | for Ts!âg·i‘lakᵘ was the youngest of the children of Häxŭyōsᴇmē‘, the | head chief of the numaym Haáyalik·awē‘ of the Q!ōmoyā‘yē. |

And Ālāk·ilayugwa gave birth to a girl, | and Ts!âg·i‘lakᵘ invented a name for her, ‖ and the name he invented for his daughter was 35 Ālē‘stalidzᴇmga. | Then he named her Ālē‘stalidzᴇmga. | Now Ts!âg·i‘lakᵘ and his wife | Ālāk·ilayugwa had two children, the boy Mā‘nakūla and Ālē‘stalidzᴇmga. | Then Ts!âg·i‘lakᵘ moved again, and went to G·ᴇyōxᵘ. ‖ There he lived; and now his two children 40 grew up. | Now Ālē‘stalidzᴇmga was grown up, and | Mā‘nakūla also was a full-grown man. Then | Ts!âg·i‘lakᵘ saw a canoe coming along towards them | from the south. It arrived at the beach of the house of Ts!âg·i‘lakᵘ. ‖ Then Ts!âg·i‘lakᵘ and his two children went to 45 meet them. | And immediately Ts!âg·i‘lakᵘ asked the stranger why

---

wāʟᴇla, lāx Ālāk·ilayugwa: "Wä, g·adzāx·ōx ʟᴇgadᴇns xŭnōkwēx qa hē‘mes ʟᴇgᴇmsōqē Mā‘nakūla lāxᴇn gwēg·ilasē g·axēg·ĭns 25 ma‘wa laxōx Wādzolisē," ‘nēx·‘laē Ts!âg·i‘lakwaxēs waʟᴇlē Ālāk·ilayugwa. Wä, laᴇm‘laē ʟᴇgadē k!ŭtᴇxᵊdānᴇmē xŭnōkwa, yĭs Mā‘nakūla. Wä, laᴇmxaē âᴇm sᴇnānᴇmaxa la ʟᴇgᴇmsēs bābagŭmē xŭnōkwa. Wä, hēᴇm g·ĭlg·alitsa ‘nᴇ‘mēmotasa Lâxsä. Wä, hē‘mis lāg·ilas la max·ts!ōlᴇm ʟēqᴇlasē‘wē ‘nᴇ‘mēmotasa Lâxsä, 30 yĭxs âmāyĭnxa‘yē Ts!âg·i‘lakwas sāsᴇmas Häxŭyōsᴇma‘yē yĭx xāmagᴇma‘yē g·ĭgämēsa ‘nᴇ‘mēmotasa Haáyalik·awa‘yasa Q!ōmoyā‘yē.

Wä, laᴇm‘laxaē ēt!ēd māyuł‘idē Ālāk·ilayugwa yĭsa ts!ātsᴇdagᴇmē. Wä, laᴇm‘laxaāwisē Ts!âg·i‘lakwē sᴇna qa ʟēgᴇms. Wä, lā‘laē sᴇnānᴇmax Ālē‘stalidzᴇmga qa ʟēgᴇmsēs ts!ātsᴇdagᴇmē 35 xŭnōkwa. Wä, laᴇm‘lāwisē ʟēx‘ēdᴇs Ālē‘stalidzᴇmga lāq. Wä, laᴇm‘laē ma‘lōkwē sāsᴇmas Ts!âg·i‘lakwē ʟᴇ‘wis gᴇnᴇmē Ālāk·ilayugwa, yĭxa bᴇgwānᴇmē xŭnōxᵘsē Mā‘nakūla ʟō‘ Ālē‘stalidzᴇmga. Wä, laᴇm‘laxaē ma‘wa yĭx Ts!âg·i‘lakwē qa‘s lä lāx G·ᴇyōxwē. Wä, hēx·sāᴇm‘lāwisē la g·ōkŭlē. Wä, laᴇm‘laē q!ŭlsq!ŭlyax‘widē ma‘lō- 40 kwē sāsᴇms. Wä, laᴇm ēxᴇntē Ālē‘stalidzᴇmga. Wä, laᴇm‘laxaāwisē la nᴇxʟaala bᴇgwānᴇmē Mā‘nakūla, laa‘lasē dōx‘waʟᴇlē Ts!âg·i‘lakwaxa siō‘nakūla xwāk!ŭna gwasx·äla g·āya‘nakūla lāxa ‘nalᴇnak·äla. Wä, g·āx‘laē g·ax‘alis lax ʟ!ᴇma‘isas g·ōkwas Ts!âg·i‘lakwē. Wä, laᴇm‘lāwisē ‘wī‘la lālalē Ts!âgi‘lakwē ʟᴇ‘wis ma‘lōkwē 45 sāsᴇmq. Wä, hēx·‘idaᴇm‘lāwisē Ts!âg·i‘lakwē wŭʟaxa lōlakŭmē lax

48 he came | paddling. The man replied to him. Now | the visitor saw that Āᴸē⁽stalidzᴇmga was a pretty woman, | and he guessed that she must be the daughter of Tsǃâgˑiᵋlakᵘ: therefore he said, ‖
50 "I came to marry your princess, chief. I am ᵋmāx̣ūyalisᴇmē⁽, | head chief of the numaym Haǎyalikˑawē⁽, and my father is Hāx̣ūyōsᴇmē⁽." | Thus said the visitor. He did not recognize that this was |ˑ his younger brother Tsǃâgˑiᵋlakᵘ, from whom he asked a wife. Tsǃâgˑiᵋlakᵘ | just said, "Go, son-in-law, to your wife Āᴸē⁽stali-
55 dzᴇmga." ‖ Now she had her uncle for her husband. | ᵋmāx̣ūyalisᴇmē⁽ and his wife Āᴸē⁽stalidzᴇmga had not been married long | when she was with child. Then she gave birth to a boy. | Now ᵋmāx̣ūyalisᴇmē⁽ was | really glad, because he had a son. | He felt only badly because he did not know ‖ the name of his father-in-law; for the children
60 never named him anything but | Dāda, and Ālākˑilayugwa also called her husband Dāda, | and ᵋmāx̣ūyalisᴇmē⁽ hesitated to ask for the name of his father-in-law. | But Tsǃâgˑiᵋlakᵘ knew already that he was his eldest brother | ᵋmāx̣ūyalisᴇmē⁽ when he said that his
65 father was Hāx̣ūyōsᴇmē⁽, head chief of the numaym ‖ Haǎyalikˑawē⁽. Then | Tsǃâgˑiᵋlakᵘ was glad on account of what his brother had done; for | ᵋmāx̣ūyalisᴇmē⁽ had always tormented his youngest brother Tsǃâgˑiᵋlakᵘ | — |.

___

47 sē⁽wēna⁽yas. Wä, lä⁽laē nānax̣ma⁽yēda bᴇgwānᴇmaq. Wä, laᴇm⁽laēda lēlakümē dōqülax Āᴸē⁽stalidzᴇmgāxs ēxˑsōkwaēs tsǃᴇdāq ǃēna⁽yē. Wä, lä⁽laē kˑōtaq x̣ŭnōx̣ᵘs Tsǃâgˑiᵋlakwē, lāgˑilas ⁽nēkˑē: "Gāga-
50 kˑǃᴇnʟaxs kˑǃēdēlaqōs, gˑīgămē⁽. Wä, nōgwaᴇm ᵋmāx̣ūyalisᴇma⁽ya ōgümēsa ⁽nᴇ⁽mēmotasa Haǎyalikˑawayᴇn ōmpē Hāx̣ūyōsᴇma⁽yē," ⁽nēx̣ˑ⁽laēda lēlakümē. Wä, la⁽mē kˑǃēs maɬtǃālaqēxs hē⁽maē tsǃā⁽yēs la gˑāyâlasa lāx Tsǃâgˑiᵋlakwē. Wä, âᴇm⁽lāwisē Tsǃâgˑiᵋlakwē ⁽nēkˑa: "Gèlagˑa, nᴇgümp, laxgˑas gᴇnᴇmgˑōs lāxgˑa Āᴸē⁽sta-
55 lidzᴇmgakˑ." Wä, la⁽mē lāwatsēs qǃūlēyē. Wä, kˑǃēstǃa gäla hayasᴇkˑâlē ᵋmāx̣ūyalisᴇma⁽yē ʟᴇ⁽wis gᴇnᴇmē Āᴸē⁽stalidzᴇmgāxs laaᴇʟ bᴇwēx̣⁽wida. Wä, lä⁽laē māyul⁽itsa bābagümē. Wä, laᴇm⁽laē ʟōma ēkˑē nâqa⁽yas ᵋmāx̣ūyalisᴇma⁽yē qaxs bᴇgwānᴇmaēs x̣ŭnōkwa. Wä, lēx̣ˑa⁽mēs ⁽yāgˑᴇms nâqa⁽yasēxs kˑǃēs⁽maē qǃâl⁽aʟᴇ-
60 lax ʟēgᴇmasēs nᴇgümpē, qaxs hēwäx̣a⁽maēs sāsᴇmē ʟēqᴇlas ōgü⁽lax Dāda. Wä, lāxaē Ālākˑilayugwa ʟēqᴇlas Dāda lāxēs lā⁽wŭnᴇmē. Wä, la ᵋmāx̣ūyalisᴇma⁽yē hālala wūʟax ʟēgᴇmasēs nᴇgümpē, yīxs gwāɬᴇla⁽maē qǃâl⁽aʟᴇlē Tsǃâgˑiᵋlakwaqēxs hē⁽maē ⁽nōlastǃᴇgᴇma⁽yē ᵋmāx̣ūyalisᴇma⁽yē, yīxs laē ⁽nēkˑᴇxs ōgüma⁽yaēs ōmpasa ⁽nᴇ⁽mē-
65 motasa Haǎyalikˑawa⁽yē, yīx Hāx̣ūyōsᴇma⁽yē. Wä, la⁽mē ēkˑē nâqa⁽yas Tsǃâgˑiᵋlakwē qa gwēx̣ˑ⁽idaasasēs ⁽nōla, qaxs hē⁽maē ᵋmāx̣ūyalisᴇma⁽ye hēmᴇnaɬa mōmayalaxēs ämāyᴇnxa⁽yē Tsǃâgˑiᵋlakwē.

Now ʻmāxuyaʼiᴴᴱmēʻ said that he was very happy ‖ on account of 70
his son. "Now I | shall give my name to be his name. Now you
will call him ʻmāxŭyalisᴱmēʻ." | Thus he said. Then Tsǃâgʻiʻlakᵘ
had obtained what he was wishing for (to | be said by his son-in-
law), and Ālākʻilayugwa thought in the same way. | Now ʻmāxŭya-
lisᴱmēʻ wished to ‖ go home to his village in ʟᴇxʻsīwēʻ with his wife | 75
Āʟēʻstalidzᴱmga, and his father-in-law Tsǃâgʻiʻlakᵘ, and his wife
Ālākʻilayugwa, | and also Mâʻnakŭla, the elder brother of Āʟēʻ-
stalidzᴱmga. | Then they loaded their traveling-canoe with their
belongings; | and when all their belongings were in, they paddled. ‖
Now ʻmāxŭyalisᴱmēʻ — for I continue to call him so, | for now 80
ʻmāxŭyalisᴱmēʻ, the child of the | former ʻmāxŭyalisᴱmēʻ, had that
name — sat in the bow of the canoe of his wife | Āʟēʻstalidzᴱmga,
who was carrying in her lap her son. | Then they arrived at ʟᴇxʻsīwēʻ
where his village was. Then ‖ his three younger brothers came down 85
to meet him, and they | unloaded the goods. Then Tsǃâgʻiʻlakᵘ and
his wife Ālākʻilayugwa | and his son Mâʻnakŭla went into the house
of his son-in-law. | Now the former ʻmāxŭyalisᴱmēʻ was asked by
his father Häxŭyōsᴱmēʻ. | He said, "Now tell me where did your
father-in-law come from. ‖ What is his name, and that of your wife?" 90
Thus he said. | Then the former ʻmāxŭyalisᴱmēʻ said, "I don't

---

Wä, laᴇmʻlāwisē ʻnēkʻē ʻmāxŭyalisᴇmaʻyē ʻnēkʻᴇxs: "ʟōmak.
ēxʻgʻᴇn nâqēkʻ qaᴇn xŭnokwaxs bᴇgwānᴇmaēx. Wä, laʻmēsᴇn 70
ʟēqosaltsgʻᴇn ʟēgᴇmkʻ laqᵘ." ʻnēxʻʻlaē. Wä, laʻmē Āʟē Tsǃâgʻiʻlakwaxēs wālagᴇlē qa
waɫdᴇmsēs nᴇgŭmp. Wä, hēᴇmxaāwisē gwāla nâqaʻyas Ālākʻila-
yugwa. Wä, laᴇmʻlaē ʻnēkʻē ʻmāxŭyalisᴇmaʻyē qaʻs lālagʻī nā-
ʻnakwa lāxēs gʻōkŭlasa lāx ʟᴇxʻsīwaʻyē ʟᴇʻwis gᴇnᴇmē Āʟēʻsta- 75
lidzᴇmga ʟᴇʻwis nᴇgŭmpē Tsǃâgʻiʻlakwē ʟᴇʻwis gᴇnᴇmē Ālākʻi-
layugwa; wä, hēʻmisʟa Mâʻnakŭla, yɪx ʻnōlās Āʟēʻstalidzᴇmga.
Wä, lāxʻdaʻxᵘᵈlaē mōxsasēs mᴇmwāla lāxēs yaēʻyatsǃē xwāxwākǃŭna.
Wä, gʻîlʻᴇmʻlāwisē ʻwīlxsē mᴇmwālās laxʻdaʻxwāē sēxʻwida. Wä,
laᴇmʻlaē ʻnēkʻē ʻmāxŭyalisᴇmaʻyē;—qᴇn hēxʻsäʻmē ʟēqᴇlayōq, 80
yɪxs häaʟaɫ la ʟēgadᴇs ʻmāxŭyalisᴇmaʻya gʻînānᴇmē, yɪx xŭnō-
kwas ʻmāxŭyalisᴇmēmōtǃa. Wä, laᴇmʻlaē kǃwāgʻiwala, yɪxēs gᴇnᴇmē
Āʟēʻstalidzᴇmga qǃᴇlkʻǃᴇqᴇlaxēs bābagŭmē xŭnōkwa. Wä, laᴇm-
ʻlāwisē lāgʻaa lāx ʟᴇxʻsīwaʻyē lāxēs gʻōkŭlasē. Wä, gʻāxʻᴇmʻlāwisē
gʻāgʻaxalasōsēs yŭdukwē tsǃātsǃaʻya. Wä, hēxʻʻidaᴇmʻlāwis mōɫtoyᴇ- 85
wē mᴇmwalās. Wä, laʻmē Tsǃâgʻiʻlakwē ʟᴇʻwis gᴇnᴇmē Ālākʻilayu-
gwa ʟᴇʻwis xŭnōkwē Mâʻnakŭla, hēᴇm gʻaēʟᴇlē gʻōkwasēs nᴇgŭmpē.
Wä, laᴇmʻlāwisē wŭʟasᴇʻwē ʻmāxŭyalisᴇmēmōtǃa yĭsēs ōmpē Häxŭ-
yōsᴇmaʻyē. Wä, lāʻʻlaē ʻnēkʻa: "Wägʻadzʌ gwäsʻidᴇs gʻāyᴇmaxaa-
sasōx nᴇgŭmpēx. Āngwaxʻʟōx ʟᴇʻwōs gᴇnᴇmakʻōs," ʻnēxʻʻlaē. 90
Wä, ᴀᴇmʻlāwisē ʻmāxŭyalisᴇmēmōtǃa ʻnēkʻa: "Kʻǃōdzᴇn qǃāla-

92 know | any other name of my father-in-law but Dāda, and | my
mother-in-law has the name Ālāk·ilayugwa, and my brother-in-law's
name is Mâ‘nakūla, | and my wife's name is Āʟē‘stalidzɛmga."
95 Thus he said. || Then the chief, his father, Häxūyōsɛmē‘, spoke
again, | and said, "He must be a great man on account of these |
names, for they seem to be very high names. Let me ask | your
father-in-law where he came from." Thus he said to his | prince.
200 Now Häxūyōsɛmē‘ called his whole || numaym, the Haáyalik·awē‘,
to come into his house | with his children. When they were in, |
Ts!âg·i‘lak⁽ᵘ⁾ with his wife Ālāk·ilayugwa and his son | Mâ‘nakūla
and Āʟē‘stalidzɛmga, the wife of the | former ‘māxūyalisɛmē‘, sat
5 among them. Chief || Häxūyōsɛmē‘ did not stand up, and he was
just sitting in the house, when he spoke, and | said, "The reason why
I call you, tribe, is that you shall listen to the | answer of the father-
in-law of my prince ‘māxūyalisɛmē‘ | to my question." Thus he
said. Then he turned | towards Ts!âg·i‘lak⁽ᵘ⁾ and said, "O chief! do ||
10 tell me where you come from, and your name, and the name of |
your father." Thus he said. Then Ts!âg·i‘lak⁽ᵘ⁾ arose and | said,
"I will answer your question, chief, indeed, since you really | ask for
my name. Evidently this your prince did not recognize | me. I

---

92 xōx ʟēgɛmaxsɛn nɛgūmpēx ōgū‘lä ʟēgɛmsōx la Dāda. Wä, lāʟōx
Ālāk·ilayugwax·lɛn ts!ɛdāqēx nɛgūmpa. Wä, lōx Mâ‘nakūlax·lɛn
q!ūlēsēx. Wä, lāx Āʟē‘stalidzɛmgax·lɛn gɛnɛmēx," ‘nēx·‘laē.
95 Wä, lā‘laē ēdzaqwa yāq!ɛg·ā‘lēda g·īgăma‘yē, ōmpsē Häxūyōsaā-
ma‘yē. Wä, lā‘laē ‘nēk·a: "Āwīlaɛmxɛntōx bɛk!wēna‘yaxs qaōs
ʟēʟēgɛmēx, yīxs lōmaēx eâlasgɛm ʟēʟēgɛma. Wēg·ax·ɛn wūʟaxōx
bɛgwānɛmēx nɛgūmpa läx g·āyɛmaxālasasōx," ‘nēx·‘laēxēs ʟā-
wɛlgāma‘yē. Wä, laɛm‘lāwisē ʟē‘lālē Häxūyōsɛma‘yē ‘wī‘laxēs
200 ‘nɛ‘mēmota Haáyalik·awa‘yē qa g·āxēs ‘wī‘laēʟɛla läx g·ōkwas
ʟɛ‘wis sāsɛmē. Wä, g·îl‘ɛm‘lāwisē ‘wī‘laēʟa, wä, g·āx‘ɛm‘laē
Ts!âg·i‘lakwē ʟɛ‘wis gɛnɛmē Ālāk·ilayugwa ʟɛ‘wis bɛgwānɛmē
xūnōkwē Mâ‘nakūla; wä, hē‘misʟa Āʟē‘stalidzɛmga, yīx gɛnɛmas
‘māxūyalisɛmēmōt!a k!wagelîʟɛq. Wä, k·!ēs‘lat!a ʟāx‘ūlîlēda g·īgă-
5 ma‘yē Häxūyōsɛma‘yē. Āɛm‘laē k!waēʟa laē yāq!ɛg·a‘la. Wä,
lā‘laē ‘nēk·a: "Hēdɛn lāg·iʟa ʟēlts!ōdōl, g·ōkūlot, qa‘s hōʟēlaōs läx
nānaxma‘yayōʟasōx nɛgūmpaxsɛn ʟāwɛlgāma‘yē ‘māxūyalisɛ-
ma‘yē läxɛn wūʟāsōʟa lāq⁽ᵘ⁾," ‘nēx·‘laē. Wä, lā‘laē gwēgɛmx·‘îd
läx Ts!âlag·i‘lakwē. Wä, lā‘laē ‘nēk·a: "Yûʟ, g·īgāmē‘; wēg·adzâx·ɛ-
10 nu‘x⁽ᵘ⁾ q!âl‘aʟɛlaxēs g·āyɛmaxaasaōs ʟɛ‘wīs ʟēgɛmaōs ʟō‘ ʟēgɛmas
âsa," ‘nēx·‘laē. Wä, lā‘laē ʟāx‘ūlîlē Ts!âg·i‘lakwē. Wä, lā‘laē
‘nēk·a: "La‘mɛn nānax‘mēʟxēs wāldɛmōs, g·īgāmē‘. Âla‘mas wū-
ʟaxɛn ʟēgɛma. Wä, laxɛntōx ʟāwɛlgāma‘yaqōs k·!ēs malt!āla
g·āxɛn. Nōgwaɛm Ts!âg·i‘lakwa, ămā‘yɛnxēsōs sāsɛmaqōs, ōmp,"

am Ts!âg·i‘lakᵘ, the youngest of your children, father." ‖ Thus he 15
said. As soon as he ended his speech, they saw that | their chief was
dead. He died of shame on account of what had been done | by his
prince, who married the (common) little daughter of his | youngest
son: therefore the breath of the past chief HäxŭyōsEmḗ‘ jumped out
of his body | — ‖.

I forgot part of what Ts!âg·i‘lakᵘ said to his father | when he said 20
at the end, "My tribe, and that of my children are the Lâxsä. |
Now my grandson, whose name is ‘mäxŭyalisEmē‘, | stands at the
head of the Lâxsä." Thus he said. |

As soon as the former ‘mäxŭyalisEmē‘ found that his father the
chief ‖ was dead, because he had died of shame, he arose and | spoke. 25
He said, "O tribe! Let my | past father-in-law and the whole
number of them and my child stay away for a while. | Now my
former name, ‘mäxŭyalisEmē‘, shall be his true name, for the | head
chief for the Lâxsä." Thus he said. "Now I shall have the name
HäxŭyōsEmē‘, ‖ the former name of my father." Thus he said. 30
Immediately | Ts!âg·i‘lakᵘ, and his wife Älâk·ilayugwa, and |
Mâ‘nakŭla, and ĀLē‘stalidzEmga, and her child | ‘mäxŭyalisEmē‘
got ready and went aboard their traveling-canoe. They | went
home to G·Eyōxᵘ. Ts!âg·i‘lakᵘ was happy because he had fooled ‖
his eldest brother, and because he had obtained the true name | 35

‘nēx·‘laē. Wä, g·īl‘Em‘lāwisē q!ŭlbē wäldEmasēxs laē dōx‘waLEla 15
g·īgămēx·däxs lE‘maalaxōL lE‘la. LaEm max·ts!älisEm qa gwēx·‘ī-
daasasēs Lăwelgăma‘yaxs laē gEg·adēs ts!äts!EdagEmē xŭnōxᵘsēs
āmā‘yEnxa‘yē, lāg·ilas dEx·âwē hasā‘yasa g·īgămayōlē Häxŭyōse-
mayōla.

Wä, hēxōLEn L!ElēwēsE‘wē wäldEmas Ts!âg·i‘lakwaxēs ōmpdē, 20
yīxs laē ălxLäla ‘nēk·a: "Hē‘mEn lEgŭxLāyo Lōgŭn sāsEmg·ē Lâxsä.
Wä, g·āx‘mēsg·En ts!ōxᵘLEmak· LēgadEs ‘mäxŭyalisEma‘yē qa Läxŭ-
mēsa Lâxsä," ‘nēx·‘laē.

Wä, g·īl‘Em‘lāwisē q!âl‘aLElē ‘mäxŭyalisEmēmot!äxēs g·īgămēx·dē 25
ōmpExs lE‘maē lE‘la, yīxs max·ts!älisEmaē, wä, lä Läx‘ŭlīla qa‘s
yāq!Eg·a‘lē. Wä, lā‘laē ‘nēk·a: "‘ya, g·ōkŭlōt, häg·aEmī lasLak·
qwēdg·En nEgŭmpdg·En Lōgwas ‘wäxaasEk·, Lōgŭn xŭnōxᵘdEk·.
Wä, la‘mēs lāLEn LēgEmx·dē ‘mäxŭyalisEma‘yē qa âla LēgEms läxa
Läxuma‘yasa Lâxsä," ‘nēx·‘laē. "Wä, la‘mēsEn LēgadElts Häxŭyō-
sEma‘yē läx LēgEmx·däsEn ōmpdä," ‘nēx·‘laē. Wä, hēx·idaEm‘lā- 30
wisē xwānal‘idē Ts!âg·i‘lakwē LE‘wis gEnEmē Älâk·ilayugwa Lō‘
Mâ‘nakŭla; wä, hē‘misē ĀLē‘stalidzEmga LE‘wis xŭnōkwē ‘mäxŭya-
lisEma‘yē, qa‘s hōgŭxsē läxēs yā‘yats!ē xwäk!ūna. Wä, g·āx‘mē
nā‘nakᵘ läx G·Eyōxwē ēk·!EqEla laē Tsâg·i‘lakwē qaēs nanōltsēlax·-
‘idaaxēs ‘nōlast!EgEma‘yē. Wä, hē‘misēxs laē lâLxa âlaEm LēgEmē 35

37 ʻmāxŭyalisEmēʻ for his grandchild. Only once | did the numaym
Lāxsä obtain a name from their relatives; for | their other names
were invented: therefore they have only one | true name ʻmāxŭ-
40 yalisEmēʻ. They have no privileges, because || nobody allowed the
sons (of the Łāxsä) to marry the princesses of the | chiefs of the
tribes; for only that way do | the chiefs of the tribes obtain privi-
leges. The | Łāxsä are called "slaves-born-from-the-youngest-one,"
and here the one who told me the story stopped. | He said that he was
45 ashamed to talk || about the clan Łāxsä, because Tsḷâgˑiʻlakᵘ just
made up | the names. The past chief | HäxŭyōsEmēʻ gave the
name Tsḷâgˑiʻlakᵘ to his youngest son. | Therefore there are two
names obtained from their relatives, | ʻmāxŭyalisEmēʻ and the name
of the wife of Tsḷâgˑiʻlakᵘ. ||

The Elgūnwēʻ

1 Now LālaxˑsʻEndayo, he who changed his name | LālaxˑsEʻndayo
to the name Lḷâqwalaɫ, had a slave. He also changed | the name of
his slave Tsēlē, and gave her the name Lālaxˑsʻaqḷanakᵘ. | Then he
5 regretted what he had done with his name || LālaxˑsEʻndayo, and
therefore he changed his name to Lḷâqwalaɫ. Now he only | invented

---

36 ʻmāxŭyalisEmaʻyē qa ḻēgEmsēs tsḷôxᵘLEma. Wä, ʻnEmpḷEna-
Emʻlaē lâLē ʻnEʻmēmotasa Lâxsäxa ḻēḻEḻâdzEsē ḻēgEma, yîxs âʻmaē
ʻwîʻla sEnänEmaxēs ḻēḻEgEmē. Wä, hēʻmis lāgˑiɫas ʻnEmsgEm âla-
kˑḷâla ḻēgEmsē ʻmāxŭyalisEmaʻyē. Wä, laEm kˑḷeâs kˑḷēsʻōs qaxs
40 kˑḷēsaē hēɫqḷōlEm gEgˑadēs bēbEgwänEmē säsEmsa kˑḷēskˑḷEdēɫasa
gˑîgˑEgâmaʻyasa lēlqwǎlaLaʻyē, yîxs lēxˑaʻmaē ăxnôgwatsa aɫʻōgŭ-
qâla kˑḷēkˑḷEsʻâxa gˑîgˑEgâmaʻyasa lēlqwǎlaLaʻyē. Wä, hēEm ămā-
ʻyEnxaʻyawä qḷâxᵘkˑḷōtEmxˑLēda Lâxsä. Wä, hēEm wälaḻē wäldE-
masa nōsa qaEn. Wä, laEm ʻnēkˑExs mäxˑtsḷaē ētḷēd gwägwēxˑ-
45 sʻäla läxa ʻnEʻmēmotasa Lâxsä yîx lāgˑiɫas ʻnēxˑsō âEm sEnänEmē
Tsḷâgiʻlakwaxēs ḻēḻEgEmē. Wä, laEmʻlaē hâsʻEmxa gˑîgâmayōlaē
HäxŭyōsEmayoɫa ḻēqElaē Tsḷâgˑiʻlakwē qaēs ǎmāʻyEnxaʻyē xŭnōkwē
Tsḷâgˑiʻlakwē. Wä, laʻmē maɫtsEmxōxa ḻēḻEḻâladzEsē ḻēgEm Lōʻ
ʻmāxŭyalisEmaʻyē. Wä, hēʻmaē ḻēgEmas gEnEmʻas Tsḷâgˑiʻlakwē.

The Elgūnwēʻ

1 Wä, laʻmē qḷāgwidäsē LālaxˑsʻEndayo, yîxa la LḷāyoxLä Lālaxˑ-
sʻEndayowē, yîxs laē ḻēgadEs Lḷâqwalaɫ. Wä, laEmxaē Lḷāyox
ḻēgEmsēs qḷâkˑowē Tsēlē. Wä, laEm ḻēxʻēdEs Lūlaxˑsʻaqḷanakwē.
Wä, laEmʻlaē māyatasēs gwēxˑʻidaasasēs ḻēgEmē LālaxˑsʻEnda-
5 yowē, lāgˑiɫas LḷāyoxˑʟälabEnts Lḷâqwalaɫ. Wä, laEmxaē âEm
sEnēnuxᵘ la ḻēgEms Lḷōʟḷotsa, yîxs laē ḻēgadEs NEnōlogEmaʻyē

a name for Lōlǃotsa when he named him Nenōlogemē‘, | because he 7
was a foolish man. Then the latter had a boy, | and Lāqwalaɫ
thought about a name. Then he invented the name | Lǃēspǃēgaaku.
Then (Lōlǃotsa) had another son, and ‖ Lāqwalaɫ named him 10
Bawelē, and he also invented this | name. Then he had a daughter,
and it occurred to | Lāqwalaɫ that she should work dressing skins
when she was grown up, | and therefore Lāqwalaɫ named her Ālā-
k·ilayugwa. | Now the eldest of the children of Nenōlogemē‘, ‖ Lǃēspǃē- 15
gaaku, invited the tribe living at K·ǃāqǃa, ‘wālas Kwax·ǃlanōkūmē‘ |
and his children; and Lǃēspǃēgaaku planned to change his name. |
Then he invented the name G·ēxk·ɛnis for his new name. Then |
his name was G·ēxk·ɛnis. All his names were invented, | and these
were the ancestors of the numaym ɛlgūnwē‘ of the ‖ Gwētɛla who 20
are now called Kwēxâmot. | Gēxk·ɛnis was the head chief of the num-
aym ɛlgūnwē‘. He had for a | sweetheart the slave of Dzɛnx·qǃayu,
whose name was Dzɛnx·qǃayugwa; | for the house of Lāqwalaɫ and
Dzɛnx·qǃayu were close together | at Tayagōɫ. As soon as Dzɛnx·qǃa-
yugwa had found that she was ‖ with child, she loaded her belong- 25
ings, and went to the house of Lāqwalaɫ, | and there she lived with
her illegitimate husband. And Dzɛnx·qǃayugwa gave birth to a |
girl, and Lāqwalaɫ invented a | name for the girl. Then it occurred

---

qaēs nɛnōlāē bɛgwānɛma. Wä, lä xūngwadɛx·‘ītsa bābagūmē. 7
Wä, lä Lāqwalaɫ sɛnx·‘īd qa Lēgɛms. Wä, lāxaē sɛnānɛmax Lǃēs-
pǃēgaakwē. Wä, lāxaē ēt!ēd xūngwatsa bābagūmē. Wä, laɛmxaē
Lāqwalaɫ Lēxē‘dɛs Bawɛlē lāq. Wä, laɛmxaē âɛm sɛnānɛmaxa 10
Lēgɛmē. Wä, laɛmxaē ēt!ēd xūngwatsa tsǃātsǃɛdagɛmē. Wä, lä
Lāqwalaɫ g·ig·aēx‘ēdqēxs ēaxɛlēLaxa ālāg·ɛmē qō qǃūlyax‘wīdLa
tsǃātsǃɛdagɛmē, lāg·iɫas Lāqwalaɫ Lēx‘ēdɛs Ālāk·ilayugwa lāq. Wä,
g·iɫ‘mēsē ‘nōlastǃɛgɛma‘yas sāsɛmas Nɛnōlogɛma‘yē, yīx Lǃēspǃē-
gaaku Lēɫɛlaxa g·ōkūla lāx K·ǃāqǃa, yīx ‘wālas Kwax·ǃlanōkūma‘yē, 15
Lɛ‘wis sāsɛmē laē sɛnx·‘īdē Lǃēspǃēgaaku qa‘s Lǃāyuxlâlabɛndayâ.
Wä, lä sɛnānɛmax G·ēxk·ɛnisē qa‘s âɫ Lēgɛma. Wä, la‘mē
Lēgadɛs G·ēxk·ɛnisē. Wä, la‘mē âɛm ‘nāxwa sɛnānux"sēs
Lēɫɛgɛmē. Wä, hēɛm g·ïlg·alitsa ‘nɛ‘mēmotasa ɛlgūnwa‘yasa
Gwētɛlaxa gwɛ‘yo Kwēxâmota. Wä, laɛm‘laē Lâxuma‘yē 20
G·ēxk·ɛnisasēs ‘nɛ‘mēmota ɛlgūnwa‘yē. Wä, laɛm‘lāwisē
wāLadɛx·‘īdɛs qǃāk·âs Dzɛnx·qǃayâxa Lēgadɛs Dzɛnx·qǃayugwa
qaxs nɛnxwag·âɫaē g·ōkwas Lāqwalaɫē Lō‘ g·ōkwas Dzɛnx·qǃayo
lāx Tayagōɫē. Wä, g·iɫ‘ɛm‘lāwisē Dzɛnx·qǃayogwa qǃâLɛlaxs Lɛ-
‘maē bɛwēx‘wida, laē hēx·‘idaɛm lāɛl mā‘wa lāx g·ōkwas Lāqwalaɫ. 25
Wä, la‘mē kǃūtɛxsda. Wä, lā‘laē māyuɫ‘idē Dzɛnx·qǃayugwāsa
tsǃātsǃɛdagɛmē. Wä, hēɛm‘laxaāwisē Lāqwalaɫ sɛnx·‘īd qa Lē-
gɛmsa tsǃātsǃɛdagɛmē. Wä, lā‘laē g·ïg·aēx‘ēdqēxs ēaxɛlīLaxa ālā-

75052—21—35 ETH—PT 2——21

to him that she would work dressing skins | in his house, and therefore he named her Ālāg·ĭmĭł; ‖ and it was not long before Dzɛnx·q!ayugwa was again with child, | and she gave birth to a boy. And then G·ēxk·ɛnis | thought up a name for the boy, and he invented the name | Ĕk·!awig·i⁵lakᵘ for him. Then the | two children of G·ēxk·ɛnis and of his illegitimate wife ‖ Dzɛnx·q!ayugwa grew up. When Ālāg·ĭmĭł was grown up, | Ts!āg·i⁵lakᵘ was looking for a wife for his son Mā⁵nakūla | of the Lāxsā of the Q!ōmoyā⁵yē. None of the chiefs who had | daughters wanted Mā⁵nakūla, for it was known that | his father Ts!āg·i⁵lakᵘ was the youngest of the children of Chief ‖ Hāxūyōsɛmē⁵, who was the head chief of the numaym Haāyalik·awē⁵, | and also that Ts!āg·i⁵lakᵘ had contracted an illegitimate marriage with the slave Ālāk·ilayugwa: | therefore they were unwilling. Then | Ts!āg·i⁵lakᵘ learned that G·ēxk·ɛnis had a daughter who was just | grown up, namely, Ālāg·ĭmĭł. Then Mā⁵nakūla ‖ tried to get Ālāg·ĭmĭł for his wife, and G·ēxk·ɛnis asked | Mā⁵nakūla to marry her at once. Now Mā⁵nakūla did so, | and Mā⁵nakūla at once was married. Now | he had Ālāg·ĭmĭł for his wife. This was the first time that | those descended from Ts!āg·i⁵lakᵘ bought a wife. They had not been ‖ married for a long time, when Ālāg·ĭmĭł was with child. Then she gave birth to a girl. | And the father of the girl Mā⁵nakūla | thought of the name of

---

g·ĭmē lāx g·ōkwas. Wā, hē⁵mis lāg·ilas ʟēx⁵ēdɛs Ālāg·ĭmĭłē lāq. Wā, k·!ēs⁵lat!a gālaxs laē ēt!ēd bɛwēx⁵wida, yix Dzɛnx·q!ayugwa. Wā, lā⁵laē māyuł⁵idxat! yisa bābagūmē. Wā, laɛm⁵laē hē⁵mē G·ēxk·ɛnisē sɛna qa ʟēgɛmsēs bābagūmē xūnōkwa. Wā, lā⁵laē sēnānɛmax Ĕk·!awig·i⁵lakwē qa ʟēgɛms. Wā, laɛm⁵lāwisē q!ūlsq!ūlyax⁵widē ma⁵lōkwē sāsɛms G·ēxk·ɛnisē ʟē⁵wis k!ūtɛxsdōtē Dzɛnx·q!ayugwa. Wā, laɛm⁵laē ēxɛntē Ālāg·ĭmĭłē. Wā, laɛm⁵lāwisē yāla Ts!āg·i⁵lakwē ālā qa gɛnɛmsēs xūnōkwē Mā⁵nakūla, yixa Lāxsāsa Q!ōmoyā⁵yē. Wā, lā⁵laē k·!eās āx⁵ēxsdɛsa sāsɛmnōkwasa ts!ēdaqē g·ĭg·ēgāmēx Mā⁵nakūla qaxs q!ɛq!ālagālayāaxs āmā⁵yɛnxa⁵yaē ōmpasē Ts!āg·i⁵lakwaxs sāsɛmas g·ĭgāmayōlaē Hāxūyōsɛmayōla, yix ʟaxūma⁵yasa ⁵nɛ⁵mēmotasa Haāyalik·awa⁵yē. Wā, hē⁵mesēxs k!ūtɛxsdaē Ts!āg·i⁵lakwē ʟē⁵wa q!āk·owē Ālāk·ilayugwa. Wā, hē⁵mis lāg·ilas k·!ēs nānagēg·ēsɛ⁵wē. Wā, lā⁵laē q!ālē Ts!āg·i⁵lakwē yixs xūngwadaē G·ēxk·ɛnisē yisa hē⁵ma āłē ēxɛntē xūnōkwasē Ālāg·ĭmĭłē. Wā, g·āx⁵ɛm⁵laē gagɛk·!ō Mā⁵nakūla lāx Ālāg·ĭmĭłē. Wā, āɛm⁵lāwisē G·ēxk·ɛnisē āxk·!ālax Mā⁵nakūla qa hēx·⁵ida⁵mēsē qādzēʟa. Wā, hēɛm⁵lāwisē gwēx·⁵idē Mā⁵nakūla. Wā, la⁵mē hēx·⁵idaɛm qādzēʟē Mā⁵nakūla. Wā, la⁵mē gɛg·adɛs Ālāg·ĭmĭłē. Wā, hēɛm āłēs ⁵nɛmp!ɛna qādzēʟaxēs gɛnɛma g·āg·iʟɛla lāx Ts!āg·i⁵lakwē. Wā, k·!ēst!a laɛm gāla hāyasɛk·ālaxs laē bɛwēx⁵widē Ālāg·ĭmĭłē. Wā, lā⁵laē māyuł⁵itsa ts!āts!ɛdagɛmē. Wā, lā⁵laē ōmpasa ts!āts!ɛdagɛmē, yix Mā⁵nakūla sɛn-

his father Ts!âg·i‘lakᵘ, who had died. | Then he cut in two the name 52
of Ts!âg·ilakᵘ, and he named | the girl Ts!âlalîti‘lakᵘ. Now Ālâg·ī-
mił was a Lāxsā woman, || because her husband was Mâ‘nakūla, 55
and she turned | to the numaym Lāxsā. |

Here the story-teller said to me that he had forgotten the middle
part of the story which he was telling | me, and he said that he would
jump a long way to the latter half of the | story of the ancestors of
two numayms Lāxsā and || ᴇlgūnwĕ‘. | 60

Now G·ēxk·ᴇnis remained head chief, and his | name was always
given to the eldest son of G·ēxk·ᴇnis, whenever the father died. |
Now there were many people in the numaym of the | ᴇlgūnwĕ‘, who
had for their chief G·ēxk·ᴇnis, and the || numaym ᴇlgūnwĕ‘ still 65
keeps together witht he Lāālax·s‘ᴇndayo, for they | also had for their
chief ʟ!āqwalał, and he did the same; for when a | ʟ!āqwalał dies,
then his eldest | son takes the name ʟ!āqwalał; even if the eldest
child is a woman, she | takes the place of her father. Although she
may have many || younger brothers, they can not even take it away 70
from their | eldest sister. |

Now all the seven numayms had gathered | at Qâlogwis. G·ēxk·ᴇ-
nis had many children. | The youngest one of his children was a

g·aaʟᴇlax ʟ̣ēgᴇmasēs ōmpdē Ts!âg·i‘lakwē, yīxs ʟᴇ‘maē łᴇ‘la. Wä, 52
hĕ‘mis la mâłts!ᴇndzōsxa ʟ̣ēgᴇmē Ts!âg·i‘lakᵘ. Wä, la‘mē ʟ̣ᴇx·ēdᴇs
Ts!âlalīti‘lakwē lāxēs ts!āts!ᴇdagᴇmē xūnōkᵘ. Wä, la‘mē Lāxsāax-
sᴇmē Ālâg·ïmīłē qaxs laē lā‘wadᴇs Mâ‘nakūla. Wä, laᴇm gwāgwa- 55
aqa lax ‘nᴇ‘mēmotasa Lāxsā.

Wä, laᴇm ‘nēk·ēda nōsa qaᴇnʟaxs łᴇnoyox·‘widaaxēs nōyᴇmē
qaᴇn. Wä, la ‘nēk·ᴇxs gwāsg·iłıʟē dᴇxᵘsᴇq!axa nᴇgoyâ‘yasa nōyᴇ-
maxs g·īlg·alisasa ma‘îtsᴇmak!ūsē ‘nāł‘nᴇ‘mēmatsa Lāxsā ʟᴇ‘wa
ᴇlgūnwa‘yē. 60

Laᴇm‘laē hēx·‘sāᴇm ʟ̣axūma‘yē G·ēxk·ᴇnisēxa āᴇm hayōsᴇla ʟ̣ē-
gᴇm lāxa ‘nōlast!ᴇgᴇma‘yas sāsᴇm‘nākūlāsa G·ēxk·ᴇnisaxs laē łᴇ-
‘łēs ōmpē. Wä, laᴇm‘laē q!ēnᴇm‘ᴇl la lēlqwālaʟa‘ya ‘nᴇ‘mēmotasa
ᴇlgūnwa‘yēxa g·īgadᴇs G·ēxk·ᴇnisē. Wä, laᴇm‘laē q!ap!ēx·sāᴇm-
‘laēda ‘nᴇ‘mēmotasa ᴇlgūnwa‘yē ʟᴇ‘wa Lāālax·s‘ᴇndayoxa hēx·sā- 65
‘maxat! g·īgāma‘yē ʟ!āqwalał, yīxs â‘maaxat! hē gwēg·ilē g·īl‘maē
łᴇ‘łē ʟ!āqwalałē laē hēx·‘idaᴇm ʟ!āyo ʟ!āqwalałʟē ‘nōlast!ᴇgᴇma‘yas
sāsᴇmxa bᴇgwānᴇmē xūnōx·ᵘs, wāx·ē ts!ᴇdāqa ‘nōlast!ᴇgᴇma‘yē, lä
hēᴇm ʟ!āyostōdxēs ōmpdē. Wāx·‘maē q!ēnᴇmē bēbᴇgwānᴇm ts!ā-
tsła‘yas. Wä, lä k·!eās gwēx·‘idaas dāxʟᴇyaq lāxēs ts!ᴇdāqē ‘nōla- 70
st!ᴇgᴇma‘ya.

Wä, laᴇm‘laē ‘wī‘la la q!ap!ēx·‘idēda āʟᴇbōsgᴇmak!ūsē ‘nāł‘nᴇ-
‘mēmas lax Qâlogwisē. Wä, laᴇm‘lāwisē q!ēnᴇmē sāsᴇmas G·ēxk·ᴇ-
nis. Wä, laᴇm‘lāwisē ʟōma ēx·sōkᵘ bᴇgwānᴇmē āmā‘yᴇnxa‘yas

75 handsome boy, ‖ whose name was Hāwas. And the youngest |
daughter of Wāg·ides, the speaker of the house of ʟ!āqwalał, | chief
of the numaym Laālax·s⁽ᴱndayo, whose name was ʟ!āx·ʟ!ᴇlēdzᴇmga,
was also very pretty. | Now G·ēxk·ᴇnis and his children lived
together in a house; | and Wāg·ides and his children lived in the
80 house of ʟ!āqwalał. ‖ Then Hāwas was in love with ʟ!āx·ʟ!ᴇlē-
dzᴇmga, and went to her | every night. They never guessed that
Hāwas was the | lover of ʟ!āx·ʟ!ᴇlēdzᴇmga. When it was | seen
that ʟ!āx·ʟ!ᴇlēdzᴇmga was stout, she was called by her father
Wāg·ides, | and she was asked by her father: "Why are you ‖
85 stout and has your face so much | changed?" he said to her. ʟ!āx·-
ʟ!ᴇlēdzᴇmga did not try to deceive | her father Wāg·ides. She told
him at once that | Hāwas lay with her every night and that he was
the cause of her | pregnancy. (She said) "I do not love any one
90 except Hāwas;" ‖ therefore what could her father Wāg·ides say?
What could he do, when he | saw that his youngest daughter was
really in love with | Hāwas? Therefore he only said, "Really show
yourself with him, | that it may be the same as though Hāwas were
your husband." Thus he said. Then | Hāwas and ʟ!āx·ʟ!ᴇlēdzᴇm-
ga lived together as illegitimate husband and wife. Hāwas belonged ‖
95 to the numaym ᴇlgūnwē⁽ and his illegitimate wife | ʟ!āx·ʟ!ᴇlēdzᴇmga,
whose father was Wag·ides, belonged to the numaym | Laālax·-

75 sāsᴇmasxa ʟ̣ēgadās Hāwasa. Wä, lā⁽laxaē ʟōma ēx·sōkwē āmā-
⁽yᴇnxa⁽yē ts!ᴇdāq xūnōx͟uˢ Wāg·idesē yᴇ⁽lax yāq!ᴇndēlas ʟ!āqwalał,
yīx g·īgāma⁽yasa ⁽nᴇ⁽mēmotasa Laālax·s⁽ᴇndayo, ʟ!ax·ʟ!ᴇlēdzᴇm-
gax·ʟēda ts!ᴇdāqē. Wä, la⁽mē q!āp!aēłē G·ēxk·ᴇnisē ʟᴇ⁽wis
sāsᴇmē ʟ̣ō⁽ Wāg·idesē ʟᴇ⁽wissāsᴇmē lāx g·ōkwas ʟ!āqwalał. Wä,
80 hēᴇm⁽lāwis laats Hāwasaxa gāgᴇnōʟē qa⁽s lā kū⁽līl ʟ̣ō⁽ ʟ!āx·ʟ!ᴇ-
lēdzᴇmga, hēmᴇnałaxa gāgᴇnōʟē. Wä, hēwäxaᴇm⁽lāwisē k·ōtasō⁽
wāʟadē Hāwasās ʟ!āx·ʟ!ᴇlēdzᴇmga. Wä, āł⁽ᴇm⁽lāwise dōx⁽waʟᴇłē,
ʟ!āx·ʟ!ᴇlēdzᴇmgaxs laē pᴇnʟa, wä, lā⁽laē ʟē⁽lalasōsēs ōmpē Wā-
g·idesē. Wä, lā⁽laē wūʟasᴇ⁽wa yīsēs ōmpē: "⁽madzēs xᴇnʟᴇlag·i-
85 łaōs la pᴇnʟa. Wä, yō⁽mēsōxda gōgūma⁽yaqōs yīxs laaqōs xᴇnʟᴇla
ōgūqᴇm la," ⁽nēx·⁽laēq. Wä, k·!ēs⁽łat!a wūł⁽ᴇm hāyamē ʟ!āx·ʟ!ᴇ-
lēdzᴇmga qaēs ōmpē Wāg·idesē. Laᴇm⁽laē ǎᴇm hēx·⁽ida nēłax
hēmᴇnała⁽maē kūlkūlk·a ʟ̣ō⁽ Hāwasaxa gāgᴇnōʟē; "Wä, hē⁽mēsᴇn
bewēgwasē qaxg·ᴇn k·!eâsēk· ōgū⁽la waʟᴇla lāx Hāwasa," ⁽nēx·⁽laē;
90 qa ⁽masēlawīs wāłdᴇmas ōmpasē Wāg·idesē qa wēx·⁽idēs qaxs dō-
qūla⁽maax nāqa⁽yasēs āmā⁽yᴇnxēgasaxs âlak·!ālaē łāx̣ūlanux͟uˢ Hā-
wasa, lāg·iłas ǎᴇm ⁽nēk·ᴇq: "Ālag·aᴇma nēłtsᴇmx·⁽īd ʟᴇ⁽wē qa⁽s
⁽nᴇmāx·!s⁽maōs ʟ̣ō⁽ łā⁽wadās Hāwasa," ⁽nēx·⁽laē. Wä, laᴇmxaē
k!ūtᴇxsdē Hāwasa ʟ̣ō⁽ ʟ!āx·ʟ!ᴇlēdzᴇmga. Wä, hēᴇmxaē g·āyołē
95 Hāwasa lāxa ⁽nᴇ⁽mēmotasa ᴇlgūnwa⁽yē. Wä, lä k!ūtᴇxsdotasē
ʟ!āx·ʟ!ᴇlēdzᴇmga g·āyołē ōmpasē, yīx Wāg·idesa lāxa ⁽nᴇ⁽mēmotasa

sᵉEndayo. Then ʟ!āxˑʟ!ElēdzEmga gave birth to a | boy, and the 98
father of ʟ!āxˑʟ!ElēdzEmga, Wāgˑides, named | the son of Hāwas
and ʟ!āxˑʟ!ElēdzEmga LElbEx·sālagˑīlis. ‖ This was a real name, and 100
was not invented as | a name for the boy who was named LElbEx·-
sālagˑīlis. It was not | long before ʟ!āxˑʟ!ElēdzEmga gave birth to
another boy, | and Wāgˑides gave a name to his grandson. | He gave
the name Kˑ!āsōᵉ as the name for the boy. ‖ He gave him improperly 5
a true name; for it is wrong, because | ʟ!āxˑʟ!ElēdzEmga was not
properly married when she became the wife of Hāwas. Now | the
father of Hāwas, GˑēxkˑEnis, died, and at once | Hāwas took the
place of his father. Then his name was GˑēxkˑEnis. | Now LElbEx·-
sālagˑīlis grew up. Then ‖ LElbEx·sālagˑīlis saw a girl belonging to 10
the | numaym Hēmasxdō, the daughter of a common man whose
name was Q!ōmlēdEnol. | His daughter's name was also ʟ!āxˑ-
ʟ!ElēdzEmga. | Then LElbEx·sālagˑīlis always went | with her to
Tsāxis; for the Kwāgˑuł tribes had followed the ‖ white men, when 15
they first built houses at Fort Rupert. Now | LElbEx·sālagˑīlis was
the lover of | ʟ!āxˑʟ!ElēdzEmga. Then ʟ!āxˑʟ!ElēdzEmga went at
once into the house of her sweetheart | LElbEx·sālagˑīlis, and soon
ʟ!āxˑʟ!ElēdzEmga was with child, | that is called "to get pregnant
outside," when a woman without a husband becomes pregnant. ‖

Lāālaxˑsᵉendayo. Wä, laEmᵉlaē māyul'idē ʟ!āxˑʟ!ElēdzEmgasa bā- 97
bagūmē. Wä, lā ōmpas ʟ!āxˑʟ!ElēdzEmga, yīx Wāgˑidesa Ḻēxᵉēdes
LElbEx·sālagˑīlis qa Ḻēgemsa bābagūmē xūnōx̣ᵘs Hāwasa Ḻōᵉ ʟ!āxˑ-
ʟ!ElēdzEmga. Wä, laEm āla Ḻēgema yīxs kˑlēsaē āEm sEnaᵉyaxa 100
Ḻēgemasa bābagūmēxa la Ḻēgades LElbEx·sālagˑīlis. Wä, kˑlēstla
gālaxs laē ēt!ēd māyul'idē ʟ!āxˑʟ!ElēdzEmgāsa bābagūmē. Wä,
lāᵉlaxaē hēᵉmē Wāgˑidesē Ḻēx'ēd qa Ḻēgemsēs ts!ōx̣ᵘLEma. Wä,
laᵉmē Ḻēx'ēdEs K'lāsEᵉwē qa Ḻēgemsa bābagūmē. Wä, laEmxaē
wāx·ālakˑlāla Ḻēgema. Wä, lā lekwālaxa k·lēsaē qādzēLasEᵉwē 5
ʟ!āxˑʟ!ElēdzEmgāsēs k!ūtExsdōtē Hāwasa. Wä, laᵉmē lᴇᵉlē
ōmpas Hāwasa, yīx Gˑēxk·Enisē. Wä, hēxˑᵉidaEmᵉlāwisē Hā-
wasa ʟ!āyostōdxēs ōmpdē. Wä, laᵉmē Ḻēgades Gˑēxk·Enisē·
Wä, laᵉmē q!ūlyaxᵉwīdē LElbEx·sālagˑīlisē. Wä, laEmᵉlāwisē
dōqūlē LElbEx·sālagˑīlisxa ts!Edāqē xūnōx̣ᵘsa gˑāyolē lāxa ᵉne- 10
ᵉmēmotasa Hēmaxsdō, yīxa bEgwānEmq!ālamē Ḻēgades Q!ōm-
lēdEnol. Wä, lāᵉlaē ʟ!āxˑʟ!ElēdzEmgaxˑʟaEm laxaē ts!Edāqē
xūnōx̣ᵘs. Wä, laEmᵉlaē LElbEx·sālagˑīlis hēmEnalaEm la q!ēq!Eyōt
Ḻeᵉwē lax Tsāxisē, qaxs gˑāxᵉmaē ᵉwīᵉla māsgemēxa Kwākūgˑulaxa
māmalaxs gˑālaē gˑāx gˑōx̣walēs lāx Tsāxisē. Wä, laEmᵉlaē LElbEx·- 15
sālagˑīlisē wāḻades ʟ!āxˑʟ!ElēdzEmga. LaEmᵉlāwisē āᵉmē ʟ!āxˑʟ!E-
lēdzEmga āEm hēxˑᵉida la laēḻ lāx gˑōkwasēs wāḻelē LElbEx·sāla-
gˑīlis qaxs hēxˑᵉidaᵉmaē bEwēx·ᵉwīdē ʟ!āxˑʟ!ElēdzEmga. Wä, hēEm
Ḻēgades bōx̣ūlsxa wūlᵉmē bEwEx·ᵉwīdExs kˑlēāsaē lāᵉwūnEma. Wä,

20 All the men and all the women made fun of her, because she got pregnant outside: therefore it occurred to L!āx·L!ElēdzEmga that | she would go into the house of her lover LElbEx·sālag·ilis, and | to live with him as his illegitimate wife. Now this was a new disgrace to the | numaym Elgūnwĕ⁶; for all kinds of disgrace happen to them.
25 Then || L!āx·L!ElēdzEmga gave birth to a boy; and immediately | the father-in-law of LElbEx·sālag·ilis, Q!ōmlēdEnōł said that he | would give a name to his grandson, and he named his grandson Wāwŭngenōł. | And it was not long before | L!āx·L!ElēdzEmga gave
30 birth to another boy, and he did not live long || before (the boy) died. Then L!āx·L!ElēdzEmga gave birth to another | boy, and his grandfather Q!ōmlēdEnōł gave him the name | Hayałk·ĭn. Then the name of the boy was Hayałk·ĭn. | Hayałk·ĭn was the youngest after his two elder brothers. | When Hayałk·ĭn grew up, his elder
35 brother || Wāwŭngenōł paddled, hunting at the lower end of Łe⁶lād; and | there his canoe upset, and Wāwŭngenōł died by the upsetting of his canoe. | Now Hayałk·ĭn was the only son of | L!āx·L!ElēdzEmga and LElbEx·sālag·ilis. Now | he grew up to be a young man, and
40 he always went to the || house of Dōqwăyis; for L!āx·L!ElēdzEmga, the mother of | Hayałk·ĭn, said that she was a near relative of the past chief Dōqwăyis; | and therefore Hayałk·ĭn always went there.

20 lā aEmlałayowa bōxūlsasa ⁶nāxwa bēbEgwānEma LE⁶wa ⁶nāxwa ts!ēdaqa. Wä, hĕ⁶mis g·ĭg·aēgēs L!āx·L!ElēdzEmga lāg·iłas hē ĕg·asē âEm la laēL lāx g·ōkwasēs wāLElē LElbEx·sālag·ilisē qa⁶s ăla- g·a⁶mē k!ŭt!Exsd LE⁶wē. Wä, laEmxaē alēg·ē q!Ema⁶yasa ⁶nE⁶mē- motasa ElgūnwaꞌyExa ⁶naxwa⁶mē q!Ema⁶yēs gwayi⁶lālasē. Wä, lā
25 māyul⁶idē L!āx·L!ElēdzEmgāsa bābagūmē. Wä, hĕx·ꞌidaEm⁶lāwisē wūnāla nEgūmps LElbEx·sālag·ilisē, yĭx Q!ōmlēdEnōłē ⁶nĕx· qa⁶s hĕ⁶mē Lēqēla qa Lēgemsēs ts!ōxᵘLEma. Wä, lā Lĕx⁶ēdEs Wāwŭn- gEnōłē qa Lēgemsēs ts!ōxᵘLEma. Wä, k·!ēst!a gālaxs laē ĕt!ēd māyul⁶idē L!āx·L!ElēdzEmgāsa bābagūmē. Wä, k·!ēst!a gaēł q!ŭ-
30 laxs laē Lē⁶lēda bābagūmx·dē. Wä, lāxaē ĕt!ēd māyul⁶idē L!āx·L!Elē- dzEmgāsa bābagūmē. Wä, lā gagEmpasē Q!ōmlēdEnōłē Lĕx⁶ēdEs Hayałk·ĭnē lāq. Wä, lā⁶mē Lēgadēs Hayałk·ĭnēxa bābagūmē. Wä, la⁶mē āmā⁶yEnxa⁶yē Hayałk·ĭnasēs ma⁶lōkwē ⁶nō⁶nEla. Wä, g·il⁶mēsē q!wāq!ŭlyax⁶widałē Hayałk·ĭnaxs laē sĕx⁶widē ⁶nōlās, yĭx
35 WāwEngEnōłē qa⁶s lā hanāL!a lax gwalaäs Łe⁶lādē. Wä, hĕ⁶mis la qEbats hānaL!aats!äs xwāk!ŭna. Wä, la⁶mē qabalisEmē WāwEngE- nōłē lāxēq. Wä, la⁶mē la ⁶nEmōxᵘᵉEm la bEgwānEm xūnōxᵘs L!āx·L!ElēdzEmga Lō⁶ LElbEx·sālag·ilisē Hayałk·ĭnē. Wä, la⁶mēsē q!ŭlyax⁶wida, laEm hĕł⁶a bEgwānEma. Wä, la⁶mē hēmEnāla lā lax
40 g·ōkwas Dōqwăyis qaxs ⁶nēk·aē L!āx·L!ElēdzEmga, yĭx ăbEmpas Hayałk·ĭnaxs māg·iłaē LēLELāla lāxa g·ĭgāmayōłae Dōqwăyiswŭla. Wä, hĕ⁶mis lāg·iłas hēmEnāła⁶mē Hayałk·ĭnē lā lāq. Wä, laEm

Now, the | princess of Dōqwăyis was grown up, and Dōqwăyis was 43
the chief of the | numaym Dzɛndzɛnxˑqǃayo; and they never
thought ‖ that Hayalkˑîn was the lover of ʻmaxūlayugwa. Then | 45
Chief Dōqwăyis became sick, and he had not been lying down more
than | four days when he died. Then Hayalkˑîn | never left his
sweetheart ʻmaxūlayugwa. Now, Dōqwăyis left his copper |
Lōbelīla, a high-priced copper. And when ‖ ʻmaxūlayugwa had been 50
an orphan for almost two months, | all the men and all the women of
Fort Rupert began to talk about them secretly. | Now it was known
Hayalkˑîn was going to marry ʻmaxūlayugwa; | but Hayalkˑîn was
of too low rank to marry the princess of Chief | Dōqwăyis. Then
they discovered that the princess ʻmaxūlayugwa herself ‖ wished 55
it: therefore they thought that she was with child, and that there-
fore | she had made up her mind to marry Hayalkˑîn. When | the
chief, the father of Dōqwăyis died, | ʻmaxūlayugwa gave away
property at once to the Kwāgˑuł; and then she took the name
Dōqwăyis. | This was her chief's name, and her princess name was
ʻmaxūlayugwa. Now she had ‖ always two names, and she was a 60
chief on the | right-hand side, and she owned a princess on her left-
hand side; for she was the only | daughter of Dōqwăyis and his
wife, whose name was ʻnăʻnɛmpǃɛngˑilayugwa, | the princess of the
chief of the numaym | Tsǃētsēłwālagămēʻ of the ʻnɛmgēs. Then

ōxɛntǃēdē kˑǃēdēlas Dōqwăyisē, yīxs gˑīgămaʻyaē Dōqwăyisasa 43
ʻnɛʻmēmotasa Dzɛndzɛnxˑqǃayo. Wă, laʻmē hēwăxa gayōł kˑōtǃē-
tsɛʻwē Hayalkˑînē wāḷadɛs ʻmaxūlayugwa. Wă, laʻmēs tsǃɛxˑqǃɛ- 45
xˑʻîdēda gˑīgămayōłaē Dōqwăyiswūla. Wă, kˑǃēstǃa hăyāqax
mōxsa ʻnāläs qɛlgwīła laē wikˑǃɛxʻîda. Wă, laʻmē Hayalkˑînē
hēwăxa băsēs wāḷalē ʻmaxūlayugwa. Wă, laʻmē Ḷǃāqwaełâlē
Dōqwăyisdăx Lōbelīlaxa qǃɛyōxwē Ḷǃāqwa. Wă, laɛm ɛłāq măł-
tsɛmgˑila la xamalē ʻmaxūlayugwa laasē wŭnwŭnōsa qǃēqǃɛyodēda 50
ʻnāxwa bēbɛgwānɛm ḷɛʻwa ʻnāxwa tsǃēdāq lāxgˑa Tsāxis. Wă,
laʻmē qǃālē Hayalkˑînaxs lɛʻmaē gɛgˑadōłts ʻmaxūlayugwa. Wă,
laʻmē kˑǃōdɛmē Hayalkˑînē la gɛgˑadɛs kˑǃēdēłasa gˑīgămēxˑdē, yīx
Dōqwăyisdē. Wă, lä qǃāstasōxs hăsmaaxa kˑǃōdēłō ʻmaxūlayugwa
năqaʻyē. Wă, hēʻmēs lāgˑiłas kˑōtasō laɛm bōxūlsa, yīx lāgˑiłas 55
xɛnlɛla tsǃāsała qaʻs łāʻwadēs Hayalkˑînē. Wă, hēʻmaaxs laē
łɛʻlēda gˑīgămēxˑdē ōmpsē Dōqwăyisdē, lä hēxˑʻidaɛm pǃɛsē ʻmaxū-
layugwăxa Kwāgˑułē. Wă, laʻmē Ḷēgadɛs Dōqwăyis. Wă, laʻmē
gˑīgɛxḷālaq. Wă, lä kˑǃēdēłɛxḷālax ʻmaxūlayugwa. Wă, laʻmē
hēmɛnałaɛm maqtsɛmē ḷēḷɛgɛmas. Wă, laʻmē gˑīgămaʻyē yīx 60
hēlkˑǃōtǃanaʻyas. Wă, lä kˑǃēdadɛses gɛmxotǃanaʻyē, yīxs ʻnɛmōxu-
ʻmaē xŭnōxus Dōqwăyisdē ḷɛʻwēs gɛnɛmōłēxa ḷɛgadās ʻnāʻnɛm-
pǃɛngˑilayugwa, yīx kˑǃēdēłwūlasa gˑīgămayōłasa ʻnɛʻmēmotasa
Tsǃētsǃēłwālagămaʻyasa ʻnɛmgēs. Wă, laʻmē Hayalkˑînē qădzēlax

65 Hayalk·in married || Dōqwăyis, and it was not long before ꞓmāxū-
layugwa gave birth | to a boy. Now, ꞓmāxūlayugwa herself caused
her name to be disgraced | and to become a bad name, because she
had a common man for a husband, | for Hayalk·in had no chiefs
among his ancestors. | Now ꞓmāxūlayugwa was called a fool on
70 account of what she had done; and so || all her children will be bad on
their father's side, and | they will be in vain good on their mother's
side. Now Dōqwăyis gave away | to Hayalk·in the copper Lōbelila
left behind by the chief, her father. | Then she gave in marriage the
name Wanuku for the name of Hayalk·in. | Now Hayalk·in had
75 obtained a chief's name, and || he was no longer called Hayalk·in,
because he obtained by good luck the real name | Wanuku. And
now he had the name Wanuku; for now he invited all the | tribes
with the price of the copper Lōbelila. Now, | it was just as though
Wanuku had taken away the copper from the father of his wife, | for
the deceased Dōqwăyis was going to sell his copper in order to
80 invite || all the tribes: therefore all the men were sick at heart | on
account of what Wanuku and his | illegitimate wife ꞓmāxūlayugwa
had done, she whose name was now Dōqwăyis. |

There was one woman whose name was Q!wālax·alayugwa, who
was always | going to Victoria, for she was a prostitute. When she
85 came home to || Fort Rupert, she brought many blankets, and she |

---

65 Dōqwăyisē. Wä, âlak·!ālat!a k·!ēs gälaxs laē māyuLē ꞓmāxūlayu-
gwäsa bābagŭmē. Wä, laEm q!ūlēx·sēmē ꞓmāxūlayugwa q!ămāg·ila
qaꞓs ḷēgadēsa ꞓyāx·sEmē ḷēgEmē qaxs laē lă꞉wadasa bEgwănEmq!ā-
lEmēxa k·!ōâsē g·īqag·iwa꞉yē wīwōmpwŭlas Hayalk·inē. Wä, laꞓmē
ḷēqElasE꞉wē ꞓmāxūlayugwäs nEnōlō qaēs gwēx·꞉idaasē. Wä, hēꞓmē-
70 sēxs läLē ꞓnăxwaEml läł ꞓyāx·k!ōt!EnālaLē sāsEmasēxēs ask·!ōtē. Wä,
lä ēx·k·!ōt!Enālał wäx·Laxēs abäsk·!ōtē. Wä, laꞓmē sap!ēdē Dōqwă-
yisasa L!āqwaēlawa꞉yasēs g·īgămayōla ōmp, yīx Lōbelīla läx Hayał-
k·inē. Wä, lä ḷēgEmg·ExḷālalaxWanuku qa ḷēgEms Hayalk·inē.
Wä, laꞓmē läLē Hayalk·inaxa g·īgămēdzEsē ḷēgEma. Wä, laꞓmē
75 gwāł ḷēgadEs Hayalk·inē, qaxs lEꞓmaē ḷōgwalaxa âlak·!āla ḷēgEmē
Wanukwa. Wä, laEm ḷēgadEs Wanuku, yīxs laē Lēlalaxa ꞓnăxwa
lēlqwălaLa꞉ya yīs k·īlōmax Lōbelilaxa L!āqwa. Wä, laꞓmē ꞓnEmā-
x·īsē Wanukwē ḷōꞓ lēnEmānEmaxa L!āqwa läx ōmpdäsēs gEnEmē
qaxs wāx·ilaxsdē laxōdē Dōqwăyisdäxēs L!āqwa qaꞓs ḷēlElayăxa
80 ꞓnăxwa lēlqwălaLa꞉ya. Wä, hēꞓmis lāg·iłas âlak·!āla ts!Ex·īlē nēnâ-
qa꞉yasa ꞓnăxwa bēbEgwănEm qa gwēx·꞉idaasas Wanukwē ḷE꞉wis
k!ūt!Exsdōtē ꞓmāxūlayugwa, yīxa la ḷēgadEs Dōqwăyisē.

Wä, lä ꞓnEmōkwa ts!Edāqō ḷēgadEs Q!wālax·alayugwaxa hēmE-
nała la läxa Ts!āmasē qaxs L!âsgasaē. Wä, g·āxē nä꞉nakwa läx
85 Tsāxisē. Wä, laꞓmē mâlaxa q!ēnEmē p!ElxElasgEma. Wä, lä hē

carried them into the house of Wanuk\u, but Q!wālax̣ˑalayugwa 86
was no | relative of Wanuk\u, (but) she had no relatives living. |
Therefore she went into the house of Wanuk\u. | Then Malēd intended
to sell his copper named Wâx̣\usē‘stāla, ‖ and Q!wālax̣ˑalayugwa 90
bought it with seven hundred and sixty | blankets (which she paid)
for the copper Wâx̣\usē‘stāla. Before | long Q!wālax̣ˑalayugwa be-
came sick, and she also | died, and Wanuk\u obtained by luck the
copper Wâx̣\usē‘stāla. | Now Wanuk\u sold Wâx̣\usē‘stāla, and it was
bought ‖ for five thousand one hundred and twenty blankets; | and 95
Wanuk\u again invited all the tribes; and | he took the name of the
father of Q!wālax̣ˑalayugwa, | whose name was Wāgˑides. Now
they stopped calling Wanuk\u, Wanuk\u, | for he had the name
Wāgˑides. Now ‖ his child had the name Hāmadzālas, and now 200
Wāgˑides was called | chief because he had invited twice the tribes. |
Then the heart of Wāgˑides was proud because he was spoken to as a
chief by | all the chiefs of all the tribes. And in the feast | his seat
was among the real chiefs. ‖

Now, you, Chief Dr. Boas, you must have been surprised when I 5
went to | Chicago with Johnny Wanuk\u and his wife Dōqwăyis[1] |—
that is ‘māx̣ūlayugwa — when I called ‘māx̣ūlayugwa a queen, | but
Johnny Wanuk\u was just like a slave of his wife ‘māx̣ūlayugwa. |

māwiLē gˑōkwas Wanukwē, yîxs kˑ!ēsaē Q!wālax̣ˑalayugwa Lēḷe- 86
ḷāla lāx Wanukwē, yîxs kˑ!eâsaē la q!ūlas LēḷEḷâlax̣ˑdäs Q!wālax̣ˑa-ˑ
layugwa. Wä, hē‘mis lāgˑiḷas hē laēLē gˑōkwas Wanukwē. Wä,
lä lāxoyuwa L!āqwaxa ḷēgadEs Wâx̣\usē‘stāla, yîs Malēdē. Wä, lä
kˑîḷx̣‘widē Q!wālax̣ˑalayugwāsa māma‘lgūnâḷp!Enyagˑalasa q!ELlax̣ˑ - 90
sōkwē p!ElxElasgEm laxa L!āqwa lāx Wâx̣\usē‘stāla. Wä, kˑlēst!a
gâḷaxs laē tsEx̣ˑq!Ex̣ˑ‘idē Q!wālax̣ˑalayugwa. Wä, laEmxaē wîkˑ!E-
x̣‘īda. Wä, laEmxaē Wanukwē ḷōgwalax Wâx̣\usē‘stalaxa L!āqwa.
Wä, la‘mē Wanukwē lāxōdEx Wâx̣\usē‘stāla. Wä, la‘mē kˑîḷxwa
sE‘wa yîsa q!âq!aL!Ep!Enyagˑanâlasa ma‘ltsōkwē p!ElxElasgEma. 95
Wä, laEmxaē Wanukwē LēlElaxa ‘nāx̣wa lēlqwālaLa‘ya. Wä, la‘mē
Wanukwē ãx̣‘ēdEx ḷēgEmas ōmpwūlas Q!wālax̣ˑalayugwax̣ˑdē, yîxa
ḷēgadEs Wāgˑides. Wä, la‘mē gwāl ḷēgadē Wanukwas Wanukwē.
Wä, la‘mē ḷēgadEs Wāgˑidesē. Wä, la‘mē ḷēgadē bābagūmē x̣ū-
nōx̣\us yîs Hāmadzālas. Wä, la‘mē ḷēqalasE‘wē Wāgˑidesas gˑîgE- 200
ma‘yē qaxs laē mâḷp!Ena Lēlâlaxa ‘nāx̣wa lēlqwālaLa‘ya. Wä,
la‘mē LEmqa nâqa‘yas Wāgˑidesē qaxs laē gˑâgˑegEḷaqwalasōsa
‘nāx̣wa gˑīgˑEgâmēsa ‘nāx̣wa lēlqwālaLa‘ya. Wä, la‘mē k!wāgēlîlxa
âla‘mē gˑīgˑEgâmēxs k!wēḷaē.

Wä, yūL, gˑīgămē‘ Dr. Boas, yîxs q!ayaxagˑanEmaaqōs lāx 5
Chiagoxgˑen lä ḷō‘ Johnny Wănuk\u LE‘wis gEnEmē Dōqwăyis,
yîx ‘māx̣ūlayugwaxgˑin lākˑ ḷēqalas *Queen* lāx ‘māx̣ūlayugwa. Wä,
â‘mēsē ‘nEmāx̣ˑīsē Johnny Wanukwē ḷō‘ q!âkˑōsēs gEnEmē ‘māx̣ūla-

[1] They were among the Kwakiutl who visited the World's Fair in 1893.

And this is what I now talk about, the ancestors of the married
couple ‖ Wanuk⁰ whose name was Wāg·ides, which name he obtained
from | Q!wālax·alayugwa, and his illegitimate wife ᵋmāx̣ŭlayugwa. |
I only wish you to know that Wāg·ides probably thought that you
considered him a real | chief. This is called by the Indians "a-newly-
made-chief," | like Wāg·ides in the numaym Elgŭnwēᵋ. ‖

15 When we came back to Fort Rupert Wāg·ides went into his house, |
and he said at once that he would buy oil with | the money that he
had obtained, paid by you, Dr. F. Boas. Then he gave a grease |
feast to all the tribes, and now his wife ᵋmāx̣ŭlayugwa | gave him the
20 marriage name Kwākŭx·ālas for the feast name of her ‖ husband
Wāg·ides. Now, ᵋmāx̣ŭlag·ilis, | the chief next to ʟ!āqwalaɫ, chief
of the | numaym Lāālax·sᵋEndayo, became sick. Now, he had the
copper Lōbelila. | Wāg·ides always took care of him; and when he
25 became very | sick, Wāg·ides took the chief ᵋmāx̣ŭlag·ilis ‖ into his
house. At once ᵋmāx̣ŭlag·ilis said to | Wāg·ides, "You make me
glad, because you take pity on me, because you | come and do good
to me. If I should die quickly, | only take this my copper Lōbelila,
and sell it, and | invite again all the tribes." Thus he said to him in
30 the morning. ‖ And when night came ᵋmāx̣ŭlag·ilis died. | Wāg·ides
also obtained by good luck the copper Lōbelila. Now, | Wāg·ides

yugwa. Wā, g·aᵋmēsEn la gwāgwŏx·sᵋālasē g·alEmg·alisasa hayasE-
10 k·ālē Wanukwē, yīxa la ʟĕgadEs Wāg·idesxēs hēlanEmē ʟĕgEm lāx̣
Q!wālax·alayugwŏlē, ʟEᵋwis k!ŭtExsdōte ᵋmāx̣ŭlayugwa. Wā,
āᵋmEn ᵋnēx· qaᵋs q!ālaōsax Wāg·idesē yīxs ᵋnēg·anEmaak·osaq ālaEm
g·īgămaᵋya. Wā, hēEm gwEᵋyōsa bāk!umē alaᵋlēkᵘ g·īgămaᵋya
yīx Wāg·idesē lāxēs ᵋnEᵋmēmota Elgŭnwaᵋyĕ.
15 Wā, g·āxEnuᵋx̣ᵘ nāᵋnakᵘ lāx Tsāxisak·. Wā, lā laēʟ lāxēs g·ōkwē
Wāg·idesē. Wā lāxaē hĕx·ᵋidaEm ᵋnēx· qaᵋs k·ilx̣wĕxa ʟ!ēᵋna yīsēs
gwānEmē dālaxēs hălāgEmōs Dr. F. Boasaq. Wā, laᵋmē ʟ!ēᵋnag·ila
k!weᵋlasxa ᵋnāx̣wa lēlqwālaʟaᵋyē. Wā, laᵋmē genEmasē ᵋmāx̣ŭ-
layugwa ʟĕgEmg·ElxʟālaxK wākŭx·ālas qa k!wēladzExʟāyōsēs
20 lāᵋwŭnEmē Wāg·idesē. Wā, laᵋmēsē ts!Ex·q!Ex·ᵋīdē ᵋmāx̣ŭlag·ilisxa
g·īgămaᵋyē māk·ilāxa g·īgămaᵋyē ʟ!āqwalalēxa g·īgămaᵋyasa ᵋnE-
ᵋmēmotasa Lāālax·sᵋEndayo. Wā, laEm ʟ!āgwadEs Lōbelila. Wā,
laᵋmē Wāg·idesē hēmEnala la āaxēlaq. Wā, g·īlᵋmēsē la ālax·ᵋīd
ts!Ex·q!āxs laē Wāg·idesē āx·ᵋēdxa g·īgămaᵋyē ᵋmāx̣ŭlag·ilisē qaᵋs lās
25 lāxēs g·ōkwē. Wā, āᵋmisē hĕx·ᵋidaᵋmē ᵋmāx̣ŭlag·ilisē ᵋnēk·ax Wāg·-
idesē: "ʟaEms ĕk·amasg·En nāqĕk· qaēs laēnayōs wāsEn qaᵋs
g·āxaōs aĕk·ila g·āxEn. Wā, hĕᵋmaak·Enlō yīx·Elālax wīk·!Ex·ᵋēdE-
lax las ᴀEm āx·ᵋēdxōx Lōbelīlaxen ʟ!āqwax qaᵋs lāxōdaōsasōx qaᵋs
ēt!ēdaōs Lēlēlaxwa ᵋnāx̣wäx lēlqwālaʟaᵋya," ᵋnēx·ᵋlaēqxa gaāla.
30 Wā, g·īlᵋmēsē gānuɫᵋidExs laē wīk·!Ex·ᵋēdē ᵋmāx̣ŭlag·ilisdē. Wā,
laEmxaē ʟōgwalē Wāg·idesaxa ʟ!āqwa lāx Lōbelila. Wā, laEmxaē

sold that also. Then he invited all the tribes. | Now Wāg·ides was 33
really proud, | and said that he was not afraid of any one, even not of
the true chiefs of ‖ all the tribes. | 35
Then Wāg·ides sat among all the chiefs of the tribes, | when they
were all invited by the Ƚāwēts!ēs. This is called | the chief's feast.
Wāg·ides boasted, saying that he was not | afraid of any one; and
therefore the chief of the Mamalēleqăla, ‖ whose name was ꞌwālas 40
Kwāx·ꞌilanōkŭmēꞌ, became angry. Then the | chief, ꞌwālas Kwāx·ꞌilan-
ōkŭmēꞌ, said that he would put him back into the place of | the
slaves his forefathers. Thus he said. Then he took | the expensive
copper named Q!ɛmts!axsdē and | broke it, and he asked one man
to throw ‖ the copper into the sea outside the village Qălogwis; and 45
after | he had finished, T!ēqwap arose and sent a man | to get his
copper Ts!āgēs; and when that man came | carrying Ts!āgēs, he
gave it to T!ēqwap. Then he spoke, | and said to his uncle, ꞌwālas
Kwāx·ꞌilanōkŭmēꞌ, "Now, ‖ chief, you told us to do this to him who 50
claims that he is not afraid of any one, | this new man Wāg·ides—that
little slave who comes from his slave ancestors: | Now I'll try him who
claims to be a | true chief." Thus he said, and broke the copper
Ts!āgēs. He | said, "Chief Wāg·ides, now you will be a bullhead

---

Wāg·idese lāxōdɛq. Wā, laɛmxaē Lēlalas lāxa ꞌnāxwa lēlqwăla- 32
La'ya. Wā, la'mē ălax·dɛla lɛmqē năqaꞌyas Wāg·idesē. Laɛm
ꞌnēk·ɛxs k·!eâsaē la k·ꞌIlɛms lāxa wāx·ꞌmē ălak·!āla la g·īgămāsa
ꞌnāxwa lēlqwālaLa·ya. 35
Wā, la'mēsē Wāg·idesē k!wāgēlīlxa ꞌnāxwa g·īg·ɛgămēsa lēlqwă-
laLa'yē, yīxs laē ꞌwīꞌla Lēlaꞌlax"sa Ƚāwēts!ēsē. Wā, hēɛm Lēgadɛs
g·īgēlkwa k!wēlē. Wā, lā Wāg·idesē q!ayōdālag·ꞌIlī ꞌnēk·ɛxs k·!eâ-
saē k·ꞌIlɛma. Wā, hēꞌmis lāg·iꞌlas ꞌyāk·ꞌIlīlē g·īgămaꞌyasa Mamalēle-
qălaxa Lēgadɛs ꞌwālas Kwaxꞌilanōkŭmē. Wā, la'mē ꞌnēk·ēda g·ī- 40
gămaꞌyē ꞌwālas Kwax·ꞌIlanōkŭmē qaꞌs aēdaaqēs "lāx gwēx·sdɛmasēs
q!āq!akwag·iwa'yaōs yīxēs g·ālɛmg·alisaōs," ꞌnēx·ꞌlaēxs laē dāx·ꞌId-
xa q!ayōxwē L!āqwaxa Lēgadɛs Q!ɛmts!axsdē. Wā, la'mē k·ō-
qwaq. Wā, lā ăxk·!ālaxa ꞌnɛmōkwē bɛgwānɛm qa lēs ts!ɛxstɛn-
daxa L!āqwa lāxa L!āsakwasa g·ōkŭla lāx Qălogwisē. Wā, g·ꞌIlꞌmēsē 45
gwāla laē Lăx·ꞌulīlē T!ēqwapē qaꞌs ꞌyālaqēsa ꞌnɛmōkwē bɛgwānɛm
qa lās ăx·ꞌēdɛx L!āqwās yīx Ts!āgēsē. Wā, g·ꞌIlꞌmēsē g·āxēda bɛgwā-
nɛm dālax Ts!āgēsē lā ts!ăs lāx T!ēqwapē. Wā, lā yāq!ɛg·aꞌla.
Wā, lā ꞌnēk·a lāxēs q!ŭlēyē ꞌwālas Kwax·ꞌIlanōkŭmē: "Laq!amaaqōs
ꞌnēk·a, g·īgămē, qɛns hē gwēx·ꞌidɛxg·a ꞌnēk·ɛq k·!eâs k·ꞌIlɛm laxg·a- 50
da ălak· bɛgwānɛma, yīxwa q!āq!agŭmēx g·āg·ɛlɛla lāxēs wīwōmp-
wŭlasōx Wāg·idesēx. Wā, la'mēsɛn gŭnx·ꞌIdōlxwa ꞌnēk·ēx laɛm
ălaɛm g·īgămaꞌya," ꞌnēk·ɛxs laē k·ōx·ꞌwidɛx Ts!āgēsē. Wā, lā
ꞌnēk·a: "Wā, g·īgămayaiꞌ, Wāg·idesaiꞌ, laɛms lăł k·!ōmasōx Qălo-

55 of Qâlogwis." ‖ Thus he said, and gave the rib of the copper to a | man, and told him to throw it into the sea outside | of the village. Thus he said to him. Then K!wâmaxalas, | chief of the Hāx̣wāmis, arose, and he sent a man | to get the copper named Kwēxanᴇm.
60 Now he broke ‖ it on account of Wāg·ides, and he gave him the rib. This was | given to Wāg·ides. Then Wāg·ides became a slave again | after this. He could not get three large | coppers to break to meet the other three; and he thought it best | not to go with his tribe
65 when they were invited by the tribes, ‖ because he was really ashamed. Now ᵋmāx̣ūlayugwa never became a true chieftainness. |
The copper Lōbelīla that was broken on account of Wāg·ides, is worth | twelve thousand blankets; and | the copper Ts!āges, broken by T!ēqwap on account of Wāg·ides, | is worth nine thousand
70 blankets; and ‖ the great copper Kwēxanᴇm, broken by K!wāmaxalas on account of Wāg·ides, | is worth eighteen thousand blankets. | Now, Wāg·ides could not get thirty-nine thousand | blankets to buy three coppers | to meet those broken; and all the Kwāg·uł
75 were ashamed ‖ on account of what they had done. That is the end of this. |
I forgot this: that the eldest of the children of | Wāg·ides and his wife ᵋmāx̣ūlayugwa died. She took the one next to (the eldest), | and Dōqwāyis put him into the numaym Dzᴇndzᴇnx·q!ayo, | and

55 gwisēx," ᵋnēk·ᴇxs laē ts!âsa galasaᵋyasēs ʟ!āqwax·dē lāxa ᵋnᴇmōkwē bᴇgwānᴇma. Wä, lā ᵋnēk·ᴇq: "Hāg·a ts!ᴇxstᴇntsōq" lāxa ʟ!āsakwakwasa g·ōx̣ᵘdᴇmsēx," ᵋnēk·ᴇq. Wä, laᵋmē ʟax̣ᵋūlīlē K!wāmaxalasxa g·īgāmaᵋyasa Hāx̣wāmisē. Wä, lā ᵋyālaqasa bᴇgwānᴇm qa lās āx·ᵋēdᴇx ʟ!āqwāsēxa ʟēgadᴇs Kwēxanᴇmē. Wä, laᴇmxaē k·ōx·ᵋwī-
60 dᴇq qa Wāg·idesē. Wä lā yax·ᵋwītsa galasaᵋyē lāq. Wä, laᵋmē ts!ᴇwē lāx Wāg·idesē. Wä, laᵋmē ēt!ēd la q!aiq!ax̣ᵘsēᵋsta Wāg·idesē lāxēq. Wä, laᴇm k·!eâs gwēᵋyōʟatsēx yūdŭx̣ᵘsᴇma āwâ ʟ!āʟ!aqwa qaᵋs k·ak·ogwalayâxa yūdŭx̣ᵘsᴇmē. Wä, hēxᴇnt!a ēg·atsēxs k·!ēsaē la lālasgᴇmēxēs g·ōkŭlōtaxs ʟēłalasᵋwaasa lēlqwālaʟaᵋyē
65 qaxs âlaē māx·ts!a. Wä, laᵋmē hewāxa mōdzēłᵋidē ᵋmāx̣ūlayugwa. Hēᵋmaē Lōbelīłaxa ʟ!āqwa la k·ōqwasōᵋ qa Wāg·ides yīxs māᵋłg·ᴇyop!ᴇnaē lōxsᴇmx·ᵋīd p!ᴇlxᴇlasgᴇmē laōxwas. Wä, hēᵋmisē Ts!āgēsxa ʟ!āqwa k·ōqwasōs T!ēqwap qa Wāg·ides yīxs ᵋnāᵋnamap!ᴇnaē lōxsᴇmx·ᵋīd p!ᴇlxᴇlasgᴇmē laōxwas. Wä, hēᵋmisē Kwēxanᴇmxa
70 ᵋwālas ʟ!āqwa k·ōqwasōs K!wāmaxalas qa Wāg·ides, yīxs māᵋłgŭnāłᴇg·ᴇyop!ᴇnaē lōxsᴇmx·ᵋīd p!ᴇlxᴇlasgᴇmē laōxwas. Wä, laᵋmē k·!eâs gwēᵋyōʟasē Wāg·idesax mamōsgᴇmg·ustâlasa ᵋnāᵋnamap!ᴇna lōxsᴇmx·ᵋīd p!ᴇlxᴇlasgᴇm qaᵋs k·īlōmx yūdŭx̣ᵘsᴇma ʟ!āʟ!aqwa qaᵋs k·āk·ogwalayâ. Wä, lā ᵋnāx̣waᴇm max·ts!ēda Kwāg·ułas gwēx·ᵋi-
75 daasaq. Wä, laᴇm lāba lāxēq.
Hēxoʟᴇn ʟ!ᴇlēwēsᴇᵋwa yīxs laē łēᵋłē ᵋnōlast!ᴇgᴇmaᵋyas sāsᴇmas Wāg·idesē ʟᴇᵋwis gᴇnᴇmē ᵋmāx̣ūlayugwa. Wä, lā āx·ᵋēdxa māk·īłāq qa lās ʟāx̣ᵘstōdᴇx Dōqwāyisē lāxa ᵋnᴇᵋmēmotasa Dzᴇndzᴇnx·-

his name was Dōqwāyis. And ʻmāx̣ūlayugwa ‖ put his younger 80
brother in the numaym Tsʻētsʻēlwālagāmēʻ | of the Nimkish, as
chief Qǃūmxˑalagˑîlis; for he was the father of | ʻnāˑnɛmpǃɛngˑi-
layugwa, the mother of ʻmāx̣ūlayugwa. Now | the name of the son
of Wāgˑides was Qǃūmxˑalagˑîlis among the Nimkish. | Now ʻmāxū-
layugwa herself thought little of her husband. |

Story of the Ḷēḷeg̔ēdē, Qǃōmkˑǃuṭǃes, Kwāgˑuɫ

This is the tale of the reason why the double-headed serpent is on 1
the | outer front of the house of Ɫālepǃalas at Qǃɛgˑēs, for that is
where the | ancestors of the numaym Ḷēḷɛg̔ēd live, who have as
their chief Ɫālepǃalas. | The young men were talking about a salmon
of bright color ‖ which they were trying to spear in the river of 5
Qǃɛgˑēs, for their house was on the bank of the river. | They could not
hit it when they were trying to spear it, for there were many | steel-
head salmon there, and one of them had a very bright color. Then |
Chief Ɫālepǃalas said that he would try to spear it, for he was a |
good spearsman, because he was a seal-hunter. They ‖ went and 10
followed him to the river. Many young men followed | their chief
Ɫālepǃalas. When they got to what was | referred to by the young

---

qǃayowē. Wā, laʻmē Ḷēgadɛs Dōqwāyisē. Wā, lāxaē ʻmāx̣ūlayu-
gwa āxˑʻēdɛx tsǃāʻyās qaʻs lās lāx ʻnɛʻmēmotasa Tsǃētsǃēlwālagāma- 80
ʻyasa ʻnɛmgesēxa gˑīgāmayōlae Qǃūmxˑalagˑîlis yîxs hēʻmaē ōmps
ʻnāʻnɛmpǃɛngˑilayugwa yîx ābɛmpas ʻmāx̣ūlayugwa. Wā, hēʻmis
la Ḷēgɛms xūnōkwas Wāgˑidesē Qǃūmxˑalagˑîlisē lāxa ʻnɛmgēsē.
Wā, lɛm qǃūlēxˑsʻmē ʻmāx̣ūlayugwa kˑǃōtaxēs lāʻwūnɛmē.[1]

Story of the Ḷēḷeg̔ēdē, Qǃōmkˑǃuṭǃes, Kwāgˑuɫ

Wā, gˑaʻmēs nūyamsa gˑāxēlas āxēwaʻya sîsɛyūlē lāx tsāqɛma- 1
ʻyas ʟǃāsanāʻyasa gˑōkwas Ɫālepǃalas lax Qǃɛgˑēs, yîxs hāaɛl gˑōkūlē
gˑālāsa ʻnɛʻmēmotasa Ḷēḷɛg̔ēdēxa gˑīgadās Ɫālepǃalasē. Wā, laɛm-
ʻlāwisēda hāʻyālʻa gwāgwēxˑsʻala lāxēs wāxˑa sɛkˑasōʻ ēxˑstokǃūn
kˑǃōtɛla lāxa ʻwās Qǃɛgˑēsē qaxs hēʻmaē gˑōkwāg̔ēsēʻwa ʻwa, yîxs 5
kˑǃēsaē qǃāpaqēxs wāxˑaē sɛkˑaq, yîxs qǃēnɛmaēda kˑǃōtɛlaxa
gˑɛxwa. Wā, lāʻlaē ʟōma ēxˑstōkǃūna ʻnɛmē. Wā, laɛmʻlāwisa
gˑīgāmaʻyē Ɫālepǃalasē ʻnēkˑ qaʻs lē günxˑʻîd sɛxˑʻîdɛq qaxs ālakˑǃa-
laō sɛkˑǃēnoxwa qaxs ālēʻwinoxwaaxa mēgwatē. Wā, lāxˑdaʻxᵘʻlaē
qāsʻida ʻnāgamālaxa ʻwa. Wā, laɛmʻlaē lāgˑaʻyēda qǃēnɛmē hāʻyā- 10
lʻaxēs gˑīgāmaʻyē Ɫālepǃalasē. Wā, gˑîlʻɛmʻlāwise lāgˑaa lāx gwɛ-
ʻyāsa hāʻyālʻa māgˑîtālatsa ēxˑstokǃūna kˑǃōtɛla laē āxkˑǃālasɛʻwē

---

[1] Continued on p. 778, line 1.

13 men as the bright salmon swimming about, | Lãlep!alas was asked
to stand downstream from the place where the bright | salmon was
15 swimming about. He had not been standing there long when |
Lãlep!alas saw a very bright salmon. Immediately he | threw his
spear and hit it. He took it and went home | to his house. Before
he got to his house he felt | like giddy, and he just hid the salmon |
20 and went to his house, and before long he was very sick. ‖ When he
arrived in front of his house, he just | sat down; and there it was
seen by his wife, ‘nǎ‘nᴇmp!ᴇng·ilayugwa, | that her husband was very
sick. Therefore | she built a small hut over him. And when they
finished the house for the sick man, the ancestors | of the numaym
25 ʟᴇ̣ʟᴇgᴇd went to see their chief Lãlep!alas. ‖ Their chief was hardly
alive. Then Lãlep!alas heard | a canoe coming to the beach in
front of the sick man's hut, and he heard | a man say, "Go to him
and let our | friend come." Thus said what was heard by the sick
Lãlep!alas. Then the one who was sent said, | "I can not go to
30 our friend for ‖ many are watching him." Thus he said. Then the
man who had | spoken just said, "Just come aboard the canoe.
Let me | go and pull him out." Thus he said. Then the man
stepped out of the canoe, and | went into the sick man's hut where
Lãlep!alas was lying down. Then he took the | soul of Lãlep!alas,

---

13 Lãlep!alas qa‘s hǎ ʟa‘wisa gwǎbalisasa mǎg·ı̂talasasa ēx·stōk!ūnē
k·!ōtᴇla. Wǎ, wīlaxdzē‘laē gǎla lāxēs ʟa‘widzasē lāaᴇl dōx‘waʟᴇlē
15 Lãlep!alasaxa ālā la ēx·stok!ūn k·!ōtᴇla. Wǎ, hēx·‘idaᴇm‘lāwisē
sᴇx·‘idᴇq. Wǎ, la‘mē q!āpaq. Wǎ, lā‘laē ǎx‘ēdᴇq qa‘s lē nǎ‘nak"
lāxēs g·ōkwa. Wǎ, k·!ēs‘ᴇm‘lāwisē lāg·aa lāxēs g·ōkwaxs lāaᴇl hē
gwēx·s k·!ᴇdᴇlxa‘nakūlē. Wǎ, ǎᴇm‘lāwisē la q!ᴇlalᴇsaxa k·!ōtᴇla
qa‘s lā hayalᴇmk·!a lāxēs g·ōkwaxs k·!ēs‘maē ǎlax·‘id ts!ᴇx·q!ᴇx·‘ida.
20 Wǎ, g·ı̂l‘ᴇm‘lāwisē lāg·aa lāx ʟlāsanā‘yasēs g·ōkwē lāaᴇl ǎᴇm k!wǎ-
g·aᴇlsa. Wǎ, laᴇm‘laē dōgūltsēs gᴇnᴇmē ‘nǎ‘nᴇmp!ᴇng·ilayugwa,
yīxs ǎlaē ts!ᴇx·q!ēs lǎ‘wūnᴇmē. Wǎ, lāg·ilas ǎᴇm hēx·‘idaᴇm
hōsgᴇmᴇlsaq. Wǎ, g·ı̂l‘ᴇm‘lāwisē gwǎlā hōsē lāa‘lasa g·ālāsa ‘nᴇ-
‘mēmotasa ʟᴇ̣ʟᴇgēdē la ǎwᴇlpaxēs g·ı̂gǎma‘yē Lãlep!alasē. Wǎ,
25 laᴇm‘laē halsᴇlaᴇm la sǎk·!ᴇgᴇlsēda g·ı̂gǎma‘yē. Wǎ, lā‘laē wūlᴇ-
laxa g·āxalis xwǎk!ūna lāxa ʟ!ᴇma‘isas hōdzasas. Wǎ, laē wūlᴇ-
laxa bᴇgwānᴇma ‘nēk·a: "Hāg·a lāqō qa g·āxlag·ı̂sᴇns ‘nᴇmō-
kwax," ‘nēx·‘laē wūʟᴇlas Lãlep!alasēxa ts!ᴇx·q!a. Wǎ, lā‘laē ‘nēk·a
wāx·ē ‘yālagᴇma: "‘ya, k·!eǎdzᴇn gwayōʟasg·ᴇns ‘nᴇmōkūk· qaxs
30 q!ēnᴇmēg·a q!ᴇsēmsg·aqᴇk·," ‘nēx·‘laē. Wǎ, ǎᴇm‘lāwisa g·ı̂x·dē
yǎq!ᴇnt!āla bᴇgwānᴇm ‘nēk·a: "Wǎ, gēlag·a, ǎᴇm g·āx‘alᴇxs qᴇn lā
nēxawᴇlsaqō," ‘nēx·‘laē. Wǎ, g·āx‘laē lǎltāwēda bᴇgānᴇmē qa‘s lā
laᴇʟ lāxa hōsē qᴇlk!wadzasas Lãlep!alasē. Wǎ, la‘mē ǎxōdᴇx bᴇxū-
na‘yas Lãlep!alasē qa‘s lā lāxsas lāxēs yā‘yats!ē xwǎk!ūna. Wǎ,

and went aboard his canoe. ‖ Łāleplalas knew that he had gone 35
aboard the canoe. | He heard those say in the hut where he had
lain, when he was taken | by the man, "Oh! He is dead!" Thus
they said, and | all the women began to wail. They had not been
paddling long when they arrived at | many houses. There were
really many people. Then ‖ they all went ashore out of the canoe, 40
and went into the great | house. Then Łāleplalas was asked to sit
down | near the door of the large house on the right-hand side. |
Then Łāleplalas looked at the great raven which was sitting in the |
middle of the doorway. Its legs were spread apart, and the doorway
was between the ‖ legs, and a double-headed serpent was on top of 45
the front outside | of the house, and a wolf was standing on the head
of the man in the middle of the | double-headed serpent. Then he
remembered this. Łāleplalas just sat down. | Then a handsome
man spoke | and said, "Stand up, spirits, and let us be happy and ‖
dance on account of the game of our friend Dādoxkwĕnĕ‘." He | 50
meant the salmon speared by Łāleplalas, for the bright salmon was a
double-headed serpent. | Then the spirits arose, and immediately |
a man came to where Łāleplalas was sitting | and said, "O friend
Łāleplalas! run away, else you might ‖ stay away. Just look at 55
this house and imitate it." | Thus he said. Then Łāleplalas was glad

---

laEmᵋlaē qlÁLElaᵋmē Łāleplalas yīxs laē lāxs lāxa x̣wākl̓ūna. Wä, 35
lāᵋlaē wūLālaxa ᵋnekᐧa lāx hōsē qElklwādzats yīxs gᐧālaē äxᵋētsEᵋwa
yīsa bEgwānEmē: "Ā, lEᵋmōxwēkᐧlExᵋīda," ᵋnēxᐧᵋlaēxs laē qlwāqlūsā-
wēda ᵋnāx̣wa tsl̓ēdaqa. Wä, kᐧlēsᵋlatla gäła sēx̣waxs laē lāgᐧaa lāxa
ql̓ēnEmē gᐧōkūlaxa Lōma ql̓ēnEm lēlqwālaLaᵋya. Wä, laEmᵋlāwisē
ᵋwīᐧla hōxᵋwūltä lāxēs yāᵋyatsl̓ē x̣wākl̓ūna qaᵋs lā hōgwiL lāxa ᵋwālasē 40
gᐧōkwa. Wä, laᵋmē äxsEwē Łāleplalasē qaᵋs hēᵋmē klwāgᐧaliłē
max̣ᐧstālīłasa tlExᐧl̓āsa ᵋwālasē gᐧōkwa lāx hełkᐧl̓ōtstālīłas. Wä,
laEmᵋlaē Łāleplalas dōqūlaxa ᵋwālasē gwaᵋwina klwaēł lāx nExstā-
ᵋyasa tlExᐧl̓ē. Wä, lāᵋlaē gax̣ała hēᵋmē la tlExᐧl̓ē awāgawaᵋyas
gᐧōgᐧūgwaᵋyās. Wä, hēᵋmisa sīsEyūlē gēgᐧīwēsa tsāgEmas Llāsanā- 45
ᵋyasa gᐧōkwē. Wä, lā gᐧīlāłēda āLanEmē lāx x̣ᐧōmsas bākᐧawaᵋyasa
sīsEyūlē. Wä, laEmᵋlaē gᐧīgᐧaēqElaq. Wä, hēEmᵋlāwis ālēs klwā-
gᐧalīłē Łāleplalas lāaᵋlasē yāqlEgᐧaᵋlēda ēxᐧsokwē bEgwānEm. Wä,
lāᵋlaē ᵋnēka: "Wāgᐧīł la qlwāgᐧīlīLEx hāEyałīlagas qEns ēekᐧl̓ēqlalē
yīx̣wa qaōx yānEmax̣sEns ᵋnEmōkwaē Dādoxkwēnaᵋya," hēEm gwE- 50
ᵋyāsēda kᐧl̓ōtEla sEgᐧEkwas Łāleplalas yīxs sīsEyūLaēxa ēxᐧstōklūnē
kᐧl̓ōtEla. Wä, lāᵋlaē qlwāgᐧīlīłēda hāEyałilagasē. Wä,hēxᐧᵋidaEm-
ᵋlāwisa ᵋnEmōkwē bEgwānEm gᐧāx lāx klwaēłasas Łāleplalas. Wä,
lāᵋlaē ᵋnēkᐧa: "ᵋya, qäst, Łāleplalas. Hāgᐧa kᐧl̓ēx̣wax āLas gᐧāx̣lax
xEkᐧla lāqᵘ. Āᵋma dōqwałax̣ōxda gᐧōkwēx qaᵋs nānax̣tsl̓EwēLō- 55
saqᵘ," ᵋnēxᐧᵋlaē. Wä, ālaᵋlatla Łāleplalasē mōlas wäldEmas qax̣s

57 on account of what he had said, | for the one who had told Lālep!alas
to run away said also that this was | the gathering-place of the souls
of the dead; and when | the spirits began to sing, Lālep!alas ran out
60 of the door of the || house, and ran along the beach. He went a |
long distance, and arrived at a place where eagle-down was thick.
He had not | gone far when his breath gave out. Then he died
again. | Then he heard the words of another tribe | where he was
65 staying. He was taken and buried on a tree. || There was no coffin.
This was the village of Winālag·ˑîlis. | Before evening a man came
and | sat down at the place where he was. Then the man spoke, |
and said, "O, friend Lālep!alas! how is your mind? Don't you |
70 wish to go home to your country?" Thus he said. Then || Lālep!-
alas replied and said, "Indeed, but I wish in vain, | for I do not
know in what direction my house is." Thus said Lālep!alas to
the | man. Then the man spoke again, | and said, "I am Bluejay.
Arise and | sit on my back that I may take you to your house."
75 Thus said Bluejay to him. || Lālep!alas went at once and sat on his
back; and | Bluejay flew inland over a great mountain. | And when
they had passed over the mountain, they arrived. It was nearly |
dark in the evening. And Lālep!alas saw that his | hut was still

---

57 laē nēlˑ‘ida la ăxkˑ!ālax Lālep!alasē qa kˑ!ēxwēs, yîxa hēʿmaē la
q!ap!ēʿnakūlats bᴇxʿūnaʿyasa la lēlᴇʿla. Wä, g·îlʿᴇmʿlāwisē dᴇnx-
ʿidēda hāᴇyaɫilagasē lāaʿlasē Lālep!alasē dzᴇxʿwᴇls lāxa t!ᴇx·îlāsa
60 g·ōkwē qaʿs dzᴇlxʿwaēsᴇlē lāxa ʟ!ᴇmaʿîsē. Wä, laᴇmʿlāwisē qwēs-
g·ilaxs laē lāg·aa laxa wākwē qᴇmxwasa kwēkᵘ. Wä, kˑ!ēsʿlat!a
qwēsg·ilaxs laē wibalisᴇma. Wä, laᴇmxaē wēkˑ!ᴇxʿēda. Wä, la
lāʟa ʿnāxwaᴇm wūlᴇlax wāɫdᴇmasa ōgüʿlaʿmē la lēlqwălaʟaʿyēs la
ăxāsa. Wä, laᴇmʿlaē ăxʿētsᴇʿwa qaʿs lā wūnᴇmtasōʿ lāxa ʟāsē.
65 Wä, laᴇm kˑ!eâs dᴇg·ats!ēs. Wä, hēᴇmʿᴇl g·ōxᵘdᴇmtsa Winālag·î-
lisē la ăxāts. Wä, kˑ!ēsʿlat!a laᴇm dzāqwaxs g·āxaasa bᴇgwānᴇmē
k!wäg·aalᴇla lāx ăxāsas. Wä, lāʿlaēda bᴇgwānᴇmē yāq!ᴇg·aʿla.
Wä, lāʿlaē ʿnēkˑa: " ʿyâ, qāst, Lālep!alas. Wālēs nâqaʿyaqōs kˑ!ēsas
ʿnēkˑ qaʿs laōs nāʿnakᵘ lāxēs ăwînagwisaōs," ʿnēxˑʿlaē. Wä, lāʿlaē
70 Lālep!alasē nāʿnaxmēq. Wä, lāʿlaē ʿnēkˑa: "Qāʟᴇn wax·a âᴇm-
x·st!ᴇn kˑ!ēs q!ÁʟᴇIax gwāqᴇnwaʿyaasasē,' ʿnēxˑʿlaē Lālep!alasē lāxa
bᴇgwānᴇmē. Wä, lāʿlaē ēdzaqwa yāq!ᴇg·aʿlēda bᴇgwānᴇmē. Wä,
lāʿlaē ʿnēkˑa: "Nōgwaᴇm kŭskŭsa. Wäg·a ʟāxᴇʟᴇlax qaʿs g·āxaōs
k!wäg·ē g·āxᴇn qᴇn lā taōdōs lāxēs g·ōkwaōs," ʿnēxˑʿlaē kŭskŭsaq.
75 Wä, lāʿlaē Lālep!alasē hēxˑʿîdaᴇm la k!wäg·ᴇndᴇq. Wä, lāʿlaē
kŭskŭs aalaaqaxs laē p!ᴇlʿîda qaʿs lē p!ᴇltsᴇq!axa ʿwālasē nᴇg·ā.
Wä, g·îlʿᴇmʿlāwisē hayaqaxa nᴇg·ā laē lāg·aa. Wä, lāʿlaē ᴇlāq
p!ᴇdᴇx·ʿîdaxa dzāqwa lāaʿlasē Lālep!alas dōqŭlaqēxs hēx·sāʿmaē lās
hosē. Wä, lāʿlaē laēʟ lāq. Wä, lāʿlaē dōx·ʿwaʟᴇlaxēs ōk!winaʿyaxs

there. He went in, and he saw his body ‖ lying there dead. Then 80
his soul went into it, | and immediately the body became warm.
In the | morning when day came many men and women came in |
to wail, and they came to bury him. Then one man | went into the
hut, and the man saw that Lālep!alas ‖ was alive, and at once he 85
spoke with him. | Then they made a house just like the house where
he had been; | and therefore the numaym Lĕʟegēd own the house. |
This is all. |

Wāxap!alasō⁽ (Lĕʟegĕd, Q!ōmk˙!uṭ!es, Kwāg˙uʟ)

The ancestor of the Yaĕx˙agemē⁽ Yīx˙āgemē⁽, lived at Xŭdze- 1
dzâlis, ! at the village site Lex˙sīwē⁽; and | Wāxap!alasō⁽, and his
prince Xāxosenâsō⁽, lived on the east side of Xŭdzedzâlis; | and it is
said that Yīx˙āgemō ‖ and Wāxap!alasō⁽, claimed Xŭdzedzâlis 5
as their property. Finally Wāxap!alasō⁽ began to get tired | of
Yīx˙āgemē⁽. He moved away. | and came to Gek˙!exsdeʟs with
his prince, Xāxosenâsō⁽,| and they built a house there; and when the
house they built was finished, | Wāxap!alasō⁽ lay down on his back,
thinking what to do. ‖ Then it occurred to him that he had been 10
told in his former village, Xŭdzedzâlis, | from a man who lived at
Xōxop!a, a Qwēqᵘsōt!ēnoxᵘ. | He did not name him, for he did not

---

hē⁽maē âles yāq!ŭsē. Wä, lā⁽laē lâlak˙axēs bex⁽ŭnāyēdē. Wä, 80
hex˙⁽idaem!lāwisē ts!elx⁽widē ōk!wina⁽yas. Wä, laem⁽lāwisē
⁽nax˙⁽idxa gaālāxs g˙āxaasa q!ēmâla bēbegwānem ʟe⁽wa ts!ēdaqē
q!wāq!ŭsâlaxa wŭnemtaʟaq. Wä, lā⁽laēda ⁽nemōkwē begwānem
laēʟ lāxa hōsē. Wä, lā⁽laē dōx⁽waʟelēda begwānemax Łālep!alasax
q!ŭlaē, qaxs â⁽maē hex˙⁽idaem yaēq!eg˙a⁽ɫ ʟe⁽wē. Wä, la⁽mē âem 85
hex˙⁽idaem g˙ōkwēlaxa g˙ōkwē hē gwēx˙sē g˙ōkwasēs laasdē. Wä,
hē⁽mis g˙āxēɫts g˙ōgwadēda ⁽ne⁽mēmotasa Lĕʟegēdāsa g˙ōkwē. Wä,
laem lāba.

Wāxap!alasō⁽ (Lĕʟegĕd, Q!ōmk˙!uṭ!es, Kwāg˙uʟ)

Gōkŭla⁽laē g˙ālāsa Yaĕx˙agema⁽yē yix Yīx˙āgema⁽yē lāx Xŭdze- 1
dzâlisē, lāx gwāk˙lōtas ⁽wās ʟex˙sīwa⁽yē. Wä, lā⁽laē g˙ōkŭlē Wāxa-
p!alasō⁽ ʟe⁽wis ʟâwelgăma⁽yē Xāxosenâsō⁽ lāx ⁽nālanâlisas Xŭdze-
dzâlisē. Wä, laem⁽lāwisē hēmenâlaem lĕnemap!e Yīx˙āgema⁽yē 5
ʟō⁽ Wāxap!alasō⁽waxa xŭselās Xŭdzedzâlisē. Wä, lā⁽laē k˙!ilt!ēdē
Waxap!alasō⁽was Yīx˙āgema⁽yē. Wä, laem⁽laē māwa Wāxap!alasō⁽
qa⁽s g˙āxē lāx Gek˙!exsdelsē ʟe⁽wis ʟâwŭlgăma⁽yē Xāxosenâsō⁽.
Wä, lā⁽laē g˙ōkwēla qa⁽s g˙ōkwa. Wä, lā⁽laē gwâɫē g˙ōkwēla⁽yas.
Laem⁽lāwisē Wāxap!alasō⁽ t!ēg˙iɫ sen⁽yastōliɫ qa⁽s gwēg˙ilasa. Wä,
lā⁽laē g˙īg˙aēx⁽ēdxa g˙āxē ts!ek˙!ālem lāxēs g˙ālē g˙ōkŭlasē Xŭdze- 10
dzâlisē, yīsa g˙āx˙⁽idē lāx Xōxop!a Qwēqᵘsōt!ēnoxᵘ begwānema.
Wä. la⁽mē k˙!ēs ʟex⁽ēdex ʟegemas qaxs k˙!ēsaē q!āʟelax ʟegemas.

75052—21—35 eth—pt 2——22

14 know his name. | The visitor had said to Wāxap!alasō⁽, | "Look out for the one of our tribesmen who has a great treasure!—I mean ‖
15 Head-Winter-Dancer—for he will go around our world to play | with the people of supernatural power, all around our world." Thus he had said. |

This occurred to Wāxap!alasō⁽ while he was lying on his back. | When night came, he tried to lie down in his bed; | he did not go to
20 sleep the whole night, however; but ‖ his prince, Xāxosenâsō⁽ slept sweetly. When day came, | in the morning, Wāxap!alaso⁽ arose and scolded his | prince. He said to him, "Don't | think always of sleeping! Don't you think of Head-Winter-Dancer, | the great shaman, the great war-dancer, who is famous all over the
25 world, ‖ and who is looking for a great shaman to play with? I | mean you ought to rise and wash yourself in this good river | Ts!ɛlgwad. Thus he said. Xāxosenâsō⁽ took up the | tongs and struck his prince with them. ‖
30 Xāxosenâsō⁽ arose at once and went out of | the house. He wanted to kill himself. He went up the river | Ts!ɛlgwad; and when he came to the cascade of | Ts!ɛlgwad, he saw a hole in the rock on the bank of the | river. He wanted to examine it, and he
35 saw ‖ that the holes were the eyes of a Dzōnoq!wa. They were

13 Wä, lä⁽laē ⁽nēk·ēda bāgŭnsē bɛgwānɛm lāx Wāxap!alasō⁽: "Wā-
  g·îl la yɛL!ÂLɛx qāōxda ⁽wālasē ḷōgwala lāxɛnu⁽x" g·ōkulōtēx, yîx
15 Ts!āqāma⁽yē qaxs ⁽nēk·aē qa⁽s lä⁽stalēsɛlēxɛns ⁽nālax qa⁽s ămlē
  ḷɛ⁽wōx nānăwalakwaxsōx äwī⁽stäxsɛns ⁽nālax," ⁽nēx·⁽laē.
  Wä, hēɛm⁽lāwis g·äx g·īg·aēgēs Wāxap!alasō⁽ lāxēs t!ēg·i⁽lēna⁽yē.
  Wä, lä⁽laē gānol⁽īda laē wāx· kŭlx·⁽īda lāxēs kŭ⁽lēlasē. Wä, lä⁽laē
  hēwāxaɛm mēx⁽ēdɛx ⁽wāsgɛmasasa gānoLē. Wä, lä⁽laē ēx·p!astɛ-
20 ⁽wēsɛ⁽wēs ḷǎwŭlgāma⁽yasē Xāxosenâsō⁽. Wä, laɛm⁽lāwisē na⁽nakŭ-
  laxa gaālaxs laē ḷāx⁽widē Wāxap!alasō⁽ qa⁽s lä lawits!ālagwāxēs
  ḷǎwŭlgāma⁽yē Xāxosenâsō⁽. Wä, lä⁽laē ⁽nēk·ɛq: "Gwāldzâs xɛnlɛl
  lēx·aɛm nâqa⁽yōsxēs mēxēna⁽yōs. K·!ēsas g·īg·aēqɛlax Ts!āqāma-
  ⁽yaxa ⁽wālasa păxălaaxa ⁽wālasa tōx⁽wīda yīxs ts!ēlwālaa lä⁽stalisɛ-
25 laîxɛns ⁽nālax ālāx ⁽wālasa păxăla qa⁽s ăml⁽wŭta. Wä, hē⁽mēsɛn
  ⁽nē⁽nak·îlē qa⁽s ḷāx⁽wīdaōs qa⁽s läōs g·īg·îltāla lāxwa ēk·!ēx wâx
  Ts!ɛlgwadēx," ⁽nēx·⁽laē. Wä, âɛm⁽lāwisē Xāxosenâsō⁽ lēx·ɛlîl qa⁽s
  ēt!ēdē mēx⁽ēda. Wä, hēɛm⁽lāwis lāg·îlas Wāxap!alasō⁽ dāx·⁽īdxa
  ts!ēsḷāla qa⁽s kwēx⁽īdēs lāxēs ḷǎwŭlgāma⁽yē.
30 Wä, hēx·⁽idaɛm⁽lāwisē ḷāx⁽ŭlîlē Xāxosenâsō⁽ qa⁽s lāɛl lāwɛls lāxa g·ōkwē qa⁽s lä ālä qa⁽s g·āyalasa. Wä, laɛm⁽laē qāswŭstālax ⁽wās
  Ts!ɛlgwadē. Wä, g·îl⁽ɛm⁽lāwisē lag·aa lāxa k·!āmadzēnāsa ⁽wās
  Ts!ɛlgwadē, wä, lä⁽laē dōx⁽waLɛlaxa x·ōp!a t!ēsɛma lāx ōgwāga⁽yasa
  ⁽wä. Wä, laē ⁽nēx· qa⁽s max·p!altowēq. Wä, hēɛm⁽lāwis dōx⁽wa-
35 Lɛlatsēqēxs gɛyagɛsaasa Dzōnoq!wa. Wä, laɛm⁽laē qōqŭt!astōsa

both full of | water. Then Xāxosenâsō⁽ heard some one who said, | "O friend, Xāxosenâsō⁽! go into these two eyes, for | then nothing will be too difficult for you." Thus spoke what was heard by him. Xāxosenâsō⁽ did not see | any one. Then Xāxosenâsō⁽ ‖ broke off 40 hemlock-branches, tied them together in four bunches, and went towards | the eyes. He sat down in the water in the right-hand eye, | and rubbed himself with one bunch of the hemlock on the right side of his body; | and when all the needles of the hemlock had come off, he put it down on the rock, and | took another bunch, dipped it into the water, and rubbed ‖ the left side of his body. 45 When all the needles were off, | he put it down on the rock and came out of the water. Then | he went into the water in the left eye, and he sat | down in it. Xāxosenâsō⁽ took another bunch of hemlock, dipped it into | the water, and rubbed the right side of his body. ‖ When all the needles had come off, he put it down on the 50 ground; and he | took another bunch of hemlock, dipped it into the water, and rubbed | himself on the left side of his body; and he only stopped when all the | needles had come off. Then he put the hemlock on the ground. After he | had put it on the ground, the man who was ‖ invisible to Xāxosenâsō⁽ spoke again, and said, 55 "Don't, don't, don't | come out of the water in which you are washing! Dive, and stay below water a long time, | four times!

⁽wāpē. Wä, lā⁽laē Xāxosenâsō⁽ wŭLElaxa yāq!ᴇg·a⁽laxa ⁽nēk·ē: 36 "Wēg·a, qāst, Xāxosenâsō⁽, la⁽sta lāxwa maltsᴇmēx gēgᴇyagᴇsa qa⁽s k·!eâsēLōs wāLᴇml," ⁽nēx·⁽laē wŭLᴇlas. Wä, lā⁽laē k·!eâs dōgŭlts bᴇgwānᴇma yĭx Xāxosenâsō⁽. Wä, lā⁽laē hēx·⁽ida⁽mē Xāxosenâsō⁽ L!ᴇx⁽wīdxa q!wāxē qa⁽s yaēL!ᴇxLendēxa mōxLa. Wä, lā⁽laē gwā⁽sta 40 lāxa gēgᴇyagᴇsē qa⁽s lāᴇl k!wa⁽sta lāxa hēlk·!ōtstâ⁽yē gᴇyagᴇsa. Wä, lā⁽laē g·ĭnx⁽witasa ⁽nᴇmxLa q!wāxa lāxēs hēlk·!ōt!ᴇna⁽yē. Wä, g·ĭl⁽ᴇm⁽lāwisē ⁽wī⁽lâwē k·!amō⁽mâsa q!wāxē, laē g·īg·aᴇlsaq qa⁽s dāx·⁽idēxa ⁽nᴇmxLa qa⁽s hâpstᴇndēs lāxa ⁽wāpē qa⁽s g·ĭnx⁽witasa ⁽nᴇmxLa lāxēs gᴇmxot!ᴇna⁽yē. Wä, g·ĭl⁽ᴇm⁽lawisē ⁽wī⁽lâwē 55 k·!amō⁽mâs laē g·īg·aᴇlsaq. Wä, lā⁽laē lā⁽sta lāxa ⁽wāpē qa⁽s lā⁽sta lāx q!ō⁽stâ⁽yax gᴇmxōtstâ⁽yē gᴇyagᴇts. Wä, lā⁽laē k!wa- ⁽sta lāq. Wä, lā⁽laē dāx·⁽īdxa ⁽nᴇmxLa q!wāxa qa⁽s hâpstᴇndēs lā- xa ⁽wāpē. Wä, lā⁽laē g·ĭnx⁽witas lāxēs hēlk·!ōt!ᴇna⁽yē. Wä, g·ĭl⁽ᴇm⁽lāwisē ⁽wī⁽lâwē k·!amo⁽mâsᴇxs laē g·īg·aᴇlsaq. Wä, lā⁽laē 50 dāx·⁽īdxa ⁽nᴇmxLaᴇm la qa⁽s hâpstᴇndēq. Wä, lā⁽laē g·ĭnx⁽wī- tas lāxēs gᴇmxot!ᴇna⁽yē. Wä, äl⁽ᴇm⁽lāwise gwāl ᴇxs laē ⁽wī⁽lâwē k·amo⁽mâs. Wä, lā⁽laē g·īg·aᴇlsaxa q!wāxē. Wä g·ĭl⁽ᴇm⁽lāwisē g·īg·aᴇlsaqᴇxs laē ēt!ēd yāq!ᴇg·a⁽lēda bᴇgwānᴇmē, yĭx k·!ēsē dō- gŭlts Xāxosenâsō⁽. Wä, lā⁽laē ⁽nēk·a: "Gwo, gwo, gwo, gŭ⁽nō 55 lā⁽sta lāxōs g·īg·ĭltālasēx ⁽wāpax. Wēg·a g·āg·ĭldētsla dās⁽īdᴇx mōplᴇnᴇnsaLᴇs qa⁽s lâLaōsaxa lâkwēlâ qa⁽s k·!eâsēLōs wāLᴇmLōs,"

57 Then you will obtain what makes you strong, so that nothing will be
too difficult for you." | Thus said the one who was invisible to
Xāxosenâsō⁽. Then Xāxosenâsō⁽ | said, "I will do so;" and he
60 sat down and dived under water, and ‖ held on to the bottom in the
very cold water. He staid there a very long time, | and then came
up. He just wanted to get his breath. | Then he dived again, and
he staid down even longer than he had staid | the first time when he
dived. He came up again, and | sat down on the rock to get his
65 breath; and as soon as he had ‖ recovered his breath, he dived
again, and staid below water for really | a long time. Then he came
up and sat down on the rock to | get his breath; and as soon as he
had recovered his breath, | he arose to dive again. Then spoke again
the man | whom he had heard speaking before, and who was invisi-
70 ble to him. ‖ He said, "O friend! now really do not | come up until
your breath gives out. Keep open your eyes | while you are under
water, then there will be nothing that you can not see." Thus said
the one who was heard. | When the speech of the one who was heard
by Xāxosenâsō⁽ was ended, | he replied, and said, "I shall do so." ‖
75 And he dived into the water in the eyes of the Dzōnoq!wa. | Now he
kept his eyes open, and held on to the bottom, while he staid under
water; | and he only let go when his breath gave out. | Then he
floated up, and he did not know how long a time he had been |

---

58 ⁽nēx·⁽laē k·!ēsa dōgŭlts Xāxosenâsō⁽. Wä, laᴇm⁽lāwisē nēk·ē Xāxose-
nâsō⁽: "Hēʟᴇn gwalaʟē," ⁽nēx·⁽laēxs laē k!ŭnsa lāxa ⁽wāpē qa⁽s
60 gᴇlbᴇnts!ē lāxa älä wŭda⁽sta ⁽wāpa. Wä, hē⁽lat!a la gᴇyᴇnsᴇlaxs
g·āxaē q!āx⁽wida. Wä, âᴇm⁽lāwisē ⁽nēx· qa q!ᴇsmᴇnx̄⁽wīdēsēs hāsa-
⁽yaxs laē ēdᴇnsa. Wä, lā⁽laē gāgᴇyînsᴇlagawēsēs ⁽wā⁽wadzᴇnsᴇlas
lāxēs g·îlaē dās⁽îda. Wä, g·āx⁽laē q!āx⁽wida. Wä, gälaᴇm⁽lāwisē
k!waa qa q!ᴇsmᴇnx̄⁽wīdēsēs hāsa⁽yē. Wä, g·îl⁽ᴇm⁽lāwis ⁽nᴇmx·-
65 dzᴇx̄⁽wīdē hāsa⁽yasēxs laē ēt!ēd dās⁽îda. Wä, laᴇm⁽laē âlax·⁽îd
gᴇyᴇnsᴇla. Wä, g·āx⁽laē q!āx⁽wida. Wä, lā⁽laē k!wāg·aala qa
q!ᴇsmᴇnx̄⁽wīdēsēs hāsa⁽yē. Wä, g·îl⁽ᴇm⁽lāwisē q!ᴇsmᴇnx̄⁽wīdē hasa-
⁽ya laē ʟax̄ŭla qaxs lᴇ⁽maē ēt!ēdᴇł dās⁽îdᴇł, lāa⁽lasē ēdzaqwaᴇl
yāq!ᴇg·a⁽łē wŭʟᴇlnaxwäs yāq!ᴇnt!āla bᴇgwānᴇma, yîx k·!ēsē dōgŭlts.
70 Wä, lā⁽laē ⁽nēka: "⁽ya, qāst, wäg·îl la âlax·⁽îdʟᴇx laᴇm āl⁽ᴇmł q!āx-
⁽wīdᴇł qaxō lāł lābaʟōs hāsa⁽yaqōs. Wä, lāʟᴇs dᴇx·āłał qasō lāł
gᴇyᴇnsᴇlał qa⁽s k·!eâsᴇʟōs k·!ēs dōgŭʟōł," ⁽nēx·⁽laē wŭʟᴇłas. Wä,
g·îl⁽ᴇm⁽lāwisē q!ŭlbē wäłdᴇmasa yāq!ᴇnt!āla wŭʟᴇłts Xāxosenâsō⁽
laē nā⁽naxmēq. Wä, lā⁽laē ⁽nēk·ᴇq: "Hēʟᴇn gwälaʟē," ⁽nēx·⁽laēxs
75 laē dās⁽îda lāxa ⁽wāpē q!ōstᴇ⁽wēs gēgᴇ⁽yagᴇsasa Dzōnoq!wa. Wä,
laᴇm⁽laē dᴇx·āla. Wä, âx·sāᴇm⁽lāwisē gᴇlbᴇnts!a laē gᴇyᴇnsᴇla.
Wä, â⁽mēs hēᴇm gᴇlpâk·ᴇlaatsēxs laē wīxʟax·⁽îdēs hāsa⁽yē. Wä,
g·āx⁽ᴇm⁽laē âᴇm pᴇx·ōstâ. Wä, laᴇm⁽laē k·!ēs q!āʟᴇlaxēs ⁽wā⁽wats!a-
asē yāq!wa. Wä, lā⁽laē ts!ᴇk·!ᴇx⁽îda. Wä, laᴇm⁽lāwisē ʟax̄ŭla-

lying there in a faint. Then he awoke and arose, ‖ for he had been 80
dead, and came back to his senses. He had first dived twice | into
the right eye of the Dzŏnoq!wa, and twice | into the left eye.

Then again he heard speaking in the woods. (The voice) said, |
"Come, friend Xāxosenâsō⁴! Let us try our strength!" Thus said
what he heard. ‖ Then Xāxosenâsō⁴ turned around to see who was 85
coming from the place where some one was talking, | and he saw a
handsome man standing on the ground. | Xāxosenâsō⁴ went to him
at once. When he reached | him, the man asked Xāxosenâsō⁴ to
try to | twist a spruce-tree, "so that I may see how strong you are."
Thus he said. ‖ Immediately Xāxosenâsō⁴ climbed the tree, and, 90
beginning | at the top, he came down twisting the spruce-tree. He
came to the ground. | It is said that Xāxosenâsō⁴ never found it
difficult, because he was exceedingly | strong. Then Xāxosenâsō⁴
was given advice | by the man to take good care when traveling
about; ‖ "and you shall always purify yourself in this river in the 95
morning and in the evening, | so that no harm may befall you."
Thus he said. |

Then Xāxosenâsō⁴ questioned the man, and said, | "O friend!
who are you who take pity on me and give me advice?" Thus he said
to him. | Then the man replied, and said, "O friend! ‖ I am Work- 100

---

yĭxs la⁴mēx·dē lE⁴la. Wä, la⁴mē nâgēs⁴īda, yĭxs hāē g·îl mā⁴lp!Ena 80
dās⁴īdē hēłk·!ŏtstâyē gEyagEtsa Dzōnoq!wa. Wä, lā⁴laē mā⁴lp!Ena
dās⁴īd lāxa gEmxōtstâ⁴yas.

Wä, lā⁴laē ēt!ēd wŭLElaxa yāq!Eg·a⁴la lāx āLa⁴yasxa ⁴nēk·a: "Gē-
lag·a qâst Xāxosenâsō⁴, qEns łâlokwap!ē," ⁴nēx·⁴laē wŭLElas. Wä,
lā⁴laē Xāxosenâsō⁴ mEls⁴īd qa⁴s dōx⁴wīdēx g·aya⁴nakŭlasasa yāq!En- 85
t!ālā. Wä, lā⁴laē dōx⁴waLElaxa Lâsē ēx·sōkᵘ bEgwānEma. Wä,
hēx·⁴idaEm⁴lāwisē Xāxosenâsō⁴ la lāq. Wä, g·îl⁴Em⁴lāwisē lāg·aa
lāq lāa⁴lasē bEgwānEmē āxk·!ālax Xāxosenâsō⁴ qa ⁴mEns⁴īdēs
sElp!īdxa ālēwasē Lâsa, "qEn dōqwałēxs łaxwa⁴yaqōs," ⁴nēx·⁴laē.
Wä, hēx·⁴idaEm⁴lāwisē Xāxosenâsō⁴ la hāx⁴wīd lāxa Lâsē qa⁴s g·āxtō- 90
dōxs g·āxaē ba⁴nōłEla sElpaxa ālēwasē. Wä, g·ax⁴laē g·āx⁴Elsa.
Wä, laEm⁴laē Xāxosenâsō⁴ hēwäxaEm łaxomx·⁴īda qaxs âlaē lūEl
łâk!wēmas bEgwānEma. Wä, laEm⁴lāwisē Lēxs⁴ālasE⁴wē Xāxosenâ-
sō⁴ yîsa bEgwānEm qa â⁴mēs yāL!āwa lāxēs gwälag·ildzasē. "Wä,
hë⁴mis qa⁴s hēmEnāła⁴maōs la⁴sta lāxwa ⁴wāxxa gēgaāla LE⁴wa dzā- 95
dzEqwa qa⁴s k·!eâsēLōs amēlasLōł," ⁴nēx·⁴laē.

Wä, lā⁴lae Xāxosenâsō⁴ wŭLaxa bEgwānEmē. Wä, lā⁴laē ⁴nēk·a:
"⁴ya, qâst, ăngwasēx wāxk!ālaēx Lēxs⁴āla g·āxEn," ⁴nēx·⁴laēq. Wä,
lā⁴laē nā⁴naxma⁴yēda bEgwānEmaq. Wä, lā⁴laē ⁴nēk·a: "⁴ya, qâst,
nōgwaEm Es⁴ak·îlElsa. HēmEnāłaEm Lēxs⁴ālaxa g·āxē laxōs g·āxa- 100

1 man. I always give advice to those who come | the way you have
come." And after Workman had said so, he disappeared. | — |
Xāxosenâsō⁶ just stood there as though he were out of his | mind
5 on account of the actions of the one who had spoken. || Then
it occurred to him to walk again towards the source of the river. |
He went, and continued going a long distance up the | river. Then
he saw a large round thing on the rock, which looked like a stone, |
a little distance away from the place whence he came. It seemed
strange to him. | He went to it to examine it. Then he saw that ||
10 it was the great head of a man staring at Xāxosenâsō⁶ as he stood on
the rock. | The large head looked angry. It had no body. | Then
Xāxosenâsō⁶ was angry, and stared at it. | Then Xāxosenâsō⁶
remembered that his father had talked about | something like this,
what he was seeing, and that he had called it Head-without-Body.
15 Thus || Xāxosenâsō⁶ was just watching the Head-without-Body, as
it was changing | the expression of its face. Four times it changed
its face, as though it were | trying to frighten Xāxosenâsō⁶. There-
fore it did so. And the great thing | opened its mouth, and the
head of a man appeared | in the mouth of the Head-without-Body.
20 It kept its mouth opened, || and uttered the cannibal-cry, like the
cannibal-cry of the hămshămts!es of the ancestors of the Kwakiutl. |
Then a pair of hands appeared in the mouth of the | Head-without-

---

1 qōs gwălag·ildzasa.   Wä, hē⁶mēq,'' ⁶nēx·⁶laēxs laē x·is⁶ida, yix
Ês⁶ak·ilElsa.
    Wä, âEm⁶lāwise Xāxosenâsō⁶ la ḷâsa hē gwēx·s nEnōloxᵘ⁶wīdēs nâ-
qa⁶yē, qa gwēx·⁶idaassasēs yaēq!Ent!alōdäxs laē k·!eâs la dōqŭlaqē.
5 Wä, lâ⁶laē ⁶nēnk·!ēx⁶ēd qa⁶s lâlag·i ēt!ēd qâs⁶ida lāx ⁶nEldzāsa ⁶wa.
Wä, laEm⁶lāwisē qâsa. Wä, laEm⁶lāwisē ⁶nElg·ila lāx ⁶nEldzāsa
⁶wāxs laē dōx⁶waLElaxa ⁶wālasē ⁶mEk!wa hē gwēx·s lōxsEm t!ēsEm
lāxa qwāqwēsāla lax gŭyōlElasas. Wä, laEm⁶laē ăm!q!EsEq. Wä,
lâ⁶laē qâs⁶ida qa⁶s lâ ⁶nExwāx·⁶īd lāq. Wä, laEm⁶laē ăwŭlp!altōqēxs
10 ⁶wālasaē x·ōmtsa bEgwānEmē dōqwaḷax Xāxosenâsō⁶xs ḷāwaē.
Wä, laEm⁶lāē lâwisEmaḷēda ⁶wālasē x·ōmsa, yixs k·!eâsaē bŭxᵘsōs.
Wä, âEm⁶lāwisē Xāxosenâsō⁶ ōgwaqa lâwisEmāla dōdōxsEndEq.
Wä, laEm⁶laē Xāxosenâsō⁶ g·ig·aēx⁶edxēs ōmpaxs gwāgwēx·s⁶ālaē
lāxa hē gwēx·sē la dōqwaḷasō⁶sxa ḷēgadäs X·ōsalōlē. Wä, laEm⁶laē
15 âEm la ḷāwa dōqwalē Xāxosenâsōxa X·ōsalōlē, yixs laē L!āyi⁶lālēs
gōgŭma⁶yē. Wä, lâ⁶laē mōp!Ena L!āyi⁶lālē gōgŭma⁶yas hē gwēx·s
k·ak·alEmax Xāxosenâsō⁶, läg·iḷas hē gwēg·ilē. Wä, ladzēk·as⁶laē
ăqElsē sEmsas. Wä, hēEm⁶lāwis g·āx nēlEmx·⁶idaatsa bEgwānEmē
ăwīL!Exwawa⁶yas X·ōsalōlē. Wä, läEm⁶laē tsokwalē sEmsas. Wä,
20 lâ⁶laē hamts!ālasa hămts!alaēna⁶yasa hămshămts!Esasa g·ālā Kwā-
g·ula. Wä, g·āx⁶laē e⁶eyasâs nēl⁶id lāx wāx·sanōdzExsta⁶yas sEmsas
X·ōsalōlē xwēxŭlēqŭla. Wä, g·āx⁶laē k!wā⁶nakŭlaxs g·āx aēg·āx⁶-

Body. They were trembling, and (the cannibal-dancer) came in a 22
squatting position out of the mouth of the Head-without-Body.
After he had come out, the mouth of the Head-without-Body
closed; and the hămshămts!es went right on and took the right 25
arm of Xāxosenâsō‘, and bit a wide piece out of it. Xāxosenâsō‘ never
moved. And when the piece had been bitten out by the hămshămts!es, the latter went back, uttering his cannibal-cry, "Wip,
wip, wip!" as he went back into the mouth of the Head-without-Body. Now the hămshămts!es had gone back into the mouth;
and as soon as he had gone in, the Head-without-Body disappeared. 30

Then Xāxosenâsō‘ heard some one back of him speaking, and
saying, "O friend Xāxosenâsō‘! now you have obtained as your
treasure what you have seen, the hămshămts!es, and the name
One-Man-Eater, whenever you show this; and the front of the
sacred room out of which he came is the head of our world, the 35
Head-without-Body; and you will do among your tribe what was
done by One-Man-Eater to you when he bit you, for you will eat
human flesh. Now spit on your right arm, and press down the
place bitten by our friend One-Man-Eater, then it will heal up,"
said the one whom he heard. Xāxosenâsō‘ never saw who was
speaking. He went at once into the river to wash, and after he 40
had done so, he sat down under the branches of a cedar-tree.

---

wEls lāx sEmsas X·ōsalōłē. Wä, g·îl‘Em‘lāwisē lāîts!āxs laē qEm- 23
k!walē sEmsas X·ōsalōłē. Wä, hē‘nākŭlaEm‘lāwisa hămshămts!Esē
qa‘s dāx·‘ĭdēx hēlk·!ōłts!āna‘yas Xāxosenâsō‘ qa‘s q!Ex·‘ĭdēqxa ălā 25
lēxa. Wä, hēwäxaEm‘lāwisē Xāxosenâsō‘ yāwix·‘ida. Wä, g·îl‘Em-
‘lāwisē lawämasēda hămshămts!Esaxēs q!Ek·oyō lāa‘lasē aēdaaqa
qa‘s hămts!Eg·a‘łē wip wip wipxaxs laē äx‘ēdeL lāx sEmsas X·ōsa-
lōłē. Wä, laEm‘laē laēlēda hămshămts!Esē lāx sEmsas. Wä, g·îl-
‘Em‘lāwisē laēLExs laē x·‘ĭsālēda X·ōsalōłē. 30

Wä, lā‘laē yāq!Eg·a‘łē wŭLElas Xaxosenâso‘wē lāxēs āLa‘yēxa
‘nēk·ē: "Wä, qâst, Xāxosenâsō‘, laEms Lōgwalaxēs lāyōs dōx‘waLE-
laxa hămshămts!Esē Lewis Lēgemē Nānogwise, qasō lāł nēł‘idāmas-
LEq. Wä, hē‘misL·āł mäwiłtsēs g·ayōłts!Ewasa x·ōmsasEns ‘nālax,
yîx X·ōsalōłē. Wä, hēEmłwits gwēg·ilałxēs g·ōkŭlōtaōsē gwēx·‘idaa- 35
sas Nānogwise lâL, yîxs laē q!Ex·‘ĭd lâL, yîxs bEx"bakwēLaqōs.
Wēg·a kwēs‘ĭdExs hēłk·!ōłts!āna‘yēx qa‘s LE‘x"stōdaōs laxōx q!Ek·a-
‘yasEns ‘nEmōkwaē Nānogwisa lâL qa mEts!Edēsōx," ‘nēx·‘laē
wŭLElas. Wä, laEm hēwäxa dōx‘waLElē Xāxosenâsō‘xa yāq!Ent!ālä.
Wä, hēx·‘idaEm‘lāwisē Xāxosenâsō‘ la‘stEx·‘ĭd lāxa ‘wa. Wä, g·îl- 40
‘Em‘lāwisē gwāłExs laē k!waagElsaxa t!EnyabÂ‘yas wiłts!ana‘yasa

43 There he slept that night, not far from the | house of his father
Wāxap!alasō⁽, at Gᴇkˑ!ᴇxsdᴇls. |
45 In the morning, when day came, he arose and went ‖ into the river.
He carried four bunches of hemlock-branches, and rubbed | the
right side of his body. When the needles had come off, | he stopped.
Then he took another bunch and rubbed the | right side of his body;
and when all the needles had come off, he | stopped and took another
50 bunch of hemlock-branches, dipped it into the ‖ water, and rubbed
the left side of his body; and when the | needles had come off, he
stopped, and took the one bunch left on the rock, | dipped it into
the water, and rubbed the left side of his body. | When the needles
had come off, he stopped. Then | he remembered the words of the
55 one who had spoken to him; that is, ‖ the one who had taken pity
on him and had given him advice. He dived four times, and staid a
long time under water each time; | and when he came up the fourth
time, | he heard a man back of him speaking. He said, | "You have
done well, friend Xāxosenâsō⁽, to do what you have done, for you
have | dived four times. Go, now! Before you go far, you will ‖
60 see your treasure." Thus he said; and Xāxosenâsō⁽ said, | "I shall
do so, friend!" He did not try to see | who was speaking to him. |

---

42 wēlkwē. Wä, hᴇᴇm⁽laē mēx⁽ēdxa gānoʟēxa kˑ!ēsē qwēsāla lāx
    g·ōkŭlasasēs ōmpē Wāxap!alasō⁽ lāx Gᴇkˑ!ᴇxsdᴇlsē.
    Wä, g·îl⁽ᴇm⁽lāwisē ⁽nā⁽nakŭlaxa gaālāxs laē ʟax⁽ŭlsa qa⁽s lā la⁽sta
45 lāxa ⁽wa. Laᴇm⁽laē dālaxa mōxʟa q!wāxa. Wä, laᴇm⁽laē g·inxwi-
    tas lāxēs hĕlkˑ!ot!ᴇna⁽yē. Wä, g·îl⁽ᴇm⁽lāwisē ⁽wī⁽lâwē kˑ!amo⁽mâs
    laē gwāla. Wä, lä⁽laē dāxˑ⁽idxa ⁽nᴇmxʟa qa⁽s g·inxwitēs lāxaaxēs
    hĕlkˑ!ōtᴇna⁽yē. Wä, g·îl⁽ᴇm⁽laxaāwisē ⁽wī⁽lâwē kˑ!amo⁽mâs laē
    gwāla. Wä, lä dāxˑ⁽idxa ⁽nᴇmxʟa q!wāxa qa⁽s hâpstᴇndēs lāxa
50 ⁽wāpaxs laē g·inxwitas lāxēs gᴇmxōt!ᴇna⁽yē. Wä, g·îl⁽ᴇmxaāwisē
    ⁽wi⁽lâwē kˑ!amo⁽mâs laē gwāla. Wä, lä dāxˑ⁽idxa ⁽nᴇm⁽ᴇm la g·ᴇ⁽yā
    qa⁽s hâpstᴇndēs lāxa ⁽wāpē. Wä, lāxaē g·inxwitas lāxēs gᴇmxō-
    t!ᴇna⁽yē. Wä, g·îl⁽mēsē ⁽wi⁽lâwē kˑ!amo⁽mâs laē gwāla. Wä, laᴇm-
    ⁽lāwisē g·īg·aēx⁽idᴇx wāldᴇmasa yāq!ᴇnt!āla bᴇgwānᴇma, yīxa
55 waxkˑ!ālā ʟᴇxs⁽āläq. Wä, laᴇm⁽laē mōp!ᴇna gēgᴇyᴇnsᴇlaxs laē
    dās⁽ida. Wä, g·îl⁽ᴇm⁽lāwisē q!āx⁽widᴇxs laē mōp!ᴇna dās⁽ida,
    laa⁽lasē ēt!ēd wŭʟᴇlaxa yāq!ᴇgˑa⁽la bᴇgwānᴇm lāx āʟa⁽yasxa ⁽nēkˑa:
    "Laᴇms hĕlāxa, qâst Xāxosenâsō⁽ lāxōs gwēxˑ⁽idaasēx, laaqōs
    mōp!ᴇna dās⁽ida. Hāg·a qâs⁽idᴇx kˑ!ēsʟᴇs qwēsg·ilal qasō dōx⁽wa-
60 ʟᴇlalxōs ʟōgwēʟaqōs," ⁽nēxˑ⁽laē. Wä, lä⁽laē Xāxosenâsō⁽ ⁽nēkˑa:
    "Hᴇʟᴇn gwälaʟē, qâst." Wä, laᴇm⁽laē kˑ!ēs wŭl⁽ᴇm dādox⁽waʟᴇ-
    laxa yaq!ᴇnt!āläq.

At once Xāxosenâsō⁵ started and went up | the river. After he had been going up [some time], he saw a ‖ large bird sitting on the rock. 65 As soon as he saw it, he remembered | what the man had said to him when he said to him, "Go! | You will not go far before you see your treasure." | Then Xāxosenâsō⁵ started, and stood near the | thunderbird that was sitting on the rock. Then the ‖ thunderbird first 70 spoke to him, and said, "O friend! why | do you come here walking?" And | Xāxosenâsō⁵ said at once, "I came to obtain you, Great-Supernatural-One, as a treasure." | Thus he said. Then the thunderbird called Xāxosenâsō⁵ to come | to him. He went there at once; and ‖ the thunderbird said, "Come and sit among the | 75 feathers of my wings, that we may go and see our world!" Thus he said. | Xāxosenâsō⁵ at once went up to the wings | and sat among the feathers at tne base of the wings; | and when Xāxosenâsō⁵ was seated among ‖ the feathers, the thunderbird flew up. Then | 80 Xāxosenâsō⁵ was asked by the thunderbird to look at | everything that was going on where they were going. | Xāzosenâsō⁵ did so. He kept in mind the strange things that | he saw everywhere. After four days they came ‖ back. Then the thunderbird sat down on 85 the rock | where he had been seated when Xāxosenâsō⁵ met him.

Wä, hëx·ᵋidaᴇmᵋlāwisē Xāxosenâsoᵋwē qāsᵋida qaᵋs lä ᵋnāᵋnāᵋlaaqa 63 lāxa ᵋwā. Wä, laᴇmᵋlāwisē ᵋnᴇlg·ilaxs laē dōxᵋwaʟᴇlaxa k!waa ᵋwālas ts!ēk!wa. Wä, g·îlᵋᴇmᵋlāwisē dōxᵋwaʟᴇlaqēxs laē g·īg·aēxᵋī- 65 dᴇx wāldᴇmasa yāq!ᴇnt!āla bᴇgwānᴇmqxa ᵋnēk·ᴇq: "Hāg·a qāsᵋi- dᴇx. K·!ēsʟᴇs qwēg·ilal qasō dōxᵋwaʟᴇlatxōs ʟōgwēʟaqōs." Wä, laᴇmᵋlāwise Xāxosenâsōᵋ qāsᵋida qaᵋs lä ʟāxᵋwala lāxa ᵋnᴇxwāla lāx k!waaasasa kûnkûnxŭlig·aᵋyē. Wä, hēᴇmᵋlāwis g·îl yāq!ᴇg·aᵋlēda kûnkûnxŭlig·aᵋyaq. Wä, lāᵋlaē ᵋnēk·a: "ᵋya, qāst, ᵋmāsōs g·āg·ᴇxī- 70 ʇaqōs lāxwa g·āxaqōs qāyasa," ᵋnēx·ᵋlaē. Wä, hëx·ᵋidaᴇmᵋlāwise Xāxosenâsoᵋ ᵋnēk·a: "ʟāʟogwasdᴇyᴇn, qāst, yûl ᵋnawalaxⁿdzēk·as,' ᵋnēx·ᵋlaē. Wä, hëx·ᵋidaᴇmᵋlāwisēda kûnkûnxŭlig·aᵋyē ʟēᵋlālax Xā'- xosenâsōᵋ qa läs lāq. Wä, hëx·ᵋidaᴇmᵋlaē la lāq. Wä, lāᵋlaē kûn- kûnxŭlig·aᵋyē ᵋnēk·a: "Gēlag·a qaᵋs k!wāk!wagayaōs lāxg·a ts!ᴇl- 75 ts!ᴇlk·g·asg·în p!ᴇʟᴇmk· qᴇns lä dōxⁿsēᵋstalīsᴇlaxᴇns ᵋnālax," ᵋnēx·- ᵋlaē. Wä, hëx·ᵋidaᴇmᵋlāwisē Xāxosenâsōᵋ lä lāg·ustâ lāx p!ᴇʟᴇmas qaᵋs lē k!wāk!waqax ts!ᴇltsᴇlk·as ēk·!ōt!ᴇxʟaᵋyas ōxʟaᵋyas p!ᴇʟᴇ- mas. Wä, g·îlᵋᴇmᵋlawisē hēlᵋaʟᴇla k!wāk!wagaᵋyaēnaᵋyas Xāxose- nâsōᵋ lāx ts!ᴇltsᴇlk·ē lāaᵋlasē p!ᴇlᵋīdēda kûnkûnxŭlig·aᵋyē. Wä, 80 laᴇmᵋlaē Xāxosenâsōᵋ äxk·!ālasōᵋsa kûnkûnxŭlīg·aᵋyē qa dōqwala- k·asēsēx ᵋnaxwa gwayíᵋlālatsēs lālālasʟa. Wä, hēᴇmᵋlāwisē gwēg·ilē Xōxosenâsōᵋ, ᵋnāxwaᴇmᵋlaē äxēlaᵋnākŭlaxēs ämlq!ᴇdzaᵋyē lāxēs ᵋnāx- wa dōdᴇgŭla lāxēs ᵋnāxwa lālālasa. Wä, lāᵋlaē mōp!ᴇnxwaᵋsᴇxs g·āxaē aēdaaqa. Wä, hēᴇmᵋlāwisē k!wāg·aalēda kûnkûnxŭlig·aᵋyēs k!waaa- 85 saxs g·ālaē bāk·ō ʟōᵋ Xāxosenâsōᵋ. Wä, g·îlᵋᴇmᵋlāwisē k!wāg·aālaxs

87 As soon as he sat down on the rock, | the thunderbird asked Xāxosenâsō' to go down; | and when the thunderbird went down, he gave advice to him | to remember all the time, if the great supernatural
90 one, ‖ Head-Winter-Dancer of the Qwēqʰsōt!ēnoxᵘ, should come and make war on him, that there was really nobody who | could overcome his supernatural power. "And if he discovers that you are not an ordinary | man, he will at once come to make war upon you; and as soon as you want | me to help you, sing my sacred song. Now, listen to | my sacred song! so' that you may sing it
95 when ‖ Head-Winter-Dancer comes to make war on you." Thus he said, and he sang it. These are the words of his sacred song: |.

"Burn them, burn them, burn them, you who burn the world! |
Hail, hail, hail, hail, hailstorm is brought by you!"

"This you shall sing when you want those to die who come to | play with you, and if you want them to turn into stone or into ice; namely
200 all the men, ‖ the crew of Head-Winter-Dancer, if they should come." Thus said the thunderbird | to Xāxosenâsō'. Then Xāxosenâsō' turned away from the | thunderbird. Then he turned his face back to the place where the thunderbird had been seated on the rock, | and the thunderbird had disappeared. Immediately Xāxosenâsō' | went into the river. ‖

5 He did not know that he had been away four years from his | house in GEk·!ExsdEls. Now he wished to go home to his | house

---

87 laē kŭnkŭnxŭlig·a'yē ăxk·!ālax Xāxosenâsō' qa lāxalag·is. Wä. g·īl'Em'lāwisē lāxaxs laē kŭnkŭnxŭlig·a'yē Lēxs'ālaq qa â'mēsē hēmEnâlaEm g·īg·aēqElaqēxs g·āxēLē wīnasōltsa·'wālasa 'nawalakwa,
90 yīx Ts!āqāma'yasa Qwēqᵘsōt!ēnoxwē qaxs âla'maē k·leâs'Em ēk·â lax 'nawalak!wēna'yas. "Wä, qō q!ālaLExs k·lēsaaqōs la aōms bEgwānEma lāLē hēx·'idaEmī g·āxL wīnaLōl. Wä, gīl'Emlwīts 'nēx·L qEn g·Ex'wīdaōL, wä, lās yālaqwasg·īn yālaxᵘLEnk·. Wēg·a hōLēlax qEn yālaqwē qa's â'mēLōs yālaqwaltsEk· qasō g·āxL wīnasōLEs Ts!ā-
95 qāma'ya," 'nēx·'laēxs laē yālaqwa. G·a'mēs qāyatsa yālaxLEng·a:

"'TsExwaamt, tsExwaamt, tsExwaamt xŭmtxŭmtElīg·a'yä.
Tsaalx, tsaalx, tsaalx, tsaalx, tsElxtsElxElīg·a'yä."

"Wä, hēEms yālagwatsōxs laaqōs 'nēx· qa lēlE'lēs g·āxLa aEml- q!En'waLōl qa t!ēsEmx·'īdēs Lō'. qa L!ōx'wīdēs 'nāxwēda bēbEgwā-
200 nEmē lēElōts Ts!āqāma'yē qa g·āxLō," 'nēx·'laē kŭnkŭnxŭlīg·a'yē ·lāx Xāxosenâsō'. Wä, laEm'lāwisē Xāxosenâsō' lōx'wits kŭnkŭn- xŭlīg·a'yē. Wä, lā'laē ēt!ēd'El gwēgEmx·'īd lax k!waaasdäs. Wä, la'mē x·īs'īda yīx kŭnkŭnxŭlīg·a'yē. Wä, hēx·'idaEm'lāwisē Xāxo- senâsō' la'sta lāxa 'wā.
5 Wä, la'mē k·!ēs q!âLElaxs lE'maē mōx'ŭnxēlaxa ts!āwŭnxē bâsēs g·ōkwa lāx GEk·!ExsdElsē. Wä, laEm'laē 'nēx· qa's lālag·ī nä'na-

that evening. He resolved | to go home. Then he heard the singing 8
of a sacred song downstream. | Immediately Xāxosenâsō‛ sat down
on the rock and went into ‖ the river; and he repeated the sacred 10
song, which sounded like that of a woman. | After Xāxosenâsō‛ had
been in the water, a small | man came to the place where Xāxosenâsō‛
was seated; and as soon as | he came to the place where Xāxosenâsō‛
was seated, the | small man spoke, and said, "O friend Xāxosenâsō‛! ‖
I have been sent by our friend Tewäg·īn to call you to | witness her 15
dance. Come!" Thus said the | small man to Xāxosenâsō‛.
Xāxosenâsō‛ immediately | arose from the place where he was
seated, and followed the one who had invited him, and it was not |
long before they were inside of a large house. ‖ When they reached 20
the door, it opened, and | Xāxosenâsō‛ and the one who had invited
him went in. Then | Xāxosenâsō‛ was asked to sit down at the
left side of the door of the | large house, so that he should be able to
witness well what was being done there, | and the speaker of the
great winter-dance house spoke to him. Then ‖ Xāxosenâsō‛ 25
listened to the sacred song of the woman | behind the large winter-
dance house, and he secretly repeated her song. | When Xāxo-
senâsō‛ had sat down, | the speaker of the large winter-dance house
spoke, and said, "Now, | take good care, friend Xāxosenâsō‛! You

---

kwa lāxēs g·ōkwaxa dzāqwa. Wä, laᴇm‛lāwise ᴇlē‛sta nâqa‛yas 7
qa‛s lâlag·i nä‛nakwa, lāa‛lasē wŭʟax‛aʟᴇlaxa yälaq!wālā lāxēs gwā-
laa. Wä, hēx·‛idaᴇm‛lāwisē Xāxosenâsō‛ k!wäg·aala qa‛s la‛stē
lāxa ‛wā. Wä, lā‛laē dᴇnxīg·ēx yälaqŭ‛layâsa ts!ᴇdāq!ᴇxsdä. Wä, 10
hēᴇm‛lāwis ālēs gwālē Xāxosenâsō‛ la‛staxs g·āxaasa āmäsgᴇmāla
bᴇgwānᴇm gwāsoʟᴇla lax k!waaasas Xāxosenâsō‛. Wä, g·īl‛ᴇm‛lā-
wisē g·āx‛aʟᴇla lāx k!waaasas Xāxosenâsō‛ laē yäq!ᴇg·a‛lēda āmäs-
gᴇmāla bᴇgwānᴇma. Wä, lā‛laē ‛nēk·a: "Yūl qāst Xāxosenâsō‛,
‛yälagᴇmᴇnʟasᴇns ‛nᴇmōkwē Tewäg·īn qᴇn g·āxē ʟē‛laiōʟ qa‛s layōs 15
x·īts!ax·īlaqēxs kwēxᴇlasē‛wēʟē. Wä, gēlag·a," ‛nēx·‛laēda āmäs-
gᴇmāla bᴇgwāmᴇmx Xāxosenâsō‛. Wä, hēx·‛idaᴇm‛lāwisē Xāxo-
senâsō‛ ʟāx‛ŭla lāxēs k!waaasē qa‛s lā lāg·īxa ʟē‛lālaq. Wä, k·!ēs-
‛lat!a qwēsg·īlaxs laē lāg·aa lāx ʟ!āsanâ‛yasa ‛wālasē g·ōkwa. Wä,
g·īl‛ᴇm‛lāwisē lāg·aa lāx t!ᴇx·īlās lāa‛lasē āxstōda. Wä, lā‛laē 20
hōgwīʟē Xāxosenâsō‛ ʟe‛wa ʟē‛lālᴇlg·īsē. Wä, laᴇm‛lāwise Xā-
xosenâso‛wē āxk·!ālasō‛ qa‛s hē k!wäg·alilē gᴇmxotstālīlas t!ᴇx·īlāsa
‛wālasē g·ōkwa "qa wäg·īltsōx hēłp!altālalxᴇns gwēgwälag·ilī‛lasʟa,"
‛nēx·‛laē yäyaq!ᴇntᴇmēlasa ‛wālasē ts!āgats!ē g·ōkwa. Wä, laᴇm-
‛laē Xāxosenâsowē hēmᴇnalaᴇm wŭʟᴇlaxa yälaq!wālä ts!ᴇdāq lāxa 25
āʟ!äsa ‛wālasē ts!āgats!ē g·ōkwa. Wä, lā‛laē wŭnāla dᴇnxēg·ēq.
Wä, g·īl‛ᴇm‛lāwisē k!wäg·alilē Xāxosenâsowē lāa‛lasē yä‛q!ᴇg·a‛lēda
yäyaq!ᴇntᴇmēlasa ‛wālasē ts!āgats!ē g·ōkwa. Wä, lā‛laē ‛nēk·a:
"Wēg·a yäʟ!ᴇwīłʟōł, qāst, Xāxosenâsō‛, g·āx‛ᴇms g·axᴇʟ lāxwa ‛wāla-

30 have come into this great ‖ winter-dance house. Now you will see what we are going to do." | And the cannibal-cry was uttered back of the sacred room, which was | the head of a man standing on the floor of the house. It opened its mouth, and the | hămshămts!ɛs showed himself from inside of the head. He came | out and danced;
35 and when his song ended, he went back ‖ into the mouth of the head; and it was not long before he came, wearing the revolving | mask on his head. Then he went around the fire | of the large winter-dance house; and after he had gone around, he | went back into the mouth of the sacred room, which had the form of a head. It was not long before | he came again, uttering the cannibal-cry in this way, "Wip,
40 wip, wip!" ‖ when he was uttering the cannibal-cry. He had no whistles. He danced, accompanying three | songs, besides the one song with which | he first came out of the mouth of his sacred room, the great head of the Head-without-Body. | When the last song was at an end, he went back into the mouth of the | sacred room of the Head-without-Body. ‖
45   As soon as he had gone in, the speaker of the great winter-dance house spoke, | and said, "O friend Xâxosenâsōᶜ! | now you have seen your treasure. This is One-Man-Eater whom you saw | dancing, and this is your dancing-dress that you will wear on your face, | and this is the sacred room of the Head-without-Body. Now all this
50 shall go to you as your ‖ treasure." Thus he said. "Now your

---

30 sēx ts!ägats!ē g·ōkwa. Wä, laᶜmets dōqwalałxɛnuᶜxᵘ gwēgwälag·ïlï-
ᶜlasLa," ᶜnēx·ᶜlaēxs laasa hämts!ɛg·aᶜla läx äladzaᶜyasa mawīlēxa
ᶜmɛgwīlaxa x·ōmsasa bɛgwänɛmē. Wä, lāᶜlaē äqɛlïlē sɛmsas g·axaasa
hämshämts!ɛsē nēlɛmx·ᶜïd läx äwīL!ɛxawaᶜyasa x·ōmsē. Wä, g·äxē
lälts!ä qaᶜs yɛx·ᶜwïdē. Wä, g·ïlᶜmēsē läbē q!ɛmdɛmas laē laēl ēt!ēd
35 läx sɛmsasa x·ōmsē. Wä, k·!ēsē gälaxs g·äxaē äxämälaxa x·ïlp!ɛ-
g·ɛxläla bɛgwänɛm hämsɛmla. Wä, lāᶜlaē häᶜstalïłɛlaxa läqawalï-
łasa ᶜwälasē ts!ägats!ē g·ōkwa. Wä, g·ïlᶜɛmᶜläwisē läᶜstalïłɛxs laē
xwēlaqa laēl lax sɛmsasēs mawīla x·ōmsē. Wä, k·!ēsᶜlat!a gälaxs
g·äxaē ēt!ēd hämts!ɛg·aᶜla läxēs gwēk·!älasaxs wip wip wipxɛlaaxs
40 hämts!alaē. Wä, laɛm k·!eäs mɛdzēts. Wä, laɛmᶜlaē yûdûx·ᵘsɛmē
yïx·ᶜwïdayäs q!ɛmq!ɛmdɛma ōgüᶜla läxa nɛmsgɛmē q!ɛmdɛmsēxs
g·älaē g·äxᶜwûlts!ä läx sɛmsasēs mawīla ᶜwälasē x·ōmsa X·ōsalōłē.
Wä, g·ïlᶜɛmᶜläwisē q!ûlbē ałɛlïłē dɛnxᶜēdayoxs laē laēla lax sɛmsasēs
mäwïla X·ōsalōłē.
45 Wä, g·ïlᶜɛmᶜläwisē laēlɛxs läaᶜlasē yäq!ɛg·aᶜlē yäyaq!ɛntɛmēłasa
ᶜwälasē tsägats!ē g·ōkwa. Wä, lāᶜlaē ᶜnēk·a: "Yûł, qäst Xäxosenâ-
sōᶜ, laᶜmas dōqülaxēs ḷōgwaᶜyōs. Hēɛm Nänogwisēxa läyōs dōgül
yïxwa. Wä, hēᶜmis häxlɛnsēs laᶜyōs dōgül g·äx äxɛmēs. Wä,
hēᶜmis mäwïłtsa X·ōsalōłē. Wä, laɛm ᶜwïᶜla la lōł, qäst. Laɛms
50 Ḷōgwalaq," ᶜnēx·ᶜlaē. "Laɛm Ḷēgadɛlts Nänogwisē," ᶜnēx·ᶜlaē.

name shall be One-Man-Eater." Thus he said. | "Now, take good 51
care, friend Xāxosenâsō‛! when our great friend here, | ‛wīlEnkŭ-
lag·ĭlis, comes in, that you may observe | all she does here." Thus
he said. |

Then a woman came in, singing her sacred song in the door of the ||
great winter-dance house. She came in. Her clothing was | made 55
entirely of hemlock-branches, not like the clothing of One-Man-
Eater, whose | head-ring was made of red cedar-bark, and also his
neck-ring, his | wristlets, and his anklets; but of hemlock-branches
was the head-ring | of the war-dancer of ‛wīlEnkŭlag·ĭlis, and of
hemlock was her neck-ring, || and of hemlock were her armrings and 60
anklets. | Her belt was made of hemlock twisted together. | The
ends of the hemlock-belt went down to her knees. | As soon as she
came into the door of the great dancing-house, | her sacred song was
sung. Then she danced, || going towards the rear of the house; and 65
when the song ended, | she turned towards the fire in the middle of
the great dancing-house. | She spoke, and said, "O friends! | come,
one of you, to cut off my limbs and my head! | Whoever shall do
this to me will obtain as his treasure this great dance, || and my treas- 70
ure, and my name, ‛wīlEnkŭlag·ĭlis." Thus she said. | After she had
finished her speech, the speaker | of the great winter-dancing house

---

Wä, la‛mēts yaLǃEwēLōł, qāst, Xāxosenâsō‛, qō g·āxēLg·ĭns ‛nEmōx̣ᵘ- 51
dzēg·a, yīxg·a ‛wīlEnkŭlag·ĭlisg·a qa‛s ‛nāxwa‛mēLōs qǃāg·ēx gwä-
lag·ĭli‛lasLasg·a," ‛nēx·‛laē.

Wä, g·āx‛Em‛laē g·ax‛aLElēda yälaqǃwāla tsǃEdāq lāx tǃEx·ĭlāsa
‛wälasē tsǃägatsǃē g·ōkwa. Wä, g·āx‛laē gāxēLa. LaEm‛laē ‛nāxwa 55
qǃwāxē gwēłgwāläs, k·ǃēs hē gwēx·sē gwēłgwālas Nanōgwisē, yīxs
‛nāxwa‛maē Lǃāgēkwēs qExˑEma‛yē Le‛wis qEnxawa‛yē Le‛wis qē-
qExˑtsǃana‛yē Le‛wis qēqExsīdza‛yē. Wä, lā‛laē qǃwāxē qExˑEma-
‛yasa tōx‛wĭdē, yīx ‛wīlEnkŭlag·ĭlisē. Wä, lā‛laē qǃwāxē qEnxawa-
‛yas. Wä, lā‛laē ‛nāxwaEm qǃwāxē qēqExˑtsǃana‛yas Le‛wis qēqExˑ- 60
sīdza‛yē. Wä, lā‛laē yĭpEmākwa qǃwāxē, yīx la qEnōyEwēs. Wä,
lā‛laē g·āx‛aLEla‛mē ōba‛yasa qEnōyâ‛yē qǃwāx lāx ōkwäx·a‛yas.
Wä, g·īl‛Em‛lāwisē g·āxēL lāxa tǃEx·ĭlāsa ‛wälasē tsǃägatsǃē g·ōkwa
lāa‛lasē dEnx‛idayowē yälaqŭlayâs. Wä, laEm‛lāwisē yō‛nākŭla
gŭyōłEla lāxa ōgwiwalĭlasa g·ōkwē. Wä, g·īl‛Em‛lāwisē qǃŭlbē qǃEm- 65
dEmas laē Lǃāsgemx·‛īd lāxa lāqawalĭlasa ‛wälasē tsǃägatsǃē g·ōkwa.
Wä, lā‛laē yāqǃEg·a‛la. Wä, lā‛laē ‛nēk·a: "ya, ‛nē‛nEmokwai‛,
gēlanōk·ᵘ las qa‛s tǃōsEmōdaōsaxg·ĭn LāsLalak· ‛wī‛la Lōgŭn x·ōmsEk·,
yīx hēLa gwēx·‛īdeł g·axEn, la‛mēsē lāł Lōgwalałg·ĭn ‛wälasEk· lāda
Lōgŭn Lōgwēg·ĭn Le‛wŭn LēgEmē ‛wīlEnkŭlag·ĭlisē," ‛nēx·‛laē. Wä, 70
g·īl‛Em‛lāwisē qǃwēł‛īdExs yāqǃEntǃālaē lāa‛lasē yāqǃEg·a‛lē yāyaqǃEn-
temēłasa ‛wälasē tsǃägatsǃē g·ōkwa. Wä, lā‛laē ‛nēk·a; "YŭL, qāst

73 spoke, and said, "O friend | Xāxosenāsō'! come and cut off the limbs
of our | friend here, and cut off her head, so that you may obtain
75 her ‖ magic power." Thus he said. Then Xāxosenāsō' | said at
once, "I shall do so, O friend;" and, as he said so, he stood up. | He
was given a shell knife (the knife of the ancient | people); and
Xāxosenāsō' walked, and stood in front of the | great war-dancer.
80 Then 'wīlɛnkūlag·ilis raised her ‖ right hand; and she said, "O
friend Xāxosenāsō'! | cut it off with my shoulder and | throw it
towards the door." | Xāxosenāsō' cut off her shoulder and her whole
right arm; | and after he had taken them off, he threw them towards
85 the door. ‖ Then he cut off the left arm and shoulder and threw
them | towards the door. Then the great war-dancer sat down on
the floor, | and he cut off her legs and threw them about on the
floor. | Then the great war-dancer told him to cut off her head; and
90 at | once Xāxosenāsō' cut around her neck, and ‖ took off her head
and threw it down. Now the limbs of the great supernatural one
were off, | and her body just lay on the floor of the house. | After
Xāxosenāsō' had done so, he spoke, and | said, "O friends! it is not
my wish, what I have done | to our great friend: it was her own
95 wish that I should do this ‖ to her." Thus he said. Then he went

---

73 Xāxosenāsō', gēlag·ʼīl la qa'ʼs wāg·aōs tlōsɛmwālaxg·a ḷasḷālag·asg·īn
'nɛmōxᵘdzēk· ḷō' qa'ʼs qāx·'ʼīdaōsaq qa'ʼs wēg·aōs sōɛm ḷōgwalaxg·a
75 'nawalak!wēnēg·as," 'nēx·'laē. Wä, lä'laē hēx·'ʼida'mē Xāxosenāso'wē
'nēk·a: "Hēlɛn gwālaḷē qāstä," 'nēx·'laēxs laē ḷax̣'ʼūlīla. Wä,
laɛm'lāwisē tslāsō'sa gɛ̄ltslɛmē, yīx k·lāwayāsa g·ālē bɛ-
gwānɛma. Wä, lä'laē qās'ʼidē Xāxosenāso'wē qa'ʼs lā ḷāx̣umlīlaxa
'wālasē tōx̣'wida. Wä, ēx·'ɛm'lāwisē 'wīlɛnkūlag·'ʼīlisē sag·ostōtsēs
80 hēlk·!ōltslāna'yē. Wä, lä'laē 'nēk·a: "Wä, qāst, Xāxosenāsō',
'wī'lōda'ma tlōsōdɛqᵘ ḷɛ'wŭn ḷāqlūdɛnēx qa'ʼs tslɛx-
stōlīlaōsasōx lāxa tlɛx·'ʼīla," 'nēx·'laē. Wä, hēx·'ʼidaɛm'lāwisē Xāxo-
senāso'wē tlōs'ʼīdɛx ḷāqlūdɛnäs qa'ʼs 'wī'lōdēk· ḷō' hēlk·!ōtslāna'yas.
Wä, g·ʼīl'ɛm'lāwisē lāwäxs laē tslɛxstōlīlas lāxa tlɛx·'ʼīla. Wä, lä'laē
85 ētōd tlōs'ʼidɛx gɛmxōltslāna'yas ḷō' ḷāqlūdɛnäs qa'ʼs tslɛxstōlīlēs
lāxa tlɛx·'ʼīla. Wä, lä'laē k!wāg·alīlēda 'wālasē tōx̣'wīda. Wä,
lä'laē 'wī'la tlōsɛmoyowē g·ōg·ɛgūyās qa'ʼs gwēl'alēlɛmē. Wä,
lä'laēda 'wālasē tōx̣'wid 'nēx· qa wēg·is qax·'ʼidɛq. Wä, hēx·'ʼi-
da'ɛm'lāwisē Xāxosenāso'wē tlōtsē'stɛndɛx qlōqlonās. Wä, lä'laē
90 lāwɛyōdɛx x·ōmsas qa'ʼs tslɛx'alīlēs. Wä, la'mē 'wī'lāwē ḷāsḷalāsa
'wālasē 'nawalakwa. Wä, āɛm'lāwisē la 'mɛgwīlē bɛxᵘsās. Wä,
g·ʼīl'ɛm'lāwisē gwālē Xāxosenāso'wē laē yāqlɛg·a'la. Wä, lä'laē
'nēk·a: "Yūl, hamalɛl 'nē'nɛmōkᵘ, nōsawēsē nāqa'yaxɛn gwēx·'ʼi-
daasē lāxg·ʼins 'nɛmōxᵘdzēk· hāsmēg·asēq wāldɛma qɛn hē gwēx·'ʼi-
95 dɛqɛq," 'nēx·'laē. Wä, g·ʼīl'ɛm'lāwisē la k!wāg·alīl lāxēs k!waēlasē

and sat down at the place where he had been seated before. | Then 96
the body began to move. It rolled, and went rolling towards
where | the head lay on the floor, and the head stuck on the body; |
and the body rolled to where the two legs lay, | and they stuck on;
and the body rolled to || where the arms lay, and they stuck on the 300
body. | Then the great supernatural one arose and sang her sacred
song; | and after she had finished her sacred song, she told the men
to beat time on the boards rapidly. | Immediately they beat time;
and ꞌwīlᴇnkŭlag·ꞌīlis | caught her supernatural power in her hands
and threw it down on the floor of the || great winter-dance house, 5
and the floor of the house began to be flooded. | The fire in the
middle of the great | winter-dance house went out, and therefore it
was dark inside. Then | the speaker of the great winter-dance
house spoke, | and said, "O friend Xāxosenâsō꜄! you obtained as your
treasure the two things || that you have seen—the hămshămts!ᴇ; 10
and his dress, and the name | One-Man-Eater and his sacred rooms
and also this great magic power, | the war-dance; and what you did
to her when you cut off her | limbs; and the flooding of your house;
and also the dress, | and the name ꞌwīlᴇnkŭlag·ꞌīlis. And this I tell
you; || do not be afraid to have your limbs cut off when you are 15
asked | to play by the great supernatural one, Head-Winter-Dancer;
for she has given to you the | magic power of being cut to pieces. You

---

lāaꜗlasē q!wēnaɫᴇlīɫē bᴇx^usâs. Wä, lāꜗlaē lōxŭlīɫ qaꜗs lä lāx ꜗmᴇgwē- 96
ꜗlasasēs x·ōmsē. Wä, lāꜗlaē k!ŭt!âLᴇlaxa x·ōmsē lāxēs bᴇx^usâwē.
Wä, lāꜗlaē lōxŭlīɫēda bᴇx^usâwē qaꜗs lä lāx k·atk·ᴇdēꜗlasasa māꜗɫē
g·ōg·ᴇgŭyâ. Wä, lāxaē k!ŭtᴇmg·aaLᴇla. Wä, lāꜗlaē lēx·ᴇlīɫᴇla qaꜗs
lē lāx k·atk·ᴇdēꜗlasasēs eꜗeyasowē. Wä, lālaxaē k!ŭtᴇmg·aaLᴇla. 300
Wä, lāꜗlaē Lāx·ꜗŭlīɫēda ꜗwālasē ꜗnawalakwa qaꜗs yālaqwē. Wä,
g·īlꜗᴇmꜗlāwisē q!ŭlbē yālax^uLᴇnas laē wäxa qa Lᴇxᴇdzōdēsa ꜗnāxwa
bᴇgwānᴇma. Wä, hēx·ꜗidaꜗmꜗlāwisē Lᴇxᴇdzōda. Wä, laꜗlaē ꜗwīlᴇn-
kŭlag·ꜗīlisē dāsgᴇmdxa ꜗnawalakwē qaꜗs mᴇxꜗalīēs lax āwīnagwīɫasa
ꜗwālasē ts!āgatsꜗlē g·ōkwa. Wä, lāꜗlaē paōlꜗidēda ꜗwāpē lax āwīna- 5
gwīɫasa g·ōkwē. Wä, laᴇmꜗlaē k·!ᴇlx·ꜗidēda lāqawalasa ꜗwālasē
ts!āgatsꜗlē g·ōkwa. Wä, laꜗmē p!ᴇdᴇg·īɫa. Wä, hēᴇmꜗlāwis la
yāq!ᴇg·aꜗlatsa yāyaq!ᴇntᴇmēɫasa ꜗwālasē ts!āgatsꜗlē g·ōkwa. Wä,
laꜗlaē ꜗnēk·a: "Wä, qâst, Xāxosenâsō꜄ laᴇms Lōgwalaxēs māɫꜗedalōs
dōx·ꜗwaLᴇlaxa hămshămts!ᴇsē Lᴇꜗwis gwēlgwāla Lᴇꜗwis Lēgᴇmē 10
Nānogwisē Lᴇꜗwis mawīɫē. Wä, hēꜗmisa ꜗwālasē ꜗnawalakwa
tōx·ꜗwīdē Lᴇꜗwis layōs gwēx·ꜗidaasᴇq, yīxs laaqōs t!ōsᴇmwālax
LāsLalās Lᴇꜗwa paōlaxēs g·ōkwaōs. Wä, hēꜗmisa yālax^uLᴇnē. Wä,
hēꜗmisa Lēgᴇmē, yīx ꜗwīlᴇnkŭlag·ꜗīlisē. Wä, g·aꜗmēsᴇn wāldᴇmōL
qaꜗs k·!ēsaōs k·īɫᴇla t!ōsᴇmwālayōs Lās Lalaqōs, qasō g·āx aᴇmīq!ᴇ- 15
wasōsa ꜗwālasa ꜗnawalakwē Ts!āqāmaꜗya, qaxs lᴇꜗmaaꜗlasa ꜗnawala-
kwasēs t!ōt!ᴇts!ālasᴇꜗwaōs lâL. Wä, âᴇmɫꜗwits hē gwayiꜗlālaLē

will do as she | did when she began to put on her arms and limbs."
Thus he said in the | darkness. Xāxosenâsŏ⁽ never saw again the ||
20 house and the men. The great | winter-dance house and all the people disappeared, and | Xāxosenâsŏ⁽ was just sitting down on the ground. |

Then it occurred to him to go down the river that night. | He
25 walked, and came to the || lower end of the cascade, and he wished to try to sing the | sacred song of ⁽wīlᴇnkŭlag·ilis, for he wished to know it well before going | to the village Gᴇk·!ᴇxsdᴇls. Now he sang it, and | these are the words of the sacred song: |

1. "I was taken to the other side of the world, I was taken to the
30   other side of the world, || by the great supernatural power.
      I was taken to the other side of the world by the great supernatural | power. |
2. "I received everything, I received everything, from the great supernatural power. | I received everything from the great supernatural power. Wē, wē! |
3. "I have everything, I have everything, belonging to his super-
35   natural power. || I have everything, I have everything, belonging to his supernatural power. Wē, | wē! |

As soon as the sacred song was at an end, he felt very happy, | because he knew the words of the sacred song, and on account of

18 ⁽gwayi⁽lälasasēxs laē k!ŭtᴇmg·aaLᴇla ʟās̯ʟalās,'' ⁽nēx·⁽laē lāxa p!ᴇdᴇk·īla. Wä, laᴇm⁽laē hēwäxa ēt!ēd dōx⁽waʟᴇlē Xāxosenâso⁽waxa
20 g·ōkwē ʟᴇ⁽wa bēbᴇgwänᴇm. Wä, laᴇm⁽laē x·īs⁽ēdēda ⁽wälasē ts!āgats!ē g·ōkᵘ ʟᴇ⁽wa ⁽nāxwa bēbᴇgwänᴇma. Wä, laᴇm⁽laē Xāxosenâso⁽wē âᴇm la k!was lāxa ăwīnak!ŭsq!alā⁽mē.

Wä, laᴇm⁽laē g·īg·aēx⁽id qa⁽s lälag·i·nekwatōsᴇlaxa ⁽wäxa gănoʟē. Wä, laᴇm⁽lāwisē qās⁽ida. Wä, g·īl⁽ᴇm⁽lāwisē g·āx⁽aʟᴇla lax gwā-
25 ⁽yasa k·!amadzēna lāaᴇl ⁽nēx· qa⁽s wēg·i mᴇns⁽īd dᴇnx⁽ētsa yälaqŭlayâs ⁽wīlᴇnkŭlag·īlisē qaxs ⁽nēk·aē qa⁽s âlak·!ālē q!ᴀʟᴇlaq qō lāl lāxēs g·ōkŭlasē Gᴇk·!ᴇxsdᴇlsē. Wä, laᴇm⁽lāwisē yälaqwa. Wä, g·a⁽mēs qäyatsa yälaxᵘʟᴇnasēg·a:

1. Qwēsᴇnxᴇlēdzᴇmx·dᴇn, lāx·dᴇn qwēsᴇnxᴇlēdzᴇms hēnōma
30   ⁽nawalakwä. Lax·dᴇn qwēsᴇnxᴇlēdzᴇmsēya aik·as ai ai ⁽nawalakwä.
2. ⁽wī⁽lōlᴇlēsax·dᴇn, lāx·dᴇn ⁽wī⁽lōlᴇlēsax ⁽nᴇnwalak!wēnaēk·asä, g·āxdᴇn ⁽wī⁽lōlᴇlēisa⁽yaqēya ai ai aik·as ⁽nawalakwä, wē wē.
3. ⁽naxōlᴇlisax·dᴇn, g·āxdᴇn ⁽naxōlᴇlisayax ⁽nᴇnwalak!wēnaēk·a-
35   sahēyas, g·axdᴇn ⁽naxōlᴇlisaqēyas ai ai aik·as ⁽nawalakwä, wē wē.

Wä, g·īl⁽ᴇm⁽lāwisē q!ŭlbē ̯yälaqŭlaēna⁽yasēxs lāaᴇl âlak·!āla ēk·ēs nâqa⁽yaxs laē q!āla ⁽wī⁽lax qāqᴇyasasa yälaxᵘʟᴇnē ʟᴇ⁽wis ⁽nāxwaᴇl

his | different treasures. Then it occurred to him that he would go ||
in front of the house of his father and sing his sacred song before 40
daylight, | so that his father might hear him. Then he started, for
the house was not far away; | and as soon as he came to the beach
in front of the house, | he walked out to the sea and sang his sacred
song. Immediately | Wāxap!alasō⁴ heard him, and he recognized
the voice || of his prince Xāxosenâsō⁴. He was singing his sacred 45
song. Then | he arose from his bed and went out of his house. |
Now he really recognized the voice of his prince. | He went to the
houses of his tribe, and called the people | to come to his house.
Daylight had not nearly come yet, || when they all came; and 50
Wāxap!alasō⁴ talked to his | tribe, the ancestors of the Ḷēḷegēd of the
Great-Kwakiutl¹ and | asked them to capture Xāxosenâsō⁴. Thus he
said. | His tribe agreed at once to do what he said. They took
their | batons and the boards, and the men went out of || the house. 55
As soon as they were all outside, they started, | and went down to
the beach at low tide. Now it was full | daylight, therefore they
could see Xāxosenâsō⁴. He was walking in the water. | All the men
stood in a row, and | they beat rapid time. Xāxosenâsō⁴ came
ashore at once || when he heard the beating. When he came, he 60

ōgŭqăla ḷōgwa⁴ya. Wä, lâ⁴laē ⁴nēnk·!ēx⁴id qa⁴s lä qâs⁴ida qa⁴s lä lāx
ʟ!āsagwisas g·ōkwasēs ōmpaxa k!ēs⁴ɛm ⁴nax·⁴ida qa⁴s lä yālaqwa lāq 40
qa wŭḶɛlās ōmpasēq. Wä, lā⁴laē qâs⁴ida qaxs k·!ēsaē qwēsalē
g·ōkwas. Wä, g·îl⁴ɛm⁴lāwisē lāg·aa lāx ʟ!ɛma⁴isasēs g·ōkwaxs laē
qaqasamak· lāxa dɛmsx·ē. Wä, lā⁴laē yālaqwa. Wä, hēx·⁴idaɛm-
⁴lāwise Wāxap!alasō⁴ wŭḶāx⁴aḶɛlaq. Wä, la⁴laē ⁴malt!ēxsdēqēxs
hē⁴maēs Ḷāwŭlgāma⁴yē Xāxosenâso⁴wa yālaq!wāla. Wä, lā⁴laē 45
hē⁴x·⁴idaɛm ḶĀx⁴ŭliɫ lāxēs ku⁴lēlasē qa⁴s lē lāwɛls lāxēs g·ōkwē.
Wä, lawisḶa laē âlak·!āla ⁴malt!ēxsdɛndqēxs hē⁴maēs ḶāwŭlgĀma⁴yē,
wä, lā⁴laē laḶIɛs⁴īd lāx g·ig·ōkwasēs g·ōkŭlōtē, qa⁴s ⁴wî⁴lē gwēx·⁴idɛq
qa g·āxēs ⁴wi⁴la hōgwēḶ lāx g·ōkwasxa k·!ēs⁴ɛm ex·âla qa⁴s ⁴nāx·⁴idē.
Wä, g·āx⁴laē ⁴wi⁴laēḶa. Wä, laɛm⁴lāwisē ⁴nēk·ē Wāxap!alasō⁴ lāxēs 50
g·ōkŭlōta g·ālāsa ⁴nɛ⁴mēmotē ḶēḶɛgēdēsa ⁴wālas Kwāg·ul¹ qa⁴s hēx·⁴i-
da⁴mē k·ǐmyax Xāxosenâso⁴wē, ⁴nēx·⁴laē. Wä, hēx·⁴idaɛm⁴lāwisē
⁴naxwa ēx·⁴ak·ē g·ōkŭlōtasēx wāldɛmas. Wä, lā⁴laē âx⁴ētsɛwēda
t!ɛmyayo ḶɛQ⁴wa saōkwē. Wä, lā⁴laē ⁴wi⁴la hōqŭwɛlsēda bēbɛgwā-
nɛmē lāxa g·ōkwē. Wä, g·îl⁴ɛm⁴lāwisē g·āx ⁴wi⁴lɛwɛlsa laē qâs⁴ida 55
qa⁴s lä ⁴wi⁴lɛnts!ēs lāxa ʟ!ɛma⁴isēxa x·āts!aēsē, yîxs lɛ⁴maē q!ŭlx·⁴id
⁴nāx·⁴ida, lāg·îlas dōqŭlaɛmx Xāxosenâso⁴waxs laē qâqasamak·a.
Wä, lā⁴laē yîpɛmg·alisēda ⁴naxwa bēbɛgwānɛm qa⁴s ⁴nɛmāx·⁴idē
ḶēxɛdzōdĀ. Wä, hēx·⁴idaɛm⁴lāwisē g·āxē Xāxosenâso⁴wē āḶō⁴staxs
g·ālaē wŭḶāx⁴aḶɛlaxa la ḶēxɛdzōdĀ. Wä, laɛm⁴laē k·!ēs ⁴nā⁴nawa- 60

---
¹ This should be Q!ōmk·!ut!ɛs; however, since this division is much reduced in numbers and has joined the ⁴wālas Kwāg·ul they are generally counted with them

61 did not | show that he had magic power. Xāxosenâsō⁵ and all the men came up the beach. | They just beat rapid time as they | were coming up the beach; they beat time four times. Then | they all went into the house. He never told his father about his treasure. ||
65 And Xāxosenâsō⁵ just listened to his tribe when they | talked about the great magician Head-Winter-Dancer; for | the ancestors of the numaym Lē̤Legēdi were expecting him who would soon come, him who was looking for some one | with whom to play in the use of magic power. | Xāxosenâsō⁵ just listened to what they said. Xāxo-
70 senâsō⁵ was intending || to startle his tribe when they should come to know his treasure, when | Head-Winter-Dancer should arrive; therefore he kept quiet, and sat down | in the rear of the house. |
Now all the men went out of the house, | and many people asked
75 one another why || Xāxosenâsō⁵ had been singing a sacred song. They were forbidden by some men, who said, "Don't | talk that way! Don't make fun of Xāxosenâsō⁵, who was singing a sacred song! for we do | not know what treasure he may have obtained." Thus they said. |
When it was four days after Xāxosenâsō⁵ had come | home to
80 Ǧᴇk·!ᴇxsdᴇls, he went away into the water || at the mouth of the river Ts!ᴇlgwad mornings and evenings; | and the men were afraid of what might be done by the | great supernatural Head-Winter-

---

61 laẋ"sᴇmaxs g·āxaē. Wä, g·āx⁵lae hōx⁵wŭsdēsᴇla ⁵nāẋwēda bēbᴇgwānᴇmē Lō⁵ Xāxosenâsowē. Wä, âᴇm⁵lāwisē la Lēxᴇdzōdnaẋwaxs g·āxaē aLōlisᴇla lā⁵laa qa⁵s mōp!ᴇnē Lēxᴇdzōda. Wä, lā⁵lae laᴇL lāxa g·ōkwē ⁵wī⁵la. Wä, laᴇm⁵laē hēwāxaᴇm nēlasēs ᴌōgwa⁵yē lāxēs
65 ōmpē. Wä, âᴇm⁵lāwisē la hōLēlē Xāxosenâso⁵waxēs g·ōkŭlōtaxs laē gwāgwēx·s⁵āla lāxa ⁵wālasa ⁵nawalakwē Ts!āqāma⁵yē, yixs lᴇ⁵mae nak·!ālaxa g·ālāsa ⁵nᴇ⁵mēmotasa Lē̤Lᴇgēdāqē laᴇm ᴇlāq nēl⁵idaxa ālā qa⁵s āmł⁵wŭt lāx ⁵nawalakwa bᴇgwānᴇma, ⁵nēx·⁵laē. Wä, âᴇm⁵lāwisē Xāxosᴇnâso⁵wē hōLēlax wāłdᴇmas. Wä, hē⁵lat!a nâqēs Xāxo-
70 senâso⁵wē qa ōdax·⁵idamēłtsēs g·ōkŭlōtē q!ał⁵alᴇlalᴇx ᴌōgwa⁵yas qō g·āxLē Ts!āqāma⁵yē. Wä, hē⁵mis lāg·iłas âᴇm q!wēᴌalē lāxēs k!wa-ē⁵lasa ōgwiwalīłasa g·ōkwē.
Wä, laᴇm⁵lāwisē hoqŭwᴇlsēda ⁵nāẋwa bēbᴇgwānᴇm lāxa g·ōkwē. Wä, laᴇm⁵laē q!ēnᴇma bēbᴇgwānᴇmē wāłap!ax lāg·iłas yālaqŭlē
75 Xāxosenâso⁵wē. Wä, la⁵laē bᴇlasō⁵sa waōkwē bᴇgwānᴇm qa k·!ēsēs hē gwēk·!āla la aᴇmłałas yālaqŭlaēna⁵yas Xāxosenâso⁵wē, "qaxg·īns k·!ēs⁵mēk· q!ał⁵alᴇlax ᴌōgwa⁵yaxs," ⁵nēx·⁵laē.
Wä, g·īl⁵ᴇm⁵lāwisē mōp!ᴇnẋwa⁵sē Xāxosenâso⁵wē la nā⁵nakwa lāxēs g·ōkwē lāx Ǧᴇk·!ᴇxsdᴇlsē. Wä, laᴇm⁵laē hēmᴇnāłaᴇm la⁵sta
80 lāx ōẋ"siwa⁵yasa ⁵wās Ts!ᴇlgwadēxa gēgaāla ᴌᴇ⁵wa dzādzᴇqwa. Wä, laᴇm⁵laē ⁵nāẋwa k·īk·alēqᴇlēda bēbᴇgwānᴇmas gwēx·⁵idaasLasa ⁵wālasa ⁵nawalakwē Ts!āqāma⁵ya qō g·āxLō. Wä, g·īl⁵ᴇm⁵lāwisē

Dancer, if he should come. When | Xāxosenâsō⁽ had been in his 83
house for four days, in | the evening they saw a canoe coming, being
moved by paddles. ‖ They came, and told Chief Wāxap!alasō⁽. 85
Immediately | Xāxosenâsō⁽ asked Wāxap!alasō⁽ to clear the |
floor of his house, "for this is my friend Head-Winter-Dancer | who
has been seen coming." Thus said Xāxosenâsō⁽ to his father
Wāxap!alasō⁽. | Immediately Wāxap!alasō⁽ asked his tribe to ‖
clear the floor of his house, and the people | cleared the floor of his 90
house. Then | Wāxap!alasō⁽ and his tribe were very glad; for
indeed they guessed that | Xāxosenâsō⁽ had found a treasure, for
otherwise he would not have asked his father to clear | his house.
As soon as the house had been cleared, there were people talking ‖
standing in the canoe in front of the village; and (one of them) 95
said, | "I only come to notify you, great tribe, that | our great
friend the powerful Head-Winter-Dancer has arrived. I have
come | to ask you to take care. Go and purify yourselves quickly! |
When you have done so, I shall go and paddle for them, and ask
them to come to-day; ‖ for the traveling-canoes of our tribe are 400
at anchor | on the other side of the point Burnt-Point." Thus he
said. |

Immediately the ancestors of the numaym Lēḷegēd were asked
by | Wāxap!alasō⁽ to go into the water at the mouth of the river

---

mōp!Enxwa⁽sē Xāxosenâso⁽wē mēxa lāxēs g·ōkwē, wā, laEm⁽lāwisē 83
dzāqwaxs laē dōx⁽waḷEla gwasx·äla siō⁽nākūla xwāk!ūna. Wā,
g·āx⁽laē nēlasE⁽wa g·īgăma⁽yē Wāxap!alasō⁽. Wā, hēx·⁽idaEm⁽lā- 85
wise Xāxosenâso⁽wē ăxk·!ālax Wāxap!alaso⁽wē qa ēx⁽wītsE⁽wēs ăwī-
nagwiłasa g·ōkwē, "qaxs yū⁽mēg·ı̓n ⁽nEmōkwa, yĭx Ts!äqăma⁽ya
g·āxax dōgūła," ⁽nēx·⁽laē Xāxosenâso⁽waxēs ōmpē Wāxap!alaso⁽wē.
Wā, hēx·⁽idaEm⁽lāwisē Wāxap!alaso⁽wē ăxk·!ālaxēs g·ōkūlōtē qa
g·āxēs ēkwax ăwīnagwiłasēs g·ōkwē. Wā, hēx·⁽idaEm⁽lāwise g·āx 90
⁽wī⁽lē g·ōkūlōtas ēkwaxa ăwīnagwiłasa g·ōkwē. Wā, laEm⁽laē ēk·ē
nāqa⁽yas Wāxap!alaso⁽wē ḺE⁽wis g·ōkūlōtē, qāḷaxs lE⁽maē k·ōtax
Xāxosenâso⁽wē laEm ḶōgwaLa, lālaxs ăxk·!ālaxēs ōmpē qa ēkwa-
sE⁽wēsa g·ōkwē. Wā, g·īlEm⁽lāwise gwāł ēkwaxs lāa⁽lasa yŭq!Ent!āla
ḺāxŭXs lāxa xwāk!ūna hăngEmālisxa g·ōkūla. Wā, lā⁽laē ⁽nēk·a: 95
"Â⁽mEn g·āx hanālg·iwa⁽ya, ⁽wālas lēlqwălaḺē⁽, yı̓sa ⁽wālasa Ḷōgwa-
laxEns ⁽nEmōkwadzāē Ts!äqăma⁽ya. Wā, la⁽mēsEn g·āx qEn q!ā-
q!aq!Emlaōl qa⁽s ⁽nāxwa⁽maōs g·īg·ı̓łtalax·⁽īda hălabala. Wā,
qasō gwāḶō la⁽mēsEn lāł sēx⁽bEndEłqē qa g·āxlag·ı̓łtsēxwa ⁽nālax
qaxs hē⁽maa mExālē yaē⁽yats!äsEnu⁽x⁽ᵘ g·ōkūlōtaēda ăwī⁽ba⁽yēxa 400
LEgEgwīłbala lax qwēsōdı̓łba⁽yas," ⁽nēx·⁽laē.

Wā, hēx·⁽idaEm⁽lāwisa g·ālāsa ⁽nE⁽mēmotasa Ḻēḻegēdē ăxk·!ālasō⁽s
Wāxap!alaso⁽wē qa⁽s ⁽wī⁽lē la la⁽sta lāxa ōx⁽ᵘsiwa⁽yas ⁽wās Ts!Elgwadē.

Ts!ɛlgwad, and Xāxosenâsō⁷ went also into the water. When
the speech of the speaker in the canoe was at an end, he paddled
back. After the ancestors of the numaym Lēlɛgēd had been in
the water, they went into the house of Wāxap!alasō⁷; and Xāxo-
senâsō⁷ sat down in the rear of the house, listening to what the
tribe said, for the tribe was really afraid of the reports about the
great supernatural man Head-Winter-Dancer. Now Xāxosenâsō⁷
knew that several men referred to him, because he had been in the
woods for four years. He had come home, and they had never seen
his treasure, therefore the foolish ones among his tribe were sick
at heart, but many wise men of the tribe of Xāxosenâsō⁷ said
that they had faith in Xāxosenâsō⁷, although he did not talk about
the reason why he had been singing his sacred song when he first
came home, and the wise men knew that he had a great treasure
and his father Wāxap!alasō⁷ guessed that his prince Xūxosenâsō⁷
had obtained a great treasure, when he asked his father to clear
out the floor of his house; for he was really glad when they first
learned that the great supernatural man, Head-Winter-Dancer,
was coming. As soon as the talking of his tribe became less, a
man who belonged to his tribe came in. He stood in the door-
way of the house of Wāxap!alasō⁷, and spoke. The great super-

---

Wä, laɛmᶜlāwise ōgwaqē Xāxosenâso⁷wē laᶜsta, yīxs âᶜmaē q!ūlbē
wāłdɛmasa yāq!ɛntūłtâla lāxa x̣wāk!ūna bɛgwānɛmxs laē aēdaaqa
sēx̣ᶜwida. Wä, gᐧilᶜɛmᶜlāwise gwāł laᶜsta ᶜwī᷃ᶜlē gᐧālāsa ᶜnɛᶜmēmo-
tasa Lēlɛgēdäxs lāaᶜl ᶜwī᷃ᶜla hōgwēl lāx gᐧōkwas Wāxap!alasōᶜwē.
Wä, âɛmᶜlāwisē Xāxosenâsoᶜwē lak!wāgalīł lāxa ōgwiwalīłasa gᐧōkwē
hōlēlax wāłdɛmasēs gᐧōkūlōte qaxs âlakᐧ!ālaē kᐧ!ɛlɛs gᐧōkūlōtas
ts!ēłwɛxᐧlɛnasa ᶜwālasē ᶜnawalakᵘ bɛgwānɛmē Ts!äqämaᶜyē. Wä,
laɛmᶜlaē Xāxosenâsoᶜwē q!ālɛlaɛmxs hēᶜmaē ᶜnēᶜnakᐧiłtsa waōkwē
bɛgwānɛma, yīxs läxᐧdē mōxᶜūnxēla gᐧiyakᐧɛla lāxa āl!ē. Wä,
gᐧāxē näᶜnakᵘ läxēs gᐧōkwē. Wä, lä hēwäxa laɛm xᐧits!ɛnlē Lōgwa-
ᶜyas. Wä, hēᶜmēs ts!ɛnɛms nēnâqaᶜyasa nēsnɛnōlō lāx gᐧōkūlōtas.
Wä, läLē q!ēnɛma nēnâgadē bēbɛgwānɛms gᐧōkūlōtas Xāxosenâ-
soᶜwē ᶜnēx̣ᐧqēxs hēleqɛlaas Xāxosenâsoᶜwaxs kᐧ!ēsaē gwāgwēxᐧsᶜala
lāxēs lāgᐧiła yälaqūlaxa gᐧīlxᐧdɛmas gᐧāx näᶜnakwa. Wä, hēᶜmis
q!älagᐧiłtsa nēnâgadē bēbɛgwānɛmqēxs ᶜwālasaēs Lōgwaᶜya. Wä,
hēᶜmēs kᐧōt!ēdaats ōmpasē Wāxap!alasoᶜwaq ᶜwālasē Lōgwaᶜyasēs
Lāwūlgūmaᶜyē Xāxosenâsoᶜwaxs hēᶜxᐧᶜidaᶜmaē āxkᐧālaxēs ōmpē qa
ēkwasɛᶜwēs āwīnagwiłasa gᐧōkwē, yīxs âlaē mōlaxs gᐧālaē q!ālaxa
ᶜwālasa ᶜnawalakᵘ bɛgwānɛmē Ts!äqämaᶜyaxs gᐧāxᶜmaē. Wä, gᐧil-
ᶜɛmᶜlāwisē ts!ɛxâᶜnakūlē wāłdɛmas gōkūlōtas gᐧāxaasa bɛgwānɛmē
gᐧāxɛla gᐧayōł läx gᐧōkūlōtas. Wä, lāᶜlaē Lax̣ᵘstōliła lāxa āwīlɛläsa
t!ɛxᐧilās gᐧōkwas Wāxap!alasoᶜwē. Wä, lāᶜlaē yäq!ɛgᐧaᶜła. Wä,
laᶜlaē ᶜnēkᐧēda ᶜwālasēᶜnawalakᵘ bɛgwānɛmē Ēxᐧagᐧidē, qaxs hēᶜmaē

natural man Ēx·ag·id—for that | was the name of the shaman who 27
had come and was standing in the door of the house—said, | "Now,
keep silent, tribe! that I may speak about what the supernatural
power says | to me about our friend ‛wīlᴇnkŭlag·ĭlis, who ‖ has great 30
magic power, and whom you call Xäxosenâsō‛, O tribe! | I shall be
his attendant. Thus said my supernatural power, because I am
a cruel | man. Just don't move, tribe! I am | told by this supernatural power that | Head-Winter-Dancer will first use his supernatural power, and we shall just look on. When they have finished, ‖
then our great friend ‛wīlᴇnkŭlag·ĭlis will change places with him, 35
and you | will use well your batons." Thus he said. When his
speech was at an end, | all sat down by the side of ‛wīlᴇnkŭlag·ĭlis,
and they whispered together. | Then they were all happy—Chief
Wāxap!alasō‛ | and his tribe. The supernatural man ‖ and Ēx·ag·id, 40
and ‛wīlᴇnkŭlag·ĭlis had not been sitting together for a long time—
for now I stop calling him | Xäxosenâsō‛—when ‛wīlᴇnkŭlag·ĭlis |
arose and went out of the house. He went back into the woods;
and | Ēx·ag·id alone sat down at the place where they had been
sitting, and | he gave instructions to his tribe to take care of all
the ‖ ways, of what they would do with the great supernatural man, 45
Head-Winter-Dancer. | Thus he said. When he had just stopped
speaking, a man | came in, reporting that many | canoes were

Lēgᴇmsa păxălaxa g·āxē Lāx̣ᵘstâlił lāxa t!ᴇx·ĭläsa g·ōkwēxa ‛nēk·ē: 27
" Wēg·aᴇmasL tsᴇmōtâłax g·ōkŭlōt qᴇn yāq!ᴇnt!ālēsg·a wăłdᴇmg·as
‛nawalakwa g·āxᴇn qaᴇns ‛nᴇmōx̣ᵘdzēx lāxōx ‛wīlᴇnkŭlag·ĭlisēxxwa
‛wālasēx ‛nawalakwaxōs gwᴇ‛yâqōs Xäxosenâso‛wa g·ōkŭlōt. Wä, 30
nōgwaᴇm‛ᴇl nᴇx̣wăłaLᴇqᵘ, ‛nēk·ē ‛nawalakwa yĭn, yĭxg·ĭn wāyadēk·
bᴇgwānᴇma. Wä, âᴇmłwits k·!eâs yawinālaLōs g·ōkŭlōt. Wä, lᴇn
‛nēx·sō‛s ‛nawalakwa qa hē‛mis g·ali‛lälaxa ‛wālasa ‛nawalakwē Ts!ä-
qăma‛ya. Wä, lāLᴇns âᴇmł x·īts!ax·ĭlâłqē wāx·i gwāłalīL. Wä,
lāLᴇns ‛nᴇmōx̣ᵘdzēx L!ayogŭlīlxōx ‛wīlᴇnkŭlag·ĭlisēx, Wä, la‛mēts 35
âᴇmł aēk·!aLᴇxs t!ᴇmyayâqōs," ‛nēx·‛laē. Wä, g·īl‛ᴇm‛lāwisē q!ŭlbē
wăłdᴇmasēxs laē k!wanōdzᴇlilax ‛wīlᴇnkŭlag·ĭlisē qa‛s ăwāpâlē.
Wä, laᴇm‛laē ‛nāx̣wa ēk·!ēx‛edēda g·īgăma‛yē Wāxap!alaso‛wē
Lᴇ‛wis g·ōkŭlōtē. Wä, k·!ēs‛lat!a gaēł k!ŭdzēłēda ‛nawalakwē bᴇgwā-
nᴇmē Ēx·ag·idē Lō‛ ‛wīlᴇnkŭlag·ĭlisē (qaxg·ĭn la‛mēk· gwāł Lēqᴇlas 40
Xäxosenâso‛wē lāq). Wä, lâ‛laē Lāx̣‛ŭlitē ‛wīlᴇnkŭlag·ĭlisē qa‛s lä
läwᴇlsa lāxa g·ōkwē qa‛s lä āLē‛sta lāxa āL!ē. Wä, âᴇm‛lāwisē la
lēx·aēł‛ᴇm la k!waēłē Ēx·ag·idē lāxēs k!waē‛lasē. Wä, laᴇm‛laē
Lᴇxs‛ālaxēs g·ōkŭlōtē qa â‛mēs ‛nāx̣wa yāL!ä lāxēs ‛nāx̣waLa qa‛s
gwēgwālag·ĭlilasL Lᴇ‛wa ‛wālasa ‛nawalakᵘ bᴇgwānᴇmē Ts!āqăma‛yē, 45
‛nēx·‛laē. Wä, hēᴇm‛lāwis āłēs q!wēł‛ēd yāq!ᴇnt!ālaxs g·āxaasa
g·āxēLē bᴇgwānᴇm ts!ᴇk·!ālᴇlaxs g·āx‛maē g·āxawīlᴇlēda q!ēts!ax-

coming across. Those were the ancestors of the numaym Mēmogwins of the ¦ Qwēqᵘsōt!ēnoxᵉ. As soon as they arrived at the beach, 50 Wāxap!alasō ‖ invited them to come and eat in his house; and at once | all the canoes came ashore, and the [visitors] went up the beach, | walking behind the great supernatural man, Head-Winter-Dancer. | All wore head-rings and neck-rings of red cedar-bark, and | they 55 went into the house of Wāxap!alasō⁽. The ‖ great supernatural man, Head-Winter-Dancer, did not allow his tribe to sit in the rear | of the house. He wanted his tribe to sit next to the door | of the house, and Wāxap!alasōᵉ and his tribe were sitting in the rear of the house. | Thus he said. And the ancestors of the | numaym 60 ḶēḶẹgēd obeyed his wishes, for ‖ Head-Winter-Dancer meant that they should sit at the door of the house of Wāxap!alasōᵉ, | in order to drive them back if the tribe of | Wāxap!alasōᵉ should try to escape when they were frightened by his playing. That is | why Head-Winter-Dancer wished the ancestors of the | ḶēḶẹgēd to sit in the rear of the house. Then the crew of Head-Winter-Dancer ate. ‖ 65 He himself did not eat. After | the tribes had eaten, the great supernatural head-winter-dancer arose | naked; and at once one | man arose also, and asked for batons from Wāxap!alasōᵉ. | Then he 70 was given many batons, and at once ‖ the man distributed the

---

48 mōLa⁽yē x̣wāx̣wăk!ūna, yīxa g·ālāsa ⁽nɛ⁽mēmotasa Mēmogwins yīsa Qwēqᵘsōt!ēnoxᵘ. Wä, g·îl⁽ɛm⁽lāwisē g·āx⁽alisa laē Wāxap!alaso⁽wē 50 Lēł⁽ūltōdɛq qa g·āxēs ⁽wī⁽la L!ɛx̣wa lāx g·ōkwas. Wä, lā⁽laē hēx·⁽i- daɛm ⁽wī⁽la hōx⁽wūltâ lāxēs yaē⁽yats!ē qa⁽s lä hōx⁽wūsdēsɛla lāxa L!ɛma⁽isē ɛlxḷālēda ⁽wālasē ⁽nawalakᵘ bɛgwānɛmē Ts!āqăma⁽yē. ⁽nāxwaɛl L!āgɛkwēs qɛx·ɛma⁽yē ḶE⁽wis qɛnxawa⁽yē. Wä, la⁽laē hōgwīL lāx g·ōkwas Wāxap!alaso⁽wē. Wä, lā⁽laē k·!ēs hēłq!alēda 55 ⁽wālasē ⁽nawalakwē Ts!āqăma⁽yaxēs g·ōkūlōtē hē k!ūs⁽ālila ōgwiwali- łasa g·ōkwē, yīxs häaɛl gwɛ⁽yōs qa k!ūs⁽āli⁽latsēs g·ōkūlōta ōstāli- łasa g·ōkwē qa hē⁽mēsḶas la Wāxap!alaso⁽wa ōgwiwalilasēs g·ōkwē ḶE⁽wis g·ōkūlōtē, ⁽nēx·⁽laē. Wä, lä nānagēg·ēɛm⁽lāwisa g·ālāsa ⁽nɛ⁽mēmotasa ḶēḶẹgēdā wāldɛms, yīxs häē ⁽nē⁽nak·iłts Ts!āqă- 60 ma⁽yē qa⁽s hä k!ūs⁽ālila ōstālilasa g·ōkwas Wāxap!ala- so⁽wē qa⁽s ā⁽mēl k·āk·īmyalaḶEx wāx·ḶA hēłtsāłts g·ōkūlōtas Wāxap!alaso⁽wē, qō lāl k·ił⁽īdɛłts ăm⁽lēnēḶas. Wä, hē⁽mis lāgilas ⁽nēk·ē Ts!āqăma⁽yē qa häs ⁽wī⁽la k!ūdzēla g·ālāsa ḶēḶẹ- gēdē ōgwiwalilasa g·ōkwē. Wä, laɛm⁽lāwisē L!ɛxwēda ⁽wī⁽la lēɛlōtas 65 Ts!āqăma⁽yē. Wä, lālaḶa k·!ēs L!aL!awālax bäē. Wä, g·îl⁽ɛm⁽lā- wisē gwāł L!ɛxwēda lēlqwālaLa⁽yē lāa⁽lasē Ḷāx⁽ūlīłēda ⁽wālasē ⁽nawa- lakwē Ts!āqăma⁽yē xa⁽nāla. Wä, hēx·idaɛm⁽lāwisa ⁽nɛmōkwē bɛ- gwānɛm Ḷāx⁽ūlił ōgwaqa qa⁽s lä dāk·!ālax t!ɛmyayâ lāx Wāxap!- alaso⁽wâ. Wä, lā⁽laē ts!āsō⁽sa q!ēnɛmē t!ēt!ɛmyayâ. Wä, hēx·⁽ida- 70 ɛm⁽lāwisēda bɛgwānɛmē la ts!awanaēsasa t!ēt!ɛmyayō lāxēs g·ōkū-

batons among his tribe. | Then at once they beat rapid time; and | 71
Head-Winter-Dancer got his supernatural power, and threw it on
the floor of the house. | At once·water welled up from the floor of
the | house and flooded it. ‖ Then the fire in the middle of the house 75
was extinguished, and the water receded, | and the floor of the house
became dry. | Wāxap!alasō⁵ and his tribe never moved, | although
they were up to the waist in water, and when | the floor of the house
was dry again, they re-arranged the fire in the middle of the house, ‖
and it blazed up. Then the great supernatural man, | Head- 80
Winter-Dancer, told them to cut off his head; and immediately |
one of the tribe of Head-Winter-Dancer—his name is not known—|
arose, took his shell knife, and went to the place where Head-Winter-
Dancer was standing | and cut off his head. As soon as it was off, ‖
the man went around the fire, carrying the head; | and after he had 85
gone around four times, he put it on | where it had been before, and
Head-Winter-Dancer arose as a whole man. | Then he sat down, for
he had finished. Then | the man who had cut off his head spoke,
and said, ‖ "O friends of my side! I want these our friends to see | 90
this great supernatural Head-Winter-Dancer." Thus | he said.
And at that time a sacred song was sung in the house of Wāxap!a-
lasō⁵. |

---

lōtē. Wä, hëx·ʻidaᴇmʻlāwisē ʻnᴇmāx·ʻīd ʟēxᴇdzōda. Wä, lāʻlaē 71
Ts!äqăma⁵yē däsgᴇmdxa ʻnawalakwē qaʻs mᴇxʻalilē lāxa g·ōkwē.
Wä, hëx·ʻidaᴇmʻlāwisē q!ōlᴇmg·ustâwēda ʻwāpē lāx ăwīnagwilasa
g·ōkwē. Wä, laʻmē paōlᴇlilēda ʻwāpē lāx ăwīnagwilas. Wä,
g·īlʻᴇmʻlāwisē ʻwiʻla k·!ilxʻidēda laqawalil lāaʻlasē xut!ᴇx·ʻīdēda 75
ʻwāpē. Wä, laʻmē xwēlaqa lᴇmxwalilē ăwīnagwilasa g·ōkwē. Wä,
hēwāxaᴇmʻlāwisē yāwix·ʻlilē Wāxap!alasoʻwē ʟᴇʻwis g·ōkůlōtē wäx·-
ʻmaē la t!ēt!ᴇboʻyolilxa ʻwāpē. Wä, g·īlʻᴇmʻlāwisē lᴇmxwalilē ăwī-
nagwilasa g·ōkwaxs laē x·āx·ʻēq!ᴇx·ītsᴇʻwē laqawalilasa g·ōkwē.
Wä, g·īlʻᴇmʻlāwisē x·ʻiqostâxs laēda ʻwālasē ʻnawalakᵘ bᴇgwānᴇmē 80
Ts!äqăma⁵yē ʻnēx· qaʻs qax·ītsᴇʻwē. Wä, hëx·ʻidaᴇmʻlāwisē ʟaxʻŭ-
lilēda g·āyolē lāx g·ōkůlōtas Ts!äqăma⁵yē (laʻmē k·!ēs q!alē ʟēge-
mas,) dälaxa q!ᴇltsʻ!ᴇmē qaʻs lō läx ʟawiʻlases Ts!äqăma⁵yē. Wä,
lāʻlaē qāx·ʻidqēxs ʟaʻwilaē. Wä, g·īlʻᴇmʻlāwisē lawā x·ōmsas laē
qāsʻidēda bᴇgwānᴇmē dālaxa xᴇwēqwē lāʻstalilᴇlaxa laqawalilē. 85
Wä, hēʻlat!a la mōp!ᴇnēʻstalilᴇxs laē xwēlaqa āxʻaʟᴇlōts lāxēs
äxālaasē. Wä, laʻmē xwēlaqa la sᴇnūlax·ʻid bᴇgwānᴇmē Ts!äqă-
ma⁵yē laxēq. Wä, laᴇmʻlaē k!wāg·alila qaxs lᴇʻmaē gwāla. Wä,
lāʻlaē yāq!ᴇg·aʻlēda bᴇgwānᴇmē, yīxa qākʻāq. Wä, lāʻlaē ʻnēk·a:
"Wä, nōs, ʻnēʻnᴇʻmōkᵘ, qäʟaxg·ïns âʻmēk· ʻnēx· qa dōxʻwaʟᴇlēsᴇns 90
ʻnēʻnᴇmōkwaxg·ada ʻwālasek·ʻnawalakwa läxg·a Ts!äqāmēk·," ʻnēx·-
ʻlaēxs lāaʻlasa yālaq!ŭg·aʻla lāxa āʟanâʻyas g·ōkwas Wāxap!alasō⁵.

Immediately Ex·ag·id arose from his seat, and | spoke. He said,
95 "Now you have finished, great tribe! || Come to the rear of the house,
and let me and my tribe go | to·the door, so that you may also
witness our supernatural power." | Thus he said. Immediately the ancestors of the numaym Mēmogwins | went to the rear of the house,
and the numaym | L̲ēL̲egēd went to the door of the house, and they
500 sat down. || Then they all beat rapid time, and | ‘wīlᴇnkūlag·ilis
sang his sacred song: "I was taken to the other side of the world, I
was taken to the other side of the world, | by the great supernatural
power. I was taken to the other side of the world, ai, ai, by the |
supernatural power," and the other words. Then he came | into the
5 house of his father, Wāxap!alasō‘. His dress was made of || hemlock-branches. His tribe beat rapid time. | And when he had gone
around the fire in the middle of the house, he caught his | supernatural power, and threw it on the floor of his house. Immediately | water welled up from the floor of the house, | and it only
stopped rising when it had put out the fire in the middle of the ||
10 house. Then it went down again, and the | floor of the house was
dry. They built up | the fire in the middle of the house; and as
soon as it blazed up, | ‘wīlᴇnkūlag·ilis spoke, and said, "O friends!
15 let | one of you come to cut off my limbs;" thus he said, || and at

---

93 Wä, hëx·‘idaᴇm‘lāwisē Ex·ag·idē L̲āx‘ūlil lāxēs k!waēlasē qa‘s
    yāq!ᴇg·a‘lē. Wä, lā‘laē ‘nēk·a: "Wä, laᴇms gwāla, ‘wālas lēlqwā-
95 laLē‘. Wä, gēlag·a laxg·ada ōgwiwalīlᴇk· qᴇn lā L̲ōgūn g·ōkūlōtᴇk·
    lāxwa ōstâlilēx qa‘s ōgwaqaōs x·īts!ax·‘īdᴇxg·in nōsᴇk· ‘nawalakwa,"
    ‘nēx·‘laē. Wä, hëx·‘idaᴇm‘lāwisa g·ālāsa ‘nᴇ‘mēmotasa Mēmogwins
    la lāg·ᴇyolil lāxa ōgwiwalīlē. Wä, lā‘laē lastōlilē ‘nᴇ‘mēmotasa
    L̲ēL̲egēdē lāxa ōstâlilasa g·ōkwē. Wä, g·îl‘ᴇm‘lāwisē ‘wī‘la k!ūs‘âlī-
500 lᴇxs laē hëx·‘idaᴇm ‘nāxwa lᴇxᴇdzōda. Wä, la‘mē yälaqūlē ‘wīlᴇnkūlag·ilisasōx: "Qwēsᴇnxᴇlēdzᴇmx·dᴇn, lāx·dᴇn qwēsᴇnxᴇlēdzᴇms
    hēnōma ‘nawalakwä. Lāx·dᴇn qwēsᴇnxᴇlēdzᴇmsēa aik·as ai ai
    ‘nawalakwä," L̲ē‘wis waōkwa qāqᴇyasa. Wä, g·āx‘ᴇm‘laē g·āxēLa
    lāx g·ōkwasēs ōmpē Wāxap!alaso‘wē. Wä, laᴇm‘laē ‘nāxwaᴇm
5   q!wāxē gwēlgwālās. Wä, laᴇm‘laē lᴇxᴇdzâ‘yē· g·ōkūlōtas. Wä,
    g·îl‘ᴇm‘lāwisē ‘nᴇmp!ᴇnē‘stalīlxa laqawalilaxs laē dāsgᴇmdxa ‘nawalakwē qa‘s mᴇx‘alilēs lāx äwīnagwilasēs g·ōkwē. Wä, hëx·‘idaᴇm‘lāwisē q!ōlᴇmg·ustâwēda ‘wāpē lāx äwīnagwilasa g·ōkwē. Wä,
    äl‘ᴇm‘lāwisē gwāl paōl‘nakūlaqēxs laē k·lᴇlx·‘īdaxa laqawalilasa
10 g·ōkwē. Wä, lā‘laē xwēlaqa xut!ᴇx·‘idēda ‘wāpē. Wä, la‘mē xwēlaqa lᴇmxwalilēda äwīnagwilasa g·ōkwē. Wä, lā‘laē x·āx·ēq!ᴇx·‘ītsᴇ‘wēda laqawalilē. Wä, g·îl‘ᴇm‘lāwisē x·īqōstāxs lāa‘lasē yāq!ᴇg·a‘lē ‘wīlᴇnkūlag·ilisē. Wä, lā‘laē ‘nēk·a: "YūL, ‘nē‘nᴇmōkᵘ, gēlag·ax·ī ‘nᴇmōkwa lax·da‘xōL qa t!ōsᴇmwälaxg·in L̲āsL̲alak·," ‘nēx·‘laē.
15 Wä, hëx·‘idaᴇm‘lāwisē Ex·ag·idē lā lax La‘wē‘lasas ‘wīlᴇnkūlag·ilisē

once Ex·ag·id went to where ʻwīlɛnkŭlag·ʻīlis was standing. | He 16
carried his shell knife, and said, "Your words are good, great friend. |
I am cruel. Therefore I shall do according to your wish, Super-
natural-One. | Let me do it!" Thus he said, and he cut around the
shoulder-blade so that it remained | attached to the right arm. He
cut it off and threw it toward the ‖ door; and he took off the left 20
arm and threw it down | in front of the place where Head-Winter-
Dancer was seated; and he cut off the | right leg at the hip, and
threw it down not | far from where Head-Winter-Dancer was
seated; and he cut off the | left leg and threw it down; and finally he
cut off his head, ‖ and threw it down not far from where | Ex·ag·id 25
was standing. And it was not long before the body moved | and
rolled toward where the head lay. And when | it came to it, the
head stuck to the body, | and it rolled toward the place where the
right leg lay, and it stuck ‖ on; and it rolled to where the left leg 30
lay, | and it stuck; and it rolled to where the | right arm lay, and
it stuck on; and he arose | and walked back to his left arm, and
stuck it on. | And after he had done so, Head-Winter-Dancer and ‖
his tribe ran out of the house, and went aboard their canoes, | and 35
they escaped from ʻwīlɛnkŭlag·ʻīlis. Now they were all going home.
They were | ashamed, because Head-Winter-Dancer had been over-
come by ʻwīlɛnkŭlag·ʻīlis. |

---

dālaxa q!ɛlts!ɛmē. Wä, lāʻlaē ʻnēk·a: "Ěk·ēs wāldɛmōs, ʻnɛmōx̣"- 16
dzēk·as. Nōgwaɛm wayāda. Laʻmēsɛn wĕg·ĭl lāx wāldɛmas, ʻnawa-
lakwa, qɛn gwēg·ilasōʟ," ʻnēx·ʻlaēxs laē t!ōsʻidɛx pɛlōts!äs qa ăxā-
lēs lāx hĕlk·!ōltsɛyap!ayasēxs laē t!ōsōdɛq qaʻs ts!ɛxstōlĭlē lāxa
t!ɛx·ĭla. Wä, lāʻlaē ētōdxa gɛmxōltsɛyap!aʻyas qaʻs ts!ɛxʻālĭlēq 20
lāxa ʟ!āsalīła k!waēʻlasas Ts!āqăma'yē. Wä, lāʻlaē t!ōsōdɛx hĕlk·!ōl-
tsīdzaʻya g·äg·ĭʟɛla lāx onōlg·aʻyas qaʻs ts!ɛxʻālĭlē lāxa k·ʻlēsē qwē-
sāła lāxaax k!waēʻlasas Ts!āqăma'yē. Wä, lāʻlaxae ētōdɛx gɛmxōl-
tsīdzaʻyas qaʻs ts!ɛxʻālĭlēs. Wä, lāʻlaē ālɛlxsdālaxs laē qax·ʻĭdɛq-
Wä, lāʻlaē ts!ɛxʻālīłasa xɛwēqwē lāxa k·ʻlēsē qwēsāłā lāx ʟawīʻlasas 25
Ex·ag·idē. Wä, k·ʻlēsʻlat!a gaēl ʻmɛgwīła bŭx"sâs laē q!wēnałɛlīła
qaʻs lā lɛnʻnakŭla lax ʻmēgwīʻlasasa x·ōmsas. Wä, g·ĭlʻɛmʻlāwise
lāg·aa laqēxs laē k!ŭt!aʟɛlēda x·ōmsē lāxēs bŭx"sowē. Wä, lāʻlaē
lɛnʻnakŭla lāx k·adēʻlasasēs hĕlk·!ōltsīdzaʻyē. Wä, lāʻlaxae k!ŭt!ā.
ʟɛla. Wä, lāʻlaē lɛnʻnakŭla lāx k·adēʻlasasēs gɛmxōltsēdzaʻyē. Wä, 30
lāʻlaxaē k!ŭt!āʟɛla. Wä, lāʻlaē lɛnʻnakŭla lāx k·adēʻlasasēs hĕlk·!ōl-
tsɛyap!aʻyē. Wä, lāʻlaē k!ŭt!āʟɛla. Wä, lāʻlaē ʟax"ŭlīła qaʻs
qāsʻidē la dāg·ʻīlĭłaxēs gɛmxōltsɛyap!aʻyē qaʻs k!ŭt!āʟɛlōdēs. Wä,
hēɛmʻlāwis ālēs gwāłɛxs laē q!ŭmx·ɛwɛlsē Ts!āqăma'yē ʟɛʻwis
g·ōkŭlōtē lāxa g·ōkwē qaʻs lā hēxsɛla lāxēs yaēʻyats!ē xwāxwăk!ŭna, 35
qaʻs lē hēłtsâs ʻwīlɛnkŭlag·ʻīlisē. Laɛm lāł näʻnakwa. Wä, laɛm
max·ts!axs wāʟaē Ts!āqăma'yē lāx ʻwīlɛnkŭlag·ʻīlisē.

Then ʻwīlεnkŭlag·ilis asked his father Wāxap!alasō⁶ | that his
40 tribe should not go out of his house for a while, and ‖ to tell him
when Head-Winter-Dancer approached Burnt-Point, | and that all
the men should hold their batons | in readiness to beat when he
should go up to the roof of the house. | Thus he said. Then Wāxap!a-
lasō⁶ sent a | man to sit outside the house, and to announce when ‖
45 Head-Winter-Dancer should arrive at Burnt-Point. Then | ʻwīlεn-
kŭlag·ilis gave instructions to his tribe, and said, "As soon as I | go
up on the roof, beat rapid time, and | continue to beat time until I
stop singing my sacred song. | And when I stop, you also stop beat-
50 ing time; for you will see ‖ what will happen to our world and to
my great friend Head-Winter-Dancer." | Thus he said. He just
stopped speaking, when the one who was | watching Head-Winter-
Dancer came into the house and | said that Head-Winter-Dancer
was already near Burnt-Point. | Immediately ʻwīlεnkŭlag·ilis went
55 up to the roof of the house; ‖ and when he sang his sacred song, his
tribe beat time | in the house; and these are the words of his
sacred song, which he obtained | from the thunderbird: |

"Burn them, burn them, burn them, you who burn the world! |
"Hail, hail, hail, hail, hailstorm is brought by you!" ‖

38 Wä, laεmʻlāwisē ʻwīlεnkŭlag·ilisē äxk·!älaxēs ōmpē Wāxap!ala-
soʻwē, qa k·!ēsʻmawīsLēs la hōqūwεlsē g·ōkŭlōtas. Wä, hēʻmis qa
40 nēlasεʻwēs qō lāł ēx·ʻälaLē Ts!äqămaʻyē lāxa Lεgεgwīłbāla. "Wä,
hēʻmis qa ʻnaxwaʻmēsa bēbεgwānεmē dālaxēs t!ēt!εmyayowē gwā-
łała qaʻs Lεxεdzōdēł qεnLō lāł lāg·äs lāxwa ōgwāsaxsεns g·ōkwēx,"
ʻnēx·ʻlaē. Wä, laεmʻlaē Wāxap!alasowē ʻyālaqasa ʻnεmōkwē bε-
gwānεm qa läs k!was läx L!āsanäʻyases g·ōkwē qa g·äxL nēlałts Ts!ä-
45 qămaʻyē qō lāł lāg·aa lāxa Lεgεgwīłbāla. Wä, laεmʻlāwisē ʻwīlεn-
kŭlag·ilisē Lεxsʻalaxēs g·ōkŭlōtē. Wä, läʻlaē ʻnēk·a: "G·īlʻmax·in
lāg·äs lāxwa ōgwāsē laaqōs ʻnεmāx·ʻīd Lεxεdzōda. Wä hēʻmēts
wāwasεlił Lεxεdzεʻwēxg·in k·!ēsʻmεLεk· q!wēłʻīd yälaqūla. Wä,
g·īlʻmēsεn·q!wēłʻīdεx laēx ōgwaqa gwāł Lεxεdzäʻya qaʻs dōqwałεLōs
50 ʻnaxwax gwēx·ʻidaasLasεns ʻnālax Lεʻwŭn ʻnεmōxᵘdzaē Ts!äqă-
maʻya," ʻnēx·ʻlaē. Wä, hēεmʻlāwis äłēsē q!wēłʻīdεxs g·āxaasa q!ā-
q!alālεlg·īsax Ts!äqămaʻyē g·āxεLa lāxa g·ōkwē. Wä, laεmʻlae
nēlasēxs lεʻmaē εlāq lāg·aē Ts!äqămaʻyē lāxa Lεgεgwīłbāla. Wä,
läʻlaē hēx·ʻidaʻmē ʻwīlεnkŭlag·ilisē lāg·ustâ lāxa säläsēs g·ōkwē.
55 Wä, g·īlʻεmlāwisē yälaqwaxs lāaεl Lεxεdzōda yīx g·ōkŭlōtas läx
äwīlεlasa g·ōkwē. Wä, g·aʻmēs qāyats yälεxⁿLεnasēg·a yīx g·ayā-
nεmas lāxa kŭnkŭnxŭlīg·aʻyē, g·ada:

TsεχwaamT, tsεχwaamT, tsεχwaamT xŭmtxŭmtεlēg·aʻyä.
Tsnaałx, tsnaałx, tsaałx, tsnaałx, tsεlxtsεlxεlēg·aʻyä.

When he stopped singing, they also stopped | beating time in the 60
house. Immediately our world became dark, | and there was lightning and loud thunder. | Hail fell, and the hailstones were the size
of a head. | When the thunder and the hailstorm had passed, they
saw ‖ the canoes all turned into rock; and these are now the many | 65
islands at the east side of the mouth of Hardy Bay; and they are
called | Spots-at-Mouth-of-Bay. Now Head-Winter-Dancer | and
his crew were dead. |

Then ʻwīlEnkŭlag̣·îlis was feared by his tribe, for they ‖ discovered 70
that he had obtained a great treasure; and his tribe just wished | to
be slaves of ʻwīlEnkŭlag̣·îlis. He was the only | head chief of the
numaym ḶēḶEgēd. He did not do any | work, for his tribe were
working for him; that is, they gathered food | of all kinds for him,
and brought firewood and water. ‖ If he wanted a canoe of a man, 75
he | just asked for it, and it was given to him. This is the end. |

Later on I shall tell how he disappeared again, and how after that |
he became a cannibal. |

It was when ʻwīlEnkŭlag̣·îlis had overcome the great supernatural | 1
man Head-Winter-Dancer. He had [not] been | treated as a chief for a
long time by his numaym, the ḶēḶEgēd. Then he said to his father |

Wä, g·îlʻEmʻlāwisē q!wēlʻīd yălaqŭlaxs laē ōgwaqa q!wēlʻidēda 60
LēxEdzâʻyē lāx ăwīLElāsa g·ōkwē. Wä, hëx·ʻidaEmʻlāwis pIEdEx·ʻīdEns ʻnälax. Wä, lā⁴laē LIEnēxʻwida. Wä, lädzēk·asʻlaē kŭnx̣wa.
Wä, lā⁴laē tsElxʻītsa yŭʻma ä⁴wāwEns x·ōmsōxa tsElxmesē. Wä,
g·îlʻEmʻlāwisē hăyāqēda kŭnx̣wa Lēʻwa tsElxäxs laaEl dōxʻwaLElaxa x̣wāx̣wăk!ŭnax·däxs laē ʻnäx̣wa t!ēsEmx·ʻidaxwa lāx q!ēnEm 65
ʻmaEmk·âla lāxōx ʻnElk·!ōdExsta⁴yaxs GwadzEʻyēxa lāx ḶēgadEs
Dzädzobaltsēwē. Wä, laEmʻlaē âlak·!âla ʻwīʻwŭlē Ts!āqâma⁴yē
LEʻwis lčElōtdē lāxēq.

Wä, laEmʻlaē k·îlEmē ʻwīlEnkŭlag̣·îlisasēs g·ōkŭlōtē, yîxs laē
q!âlʻaLElax ʻwälasē ḶōḶEgwaʻyas. Wä, laEmʻlaē g·ōkŭlōtas ʻnēx· 70
qaʻs âlag·aʻmē q!āq!Ek·âs ʻwīlEnkŭlag̣·îlisē. Wä, laEm ʻnEmōx̣ᵘEm
la xaʻmāgEmēʻ g·îg·ămēʻsa ʻnEʻmēmotasa ḶēḶEgēdē. Wä, laEm
k·!eâs ēaxēnēs qaxs ʻnäx̣waʻmaē ēaxElēs g·ōkŭlōtē qaē, yîxa pāpewälaxa ʻnäx̣wa qaʻs gwex·sdEm hēmawäla Lēʻwa lEqwa Lēʻwa tsäxa
ʻwāpē qaē. Wäx·ē äx·ʻēxsdxa x̣wāk!ŭnasa ʻnEmōkwē bEgwänEma, 75
â⁴mēsē dāk·!âlaq. Wä, lä hëx·ʻidaEm ts!EwÄ lāq. Wä, laEm lŭba.

Wä, âlʻEmîwīsEn gwāgwēx·sʻälal laqêxs laē x·ɪsʻîda ēt!ēda. Wä,
laEm hămshämts!EsL laxēq.

Wä, hëEmʻlaēxs laē ʻyāx·ʻidāmasē ʻwīlEnkŭlag̣·îlisax ʻwälasē ʻnawa- 1
lakᵘ bEgwänEmē Ts!āqämēx·dē. Wä, k·!ēsʻEmʻlāwisē âlaEm gäla
la g·äg·ēxsilasōʻsēs ʻnEʻmēmota ḶēḶEgēdē. Wä, lā⁴laē nēlaxēs ōmpē

Wāxapa!alasō‘, that he had not yet shown his supernatural treasures; ‖ "for I obtained as supernatural treasure the flooding-waters and the cutting-off of | my limbs and four dances; for I have for my dance the | ĀwīloLElał, and my first dance is Hayalīk‘Elał. | And after I have finished the Hayalīk‘Elał, I turn into the | speaker dance; and when my song of the speaker dance is ended, ‖ I turn into the chieftainness dance; and when | the song of my chieftainness dance is ended, then I sing my sacred song | of the war dance and I turn into a war dancer; | and therefore my name is ‘wīlEnkŭlag‘īlis.¹ Now | I wish you would give a winter dance," thus he said to his father Wāxapa!alasō‘, "that ‖ I may also show my other great dance the | hămshămts!Es, that has a sacred room; and the name Nānogwis; and the cannibal mask with | a man with turning top; and his red cedarbark rings. I mean | that all my supernatural treasures should be seen." Thus said ‘wīlEnkŭlag‘īlis | to his father Wāxap!alasō‘. Immediately Wāxap!alasō‘ ‖ told his prince to go ahead and to disappear. | Now it was not known among the tribe what Wāxp!alasō‘ and his | prince ‘wīlEnkŭlag‘īlis had said. When | night came ‘wīlEnkŭlag‘īlis lay down. It was not yet | near daylight when he arose and went to the river ‖ ‘wāg‘Ela. Then he walked up the river, and he wished to | arrive at its lake. He did not arrive there

Wāxap!alaso‘wē, yīxs k·!ēs‘maē ‘wī‘la nēl‘idāmasxēs Ḷōgwa‘yē, "yīxg·īn hē‘mēk·Ḷōgwa‘ya paōläsa ‘wāpē Ḷōxgŭn lăk· t!ōsEmwālayōgŭn ḶāsḶalak· lāxEn mōx̣‘widătax lēlăda yīxg·īn lădEnōkwēg·asa ĀwīloLElałē. Wä, hēEm g·älEn yExˢ‘wīdayowa Hayalīk·Elałē. Wä, g·īl‘mēsēn gwăl yExwa lāxEn Hayalīk·Ela‘lēna‘yē läg·En lăsElēł laxEn Hayaq!EntElałē. Wä, gīl‘mēsē q!ŭlbaxEn q!EmdEmē lāxEn Hayaq!EntEla‘lēna‘yē läg·īn lăsElił lāxa Aōmalałē. Wä, g·īl‘mēsē q!ŭlbaxEn q!EmdEmē lāxEn Aōmala‘lēna‘yē läg·īn yälaqwasEn yälaxᵘlEnē lāxa tōx̣‘widē. Wä, laEmxaEn lăsElīł lāxEn tōx̣‘widaēna‘yē. Wä, hē‘mēsEn läg·iła ḶēgadEs ‘wīlEnkŭlag‘īlisē. Wä, la‘mēsEn ‘nēx· qa‘s yäwix·īlaōs," ‘nēx·‘laēxēs ōmpē Wāxap!alaso‘wē, "qa g·āxlag·īsē nēl‘idēda ‘nEmx·‘idăLa ‘wälas lădaxa ma‘wiladē hămshămts!Esa LE‘wis Ḷēgemē Nānōgwis LE‘wis hămsEmlēxa x·īłp!EgExLäla bEgwānEma LE‘wis L!āL!EgEkŭla. Wä, yŭ‘mēsEn ‘nē‘nak·īlōx qa ‘wī‘la‘mēsōx dōx‘waLElaxEn Ḷōgwa‘yEx," ‘nēx·‘laē ‘wīlEnkŭlag‘īlisaxēs ōmpē Wāxap!alaso‘wē. Wä, hēx·‘idEm‘lāwisē Wāxap!alaso‘wē wäxaxēs Ḷăwŭlgăma‘yē ‘wīlEnkŭlag‘īlisē qa wäg·is x·īs‘ēda. Wä, laEm‘laē k·!eâs q!ălax wăldEmas Wāxap!alaso‘wē LE‘wis LăwŭlgămaʻyēʻwīlEnkŭlag‘īlisē läxēs g·ōkŭlōtē. Wä, g·īl‘Em‘lāwisē gănoł‘ida laē kŭlx·‘ida, yīx ‘wīlEnkŭlag‘īlisē. Wä, k·!ēs‘Em‘lāwisē ēx·‘āla qa‘s ‘nāx·‘idēxs laē Ḷăx̣‘wida qa‘s lä qăs‘ida qa‘s lä lāxa ‘wäs ‘wāg·Ela. Wä, lā‘laē qas‘ŭstălaq. Wä, laEm‘laē ‘wăłaqēla qa‘s läg·aē lāx dzE‘lālas. Wä, lā‘laē wēg·aaxs laē gănoł‘ida. Wä, âEm-

¹Carrying everything.

before night came. Then | he went into the water of the river, and 27
he took four hemlock-branches and | rubbed his body on the right-
hand side with one hemlock branch, and | he imitated what he had
first done with the four hemlock-branches. || As soon as he had 30
finished, he lay down in the shelter of a cedar-tree | which stood on
the bank of the river. As soon as daylight came in the morning, he
washed again | in the river; and after he had done so, he again
walked up the | river. Now it was past noon when he came to the |
lake of the river ʻwāgʻEla. Immediately, it is said, he built a house
of hemlock-branches || on the shore of the lake. He always | went 35
into the water on the shore of the lake every morning and every
evening. | Now it was almost four months since he had disappeared.
Then he dreamed | that he saw the Head-without-Body. Then it
opened its mouth and the | hămshămts!Es came out of the mouth.
Then he cried, "Wip, wip, wip!" || And in his dream he saw how he 40
went right up to ʻwīlEnkŭlagʻĭlis, and | bit his left hand; and after
the piece bitten by him had come off, | he went back into the mouth
of the Head-without-Body. Then the Head-without-Body disap-
peared. | Then ʻwīlEnkŭlagʻĭlis awoke, and | he saw that it was
daylight. || He arose at once and went into the water on the shore of 45
the lake; and | after he had been in the water, he went down, fol-
lowing the river, while he was walking down river. | When evening

ʻlāwisē laʻsta lāxa ʻwa, yĭxs dālaaxa q!wāxē mōxLa. Wä, hēʻmis la 27
gʻĭnx̣ʻwēdEms lāxēs hēlkˑ!ōt!Enaʻya ʻnEmxLa q!wāxa. Wä, laEmʻlaē
âEm nāqEmgˑĭltawiʻlālaxēs gˑālē gwēgˑilasa, yĭsa mōxLa q!wāxa.
Wä, gˑĭlʻEmʻlāwisē gwālExs laē kŭlxLElsaxa t!Enyagaʻyasa wēlkwē 30
Lagˑāgēxa ʻwa. Wä, gˑĭlʻEmʻlāwisē ʻnāʻnakŭlaxa gaālāxs laē ētˑ!ēd
laʻsta lāxa ʻwā. Wä, gˑĭlʻEmʻlāwisē gwālaxs laē ētˑ!ēd qāsʻŭstālaxa
ʻwa. Wä, laEmʻlāwisē gwākˑ!ōdExLālēsa L!ēsElāxs laē lāgˑaa lāxa
dzEʻlālas ʻwäs ʻwāgˑEla. Wä, hëxˑʻidaEmʻlāwisē gˑōkwēlaxa q!wāx-
sEmē gˑōkwa lāx ōgwägaʻyasa dzEʻlālē. LaEmʻlaē hēmEnâlaEm 35
laʻsta lāxa ōgwägaʻyasa dzEʻlālaxa gēgaāla LEʻwa dzādzEqwa. Wä,
laEmʻlāwisē Elāq mōsgEmgˑilaxa ʻmEkŭla xˑĭsālaxs lāaEl mēxElaxs
dōqŭlaaxa xˑōsalōlē. Wä, laEmʻlāwisē āqElaxs gˑāxaē gˑāxʻwElsēda
hāmshāmts!Esē lāx sEmsas. LaEmʻlaē hāmts!āla, ʻwip ʻwip ʻwip-
xaEl. Wä, lāʻlaē hēʻnākŭlaEngˑa lāx ʻwīlEnkŭlagʻĭlisē qaʻs q!Exˑʻī- 40
dēx gEmxōlts!ānaʻyas. Wä, gˑĭlʻEmʻlāwisē lawämasxēs q!Exˑʻī-
tsEʻwē lāaEl x̣wētagĭl lāx sEmsas Xˑōsalōlē. Wä, laʻlaē xˑĭsʻēdē
Xˑōsalōlē. Wä, hëxˑʻidaEmʻlāwisē ts!Exˑʻĭdē ʻwīlEnkŭlagˑĭlisē. Wä,
laEmʻlaē dōx̣ʻwaLElaqēxs lEʻmaaEl ʻnāxˑʻida. Wä, hëxˑʻidaEmʻlāwisē
Lāx̣ʻwida qaʻs laʻstē lāxa ōgwägaʻyasa dzEʻlālē. Wä, gˑĭlʻEmʻlāwisē 45
gwāl laʻstaxs gˑāxaē nagāmālaxa ʻwäxs gˑāxaē qāsatōsElaq. Wä,
laEm wätōs lāx ōx̣ᵘsiwaʻyasa ʻwäxs laē dzāqwa. Wä, lāʻlaē âEm

48 came, he had not arrived at the mouth of the river. Then | he lay
down under a cedar-tree; and when daylight came in the morning |
he arose and started. It was not yet noon when he arrived at the ‖
50 mouth of the river ʻwāgˑEla. Then he just sat down under a tree. |
They do not know what kind of a tree it was. He waited for evening. | Therefore he did so. As soon as evening came, he walked |
along the beach. Now it was dark when he | arrived on the east
55 side of the river TslElgwad. Then he cried, ‖ "Wip, wip, wip!"
aloud, so that his father should hear him. |
Then his father Wāxaplalasōʻ heard him. | Immediately it
occurred to Wāxaplalasōʻ to | invite in his tribe when it would be
evening, that they should come and try to surround him that |
60 night. Thus he thought. Almost all his tribesmen had ‖ heard the
cry: "Wip, wip, wip!" | Therefore the Sparrow Society at once arose
and went into the | winter-dance-house of Wāxaplalasōʻ (for this
name was given by the | ancestors of the Kwakiutl to a winter-dance-house. Only lately it was named | the Emptied-House,
instead of Winter-dance-House, because recently they became
65 mixed with the ‖ Rivers Inlet people; and recently the name Winter-dance-House is Coming-out-House; | for the Nāklwaxˑdaʻxᵘ call the
winter-dance-house | Coming-out-House and Ceremonial-House; and

48 kŭlxLElsaxa wĕlkwĕ. Wä, gˑîlʻEmʻlāwisē ʻnāʻnakŭlaxa gaālaxs laē
 Lāxʻwida qaʻs qāsʻidē. Wä, kˑlĕsʻEmʻlāwisē nEqālaxs gˑāxaē lāx
50 ōxᵘsiwaʻyasa ʻwäs ʻwāgˑEla. Wä, âEmʻlāwisē klwāxLalĕsaxa Lâʻsē.
 Laʻmē kˑlĕs q âLElax LātslĕnaʻyAs. Wä, laEmʻlaē ēsEla qa dzāqwĕs
 lagˑilas hē gwēxˑʻidē. Wä, gˑîlʻEmʻlāwisē dzāqwaxs laē qāsʻida
 gˑāgˑäntslēsEla lāxa LlEmaʻisē. Wä, laEmʻlāwisē plEdExˑʻīdExs laē
 lāgˑaa lāx ʻnElkˑlōtsewaʻyasa ʻwäs TslElgwadē. Wä, lāʻlaē hămtslE-
55 gˑaʻla ʻwip ʻwip ʻwipxa hāsEla qa wŭLElēs ōmpasēq.
 Wä, hĕEmʻlāwisē ōmpasē Wāxaplalasōʻwē gˑîl wŭLāxʻaLElaq.
 Wä, hēxˑʻidaEmʻlāwisē gˑīgˑaēxʻēdē Wāxaplalasōʻwē qaʻs hēxˑʻidaʻmēl
 LēltslōdElxēs gˑōkŭlōtē qō läl dzāqwaLō qāʻs wāgˑīl kˑîkˑīlnălalxa
 gānoLa ʻnēnkˑlēqElaʻlaē. Wä, laEmʻlaē hälsElaEm kˑlēs ʻnaxwaEm
60 wŭLElē gˑōkŭlōtasēxa hămtslälä ʻwip ʻwip ʻwipxElä. Wä, hēʻmis
 lāgˑilasa gwēgwätslEmē hēxˑʻidaEm ʻwīʻla Lāxʻwida qaʻs lä lāxa
 yäwixˑElatslē gˑōkwas Wāxaplalasōʻwē (yixs hēʻmaē LēqElayosa
 gˑālāsa Kwāgˑułasa gˑōkwē yäwixˑElatslē yixs älʻmaē LēqElasōʻs
 lōbEkwē lāxa yäwixˑElatslē gˑōkŭxs laē qlŭqlŭlgōxʻwīd LEʻwa Āwī-
65 kˑlēnoxwaxwa älʻmēx. Wä, lāxaōx älʻEm LēgEmōxᵘ gˑāgˑîlēlatslē
 lāxaaxa yäwixˑElatslē yixs hāē LēqElasēda Nāklwaxˑdaʻxwē yis
 gˑāgˑîlēlatslē Lōʻ tslētslēgatslē gˑōkᵘ. Wä, lāxaē ʻnēxˑʻma Kwāgˑulē

the Kwakiutl also call it | Ceremonial-House. I just want to talk | 68
about this). ‖

As soon as the members of the Sparrow Society were all in, | 70
Wāxap!alasō⁽ told them to try to surround him that night, and |
Wāxap!alasō⁽ also told them that he would call his tribe in the |
afternoon. "Now we all will sit down at the place where you wish
that | we sit down, that you may learn all the four songs, ‖ the 75
songs of Nānogwis; that is, ⁽wīlɛnkŭlag·′ĭlis; | for indeed we shall
just now see all the supernatural treasures of my | prince, when he
comes out of the woods." Thus said Waxap!alasō⁽ to the Sparrow
Society. | "He has sung his four songs | to me: therefore I know the
songs ‖ of the great supernatural one who is a hămshămts!ɛs." 80
Thus said Wāxap!alasō⁽ | to the Sparrow Society. As soon as
day came in the morning, | all the members of the Sparrow Society
went home to their houses. They were very | glad on account of
the words of Wāxap!alasō⁽. |

As soon as evening came, a man who was sent by Wāxap!alasō⁽
went ‖ to whisper an invitation to all the men to go to the sitting- 85
place.¹ | (Some men say that the sitting-place has the name |
Song-Leader-Place. Now all the men are never invited twice | for
the meeting; for the men immediately arise | when they are first

---

yĭsōx tslēts!ēgats!ē g·ōkwa. Wä, â⁽mɛn ⁽nēx· qɛn gwägwēx·s⁽älē 68
lāq).

Wä, g·ĭl⁽ɛm⁽lāwisē g·āx ⁽wī⁽la hōgwēlēda gwēgwäts!ɛmē, lāa⁽lasē 70
Wāxap!alasō⁽wē nēlaxs lɛ⁽maē k·ĭk·ĭlnălalxa gānoLē. Wä, laɛm-
xaâwis nēlē Wāxap!alasō⁽waxs lɛ⁽maē Lēlts!ōdɛĭxēs g·ōkŭlōtaxa lāLa
gwäl nɛqälāl: "Wä, la⁽mēsɛns läl ⁽wī⁽la k!wälāl läxēs gwɛ⁽yōLaōs
qɛns k!wälaasL qa⁽s q!āq!ōL!aōs ⁽nāxwaxa mōsgɛmē q!ɛmq!ɛm-
dɛma, yĭx q!ɛmdɛmx·sä⁽yas Nānogwisē lāx ⁽wīlɛnkŭlag·′ĭlisē; 75
qäLaxg·ĭns hē⁽mēk· âlēLɛns ⁽wī⁽la dōx⁽waLɛlaLɛx Lōgwa⁽yasɛn Lä-
wŭlgäma⁽ya qō g·āx⁽wŭlt!aLō," ⁽nēx·⁽laē Wāxap!alasō⁽waxa gwēgwä-
ts!ɛmē. "Wä, la ⁽nāxwaɛm dɛnx⁽ētsa mōsgɛmē q!ɛmq!ɛmdɛms
qaɛn. Wä, hē⁽mēsɛn läg·ila ⁽nāxwa q!ậLɛlax q!ɛmq!ɛmdɛmLas
yĭsa ⁽wälasa Lōgwalaxēs laēna⁽ya hămshămts!ɛsa," ⁽nēx·⁽laē Wäxa- 80
p!alasō⁽waxa gwēgwäts!ɛmē. Wä, g·ĭl⁽ɛm⁽lāwisē ⁽nāx·⁽ĭdxa gaäläxs
laē ⁽wī⁽la nä⁽nakwēda ⁽naxwa gwēgwäts!ɛm läxēs g·ig·ōkwē âlak·!äla
ēk·ēs nēnâqa⁽yē qa wäldɛmas Wāxap!alasō⁽wē.

Wä, g·ĭl⁽ɛm⁽lāwisē dzāxᵘbɛndɛxs laē ⁽yälagɛmas Wāxap!alasō⁽wē
qa⁽s lē ōpala Lē⁽lālaxa ⁽nāxwa bēbɛgwānɛm qa läs lŭxa k!wälaasē. 85
(Wä, la ⁽nēk·ēda waōkwē bɛgwānɛmaqēxs Lēgadaēxa k!wälaasas
nāq!āsē. Wä, la k·!ēs ⁽nɛmp!ɛna malp!ɛnē⁽sta Lē⁽lālasɛ⁽wēda
⁽nāxwa bēbɛgwānɛm qaēda k!wäla, yĭxs â⁽maē hēx·⁽ĭdaɛm LāX⁽ŭli-

---

¹ A place in the woods where the songs are secretly taught. See Report of the U. S. National Museum, 1895, Plate 43.

90 called to go to the sitting-place. ‖ When a man does not go—no
matter whether he is a chief | or one of the common people—nobody
talks about him.) | Then Wāxap!alasō⁽ at once sang the songs |
referred to by ⁽wīlEnkŭlag·ilis, the songs of Nānogwis, | the
hāmshāmts!ɛs, who has the Head-without-Body for his sacred
room. ‖

95 As¹ soon as the song leaders knew the four songs, | they talked
about the one man belonging to the | common people. At once four
men were sent to go and | call him to come to the sitting-place. Then
100 the four | men started, and before long they came back ‖ walking
with the man (the man who told the story to me did not know the
name). | Immediately Wāxap!alasō⁽ asked the chief of the Spar-
rows to speak, | and at once the chief of the Sparrows | asked the
man to sit down, not very near | the place where all the men were
5 seated. Then ‖ the chief of the Sparrows spoke, and said, "Now let
us know | what is more important than to go into the woods to sit
in our sitting-place; | for you know that no chief is too great that he
should not | come here." Thus he said, and took off his head-ring
of cedar-bark and | put it on the ground. "Done," he said, "go on
10 and consider ‖ whether you wish to remain alive. Then you will
take up this red cedar-bark and | give a winter dance next year. If

lēda bɛgwānɛmaxs g·ālaē Lē⁽lālasɛ⁽wa qa⁽s lä läxa k!wālaase. Wä,
90 g·îl⁽mēsē k·!ēs lēda ⁽nɛmōkwē bɛgwānɛmaxa wäx·⁽mē g·īg·āma⁽ya
ʟōxs hāē g·a⁽yōla bɛgŭl⁽īda⁽yē. Wä, k·!eâst!a gwāgwēx·s⁽āla läq.)
Wä, la⁽mē âɛm hēx·⁽idaɛm⁽laē Wāxap!alasō⁽wē dɛnx⁽itsa q!ɛmq!ɛm-
dɛmē, yîx gwē⁽yâs ⁽wīlɛnkŭlag·ilisē q!ɛm!qɛmdɛms Nānogwisē, yîxa
hāmshāmts!ɛsē māwī⁽ladɛsa X·ōsalôłē.

95 Wä, g·îl⁽ɛm⁽lāwisa nēnâgadē ⁽wī⁽la q!ālaxa mōsgɛm q!ɛmq!ɛm-
dɛmxs laē gwāgwēx·s⁽id läxa ⁽nɛmōkwē bɛgwānɛm g·a⁽yôl läxa
bɛgŭl⁽īda⁽yē. Wä, laɛm⁽laē ⁽yālagɛma mōkwē bēbɛgwānɛm qa
lās Lē⁽lālaq qa g·āxēs läxa k!wālaasē. Wä, laɛm⁽lāwisa mōkwē
bēbɛgwānɛm qa yâs⁽ida. Wä, k·!ēs⁽lat!a gālaxs g·axaē aēdaaqa
100 qāqɛlaxa bɛgwānɛmē. (K·!ēs q!ālē ʟēgɛmas, yîsa nōsa qaɛn.)
Wä, hēx·⁽idaɛm⁽lāwisē Wāxap!alasō⁽wē âxk·!ālaxa gwēsɛ-
ma⁽yē qa yäq!ɛnt!ālēs. Wä, hēx·⁽idaɛm⁽lāwisa gwēsɛma⁽yē
âxk·!ālaxa bɛgwānɛmē qa k!wâg·aɛlsēs läxa k·!ēs âlaɛm ʟâla
läx k!ŭts!ɛdzāsasa ⁽nāxwa bēbɛgwānɛma. Wä, lā⁽laē yäq!ɛg·a-
5 ⁽lēda gwēsɛma⁽yē. Wä, lā⁽laē ⁽nēk·a: "Wēg·ax·ɛnu⁽xᵘ q!ālax
āwīlagawa⁽yasɛnuxᵘ g·āxēx ālālɛls k!wāla läxwa k!wālaasēx,
yîxs q!ālɛla⁽maaqōs yîxs k·!eâsaē gŭnt!asa g·īg·îgāma⁽yē qa⁽s k·!ēsē
g·āx läqᵘ," ⁽nēx·⁽laēxs laē āxōdxēs qɛx·ɛma⁽yē ʟ!āgɛkwa qa⁽s
âx⁽ɛlsēq. "Wä." Wä, lā⁽laē ⁽nēk·a: "Wēg·a dōqwalaxēs nâqa⁽yōs
10 qasō ⁽nēx·ʟ qa⁽s q!ŭlaōs, la⁽mēts dāx·⁽īdɛʟɛxg·ada ʟ!āgɛkŭk· qa⁽s
yāwix·⁽īlēʟōsax qwēsɛyɛnxʟa. Wä, qasō k·!ēsʟ dāx·⁽īdɛlqɛk· la⁽mēts

---
¹ The following is an intercalation, explaining part of the procedure of the winter ceremonial.

you do not take it up, you will | die where we are sitting here." 12
Thus he said. Immediately the | man arose from the place where he
was sitting, and took up the red cedar-bark and | hid it in his armpit,
and then he had saved his life; for he had || hidden the red cedar-bark 15
which he was going to put into his box, which was in | his house.
The red cedar-bark was not to be seen again until he would give a
winter dance | the next winter, when he was to invite for a winter
dance. This is called | Begging-for-One's-Life — the taking up of
the red cedar-bark when it is put down on the sitting-place to | be
taken up by the one who disobeys the chief of the Sparrow Society;
for the || chief of the Sparrow Society is the chief of the winter 20
dance. Generally he is | chief, for the chief of the Sparrow Society
has no dance. |

(I will talk for a little while about this. When | the chief the
father of Q!ɛmtq!ādas gave a winter dance, while | Tslōx̣ᵘts!aēs
was still a child — for this was his name in summer — || all those who 25
were to disappear were placed in a row to be seen by all the men |
who had been taken by the supernatural power of the winter dance.
Then | Tslōx̣ᵘts!aēs stood among them on the right-hand side of
those who were to disappear; and | after they had been looked at,
they went into the woods where the whistles sounded. Then |
Tslōx̣ᵘts!aēs went backward; and he was taken by the chief of the
Sparrow Society, || not by the father of Tslōx̣ᵘts!aēs. Then the 30
chief of the Sparrow Society said, | "You will not go, friend Tslōx̣ᵘ-

lɛ‘l lāxɛns k!wālaasēx," ‘nēx·‘laē. Wä, ᴀɛm‘lāwisē hāx·‘ida‘ma 12
bɛgwānɛmē ʟāx·‘ūls lāxēs k!wādzasē qa‘s lē dāx·‘īdxa ʟ!āgɛkwē qa‘s
q!ūlāl‘ēdɛq lāxēs dɛmgūlasē. Wä, la‘mē q!ūlāxanux̣ᵘs qaxs lā‘mē
q!ūlāl‘idxa ʟ!āgɛkwē qa‘s lāl g·its!ōdɛlts lāxēs g·īldasēxa ha‘nēla lāx 15
g·ōkwas. Wä, āl‘ɛmlwisē dōx‘waʟɛlʟa ʟ!āgɛkwaxs lāl yāwix·īlalxa
lāʟa ēt!ēdɛl tslāwūnxa qō lāl yāwix·īlaʟō. Wä, hēɛm ʟēgadɛs
q!ūlāxēxa dāx·‘īdaxa ʟ!āgɛkwaxs g·īg·aɛldzɛmaē lāxa k!wālaasē qa
dāx·‘ītsɛ‘wēsa hāt!ɛlāx wāldɛmasa gwēgwēsɛma‘yē qaxs hē‘maē
g·īgāmēsa tslēts!ɛqaxa gwēgwēsɛma‘yē yīxs hēmɛnala‘maē g·īgāmē 20
bɛgwānɛma, yīxa gwēsɛma‘yē, yīxs k·!ɛāsaē laēnēsa gwēsɛma‘yē.

(Wä qɛns yāwas‘īdē gwāgwēx·s‘āla lāq. Wä, hē‘maaxs laē yāwi-
x·īlē g·īgāma‘yē ōmps Q!ɛmtq!ādaswūla, yīxs hē‘maē ālēs g·īnā-
nɛmē Tslōx̣ᵘts!aēsa qaxs hē‘maē ʟēgɛms lāxa hēɛnxē. Wä, hē‘ma-
axs laē yīpɛmg·alē‘lɛma x·īs‘īdʟē qa dōx‘waʟɛlēsa ‘naxwa bɛgwā- 25
nɛmx lāʟanɛmasa ‘nawalakwasa tslēts!ɛqa. Wä, la‘mē ʟāgelīlē
Tslōx̣ᵘts!aēsa lāx hēlk·!ōdɛnōlɛmalīlasa x·īs‘īdʟē. Wä, g·īl‘mēsē
gwāl dōqwasōxs laē aʟē‘sta lāx hēk·!ālasasa ʟɛx·ɛxsē. Wä, g·īl-
‘mēsē la ɛlxʟa‘yē Tslōx̣ᵘts!aēsa laē dāx·‘ītsɛ‘wa yīsa gwēsɛma‘yē
ōgū‘la lāx ōmpas Tslōx̣ᵘts!aēsa. Wä, la ‘nēk·ēda gwēsɛma‘yē: 30
"K·!ēsʟɛs lāʟōl, qāst, Tslōx̣ᵘts!aēs, g·aɛm ēx·g·īn gwēx·sdɛmk·."

75052—21—35 ᴇᴛʜ ᴘᴛ 2——24

32 ts!aēs. My way is the best." | And he still held him while all the men shouted. | Then the supernatural spirit and all those who had disappeared were frightened away. | And after they had frightened away the supernatural spirit and all those who had disappeared, then
35 the ‖ chief of the Sparrow Society, who was holding Ts!ōx̱ᵘts!aēs spoke, and said; | "Come, give me red cedar-bark to put on the head of my friend here." | Thus he said. Then he was given a head-ring of red cedar-bark and a neck-ring | of red cedar-bark spread open. He spoke, and said, "Go on, | look at him, friends. I put on the
40 head of my friend ‖ what I took away from the supernatural power." Thus he said, and put around the neck the | red cedar-bark, and put the head-ring of red cedar-bark on his head. | As soon as he had done so, he took a rope and put it around his waist as a belt. | Then he took a thin cane and gave it to Ts!ōx̱ᵘts!aēs, | and he said while
45 he gave to him his cane, ‖ "Friend, this is your Sparrow cane, for you will be a great Sparrow, | that you may not be afraid of anything that happens in this winter-dance | house; for now you have a name, since you have a cedar-bark head-ring; and you are a member of the Sparrow Society." Thus he said. | Then he turned his face toward all the men, and said, "O | friends! You will not wish that a
50 winter dance be given ‖ to our friend here — the great one who has red cedar-bark rings and who is a member of the Sparrow Society. | Now do not call him Ts!ōx̱ᵘts!aēs. You shall call | him Q!ɛmt-

---

32 Wä, la dālax̣·sāɛmqēxs laē x̱ăl‘idēda ‘nāx̱wa bēbɛgwānɛm. Wä, la‘mē x̱ałostoyowēda ‘nawalakwē ḻɛ‘wa ‘nāx̱wa la x·ĭs‘ĭda. Wä, g·ĭl- ‘mēsē gwāla x̱ałostōdasa ‘nawalakwē ḻɛ‘wa x·ĭx·ĭs‘ĭdē lāasē ēt!ēd
35 yāq!ɛg·a‘lēda gwēsɛma‘yē yĭxa dālax̱ Ts!ox̱ᵘts!aēsa. Wä, la ‘nēk·a: "Gēlag·a ts!ās ḻ!āgɛkwa g·āxɛn qɛn qɛx·ɛmdēxg·in ‘nɛmōkŭk·," ‘nēx·‘laē. Wä, la ts!āsōsa qɛx·ɛma‘yē ḻ!āgɛkwa ḻɛ‘wa qɛnxawa‘yē ḻ!āgɛkᵘ ḻɛpāla. Wä, la yāq!ɛg·a‘la. Wä, la ‘nēk·a: "Wēg·a dōqwałax hamāłɛl ‘nē‘nɛmōk", la‘mɛn qɛx·ɛmdɛlɛsg·ĭns ‘nɛmōkŭk·
40 lāxg·a lē‘nɛ‘manɛmk· lāx ‘nawalakwa," ‘nēk·ɛxs laē qɛnxōtsa ḻ!āgɛ- kwē lāq. Wä, la qɛx·ɛmdɛq yĭsa qɛx·ɛma‘yē ḻ!āgɛkwa lāq. Wä, g·ĭl‘mēsē gwāła laē ăx·‘ēdxa dɛnɛmē qa‘s qɛnōyōdēs lāq qa wŭ- sēg·anōs. Wä, la ăx·‘ēdxa wĭl‘ɛnē dzōmēg·ała qa‘s ts!ɛ‘wēs lāx Ts!ox̱ᵘts!aēsa. Wä, la ‘nēk·ɛxs laē ts!āsa sek·!aganō dzōmēg·ała.
45 "Wä, qăst·, yōɛms gwēsp!ēqḻōx, yĭxs ‘wālasaaqōs gwēsɛlēsa yĭxs k·!eāsēḻaqos k·ĭlɛmḻōl lāxɛns gwaēlasēx lāxwa ts!etslɛgats!ēx g·ōkwa, yĭxs laaqōs ḻēgadɛs qɛx·ɛmākᵘ gwēsɛlēsa," ‘nēx·‘laē. Wä, la gwēgɛmx·‘ĭd lāxa ‘nāx̱wa bēbɛgwānɛma. Wä, la ‘nēk·a: "Yŭł ha‘māłɛl ‘nē‘nɛmōkᵘ, k·!ēsḻɛs ăwŭlqɛlal qa‘s lāḻōs yāwēnɛmnux̱ᵘ-
50 ḻɛsg·ĭns ‘nɛmōkŭk· lāxg·ada ‘wālasɛk· qɛx·ɛmākᵘ gwēsɛlēsa. Wä, laɛms gwāl ḻēqɛlas Ts!ox̱ᵘts!aēsa lāqɛk·. Wä, laɛms ḻēqɛ-

qîädas." Thus he said. "And when he is an old man, | he shall be 53
chief of the Sparrow Society." Thus he said.) |
As soon as the men took up the red cedar-bark, he ‖ spoke, 55
and said, "O friends! this, our master, | the red cedar-bark,
has come. Now I shall go and put it away into my box, | that
it may help in my purification, until next winter." Thus he said,
as he | went away to hide the red cedar-bark, and put it into
his box in his | house. As soon as he had gone away, the
chief of the Sparrow Society spoke, ‖ and said, "Now we have 60
acted correctly on behalf of our friend; | for he has taken our
master, the red cedar-bark, to make us happy | next winter." Thus
he said. "Now let us talk about | our attempt to surround the
novice this night. Now these are the ones who will wipe the floor
of the house — | the fool dancers, the grizzly-bear dancers, and the
hāmaa — and those next ‖ who are brought back (after their initia- 65
ation), each in his way. And when | they come in, then our beloved
ones (the princesses) shall come in, each according to her way. |
And then the ghost dancer will come — the supernatural one —
when daylight comes in the morning."[1] | Thus he said. |
When he had spoken, they all went out of the woods, and staid ‖
for a short time in their houses. Then they ate quickly, for | it was 70
evening. As soon as it was getting dark, four men were called |

laᴌᴇs Qlᴇmtq!adasē lāq," ᶜnēx·ᶜlaē. Wä, g·îlᶜmēsē la nōmas bᴇ- 52
gwānᴇma laē gwēsᴇmaᶜya, ᶜnēx·ᶜlaē.)
Wä, g·îlᶜᴇmlāwisē dāx·ᶜidēda bᴇgwānᴇmaxa ʟ!āgᴇkwē lāaᶜlasē
yāq!ᴇg·aᶜla. Wä, lāᶜlaē ᶜnēk·a: "Wä, ᶜnēᶜnᴇmōkᵘ, g·āxᶜᴇmg·a āda- 55
g·aᴇnsg·ada ʟ!āgᴇkŭk· qa lālag·îîtsᴇk· g·īg·aaltslÂl lāxᴇn g·îldasa
qᴇn q!ēqᴇlālag·î ʟōkᵘ qaōxda ăpsᴇnxᶜîdʟēx," ᶜnēx·ᶜlaēxs laē
qāsᶜida q!ūlāʟᴇlaxa ʟ!āgᴇkwē qaᶜs lā g·ētslōts lāxēs g·îldasē lāxēs
g·ōkwē. Wä, g·îlᶜᴇmᶜlāwisē la qāsᶜida lāaᶜlasē yāq!ᴇg·aᶜlēda gwēsᴇ-
maᶜyē. Wä, lāᶜlaē ᶜnēk·a: "Laᴇmʟᴇns hēlaxāmasa qaᴇns ᶜnᴇmō- 60
kwa qaxs ʟᴇᶜmaē dāx·ᶜîdxᴇns ādaxa ʟ!āgᴇkwa qaᶜs ĕk·!ēqᴇlāmasʟ
g·āxᴇnsaxs qwēsyᴇnxʟa," ᶜnēx·ᶜlaē. "Wä, laᶜmēsᴇns gwāgwēx·sᶜālal
lāxᴇns k·îk·!lnālaēnēnēʟaxwa gānoʟēx. Wä, hēᶜmᴇns dēg·îlēʟᴇmʟēda
nōᴇn!ᴇmała ʟᴇᶜwa nᴇnānē ʟᴇᶜwa hāmaa. Wä, hēᶜmis māk·!laʟa
kwēkwēxᴇlakwē lāxēs gwēgŭx·sdᴇmē. Wä, g·îlᶜᴇmlwisē ᶜwîᶜlaĆʟ qō 65
g·āxʟᴇns lāᴇlwēnaᶜya ēxᶜᶜᴇmł g·āyaxᴇla! lāxēs gwēgŭx·sdᴇm. Wä,
lāʟē lāʟēlaʟa ʟᴇlōłăłałaxa ᶜnawalakwē, lāʟas ᶜnāᶜnakŭlaʟᴇx gaā-
laʟa," ᶜnēx·ᶜlaē.
Wä, g·îlᶜmēsē gwāłē wāłdᴇmas laē ᶜwîᶜla hōxwŭłt!a qaᶜs lā yāwa-
sᶜîd lāxēs g·īg·ōkwō. Wä, laᶜmē hāłᴇmq!ᴇsᶜēd hāmx·ᶜîda qaxs 70
ʟᴇᶜmāaᴇl dzāqwa. Wä, g·îlᶜᴇmᶜlāwisē p!ᴇdᴇx·stōᶜnakŭlaxs laē ʟēᶜlā-

---
[1] That is to say, the ghost dancer will finally succeed in bringing back the novices.

72 whose hereditary office is to walk and call those who try to surround the novice; for there is | no way that one should go on calling who does not own the privilege. As soon as the | four members of the Sparrow Society came—who walk to invite—Wāxap!alasō‘
75 took ‖ four good cedar-bark blankets, and gave one to each of the members of the Sparrow Society | who went to call. Then he took new flat red cedar-bark, and | gave it to them, and he put the broad cedar-bark around their necks, | and he put the spread red cedar-bark around their heads. As soon as | they had put on the cedar-
80 bark rings, they put on eagle down, ‖ and they blackened their faces with charcoal, and they took a | well-made, shaved, round cedar stick. This is the cane of the Sparrows. | And they all went out of the winter-dance house. | They went to the east end of the village and went into | the house, and they stood inside of the door,
85 and ‖ they spoke. And the one who has the right to speak first began to speak, and said: |

"We shall try to go into the house, shamans. |

"We shall beat time that it may be heard by those who rule the winter dance, shamans. |

"Now sprinkle your body, Ha‘masᴇ‘wēd. |

"Now sprinkle your body, Hämsbē‘. You shall go to wipe the
90 floor, ‖ little Sparrows. Go in while it is daylight, shamans." |

When they had gone to all the houses, they went for a short time into | the winter-dance house. Then the heralds walked again, and

72 lasᴇ‘wē mōkwē k·!ēs‘ōnōkwasa qāsa qaēda k·ĭk·ĭlnälaʟē, yīxs k·!eá-saē gwēx·‘idaas lā qāsaxa k·!ēsē äxnōgwadᴇs. Wä, g·ĭl‘mēsē g·äxēda mōkwē gwēgŭdzaxa qēqasᴇlg·ĭsʟē laa‘lasē Wäxap!alaso‘wē äx·‘ēdxa
75 mōwē ēs‘ᴇk· k·!ōbawas qa‘s ts!ᴇwēsa ‘nāl‘nᴇmē lāxa gwēgŭdzaxēs qēqasᴇlg·ĭsʟē. Wä, lä‘laē äx·‘ēdxa alōmasē ʟᴇpäla ʟ!ägᴇkwa qaxaas ts!ᴇwēs lāq. Wä, laᴇm‘laē qēqᴇnxälaxa äwōdzō ʟ!ägᴇkwa. Wä, lä‘laxaē qēqᴇx·ᴇmälaxa ʟᴇpäla ʟ!ägᴇkwa. Wä, g·ĭl‘mēsē gwäla äx·‘äʟᴇlōdälasēs qēqᴇx·‘ĭla ʟ!ägᴇkwa laē qᴇmx̣·‘wītsa qᴇmx̣wäsa kwē-
80 kwē. Wä, hēᴇm‘läwisa ts!ōĭna laē ts!ōts!ᴇlᴇmda. Wä, lä‘laē äx·‘ēdxa aēk·!aakwē k·!äkᵘ lēx·‘ᴇn k!waxʟä‘wa; wä, hēᴇm gwēsp!ēqsē. Wä, läx·‘da‘xᵘ‘laē ‘wī‘la hōqŭwᴇlsa lāxa yäwīx·ĭ‘lats!ē g·ōkwa. Wä, lä‘laē hēbᴇlsᴇla lāxa ‘nᴇlbālasasa g·ōxᵘdᴇmsē. Wä, lä‘laē hōgwᴇla lāxa g·ōkwē qa‘s lē q!waēl läx lāx äwīʟᴇläsa t!ᴇx·‘ĭla. Wä, la‘mē
85 qäg·a‘lē äxnōgwadäsa g·ĭldzaqwa qa‘yäla. Wä, lä‘laē ‘nēk·a:—

"La‘mᴇns hēnax·alēʟai', pēpᴇxalai'.

"La‘mᴇns wŭläxodʟai' hōʟaxᴇläĭxᴇns q!älaʟᴇlai', pēpᴇxalai'.

"Laᴇms xōsit!ēdʟai Ha‘masᴇ‘wēdai'.

"Laᴇms xōsit!ēdʟai' Hämsbayai', laᴇmʟᴇs dēg·!lēlᴇmʟōĭ gwä-
90 gŭgwēdzᴇma ‘nā‘nᴇmts!äᴇmʟᴇs pēpᴇxalai'."

Wä, g·ĭl‘ᴇm‘läwisē ‘wīlxtolsaxa g·ōkŭläxs laē yäwas‘īd hōgwᴇʟ lāxa yäwix·ĭ‘lats!ē g·ōkwa. Wä, lä‘laē ēt!ēd qāsax·da‘xwēda

went into the houses, | and for a short time they went again
into the winter-dance house. || When they went back to call, they 95
said, "Now we really go back to call;" | for the first two times they
go to call, they only say, | "We go to call." And after they have
finished their speeches, they say, | "Now we really go back to call.
'Wo, wo, wo! get ready, | be ready, when we come to haul you
away, Sparrows, || and you, Sparrow women.'" Thus they said to 200
them. Then they all staid | thus in all the houses. When they
went into all the | houses, they did not go into the winter-dance
house. | Then they just went back to the east end of the village,
and went into the | house and said, "We have come. Now we
really come to call, || 'Wä, wä, wä, arise, arise!'" And at once | the 5
Sparrows and their wives arose, and went into the house in which
the novice was to be surrounded. | They went into all the houses,
and then they went | into the dance-house. They did not stay long.
Then the | four heralds said, "Now we shall go to look for a
face." || Thus they said, and went out of the winter dance-house, and 10
they went straight | to the east end of the village. and went into a
house. | Then they said, "We come to try to see a face;" and when
they found a | man sitting in the house, they asked him to go. They
do not ask the | uninitiated to go too. And they use the same

---

mōkwē qasɛlg·ĭsa. Wä, g·ĭl‘ɛm‘laxaāwisē ‘wīlxtolsaxa g·ōkŭ- 93
lāxs laē ēt!ēd yāwas‘id hōgwēL lāxa yäwix·‘ĭlats!ē g·ōkwa.
Wä, lä‘laē qătsē‘sta. La‘mē ‘nēk·a: "La‘mɛnu‘x̣ᵘ âlax·‘īd qătsē- 95
‘stai'," yĭxs â‘maē ‘nēk·ɛxs g·ālaē qāsa mălp!ɛnē‘sta: "La‘mɛ-
nu‘x̣ᵘ qāsai'." Wä, g·ĭlnaxwaɛm q!ŭlbē ‘nēk·!ēna‘yas: "La‘mɛ-
nu‘x̣ᵘ âlax·‘īd qătsē‘stai'. Wō, wō, wō, xwānal‘īd qa‘s
gwălalaōs qɛnu‘x̣ō g·āxLē âlakᵘ nānēxɛlīlax·da‘xōL gwē-
gŭdzä Lō‘s gwēgŭts!axsɛmä," ‘nēk·ɛq. Wä, laɛm‘laē ‘năxwa hē 200
gwēk·!āla lāxa ‘năxwa g·ig·ōkwa. Wä, g·ĭl‘ɛm‘lāwisē ‘wīlxtolsaxa
g·ōkŭläxs laē k·!ēs la hōgwīL lāxa yäwix·‘t‘lats!ē g·ōkwa. Laɛm‘laē
âɛm xwēlaqa lāxa ‘nɛlbalasasa g·ōx̣ᵘdɛmsē qa‘s lē hōgwīL lāxa
g·ōkwē, qa‘s ‘nēk·ē: "G·āx·‘mɛnu‘x̣ᵘ; la‘mɛnu‘x̣ᵘ âlax·‘īd qătsē‘stai'.
Wä, wä, wä, Lax‘wid, Lax‘wīd." Wä, âla‘mēsē hēx·‘idaɛm q!wāg·ɛ- 5
līēda gwēgŭdza Lɛ‘wis gɛgɛnɛmē, qa‘s lä hōxts!ä lāxa k·ĭk·‘ĭlnɛ‘lats!ē
g·ōkwa. Wä, g·ĭl‘ɛmxaāwisē ‘wīlxtolsaxa g·ig·ōkwaxs laē hōgwīL
lāxa yäwix·‘t‘lats!ē g·ōkwa. Wä, k·!ēst!a gēg·ĭlĭl‘īd lāqēxs laē ‘nēk·ēda
mōkwē qasɛlg·ĭs bēbɛgwānɛma: "La‘mɛnu‘x̣ᵘ lăɬ dādoqŭmăɬ,"
‘nēx·‘laēxs laē hōqŭwɛls lāxa yäwix·‘t‘lats!ē g·ōkwa. Wä, lä‘laē hē- 10
‘nakŭla lāxa ‘nɛlbalasasa g·ōx̣ᵘdɛmsē qa‘s lē hōgwīL lāxa g·ōkwē.
Wä, lä ‘nēk·a: "G·āx·‘mɛnu‘x̣ᵘ dādoqŭmai." Wä, g·ĭl‘mēsē q!āxa
k!waēlē ‘nɛmōkwa laē äxk·!ālaq qa läs. Wä, lä k·!ēs äxk·!ālaxa
bāx̣ŭsē qa läs ōgwaqa. Wä, lä‘laē hēx·sāɛm wăldɛms yĭxs laēLaē

15 speech as they enter ‖ the houses. After they have been to all the houses, they enter | the winter dance-house. Then they tell them that all have come in | whom they have invited. Immediately the speaker of the | winter dance-house arises. He belongs to the old men, the | head of the chief of the Eaters, for this is their Sparrow name.
20 He speaks ‖ and says, "Now come, shamans, come in. Now I shall call | the unitiated to come and witness what we are doing." Thus he says, and | goes out of the door of the dance-house, and he | stands outside. Then he shouts aloud, "Come, uninitiated, | come and witness what we are doing. Look from the door into the house
25 and sit by the door while we are ‖ trying to surround the novice." Thus he says. Then he comes back into the house, and | stands outside of the place where the Sparrows who will sing are seated in the rear of the house | in which the novices are to be surrounded. Then the uninitiated come in | and sit down at the left-hand side inside of the door of the winter dance- | house. Then the Sparrow
30 Society and the uninitiated are inside, ‖ only the hămshămtsǃEs, grizzly-bears, | fool-dancers, wasp-dancers, cruel-dancers have not come in. | Then the speaker of the dance-house speaks again, | and says, "O friends! You are not yet all inside. | Come, now, friends,
35 and go to our friends the great dancers, ‖ that they may come and keep watch over what we are going to do here." Thus he says. |

---

15 lāxa g·ig·ōkwē. Wä, g·îlᵋmēsē ᵋwīlxtolsaxa g·ig·ōkwaxs laē hōgwīL lāxa yäwix·ǃᵋlatsǃē g·ōkwa. Wä, laEmᵋlaē nēlaqēxs lEᵋmaē ᵋwīᵋlaēLēs qāsasEᵋwē. Wä, hēx·ᵋidaEmᵋlāwisē Lāxᵋūlīlē yāyaqǃEntemēlasa yäwix·ǃᵋlatsǃē g·ōkwa, g·āᵋyōl lāxa qǃūlsqǃūlyakwē bēbEgwānEmxa Lāxumaᵋyasa HēmElkᵘ, yīxs hēᵋmaē gwōdzExLāyosē qaᵋs yāqǃEg·aᵋlē.
20 Wä, la ᵋnēk·a: "Wä, gēlag·a, pēpāxăl, g·āxᵋEms ᵋwīᵋlaēLa. LaᵋmēsEn lāl Lēᵋlālalxa bāxūsa qa g·āxēsē x·īitsǃax·īla g·āxEns," ᵋnēx·ᵋlaēxs laē qāsᵋida qaᵋs lä läwEls lāxa tǃExᵋīlāsa yäwix·ǃᵋlatsǃē g·ōkwa qaᵋs lē Lāxᵋūls lāx Lǃāsanāᵋyas. Wä, la hāsEla ᵋnēk·a: "Wä, gēlag·a, bāxūsai', gēlag·a x·īitsǃax·īlax qaᵋs g·āxaōs ᵋnāᵋnElgEmlīl kǃūstālīl lāxg·ada
25 k·ik·īlnElāk·," ᵋnēxᵋlaē. Wä, g·āxᵋlaē xwēlaqa, laēLa qaᵋs lä Lāxᵋūlīl lāxa Lǃāsalīlas kǃūdzēᵋlasasa dEnxElaLē gwēgūdza lāx nEqēwalilasa k·ik·īlnāᵋlatsǃē g·ōkwa. Wä, g·āxᵋlaē hōgwēLElēda bēbaxūsē qaᵋs lä kǃūsᵋālīl lāxa gEmxōtstālīlas āwīLElāsa tǃExᵋīlāsa yäwix·ǃᵋlatsǃē g·ōkwa. Wä, laEmᵋlaē ᵋwīᵋlaēLēda gwēgūtsǃEmō LEᵋwa bēbaxūsē.
30 Wä, lēx·aᵋmē k·ǃēsᵋEm g·āx g·āxēLēda hămshămtsǃEsē LEᵋwa nēnānē LEᵋwa nōEnlEmala LEᵋwa hāmasElalē LEᵋwa hāwāyadalalē. Wä, lāᵋlaē ēdzaqwa yāqǃEg·aᵋlē yāyaqǃEntemēlasa yäwīx·ǃᵋlatsǃē g·ōkwa. Wä, lāᵋlaē ᵋnēk·a: "ᵋya, ᵋnēᵋnEmōkᵘ, k·ǃēsᵋmēg·īns ᵋwīᵋlaēLa. Wä, gēlag·a, ᵋnēᵋnEmōkᵘ qaᵋs laōs lāxEns ᵋnēᵋnEmōxᵘdzäxa lēlaēnēnōkwa
35 qa g·āxlag·isē qǃāqǃalālaxEns gwēgwälag·ǃlīᵋlasLa," ᵋnēx·ᵋlaē. Hēem

Then the four heralds are sent out. The | four heralds go out at 37
once, and it is not long before they come back | each singing his own
sacred song; and when | they all come into the door, they stand in
a row. And as soon as ‖ they have all finished their sacred songs, 40
the chief of the Sparrow heralds | speaks and tells the Sparrows that
those who have been invited are coming, | and also that the song-
keepers shall watch their songs | and their batons so as not to make
a mistake, and also the | children that they shall not cry. Thus they
say, and they walk together ‖ to the rear of the winter dance-house 45
As soon as | they arrive in the rear of the house, the hămshămts!ɛs
come in | and sit down in the rear of the house in the middle. |
After them come the grizzly-bears and sit down at the right-hand
side of the | hămshămts!ɛs. Then come the fool-dancers and sit
down at the ‖ left-hand side of the hămshămts!ɛs. Next come | the 50
cruel-dancers and sit down next to the fool-dancers. Then the |
thunder-bird dancers come and sit down next to the grizzly-bears.
Next come the | hōxᵘhokᵘ and sit down next to the thunder-birds. |
Next come the war-dancers and sit next to the cruel-dancers. When ‖
all the dancers are in — those who are now named the Seals — | the 55
chief of the Sparrow Society arises and tells all the Sparrows that |
now all the dancers have come in and also the Sparrows. | "Now,
shamans, we will do what we came here for, into this winter dance- |

'yālagɛsēda mōkwē qēqasɛlg·ɛs. Wā, hēx·ʻidaɛmʻlāwisē la hōqŭ- 36
wɛlsēda mōkwē qēqasɛlg·ɛsa. Wā, k·!ēsʻlat!a gălaxs g·ăxaē aēda-
aqa ʻnăxwa yēyālaqŭlasēs yēyălaxᵘlɛnē. Wā, g·îlʻɛmʻlāwisē g·ăx
ʻwī'laēl lāx ăwīlɛlăsa t!ɛx·'tlāxs laē yîpɛmg·alīla. Wā, g·îlʻɛmʻlāwisē
ʻnăxwa q!ŭlbē yālaqŭlayâs laē yăq!ɛg·aʻlē gwēsɛmaʻyasa qēqasɛl- 40
g·ɛsē. Wā, laɛmʻlaē nēlaxa gwēgŭdzăqēxs g·ăxʻmaēs lax·dē lēʻlăla-
sɛʻwa. "Wā, hēʻmis qa yăl!ăwisa ʻnăxwa nēnâgadē lāxēs dɛnxɛ-
layō lɛʻwis t!ɛmyayowē qa k·!ēsēs lɛlaqobala. Wā, hēʻmisa qʻîm-
g·inănɛmē qa k·!eâsēs q!wăg·aʻla," ʻnēx·ʻlaēxs laē ʻnɛmāg·îlîl la,
qăsʻida qaʻs lā lāxa ōgwiwalīlasa ts!āgatsʻlē g·ōkwa. Wā, g·îlʻɛm- 45
ʻlāwisē lăg·aa lāxa ōgwiwalīlaxs g·ăxaē g·ăxēla hēhămshămts!ɛsē
qaʻs lā k!ŭsʻālîl lāxa ōgwiwalīlasa g·ōkwē lāx nɛqēwalīlas. Wā,
g·ăxʻlaē măk·tlēda nēnanē qaʻs lā k!ŭsʻālîl lāx hēîk·!ōdnōlɛʻmalīlasa
hēhămshămts!ɛsē. Wā, g·ăxʻlaēda nōɛn!ɛmala qaʻs lā k!ŭsʻălîl lāx
gɛmxanōlɛmaʻlīlasa hēhămshămts!ɛsē. Wā, g·ăxʻlaē mak·tlēda hă- 50
wāyadalalē qaʻs lā k!wăbalīlaxa nōɛn!ɛmala. Wā, g·ăxʻlaēda kwē-
kŭkŭnxŭlalē qaʻs lā k!wăbalīlaxa nēnanē. Wā, g·ăxʻlaē măk·tlēda
hēhōxᵘhokwē qaʻs lā k!wăbalīlaxa kwēkŭkŭnxŭlalē. Wā, g·ăxʻlaē
măk·tlēda hăwīnalal qaʻs lā k!wăbalīlaxa hăwāyadalalē. Wā, g·îl-
ʻmēsē ʻwīʻlaēlēda ʻnăxwa lēlaēnokwaxa la lēqɛlasōʻs mēɛmgwat laē 55
lax·ʻŭlīlēda gwēsɛmaʻyē. Wā, laʻmēs nēlaxa ʻnăxwa gwēgŭdzaqēxs
lɛʻmaē ʻwīʻlaēlēda ʻnăxwa lēlaēnokwa lɛʻwa gwēgŭdza. "Wā, la-
ʻmēsɛns q!āgɛmg·alīl, pēpăxăl, lāxɛns g·ăxēla ʻwīʻlaēlɛla lāxwa ts!ā-

house." Thus he says. Then the fool-dancer cries, "wEē!" and
60 at once the song-dancers begin the song of the fool-dancer. As
soon | as the song is at an end, he becomes quiet. Then the | fool-
dancers become excited, one after another, and each one has a song; |
and this is called by the men of olden times "Wiping-the-Floor-of-
the-Dance House;" namely, | the fool-dancers and the grizzly-bear
65 dancers. Therefore the fool-dancers go first, ‖ for they belong to
the kwēxElak^u, which is called by the people of olden times | "half-
initiated-winter-dancers," who only sit in the house when they disap-
pear in the kwēxElak^u house, | for they are not taken away by the
spirits when they come to take them | into the woods. This is called
by the people of olden times "driving away." Those who are
caught in the | bay of Fort Rupert are the hămshămts!Es, q!ămĭnâgăs,
70 tōx^ɛwid, ‖ grizzly-bear, thunder-bird dancer, and the others. This |
has the name "Driving-away;" and these really disappear in the
woods. And this | is called the "fully-initiated-winter-dance."
And those who have the name "half-initiated-winter-dancers," |
the kwēxElak^u, they are the ones who wipe the floor — the fool-
dancers and the grizzly-dancer and the | floor-cleaning-woman — for
75 when all the fool-dancers come in, they are not ‖ dressed with the red
cedar-bark like the hāmats!a, q!ămĭnâgăs, tōx^ɛwid, and the others |
in the half-initiated-winter-dance, for they all belong to the Sparrow
Society. As soon as | the fool-dancers come in, the kwēxElak^u |

---

gatslēx g·ōkwa," ^ɛnēx·^ɛlaē, laa^ɛlasē wEēxăda nōlEmała. Wä, hēx·-
60 ^ɛidaEm^ɛlāwisa nĕnâgadē dEnx^ɛīts q!Emdsmasa nōlEmała. Wä, g·īl-
^ɛmēsē q!ŭlbē q!EmdEmas laē yăl^ɛida. Wä, laEm ^ɛnăl^ɛnEmōk!umk·a
xwāsēda nōlEmała. Wä, lāxaē ^ɛnăl^ɛnEmsgEmē q!EmdEmas. Wä,
hēEm g·wE^ɛyâsa g·ālē bEgwānEm dēg·tlēlEmxa ts!āgats!ē g·ōkwaxa nō-
EnlEmała LE^ɛwa nEnq!ōlEla. Hēd lāg·ilas hē g·ālag·iwa^ɛya nōEnlEma-
65 ła yīxs hāē ăxnōgwatsēxa kwēxElakwēxa gwE^ɛyâsa g·ālē bEgwānEm
wīx·sâs ts!ēts!ēqaxa âEm ăwāg·ilīlEla x·īsăla lāxa kwēxălats!ē g·ōkwa,
yīxs k·lēsaē ăx^ɛētsō^ɛsa hayalīlagasē qa^ɛs lā layō lāxa haEyalīlagasasa
āL!ēxa gwE^ɛyâsa g·ālē bEgwānEm xElkwaxa la k·Emyasō^ɛ lāxa
ōxLalisas Tsăxisēxa hāmats!a LE^ɛwa q!ămĭnâgăs LE^ɛwa tōx^ɛwidē
70 (LE^ɛwa) nānē LE^ɛwa kŭkŭnx̣ŭlalē LE^ɛwis waōkwē. Wä, hēEm
Lēgadɛs xElkwē, hä^ɛstaEm ălak·!āla la x·īsăla lāxa āL!ē. Wä, hēEm
Lēgadɛs lāx·sâsē ts!ēts!eqa. Wä, la Lēgadɛs wīx·sâs ts!ēts!ēqaxa
kwēxElakwēxa la dēg·tlēlEmaxa nōEnlEmała LE^ɛwa nEnq!ōlEla, LE^ɛwa
ēkŭlēlEmxa ts!ēdaqaxs laē ^ɛwī^ɛlaēlēda nōlEmała, yīxs k·lēasaē q!wā-
75 lEnx^usa hāmats!a LE^ɛwa q!ămĭnâgăs LE^ɛwa tōx^ɛwidē LE^ɛwa waōkwē
lāxa wīx·sâsē ts!ēts!ēqa qaxs â^ɛmaē la ^ɛnăxwa gwēgŭdza. Wä, g·īl-
^ɛmēsē ^ɛwī^ɛlaēlēda nōEnlEmała laas L!āyō yīx^ɛwidēda kwēxElakwē

women dance in their turn, the nānaqawalił hāmats!a, and the hāyālik·ɛlał. | The words of the song of the ‖ nānaqawalił hāmats!a 80 and of the hāyālik·ɛlał are different from the words of the full-initiated-winter-dance, | for the women who disappear only stay in the rear of the kwēxɛlak" house. | As soon as the floor-cleaning-woman comes in, the speaker | of the ceremonial of the surrounding of the novice — the head speaker, who is like Hōʟelid — speaks (that is | what you have seen at Fort Rupert), and says, "Now, ‖ those 85 who wipe the floor have come in, and those who clean the floor. Now let us go to the end, friends. | Now I shall speak as a herald. Come now!" Thus he says, and | calls two Head-Sparrows. As soon as the two | Sparrow men come, the speaker of the winter dance-house says, | "Come to our friend Hāmasɛwid. Did she not sprinkle herself to ‖ come and dance at her dancing-place here?" 90 Thus he says, and sends the two | old Sparrow men to swing the rattles inside of the door of the | house for surrounding the novice; and when the | two Sparrow men go out, two old men — the two door-keepers — | each holds a round rattle, and ‖ stands on the inside 95 of the door; and it is not | long before the two Sparrow men come in. They stand | inside of the door; and one of them speaks, and | says, "The good one, our friend, is coming." Thus they say, and go to | stand in the rear of the house. Then the two men with the

---

ts!ēdaqaxa nānaqawalīlē hāmats!a ʟɛ'wa hāyālik·ɛlał. Wä, lä 78 ōgŭqāla'mē qāqɛ'yāsas q!ɛmdɛmas lax qāqɛ'yasas q!ɛmdɛmasa nānaqawalīlē hāmats!a ʟɛ'wa hāyālik·ɛlałasa lāx·sāsē ts!ēts!ēqa 80 qaxs ā'maē ŭwāg·t!īłɛla x·'ɪsāła łāxa kwēxɛ'lats!ē g·ōkwa ts!ɛdāqē. Wä, g·îl'mēsē 'wī'laēʟēda ēkŭlēlɛmē ts!ēdaqa laas yāq!ɛg·a'lē yāyaq!ɛntɛmēłasa k·īk·īlnāłaxa gwēsɛma'yēxa hē gwēx·s Hōʟelidē (xēs dōgŭlōs łāxg·a Tsāxēsɛk·). Wä, lä 'nēk·a: "Lā'mē 'wī'laēʟɛns dēg·īlēlɛma ʟɛ'wa ēkŭlēlɛma. Wä, la'mēsɛns nɛxbāg·alīlai', 'nē'nɛ- 85 mokwai'. Wä, la'mēsɛn qāg·aʟ. Wä, gēlag·a," 'nēk·ɛxs laē ʟɛx·'ēdxa ma'lōkwē gwēgwāts!ɛma. Wä, g·îl'mēsē g·āxēda ma'lōkwē gwēgwāts!ɛma. Wä, lä 'nēk·ē yāyaq!ɛntɛmēłasa ts!āgats!ē g·ōkwa: "Hāg·a laxɛns 'nɛmōkwa Hāmasɛwidä. K·lēsaē xōs'idɛkwa qa g·āxēsē yīx'wīda łāxg·as yī'wē'łasɛk·," 'nēk·ɛxs laē 'yāłaxsa ma'lō- 90 kwē q!ŭłsq!ŭl'yak" gwēgŭdza qa yayatemīł lāx āwīʟɛłās t!ɛx·īłasa k·īk·īlnā'łats!ē g·ōkwa. Wä, g·îl'mēsē la hōqŭwɛlsēda ma'lōkwē gwēgwāts!ɛm laas qās'idēda ma'lōkwē t!āt!ɛx·īłax·sēła ma'lōk" q!ŭłsq!ŭl'yak" gwēgŭdza q!wāłxɛwŭnkŭlaxa łōɛłxsɛmē yēyādɛna qa's lä q!wāg·alīł lax 'wāx·sanēxstālīłasa āwīʟɛłāsa t!ɛx·īła. Wä, k·!ēst!a 95 gāłaxs g·āxaē hōgwīʟēda ma'lōkwē gwāts!ɛm. Wä, lä q!wāg·alīł lāx āwīʟɛłāsa t!ɛx·īła. Wä, la yāq!ɛg·a'łēda 'nɛmōkwē. Wä, lä 'nēk·a: "G·āxk·as'ōɛmg·îns 'nɛmōkŭk·," 'nēk·ɛxs laē qās'ida qa's lä q!wāg·alīł laxa ōgwiwalīłasa g·ōkwē. Wä, lä yat!ēdēda ma'lōkwē

300 rattles ‖ rattle near the door, and immediately the song-keepers beat time | on their boards. Then Hāmasɛwid comes in with fast steps, | going to the rear; and when she comes to the dancing-place in the | rear of the house, the song-keepers sing their songs. As soon as her song is | at an end, the song-keepers beat time on their
5 boards, ‖ and immediately she who has been dancing goes with fast steps out of the | door; and when she has gone out, two | heralds— Sparrow men — are sent again to go and call the next one to | dance. And they do the same that they have done with the next one before; | and when one after another of the dancers has danced, the two ‖
10 heralds are sent to go and call a woman who really dances well. They call her name.[1] The woman had | the name Q!āyaxstālas. She was a good dancer. | This is done by the Gwêtɛla in the ceremonial of surrounding the novice. Now | she was called, because the dance of Q!āyaxstālas was the hămshămtslɛs, and it was not |
15 long before the two heralds came in. They stood ‖ inside of the door, and one of them spoke, and | said, "Our good friend is coming. She is really clean." | Thus he said. Then the other one also spoke, and said, | "O shamans! Don't believe what my friend says. | Q!āyaxstālas does not agree to come and dance, for she is tired. |
20 She has been digging ‖ clams this evening." Thus he said, and went with his friend | to stand in the rear of the house. Then there was

300 yāyatemiłē lāxa t!ɛx·'ila. Wä, hɛx·'ida'mēsa nɛnâgadē Lɛxɛdzōdaxēs t!ɛmēdzō. Wä, g·āxē g·āxēLē Hāmasɛwidē qa's lä tsaxāla lālaa lāxa ōgwīwalīlē. Wä, g·ïl'mēsē läg·aa lāxa yɛ'wē'lasa ōgwiwalīlē laē dɛnx'idēda nɛnâgadās q!ɛmdɛmas. Wä, g·ïl'mēsē q!ülbē q!ɛmdɛmas laē Lɛxdzōdēda nɛnâgadāxēs t!ɛmēdzō. Wä,
5 hɛx·'ida'mēsē la tsaxālaxa yixwax·dē ts!ɛdāqa qa's lä lāwɛls lāxa t!ɛx·'ila. Wä, g·ïl'mēsē lāwɛlsa laē ēt!ēd 'yālagɛmēda ma'lōk" qāsɛlg·is gwēgüdza qa's lä ēt!ēd Lē'lālaxa mak·'ilaLaxa g·ïlx·dē g·āx yïxwa. Wä, â'mēse la naqɛmg·ïltɛwē gwayī'lālasē qaēs mäk·'ilasē. Wä, g·ïl'mēsē g·ēk·!ōlt!ɛndaxa yïxwa, laē 'yālagɛmēda ma'lōkwē
10 qāsɛlg·isa qa's lä Lē'lālaxa ālä la yi'wēnox" ts!ɛdāqa, yixs Lɛxlēda-'maax Lēgɛmasa ts!ɛdāqē yixs Lēgadaas Q!āyaxstālasēxa yi'wēnoxwē ts!ɛdāq. Hē gwēg·ilayâsa Gwētɛla lāxa k·ïk·'ilnāla. Wä, la'mē Lē'lālasɛ'wa yixs hămshămts!ɛsaē lēdä Q!āyaxstālasē. Wä, k·ēst!ē gälāxs g·āxaē g·āxēLēda ma'lōkwē qāsɛlg·isa. Wä, lä q!wäg·a'lila
15 lāx äwīLēlasa t!ɛx·'ila. Wä, lä yāq!ɛg·a'lēda 'nɛmōkwē. Wä, lä 'nēk·a: "G·āxk·as'ōɛmg·ïns 'nɛmōkük·. Laɛmk· âlak·!āla kwākwa," 'nēk·ē. Wä, lä ōgwaqa yāq!ɛg·a'lēda 'nɛmōkwē. Wä, lä 'nēk·a: "'ya, pēpɛxālai', gwāla ōq!üaxg·a wäldɛmg·asg·ɛn 'nɛmōkük· wīlaqwē sɛx"ts!a g·āx yixwē Q!āyaxstālasa qaxs qɛlk·aax dzēk·aaxa
20 g·āwēq!ānɛmaxwa dzāqwax," 'nēx·'laēxs laē qās'ida Lɛ'wis 'nɛmōkwē qa's lä q!wäg·alił lāxa ōgwiwalīłasa g·ōkwē. Wä, lä 'wip 'wip

---

[1] The preceding and following passages evidently describe a particular ceremony, hence the change in tense.

the cry, "Wip, wip, | wip!" at the door of the house. And the 22
two men with the rattles at once rattled at the same time, | and at
once the song-leaders beat time on the | beating-board. Then the
hămshămsts!ɛs came with fast steps and went to the ‖ dancing- 25
place in the rear of the house. Four songs were sung | by the song-
leaders on behalf of Q!āyaxstālas; and as soon as the last song was at
an end, | Q!āyaxstālas stood still; and the speaker of the house
spoke, | and said, "O friends! Look | at your minds! Nobody
can overcome our great friend. ‖ Now I shall look for a shaman who is 30
really a full-initiate to go and listen | for the one for whom we are
dancing." Then he called a shaman to be Listener, | for that is the
name of the one who had been called; and as soon as the speaker of
the house ended his | speech, the shaman went out of the house. | He
spoke, and said, "I am Quick-Spark," ‖ (for he pretended to be 35
Mouse-Woman in the story). "Now I will go around | our world,
looking for what we came in this winter dance-house." | Thus he
said, and turned around to the right in the rear of the house |
and went to the door, and there he turned again to the right; and |
then he went out of the door. Now Q!āyaxstālas was dancing ‖ standing 40
in the dancing-place in the rear of the house. It was not long |
before the Listener came in and stood inside of the door | and said,
"Keep still, keep still, shamans, and listen | to me! I have been

ʻwīpxā lāxa t!ɛxʻīla. Wä, hēxʻʻidaʻmēsē ʻnɛmāxʻdē yat!ēdēda maʻlō- 22
kwē yāyatɛmił. Wä, lä hēxʻʻidaʻmēda nēnâgadē Lɛxdzōdaxa
t!ɛmēdzō. Wä, gʻāxaasa hămshămts!ɛsē tsaxāla qaʻs lä lāxa yiʻwē-
ʻlasē lāxa ōgwiwalīlē. Wä, lāda mōegɛm q!ɛmq!ɛmdɛmē dɛnxʻida- 25
yâsa nēnâgadē qa Q!āyaxstālasē. Wä, gʻīlʻmēsē q!ûlbēda ɛlxʟaʻyē
q!ɛmdɛms laē Q!āyaxstālasē ʟāx̣ʻûlīla. Wä, lä yāq!ɛgʻaʻlē yāya-
q!ɛntɛmēłasa gʻōkwē. Wä, lä ʻnēkʻa: "ʻya, ʻnēʻnɛmōkᵘ, wēgʻa dō-
qwałaxēs nēnâqayōs qaxs kʻleâsaē la hāyāqaxgʻins ʻnɛmōx̣ᵘdzēkʻ.
Wä, laʻmēsɛn dōxʻwidʟɛx âlâkʻ!alâ laxʻsâ pɛxāla qa lâlagʻiłtsē hōʟē- 30
laxɛns sēsɛnatɛlagʻīlīla." Wä, lä ʟēʻlâlaxa pɛxāla qaʻs Hōʟaq!ɛsa
qaxs hēʻmaē ʟēgɛmsa la lēłwûlt!alēlɛms. Wä, gʻīlʻmēsē q!ûlbē
wāldɛmasa yāyaq!ɛntɛmīl gʻāxas gʻâxʻwûlt!alilēda pɛxāla. Wä, lä
yāq!ɛgʻaʻla. Wä, lä ʻnēkʻa: "Nōgwaɛm Hēłts!ax ănōbexʻidē"
(qaxs hēbōlaē Hâlamâlaga lāxa nūyamē). "Wä, laʻmēsɛn lâl lâʻsta- 35
līsɛlałxɛns ʻnâlax âlāx laasasɛns gʻāxēla lāxwa ts!āgats!ēx gʻōkwa,"
ʻnēkʻɛxs laē xʻīlp!ēd hēlkʻ!ɛwēʻsta lāxa ōgwiwalīlē. Wä, lä qâsʻida
qaʻs lä lāxa t!ɛxʻīla qaʻs ēt!ēdē xʻīlp!ēd hēlkʻ!ɛwēʻsta. Wä, lä
lāwɛls lāxa t!ɛxʻīla. Wä, âxʻsâʻmēsa yix̣waxʻdē yix Q!āyaxstālasē
ʟāʻwīl lāxēs yɛʻwēʻlasa ōgwiwalīlasa gʻōkwē. Wä, kʻ!ēst!a gālaxs 40
gʻāxaē gʻāxēʟē Hōʟaq!ɛsē qaʻs ʟāx̣ʻûlīłē lāx ăwīlɛlāsa t!ɛxʻīla.
Wä, lä ʻnēkʻa: "Wä, ts!ɛmōt!ēd ts!ɛmōt!ēd, pēpɛxăl, qaʻs hōʟēlaōs
gʻāxɛn. Laɛmxʻdɛn lāʻstalēsxɛns ʻnâlax. Laʻmēsɛn sâbɛnatoxa

all around our world, and I have learned | his different cries."
45 Thus he said, and went to the ‖ rear of the house. Then the speaker of the dancing-house spoke, | and said, "I think that the supernatural power is already | approaching, for the dance of Qḷāyaxstālas can not be excelled; | for the supernatural power has come and has been heard by Listener." Thus he said. | Then the song-leaders
50 beat fast time on the beating-board, and ‖ Qḷāyaxstālas went out of the door with fast steps. They continued doing this. | And when almost all the women dancers were in the house, then two | listeners brought the supernatural power, the ghost-dancer. | And after she had danced, the supernatural power whistled at the place where those who had disappeared are called. | That place is called Super-
55 natural-Power-Place. After ‖ the ghost-dancer finished dancing, the two Listeners were sent out. They | went out of the house and listened for the supernatural power, which was making a sound. | At once they went out; and they just showed their faces outside of the | door, when they heard the supernatural power sounding like
60 whistles. | Then they came back and stood inside of the door, ‖ and one of them said, "Now we have obtained it, shamans, for we | have really heard the supernatural power." Then | all the Sparrows went out, but | the hămshămtsḷes, the grizzly-bears, the tōx̣ʻwid, | the hăwīnalal, and the thunder-bird, and the hāmaa, did not go out. ‖

ōgŭqḷālā lāxēs gwēkʻḷālasa," ʻnēkʻexs gʻāxaē qāsʻida qaʻs lā lāxa
45 ōgwiwalilasa gʻōkwē. Wä, lä yāqḷegʻaʻlō yāyaqḷentemēlasa tsḷāgats.lē. Wä, lä ʻnēkʻa: "GwălElaʻmēgʻin ʻnēkʻex ʻnawalakwa laem gʻāx ēxʻăla laēLagʻa la hēyaqḷēmagʻins yĭx̣wakʻ lāxgʻa Qḷāyaxstālasek qaxs hēʻmaē ʻnawalakwē gʻāxa wūḷeltsens Hōḷaqḷesēx," ʻnēxʻḷaē. Wä, laʻmē Lēxdzodēda nēnăgadāxēs tḷemēdzō. Wä, laʻmē tsaxālē
50 Qḷāyaxstālasaxs laē lāwelsa lāxa tḷexʻila. Wä, lä hēxʻsäem gwēgʻila. Wä, gʻīlʻmēsē elāq ʻwīʻlaēlēda yĭx̣wa tsḷēdaqa laē maʻlōkwa hōḷaqḷesē. Wä, hēʻmis la lăLelaxa ʻnawalakwa leḷōlălalē. Wä, gʻīlʻmē gwăl yĭx̣waxs laē hēkʻḷegʻaʻlōda ʻnawalakwē lāxa kʻĭmʻyaasaxa xʻĭxʻesăla. Wä, hēem ḷēgades ʻnawalakḷwās. Wä, gʻīlʻem gwăl
55 yĭx̣wēda lelōlălalē laē ʻyălagemēda maʻlōkwē hōḷaqḷesa qaʻs lē hōqŭwels lāxa gʻōkwē qaʻs lē hōlēlaxa ʻnawalakwa hēkʻḷāla. Wä, hēxʻʻidaʻmēsē laxʻdaʻx̣ᵘ hōqŭwelsa. Wä, ăʻmisē nēlemxʻʻid lāxa tḷexʻtlāxs laē wūḷāxʻaLelaxa ʻnawalakwaxs lēʻmaē hēkʻḷālaxa Lexʻexsē. Wä, gʻāxdaʻx̣wē x̣wēlaqa qaʻs qḷwāgʻalīlē lāx ăwīleläsa tḷe-
60 xʻĭla. Wä, lä ʻnēkʻēda ʻnemōkwē: "Laʻmens lăla, pēpex̣ăl, qaxgʻanuʻx̣ᵘ laʻmēkʻ ăla wūḷāxʻaLelax ʻnawalakwa." Wä, hēxʻʻidaʻmēsē ʻwīʻla la hōqŭwelsēda gwēgŭdza. Wä, lä kʻlēs ōgwaqaem la hōqŭwelsēda hămshămtsḷesē ḷeʻwa nēnānē ḷeʻwa tōx̣ʻwidē ḷeʻwa hăwīnalalē ḷeʻwa kŭkŭnx̣ūlalē ḷeʻwa hāmaa. Wä,

But all the fool-dancers went out and the grizzly-bear dancers 65
together with the Sparrow Society, for they are not allowed to see
the | painters who paint the sacred room — the Head-without-Body—
and those who prepare the | supernatural treasure of the tōx̣ᵋwid.
Therefore they all went out together with the | fool-dancers, the
nānaqawalīl, and the nōlEmēᵋsta, and also the ‖ grizzly-bear dancer,— 70
for all these belonged with the half-initiates, the kwēxElakᵘ. Then |
the sacred room was quickly painted before daylight came in the
morning, | and it was put up; and as soon as it was finished, they
waited for | daylight; and when it was broad daylight in the morning, |
four members of the Sparrow Society were called; and when they
came in, ‖ they quickly painted their faces with charcoal and after 75
this had been done, they | put eagle-down on to them; and they
always had belts around their waists. | And they kept together
always with their Sparrow canes. | As soon as this was done, they
went out of the door of the winter dance- | house. They entered
all the houses and called ‖ all the hāmshāmtsǃEs, grizzly-bears, 80
tōx̣ᵋwid, | hāwīnalal, and thunder-bird dancers, and also the
hāmaa; | for they all had gone out for a while to eat in their | houses.
Then the heralds said, "We are walking | to capture the super-
natural power." Thus they said when they named the various ‖
dancers of those who owned dances, and also the members of the 85

---

hēᵋmisʟāl la ᵋwīᵋla hōqūwElsēda nōEnlEmala ʟEᵋwa nEnqǃōlEla 65
ᵋnEmāx·ᵋid ʟEᵋwa gwēgūdza, qaxs k·ǃēsaē hēlqǃōlEm dōqūlaxa
k·ǃāk·ǃEtǃēnoxwaxs laē k·ǃātaxa mawīlēxa xEqwalōlē ʟEᵋwa g·ītāxa
ʟōgwaᵋyasa tōx̣ᵋwidē, yīxs hēᵋmaē la hōqūwEls nEmāx·ᵋīd ʟEᵋwa
nōEnlEmalaxa nānaqawalīlē ʟEᵋwa nōlEmēᵋsta; wā, hēᵋmisʟēda
nEnqǃōlEla, qaxs hāᵋstaᵋmaē g·aᵋyōl lāxa wix·sāxa kwēxElakwē. Wā, 70
laEm hāᵋnakwēla k·ǃātasEᵋwēda mawilaxs k·ǃēsᵋmaē ᵋnāx·ᵋidaxa gaāla
qaᵋs āx·ᵋālēlEmē. Wā, g·īlᵋmēsē gwāla laē ÂEm ᵋnāxwa ēsEla qa
ᵋnāx·ᵋidēs. Wā, g·īlᵋmēsē qǃūlāla ᵋnāx·ᵋidxa gaālāxs laē ētǃēd Lē-
ᵋlālasEᵋwēda mōkwē gwēgwātsǃEma. Wā, g·īlᵋmēsē g·āx hōgwiLa laē
hānax̣ᵋwid tsǃōtsǃElEmtsa tsǃōlna. Wā, g·īlᵋmēsē gwāla laē qEmx̣- 75
ᵋwitsa qEmx̣wāsa kwēkwē laxēs hēmEnālaᵋmaē wūsēg·Ekwasēs wū-
sēg·anō. Wā, lā hēmEnalaEm qǃapǃēx·sā ʟEᵋwis gwēgwaspǃeqē. Wā,
g·īlᵋmēsē gwāla laē qās·ᵋida qaᵋs lā hōqūwEls lāxa tǃEx·ᵋlāsa tsǃāgatsǃē
g·ōkwa. Wā, laᵋmē lāLǃEsEla lāxa ᵋnāx̣wa g·ig·ōkwa qaᵋs Lēᵋlālēxa
ᵋnāx̣wa hāmshāmtsǃEsa ʟEᵋwa nēnānē ʟEᵋwa tōx̣ᵋwid ʟEᵋwa 80
hāwīnalal ʟEᵋwa kwēkūkūnx̣ūlalē; wā, hēᵋmisʟēda hāmaa
qaxs lEᵋmaē yāwasᵋīd ᵋwīᵋla hōqūwEls qaᵋs lā hāmx·ᵋīd lāxēs
g·ig·ōkwē. Wā, laᵋmē ᵋnēk·ēda qēqasElg·ᵋīsē: "LaᵋmEnuᵋx̣ᵘ qāsai'
qaEns k·ᵋīmyaēnēLaxa ᵋnawalakwē," ᵋnēk·ᵋExs laē ʟēʟEqElax alᵋōgūla
lēlādEsa lēlaēnēnukwē ʟEᵋwa gwēgūdza. "Wā, laᵋmēts lāl lēxExsē- 85

86 Sparrow Society. "Now you will go and beat | the house-boards, you half-initiates, for those who will be met with dances are our people who are going to be caught, the supernatural ones." | Thus said one of the heralds. As soon as the speech was at an end, | the three others said together, "Arise quickly!" | They entered first the house at the lower end of the village, and they came 90 toward the ‖ upper end of the village, going toward the winter dance-house. | Immediately all the Sparrows and those who own dances came in, | and entered the winter dance-house. When | they had all come in, the members of the Sparrow Society, of the half-initiates, | the fool-dancers, the bear-dancers, and the nānaqawalił, 95 and the nōłEmē⁽sta came in, ‖ and sat down at the right-hand side inside of the door of the winter-dance | house. As soon as all those who owned dances—the half-initiates and the Sparrow Society—were in, | the speaker of the winter-dance house spoke, and | said to the full-initiates, "Now, shamans, put eagle-down on yourselves, | you full-initiates, for we will go to catch our great friend." Thus he 400 said. ‖ "Now, you full-initiates, Sparrow women, you will meet him dancing. You | half-initiates, Sparrows and Sparrow women, you shall beat the house-boards," | thus he said, and all the Sparrows, and all the dance owners | arose and went out of the door of the dancing-house. |

5 (They never did as modern people are doing. ‖ The tōx̣⁽wid and the thunder-bird dancers each sing one at a time their sacred songs |

---

86 g·iłōł, wēwix·sâ qa yāya⁽wałaLaxEns k·imyasōłaxa ⁽nawalakwē,'' ⁽nēk·ēda ⁽nEmōkwē łāxa qasElg·īsē. Wä, g·ił⁽mēsē qǃúlbē wäłdEmas laē ⁽nEmādzaqwa, ⁽nēk·ēda yūdukwē waōx̣ᵘs: "Hālag·iłīLEsai'," yīxs hāē g·īl laēLa gwābalasasa g·ōx̣ᵘdEmsē. Wä, lā gwāsōłEla łāxa 90 ⁽nEłbalasasa g·ōx̣ᵘdEmsē łālaa łāxa ts!āgats!ē g·ōkwa. Wä, lā⁽laē âEm hēx·⁽idaEm ⁽wī⁽la g·āxēda gwēgŭdza LE⁽wa ⁽nāxwa lēlaēnokᵘ qa⁽s g·āxē ⁽wī⁽la hōgwēLa łāxa ts!āgats!ē g·ōkwa. Wä, g·ił⁽Em⁽lāwisē g·āx ⁽wī⁽laēLa g·āxaas hōgwēLēda gwēgŭdzāsa wīx·sâ LE⁽wa nōEnłEmała LE⁽wa nEnq!ōłEla LE⁽wa nānaqawalīłē LE⁽wa nōłEmē⁽sta 95 qa⁽s lā k!ūs⁽ālīł łāxa hēłk·!ōtstālīłasa âwīLEłāsa t!Ex·⁽īłāsa ts!āgats!ē g·ōkwa. Wä, g·ił⁽mēsē ⁽wī⁽laēLē lēlaēnokwasa wīx·sâ LE⁽wis gwēgŭdza laa⁽łasē yāq!Eg·a⁽łē yāyaq!Entemīłasa ts!āgats!ē g·ōkwa. Wä, lā⁽laē ⁽nēk·a łāxa łāx·sâ: "LaEms k·imx̣⁽widLōł, pēpExāl, yūLaxs łāx·sâêx qEns lālag·īł k·imyałxEns ⁽nEmōx̣ᵘdzā,'' ⁽nēx·⁽laē. "Wä, 400 la⁽mēsLEs yāya⁽wāłaLōł, lēlax·sâ, gwēgŭgŭts!axsEm. Wä, lāłEs LēxExsēg·ēLōł, wēwix·sâ gwēgŭdza LE⁽wōs gwēgŭgŭts!axsEmx,'' ⁽nēx·⁽laēxs laē ⁽wī⁽la q!wāg·īłīłēda gwēgŭdza LE⁽wa ⁽nāxwa lēlaēnokwa qa⁽s lā hōqŭwEłs łāxa t!Ex·⁽īłāsa ts!āgats!ē.

(Wä, la⁽mē hēwāxa hē gwēg·iłōx lax gwēg·iłatsa âłēx bEgwānEmxs 5 ⁽nāł⁽nEmōk!ŭmk·aē yēyāłaqwaxa tōx̣⁽wīdē LE⁽wa k·ik·inqǎłaLEla

before all the Sparrows go out of the house, when they are about to 6
catch | those who have disappeared. They did so only lately when
they became mixed with the | Āwīk·!ēnox̣ᵘ, for they do that way
when they catch those who have disappeared — the hāmats!a, |
and his k·ĭnqɛlaLɛla, and q!āminâgâs, and the nōntsē'stālał, and ||
grizzly bear of the door of the house of Cannibal-at-North-End-of- 10
World, for at first | they all sing their sacred songs at the same time,
those whom the Āwīk·!ēnox̣ᵘ call | ōlala, and who are called by the
Kwāg·uł tōx̣'wid, and the shaman dancers and | the k·ĭnqɛlaLɛla.
As soon as all have sung each his sacred song, the | Āwīk·!ēnox̣ᵘ all 15
come out of the winter dance-house to catch || those who have
disappeared.) |

As soon as all have gone out, they shout at the same time, and say,
"Oh, | you shall be made poor by the supernatural power! Wŏ,
wŏ, wŏ, wŏ." They say so four times. | Then they walk together to the
place where the supernatural power is caught, | at the mouth of the 20
river Ts!ɛlgwad for that is where the hămshămts!ɛs shows himself. ||
As soon as those who are to catch him arrive at the mouth of the |
river, the hămshămts!ɛs comes out of the woods, and takes hold of |
one of the Sparrows, and bites a piece out of his left arm; | and as
soon as the piece that he has bitten comes off, he takes another one
of the | Sparrows and bites him; and he bites another one; and ||
still another one, the last one; and as soon as the last one has been 25

---

yĭxs k·!ēs'maē hōqŭwɛlsēda 'nāxwa gwēgŭdza, yĭxs k·ĭmyēLaxa 6
x·ĭx·ĭsāla yĭxs ăl'maēx hē gwēg·ilaxs laē q!ŭq!ŭlgox̣'wid Lɛ'wa
Āwīk·!ēnox̣wē, yĭxs hāē gwēg·ilaxs k·ĭmyaaxēs x·ĭx·ɛsālaxa hāmats!a
Lɛ'wis k·ĭnqălaLɛla Lɛ'wa q!āminâgâs Lɛ'wa nōn!tsē'stālał Lɛ'wa
nɛnstālīlas t!ɛx·ĭlās g·ōkwas Bax̣ᵘbakwālanux̣ᵘsīwē', yĭxs ă'mawis- 10
Laē 'nāxwa 'năl'nɛmōk!ŭmk·a yălaqŭlaxa gwɛ'yâsa Āwīk·!ēnox̣wē
ōlala, yĭx gwɛ'yâsa Kwāg·ułē tōx̣'wida Lɛ'wa paxălalałē Lɛ'wa
k·ĭk·ĭnqălaLɛla. Wă, g·ĭl'mēsē 'wī'la yălaqwaxs laē hōqŭwɛlsēda
Āwīk·!ēnox̣wē lāxa ts!āgats!ē g·ōkwa qa's lā lāxēs k·ĭmyaasLaxēs
x·ĭx·ɛsāla.) 15

Wă, g·ĭl'ɛm'lāwisē 'wī'lawɛlsa laē 'nɛmādzaqwa 'nēk·a: "Sās wŭn-
g·ĭl mɛwēLas 'nawalakwa. Wŏ, wŏ, wŏ, wŏ." Wă, mōp!ɛndzaqwaxs
laē 'nēk·a. Wă, lā'laē lōxmâlaxs laē qās'ida qa's lā lāxa k·ĭmyaasē
ōx̣ᵘsiwa'yasa 'wās Ts!ɛlgwadē, qaxs hē'maē nēx·nē'latsa hămshăm-
ts!ɛsē. Wă, g·ĭl'ɛm'lāwisē lāg·aa, yĭxa k·ĭmya lāxa ōx̣ᵘsiwa'yasa 20
'wa, g·āxaalasa hămshămts!ɛsē g·āx·'wŭlt!a lāxa āL!ē qa's dāx·'idēxa
'nɛmōkwē lāxa gwēgŭdza qa's q!ɛx·'īdēx gɛmxōlts!āna'yas. Wă,
g·ĭl'mēsē lāwāmasxēs q!ɛk·oyō laē ēt!ēd dāx·'īdxa 'nɛmōkwē gwē-
gŭdza qa's q!ɛx·'īdēq. Wă, lā ēt!ēdxa 'nɛmōḳᵘ q!ɛx·'īdɛq. Wă,
lā ēt!ēd q!ɛx·'īdxa la ɛlxLa'ya. Wă, hē'misa la ɛlxLē q!ɛx·'ītsō's 25

26 bitten, | he takes hold of the hămshămts!ɛs; and then the three members of the Sparrow Society, who had first been bitten, | help the one who was bitten last. Now the four members of the Sparrow Society who have been bitten are called | the sâlaʟɛla of the hămshămts!ɛs. | They just go ahead of those who try to catch the (novice),
30 and they go back. And all go to the ‖ beach of the winter-dance house. Then the | half-initiate Sparrows and the Sparrow women first come out. Each | carries a baton, and they are just standing outside near the front boards of the | house, and they beat time on the front boards of the house in | five part rhythm, which is called
35 "one beat between." As soon as ‖ the half-initiate Sparrows beat time on the boards, all | the dancers, the full-initiate Sparrow women, come out of the house and stand in a row on the | shore in front of the dancing-house. They just dance with | the time-beating on the front boards of the house. No song is sung. This is | called "meeting with a dance those who have been caught," namely, the dancing
40 without ‖ a song, when those who have caught those who have disappeared arrive at the beach. | Some Kwăkiutl say "the one taken hold of," for that is another name for | the one caught. Now the hămshămts!ɛs dances with his four | songs, which are sung by the song-leaders on the beach of the winter dance- | house. As soon as
45 the last song of the song-leaders is ended, ‖ the full-initiate Sparrow women, who meet the novice with dancing, come into the house, and

---

26 dāx·‘idxa hămshămts!ɛsē. Wä, lēda yūdukwē g·îlx·dē q!ɛx·‘îtsō‘s gwēgŭdza la g·iwālaxa la ɛlxʟō q!ɛx·‘îtsɛ‘wa. Wä, laɛm ʟēgadēda mōkwē q!ōq!ɛg·ɛkᵘ gwēgŭdzas sâlaʟɛlaxa hămshămts!ɛs. Wä, â‘misē la g·ālag·iwalitsa k·îmyāxs g·āxaē aēdaaqa, qa‘s lā ‘wī‘la lăx
30 ʟ!ɛma‘isasa ts!ăgats!ē g·ōkwa. Wä, hē‘mis g·îl g·āx hōqŭwɛlsēda wēwix·sâ gwēgŭdza ʟɛ‘wis gwēgŭts!axsɛmē. Wä, la‘mē q!wāʟxɛwŭnkŭlaxa t!ɛmyayowē. Wä, â‘misē q!wāxseg·îlsaxa tsāqɛma‘yasa g·ōkwē. Wä, lā ‘nɛmāx·‘id t!ɛmēdzōdxa tsāqɛma‘yasa g·ōkwasa t!ɛmsawēltâ‘yas t!ɛmyasxa ʟēgadās ʟēxɛlakwē. Wä, g·îl‘ɛmx·dɛ-
35 wēsē ʟēxɛlx·‘idēda wīx·sâ gwēgŭdza g·āxaas hōqŭwɛlsɛlēda ‘năxwa yēyîxŭtâ‘ya lēlax·sâ gwēgŭts!axsɛma qa‘s lā yîpɛmg·aɛls lăx ōxwiwa‘yasa ʟ!āsanâ‘yasa ts!ăgats!ē g·ōkwa. Wä, laɛm wŭl‘ɛm yîxwasa ʟēxɛdzâ‘yaxa tsāgɛmē, k·leâs q!ɛmdɛm dɛnxɛlayâ. Wä, hēɛm ʟēgadɛs yāya‘wālăxa k·îmyānɛmē yîxa wŭl‘ɛm yîxwasa k·leâsē
40 q!ɛmdɛma yîxs g·āxaē g·āx‘aʟɛlēda k·îmyāxa x·îsălax·dē. Wä, la ‘nēk·ēda waōkwē Kwăg·ulqēxs dănɛmaē qaxs hē‘maē ‘nɛm ʟēgɛmsa k·îmyānɛmē. Wä, la‘mē yîxwēda hămshămts!ɛsasa mōsgɛmē q!ɛmq!ɛmdɛms laē dɛnxɛlayâso nēnâgadēlāx ʟ!ɛma‘isasa ts!ăgats!ē g·ōkwa. Wä, g·îl‘mēsē q!ŭlbēda ɛlxʟa‘yē dɛnxɛlayâsa nēnâgadē laē
45 ‘wī‘la hōgwiʟa yāya‘wāla lēlax·sâ gwēgŭts!axsɛma qa‘s lā k!ŭs‘ālil

sit down | on each side of the rear part of the sides of the house. 46
Then the | half-initiates come in and sit down at each side of the
door. | As soon as they are all in, those who caught the novice come
in, and they stand | in the rear of the house; and when they have all
come in, the ‖ hămshămts!ɛs comes into the door and cries, "Wip 50
wip, wip!" | and the four whom he has bitten are still near him. At
once | the song-leaders sing songs with fast time-beating; and as
soon as the songs with the fast time-beating are at an end, | the song
leaders sing again with slow time-beating. | There are three songs
with slow time-beating, ‖ besides the one with fast time-beating. 55
Now all the | full-initiate Sparrow women dance near the hămshămts!ɛs
when he is dancing; | and when the last song of the song-
leaders is at an end, the | song-leaders beat fast time on the boards.
Then the hămshămts!ɛs runs about quickly, | going around the fire
in the middle of the house. As soon as he goes toward his ‖ sacred 60
room, the Head-without-Body, the mouth of the Head-without-
Body, opens, and | the hămshămts!ɛs goes into the mouth. The |
four companions of the hămshămts!ɛs have no time to go in also
before the mouth of the | sacred room with Head-without-Body
shuts. Immediately all the | members of the Sparrow Society and
all the Sparrow women go out, and go home to their ‖ houses. Only 65
the owners of dances are still sitting in the | winter dance-house.
When evening comes Wāxap!alasōᵋ calls his | four heralds, members

---

lāxa ᵋwāxˑsanēgwilasa ᵋnɛlkˑ!ōdoyâlilasa gˑōkwē. Wä, gˑāxē gˑāxē- 46
Lēda wēwixˑsâ qaᵋs lā k!ŭsᵋālil lāxa ᵋwāxˑsōtstâlilasa t!ɛxˑîla. Wä,
gˑîlᵋmēsē ᵋwîᵋlaēLa gˑāxaas hōgwīLɛlēda kˑîmyaxˑdē qaᵋs lā q!wāgˑa-
lil lāxa ōgwiwalilasa gˑōkwē. Wä, gˑîlᵋmēsē ᵋwiᵋlaēLa gˑāxaasa hăm-
shămts!ɛsē gˑāxēLa lāxa t!ɛxˑîla. Wä, laᵋmē ᵋwip ᵋwip ᵋwipxa. Wä, 50
laᵋmē hēxˑsāᵋma mōkwē q!ēq!ɛgˑɛxᵘs nɛxwālaLɛlaq. Wä, hēxˑᵋida-
ᵋmēsa nēnâgadē dɛnxᵋîts tsaxâla q!ɛmdɛms. Wä, gˑîlᵋmēsē q!ŭlba
tsaxâla q!ɛmdɛms laē ētˑ!ēd dɛnxᵋidēda nēnâgadāsa nɛqāxɛlas t!ɛm-
yas q!ɛmdɛms. Wä, yîxs yūduxᵘsɛmaē nɛqāxɛla q!ɛmq!ɛmdɛms
ōgŭᵋla lāxa ᵋnɛmsgɛmē tsaxâla q!ɛmdɛms. Wä, laᵋmē ᵋnāxwa yîxwē- 55
mēla lēlaxˑsâwē gwēgŭtsˑ!axsɛmxa hămshămts!ɛsaxs laē yîxwa.
Wä, gˑîlᵋmēsē q!ŭlbēda ɛlxLaᵋyē dɛnxɛlayâsa nēnâgadāxs laē Lɛxɛ-
dzōdēda nēnâgadāxēs t!ɛmēdzō. Wä, lā âlt!ɛqɛlēda hămshămts!ɛ-
saxs laē lāᵋstalilɛlaxa laqāwalilē. Wä, gˑîlᵋmēsē la gŭyōlɛla lāxēs
māwila xˑosalōlē, laē ăqɛlîlē sɛmsasa xˑosalōlē. Wä, lā laɛLēda 60
hămshămts!ɛsē lāx sɛmsas. Wä, laᵋmē wīsomāla la ōgwaqa laɛLēda
mōkwē sâlaLɛlaxa hămshămts!ɛsaxs laē qɛmxᵋwîdēda sɛmsasa
xˑosalōlē mawila. Wä, laᵋmē hēxˑᵋidaɛm ᵋwîᵋla hōqŭwɛlsēda ᵋnāxwa
gwēgŭdza Lɛᵋwa ᵋnāxwa gwēgŭtsˑ!axsɛma qaᵋs lā năᵋnakᵘ lāxēs
gˑîgˑōkwē. Wä, âᵋmɛsLa hēxˑsāɛm k!ŭdzēlēda lēlaēnēnokwa lāxa 65
tsā!gatsˑ!ē gˑōkwa. Wä, gˑîlᵋmēsē dzāqwaxs laē Lēᵋlālē Wāxap!alasō-
ᵋwaxa mōkwē qēqasɛlgˑîs gwēgŭdza. Wä, gˑîlᵋmēsē gˑax hōgwīLa

68 of the Sparrow Society. As soon as they come | into the winter
dance-house, they dress up in the way in which | heralds always
70 dress. As soon as they have finished, they come out ‖ of the winter
dance-house, and go to the other end of the village. | Then they step
into the door of the house, and stand inside of the door. | Then one of
them, the speaker, says:
"We will try to restore to his senses Nānogwis, shamans. |
"We will tame Nānogwis, shamans. ‖
75 "We will quiet Nānogwis, shamans. |
"We will heal Nānogwis, shamans." |
It is only one of them who speaks; and as soon as he has finished
the | four ways of calling, the three companions | of the speaker say
80 all together, "You will go in before dark, shamans." ‖ And the members of the Sparrow Society, who are invited, always say when the
speech of the herald is finished, | "We shall go now;" and the heralds
always | speak this way, going to all the houses. | Some of the members of the Sparrow Society go at once into the winter-dance | house;
and the boys of the Sparrow Society beat fast time for the members
85 of the Sparrow Society, ‖ when they go in. When all the members
of the Sparrow Society come in, going together, | the Sparrow boys
beat fast time, and say at the same time "Hai hai!" | The Sparrow
boys only stop beating time when almost all | the members of the
Sparrow Society are in the house. As soon as the heralds have called

---

68 lāxa tsǃāgatsǃē gokwa, laē hēxˑˈidaEm qǃwālaxˈida lāxēs hēmEnalaEm qǃwālaxˈexs qēqasElgˑīsaē. Wä, gˑîlˈmēsē gwāla laē hōqūwElsa
70 lāxa tsǃāgatsǃē gˑōkwa qaˈs lā lāxa āpsbālasasa gˑōxˈdEms. Wä, lā
hōgwīL lāxa tǃExˑīlāsa gˑōkwē qaˈs qǃwāgˑalilē lāx āwīlElāsa tǃExˑīla.
Wä, lā ˈnēkˑēda ˈnEmōkwē yāqǃEntEmaˈyas:—
"LaˈmEns nanâqEmaLai', pēpExălai', lāx Nānogwisai'.
LaˈmEns tEmElqwaLai', pēpExălai', lāx Nānogwisai'.
75 LaˈmEns yâlaLai', pēpExălai', lāx Nānogwisai'.
LaˈmEns hēlikˑaLai', pēpExalai', lāx Nānogwisai'."
Wä, laˈmē ˈnEmōx̣uˈma yāqǃEntǃāla. Wä, gˑîlˈmēsē ˈwilxtōdxa
mōx̣ˈwidāla qāyalaēnēˈs laē ˈnēmādzaqwēda yūdukwē qāswūtsa
yāqǃEntEmaˈyas, ˈnēkˑa: "NānEmtsǃāEmlEs, pēpExălai'." Wä, lā
80 hēmEnālaˈmēda gwēgūdzaxa qāsasEˈwē ˈnēkˑExs laē qǃūlbē wāldEmasa qēqasElgˑīsē: "HēLEnuˈx̣u gwälaLē." Wä, lā hēxˑsäˈmēsē
gwēkˑǃālēda qēqasElgˑīsē lāxtolsālaxa ˈnāx̣wa gˑigˑōkwa. Wä,
laˈmē hēxˑˈidaˈma waōkwē gwēgūdza la hōgwēLEla lāxa tsǃāgatsǃē
gˑōkwa. Wä, laˈma gwāgūgwēdzEmē LēxLēxa qaēda gwēgūdzāxs
85 laē hōgwīLEla. Wä, gˑîlˈmēsē ˈwīˈlaēLēda gwēgūdza lāxēs lāllōxmâlaē laē tǃEmsalodēda gwāgūgwēdzEmē qaˈs ˈnEmādzaqwē hai haixa.
Wä, älˈmēsē gwāla gwāgūgwēdzEm LēxLēxaxs laē Elāq ˈwīˈlaēLēda
ˈnāx̣wa gwēgūdza. Wä, gˑîlˈmēsē mōpǃenēˈstēda qēqasElgˑīsē lāna-

four times, | going back, all the members of the Sparrow Society and the ‖ Sparrow women and the Sparrow children come into the house. 90 At once the | four who had been bitten by the hămshămts!ɛs in the morning, who are | now his assistants, stand on each side of the sacred room with the Head-without-Body. | The assistants do not stand there a long time before the mouth of the sacred room with the Head-without-Body opens; | and immediately Nānogwis, for that is the name of the hămshămts!ɛs, ‖ shouts, "Wip, wip, wip!" inside of 95 the sacred room with the | Head-without-Body, and at once the song-leaders sing with fast beating of time. | Then Nānogwis comes out wearing on his head the | cannibal-mask with revolving top. He goes around the fire in the middle of the house | dancing; and as soon as he has gone around the fire in the middle of the house, ‖ the mouth of the Head-without-Body opens, and Nānogwis goes into 500 the mouth of the | Head-without-Body. As soon as he has gone in, the mouth shuts, | and the four assistant members of the Sparrow Society have no time to go in also. | Two of them stand on each side | of the mouth of the Head-without-Body of the sacred room. Then the song with fast beating is at an end, ‖ and the mouth of the 5 Head-without-Body opens again. | Nānogwis cries "Wip, wip, wip!" inside of the | mouth, and immediately the song-leaders sing a song with slow beating of time. | Then Nānogwis comes out of the mouth and | dances. He dances around the fire in the middle of the house;

---

x̣wa qatsē‘staxs g·āxaē ‘wī‘laēLēda ‘nāx̣wa gwēgŭdza Lē‘wa gwēgŭ- ts!ax̣sɛmē Lē‘wa gwāgŭgwēdzɛmē. Wä, laɛm âɛm hēx·‘idaɛm la 90 q!wāg·alilēda mōkwē q!ēq!ɛg·ɛx̣"sa hămshămts!ɛsaxa gaālaxa la sâlaLɛlaq lāx ‘wāx·sanōLɛma‘yasa māwilē x·osalōla. Wä, k·!ēs‘lat!a gaēl q!waēla sâlaLɛlāxs laa‘lasē äqɛlilē sɛmsasa x·osalōlē māwila. Wä, lā‘laē hēx·‘ida‘mē Nānogwis, qaxs hē‘maē Lēgɛmsa hămshām- ts!ɛsē hămts!ɛg·a‘la. ‘wip ‘wip ‘wipxa lax äwīL!ɛxawa‘yasa sɛmsasa 95 x·osalōlē māwila. Wä, lā‘laē hēx·‘ida‘ma nēnâgadē dɛnx·‘īdɛs tsa- x̣āla q!ɛmdɛms. Wä, g·āx̣‘ɛm‘laē Nānogwisē ăxɛmālaxēs x·ilp!ɛ- gɛxLāla hămsɛmla. Wä, lā‘laē lä‘staliłɛlax laqawalilasa g·ōkwaxs yix̣waē. Wä, g·îl‘ɛm‘lāwisē lä‘stalīlxa lāqawalilaxs laē äqɛlilē sɛmsasa x·osalōlē. Wä, lā‘laē haēLɛla‘mē Nānogwisē lāx sɛmsasa 500 x·osalōlē. Wä, g·îl‘ɛm‘lāwisē laēLɛxs laē qɛmk!ŭg·a‘lēda sɛmsē. Wä, laɛm‘x̣aē wīsomāla ōgwaqa laēLēda mōkwē gwēgŭdza sâla- Lɛlas. Wä, âɛm‘lāwisē la q!waēlēda maēma‘lōkwē lāx ‘wāx·sanō- dzɛxsta‘yas sɛmsasa x·osalōlē māwila. Wä, laɛm‘laē q!ŭlbē tsax̣āla q!ɛmdɛms. Wä, lā‘laē ēt!ēd äqɛlilē sɛmsasa x·osalōlē. 5 Wä, lā‘laē ‘wip ‘wip ‘wipxa Nānogwisē lāx äwīL!ɛxawa‘yasa sɛmsē. Wä, lā hēx·‘ida‘ma nēnâgadē dɛnx·‘īdɛs nɛqāxɛla q!ɛm- dɛms. Wä, g·āx̣‘ɛm‘laē Nānogwisē g·āx̣‘wŭlts!â lāxa sɛms qa‘s yix̣‘wīdē. Wä, laɛm‘laē yɛx̣sē‘stālaxa laqawalilasa g·ōkwē. Wä,

10 and ‖ when the song with slow time-beating is at an end, Nānogwis | just sits down on the floor of the house. He does not wear the cannibal-mask, for he | has on his head the flat head-ring of red cedar-bark, and his | neck-ring is also of flat cedar-bark. As soon as the song-leaders sing the other song | with slow beating of time, he
15 dances. When ‖ that is at an end again, Nānogwis sits down on the floor of the house; and when | the song-leaders sing the last song with slow beating of time, | Nānogwis arises and dances again. He dances | as he is going toward the sacred room with the Head-without-Body. As soon as | he reaches it, the mouth opens, and
20 Nānogwis goes into the ‖ mouth of the sacred room with the Head-without-Body. And as soon as he has gone in, | the mouth shuts. After this Nānogwis has been quieted. |

The tongs and white cedar-bark were never used as | modern people use them for the hāmatsla who has been caught, when they | bring him back to his senses the first time in the evening after he has
25 been caught, when he still ‖ has on his head-ring of hemlock-branches and his neck-ring of hemlock-branches, and when he | dances to a song with fast beating of time and with one | song with slow beating of time. As soon as the song with slow beating of time is at an end, | the hāmatsla never tries to dance, for he pretends that he is not | in his senses. He has many attendants who try to hold him when he is
30 running about. ‖ Therefore the speaker of the winter dance-house |

---

10 laEm‘lāwisē q!ūlba nEqāxEla q!EmdEms. Wä, ăEm‘lāwisē Nāno-gwisē k!wāg·alīla. Wä, la‘mē k·!ēs ăxEmālaxēs hāmsEmlē qaxs ă‘maē qEx·Emālaxa LEpāla L!āgEkwa. Wä, lāxaē LEpāla L!āgEkwē qEnxawa‘yas. Wä, g·îl‘mēsē ēt!ēd dEnx‘ēdēda nēnăgadäs ‘nEms-gEmē nEqāxEla q!EmdEms laē hēx·‘idaEm yīx‘wīda. Wä, g·îl-
15 ‘Emxāāwisē q!ūlbaxs laē Nānogwisē k!wāg·alīla. Wä, g·îl‘mēsē ēt!ēd dEnx‘ēdēda nēnăgadäsa ElxLa‘yē nEqāxEla q!EmdEms laē hēx‘ida‘mē Nānogwisē Lăx‘ūlīl qa‘s yîx‘wīdē. Wä, la‘mē yō‘na-kūlaxs laē gwEyōlEla lāxēs māwīla x·osalōlē. Wä, g·îl‘Em‘lāwisē lāg·aa lāqēxs laē ăqElīlē sEmsas. Wä, lā‘laē Nānogwisē laēL lāxa
20 sEmsasēs x·osalōlē māwīla. Wä, g·îl‘Em‘lāwisē laēLExs laē qEm-k!ūg·a‘lēda sEmsē. Wä, la‘mē yăl‘idē Nānogwisē lāxEq.

Wä, la‘mē hēwäxa ăx‘ētsE‘wēda ts!ēsLālä LE‘wa k·ādzEkwē lāx gwēg·ilasasa ălēx bEgwānEma qaēda k·îmyănEmē hāmatsla, yîxs g·îl‘maē nanăqamasōxa ganōLas k·îmyanEmx·dEmas, yîxs hēx·sā-
25 ‘maē qEx·EmēsēsEs q!wāxē LE‘wis qEnxawa‘yē q!wāxa, yîxs laē yīxwasa ‘nEmsgEmē tsaxāla q!EmdEms. Wä, hē‘misa ‘nEmsgEmē nEqāxEla q!EmdEms. Wä, g·îl‘mēsē q!ūlba nEqāxEla q!EmdEms lāx hēwäxaē nExtEmōxwēt yīxwaxa hāmatsla qaēxs k·!ēsbōlaē la nūgēsāla. Wä, laEm q!EnEmē hēlēk·āxa wāx·ē dădałaqēxs dzā-
30 laxwi‘lălaē. Wä, hē‘mis lāg·ilasa yāyaq!EntEmēlasa ts!ăgatsle

speaks, and says, "Now, keep still, song-leaders, | that the attend- 32
ants may place (the white cedar-bark) upon our | great friend here,
that they may burn over his face with the white cedar-bark napkin
of our young women, for probably some of them are menstruating. |
We will really try to secure him, that our great friend may be tamed. ‖
Now come, K!wāk!waxsdāla, and perform your office." Thus he 35
says. | Then the speaker of the house sits down, and the attendants
assemble | and sit around the hāmats!a at the left-hand side in the
rear of the winter dance- | house. Then K!wāk!waxsdāla comes
carrying long tongs | with white cedar-bark tied to the end. This is
called "face burner of the ‖ newly returned hāmats!a." The name 40
of this one is "hāmats!ayādzEwāl," | if his ancestors come from the
Āwīk·!ēnox^u; and if his ancestors come from the | Bellabella he is
called "burner of the newly returned hāmats!a." Then | K!wāk-
k!waxsdāla, who is burner of the newly returned hāmats!a, | for that
is his name, arises. He speaks, and says, ‖ "I have come, friends, 45
to do what you wish me to do. It is a | difficult matter. Now here
are also the white cedar-bark napkins of our four | beloved ones (the
princesses) with which I shall burn the face of this great supernatural
one. Now, | song-leaders, beat fast time for me." Thus he says
and puts white cedar-bark | tied to the tongs of the fire in the
middle of the winter dance-house. ‖ As soon as the white cedar-bark 50
catches fire, he looks at the hāmats!a, and | he goes to him with fast

---

yāq!Eg·a'la. Wä, lä 'nēk·a: "Wäg·aEmilas sElt!ēdLEx nēnâgad 31
qa wäg·iLtsa hēlik·a häxsEmliłaxg·ins 'nEmōx^udzēk· qEns wäg·il
nEwēqumdqEk· yis ēdEmasEns ēalostâgasēx k·!eâsg·anEmaēl ēxEnta-
sōx qaxg·ins la'mēk· âlak·!āla lalōL!a qa yâł'idēsg·ins 'nEmōx^udzēk·.
Wä, la'mēts g·āxLōl, K!wāk!waxsdāl läxg·as k·!ēs'ōgwōs," 'nēx·'laē. 35
Wä, la'mē k!wag·alilēda yāyaq!EntEmilē. Wä, â'mēsē la lōxsEmli-
łēda hēlik·a k!ūtsē'stālaxa hāmats!a lāxa gEmxōtēwalilasa ts!ägats!ē
g·ōkwa. Wä, g·āx'mē K!wāk!waxsdāla dālaxa g·ilt!a ts!ēsLāla.
Wä, lä k·!ilx·bālaxa k·ādzEkwē. Wä, hēEm Lēgadēs nEwēgwayoxa
ālwūlt!āla hāmats!a. Wä, g·a'mēs Lēgemsa hāmats!ayādzEwālēxa 40
g·āyōłas g·ilg·alisē lāxa Āwīk·!ēnoxwē Lōxs häē g·āyōlē g·ilg·alisē
lāxa Hēldza'qwē nEwēqülg·isaxa ālwūlt!āla hāmats!a. Wä, lä
Lāx'ūlilē K!wāk!waxsdālaxa nEwēqülg·isaxa ālwūlt!āla hāmats!a,
qaxs hë'maē LēgEmsē. Wä, lä yāq!Eg·a'la; wä, lä 'nēk·a:
"G·āx'mEn 'nē'nEmōk^u läxg·as gwE'yōgwōs qEn ēaxēna'yaxg·ada 45
łaxwāłak·. Wä, g·āx'Emxaāwisg·ada ēēdEmg·asEns mōkwēx
łaElwīna'yEns, qEn nEwēqūlaxwa 'wālasēx Lōgwala. Wä, la'mēts
nēnâgad LēxLExaLōł qaEn," 'nēk·Exs laēxs laē āxLEntsa k·ādzEkwē
külbēsa ts!ēsLāla lāxa laqāwalilasa ts!ägats!ē g·ōkwa. Wä, g·il-
'mēsē x·īx·EqElēda k·ādzEkwaxs lāē dōqwałaxa hāmats!āxs laē 50
tsaxāla. Wä, lä hēx·'ida'ma nēnâgadē LēxEdzōdxēs t!EmēdzŌ.

52 steps. At once the song-leaders beat fast time. | Then the burner jumps up, and the song-leaders strike with their batons, all at the same time. | Four times the burner jumps up. Then he | swings over all of them the face-burner for the hāmats!a. Immediately ‖
55 the hāmats!a cries "Hap!" Four times he swings his | burner over the hāmats!a; and after he has done so four times, | the burner throws into the corner of the house his cedar-bark for burning, and | utters the cannibal cry each time when he turns around and swings the | burning cedar-bark over the hāmats!a. As soon as this
60 is done, ‖ the new hāmats!a utters the cannibal-cry, and immediately the song-leaders beat fast time | on the boards. Four times the new hāmats!a goes around the | fire in the middle of the dancing-house, and his | hemlock-branches are dropping off as he is running; and as soon as all the hemlock-branches have dropped off, after | he has gone around four times, he goes into his sacred room, and immedi-
65 ately ‖ his cannibal headmask shuts its mouth. Then the song-leaders sing | the one song of all the forehead-masks which come from the Āwīk·!ēnoxᵘ, | or from the Bellabella. Then he comes out of his room wearing his cannibal forehead-mask and dances; | and when the song is at an end, he sits down | outside of the sacred room and shakes himself, while the song-leaders are beating fast time. ‖
70 Then he turns around four times, wearing his cannibal head-mask, and cries out "Hap, hap, hap!" | and the (jaws of the mask) snap.

---

52 Wä, g·îlʻmēsē dᴇx·ustâwēda nᴇwēqŭlg·ʻisē laē t!ᴇmsalōdēda nᴇnâ-gadē. Wä, lä mōp!ᴇna dᴇx·ustâwēda nᴇwēqŭlg·ʻisaxs lāe mᴇlē-gᴇLᴇyîntsēs nᴇwēgwayowē lāxa hāmats!a. Wä, hëx·ʻidaʻmēsēda
55 hāmats!a hămts!ᴇg·aʻla. Wä, lä mōp!ᴇna mᴇlēgᴇLᴇyîntsēs nᴇwē-gwayowē lāxa hāmats!a. Wä, g·îlʻᴇm mōp!ᴇnaxs laē ts!ᴇxʻēdēda nᴇwēqŭlg·ʻisaxēs nᴇwēgwayōwē lāxa onēgwiłasa g·ōkwē qaʻs hămts!ᴇg·aʻlē lāxēs q!wałxoʻmaē x·tʻlp!ēdᴇxs laē mᴇlēgᴇLᴇyîntsa nᴇwēgwayowē lāxa hāmats!a. Wä, g·îlʻmēsē gwała laē hămts!ᴇg·a-
60 ʻlēda alōmasē hāmats!a. Wä, hëx·ʻidaʻmēsa nᴇnâgadē Lᴇxᴇdzōdxēs t!ᴇmēdzō. Wä, laʻmē mōp!ᴇnēʻstalilēda alōmasē hāmats!a lāʻsta-lilᴇlaxa laqawalîłasa ts!āgats!ē g·ōkwa. Wä, laʻmē tēqᴇmg·ᴇlxLā-laxēs q!wāq!ŭxᴇlax·dē. Wä, g·îlʻmēsē ʻwīʻłâwēdā q!wāq!ŭxᴇläsēxs laē mōp!ᴇnēʻstaliła. Wä, laʻmē laēL lāxēs māwiłē. Wä, hëx·ʻidaʻmēsē
65 qᴇmk!ŭg·aʻłē hămsīwaʻyas. Wä, lä hëx·ʻidaʻma nᴇnâgadē dᴇnxʻîts ʻnᴇmsgᴇmg·îlgaʻyasa ʻnaxwa hēhămsīwēsa g·āyōłē lāxa Āwīk·lēno-xwē Lᴇʻwa Hēłdzaʻqwē. Wä, g·āxʻma hămsiwala yîxʻwᴇłt!âlilᴇla lāxēs māwiłē. Wä, g·îlʻmēsē q!ŭłbē q!ᴇmdᴇmas laē k!wāg·alił lāx L!āsalîłasēs māwiłē la bakwēg·îlaxs laē Lᴇxalēda nᴇnâgadē. Wä,
70 g·îlʻmēsē mōp!ᴇna x·tlp!idēda hămsīwālāxs laē hap hap hap hapxaxs laē qᴇmk!wāla. Wä, laʻmē Lāxʻŭlîłaxs laasē ēt!ēd dᴇnxʻēdēda nᴇnâ-

Then he arises and the | song-leaders sing again the same songs, which 72
they sang first, and he goes toward the door dancing | and wearing
his cannibal head-mask. When the song is at an end, | he sits down
while the song-leaders are beating fast time, and he shakes himself; ‖ and when he has turned around four times, he utters the 75
cannibal-cry; and when | he rises again, the song-leaders sing again.
Then he | dances again, going to the rear of the house, and he dances
in front of the sacred room. As soon as | the song is at an end, the
song-leaders beat fast time. Then he goes into his | sacred room;
and when he has gone into his sacred room, the hāmats!a comes out ‖
naked, and goes around the fire in the middle of the house. Then 80
he | goes right back into his sacred room. And it is not long before |
the song-leaders sing a song with slow time-beating. Then the
hāmats!a comes | out of his sacred room, and dances, and he wears a
black bearskin blanket, | and he wears a red cedar-bark ring around
his neck, and a red cedar-bark ring on his head, ‖ and anklets, and 85
arm-rings. | The k·ĭnqălaLEla dances near him, going in front of the
hāmats!a, who is not | wild. Four songs with slow beating | are
sung with his dance while he is wearing the black bear-skin blanket.
When the last | song of the song-leaders is nearly ended, he goes into
his sacred ‖ room. Now he is tamed. For four winters | he always 90
dances four times, according to the manner of the Āwĭk·!ēnoxᵘ; and |
after the hāmats!a has danced four times for four winters, | he
ceases being hāmats!a; and | after he has been hāmats!a, he becomes

---

gadē, yĭxaasēs g·ĭlx·dē dɛnxɛlayâ. Wä, la‘mē gwɛyōłEla yĭx̣ᵘstōlĭlE- 72
lēda hämsiwäla läxa t!Ex·ĭla. Wä, g·ĭl‘ɛmxaäwisē q!ŭlbē q!ɛmdɛma-
sēxs laē k!wäg·alĭłaxs laē Lēxałēda nēnâgadē qaēxs laē bākwēg·ila.
Wä, g·ĭl‘mēsē mōp!Ena x·tĭp!ēdɛxs laē hämts!ɛg·a‘ła. Wä, laɛmxaē 75
Lax̣‘ŭlĭłaxs laē ēt!ēdēda nēnâgadē dɛnx‘ēda. Wä, laɛmxaē ēt!ēd
yĭx̣ŭyōlĭłEla qa‘s lä yĭxwalax L!āsalĭłasēs mäwĭłē. Wä, g·ĭl‘mēsē
q!ŭlbē q!ɛmdɛmas laē Lēx‘ēdēda nēnâgadē. Wä, la‘mē lats!âlĭl läxēs
mäwĭłē. Wä, g·ĭl‘mēsē lats!âlĭla läxēs mäwiłaxs g·äxaasa hāmats!a
xanāla qa‘s lä lä‘stalĭłElaxa laqawalĭlasa g·ōkwē. Wä, läxaē 80
hēts!âlĭłElaɛm läxēs mäwĭłē. Wä, k·!ēst!ē gäłaxs laē dɛnx‘i-
dēda nenâgadäs nɛqäxɛla q!ɛmdɛms. Wä, g·äx·‘mēda hāmats!a
yĭx‘wŭłts!âlĭłEla läxēs mäwĭłē. Wä, la‘mē ‘nEx‘ŭnālaxa L!ɛntsɛmē.
Wä, laɛmxaäwisē qɛnx̣âlaxēs L!āgekwē Lɛ‘wis qɛx·ɛma‘yē L!āgekwa
Lɛ‘wis L!āgekwē qēqɛx·sidza‘ya Lɛ‘wis qēqɛx·ts!āna‘ya. Wä, la‘mē 85
yĭxwēmēłēda k·ĭnqălaLEla läx g·älag·iwa‘yasa hāmats!a läxc̣sk·!ēsaē
la kwēgEkwa. Wä, lä mōsgɛmē q!ɛmq!ɛmdɛmas nɛqäxɛla t!ɛm-
yats yĭx‘wĭdayōs laē ‘nEx‘ŭnālaxēs L!ɛntsɛmē. Wä, g·ĭl‘mēsē Elāq
q!ŭlbēda la ElxLē dɛnxɛlayâsa nēnâgadäxs laē lats!âlĭl läxēs mäwĭłē
łɛmēlats!ä. Wä, la‘mē yăł‘ida. Wä, la‘mē mōxŭnxēlaxa ts!âwŭnxē 90
hēmɛnâłaɛm ‘nɛmp!Ena yĭxwa läx gwēg·ilasasa Āwĭk·!ēnoxᵘ yĭxs
g·ĭl‘maē gwäla mōxŭnxē ts!âwŭnx maēmōp!Ena yĭxwēda hāmats!axs

ōlala, | for not one of the hāmats!a of the Āwīk·!ēnox" and of the ‖
95 Bellabella does not become ōlala after he has gone to the end of four
winters being hāmats!a. |

But the Kwāg·uł do differently with their hămshămts!ɛs, | and
with the hāmats!a who has whistles, for they perform only once in
winter; | for they wish to give up the hāmats!a quickly, and they at
once become | members of the Sparrow Society, those who can not
stand being away from their wives for a long time. However, when
600 the mind of a hāmats!a is strong, ‖ then he remains a hāmats!a for a
long time; that is, those who are really of | noble descent. And this
is different among the Kwāg·uł, when they have | brought back to
his senses the recently returned hāmats!a in the evening. Then |
all the members of the Sparrow Society go out of the house, and also
the Sparrow women and | Sparrow children. Only those who own
5 the office of ‖ purifying the newly returned hāmats!a remain sitting
inside, for | toward daylight he will be purified. |

And this is also different from the way of the Āwīk·!ēnox" and
Bellabella, | when they wash the newly returned hāmats!a four
days | after he comes out of the woods. He dances four nights ‖
10 until the time when he is to be washed. The new dancer does not
take off | his red cedar-bark ring for four years, and also he does not |
do any work for four years; and it is never forgotten | by all the men

---

93 laē gwał hāmats!a. Wä, la'mē ōlalaxs laē gwał hāmats!a, yīxs
k·!eâsaē k·!ēs ōlalax·'ītsa hāmats!āsa Āwīk·!ēnoxwē ʟɛ'wa Hĕłdza-
95 'qwaxs laē lābɛndxa mōxŭnxē ts!ăwŭnxē hāmats!a.

Wä, lāʟa ōgŭqăla gwēg·ilasasa Kwāg·ułē lāxēs hămshămsts!ɛsē
ʟō'ma mɛdzēdzadē hāmats!a, yīxs â'maē 'nɛmxɛnxēlaxa ts!ăwŭn-
xēxa 'nēk·ē qa's hālabalē gwał hāmats!a. Wä, â'misē hēx·'idaɛm
gwētsē'stēda wāyats!ăla gwēlala ʟɛ'wis gɛnɛmē; wäx·ī łăk!wēmasē
600 nâqa'yasasa hāmats!a, wä, gâla'mēsē hāmats!a, yīxs âlak·!āla nâx-
sāla bɛgwānɛma. Wä, g·a'mēs ōgŭqălayōsa Kwāg·ułaxs g·īl'maē
gwāla nănăqamāxa ăl'wŭlt!āla hāmats!āxa gānoʟē laē hēx·'idaɛm
'wī'la hōqŭwɛlsēda 'năxwa gwēgŭdza ʟɛ'wa gwēgŭts!axsɛmē ʟɛ'wa
gwāgŭgwēdzɛmē. Wä, lēx·a'mēsē ła k!ŭdzēlēda k·!ēs'onokwasa
5 kwāsaʟaxa ăl'wŭlt!āla hāmats!a qaxs hēx·'ida'maē kwāsasɛ'waxa
la gwēmē lāx 'nāx·'ida.

Wä, la ōgŭqăla gwēg·ilasasa Āwīk·!ēnoxwē ʟɛ'wa Hĕłdza'qwē,
yīxs ăl'maē kwāsaxa ăl'wŭlt!āla hāmats!āxs laē mōp!ɛnxwa'sēs
'nāla g·āx'wŭlt!a. Wä, lä hēmɛnala yīxwaxa mōxsa gāgɛnōʟa.
10 lālaa lāxa kwāsax·dɛmaq. Wä, laɛm dzēlɛlāx·sä lālaa lāxa mō-
xŭnxē ts!ăwŭnxa k·!ēs lawäēnoxwēs ʟ!āʟ!ɛgɛkŭla. Wä, lāxaē k·!eâs
ēaxēna'yaxa mōxŭnxē ts!ăwŭnxa. Wä, lāxaē k·!ēs ʟ!ɛlēwēsō' la

that he is to be given to eat first in the houses, | even in summer
time. If they do not give first to the new ‖ hāmats!a, he at once gets 15
excited, and bites those who give food to the | guests. Therefore the
new hāmats!a is really feared, | even in summer. I think that is all
about this. |

And this is the way in which the heralds among the Kwāg·uł call
the half-initiates | who have no hāmats!a in the winter dance:— ‖

"Now we will go over its surface, shamans. | 20
"Now we will go into the house, shamans. |
"Now we will beat time on boxes, shamans. |
"Now we will look on, shamans. |
"Now we will really be in the house, shamans." ‖

This is what the four heralds of the Sparrow Society say when 25
they | beat time four times, according to the ways of the Kwāg·uł,
when the novice first disappears. | After they have been away for
four days, they are assembled to be given red cedar; | and when this
has been done, after four days, | beginning from the time when they
were assembled, the boards are beaten for those who have disappeared; and ‖ after four days more, time is beaten again for those 30
who have disappeared; and | after four days more, time is beaten
again for those who have disappeared; and | after four days more,
the heralds say, |

"Now we will really be in the house, shamans." |

---

g·îlq!ɛsämatsōsa ʻnāx̣wa bɛgwämɛnıxa haʻmāpaē lāxēs g·ig·ōkwaxa 13
wāx·ʻɛm hēɛnxa. Wä, g·îlʻmēsē k·!ēs la g·îlq!ɛsamatsɛʻwēda dzēłɛ-
la hāmats!a laē hēx·ʻidaɛm x̣wūsa qaʻs la q!ɛx·īdxa hämg·ïläxēs 15
hämg·ïlasɛʻwē. Wä, hēʻmis lāg·ïlas åla k·îlɛma dzēłɛla hāmats!axa
wāx·ʻmē hēɛnxa. Wä, lax·st!aakuʻɛm ʻwīʻla lāxēq.

Wä, g·aʻmēs gwēk·!ålatsa qäsäsa Kwāg·ułē qaēda wīx·sȧsē ts!ēts!ē-
qaxa k·!eåsē hāmats!a ts!ēta!ēqa:—

"Laʻmɛns läsgɛmlīłaLai' pēpɛxälai'. 20
Laʻmɛns läts!ȧg·alēLai' pēpɛxälai'.
Laʻmɛns kwēxsɛmdLai' pēpɛxälai'.
Laʻmɛns x·īts!ax·ïlaLai' pēpɛxälai'.
Laʻmɛns âlag·aleLai, pēpɛxäläi'."

G·aɛm wåłdɛmsa mōkwē qēqasɛlg·īs gwēgŭdza, yîxs laē mōp!ɛna 25
kwēxɛla läxēs gwēg·ilasa Kwāg·ulaxs yîxs g·ālāē x·îsʻäliłēda x·îsʻēdē.
Wä, la mōp!ɛnx̣waʻsē ʻnälä la x·îsūła. Wä, la q!ap!ēkwa la yūqwa-
sōsa L!āgɛkwē. Wä, g·îlʻmēsē gwåła, wä la mōp!ɛnx̣waʻsē ʻnäläs
g·āg·îLɛla läxa q!ap!ēkwaxs laē kwēxɛlasɛʻwēda x·îsāła. Wä, la
ēt!ēd mōp!ɛnx̣waʻsē ʻnälä laē ēt!ēd kwēxɛlasɛʻwēda x·îsāla. Wä la 30
ēt!ēd mōp!ɛnx̣waʻsē ʻnäläs laē et!ēd kwēxɛlasɛʻwēda x·îsāła. Wä,
la ēt!ēd mōp!ɛnx̣waʻsē ʻnäläs, wä, laʻmē ʻnēk·ēda qēqasɛlg·īsē:

"Laʻmɛns âlag·aleLai', pēpɛxäläi."

Then all the different winter dance-masks are brought into the
winter dance-house, and they are put down behind the curtain,
which is stretched across the whole width of the rear of the house;
namely, the fool-dancer masks and all the different masks. Now
they are doing this and bringing the masks into the house while the
heralds go inviting and before the Sparrow Society comes in. As
soon as the four heralds belonging to the Sparrow Society have
invited four times, all the members of the Sparrow Society come in;
and for a short time the speaker of the winter dance-house speaks,
and he tells the song-leaders and all those who have dances and all
the members of the Sparrow Society to take care. When his speech
is at an end, the song-leaders sing their song, and the boards are
beaten for the women. Then a woman comes in dancing; and
when the song is at an end, she goes back behind the curtain in
the rear of the house. And when all have danced for whom the
boards have been beaten, for those who have disappeared in the
inside of the house, then the speaker of the dancing-house
speaks, and he says to the members of the Sparrow Society that this
is the last dance. And when he says this, the fool-dancer cries,
"Wɛē!" and also the bear-of-the-house and all the masks behind
the curtain in the rear of the dancing-house. Immediately the
song-leaders beat fast time on their boards. Then they let down

---

Wä, la'mē laēLElayuwēda 'nāxwa ōgŭqala tsēts!äqēwē lāxa
tslägats!ē g·ōkwa qa's lā äx'älilēlayu lāx āLadzelīlasa la yāwapɛmlīl hēk·!ōtɛyōlīla lāxa ōgwiwalīlasa g·ōkwē, yīxa nēnōlɛmalgɛmlē
Lɛ'wa 'nāxwa qa's gwēx·sdɛm yaēxumla. Wä, laɛm nānaqɛmk·!a
g·āxēLElayō lāxa kwēxɛ'lats!ē g·ōkwa yīxs laē qās'idēda qēqasɛlg·īsē, yīxs k·!ēs'maē g·āx hōgwilēda gwēgŭdza. Wä, g·īl'mēsē mōp!ēnē'sta qātsē'stēda mōkwē gwēgŭdza qēqasɛlg·īsa laē 'wī'laēlēda
'nāxwa gwēgŭdza. Wä, la'mē yāwas'īd yāq!ɛg·a'lē yāyaq!ɛntɛmēlasa kwēxɛ'lats!ē g·ōkwa. Wä, la'mē hāyāL!ōlaxa nēnāgadē Lɛ'wa
'nāxwa lēlaēnēnokwa Lɛ'wa 'nāxwa gwēgŭdza. Wä, g·īl'mēsē q!ūlbē
wāldɛmas laasē dɛnx'idēda nēnāgadās q!ɛmdɛmasa kwēxɛlasɛ'wē
tsiɛdāqa. Wä, g·āx'mēsēda tsiɛdāqē yīxwa. Wä, g·īl'mēsē q!ūlbū
q!ɛmdɛmas laē alē'sta lāxa yāwapɛmlīlē lāxa ōgwiwalīlasa g·ōkwē.
Wä, g·īl'mēsē 'wī'la yīx'widēda kwēxɛlakwēxa x·īx·ɛsāla lāx äwīLElāsa g·ōkwē. Wä, lā yāq!ɛg·a'lē yāyaq!ɛntɛmēlasa kwēxɛlagwats!ē
g·ōkwa. Wä, la'mē nēlaxa gwēgŭdzāxs lɛ'maē yūxla. Wä, hē'mis
ālēs 'nēk·ɛxs laasē wɛēxēda nōlɛmala Lɛ'wa nēnɛnq!ōlɛla Lɛ'wa
'nāxwa qa's gwēx·sdɛm yaēxuml lāx āladza'yasa yāwapɛmlīlē lāxa
ōgwiwalīlasa kwēxɛ'lats!ē g·ōkwa. Wä, lā hēx·'ida'ma nēnāgadē
lēxɛdzōdxēs lēxɛdzowē. Wä, la'mē ts!ɛnkwaxē yāwapɛmalīlas.

the curtain, | and all the masks show themselves. Four times ‖ the 55
curtain is hauled up, and four times they are seen by the | specta-
tors. This is called "many masks lying on the box in the house,"
when they are | gathered together and shown with the beating of
boards. When this is finished, all | the members of the Sparrow
Society and all the dance owners go out and | go home to their
houses. Then the winter dance is finished after this. ‖ And now they 60
all have secular names when day comes, and they sing | secular
songs when they give a feast. Now I have finished talking | about
the winter dance. |

(The Āwīk·!ēnoxᵘ invite after the return of the hāmats!a as | follows:—) ‖

"I come to ask you, I come to ask you, winter dancers. We will 65
tame the damdamxala, | ōlala, you who look out for danger (the
Sparrow Society) who obtain as a supernatural treasure the name
Four-Man-eater, the good | cannibal." |

LEGEND OF THE G·ĒXSEM, NĀK!WAX·DAᵋXᵘ

The ancestors of the numaym G·ēsxEm of the Nāk!wax·daxᵘ lived | 1
at Wāwalē; and their chief was named Ts!Exᶜēd, and he had for his |
prince K!wāk!wabalas. Ts!Exᶜēd was really a bad | man, and there-
fore his tribe did not like him, ‖ therefore he was hated by his tribe. 5

Wä, laᶜmē ᶜnāxwa nēlᶜēdēda yaēxumlē lāxēq. Wä, lä mōp!Ena nē-
xostoyEwē yāwapEmalĭlas. Wä, laᶜmē mōp!Ena dōxᶜwaʟEłtsa x·ī- 55
ts!ax·ĭla. Wä, hēEm ʟēgadEs häxᵘsEmlĭlaxa q!ēnEmē yaēxuml yĭxs
q!ap!ālaē nēlᶜīd lāxa kwēxElakwē. Wä, g·ĭlᶜmēsē gwāla laē ᶜwiᶜla
hōqŭwElsēda ᶜnāxwa gwēgŭdza ʟEᶜwa ᶜnāxwa lēlaēnokwa qaᶜs lā
nāᶜnakᵘ lāxēs g·ig·ōkwē. Wä, laᶜmē gwāl ts!ēts!ēqa lāxēq qaxs lE-
ᶜmaē ᶜnāxwa bēbaxŭdzExʟālaxa la ᶜnāx·ᶜida. LaEm dEnxElasa 60
baxŭyāla q!EmdEmxs k!wēlaē. Wä, laᶜwēsʟEn gwāl gwāgwēx·sᶜāla
lāxa ts!ēts!ēqa lāxēq.

(The Āwīk·!ēnoxᵘ invite after the return of the hāmats!a as follows:—)

"Ōk!ŭła, ōk!ŭlanōguʟau ts!ēts!eqau hēlik·aʟEns damdamxalau 65
ōwalalau ēk·!agamaxstäēł hēk·aʟEnsEx ʟōgwalayax Mōdaᶜna tānis-
k·asᶜō."

LEGEND OF THE G·ĒXSEM, NĀK!WAX·DAᶜXᵘ

G·ōkŭlaᶜlaē g·ālāsa ᶜnEᶜmēmotasa G·ēxsEmasa Nāk!wax·daᶜxwē 1
lāx Wāwalē. Wä, lāᶜlaē g·īgadEsa ʟēgadEs Ts!Exᶜēdē. Wä, lāᶜlaē
ʟāwŭlgădEs K!wāk!wabalasē. Wä, laEmᶜlāwisē äla ᶜyāx·sEm
bEgwānEmē Ts!Exᶜēdē, lāg·ilas k·!eâs aēk·ilas g·ōkŭlōtasēq. Wä,
hēᶜmis lāg·ilas ʟ!ēdzEłtsēs g·ōkŭlōtē. Wä, lāᶜlaē hēmEnałaEmᶜlāwisē 5

6 And Ts!ɛx̣ᴇ́d always | struck his prince, K!wāk!wabalas: | therefore K!wāk!wabalas could not endure the way he was treated by his father. | And K!wāk!wabalas remained lying down, and did not arise in the morning. | Then his father called him, and K!wāk!wabalas
10 did not ‖ rise. That was the reason why Ts!ɛx̣ᴇ́d became angry at his prince, | and Ts!ɛx̣ᴇ́d took a pair of tongs and struck his | prince. And after he had been struck by his father, | K!wāk!wabalas rose and went out of the house, and he went | into the woods behind
15 his father's house. He walked and went ‖ inland. He went to commit suicide in the woods. As soon as | evening came, the tribe of Ts!ɛx̣ᴇ́d searched for him in the woods, and they did | not give up until the next evening. Then the | ancestors of the Gˑēsxᴇm of the Nāk!wax·daᵋxᵘ all came out of the woods. | And in the morning,
20 when day came, Ts!ɛx̣ᴇ́d called his ‖ tribe into his house; and when they were | all inside, Ts!ɛx̣ᴇ́d arose, and begged his people | not to give up looking for his prince; for K!wāk!wabalas was his only son, | therefore he wanted him to be looked for. And |
25 his tribe said that they would eat breakfast quickly. The ‖ wife of Ts!ɛx̣ᴇ́d, Ts!ɛqala gave breakfast to them. After | they had eaten their breakfast, they went out, and all | the strong young men went into the woods to look for K!wāk!wabalas. | In the even-

6 Ts!ɛx̣ᴇ́dē kˑ!ēlak·axēs ʟ̣ăwŭlgămaᵋyē K!wāk!wabalasē. Wä, hēᴇm-ᵋlāwis lāgˑitas ᵋwayats!ôł K!wāk!wabalasax gwĕgˑałt!ɛqɛlasasēs ōmpaq. Wä, laᴇmᵋlāwisē K!wāk!wabalasē gaēł, kˑ!ēs ʟ̣āx̣ᵋwīdxa gaāla. Wä, lāᵋlaē ōmpas gwĕx·ᵋīdᴇq. Wä, lāᵋlaē K!wāk!wabalasē k·!ēs
10 ts!ɛx·ᵋīda. Wä, hēᴇmᵋlāwis ts!ɛngums Ts!ɛx̣ᴇ́dē lāxēs ʟ̣ăwŭlgămaᵋyē, lāgˑitas Ts!ɛx̣ᴇ́dē dāgˑīlīlaxa ts!ēsʟ̣āla qaᵋs lā kwēxas lāxēs ʟ̣ăwŭlgămaᵋyē. Wä, gˑílᵋᴇmᵋlāwisē gwāł kwĕxasōᵋsēs ōmpē laaᵋlasē ʟ̣āx̣ᵋwidē K!wāk!wabalasē qaᵋs lā lāwɛls lāxa gˑōkwē qaᵋs lā lāx ālanāᵋyas gōkwasēs ōmpē. Wä, laᴇmᵋlāwisē qāsᵋīd qaᵋs lā lāxa
15 āʟ·!ē. Wä, laᴇmᵋlaē tōyagˑa lāxa āʟ·!ē. Wä, gˑîlᵋᴇmᵋlāwisē dzāqwaxs laē ᵋwīᵋla gˑōkŭlōtas Ts!ɛx̣ᴇ́dē la ālāq lāxa āʟ·!ē. Wä, ăłᵋᴇm-ᵋlāwisē yāx·ᵋīdɛxs laē dzāqwa. Wä, gˑăx·ᵋᴇmᵋlaē ʜɛm ᵋwīᵋla hōx̣ᵋwŭłt!axa gˑālāsa ᵋnᴇᵋmēmōtasa Gˑēxsᴇmasa Nāk!wax·daᵋxwē. Wä, gˑîlᵋᴇmᵋlāwisē ᵋnāx·ᵋīdxa gaālāxs laaɛl ʟ̣ēᵋlalē Ts!ɛx̣ᴇ́dāxēs
20 gˑōkŭlōtē qa lās ᵋwīᵋlaēʟ lāx gˑōkwas. Wä, gˑîlᵋᴇmᵋlāwisē gˑāx ᵋwīᵋlaᴄ̣lᴇxs laē ʟ̣ax̣ᵋŭlîłē Ts!ɛx̣ᴇ́dē qaᵋs hăwāxɛlēxēs gˑōkŭlōtē qa kˑ!ēsēs yāx·ᵋīd ālāx ʟ̣ăwŭlgămaᵋyas qaxs ᵋnᴇmōx̣ᵘᵋmaē xŭnōx̣ᵘsē K!wāk!wabalasē lāgˑitas ᵋnēx· qa lās ālāsēᵋwa. Wä, ʜɛmᵋlāwisē ᵋnēkˑē gˑōkŭlōtas qaᵋs hālabalē gaaxstāla. Wä, hēᴇmᵋlāwisē gᴇnᴇ-
25 mas Ts!ɛx̣ᴇ́dē yîx Ts!ɛqala gaaxstālāmasᴇq. Wä, gˑîlᵋᴇmᵋlāwisē gwāła gaaxstālāxs laē ᵋwīᵋla la hōqŭwᴇlsa. Wä, laᵋlaē ᵋwīlaᵋma łelâkwē ·hăᵋyāłᵋa aʟēᵋsta lāxa āʟ·!ē qaᵋs lā ālāx K!wākwabalasē. Laᴇmᵋlāwisē dzāqwaxs gˑāxaē ᵋwīᵋla näᵋnakwa. Wä, laᵋmē ᵋnēk·ēda

ing they came home; and | one of the young men said that he had
seen K!wāk!wabalas's tracks, ‖ but before he had followed them far 30
into the woods he stopped seeing them, and he gave it up | because
he could not find them again. Now they all gave up looking for him.
It was | midsummer when K!wāk!wabalas went into the woods. |

Now I shall talk about K!wāk!wabalas after | he had been struck
with the tongs by his father Ts!Ex‘ēd. He ‖ thought he would give 35
up enduring his father's dislike | for him. "I will kill myself in the
woods and die." Thus he said as | he arose and went out of his
father's house; and he went back | between his father's house and
the next house. As | soon as he came to the rear of the house, he
ran up ‖ the river Wāwałē; and he followed it, going up the river of | 40
Wāwałē. In the evening he washed in the river. Then | it occurred
to him that he would try to obtain by good luck a magic treasure |
while he was walking in the woods; for K!wāk!wabalas knew that
his mother, Ts!Eqała, | came from the Sōmxolīdɛxᵘ of Rivers Inlet,
and ‖ K!wāk!wabalas thought of going there. As soon as night 45
came, | he lay down under a cedar-tree at a sheltered place; and in
the |· morning, when day came, he arose, washed himself in the river,
and | after he had finished, he walked up the river. When | evening
came, he washed himself in the river; and after he had done so, ‖
he lay on his back and went to sleep. In the morning, when | day 50

‘nɛmōkwē hēłaxs dōx‘waLɛla‘maax qāqɛamotas K!wāk!wabalasē.
Wä, k·!ēs‘lat!a āLɛg·ilaxs laē gwāł dōqŭlaq. Wä, lā‘laē yāx·‘īdɛxs 30
laa‘lāläq. Wä, laɛm‘laē ‘wī‘la yāx·‘id āläq yīxs nɛgɛłtsɛmēg·a‘yaē
hēɛnxaxs laē toyag·ē K!wāk!wabalasē.

Wä, la‘mēsɛn gwagwēx·s‘ałał lāx K!wāk!wabalasē. Wä, hē‘maa-
‘laxs laē gwāł kwēxasō‘sa ts!ēsLalāsēs ōmpē Ts!Ex‘ēdē, wä, lā‘laē
‘nēnk·!ēx‘īda, "wäg·ił!a yāx·‘īdɛL lālabaax ‘yāx·sɛmē nāqēs āsē 35
qa‘s, wä la‘mēsɛn lāł tōyag·ił lāxa āL!ē qɛn hēł łe‘łē," ‘nēx·‘laēxs
laē Lax‘wida qa‘s lä lāwɛls lāx g·ōkwasēs ōmpē qa‘s lä āLē‘sta lāx
āwagawa‘yas g·ōkwasēs ōmpē Lɛ‘wa ōgŭ‘lamē g·ōkwa. Wä, g·ił-
‘ɛm‘lāwisē lāg·aa lāx āLanā‘yasa g·ōkwaxs laē dzɛlx‘wīda ‘nana-
laaqa lax wäs Wāwałē. Wä, hayōstalaɛm‘lāwisē nāgama lax wäs 40
Wāwałē. Wä, lā‘laē dzāqwaxs laaɛl la‘stax·‘īd lāxa wā. Wä, laɛm-
‘laē g·ig·aēx‘ēd qa‘s wäg·ił wāwɛldzɛ‘wa LaLōgwasdɛ‘ya laxēs gwä-
lag·īldzasLē qaxs q!āLɛla‘maē K!wāk!wabalasaxēs ābɛmp Ts!Eqałaxs
g·ayōłaē laxa Sōmxolīdɛxwasu Āwīk·!ēnoxwē. Wä, hē‘mis ‘nēnk·!ē-
gēs K!wāk!wabalasē qa‘s lālaLē. Wä, g·ił‘ɛm‘lāwisē gānol‘īdɛxs 45
laē t!ēk·!ɛxLɛlsaxa wēlkwē lāx t!ɛnyaga‘yas. Wä, g·ił‘ɛm‘lāwisē
nā‘nākŭlaxa gaālāxs laē Lax‘ūlsa qa‘s lä la‘stax·‘īd lāxa wa. Wä,
g·ił‘ɛm‘lāwisē gwālɛxs laaɛl qayamālaxa wa. Wä, g·ił‘ɛm‘lāwisē
dzāqwaxs laē la‘stɛx·‘īda lāxa wa. Wä, g·ił‘ɛm‘lāwisē gwałɛxs laē
t!ēk·!ɛxLɛlsaxa wēlkwē qa‘s mēx‘ēdē. Wä, g·ił‘ɛm‘lāwisē ‘nā‘na- 50

52 came, he arose and washed in the river; | and after he had done so, he walked up the river Wāwalē; and in | the evening he washed again; and after he had done so, | he lay on his back under a cedar-
55 tree and went to sleep. When ‖ daylight came in the morning, he arose and washed himself; and | after he had done so, he walked along; and he had not gone far, before he came | to a lake, and he washed himself in it; and | after he had done so, he walked to the inland side of the wide lake. | Before he had gone half the length of
60 the large lake ‖ evening came, and he washed himself; and after he had done so, | he lay down on the shore of the lake and went to sleep. Now, | he had slept four nights since leaving his home in Wāwalē. Then | he dreamed of a handsome stout man, who came and talked
65 to him; | and the stout man said to K!wāk!wabalas, ‖ "Let me ask you, why did you come to this supernatural place?" | Thus he said; and immediately K!wāk!wabalas said, | "O friend! I come to get supernatural power from you." Thus he said to him. Then | the stout man said, "Don't leave this place for | four nights, for you
70 have already obtained something good from me." ‖ Thus spoke the stout man in his dream. As soon as he | stopped speaking, the stout man disappeared, | and at once K!wāk!wabalas awoke. It was | getting daylight. Immediately he arose and washed himself; | and

---

51 kŭlaxa gaālāxs laaɛl ʟax̣ʻŭlsa qaʻs lä laʻstɛx̣ʻīda lāxa wā. Wä, g·îlʻɛmʻlāwisē gwālɛxs laē qayamalax wäs Wāwalē. Wä, g·îlʻɛmʻlāwisē dzāqwaxs laē laʻstɛx̣ʻīda. Wä, g·îlʻɛmʻlāwisē gwālɛxs laē t!ēk·!ɛxʟɛlsaxa wēlkwē qaʻs mēx̣ʻēdē. Wä, g·îlʻɛmʻlāwisē ʻnāʻna-
55 kŭlaxa gaālāxs laē ʟaxʻwida qaʻs lä laʻstax̣ʻīda. Wä, g·îlʻɛmʻlāwisē gwālɛxs laē qāsʻida. Wä, k·!ēsʻlat!a qwēsg·ilaxs laē lāg·aa lāxa dzɛʻlālē. Wä, hēx·ʻidaɛmʻlāwisē laʻstɛx̣ʻīd lāq. Wä, g·îlʻɛmʻlāwisē gwālɛxs laē qāsʻīda ālanēgwēsɛlaxa lēxē dzɛʻlāla. Wä, k·!ēsʻlatʻa ā˘ʟatʻla nɛgōyōlisax ʻwāsgɛmasasa lēxē dzɛʻlālɛxs laē
60 dzāqwa. Wä, lāʻlaē laʻstɛx̣ʻīd lāq. Wä, g·îlʻɛmʻlāwisē gwālɛxs laē t!ēx·alēs lāx āwɛnxēlisasa dzɛʻlālē qaʻs mēx̣ʻēdē. Wä, laʻmē mōp!ɛna mēxa g·āx·ʻīd lāxēs g·ōkwē lāx Wāwalē. Wä, laɛmʻlāwisē mēxɛlasa ēk·a ʻwālatsayōkᵘ bɛgwānɛm g·āx yāyaq!ɛntɛmaq. Wä, laɛmʻlaē ʻnēkʻēda ʻwālatsayōkwē bɛgwānɛm lāx K!wāk!waba-
65 lasē: "Wēg·ax·tn wŭʟōlmasōs g·āxē̆laōs lāxwa ʻnawalakwēx āwīnak!ŭsa," ʻnēx·ʻlaē. Wä, hēx·ʻidaɛmʻlāwisē K!wāk!wabalasē ʻnēk·a: "ʻya, qāst, ʟāʟōgwasdɛyîn lāʟ, qāst," ʻnēx·ʻlaēq. Wä, lāʻlaē ʻnēk·ēda ʻwālatsayōkwē bɛgwānɛma: "Gwala bāsōs āxāsaqōs mōp!ɛnxwaʻsʟēs gānoʟaōs yōl lōx qaxs lɛʻmaaqōs hēlaxa g·āxɛn,"
70 ʻnēx·ʻlaē mēxaʻyas ʻwālatsayōkᵘ bɛgwānɛma. Wä, g·îlʻɛmʻlāwisē q!ŭlbē wāldɛmasēxs laē x·ʻisʻīdēda ʻwālatsayōkwē bɛgwānɛma. Wä, hēx·ʻidaɛmʻlāwisē K!wāk!wabalasē ts!ɛx·ʻīda. Laʻmaālaxōʟ ʻnāʻnakŭla. Wä, hēx·ʻidaɛmʻlāwisē ʟax̣ʻŭls qaʻs lä laʻstɛx·ʻīda.

after he had done so, he broke off hemlock-branches to ‖ make a house 75
of hemlock-branches; and after making his house, | he went out to
eat different kinds of berries | of the lake; and after he had had
enough, he went back | to his house of hemlock-branches, and he lay
down on his back. Then he thought about | his dream, and what
the stout man had said to him. ‖ When evening came, he washed him- 80
self in the lake; and | after he had done so, he went into this house of
hemlock-branches and lay down on his back. | Soon he went to sleep.
Then he dreamed of another man | who came and stood in the house,
not like the stout man of whom he had first dreamed. | The man of his
new dream was medium-sized. ‖ The man spoke, and said, "Why do 85
you come | to this supernatural place, friend?" Thus he said. |
And K!wāk!wabalas replied at once, and said to him, | "I come to
this supernatural place because I want to get supernatural power |
from it, friend!" Thus he said to him. Then the man spoke
again, ‖ and said, "Take care! We have been informed by | our 90
friend X·îmsɛlîlɛla, who came to see you last night—for | he is the
one who first goes to see those who come to this supernatural place— |
I am Hōxhoxŭlsɛla. Now, take care! and | go on washing yourself in
this supernatural lake, so that the ‖ human smell will come off, friend, 95

Wä, g·îl‘ɛm‘lāwisē gwăɫɛxs laē ʟ!ɛx‘wēd lāxa q!waxē qa‘s
g·ōkwĕlēxa q!waxsɛmē g·ōkwa. Wä, g·îl‘ɛm‘lāwisē gwăɫē g·ōkwē- 75
la‘yas laē qās‘īda qa‘s lä ha‘maaxso lāxa ʟ!ōʟ!ɛp!ēmasas ōgwä-
gĕlisasa dzɛ‘lāɫē. Wä, g·îl‘ɛm‘lāwisē pōl‘idɛxs g·āxaē aēdaaqa
lāxēs q!wäxsɛmē g·ōkwa qa‘s t!ēx·‘ɛlsē. Wä, la‘mē g·īg·aēqɛ-
laxēs mēxa‘ya ‘wälatsayōkwē bɛgwānɛma ɬō‘ wăɫdɛmasēq. Wä,
g·îl‘ɛm‘lāwisē dzăqwaxs ıaē la‘stɛx·‘īd lāxa dzɛ‘lāɫē. Wä, g·îl‘ɛm- 80
‘lāwisē gwăɫɛxs laē laēʟ laxēs q!waxsɛmē g·ōkwa qa‘s t!ēx·‘ɛlsē.
Wä, g·îl‘ɛm‘lāwisē mēx‘ēdɛxs laē mēxɛlasa ōgü‘!amaxat! bɛgwānɛm
g·āx ʟa‘wiɬ lāx g·ōkwas k·!ēs‘ɛl hē gwēx·sa g·āɫē mēxēs yīxa ‘wäla-
tsayōkwē. Wä, lā‘laē hēl‘asgɛmsdēda bɛgwānɛmē āl mēxēs. Wä,
lā‘laē yāq!ɛg·a‘lēda bɛgwānɛmē. Wä, lā‘laē ‘nēk·a: "‘māsōs g·āx- 85
‘ēna‘yaqōs lāxwa ‘nawalakwē äwīnak!ūsa qāst," ‘nēx·‘laē. Wä,
hēx·‘idaɛm‘lāwisē K!wāk!wabalasē nä‘naxmēq. Wä, lā‘laē ‘nēk·ɛq:
"Hēdɛn g·āxēnē lāxwa ‘nawalakwēx äwīnak!ūsxg·īn ʟāʟogwasdɛyēk
lāqᵘ qāst," ‘nēx·‘laēq. Wä, lā‘laē ēdzaqwa yaq!ɛg·a‘lēda bɛgwānɛ-
mē. Wä, lā‘laē ‘nēk·a: "Wāg·iɫlax·ōs âɛm yāʟ!ᴀʟɛx ts!ɛk·!āɫɛla- 90
‘mɛns ‘nɛmōkwaē X·îmsɛlîɫɛla yīxs g·āxaē dōqwōʟax gānoʟē qaxs
hē‘maē g·ali‘lāla la dōqwaxa g·āxē lāxwa ‘nawalakwēx äwīnak!ūsa.
Wä, nōgwaɛmʟaɫ Hōxhoxŭlsɛla. Wāg·iɫɫax·ōs âɛm yāʟ!ᴀʟɛx qa‘s
wāɫɛmk·aɫaōs la‘sta lāxwa ‘nawalakwēx dzɛ‘lāɫa qa ‘wī‘lāwesōs bɛxᵘ-
p!alāqōs, qāst, qaxg·în hāɫsɛla‘mēk· la mēsɛla lāxōs bɛxᵘp!alāqos. 95

96 for I can now hardly notice on you the smell of human beings. | And do not leave the place where you are now, for there is no | greater supernatural power anywhere, except the house of Cannibal-at-North-End-of-World. That is it, | friend." Thus said he, and he disappeared. Immediately | K!wāk!wabalas awoke, and washed himself in the
100 lake; and ‖ after he had done so, day came, and he just went and ate | berries. He only came back when it was nearly | evening. He had not been lying there long in his house, when evening came. | Then he washed himself in the lake; and after he had done so, | he went into
5 his house of hemlock-branches and lay down. He ‖ went to sleep at once; and he had not been sleeping long, when in his dream | he saw a short man coming, who stood in the house. And the | short man spoke, and said, "O friend! why did you come | to this supernatural place?" Thus he said. Immediately | K!wāk!wabalas replied, and
10 said, "O friend! I ‖ came to this supernatural place of which I knew, because I wanted to get supernatural power | from it." Thus he said to him. After K!wāk!wabalas had spoken, | the short man spoke, | and said, "O friend! I am Ts!EqomēLElsa'na. | Take care
15 that you may obtain what you may want to get here. I ‖ know about you, for our friends have talked about you; and | they say that you will obtain a great treasure from us. Take care! Keep on | washing in the supernatural lake!" Thus he said and disappeared. | Immedi-

---

96 Wä, hë'misa qa's k·!ēsaōs bâsōs äxāsaqōs qaxs k·!eâsaē 'nawalakwagawēsōx ōgü'lä läx g·ōkwas Bax^ubakwālanux^usīwa'ya. Wä, hë'mēq, qäst," 'nēx·'laēxs laē x·'ĩs'īda. Wä, hëx·'idaEm'lāwisē ts!EX·'ĩdē K!wāk!wabalasē qa's lä la'stEx·'ĩd läxa dzE'lâlē. Wä, g·îl'Em'lāwisē
100 gwälExs laē 'näx·'ida. Wä, âEm'lāwisē la qās'ida qa's lä ha'maaxsō läxa L!ōL!Ep!ēmasē. Wä, äl'Em'lāwisē g·äx aēdaaqaxs laē Elāq dzāqwa. Wä, k·!ēs'lat!a gēs t!ēk·!Es läxēs g·ōkwaxs laē dzāqwa. Wä, lä'laē la'stEx·'ĩda läxa dzE'lâlē. Wä, g·îl'Em'lāwisē gwäla laē laēL läxēs q!waxsEmē g·ōkwa qa's t!ēx·'Elsē. Wä, hëx·'idaEm'lāwisē
5 mēx'ēda. Wä, k·!ēs'Em'lāwisē gēs mēxaxs laē mēxElasa ts!Ek!üxsdē begwänEm g·äx Lä'wīla. Wä, lä'laē yāq!Eg·a'lēda ts!Ek!üxsdē begwänEma. Wä, lä'laē 'nēk·a: "'yâ, qäst, 'māsēs g·äxē-laōs läxwa 'nawalakwēx äwīnak!üsa," 'nēx·'laē. Wä, hëx·'idaEm K!wāk!wabalasē nā'naxmēq. Wä, lä'laē 'nēk·a: "'yâ, qäst, hēdEn
10 g·äxēla läxwa q!älaqEn 'nawalak^u äwīnak!üsxg·în Lälogwasdeyēk· lāq^u," 'nēx·'laēq. Wä, g·îl'Em'lāwisē gwäl yāq!Ent!alē K!wāk!wabalasē laa'las yāq!Eg·a'lēda ts!Ek!üxsdē begwänEma. Wä, lä'laē 'nēk·a: "'ya, qüst, nōgwaEm Ts!EqomēLElsa'na. Wäg·îl la âEm yāL!âLEX qa's lâLēlōsaxēs gwE'yâōs qa's lälōL!ōs. Wä, läLEn
15 q!älaEmxs lE'maaqōs gwägwēx·s'âlatsEns 'nē'nEmōkwē, yîxs 'wälasaēs Lōgwīlaōs. Wäg·îl la âEm yāL!âLEX âlag·aEm hēmEnałaEm la'sta läxwa 'nawalakwēx dzE'lâła," 'nēx·'laēxs laē x·'ĩs'īda. Wä,

ately K!wāk!wabalas arose and washed himself in the lake, | and he only came out of the water at daylight. Then || he went and ate 20 berries, and he | did not come back until the evening. Then he went right into the lake | and washed himself; and after doing so, he went into his | house and lay on his back. When he fell asleep, | a woman came in laughing. She came into the house of hemlock-branches, || laughed, and spoke. She said, "O friend! I am | 25 Dāɫɛlsa‘naga. I have been sent by our friends to call you to come | into the great winter-dance house. And now let us go." | Immediately K!wāk!wabalas went and followed her. They had not | gone far, before the woman lifted the edge of the moss; || and they went 30 under it into a great house; and | K!wāk!wabalas was told to sit, down at the right-hand side of the | house. As soon as he sat down an old man arose | and spoke to his tribe. He said, | "O supernatural ones! let us ask our friend why he has come || to our super- 35 natural place here, whether for good or bad, or to make us secular, | for he is the only one who came to our winter dancing-place. | Now, tell us why you came." Thus he said. | Then it occurred to K!wāk!wabalas that he would say that he had come to obtain the | winter dance and the great winter-dance house. And at once || another 40 man spoke in the rear of the dance-house, | and said, "This is

hēx·‘idaɛm‘lāwisē K!wāk!wabalasē ʟāx‘wida qa‘s lä la‘sta läxa dzɛ- 18 ‘lälē. Wä, äl‘ɛm‘lāwisē g·āx‘wūstaxs laē ‘nāx·‘ida. Wä, âɛm‘lāwisē la qās‘ida qa‘s lä ha‘maaxsō läxa ʟ!ōʟ!ɛp!ēmasē. Wä, äl‘ɛm‘lāwisē 20 g·āx aēdaaqaxs lɛ‘maē dzāqwa. Wä, âɛm‘lāwisē hē‘stāla läxa dzɛ-‘lālē qa‘s la‘stɛx·‘īdē. Wä, g·īl‘ɛm‘lāwisē gwāɫɛxs laē laēʟ läxēs g·ōkwē qa‘s t!ēx·ɛlsē. Wä, laɛm‘lāwisē māmēxɛmālaxs g·āxaasa dāɫalā ts!ɛdāqa. Wä, g·āx‘laē g·āxēʟa läxa q!waxsɛmē g·ōkwa dāɫɛ-tewēxs laē yāq!ɛg·a‘la. Wä, lā‘laē ‘nēk·a: "yā, qāst, nōgwaɛm 25 Dāɫɛlsa‘naga g·āx ‘yālagɛmsɛns ‘nē‘nɛmōkwē qɛn g·āxē ʟē‘laʟōʟ qa‘s laōs läxwa ‘wālasēx ts!āgats!ē g·ōkwa. Wä, gēlag·a qɛns lālag·ī." Wä, hēx·‘idaɛm‘lāwisē K!wāk!wabalasē la lāsgɛmēq. Wä, k·!ēs‘lat!a qwēsg·ila qāsaxs laēda ts!ɛdāqē ʟ!ɛlg·ustōdɛx āwūnxa‘yasa p!ɛlɛmsē qa‘s lä hōgwabōdɛq. Wä, lä hōgwīʟ läxa ‘wālasē g·ōkwa. Wä, lä 30 ‘nēx·sɛ‘wē K!wāk!wabalasē qa‘s hē k!wax·‘īdē hēlk·!ōdo‘yāliɫasa g·ōkwē. Wä, g·īl‘ɛm‘lāwisē k!wāg·aliɫɛxs laē ʟāx‘ūlīlēda q!ūlyakwē bɛgwānɛma qa‘s yāq!ɛg·a‘lēxēs g·ōkūlōtē. Wä, lā‘laē ‘nēk·a: "Wä, g·īl la‘x·ins ‘nā‘nawalaku wūlālɛxg·ins ‘nɛmōx̣udzēk·lāx g·āxɛlasōx läxɛns ‘nawalak!wāsēx ʟō‘ ēk·ē ʟō‘ ‘yāx·sɛmē ʟō‘ g·āx bɛbax̣uyīla 35 g·āxɛns, qaxs hē‘maēx āɫē ‘nɛmōku g·āx läxɛns ts!āxdɛmēsēx. Wä, wāg·īl la qa‘s yāq!ɛg·a‘ltsōs g·āx‘ēna‘yēx," ‘nēx·‘laē. Wä, lā‘laē ‘nēnk·!ēqɛla‘laē K!wāk!wabalasaxs hē‘maē lālōʟ!asōsē ts!āq!ē-na‘yas ʟɛ‘wa ‘wālasē ts!ēts!ēgats!ē g·ōkwa. Wä, hēx·‘idaɛm‘lāwisē yāq!ɛg·a‘lēda ōgū‘lama bɛgwānɛm läxa ōgwiwalīlasa ts!ēts!ɛgats!ē
75052—21—35 ɛᴛʜ—ᴘᴛ 2——26

41 what he wants to obtain: he wants to obtain as a treasure our |
winter dance, and this great dance-house, and our names." | Thus
said Qōqwadēstīla, who was the listener of the house. | Immediately the speaker of the great dance-house, Gwa‘wayeʟa‘na (Raven) ‖
45 said, "Now, dancers, really perform your great | dance āʟaq!ɛm.
Begin all the ways, so that | our friend may know how they are
used." Thus said Gwa‘wayeʟa‘na to his | friends. And K!wāk!wabalas saw hemlock-trees standing | at the left-hand side in the rear
50 of the great dance-house, and ‖ from them hung narrow strips of
split red cedar-bark. | They were covered with eagle-down, so that
they were like | a house of red cedar-bark covered with down in the
house. This was the sacred room of the great | dance, the dance
āʟaq!ɛm. When it was late at night, | many men who were sitting
on the floor in the rear of the great dancing-house began to beat time. ‖
55 They had not been beating long, when they stopped. | Four times
they beat time. Then a man wearing a mask | came out of the
sacred room of hemlock-branches covered with eagle-down. He
went around the | fire in the middle, and stood at the right-hand side
of the door, | shaking his round rattle; and he had not been standing
60 there long before ‖ those who had been beating time began to sing.
He danced around | the fire in the middle of the house. And when

41 g·ōkwa. Wä, lä‘laē ‘nēk·a: "Yūɛm‘ɛl ʟāʟogwasdɛyōsōsōqŭns ts!äq!ēna‘yēx ʟɛ‘wa ‘wālasēx· ts!ēts!ēgats!ē g·ōkwa ʟɛ‘wɛns ʟēʟɛgɛmēx,"
‘nēx·‘laē Qōqwadēsīla, yīx hōʟaq!ɛsasa g·ōkwē. Wä, lä‘laē hēx·‘ida‘ma yāyaq!ɛntɛmīlē yīx Gwa‘wayeʟa‘na, yīsa ‘wālasē ts!ēts!ēgats!ē
45 g·ōkᵘ, ‘nēk·a: "Wäg·ī‘lax·ōs ts!ēts!ēk·aō ālax·‘id lāxēs ‘wālasōs
lādēda āʟaq!ɛm. Laɛms lālabaaʟɛx ‘naχwa gwayi‘lālats qa gwaʟɛla‘mēsɛns ‘nɛmōχᵘdzēx·‘wī‘la q!ālaqᵘ," ‘nēx·‘laē Gwa‘wayeʟa‘näxēs ‘nē-
‘nɛmōkwē. Wä, la‘mē K!wāk!wabalasē dōqŭlaxa q!waχē la q!waēl
lāx gɛmχōtēwalīlasa ‘wālasē ts!ēts!ēgats!ē g·ōkwa. Wä, hē‘mis la
50 tētɛgŭxʟawayaatsa ts!ēlts!ɛq!astowē dzɛxɛkᵘ ʟ!āgɛkwa. Wä, la
qɛmqɛmχŭxʟālax qɛmχwāsa kwēkwē, hē gwēx·s qɛmōkᵘ ʟ!āʟ!ɛgɛkŭlakᵘ g·ōkwē lāxēs gwaēlasē. Wä, hēɛm lɛ‘mē‘lats!ēsa ‘wālasē
lādēda āʟaq!ɛmē. Wä, g·ī‘mēsē gagāla gānōʟɛxs laē ʟɛxɛdzōdēda
q!ēnɛmē bēbɛgwānɛm k!ŭdzīl lāxa ōgwiwalīlasa ‘wālasē ts!ēts!ēga-
55 ts!ē g·ōkwa. Wä, k·!ēst!a ālaɛm gēg·īlīl ʟɛxaxs laē q!wēl‘ida. Wä,
mōp!ɛna ʟɛxɛdzōdɛxs g·āxaas g·ayoqāwa yīχumāla bɛgwānɛm lāxa
qɛmqɛmχŭla q!waxsɛm lɛ‘ɪnē‘lats!ä. Wä, la tsaxsē‘staliʟɛlaxa laqawalīlē qa‘s la ʟāχ‘ŭlīl lāx hēlk·!ōtstālīlasa t!ɛx·‘īla laxēs yatɛlaēna-
‘yasa lōxsɛmē yadɛna. Wä, k·!ēs‘lat!a gaēl ʟa‘wīlɛxs laē dɛnχ‘ē-
60 dēda k!ŭsālāsa tsaxālās t!ɛmyasē. Wä, laɛm‘lāwisē yīχᵘsē‘stalilālaxa laqawalīlē. Wä, g·ī‘ɛm‘lāwisē q!ŭlbē q!ɛmdɛmasēxs g·āxaē

his song was ended, he came and stood where he had stood first, 62
at the right-hand side of the door of the house. His name was
X·îmsɛlîlɛla. He had not been standing there long swinging his
rattle, while those in the rear of the house were beating time, when 65
he danced with fast steps to the rear of the house, and stood outside
the sacred room of hemlock-branches: and he shouted with a
loud voice, and said, "Come, friend, Hōxhoxŭlsɛla!" As soon as
the one who had been called had said, "Hōho!" X·îmsɛlîlɛla said,
laughing, "Our friend has come," and he went to stand where he
had stood before. As soon as Hōxhoxŭlsɛla had cried "Hōho!" 70
the song-leaders in the rear of the house began to sing the same
song they had sung before, for there is only one song for the whole
number. And when the song was at an end, Hōxhoxŭlsɛla arose
near the place where X·îmsɛlîlɛla was standing, only Hōxhoxŭlsɛla
was nearer to the door.

And X·îmsɛlîlɛla swung his rattle again. At once the song- 75
leaders beat time; and X·îmsɛlîlɛla danced back with quick steps,
and shouted, calling Tsǃɛqōmēʟɛlsaʻna. As soon as he named
him, Tsǃɛqōmēʟɛlsaʻna shouted, "Hōho!" Then X·îmsɛlîlɛla
laughed aloud, and told all the men that the one who had been
called was coming. At once the song-leaders began to sing the song 80
they had first sung, and now Tsǃɛqōmēʟɛlsaʻna came dancing with
a mask; and X·îmsɛlîlɛla was still standing where he was always

---

Ḷax̣ʻûlîl lāxēs g·îlx·dē ʟáʻwiʻlasa lāx hêlk·ǃotstâlîlas tǃɛx·îlāsa g·ōkwē. 62
Wä, hëɛm ʟēgadɛs X·îmsɛlîlɛla. Wä, k·ǃēsʻlatǃa gaël ʟáʻwîlɛxs laē
yatǃēda yîsēs yadɛnē. Wä, láʻlaē ʟēxɛdzodēda kǃûdzîlē lāxa ōgwi-
waʻlîlē. Wä, laē tsaxɛyolîlɛlē X·îmsɛlîlɛla qaʻs lä Ḷax̣ʻûlîl läx ʟǃā- 65
salîlasa qǃwaxsɛmē lɛʻmēʻlatsǃä qaʻs ʻlāqûlē hāsɛla. Wä, la ʻnēk·a·
"Gêlag·a qâstai' Hōxhoxŭlsɛlai'." Wä, g·îlʻɛmʻlāwisē hōhoxwē ʟē-
ʻlālasɛʻwaxs g·āxaē ʻnēg·ɛtâyē X·îmsɛlîlɛla dālɛtâʻya: "G·āx̣ʻmɛns
ʻnɛmōkwē," qaʻs lä Ḷax̣ʻûlîl lāxēs g·îlx·dē ʟaʻwiʻlasa. Wä, g·îlʻɛmx·dē
hōhoxwē Hōxhoxŭlsɛlāxs laē dɛnx·ʻēdēda nēnâgadē lāxa ōgwiwalîlē, 70
yîsēs g·îlx·dē dɛnx·ʻēdayowa qaxs ʻnɛmsgɛmaēs qǃɛmdɛmē lāxēs
ʻwāxaasē. Wä, g·îlʻmēsē qǃûlbē qǃɛmdɛmasēxs laē ʟax̣ʻûlîlē Hōx-
hoxŭlsɛla lāxa ʻnɛxwāla lāx Ḷaʻwiʻlasas X·îmsɛlîlɛla. Âɛmʟaʟ hē
nɛxwālē Hōxhoxŭlsɛla lāxa tǃɛx·îla.

Wä, lä ētǃēdē X·îmsɛlîlɛla yatǃētsēs yadɛnē. Wä, hēx·ʻidaʻmēsē 75
ʟēxɛdzodēda nēnâgadē. Wä, laʻmē ētǃēd tsaxālē X·îmsɛlîlɛla qaʻs
lä hāsɛla ʟēʻlālax Tsǃɛqōmēʟɛlsaʻna. Wä, g·îlʻɛmʻlāwisē Ḷēx·ʻēdqēxa
laaɛl hōhoxwē Tsǃɛqōmēʟɛlsaʻna. Wä, g·āx̣ʻlaē X·îmsɛlîlɛla daʟɛlaxs
laē hāsɛla nêlaxa ʻnāxwa bɛgwānɛmxs g·āx̣ʻmaēs ʟēʻlālasɛʻwē. Wä,
hēx·ʻidaɛmʻlāwisē dɛnx·ʻēdēda nēnâgadūsēs g·ālē dɛnxɛlayâ. Wä, 80
g·āx̣ʻmē yîx̣ʻwîdēda yîx̣umalē Tsǃɛqōmēʟɛlsaʻna. Wä, hēx·säʻmēsē
Ḷaʻwîlē X·îmsɛlîlɛlēs Ḷax̣ʻûlîʻlasnāx̣wa. Wä, g·îlʻmēsē qǃûlbē dɛnxɛ-

standing. As soon as the | song-leaders ended their song, Ts!Eqōmē-
LElsa‘na stood at the left of | Hōxhoxŭlsela. ||
85   Then X·ĭmsElĭlEla swung his rattle again, and | the song-leaders
beat fast time. And X·ĭmsElĭlEla danced with quick steps, and |
stood outside of the sacred room of hemlock-branches, and he called
with a loud voice | DālElsā‘naga (Laughing-Woman-of-the-Woods);
and as soon as X·ĭmsElĭlEla named DālElsā‘naga | she began to
90 laugh. And X·ĭmsElĭlEla said as he was going back, || "Our friend
is coming." Thus he said and went to the place where he always
stood. | Immediately the song-leaders began to sing, and DālEl-
sā‘naga continued laughing | as she was dancing. And then she
took her place to the left | of Ts!EqōmēLElsa‘na. |
95   Then X·ĭmsElĭlEla swung his rattle again, and || the song-leaders
beat fast time; and X·ĭmsElĭlEla danced with quick steps, | and stood
outside of the sacred room of hemlock-branches; and he shouted
aloud, | "I call you, friend Hamasē‘nâ, to come and dance!" And |
as soon as he had finished his speech, Hamasē‘nâ shouted, "Hōho!"
inside of the | sacred room of hemlock-branches; for there is only
200 one way in which the spirits || shout, namely, "Hōho!" As soon as
Hamasē‘nâ had said "Hōho!" | X·ĭmsElĭlEla laughed, and told those
who were sitting down that the one who had been called was com-
ing. | And when Hamasē‘nâ shouted "Hōho!" the song-leaders
began to sing the same | song as before, for all the people have only

---

83 layâsa nenâgadäxs laē Lāx‘ŭlĭlē Ts!EqōmēLElsa‘na lax gEmxagawa-
liłas HōxhoxŭlsEla.
85 Wä, lā‘laē ēt!ēd yat!ēdē X·ĭmsElĭlEläxēs yadEnē. Wä, lā‘laē
lēxEdzodēda nēnâgadē. Wä, lā‘laē X·ĭmsElĭlEla tsaxäla qa‘s lä
Lāx‘ŭlĭl läx Llāsa‘yasa q!waxsEmē łE‘mē‘lats!ä qa‘s häsElē Lē‘lälax
DālElsā‘naga yīxs g·ĭl‘maē Lēx‘ēdē X·ĭmsElĭlElax LēgEmas DālElsā-
‘naga laa‘lasē dEdāltsä. Wä, g·āx‘laē X·ĭmsElĭlEla ‘nēg·EtE‘wēxs g·ā-
90 xaē: "G·āx‘mEns ‘nEmōkwēx," ‘nēx·‘laē lälaa läxēs La‘wī‘lasē. Wä,
hēx·‘idaEm‘lāwisē dEnx‘ēdēda nēnâgadē. Wä, la‘mē sEnbaēl dāłElē
DālElsā‘nagaxēs ‘wä‘wasdEmē yīxwa Ļōxs laē La‘wīl läx gEmxagawa-
liłas Ts!EqōmēLElsa‘na.
    Wä, la ēt!ēdē X·ĭmsElĭlEla yat!ētsēs yadEnē. Wä, hēx·‘idaEmxa-
95 āwisa nenâgadē lēxEdzōda. Wä, laEmxaāwisē X·ĭmsElĭlEla tsaxäla
qa‘s lä Lax‘ŭlĭl läx Llāsa‘yasa q!waxsEmē łE‘mē‘lats!ē. Wä, hasEla
‘nēka: "Lē‘lälEnLōł qāstai Hamasē‘nâ qa‘s g·äxaōs yīx‘wīda." Wä,
g·ĭl‘mēsē q!ŭlbaxsdē wäldEmas laē hōhoxwē Hamasē‘nâ läx ōts!awasa
q!waxsEmē łE‘mē‘lats!ä qaxs ‘nEm‘maē bâbagŭlagōmasa haăyalĭla-
200 gasē hōhō läxēs ‘wäxaasē. Wä, g·ĭl‘mēsē hōhōxwē Hamasē‘nâxs g·āxaē
X·ĭmsElĭlEla dāłEla nēłaxa k!ŭdzēłaxs g·āx‘maēs Lē‘lälasE‘wē. Wä,
g·ĭl‘Em hōhōxwē Hamasē‘nâxs laē dEnx‘ēdēda nēnâgadāsēs g·ĭlx·dē
dEnxElayâ qaxs ‘nEmsgEmaē q!EmdEmas laxēs ‘wäxaasē. Wä, g·ĭl-

one song. When | the song was ended, Hamasē‘nâ stood at the left-hand side ‖ of Dāłɛlsā‘naga. They stood close together, and | 5 X·ĭmsɛlĭłɛla was also still standing there where he first had taken his place. |

Then X·ĭmsɛlĭłɛla swung his rattle again and danced with quick steps, | while the song-leaders were beating time. As soon as he arrived outside of the | sacred room of hemlock-branches, he said aloud, "I call you, friend ‖ Yaxwaxanowił (Dancer-of-the-House)!" 10 And when his speech was ended, | Yaxwaxanowił shouted, "Hōho!" And at once X·ĭmsɛlĭłɛla went and | told those who were sitting in the house that the one who had been called, Yaxwaxanowił, was coming. And | Yaxwaxanowił came out of the | sacred room of hemlock-branches, and the song-leaders sang. And when ‖ their 15 song was at an end, Yaxwaxanowił took his place at the left of | Hamasē‘nâ.[1] |

. . . "I call you, friend Gwa‘wayela‘na | (Raven-of-the-Woods)!"

. . . "I call you, friend G·îlg·ɛldokwīla (Long-Life-Maker)!"[2]

. . . The | song-leaders sang, and G·ilg·ɛldokwīla danced, ‖ and 20 they all wore different kinds of masks. |

. . . "I call you, friend ʟ!ētsaplēla‘naga (Heat-of-House-Woman), to come and dance!" |

‘mēsē q!ûlbē q!ɛmdɛmas laē ʟax‘ûlĭłē Hamasē‘nâ lāx gɛmxagawalīłas Dāłɛlsā‘naga lāxēs mɛmk·âlaē‘na‘yē. Wä, lāxaa hēx·säɛm 5 ʟax‘ûlĭłē X·ĭmsɛlĭłɛlēs g·ilx·dē ʟax‘ûli‘lasa.

Wä, lā ēt!ēd yat!ēdē X·ĭmsɛlĭłɛlāsēs yadɛnē gûyōłela tsaxāłaxs laē ʟēxɛdzōdēda nenâgadē. Wä, g·îl‘mēsē lāg·aa lāx ʟ!āsalīłasa q!waxsɛmē łɛ‘mē‘lats!ēxs laē hasɛla ‘nēk·a: "Lē‘lalɛnʟôł, qēstai, Yaxwaxanowił. Wä, g·îl‘ɛm‘lāwisē q!ûlbē wäłdɛmas laa‘łasē hō- 10 hoxwē Yaxwaxanowił. Wä, hēx·‘ĭdaɛm‘łāwisē X·ĭmsɛlĭłɛla g·āx nēnłɛlaxa k!ûdzîłaxs g·āx‘maēs Lē‘łālasɛ‘wē Yaxwaxanowīłē. Wä, g·āxaałas yîxûtâ‘yē Yaxwaxanowīłaxs g·āxaē g·āx‘wüłts!ālił lāxā q!waxsɛmē łɛ‘mē‘lats!ēxs laē dɛnxɛlēda nenâgadē. Wä, g·îl‘mēsē q!ûlbēda q!ɛmdɛmaxs laē ʟax‘ûlĭłē Yaxwaxanowiłē lāx gɛmxagawalī- 15 łas Hamasē‘nâ.[1]

. . . "Lē‘łālɛnʟôł qastai Gwa‘wayela‘na"

. . . "Lē‘łālɛnʟôł qastai G·ilg·ɛldokwilai." . . . Wä, lā‘laē dɛnx‘ēdēda nēnâgadē. Wä, laɛmxaē yîxwē G·îlg·ɛldokwīla lāxēs ‘näxwaēnɛmē yîxumāla lāxēs gwēgŭxᵘsdɛmē. 20

. . . "Lē‘łālɛnʟôł qastai ʟ!ētsaplēla‘naga qa‘s g·āxaōs yîx‘wīda."

---

[1] The following calls are the same as the preceding. For this reason only the names and characteristic remarks are given.

[2] The lark.

23 . . . "I call you, friend P!ɛlp!ɛlsk·!ōtɛmɛls (One-Side-Moss-in-Woods), to come and | dance!"
25 . . . The dancer had really moss on one side of the mask ‖ as he came in dancing. |
. . . "I call you, friend Xēxɛyĭlsk·!ōtɛm (One-Side-Rock-in-Woods), to come and dance!" | and the song-leaders began to sing. Then Xēxɛyĭlsk·!ōtɛm danced. | There were two of them. And the one side of their masks was really stone. | One was a woman, and one a man. ‖
30 . . . "I call you, friend Wŭqagas (Frog-Woman), to come and dance!" |
. . . "I call you, friend Gɛlōgŭdzɛwēs (Crooked-Beak-of-the-Sky)." Then the | song-leaders began to sing, and Gɛlōgŭdzɛwēs had on his face a crooked-beak | mask while he was dancing. |
. . . "I call you, friend Hōxᵘhogŭdzɛwēs (Hōxᵘhokᵘ-of-the-
35 Sky), to come and dance!" | . . . Then the song-leaders began to sing; and | Hōxᵘhogŭdzɛwēs began to dance around the fire in the middle of the house, as all those | who had dancee first had done. |
. . . "I call you, friend Q!ǎmĭnâgǎs (Rich-Woman), to come and dance!" | . . . And at once X·ĭmsɛlĭƚɛla came and told the ‖
40 men sitting in the house, the spectators, that the one who had been called was coming, | Q!ǎmĭnâgǎs." |

---

22 . . . "Lē'lālɛnʟôł qastai P!ɛlp!ɛlsk·!ōtɛmɛls qa'ˢ g·ˑāxaōs yĭx̣-'wīda. . . .
Wä, hē'mis la yɛ'watsa âlaɛm p!ɛlɛmsē ǎpsanōʟɛma'yas yĭx̣umłasa
25 g·ˑāx yĭx̣wa.
. . . "Lē'lālɛnʟôł qastai Xēxɛyĭlsk·!ōtɛm qa'ˢ g·ˑāxaōs yĭx̣'wī-da." Wä la dɛnx·'ēdēda nēnâgadē. Wä, la yĭx̣wē Xēxɛyĭlsk·!ōtɛm lāxēs ma'lōkwaē. Âlaɛm t!ēsɛmē ǎpsanōʟɛma'yas yaēx̣umłas: ts!ɛdāqa 'nɛmōkwē, wä, lä bɛgwānɛma 'nɛmōkwē.
30 . . . "Lē'lālɛnʟôł qastai Wŭqagas qa'ˢ g·ˑāxaōs yĭx̣'wīda."
. . . "Lē'lālɛnʟôł qastai Gɛlōgŭdzɛwēs." Wä, lā'laē dɛnx·'ē-dēda nēnâgadē. Wä, la'mē äx·'ɛmālē Gɛlōgŭdzɛwēsaxa· gɛl'wīlba yĭx̣ŭmłaxs łaē yĭx̣'wīda.
. . . "Lē'lālɛnʟôł qastai Hōxᵘhogŭdzɛwēs qa'ˢ g·ˑāxaōs yĭx̣'wī-
35 da." . . . Wä, la'mē dɛnx·'ēdēda nēnâgadē. Wä, la'mē yĭx̣ᵘsē-'stalĭłɛlē Hōxᵘhogŭdzɛwēsaxa laqwawalĭłasa g·ōkwē łāx 'nāx̣wa'mē gwēg·ilatsēs g·āg·'ĭlagawa'yē.
. . . "Lē'lālɛnʟôł qastai Q!ǎmĭnâgǎs qa'ˢ g·ˑāxaōs yĭx̣'wa."
. . . Wä, hēx·'idaɛm'lāwisē X·ĭmsɛlĭłɛla g·āx nēnłɛlaxa
40 k!ŭdzēlē bēbɛgwānɛmxa x·īts!ax·'łäxs g·āx'maēs ʟē'lālasɛ'wē Q!ǎmĭnâgǎsē.

... "I call you, friend, Mamayōʟᴇmalaga (Woman-giving- 42
Birth), to come and dance!" | ... And Mamayōʟᴇmalaga came
dancing out of the | sacred room of hemlock-branches; and she had
not yet come half way to the ‖ left of the house, when she sat down, 45
and (pretended to) give birth to a child. | Then Mamayōʟᴇmalaga
arose; and her child arose from the floor | wearing a mask, and
danced; and Mamayōʟᴇmalaga sat down again on the floor, | and
there came out of the sacred room with hemlock-branches | a woman
wearing a mask. She was named Mamayōltsīlagas (Midwife); ‖ and 50
she went straight to Mamayōʟᴇmalaga, and danced around her, |
shaking her hands. She had not done so long, before Mamayōʟᴇma-
laga arose; | and her child that was just born arose and danced; |
and when the song was at an end, Mamayōʟᴇmalaga stood | to the
left of Q!āminâgas, and her first child ‖ stood to her left; and the 55
second child stood to the | left of her brother, for the second child of
Mamayōʟᴇmalaga was a girl, | and Mamayōltsīlagas stood at | the
left of the younger child. |

... "I call you, friend Gōlalegăs (Salmon-Berry-Woman), to
come and dance!" ... ‖ And Gōlalegăs came dancing out of the 60
sacred room of hemlock-branches, | a woman wearing a mask. |

... "I call you, friend Gwēdzagas (Sparrow), to come and
dance!" |

... "Lēʻlälᴇnʟōl qastai Mamayōʟᴇmalaga qaʻs gāxaōs yĭx̱- 42
ʻwīda." ... Wä, gāxʻlaē yĭx̱ʻwŭlts!âlĭlᴇla läxa q!waxsᴇmē lᴇʻmē-
ʻlats!ē Mamayōʟᴇmalaga. Wä, kˑ!ēsʻᴇmʻlāwisē nᴇgōyolīlaxa gᴇm-
xōdoyâlīlasa gōkwaxs laē k!wägʻalīla qaʻs mayolʻīdēsa bābagumē. 45
Wä, gʻīlʻᴇmʻlāwisē ʟāx̱ʻŭlīlē Mamayōʟᴇmalagäxs laē ʟax̱ʻŭlīlē xŭnō-
kwas yĭx̱umāla qaʻs yĭx̱ʻwīdē. Wä, ᴀᴇmʻlāwisē ēt!ēd k!wägʻalīlē
Mamayōʟᴇmalagäxs; wä, gāxaē gāx̱ʻwŭlts!âlīla läxa q!waxsᴇmē
lᴇʻmēʻlats!ē yĭx̱umāla ts!ᴇdāqa. Hēᴇm ʟēgadᴇs Mamayōltsīlagasē.
Wä, hēʻnakūlaᴇmʻlāwisē lax Mamayōʟᴇmalagäsē qaʻs yĭx̱ᵘsēʻstalē 50
xwēxŭlēqŭla. Wä, kˑ!ēsʻlatˑ!a gēgʻīlīlᴇxs laē ʟāx̱ʻŭlīlē Mamayō-
ʟᴇmalaga. Wä, lāʻlaē ʟāx̱ʻŭlīlē ālē mayoʟᴇms qaʻs yĭx̱ʻwīdē. Wä,
gʻīlʻᴇmʻlāwisē q!ŭlbē q!ᴇmdᴇmas laē ʟāx̱ʻŭlīlē Mamayōʟᴇmalaga
läx gᴇmxagawalīlas Q!âminâgäsē. Wä, lāʻlaē gālē mäyoʟᴇms ʟā-
x̱ʻŭlīl läx gᴇmxagawalīlas. Wä, lāʻlaē ālē mayoʟᴇms ʟāx̱ʻŭlīl läx 55
gᴇmxagawalīlasēs wŭq!wa qaxs ts!ᴇdāqaē ālē mayoʟᴇms Mamayō-
ʟᴇmalaga. Wä, lāʻlaē Mamayōltsīlagasē ʟāx̱ʻŭlīl läx gᴇmxaga-
walīlasa älᴇlxsdaʻyē mayoʟᴇma.

... "Lēʻlälᴇnʟōl qastai Gōlalegāsai qaʻs gāxaōs yĭx̱ʻwīda." ...
Wä, gāx̱ʻlaē yĭx̱ʻwŭlts!âlīlᴇlä Gōlalegăs läxa q!waxsᴇmē lᴇʻmēʻlats!ē 60
yĭx̱umāla ts!ᴇdāqa.

... "Lēʻlälᴇnʟōl qastai Gwēdzagasai qaʻs gāxaōs yĭx̱ʻwīda."

63 . . . "I call you, friend Mēmɛyoxwa‘na (Salmon-Spirit), to come and dance!" | . . . He wore a mask as he came dancing, as
65 all the dancers ‖ who had danced before him had done, and their masks were according to their | kind. As soon as the song was at an end, he stood | to the left of Gwēdzagas. |
  . . . "I call you, friend Qōqwadēsīla (Listener) to come and dance!" |
  . . . "I call you, friend X·ā̆x·ayapalsɛla‘naga (Sprinkler), to
70 come and ‖ dance!" |
  . . . "I call you, friend Tɛwīx·ā̆xtɛ‘wē (Mountain-Goat-Hunter), to come and dance!" |
  . . . "I call you, T!alt!ɛmak!wagăs (Tying-Woman [1]), to come and dance!" |
  . . . "I call you, friend K·!ă̆lmōdila‘naga (Dust-in-House-Woman), to come and dance!" |
  . . . "I come to call you, friend Hēlemī̆l (Helper-in-the-House), to come and dance!" ‖
75 . . . "I come to call you, friend ʟ!ā̆ʟ!apēlalag·ɛls (Door-Keeper-of-Woods), to come and dance!" |
  . . . "I call you, friend Gwag·oma (Partridge-Woman) to come and dance!" |
  . . . "I call you, friend Ax‘axūnē (Thrush), to come and dance!"
  . . . "I call you, friend Gŭnēgŭnē (Owl), to come and dance!" ‖
  . . . "I call you, friend Tsātsaxᵘʟeg·ila (Raindrop-Maker), to come and dance!" ‖

63 . . . "Lē‘lālɛnʟō̆l qastai Mēmɛyoxwa‘na qa‘s g·āxaōs yīx‘wīda."
  . . . Wä, la‘mē yīxumālaxs g·āxaē yīxwa lāx ‘nāxwa gwälaatsēx
65 yīxwaē ʟɛ‘wis g·āg·īlagawa‘yē yīxs hē‘maē gwālēs yaēxumlēs gwēgŭxᵘsdɛmē. Wä, g·ī̆l‘ɛm‘lāwisē q!ŭlbē q!ɛmdɛmasēxs laē ʟāx‘ū̆līl lāx gɛmxagawalīlas Gwēdzagasē.
  . . . "Lē‘lālɛnʟō̆l qastai Qōqwadēsīla qa‘s g·āxaōs yīx‘wīda."
  . . . "Lē‘lālɛnʟō̆l qastai X·ax·ayapalsɛla‘naga qa‘s g·āxaōs yīx-
70 ‘wīda."
  . . . "Lē‘lālɛnʟō̆l qastai Tɛwīx·ā̆xtɛ‘wē qa‘s g·āxaōs yīxwa."
  . . . "Lē‘lālɛnʟō̆l qastai T!alt!ɛmak!wagăs qa‘s g·āxaōs yīx‘wīda."
  . . . "Lē‘lālɛnʟō̆l qastai K·!ă̆lmōdila‘naga qa‘s g·āxaōs yīx‘wīda."
  . . . "Lē‘lālɛnʟō̆l qastai Hēlemī̆l qa‘s g·āxaōs yīx‘wīda."
75 . . . "Lē‘lālɛnʟō̆l qastai ʟ!ā̆ʟ!apēlalag·ɛls qa‘s g·āxaōs yīx‘wīda."
  . . . "Lē‘lālɛnʟō̆l qastai Gwag·oma qa‘s g·āxaōs yīx‘wīda."
  . . . "Lē‘lālɛnʟō̆l qastai Ax‘axūnē qa‘s g·āxaōs yīx‘wīda."
  . . . "Lē‘lālɛnʟō̆l qastai Gŭnēgŭnē qa‘s g·āxaōs yīx‘wīda."
  . . . "Lē‘lālɛnʟō̆l qastai Tsātsaxᵘʟeg·ila qa‘s g·āxaōs yīx‘wīda."

---

[1] Blue Jay.

... "I come to call you, friend Yâxyâxēsa‘naga (Answering- 80
Woman), to come and dance! ..." |
Now there were really many all around the great dancing-house. |
There are eight whose names have not been given, for I do not
know their | names. There should be forty to be called out to
dance by | X·îmsElîlEla, as it was shown by the former chief of the
Āwīk·!ēnoxᵘ, ‖ Êwŭlt!āla. The great many of them all turned to- 85
ward the fire of the | great dancing-house; and they all shouted
"Hōho!" at the same time, | their whole number. |

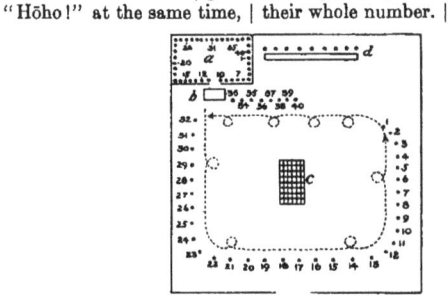

HOUSE OF X·ÎMSELÎLELA.

a. Sacred room of dancers.
b. Magic mat of K!wāk!wabālas (see p. 1199).
c. Fire.
d. Singers.
...... Line of dance.
1. X·ÎmsElîlElas.
2. HōxhoxūlsEla (Caller).
3. Ts!EqōmēLElsa‘na (Stump-of-the-Woods).
4. DālElsa‘naga (Laughing-Woman-of-the Woods).
5. Hamasē‘nā (Cannibal).
6. Yaxwaxanowīl (Dancer-of-the-House).
7. Gwa‘wayela‘na (Raven).
8. G·îg·Eldokwīla (Long-Life-Maker).
9. L!ētsapIēla‘naga (Heat-of-House-Woman).
10. P!zIp!Elsk·!ōtEmEls (One-Side-Moss-In-Woods).
11. Xāxxyīlsk·!ōtEm (man and woman, One-Side-Rock-in-Woods).
12. Wūqagas (Frog-Woman).
13. GElōgūdzEwēs (Crooked-Beak-of-Sky).
14. HōxᵘhogūdzEwēs (Hōxᵘhōkᵘ-of-Sky).
15. Q!āmināgās (Rich-Woman).
16. Mamayōi,rmalaga and her two children (Woman-giving-Birth).
17. Mamayōitsîlagas (Midwife).
18. Gōialegas (Salmon-Berry-Woman).
19. Gwēdzagas (Sparrow-Woman).
20. MāmEyoxwa‘na (Salmon).
21. Qōqwadēstla (Listener).
22. X·ax·ayapalsEla‘naga (Sprinkler).
23. TEwīx·āxtE‘wē (Mountain-Goat-Hunter).
24. T!alt!Emak!wagas (Tying-Woman, i. e. Blue Jay).
25. K·lāLmōdila‘naga (Dust-in-House-Woman).
26. Hēlemī (Helper-in-House).
27. L!āL!apēlalng·Els (Door-Keeper-of-Woods).
28. Gwag·oma (Partridge).
29. Ax‘axūnē (Thrush).
30. Gūnēgūnē (Owl).
31. Tsātsax·Leg·īla (Raindrop-Maker).
32. Yāxyâxēsa‘naga (Answering-Woman).
33–40. (?)
In the sacred room the dancers stand in the same order. On account of lack of space only Nos. 1, 7, 10, 12, 15, 20, 26, 31, 33, 40, have been inserted.

... "Lē‘lālEnLōl qastai Yāxyâxēsa‘naga qa‘s g·āxaōs yîx‘wīda.'' 80
Wä, ladzēk·as‘Em‘laē lä‘stalīl lāxa ‘wālasē ts!āgats!ē g·ōkwa, yīxs
ma‘lgŭna‘lōkwaEn k·!ēsa LEx‘EtsE‘wa qaxg·in k·!ēsēk· la q!āLElax
LēLEgEmas, yīxs mōsgEmg·ustâa‘laēda yīxwa Lēlwŭlt!ālîlElayōs
X·ÎmsElîlEla, yīxs g·āxē nēl‘id lāx g·īgāmayōlasa Āwīk·!ēnoxwē
Êwŭlt!āla. Wä, ladzēk·as‘laē ‘nEmāx‘íd L!āsgEmx·‘íd lāxa lEgwīlasa 85
‘wālasē ts!āgats!ē g·ōkwa. Wä, lā‘laē ‘nEmādzaqwa hōhōxwa lāxēs
‘wāxaasē (fig.).

As soon as this was at an end, the song-leaders began to sing the | 90 first song, the one song for the whole number; ‖ and all of them danced at the same time, wearing their masks, | and dancing around the fire in the middle of the great dancing-house. | And when the song sung by the song-leaders was at an end, they all | turned their faces from the fire in the middle of the great dancing-house, and the whole number shouted at the same time | "Hōho!" The song-lead- 95 ers began to sing with slow beating ‖ of time, and the whole number continued to cry "Hōho!" | Then they turned toward the fire, and danced around | it; and when the song with the slow beating was at an end, | they turned their faces away from the fire, and shouted "Hōho!" | And the song-leaders began to sing again a song with 300 slower time-beating, ‖ and they all at the same time turned their faces toward the fire and shouted | at the same time "Hōho!" while they were dancing around the fire in the middle of the house. | And when the song was at an end, they turned away from the fire and | shouted "Hōho!" at the same time. Then the song-leaders sang again with | very slow beating of time, and they all shouted 5 "Hōho!" ‖ and turned their faces to the fire in the middle of the house and danced around | it.

Now X·îmsElîlEla stood in the door of the sacred room of hemlock-branches; | and while they were dancing along, the one who had

88 Wä, g·îl‘Em‘lāwisē q!wĕl‘ēdExs laaEl dEnx‘ēdēda nĕnâgadē yîsēs g·îlx·dē dEnxElayâxa ‘nEmsgEmē q!EmdEms läxēs ‘wāxaasē. Wä, 90 lādzēk·as‘Em‘laē ‘nEmāg·îlîtEla yîxwa läxēs ‘nāxwaēnē‘mē yaēxumā- laxs laē yîxᵘse‘stalîtElax laqawalîlasa ‘wālasē ts!ägats!ē g·ōkwa. Wä, g·îl‘Em‘lāwisē q!ŭlbē dEnxElayâsa nĕnâgadäxs laaEl ‘nEmāx·‘îd lōx- ‘wîtsa laqawalîlasa ‘wālasē ts!ägats!ē g·ōkwa lādzēk·as‘laē ‘nEmā- dzaqwa hōhoxwa. Wä, lā‘laē dEnx‘ĭdēda nĕnâgadäsa nEqāxElas 95 t!Emyasē q!EmdEma. Wä, lā‘laxaē ‘nEmādzaqwa hōhoxwaxs lādzē- k·asaē ‘nEmāx·‘îd L!āsgEmx·‘îd läxa laqawalîlē qa‘s yîxᵘsē‘stalîtElēxa laqawalîlē. Wä, g·îl‘Emxaāwisēqlŭlbē nEqāxEla q!EmdEms lādzē- k·asaē lōx‘wîtsa laqawalîlē qa‘s ‘nEmādzaqwē hōhoxwa. Wä, lā‘laē ēdzaqwa dEnx‘ēdēda nĕnâgadäsa äwāk·Eläs t!Emyas q!EmdEma. 300 Wä, lādzēk·as‘laē ‘nEmāx·‘îd L!āsgEmx·‘îd läxa laqawalîlē qa‘s ‘nE- mādzaqwē hōhoxwaxs lāaEl yîxᵘsē‘stalîtElaxa laqawalîlē. Wä, g·îl- ‘Em‘lāwisē q!ŭlbē q!EmdEmas lādzēk·asaasē lōx‘wîtsa laqawalîlē qa‘s ‘nEmādzaqwē hōhoxwa. Wä, lā‘laē ēdzaqwa dEnx‘ĭdēda nĕnâgadäsa âlaEl la äwāk·Eläs t!Emyasē. Wä, lādzēk·as‘laē ‘nEmāx·‘îd hōho- 5 xwaxs laē ‘nEmāx·‘îd L!āsgEmx·‘îd läxa laqawalîlē qa‘s yîxᵘsē‘sta- lîtElēq.

Wä, la‘mē X·îmsElîlEla Läx‘ŭlîl läx t!Ex·îläsa q!waxsEmē lE‘mē- ‘lats!ē. Wä, hē‘mis g·îl la yō‘nakŭla qa‘s lä lats!â läxa q!waxsEmē

come first dancing out of the sacred room | was the first to go back
into it; and when all had gone into ‖ the sacred room of hemlock- 10
branches, X̱ᴉ́msɛlɪ̆łɛla was the last to go in; | and as soon as all were
inside, a woman came out of | the sacred room of hemlock-branches
singing her sacred song; and immediately the song-leaders began to
sing the | song for rapid steps, which was first sung for all the masks,
when they were dancing. | And when this was at an end, the song-
leaders sang again the ‖ song with slow beating; and when this was 15
at an end, the | song-leaders sang the song with slower beating; and |
finally the song-leaders sang the song with the very slow | beating,
and the woman continued dancing around the fire | of the great
dancing-house. When the song was nearly at an end, ‖ she went 20
back into the sacred room of hemlock-branches. | Her name was
ᴀʟṓtɛmdā̀lag̱ᴉ̆ls (Walking-behind-the-Mountains). |

Now I shall talk about the head-ring of the woman and her | neck-
ring, the armlets and anklets, | for she was naked. Her head-ring
was of hemlock and ‖ balsam and red-cedar and salal branches 25
woven together, and | also moss. This was her head-ring, and on
top of the head stood | a bunch of fern cut off from the root. Her |
neck-ring was made in the same way, of hemlock, | balsam, cedar-
branches, and salal-branches, and moss plaited together. ‖ This was 30
her neck-ring. And around her waist she wore | hemlock, balsam,

lɛ‘mē‘lats!äxa g·ᴉ̆x·dē g·ax‘wŭlts!ᴀ̂laq. Wä, g·ᴉ̆l‘mēsē ‘wī‘la la lats!ᴀ̂
läxa q!waxsɛmē lɛ‘mē‘lats!ēxs laē X·ᴉ́msɛlɪ̆łɛla ɛlxʟ̣ē lats!ᴀ̂. Wä, 10
g·ᴉ̆l‘mēsē lats!ᴀxs g·äxaē yälaqù̆lēda ts!ɛdāqē g·ayō̆lts!ᴀ̂lɪ̆łɛla läxa
q!waxsɛmē lɛ‘mē‘lats!ä. Wä, hēx·‘idaɛm‘lāwisa nēnâgadē dɛnx‘ī̆tsa
tsaxᴀ̂la g·ī̆l dɛnxɛlayōs qaēda ‘näx̱wa yaēx̱umalaxa g·ī̆lx·dē yī̱x̱wa.
Wä, g·ī̆l‘ɛm‘lāwisē q!ŭ̆lbaxs laē ēdzaqwēda nēnâgadē dɛnx‘ī̆tsa nɛ-
qaxɛläs t!ɛmyasē. Wä, g·ī̆l‘ɛm‘lāwisē q!ŭ̆lbaxs laē ēdzaqwēda nē- 15
nâgadē dɛnx‘ētsa äwäk·ɛläs t!ɛmyasē q!ɛmdɛma. Wä, g·ī̆l‘ɛm‘lā-
wisē q!ŭ̆lbaxs laē ēdzaqwēda nēnâgadē dɛnx‘ētsa âlak·!alē äwäk·ɛläs
t!ɛmyasē läx hēmɛnäla‘maē yɪ̱x̱ᵘsē‘stalɪ̆łɛlēda ts!ɛdāqaxa laqawa-
·ᶅlasa ‘wälasē ts!ägats!ē g·ō̆kwa. Wä, g·ī̆l‘ɛm‘lāwisē ɛlāq q!ŭ̆lbē
q!ɛmdɛmaxs laē lats!ᴀ̂ läxa q!waxsɛmē lɛ‘mē‘lats!ä. Wä, hēɛm 20
ʟ̣ḗgɛmsa yɪ̱x̱wa ts!ɛdāqē ᴀʟṓtɛmdālag·ī̆ls.

Wä, lä‘mēsɛn gwā́gwēx·s‘ālał läx qɛx·ɛma‘yasa ts!ɛdāqē ʟɛ‘wis
qɛnxawa‘yē ʟɛ‘wis qēqɛx·ts!āna‘yē ʟɛ‘wis qēqɛx·sɪ̆dza‘yē läxēs
xanälaē. Wä, hē‘maē qɛx·ɛma‘yas yī̆xs mälaqɛlaxa q!waxē ʟɛ‘wa
mōmox̱ᵘdē ʟɛ‘wa ts!ap!axē ʟɛ‘wa łɛnɛmx·dē la q!aq!ɛłɛwakwa. Wä, 25
hē‘misa p!ɛlɛmsē. Wä, hēɛm qɛx·ɛmēsē. Wä, hē‘mis la ʟ̣āxʟ̣äsēda
sälaēdana ‘nɛmx̱ʟ̣a ᴀ̂ɛm t!ō̆soyɛwē ʟ!ō̆p!ɛk·as. Wä, hē‘mīsē gwälē
qɛnxawa‘yasē gwä́łaasas qɛx·ɛma‘yas yī̆xa q!waxē ʟɛ‘wa mōmox̱ᵘdē
ʟɛ‘wa ts!äp!axē ʟɛ‘wa łɛnɛmx·dē ʟɛ‘wa p!ɛlɛmsē la q!ā̆q!ɛłɛwakwa.
Wä, hēɛm la qɛnxawēsē. Wä, la qɛnoyâlaxa q!ā̆łɛnakwē mälaqɛ- 30

32 cedar, and salal, and moss, woven together; | and the various kinds of plants were hanging from | them in the same way as the kinds of plants which I have named | that were attached to her belt. It
35 looked like a petticoat. ‖ And the same kinds of plants plaited together were her | armlets and her anklets. That is the dress of | Ālaq!ᴇm, for that is the name of the great dance. It belongs to the | woman who came out dancing last after the forty masked dancers who had for their chief | X·ī́msᴇlītᴇla. This was her dress
40 when she first came out of the woods. The ‖ forty mask-wearers were also dressed in the same way; for they | wore around their necks hemlock, balsam, | cedar, salal-berries, and moss mixed, and | armlets and anklets of the same kind; | and fern was hanging down from (the rings). ‖
45 Now I shall talk about it—how | the woman, Alōtᴇmdālag·īls, began to sing again her sacred song in the sacred room of hemlock-branches. | When her sacred song was at an end, the song-leaders sang | the same song that they had sung with fast beating of time; and | Alōtᴇmdālag·īls came dancing out of the sacred room of
50 hemlock-branches, ‖ and went around the fire in the middle of the house. And when she came to the | front of the sacred room of

---

31 laxa q!waxē Lᴇ'wa mōmox̣ᵘdē Lᴇ'wa ts!āp!axē Lᴇ'wa łᴇnᴇmx·dē Lᴇ'wa p!ᴇlᴇmsē. Wä, hē'misa ōgūq!ēmasē q!wāsq!ūxᴇla. Wä, la tētᴇx̣'ūna'ya hē'maaxat! gwēx·sᴇn la Lēlēqᴇlasō' ōgūq!ēmasē q!wāsq!ūxᴇla lāx qᴇnōyā'yas. Wä, hēla gwēx·s la saxsdālaq. Wä,
35 hēᴇmxaāwisē 'wāxax·'idāła q!wāsq!ūxᴇla q!āq!ᴇłᴇwakwē qēqᴇx·ts!āna'yas Lᴇ'wis qēqᴇx·sīdza'yas. Wä, hēᴇm gwēłaatsa Ālaq!ᴇm qaxs hē'maē Lēgᴇmsa 'wālasē lēda. Wē, hēᴇm Lōgwisa ałē g·āx yīxwa ts!ᴇdāqa mōsgᴇmg·ustāwē yaēx̣umalaxa g·īgadäs X·īmsᴇlītᴇla. Wä, hēᴇm gwäłaatsᴇxs g·ālōłt!alaē. Wä, la hēᴇm-
40 xat! gwāłēda mōsgᴇmg·ustāwē yaēx̣umala, yīxs 'nāx̣wa'maē qēqᴇnx̣ālaxa mālaqᴇla q!āq!ᴇłᴇwakᵘ q!wax Lᴇ'wa mōmox̣ᵘdē Lᴇ'wa ts!āp!axē Lᴇ'wa łᴇnᴇmx·dē Lᴇ'wa p!ᴇlᴇmsē. Wä, lā hēᴇmxat! gwēx·sē qēqᴇx·ts!āna'yas Lᴇ'wis qēqᴇx·sīdza'yē. Wä, la tēkwēdᴇx̣ᵘsa sälaēdāna.
45 Wä, la'mēsᴇn gwāgwēx·s'āłał laqēxs laē ēdzaqwa yälaqwēda ts!ᴇdāqē, yīx Alōtᴇmdālag·īls lāx ōts!āwasa q!waxsᴇmē łᴇ'mē'łats!ā. Wä, g·īl'ᴇm'łāwisē q!ūlbē yälaqūlaēna'yaxs laē dᴇnx'ēdēda nēnāgadāsēs g·īlx·dē dᴇnxᴇlayā tsaxālās t!ᴇmyasē. Wä, g·āx'łaē Alōtᴇmdālag·īlsē yīx'wūłts!ālītᴇla lāxa q!waxsᴇmē łᴇ'mē'łats!ā qa's lē
50 hē'stalitᴇlaxa laqawalītē. Wä, g·īl'mēsē lāg·aa lāxa L!āsalītasa q!waxsᴇmē łᴇ'mē'łats!ēxs laē hēx·säᴇm la yīxwē. Wä, g·īl'ᴇm'lā-

hemlock-branches, she continued to dance; and when | her song was 52
at an end, she remained standing there. Then the | song-leaders
began to sing the song with slow beating of time, and | ALōtɛmdā-
lag·īls danced around the fire in the middle of the house; and ‖ when 55
she came to the outside of the sacred room of hemlock-branches, |
she continued to dance there; and when the song was at an end, she
stood still, and | the song-leaders began to sing again the song with
slow time-beating, | and ALōtɛmdālag·īls danced again around the
fire in the middle of the house; | and when she came to the place outside of the sacred room of hemlock-branches, ‖ she still danced there. 60
When the song was at an end, | she remained standing; and the
song-leaders began to sing the song with | very slow time-beating,
and ALōtɛmdālag·īls | danced around the fire in the middle of the
house. When she came to the | place outside of the sacred room of
hemlock-branches, she danced for a little while there. ‖ Then she 65
went back into the sacred room of hemlock-branches. Then that
was the end of this. |

As soon as the song of the song-leaders was at an end, a | handsome
man came out of the sacred room of hemlock-branches, | and
K!wāk!wabalas recognized X·îmsɛlîłɛla. | He carried a head-ring of
red cedar-bark, and a neck-ring of red cedar-bark; for ‖ these were 70
the cedar-bark head-ring and neck-ring of ALōtɛmdālag·īls, when
she | came to dance the last time; and her armlets and anklets |
were of red cedar-bark, and what stood on the head-ring of ALōtɛmdā-

---

wisē q!ūlbē q!ɛmdɛmaxs laē ʟax̣ʻūlîła. Wä, lāʻlaē ēdzaqwa dɛn- 52
x·ʻēdēda nēnâgadāsa nɛqaxɛlas t!ɛmyas q!ɛmdɛms. Wä, laɛm-
ʻlaxaē ALōtɛmdālag·īlsē yîx̣ᵘsēʻstaliłɛlaxa laqawaliłē. Wä, g·îlʻɛm-
ʻlāwisē lāg·aa lāx ʟ!āsaliłasa q!waxsɛmē łɛʻmēʻlats!ēxs laē hēɛm 55
la yîx̣wē. Wä, g·îlʻɛmʻlāwisē q!ūlbē q!ɛmdɛmaxs laē ʟax̣ʻūlîł. Wä,
lāʻlaē ēdzaqwa dɛnx·ʻēdēda nēnâgadāsa âwāk·ɛläs t!ɛmyas q!ɛm-
dɛms. Wä, lāʻlaē ētlēdē ALōtɛmdālag·īlsē yîx̣ᵘsēʻstaliłɛlaxa laqawa-
liłē. Wä, g·îlʻɛmʻlāwisē lāg·aa lāx ʟ!asaliłasa q!waxsɛmē łɛʻmēʻla-
ts!ēxs laē hēx·sāɛm yîx̣wē. Wä, g·îlʻɛmʻlāwisē q!ūlbē q!ɛmdɛmas 60
laē Áɛm ʟax̣ʻūlîła. Wä, lāʻlaē edzaqwa dɛnx·ʻēdēda nēnâgadāsa
âlak·!āla âwāk·ɛläs t!ɛmyasē q!ɛmdɛms. Wä, lāʻlaē ALōtɛmdāla-
g·īlsē yîx̣ᵘsēʻstaliłɛlaxa laqawaliłē. Wä, g·îlʻɛmʻlāwisē lāg·aa lāx
ʟ!āsaliłasa q!waxsɛmē łɛʻmēʻlats!ēxs laē yāwasʻîd yîx̣ʻwîd laqēxs
laē lats!ałîl lāxa q!waxsɛmē łɛʻmēʻlats!ä. Wä, laɛm gwāl laxēq. 65

Wä, g·îlʻɛmʻlāwisē q!ūlbē dɛnxɛlayâsa nēnâgadāxs g·āxaē g·ax-
ʻwūlts!ałiłɛla lāxa q!waxsɛmē łɛʻmēʻlats!ä ēx·sōkᵘ bɛgwānɛma.
Wä, laʻmē K!wāk!wabalasē małt!ālaq hēʻmē X·îmsɛlîłɛla. Wä,
laʻmē dālaxa ʟ!āgɛkumēʻyē ʟɛʻwa qɛnxawaʻyē ʟ!āgɛkwa yîxs hē-
ʻmaē ʟ!āgɛkumēs ALōtɛmdālag·īls ʟɛʻwa qɛnxawaʻyē ʟ!āgɛküxs 70
g·āxaē āl yîx̣wa ʟɛʻwa qēqɛx·ts!ānaʻyē ʟ!āgɛkwa ʟɛʻwa qēqɛx·sî-
dzaʻyē ʟ!āgɛkwa, hēʻmisa ʟax̣ᵘLāʻyas ALōtɛmdālag·īlsē ʟ!āgɛkwa.

73 lag·īls was also cedar-bark. | X·îmsElîlEla came out carrying the red
cedar-bark armlets of | ALōtEmdālag·īls when she danced the last
75 time accompanying her four songs. ‖ And X·îmsElîlEla spoke, and
said, "O friend | K!wāk!wabalas! now you have seen what will be
your treasure. Now this | great winter-dance house shall go to you,
and you shall have everything that you have seen | done by these
here. Now, this (dance) āLaq!Em shall go to you; and your | name
shall be ALōtEmdālag·īls, when you are captured by whomever you
80 like, when ‖ you show yourself to the tribes; and your dress shall be
the same as the dress of | ALōtEmdālag·īls —hemlock-branches, with
which she was first caught in the | morning; and when you again
dance in the evening, then wear | red cedar-bark mixed with white.
Now it is yours, and you shall change your name. | Your name shall
85 be no more K!wāk!wabalas, but your name shall.be ‖ Gwaēxsdaas;
and this is difficult about the great dance. When you first | show
the masks of our forty friends, | you must give winter dances for
four years in succession and show them; | and after you have given
90 winter dances for four winters, then | you must burn the masks ‖ of
our friends, that they may all come back; and | if you do not do
this, if you do not burn the masks, you | will have misfortune. And
when you wish to give a winter dance, after | having burned the

---

73 Wä, hē‛mis g·āx ‛wī‛la daāx̣ᵘs X·îmsElîlEla L!āL!EgEkŭläs ALōtEm-
dālag·īlsaxs ālaē g·āx yīx̣wasa mōsgEmē q!Emq!EmdEmas. Wä,
75 lā‛laē yāq!Eg·a‛lē X·îmsElîlEla. Wä, lā‛laē ‛nēk·a: "Wä, qāst,
K!wāk!wabalas, la‛mas dōqŭlaxēs Lōgwēlōs. Wä, la‛mōx lāLa
‛wālasēx ts!āgats!ē g·ōkᵘ lāL LE‛wis layōs ‛nāx̣wa dōx‛waLEla-
xEnu‛x̣ᵘ gwēgwālag·īli‛lasa. Wä, laEm lāł lāLxa āLaq!Em. Wä, lās
LēgadElts ALōtEmdālag·īls qasō k·Emyasō‛Lō yīsēs gwē‛yōLaōs qa‛s
80 nē‛lḁsLōs lāx̣wa lēlqwālaLa‛yax. Wä, hēEmLEs gwāłaLē gwālaasas
ALōtEmdalag·īlsax q!wāq!ŭxElakwaaxs g·ālaē g·āx k·īmyānEmaxa
gaāla. Wä, g·īl‛mēsē ēt!ēd yīx̣waxa gănoLaxs lāg·as qEx·‛āLElag·a
L!ēL!āgEkŭk· ‛mElmāqEla lāq. Wä, laEm hōsL. Wä, la‛mēts L!ā-
yōxLälōł, laEms gwāł LēgadEs K!wāk!wabalasē, laEms LēgadEs
85 Gwaēxsdaasē. Wä, g·a‛mēs łāx̣wałayōsa ‛wālasēx lēda yīxs g·īl-
‛mēLaqōs nēł‛idāmasēx yaēx̣umłasEn ‛nē‛nEmōkwēxa mōsgEmg·us-
tāwē. Wä, mōx̣‛ŭnxēlat!aLEs ‛na‛nēłēla yāwix·īlał qa nēł‛ēdaats.
Wä, g·īl‛mēsEs gwāłxa la mōp!Ena yāwix·īlaxa mōx̣‛ŭnxē, wä, g·īl-
‛mēts gwāł kwēxElaxa gănoLaxs lāaqōs ‛wī‛la lEqwīlax·‛īdxōx yaē-
90 x̣umłaxsEns ‛nē‛nEmōkwēx qa g·āxēsōx ‛wī‛la aēdaaqa lāqᵘ. Wä,
qas‛ō k·lēs hē gwēx·‛idELē lax ‛wī‛la lEqwīlaxwa yaēx̣umłēx lāLEs
a‛mē‛lasnōx̣ᵘLōł. Wä, g·īl‛mēts ‛nēx· qa‛s yāwix·īlaōs āłagEwēxs
lāLEx ‛wī‛la lEqwīlaxōx yaēx̣umłaxsEns ‛nē‛nEmōkwēx āEmłwīts

masks of our friends, | imitate the forty masks that you have seen, and which are your ‖ treasure; and you shall have this death-bringing 95 baton, so that you may | kill at once those who hate you in your tribe, for they will envy | you on account of the treasure that you have obtained. This is the first time that | it goes to the seaside here, where you came from; for it is not related to | my friend Cannibal-at-North-End-of-World, who lives inland. ‖ This is what I mean, 400 friend, Gwaēxsdaas. Now you have obtained a great treasure | from me on account of your coming to this supernatural place where I live | with my friends." Thus said X·îmsɛlîlɛla. |

Then he turned his face to the sacred room with hemlock-branches, and | said, "Come, friends, let us try to purify our ‖ friend Gwaēxs- 5 daas, so that no harm may come to him on account of | the treasure which he has obtained from us!" Thus he said. As soon as he stopped speaking, | the forty spirits came out of the | sacred room of hemlock-branches, and sat down in the rear of the | great dancing-house; and the new dancer, ‖ Alōtɛmdālag·îls, sat down in the rear 10 of the great dancing-house. And | when all had sat down, X·îmsɛ-lîlɛla spoke again, | and said, "Now, look, friends! and | show what we do when we disappear for this great dance, | ālaq!ɛm. Now, come! Ts!ɛqomēlɛlsaʻna, and take the ‖ magical mat, and spread it 15

---

nānaxts!ɛwalxwa mōsgɛmg·ustâx yaēxumlōs la dōx·ʻwalɛlaxōs Lō-gwaʻyaqōs. Wä, g·aʻmēsēg·a haʻlayūkᵘ t!ɛmyayâ qaʻs hēx·ʻida- 95 ʻmēlōs lɛʻlāmasxa lēlak!wālaLasēs g·ōkūlōtaōs lâL, qaxs ōdzɛgɛm-yewēlōs Lōgwaʻyaqōs qaxs hēʻmaēx ālēltsōx ʻnɛmx·ʻidâla lâl lāxwa g·ayolasaq!ōsxwa L!āsakwax ʻnāla, yîxs k·!ēsaēx Lāwagâla Lɛʻwŭn ʻnɛmōkwaē Baxᵘbakwālanuxᵘsîwaʻya lāxg·în ālēg·a. Wä, hēʻmēsɛn ʻnēʻnak·îlē, qâst Gwaēxsdaas. Laɛms ʻwālas Lōgwala 400 g·āxɛn qaēs g·āxʻēnaōs lāxwa ʻnawalakwēx āwînak!ūsaxɛn g·ōkū-lasēx Lōgŭns ʻnēʻnɛmōkwēx," ʻnēx·ʻlaē X·îmsɛlîlɛla.

Wä, lāʻlaē gwēgɛmx·ʻîd laxa q!waxsɛmē lɛʻmēʻlats!ē. Wä, lāʻlaē ʻnēk·a: "Gēlag·a ʻnāʻnɛwalakᵘ ʻwîʻlax qɛns wäg·îl lālax·sɛwaxg·îns ʻnɛmōkūk· lāxg·a Gwaēxsdaasɛk· qa k·!eâsēs aʻmēʻlatsɛk· lāxōs 5 Lōgwaʻyēx g·āxɛns," ʻnēx·ʻlaē. Wä, g·îlʻɛmʻlāwisē q!wēlʻîdɛxs g·āxaalasē hōxʻwŭlts!âwēda mōsgɛmg·ustâwē haʻāyalîlagas lāxa q!waxsɛmē lɛʻmēʻlats!ā qaʻs g·āxē k!ûsʻālîl lāxa ōgwiwalîlasa ʻwālasū ts!āgats!ē ·g·ōkwa. Wä, hēɛmʻlāwisē k!wālēda dzēlɛlē Alōtɛm-dālag·îlsa ḧēqēwalîlasa ʻwālasē ts!āgats!ē g·ōkwa. Wä, g·îlʻɛmʻlā- 10 wisē ʻwîlg·âlîlɛxs laē ēdzaqwa yāq!ɛg·aʻlē X·îmsɛlîlɛla. Wä, lāʻlaē ʻnēk·a: "Wäg·îl la dōqwalaLɛx ʻnēʻnɛmōk· qaʻs wäg·aōs ʻnâxwalî-lasɛns gwayayaēʻlasaxg·îns x·îsâlēk· qaōxda ʻwālasēx lēdaxwa aLa-q!ɛmēx. Wä, gēlag·a Ts!ɛqomēlɛlsaʻna qaʻs laōs âx·ʻēdxa ʻnawala-gŭdzō lēʻwaʻya qa g·āxēsē Lɛp!ālîl lāxg·ada L!āsalîlg·asg·ada lɛʻmē- 15

16 out in front of this | sacred room." Thus he said. Immediately Ts!Eqomēlelsa⁽na arose, | went into the sacred room of hemlock-branches, and it | was not long before he came back carrying the magic mat, which he | spread outside of the sacred room of hemlock-
20 branches. When he ‖ had done this, Ts!Eqomēlelsa⁽na sat down where he had been sitting before, for the | forty men and women wore no masks; | and they sat down in the place where they had been standing before, when they first came out | of the sacred room of hemlock-branches. They did not change their places. |
25 Then X·îmsElilEla spoke again, and said, ‖ "Now, arise, friend Hōxhoxūlsela, and you, friend G·îlg·Eldōkwīla, | and you, friend Gwa⁽wayela⁽na, and you, friend Llētsaplēlanaga, and | carry on your arms our friend Gwaēxsdaas, and | let him sit down on the magic mat that has been spread out." Thus he said. | Then the four
30 stood up, and went to ‖ the place where Gwaēxsdaas was sitting. The four persons stood around | Gwaēxsdaas, and carried him on their arms, and put him down on the magic | mat; and when they had done so, the four people sat down | in their seats. |
35 Then X·îmsElilEla spoke again, and said, ‖ "Now, come, Yaxwaxanowīl, and work over our friend, and | also you, friend Q!âminâgǎs, you shall be the attendant of our friend. | — and you, friend

16 ⁽lats!ēk·,"⁽nēx·⁽laē. Wä, hēx·⁽idaEm⁽lāwisē Lāx⁽ūlilē Ts!EqomēLEl-sa⁽na qa⁽s lä laēL lāxa q!waxsEmē lE⁽mē⁽lats!ā. Wä, k·!ēs⁽lat!a gēx·⁽ĭdExs g·āxaē xwēlaqa dālaxa ⁽nawalagŭdzowē lē⁽wa⁽ya qa⁽s LE-p!ālilēs lax L!āsalilasa q!waxsEmē lE⁽mē⁽lats!ā. Wä, g·îl⁽Em⁽lāwisē
20 gwālExs laē k!wāg·alîla, yĭx Ts!EqomēLElsa⁽na lāxēs k!waēlasē, yĭxs k·!eâsaē la yĭxumālasa mōsgEmg·ustâwē bēbEgwānEm LE⁽wa ts!ē-daqē. Wä, hēEm⁽laxaāwisē gwaē⁽lasaxs g·ālaē g·āx⁽wŭlts!ā-lĭl lāxa q!waxsEmē lE⁽mē⁽lats!ēs la k!walaēna⁽ya k·!ēs layap!āla.
Wä, lâ⁽laē ēdzaqwa, yâq!Eg·a⁽lē X·îmsElilEla. Wä, lâ⁽laē ⁽nēk·a:
25 "Wäg·îl la Lāx⁽ūliLEx, qāst Hōxhoxūlsela Lō⁽s qāst G·îlg·Eldōkwīla Lō⁽s qāst Gwa⁽wayela⁽na Lō⁽s qāst L!ētsaplēla⁽naga qa⁽s lāx·da⁽xwaōs q!Elōstâlĭlaxens ⁽nEmōxᵘdzēxōx Gwaēxsdaasēx qa⁽s g·āxaōsasōx qa k!wadzōlilēsōx lāxg·a lax· LEbēla ⁽nawalagŭdzōkᵘ lē⁽wa⁽ya," ⁽nēx·-⁽laē. Wä, hēx·⁽idaEm⁽lāwisē ⁽wī⁽la q!wāg·tĭlēda mōkwē qa⁽s lē lāx
30 k!waēlasas Gwaēxsdaasē. Wä, ēx·⁽Em⁽lāwisē q!wä⁽stālēda mōkwax Gwaēxsdaasē, laaEl q!ElElilaq qa⁽s la k!wadzōlilas lāxa ⁽nawalagŭ-dzowē lē⁽wa⁽ya. Wä, g·îl⁽Em⁽lāwisē gwālExs g·āxaē k!ŭs⁽ālilēda mōkwē lāxēs k!ūdzē⁽lasē.
Wä, lâ⁽laē ēdzaqwa, yâq!Eg·a⁽lē X·îmsElilEla. Wä, lâ⁽laē ⁽nēk·a:
35 "Wä, gēlag·a Yaxwaxanowīl qa⁽s laōs lāxēs ēaxēna⁽yōs, qāst. Wä, sō⁽mēts, qāst, Q!âminâgǎs. LaEms lāl ⁽nExwālaLElalxEn ⁽nEmō-kwēx. Wä, sō⁽mēts qāst Gwēdzagǎs. LaEms lāl lāxēs ēaxēna⁽yōs.

G̣wēdzag̣as, work for him! | —and you, friend Ax̱ʻax̱ūnē, you shall 38
help our friend | G̣wēdzag̣as in her work." Thus he said. Immedi-
ately ‖ these four arose and went to the place where Gwaēxsdaas was 40
sitting; | and at once Yax̱waxanowīl, and his friend Q!āmināg̣ās, |
became supernatural, and threw disease into Gwaēxsdaas, so that |
he was dead. And as soon as Gwaēxsdaas was dead, G̣wēdzag̣as |
and his friend Ax̱ʻax̱ūnē examined his body, ‖ and pecked out the 45
secular spots that they saw on his body; | and after they had done
so, Yax̱waxanowīl, and his friend | Q!āmināg̣ās, threw into his
stomach their shamanistic power; | and after they had done so,
Gwaēxsdaas sang his sacred song. Now he was | a great shaman;
and as soon as the four had finished, they came ‖ and sat down in 50
their places. Gwaēxsdaas kept on singing his | sacred song in the
place where he was sitting on the magical mat. |
Then X·îmsElīlEla spoke again, and said, | "Now, come, friend
MēmEyoxwaʻna! and purify the whole body of our | friend, Gwaēxs-
daas." Thus he said. Immediately ‖ MēmEyoxwaʻna arose and 55
went to Gwaēxsdaas who was sitting on the | magical mat, and Mē-
mEyoxwaʻna took off the | slime from his skin and put it on the body
of Gwaēxsdaas. | After he had done so, he sat down in his seat. |

Wä, sōʻmēts, qāst Ax̱ʻax̱ūnē. LaEms lāl g·īwalax̣Ens ʻnEmōkwē 38
G̣wēdzag̣as lax̱ēs ēax̱ēnaʻyōs ḺEʻwē," ʻnēx·ʻlaē. Wä, hēx·ʻidaEmʻlā-
wisē q!wāg·tlīlēda mōkwē qaʻs lä k!ūtsēʻstālīlax Gwaēxsdasē. Wä, 40
hēx·ʻidaEmʻlāwisē Yax̱waxanowīlē ḺEʻwis ʻnEmōkwē Q!āmināg̣āsē
ʻnawalag̣ūlEla. Wä, laʻmē mEx·ʻēdEx Gwaēxsdaasē. Wä, laʻmē
lEʻla. Wä, g·îlʻEmʻlāwisē lEʻlē Gwaēxsdaasē laaʻlasē G̣wēdzag̣asē
ḺEʻwis ʻnEmōkwē Ax̱ʻax̱ūnē dōqwētlîdEx ōk!winaʻyas Gwaēxsdaasē
qaʻs lEnlʻidēx̱ēs dōx̱ʻwaḺElē bax̱ūs tōpElaLEla läx ōk!winaʻyas. 45
Wä, g·îlʻEmʻlāwisē gwālExs laē Yax̱waxanowīlē ḺEʻwis ʻnEmōkwē
Q!āmināg̣āsē mEx̱ʻalisasēs pēpEx̱ālaēnaʻyē läx tEk·läs Gwaēxsdaasē.
Wä, g·îlʻEmʻlāwisē gwālExs laaEl yālaqwē Gwaēxsdaasē. Wä, laʻmē
ʻwālas päx̱āla. Wä, g·îlʻEmʻlāwisē gwālēda mōkwē g·āx̱aalasē
k!ūsʻalīla lax̱ēs g·ālē k!ūdzēʻlasa. Wä, laʻmē ȧEm la häyōlīlEla 50
yālaqūlē Gwaēxsdaasē lax̱ēs k!wadzālîʻlasa ʻnawalag̣ūdzowē lēʻwaʻya.
Wä, läʻlaē ēdzaqwa, yāq!Eg·aʻlē X·îmsElīlīla. Wä, läʻlaē ʻnēk·a:
"Wä, gēlag·a qāst, yūL MēmEyoxwaʻna qaʻs laōs läx·sāx·ʻīdamasxEns
ʻnEmōx̱ᵘdzē Gwaēxsdaasē;" ʻnēx·ʻlaē. Wä, hēx·ʻidaEmʻlāwisē Lax̱·
ʻūlīlē MēmEyoxwaʻna qaʻs lä läx k!wadzālîʻlasas Gwaēxsdaasaxa 55
ʻnawalag̣ūdzowē lēʻwaʻya. Wä, läʻlaē MēmEyoxwaʻna äx̱ālax·ʻīdx̱ēs
tsōx̱ʻūnaʻyē qaʻs lē äx̱Et!ēts läx ōk!winaʻyas Gwaēxsdaasē. Wä,
g·îlʻEmʻlāwisē gwālExs g·āx̱aē k!wāg·alīla lax̱ēs k!waēlasē.

75052—21—35 ETH—PT 2——27

60 Then X·ĭmsɛlîtɛla spoke again, and said, ‖ "O friends! it seems to me that we have done everything we do in our | great winter dance. Now let us take our friend | Gwaēxsdaas out of the woods, with his great dancing-house, which | obtains its own fire-wood for the fire in the middle of the house. Now, | our great friend shall say where he
65 wants this house to be put, for this will be the only ‖ great dancing-house that goes to the Sea-Dwellers of this world. | Now let us sing for our great friend. Only let | the door be barred, so that no secular people can enter the house of our | great friend Gwaēxsdaas. Now I shall wait for what | he will say." Thus said X·ĭmsɛlîtɛla. Imme-
70 diately ‖ Gwaēxsdaas thought that he wished the great dancing-house to be placed at | the upper side on the river K·!ētēt, at the village of the Āwĭk·!ēnoxᵘ; and | at once Qōqwadēsīla spoke, and said. | "We shall place this great dancing-house at the upper side of K!ētēt, | at the village of the Āwĭk·!ēnoxᵘ, K·ētēt." Thus he said.
75 Then ‖ all the spirits agreed to what he said. |

Then X·ĭmsɛlîtɛla spoke again, and said, | "Now, listen to me, every one of you, friends! Do not take with you | your masks, for we shall only take care of our great friend here, | so that he may know the ways of this great dance which he obtained as a treasure ‖
80 from us. In four days we shall go when | night comes. Then we shall dance for our great friend before | the tribe of our great friend

Wä, lā⁴laē ēdzaqwa yāq!ɛg·a⁴lē X·ĭmsɛlîtɛla. Wä, lā⁴laē ⁴nēk·a:
60 "Wa, ⁴nē⁴nɛmōkᵘ; lax·st!aaxᵘmē ⁴wĭlg·alîtɛns gwayi⁴lālasē qaɛns ⁴wālasēx ts!äq!ēna⁴ya. Wä, la⁴mēsɛns lāl taōdōlt!ɛnlɛxɛns ⁴nɛmōx̣ᵘ-dzäx, laxōx Gwaēxsdaasēx, ʟɛ⁴wa ⁴wālasēx ts!ägats!ē g·ōkwaxwa q!wāq!tĭlēbag·ĭlax qa⁴s laqawalĭl g·ōkwa. Wä, la⁴mēsōx yaq!ɛg·a⁴l-ʟɛns ⁴nɛmōx̣ᵘdzäx yīsēs gwāyōʟa qa g·ōx⁴ŭldzaśltsa ⁴nɛmgēɛm-
65 lēx ǎlak·!āla ⁴wālas ts!ägats!ē g·ōkᵘ lāl läxwa ʟ!äsakwax ⁴nāla. Wä, la⁴mēsɛns nōgwaɛmł dɛnxɛlał qaɛns ⁴nɛmōx̣ᵘdzē. Āɛmlɛns ʟɛnēg·ixᵘʟa t!ɛx·ĭläx qa k·!eāsēs g·äxēlts baxᵘsa g·ōkŭlōtsɛns ⁴nɛmōx̣ᵘdzäx yīxōx Gwaēxsdaasax. Wä, la⁴mēsɛns ōlastogwalîtlɛx wāl-dɛmlaq!ɛsō," ⁴nēx·⁴laē X·ĭmsɛlîtɛla. Wä, hēx·⁴idaɛm⁴lāwisē Gwa-
70 ēxsdaasē g·ĭg·aēx⁴ēda qa⁴s hēs g·ōx⁴ŭldzatsa ⁴wālasē ts!ägats!ē g·ōkwē ǎpsōtasa ⁴wa, yĭx K·!ētētē, lax g·ōkŭlasasa Āwĭk·!ēnoxwē. Wä, hēx·⁴idaɛm⁴lāwisē yaq!ɛg·a⁴lē Qōqwadēsīla. Wä, lā⁴laē ⁴nēk·a: "Hēllaōx g·ōx⁴ŭlsla ⁴wālasē ts!ägats!ē g·ōkwē ǎpsōtas K·!ētētē, yĭxs g·ōkŭlaēxa Āwĭk·!ēnoxwē läx K·!ētētē," ⁴nēx·⁴laē. Wä, la⁴mē
75 ⁴nāxwa ēx·⁴ak·ēda haǎyalîlagasax wāłdɛmas.

Wä, lā⁴laē ēdzaqwa, yaq!ɛg·a⁴lē X·ĭmsɛlîtɛla. Wä, lā⁴laē ⁴nēk·a: "Wēg·a ⁴nāxwa hōʟēlax hamālɛl ⁴nē⁴nɛmōkᵘ; k·!eās k·!ēs lāltsōs yäxlɛnaqōs qaxg·ĭns â⁴mēlɛk·nōgwaɛm aaxsilalg·ĭns ⁴nɛmōx̣ᵘdzēk· qa ǎlak·!alēsōx q!ǎlɛlaxɛns gwayi⁴lālasaxwa ⁴wālasē lēdē ʟōgwēsōx
80 g·äxɛns. Wä, lāʟɛns mōp!ɛnxwa⁴sʟɛns ⁴nālala qɛnsō lāłxa lāla ganoł⁴īdɛl qɛns hēx·⁴ida⁴mēl kwēxɛlałxɛns ⁴nɛmōx̣ᵘdzēx, yĭxs k·!ēs-

go to sleep, so that the tribes may be surprised." | Thus he said. |
Then they rested for four days, and ‖ late at night X·ĭmsElĭłEla told 85
the spirits that they would now | move the great dancing-house to
the place above Kˑlētēt. | Gwaēxsdaas did not know that the great
dancing-house was already standing | where he wanted it to stand
on the ground. Now, Gwaēxsdaas | kept his death-bringing baton. ‖
Now, the ancestors of the Āwīkˑ!ēnoxᵘ saw the great | dancing- 90
house, and the sparks coming through the roof, and there was sound
of singing; | and they called "Hōho!" as the | forty spirits were
being called by X·ĭmsElĭłEla. Then the | ancestors of the Āwīkˑ!ē-
noxᵘ were afraid to go and look at it. | And the song-leaders of the
ancestors of the Āwīkˑ!ēnoxᵘ ‖ sat down outside of the house of their 95
chief Ēwŭlt!āla, and they | repeated the song that they heard sung
in the great dancing-house. | Now, X·ĭmsElĭłEla wished that the
song-leaders | of the Āwīkˑ!ēnoxᵘ would learn the songs, for they
heard them distinctly | while they were singing. And X·ĭmsElĭłEla
did ‖ as he had been doing that night when Gwaēxsdaas first 500
entered the great | dancing-house. And when the forty masked |
spirits had finished, then Gwaēxsdaas danced, | wearing the cedar-
bark rings mixed with white. And after he had danced with the |

ᵋmēLa mēxᵋēdē gˑōkūlota ᵋnEmsEns ᵋnEmōx̣ᵘdzōx, qEns q!ayaxōlE- 82
mēltsa lēlqwălaLaᵋyax," ᵋnēxˑᵋlaē.
Wä, gˑīlᵋEmᵋlāwisē mōp!Enx̣waᵋs la xˑōsāla. Wä, laEmᵋlāwisē
gagāla gānoLa laaᵋlasē X·ĭmsElĭłEla nēlaxa haăyalīlagasaxs lEᵋmaē 85
Lēqŭlslaxa ᵋwālasē ts!āgats!ē gˑōkwa läx äpsōtas Kˑ!ētētē. Wä, laᵋmē
kˑ!ēs q!ALElē Gwaēxsdaasaxs gˑāxᵋmaaxōl gˑōx̣ᵋūlsēda ᵋwālasē ts!āga-
ts!ē gˑōkᵘ läx wālagElas qa gˑōx̣ᵋūldzats. Wä, laEmᵋlaē Gwaēxs-
daasē q!ap!ēxˑsä LEᵋwa hălayō t!EmyayA.
Wä, gwālElaEmᵋlāwisa gˑālasa Āwīkˑ!ēnoxwē dōqūlaxa ᵋwālasē 90
ts!āgats!ē gˑōkūxs änōbēxsálaēs ōgwäsē; wä, hēᵋmēsExs laē dEnxk·!āla, wä, hēᵋmisExs laē hōhoxwē Lēlwŭlt!alīlāyăs X·ĭmsElĭłElaxa
mōsgEmgˑustâwē haăyalīlagasa. Wä, laEmᵋlaē k·īlEla la dōqwaqxa
gˑālasa Āwīkˑ!ēnoxwaq. Wä, lāᵋlaē nēnâgadāsa gˑālä Āwīkˑ!ēnoxᵘ
k!ŭsᵋEls läx L!āsanâᵋyas gˑōkwasa gˑīgămaᵋyē Ēwŭlt!āla qaᵋs dEnxE- 95
gˑaᵋyēxa dEnxElayāsa dEnxkˑ!āla läxa ᵋwālasē ts!āgats!ē gˑōkwa.
Wä, laEmᵋlaē hEsEx X·ĭmsElĭłEla nâqaᵋya laēnaᵋyas q!aq!oL!ē nēnâ-
gadāsa Āwīkˑ!ēnoxwaxa q!Emq!EmdEmē qaxs q!ūlaxsdalaē wŭLEla-
qēxs dEnxElaē. Wä, laEmᵋlaē X·ĭmsElĭłEla âEm nEqEmgˑĭltEwēxēs
gwēgˑilasaxa ganoLē yĭxs gˑālaē laēLē Gwaēxsdaasē läxa ᵋwālasē 500
ts!āgats!ē gˑōkwa. Wä, gˑīlᵋEmᵋlāwisē gwāla mōsgEmgˑustâwē yaē-
x̣umala haăyalīlagasa laaᵋlasē yĭx̣ᵋwīdē Gwaēxsdaasē. Wä, laᵋmē
qēqExˑīᵋlax̣ᵘsa mElmaqEla L!āgEkwa. Wä, gˑīlᵋmēsē gwāl yĭxwasa
mōsgEmē q!Emqᵋ'EmdEma laē X·ĭmsElĭłEla, lē yāq·Egˑaᵋla. Wä, lāᵋlaē

5 four songs, X·ᵻ́msElī́lEla spoke, and ‖ said, "Now, this is all. Now
your name shall be | ALṓtEmdā́lag·ī́ls in this great dance āLaq!Em.
Now, you have done well, | great friend. Only take care and do not
hurt it! Now, | I shall tell our friends that | I know that | he was
beaten by his father at Wāwaḷē: therefore he wanted to commit
10 suicide ‖ on account of his Nāk!wax·da‘x^u father Ts!Ex‘ēd, | the
chief of the numaym G·ḗxsEm. And his mother is Ts!Eqā́la, | the
Āwī́k·!ēnox^u woman. And the only mistake our great friend made |
was that he did not wish this great winter dancing-house | to be
placed in the country of his father, Ts!Ex‘ēd, Wāwaḷē. I mean that
15 we ‖ ennoble his mother's side." Thus he said. "Now for three
nights | we shall sing for our great friend, and | the fourth night the
song will be sung by his tribe; and we shall | all become invisible,
that we may not be seen by this tribe, although | we shall walk
about giving instructions secretly, telling them what to do; ‖ and we
20 shall leave all the masks in the | sacred room." Thus said X·ᵻ́msE-
lī́lEla to his friends. |

As soon as he stopped speaking, and when daylight came in the
morning, | the spirits never came out. They remained | sitting
around the fire in the middle of the great dancing-house. Now, ‖
25 the ancestors of the Āwī́k·!ēnox^u were really frightened at what they
saw, for they did not | know what it was. |

---

5 ‘nēk·a: "Wä, la‘mōx ‘nāx̣wa gwā́la. Wä, laEms ḷḗgadEs ALṓtEm-
dā́lag·ī́ls laxōs ‘wā́lasēx lḗdaxwa āLaq!Em. Wä, laEms hḗlaxa ‘nE-
mōx̣^udzē. Wēg·a ÂEm yāL!ÁLEx qa‘s k·!ēsaōs mōmasilaq^u. Wä, la-
‘mēsEn nēlaLExg·ins ‘nē‘nEmōkūk· yī́xg·in q!āla‘mēg·aqōxs k·!ēla-
k·asE‘waaxsēs ōmpa lax Wāwaḷē; lāg·ilasōx tōyag·ē yᴉxs
10 Nāk!wax·da‘xwaē ōmpasōx yᴉxa ḷḗgadās Ts!Ex‘ēdē, g·ī́ga-
ma‘yasa ‘nE‘mēmotasa G·ḗxsEmē; wä, lōx ābāyadEs Ts!Eqā́laxa
Āwī́k·!ēnoxwaxsEmē. Wä, hētos‘mē ōdzaxayōsEns ‘nEmōx̣^udzäx
k·!ēsaēx ‘nēx· qEns hē‘mē g·ōx̣ū́ldzatsa ‘wā́lasēx ts!ägats!ē g·ōkwē
āwī́nagwisasēs ōmpē Ts!Ex‘ēdē lax Wāwaḷē, ‘nē‘nak·ī́Lxg·ins yEwēk·
15 la wēqwasE‘wa ābāsk·!ōtēx," ‘nēx·‘laē. "Wä, la‘mēsEns yūdux̣^u-
p!Enx̣wa‘s kwēxElaɫxEns ‘nEmōx̣^udzēxa gāgEnoLē. Wä, la‘mēsōx
g·âx kwēxElasōltsēs g·ōkū́lotaxa gānoLasa mōxsōta ‘nāla âEmLEns
‘wī‘laɫ k·!ālk·!EyōtsʟēnoxᵘLE qEns k·!ēsē dōgū́ɫta g·ōkū́lōtasōx, wäx·-
‘mēɫg·ins g·Eyī́mg·ilī́lElaɫ qEns wūnāɫē ḷExs‘ālaq qa gwēgwälag·i-
20 lī́l‘ats. Wä, laʟaLōx g·ī́x·g·aēl‘EmLEns yaēx̣umlēx ‘wī‘la lāxwa ɫE-
mē‘lats!ēx," ‘nēx·‘laē X·ᵻ́msElī́lElaxēs ‘nē‘nEmōkwē.

Wä, g·ī́l‘Em‘lāwisē q!wēl‘idExs laē ‘nax·‘idxa gaā́la. Wē, hē-
wäxa‘Em‘lāwisē g·āxEwūlsnōkwa haāyalī́lagasē. ÂEm‘laē k!ū́tsē-
‘stalī́lElaxa laqawalī́lasa ‘wā́lasē ts!ägats!ē g·ōkwa. Wä, laEm‘laē
25 âlak·‘āla k·ī́lEla g·ā́lāsa Āwī́k·!ēnoxwē la dōx‘widEq qa k·!ētsʟēna-
‘yas q!āLElax gwēx·sdEmas.

Then Ts!ɛxʼēd, the father of Alōtɛmdālag·ʼîls, visited | the Äwīk·!ē- 27
noxᵘ with his wife Ts!ɛqaɫa. And | Ts!ɛxʼed, and his wife Ts!ɛqāɫa,
were seated among the Äwīk·!ēnoxᵘ as they all went ‖ into the house 30
of their chief Ewŭłt!āla, talking about the | great house at one side
of the village; and the song-leaders were | talking about the songs,
which were very different from | the winter-dance songs of the
Äwīk·!ēnoxᵘ, which they obtained from Nɛnwaqawēʼ through the |
wife of Cannibal-at-North-End-of-World, for the song-leaders were
secretly singing ‖ what they had heard sung in the night by the 35
men in the great | house—for there is only one tune, âyē hahoyaxaē—
thus the song-leaders said, | as they were secretly singing to-
gether. Then some | of the Äwīk·!ēnoxᵘ guessed that they were
ghost-dancers. And Ts!ɛxʼēd spoke, | and said, "O chiefs! listen
to what I am going to say! ‖ It occurs to me that this is my son 40
K!wāk!wabalas who went to commit suicide. | It may be this is what
we talked about, what you say is like a different kind of song. | Only
take care, chiefs! It might be he." Thus said he. |

Then all the Äwīk·!ēnoxᵘ discovered that it was he; | and all the
Äwīk·!ēnoxᵘ said that they would come and sit down outside ‖ when 45
night would come, so that they might learn the songs well. | And when
night came, they heard the sound of the names being called out of the
sacred room, | and cries of "Hōho!" And then they would sing the

---

Wä, lāʼlaē Ts!ɛxʼēdē, yîx ōmpas Alōtɛmdālag·ʼîlsē bāgŭns ʟɛʼwis 27
gɛnɛmē Ts!ɛqāɫa lāxa Äwīk·!ēnoxwē. Wä, laɛmʼlawis k!wāgelîlē
Ts!ɛxʼēdē ʟɛʼwis gɛnɛmē Ts!ɛqāɫaxa Äwīk·!ēnoxwaxs laē ʼwīʼlaē-
ʟɛla lax g·ōkwasēs g·īgāmaʼyē Ewŭłt!āla gwāgwēx·sʼāla laxa ʼwä- 30
lasē g·ōkwa lax āpsōtasēs g·ōkŭlasē. Wä, hēʼmīsa nēnâgadāxs
laē gwāgwēx·sʼāla lāx q!ɛmq!ɛmdɛmasēxs xɛnʟɛlaē ōgŭq!āla lāxa
ts!āq!alāsa Äwīk·!ēnoxᵘ, yîx g·āyanɛmas Nɛnwaqawē lax gɛnɛ-
mas Baxᵘbakwālanuxᵘsīʼwaʼyē, yīʼlaxs laē wŭnāla dɛnxʼidēda nēnâga-
dāsēs wŭʟɛlaxa ganōʟē dɛnxɛlayâsa bēbɛgwānɛma lāxa ʼwāɫasē 35
g·ōkwa, yîxs ʼnɛmaēs "âyē hahoyaxaē," ʼnēx·ʼlaēda nēnâgadāxs
laē ʼnɛmadzaqwa wŭnwŭnōsa dɛnxɛla. Wä, lāʼlaē k·ōtēda waō-
kwē Äwīk!ēnoxwaq lɛlōɫɛlaɫa. Wä, lāʼlaē yāq!ɛg·aʼlē Ts!ɛxʼēdē.
Wä, lāʼlaē ʼnēk·a: "ʼya, g·īg·ɛgāmē, wäɛntsōs hōʟɛlaxg·ʼîn wāłdɛm-
ʟɛk·. Hēdɛn g·īg·aēgaʼyɛn xŭnōʼkwaē K!wāk!wabalasaxs toʼyag·aa 40
qō hēɛmlaxɛns gwāgwēx·sʼālasaxēs gwɛʼyōs ōgŭq!ālas q!ɛmq!ɛm-
dɛm. Wāg·ʼîlla âɛm yaʟ!āʟɛx g·īg·ɛgāmēʼ qō hēɛmlaxō," ʼnēx·ʼlaē.

Wä, laʼmē q!âłʼaʟɛla ʼnāxwēda Äwīk·!ēnoxwaq hēʼma. Wä,
laʼmē ʼnēk·ēda ʼnāxwa Äwīk·!ēnoxwē qaʼs ʼwīʼlalag·ʼī lāł k!ŭsɛlsxa
lāɫa gānołʼīdɛł qaʼs âlax·ʼīdē q!āq!oʟ!ax q!ɛmq!ɛmdɛmas. Wä, 45
g·îlʼmēsē gānołʼīdɛxs laasē ʟēłʼwŭłt!alîʟɛlak·!ālasɛʼwa ʟēʟɛqɛlasēʼwēs
ʟēʟɛgɛmē. Wä, lānaxwē hōhoxwaxs laē dɛnxʼēts q!ɛmdɛmas.

48 song. | And the Āwīk·!ēnoxᵘ heard the sound they made, and the names. | Then the Āwīk·!ēnoxᵘ remained to the end sitting down ‖
50 that night, outside of the house of their chief Ēwŭlt!āla who was listening to the | words that X·ĭmsᴇlĭtᴇla was speaking, for he was the head | chief of the spirits. And when the | forty masks danced— for the song-leaders of the | Āwīk·!ēnoxᵘ counted the number of
55 times that X·ĭmsᴇlĭtᴇla called out the names, ‖ and also how often each one | shouted "Hōho!" and also what X·ĭmsᴇlĭtᴇla said | when he spoke to the men sitting in the house and told them that the one whom he had called was coming, | and also when he named the names of those who have already been named when they stood | outside of
60 the sacred room of hemlock-branches; therefore it was ‖ just as though the song-leaders were sitting among the spirits, and as though they were seeing | what was being done; for they really heard everything that was said | by X·ĭmsᴇlĭtᴇla, for the night was very calm. |
When night came again, all the Āwīk·!ēnoxᵘ | sat down outside
65 of the house of their chief Ēwŭlt!āla; ‖ and when they were seated, Chief Ēwŭlt!āla spoke, | and said, "Now, take care, tribe! for I | guess this is K!wāk!wabalas, the son of my sister | Ts!ᴇqāla, the one for whom they are singing, for he went to commit suicide at Wāwalē;

---

48 Wä, ᵋnāx̣waᴇm wŭLᴇlēda Āwīk·!ēnoxwax̣ gwēk·!ālasas ʟōᵋ ʟēʟᴇgᴇmas. Wä, laᴇm‘lāwisēda Āwīk·!ēnoxwē sᴇnbēᴇm k!ŭtsʟᴇs lāx̣
50 ʟ!āsanāᵋyas g·ōkwasēs g·īgāmaᵋyē Ēwŭlt!ālaxa gānoʟē hōʟēlax̣ wāldᴇmiᵋlālas yaq!ᴇnt!ālāsē X·ĭmsᴇlĭtᴇla, yĭxs hēᵋmaē xamāgᴇmē g·īgāmēᵋsa haäyalĭlagasē. Wä, g·īlᵋᴇm‘lāwisē ᵋwīᵋla yĭx̣ᵋwīdēda mōsgᴇmg·ustāwē yaēx̣umala, yīxs gᴇlwig·ēᵋmaaᵋlaēda nēnāgadāsa Āwīk·!ēnoxwax̣ ᵋwāx̣ap!ᴇnasa X·ĭmsᴇlĭtᴇla ʟēx̣ᵋēdᴇx̣ ʟēgᴇmasēs ʟē-
55 lālasᴇᵋwē. Wä, hēᵋmisēx ᵋnᴇmp!ᴇndzaqwaᵋmaē hōhoxwēda ᵋnāl-ᵋnᴇmōkwē lāx̣ ʟēᵋlalasᴇᵋwas. Wä, hēᵋmis wāldᴇmas X·ĭmsᴇlĭtᴇlāxs laē ᵋnēnʟᴇlaxa k!ŭdzēlē bēbᴇgwānᴇmxs g·āx̣ᵋmaēs ʟēᵋlālasᴇᵋwē ᵋnēk·ēt!ēd ʟēx̣ᵋēdᴇx̣ ʟēgᴇmasēs laᴇmx·dāʟaɬ ʟēx̣ᵋētsᴇᵋwaxs laē ʟāᵋwīl lāx̣ ʟ!asalĭlasa q!wāx̣sᴇmē ɬᴇᵋmēᵋlats!ā. Wä, hēᵋmis ālag·ĭlts ᵋnᴇma-
60 x·ᵋisa nᴇnāgadē ʟōᵋ laᴇm k!wāg·ilīlx̣a haäyalĭlagasē qaᵋs dōqwalēx̣ gwēgwālag·īlīᵋlasas qax̣s ālak·!ālaē q!ŭlaatāla wŭʟᴇlax̣ wāldᴇmiᵋlāläs X·ĭmsᴇlĭtᴇla, qax̣s ālak·!ālaē q!ōqŭlaxa gānoʟē.
Wä, läᵋlaē ēt!ēd ganoɬ‘ida laᴇmᵋlāxaawisēda Āwīk·!ēnoxwē ᵋwīᵋla k!ŭsᴇls lāx̣ ʟ!āsanāᵋyas g·ōkwasēs g·īgāmaᵋye Ēwŭlt!āla. Wä,
65 g·īlᵋᴇm‘lāwisē ᵋwīlg·aᴇls laē yāq!ᴇg·aᵋla yīxa g·īgāmaᵋyē Ēwŭlt!āla. Wä, läᵋlaē ᵋnēk·a: "Wēg·a yᴇʟ!ĀLᴇx̣ g·ōkŭlot qax̣g·ĭn laᵋmēk· k·ōt!ēdᴇqē hēᴇm K!wāk!wabalasa yīx̣ x̣ŭnōkwasᴇn wŭq!wāqōx̣ Ts!ᴇqŭlāēda lä q!ᴇmtasᴇᵋwax̣a toᵋyag·ā lāx̣ Wāwalē. Wä, lālax̣ē

and he may have | obtained as a treasure the great house seen by us, and what is heard by us. ‖ I mean, let us take care!" Thus he said. | 70
Now, Ēwŭlt!āla was speaking loud on purpose that he might | be heard by those who were sitting in the great house; and he was really | heard by X·ĭmsɛlĭtɛla, for that was the wish of X·ĭmsɛlĭtɛla, that | Ēwŭlt!āla might say this while the Āwīk·!ēnoxᵘ were sitting ‖ outside of the house of Ēwŭlt!āla, and that the song-leaders might 75 learn the | songs, and that they might know the ways of the dance. | As soon as Ēwŭlt!āla had spoken, the | song-leaders of the great dancing-house began to beat fast time; and when the fast beating of the song-leaders stopped, | then some one said, "I call you, ‖ Hox- 80 hoxŭlsɛla, to come and dance." And when the | speech of X·ĭmsɛlĭtɛla was at an end, then some one shouted, "Hōho!" | And X·ĭmsɛlĭtɛla came, speaking as he walked and telling the spectators, "Now, | Hōxhoxŭlsɛla, who has been called by me, is coming." Then the song-leaders sang. | And now the song-leaders of the Āwīk·!ēnoxᵘ ‖ heard 85 really the manner in which X·ĭmsɛlĭtɛla called the forty names; | and when all the forty who had been called by X·ĭmsɛlĭtɛla had danced, | then Aʟōtɛmdālag·ils sang his sacred song | inside the sacred room of hemlock-branches; and then Ts!ɛx·ᶜēd, | and his wife Ts!ɛqāla, recognized their son by his voice. ‖ And the song- 90

Ḷōgwalaxɛns dōgŭlē ᶜwālas g·ōkwa ʟᴇᶜwɛns la wŭʟɛla. Wä, hē-ᶜmēsɛn ᶜnēnak·ĭlē qaᶜs â·ᶜmaōs ᶜnāxwa yāʟ!â," ᶜnēx·ᶜlaē. 70

Wä, laᶜmē hāsɛla yāq!ɛnt!alē Ēwŭlt!āla hēᶜnōmaɛm qaᶜs ogwaqē wŭʟɛla yĭsa k!ŭdzēla laxa ᶜwālasē g·ōkwa. Wä, âlaɛmᶜlāwisē wŭʟɛla yĭs X·ĭmsɛlĭtɛla yĭxs hɛsᶜmaax nâqaᶜyē X·ĭmsɛlĭtɛla qa ᶜnēk·ēs Ēwŭlt!āla ʟᴇᶜwa ᶜnāxwa Āwīk·!ēnoxwaxs laē k!ŭts!ɛs lāxa ʟ!āsanâᶜyas g·ōkwas Ēwŭlt!āla ʟᴇᶜwa nēnâgadāxs laē q!aq!oʟ!axa 75 q!ɛmq!ɛmdɛmē qa gwāʟɛlaᶜmēs ᶜwĭᶜla q!ālax gwayiᶜlālasas. Wä, g·ĭlᶜɛmᶜlāwisē q!ŭlbē wāldɛmas Ēwŭlt!ālāxs laaᶜlasē ʟɛxdzōdē nēnâgadāsa ᶜwālasē ts!āgats!ē g·ōkwa. Wä, lāᶜlaē q!wēlᶜēdēda ʟɛxdzâᶜya nēnâgadē laaᶜlasa ᶜnēk·a: "Lēᶜlalɛnʟōl qastai Hōxhoxŭlsɛla qaᶜs g·āxaōs yĭx·ᶜwīda." Wä, g·ĭlᶜɛmᶜlāwisē q!ŭlbē 80 wāldɛmas X·ĭmsɛlĭtɛla laaᶜlasa hōhowaē ʟēᶜlālasɛᶜwas. Wä, g·āx-ᶜlaē ᶜnēk·!ālē X·ĭmsɛlĭtɛla nēnt̄ɛlaxa x·ĭts!ax·ĭla: "G·āxᶜɛmg·ĭn ʟēᶜlālasɛᶜwē Hōxhoxŭlsɛla." Wä, laɛmᶜlāwisē dɛnxᶜēdēda nēnâgadē. Wä, laɛmᶜlaē âlak·!āla q!ŭlaatâla wŭʟɛlēda nēnâgadāsa Āwīk·!ēnoxwax ʟēᶜlālaēnaᶜyas X·ĭmsɛlĭtɛlāxa mōsgɛmg·ustâwē ʟēʟɛgɛm ʟēᶜlā- 85 lasōᶜs. Wä, g·ĭlᶜɛmᶜlāwisē ᶜwĭᶜla yĭx·ᶜwīdēda mōsgɛmg·ustâwē ʟēᶜlānɛms X·ĭmsɛlĭtɛla, wä, lāᶜlaē yālaq!ŭg·aᶜlē Aʟōtɛmdālag·ĭlsē lāx ōts!âwasa q!waxsɛmē lɛᶜmēᶜlats!ä. Wä, lawisʟalaē Ts!ɛxᶜēdē ʟᴇᶜwis gɛnɛmē Ts!ɛqāla malt!ēxsdɛndxēs xŭnōkwē lāxɛq. Wä, laɛmᶜlaē dɛnxᶜēdēda nēnâgadāsa mōsgɛmē q!ɛmq!ɛmdɛms Aʟō- 90

leaders sang the four songs of | ALôtɛmdālag̣ʹîls; and when the last song was at an end, | X·îmsɛlîłɛla spoke, and said, "Now we | have finished, friends. Now our great friend | ALôtɛmdālag̣ʹîls will be caused to dance by his tribe to-morrow night!" Thus he said. ‖ "Now I shall tell our great friend that you have been visited by those | who wish for magic power, and who wish for different dances; and this | our great Hamasēʽnā goes to him who wishes for a | cannibal-song without whistles. His song is about the cannibal, | and his head-mask is Gɛlôgŭdzɛwēs, Hôx̣ᵘhogŭdzɛwēs, ‖ and Gwaʽwayełaʽna; these three are lent by our friend Hamasēʽnā | to our friend as head-masks for the hamdzɛdzôʽ | (this is called by the Kwāgʹuł hămshămtsǃɛs). And he has four | songs. The frog wardance comes from our | friend Wŭqagas, for when those who belong to you go ‖ to the house of our friend Wŭqagas, she gives birth at once | to four frogs, which go into the stomach of the woman, or even of a | man who has disappeared and gone to the house of the frog war-dancer. And at once whistles sound | in the stomach of the frog war-dancer (this is called by the Kwāgʹuł bad-inside- | wardance). And this our friend Qǃâmînâgăs, if she ‖ is visited by a woman, or even by a man, who is loved[1], when they disappear, | then Qǃâmînâgăs knows that they will be qǃâmînâgăs dancers. | She calls them into her house, and gives them instructions | what

tɛmdālag̣ʹîlsē. Wä, g̣ʹîlʽɛmʽlāwisē qǃŭlbēda ăłɛlxsdaʽyē dɛnxɛlayos, laasē X·îmsɛlîłɛla yāqǃɛgʹaʽła. Wä, lāʽlaē ʹnēkʹa: "Wä, laʽmɛns gwāła, ʽnēʽnɛmôkᵘ. Laʽmôx gʹāxʟ yîx̣wāmatsôʽlɛns ʽnɛmôx̣ᵘdzɛx laxôx ALôtɛmdālag̣ʹîlsax ganoʟas łɛnsʟa yîsôs gʹôkŭlotax," ʽnēxʹʽlaē. "Wä, laʽmēsɛn nēłałxɛns ʽnɛmôx̣ᵘdzɛx yîsēs gʹāxʽēdaēnaʽyôs ʽnaʽnāwalakǃwaatsa ʽnēkʹē qaʽs layosasēs ôgŭʽlîłôs lād lāq. Wä, yuʽmaôx ʽnɛmôkwaqǃɛnsôx Hamasēʽnā, laʽmô gʹāxʽatsa ʽnēkʹē qaʽs hămdzɛdzɛwēsēʽwēxa kʹǃɛâsē mɛdzēs. Wä, laɛm hāmatsǃakʹʹălē qǃɛmdɛmas. Wä, lä hamsiwālax Gɛlôgŭdzɛwēsē ʟôʽ Hôx̣ᵘhogŭdzɛwēsē ʟôʽ Gwaʽwayełaʽna. Wä, yŭdukwôx ʟēkʽɛwasaxs Hamasēnā lāxɛns ʽnēʽnɛmôkwēx qa hamsîwēsa Hămdzɛdzɛwēsēʽwē, (yîx gwɛʽyâsa Kwāgʹułē hămshămtsǃɛsa). Wä, la môsgɛmē qǃɛmqǃɛmdɛmas. Wä, yŭɛmxat! gʹāgʹaxaatsa olala wŭqǃɛsa, yîxɛns ʽnɛmôkwēx yîxôx Wŭqagas, yîxs gʹîlʽmaē gʹāxa gʹayolē lāxʹdaʽxwôʟ lāx gʹôkwasɛns nɛmôkwôx Wŭqagasēx, wä, lāx hēxʹʽidaɛm mayoʟâsasa môwē wîwŭqagēs lāx tɛkʹǃāsa tsǃɛdāqē ʟɛʽwa wāxʽʽɛm bɛgwānɛm xʹîsʽēd qaʽs wŭqǃēsē ôlala. Wä, hēxʽʽidaʽmēsē x̣wākǃwalē ôtsǃâwas tɛkʹǃāsa wŭqǃēsē ôlala. (Hēɛm gwɛʽyâsa Kwāgʹułē ʽyakʹǃēs tôx̣ʽwîd.) Wä, yuʽmēsɛns ʽnɛmôkwēx yîxôx Qǃâmînâgăsēx, yîxs gʹāxasaaxsa tsǃɛdāqē ʟɛʽwa wāxʽʽɛm bɛgwānɛm łaɛlwinayaxs xʹîsʽēdaē, qaʽs hēxʽʽidaʽmaôx Qǃâmînâgăsēx qǃâʟɛlaqēxs qǃɛqǃâmînâgăsɛlałēʟē. Wä, hēxʽʽidaʽmēsôx ʟēʽlîʟaq laxēs gʹôkwē qaʽs lä ʟēxs-

---
[1] That means: a prince or a princess.

to do when they are dancing; and when to call out 'Hai, | hai, hai!' and also when Q!âminâgăs takes off the ‖ scalp of her head, 15 and just shows her skull, | not leaving a single hair on; and how she carries the scalp | while she is dancing, with the blood running down each side of her neck. | This is what they obtain from our friend here, that they may also | pull off their scalps. ‖

"And this, our friend here, L!ētsaplēla'naga, whose | seat is here 20 under the fire here in the middle of my house'—thus said | X·îmsElĭtEla—"those who disappear and go to her become | nōnltsē'stalał. And then L!ētsaplēlanaga treats them so that they can sit | on the fire without being burned. No whistles belong to our ‖ nōnltsē'stālał. | 25

"And also our friend MēmEyoxwa'na, for those | who disappear and go to him become salmon-dancers. She also | shows them how to act in their dance. And these are different from the dancers of my | friend Cannibal-at-North-End-of-World; for all his dances have whistles, ‖ and there are no whistles in our dances." Thus said 30 X·îmsElĭtEla | to ALōtEmdālag·îls. |

"Now your tribe shall come when day comes, and they shall take care of you, | for we have finished." Thus said X·îmsElĭtEla and he disappeared | with his friends. ‖

'ālaq qa gwēg·ilatsēxs laē yîxwa Lē'wis bābagŭlakŭlaēna'yē hai 13 hai hai; wä, hē'misēxs laē Q!âmināgāsē qŭdzEłtsEmd q!ŭlēx·s'Emx L!ētsEma'yasēs x·ōmsē. Wä, â'mēs la 'nāxwa la nēłałē xāqas x·ōmsas 15 k·!eâs la âLada 'nemtslaq sE'ya äxāla. Wä, la'mē dālaxa L!ētsEma-'yasēs x·ōmsaxs laē yîxwa 'wāmaxElaxa Ełkwa lāx ēwanōłxawa'yas. Wä, hē'mis lâLānEmsē layâsEns 'nEmōkwēx lāqēxs laē ōgwaqa qŭsōdEx L!ētsEma'yasēs x·ōmsē.

"Wä, yŭ'mēsEn 'nEmōkwēx, yîxōx L!ētsaplēla'nagax, yŭEmLal 20 âlag·îlit laxōx ăwābâlisaxsōx laqawaliłaxsEn g·ōkwa 'nEmā," 'nēx·- 'laē X·îmsElĭłEla, "yîxs g·āxasaaxsa x·îs'ēdē lax·da'xōL qa's nōnl- tsē'stalałē. Wä, lōx L!ētsaplēla'nax pEspātaq qa wax·'mēs k!wāg·î- Lala lāxa lEgwîlē qa k·!eâsē lEgŭlēs. Wä, laEm k·!eâs mEdzētsa nōnltsē'stalałē g·ayōł g·āxEnu'x". 25

"Wä, yu'mēsEns 'nEmōkwēx, yîxōx MēmEyoxwa'nax, yîxs g·āxa- saaxsa x·îs'ēdē lax·da'xōLxa hămēyalaLē. Wä, laEmxaōx q!aq!ōL!a- matsēs yîxwalaēna'yē lāq. Wä, yūEm ōgŭ'qāla lāx lēlādāsEn 'nE- mōkwaē Baxubakwālanuxusīwa'yaxa 'nāxwa'ma mEdzēdzadēs lēlādē. Wä, la k·!eâs mEdzētsEn nōsaqEnu'xu lēlādē," 'nēx·'laē X·îmsElĭłE- 30 lax ALōtEmdālag·îlsē.

"Wä, la'mē g·āxLEs g·ōkŭlotaōs qō 'nāx·'îdLō qa's aaxsilaLōł qaxg·anu'xu la'mēq gwała," 'nēx·'laē X·îmsElĭłElaxs laē 'wî'la x·îs'ēda LE'wis 'nē'nEmōkwē.

35 Behold! it was already getting daylight in the morning; and the masks were left, | and the cedar-bark rings mixed with white, of ALōtɛmdālag·ils. | Then ALōtɛmdālag·ils was glad on account of the supernatural treasure that he had obtained, | for it was the first one of its kind, and of his death-bringing baton, for now he wished to | try it on something. Then he thought of his father and of his
40 mother; || and he wished to kill them, when they should come to see him, on account of | the way in which he had been treated by his father. He had always struck him, which was the reason of his | attempted suicide. Thus he thought while he was seated alone in the great | dancing-house. Now, we shall stop for a while talking about | ALōtɛmdālag·ils. ||
45 Now we shall talk about the Āwīk·!ēnoxᵘ, who never | left the place where they were sitting outside of the house of their chief Ēwŭlt!āla; for | they heard the speeches of X·ĭmsɛlīɬɛla when he said, | "Now your tribe will come in the morning and will take care of you, for | we have finished," when X·ĭmsɛlīɬɛla said this. There-
50 fore || the hearts of the Āwīk·!ēnoxᵘ were really troubled, and they did not | sleep; and when it was near noon, | they launched four large shovel-nose canoes. The men were standing | in the canoes, and they went across to the great winter dancing- | house. Now,
55 the Āwīk·!ēnoxᵘ were singing the winter-dance songs; || and they did .

---

35 LɛʽmaāʽlaxoL ʽnāʽnakŭlaxa gaāla. Wä, laʽmē ʽwīʽla łōwaLasēs yaēxumlē Lɛʽwa mɛlmaqɛla L!āL!ɛgɛkŭläs ALōtɛmdālag·ilsē. Wä, laɛmʽlaē ēk·ē nâqaʽyas ALōtɛmdālag·ilsē qaēs Lōgwaʽyaxs hēʽmaē ālēa ʽnɛm hē gwēx·sē Lɛʽwis halāyo t!ɛmyayā, yīxs Lɛʽmaē ʽnēk· qaʽs gŭnx·ʽidaasnōkwēs. Wä, lāʽlaē g·īg·aēxʽēdxēs ōmpa Lɛʽwis ābɛmpē.
40 Lɛʽmaē ʽnēx· qaʽs łɛʽlāmasdaʽxwēq qō g·īlī dōxʽwaLɛlaLɛq qa gwēg·alt!ɛqɛlasas ōmpasēq yīxs hēʽmɛnalaʽmaē k·!ēlak·aq lāg·iłas tōʽyag·ē, ʽnēx·ʽlaē nâqaʽyas lāxēs ʽnɛmōgwīłaē k!waēł lāxa ʽwalasē ts!āgatslē g·ōkwa. Wä, laʽmɛns gwāl yāwasʽīd gwāgwēx·sʽāla lāx ALōtɛmdālag·ilsē.
45 Wä, laʽmēsɛn gwāgwēx·sɛx·ʽīdɛl lāxa Āwīk·!ēnoxwaxs hēwäxaē bāsēs k·ūts!ɛdzasa L!āsanāʽyas g·ōkwasēs g·īgāmaʽyē Ēwŭlt!āla, qaxs ʽnāxwaʽmaē wuLɛlax wāłdɛmiʽlāläs X·ĭmsɛlīɬɛla Lōxs laē ʽnēk·a: "Wä, laʽmē g·āxLɛs g·ōkŭlōtaōs qō ʽnāx·ʽīdLō qaʽs aaxsilēLōl qax-g·anuʽxᵘ laʽmēk· gwāła," laē ʽnēk·ē X·ĭmsɛlīɬɛla. Wä, hēʽmis āla-
50 k·!āla xwanɛlqałayōs nēnâqaʽyasa Āwīk·!ēnoxwē. Wä, hēʽmis k·!ēsēł mɛmxēqɛlē. Wä, g·īlʽɛmʽlāwisē k!wāyōłts!ā ʽnālaēnaʽyasēxs laē wīʽxᵘʽstɛndxaʽmōtslaqē āwâ dēdɛtalasa. Wä, laɛmʽlāwisē LāLawō-łēda bēbɛgwānɛm lāqɛxs laē lawīł lax g·ōgwasasa ʽwalasē ts!āgatslē g·ōkwa. Wä, laɛmʽlaē dɛnxɛlasa ts!āq!ala q!ɛmdɛma Āwīk·!ēno-
55 xwaxs laē k·!ēs yāyanaxs laē lawīłɛlaɫałaxa ʽwalasē ts!āgatsLē g·ō-

not go fast as they were crossing toward the great dancing-house, | 56 the door of which was closed. When the Äwīk·!ēnox^u landed | at the beach in front of the great dancing-house, then | the door opened; and all the men went ashore, | and went into the great dancing-house, and they sat down at the || right-hand side of the door. Then 60 nobody was seen in the house. | After the Äwīk·!ēnox^u had been sitting there long in vain, | Chief Ēwŭlt!āla spoke, and said, "O, Äwīk·!ēnox^u! I see what I have in my mind! | I wish to go to the room of hemlock-branches, for that may be the || sacred 65 room of which we heard at night, for I have passed through the red cedar-bark | four times." Thus he said. Then all the Äwīk·!ēnox^u | told him to go ahead. He went to the | sacred room of hemlock-branches, and went in. Then he | discovered ALōtᴇmdālag·ils sitting among the many masks, || and Ēwŭlt!āla, who was standing 70 there, lost his courage at what he saw. | Then ALōtᴇmdālag·ils spoke, and said, "Come | and sit down at my right-hand side!" Thus he said to his uncle. | Then Ēwŭlt!āla sat down; and ALōtᴇmdālag·ils said, | "Thank you for being the first to come into my sacred room. Now, || get forty men and women to | wear the forty 75 masks this night. This dance is named | āʟaq!ᴇm, the great dance which I obtained as my treasure." Thus he said. Then | Ēwŭlt!āla

---

kwa lāx ʟᴇnēg·ʼekwaēs t!ᴇx·ʼīla. Wä, g·il'ᴇm'lāwisē lāg·alisēda Äwī- 56 k·!ēnōxwē lāx ʟ!ᴇma'ʼisasa 'wālasē ts!āgats!ē g·ōkwa laa'lasē äxstō-x'wīdē t!ᴇx·ʼīlās. Wä, lā'lae hōx'wŭltāwēda 'nāxwa bēbᴇgwānᴇm qa's lä hōgwīʟa lāxa 'wālasē ts!āgats!ē g·ōkwa qa's lä k!ūs'ālīl lāxa hᴇlk·!ōtsālīlasa t!ᴇx·ʼīla. Wä, laᴇm k·!eās dōgŭlts bᴇgwānᴇmsa g·ō- 60 kwē. Wä, laᴇm'lāwisē gaēl wŭl'ᴇm k!ūdzēlēda Äwīk·!ēnoxwaxs laaᴇl yāq!ᴇg·a'ʼlēdā g·īgāma'yē Ēwŭlt!āla. Wä, lā'lae 'nēk·a: "Wäᴇntsōs dōqwałaxg·a gwälaasg·asg·ᴇn nāqᴇk·, yōʟ g·ōkŭlot, Äwīk·!ēnox^u, yīxg·ʼin 'nēk·ēk· qᴇn lālag·ʼī laēʟ laxa q!waxsᴇmē qō hēᴇm lāx łᴇmē- 'lats!ēsᴇns wŭʟᴇlax ganoʟē qaxg·ʼin lax·sāwēk· lāxwa ʟ!āgᴇkwēx 65 mōp!ᴇna," 'nēx·'lae. Wä, lā'lae 'nāxwa'ma Äwīk·!ēnoxwē ȧᴇm 'yālaqaq qa läs. Wä, lā'lae qās'ida qa's lä lāxa äxēlasasa q!wax-sᴇmē łᴇ'mē'lats!ä. Wä, lā'lae laēʟ lāq. Wä, hēx·'idaᴇm'lāwisē dōx'waʟᴇlax ALōtᴇmdālag·ils k!wāgelīlaaxa q!ēnᴇmē yaēxumla. Wä, ȧᴇm'lāwisē ʟa'wilē Ēwŭlt!āla tēx·ʼidēs nāqa'yasēs dōx'waʟᴇlē. 70 Wä, lā'lae yāq!ᴇg·a'ʼlē ALōtᴇmdālag·ʼilsē. Wä, lā'lae 'nēk·a: "Gēla, k!wāg·alīl lāxg·ʼin hᴇlk·!ōtagawalīlᴇk·," 'nēx·'laēxēs q!ŭlē'yē. Wä, g·il'ᴇm'lāwisē k!wāg·alīlē Ēwŭlt!āläxs laē 'nēk·ē ALōtᴇmdālag·ʼilsaq: "Gēlak·aslaxs sō'maē g·il g·axts!ālīl lāxwa łᴇmē'lats!ēx. Wä, laᴇms äx'ēdʟᴇx mōsgᴇmg·ustȧla bēbᴇgwānᴇml ʟᴇ'wa ts!ēdāqʟa qa äxᴇ- 75 mālałxwa mōsgᴇmg·ustȧx yaēxumlaxwa gānoʟēx. Yŭᴇm ʟēgadᴇs āʟaq!ᴇm yīxᴇn ʟōgwa'yēx qᴇns 'wālas lēda," 'nēx·'lae. Wä, lā'lae

78 asked him, "What do you think? Shall I call the three | chiefs to come and listen to what we are talking about?" Thus he said.
80 Then ‖ Alōtɛmdālag̣·ils said, "Go ahead, that we may finish our talk | with them!" Then Ēwŭlt!āla went out of the sacred room of hemlock-branches, | and stood in front of the sacred room; and spoke, | and said, "Now take care, Āwīk·!ēnoxᵘ, on account of the great things seen by me! | for these are new dances for us,
85 who are the head winter-dancers ‖ all around our world. Now, come, chiefs of the Āwīk·!ēnoxᵘ—you, | P!āsɛlał—you, ʟ!āqwag·ila—and you, Pōʟas." Thus he said. And immediately | the three chiefs arose and went into the | sacred room of hemlock-branches, and there they sat down at the right of | Alōtɛmdālag·ils.
90 And Ēwŭlt!āla spoke first, ‖ and said, "O chiefs! now you have seen the treasure that our | son has obtained. We have all heard the speaking | last night, which said that we shall sing for our son this evening. | Now our son must show us the places | of the masks;
95 and he will tell us how many ‖ men must come in, and how many women, to wear these | masks." Thus he said. |

Then Alōtɛmdālag·ils spoke, and said, | "This is what is needed,
700 twenty-four strong young men, | and sixteen strong young ‖ women, and this boy is to be wise while wearing a mask, | and this girl is to

---

78 Ēwŭlt!āla wūlāq: "Wălōs nâqa⁽yaq!ōs qɛn Lē⁽lalēxa yūdukwē g·īg·ɛgămē⁽ qa g·āxēs hōʟēlaxɛns wăldɛmēx," ⁽nēx·⁽laē. Wä, lā⁽laē
80 Alōtɛmdālag·ilsē ⁽nēk·a: "Wāg·a qa gwăltsē⁽sta⁽mēsɛns wăldɛmla ʟɛ⁽wē." Wä, lā⁽laē Ēwŭlt!āla lōlts!ăliĭ lāxa q!waxsɛmē lɛ⁽mē⁽lats!ē qa⁽s ʟ̣āx⁽ŭliĭē lāx ʟ!āsalilasa lɛ⁽mē⁽lats!ē. Wä, lā⁽laē yāq!ɛg·a⁽la. Wä, lā⁽laē ⁽nēk·a: "Wēg·a yăʟ!āx, Āwīk·!ēnoxᵘ āwīlag·in dōx⁽waʟɛlɛk· yīxs alēg·ilɛns lēlēdēx yīnsaxg·ins ts!āqōtɛma⁽yēk· yīsōx
85 āwē⁽stäxsɛns ⁽nālax. Wä, gēlag·a g·īg·ɛgămēs Āwīk·!ēnoxᵘ, yūʟ P!āsɛlał, yūʟ ʟ!āqwag·il, sō⁽mēts Pōʟas," ⁽nēx·⁽laē. Wä, hēx·⁽idaɛm⁽lāwisa yūdukwē g·īg·ɛgămē⁽ q!wāg·iliĭ qa⁽s lē hōgwiʟ lāxa q!waxsɛmē lɛ⁽mē⁽lats!ā. Wä, hēɛm⁽lāwisē k!ŭs⁽āliĭē hēlk·!ōtagawaliĭas Alōtɛmdālag·ilsē. Wä, hēɛm⁽lāwisē Ēwŭlt!āla g·il yāq!ɛg·a⁽la. Wä,
90 lā⁽laē ⁽nēk·a: "Wä, g·īg·ɛgămē⁽, laɛms dōx⁽waʟɛlaxōx ʟōgwa⁽yasɛns xŭnōkwēx. Wä, lɛns ⁽nāxwaɛm wŭʟɛlax wăldɛmasa yāq!ɛnt!ālax gānoʟēxa ⁽nēk·axg·ins nōgwēlɛk· q!ɛmtalxɛns xŭnōkwaxwa gānoʟēx. Wä, la⁽mēsōx āɛmlɛns xŭnōkwēx nēlałtsōx gwēgwāgawayaasasa yaēxumłē. Wä, la⁽mēsōx nēlał g·axɛnsas ⁽wāxaasʟasa bēbɛ-
95 gwānɛmla g·āxts!ăliʟ ʟō ⁽wāxaasʟasa ts!ēdaqʟa qa āxɛmālałxwa yaēxumłē," ⁽nēx·⁽laē.

Wä, lā⁽laē yāq!ɛg·a⁽łē Alōtɛmdālag·ilsē. Wä, lā⁽laē ⁽nēk·a: "Wä, g·a⁽mɛns āx⁽ēxstsō⁽gwa hä⁽mōk·ălak· łelăk!wēmas ēałostâ bēbɛgwānɛma. Wä, g·a⁽mēsēg·a q!ɛʟ!ăgŭg·ɛyōkᵘ ałostâgas łelăk!wēmas
700 ts!ēdāqa. Wä, g·a⁽mēsa bābagŭmēxa nâqɛliĭɛla lax yīxumāla. Wä,

be wise while wearing the mask." Thus he said. | Then P!āsɛlaɫ 2
spoke, and said, "Come, | chiefs! and let us go to our tribe to get
the | twenty-four strong young men to come and try the masks; ||
and let some one go across to get sixteen strong young women, | and 5
one boy and one girl." | Thus he said. |

Immediately the chiefs went out of | the sacred room, and they
sat down silently among the tribe. || Then L!āqwag·ila told them in a 10
whisper that he wanted twenty-four | strong young men and sixteen
strong | young women, and also one boy and | one girl. Then they
sent four men | to go to get the women and the two children from their ||
houses in K·!ētēt. And when he stopped speaking, | four men went 15
out and went aboard the canoe, and they | crossed the river. And
the twenty-four young men arose | and followed the four chiefs, and
they went back into the | sacred room of hemlock-branches and sat
down there. Then || ALōtɛmdālag·ils told them, "This is the chief 20
of the masks, | the mask of X·ītmsɛlīɫɛla, which lies at the right-hand
side of the sacred room." | And he stood in the front of the room,
and he | named the forty masks to his tribe. | And they were put
down in the sacred room as they were to stand when they were

g·a‘mēsa ts!āts!adagɛmēxa nāqɛlīɫɛla lax yɪxumāla," ‘nēx·‘laē. Wä, 1
lā‘laē P!āsɛlaɫē yāq!ɛg·a‘la. Wä, lā‘laē ‘nēk·a: "Wä, gēlag·a ‘wī‘lax
g·īg·ɛgāmē qɛns lālag·ī lāxg·ins g·ōkŭlōtg·aɛns qɛns wēg·ī āx‘ēdɛx
hā‘mōk·ālä lēlâk⁰ ēaɫostâ qa g·āxēs mɛnsasōxda yaēxumlēx. Wä,
hē‘mis qa lāsē lawīɫē dāx q!ɛL!āgŭg·ɛyowa lēlâk⁰ āɫōstāgas ts!ēdaqa 5
Lɛ‘wa ‘nɛmōx⁰La bābaguml Lɛ‘wa ‘nɛmōx⁰La ts!āts!adagɛml,"
‘nēx·‘laē.

Wä, hēx·‘idaɛm‘lāwisa g·īg·ɛgāma‘yē ‘wī‘la g·āx hōx‘wŭlts!ā lāxa
ɫɛ‘mē‘lats!ē qa‘s lā ɛm‘ɛmsgɛmxs laē k!wāgɛlīɫaxēs g·ōkŭlōtē. Wä,
laɛm‘lāwisē L!āqwag·ila ōpalaxs laē nēnɫɛlaxs āx‘ēxsdaax hā‘mō- 10
k·ālā lēlâk⁰ aɫōstâ bēbɛgwānɛma Lɛ‘wa q!ɛL!āgŭg·ɛyowē lēlâk⁰
āɫōstāgas ts!ēdaqa. Wä, hē‘mēsa ‘nɛmōkwē bābaguma Lɛ‘wa
nɛmōkwē ts!āts!adagɛma. Wä, lā‘laē ‘yālaqasa mōkwē bēbɛgwā-
nɛm qa lēs dāxa ts!ēdaqē Lɛ‘wa ma‘lōkwē g·ing·īnānɛm lāxēs
g·ōkwē lāx K·!ētētē. Wä, g·īl‘ɛm‘lāwisē q!wēl‘īdɛxs laē hōqŭwɛl- 15
sēda mōkwē bēbɛgwānɛm qa‘s lā hōgŭxs lāxa dɛlālasē qa‘s lē
lawīla lāxa ‘wā. Wä, lā‘laē âɛm q!wāg·īlīlēda hā‘mōk·āla hā‘yāl‘a
qa‘s lē lāsgɛmēxēs mōkwē g·īg·ɛgāmēxs laē xwēlaqa ɫaēL lāxa
q!waxsɛmē ɫɛmē‘lats!ā qa‘s k!ŭs‘ālīɫē ‘wī‘la lāq. Wä, hēx·‘idaɛm-
‘lāwisē ALōtɛmdālag·ilsē nēlaxs hē‘maē g·īgāmēsa yaēxumlē, yīx 20
yɪxŭmɫas X·ītmsɛlīɫɛlaxwa gwēbalīɫēx lāxwa hēɫk·!ōdōyālīɫasa ɫɛ‘mē-
‘lats!ēx; wä, hē‘mēsōx La‘wīl lāxg·a Llāsadzēlīɫɛk·. Wä, lā‘laē ‘wī‘la
LēLɛqɛlax LēLɛgɛmasa mōsgɛmg·ustâwē yaēxumla qaēs g·ōkŭlōtē,
yīxs hē‘maē gwaēl lāxa ɫɛ‘mē‘lats!ēs gwāgawa‘yaasaxs laē Lē‘lālasōs

25 called by || X·ɪ̓msɛlīɛla. They were never misplaced; and the Ăwīk·!ēnoxᵘ were instructed also | about Mamayoʟɛmalaga, who gives birth | to a boy and a girl, and about the children who dance immediately | after they are born. |

30 As soon as he stopped speaking, the women came into || the great dancing-house, and ʟ!āqwag·ila | called them into the sacred room of hemlock-branches. Then they were told by Ēwŭlt!āla | to sit down outside of the masks which they were going to wear. Now the | men were sitting down on the outer side of the masks, and also the |

35 two children in the same way with their masks. Then || Alōtɛmdālag·ɪ̓ls spoke, and said | to the man who was to wear the mask of X·ɪ̓msɛlīɛla, "Don't be afraid, | friend, to make a mistake! for you will hear the | owner of these masks, who will come and advise you. I say this, because | otherwise you might be frightened in vain." ||

40 Now, it was late in the evening when the | Ăwīk·!ēnoxᵘ came across the river, and all went into the large dancing- | house; and when all were inside, the song-leaders | of the Ăwīk·!ēnoxᵘ sat down in the rear of the great dancing- | house; and when they were ready,

45 X·ɪ̓msɛlīɛla shouted "Hōho!" || and immediately the song-leaders sang. Then X·ɪ̓msɛlīɛla came | dancing out of the sacred room of hemlock-branches, carrying his rattle in one hand; | and at the end

---

25 X·ɪ̓msɛlīɛla. Hēwāxa layap!ɛla. Wā, hēɛm ʾɛm waxē ʟēxsɛx·ʾɪ̓dayâsēxa Ăwīk·!ēnoxwē ōgŭʿla lāx Māmayoʟɛmalagāxs laē māyoʟasa bābagumē ʟɛʿwa ts!āts!adagɛmē, yɪxs ā́ʿmaē hēx·ʿīd yɪ̓x̱·wīdēda g·ɪng·ɪ̓nānɛmaxs g·ālaē māyoł·ʾidayâ.

Wā, g·ɪ̓lʿɛmʿlāwisē q!wēłʿīdɛxs g·āxaasa ts!ēdāqē hōgwīʟa lāxa
30 ʿwālasē ts!āgats!ē g·ōkwa. Wā, hēx·ʿidaɛmʿlāwisē ʟ!āqwag·ila lēłts!ālīłaq lāxa q!waxsɛmē łɛmēʿlats!ā. Wā, laʿmē ʿnēx·sōʿs Ēwŭlt!āla qaʿs hēʿmē k!ŭsʿālīłē ʟ!āsalīłasēs yaēx̱ŭmēʟē lāx la gwaēlatsa bēbegwānɛmē yɪxs hēʿmaē la k!ŭdzēłē ʟ!āsalīłasēs yaēx̱ŭmłē ʟɛʿwa maʿlōkwē g·ɪng·ɪ̓nānɛma; hēɛmxaa la gwaēłxēs yaēx̱ŭmłē. Wā,
35 lāʿlaē ēdzɛqwa, yāq!ɛg·aʿłē Alōtɛmdālag·ɪ̓lsē. Wā, lāʿlaē ʿnēk·a lāxa bɛgwānɛmēxa lālē yɪx̱ŭmālax yɪx̱ŭmłas X·ɪ̓msɛlīɛla: "Gwāla nōłax, qāst, qasō lēxʟēqŭlīłlaxō qaxs ʿnāx̱waʿmēłaqōs wūlɛlaʟɛx āxnōgwadāsa yaēx̱ŭmłēx g·āxʟ ʟēxsʿālax·daʿxᵘʟōł. Hēdɛn ʿnēʿnak·ɪ̓l āʟas wŭłʿɛmlax k·ɪ̓łʿīdɛs."

40 Wā, laɛmʿlaē k!wäg·ila dzāqwaxs g·āxaē ʿwīʿla g·āxaʿwīłēda Ăwīk·!ēnoxwē lāxa ʿwā qaʿs lē ʿwīʿlaēʟ hōgwēʟ lāxa ʿwālasē ts!āgats!ē g·ōkwa. Wā, g·ɪ̓lʿɛmʿlāwisē ʿwīʿlaēʟɛxs laē ʿwīʿlēs nēnâgadasa Ăwīk·!ēnoxᵘ k!ŭsʿālīł lāxa ōgwiwalīłasa ʿwālasē ts!āgats!ē g·ōkwa. Wā g·ɪ̓lʿmēsē ʿwīʿla gwaʿlīła laasē hōhoxwē X·ɪ̓msɛlīɛla.
45 Wā, hēx·ʿidaɛmʿlāwisa nēnâgadē dɛnxʿēda. Wā, g·āxʿlaē X·ɪ̓msɛlīɛla yɪx̱ʿwŭłts!ālīłɛla lāxa q!waxsɛmē łɛʿmēʿlats!ā yatk·!ōłts!ānaxēs yadɛnē. Wā, g·ɪ̓lʿɛmʿlāwisē q!ŭlbē q!ɛmdɛmas laē ʟāx̱ʿŭlīł lāx

of his song he stood where | X·ĭmsɛlĭlɛla had been standing, at the 48
right-hand side of the house. | He had not been standing there long,
when he swung his rattle, and at the same time ‖ the song-leaders 50
beat fast time. Then X·ĭmsɛlĭlɛla danced with quick steps | to the
sacred room of hemlock-branches. He stood there | in front of the
sacred room of hemlock-branches and | said aloud, "I call you, friend
Hōxhoxūlsɛla, to come and dance." | And as soon as X·ĭmsɛlĭlɛla had
ended his speech, then there was the cry ‖ "Hōho!" inside the sacred 55
room of hemlock-branches; and X·ĭmsɛlĭlɛla | told the men who were
sitting in the house, "Now he is coming, the one who has been called, |
Hōxhoxūlsɛla." And when he reached his place, the song-leaders | sang,
and Hōxhoxūlsɛla came dancing | out of the sacred room of hemlock-
branches; and they did the same to the others, ‖ down to the last one. 60
He never made a mistake, as the | forty masks of the spirits and Alō-
tɛmdālag·ĭls were dancing. | Daylight came when they finished, and
they danced for Alōtɛmdālag·ĭls for | four nights with the | forty masks;
and after they had danced for him four times, ‖ Alōtɛmdālag·ĭls 65
began to feel sick at heart against his parents. The | reason why
Alōtɛmdālag·ĭls felt thus against his father and his | mother was that
his father Tsǃɛx‘ēd was angry with him; therefore he showed his great
treasure | to the Āwīk·ǃēnox^u; and therefore he did not show it to
the Nākǃwax·da‘x^u, | who were living at Tēgūxstē that winter; and

hēmɛnałaɛm ʟa‘wī‘lats X·ĭmsɛlĭlɛlaxa hĕłk·ǃōdoyâlĭlasa g·ōkwē. 48
Wä, k·ǃēs‘latǃa gaēl ʟa‘wĕłɛxs laē yatǃētsēs yadɛnē ‘nɛmāx·‘īd ʟɛ‘wa
nēnâgadāxs laē ʟɛxdzōda. Wä, lā‘laē X·ĭmsɛlĭlɛla tsaxâłaxs laē 50
lâlaa lāxa qǃwaxsɛmē łɛ‘mĕ‘latsǃā. Wä, g·ĭl‘ɛm‘lāwisē lāg·aa lāx
ʟǃāsalĭlasa qǃwāxsɛmē łɛ‘mĕ‘latsǃā. Wä, g·ĭl‘laē ʟâx‘ūlĭl laqēxs laē
hâsɛla ‘nēk·a: "Lē‘lālɛnLōl, qâstai Hōxhoxūlsɛla qa‘s g·āxaōs yĭx-
‘wīda." Wä, g·ĭl‘ɛm‘lāwisē qǃūlbē wāłdɛmas X·ĭmsɛlĭlɛläxs laē
hōhoxwē ōtsǃāwasa qǃwaxsɛmē łɛ‘mĕ‘latsǃā. Wä, g·âx‘laē X·ĭmsɛ- 55
lĭlɛla nēnłɛlaxa kǃūdzĭlē bēbɛgwānɛmxs g·âx‘maēs Lē‘lālasɛ‘wē
Hōxhoxūlsɛla. Wä, g·ĭl‘ɛm‘lāwisē lāg·aa laxēs ʟa‘wī‘lasē lāa‘lasē
dɛnx‘ēdēda nēnâgadē. Wä, g·âx‘laē yĭx‘wūłtsǃâlĭlɛlē Hōxhoxūlsɛla
lāxa qǃwāxsɛmē łɛmĕ‘latsǃā. Wä, âx·sāɛm‘lāwisē la hē gwē‘nākūla
lābɛndāla. Hēwäxa ʟɛxʟēqūlĭlaxs laē ‘wī‘la yĭx‘wēdēda mōsgɛm- 60
g·ustâwē yaēx̣ūmĭtsa haāyalĭlagasē ʟō‘ Alōtɛmdālag·ĭlsē. Wä,
laɛm‘lāwisē ‘nā‘nakūlaxa gaālaxs laē gwāla. Wä, lā‘laē mōpǃɛn-
xwa‘sē gānoʟas kwēxɛlasɛ‘wē Alōtɛmdālag·ĭlsē ʟɛ‘wa mōsgɛm-
g·ustâwē yaēx̣umla. Wä, hĕ‘latǃa la mōpǃɛna kwēxɛlasōxs laē
tsǃɛ‘nakūlē nâqa‘yas Alōtɛmdālag·ĭlsē qaēs g·ig·aōłnokwē. Hēɛl 65
hĕg·ĭlts gwēx‘īdē nâqa‘yas Alōtɛmdālag·ĭlsē qaēs ōmpē ʟɛ‘wis
äbɛmpaxs tsǃɛnkwāalaēs ōmpasē Tsǃɛx‘ēdāx häē nĕł‘ētsēs ‘wālasē
ʟōgwa‘ya Āwĭk·ǃēnoxwē, wälilaʟa hē g·âx nĕł‘ēdēda Nākǃwax·da-

70 that was the reason why he was ‖ angry. Now, many of the Āwīk·!ē-
nox^u did not | go home to their houses in K·!ētēt; and ALōtᴇm-
dālag·ɪ̆ls | heard them talking about his father Ts!ᴇx·ᵋēd and his wife|
Ts!ᴇqāla, that they came paddling from K·!ētēt to the great | house
75 of their child. Then ALōtᴇmdālag·ɪ̆ls took his ‖ death-bringing
baton, and stood in the door of the great house, | waiting for his
father and his mother to come ashore in | front of his house; and
ʟ!āqwag·ila and Pōʟas stood by his side. | Then ALōtᴇmdālag·ɪ̆ls
spoke, and said, | "Now I shall take revenge for the ill will of my
80 father and of my mother." ‖ Thus he said, and he struck the death-
bringing baton | toward them. Immediately they became stone.
Then he was | feared by the Āwīk·!ēnox^u, and nobody dared | to go
near the great house of ALōtᴇmdālag·ɪ̆ls; and | he was living
alone. ‖
85 The Āwīk·!ēnox^u had not yet discovered that ALōtᴇmdālag·ɪ̆ls was
a | great shaman, although they always heard him singing | the
sacred shaman-songs. Suddenly | Chief ʟ!āqwag·ila of the Āwīk·!ē-
nox^u became sick. He was | about to die that evening. Then one
90 of the men spoke, ‖ and said, "Don't give him up too soon! Send | four
noblemen to call ALōtᴇmdālag·ɪ̆ls to | come and cure my chief, for I

ᵋxwaxs g·ōkŭlaē lāx Tēgŭxsta‛yaxa ts!ăwŭnxē. Wä, hēᵋmis ts!ᴇ-
70 nᴇms nâqa‛yas. Wä, laᴇm‛lāwisē q!ēnᴇma Āwīk·!ēnoxwē k·!ēs‛la
nā‛nak^u lāxēs g·ōkwē lāx K·!ētētē. Wä, lā‛laē wŭʟᴇla‛laē ALōtᴇm-
dālag·ɪ̆lsaxa gwagwēx·s‛āla lāx ōmpasē Ts!ᴇx‛ēdē ʟᴇ‛wis gᴇnᴇmē
Ts!ᴇqālāxs siō‛nakŭlaē g·äx·ᵋɪd lāx K·!ētētē g·āg·axa lāxa ‛wālasē
g·ōx^usēs xŭnōkwē. Wä, lā‛laē ALōtᴇmdālag·ɪ̆lsē däx·ᵋɪdxēs hălā-
75 yowē t!ᴇmyayo qa‛s lē ʟaxᵘstālas lāx t!ᴇx·ɪ̆lāsēs ‛wālasē g·ōkwa
dōqwałaxēs ōmpē ʟᴇ‛wis ăbᴇmpaxs g·āxaē ēx·ag·alisa lāx ʟ!ᴇ-
ma‛isas g·ōkwas. Wä, lā‛laē ʟ!āqwag·ila ʟō‛ Pōʟasē q!wamēłᴇq.
Wä, lā‛laē yāq!ᴇg·a‛łē ALōtᴇmdālag·ɪ̆lsē. Wä, lā‛laē ᵋnēk·a:
"Laᴇmk· qwēsbałg·as ‛yax·sᴇm nâqēsᴇn ōmpē ʟᴇwŭn ăbᴇmpē
80 g·āxᴇn," ᵋnēx·‛laēxs łaē qwaqwēxamᴇnqasēs hălāyuwē t!ᴇmyayo
lāq. Wä, hēx·‛idaᴇm‛lāwisē t!ăqᴇmg·alis t!ēsᴇma. Wä, la‛mē-
k·ɪ̆l·ᵋīdayosa Āwīk·!ēnōxwē laxēq. K·!eāts!ᴇᴇm‛ᴇl la nāla g·äx
‛nᴇxwabālax ‛wālasē g·ōx^us ALōtᴇmdālag·ɪ̆lsē yīsēs g·ōkŭlōta Āwī-
k·!ēnoxwē yɪxs â‛maē la ‛nᴇmōgwila.
85 Wä, k·!ēs‛ᴇm‛laē q!ôł‛aʟᴇlēda Āwīk·!ēnoxwax ALōtᴇmdālag·ɪ̆l-
saxs ‛wālasaē pᴇxäla yɪxs wäx·‛maaᴇl q!ŭnāla wŭʟᴇlᴇxs yālaq!wālaē
yīsēs yēyālax^uʟᴇnē lāxēs pᴇxălaēna‛yē. Wä, lā‛laē yɪx·qᴇnō ts!ᴇx·-
q!ᴇx·‛idē g·īgāma‛yasa Āwīk·!ᴇnoxwē ʟ!āqwag·ila. Wä, laᴇm‛lāwisē
wāwik·!ᴇq!axa la dzāqwa laa‛lasē yāq!ᴇg·a‛łēda ‛nᴇmōkwē bᴇgwānᴇ-
90 ma. Wä, lā‛laē ᵋnēk·a: "Gwaldzâs xᴇnʟᴇl ‛yāla. ‛yālaqadzōg·ats mō-
kwa nēnâxsâlä bēbᴇgwānᴇm qa łēs hayalēk·!ax ALōtᴇmdālag·ɪ̆lsa qa
g·āxēsē hēlex·‛idxᴇn g·īgāma‛yēx qaxg·ɪ̆n wŭʟᴇla‛mēg·aqēxs yālaqᴇ-

have heard him singing | sacred shaman-songs. Evidently he has 93
obtained this also as a treasure." Thus he said. | Immediately they
sent four noblemen ‖ to call ALōtEmdālag·îls into the house. They 95
went; | and when the four noblemen entered | his house, ALōtEm-
dālag·îls was the first to speak. He | said, "Wait for me to get
ready, for I know | why you come to call me. It is because Chief
L!āqwag·ila ‖ is sick." Thus he said. Then the four noblemen | were 800
startled on account of this. ALōtEmdālag·îls | went aboard; and
he wore a neck-ring of red plaited cedar-bark, | and also a head-ring
not mixed with white; and | when he went into the house of
L!āqwag·ila, he saw the Āwīk·!ēnoxᵘ, ‖ who were all inside with their 5
women; and as soon as | ALōtEmdālag·îls entered the house, the
whole crowd of people beat fast time, | all the men and women.
Therefore his body was | like numb; and he just sat down inside
the | door, and sang his sacred shaman-song. And ‖ he came in 10
squatting, going toward L!āqwag·ila, | who was lying down on a
new mat in the middle of the rear of the house. | And when ALōtEm-
dālag·îls came up to L!āqwag·ila, he | at once took hold of the sickness.
He took it out and | threw it away, and at once L!āqwag·ila was well. ‖
Now, ALōtEmdālag·îls was paid two slaves; and | he was also given 15
the princess of L!āqwag·ila, Ālāg·îmîl, to be the wife of ALōtEm-

laasa pExk·!āla yālaxᵘLEna qaxs Lōgwala'maaxEntsēx," 'nēx·'laē. 93
Wä, hëx·'idaEm'lāwisē 'yālagemēda mōkwē nēnâxsâla bēbEgwānEm
qa's lē hayâlēk·!ax ALōtEmdālag·îlsē laxēs g·ōkwē. Wä, lāx·da'xᵘ- 95
'laē. Wä, g·îl'Em'lāwisē hōgwitēda mōkwē nēnaxsâla bēbEgwānEm
lāx g·ōkwas lāa'lasē hē g·îl yāq!Eg·a'lē ALōtEmdālag·îlsē. Wä, lā'laē
'nēk·a: "Wāg·a âEm ēsElax qEn xwānal'idē qaxg·în q!ALEla'mēg·a-
xēs g·āxełaōs hayalēk·!a g·āxEn qaEns g·īgâma'yaē L!āqwag·ilāxs
ts!Ex·q!aa," 'nēx·'laē. Wä, gwāłElaEm'lāwise xEnyas'īdēda mōkwē 800
nēnaxsâla bēbEgwānEmas laxēq. Wä, g·āx'laē lāxsē ALōtEmdā-
lag·îlsaq. Wä, la'mē q!ałEnakwē qEnxawa'yas L!āgEkwa; wä,
qEx·EmālaEm'laxaāwisēda L!āgEkwē; k·!eâs mElmagēs. Wä, g·îl-
'Em'lāwisē laēL lāx g·ōkwas L!āqwag·ila laē dōx'waLElaxa Āwīk·!ē-
noxwaxs laē 'wī'laēLEla LE'wēs ts!ēdaqē. Wä, g·îlg·êl'ma'lasē laēLē 5
ALōtEmdālag·îlsē lāxa g·ōkwaxs lādzek·asaē 'nEmāx·ī Lēxdzōdēda
'nāxwa bēbEgwānEm LE'wis ts!ēdaqē, lāg·îlālas hëx·'idaEm'El hē
gwēx·sa łE'lEmg·it!ēda. Wä, âEm'lāwise k!wāg·alîl lāx āwīLElāsa
t!Ex·îlāxs laē yālaqwasēs yālaxᵘLEnē lāxēs pEx·'ēna'yē. Wä, hēEm-
'lāwisē g·āg·îlîłExs laē k!wa'nakūla gūyolîłEla lāx L!āqwag·ilāxs 10
qElgŭdzālîłaaxa ElzdowēElzdowē lē'wa'ya lāx nEqēwalîłasēs g·ōkwē. Wä,
g·îl'Em'lāwisē lāg·aaLEla ALōtEmdālag·îlsē lāx L!āqwag·ila laē âEm
hëx·'idaEm âEm dāsgEmdEx ts!Ex·q!ōlEmas qa's dawōdēqēxs laaEl
mEx'ēdEs. Wä, hëx·'idaEm'lāwisē ēx·'īdē L!āqwag·ila. Wä, la'mē
ayasE'wē ALōtEmdālag·îlsasa ma'lōkwe q!āq!Ek·owa. Wä, hē'misē 15
k·!ēdēlas L!āqwag·ilē Ālāg·îmîlē qa gEnEms ALōtEmdālag·îlsē. Wä,

17 dālag̣·ils. | And when the speaker of L!āqwag·ila ended his speech, then | ALōtEmdālag·ils spoke, and said, "Thank you, O tribe! | that
20 you were ready to beat fast time when I entered this house ‖ of our chief. You have done well with this. You | and our women here shall do this when you continue to call me to practice. I am really a great | shaman. Now, let me express thanks for the words of my chief, L!āqwag·ila, | for the two slaves, and for my wife Ālāg·ĭmĭł. | —
25 Take care, Ālāg·ĭmĭł, and don't let your mind become bad! ‖ for I can not lie with you for four years—thus said the | supernatural power to me—else misfortune would happen to us. Now, none of you shall dare to | woo my wife, O tribe! And for four winters | you shall dance my great dance āLaq!Em; and | after the four
30 winters, I shall burn the ‖ forty masks, and they will go home to their owners." Thus he said. | After he had ended his speech, he was taken, with his wife Ālāg·ĭmĭł | and the two slaves, to his great dancing-house | by four noblemen; and when | ALōtEmdālag·ils
35 went into his house, he asked his wife, Ālāg·ĭmĭł, to ‖ sleep at the right-hand side of the door of the house; and he wanted | the room of the two slaves to be on the left-hand side of the door of the | house. ALōtEmdālag·ils was always asked to | go and cure the sick among the Āwīk·!ēnox̣ᵘ, and they paid him | much for it: therefore he

---

17 g·îl'Em'lāwis q!ŭlbē wăłdEmasa ElkwasL!āqwag·ilāxs laa'lasē yāq!E-g·a'łē ALōtEmdālag·îlsē. Wä, lā'lae 'nēk·a: "Ģelak·as'la g·ōkŭlōt-yĭxs gwŭlĭłaaqōs qa's lExdzōdaōs g·ālēgin g·āxēLa laxōx g·ōkwax-
20 sEns g·īgāma'yēx. Wä, laEms hēłaxa laxēq. HēEmLEs gwēg·ilaL LE'wŭns ts!ēdaqēx qasō hānaL ha'yalēk·!āł g·āxEn. Āla'mEn 'wālas pE·˘ăla. Wä, la'mēsEn mōlas wăłdEmasEns g·īgāma'yōx L!āqwag·i-lax.. mɪ lōkwē q!āq!Ek·owa. Wä, yu'mēsEn gEnEmaxōx Ālāg·ĭmī-łēx. Weg·a, âEm yāL!âLEX, Ālāg·ĭmĭł, qa's k·!ēsaōs 'yak·āmasxēs
25 nâqa'yōs qaxg·ins mōx'wŭnxēlēLEk· k·!ēs kŭlx·kŭlk·ał, 'nēk·ēda 'na-walakwē g·āxEn, āLEns a'mēłanōx"łax. Wä, laEms k·!eâs nāłał qa's g·ayāłaōs laxg·in gEnEmk·, g·ōkŭlōt laxēq. Wä, hē'mēsa mōx'ŭn-xēlaLEs kwēxElāł g·āxEn łāxEn 'wâłasē łēdēda āLaq!Em. Wä, g·îl-'Emłwisē gwāLa mōx'ŭnxē, wä, lāLEn łEqwēlax·'īdEłxa mōs-
30 gEmg·ustâwē yäx"Lena qa łäs nä'nak" lāx ēxnogwadäs," 'nēx·'łaē. Wä, g·îl'mēsē q!ŭlbē wăłdEmas laē taōdayō LE'wis gEnEmē Ālāg·ĭ-mĭłē LE'wa ma'łōkwē q!āq!Ek·owa lāxēs 'wâłasē ts!āgats!ē g·ōkwa yĭsa mōkwē nēnâxsâla bēbEgwânEma. Wä, g·îl'Em'łāwisē laēL laxēs g·ōkwē ALōtEmdālag·îlsē laē âxk·!āłaxēs gEnEmē Ālāg·ĭmĭłē qa häs
35 kŭ'lĭła hēlk·!ōtstâlĭłas t!Ex·'ĭłāsēs g·ōkwē. Wä, hē'lat!a gwE'yōs qa kŭ'łē'łatsa ma'łōkwē q!āq!Ek·owa gEmxōtstâlĭłas t!Ex·'ĭłāsēs g·ōkwē. Wä, hēmEnâłaEm'łāwisē g·āx hă'yalēk·!asE'wē ALōtEm-dālag·îlsē qa's lē hēlik·axa ts!ēts!Ex·q!āsa Āwīk·!ēnoxwē. Wä, lā'łaē q!ēq!EnEmē avaq, lāg·ilas hēmEnala p!EsaxēsG·ōkŭlōtē. Wä, la'mē

always gave away property to his tribe. And ‖ he danced four times 40
each winter, each time four | nights, with his masks; and after four |
winters, after they had danced for three nights, and when | the
Āwîk·!ēnox⁴ went in the fourth night, then | ALōtEmdālag·îls and
his forty masks danced; ‖ and after they had done so, when it was 45
nearly daylight, | ALōtEmdālag·îls came out of his sacred room of
hemlock-branches. He spoke, | and said, "Now, song-leaders, beat
time fast for a long time, so that | I may put into the fire my masks!"
Thus he said. Then the song-leaders beat fast time; | and immedi-
ately the men and the women and ‖ the two children came out, each 50
wearing his or her mask, | and they put them on the fire in the middle
of the great dancing-house. And | when they were all on the fire,
they took down the hemlock of the sacred room, and | put it on the
fire in the middle of the house; and when everything was burned
up, | the fire went out, which had never gone out in the middle of
the great dancing- ‖ house during the four winters. And as soon as 55
the fire in the middle of the house had gone out, | and when daylight
appeared in the morning, ALōtEmdālag·îls | and his wife Ālāg·îmîl,
came together and he always lay down with her. |

That is why the Āwîk·!ēnox⁴ always burn up the | forty masks
after they have used them four times for ‖ four winters. And when 60
they finish the last dance | the last night, they put them on the fire

q!wālxōEm mōp!Ena yîxwaxa ʻnEmxʻEnxē tsǃāwŭnxaxa mōxsa 40
gāgEnoLa ʻwîʻla yîxwēs yaēxŭmlē. Wä, g·îlʻEmʻlāwisē mōxʻŭnxē
tsǃāwŭnxas laē yūduxʻp!Enxwaʻsa ganoLē yîxwax·dEms. Wä, lāʻlaē
gaaēLa Āwîk·!ēnoxwaxa gānoLasa mōxᵘsotē gānoLa. Wä, lāʻlaē
ʻwîʻla yîxʻwīdē ALōtEmdālag·îlsē LEʻwis mōsgEmg·ustāwē yaēxŭmla;
wä, g·îlʻEmʻlāwisē gwālaxa la Elāq ʻnāxʻʻida, g·āxaas lālts!ālîlē ALō- 45
tEmdālag·îlsē lāxa q!waxsEmē lEʻmēʻlatsǃā. Wä, lāʻlaē yāq!Eg·aʻla.
Wä, lāʻlaē ʻnēk·a: "Wēg·a Lēxdzōdᴇx nēnâgadäs g·îldēsa qa lax·-
Lālalag·îsg·în yäxᵘLEnk·," ʻnēxʻʻlaē. Wä, lāʻlaē Lēxdzōdēda nēnâ-
gadē. Wä, hēxʻʻidaEmʻlāwisa bēbEgwānEmē LEʻwa tsǃēdaqē LEʻwa
maʻlōkwē g·îng·înānEm g·āx q!wālxōʻnakŭlaxēs ēxEmēxʻdē yîxŭmī 50
qaʻs āxLālēs lāxa laqawalîlasa ʻwālasē tsǃāgatsǃē g·ōkwa. Wä, g·îl-
ʻEmʻlāwisē ʻwîlx·Lalaxs laē äxʻālîlaxa q!waxsEmē lEʻmēʻlatsǃē qaʻs
äxLEndēs lāxa laqawalîlē. Wä, g·îlʻEmʻlāwisē ʻwîʻla q!ŭlxʻʻidExs laē
k·ǃîlxʻēdēda k·ǃēsdē k·ǃîlxʻēnoxᵘ laqawalîltsa ʻwālasē tsǃāgatsǃē
g·ōxᵘxa mōxʻŭnxē tsǃāwŭnxa. Wä, g·îlʻEmʻlāwisē k·ǃîlxʻēdēda laqa- 55
walîlaxs laē ʻnāxʻʻidaxa gaāla. Wä, la q!apǃēg·alîlē ALōtEmdāla-
g·îlsē LEʻwis gEnEmē Ālāg·îmîlē, lāwisLa kŭlx·kŭlk·a LEʻwē.

Wä, hēʻmis lāg·îlasa Āwîk·!ēnoxwē hēmEnala lEqwēlaxʻʻîdxa mōs-
gEmg·ustāwē yaēxŭmîlExs laē mōxʻʻŭnxēs tsǃāwŭnxē maēmop!Ena
yîxyExwaxa ʻnEmxʻEnxē tsǃāwŭnxa. Wä, g·îlʻmēsē gwāl yîxʻwīda 60
ElxLaʻyē gānoLāxs laē ʻwîʻla lExʻLEnts lāxa laqawalîlasa tsǃāgatsǃē

62 in the middle of the dancing- | house. The ones who used them put them on the fire. | Therefore the white people can not get them. That is the end of this. |

I forgot this. The many spectators who were sitting on the floor ‖ 65 of the great dancing-house, to whom X·îmsElĭĭEla told | that those who were called were coming—these people sitting on the floor of the great | winter dancing-house were the souls of the trees and | bushes, and the souls of all the small birds | and of the small creeping animals, for 70 they are all human beings. ‖ Thus said ALōtEmdālag·ĭls, according to what he had seen in the woods. | ALōtEmdālag·ĭls was his name in the dance āLaq!Em, and his shaman-name | was G·ĭlg·ĭldokwĭla, and his secular name was | Gwaēxsdaas. |

75 I will give one stanza of the song of ALōtEmdālag·ĭls ‖ in his great dance: |

"Oh, I have been led farther along into the woods by the magic power, | ai haia a hau yaxaye yaxaye a ahau yaxaye, to the place where the | magic power walks about." |

And this is the sacred song which he sings before he dances, and 80 after ‖ finishing dancing. There are no words in this song. |

"Wa yaxa xa xa xa xa ʽwip ʽwip ʽwip!"
"Wa yaxa xa xa xa xa ʽwip ʽwip ʽwip!"

Now, I think you know all the ways of the great winter dance. |

---

62 g·ōkwa. Wä, lä hēEm lāx·Lālas lāxa lEgwĭlē äxămālax·dāq. Wä, hēʽmis k·!Eyâsēĭts gwEʽyōLats māmalăq. Wä, lādzēk·asʽEm lāba.

HēdEn L!Elēwisɛʽwa q!ēnEmē x·ĭts!ax·ĭlaxa k!ŭdzēlē bēbEgwānEm 65 lāxa ʽwalasē·ts!āgats!ē g·ōkwa, yĭx la nēnĭElasōʽs X·ĭmx·ElĭĭElāxs g·āxʽmaēs Lēʽlālasɛʽwē, yūEmʽEl k!ŭdzēl bēbEgwānEm lāxa ʽwalasē ts!āgats!ē g·ōkwōx bExʽŭnaʽyaxsa ʽnāxwax ōgŭqāla Lāx·Lâsa Lɛʽwa ʽnāxwax q!Esq!ŭxEla Lɛwa ʽnāxwa bExʽŭnēsa ʽnāxwax ts!ēĭts!Ek!wa Lɛʽwa ōgŭʽqălax Emʽɛmē g·ĭlsg·ĭlg·ĭtsa qaxs ʽnāxwaʽmaaxEl bēbE- 70 gwānEma, ʽnēx·ʽlaē ALōtEmdālag·ĭlsēxēs dōgŭlē lāxa āL!ē. Hēɛm Lēgemsē āLōtEmdālag·ĭlsē lāxa āLaq!Em. Wä, hēʽmis Lēgɛm lāxēs pExʽēnaʽyē G·ĭlg·ĭldokwĭla. Wä, hēʽmis Lēgɛms lāxa bāxŭsē Gwaēxsdaasē.

Wä, lāLEn ʽnEmk·!EnLxa ʽnEmsgēmē lāxa q!EmdEmas ALōtEm- 75 dālag·ĭlsē lāxēs ʽwalasē lēda:

"Ha, lax·dEnohogwa tayoxᵘwēda lag·ĭlsdzEms ʽnaʽnEwalaxᵘdēxg·a ai haia a hau yaxaye yaxaye a ahau yaxaye lax tōxᵘdEma lag·ĭlsdēs ʽnaʽnEwalakᵘ."

Wä, g·aʽmēs yälaqŭlayōs yĭxs k·!ēsʽmaē yĭxʽwīda Lōxs laē gwäl 80 yĭxwa, yĭxs k·!eâsaō qāyats.

"Wa yaxa xa xa xa xa ʽwip ʽwip ʽwip.
"Wa yaxa xa xa xa xa ʽwip ʽwip ʽwip."

Wä, lax·t!aaxᵘʽEm ʽwīʽlōlEx gwayiʽlālasasa ʽwalasē ts!ēts!ēxLEna.

KwēxagᐧIla

I have not quite found out about Kwēxagᐧila and from whom he 1
escaped, for you | said that he escaped from Q!anēqēᵋlakᵘ. The son
of | Ts!ᴇxᵋēd, the story-teller of the Newettee, Yāqōʟas, said that |
Kwēxagᐧila ran away when ʟ!āʟ!axwas— ‖ that is, T!ēsᴇmgᐧitē— 5
came back when he had gone to | Feather-Mountain, the place where
he went to get feathers. At that time Kwēxagᐧila | was paddling
along the place Ōgŭmla. He came from his fort at the east end of |
Ōgŭmla; and when he came to the end of Ōgŭmla, | he heard the
dzōnoq!wa-cry "Oh!" at the place Gwāgᴇmlis. ‖ The sound "Oh!" 10
came nearer, and Kwēxagᐧila remained | on the water in his self-pad-
dling canoe. He was scared, and he did | not stay there long, when he
saw first much eagle-down coming. | Then he saw ʟ!āʟ!axwas, | who
stood in the middle of his self-paddling canoe, shouting "Oh!" ‖ He 15
was covered with eagle-down, and from the back of his head | rose
feathers. His face was blackened. Then | Kwēxagᐧila knew that
it was ʟ!āʟ!axwas. When | ʟ!āʟ!axwas caught sight of Kwēxagᐧila,
he shouted "Oh!" and went towards him. | Then Kwēxagᐧila went
ashore at the foot of ᵋmᴇlayōsᴇm. ‖ Then Kwēxagᐧila wished that 20
ʟ!āʟ!axwas might know | that he was not a common man. When

KwēxagᐧIla

Hēᵋmᴇn kᐧ!ēsᵋᴇm âla q!āstasᴇᵋwē Kwēxagᐧila, yîx hēltsâyas, yîxs 1
ᵋnēkᐧaaqōsaq hē hēltsâyōsē Q!ānēqēᵋlakwē. Wä, la ᵋnēkᐧē xŭnōkwas
Ts!ᴇxᵋēdēxa nᴇᵋwēlēnoxwasa ʟ!aʟ!asiqwäla, yîx Yāqōʟasē, yîxs
hāē hēltsâyōs Kwēxagᐧiᵋlakwē, yîxs gᐧāxaē nāᵋnakwē ʟ!aʟ!axwasdē
yîx T!ēsᴇmgᐧitē, yîxs läxᐧdē läxēs läxᐧlagᐧas ts!atsᴇlkᐧ!a läxa 5
âwīnagwisa ʟēgadᴇs Ts!ᴇlkᐧimbēᵋ. Wä, laᴇmᵋlāwisē Kwēxagᐧila
sēxᵋwiʟ!āla läx äxās Ōgŭmla, gᐧāxᵋēd läxēs xŭsᴇla läx ᵋnᴇlbaᵋyas
Ōgŭmla. Wä, gᐧîlᵋᴇmᵋlāwisē lāgᐧaa läx gwäbaᵋyas Ōgŭmläxs laē
wŭʟäxᵋaʟᴇlaxa dzōnoq!wa ōōōxwala läx äxās Gwāgᴇmlisē. Wä,
lāᵋlaē ᵋnᴇxŭᵋnakŭlēda ōōōxwala. Wä, lāᵋlaē Kwēxagᐧila âᴇm la 10
hänwälasēs sēsᴇxwäqē xwäk!ŭna. Laᴇmᵋlaē kᐧēkᐧalēqᴇlas. Wä,
kᐧ!ēsᵋlatla gäla hänwälaxs laē dōxᵋwaʟᴇlaxa q!ēnᴇmē qᴇmxwa gᐧāx
gᐧālagᐧiwēs. Wä, laᴇmᵋlaē dōxwaʟᴇlaᵋlaē Kwēxagᐧila läx ʟ!āʟ!a-
xwasdē, yîxs ʟāwoyâyaaxēs sēsᴇxwäqē xwäk!ŭna ōōōxwala. Wä,
laᴇmᵋlaē âᴇm ᵋmᴇgŭs qᴇmxwē ʟ!āʟ!axwasdē. Wä, lāᵋlaē ʟaāpᐧla- 15
lēda ts!ᴇltsᴇlkᐧē laxēs ts!ōts!ᴇlᴇmakwaē. Wä, lāᵋlaē q!ālaᵋmē
Kwēxagᐧilaqᴇxs hēᵋmaē ʟ!āʟ!axwasdē. Wü, gᐧîlᵋᴇmᵋlāwisē dōxᵋwa-
ʟᴇlē ʟ!āʟ!axwasdäx Kwēxagᐧiläxs laē ōōōxwa qaᵋs gwēxtōxᵋwīdē.
Wä, hēxᐧᵋidaᴇmᵋlāwisē Kwēxagᐧila āʟēᵋsta läx ōxᵘsidzaᵋyas ᵋmᴇlayō-
sᴇmē. Wä, laᴇmᵋlaē Kwēxagᐧila ᵋnēxᐧ qa q!âlᵋaʟᴇlēs ʟ!āʟ!axwasdä- 20
qēxs kᐧ!ēsaē aōmsē bᴇgwānᴇᵋmēnaᵋyas. Wä, gᐧîlᵋᴇmᵋlāwisē lā-

22 he | arrived at the rocks at the foot of ᴇmᴇlayōsᴇm, he went ashore
out of his self-paddling | canoe. He folded up his self-paddling
canoe, | squeezed it in his hands, and went into the rock at the foot
25 of ᴇmᴇlayōsᴇm; ‖ and he came out at the top, and, standing on the
top of the rock, he | laughed at ʟ!āʟ!axwas while he was standing
on the rock. The | self-paddling canoe of ʟ!āʟ!axwas came nearer,
and | Kwēxag·ila went to his fort at the east end of Ōgūmla. |
30 That is the end. Kwēxag·ila belongs to the numaym ‖ Lālawiṭᴇla
of the ʟ!aʟ!asiqwāla. |

Baxᵘbakwālanuxᵘsīwēᴇ

1   The Sōmxolidᴇxᵘ were living at a place | called Sōmxoł, and their
chief was P!āsᴇlał. They were always | happy, because their number
was great. And they | used only the ʟᴇwᴇlaxa ceremonial; they had
5 no ‖ winter ceremonial. Suddenly those who went | inland from
their houses disappeared; and it was not long before the | daughter of
Nᴇnwaqawa, a maturing girl, was taken away. | Now, Chief P!āsᴇlał
was the last one of his tribe; | therefore Chief P!āsᴇlał walked, not
10 being afraid of anything, ‖ being a warrior; and his name as warrior
was Yāg·is. | He carried his bone-edged club to kill what was taking
away his people. | He never came home, even when night came,
and | therefore the three sons of Nᴇnwaqawa said | they would go

---

22 g·aala lāx ōxᵘsidzaᴇyas ᴇmᴇlayōsᴇmaxs laē lāłtā lāxēs sēsᴇxwāqē
xwāk!ūna. Wä, lāᴇlaē k·!ōxsᴇmdxēs sēsᴇxwāqē xwāk!ūna. Wä,
ᴀᴇmᴇlāwisē la q!wētsᴇmēqēxs laē lābᴇta lāxa ōxᵘsidzaᴇyas ᴇmᴇlayō-
25 sᴇmē. Wä, lāᴇlaē nēlᴇīd lāxa ōgwäxtāᴇyas. Wä, ᴀᴇmᴇlāwisē la
dāsdalas ʟ!āʟ!axwasdāxs laē ʟāᴇwa lāxa ēk·!ē. Wä, g·äxᴇlaē ᴀᴇm
sēxᴇwidē sēsᴇxwāqē xwāk!ūnas ʟ!āʟ!axwas lē. Wä, g·äxᴇlaē Kwē-
xag·ila qāsᴇida ōgwaqa qaᴇs lā lāxēs xūsᴇla lāx ᴇnᴇlbaᴇyas Ōgūmla.
Wä, laᴇm lāba lāxēq, yīxs hēᴇmaē g·īlg·alītsa ᴇnᴇᴇmēmōtasa Lāla-
30 wiłᴇla, yīx Kwēxag·ila yīsa ʟ!aʟ!asiqwāla.

Baxᵘbakwālanuxᵘsīwēᴇ

1   Hēᴇmaaᴇlaxs g·ōkūlaē g·ālāsa Sōmxolidᴇxwē lāxa āwīnagwisē ʟē-
gadᴇs Sōmxoł. Wä, lāᴇlaē g·īgădᴇs P!ūsᴇlalē. Wä, lāᴇlaē hēmᴇna-
laᴇm ēk·!ēqᴇla qaēs ᴇwāxnasaxs q!ēnᴇmaē lēlqwālaʟaᴇya, yīxs hē-
ᴇmaōł ālēs lēx·ᴀᴇm ts!āq!ēnēsēxa ʟᴇwᴇlaxa yīxs k·!ēsᴇmaē lāʟxa
5 ts!ēts!ēqa. Wä, lāᴇlaē ōdax·ᴇīdᴇxs laē x·īᴇnakūlēda wäx·ē la lax
āʟanāᴇyasēs g·ig·ōkwē. Wä, k·!ēsᴇlat!a gälaxs laē lāṭanᴇmē ts!ᴇ-
daqē xūnōxᵘs Nᴇnwaqawaᴇyēxa k·!ᴇyāla laᴇmʟał ēxᴇnt!ēnoxwa.
Wä, laᴇmᴇlaē ᴇlxʟaᴇya g·īgămaᴇyē P!āsᴇlalasēs g·ōkūlōtdä, yīxs hē-
ᴇmaē lāg·ilas qāsᴇidēda g·īgămaᴇyē P!āsᴇlalaxs k·!eāsaē k·īlᴇmxs
10 būbak!waē, yīxs ʟēgadnas Yāg·isē lāxēs būbak!waēnaᴇyē. Wä,
laᴇmᴇlaē dālaxēs xāxx·ā kwēxayō qaᴇs kwᴇxᴇīdayōx yūlāx g·ōkūlōt-
däs. Wä, hēwäxaᴇlat!a g·āx näᴇnaxᵘxa la gānołᴇīda. Wä, hēᴇmis
lāg·ilas yūdukwē bēbᴇgwānᴇm sāsᴇms Nᴇnwaqawaᴇyēᴇ nēx· qaᴇs

to find their chief P!āsɛlał on the next morning; for ‖ Nɛnwaqawa 15
his wife, and his three | sons, were the only ones who were still alive.
In vain Nɛnwaqawa | advised his three children not to go. They
only | disobeyed him, and said, "We shall go when day comes."
They sharpened their | arrows, and repaired their bow-strings; and
when ‖ day came in the morning, the three brothers started. The | 20
eldest one, Powēdzid, was their leader. He was followed by
Aek·'loqâ; | and the last was Wāk·as, after his elder brothers. | They
kept their bows ready, and they found the | tracks of P!āsɛlał, which
they followed on a good trail. They went ‖ a long ways into the 25
woods, and saw a woman sitting on the ground on the right-hand side
of the | trail. She was an elderly woman. The three | brothers
were called by the woman; and the youngest one, | Wāk·as, made a
request of his elder brothers, "Let us go to her, | and let us listen to
what she may say to us!" Thus he said. ‖ The elder brothers were 30
not willing to go, because they were walking fast, trying to discover
the one whose footprints | they were following. Thus said the elder
brothers. Wāk·as said to | his elder brothers, "Don't say that! for we
do not know what the | woman wishes to say, whether it is good or bad.
Let us go and listen to her!" Thus he said. | Then they went to the
place where she was sitting on the ground; and the woman spoke, ‖

lālag·'ił ālāxēs g·ĭgăma‛yē P!āsɛlałē qō ‛nāx·‛īdɛłxa łɛnsē qaxs hē-
‛maē la ‛wāxa·q!ŭlē Nɛnwaqawa‛yē lɛ‛wis gɛnɛmē lɛ‛wis yūdukwē 15
bēbɛgwānɛm sāsɛma. Wä, wāx·‛ɛm‛lāwisē Nɛnwaqawa‛yē ts!ɛl-
gwa‛łxēs yūdukwē sāsɛm qa k·!ēsēs lāx·da‛xwa. Wä, âɛm‛lāwisē
hāt!ɛla ‛nēx·da‛xŭxs lälē qō ‛nāx·‛īdlō. Wä, laɛm‛laē hēłbaxēs
haănal!ɛmē lō‛ łɛk!wēdzɛmsēs łēłɛk!wisē. Wä, g·īl‛ɛm‛lāwisē
‛nāx·‛īdxa gaālaxs laē qās‛īdēda yūdukwē ‛nɛ‛mēma. Laɛm‛laē 20
g·ālaba‛ya ‛nōlast!ɛgɛma‛yē Powēdzidē. Wä, lā‛laē māk·īlē Aek·!o-
qâxēs ‛nōla. Wä, lā‛laē ɛlxla‛yē Wāk·asē yīsēs ‛nō‛nɛla. Wä,
laɛm‛laē hēmɛnała gwālalasēs łēłɛk!wisē. Wä, lnɛm‛laē q!āx qāqɛs-
mōtas P!āsɛlalē nɛgɛłtɛwēxa ēk·aɛl t!ɛx·īla. Wä, laɛm‛lāwisē
alɛg·īlaxs lāaɛl dōx‛walɛlaxa ts!ɛdāqē k!wās lāx hēłk·!ōtsâ‛yasa 25
t!ɛx·īla; q!ŭlyakwa ts!ɛdāqē. Wä, lā‛laē lē‛lālasɛ‛wēda yūdukwē
‛nɛ‛mēmasa ts!ɛdāqē. Wä, hēx·‛idaɛm‛lāwisē ămāyĭnxa‛yē Wā-
k·asē ăxk·!ālaxēs ‛nō‛nɛla; ‛nēk·a lāxēs ‛nō‛nɛla: "Wīdzâx·ĭns lāq
qɛns hōlēlēx wāłdɛmēxsdäs g·āxɛns," ‛nēx·‛laē. Wä, lā‛laē q!ɛmsē
‛nō‛nɛläs la lāq qaēs yāya‛naēna‛yē qāsa hayałts!axlaax qāqɛsmō- 30
dadäsa qāqɛsmōtē; ‛nēx·‛laē ‛nō‛nɛläs. "‛ya,‛' ‛nēx·‛lat!a Wāk·a-
saxēs ‛nō‛nɛla, "gwala ‛nēx·‛da‛xōl q!ālɛlaɛnsax wāwałdɛmāsa ts!ɛ-
dāqē lō‛ ēk·ē lō‛ ‛yax·sɛmē. Ex·‛mēsɛns lāx lä hōlēlaq," ‛nēx·‛laē.
Wä, lāx·da‛xᵘ‛laē gwä‛sta lāx k!wādzasas. Wä, lā‛laē yāq!ɛg·a‛lēda

35 and said, "Where are you going, children?" Thus she said. | Immediately the youngest one, Wāk·as, replied, and | said, "We are going goat-hunting." The three | brothers were afraid that she might be the wife of the one who had killed their tribesmen; | therefore Wāk·as
40 said they were going goat-hunting. Then the woman spoke, || and said, "Just take care, | children, on account of what is killing your tribesmen! I shall advise you, | children. Don't go towards the house with the smoke looking like blood, that looks like | the rainbow, for it is bad. It is the house of | Cannibal-at-North-End-of-
45 World. And do not go to the house with the smoke of black || color, for it is the house of Grizzly-Bear. If you go, you will be hurt | by him. Go to the house with the smoke of white color, for that is the smoke of the | house of Mountain-Goat. Now, I shall give you this," said the woman, | holding a comb, "and this stone, and this piece of
50 cedar-wood; and also this | last one, this hair-oil. If you || make a mistake, and go by mistake into the house of Cannibal-at-North-End-of-World, | then go out of the house again, and run home quickly | to your house. And when Cannibal-at-North-End-of-World pursues | you and nearly overtakes you, then | throw down the comb
55 behind you, and it will turn into tangled bushes between || yourselves and Cannibal-at-North-End-of-World, and he will be far behind you. | And when he again comes near you, throw down the | stone between

35 ts!Edāqē. Wä, lā‘laē ‘nēk·a: "‘wiLas lā sāsEm?' ‘nēx·‘laē. Wä, hëx·‘idaEm‘lāwisa ămayinxa‘yēxa Wāk·asē nā‘naxmēq. Wä, lā‘laē ‘nēk·a: "TEwīx·aLenux̣ᵘ," ‘nēx·‘laē qaxs k·ĭldEēlēqala‘maēda yūdukwē ‘nE‘mēma qō hëEm läx gEnEms la ‘wī‘wElāmasEx g·ōkŭlōtdäs, lāg·ĭłas ‘nēk·ē Wāk·asaxs tEwīx·ēLaxa ‘mElxLowē. Wä, lā‘laē yā-
40 q!Eg·a‘lēda ts!Edāqē. Wä, lā‘laē ‘nēk·a: "Ă‘max·ōs yăL!āx·da‘xōL, sāsEm, qaōxda yalāxēs g·ōkŭlōtdäōs. Wä, la‘mēsEn Lēxs‘ālaLōl, sāsEm. Gwāla gwä‘sta lāxa ălx̣ᵘstonōsElās kwax·‘ĭlās g·ōkwas̱xa hē gwēx·sa wagalōsas kwax·‘ila. HēEm ‘yax·sEmē, yixs hē‘maē g·ōx̣ᵘs Bax̣ᵘbakwālanux̣ᵘsīwa‘yē. Wä, hëEmxaas k·!ēs gwä‘staasa ts!ōlto-
45 was kwax·‘ila qaxs hē‘maē kwax·‘ĭlās g·ōkwasa g·ila, āLas yilkwālax lāq. Wä, hē‘misLas laasa qŭxstōwas kwax·‘ila qaxs hē‘maē kwax·‘ĭlās g·ōkwasa ‘mElxLowē. Wä, la‘mēsEn ts!ăltsg·a," ‘nēx·‘laēda ts!Edāqē dālaxa xEgEmē, "Lōgwada t!ēsEmk· Logwada k!wāxLōk·ᵘ; wä g·a‘mē-sēg·a hēmEnałaEmk· ElxLa‘ya yixg·a L!ādEmk·. Wä, hē‘maasēxs
50 LēxLēqŭlsaaqōs lālaēĭk·enāla läx g·ōkwas Bax̣ᵘbakwālanux̣ᵘsīwa‘yē lās ᴀEm x̣wēlaq hōqŭwEls läx g·ōkwas qa‘s hēĭtsāōs yāya‘na dzElx̣ŭla nä‘nakwa lāxēs g·ōkwaōs. Wä, g·ĭl‘mēsē qāqa‘ya Bax̣ᵘbakwālanux̣ᵘsīwa‘yē lāx·da‘xōL, wä, g·ĭl‘mēsē Elāq hēĭts!axLāx laaqōs ts!ExElsasa xEgEmēx lāxs ElxLa‘yōs. Wä, lāLē ts!ēts!asōlēs ăwāgnwa-
55 yōs Lō‘ Bax̣ᵘbakwālanux̣ᵘsīwa‘yē. Wä, lāLē qwēsaxLālabEndLōl laxēq. Wä, g·ĭl‘mēsē g·āx ēt!ēd ēx·axLālabEndōl las ts!Ex‘ētsa

yourselves and him. It will stand up as a great | mountain between 58
you and him. And do the same with the piece of cedar-wood and
the | hair-oil." Then Wāk·as, the youngest || of the brothers, spoke, 60
and said, "Now, come, go with us | to where we are going!" Thus
said Wāk·as to the woman. Then the | woman said, "I wish I
could; but I can not move, because I am | rooted to the floor.¹ Just
go, children!" said | the one rooted to the floor to the three brothers.
Then they || went on; and they had not gone far, before they saw the 65
rainbow-colored | smoke; and immediately Powēdzid, the eldest |
of the brothers, spoke, and said, "O Brothers! | let us go there! for we
have been looking for the one who killed our tribesmen." | Thus he
said. Wāk·as and his || brother Aek·!oqâ were unwilling, but 70
Powēdzid did not give in | to them. Then they went on, and saw
the house | at the foot of a great mountain, and Powēdzid, | the
eldest brother, always went ahead as they were going into the house. |
Then they saw their sister Qūx·ɛlaɬ sitting there, and || next to her 75
sat her son; and the boy cried, | pointing his finger to the knee of
Wāk·as, for Wāk·as had hurt his knee, | and the blood was running
down from it. Therefore the little boy cried, | for he was greedy for it.
And Qūx·ɛlaɬ asked her brother | Wāk·as to scrape off some of the

t!ēsɛmēx lāxēs āwāgawayōs ʟɛʻwē. Wä, lāʟē k·!ōk·!ak·ōdʟa ʻwālas 57
ʻnɛgʻā lōʟ ʟɛʻwē. Wä, âʻmēts hē gwēgʻilasa k!waxʟâʻwēx ʟɛʻwa
ʟ!ādɛʻmēx," ʻnēxʻʻlaē. Wä, lâʻlaē yāq!ɛgʻaʻlē Wāk·asēxa āmaʻyīn-
xaʻyasa ʻnɛʻmēma. Wä, lâʻlaē ʻnēk·a: "Gēlagʻa qɛns laɛns qāsʻīd 60
lāxɛns lāasʟa," ʻnēxʻʻlaē Wāk·asaxa ts!ɛdāqē. Wä, lâʻlaē ʻnēk·ēda
ts!ɛdāqē. "Wēxɛnʟ, âɛmx·st!ɛn k·!eâs gwēx·ʻidaasa qaxg·īn ʟ!ōp!-
ɛk·!ɛxsdɛlīlēk·," ʻnēxʻʻlaē. "Wä, hāgʻa âɛmx sāsɛm," ʻnēxʻʻlaēda
ʟ!ōp!ɛk·!ɛxsdɛlīlē¹ lāxa yūdukwē ʻnɛʻmēma. Wä, lāxʻdaʻxᵘlaē
qāsʻida. Wä, ʻwīloxdzēʻlaē qwēsgʻilaxs lae dōxʻwaʟɛlaxa wagalo- 65
stâs kwax·ʻīla. Wä, hēx·idaɛmʻlāwisē Powēdzidēxa ʻnōlast!ɛgɛma-
ʻyasa ʻnɛʻmēma yāq!ɛgʻaʻla. Wä, lâʻlaē ʻnēk·a: "ʻya, ʻnâlʻnɛmwü-
yōt; wēx·ʻins lāq qaxgʻīns hēʻmēk· ālāsɛʻwē lā lēlɛʻlāmasxɛns g·ōkü-
lotdāɛns," ʻnēxʻʻlaē. Wä, wāx·ʻɛmʻlāwisē q!ɛmsē Wāk·asē ʟɛʻwēs
ʻnɛmwüyōtē Aekʻ!oqâ. Wä, k·!ēsʻlat!a yāxʻʻīdē Powēdzidē qaʻs lē 70
lāq. Wä, lax·daʻxᵘlaē qāsʻida. Wä, laʻmē dōxʻwaʟɛlaxa gʻōkwaxs
gʻōxᵘsidzayaaxa ʻwālasē nɛgʻā. Wä, hēx·sāɛmʻlaē Powēdzidēxa
ʻnōlast!ɛgɛmaʻyē gʻālagʻiwaʻyaxs laē hogwīʟa lāxa gʻōkwē. Wä,
laʻmē dōxʻwaʟɛlaxēs wūq!wax·daʻxwē Qūx·ɛlāɬaxs k!waēɬaē. Wä,
lē k!wanodzelīlēda bābagŭmaq. Wä, lâʻlaē q!wāgʻalēda bābagŭmē 75
ts!ɛmāʟax ōp!ɛgʻaʻyas Wāk·asē qaxs yīlxʻp!ēgʻaē Wāk·asē. Wä,
lâʻlaē wāxɛlēda ɛlkwa lāx ōp!ēgʻaʻyas. Wä, hēʻmis q!wāsagʻīltsa
bābagŭmaxs mɛsɛlaaq. Wä, lâʻlaē Qūx·ɛ¹āɬē âxkʻ!ālaxēs wūq!wē
Wāk·asē qa k·ēxōdēs lāxa ɛlkwa. Wä, lâʻlaē Wāk·asē âxʻēdxa

¹ The name indicates that this incident should happen in a house.

80 blood; and Wāk·as took a piece of ‖ cedar-wood from the floor of the house, and scraped off the blood from his knee, and | gave it to the boy. Then the boy stopped crying, and | licked off the blood from the cedar-stick. Now, the three | brothers saw dried bodies hanging over the fire of the great | house; and Wāk·as spoke to his elder
85 brothers, and ‖ said, "Let us try to shoot through the hole at the doorside!" Thus he said. | Then his elder brothers guessed what he meant, and | they shot their arrows through the hole; and | when they had shot their arrows through it, then | Wāk·as said to his elder
90 brothers, "Let us go and get our arrows!" Thus he said, ‖ and they went out of the house; and when they had all gone out, they | just picked up their arrows· and ran away. And then | they heard Qūx·ᴇlał coming out, and standing outside of the house; she shouted aloud, and said, "Cannibal-at-North-End-of-World! meat came to you! | Cannibal-at-North-End-of-World! In vain meat
95 came to you, Cannibal-at-North-End-of-World!" ‖ Thus she said. And at the same time when Qūx·ᴇlał | shouted, Raven-at-North-End-of-World shouted, "Ģaō gaō!" and | the Hōxᵘhokᵘ-of-the-Sky shouted "Hoē hoē hoë!" and | Crooked-Beak-of-the-Sky shouted "Hō bō bō bō!" | and the Grizzly-Bear-of-the-Door of the house blew his whistles, and shouted | "Nᴇn nᴇn nᴇn!" and the
100 Rich-Woman shouted "Hai hai ‖ hai hai!" and the Fire-Dancer

---

80 k!waxʟāwē g·aēł lāxa g·ōkwē qa⸗s k·ēxōdēs lāxēs ᴇlxᵘp!ēg·a⸗yē qa⸗s tsᴇ⸗wēs lāxa bābagūmē. Wä, lā⸗laē ʟ!ᴇx⸗ēdēda bābagūmaxs laē k·īlqaxa ᴇlx⸗ūna⸗yasa k!waxʟā⸗wē. Wä, la⸗mē dōx⸗waʟᴇlēda yūdukwē ⸗nᴇ⸗mēmaxa bakwasdē x·ʼīlᴇlᴇla lāxaēk·!a⸗yasa lᴇgwīlasa ⸗wālasē g·ōkwa. Wä, lā⸗laē yāq!ᴇg·a⸗łē Wāk·asē laxēs ⸗nō⸗nᴇla. Wä, lā⸗laē
85 ⸗nēk·a: "Wäᴇntsōsᴇns q!āq!ap!axa kwâxᵘsâ lāxa ʟ!āsbalīłē," ⸗nēx·⸗łaē. Wä, gwāłᴇlaᴇm⸗lāwisē ⸗nō⸗nᴇläs k·ōtax ⸗nē⸗nak·ēlas. Wä, lāx·⸗da⸗xᵘ⸗laē ⸗wī⸗ła hănīts!âlasēs haănaʟ!ᴇmē lāxa kwâx⸗sâ. Wä, g·īl·⸗ᴇm⸗lāwisē ⸗wī⸗ła hănītsōtsēs haănaʟ!ᴇmē lāxa kwâxᵘsōxs laē ⸗nēk·ē Wāk·asaxēs ⸗nō⸗nᴇla: "Wēx·ins âx⸗ēdxᴇns haănaʟ!ᴇma," ⸗nēx·⸗laēxs
90 laē hōqūwᴇlsa lāxa g·ōkwē. Wä, g·īl⸗ᴇm⸗lāwisē ⸗wīl⸗wᴇlsᴇxs laē âᴇm däg·ᴇlx̣ḷālaxēs haănaʟ!ᴇmaxs g·āxaē dzᴇlx⸗wīda. Wä, hē⸗mis la wūʟᴇlatsēx Qūx·ᴇlałaxs g·āxaē ʟâs lax ʟ!āsanâ⸗yasēs g·ōkwē qa⸗s hāsᴇlē lᴇła⸗xᵘsä la ⸗nēk·a: "Baxᵘbakwālanuxᵘsīwa⸗ya sagūnsas Baxᵘbakwālanuxᵘsīwa⸗ya, wāx·dᴇs sāgūnsaōʟ Baxᵘbakwālanuxᵘsī-
95 wa⸗ya," ⸗nēx·⸗laē ⸗nᴇmadzaqwaᴇm⸗łaē Qūx·ᴇlałaxs g·ālaē hāsᴇla ⸗łāq!ūg·a⸗ł ʟō⸗ Ġwaxᵘgwaxwālanuxᵘsīwa⸗yaxs laēgaō gaōxwa ʟō⸗ Iłōxᵘhogwäxtᴇwēxs laē hoēhoēhoēxa ʟō⸗ Ġᴇlōgūdzâyaxs laē hōbōbōbōxwa; wä, hē⸗misa Nanstâlīłasa g·ōkᵘ laē mᴇdzēts!āla. Wä, la x̣wäk!wāla nᴇn nᴇn nᴇn. Wä, hē⸗misa Q!āmīnâgūsē laē x̣wäk!wāla hai hai
100 hai hai. Wä, hē⸗misa Nōnītsē⸗stalałē laē mᴇdzēts!ālaxs laē hehe-

blew his whistles, and shouted "He he | he!" and the Begging- 1
Dancer blew his whistles, and shouted | "Ha ha! begging-dance,
begging-dance!" and the | Tamer and the One-Who-Presses-Down
(-Sickness) sang their sacred songs. And after | Qŭx·ᴇlaɫ ended her
shouting, then Cannibal-at-North-End-of-World cried "Hap hap hap
hap hap hap!" ‖ and his many whistles sounded on top of the great | 5
mountain. It was as though he came flying to the foot of the mountain. | His wife, Qŭx·ᴇlaɫ, stood at the door of the house, | waiting
for him; and when her husband, Cannibal-at-North-End-of-World,
came, | Qŭx·ᴇlaɫ said to him, "Go right along! They went that way, ‖
when they left." Thus she said. Then Cannibal-at-North-End- 10
of-World began to run; | and when he was coming near the three
brothers, | and nearly overtook Wāk·as, then Wāk·as | threw the
comb backwards, and immediately it turned into | a great, dense, bad
mass of underbrush behind the three ‖ brothers; and Cannibal-at- 15
North-End-of-World looked for | a way to go through to the other
side of the dense underbrush. | Meanwhile the three brothers had
gone far; but the call of Cannibal-at-North-End-of-World, "Hap hap
hap hap | hap hap!" came up again just behind them; and when |
he nearly took hold of the youngest brother, Wāk·as, the latter, threw
down the ‖ stone between himself and Cannibal-at-North-End-of- 20
World, and | immediately a great mountain stood up between the

---

hexa. Wä, hē‘misa Q!wēq!wasᴇlaɫ laē mᴇdzēts!ālaxs laē ‘nēk·a 1
haha Q!wēq!wasᴇlaɫa‘yē, Q!wēq!wasᴇlaɫa‘yēxᴇlä. Wä, hē‘mis lä
ᴠälaq!wālats Hayalik·ila ʟō‘ ʟālaxwīla. Wä, g·îl‘ᴇmx·d‘laē q!ŭlbē
‘lāq!walaēna‘yas Qŭx·ᴇlaɫē lān‘lasē haphaphap haphaphapxē Baxᵘ-
bakwālanuxᵘsīwa‘yē la q!ēk·!ālēs mᴇdzēsē läx ŏxᵘsīdza‘yasa ‘wālasē 5
nᴇg·ä. Hēᴇl gwēx·s p!ᴇʟᴇ‘nakŭlaxs g·äxaē läx ŏxᵘsīdza‘yasa nᴇg·ä.
Wä, lä‘laē gᴇnᴇmasē Qŭx·ᴇlaɫē ʟaxᵘstâlasᴇx t!ᴇx·îlāsēs g·ōkwē
ēsᴇlaq. Wä, g·îl‘ᴇm‘lāwisē g·äxē lä‘wŭnᴇmasē Baxᵘbakwālanuxᵘsī-
wa‘yaxs laē ‘nēk·ē Qŭx·ᴇlaɫaq: "Hāg·a hē‘nakŭlax hē‘mē g·ayaqaxs
laa qās‘ida," ‘nōx·‘laē. Wä, lä‘laē Baxᵘbakwālanuxᵘsīwa‘yē dzᴇlx- 10
‘wīda. Wä, laᴇm‘laē ʟ!asg·ilēda yŭdukwē ‘nᴇ‘mēmaxs laē hēlts!ax-
ʟāsᴇ‘wa. Wä, laᴇm‘lāwisē ᴇlāq däx·‘îtsᴇ‘wē Wāk·asaxs laē ts!ᴇ-
xᴇlsasa xᴇgᴇmē lāxēs ᴇlxʟa‘ya. Wä, hēx·‘idaᴇm‘lāwisē lɑ lēlxᴇ‘ya
la ts!ēts!asᴇ‘wa ‘näxwa ‘yaxᵘsᴇm q!wasq!ŭxᴇla läx ᴇlxʟa‘yasa yŭdu-
kwē ‘nᴇ‘mēma. Wä, laᴇm‘laē Baxᵘbakwālanuxᵘsīwa‘yē älä qa‘s 15
g·ayagas läx qwēsᴇnxa‘yasa ts!ēts!asᴇ‘wē q!wāsq!ŭxᴇla. Wä, qwēs-
g·ilaᴇm‘lāwisa yŭdukwē ‘nᴇ‘mēmaxs g·äxaasē ēt!ēd haphaphap
haphaphapxē Baxᵘbakwālanuxᵘsīwa‘yē läx ᴇlxʟa‘yas. Wä, g·îl-
‘ᴇm‘lāwisē ᴇlāq däx·‘îdxa äma‘yînxa‘yē Wāk·asaxs laē ts!ᴇx·ᴇlsasa
t!ēsᴇmē laxēs äwāgawa‘yē ʟō‘ Baxᵘbakwālanuxᵘsīwa‘yē. Wä, lā- 20
‘laē hēx·‘idaᴇm k·!ōk·!ak·odēda ‘wālasē nᴇg·äxa yŭdokwē ‘nᴇ‘mēma

22 three brothers | and Cannibal-at-North-End-of-World. Now, they were on opposite sides of the great mountain, | and they were really far ahead,—the three | brothers who were being pursued. They had gone far, when the cannibal cry of Cannibal-at-North-End-of-World ‖
25 was heard again behind them. When he | nearly took hold of Wāk·as, the latter threw down the cedar-stick between | himself and Cannibal-at-North-End-of-World, and immediately the cedar-stick | became a large, thick cedar-log, which moved backward and forward as | Cannibal-at-North-End-of-World tried to reach its end.
30 It was always across his way. ‖ Now, the three brothers had gone far ahead, when the cannibal cry | of Cannibal-at-North-End-of-World came up behind them. When | he nearly took hold of Wāk·as, they poured the hair-oil between | themselves and Cannibal-at-North-End-of-World, and immediately it became a wide, long | lake; and the
35 three brothers were on one side ‖ and Cannibal-at-North-End-of-World, who was pursuing them, was on the other side. When they | came near their house, Powēdzid, the eldest brother, called loud | to his father, Nɛnwaqawa, and said, "Nɛnwaqawa, | tie up our house, Nɛnwaqawa!" | Thus he said. Nɛnwaqawa heard plainly the call-
40 ing. Therefore ‖ he went into his house, and took a long cedar-bark rope, | and put it around his house; and he just continued | tying the rope around, when his three children came in sight. They |

---

22 Ḻōᵉ Baxᵘbakwālanuxᵘsīwaᵉyē. Wä, laᵉmē ᵉwāx·sadzēxa ᵉwālasē nɛg·ā. Wä, laᵉmē âlak·!āla la qwēsaxʟālabɛntsōs qaqaᵉyāxa yūdukwē ᵉnɛᵉmēma. Wä, laɛmᵉlāwisē qwēsg·ilaxs g·āxaasē ēt!ēd hamadzɛ-
25 laqwē Baxᵘbakwālanuxᵘsīwaᵉyē· läx ɛlxʟaᵉyas. Wä, laɛmᵉlāwisē ɛlāq däx·ᵉīdɛx Wāk·asaxs läē ts!ɛxᵉɛlsasa k!waxʟāᵉwē läxēs äwāgawaᵉyē Ḻōᵉ Baxᵘbakwālanuxᵘsīwaᵉyē. Wä, hēx·ᵉidaɛmᵉlāwisa k!waxʟāᵉwē la ʟɛxᵘdzēɛl la wīlkwa sapiᵉlālag·īlsɛxs wāx·aē lālabɛndalē Baxᵘbakwālanuxᵘsīwaᵉyaq läxēs gɛyālaēnaᵉya ʟɛkwē wīlkwa. Wä,
30 laɛmᵉlaxaē qwēsg·ilēda yūdukwē ᵉnɛᵉmēmaxs g·āxaasē ēt!ēd hamādzɛlaqwē Baxᵘbakwālanuxᵘsīwaᵉyē läx ɛlxʟaᵉyas. Wä, laɛmᵉlaē ɛlāq däx·ᵉīdɛx Wāk·asaxs laē k!ŭnxɛlsasa ʟ!ādɛᵉmē läxēs äwāgawaᵉyē Ḻōᵉ Baxᵘbakwālanuxᵘsīwaᵉyē. Wä, hēx·ᵉidaɛmᵉlāwisē la lēxᵉēd la g·īltsta dzɛᵉlāla. Wä, laᵉmē ᵉwax·sōdēsa yūdukwē ᵉnɛᵉmēma
35 ʟɛᵉwa qaqaᵉyāqē Baxᵘbakwālanuxᵘsīwaᵉyē. Wä, laɛmᵉlāwisē ēx·-ᵉag·aaʟɛla läxēs g·ōkwaxs laē Powēdzidēxa ᵉnōlast!ɛgɛmaᵉyē häsɛla ᵉlaq!wālaxēs ōmpē Nɛnwaqawaᵉyē. Wä, läᵉlaē ᵉnēk·a: "Nɛnwaqawaᵉya, qɛx·sɛmdats dɛnɛma läxɛns g·ōkwax, Nɛnwaqawaᵉya," ᵉnēx·ᵉlaē. Wä, hēlatōɛmᵉlāwisē Nɛnwaqawaᵉyaxa ᵉlāq!wālā läg·ilas
40 hēx·ᵉidaɛm laēʟ läxēs g·ōkwē qaᵉs äx·ᵉēdēxa g·îlt!a dɛnsɛn dɛnɛma qaᵉs qɛx·sɛmdēs läxēs g·ōkwē. Wä, hëɛmᵉlāwis āᵉlēs yāla qɛx·sdālasa dɛnɛmaxs g·āxaēs yūdukwē sāsɛm nēlᵉida. Wä, läx·daᵉxᵘᵉlaē

helped their father; and when they had finished, they went into the | house and barred the door; and after they had barred ‖ the door of 45 the house, the youngest of the children, Wāk·as, | reported to his father that they had seen their sister, Qŭx·ᴇlaɫ, sitting in that house | with her son, in the house of him who was named by Qŭx·ᴇlaɫ | Cannibal-at-North-End-of-World. "Then the child of Qŭx·ᴇlaɫ cried for the | blood on my knee; and when I gave him the blood, which I scraped off, ‖ he stopped crying and licked it off; and | then 50 we saw the bodies of our tribesmen drying right over | the fire of the house." When Wāk·as had said this, | Cannibal-at-North-End-of-World came to the roof of the | house of Nᴇnwaqawa, uttering the cannibal-cry. He opened the roof and showed his ‖ head. Then 55 Nᴇnwaqawa spoke, and said, | "O son-in-law, Cannibal-at-North-End-of-World, don't be in a hurry! | Come in the morning with your wife and my grandson, and | to-morrow morning you shall eat my three sons. Now go for a while!" | Thus he said. Immediately Cannibal-at-North-End-of-World uttered the cannibal-cry, and ‖ went home to his house. Immediately Nᴇnwaqawa | asked his wife 60 K·anĕlk·as to give something to eat to their | three sons, "so that I may sit down in the corner and devise | what to do, for I have invited Cannibal-at-North-End-of-World to a feast." Thus he said | as he went and sat down in the corner of the house. He had not ‖

---

g·ōx̣ᶜwīdxēs ōmpē. Wä, g·îlᶜᴇmᶜlāwisē gwāłᴇxs laē hōgwiʟ lāxēs 43
g·ōkwē qaᶜs ʟ!ᴇnēx·ᶜīdēq. Wä, g·îlᶜᴇmᶜlāwisē gwāł ʟ!ᴇnēk·axēs
t!ᴇx·ᶜtlāsēs g·ōkwaxs laē äma'yîⁿxa'yas sāsᴇmasē Wāk·asē ts!ᴇk·!ā- 45
łᴇlaxēs ōmpaxs dōx̣ᶜwaʟᴇlaaxēs wŭq!wē Qŭx·ᴇlāłaxs k!waēlaē
ʟᴇᶜwis bābagŭmē x̣ŭnōkᵘ läx g·ōkwas gwēᶜyâs Qŭx·ᴇlāłē Baxᵘba-
kwālanuxᵘsīwaᶜya. "Wä, la q!wāsē x̣ŭnōkwas Qŭx·ᴇlāłē qaᴇn ᴇlxᵘ-
p!ēg·aᶜyē. Wä, g·îlᶜmēsᴇn ts!âsᴇn k·ēxoyowē ᴇlkwa lāqēxs laē
ʟ!ᴇxᶜēd lāxēs q!wats!ēnaᶜyē qaᶜs k·ᴇlxᶜēdēxa ᴇlkwa. Wä, hēᶜmēsᴇ- 50
nuᶜxᵘ dōx̣ᶜwaʟᴇla yîxᴇns g·ōkŭlōtdäxs laē x·îłᴇlaʟᴇla läx nᴇqōsto-
wasa ʟᴇgwîłasa g·ōkwē." Wä, hēᴇmᶜlāwisē ᶜwāla wāldᴇmas Wāk·a-
saxs g·āxaasē Baxᵘbakwālanuxᵘsīwaᶜyē hämadzᴇlaqwa läx ōgwāsasa
g·ōkwas Nᴇnwaqawaᶜyē. Wä, lāᶜlaē äxᶜēx·ᶜīda qaᶜs x·ᴇxsēᶜwēsēs
x·ōmsē. Wä, lāᶜlaē yāq!ᴇg·aᶜłē Nᴇnwaqawaᶜyaq. Wä, lāᶜlaē ᶜnēk·a: 55
"ᶜya, nᴇgŭmp, yŭł Baxᵘbakwālanuxᵘsīwēᶜ. Gwala âłbalax, laᴇms
g·āxʟᴇx gaālaʟa ʟᴇᶜwis gᴇnᴇmaōs ʟᴇᶜwᴇn ts!ōxᵘʟᴇmä qaᶜs g·āx-
lag·iʟōs gaāxstalałxg·in yŭdukwᴇk· sāsᴇma. Wä, hag·aᴇmasʟ,"
ᶜnēx·ᶜlaē. Wä, lāᶜlaē hämadzᴇlaqwē Baxᵘbakwālanuxᵘsīwaᶜyē qaᶜs
lä näᶜnakᵘ lāxēs g·ōkwō. Wä, hēx·ᶜidaᴇmᶜlāwisē Nᴇnwaqawaᶜyē 60
äxk·!ālaxēs gᴇnᴇmē K·anĕlk·asē, qa halabalēs äxᶜēd qa haᶜmāsēs
yŭdukwē sāsᴇma, "qᴇn lä k!wanegwił läxa g·ōkwē qᴇn sᴇᶜnēᶜxᴇns
gwēx·ᶜidaasʟaxᴇn ʟēᶜlālasᴇᶜwaē Baxᵘbakwālanuxᵘsīwaᶜya," ᶜnēx·-
ᶜlaēxs laē qās·ᶜida qaᶜs lä k!wanegwiła läxēs g·ōkwē. Wä, k·!ēs-

65 been sitting in the corner for a long time before he came and sat down among his sons; and | Nᴇnwaqawa spoke, and said, "Now, | take care, children! else we shall be overcome by the one whom you call | Cannibal-at-North-End-of-World, for now I have thought out what we shall do to him when | he comes. Now eat quickly, for we
70 have much work to do!" ‖ Thus he said to his sons. And after his sons had eaten, | Nᴇnwaqawa asked Powĕdzid, the eldest one of his | sons, to dig a hole in the middle of the rear of the house, and to make it deep, and | one fathom across at the opening of the hole in the floor; | and he told Aek·!oqâ to go and get fire-wood; and he told ‖
75 Wăk·as, the youngest of his sons, to go and get stones. | Immediately they all did what their father had told them to do, | and it was not long before they finished their work. Now, | it was late in the evening, and they put fire into the hole on the floor; and when | the
80 fire blazed up, they put many stones on it. Then ‖ Nᴇnwaqawa took short boards, and placed them | on the floor near the hole in which the fire was burning. Then | he asked his three sons to kill three dogs, | and to take out the intestines. He continued, "And when you take out the | intestines, hide the bodies of the dogs in the
85 corner, so that ‖ they may not be seen by Cannibal-at-North-End-of-World. When | he comes in the morning, you must lie down on

---

65 ʻlatǃa gaēl kǃwänegwīlᴇxs gāxaē kǃwāgᴇlîlaxēs sāsᴇmē. Wa, lăʻlaē yăʻqǃᴇg·aʻlē Nᴇnwaqawaʻyē. Wä, lăʻlaē ʻnēk·a: "Wäg·ĭlla ᴀᴇm yāʟǃâʟᴇx, sāsᴇm, āʟᴇns ʻyak·âlax lāxēs gwᴇʻyâôs Baxᵘbakwālanuxᵘsīwaʻya qaxs laʻmēk· gwāl qᴇn kǃwēxēk· qᴇns gwēx·ʻidaasᴇq qô g·āxʟô. Wēga, hālabala haʻmāpᴇx qaxs qǃēnᴇmaᴇns ēaxᴇlasôʟa,"
70 ʻnēx·ʻlaēxēs sāsᴇmē. Wä, g·ĭlʻᴇmʻlāwisē gwāl haʻmāpē sāsᴇmasēxs laē Nᴇnwaqawaʻyē ăxk·ǃālax Powēdzidēxa ʻnôlastǃᴇgᴇmaʻyas sāsᴇmas qa ʻlapǃēdēsēxa nᴇqēwalīlasēs g·ôkwē qa wŭnqᴇlēs k·tĭx·tsǃâ ʻnᴇmpǃᴇnk· lāxᴇns bāʟŭqē ʻwādzᴇqawīʻlasas ăwaxstaʻyasa kwäʻwīlē. Wä, lä ăxk·ǃālax Aēk·ǃoqâ qa läs ănēqax lᴇqwā. Wä, lä ăxk·ǃālax
75 Wăk·asēxa ămaʻyînxaʻyas sāsᴇmas qa läs tǃäqax tǃēsᴇma. Wä, lē ʻwīʻla hēx·ʻidaᴇm ēaxʻidᴇx gwᴇʻyâsēs ômpē qa ēaxʻēnēx·daʻxᵘs. Wä, wīʻlôxᵘdzēʻlaē gēx·ʻidᴇxs laē ʻwīʻla gwālē ăxsᴇʻwas. Laᴇmʻlaē gäla gänoʟᴇxs laē lᴇxtsǃôdxa ʻlābᴇkwē kwaʻwīla. Wä, g·ĭlʻᴇmʻlāwisē x·ĭk·ostâxs laē tǃäqᴇyîndālasa tǃēsᴇmē qǃēnᴇm lāq. Wä, laᴇmʻlaē
80 Nᴇnwaqawaʻyē ăxʻēdxa ʻwadzowē tsǃᴇxᵘsᴇm saôkwa qaʻs lä paxʻālîlas lāxa ʻnᴇxwāla lāxa la lᴇxtsǃᴇwakᵘ kwaʻwīla. Wä, laᴇmʻlāwisē ăxk·ǃālaxēs yŭdukwē sāsᴇm qa k·ǃēlaxʻîdēsēxa yŭdukwē ʻwaôtsǃa, "qaʻs ăxâlaôsax yax·yᴇg·îlas. Wä, g·ĭlʻmēts ʻwīʻlâmasxa yax·yᴇg·îlas las qǃŭlălʻîdᴇx ôkǃwinaʻyasa ʻwaôtsǃᴇx·dē lāxa onēgwīlē qa
85 k·ǃēsēs dôx·waʟᴇlts Baxᵘbakwālanuxᵘsīwaʻyē. Wä, g·ĭlʻᴇmlwisē g·āxʟᴇx gāalaʟa qasô lāx·daʻxᵘʟ nᴇǂnᴇlēǂ lāxa hēǂk·ǃôtstâlīlasa

your backs at the right-hand side of the | door, and each of you must 87
have on his stomach the dog-intestines." | Thus he said to his sons;
and Wāk·as took | three short boards, and put them down at the
right-hand side of the ‖ door for him and his elder brothers to lie on 90
when they pretended to be dead. | In the morning Nᴇnwaqawa put
down the | broad short boards, and covered up the fire in the hole
on the floor, | and he put the settee down outside of it (that is, nearer
to the fire). Then he spread two | new mats in it. Then he asked his
three sons to ‖ lie down on the three short boards. They went down 95
and | lay down on their backs. Nᴇnwaqawa | took the intestines
of the dogs and spread them over the stomachs | of his sons; and he
told his sons not to show any | sign of breathing. (He continued), "so
that Cannibal-at-North-End-of-World may really believe that you
are ‖ dead." And after Nᴇnwaqawa had given advice to his | chil- 200
dren, the cannibal-cry of Cannibal-at-North-End-of-World was
heard | back of the house, and he came to the house; and | first
Cannibal-at-North-End-of-World came in, and next came his son, |
and last his wife, Qŭx·ᴇlał. As soon as ‖ Cannibal-at-North-End- 5
of-World came in, he saw the three naked | sons of Nᴇnwaqawa
lying down on the short boards, | and he wanted to go at once to eat
them; | but Nᴇnwaqawa spoke, and said, "Don't, | son-in-law! We

---

t!ᴇx·îla. Wä, lāʟᴇs q!wălxōᴇmł laᴇlxsᴇmdzᴇlîlxa yax·yᴇg·ĭlasa ʻwaō- 87
ts!ᴇx·dä,'' ʻnēx·ʻlaēxēs sāsᴇmē. Wä, lāʻlaē ăxʻēdē Wākʻasaxa yū-
duxŭxsa ts!ăts!ᴇx̣ᵘsᴇma qaʻs lä pāqᴇmg·alĭłas lāxa hēlk·!ōtstălĭłasa
t!ᴇx·îla qaʻs nēnᴇʟᴇdzᴇwēsō ʟᴇʻwis ʻnōʻnᴇla qō lăł lēlᴇʻlbōlaʟō. 90
Wä, g·îlʻᴇmʻlāwisē ʻnāx·ʻīdxa gaālāxs laē Nᴇnwaqawaʻyē pāgᴇx-
stᴇntsa ʻwădzowē ts!ăts!ᴇx̣ᵘsᴇma lāxa ʟᴇq!ŭxʟalĭlē kwaʻwĭła. Wä,
lāʻlaē ăxʻalĭłasa k!wăts!ᴇʻwasē läx ʟ!āsalĭłas qaʻs ʟᴇpts!ōdēsa maʻlē
ts!ēts!ᴇxʻas lēᴇlʻwē läq. Wä, lāʻlaē ăxk·!ālaxēs yūdukwē sāsᴇm qa
lālag·ʻis nēnᴇʟᴇdzōlĭłaxa yūduxŭxsa ts!ăts!ᴇx̣ᵘsᴇma. Wä, lāx·daʻxᵘ- 95
ʻlaē nēnᴇʟᴇdzâlĭłxa ʻnâlʻnᴇmxsa ts!ăts!ᴇx̣ᵘsᴇma. Wä, lāʻlaē Nᴇn-
waqawaʻyē ăxʻēdxa yax·yĭgʻĭlasa ʻwaōts!ē qaʻs lä lᴇxsᴇmdzᴇndālas
lāxēs sāsᴇmē. Wä, laʻlaē ăxkʻ!ālaxēs sāsᴇmē qa k·!ēsk·asēs ăwŭl-
x·ᴇs hāsdᴇx·ʻîla qa ălak·!alēs ōq!ŭsē Bax̣ᵘbakwālanux̣ᵘsīwaʻyaq āla-
ᴇm lēlᴇʻla. Wä, g·îlʻᴇmʻlāwisē gwālē Nᴇnwaqawaʻyē ʟᴇxsʻālaxēs 200
sāsᴇmaxs g·āxaasē hamadzᴇlaqwē Bax̣ᵘbakwālanux̣ᵘsĭwaʻyē läx
ālanâʻyasa g·ōkwas. Wä, g·āxʻlaē g·āxēʟa lāxa g·ōkwē. Wä, laᴇm-
ʻlaē g·alaēʟē Bax̣ᵘbakwālanux̣ᵘsīwaʻyē. Wä, lāʻlaē māk·ĭlē xŭnō-
kwasēq. Wä, lāʻlaē ᴇlxʟaʻyē gᴇnᴇmasē Qŭx·ᴇlalē. Wä, g·îlʻᴇm-
ʻlaē g·āxēʟē Bax̣ᵘbakwālanux̣ᵘsīwaʻyaxs laē dōx·ʻwaʟᴇlaxa xăxᴇnāla 5
yūdukᵘ sāsᴇms Nᴇnwaqawaʻyaxs nēnᴇʟᴇdzâʻyaaxa ts!ăts!ᴇx̣ᵘsᴇ-
māxs laē ʻnēx· qaʻs hēx·ʻidaʻmē la gwāʻsta lāq qaʻs hamx·ʻîdēq. Wä,
lāʻlaē yāq!ᴇg·aʻlē Nᴇnwaqawaʻyaq. Wä, lāʻlaē ʻnēk·a: "Gwāla, nᴇ-

10 do not do that when we are invited. Come ‖ to the place where you will sit down!" Thus he said. And immediately | Cannibal-at-North-End-of-World came and sat down on the mats spread out in the | settee. At his left side was his son; and | his wife, Qŭx·ᴇlaɫ, sat down on the other mat. Now, | Cannibal-at-North-End-of-World
15 lay back; and Nᴇnwaqawa spoke, ‖ and said, "Now I shall talk | the way we do whenever we have guests. We always tell a story first | for our guests. Now, listen, son-in-law!" Thus he said, | and Nᴇnwaqawa began to tell a story to Cannibal-at-North-End-of-
20 World.[1] | He had not been telling his story long, before ‖ Cannibal-at-North-End-of-World became sleepy, and also his wife and his son, | and Nᴇnwaqawa continued telling his story. Now, Nᴇnwaqawa | purposely pressed his knee against the knee of the one to whom he told the story — namely, | Cannibal-at-North-End-of-World — and he never moved. | Then he began to snore. Then Nᴇnwaqawa called
25 his sons. ‖ They came and took off the boards covering the hole with the fire in the bottom; | and the three sons took hold each of a corner of the mat on which he lay with his | son, and threw them into the fire in the bottom of the pit. | And Nᴇnwaqawa, and his wife, Kᐧanē̆lkᐧas, took the | short boards and covered up the pit. Now, ‖
30 Cannibal-at-North-End-of-World continued uttering the cannibal-

---

gŭmp, kᐧ!ēsᴇnuᶜxᵘ hē gwēgᐧilaxgᐧanuᶜxᵘ Lēᶜlānᴇmēkᐧ. G̲ēlagᐧa hē-
10 ᶜnakŭla lāxgᐧas k!wălgᐧōs," ᶜnēxᐧᶜlaē. Wä, hēxᐧᶜidaᴇmᶜlāwisē Baxᵘ-bakwālanuxᵘsīwaᶜyē gᐧāx qaᶜs k!wadzolīlēxa Lᴇpts!āwē lēᶜwē lāxa k!wāts!ᴇwasē. Wä, lāᶜlaē gᴇmxanōdzelīlē xŭnōkwas lāq. Wä, lā-
ᶜlaē gᴇnᴇmasē Qŭxᐧᴇlaɫē k!wādzolīlaxa ᶜnᴇmē lēᶜwaᶜya. Wä, laᴇm-
ᶜlaē t!ēgᐧīlē Baxᵘbakwālanuxᵘsīwaᶜyē. Wä, lāᶜlaē yāq!ᴇgᐧaᶜlē Nᴇn-
15 waqawaᶜyē. Wä, lāᶜlaē ᶜnēkᐧa: "Yīxgᐧin dāxᐧᶜidaᶜmēlgᐧāx gwē-
kᐧ!ālasanuᶜxᵘ qaᴇn Lēᶜlānᴇmē, yīxgᐧanuᶜxᵘ nānosālgᐧiwalēkᐧ qaᴇnuᶜxᵘ Lēᶜlanᴇmē. Wä, laᶜmēts hōLēlaLōɫ, nᴇgŭmp," ᶜnēxᐧᶜlaēxs lae nōsᶜidē Nᴇnwaqawaᶜyē qa Baxᵘbakwālanuxᵘsīwaᶜyē.[1] Wä, wī-lōxᵘdzēᶜlaē gēkᐧ!ālagᐧilīl nōsaxs lae mamēxᴇmxᶜīdē Baxᵘbakwā-
20 lanuxᵘsīwaᶜyē ᶜnᴇmāxᐧᶜīd Lᴇᶜwis gᴇnᴇmē Lᴇᶜwis xŭnōkwē. Wä, lāᶜlaē hanālē Nᴇnwaqawaᶜyē nōsa. Wä, laᴇmᶜlaē Nᴇnwaqawaᶜyē henōmaᴇm tᴇstᴇsasēs ōkwāxᐧaᶜyē lāx ōkwāxᐧaᶜyasēs nōsagᐧīlē Baxᵘ-bakwālanuxᵘsīwaᶜyē. Wä, lāᶜlaē kᐧ!ēts!ᴇmᶜᴇl qŭnxᶜwīda. Wä, lā-lae xᴇnt!ᴇgᐧaᶜla. Wä, hēᶜmis la Lēᶜlālats Nᴇnwaqawaᶜyaxēs sāsᴇmē.
25 Wä, gᐧāxdaᶜxᵘᶜlaē āxōdᴇx pagᴇxstaᶜyasa kwaᶜwilē lᴇq!ŭxLāla. Wä, lāᶜlaē yŭdukwē sāsᴇms dādᴇnxᴇndxa lēwaᶜyē kŭldzᴇᶜwēsōs Lᴇᶜwis xŭnōkwē. Wä, lāxᐧdaᶜxᵘᶜlaē ts!ᴇxts!ōts lāxa lᴇq!ŭxLāla kwaᶜwīla. Wä, lāᶜlaē Nᴇnwaqawaᶜyē Lᴇᶜwis gᴇnᴇmē Kᐧanē̆lkᐧasē āxᐧēdxa ᶜwādzowē ts!ᴇxᵘsᴇm saōkᵘ qaᶜs pagᴇxstᴇndēs lāq. Wä, laᴇmᶜlaē
30 Baxᵘbakwālanuxᵘsīwaᶜyē āᴇm la hāyōlēs haᶜmadzᴇlaqŭla Lᴇᶜwis

---

[1] See p. 1246, lines 57-58.

cry and | whistling, and for a long time his sound did not stop; but | 31
his wife, Qûx·ᴇlaɬ, did not wake up until her husband, | Cannibal-at-
North-End-of-World, and her child, were dead. And when | Can-
nibal-at-North-End-of-World stopped crying, then Nᴇnwaqawa ||
asked his three sons to take off the short boards that | were covering 35
the dead Cannibal-at-North-End-of-World, whom he had killed.
They | took them off and put them down. Then Nᴇnwaqawa took
his | spruce-root hat and waved it inside the hole, | and then the
ashes of Cannibal-at-North-End-of-World turned into mosquitoes. ||
And Nᴇnwaqawa said, "You shall be mosquitoes and | eat men in 40
later generations." Thus he said. Then they really turned into |
mosquitoes, what had been the ashes of Cannibal-at-North-End-of-
World. |

After this had been done, Qûx·ᴇlaɬ awoke, and in vain | she asked
Nᴇnwaqawa which way her husband had gone; || and Nᴇnwaqawa 45
did not deceive her about what he had done, | he told her at once
what he had done; and Qûx·ᴇlaɬ got really | angry on account of
what Nᴇnwaqawa and his three | sons had done. And Qûx·ᴇlaɬ said
to her father Nᴇnwaqawa, | "You made a great mistake on account
of what you have done to my husband, for || he wished to pay you the 50
marriage price for me by giving to you many dressed skins, | and also
the great cannibal-dance, and his great name Cannibal-at-North-
End-of-World. | These would have gone to you if you had not done

---

mᴇdzēsē k·!ēsʻᴇl gᴇyōl q!wēlʻīda. Wä, laᴇmʻlaē hēwäxa tsǃᴇx·ʻīdē 31
gᴇnᴇmx·däsē Qûx·ᴇlaɬaxs lᴇʻmaē ɬᴇʻlēs läʻwŭnᴇmx·dē Baxᵘbakwā-
lanuxᵘsīwäx·dē ʟᴇʻwis xŭnōxᵘdē. Wä, g·ïlʻᴇmʻlāwisē q!wēlʻïd ha-
ʻmādzᴇlaqŭlē Baxᵘbakwālanuxᵘsīwäx·dē lāaʻlaē Nᴇnwaqawaʻyē äx-
k·!ālaxēs yūdukwē sāsᴇma qa äxōdēsēxa tsǃᴇxᵘsᴇmē saōkwa, yĭx 35
pagᴇxstaʻyas g·aʻyalasas Baxᵘbakwālanuxᵘsīwäx·dē. Wä, läx·daʻxᵘ-
ʻlaē äxōdᴇq qaʻs paxʻālĭɬēs. Wä, lāʻlaē Nᴇnwaqawaʻyē äxʻēdxēs
ʟ!ōp!ᴇx·sᴇmē lᴇtᴇmɬa qaʻs yaxʻwīdēs läx ōtsǃäwasa kwaʻwīlē. Wä,
läʻlaē q!ᴇxʻwŭltsǃâwē q!walōbsas Baxᵘbakwālanuxᵘsīwäx·dē. Wä,
laᴇmʻlāwisē ʻnēk·ē Nᴇnwaqawaʻyē: "Wa, laᴇms ʟēsʟᴇnaʟōl qaʻs 40
bᴇxᵘbakwēlōs läxa äɬʟa bᴇkumēl,'' ʻnēx·ʻlaē. Wä, laᴇmʻlaē âlaᴇm
la ʟēsʟᴇʻnax·ʻīdēda q!walōbᴇsdäs Baxᵘbakwālanuxᵘsīwäx·dē.

Wä, g·ĭlʻᴇmʻlāwisē gwälʻalĭɬᴇxs laē tsǃᴇx·ʻīdē Qûx·ᴇlalē. Wŭɬ-
ʻᴇmʻlāwisē hēx·ʻidaᴇm wŭlax Nᴇnwaqawaʻyē läx gwäʻstaasasēs lä-
ʻwŭnᴇma. Wä, k·!ēsʻlatǃa Nᴇnwaqawaʻyē häʻyamasēs gwēx·ʻidaasē. 45
Āᴇmʻlaē hēx·ʻidaᴇm nēlasēs gwēx·ʻidaasaq. Wä, lāʻlaē ālak·!āla
tsǃᴇnkwē Qûx·ᴇlaɬas gwēx·ʻidaasas Nᴇnwaqawaʻyē ʟᴇʻwis yūdukwē
sāsᴇma. Wä, lāʻlaē ʻnēk·ē Qûx·ᴇlaɬaxēs ōmpē Nᴇnwaqawaʻyē:
"Laᴇms ʻwālas ōdzaxa qaēs gwēx·ʻidaasōs läxᴇn läʻwŭnᴇmx·dä qaxs
laʻmēx·dä ʻnēx· qaʻs qädzēʟē g·äxᴇn lâʟ yĭsa q!ēnᴇmē ălāg·ʻīm; wä, 50
hēʻmisa ʻwālasē lädēsxa hāmatsǃē ʟᴇʻwis ʻwālasē ʟēgᴇmē Baxᵘba-
kwālanuxᵘsīwaʻyē. Hēʻstaᴇm g·äxlaxsdē qasō k·!ēs hē gwēx·ʻīdᴇq.

so. | The reason why this happened is, that, when he was getting
55 ready last night | to come, he quarreled with his brothers, ‖ and he
killed Hox‷hok‷-of-the-Sky and Crooked-Beak-of-the-Sky | and
Grizzly-Bear-of-the-Door and Rich-Woman and Fire-Dancer and |
Begging-Dancer. These six were killed by Cannibal-at-North-End-
of-World; | but the others went out of our house in time — | Raven-
at-North-End-of-World and Tamer and the One-Who-Presses-Down
60 and Copper-Sound-Woman ‖ and Thrower. Now, we were just
three of us — | I myself, my husband, and my treasure, my child. |
Now I alone am alive. It is on your account that my | husband
got into trouble, for my husband said that we alone were invited by
you; | and that was the reason why they became angry, because they
65 said that you should have invited ‖ all of us, fifteen of us who
were in our | house; but my husband did not get angry until they
said | that they had not been invited by you. Now, all of them | were
following us; and they wanted to kill you and these three | young
70 men, and they wanted to eat you. Therefore my ‖ husband killed
them; and the others went out alive, | but left their masks and their
red cedar-bark, which my | husband said would go to you." Thus
said Qŭx·ᴇlal to her father | Nᴇnwaqawa. |

---

53 Hääxōʟ hēg·ĭlts gwēx·ʻīdᴇxs lāg·anuʻx̣ᵘ xwānaɫelax gānoʟē qᴇnuʻx̣ᵘ
   g·āxēxa ʻnālax, laē aōdzagogŭlĭɫ ʟᴇʻwis ʻnālʻnᴇmwᴇyōdaē. Wä, hē-
55 ʻmis la k·!ēlax·ʻidaatsēx Hōx̣ᵘhogwäxtᴇwēx·dē ʟō̆ʻ Gᴇlōgŭdzâyēx·dä
   ʟō̆ʻ Nᴇnstâlĭɫdä ʟō̆ʻ Q!âminâgăsdä ʟō̆ʻ Nōnɫtsēʻstālaɫdä ʟō̆ʻ Q!wē-
   q!wasᴇlaɫdä. Wä, q!äʟ!ōkwōx ɫᴇʻlämatsᴇʻwaxs Bax̣ᵘbakwälanux̣ᵘsĭ-
   wäx·dä. Wä, hēʻmis hēlōʻmala lāwᴇls laxᴇnuʻx̣ᵘ g·ōkwē Gwäx̣ᵘ-
   gwax̣wälanux̣ᵘsīwaʻyē ʟō̆ʻ Hayalĭk·ila ʟō̆ʻ ʟālaxwila ʟō̆ʻ ʟ!āqwa-
60 k·!ālaga ʟō̆ʻ Māmaq!a. Wä, âʻmēsēnuʻx̣ᵘ la wäx·.yŭdukwa
   ʟᴇʻwŭn läʻwŭnᴇmx·dä ʟᴇʻwun ʟōgwēx·dᴇnʟᴇn xŭnōx̣ᵘdä. Wä,
   âʻmēsᴇn la ʻnᴇmōx̣ᵘ la q!ŭla, yĭxs sōʻmaē g·āg·āmalaɪsᴇn läʻwŭ-
   nᴇmx·dē, yĭxs laē nēlᴇn läʻwŭnᴇmx·däxs Lēʻlalaaqōs g·āxᴇnuʻx̣ᵘ
   lēx·ama. Wä, hēʻmis ts!ᴇngumx·dox̣ᵘsē ʻwälasilaʟ ʻwīʻlaᴇm ʟēʻlälaq
65 läxᴇnuʻx̣ᵘ ʻwäxaasäxg·anuʻx̣ᵘ sᴇk·!ogŭg·ᴇyowēk· hägâ laxᴇnuʻx̣ᵘ
   g·ōkwa. Wä, âɫʻmēsē ʻyäk·ᴇlĭɫᴇn läʻwŭnᴇmx·däs, yĭxs laē ʻnēx·daʻx̣ᵘ
   qaʻs wax·ʻmē k·!ēs ʟäʻlēɫk·ᴇnōs. Wä, laᴇmʻlāwĭsē ʻwīʻlâl g·äxʟ
   hōgwĭg·ē g·āxᴇnuʻx̣ᵘ qaʻs k·!ēlax·ʻīdē ʻwīʻla läʟ ʟᴇʻwa yŭdukwēx
   haʻyäɫʻa qaʻs haʻmx·ʻīdᴇx·daʻxwaōʟ. Wä, hēʻmis lāgiɫasᴇn läʻwŭ-
70 nᴇmx·dē k·!ēlax·ʻīdᴇx·daʻxwŭq. Wä, lä q!ŭläwĭsēda waōkwa âᴇl
   lōwalasē yäx̣ᵘʟᴇnē ʟᴇʻwis ʟ!ägᴇkwē. Wä, häʻstaʻmēs gwᴇʻyâsᴇn
   läʻwŭnᴇmx·dä qa g·āx lâʟē,'' ʻnēx·ʻlaē Qŭx·ᴇlalax̣ēs ōmpē Nᴇnwa-
   qawaʻyē.

Then the wife of Nenwaqawa, K·anĕłk·as, spoke, ‖ and said, "O 75
my child, Qŭx·ɛlał! don't | feel badly in vain on account of what has
been done by your father to your husband, | for he did this because
he was afraid of what he would do to your | brothers! Look at
your brothers! They almost did not escape when they were |
hunted by your husband. I mean this, what was found just out-
side of the place ‖ where your husband was seated." Thus she said, 80
and showed | Qŭx·ɛlał what she had found. When Qŭx·ɛlał saw
what she was | holding in her hand, she said, "That is one of the
whistles of my husband." | Thus she said, and went to her father,
Nɛnwaqawa; and | Qŭx·ɛlał said to him, "Hide it, for who should
own it ‖ except you? Now, let us go in the morning to our | house 85
to carry out everything that is in it, and also | all the masks of my
husband and his brothers—for | they are all in their sacred rooms."
Thus she said. Then | Nɛnwaqawa also spoke, and said, "Thank
you ‖ for what you have said, child! Let us go in the morning, so 90
that | my treasure may come to me!" Thus he said. And after they
had spoken, | Qŭx·ɛlał did not get downhearted in the evening, and
she did not | talk any more about her husband and her child. This |
made her father, Nɛnwaqawa, and his wife ‖ and his three sons very 95
glad. In the evening, when it was dark, | they went to bed; and

Wä, lā‛laē gɛnɛmas Nɛnwaqawaʻyē, yīx K·anĕłk·asē yāq!ɛg·aʻla.
Wä, lā‛laē ‛nēk·a: "Yūl, xŭnōkᵘ Qŭx·ɛlał, gwālax·ī wŭł‛ɛm xɛn- 75
Lɛla ts!ɛx·īlēs nâqa‛yōs qa gwēx·‛īdaasaxsōx âsaxēs lā‛wŭnɛmx·däōs.
Hēnax·‛īdawesō qaxs â‛maēx k·ēk·altsēla laxōs gwēx·‛īdaasēx Lō‛
wīwŭq!wa. Dâx wīwŭq!wäxs hălsɛla‛maē hēłdɛk·axs g·axaē qâqa-
‛yasōsēs lā‛wŭnɛnmx·däōs. ‛nē‛nak·īłg·ada g·aēłɛk· läx L!ās‛alīłas
k!waē‛lasdäsēs lā‛wŭnɛmx·däōs," ‛nēx·‛laēxs laē dōqwamatsēs q!ă 80
lax Qŭx·ɛlałē. Wä, g·īl‛ɛm‛lāwisē Qŭx·ɛlałē dōx·waLɛlax daa-
kwas laaɛl ‛nēk·a: "Yūɛm g·ayōl läx mɛdzēsasɛn lā‛wŭnɛmx·-
däōx," ‛nēx·‛laēxs laē ts!âs läxēs ōmpē Nɛnwaqawa‛yē. Wä, lā‛laē
‛nēk·a yīx Qŭx·ɛlałē: "Wēg·a q!ŭlal‛īdɛqᵘ, qa ăngwēs ăx‛ēdaqᵘ
ōgŭ‛lä łăl. Wä, la‛mēsɛn ‛nēx· qɛns lālag·īx gaālaLa laxɛnu‛xᵘ 85
g·ōxᵘdä, qaɛns g·āxlag·ī mōłt!alaxa ‛nāxwa g·ēx·g·aēł läq ʟo‛ma
‛nāxwa yäxᵘʟɛusɛn lā‛wŭnɛmx·dä ʟɛ‛wīs ‛nāł‛nɛmwɛyotdä, qaxs
‛wī‛la‛maa g·ēx·g·aēł laxēs łēłɛ‛mē‛lats!ēx·dē," ‛nēx·‛laē. Wä, lā‛laē
ōgwaqa yāq!ɛg·a‛lē Nɛnwaqawa‛yē. Wä, lā‛laē ‛nēk·a: "Gēlak·as-
‛lax·ōs wałdɛmaqōs, xŭnōkᵘ. Ēs‛maēʟɛns lăʟɛx gaālaLa qa g·äxla- 90
g·īsɛn ʟōgwēʟa," ‛nēx·‛laē. Wä, g·īl‛ɛm‛lāwisē gwāłē wăłdɛmas laē
hēwäxa‛mē Qŭx·ɛlałē xŭls‛īdaxa dzāqwa. Wä, hēwäxa‛laē gwa-
gwēx·sɛx·‛īd läxēs lā‛wŭnɛmx·dē ʟɛ‛wīs xŭnōxᵘdē. Wä, hēɛm‛lā-
wis xɛnʟɛla la ēg·ɛms nēnâqa‛yas Nɛnwaqawa‛yē ʟɛ‛wīs gɛnɛmē
ʟɛ‛wīs yūdukwē bēbɛgwānɛm säsɛma. Wä, g·īl‛ɛm‛lāwisē p!ɛdɛx·- 95
stowīdxa dzāqwäxs laē ‛wī‛la kŭlx·‛īda. Wä, g·īl‛ɛmlāwisē nā‛na-

97 when daylight | came in the morning, Nɛnwaqawa called his four
children | and his wife, Kˑanĕlkˑas, and they ate quickly; | and
300 after they has eaten, they started. ‖ And Qŭxˑɛlaɫ went ahead, for she
knew the good trail; | therefore they told her to lead the way. And
here there was a | good trail where they were walking. It was not
yet noon | when they arrived at the house of Cannibal-at-North-End-
of-World. Then | Nɛnwaqawa sat down at the right-hand side of
5 the door of the ‖ great house; and it made him feel senseless | to see
a great number of his tribesmen drying over | the fire of the great
house. He was really downhearted | on account of what he saw.
Then Qŭxˑɛlaɫ noticed that her father was downhearted; | and she
10 went to the place where Nɛnwaqawa was seated, and ‖ spoke, and
said to her father, "Why are you downhearted?" | And Nɛnwaqawa
replied, and | said to her, "The reason why I am sick at heart are
my tribesmen here." | Thus he said. Then Qŭxˑɛlaɫ asked her
15 father, Nɛnwaqawa, | to tell his three sons to ‖ take down the bodies
and to lay them out on their backs. Thus she said. | Immediately
Nɛnwaqawa asked his three sons; | and the three sons took down the
dried bodies, | and placed them in a row on their backs. And when
they all had been laid down, | Qŭxˑɛlaɫ came, carrying a bladder of a
20 mountain-goat, which was filled with something. ‖ She gave this to

---

97 kŭlaxa gaäläxs laē Nɛnwaqawaʿyē ʿwiʿla gwēxˑʿīdxēs mōkwē sūsɛma
LEʿwis gɛnɛmē Kˑanĕlkˑasē. Wä, âɛmʿlāwisē hälɛmq!ɛsēd hămxˑ-
ʿīda. Wä, gˑîlʿɛmʿlāwisē gwāł haʿmāpɛxs läxˑdaʿxwaē ʿwiʿla qāsʿida.
300 Wä, laʿmē gˑalabaʿyē Qŭxˑɛlałē qaxs ʿnēkˑaē q!âlaxa ēkˑa t!ɛxˑîla.
Wä, hēʿmis lāgˑiłas ʿnēxˑsōʿ qaʿs hä t!ɛxˑbayē. Wä, âlaɛmʿlāwisē
ēkˑa t!ɛxˑîla la qâyasdaʿxᵘ. Wä, kˑ!ēsʿɛmʿlāwisē Lâla qaʿs nɛqālēxs
laē lāgˑaa läxa gˑōxᵘdäs Baxᵘbakwālanuxᵘsīwäxˑdē. Wä, laɛmʿlā-
wisē Nɛnwaqawaʿyē k!wāgˑalił läxa hēłk!ōtstâliłasa t!ɛxˑîlāsa
5 ʿwälasē gˑōkwa. Wä, hēɛmʿlāwis nɛnōloxʿwidayōs nâqaʿyasēxs laē
dōxʿwaLɛlaxēs gˑōkŭlotdäxs lādzekˑasaē xˑîłɛlaLɛla lax nɛqōstâwasa
lɛgwiłasa ʿwälasē gˑōkwa. Wä, laʿmē âlakˑ!ala la ts!ɛxˑîłēs nâqaʿyē
qaēs dōgŭlē. Wä, läʿlaē Qŭxˑɛlałē q!amxˑts!ēxēs ōmpaxs xŭlsaē.
Wä, gˑāxʿlaē Qŭxˑɛlałē läx k!waēlasas Nɛnwaqawaʿyē. Wä, läʿlaē
10 yāq!ɛgˑaʿla. Wā, läʿlaē ʿnēkˑa läxēs ōmpē: "ʿmadzōs xŭlyîma-
q!ōs," ʿnēxˑʿlaē. Wä, läʿlaē Nɛnwaqawaʿyē näʿnaxmēq. Wä,
läʿlaē ʿnēkˑɛq: "ĒsaēLɛn yōɛm ts!ɛnɛmsgˑîn nâqē yîxɛns gˑōkŭ-
lōtdēx," ʿnēxˑʿlaē. Wä, läʿlaē äxkˑ!ālē Qŭxˑɛlałaxēs ōmpē Nɛnwa-
qawaʿyē qa äxkˑ!ālēsēxēs yūdukwē bēbɛgwānɛm sāsɛm qa
15 äxʿaxɛlīsēxa bākwasdē qa yîpɛmlîłē nɛłnɛLɛła, ʿnēxˑʿlaē. Wä,
hēxˑʿidaɛmʿlāwisē Nɛnwaqawaʿyē äxkˑ!ālaxēs yūdukwē sāsɛma.
Wä, hēxˑʿidaɛmʿlāwisē yūdukwē sāsɛms äxaxɛlaxˑʿîdxa bākwasdē
qaʿs nɛłʿalēlēlēs yîpɛmlîła. Wä, gˑîlʿɛmlāwisē ʿwîlgˑalîłɛxs gˑāxaas
Qŭxˑɛlałē dālaxa ɛL!ɛxˑsɛmē tēxatsʿlēsa ʿmɛlxLowē. Wä, läʿlaē
20 ts!âs läxēs ōmpē. Wä, laʿlaē ʿnēka: "Wēgˑa xosɛlgɛntsgˑa

her father, and said, "Now sprinkle | the water of life over our tribes- 21
men!" Immediately | Nᴇnwaqawa sprinkled the dried bodies with
the water of life; | and when the water of life touched the dried
bodies, they sat up, | and rubbed their eyes with their hands, saying
that they had been asleep for a long time. Now, ‖ the whole tribe 25
of Nᴇnwaqawa had come back to life. | Nᴇnwaqawa felt glad after
this. Now, he took all the | masks and the red cedar-bark that were
in the various sacred rooms, | eleven of them; for each one had a
sacred room | except Rich-Woman, who had a sacred room together
with Cannibal-at-North-End-of-World. ‖ Now, Nᴇnwaqawa observed 30
everything in the | various sacred rooms; and Nᴇnwaqawa asked
his | tribesmen whom he had brought back to life to carry on their
backs the dressed elk-skins, | the masks, and the large amount of
dried goat-meat; | and they all went home, and Qux̣·ᴇlaɫ led ‖ her 35
father and his tribe. It was not yet | night when they came to the
house. Immediately | Qux̣·ᴇlaɫ told her father, Nᴇnwaqawa, to
give a winter dance, and that | her three elder brothers should dis-
appear. Powēdzid was to be Cannibal; and | his younger brother,
Aēk·!oqâ, was to be Grizzly-Bear-of-the-Door; and the youngest
son, ‖ Wāk·as, was to be Fire-Dancer; "and I shall be | Rich- 40
Woman; and you shall take the Healer-Dance | and the One-Who-
Presses-Down, for the place of those I named is always with the

---

q!ū́la‘stak· lāxᴇns g·ōkŭlotēx," ‘nēx·‘laē. Wä, hëx·‘idaᴇm‘lāwisē 21
Nᴇnwaqawa‘yē k!ŭngᴇʟᴇyíntsa q!ūla‘sta lāxa bākwasdē. Wä,
g·îl‘maaᴇl lag·aaʟᴇlaxa q!ūla‘sta lax bākwasdäxs laaᴇl k!wāg·alíɫa
qa‘s dzᴇdzᴇx·stowēsēs a‘yasō ‘nēk·ᴇxs g·aēlaē mēxa. Wä, laᴇm‘laē
‘wī‘la q!ūlāx·‘ida, yɪxa g·ōkŭlōtas Nᴇnwaqawa‘yē. Wä, la‘mē 25
ēx·‘idē nâqa‘yas Nᴇnwaqawa‘yē lāxēq. Wä, la‘mē äx·‘ēd ‘wī‘laxa
yäxᵘʟᴇnē ʟᴇ‘wa ʟ!ēʟ!agēkwē g·ēx·g·aēl lāxa ‘nāxwa ōgŭ‘qāɫa ɫēlᴇ-
‘mē‘lats!ēsa ‘nᴇmōgŭg·uwax ‘nāxwa‘maē ɫēlᴇ‘mē‘lats!ēnōkwa ōgŭ‘la
lāx Q!āminâgāsaxs ‘nᴇmaēs ɫᴇ‘mē‘lats!ē ʟō‘ Baxᵘbakwālanux̣ᵘsī-
wa‘yē. Wä, la‘mē Nᴇnwaqawa‘yē dōqwaɫax gwēx·gwaēlasasa 30
ōgŭqala ɫēlᴇ‘mē‘lats!ä. Wä, la‘mēsʟa äxk·!alē Nᴇnwaqawa‘yaxēs la
q!ūlāx·‘idamatsᴇ‘wēs g·ōkŭlotē qa ‘nâxwa‘mēsē ōxʟālaxa āɫāg·ímē
ʟᴇ‘wa yäxᵘʟᴇnē ʟō‘dzēk·asa q!ēnᴇmē x·ílkᵘ ‘mᴇlᴇ‘mᴇlq!ᴇga‘ya. Wä,
g·äxdzēk·as‘ᴇm‘laē ‘wī‘la nä‘nakwa. Wä, laᴇm‘xaē hēᴇm g·āɫag·i-
wa‘yē Qux̣·ᴇlaɫasēs ōmpē ʟᴇ‘wis g·ōkŭlotē. Wä, k·!ēs‘ᴇm‘lāwisē 35
gānoɫ‘ídᴇxs g·āxaē lāxēs g·ōkwē. Wä, hëx·‘idaᴇm‘lāwisē ‘nēk·ē
Qux̣·ᴇlaɫaxēs ōmpē Nᴇnwaqawa‘yē qa yäwix·‘îlēs qa x·ís‘ēdēs
‘nōlast!ᴇgᴇma‘yas yɪx Powēdzidē qa wŭg·ēs hāmats!a; wä, hē‘misē
ts!ā‘yasē Aēk·!oqâ qa wēg·ēs Nᴇnstāliɫa; wä, hē‘misē ămā‘yínxa‘yas
sāsᴇmasē Wāk·asē qa wäg·ēs Nōnɫtsē‘stāɫala. "Wä, nōgwa‘mēs qᴇn 40
wāg·i Q!āminâgâsa. Wä, hē‘misēs lāʟaōs äx·‘ētsōɫ qa Hayalik·ilaɫ
ʟᴇ‘wa ʟālaxwēla qaxs hē‘maē ‘nami‘lälotsa hāmats!ᴇn lax ʟēʟᴇqᴇ-

cannibal-dance." | Thus said Qŭx·ᴇlaɫ to her father, Nᴇnwaqawa.
45 Then | Nᴇnwaqawa accepted the advice of Qŭx·ᴇlaɫ, and || Nᴇnwaqawa called the chiefs to go into his | house late in the night. When all were in the house, | Nᴇnwaqawa spoke to the chiefs, and said, | "Thank you, chiefs! The reason why I called you is that you may know what has been said | by our daughter. She says that these
50 four ||—she and her brothers, and two others, six in all, | shall disappear; that always those go together in the cannibal-dance. That is the way of her | former husband, Cannibal-at-North-End-of-World." Thus he said. | Then P!āsᴇlaɫ spoke, for he had come to life again: "What | do you mean by your words, Nᴇnwaqawa?
55 Who is Cannibal-at-North-End-of-World, || and what killed him, and what is this your speech | that you should change the ʟᴇwᴇlaxa?" Thus he said. | Then Nᴇnwaqawa spoke again, and said, | "O chiefs! this pit back of you killed | Cannibal-at-North-End-of-World. Now,
60 our four children shall disappear || this night, and two of our nieces." Thus he said. Then the first | winter dance of the Sōmxōlīdᴇx" began that | night, and the six persons disappeared that night. Now, | Qŭx·ᴇlaɫ secretly advised her father, Nᴇnwaqawa, about the ways of the dance. | After (the six persons) had been away for four
65 months, they were captured. || And now Qŭx·ᴇlaɫ, the Rich-Woman,

---

43 lasᴇ'wa," 'nēx·'laē Qŭx·ᴇlalaxēs ōmpē Nᴇnwaqawa'yē. Wä, lā'laē âlaᴇl nᴇqa lāx nâqa'yas Nᴇnwaqawa'yē wäldᴇmas Qŭx·ᴇlalē. Wä,
45 lā'laē ʟē'lalē Nᴇnwaqawa'yaxa g·ĭg·ᴇgăma'yē qa g·āxēs 'wī'la lāx g·ōkwasēxa la gäla gănoʟa. Wä, g·īl'ᴇm'lāwisē g·āx 'wī'laēʟᴇxs laē yāq!ᴇg·a'lē Nᴇnwaqawa'yaxa g·ĭg·ᴇgăma'yē. Wä, lā'laē 'nēk·a: "Gēlak·as'la g·ĭg·ᴇgămē'; hēdᴇn ʟē'lalōʟ qa's q!alaōsaxg·a wäldᴇmg·asg·ĭn ts!ᴇdāqᴇk· xŭnōkwa, yĭxs 'nēk·ēk· qa x·ĭs'ēdēsōx 'wī'laxs
50 mōkwaēx ʟᴇ'wōs wĭwŭq!wax ʟō' ma'lōkwa ōgŭ'la laq", yĭxs q!āʟ!ōx"- ts!ēmasaē 'nāmi'lālotasa hāmats!ax·ʟā lāx gwēx·sdᴇmas lā- 'wŭnᴇmx·däsōx, yĭx Baxᵘbakwālanux"sīwēx·dē," 'nēx·'laē. Wä, lā'laē yaq!ᴇg·a'la yĭx P!āsᴇlalē qaxs ʟᴇ'maē q!ŭlāx·'ida: "'wäladzēs wäldᴇmas Nᴇnwaqawē' yĭx Baxᵘbakwālanux"sīwēx·dē 'nēk·aaqōs;
55 wä, 'mŭsē g·ayalasasē lāg·ĭlaōsx·dēxa. Wä, yōkwasō'mōs wäldᴇmēx. Wēg·a qᴇns ōgŭ'idēsōx lāxwa ʟᴇwᴇlaxax," 'nēx·'laē. Wä, lā'laē ēdzaqwa yāq!ᴇg·a'lē Nᴇnwaqawa'yē. Wä, la'laē 'nēk·a: "Yōɫ, g·ĭg·ᴇgămē', yō'ma kwa'wīlē lāxōs āʟalīlē g·āyalats Baxᵘbakwālanux"sīwēx·dä. Wä, la'mēsōx x·ĭs'ēdʟᴇns sāsᴇmēx mōkwaxwa
60 gănoʟēx ʟᴇ'wa ma'lōkwa lāxᴇns ʟōʟalēgasa," 'nēx·'laē. Wä, laᴇm'lāwisē g·ālabᴇnd ts!ēts!'ēx·'ēdē g·āläsa Sōmxōlīdᴇxwaxa gănoʟē, yĭxs laē x·ĭs'ĭdēda q!āʟ!ōkwaxa ganoʟē. Wä, la'mē âᴇm wunāla ʟēxs'alē Qŭx·ᴇlalaxēs ōmpē Nᴇnwaqawa'yē qa gwēg·i'lats. Wä, mōsgᴇmg·ĭla'laēxa 'mᴇkŭla x·ĭsālaxs laē k·ĭm'yasᴇ'wa. Wä,
65 laᴇm'laē Qŭx·ᴇlalēxa Q!āminâgāsē q!ᴇlᴇlaxa lâlēnoxwē g·ālag·ĭ-

carried in her arms a body, leading | the Cannibal. And the Tamer 66
went on the right-hand side of the Cannibal, | and the One-Who-
Presses-Down went on the left-hand side of the Cannibal, | following
the Rich-Woman, who was carrying the body in her arms; and the
same | was done by the Fire-Dancer and the Grizzly-Bear-of-the-
Door, who were following the Rich-Woman, ‖ for each of these four 70
eats part of the corpse,—that is, the Cannibal and the Rich-Woman |
and the Fire-Dancer and the Grizzly-Bear-of-the-Door. But | the
Tamer and the One-Who-Presses-Down do not eat of the corpse, they
sing their | sacred songs. And the Rich-Woman first comes into the
house; and she is | followed by the Cannibal and the two healers and
the ‖ One-Who-Presses-Down; then follows the Grizzly-Bear-of-the- 75
Door, and, last of all, the Fire-Dancer. | Then the Rich-Woman takes
off the head of the corpse and gives it | to the Cannibal; and the
Rich-Woman takes off the limbs of the corpse, | and gives one leg
each to the Grizzly-Bear-of-the-Door and the Fire-Dancer, | and she
takes off one arm and eats it. ‖ The Cannibal eats the whole head. 80
Then she takes the trunk of the | corpse with one arm on it, and (the
Cannibal) eats this. And | while they are eating, their songs are
sung; | and when all their songs have been sung, | they go each into
his sacred room. Only the Rich-Woman ‖ keeps with the Cannibal- 85
Dancer in the rear of the house. | The whole number danced for four

wēsa hāmats!a. Wä, lā‘laēda Hayalīk·ila hĕlk·!ōtagodalaxa hāma- 66
ts!a. Wä, lā‘laē ʟālaxwīla gᴇmxagodālaxa hāmats!āxs lālasgᴇ-
ma‘yaax Q!amināgăsaxs q!ᴇłᴇlaaxa lâlēnoxwē. Wä, hēᴇm‘lāwisē
gwēg·ilēda Nōnl̥tsē‘stālałē ʟᴇ‘wa Nᴇnstâlīłē lālasgᴇmēxa Q!amină-
găsē qaxs ‘năxwa‘maē lōl̥lała mōkwē, yīxa hāmats!a ʟᴇ‘wa Q!ami- 70
nāgăsē ʟᴇ‘wa Nᴇnstâlīłē ʟᴇ‘wa Nōnl̥tsē‘stālałē. Wä, la k·!ēs lōl̥lałē
Hayalīk·ila ʟōᶜ ʟālaxwīla, yīxs â‘maē hēmᴇndzaqūla yiyālaqŭlasēs
yīyālax"ʟᴇnē. Wä, hē‘misē Q!amināgăsē g·ālaᴇʟ lāxa g·ōkwē. Wä,
la lāsgᴇma‘ya hāmats!āq ʟᴇ‘wa ma‘lōkwē yīx Hayalīk·ila ʟōᶜ ʟāla-
xwīla. Wä, la laᴇʟē Nᴇnstâlīłē. Wä, la ᴇlxʟa‘ya Nōnl̥tsē‘stālałē. 75
Wä, la‘mē Q!amināgăsē ăxōdᴇx xᴇwēqwasa lâlēnoxwē qa‘s ts!ᴇwēs
lāxa hāmats!a. Wä, la ăxâla Q!amināgăsaxa ʟasʟalāsa lâlēnoxwē
qa‘s ts!awanaqēxa Nᴇnstâlīłē ʟᴇ‘wa Nōnl̥tsē‘stālałasa g·ōg·ᴇgŭyowē.
Wä, lā‘laē ăxōdxa ăpsōłtsᴇyap!a‘yē qa‘s hămx·‘īdēq. Wä, lā‘laē
‘wī‘lēda hāmats!axa xᴇwēqwaxs laē ēt!ēd ăx‘ēdxa bŭx"sâsa lâlē- 80
noxwē ăxâłaatsa ăpsōłts!āna‘yē qa‘s hămx·‘īdēq. Wä, g·īlᴇm‘lāwisē
‘wī‘lax·da‘x"xēs ha‘mā‘yaxs laē q!ᴇmt!ēdayowē q!ᴇmq!ᴇmdᴇmas.
Wä, g·īl‘ᴇm‘lāwisē ‘wī‘la q!ᴇmt!ēdayowē q!ᴇmq!ᴇmdᴇmas laaᴇl
hōx"ts!â lāxēs âlogŭgēłē łēłᴇ‘mē‘łats!ā. Lēx·a‘mē Q!amināgăsē
q!ap!aēl ʟᴇ‘wa hāmats!a lāxa nᴇqēwalīłasa g·ōkwē. Wä, la‘mē 85
mōxsa gănoʟē yīx"dᴇmas lāxēs ‘wăxaasē. Wä, g·īl‘mēsō yūdux"-

87 nights; and after they had danced for | three nights, and when night
came again, then | the Cannibal danced first; and after they had
90 sung three of | his songs, he went into his sacred room, and ‖ immedi-
ately the beak of the head-mask of Raven-at-North-End-of-World was
snapping. | And while the beak was snapping, the Tamer and | the
One-Who-Presses-Down sang their sacred songs inside of the sacred
room at each side | of the house. Now they sang for the dance (of the
Raven). | And when he came to the door of the house, the Hoxᵘhokᵘ-
95 of-the-Sky ‖ came out of his sacred room, and danced with the same
song that was used by | Raven-at-North-End-of-World. When
Raven-at-North-End-of-World | came to the rear of the house,
Hoxᵘhokᵘ-of-the-Sky went to the door, | and Crooked-Beak-of-the-
Sky came out of the sacred room and danced; | and Raven-at-North-
400 End-of-World went into the sacred room, ‖ and Hoxᵘhokᵘ-of-the-Sky
went to the rear. And then | Crooked-Beak-of-the-Sky went to
the door and danced, and then Hoxᵘhokᵘ-of-the-Sky went into | the
sacred room. And then Crooked-Beak-of-the-Sky went to the rear of
the house | and danced, and went into the sacred room. Then | the
Cannibal came, danced around the fire in the middle of the house, and
5 went back into his ‖ sacred room naked. The song-leaders had not
been singing his songs for a long time, | when he came dancing out of
his room. Now he | wore a blanket of black-bear skin, and plaited

---

87 p!ɛnxwaᵋsa gānoʟē yîxᵘdɛms, wä, la ēt!ēd gānolᵋida laē hē gˑîl
yîxᵋwīdēda hāmats!a. Wä, gˑîlᵋmēsē yŭduxᵘsɛmē q!ɛmt!ēdayâq
lāxēs q!ɛmq!ɛmdɛmaxs laē lats!ălîl lāxēs lɛᵋmēᵋlats!ē. Wä, hēxˑᵋi-
90 daɛmᵋlāwisē qɛmk!ŭgˑaᵈlēda hamsīwaᵋyēxa Gwāxᵘgwaxwālanuxᵘsī-
waᵋyē. Wä, lā ᵋnɛmxˑᵋîdaɛm qɛmk!ŭgˑal ʟɛᵋwa Hayalîkˑila ʟōᵋ
ʟălaxwîlāxs laē yēyalaqŭla lāx ēōts!āwasēs lēlɛᵋmēᵋlats!ē lāx ᵋwāxˑsē-
gwîlasa gˑōkwē. Wä, laᵋmē q!ɛmt!ētsōs q!ɛmdɛmas. Wä, gˑîl-
ᵋmēsē laᵋstōlîla lāxa t!ɛxˑîlāxs gˑāxaē gˑāxᵋwŭlts!ălîl Hōxᵘhogwäx-
95 tɛᵋwē lāxa lɛᵋmēᵋlats!ē. Wä, laᵋmē yîxwas yūᵋmasa gˑalōîts!ălîlē
Ĝwāxᵘgwaxwālanuxᵘsīwaᵋyē. Wä, gˑîlᵋmēsē la Ĝwāxᵘgwaxwālanuxᵘ-
sīwaᵋyē lāxa ōgwiwalîlē laasē Hōxᵘhogwäxtɛᵋwē lāxa t!ɛxˑîla. Wä,
gˑāxē gˑāxᵋwŭlts!ălîlē Ĝɛlōgŭdzâᵋyē lāxa lɛᵋmēᵋlats!ē qaᵋs yîxᵋwîdē.
Wä, lā lats!ălîlē (iwāxᵘgwaxwālanuxᵘsīwaᵋyē lāxa lɛᵋmēᵋlats!ē. Wä,
400 lāgˑɛolîlē Hōxᵘhogwäxtɛᵋwē lāxa ōgwiwalîlē. Wä, la lastolîlē Ĝɛlō-
gŭdzâ lāxa t!ɛxˑîla qaᵋs yîxᵋwîdē. Wä, la lats!ălîlē Hōxᵘhogwäxtɛᵋwē
lāxa lɛᵋmēᵋlats!ē. Wä, lā lāgˑɛyolîlē Ĝɛlōgŭdzâᵋyē lāxa ōgwiwalîlē
qaᵋs yîxᵋwîdē. Wä, lā lats!ălîl lāxa lɛᵋmēᵋlats!ē. Wä, gˑāxēda
hāmats!a lāᵋstalîlɛlaxa laqawalîlē qaᵋs lē xwēlaxts!ă lāxēs lɛmē-
5 ᵋlats!ē lāxēs xaᵋnalaē. Wä, kˑ!ēsē gălaxs laē dᴇnxᵋîdēda nēnâgadās
q!ɛmdɛmas. Wä, gˑāxē yîxᵋwŭlts!ălîlɛlaxēs lɛᵋmēᵋlats!ē. Wä, laᵋmē
ᵋnɛxᵋŭnālaxa ʟ!ăᵋyē la kˑ!ɛdɛdzewakᵘ ʟ!āgɛkwē ăwēᵋstäs. Wä, lā

cedar-bark around it; | and he wore a neck-ring of red cedar-bark; 8
and his head-ring | consisted of three parts, one on top of the other;
and he wore a mask named Tooth-Mask — ‖ it has an open mouth 10
like the head of a dog, with large teeth — | and this is in front of the
head-ring. Under (the dog-head) is the face of a | man, which is on
the lower jaw of what looks like the head of a dog; | and on each side
is a man's skull; and behind, in the nape of the neck, | there is a
skull. And the Cannibal dances around the fire once, ‖ and goes into 15
his sacred room of red cedar-bark; | and when he goes into his sacred
room, the Rich-Woman shouts, "Hai hai!" | Then the song-leaders
sing her song, and she comes dancing out of | the sacred room of red
cedar-bark. Her head-ring is red and white mixed, | and also her
neck-ring, and she wears a blanket of black-bear skin ‖ while she is 20
dancing around the fire in the middle of the house. And after she
has finished | dancing with two songs, she cries, "Hai hai hai!" looking upward. | Then a great round rattle comes through the roof of
the house; | and when it falls to the floor, Rich-Woman takes hold of
it and swings it, | and sings her sacred song, which she sings to quiet
herself; and ‖ when her sacred song is at an end, she puts down her 25
great rattle, which immediately | goes up through the roof of the
house. Then | the song-leaders sing her other song; | and when the
song is at an end, she goes into the sacred room of red cedar-bark. |

qEnxâlaxa ʟEkwē qEnxawē ʟ!āgekwa. Wä, la qEx·Emālaxa hăyū- 8
duxᵘts!aqâʟa lēElx·ᴇn ʟ!āgekwa. Hēᴇm ʟēgadᴇs g·ĭk·anagᴇmlē,
yĭxs ăxâʟaēda ăqāʟäs sᴇms hē gwēx·s x·ōmtsōx ʻwats!ē ăwāwēs g·ĭg·ĭ 10
lāx nᴇqēwaʻyasa qEx·Emaʻyē. Wä, la ăxabâya gōgŭmaʻyasa bᴇ-
gwânᴇmē lāx ōxʟasx·äʻyasa hē gwēx·s x·ōmtsōx ʻwats!ēx. Wä, la
ʻwäx·sanōʟᴇmālaxa xᴇwēqwasa bᴇgwânᴇmē. Wä, lā ăxap!ālaxa
ʻnᴇmē xᴇwēqwa. Wä, âʻmēsēda hāmats!a ʻnᴇmp!ēnēʻstalīlxa laqa-
walīʻlaxs yĭxwanxs laē lats!âlĭʟ lāxēs ʟᴇmēʻlats!ē ʟ!āʟ!agekwä. Wä, 15
g·ĭlʻmēsē lats!âlĭʟ lāxēs ʟᴇmēʻlats!äxs laē huihaixēda Q!āminâgāsē.
Wä, lū dᴇnxʻēdēda nēnâgadäs q!ᴇmdᴇmas. Wä, g·āxē yĭx̱ʻwŭʻts!â-
lĭʟᴇla laxa ʟ!āgᴇkumē ʟᴇmēʻlats!ē. Wä, laʻmē ʟᴇkᵘ ʻmᴇlmaqᴇlē
qEx·Emaʻyas ʟᴇwēs qEnxawaʻyas. Wä, laᴇmxaē ʟ!ayē ʻnᴇxʻŭna-
ʻyas laē yĭxwa läʻstalīʻtᴇlaxa laqawalīlē. Wä, g·ĭlʻmēsē gwāl yĭ- 20
xwasa maʻĭtsᴇmē q!ᴇmq!ᴇmdᴇmxs laē haihaihaixa ēk·!ᴇgᴇmâʟa.
Wä, g·āxēda ʻwālasē lōxsᴇm yadᴇn tēx̱ᵘsâ lāx sälāsa g·ōkwē.
G·ĭlʻmēsē g·āxʻalīʻlᴇxs laē Q!āminâgāsē dāx·ʻīdᴇq qaʻs yat!ēdēsēxs
laē yälaqwasēs q!ōlēx·sʻᴇm yâlayo yälaxᵘʟᴇna. Wä, g·ĭlʻmēsē
q!ōlbē yälaqŭlayâs laē g·īg·alīʻlasa ʻwālasē yadᴇna. Wä, hēx·ʻi- 25
daʻmēsa yadᴇnē la ēk·!ēʻsta qaʻs lä lax·sû lāxa sälāsa g·ōkwē. Wä,
laʻmē ēt!ēd dᴇnxʻīdēda nēnâgadas waōkwē q!ᴇmdᴇms. Wä,
g·ĭlʻmēsē q!ōlba q!ᴇmdᴇmas laē lats!âlĭʟ lāxa ʟ!āgᴇkumē ʟᴇʻmēʻlats!ä.

And then Grizzly-Bear-of-the-Door cries "Nān nān nān ha ha ha!"
30 inside of the ‖ sacred room at the right-hand side of the door, and his
two whistles sound. | Then the song-leaders sing his song, and he
comes dancing out | of the sacred room. The palms of his hands are
held downward as he dances, going around | the fire in the middle of
the house. And he stretches out his hands and his feet in the way the
Cannibal-Dancer does, | and he does everything in the way of the
35 Cannibal-Dancer, also with his ‖ mouth. And he has tied to his
head red cedar-bark mixed with white. His neck-ring is not | thick,
red mixed with white. And after | four songs have been sung, he
goes into his sacred room. | Then the Fire-Dancer shouts, "Wai wai
wai!" inside the | sacred room, half way back to the rear of the left-
40 hand side of the house. ‖ Immediately the song-leaders sing his song,
and he comes in a | squatting position backward out of the sacred
room, and | goes around the fire in the middle of the house. Then he
turns his face towards the fire, | stretches out his hands, trembling as
though he wanted to take fire. When | the song is at an end, he
45 cries, "Wai wai wai!" and at the same time his ‖ two whistles sound.
Then he takes | fire-brands and throws them about; and he does not
stop until | the fire of the house is extinguished. | He does this, being
naked, and | his cedar-bark head-ring and neck-ring are not thick. ‖
50 Then he goes back into his sacred room. Then they build up | the

---

Wä, lä nān nān nān hahahaxēda Nɛnstâlīlē lāx ōts!âwasēs lɛ‘mē-
30 ‘lats!ē lāx hēḵ·!ōtstâlīlasa t!ɛx·tlā hēk·!ālēs ma‘ltsɛmē mɛdzēsa.
Wä, lä dɛnx‘īdēda nenâgadäs q!ɛmdɛmas. Wä, g·āxē yix‘wults!â-
līlɛla lāxēs lɛmē‘lats!ē haēqwalēs ē‘eyasowaxs yixwaē lä‘stalīlɛlaxa
laqawalīlē. Wä, sālasēs a‘yasowē hē gwālēda hāmats!ā lɛ‘wis
g·ōgŭyuwē. Hēɛm gwēg·ilē gwēg·ilasasa hāmats!äx yixwaē ḷō‘
35 sɛmsas. Wä, lä mōgŭxlālaxa ‘mɛlmaqɛla l!āgɛkwa. Wä, lä k·!ēs
ḷɛkwē qɛnxāwa‘yas ‘mɛlmaqɛla l!āgɛkwa. Wä, g·īl‘mēsē ‘wī‘la
dɛnx‘ēdayowē mōsgɛmē q!ɛmq!ɛmdɛms laē lats!ālīl lāxēs lɛ‘mē‘la-
ts!ē. Wä, lä waiwaiwaixēda Nonltsē‘stālalē lax ōts!â‘wasēs
lɛmē‘lats!ē laxa nɛgōyâlīlasa gɛmxodoyâlīlasa g·ōkwē. Wä, lä
40 hēx·‘ida‘ma nēnâgadē dɛnx‘its q!ɛmdɛmas. Wä, g·āxē k!wa-
‘nakŭlaxs g·āxaē k·!ax·‘wults!âlīlɛla laxēs lɛ‘mē‘lats!ē. Wä, lä lä-
‘stalīlɛlaxa laqawalīlaxs laē l!āsgɛmx·‘īd lāxa laqawalīlē
sālasēs ‘wāx·sōlts!āna‘yē o‘eyasâ xŭlēqŭla dādaalaxa lɛgwīlē. Wä.
g·īl‘mēsē q!ŭlba q!ɛmdɛmas laē waiwaiwaixa ‘nɛmāk·!āla
45 lɛ‘wis ma‘ltsɛmē mɛdzēsɛxs hēk·!ālaē. Wä, la‘mē dāx·‘īdxa
x·ix·ɛxɛnāla lɛqwa qa‘s ts!ɛqɛmē‘stālēq. Wä, al‘mēsē gwālɛxs
laē ālax·‘īd k·!ɛlx·‘īdēda laqawalīlasa g·ōkwē. Wä, g·īl-
‘mēsē gwāł lāxēs gwālag·tlī‘lasē lāxēs xanālaē. Wä, la‘mē
‘nāxwa l!āgɛkwa k·!ēsē ḷɛkᵘ qɛx·‘īmēs lɛ‘wis qɛnxāwa‘yē.
50 Wä, la‘me xwēlaxts!ālīl lāxēs lɛ‘mē‘lats!ē. Wä, lä lɛlqōx‘wī-

fire in the middle of the house. And after this has been done, the 51
Fire-Dancer | cries again, "Wai wai wai!" inside the sacred room,
and | the song-leaders sing his song. Now he comes dancing | out
of his sacred room, standing upright, and wearing a black-bear skin;
and after ‖ they have sung his four songs, he goes into his | sacred 55
room. Then the Tamer sings his sacred song | inside of the sacred
room back of the middle of the house, on the left-hand side; | and
immediately the song-leaders sing her songs. Then she comes |
dancing out of her sacred room. She dances around the ‖ fire in the 60
middle of the house. Her neck-ring is of red cedar-bark, of medium
size; | and her head-ring is of broad and thin red cedar-bark. After
her | two songs have been sung, she goes back into her sacred room. |
Then the One-Who-Presses-Down sings her sacred song in her sacred
room, which is back from the middle of the door, | on the right-hand
side of the house. Immediately the song-leaders sing ‖ her sacred 65
song, and she comes out. Her | left hand is held flat over her eyes,
and with her right hand she feels of the | floor of the house. Now she
dances around the fire in the middle of the house, | and continues
singing aloud her sacred song as she is dancing. After | they have
sung her two songs, she goes back into her sacred room. ‖ Her red 70
cedar-bark head-ring and | neck-ring are very thin. |

tsɛ'wēda laqawalilē. Wä, g·il'mēsē gwāłɛxs laē Nōnltsē'stālalē 51
ēdzaqwa waiwaiwaixa lāx ōts!âwasēs łɛ'mē'lats!ē. Wä, lä dɛnx-
'ēdēda nenâgadās q!ɛmdɛmas. Wä, la'mē Lāx'wālaxs g·āxaē yix-
'wūlts!âlilɛla lāxēs łɛ'mē'lats!ē 'nɛx'ūnālaxa L!āyē. Wä, g·il'mēsē
'wi'la dɛnx'ēdayowē mōsgɛmē q!ɛmq!ɛmdɛms laē la·s!âlił lāxēs 55
łɛ'mē'lats!ē. Wä, la'mē yālaqwē Hayalik·ilasēs yālax"Lɛnē lāx
ōts!âwasēs łɛ'mē'lats!ē lāxa nɛlk·!odoyâlīlasa gɛmxōtēwalīlasa g·ō-
kwē. Wä, hɛx·'īda'mēsa nēnâgadē dɛnx'īts q!ɛmdɛmas. Wä, g·āxē
yix'wūlts!âlilɛla laxēs łɛ'mē'lats!ē. Wä, la'mē yix"sē'stalīlɛlaxa laqa-
walilē. Wä, laɛm hēlag·itē qɛnxāwa'yas L!āgɛkwa. Wä, la 'wādzō 60
pɛldzowē qɛx'ɛma'ya L!āgɛkwa. Wä, g·il'mēsē 'wi'la dɛnx'īdayowē
ma'łtsɛmē q!ɛmq!ɛmdɛms laē xwēlaqa lats!âxēs łɛ'mē'lats!ē. Wä,
lä yālaqwē Lalaxwīla lāx ōts!âwasēs łɛ'mē'lats!ē lāx nɛlk·!ōdoyâlīlasa
hełk·!ōtēwalīlasa g·ōkwē. Wä, hɛx·'īda'mēsa nēnâgadē dɛnx'īts
yālaqŭlayâs Lālaxwīla. Wä, g·āxē Lōxstɛwēxēs gēgɛyagɛsasēs gɛm- 65
xōlts!āna'yē a'yasō. Wä, lä p!ēxwasēs hełk·!ōlts!āna'yē lāxa ā'wī-
nagwīlasa g·ōkwē. Wä, la'mē yix"sē'stalīlɛlaxa laqawalīlasa g·ōkwē
lāxēs hēmɛnała'maē hāsɛla yālaqŭlaxs yixwaē. Wä, g·il'mēsē
'wi'la dɛnx'ēdayowēda ma'łtsɛmē q!ɛmq!ɛmdɛms laē lats!âxēs
łɛ'mē'lats!ē. Wä, laɛm Lōmax·'īd wīłē qɛnxāwa'yas L!āgɛkwa 70
Lɛ'wis qɛx'ɛma'yē L!āgɛkwa.

73   For four winters they danced four times | each winter; and after
the four winters were over, | they burnt the masks, and the sacred
75 rooms, ‖ and the cannibal-pole, and the black-bear skin blankets. |
They kept the head-rings and neck-rings of red cedar-bark. | That is
the end of the story. |

1   The front of the sacred room of Cannibal-at-North-End-of-World
and | Rich-Woman is covered over its whole width with red cedar-
bark. | It stands in the middle of the rear of the house. The cannibal-
pole reaches through the roof of the | house, and stands in front of the
5 sacred room of ‖ Cannibal-at-North-End-of-World and Rich-Woman. |
The front of the sacred room of Raven-at-North-End-of-World is
made | of broad, short boards; and it is painted with the whole body
of a raven. | It stands at the left-hand side[1] of the door of the house;
for it is said that | Raven-at-North-End-of-World first picks out the
10 eyes of the food obtained by ‖ Cannibal-at-North-End-of-World when
he comes in carrying in his arms the food he obtained, for | Raven-at-
North-End-of-World eats only the eyes of | all animals and men
caught by Cannibal-at-North-End-of-World. | Therefore his sacred
room is near | the door. ‖

15   The front of the room of Hōxᵘhokᵘ-of-the-Sky is made of | broad,
short boards; and the painting on the front is the body of the

72   Wä, lāᵋlaē mŏxᵋûnxēlaxa tsʼäwŭnxē maēmŏpʼEna kwēxElasE-
ᵋwaxa ᵋnāʼnEmxEnxō tsʼäwŭnxa. Wä, g·îlᵋmēsē gwäla mŏxᵋûnxē
tsʼäwûnxāxs laē ᵋwīᵋla lEqwēlasEᵋwēda hēhämsīwaᵋyē ʟEᵋwa lēʟEmē-
75 ᵋlatsʼē ʟEᵋwa hämspʼēqē ʟEᵋwa ʟʼēʟʼEntsEmē ᵋnaEnxᵋûnaᵋya. Wä,
läʟa axēlaxēs qēqExᵋEmaᵋyē ʟʼēʟʼägEkwa ʟEᵋwis qēqEnxäwaᵋyē ʟʼē-
ʟʼägEkwa. Wä, laEm läbaxa nūyămē.

1   Wä, hēᵋmaē māwiʟas lEᵋmēᵋlatsʼläs Baxᵘbakwälanuxᵘsīwaᵋyē ʟōᵋ
Qʼämînâgäsexs âᵋmaē ᵋnäxwaEm ʟʼägEkwa, yîx ᵋwädzEqEmasas yîx
häē äxēla naqōʟēwalîtē. Wä, la ʟaxᵋsâlē hämspʼēqᵤs läxa sälasa
g·ōkwē, yîxs ʟaēlaē läx ʟʼäsaliʟasa mawiʟasa lEᵋmēᵋlatsʼläs Baxᵘba-
5 kwälanuxᵘsīwaᵋyē ʟōᵋ Qʼämînâgäsē.

Wä, hēᵋmis māwiʟas lEᵋmēᵋlatsʼläs Gwāxᵘgwaxwälanuxᵘsīwaᵋyē, yîxs
ᵋwadzāē tsʼätsʼaxᵘsama. Wä, la kʼadEdzâlaxa sEnäla gwaᵋwīᵋna
läx gEmxōtsâlîtas tʼExʼîläsa g·ōkwē qaxs hēᵋmaälaē Gwāxᵘgwaxwä-
lanuxᵘsīwaᵋyē g·îl ʟEnîtōdEx gēgEᵋyagEsasa haᵋmōʟänEmas Baxᵘba-
10 kwälanuxᵘsīwaᵋyaxs g·äxaē qʼElElaxēs haᵋmōʟänEmē qaxs lēxᵋa-
ᵋmaaEl haᵋmas Gwāxᵘgwaxwälanuxᵘsīwaᵋya gēgEbElōxstâᵋyasa ᵋnä-
xwax·g·îlg·aōms ʟEᵋwa bEgwänEmē haᵋmēkʼEyalänEms Baxᵘbakwä-
lanuxᵘsīwaᵋyē. Wä, hēᵋmis läg·îlas hē la lEᵋmēᵋlatsʼläsēxa maxᵋstâ-
ᵋyasa tʼExᵋîla.

15   Wä, hēᵋmisē māwiʟas lEᵋmēᵋlatsʼläs HōxᵘhogwäxtEᵋwē, yîxs âᵋmaē
ᵋwadzō tsʼätsʼaxᵘsEma. Wä, lä k·adEdzâlaxa sEnäla hōxᵘhokwa, yîxs

_____
[1] Right and left in these descriptions are determined by one standing in the doorway and looking
toward the rear of the house. The water of life is in the right rear corner.

Hōx̣ᵘhokᵘ. | The sacred room of the Hōx̣ᵘhokᵘ-of-the-Sky is at the 17
right-hand side | of the sacred room of Cannibal-at-North-End-of-
World, for he uses the | cannibal head-mask. ||
The sacred room of Crooked-Beak-of-Heaven is made of | broad, 20
short boards; and the painting on it is the body of Crooked-Beak-of-
Heaven. | The sacred room of Crooked-Beak-of-Heaven is placed at
the left-hand side | of the sacred room of Cannibal-at-North-End-of-
World, for he uses the cannibal head-mask. |
The front of the sacred room of Grizzly-Bear-of-the-Door is made
of || broad, short boards; and the painting on it is a man with | 25
grizzly-bear paws for hands. The claws are very long. | The sacred
room of Grizzly-Bear-of-the-Door is at the right-hand side of the
door of the | house. |
The sacred room of Fire-Dancer is just made of || short, broad 30
boards; and the painting on it is the kingfisher. | The sacred room
of the Fire-Dancer is in the middle of the left-hand side | of the
house. |
The sacred room of the Beggar-Dancer is made of broad, | short
boards; and the painting on it is a man with a || raven on each side. 35
The sacred room of the | Begging-Dancer is placed in the middle of
the right-hand side of the house. |

---

häē äxēlē māwiłas łɛmēʻlats!äs Hōx̣ᵘhogwäxtɛwaʻyaʼ hełk·!ōdɛnōlɛ- 17
maliłas mawiłas łɛʻmēʻlats!äs Bax̣ᵘbakwālanux̣ᵘsīwaʻyē qaxs hēʻmaē
hämsīwēsē.
Wä, hēʻmisē māwiłas łɛʻmēʻlats!äs Gɛlōgŭdzâʻyē, yīxs âʻmaē ʻwadzâ 20
ts!āts!ax̣ᵘsɛma. Wä, la k·!ādɛdzâlaxa sɛnāla Gɛlōgŭdzâʻya, yīxs
häē äxēla māwiłē łɛʻmēʻlats!äs Gɛlōgŭdzâʻyē gɛmxanōlɛmaliłas mā-
wiłas łɛmēʻlats!äs Bax̣ᵘbakwālanux̣ᵘsīwaʻyē qaxs hēʻmaē hämsīwēsē.
Wä, hēʻmisē māwiłas łɛʻmēʻlats!äs Nɛnstâlilē. Wä, laɛmxaē
ʻwadzō ts!āts!ax̣ᵘsɛma. Wä, la k·!adɛdzâlaxa bɛgwānɛmē. Wä, la 25
lɛgayọsa nanēs eʻeyasōwē. Wä, la âla g·ʻilsg·ʻilt!ēs gegäts!ɛmē, yīxs
häēäxēlē māwiłas łɛʻmēʻlats!äs Nɛnstâlila hełk·!ōtstâlilasa t!ɛx·ʻilāsa
g·ōkwē.
Wä, hēʻmisē māwiłas łɛʻmēʻlats!äs Nōniltsēʻstālalē, yīxs âʻmaē ʻwa-
dzō ts!āts!ax̣ᵘsɛma. Wä, lä k·!adɛdzâlaxa k·!ɛdɛlāwē, yīxs häē 30
äxēlē māwiłas łɛʻmēʻlats!äs Nōniltsēʻstālala nɛgōyâlīlasa gɛmxōdoyâ-
līlasa g·ōkwē.
Wä, hēʻmisē māwiłas łɛmēʻlats!äs Q!wēq!wasɛlalē, yīxs ʻwadzâē
ts!āts!ax̣ᵘsɛma. Wä, la k·!adɛdzâlaxa bɛgwānɛmē. Wä, lä wäx·-
sanōlɛmālaxa gwägŭʻwīʻna yīxs häē äxēlē māwiłas łɛʻmēʻlats!äs 35
Q!wēq!wasɛlala nɛgoyâlīlasa hełk·!ōdoyâlīlasa g·ōkwē.

37　The sacred room of the Tamer is made of pure | hemlock-branches, and nothing else. The sacred room of the Tamer | is placed back of the middle of the left-hand side of the house. ‖
40　The sacred room of the One-Who-Presses-Down is made of short, broad boards; | and on it hangs a great neck-ring of red cedar-bark, | one fathom across, and four | spans thick. The | sacred room of One-Who-Presses-Down is placed back of the middle of the right-
45　hand side of the ‖ house. |
The sacred room of Copper-Sound-Woman is made of broad, | short boards; and the painting on it is the moon, with a great | frog inside. It is placed in front of the left-hand side of the | house. ‖
50　The sacred room of the Māmaq!a is made of short, broad boards; | red cedar-bark is spread over it, and a human figure | of hemlock-branches stands on it. It is placed in | front of the middle of the right-hand side of the house. | That is all about this. ‖
55　The song sung by Nᴇnwaqawē before he told the story to make | Cannibal-at-North-End-of-World sleep: |—
"I wonder what story should I tell you, my grandchildren! Maybe it will be this, | about the one who walked about under the trees of the mountain with a cloud hanging half way up on it." |

37　Wä, hē‘misē māwilas ɪᴇ‘mē‘lats!äs Hayalik·ila, yĭxs â‘maē sayŏqᵘ q!wäxa, k·!eâs ŏgŭ‘la lâq, yĭxs häē äxĕlē māwilas ɪᴇ‘mē‘lats!äs Haya-lik·ilē ‘nᴇlk·!ŏdoyâlīlasa gᴇmxŏdoyâlīlasa g·ŏkwē.
40　Wä, hē‘misē māwilas ɪᴇ‘mē‘lats!äs Lālaxwīla, yĭxs wadzâē ts!ā-ts!axᵘsᴇma. Wä, la tēgŭdzâya ‘wälasē qᴇnxawē ʟ!âgᴇkᵘ laq. ‘nᴇm-p!ᴇnk· läxᴇns bāʟax yĭx ‘wādzᴇqawīlasas. Wä,lā‘laē mŏp!ᴇnx·sē‘sta läxᴇns q!wäq!wax·ts!āna‘yē yĭx ‘wäg·idasas. Wä, lä häē äxĕlē mā-wilas ɪᴇ‘mē‘lats!äs Lālaxwīla ‘nᴇlk·!ŏdoyâlīlasa hĕlk·!ŏdoyâlīlasa g·ŏ-
45　kwē.
Wä, hē‘misē māwilas ɪᴇ‘mē‘lats!äs ʟ!āqwak·!ālaga, yĭxs ‘wadzâē ts!ats!axᵘsᴇma. Wä, lä k·!ādᴇdzâlaxa ‘mᴇkŭla. Wä, lä ‘wälas wŭq!äsē ŏts!âwas, yĭxs häē äxĕla gwak·!ŏdŏyâlīlasa gᴇmxanēgwīlasa g·ŏkwē.
50　Wä, hē‘misē māwilas ɪᴇ‘mē‘lats!äsa Māmaq!a, yĭxs wadzâē ts!ā-ts!axᵘsᴇma. Wä,la ʟᴇbᴇdzŏya ʟ!âgᴇkwē lâq. Wä, lä bᴇkwē‘lakwa q!wäxē la ʟâdzewĕq, yĭxs häē äxĕla māwilē ɪᴇ‘mē‘lats!äs gwak·!ŏdo-yâlīlasa hĕlk·!ŏtstâlīlasa g·ŏkwē.
Wä, laᴇm ‘wī‘la läxēq.
55　Nᴇnwaqa‘wē q!ᴇmdᴇmxs k·!ēs‘maē nŏs‘īd qa mēx‘ēdēs Baxᵘba-kwālanuxᵘsīwē‘:—
"‘māsʟexanŏsxa nŏyaml qantsŏ ts!ŏxᵘʟᴇmaŏ. Hēᴇmʟētsxanŏs aaēyŏkŭlsᴇlaxē ʟaŏts q!ŏq!wasax ᴇngwäla läx q!ŏyᴇwa‘yasēa."

What the Āwīk·!ēnoxᵘ people say is very difficult; for they do not ‖ tell the same thing about the numaym of Nɛnwaqawa, for they all | claim that he belongs to their ancestors. Some of the chiefs | of the Āwīk·!ēnoxᵘ claim that he belongs to the Ts!ɛyōgwīmoxwēʻ; and | other chiefs say that he belongs to the numaym Sōmxōlīdɛxᵘ; | and one of them, who I think speaks the truth, ‖ said that he belonged to the Sōmxōlīdɛxᵘ, and he said that the numaym | of the father of the wife of Nɛnwaqawa were the Ts!ɛyōgwīmoxwēʻ. | I think it is true what he said. The first name of the wife of | Nɛnwaqawa was T!ɛnēg·a. This means | "the door in the rear of the dancing-house." Later on she was called K·anēlk·as. ‖ And the name of the eldest of the sons of Nɛnwaqawa was | Tɛwīx·ɛmē before he met Cannibal-at-North-End-of-World; and when | Cannibal was dead, his name was Q!ōmoyūʟē; and | afterwards his name was Powēdzid; and when Powēdzīd came to be a chief, | his chief-name was Q!ōmoyūʟē. The ‖ first name of the younger brother of Tɛwīx·ɛmē is not known: he was called Aēk·!oqâ. The | name of the youngest brother of the three is known: his | first name was Gūna before he met Cannibal-at-North-End-of-World, | and afterwards his name was Wāk·as. When | the two elder brothers became chiefs, his name

G·aɛm łaxwāla wāłdɛmsa Āwīk·!ēnoxwē, yīxs k·!eâsaē nɛqâłas wāłdɛmas qa ʻnɛʻmēmots Nɛnwaqawaʻyē, qaxs ʻnāxwaʻmaē łēnɛ- 60 mapla qaʻs g·īlnōkwēs. Wä, hēʻmis lāg·iłas ʻnēk·ēda waōkwē g·īgɛgā- mēsa Āwīk·!ēnoxwaqēxs Ts!ɛyōgwīmoxwaē. Wä, la ʻnēk·ēda ʻnɛmō- kwē g·īgāmēqēxs Sōmxōlīdɛxwaē ʻnɛʻmēmotas Nɛnwaqawaʻyē. Wä, ʻnɛmōxᵘʻmēsɛn k·ōdɛłē ālēs wāłdɛm g·āxɛnʟasa bɛgwānɛma, yīxs ʻnēk·aaqēxs Sōmxōlīdɛxwaē ʻnɛʻmēmotas Nɛnwaqawaʻyē. Wä, lā- 65 ʻlaē Ts!ɛyōgwīmoxwē ʻnɛʻmēmotas ōmpas gɛnɛmas Nɛnwaqawē Wä, lɛn ʻnēk·ɛx āla wāłdɛmas. Wä, g·aʻmēs ʟēgɛm g·īls gɛnɛmas Nɛnwaqawaʻyē T!ɛnēg·a, yīxs hāē gwēbałaatsa ʟēgɛmē t!ɛnē- g·aʻyasa ts!āgats!ē g·ōkwa. Wä, āłʻmēsē ʟēgadɛx·ʻīts K·anēlk·asē. Wä, lāʻlaē ʟēgadē ʻnōlast!ɛgɛmaʻyas sāsɛmas Nɛnwaqawaʻyas Tɛwī- 70 x·ɛmē, yīxs k·!ēsʻmaē bāk·ō ʟōʻ Baxᵘbakwālanuxᵘsīwaʻyē. Wä, la łɛʻlē Baxᵘbakwalanuxᵘsīwaʻyē lā ʟēgadɛs Q!ōmoyūʟē. Wä, lā ālagod ʟēgadɛs Powēdzīdē. Wä, hāemxaāwisē gwāłaxs laē g·īgā- mēx·ʻidē Powēdzidē, wä laʻmē g·īgɛxʟālax Q!ōmoyūʟē. Wä, hēt!a k·!ēs q!āłē g·ālā ʟēgɛms ts!āʻyäs Tɛwīx·ɛmē, yīx Aēk·!oqâ. Wä, 75 hēt!a q!āłē ʟēgɛmas āmāʻyīnxaʻyasa yūdukwē ʻnɛʻmēma, yīxs hēʻmaē g·īl ʟēgɛmsē Gūna, yīxs k·!ēsʻmaē bāk·ō ʟōʻ Baxᵘbakwā- lanuxᵘsīwaʻyē. Wä, la āłʻɛm ʟēgadɛx·ʻīts Wāk·asē. Wä, la g·īg·ɛ- gāmēx·ʻidē maʻlōkwē ʻnōʻnɛlasēxs laē ʟēgadɛx·ʻīts Lōʻyā läx gwēg·i-

80 was Lō‛yā, for according to the ways ‖ of the Indians, they change their names when they give away property. | Now Q!ōmoyūlē was chief of the Sōmxōlīdɛxᵘ, and | Aēk·`loqā was chief of the Ts!eōgwīmoxwē‛, and | Lō‛yā was chief of the Ts!ɛyōēdɛxᵘ, who are living at the head of the lake of | Wanukᵘ, the river of the Āwīk·!ēnoxᵘ.
85 Now I think I have answered what you have ‖ asked about, friend. |
This is what the wife of Cannibal-at-North-End-of-World said when she called her | husband, when the three brothers went into the house of | Cannibal-at-North-End-of-World: — |
"Come back, Cannibal-at-North-End-of-World, |
"Come back, Cannibal-at-North-End-of-World! the game that came
90 to your house went home, ‖ Cannibal-at-North-End-of-World." |
Now, at last, this is finished. |

---

80 lasasa bāk!umaxs hēmɛnāla‛maē ʟ!āyōxēs ʟēʟɛgɛmaxs p!ɛsēdaē. Wä, laɛm‛laē g·īgăma‛yē Q!ōmoyūʟēsa Sōmxōlīdɛxᵘ. Wä, lā‛laē g·īgăma‛yē Aēk·`loqāsa Ts!ɛyōgwīmoxᵘ. Wä, lā‛laē g·īgăma‛yē Lō‛yasa Ts!ɛyōēdɛxᵘ, yīxs häē g·ōkūlē ōxʟālēsasa dzɛ‛lālas wäs Wanukwē, yīx wäsa Āwīk·!ēnoxᵘ. Wä, lax·st!aaxᵘ‛mɛn ‛wī‛la
85 nā‛nax‛mēxēs ‛nāxwi‛lālōs q!āq!ē‛staasɛ‛wa g·āxɛn, qāst.

G·aɛm wāldɛms gɛnɛmas Baxᵘbakwālanuxᵘsīwa‛yē laē Lē‛lālaxēs lā‛wūnɛmaxs laē hōqūwɛlsē yūdukwē wīwūq!was lāx g·ōkwas Baxᵘbakwālanuxᵘsīwa‛yēg·a:
"X·alāx·s Baxᵘbakwālanuxᵘsīwa‛ya,
90 "X·alāx·s Baxᵘbakwālanuxᵘsīwa‛ya lānaxwīlas wax·deōs sāgūnsa, Baxᵘbakwālanuxᵘsīwa‛ya."
Wä, lawēsʟa gwāl lāxēq.

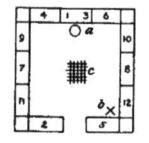

Fig. 1. House of Baxᵘbakwālanuxᵘsīwē‛
a. Cannibal-pole.
b. Place of visitor.
c. Fireplace.
1. 3 Baxᵘbakwalanuxᵘsīwē‛ and Q!āmināgā‛.
2. Gwaxᵘ‛gwaxwālanuxᵘsīwē‛.
4. Gɛlōgūdzā‛yō.
5. Nɛnstālīl.
6. Hōxᵘhogwäxtɛ‛wē.
7. Nōnltsē‛stālal.
8. Q!wēq!wasɛlal.
9. Hayalīk·‛īla.
10. Lālaxwīla.
11. L!āq!wak·!ālaga.
12. Māmaq!a.

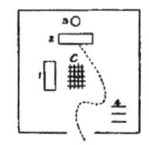

Fig. 2 House of Nɛnwaqawē‛.
1, 2. Settees.
3. Pit.
4. Sons of Nɛnwaqawē‛.
c. Fireplace.

Legend of the Naxnaxu'la, Qwēq^usōt!ēnox^u

Once upon a time, during a famine in Hāda, many people died. Among the survivors was a young virgin who had a sister married in a distant village. One day she thought, "I will go to my sister: she may have food to spare." So she started off, carrying her clothes in a bundle on her back. She walked day and night. Every morning she arose early, and before continuing her journey she bathed, in order to purify herself. She expected to meet on the way some kind of supernatural being. One night, after she had gone to sleep, she dreamed that a handsome man came to her and addressed her with kindly words. She could not sleep on account of her dream, and very early in the morning she washed her body with hemlock-branches. She went on the whole day until night fell. Then she stopped by a small stream. Again she rubbed her body with hemlock-branches.

In the evening of that day she saw her elder sister coming towards her. The elder sister asked at once for some food, for she had nothing but a few dry salal-berries to eat. The younger sister replied, "We have nothing to eat at home, and all our people have starved to death: therefore I left and came to see you, for I hoped to get something to eat from you. I have just one small piece of salmon-spawn to sustain me on my journey." With these words she took out of her bag a piece of dried salmon-spawn as long as her forefinger, and broke it in two. She gave one-half to her elder sister, and they ate it with the dry salal-berries. After they had eaten, the elder one told how all the people of her village had also died of starvation.

They lay down to sleep. After a short while the younger sister saw a handsome man coming towards her. She did not stir, and the man walked straight on to her and lay down by her side. He said, "Is it true that your people have starved to death for lack of food?" The virgin did not hesitate to answer. She said, "It is true. Therefore I went to see my sister, hoping to get food from her; but I see that she is just as much in need as I am, for she told me that there is no food in her village." Then the handsome man seemed to be very sorry for her. He said, "To-morrow morning I shall make a salmon-weir for you. Then you will have plenty of food." He became the husband of the virgin. Early in the morning he gathered small sticks and spruce-roots. With these he tied the sticks together, making a salmon-trap. Before long it was finished, and he put it into the stream. Then the salmon rushed into it and filled it. He took them out of the weir, and the two sisters cut them open and roasted them. They ate some, and now they were well supplied with food.

The handsome man stayed with the two sisters. One morning he went out into the woods, and ere long came home with four black bears. The next morning he went out and ere long came home with four mountain-goats. He made a box of cedar-boards to steam the goat's meat, and the sisters made baskets of spruce-roots to carry meat and salmon. One day the handsome man went into the woods, and before long he came home with a large black bear. Oh, they say its fat was four fingers thick. Now they were busy; for they had much meat to dry, and the fat of the bear to try out. The man went to sleep early in the evening, and before daylight he arose and went out of the house. Before noon he came home with four large mountain-goats. He told his wife to slice the meat and to dry it with the skin. He asked her to take the wool off, to spin it, and to make a blanket. Then he built a house and a storeroom, which soon was full of dry salmon and of smoked and dried meat. After some time the young woman gave birth to a boy. The man washed the child. Then he stepped on the boy's toes, and, holding his little hands, he pulled him up four finger-widths. Therefore the child grew four finger-widths on the first day. On the following day the man washed the boy again. Then he put the child's feet on the floor, he stepped on his toes, and pulled him another four finger-widths. Now the child had grown eight finger-widths in two days. On the third day he washed the boy in cold spring-water and then pulled him up one span. Now the boy was able to walk. On the fourth day he bathed the boy again, and pulled him up by two spans. Now the boy had become a young man.

In winter, when the snow was deep, the man made snowshoes for his son. He told him to put them on and hunt bears on the mountains. The young man went out that morning, but he came home without having seen any game. Then his father looked at the snowshoes. He discovered that he had made a mistake in making them. Therefore he made a new pair, and sent his son to go again. Before he had gone far, the young man saw a bear, which he killed with his arrows. He skinned it, and carried home the skin and one leg. He sent his father to bring the rest.

Now the mother of the young man spoke, and said, "I think it is time for us to give a name to our son. His name shall be Ëx·sokwi-ᵉlax̣ᵘsa ᵉnaxwa hanʟ!ēnoxᵘ (Prettiest-Hunter)." On the following day the man went hunting. After a short time he returned with four mountain-goats which he had killed. He told his son that he had seen many mountain-goats on the other side of the mountain, and he sent the young man to hunt them. The new snowshoes enabled the youth to climb steep mountains and slippery ice. The man also opened a cedar-bark basket which he kept under his arm, and took out of it two objects that looked like snails. One was red and the other one was black. He put them on the snow, and said, "Red, red, red, red!" and the red one grew up to be a large dog. Then he said, "Black, black, black, black!" and the black one grew to be a large dog. Then he slapped them, and at once they became as small as snails; and he put them back into the cedar-bark basket, which he gave to his son. He said to him, "Whenever you see a mountain-goat, take out the red dog, put it on the ground, and say 'Red!' four times, then it will grow to full size and will kill the goats for you. When it comes back, slap it, and it will get small again. If you see a bear, take out the black dog and do the same to it. If there are many goats, take out both dogs. The red one will go to the right, and the black one to the left, and they will drive the goats into the water." He also gave a pole to his son, and said, "With this pole you will climb the mountains." A piece of quartz was attached to the point of the pole. The man said, "If you come to a place where you can not set your foot, just strike the rock with the crystal. Then there will be a hole."

After the young man had received all these things from his father, he left. He went to the mountains; and as he was going up, he saw a great man, Grouse, who seemed to be friendly, and who asked the youth what he was doing there. The young man replied, "I am hunting mountain-goats and bears." The Grouse said that he also was hunting mountain-goats. Then the youth asked Grouse what he used for killing the goats. Grouse replied that he caught the goats by running after them, and Grouse also inquired of the youth regarding the way he did when hunting goats. The young man replied, "I also run and catch them." Then they walked together until they saw many goats feeding on the mountain at Sutlege Canal; and the young man said to Grouse, "Now, kill them! I shall have the next herd we see." Then Grouse took a root from a little basket hanging on his side. He chewed it and spat on the palms of his hands. Then he clapped them together four times, and all the goats rolled down the side of the mountain, dead. They went on, and soon they saw many goats on a steep cliff. "Now," said Grouse to the young man, "let me see how you kill goats!" The young man took out his two dogs, put them on the ground, and called four times "Red!" and four times "Black!" Then the dogs grew up to full size, ran up the mountain, drove all the goats into the river, and killed them all. Then the young man put on his snowshoes and walked up the cliff. When Grouse saw this, he was frightened and left him. Ëx·sokwi‘lak^u returned to his father, Q!ōmg·ilaxya‘ō, who inquired of him whether he had seen anything. He knew already that his son had met Grouse. Then the youth told his father what had happened, and his father praised him for his bravery.

After some time Q!ōmg·ilaxya‛ō said to his wife and to her sister, "Your brothers are coming to look for you, therefore I must hide in the woods," for he could see everything from far away. He went into hiding, and before long the four brothers of his wife arrived. They were surprised when they saw the house full of meat. The young woman asked her four brothers to sit down, for she wanted to feed them, because she knew that they were hungry, and she gave them mountain-goat meat. And after they had eaten, they rested that day. In the morning of the next day they went home, each taking a load of smoked meat with them. As soon as they had left the house, Q!ōmg·ilaxya‛ō came in, and his wife told him that her brothers wanted her and her sister to return home, and that they were coming back the next day to fetch her. Then he laughed, and said, "Then we shall have to part. Go to your home, and I shall return to my home." He staid with his wife that night, and told her to take care of herself; for, if she broke one of the rules he gave her, great trouble would come to her. Early in the morning he disappeared, and very soon the four brothers of his wife and many other people came. While they were packing up all the meat, the son of the young woman came in. He seemed to be very glad to see his uncles, and he was willing to go with them. The people took up their loads and went home to Xᴇkwēk·ᴇn. The people were still without food: therefore they brought dressed elk-skin blankets, slaves, and canoes, to buy mountain-goat meat. The chiefs even sold their daughters for food.

The young man kept on hunting bears and mountain-goats, and he was getting rich very fast. Very soon he gave away property to his people. Thus he became a head chief of the tribe.

A supernatural being in heaven saw that Ëx·sokwi‛lak" was a great hunter. The supernatural being tried to capture the hunter: therefore he called one of his slaves and threw ashes over him. Then the slave was transformed into a grizzly bear. His master sent him up the river of Xᴇkwēk·ᴇn. When he was going up, he came out on the beach near the house of Ëx·sokwi‛lak", because he wanted to be seen by the great hunter. As soon as Ëx·sokwi‛lak" saw the bear, he gave chase. The bear went up a steep mountain; and the hunter put on his snowshoes, took his dogs and his long pole, and ran after him. The bear climbed up to a point called Frog Point (Wūxētbē‛). There is a very steep and slippery cliff without a footing. Nevertheless the hunter passed the dangerous place, and saw the great bear ahead of him going into a large house. Then the hunter went to the outside of the house and listened. He heard many people singing inside. They sang: "Prettiest-Hunter is picking the bone of my neck ("Ëx·sokwi‛lax"sa ‛nāxwa hanʟ!ēnox" ēbᴇʟᴇlālaxg·în xāq!ᴇxawēk·)." He could not enter the house, and had to go home. He lost the bear, because he had transgressed the rules laid down by his father. He felt very sorry for having lost the bear.

Then he thought that he had once seen a very pretty girl, a daughter of the chief of the Dzāwadɛēnoxᵘ, whose name was Leader-of-all Warriors (Walebâ'yē). Ĕx·sokwi‛lakᵘ wished to marry her. Therefore he asked her father's consent. When the chief saw that he seemed to be a good-natured young man, he let him marry his daughter.

Ĕx·sokwi‛lakᵘ had a brother-in-law, Born-to-be-a-Spearsman (Alē‛winoxwi‛lakᵘ), who was a sea-otter hunter. He used to go out early every morning to spear sea-otters, and sometimes he would kill many, sometimes he would not get any. So one day Ĕx·sōkwi‛lakₙ asked his wife if he might accompany her brother. When she had given her consent, he got ready and went aboard the spearsman's canoe. Then they started for Moving-Island (‛makwi‛lāla ‛mɛk·âla). Ĕx·sōkwi‛lakᵘ saw many sea-otters on the island, and asked his brother-in-law to put him ashore, for he wanted to kill them with his club. When his brother-in-law had put him ashore, he found a fine club which his father had put there. He ran towards the sleeping-place of the sea-otters, and killed every one of them. His brother-in-law, who had not killed any, became angry. Therefore he deserted Ĕx·sōkwi‛lakᵘ, who had to stay on the island without food and water. On the fourth day, while he was sleeping, some one came and said, "I have been sent by the chief to call you into his house;" and when he woke up to see who was speaking to him, he did not see anyone. Then he covered his head with his cedar-bark cape; and he was just about to go to sleep again, when he heard the same voice saying to him, "I have been sent by the chief to call you into his house." Then he looked about again to see who was calling. Since he did not see anyone, he thought, "I am going to die, for I am only thinking of what I am wishing to see." Then he lay down to sleep the third time; and as soon as he began to doze, the same voice spoke, and said, "I have been sent by the chief of this island to call you into his house." He tried to open his eyes while this soft voice was speaking, but he could not do it until it stopped. Then he said to himself, "I will bite a hole through my cedar-bark cape and look through it, I will not go to sleep this time." He bit a piece out of his cedar-bark cape, through which he could look. Before long he saw the top of the island open. A small man came out towards him, pushed him, and said, "I have been sent by the chief, Q!ōmogwē, to call you into his house;" and before he disappeared, Ĕx·sōkwi-‛lakᵘ spoke to him, and said, "Ah, friend! I saw you long before you spoke. Now, wait, and let me follow you into the good chief's house!" And then he got up and followed him into the house. He saw the great chief of the sea sitting in the rear of the house, and there were many. seals and sea-lions crawling about inside. These were the servants of the great chief. The hair-seals were the dogs of the house. The great chief asked the food-keeper of the house to feed Ĕx·sōkwiᵋlakᵘ, and they asked him what he would like to eat. The listener of the house said, "He wants to eat a piece of your dog;" for the listener can hear your thoughts, and Ĕx·sōkwiᵋlakᵘ wished to eat a piece of seal. So they killed a small seal, cut it up, and cooked it. Then they gave some of it to him; and he began to eat it, for he was very hungry. After he had eaten, the speaker of the chief asked him whether he was a shaman and could cure the head slave of the chief, who had been taken ill when he went out to get food for the great chief. Ĕx·sōkwiᵋlakᵘ thought, "I will say that I am a shaman;" and the listener of the house said, "He thinks he will say that he is a shaman." Then he was asked to look at the sick one. He saw the bone point of a spear in the man's side. Then he thought, "I wish they would give me that canoe and spear for healing this sick man!" At once the listener said, "He wishes our great chief to give him that canoe and the spear after he has healed this sick man." Then the great chief spoke, and said, "I value my hunter more highly than canoe and spear. He shall have them, and more than that, if he cures my hunter." Then Ĕx·sōkwiᵋlakᵘ sat down by the side of the Sea-Lion, and pretended to feel for the sickness. Now and then he would push in the spear-point, and the sea-lion would groan from pain, and then he would pretend to suck the side in which the spear stuck. The fourth time he bit the spear-point, pushed it in, and then pulled it out. Then the Sea-Lion said, "This is a true shaman, for I. felt the sickness leave my body. Now my chief will give him the canoe." When the chief heard that Ĕx·sōkwiᵋlakᵘ had cured his servant, he gave him the hunting-canoe with the serpent-spear, the paddle, and the food-box that is never empty, and the death-club, the point of which burns hostile villages, and the water of life. The great chief also gave him his house and his name, Chief-of-the-Open-Sea (G·ag·eqeyak·). Then the young man, Ĕx·sōkwiᵋlakᵘ, became homesick, and thought, "How shall I let them know that I am homesick?" Then the listener of the house said, "The great shaman is homesick." Thereupon the great chief of the house spoke to his slaves, and said, "Take down the hunting-canoe, and put aboard all that I promised to the great shaman, including this house. Let it become as small as a young woman's berrying-basket, and put it aboard. Then let the great shaman go aboard. Cover his face before you let him go to the upper world. One of you shall take him up." The Sea-Lion that he had cured said to him, "Ah, Great-Shaman! go aboard your self-paddling canoe, and cover your face, that you may not see the trail that leads to the upper world." Then Ėx·sōkwi‘lakᵘ pulled his blanket over his face. The Sea-Lion jumped into the canoe, and said, "Paddle!" At once Ėx·sōkwi‘lakᵘ heard the sound of paddling on the sides of his canoe. Soon the noise stopped. Then the Sea-Lion said, "Shaman, look up!" for that was now the name of Ėx·sōkwi‘lakᵘ. Then he looked up to see where he was, and he found himself close to the village of his enemy. He resolved to try his baton to see if it would set fire to the village. He extended it towards the village, and in a short time all the houses were on fire. When the people tried to run away, he extended the death-bringer baton towards them, and they were transformed into rocks. After all had been killed, he asked the Sea-Lion to show him how to use his canoe. The Sea-Lion said, "Just say 'Go ahead!' Then all the paddles will obey you. When you want to stop, only say, 'Stop!' then they will stop." After the Sea-Lion had spoken, he jumped overboard and went home. Ėx·sōkwi‘lakᵘ went to the village. Then he saw some of his friends and his wife turned into rocks. This made him feel sorry. Therefore he tried his water of life. He took it out of the bladder of hair-seal in which it was, and sprinkled it on his wife, who rubbed her eyes and said that she had been sleeping. Afterwards she saw that her husband was bringing his friends back to life. Then she knew that she had been dead and had been resuscitated. Her husband brought most of her friends back to life, except those that had left him on the island. After he had done so, he took the house out of the canoe and put it down in the middle of the village, where it grew up to its full size. Now he was the head chief of the tribe. On the fourth day after his return he went aboard his self-paddling canoe. He told the great canoe to go ahead towards an island where hair-seals go to take a rest. As soon as he approached the island, his spear went overboard, turned into a serpent, and swam ashore to where the hair-seals lay. The serpent went from seal to seal, killing them. After it had killed all the seals, it swam back towards the great canoe. The owner took it aboard and put it down in the bow of the canoe. Then Ėx·sōkwi‘lakᵘ went ashore and took all the seals aboard his canoe, and they were enough to fill it. He went home and gave a seal feast to his people. Now his people treated him as a chief, and he went hunting sea-otters, which he gave to his people. Therefore he was well liked.

Story of the Naensx·ä of the Koskimo

1   The ancestors of the NaEnsx·ā were living at MElād. | They were catching sockeye-salmon. Their chief was LElbEyōs. | He had a son Wanēd. Wanēd | owned a large dog, and the name of the dog was
5   Nesä. ‖ There were many dogs of the ancestors of the numaym | NaEnsx·ā of the Koskimo. Wanēd was glad | because all the dogs were yelping on account of | what was done to them by the dog of Wanēd, for he always set him | to fight the others. Now the heads ‖
10 of the dogs of the ancestors of the NaEnsx·ā were very sore. Then Wanēd was glad | on account of what his dog, NEsä, did to all of them, | when he was biting them. Now Wanēd lay down, and did not arise | in the morning, and in vain he was called by his parents. |
15 Wanēd did not pay any attention to them. In the ‖ afternoon a man came into the | door of the house of LElbEyōs, the father of Wanēd, | and the man just went to the bedroom of Wanēd, and | of the dog, and the man said, "I call you, Wanēd, | with your dog, on
20 account of our friends." Thus he said. ‖ Immediately Wanēd arose and followed the one | who was sent to call him. They went to the

---

Story of the Naensx·ä of the Ĝōsg·imux̣ᵘ
(*Koskimo dialect*)

1   G·ōkūla‘laē g·ālāsa ‘nE‘mēmotasa NaEnsx·ā lāx MElādē. LaEm- ‘laxē wīwamēsxa melēk·. Wä, lä‘laxē g·īgadEs LElbEyōs. Wä, lāk·as‘laxē xūngwadk·ats Wanēdē. Wä, lāk·as‘laxē Wanēdē ‘wāyatsē ōma‘yaōł ‘wāts!a. Wä, lāk·as‘laē LēgadkasēꞋ‘wātslas NEsä.
5   Wä, lāk·as‘laxaē q!ēnEmk·asē ‘waōts!ās g·īlk·asasē ‘nE‘mēmotasē NaEnsx·āk·asasē Ĝōsg·imuxwē. Wä, lāk·as‘laē Wanēdē äyāq!Es- k·asqēxs hēmEnālak·asmasēnē gwāgūLālak·asē ‘nāx̣wa ‘waōts!k·as g·ayālak·as lak·asEx ‘wāts!äs Wanēdäx hēmEnālak·as‘maasēnē wä‘xa- k·as qak·as hanēqōk·asēs. Wä, lāk·as‘Em‘laxaē ‘nāx̣wak·as łala-
10 łE‘lgEmālak·asē ‘waōts!äs g·ālā NaEnsx·ā. Wä, lāk·as‘laxaē ēx·ē nāqa‘yas Wanēdē qak·asēs ‘wāts!ē NEsäxs lāk·asaē ‘nax‘wīd lak·as yēyałx̣ᵘq!ala. Wä, lāk·as‘laxaē gaēłk·asē Wanēdē k·!ē‘yas Lāx‘wīd- xē gaāla qak·asExs wāx·k·asaē gwāsōk·atsēs g·aōłg·ūx̣ᵘ. Wä, k·!ē‘yask·as‘laxaē Wanēdē q!āq!aaq. Wä, lāk·as‘laxaē gwāk·!ō-
15 dExLālisa ‘nālaānēk·asas, g·āxk·asasē bEkūmāla g·āxEłk·asa laxē t!Ex·āsē g·ōx̣was LElbEyōs, yīk·āsEx ōmpk·asas Wanēdē. Wä, ōkwas‘Em‘laē lā bEkūmāla lāk·asEx kwaēlask·asas Wanēdē Lō‘kwa- sēs ‘wāts!. Wä, lāk·as la ‘nēx·a bEkūmāla: "LēlaxaEnLōł, Wanēdā Lō‘kwasōs ‘wāts!Ex qak·asens ‘nē‘nEmōxwē," ‘nēx·k·as‘laxaē. Wä,
20 hēx·‘īdk·as‘Em‘laxaē Wanēdē Lāx‘wīdk·asa qak·ats laē lāg·ēxē Lēłelg·īsk·asē. Wä, lāk·as lā hēx·dzEgēsElak·as lāxē āpdzEgēs-

beach at the other side | of the point of the village. They went into 22
the thicket, | and there he saw many men sitting in a circle. | Then
Wanēd was told by them to sit down behind them || with his great 25
dog. When Wanēd sat down | close to his dog, then he | saw that
the men were groaning on account of wounds in their throats and |
in their ears. For a long time the men did not speak. | Then Wanēd
was a little afraid, for ‖ his dog just continued to stare at his | master. 30
Then an old man arose | and spoke. He said, "Now, come, | Wanēd,
and look at my tribe, | and their wounds here, which you and your
dog have made. ‖ Look at them! We are men | as you are. And 35
now, Wanēd, you shall learn." Thus he said, | and went towards the
place where Wanēd was sitting. He took off | his human body, and
he took off the | dog's body from the dog of Wanēd, and put it on ‖
Wanēd, and Wanēd became a dog. Then he | put the man's body 40
of Wanēd on his dog | Nɛsā. And after he had done so, the new
Wanēd arose | — the one who had been a dog—and went home to
his house, | and his dog, who had been the real Wanēd before, followed
him. Before Wanēd ‖ came near to his house, the many dogs | ran 45
up to the large dog, and they took revenge by biting him. | Then the

---

k·asasē g·ōkwa. Wä, läk·as lä läqa lak·asxē qǃwăxulkǃwask·asē. 22
Wä, lāk·as‘laxaē dōx‘waLaxē qǃēnɛmk·asē bēbɛkŭmaxɛlōs kǃwäła.
Wä, läk·as‘laxaē Wanēdē äxk·ǃālasōkwas qak·as hē kǃwałē āʟōqǃŭs
ʟō‘kwasē ōmas ‘wätsǃas. Wä, g·ĭlk·as‘ɛm‘laxaē kǃwäg·aɛlsk·asē 25
Wanēd mămk·ɛls ʟō‘kwasē ‘wäts!, wä, läk·as‘ɛm‘laxaē Wanēdē
dōqwaxē bēbɛkŭma gwäʟasē lēlax·alaʟa lak·asax qǃōqǃŭnäs ʟō-
‘kwase pǃɛpǃɛyōkwasas. Wä, lak·as k·ǃeōkwas geōl dōtǃɛg·a‘ĭtsē
bēbɛkŭma. Wä, läk·as‘ɛm‘laxaē Wanēdē k·ēk·alēqak·asa qak·asē
‘wätsǃak·asas, yĭk·asɛxs ōkwas‘maasēnē hēmɛnalaɛm dōqŭmälasxēs 30
‘wădzēd. Wä, läk·as‘laxaē ʟäx‘wɛlsēda qǃŭlyaxwē bɛkŭmäla. Wä,
Wä, läk·as‘laxaē dōtǃɛg·a‘ła. Wä, läk·as‘laxaē ‘nēx·a: "Wä, gēla-
g·ak·as‘la Wanēd, g·äxk·asaaqōs. Wäk·asla dōqwaxg·ɛn g·ōkwaō-
tak· yĭk·asg·a lēlax·s‘aʟak·asg·as qak·ats häyaōs ʟō‘kwasōs ‘wätsǃä-
qōs. Wäk·asla dōqwałax; sōkwas‘ɛmxaɛn gwēx·sk·ats bɛkumaɛm- 35
xaɛn sōkwas gēx·asas. Wä, läk·as‘mots Wanēd qǃäł‘aʟäł," ‘nēk·as
läxēxs läk·asaē gwäē‘sta lak·asax kǃwadzad Wanēdē qak·ats däwa-
yōdk·asēx bɛgwänɛmk·ǃĭna‘yasē. Wä, läk·as‘laxaē däwayōdk·asax
‘wätsǃakǃĭna‘yas ‘watsǃäs Wanēdē qak·ats äx‘äʟōdk·asēs läk·asax
Wanēdē. Wä, läk·as‘mēnē ‘wätsǃɛx·‘ĭdē Wanēdē. Wä, läk·asē 40
äx‘äʟasa bɛgwänɛmk·ǃĭnak·asas Wanēdē läk·asax ‘wätsǃäk·asasē
Nɛsä. Wä, g·ĭl‘ɛm‘laxē gwäłk·asa, läk·asē alolxwē Wanēdē ʟäx-
‘wɛlsk·asaxē ‘wätsǃäk·asdē, qa‘s lak·asē nä‘nax" läk·asxēs g·ōx̣u
läk·axēs ‘wätsǃäxē ălak·asaʟäł Wanēda. Wä, k·ǃē‘yask·as‘ɛm‘laxaē
ēx·‘ak·asē Wanēdē läk·asxēs g·ōx̣u, g·äxk·asaasē qǃēnɛm ‘waōtsǃä 45
qäqaaxē ōmas ‘watsǃäk·as. Wä, läk·as‘ɛm‘laxaē yĭnk·a qǃak·a-

48 dog ran away from them, and went into his former bedroom, | which
he had when he was still a man. Then | Wanēd, who had been a
50 dog, came in and never ‖ took notice of his dog, who lay down on the
bed. | His ears and his throat were lacerated. | Then the new Wanēd
said | to his mother, "I am hungry, mother." And his mother |
55 stared at him, because the real ‖ Wanēd had never said to his mother
that he was hungry. Therefore | Lɛlbɛyōs and his wife T!ɛk·ayig·i-
ᵋlakᵘ thought this strange. | When T!ɛk·ayig·iᵋlakᵘ put a dish in front
of him | containing scorched dried spring-salmon, then the great dog
sat down | beside of T!ɛk·ayig·iᵋlakᵘ, and looked into her face. ‖
60 In vain he opened his mouth. Then T!ɛk·ayig·iᵋlakᵘ spoke, | and
said, "Oh! what is the matter with Nɛsā? It is as | though he were
trying to talk to me," thus she said. But | Wanēd did not pay any
attention to her, for he was eating; and after he had | eaten all the
65 dried spring-salmon, he arose and lay down ‖ in his bedroom; but the
great dog went | to the place where Lɛlbɛyōs was sitting, and looked
into his face. | In vain he opened his mouth as though he wanted to
speak. When | night came, the dog lay down in the bedroom of |
70 Lɛlbɛyōs. Wanēd continued to be hungry, and ‖ for a long time it
was this way. Then | T!ɛk·ayig·iᵋlakᵘ guessed that the dog was her

---

47 p!ak·ē. Wä, läk·ase ᵋwats!ɛ bɛxᵋwīd qak·ats laē läk·asaxēs kwaēᵋlas-
k·asdē yīk·asɛxs hēk·asᵋmaōx·dē ālē bɛkūma. Wä, g·äxk·asᵋlaxaē
g·äxēlᵋidē Wanēdē, yīk·asxē ᵋwats!ɛk·asdē. Wä, hēhēk·aɛmᵋlaxaē
50 q!äsᵋidaxēs ᵋwats!ɛxē läk·as hagūdzowälīl läk·asɛx kūᵋlēlask·a-
saxsxē ᵋnäx̣ᵋwīdk·asᵋɛm läx·sax·ᵋidk·asē p!ɛp!ɛyōkwasas Lōᵋkwasē
ōxawak·asas. Wä, ōkwasᵋɛmᵋlaxaē ᵋnēx·a alōx̣ᵘkwasē Wanēdē
läk·asxēs abɛmpk·asē: "Pōyan; ad;" wä, ōkwasᵋɛmlaxaē abɛmpk·a-
sas dōdoxsᵋɛndk·asax qak·asaxs k·!eᵋyasaē powēk·!älaēnox̣ᵘk·asē äla-
55 k·!äla Wanēdē läk·asxēs abɛmpē. Wä, hēk·asᵋɛmᵋlaxat! lak·ɛmq!a-
sᵋīdayōs Lɛlbɛyōs Lōᵋkwasēs gɛnɛmē T!ɛk·ayig·iᵋlax̣ᵘ. Wä, g·īlk·as-
ᵋɛmᵋlaxaē T!ɛk·ayig·iᵋlax̣wē k·äg·īlīlasē häᵋmaats!e g·its!ɛwax̣ⁿsē
ts!ɛnx̣wē säsasda, g·äxk·asaasē ōmasē ᵋwats!ɛ qak·ats laē k!wäg·ī-
līlk·as lax L!asalīlk·asas T!ɛk·ayig·iᵋlax̣wē qak·ats dōqūmalīlaēq.
60 Wälk·asᵋɛm äqa. Wä, lak·asᵋlaxaē T!ɛk·ayig·iᵋlax̣ᵘ dōt!ɛg·aᵋla.
Wä, läk·asᵋlaxaē ᵋnēx·a: "ᵋya, ᵋmäsk·adzēg·a Nɛsäk·, hēk·asaēk·
gwēx·asē dädōt!ɛg·äᵋla g·äxk·asɛn," ᵋnēx·k·asᵋlaxaē. Wä, hēhēk·a-
ɛmᵋlaxaē Wanēdē q!aq!aax qak·asēs haᵋmaēnē. Wä, g·īlk·asᵋɛm-
ᵋlaxaē ᵋwīᵋlak·asxē säsasdē läk·asaē Lᾱx̣ᵋūlīl qak·ats laē kūlg·a-
65 līlk·as läxēs kwaēlasē. Wä, ōkwasᵋɛmᵋlaxaē ōmas ᵋwats!ɛ läk·as
läx k!wäēᵋlask·asas Lɛlbɛyōs qaᵋs läk·asaē dōqūmalīlaēq. Wä,
läk·asᵋɛmᵋlaxaē äqa wäx·st!aax̣ᵘ dädōt!a. Wä, g·īlᵋɛmᵋlaxaē läk·as
nēg·ax̣ᵋwida läk·asaē hēk·asᵋɛm kwaēlk·asē ᵋwats!ɛ kwaēᵋläsk·asas
Lɛlbɛyōs. Wä, läk·asᵋlaxaē hēmɛnalak·asᵋɛm pōyē Wanēda. Wä,
70 läk·asᵋɛmᵋlaxaē gayalᵋɛm hēk·as gwayalak·asē, wä, läk·asᵋɛmᵋlaxaē
T!ɛk·ayig·iᵋlax̣wē k·ōt!ēdk·asxē ᵋwats!ä hēk·asᵋmaēs xūnōx̣wē. Wä,

son, and | she spoke to her husband, LElbEyōs, | and said, "O 72
LElbEyōs! call in the | shamans to come this night and look at our ‖
master there." Thus she said to him.   Immediately LElbEyōs said | 75
that he would clear his house; and after he had finished clearing his |
house, he went and gave notice to his | tribe that the shamans would
feel of Wanēd (in order to find out what ailed him). | Then LElbEyōs
went back home, and ‖ told his wife, saying that | the shamans would 80
come in, and those who were to beat time. | Then T!Ek·ayig·i‛lak^u
called Wanēd, and | told him about the shamans who would come and
feel of him.   Then | Wanēd became really angry on account of what
was said by her, and he ‖ went out of the house. | Then the great dog 85
was happy, and LElbEyōs | and his wife, T!Ek·ayig·i‛lak^u, observed
him. | Now night came, and the | shamans and those who were to
beat time came, but ‖ Wanēd never came into the house. The 90
large dog | sat down in front of the shamans.   Then a great | shaman
saw that the great dog was Wanēd | who wore the dog's body.
Then | the shaman spoke to the wise men (song-leaders) to think
about it, ‖ what they should do to the dog who wore the body of a 95
man, | namely, of Wanēd.   Thus he said.   Then the | great dog was

lāk·as‛laxaē dōt!ɛg·a‛ĭk·asxēs la‛wŭnɛmk·asē LElbEyōsk·asē. Wä, 72
lāk·as‛laxaē ‛nēx·a: "‛ya, LElbEyōsai'. Wălaak·adzâ Lĕlak·asxō
pēpăxa qa g·āxk·asēsōnōxō nēg·aχ^uk·asLEx qak·as dōqwasēxɛns
g·ĭk·asēx," ‛nēk·as lāxaē. Wä, hēx·‛idk·as‛Em‛laxaē LElbEyōs ‛nēx· 75
qak·ats ēkwaēxēs g·ōxwē. Wä, g·ĭlk·as‛Em‛laxaē gwâlk·as ēkwaxēs
g·ōχ^uk·asaxs lāk·asasēne qās‛id qak·ats laē q!āq!agɛmlāk·asxēs
g·ōkwaōt yɛk·asɛxs p!ēχwak·atsawaē Wanēd yĭk·atsē pēpăxa. Wä,
g·āxk·as‛Em‛laxaē nă‛naχ^u lāk·asxēs g·ōχwē LElbEyōs. Wä, lak·as-
‛Em‛laxaē nēlalak·asxēs gɛnɛm, ‛nēx·k·asqēxs lāk·as‛maalasē 80
‛wĭ‛lak·ās g·āxk·asLa hōx^uts!āk·asLē pēpăxa Lō‛kwasa Lēxastēk·asLaq.
Wä, lāk·as‛laxaē T!Ek·ayig·i‛laχ^u Lē‛lâlak·asEx Wanēdē qa‛s nēla-
laēsē pēpăxaxs g·āxk·asaēLa p!ēχwak·asLaq. Wä, lāk·as‛Em‛laxaē
Wanēd ēâlak·!āla ts!ɛnχ‛s dōt!alayokwasas. Wä, lāk·as‛Em‛laxaē
ōkwas‛Em lāk·as qās‛id qak·ats laē lāwEls lak·asxō g·ōχ^u. Wä, 85
lāk·asē ēk·!ēqak·asē ōmasē ‛wātsiE. Wä, lāk·as‛Em‛laxaē LElbEyōs
Lō‛kwasēs gEnEmk·asē T!Ek·ayig·i‛laχwē q!āmx·ts!ēk·asaq. Wä,
lāk·as‛Em‛laxaēnē nēg·EX‛wĭdk·asa. Wä, g·āxk·as‛Em‛laxaē hōx-
ts!âk·asē pēpăxa Lō‛kwasē Lēxaxstaē. Wä, lāk·as‛Em‛laxaē hēwäEm
g·āxk·as hōx^uts!âk·asē Wanēda. Wä, lāk·as‛Em‛laxaē ōmasē ‛wāts!E 90
k!wāk!wagEmak·asxē pēpăxa. Wä, lāk·as‛Em‛laxaē ōmask·asē
pāxa dōx‛waLak·asxē ōmasē ‛wāts!Exs hēk·as‛maē Wanēdē. Lāk·as
q!ōx^uts!Ewaχ^us ‛wāts!Ek·‛ĭnak·asasēs ‛wāts!E. Wä, lāk·as‛Em‛laxaē
pēpăxa dōt!âlak·asxē wēwasdala qak·as dōdaxstōlĭlk·asēs qak·ats
gwēx·‛idaasxē ‛wāts!Exē lāk·asē q!ōx‛wEnālak·asax bEkŭmālak·!ī- 95
nak·asas Wanēdō, ‛nēk·as‛laxaē. Wä, lāk·as‛Em‛laxaē ēk·!ēqak·as

98 happy on account of what the shaman had said, | and he was just
going around the fire in the middle of the house trying to play | with
100 the shamans. But Wanĕd ǁ never came to the house. Then the
shamans went out | with those who beat time for them. Now it was
late in the | night, and no dogs were walking about | that night.
The whole tribe was asleep. | When daylight came in the morning, ǁ
5 Wanĕd was the first to arise from his bedroom, and he | wakened his
parents, and spoke. | He said, "Don't continue to sleep! I have
been | pitied by the supernatural power. I am Wanĕd again," thus
10 he said. | Immediately Lᴇlbᴇyōs and his wife, | T!ᴇk·ayig·i⁽lak°
arose and called their tribe | to come and eat breakfast in the house.
Then all | the ancestors of the numaym Nᴀᴇnsx·ă went in; and
when | the guests were all in, Lᴇlbᴇyōs | told his tribe about Wanĕd,
15 that he had been pitied by ǁ the supernatural power. Thus he said.
Then Wanĕd spoke | and told them that he had tried in vain to talk, |
but that he had been unable to speak. | Thus Wanĕd came back.
But they never | learned which way the great dog, Nᴇsă, had gone. |
20 From that time on the Koskimo began to treat their dogs carefully, |
for they knew that they are men like | ourselves. That is the end
of this. |

---

97 qak·asē dōt!ālayokwasasē păxa qak·asē ōmas ʻwătsǃᴇxs lāk·asaē
wŭlk·as x·ĭmsa laēʻstalĭł lāk·asxē laqwawalĭlk·asasē g·ōx̣ᵘ, ăămɪᴇ-
mak·asxē pēpăxa. Wă, lāk·asʻᴇmʻlaxaē hēhĕk·a g·ăxk·asē Wanēdē,
100 g·ăxĕł lāk·asxē g·ōx̣ᵘ. Wă, lāk·asʻᴇmʻlaxaē ōkwasʻᴇm la hōqwalĭłē
pēpăxa ʟ̣ōʻkwasē Lᴇxēmĕlk·asas. Wă, lāk·asʻᴇmʻlaxaē gayălak·as
la nēg·ᴇkwa, wă, lāk·asʻᴇmʻlaxaē k·!ēyōkwas ʻnᴇm ʻwatsǃ g·ĭg·ᴇlsaxē
nēg·ᴇkᵘ. Wă, lāk·asʻlaxaē ʻnāx̣ʻwĭd lak·as k·!axălak·asē lēᴇlqwaʟ̣ā.
Wă, lāk·asʻᴇmʻlaxaē ʻnāx·ʻīdk·asxē gaălak·asē; wă, hēk·asʻᴇmʻlaxaē
5 Wanēdē g·ĭlk·as ʟ̣ăx̣ʻwĭd lāk·asxēs kwaēʻlask·asē qak·ats laē gwă-
k·asxēs g·aōlg·ŭxwē. Wă, lāk·asʻᴇmʻlaxaē dōt!ᴇg·aʻła. Wă, lāk·as-
ʻᴇmʻlaxaē ʻnēx·a: "Gwălk·as las k·!axălak·asaōł lāk·asʻᴇmēg·ĭn
wīwaxsēʻstanōs ʻnawălaxwa. Nōgwak·asʻᴇmxat! Wanēda," ʻnēk·as-
ʻlaxaē. Wă, hēx·ʻĭdk·asʻᴇmʻlaxaē Lᴇlbᴇyōs ʟ̣ōʻkwasēs gᴇnᴇmk·asē
10 T!ᴇk·ayig·Iʻlax̣ᵘ ʟ̣ăx̣ʻwĭdk·as, qak·ats laē Lēlaxēs g·ōkwaōtē qak·as
g·ăxk·asē gēgag·alĭł lāx g·ōx̣was. Wă, g·ăxk·asʻᴇmʻlaxaē ʻwīʻlak·as
hōxᵘtsǃāwē g·ĭlk·asasē ʻnᴇmēmaōtk·asasē Nᴀᴇnsx·ā. Wă, g·ĭlk·as-
ʻᴇmʻlaxaē ʻwīʻlaēlk·asē Lēʻlānᴇm, wă, lāk·asʻᴇmʻlaxaē Lᴇlbᴇyōs
nēlālaxēs g·ōkwaōtas Wanēdaxs lāk·asʻmᴇʻlasē wīwaxsēʻstanōs ʻna-
15 wălaxwa, ʻnēx·k·asʻlaxaē. Wă, lāk·asʻᴇmʻlaxaē dōt!ᴇg·aʻłk·asē
Wanēdē, nēlălak·atsēxs lāk·as ʻnăxwaasēnō wăx·k·as dădōt!a. Wă,
lāk·asʻᴇmʻlaxaē k·!ēyōkwas gwēx·ʻĭdaask·as dōt!ᴇg·aʻłk·asa. Wă,
lāk·asʻᴇmʻlaxaē naqēʻstē Wanēda lāk·asxēq. Wă, lāk·asē hēhĕk·a
q!aēʻstasōʻkwasē gwăgwaăgask·asasē ōmasē ʻwătsǃᴇk·asē Nᴇsă. Wă,
20 hēk·asʻᴇmxat! g·ăg·ĭʟaats Gōsg·imux̣ᵘ lak·as aēk·ilaxō ʻwătsǃax̣
qak·asaxs lāk·asʻmaasē q!aōlk·asqēxs bēbᴇkŭmalak·asʻmaasē nōgwa-
k·asᴇns gwēx·asē. Wă, lāk·asʻᴇmxaē q!ŭmbak·as lāk·asxēx.

Origin of the Abalone Names of the Āwīk·!ēnoxᵘ

I will also answer what you inquire about how the | abalone 1
names came. There is really one reason why the Āwīk·!ēnoxᵘ |
have abalone names. And I will only follow what was told me by
my | wife, who told me that story why the Āwīk·!ēnoxᵘ women ‖
have the name Abalone-Woman. Now, listen, friend! I shall imi- 5
tate | the way of all the story-tellers who tell the story to some one. |
This is the beginning. |

Lᴇg·ēx, the chief of the Hălx·ᵋaix·t!ēnoxᵘ of the | Ōyalaīdᴇxᵘ, lived
at Yālaʟē. Chief Lᴇg·ēx had two wives, ‖ and it is said that Lᴇg·ēx 10
loved his second wife more; | and Chief Lᴇg·ēx also did not treat
carefully his children | by his first wife, but he took very good care
of his son | by his second wife. Therefore his first wife was very
angry, | and she planned what to do to her husband, ‖ whether she 15
should kill him, or whether she should kill his second wife. | Then it
occurred to her to do harm to the son of her | husband and his
second wife. And after the | head wife of Chief Lᴇg·ēx finished
planning, she treated the child well, | and she called her stepson, the
child of her husband ‖ and his second wife, and the head wife would 20
sit in the bow | of the canoe of her stepson when she went out pad-

Origin of the Abalone Names of the Āwīk·!ēnoxᵘ

Wä, laᴇmxaāwisᴇn nä⁽naxmētxēs wūʟāsᴇ⁽wōs lāx g·āxētasōx ʟē- 1
gᴇma ēx·ts!ᴇmē. Âlaᴇm ⁽nᴇmx·⁽idalē lāg·iłas ʟēgadēda Āwīk·!ēno-
xwasa ēx·ts!ᴇmē. Wä, la⁽mēsᴇn âᴇm nᴇgᴇłdōłg·a wałdᴇmg·asg·ᴇn
gᴇnᴇmk·, lāg·as nōsa qaᴇnʟas lāg·iłas ʟēgadēda ts!ēdaqasa Āwīk·!ē-
noxwas Ēx·ts!ᴇmga. Wāg·a hōʟēlax, qāst, qᴇn nānaxts!ᴇ⁽wa⁽mēx 5
gwēk·!ālasasa ⁽nāxwa nēnōts!ēnox qaēs nōsag·iłē. Wä, la⁽mēs
g·ālabēsēg·a:

G·ōkūla⁽laē Lᴇg·ēx, yᴇx g·īgăma⁽yasa Hăłx·ᵋaix·t!ēnoxwasa Ōya-
laīdᴇx lax Yālaʟē. Wä, lä⁽laē ma⁽lēla g·īgăma⁽yē Lᴇg·ēx qa⁽s gᴇ-
gᴇnᴇma. Wä, lä⁽laē Lᴇg·ēxē hē la łaxūlēs ā⁽lēłē gᴇnᴇma. Wä, 10
k·!ēs⁽ᴇm⁽laxaāwisa g·īgăma⁽yē Lᴇg·ēx la aaxp!ᴇłtālaxēs sāsᴇmē
laxēs gᴇk·ᴇmālīłē. Wä, lä⁽laē ʟōmax·⁽īd aēk·ilaxēs bᴇgwānᴇmē
xūnokᵘ laxēs a⁽lēłē gᴇnᴇma. Wä, hēᴇm⁽lāwis xᴇnʟᴇla ts!ᴇnōms
nāqa⁽yas gᴇk·ᴇmālīłas. Wä, lä⁽laē sᴇna qa⁽s gwēx·⁽idaasxēs łä⁽wū-
nᴇmē ʟō⁽ k·!ēlax·⁽īdᴇq, ʟō⁽ hē k·!ēlax·⁽ītsᴇ⁽wē a⁽lēł gᴇnᴇms. Wä, 15
lä⁽laē g·īg·aēx·ēd qa⁽s hēlag·i mōmas⁽ītsᴇ⁽wa bᴇgwānᴇmē xūnōxᵘsēs
łä⁽wūnᴇmē ʟᴇ⁽wis a⁽lēłē gᴇnᴇma. Wä, g·īl⁽ᴇm⁽lāwisē gwāłē sᴇna-
⁽yasa gᴇk·ᴇmālīłē gᴇnᴇms Lᴇg·ēx, lāa⁽lasē hēmᴇnala ēk·!ēqᴇlaq.
Wä, laᴇm⁽laē ʟē⁽lālaxēs xūngwawē, yīx xūnōkwasēs łä⁽wūnᴇmē
ʟᴇ⁽wēs a⁽lēłē gᴇnᴇma. Wä, lānaxwa⁽laēda gᴇk·ᴇmālīłē k!wāg·iwa- 20
laxēs xūngwawaxs laē sēx⁽wida hēmᴇnałaxa ⁽nē⁽nāla. Wä, lä⁽laē

dling every day. | One fine day, Chief Lᴇg·ēx asked his second wife | to go out paddling with him, and they went paddling. Then | Lᴇg·ēx was asked by his head wife how far he would go. And Lᴇg·ēx mentioned a place far off ‖ where he was going. In vain Lᴇg·ēx called his | son to come aboard, but the child did not want to go, for | he really thought that his stepmother loved him. Lᴇg·ēx went away, and | left him. As soon as Lᴇg·ēx was a long ways off, his | head wife got ready and took a large box, which ‖ she placed aboard her canoe. She carried a bundle and | a long rope. And when everything was aboard her canoe, | she called her eldest son and her stepson | to go aboard the canoe. As soon as they had gone aboard | the canoe, they paddled off and went to an island out ‖ at sea back of YālaʟE̮. Then they went ashore on the island. The | woman put ashore the box, which she took out of the canoe, and put it down on the beach, | and she called her son to help her, and also her stepson. | Then the bad woman asked her stepson to take off the | cover of the box. And when he had taken off the cover, the ‖ son of the bad woman took his younger brother | and pushed him into the box. Then his mother put on | the cover, and the bad woman took a | dressed skin blanket covered with large | abalone shells, and wrapped it around the box. Then ‖ she tied a rope

---

22 ēk·a ᴇnāla laaᶜlasa gīgăma°yē Lᴇg·ēxē hēlaxēs aᶜlēlē gᴇnᴇm qaᶜs lā
sēxᶜwīd ʟEᶜwē. Wä, lāx·daᶜxᵘᶜlaē sēxᶜwida. Wä, wŭʟaᴇmᶜlawisa
gᴇk·ᴇmālilax Lᴇg·ēxē lāx ᶜwālag·ilasʟas. Wä, lāᶜlaē qwēsala gwᴇ-
25 ᶜyâs Lᴇg·ēxē lāasʟas. Wä, wāxᶜᴇmᶜlawisē Lᴇg·ēxē ʟēᶜlālaxēs bᴇ-
gwānᴇmē xŭnōkᵘ qa läs läxsᴇq. Wä, lāᶜlaē q!ᴇmsē xŭnōkwas qaxs
laē âla la ōq!ŭs la läxŭlasēs ābadzᴇwē. Wä, âᴇmᶜlāwisē Lᴇg·ēxē la
lōwaʟaq. Wä, g·îlᶜᴇmᶜlāwisē qwesg·ilē Lᴇg·ēxaxs laē xwānalᶜidēda
gᴇk·ᴇmalīlē. Wä, laᴇmᶜlaē äxᶜēdxa ᶜwālasē g·îldasa, qaᶜs lā äxᶜā-
30 ɪ̯ᴇxsas lāxēs xwāk!ŭna. Wä, lāᶜlaē q!ᴇnēpsᴇmālē daakwas, wä, hē-
ᶜmēsa g·îlt!a dᴇnᴇma. Wä, g·îlᶜᴇmᶜlāwisē ᶜwēlxs lāx xwāk!ŭnās laē
ʟēᶜlālax ᶜnōlast!ᴇgᴇmaᶜyas bᴇgwānᴇmē xŭnōxᵘs ʟᴇᶜwis xŭngwawē
qa läs hōgŭxs lāx xwāk!ŭnās. Wä, g·îlᶜᴇmᶜlāwisē la hōxᶜwalᴇxs
lāxa xwāk!ŭna laē sēxᶜwīdᴇx·daᶜxᵘ qaᶜs lā lāxa ᶜmᴇk·âla lāx ʟ!ā-
35 sēg·aᶜyas YālaʟE̮. Wä, lāᶜlaē āʟēᶜsta lāxa ᶜmᴇk·âla. Wä, lāᶜlaēda
ts!ᴇdāqē hănōɫtōdxa g·îldasē lāxēs xwāk!ŭna qaᶜs hăng·alīsēq. Wä,
lāᶜlaē ʟēᶜlālaxēs xŭnōkwē qa läs g·īwālaq ʟᴇᶜwis xŭngwawē. Wä,
laᴇmᶜlāwisa ᶜyāxᶜsᴇmē ts!ᴇdāq äxk·!ālaxēs xŭngwawē qa äxōdēsēxa
yᴇkwāyaᶜyasa g·îldasē. Wä, g·îlᶜᴇmᶜlāwisē lawāya yᴇkwāyaᶜyaxs
40 laē bᴇgwānᴇmē xŭnōkwasa ᶜyāxᶜsᴇmē ts!ᴇdāq dāx·ᶜīdxēs ts!āᶜya
qaᶜs ʟaxts!ōdēs lāxa g·îldasē. Wä, lāᶜlaē äbᴇmpas yᴇkŭ-
yᴇntsa yᴇkwāyaᶜyasa g·îldasē. Wä, lāᶜlaēda ᶜyaxᶜsᴇmē ts!ᴇdāq
äxᶜēdxa ălāg·ᴇmsgᴇmē ᶜnᴇxᶜŭnāᶜyaxa la hāmᴇlxsᴇmālaxa äwāwē
ēx·ts!ᴇma. Wä, lāᶜlaē q!ᴇnēpsᴇmts lāxa g·îldasē. Wä, lāᶜlaē

around it. As soon as she had done this, | she put it aboard the 46
canoe. And it is said that the bad woman asked | her son to take
aboard a large stone. | Then her son looked for an elongated large
stone. | When he found one, that was good for an anchor, so || large 50
that a man could hardly lift it, he put it aboard the canoe. | Then he
went aboard, and the bad | woman with her son paddled out to sea.
The large box was in the middle of the canoe. It was just like |
shining on account of the abalone-shells that covered the box, with
the brightness | of the sun. Then they went out to sea, and the
bad || woman said to her son, "Tie the rope to the | stone, and after 55
you have done so, tie the other end | around the box." Thus she said.
Immediately the boy did this. | And after he had finished, he
threw the abalone-covered | box into the sea. When it drifted
about, he took up || the elongated stone and threw it into the water; 60
and after he had | thrown it into the water, they paddled away from
it. They never turned around to see | what became of the box that
had been thrown into the water, for they felt that they had done
something bad. | When they nearly arrived at the house, the bad |
woman spoke to her son and said, || "Oh, son, listen! Let me tell you 65
what I have in mind, for we | are going to be asked what became of

qEx·sEmtsa dEnEmē lāq. Wä, g·îl‛Em‛lāwisē gwāla laē häng·aa- 45
łExsaq lāxa x̣wāk!ūna. Wä, lā‛laēda ‛yāx·sEmē ts!Edāq äxk·!ā-
laxēs xūnōkwē qa t!āx̣ālExsēsēx ‛wālasa t!ēsEm lāxa x̣wāk!ūna.
Wä, laEm‛lāwisē xūnōkwas ālāx sāxsEma ‛walas t!ēsEma.
Wä, lā‛laē q!āxa âlā la ēx· lax q!EltsEm. Wä, hâlsElaEm-
‛lāwisa bEgwānEmē łāxᵘs g·āxaē t!āgExsaq lāxa x̣wāk!ūna. Wä, 50
lā‛laē lāxs lāxa x̣wāk!ūna. Wä, lā‛laē sēx̣watlalēda ‛yāx·sEmē
ts!Edāq ʟE‛wis xūnōkwē hänōyâlaxa ‛wālasē g·îldasxa hē gwēx·sē
q!Eqāłaēna‛yasa ēx·ts!Emē la ‛mEgEsgEmēxa g·îldasē q!Eqałaēna-
‛yasa ʟ!ēsEla. Wä, laEm‛lāwisē lāxa ʟ!āsakwaxs laē ‛nēk·ēda ‛yax·-
sEmē ts!Edāqa lāxēs xūnōkwē. "Wēg·a yîltsEmtsa dEnEmēx lāxwa 55
t!ēsEmēx. Wä, g·îl‛Emłwits gwāł qasō lāł yîltsEmtsa äpsba‛yaxs
lāxwa g·îldasēx," ‛nēx·‛laē. Wä, hēx·‛idaEm‛lāwisē hē gwēx·‛idēda
bEgwānEmē. Wä, g·îl‛Em‛lāwisē gwāla laē hän‛stEntsa ēx·tsEmāla
g·îldas lāxa aōwak·ē. Wä, g·îl‛Em‛lāwisē hänwälaxs lāaEl t!āgEł-
tsaxa g·îltsEmē t!ēsEm qa‛s t!āx·stEndēs. Wä, g·îl‛Em‛lāwisē 60
lā‛staxs g·āxda‛xwaē sēx̣âs. Wä, laEm‛laē hēwäxa mElēxʟaxēs
lā‛stanowē g·îldasa, qaxs laē q!āk·aqēxs ‛yāx·sEmaēs gwēx·‛idaasē.
Wä, lā‛laē Elāq lāg·aa laxēs g·ōkwaxs laē yāq!Eg·a‛łēda ‛yāx·sEmē
ts!Edāqa lāxēs xūnōkwē. Wä, lā‛laē ‛nēk·a: "‛ya, xūnōkᵘ, wä-
Entsōs hōʟēlax qEn nēłēsg·a gwāłaasg·asg·En nâqēk·, qaxg·Ens 65
wūʟāsō‛mēʟEk· lāx x·Eyāsas ts!ā‛yax·dä. Wä, lEn ‛nēnk·!ēqEla

67 your younger brother. I think | that we'll say that our canoe upset, and let us say that your younger brother | did not come up again. The reason why I say so is that we may | wet ourselves before we go
70 ashore at the beach of our house." Thus she said. ‖ Immediately they sprinkled their clothing with water, | so that it was all wet. And after they had done so, they paddled | and went ashore on the beach of their house. Immediately | they were met by their relatives, and the relatives of the one who had been thrown into the sea. Then the | bad woman was asked, "Where is your stepson?" Thus
75 was said to her. ‖ Immediately the bad woman replied, and | said, "Our canoe upset, and I do not | know what became of my stepson, for we just tried to save ourselves." | Thus she said. Then she was asked what had become of the | carved box, for this was the only box
80 among the Bellabella that had a name. ‖ Therefore the Bellabella were very much troubled about the | carved box. The bad woman said that | the carved box had just drifted away. Then the Bellabella guessed | that the bad woman had done harm to her stepson. | In the evening
85 Chief Lēg·ēx and his second wife came back. ‖ Immediately Lēg·ēx was told what | they thought had been done by the bad woman to her stepson. | Then Chief Lēg·ēx spoke, and said, "Let | my son keep together with his crest, the carved box. | Let the chiefs of the

---

67 qEns ‘nēk·ēxg·Ens qEpaEns yā‘yats!ēx. Wä, lālEns ‘nēx·LEqēxs hēwäxaē q!ax‘wīdē tslā‘yax·dä. Wä, hē‘mēsEn lāg·ila ‘nēk· qEns k!ūnk!ūnqElē qEnsō läł lāg·alisL läx LlEma‘isasEns g·ōkwa," ‘nēx·-
70 ‘laē. Wä, hēx·‘idaEm‘lāwisē xōs‘ītsa dEmsx·ō ‘wāp läxēs gwēłgwäla qa ‘näxwēs k!ūnqa. Wä, g·īl‘Em‘lāwisē gwäla läē sēx‘wida qa‘s lä läg·alēs lāx LlEma‘isasēs g·ōkwē. Wä, hēx·‘idaEm‘lāwisē lālalasō‘sēs LēLELâla Lō‘ LēLELâläsa lä tslEx‘stanos. Wä, lā‘laē wŭLasE‘wēda ‘yāx·sEmē ts!Edāqa: "‘wīnēlä xŭngwawä," ‘nēx·sō‘laē.
75 Wä, hēx·‘idaEm‘lāwisē nā‘naxma‘yēda ‘yāx·sEmē ts!Edāqa. Wä, lā‘laē ‘nēk·a: "Qepanu‘x" yā‘yats!ēx. Wä, gwäłEla‘mēsEn k·!ēs q!ä‘staxEn xŭngux·dä qaxg·Enu‘x" â‘mēk· la q!ūlēx·s‘Em la q!wäq!ūla," ‘nēx·‘laē. Wä, lā‘laē wŭLasE‘wa lax gwägwaagasasa k·!āwats!ē g·īldasa, qaxs ‘nEmsgE‘maē g·īl Lēgad g·īldasa läxa
80 Hēłdza‘q". Wä, hē‘mis lāg·ilas xEnLEla äwīlElqElēda Hēłdza‘qwaxa k·!āwats!ē g·īldas. Wä, lā‘laēda ‘yāx·sEmē ts!Edāq ‘nēx·qēxs â‘maa la ts!āx‘idēda k·!āwats!ē g·īldasa. Wä, laEm‘laē k·ōt!ēdēda Hēłdza‘qwaq laEm mōmas‘idēda ‘yāx·sEmē ts!Edāqxēs xŭnguxdä. Wä, la‘mēsē dzāqwaxs g·äxaē nä‘nakwa g·īgāmä‘yē Lēg·ēx LE‘wis
85 a‘lēlē gEnEma. Wä, hēx·‘ida‘mēsē ts!Ek·!āl‘ītsE‘wē Lēg·ēxē yīsēs k·ōdElē gwēx·‘idaatsa ‘yāx·sEmē ts!Edāq läxes xŭngux"dä. Wä, lā‘laē yāq!Eg·a‘lēda g·īgāmä‘yē Lēg·ēxē. Wä, la‘laē ‘nēk·a: "Hāg·ax·En xŭnōkwa ‘nEmālag·īLē LE‘wis k·!ēs‘āēda k·!āwats!ē g·īldasa.

FAMILY HISTORIES

tribes try to find my ‖ son." Thus he said. Then it was known 90
everywhere that | the son of Lᴇg·ēx, the chief of the Ōyalaīdᴇxᵘ | was
sitting in the abalone-covered box, and therefore all the tribes
searched for it. |

Ālnᴇkwala lived with his wife and two | daughters in a house back
of Äwik·ǃᴇdza‘yē. ‖ The elder one of the children was grown-up, and 95
her younger sister was nearly grown-up. | Then, it is said, they
always stayed in bed late in the morning, sleeping. | In vain their
mother called them in the morning. They did not | wake up;
therefore their mother took the tongs | and struck her children,
saying as she struck them, "Don't ‖ sleep, but purify yourselves, 100
and try to find what is known by | the tribes, the abalone-covered
carved box in which | Lᴇg·ēx's son sits." Thus she said. Immediately the two | girls arose crying, and went out of the house. | They
went along the long beach, a pretty beach. ‖ Then they went a long 5
distance, and the younger one saw something | like the sun floating
about. And at once the younger one spoke | and said, "Look at
that thing floating about at sea. | It is like the sun really shining on
the water out at sea." | Thus she said. But the elder one did not
take notice of her. She just walked fast. ‖ Then the younger one went 10
after her, for | the younger daughter in vain thought of what their

Wäg·ax·a g·īg·ᴇgăma‘yaxsa lēlqwălaʟa‘yax ʟăʟōgwalaxᴇn xŭnō-
kwa," ‘nēx·‘laē. Wä, la‘mē qǃāqǃalagayuwēda ēx·tsǃᴇmsgᴇma 90
g·īldas kǃwātsǃᴇwats xŭnokwas Lᴇg·ēx, yīx g·īgăma‘yasa Ōyalaī-
dᴇxᵘ. Wä, hē‘mis lāg·ilas ‘năxwa‘mē lēlqwălaʟa‘yē ālăq.

Wä, g·ōkŭla‘laē Ālnᴇkwala Lᴇ‘wis gᴇnᴇmē Lᴇ‘wis ma‘lōkwē
tsǃēdāq sāsᴇm lāx ăwig·a‘yas Äwik·ǃᴇdza‘yē. LaᴇM‘laē ēxᴇntēda
‘nōlastǃᴇgᴇma‘yas sāsᴇmas. Wä, laᴇM‘lāwisē ᴇlaq ēxᴇntēda tsǃā- 95
‘yăs. Wä, laᴇM‘lāwisē hēmᴇnałaᴇm gēx·g·aêłᴇxs mēxaaxa gaäla.
Wä, lā‘laē wăx· gwäsō‘xa gaŭlāsēs ăbᴇmpē. Wä, lā‘laē k·ǃēs
tsǃᴇx·‘īda. Wä, hē‘mis lāg·ilas dăx·‘idē ăbᴇmpasēxa tsǃēsʟāla
qa‘s kwēxēs lāxēs sāsᴇmē ‘nēg·ʟtᴇwēxs kwēxaaq: "Gwăldză
mēxax qa‘s wāwᴇldzᴇwaōs qǃēqᴇla la‘sta qaēda qǃāqǃalag·āla- 100
yăsa lēlqwălaʟa‘ya ēx·tsǃᴇmsgᴇmalā k·ǃāwatsǃē g·īldas kǃwātsǃᴇwats
xŭnōkwas Lᴇg·ēx," ‘nēx·‘laē. Wä, hēx·‘idaᴇm‘lāwisa ma‘lōkwē
tsǃēdāq sāsᴇms ʟāx‘wida qǃwādzᴇtᴇwēxs laē hōqŭwᴇls lāxa g·ō-
kwē qa‘s lā qăsaēsᴇla lāxa g·īltǃᴇdzōlisē ēk· ăwīnagwisa. Wä,
laᴇm‘lāwisē qwēsg·ilaxs laēda tsǃā‘yāsa ‘nōla dōx·‘waLᴇlaxa hăᴇl 5
gwēx·sa Lǃēsᴇla pᴇx·âla. Wä, hēx·‘idaᴇm‘lāwisa tsǃā‘ya yāqǃᴇ-
g·a‘la. Wä, lā‘laē ‘nēk·a: "‘ya, dōx·‘widᴇsxa pᴇx·âlāxa Lǃāsa-
kwēxa hē gwēx·sa Lǃēsᴇla, yīxs âlaē qǃwăxsᴇmla‘ya lāxa Lǃāsakᵘ,"
‘nēx·‘laē. Wä, k·ǃēts!ᴇm‘lāwisē ‘nōläs qǃāsᴇlaq, ᴀᴇm‘laē yāya-
naxs qâsaē. Wä, âᴀm‘lāwisē tsǃā‘yäs la qăqayaq, qaxs lᴇ‘maē 10

12 mother had said when she | talked about the abalone-covered carved
box in which | Leg·ēx's son was sitting. They had gone a long ways
when they sat down. | Then the younger one spoke again to her elder
15 sister, and ‖ said, "I can not think of anything but what I have seen
out at sea, | which was floating about like the sun; (I wonder) if it is not
what mother talked about." | Thus she said. Then her elder sister
only said that she was getting hungry. | "Let us go home." Thus
she said. Then they walked back. | When they passed halfway the
20 distance they had gone, the ‖ younger one saw the great box lying
on the | beach. Then the younger sister spoke, "You are really |
foolish that you do not remember what our mother told | us to look
out for. This is the carved box lying on the beach." | Thus she said,
25 pointing to the box. Then the elder sister saw ‖ what was seen by
her younger sister. Then they ran to see who would | get there first
where it lay on the beach, the box that looked like the sun. | Then
they arrived there. Immediately the younger sister untied the |
rope tied around it; and when she had taken off the rope with which
30 it was tied, | she took off the dressed-skin with abalone shells ‖ and
put it down. Then she pulled at one side of the box, and then | she
heard something moving inside the box. Then | she ran away,
because she was afraid; but her elder sister was sitting on the
beach watching | her younger sister working hard. Then the

---

11 g·īg·aēqᴇla wäx·a ts!ā‘yäx wäldᴇmasēs ăbᴇmpē, yĭxs laē gwā-
gwēx·s‘āla lāxa ēx·ts!ᴇmsgᴇmälä k·!āwats!ē g·īldas k!wāts!ᴇwats
xŭnōkwas Lᴇg·ēx. Wä, laᴇm‘lāwisē qwēsg·ila qāsaxs lāaᴇl k!ŭs‘ā-
lisa. Wä, lā‘laē ēdzaqwa yāq!ᴇg·a‘lēda ts!ā‘yäxēs ‘nōla. Wä, lā‘laē
15 ‘nēk·a: "K·!ēts!‘mēk· ɪᴇl‘maēx‘ēdxᴇn dōgŭla lāxa ʟ!āsakwēxa
hē gwēx·s pᴇx·âla ʟ!ēsᴇla qō hēᴇmlaxē gwᴇ‘yâsᴇns ăbᴇmpa,"
‘nēx·‘laē. Wä, lā‘laē âᴇm ‘nēk·ē ‘nōläsēxs lᴇ‘maē pōsq!ᴇx·‘ida:
"Wä, la‘mēsᴇns läl nä‘naxᵘʟ," ‘nēx·‘laē. Wä, g·āx‘laē aēdaaqa
qās‘ida, wä, g·āx‘ᴇm‘lāwisē häyaxk·!ᴇlts!ᴇdxēs qāxᵘʟē. Wä, hēᴇm-
20 ‘laxaā wīsa ts!ā‘ya g·îl dōx‘waʟᴇlaxa ‘wälasē g·îldas laē ha‘nēs lāxa
ʟ!ᴇma‘isē. Wä, laᴇm‘laē yāq!ᴇg·a‘lēda ts!ā‘ya, "‘ya lōmaaqōs
nᴇnōlâ, yĭxs k·!ēts!ᴇmaäxᴇntqōs g·īg·aēqᴇlax wäldᴇmasᴇns ăbᴇmpa
g·āxᴇns qaᴇns dōgŭlēq hēᴇm k·!āwats!ē g·îldasa ha‘nēsax ʟ!ᴇma‘i-
sasa," ‘nēx·‘laē ts!ᴇmālaxa g·îldasē. Wä, laᴇm‘laē ‘nōläs dōx‘wa-
25 ʟᴇlax dōgŭlasēs ts!ā‘ya. Wä, lax·da‘x‘laē dzᴇlx‘wida qa‘s lä
g·āg·alap!a lālaa läx ha‘nēdzasasa häᴇl gwēx·s ʟ!ētsᴇmlisa g·îldasē.
Wä, lā‘laē lāg·aa läq. Wä, hēx·‘idaᴇm‘lāwisa ts!ā‘ya qwēl‘ēdᴇx
yĭltsᴇma‘yas dᴇnᴇma. Wä, g·îl‘ᴇm‘lāwisē ‘wî‘lâwa yĭltsᴇma‘yas
dᴇnᴇma lāa‘lasē äxâg·îltsᴇmdxa älāg·îmē äxᴇdzâyaatsa ēx·ts!ᴇmē
30 qa‘s x·îlxalisēq. Wä, lā‘laē gᴇlqalisaxa g·îldasē. Wä, hēᴇm‘lāwis
la wŭʟalatsēxa yāweng·a‘la läx ōts!âwasa g·îldasē. Wä, laᴇm‘laē
hēltsâ lāxēq qaxs k·îl‘ēdaas, qaxs â‘maē ‘nōläs k!waēs x·īts!ax·î-
laxēs ts!ā‘yäxs łaxŭmālaē ēaxᴇla. Wä, lā‘laē ʟāx‘ŭlēsēda ts!ā‘yäxs

younger sister stood still, | and she heard some one talking inside of the box, and saying, ‖ "Don't be afraid, come, open this box. 35 You have found me by good luck." | Thus said what was heard by the younger sister. At once the younger sister | went back and opened the box. She took off | the cover and put it on its edge at the side of the box. Then | the younger sister saw a really handsome young man sitting ‖ inside the box, wearing in his ears abalone 40 shells. Then the man spoke | to the younger sister and said, "Now your name shall be | Qwēx·agas (Box-Opening-Woman) — in Bellabella, X·āwagas in the way the Kwāg·uł speak— | for now you have opened this box, which has the name | Carved-Box. And now I'll marry you, my dear Qwēx·agas, for ‖ this is your name now, and also 45 Ēx·ts!ᴇmga (Abalone-Woman) beginning with this day. I am | the son of Lᴇg·ēx." Thus said he as he came out of the carved box. | Then the man took the abalone-covered dressed skin and | threw it into the carved box, and he took up the box | and folded it up; and as soon as it had become small, he ‖ tucked it into his armpit. The 50 man wore as a blanket the dressed-skin | blanket covered with abalone shells, and he also had a head-ring | of hide. Then the wife of the man, the one who | had now the name Qwēx·agas, asked her husband and her elder sister to | go home to their house. They

---

laē wūʟᴇlaxa yāq!ᴇnt!āla lax ōts!âwasa g·îldasēxa ʻnēk·a: "Gwāllas k·îłᴇlax. Gēlag·a, x·ōx̣ʻwidᴇxg·ada g·îldasᴇk·. Laᴇms ʟōgwala 35 g·āxᴇn," ʻnēx·ʻlaē wūʟᴇlasa ts!āʻya. Wä, hēx·ʻidaᴇmʻlāwisa ts!āʻya la xwēlaqa lāq qaʻs x·ōx̣ʻwidēxa g·îldasē. Wä, lāʻlaē āxōdᴇx yikwayaʻyas qaʻs k·!ōx̣ʻwalīsēs lāx ōnâʻyasa g·îldasē. Wä, laᴇmʻlaēda ts!āʻya dōx̣ʻwaʟᴇlaxa âlā la ēx·sōkᵘ hēłʻa bᴇgwānᴇm k!wats!âxa g·îldasē xōgᴇx̣ᵘsa ēx·ts!ᴇm. Wä, lāʻlaē yāq!ᴇg·aʻlēda bᴇgwā- 40 nᴇmē lāxa ts!āʻya. Wä, lāʻlaē ʻnēk·a: "Laᴇms lāł ʟēgadᴇs Qwēx·agas,—lāxa Hēłdzaʻqwa, lā X·āwagas lāxa Kwāg·ułe yāq!ᴇndasa,— qaēs laēnaʻyōs x·ōx̣ʻwidxwa ʟēgadēx g·îldasa lāxwa ʟēgadäxs k·!āwats!ē g·îldasa. Wä, laʻmēsᴇn gᴇg·adōs, ādä, Qwēx·agas, qaxs hēʻmaaqōs ʟēgᴇmē ʟōʻ Ēx·ts!ᴇmga g·āg·ᴇʟᴇlaxwa ʻnālax. Wä, nōgwaᴇm 45 xūnōx̣ᵘs Lᴇg·ēxa," ʻnēx·ʻlaēxs laē lâłts!â lāxa k·!āwats!ē g·îldasa. Wä, lāʻlaēda bᴇgwānᴇmē dāx·ʻîdxa ēx·ts!ᴇmsgᴇmāla ālāg·ʻim qaʻs lᴇxts!ōdēs lāxa k·!āwats!ē g·îldasa. Wä, lāʻlaē dāx·ʻîdxa g·îldasē qaʻs k·!ōxsᴇmdēq. Wä, g·îłʻᴇmʻlāwisē la āmäsgᴇmālaxs laē g·îpts!ōdᴇs lāxēs dᴇmgwālasē lax ʻnᴇx̣ʻūnālaēda bᴇgwānᴇmaxa ālāg·ʻimē 50 ʻnᴇx̣ʻūnē mᴇgūsgᴇmxa ēx·ts!ᴇmē. Wä, lāʻlaxaē hēʻᴇm gwāłē qᴇx·ᴇmaʻyas k!ūts!adzō. Wä, laᴇmʻlāwisa la gᴇnᴇmsa bᴇgwānᴇmēxa la ʟēgadᴇs Qwēx·agas äxk·!ālaxēs lāʻwūnᴇmē ʟᴇʻwis ʻnōla qaʻs lālag·ē näʻnakᵘ lāxēs g·ōkwē. Wä, lax·daʻx̣ᵘʻlaē qās·ʻida. Wä, k·!ēsʻᴇm-

55 walked along, and they were not ‖ far from their house when the father of the two sisters, | ĀlnEkwala, saw his two daughters, and | walking between them a man like the brightness of the sun. Then he | thought that his daughter had found by good luck what was known by all | the tribes, the son of LEg·ēx, who was inside the abalone-
60 covered ‖ carved box: therefore ĀlnEkwala went to meet his | children. As soon as he arrived, the younger | daughter spoke, and said, "Now I have a husband, father; | this one who was wished for by mother for my husband." Thus she said to her father. | Then
65 ĀlnEkwala was glad of what his daughter said. He ‖ came to his house; and when the married couple, | Qwēx·agas and her husband, went in, the husband of | Qwēx·agas spoke, and said, "Thank you, father-in-law ĀlnEkwala, | that I come to you. I am Yāmadzalas, the son of my father | LEg·ēx. Now we shall have one name, and
70 all kinds of ‖ privileges. Now I have married your younger daughter, | Qwēx·agas and Ēx·ts!Emga, for she is the only one who | enabled me to get out of the carved box. As | soon as I came out, I gave the name Qwēx·agas and Ēx·ts!Emga to my | wife. Now I will show
75 this box, which has the name ‖ Carved-Box." Thus he said, and took the flat thing from under his arms. | Then Yāmadzalas arose and went to the rear of the house of his | father-in-law ĀlnEkwala,

---

55 ‘lāwisē laEm Lāla qa‘s lāg·aē lāxēs g·ōkwaxs laē ōmpasa ts!āts!a-‘yasâla yĭx ĀlnEkwāla dōx‘waLElaxēs ma‘lōkwē ts!ēdaq sāsEmxs qāqEsālaaxa hē gwēx·s L!EnēqwaLa L!ēsEla bEgwānEm. Wä, lā‘laē k·ōtaxēs ts!ēdaqē sāsEm laEm Lōgwalaxa q!āq!alagâlayâsa ‘nāχwa lēlqwālaLa‘yē xŭnōkwas LEg·ēxxa k!wats!āwa lāxa ēx·ts!EmsgEmalā
60 k·!āwats!ē g·îldasa. Wä, hē‘mis lāg·iłas ĀlnEkwala la qāqayūlaxēs sāsEmē. Wä, g·îl‘Em‘lāwisē lāg·aa lāqēxs laē yāq!Eg·a‘lēda ămă‘-yînxa‘yē ts!Edāq xŭnōχ‘s. Wä, lā‘laē ‘nēk·a: "La‘mEn lā‘wada, dāts, yīsg·a wālagElg·as ădä qEn lā‘wŭnEma," ‘nēx·‘laēxēs ōmpē. Wä, laEm‘lāwisē mōla ĀlnEkwalas wāldEmasēs xŭnōkwē. Wä, lā‘laē
65 lāg·aa lāxēs g·ōkwē. Wä, g·îl‘Em‘lāwisē laēLēda la ha‘yasEk·ālā, yĭx Qwēx·agas LE‘wis lā‘wŭnEm, wä, la‘laē yāq!Eg·a‘lē lā‘wŭnEmas Qwēx·agas. Wä, lā‘laē ‘nēk·a: "Gēlak·as‘la, nEgŭmp, ĀlnEkwala, qaEn sōēna‘yē g·āxats. NōgwaEm Yāmadzalasa, xŭnōχ‘sEn ōmpaē LEg·ēx. Wä, g·āx‘mēsen qa ‘nEmx·‘îdēsEns LēgEm LE‘wEns ‘nāχwa
70 k·!ēk·!Es‘â. Wä, g·āx‘mēsen gEg·adEsg·a ămă‘yînxēg·asēs sāsEma-qōs lāxg·a Qwēx·agas lāxg·a Ēx·ts!Emga yīxg·ada ‘nEmōχ‘Emk·lālōL!a g·āxEn, qEn g·āxē lāłts!ā lāxa k·!āwats!ē g·îldasa. Wä, g·îl-‘mēsEn lāłts!ā lāq lāg·En Lēx‘ēdEs Qwēx·agas Lō‘ Ēx·ts!Emga lāxg·En gEnEmk·. Wä, la‘mēsEk· nēl‘ēdElg·ada LēgadEk· g·îldasaxg·a k·!ā-
75 wats!ē g·îldas," ‘nēx·‘laēxs laē ăx‘ēdxa pExsEmē lāxēs dEmgElasē. Wä, lā‘laē Laχ‘ŭlîlē Yāmadzalas qa‘s lä lāχ ōgwiwaliłasa g·ōkwasēs nEgŭmpē ĀlnEkwala, dālaxa pExsEmē. Wä, lā‘laē ăx‘ālîłaq. Wä,

holding in his hand the flat object. Then he put it down; | and as 78
soon as he had put it down, the thing that he had put down became
again the large carved | box. Then he spread the dressed skin
covered with abalone shell over it. ‖ And Yämadzalas spoke, and 80
said, "Now | look at it, father-in-law, at this my privilege, this carved
box. | Now we shall hold on to it, for there is nothing that is not in
this | carved box — all the winter dances." Thus he said. | Then
Yämadzalas sat down by the side of his wife, ‖ and his father-in-law 85
Ālnɛkwala thanked him for what he had said. | And these are now
the names of the wife of Yämadzalas, Qwēx·agas and Ëx·ts!ɛmga. |
And Yämadzalas stayed at Rivers Inlet | and that is the beginning of
the names Ëx·ts!ɛmga and Qwēx·agas. That is | all. |

Origin of the Abalone Names of the Gwa'sɛla

X̣wēlagēḷas lived at Tag·os — a man of the | numaym Q!ōmk·!u- 1
t!ɛs of the Gwa'sɛla. X̣wēlagēḷas was not a noble | man, for he
was only a hunter and a | salmon-fisher; therefore he was said not
to be a chief, for ‖ he was a common man; but the chief of the 5
numaym Q!ōmk·!ut!ɛs was | Hayaɫk·ɛn. They say that X̣wē-
lagēḷas paddled | inside of Lake, and he was just going in through
the place T!ōxsē | when he saw (water) squirting upward. And at

g·îl'ɛm'lāwisē äx'ālīlē äx'ālilɛmas laasē 'wālas'idēda k·!āwats!ē g·îl- 78
dasa. Wä, la'mē ʟɛpsɛmlîlxa älāg·îmē mɛgɛsgɛmālaxa ëx·ts!ɛmē.
Wä, lā'laē Yämadzalas yāq!ɛg·a'la. Wä, lā'laē 'nēk·a: "Wēg·a, 80
dōqwaɫax nɛgǔmp lāxg·ɛn k·!ēs'ōk", laxg·ada k·!āwats!ēk· g·îldasa.
La'mēsɛns dādanɛwēɫqɛk·, yîxs k·!eȃsaē k·!ēs g·äx g·its!äxg·ada
k·!āwats!ēk· g·îldasa läxwa 'näxwax ts!ēts!ēxʟɛn k·!ēk·!ɛs'ă," 'nēx·-
'laē. Wä, g·äx'laē Yämadzalas k!wanōdzɛlîlaxēs gɛnɛmē. Wä,
lā'laē mōla'laē nɛgǔmpas, yîx· Ālnɛkwala yîs wäldɛmas. Wä, 85
hē'mis la ʟēʟɛgɛms gɛnɛmas Yämadzalasē Qwēx·agas ʟō' Ëx·ts!ɛm-
ga. Wä, laɛm'laē xîk·!a'mē Yämadzalas läx Āwîk·!ēnox". Wä,
hē'mis g·äg·ɛlɛlatsa ʟēgɛmē Ëx·ts!ɛmga ʟō' Qwēx·agas. Wä, laɛm
läba.

Origin of the Abalone Names of the Gwa'sɛla

Gōkǔla'laē X̣wēlagēḷasē läx Tag·osxa bɛgwänɛmē g·āyōɫ läx 1
'nɛ'mēmotasa Q!ōmk·!ut!ɛsē, yîsa Gwa'sɛla, yîxs k·!ēsaē nâxsâla
bɛgwänɛmē X̣wēlagēḷasē, qaxs â'maē hănʟ!ēnoxwa. Wä, läxaē
ʟāḷawayox'sila. Hē'mis lāg·iɫas 'nēx·sō' k·!ēs g·īgăma'ya, yîxs
â'maē bɛgwänɛmq!ālama, yîxs häē g·īgămēsa 'nɛ'mēmotasa Q!ōm- 5
k·!ut!ɛsē Hayaɫk·ɛn. Wä, laɛm'lāwisē X̣wēlagēḷas sēx'wīd qa's lä
lāts!ä läx DzE'läɫ. Wä, hēɛm'lāwis āɫɛs läx·sâla läx äxäs T!ōxsē
lāa'lasē dōx'waʟɛlaxa ts!ɛtx·ɛg·ostâwa 'wäpa. Wä, hɛx·'idaɛm'lā-

10 once | Xwēlagēḷas went ashore to see where the ‖ squirting came
from. He stepped out of his small canoe | and walked, and he went
to the place where the squirting came from at | low tide. The
squirting was half way between the | high water mark and low water
mark. When he came nearly up to it, | it squirted again. Then
15 Xwēlagēḷas ran up to it, and ‖ saw where the squirting came from.
He found a | hole on the beach, and it occurred to him that there
might be horse-clams, for | the hole was like those the horse-clams
make when they squirt water through a | hole on the beach. But it
occurred to him | that there were no horse-clams at Tag·os. Then
20 what troubled his mind squirted again, ‖ and the water squirted up
high. | Then Xwēlagēḷas resolved to dig for it. He began to dig. |
It was evening when he reached four | pearl shells. When he got
these, which he only knew from hearsay, | which were in the shape
of pearl shells,—those he had dug up,—he carried them along ‖ and
25 put them aboard his canoe. Then he went home | to his house in Tag·os;
and when he went ashore on the beach of his | house, he was met by
his tribe, for they were surprised that he came back | in the evening,
because Xwēlagēḷas always stayed out every night when he went. |
30 They questioned him why he had come back in the evening, ‖ and he
said, "Have I not found by good luck these pearl shells?" Thus he

---

wisē Xwēlagēḷas la āLē'sta qa's lā dōx'wīdEx g·āyoqâlidzasasa
10 ts!Etx·Ex·'īdē. Wä, lā'laē lâltâ lāxēs yā'yats!ē xwāxwagūma. Wä,
lā'laē qās'īda qa's lā lāx g·āyoqâlē dzāsasa ts!Etx·Ex·'īdē laxs
x·ats!aēsaē. Wä, lā'laē nEguyâlisē ts!Etx·Ex·'īdaasasa ts!Etx·a lāxa
yāxmotē ḶE'wa x·ats!a'yē. Wä, laEm'lāwisē Elāq lāg·aa lāqēxs laē
ēt!ēd ts!Etx·Ex·'īda. Wä, laEm'laē Xwēlagēḷasē dzElx'wīda qa's
15 lā dōx'wīdEx g·āyoqâlēdzasasa ts!Etx·Eg·ostâlisē. Wä, lā'laē q!āxa
kwawisē. Wä, lā'laē 'nēnk·!ēqElaq mEt!āna'ya qaxs hēq!āla'maē
gwēx·sē kwāwēts!ēna'yas g·ayōqâlasasa ts!Etx·Eg·ostâ 'wāpē kwā-
wēts!ēna'yas ts!Etx·āasasa mEt!āna'yē. Wä, lā'laē mElx'waLEla-
qēxs k·!eâsaē mEt!ānēs Tag·os. Wä, lā'laē ēt!ēd ts!Etx·Ex·'īdēda
20 q!ēq!aēqElayâs. Wä, laEm'laē âlak·!āla ēk·!Eg·ila ts!Etx·Ex·'īdayâs.
Wä, laEm'laē ts!as'ēdē Xwēlagēḷasē qa's 'lāp!ēdēq. Wä, lā'laē 'lāp!-
īda. Wä, laEm'lāwisē dzāqwaxs laē lāg·aa lāx âxāsasa mōsgEm
k·ōgwesa. Wä, g·īl'Em'lāwisē lâLaq laxēs âēnē'mē q!āq!alastâla-
qēxs hēE gwēx·sasa k·ōgwisaēs la 'lābānEma. Wä, g·āx'laē dâlaq
25 qa's g·īg·aaɫExsēq lāxēs xwāk!ūna. Wä, laEm'laē âEm la nä'nak"
lāxēs g·ōkwē lāx Tag·os. Wä, g·īl'Em'lāwisē lāg·alis lāx Ḷ!Ema'isasēs
g·ōkwē lāa'lasē lālalasōsēs g·ōkūlōtē qaxs q!āyaxaasēxs g·āxaē xwē-
laqaxa dzāqwa qaxs hēmEnala'maē xamūlaxs laasnōkwaē Xwēlagē-
ḷasē. Wä, lā'laē wūLasE'wa lāx lāg·iɫa g·āx xwēlaqaxa dzāqwa.
30 Wä, lā'laē 'nēk·a: "Ēsaēḷen ḷōgwalaxwa k·ōgwēsēx," 'nēx·'laē.

said. | Immediately they told one another that Xwēlagēḷas had 31
found by good luck | the pearl shells, and at once the Chief, Hayałk·ᴇn | questioned Xwēlagēḷas, "Is it true that you found by good
luck pearl shells?" Thus he said. | Xwēlagēḷas at once took the
four pearl shells and || showed them to Chief Hayałk·ᴇnē. Chief | 35
Hayałk·ᴇn at once said that he would buy the four pearl shells. |
Then Xwēlagēḷas said, "You will buy them later on, after they have
been | in the house four days." Then Chief | Hayałk·ᴇn just begged
him not to sell them to another || person. When Hayałk·ᴇn went 40
home, Xwēlagēḷas | arose and hid his pearl shells. After | he had
hidden them, he went out of his house, and went into the water on
the | beach; and after he had done so, he went out of the sea-water |
and went into his house, and he lay down on his bed. Then || he 45
slept, and he dreamed of a well-dressed man | with large abalone
shells hanging all over his blanket, | and abalone shells hanging from
his ears, and abalone shells hanging from his nose. Then | in his
dream the man spoke to Xwēlagēḷas, and in his dream he said, |
"Oh, friend! I am Pearl-Shell-Maker (K·ōgwēsila). I am Abalone-
Maker-of-the-World (Ex·ts!ᴇmalag·ílis), || and I come to see you. 50
You have found me by good luck to-day. | Now go and paddle again,
and come to my other house at Ǥᴇyaxstē, | so that you may obtain
my dress." Thus he said, and changed his blanket. | Then the

Wä, hēx·ᶜidaᴇmᶜlāwisē ts!āk·!ałap!ōlᴇmē Xwēlagēḷas yīxs ḷōgwa- 31
laaxa k·ōgwēsē. Wä, hēx·ᶜidaᴇmᶜlāwisa g·īgǎmaᶜyē Hayałk·ᴇnē g·āx
wŭḷax Xwēlagēḷasē âlaᶜmaē ḷōgwalaxa k·ōgwēsē, ᶜnēx·ᶜlaē. Wä,
hēx·ᶜidaᴇmᶜlāwisē Xwēlagēḷas ăx·ᶜēdxa mōsgᴇmē k·ōgwēs qaᶜs
dōqwamasēs lāxa g·īgǎmaᶜyē Hayałk·ᴇnē. Wä, lāᶜlaēda g·īgǎmaᶜyē 35
Hayałk·ᴇnē hēx·ᶜidaᴇm ᶜnēx· qaᶜs k·ᴇlxwēxa mōsgᴇmē k·ēk·ōgwēsa.
Wä, lāᶜlaē ᶜnēk·ē Xwēlagēḷasē ᶜnēx· qa ăłᶜmēḶes k·ᴇlxwaḶᴇq qō łał
mōp!ᴇnxwaᶜs ăxēł lāxa g·ōkwas. Wä, laᴇmᶜlaēda g·īgǎmaᶜyē
Hayałk·ᴇn âᴇm hăwāxᴇlaq qa k·!ēsēs lāxōdᴇq lāx ōgŭᶜlä bᴇgwā-
nᴇma. Wä, g·îlᶜᴇmᶜlāwisē la nāᶜnakwē Hayałk·ᴇnē lāaᶜlasē Xwēla- 40
gēḷas Ḷāxᶜŭlił qaᶜs q!ŭlałᶜīdēxēs k·ēk·ōgwēsē. Wä, g·îlᶜᴇmᶜlāwisē
gwāł q!ŭlāḶaqēxs laē lāwᴇls lāxēs g·ōkwē qaᶜs lä laᶜsta lāxa ḶIᴇ-
maᶜisē. Wä, g·îlᶜᴇmᶜlāwisē gwāłᴇxs laē lăᶜsta lāxa dᴇmsx·ē ᶜwāpa
qaᶜs lä laᴇl lāxēs g·ōkwē qaᶜs lä kŭlg·alił laxēs kŭᶜlēᶜlasē. Wä, lāᶜlaē
mēx·ēda. Wä, lāᶜlaē mēxᴇlasa âläᴇl la q!walᴇnkᵘ bᴇgwānᴇmxa 45
ᶜnāxwaᶜma ăwâ ëx·ts!ᴇmē tētᴇxᵘsᴇmaᶜyax ᶜnᴇxᶜŭnaᶜyas. Wä, lä xō-
gᴇxᵘsa ëx·ts!ᴇmē. Wä, lāxaē k·ēdzēłbalaxa ëx·ts!ᴇmē. Wä, lāᶜlaē
yāq!ᴇg·alᶜᴇng·ēda bᴇgwānᴇmē lāx Xwēlagēḷasē. Wä, lāᶜlaē ᶜnēx·ᶜ-
ᴇng·a: "ᶜyâ, qāst, nōgwaᴇm K·ōgwēsila. Nōgwaᴇm Ëx·ts!ᴇmalag·íli-
saxg·ᴇn g·axēk· dōqwōḶ. Nōgwaᴇms ḷōgwēxwa ᶜnālax. Wä, 50
hāg·iła ēt!ēd sēxᶜwīdᴇx qaᶜs laōs lāxᴇn ᶜnᴇma g·ōkᵘ, lāx Ǥᴇyaxstē
qaᶜs łaḶaōsaxg·ᴇn gwālaasᴇk·," ᶜnēx·ᶜlaēxs laē g·amag·îlīlē ᶜnᴇxᶜŭ-

abalone shells on the blanket disappeared and | changed to pearl
55 shells, and pearl shells were his ear-ornaments ‖ and his nose-
ornament. Then that man, Pearl-Shell-Maker, said, | "Now you
have seen what kind of blanket you will have. And I | tell you not
to sell what you obtain by good luck from me, but you may give it |
as a privilege in marriage to the husband of your daughter." Thus
he said. Then | he disappeared. Immediately X̱wēlagēɫas arose and
60 got ready. ‖ He took with him his pearl shells, and he went down to
the | beach where he had left his small canoe. Then he launched it, |
and he went aboard his small canoe, when it was not yet near day-
light. | Then he paddled. He went to Ḡeyaxstē, and | he arrived there
65 late in the day when it was low water. He ‖ went ashore at a hunting-
camp, and he stepped out of his small canoe | and went through
between the islands, and he went outside back of it. | It was as
though he heard some one speaking and telling him to go where he
was going. | Then he went right to a large stone that lay on the beach
70 at low | water mark. As soon as he reached it, he saw ‖ four large
abalone shells lying on their backs. Immediately | X̱wēlagēɫas dug
them and carried them up the beach on his shoulders. | He was just
strong enough to carry them. Then he arrived at the camp, and |
he put down the four large abalone shells. Then he saw | the remains
75 of a fire and coals still aglow. Immediately ‖ he gathered the char-

---

53 na‘yas. Wä, laᴇm‘laē x·ĭs‘ēdēda ēx·ts!ᴇma‘yas ‘nᴇx̱‘ūna‘yas qa‘s lä
L!āyugwaaLᴇlēda k·ōgwesē lāxa ēx·ts!ᴇm ɫᴇ‘wis x̱ōgᴇmē k·ōgwēsa
55 ɫᴇ‘wis k·ēdzēlba‘yē. Wä, ‘nēx·‘laēda bᴇgwānᴇm, yĭx K·ōgwēsĭla:
"Laᴇms dōx‘waLᴇlax gwālaasLasēs ‘nᴇx̱‘ūnēLaōs. Wä, g·a‘mēsᴇn
wāldᴇmLōl qa‘s k·!ēsaōs lāxōtsēs ɫōgwayōs g·āxᴇn, lāɫas k·!ēs‘o-
gŭlxɫalaq lāx lā‘wŭnᴇmasēs ts!ᴇdāqōs xŭnōkwa," ‘nēx·‘laēxs laē
x·ĭs‘ĭda. Wä, hēx·‘idaᴇm‘lāwise X̱wēlagēɫasē ɫāx̱‘ŭlĭla qa‘s xwānaɫ-
60 ‘idē. Wä, lā‘laē dāg·ᴇlxɫālaxēs k·ōgwēsē qa‘s lä lᴇnts!ēs lāxa
L!ᴇma‘isē lāx ha‘nēdzasasēs xwāxwagŭmē. Wä, lū‘laē wī‘xustᴇndᴇq.
Wä, lā‘lae lāxs lāxēs xwāxwagŭmaxa k·!ēs‘ᴇm ɫāla qa‘s ‘nāx·‘idē.
Wä, lā‘laē sēx‘wida. Wä, laᴇm‘laē lāl lāx Ḡeyaxstē. Wä, laᴇm-
‘lāwisē gāla ‘nālaxs laē lāg·aala lāqēxa la x·āts!aēsa. Wä, lā‘laē
65 lāg·alis lāxa g·ĭg·ōk!walē. Wä, lā‘laē lālta lāxēs yā‘yats!ē xwāxwa-
gŭm, qa‘s lä qatsā lāx āwāgawa‘yas qa‘s lä lāx L!āsēg·a‘yas hē
gwēx·s wŭLᴇlaxa yāq!ᴇnt!ālaxa ‘nēk·a qa läs lāxēs la gwᴇ‘yōɫᴇlasa.
Wä, lā‘laē hē‘nākŭla lāxa ‘wālasē ‘mᴇgwēs t!ēsᴇm lāx wŭl-
x·ĭwa‘yasa x·āts!a‘yē. Wä, g·ĭl‘ᴇm‘lāwisē lāg·aa lāqēxs laē dōx‘wa-
70 Lᴇlaxa nᴇlnᴇL!a mōsgᴇm āwā gwalēts!a. Wä, hēx·‘ida‘ᴇm‘lāwisē
X̱wēlagēɫas āx·‘ēdᴇq qa‘s g·āxē t!ēx̱‘ŭsdēsᴇlaq lāxa L!ᴇma‘isē laxēs
hāɫsᴇlaēnē‘mē lāx̱us. Wä, lā‘laē lāg·aa lāxa g·ᴇg·ōk!walē laa‘lasē
ax‘ᴇlsaxa mōsgᴇmē āwā gwalēts!a. Wä, lā‘laē dōx‘waLᴇlaxa lāq!ŭs-
mōtaxs x·ĭx·ᴇq!ᴇgᴇlsaēda ts!ōlna. Wä, hēx·‘idaᴇm‘lāwisē q!ap!ēg·ᴇl-

coal and blew up the fire in it. He had not blown it a long time | 75
when the fire blazed up. Then he put stones on the | fire that he
had made, and he gathered dead eel-grass and put it down | near the
fire; and when the stones were white hot, | he pulled away the fire;
and when the stones were all out ‖ of the fire, he gathered them up 80
and | threw on the dead eelgrass. Then he took the abalones | and
placed them with the open side on the layer of eelgrass. | Then he
took more dead eelgrass, and put it into the water in a | hole in the
rock. Then he covered it over the four large ‖ abalones which were 85
steaming. Then he sat down waiting for them to be done. When |
they were cooked, he took out the meat of the four large abalone
shells; | and after he had taken out the meat, he put them aboard his
canoe. | Then he went home running before the northwest wind. It
was nearly | evening when he arrived at Tag‘os. Then ‖ XwēlagēḶas 90
was proud on account of the four large abalone shells | which he had
found by good luck; and he carried them on each side as he went up
the beach of his | house. He did not try to hide them. Then what
was carried by him was seen by the | men who were walking about,
and it was reported to the Chief | Hayałk·ᴇn. Immediately Ha-
yałk·ᴇn questioned ‖ XwēlagēḶas about where he had been, and 95
XwēlagēḶas said that he had been on the | inner side of Tag‘os. He

---

saxa tsǃōlna qaᶜs pōx̣ᶜwidēxa x·ix·ᴇqǃᴇg·aᶜyē. Wä, wīlaxdzē laē gē- 75
g·īls pōx̣waqēxs laē x·iqōstâ. Wä, lāᶜlaē xᴇxLᴇntsa tǃēsᴇmē lāxēs
Lᴇqwēlaᶜyē. Wä, lāᶜlaē qǃapǃēx·ᶜīdxa tsǃātsǃᴇsmōtē qaᶜs lä lᴇxᶜālisᴇ-
lās lāxa māg·ïnwalisasēs lᴇgwīsē. Wä, g·īlᶜᴇmᶜlāwisē mᴇnmᴇnītsᴇm-
x·ᶜīdēda tǃēsᴇmaxs laē k·eltsǃālaxa gŭlta. Wä, g·īlᶜᴇmᶜlāwisē ᶜwīlx·-
sēda gŭltäxs laē qǃapǃēsgᴇmlisaxa x·ïx·ᴇxsᴇmāla tǃēsᴇma. Wä, 80
lāᶜlaē łᴇxᶜalōdālasa tsǃātsǃᴇsmōtē lāq. Wä, lāᶜlaē äx·ᶜēdxa gwalētsǃa
qaᶜs qēqᴇpālamasēqēxs laē äxᴇyïnts lāxa tsǃāk·ǃa tsǃātsǃᴇsmōta.
Wä, lāᶜlaē äx·ᶜēdxa waōkwē tsǃātsǃᴇsmōta qaᶜs łᴇxstᴇndēs lāxa
qǃᴇwa ᶜwāpa. Wä, lāᶜlaē łᴇxēg·ïnts lāxēs nᴇk·asᴇᶜwa mōsgᴇmē ăwâ
gwalētsǃa. Wä, laᴇmᶜlāwisē kǃwäg·alis ēsᴇla qa Lǃōpēs. Wä, g·īl- 85
ᶜᴇmᶜlāwisē Lǃōpa laē ălx·ᶜīdxa mōsgᴇmē ăwâ gwalētsǃē. Wä, g·īl-
ᶜᴇmᶜlāwisē gwāl ᴇlk·aqēxs laē äx·ᶜălᴇxsas lāxēs x̣wäkǃŭna. Wä,
g·äx·ᶜᴇmᶜlaē nāᶜnakᵘ nᴇqǃᴇxḶălaxa dzāqǃwa yăla. Wä, k·ǃēsᶜᴇmᶜlā-
wisē ēx·āla qaᶜs dzāqwēxs laē lāg·aa lāx Tag·os. Wä, laᴇmᶜlāwisē
XwēlagēḶasē lᴇmqēs nâqaᶜyē qaēs Ḷōgwaᶜya mōsgᴇmē ăwâ gwalē- 90
tsǃa. Wä, laᶜmē âᴇm dādanᴇwēqēxs laē lâsdēsᴇla lāxa Lǃᴇmaᶜisasēs
g·ōkwē; k·ǃēs qǃulāLᴇlaq. Wä, hēᶜmis la dōx̣ᶜwaLᴇlatsa bēbᴇgwā-
nᴇmē g·ᴇyᴇmg·īlsᴇlax daakwas. Wä, lāᶜlaē tsǃᴇk·ǃālᶜitsᴇᶜwēda g·īgä-
maᶜyē Hayałk·ᴇnē. Wä, hēx·ᶜidaᶜᴇmᶜlāwisē Hayałk·ᴇn g·äx lāx
g·ōkwas XwēlagēḶasē. Wä, laᴇmᶜlāwisē Hayałk·ᴇnē wŭLax Xwē- 95
lagēḶas lāx laasdäs. Wä, lāᶜlaē XwēlagēḶasē ᶜnēk·ᴇxs hēx·dē lāda

98 lied about the place where he had been. Then | Hayaɫkᴇn spoke again, and said, | "But what is it the young men refer to that you
100 have got?" Thus he said. Then ‖ Xwelagēɫas took up one large abalone shell and showed it to him. | Then he said, "Evidently this which I obtained by good luck is what they talk about." Thus he said, | holding up the really beautiful abalone shell, which was blue on the inside. At once | Chief Hayaɫkᴇn tried to take hold of them, but | Xwelagēɫas said, "Don't, Chief! They are not yet secular.
5 Later on ‖ come and look at them, after they have been four days in this house." | Thus he said. Then Chief Hayaɫkᴇn just went out of | the house of Xwelagēɫas, and went home to his house. He really felt bad | on account of Xwelagēɫas, because he had not given up the abalone shells to him; | but he had tried in vain to look at
10 them. And Hayaɫkᴇn never ‖ looked at Xwelagēɫas again. But now his name was no longer Xwelagēɫas, for | he had the name Pearl-Shell-Maker, and so I shall call him Pearl-Shell-Maker. | Then Pearl-Shell-Maker gave to his son the name Abalone-Shell-of-the-World. | Now this made the mind of Hayaɫkᴇn really sore, | and
15 Hayaɫkᴇn thought how to obtain the ‖ pearl shells and the abalone shells, for the pearl shells and | the abalone shells were now cut up. Then Hayaɫkᴇn started and went into the | house of Pearl-Shell-Maker, and Chief Hayaɫkᴇn went right to | the place where Pearl-

---

97 ăwēʟaᵋyas Tagos. Wä, laᴇmᵋlaē ʟĕɫgwĕk·axēs laasdē. Wä, lāᵋlaē Hayaɫkᴇn ēdzaqwa yäq!ᴇg·aᵋla. Wä, lāᵋlaē ᵋnēk·a: "Wä, ᵋmādzât!a gwᴇᵋyâsa haᵋyäɫᵋä yānᴇmōs," ᵋnēx·ᵋlaē. Wä, lāᵋlaē Xwēla-
100 gēɫas däx·ᵋīdxa ᵋnᴇmēxʟa ᵋwälas gwalēts!a qaᵋs dōqwamasēs lāq. Wä, lāᵋlaē ᵋnēk·a: "G·axᴇnt gwᴇᵋyōsēg·ada ʟōgwēg·īn," ᵋnēx·ᵋlaē dzōxwalasa âlä la ēx·stō dzäsas ōts!â gwalēts!a. Wä, hēx·ᵋidaᴇmᵋlāwisa g·īgămaᵋyē Hayaɫkᴇn wax· dädaaq. Wä, lāᵋlaē Xwēlagēɫasē ᵋnēk·a: "Gwala, g·īgămēᵋ, qaxs k·!ēsᵋmaēx baxŭsᵋida. Âlᵋᴇm-
5 ʟᴇs gäx dōqwaʟᴇqᵘ qaxō lâl mōp!ᴇnxwaᵋdzēl läxwa g·ōkwēx," ᵋnēx·ᵋlaē. Wä, âᴇmᵋlāwisa g·īgămaᵋyē Hayaɫkᴇn la lāwᴇls lax g·ōkwas Xwēlagēɫas, qaᵋs lä näᵋnakᵘ laxēs g·ōkwē. Âla ᵋyax·sᴇmēs nâqaᵋyē qa Xwēlagēɫasē, qaxs laē yäx·stotsa gwalēts!a laqēxs laē wäx· däk·!älaq qaᵋs dōxᵋwidēq. Wä, hēwäxaᵋlat!ä ēt!ēdē Hayaɫ-
10 k·ᴇn dōqwax Xwēlagēɫas, yīxs laᵋmē gwäl ʟēgadᴇs Xwēlagēɫas, qaxs laᵋmē ʟēgadᴇs K·ōgwēsīla. Wä, hēᵋmēsᴇn lāl ʟēqᴇlayōʟᴇqē K·ōgwēsīla. Wä, lāᵋlaē ʟēx·ᵋēdē K·ōgwēsīla yīs Ēx·ts!ᴇmalag·īlis laxēs bäbagŭmē xŭnōkwa. Wä, hēᴇmᵋlāwis la âla ts!ᴇx·īlamasᴇx nâqaᵋyas Hayaɫkᴇn. Wä, laᴇmᵋlaē Hayaɫkᴇn sᴇna qaᵋs g·äyoʟasxa
15 k·ōgwēsē ʟᴇᵋwa ēx·ts!ᴇmē qaxs lᴇᵋmaē ᴇᴇxsᵋaakwa k·ōgwēsē ʟᴇᵋwa ēx·ts!ᴇmē. Wä, lāᵋlaē qäsᵋida yīx Hayaɫkᴇnē. Wä, lāᵋlaē laēʟ läx g·ōkwas K·ōgwēsīla. Wä, hēᵋnakŭlaᴇmᵋlāwisa g·īgămaᵋyē Hayaɫ-

Shell-Maker was seated. Then Chief | Hayaɫk·ᴇn spoke, and said, "Let me || look at your pearl shell and your abalone shell." Thus he 20 said. | At once Pearl-Shell-Maker arose and took them out of | the box in which they were. Then he put them down in the place where Chief | Hayaɫk·ᴇn was seated. He was sitting at the left-hand side of | Chief Hayaɫk·ᴇn. Then Chief Hayaɫk·ᴇn looked at the || pearl 25 shells; and after he had looked at the pearl shell, he looked at the | really beautiful blue, large abalone shells; and after he had looked | at them, he spoke, and said, "Now let me buy them | all." Thus he said. Then Pearl-Shell-Maker turned his head and | laughed, and at that moment Hayaɫk·ᴇn struck him with his club on the back of the head || — with a round yew-wood club which he had hidden. 30 Then Pearl-Shell-Maker was dead, | and Hayaɫk·ᴇn took all the abalone shells and | pearl shells. When he had almost come out of the door of the house, | Abalone-Shell-of-the-World came in, the son of Pearl-Shell-Maker. | Then Hayaɫk·ᴇn clubbed him also, and he also was dead. || Then Hayaɫk·ᴇn had obtained by killing the abalone 35 shells and the pearl shells | and the name Pearl-Shell-of-the-World for the name of a man; | but a woman would have the name Abalone-Woman (Ex·ts!ᴇmga) and Abalone-in-House (Ex·ts!ᴇmīɫ); | and Hayaɫk·ᴇn also had the name Pearl-Shell-Maker; | and for a woman he had the name Pearl-Shell-Maker-Woman (K·ōgwēsi-

---

k·ᴇn lāx k!waēlasas K·ōgwēsīla. Wä, laᴇm‘lawisa g·īgăma‘yē Ha- 18
yaɫk·ᴇn, hëᴇm g·īl yāq!ᴇg·a‘la. Wä, lă‘laē ‘nēk·a: "Wäg·adzâx·ᴇn
dōx‘waʟᴇlaxōs k·ōgwēsax ʟᴇ‘wōs ëx·ts!ᴇmax," ‘nëx·‘laē. Wä, 20
hëx·‘idaᴇm‘lāwisē K·ōgwēsīla ʟăx‘ŭlił qa‘s lā ăx‘wŭłts!ōdᴇq lāxēs
g·īts!ᴇwasē g·īldasa. Wä, g·āx‘laē ăx‘ălilas lax k!waēlasasa g·īgă-
ma‘yē Hayaɫk·ᴇn. Wä, lă‘laē k!wäg·alił lāx gᴇmxagawalilasa g·īgă-
ma‘yē Hayaɫk·ᴇnē. Wä, laᴇm‘lāwisa g·īgăma‘yē Hayaɫk·ᴇn dōqwaxa
k·ōgwesē. Wä, g·īl‘ᴇm‘lāwisē gwăl dōqwaxa k·ōgwesē laē dōqwaxa 25
alä la ëx·stō dzäsa ăwă ëx·ts!ᴇma. Wä, g·īl‘ᴇm‘lāwisē gwăl dōqwa-
qēxs laē yāq!ᴇg·a‘la. Wä, lă‘laē ‘nēk·a: "Wäg·adzâx·ᴇn k·ᴇlxwa
‘wī‘laqᵘ," ‘nēx·‘laē. Wä, ăᴇm‘lāwisē K·ōgwēsīla lōx‘wida qa‘s
dăł‘idē. Wä, hē‘mis la kwēx‘ēdaats Hayaɫk·ᴇnasa q!ŭlăʟᴇkwas
lëx·ᴇn ʟ!ᴇmq!a lāx ăwăp!a‘yas. Wä, laᴇm‘laē ʟᴇ‘lē K·ōgwesī- 30
lax·dē. Wä, âᴇm‘lāwisē Hayaɫk·ᴇn ‘wī‘la ăx‘ēdxa ëx·ts!ᴇm ʟᴇ‘wa
k·ōgwesē. Wä, hëᴇm‘lāwis ălēs ᴇlāq lăg·aa lāxa t!ᴇx·tlăsa g·ōkwē
g·āxaas g·āxᴇʟᴇlē Ëx·ts!ᴇmālag·īlis, yīx xŭnōxᵘdäs K·ōgwesīlax·dē.
Wä, laᴇmxaa Hayaɫk·ᴇn kwēx‘ēdᴇq. Wä, laᴇmxaē ʟᴇ‘la. Wä,
la‘mē Hayaɫk·ᴇn kwēxănᴇmaxa ëx·ts!ᴇm ʟᴇ‘wa k·ōgwesē; wä, 35
hē‘misa ʟēʟᴇgᴇmē Ëxts!ᴇmalag·īlis. Wä, laᴇm ʟēgᴇmsa bᴇgwă-
nᴇm. Wä, g·īl‘mēsē ts!ᴇdāqa laē ʟēgadᴇs Ëx·ts!ᴇmga ʟō‘ Ëx·sl!ᴇ-
mīł. Wä, lāᴇmxaăwisē ʟēgadᴇs K·ōgwesīla, yīx Hayaɫk·ᴇnē. Wä,
g·īl‘mēsē ts!ᴇdāqa laē ʟēgadᴇs K·ōgwesīlayugwa. Wä, laᴇm]k·!eăs

40 layugwa). And nothing ‖ was said against him by all the men, because he had clubbed Pearl-Shell-Maker, | because he was a common man. |

Then the chief of the numaym, Ts!ēts!ɛmēlɛqăla of the | Nāk!wax·da⁵x⁵, whose name was Kwăx·ĭlanōkŭmē, who had many younger brothers | nine of them, all men — learned about this.
45 Immediately Chief ‖ Kwăx·ĭlanōkŭmē asked his younger brothers to paddle with him, | and at once they launched the large canoe of the chief. | Then he requested his younger brothers to take along their weapons, | and his younger brothers did so. The brothers were living at | the place Gōx"gula. Then the nine brothers went aboard
50 their ‖ war canoe, and the chief was asked by his younger brothers | where they were going. Then the chief said, "We will go | and see Chief Hayałk·ɛn at Tag·os." Thus he said. Then | they paddled, and it was not nearly evening when they | hauled up their canoe out-
55 side of the point of Tag·os. Immediately ‖ two of the younger brothers of the chief went, being sent by the chief | their eldest brother to go scouting to the house of Chief | Hayałk·ɛn. They started, and it was not long before | the scouts returned, and they said that there were only two, | and they named Hayałk·ɛn and
60 his wife. Then they said that ‖ they would go right away, for it

---

40 wăłdɛmsa ⁵năxwa bɛgwānɛmx Hayałk·ɛnaxs laē kwēx·⁵ĭdɛx K·ōgwesĭlax·dē, qaxs bɛgwānɛmq!ālamaē.

Wä, lā⁵laē q!ālēda g·ĭgăma⁵yasa ⁵nɛ⁵mēmotasa Ts!ēts!ɛmēlɛqălasa. Nāk!wax·da⁵x"xa Lēgadɛs Kwăx·ĭlanōkŭmē, yĭxa q!ēnɛmas ts!ăts!a-⁵yaxa ⁵na⁵nɛmōk!wa bɛgwānɛmx·sä. Wä, hēx·⁵idaɛm⁵lāwĭsa gĭgăma-
45 ⁵yē Kwăx·ĭlanōkŭmē ăxk·!ālaxēs ts!ăts!a⁵ya qa⁵s lä sēx⁵wid Lɛ⁵wē. Wä, hēx·⁵idaɛm⁵lāwĭsē wīx⁵stanowē ⁵wălas x̣wāk!ŭnasa g·ĭgăma⁵yē. Wä, lā⁵laē ăxk·!ālaxēs ts!ăts!a⁵ya qa dāxsɛlēsēxēs dādaak!wēma. Wä, hē⁵ɛm⁵lāwĭsē gwēx·⁵idē ts!ăts!a⁵yās lāx hena⁵yas g·ōkŭlēda ⁵nɛ⁵mēmē ăxās Gōx"gula. Wä, lā⁵laē hōgŭxsēda ⁵nä⁵nɛmōk!wa ⁵nɛ⁵mēma lāxēs
50 wīnats!ē xwāk!ŭna. Wä, lā⁵laē wŭlasɛ⁵wēda g·ĭgăma⁵yasēs ts!ăts!a-⁵ya lāxēs gwēgɛmla⁵yaasla. Wä, lā⁵laē ⁵nēk·ēda g·ĭgăma⁵yē. "Lalɛns dōqwałxa g·ĭgăma⁵yaē Hayałk·ɛna lāx Tag·os," ⁵nēx·⁵laē. Wä, lā⁵laē sēx⁵wida. Wä, k·!ēs⁵ɛm⁵lāwĭsē ḷāla qa⁵s dzāqwēxs laē lɛlx·⁵ĭda lāxL!āsadza⁵yas āwīlba⁵yas Tag·os. Wä, hēx·⁵idaɛm⁵lāwĭsē la
55 qās⁵idēda ma⁵lōkwē lāx ts!ăts!a⁵yăsa g·ĭgăma⁵yēxa ⁵yălagɛmasēs g·ĭgăma⁵yē ⁵nōlast!ɛgɛma⁵ya qa läs dāsdoqwax g·ōkwasa g·ĭgăma-⁵yaē Hayałk·ɛn. Wä, lāx·da⁵x"⁵laē qās⁵ida. Wä, k·!ēs⁵lat!a gălaxs g·āxaē aēdaaqēda dāsdoqwa. Wä, laɛm⁵laē ⁵nēk·ɛxs ma⁵lōk!ŭs-⁵maēda ḷēx⁵ētsɛ⁵was Hayałk·ɛnasēs gɛnɛmē. Wä, lā⁵laē ⁵nēk· qa⁵s
60 lălag·i ăɛm ⁵wī⁵la qās⁵ida qa⁵s hē ēg·asē ha⁵li⁵lälä k·!ĕlax·⁵idɛq. Wä,

would be best to kill them quickly. Then | they all started and came 61
out of the woods from behind and killed | the chief and his wife.
Then Chief | Kwāx·ilanōkŭmē went into the house, and he took all
the | pearl shells and the abalone shells. Then they went home.
He had ‖ obtained them in war, together with the names Abalone- 65
Shell-of-the-World and Pearl-Shell-Maker; and | the names never
went back to the Gwa'sEla, for they were | obtained in war by the
late Chief Kwāx·ilanōkŭmē of the numaym | Ts!ēts!EmēlEqăla of the
Năk!wax·da'xᵘ. Nothing was said against the | Năk!wax·da'xᵘ,
because they really had obtained them in war. That is the end. ‖

---

lax·da'xᵘ'laē 'wī'la qăs'ida. Wä, laEm'laē g·āyolt!EndExs laē k·!ē- 61
lax·'īdxa g·īgămēx·dē ḺE'wis gEnEmx·dē. Wä, lā'laē laēḺēda g·īgă-
ma'yē Kwāx·ilanōkŭma'yē lāxa g·ōkwē. Wä, laEm 'laē ăx'ēd 'wī-
'laxa k·ōgwesē ḺE'wa ëx·ts!Emē. Wä, g·äx'mē nä'nakwa. Wä, la'mē
wīnānEmaq ḺE'wis ḺēḺEgEmē Ëx·ts!Emālag·ilis Ḻō' K·ōgwesila. Wä, 65
la'mē hëwäxa la aēdaaqaxa ḺēḺEgEmē lāxa Gwa'sEla qaxs g·ăxaē
'wī'la wīnānEmsa g·īgămayōlaē Kwāx·ilanōkŭma'yasa 'nE'mēmo-
tasa Ts!ēts!EmēlEqăläsa Nāk!wax·da'xᵘ. Wä, laEm k·!eâs wăldEm-
xa Nāk!wax·da'xᵘ qaxs âlaē wīnanEmaq. Wä, laEm läba.

IX. SONGS

Song of a Speaker[1]

1. Is our chief going to give a great potlatch again? | Is he the
one who is going to give a great potlatch, the only tall, great chief,
your inviter, | chief? |
  Ah, this is our name, tribes! Ah, this is the ‖ great house of our
famous one, tribes!—It speaks, the great house, | your great famous
one, tribes! Like hunger sounds this great house, | carrying in one
hand the tribes all around the world! It sounds like hunger for |
those at the far end of the world, tribes! Go on, chief, invite them
to | come to make a turmoil, and to harden the floor of the large house
of our ‖ chief, tribes! Now he is going to show his great name, the
one who calls the many | tribes to meet. Now, you, great one, busy
yourself again, and invite | the tribes all around the world to come to
a potlatch to the tribes all along the world. | Never mind them,
chief! Never mind them, chief of the tribes! | You give presents to
them. You give again double amount, the same amount ‖ of property on top of the first amount, to those invited from time to time by
our chief, tribes! | O chief! don't look ahead, but go right on in the

---

Song of a Speaker

1. La⁵maxat!ōx ⁵mɛ'mx·ǎhā'dzēʟɛns g·īgǎma⁵yē. Hē⁵ᵋmaxat!ǎx
⁵mɛ'mx·ōwa ⁵nɛ'mts!agēdzē g·ī'gǎma⁵ya ʟē'laɬɛwax"g·aōs g·ī'gǎma⁵ya.
  Ā'dzēyasɛns ʟē'gɛmaxg·īns lē'lqwǎlaʟa⁵ya. Ā'dzēyasa g·ō'x"-
dzēyasɛns ʟä'x⁵ɛlgwīlg·īns lē'lqwǎlaʟa⁵ya. Yā'q!ɛnt!āla g·ōx"dzē-
ya tslē'ɬwux"ʟɛndzēyag·ōs lē'lqwǎlaʟa⁵ya. Pō'⁵wēk·!ālag·a g·ō'x"-
dzēya gō'xulālisāx hē'hē⁵stālisa lē'lqwǎlaʟa⁵ya. Pō'⁵wēk·!ālag·ax
qwē'sɛnxē⁵lisas lē'lqwalaʟa⁵ya. Wē'g·ax·ōs g·ī'gǎma⁵ya ʟē'ɬɛlaɬ qa
g·ā'xlag·aēɬtsē lōmōtɛlaʟa p!ā'p!ēdzēla'yaʟāx g·ō'x"dzēyasɛns g·ī'-
gǎma⁵ya, lē'lqwǎlaʟa⁵ya. Lā'dzēɛmxāk· ʟē'qayalg·a q!ē'q!ɛgā⁵las-
g·as lē'lqwǎlaʟa⁵yē. Lā'dzēɛmxās ē'tɛlēs yā'⁵wix·!lēs la'ē⁵staliīsɛla
ʟē'ɬtsē⁵sta'lisɛlag·a ⁵max"sē⁵stā'lisɛla g·ax lē'lqwǎlaʟa⁵yē. Wā'x·-
⁵ɛmax·ōx g·ī'gǎma⁵ya, wā'x·lag·aɛ'max·ōx g·ī'gǎma⁵yas lē'lqwǎ-
laʟai'! Ts!ō'ts!ēk·ā'yaʟa ē'tk·!ɛwēsi⁵lālaʟa gwa'⁵naqa'yaʟa yā'gwe-
k·a'yaʟax ʟē'⁵laɬɛwax" ⁵nā'xwayasɛns g·īgǎma⁵ya, lē'lqwǎlaʟai'!

---

[1] Song belonging to a carved figure of chief Q!ōmk·īnīs of the Nagɛmgilisǎla, now in the American Museum of Natural History, New York, (Cat. No. 16:7960). See Publications of the Jesup North Pacific Expedition, Vol, V., pl. 45, fig. 4.

17 world; for my | ancestor obtained a supernatural treasure,—the power to increase his property. This great one called himself | The-Great-Past-Increaser-of-Property. Therefore I am covered with property. Therefore I am rich. Therefore I am a counter of property, | your chief, tribes! Therefore, I am famous, the chief of ‖
20 those who have our chief for their chief, tribes! | Is he again going to give a great potlatch? | Hawa!

2. Is he again going to give a great potlatch, our chief? | Is he the one who is going to give a potlatch, the great tall chief?—your inviter | chief? Go on, chief! Give them more than they can carry,
25 so that ‖ my chief under me must give up (his attempts to do as you do), for now is wide open, | broad and open, far all around, the potlatch of our chief, tribes! Don't | let them make a noise and let me wait, those tribes all around! | Is he not going to give property to the tribes at the far edge of the world, | who are invited by our chief?
30 Don't let the chiefs ‖ of the tribes look, else they may die, watching | the incomparable feast, the invited tribes! If you were invited here, you would be proud, | you would talk proudly, chief under our chief, | tribes! Don't run about, whispering, talking through your noses, |
35 talking against my chief! Let us wish for more, ‖ and go nearer and ask our chief to give us more, tribes! | Now I am afraid of our head man who goes all around among the | tribes; therefore I praise

---

16 Gwā′lax·ōs g·ī′găma‛ya gwā‛ʻnaɬayaʟa qā′sax·sā′lag·tlīsa ā′naxʟᴇn g·ī′qag·ē′wayᴇn ʟō′gwalax bā′x̣ŭlā′liɬa. Wā′lēda q!ŭ̄lēxʟē′yadzē bā′x̣ŭlālildzēyōɬa a′myadālalg·ī̓ᴇn; q!ē′yadālalg·ī̓ᴇn: ha′wasᴇlaɬ-g·ī̓ᴇn g·ī′găma‛yōs, lē′lqwălaʟai. Ts!ē′lwălahag·ī̓ᴇn g·ī′găma‛yaisa
20 g·īgēdasᴇns g·ī′găma‛yas lē′lqwălaʟaī′! La‛maxa′t!ō ‛mᴇ′mx·awa: hawa.

2. Lā′‛maxat!âx ‛mᴇ′mx·ōwahadzēʟᴇnsg·ī′găma‛yē. Hē′‛maxat!ôx ‛mᴇ′mx·ōwa ‛nᴇ′mts!agēdzēx g·ī′găma‛ya ʟē′laɬᴇwaōx̣ᵘg·aōs g·ī′gă-ma‛ya. Wē′g·ax·ōs g·īgăma‛ya yā′yaāyaʟa ʟā′lap!ayaʟa yā′x·ī̓d-
25 g·ī̓laɬxᴇn g·īgabē′wa‛ya, lā′dzēyaē′mx·‛yā′sᴇlēlxwa lē′qᴇlēlxwa qwē′-sē‛staɬēlxwa ‛mā′‛max̣ᵘdᴇmēsg·asᴇns g·ī′găma‛ya lēlqwălaʟai′. Gwā′-lax·ī wul‛ᴇ′mʟa qā′pᴇlaʟa ē′sᴇlaxēlaxg·a la′ē‛staɬēsg·a lē′ᴇlqwălaʟai′. La‛ʻmaxat!ō mā′k·ᴇnxᴇlīsa qwē′sᴇnxēlisas lē′lqwălaʟai′ ʟē′‛laɬᴇ-wăx̣ᵘsᴇns g·ī′găma‛yēx, lē′lqwălaʟai′. Gwā′lax·ī dō′qwaɬayaʟē g·ī′g·ī-
30 găma‛yas lē′lqwălaʟai ā′ʟalaxʟē dō′gwalēsᴇmlāxg·a ɬᴇnā′lag·aōs ʟē′laɬᴇwax̣ᵘg·aōs, lē′lqwălaʟai′, qôsnē′sʟai ʟē′‛laɬᴇwaxwa, ‛yā′laqai-g·anᴇmlaxas, yā′q!ᴇndasg·anᴇmlaxas g·īgabᴇwēsᴇns g·īgăma‛yēx lē′lqwălaʟai′. Gwā′ī̓lax·ī yā′x·i‛lălaʟa ō′pī‛lălaʟa x·ī′ndzasăɬaʟa hē′mōtayaɬxᴇn g·ī′găma‛yai. Â′lag·a‛max·ins awᴇ′lqaɬā′yaʟa hă′m-
35 xwaɬayaʟa q!ā′q!ēgᴇ‛mā′yaɬ lā′xᴇns g·ī′găma‛yēx, lē′lqwălaʟai′. Laᴇ′mxat!ᴇn ts!ᴇ′ndk·ayaxg·īn ‛nā′mokwagēs‛mēx· la′ē‛stălisᴇl lāx

the chief of the subjects, | chiefs of the tribes! Is he going to give a potlatch? Howē! |

3. Is he going to give a great potlatch, our chief? Is he the one ‖ who is going to give a great potlatch, the great tall chief, your 40 inviter, chief? | I am the first of the tribes, the only one of the tribes, | I am the great one who invited at the beginning the tribes all around, | I am the only one among the tribes. | The chiefs of the tribes are only their own chiefs. I am the only one among the tribes. ‖ I 45 search for one who equals my highness among the | chiefs who are invited among all the chiefs of the tribes. Evidently there is no | chief among the guests, among all the chiefs of the tribes. | The chiefs of the tribes never return (feasts). | They are added to the speakers of this great house of the one who is already ‖ chief of the speakers, the 50 orphans, the poor people, chiefs of the tribes! | for they disgrace themselves, and you rise as head chief over those | who have disgraced themselves, tribes! I am the one who is giving these sea-otters to the | chiefs, the guests, the chiefs of the tribes, | I am the one who is giving coppers to the chiefs, the guests, ‖ all the chiefs of the tribes, I am 55 the one who is giving canoes | to the chiefs, the guests, the chiefs of the tribes. Does he hear the chief under our chief, | tribes? Go on, chief, let him be behind you, | chief of the tribes! Go on, chief, ‖ give away 60

---

lē'lqwălaʟai. Ts!ᴇ'ᴵᵏwălahag·ⁱᴵᴇn g·ī'gămaʿyasa g·ī'gēdasᴇns g·ī'- 37
gămaʿyas lē'lqwălaʟai'. Lā'ʿmaxat!ō ʿmᴇ'mx·ōwa, howē'.

3. Lā'ʿmaxat!ōx ʿmᴇ'mx·ō hēts!ēʟᴇns g·ī'gămēʿ. Hēʿmaxat!ōx
ʿmᴇ'mx·ōwa ʿnᴇ'mtsʟagēdzē g·ī'gămaʿya ʟēʿᴵʟalᴇwaōxᵘg·aōs g·ī'gă- 40
maʿya. Nō'gwaᴇmxa ʟᴇqwēʿtᴇmai ʿnᴇ'msgᴇmg·itᴇmēsa lē'lqwă-
laʟai'. Nō'gwaᴇmxa g·ā'g·alaq!ayadzē ʟēʿᴵᴇlaʟxa hēʿyistālisa lēlqwă-
laʟai'; ʿnᴇ'msgᴇmg·itᴇmaiʿᴇmxᴇn lē'lqwălaʟai'; ă'ᴇmxaa ō'xᵘwasīla
g·ī'g·ᴇgămaʿyas lē'lqwălaʟai'; ʿnᴇ'msgᴇmg·itᴇmēs lē'lqwalaʟai, yā'-
laēg·ⁱn dō'q!ūqā'ya qᴇn g·ī'g·aqōlēswut lāx g·ī'g·ᴇgămaʿyas ʟēʿᴵʟalᴇ- 45
waxᵘnaxwaʿʿyasᴇn g·ī'g·ăyamăʿyēx, lē'ʿlqwălaʟai'. K·leăʿsxᴇntʿya
g·ī'gămaēsa ʟēʿᴵʟalᴇwaxᵘnaxwaʿʿyasa g·ī'gămaʿyēx, lē'lqwălaʟai'.
Ā'ʿmēg·as hᴇk!waʿnāʿkūlag·a g·ī'g·ᴇgămᴇx·däs lē'lqwălaʟai'
g·ī'nʿwayaxa ᴇ'lkulīlnaxwaʿʿyasg·a g·ō'xᵘdzēyasg·a gwā'lēsdzē
ᴇ'lgwēdea xā'mēdēya q!ă'mēdēya g·ῑgămaʿyas lē'lqwălaʟai. ᴇ'n- 50
ʿyaʿwēsʟai q!ă'mq!ămg·ilai hēʿlōts!aqōlisē g·ī'g·ᴇqag·īwēg·as
q!ă'mēdēyag·ōs, lē'lqwălaʟai'. Nō'gwaᴇmxa q!ă'q!ᴇsagᴇmāxa
g·ī'g·ᴇgămaʿyas ʟēʿᴵʟalᴇwaxᵘnaxwaʿyasᴇns g·ī'gămaʿyēx lē'lqwăla-
ʟai'. Nō'gwaᴇmxa ʟ!ā'ʟ!ᴇqwāgᴇmax g·ī'g·ᴇgămaʿyas ʟēʿᴵʟalᴇwaxᵘ-
naxwaʿyasᴇns g·ī'g·ᴇgămaʿyēx lē'lqwălaʟai'. Nō'gwaᴇmxa sā'k·a- 55
xᴇlax g·ī'g·ᴇgămaʿyas ʟēʿᴵʟalᴇwaxᵘnaxwaʿyasᴇns g·ī'gămaʿyēx, lē'l-
qwălaʟai'. Wuʟᴇlā'mai ha'yaxwēʿmēsas g·ī'gabowaʿyaxᴇns g·ῑgă-
maʿyēx, lēlqwălaʟai'. Wö'g·ax·ōs g·ī'gămaʿya ē'x·aēʟa ā'ʟagă-
waʿyē g·ī'gămaʿyasʟē, lē'lqwălaʟai'. Wö'g·ax·ōs g·ī'gămaʿya

61 much property, so that the chiefs may also give much, | the invited ones, the chiefs of the tribes! They do not give potlatches | in their quality of being chiefs to all the tribes, | when they give away, as compared to your giving away all around the world, chief of the tribes! | for you wish to give away property that is not to be returned, | our chief! tribes! Go on, now! let me try to imitate the
65 cry of the ‖ bluejay of the tribes, those who speak first to our chief, | who strike first at this chief. Thus | the names of these four tribes are famous. O chief! don't | try in vain to vanquish me and to throw behind you your guests, | you who know how to throw, chiefs!
70 Therefore I am known by all the chiefs of the ‖ people of our chief of the tribes. Is he the one who is going to give a great potlatch? Howä!

Lā'qōḷas' Song[1]

1 1. However, our great real chief will again utter the Dzōnoq!wa sound, Ho | howä, ōhawē, hawä! |
The great one, however, will cry, "Oh!" will utter the Dzōnoq!wa sound. They will be frightened, they will be full of terror, | the whole number of those who have been invited to the potlatch
5 to be given to them ‖ all at once by our chief, tribes! |
He invited all the tribes. |

---

60 q!ē'q!Esē'laLa wŭlʻmē'ĭdzē q!ē'q!Esʻē'dEɫ g·ī'g·Egăma'yas Lē'ʻlalEwax^unaxwa'yasEns g·ī'gămaʻya, lē'lqwălaLai'. Wē'laxwē ʻmä'xwag·īlē g·ī'qElaēna'yasg·a g·ī'qElaēnēsg·a la'ēʻstalīsEla g·āx lē'lqwălaLai'; gwä'ʻnälak·as hē'ĭbEta hEk!wā'g·ilaʻyōwasEns g·ī'gămaʻyēx, lē'lqwălaLai'. Wē'g·ax·ī owä'EmLa hä'g·īLē kwā'skwasa
65 kwä'ʻyālagasa lē'lqwălaLai' g·ā'g·alaq!ā'yadzĭlg·ĭns g·ī'gămaʻya, g·ā'laqaxʻLē'ʻlag·aqō g·ī'gămaʻya. Hē'k·asʻEm ts!ē'lʻwūlag·ĭltsg·a Lē'qaʻyasg·a mō'sgă'mä'kwē lē'lqwălaLai. Gwä'lax·ōs g·ī'gămaʻya hē'nak·īlaLa lä'lagEʻwa ts!ā'ts!aq!ExLā'la g·axōx Lē'ʻlalEwaxōs; ts!Exʻē'daēnoxdzē g·ī'gămaʻya; ts!ē'lwālahag·ĭlEn g·ī'gămaʻ yaēsa g·ī'gē-
70 dasEns g·ī'gămaʻyas lē'lqwălaLai'. Lā'ʻmaxat!ō ʻmE'mx·ōwa howä'.

Lā'qōḷas' Song[1]

1 1. Laʻmē'Laxaōx dzō'noqwădzēLEns g·ī'gămaʻyēxk·asʻōwä. Ho howä', ōhawē, hawä'.
Ladzē'ʻmēḷaōx ō'xwayaLa dzō'noqwayaLa k·ī'k·ēʻlElaLa ts!E'ndēk·!!laLa ʻwä'xax·dEmaxsōx Lē'lalōwakwēx ʻmE'mx·aʻwakwēx
5 ʻnE'mp!Eng·ilēx^uLaxsEns g·ī'gămaʻyēx, lē'lqwălaLē.
Lā'yōlēx Lē'lalō'wolxa wī'wŭlsgămakwa lē'lqwălaLai'.

---

[1] Collected by F. Boas 1900.

He gave everything [to their faces], he shoved along all the | tribes. 9
He allowed small pieces, he allowed pieces chiseled off for all the ‖
   tribes. | 10
He made satiated all the tribes. |
Therefore my name, the great name by which I name myself, is
   Great-One-from-Whom-Everything-Comes, | Great-Giver,
   Great-Copper-Giver, Great-One-from-Whom-Few-Coppers-
   are-obtained, chiefs!

2. However, our great real chief will again utter the Dzōnoq!wa
   sound. ‖
That it is only the cause why I laugh, the cause why I always 15
   laugh at the one who is hard up, | the one who looks around here
   and there, the silencer, the one who points about for his ances-
   tors who were | chiefs. |
The little ones who have no ancestors who were chiefs, the little
   ones who have no names coming from their grandfathers, | the
   little ones who do many kinds of work, the little ones who work
   hard, who made mistakes ‖ coming from insignificant places in the 20
   world (and who try now to go to high places)—they are the
   cause why I laugh, | for they speak in vain to my chief, tribes. |
But he does not work and plan at all, the great real one, the great
   one whose voice is true; | he continues from one generation to
   the other in this world, he continues as one who is made to be
   the highest in rank with his great real father, | the one who named
   himself Having-Food, chief. ‖

Lā'yōlēx ă'mᵋamgamōᵋla wī'oqumōła wī'wŭlsgămakwa lē'lqwă- 7
   laᴌai.
Lā'yōlēx tsō'tsɛlēxēsâla q!ɛ'lq!atisâlōłxa wī'wŭlsgămakwa lē'l-
   qwălaᴌaī'. 10
Lā'yōlēx mɛ'nmɛnłilōła wī'wŭlsgămakwē lē'lqwălaᴌai'.
Ḷē'gɛmg·īltsɛn ᴸē'gɛmdzēaxg·īn q!ŭ'lēxᴸēᵋaᵋmaēx g·āyoᴸɛ'ladzē
   âwōᴸɛ'ladzē ᴸ!âqōᴸɛ'ladzē ᴸ!ā'qōᴸasɛmäidzē g·ī'g·ɛgămaᵋyē.

2. Laᵋmē'ᴸaxaōx dzō'noqwädzēᴸɛns g·ī'g·ămaᵋyēxk·asᵋōwä.
Â'g·ilᵋaᵋmaᴸɛn dā'ᵋlɛmnōkwa dā'sdaᵋlɛmnōx̣ᵘsa lā'laxwīlaxwa 15
   mɛ'lmɛlsɛlaxwa sɛ'nᵋiasᵋowäxwa ts!ā'miᵋläla qaᵋs g·ī'qag·ī-
   waᵋya.
K·!eō'smɛnēxwē g·ī'qag·iwaᵋya; k·!eō'smɛnēxwē gă'gasɛlālēkwa
   yāwix·ts!ōwamɛnēxwa mā'mɛlxts!ōwamɛnē'xwē ᴸē'qŭmstō-
   lisaxēs g·a'yimg·īlidzasmɛnē'xᵘsɛn dā'sdaᵋlɛ'mɛn lāx hē'na- 20
   k·!ālaxɛn g·ī'gămaᵋyēx, lē'lqwălaᴌai'.
Waᵋᵋlaēᴸōx yā'wix·ayōxda â'ladzēx â'lak·!āladzēx hēᵋyagōwisēx
   mē'matowisē kwā'kwēxᵘsīlax̣ᵘ ᴸɛᵋwis ō'mpk·asᵋōwäxa q!u'lēx-
   ᴸēōła ha'mdzidēōła g·ī'gămaᵋya.

25 That it is only the cause why I laugh, the cause why 1 always laugh at those who always rush up to my face, | the little ones who rush against(?) (pieces of copper) thrown against my chief here, | tribes. |

3. However, our great real chief will again utter the Dzōnoq!wa sound. |
Therefore it is only the cause why I laugh, the cause why I always
30 laugh at the talk of these little ones, ‖ the chiefs who are (in rank) under our chief, tribes. |
In vain they try to be the only ones, to be chiefs, while they are but (those who receive) leavings, | echoing the names of our chief, | tribes. |
I mean those who are going toward the head of the house, who
35 move about in the house, ‖ desiring to equal my great crest, when I was given first, when (presents) were handed down to me first, when I always received first, | all tribes. |
Great is their sound of swallowing in the throat, their sound of gulping in the throat, their ruffled feathers, | trying to steal, trying to bite pieces off the great crest of our chief, | tribes. ‖
40 Don't fear the great one like to a great overhanging | mountain, who should be this way, the chief, tribes! |

---

25 A′g·il‛amaʟɛn dā′‛lɛmnōkwa dā′sda‛lɛmnōx̣ᵘsa hă′mhămxa·mäxwa hā′xwasmɛ′nēxwa k·!ā′g·ita‛yaxɛn g·ī′gămaʻyēx lē′lqwălaʟai′.

3. La‛mē′ʟaxaōx dzō′noqwădzēlɛns g·ī′gămak·as‛owē.
 Â′g·il‛a′masʟɛn dā′‛lɛmnōkwa dā′sda‛lɛmnōkwas. wō′ldɛmɛ-
30 nē′xwa g·īgabōēsɛns g·ī′gămaʻyēx lē′lqwăʟai′.
Wu′l‛maēx ā′awalag·ilislē g·i′g·ɛgămēxōxs â′‛mayaxʟa ha′yamōta, k·intk·ink·itsō ʟē′ʟɛgamaxsɛnts g·ī′g·ɛgămaʻyēx lē′lqwălaʟai.
Gwɛ‛yuō′xda ‛nā′lolilɛlaēxwa xē‛mōlilɛlaēxwa mē‛masɛlaxɛn
35 k·!ē′s‛ōdzē′axg·in xā′maxɛlakwēk· g·ā′laxɛlakwē g·ā·g·ilgɛmx·silakwa wī′wŭlsgɛmakwa lē′lqwălaʟai′.
Ai′k·aaix mɛk!wā′lɛlxō nɛq!wā′lɛlxō tsē′x·sbɛx·sɛ′mala wā′xaai g·ā′g·ilōʟ!ayaak·a q!ă′q!ak·ălaxō k·!ē′s‛ōdzēaxsɛns g·ī′gămaʻyē lē′lqwălaʟai.
40 K·!ē′dzowasya k·ilɛ′lasa ‛nɛmă′gɛmlidzō k·!ō′x̣k·!êgwidzē naɛ′ng·adzē ‛nā′qogŭmlidzē g·ī′gămaʻyē lē′lqwălaʟai.

Song of Ēwanux̣ᵘdzē, Chief of the Maä̇mtag·ila

1. Let our property remain alive (under the attacks) of the reckless chief! | Let our copper remain unbroken by the reckless chief! | Ye, yaa, hâ. |
2. Do not let our chief do so! He himself made disappear those who owned the names of (our) property, of the great copper made expensive by him, | the great surpassing one, the great one farthest ahead, the great copper-breaker dancer, | the great copper-cutter, the great one who throws (coppers) into the sea this reckless chief. | Ye, yaa, hâ! |
3. I thought in vain that another one was making coppers for you, tribe! Behold, he is the one who brought it forth by giving birth in the house, the maker of coppers with unbroken backs [1] | all around this great house, the rich chief. Ye, yaa, hâ. |
4. The great one sat up above in the house built in the middle | of this great house, this rich chief! Ye, ya, ha, hâ! | Oh, if our chief would out of envy return the great copper made to be expensive; the great surpassing one, the great one farthest ahead, | for you are getting to be great, O tribe! because you continually pick up | and gather in the coppers brought by the rich | chief. Ye, yaa, hâ! |

Song of Ēwanux̣ᵘdzē, Chief of the Maä̇mtag·ila

1. Ha, qŭlanux̣dzE‘wa lax·Ens yaēxLEna lāxwa nEnōlōx g·īgăma‘ya sEnx·s‘ālanux̣ᵘdzE‘wa lax·Ens L!āL!āqwax lāxwa nEnōlōx g·īgăma‘ya; ye, yaa, hâ.
2. Gwaq!anax̣ᵘdzE‘wax·Ens g·īgăma‘yēx hē q!alosEmas x·ayEmx·‘idamas LēLEgEnux̣ᵘsēs yaēxLEnasēs ăwâgwilasE‘wa L!āqwag·i-lasō‘dzē‘ya hēwēyak·îlīdzē k·!ēs‘ōyak·îlīdzē lElāx·s‘Endalałdzē q!Eq!Eltalałdzē sāpstEndalałdzēxwa nEnōlodzēx g·īgăma‘ya; ye, yaa, hâ.
3. Wŭl‘mēg·în ‘nēx·qē ōgŭ‘la L!āqwag·ila qa‘s lēlqwălaLai', yō‘max̣ōL qElxēla mEmyōLElag·îlīlas hēāk·Ela Em‘āk·Elaxōx ăwī-‘stalīltsa g·ōxdzeg·a q!ōmogwēhäx g·īgăma‘ya; ye, yaa, hâ.
4. LadzēEm‘laē k!wāk!wag·ustâlisLa E‘mo‘yolēsaL g·ōg·oyolisałtsēs g·ōx̣ᵘdzēyaxwa q!ōmogwēhēx g·īgăma‘ya; ye, yaa, hâ. Ā́l‘Em-‘nēsLag·anu‘x̣ᵘ g·īgămēk· yäx·stōs‘alisasēs ăwâgwilasō‘ L!āqwa-g·ilasō‘dzēya hēwēyak·îlīdzē k·!ēs‘ōyak·îlīdzēxōxs hē‘maēx lag·i-łōs la ‘wālats!Emax·‘idaxōx Â‘maēx la ha‘yalālag·îlis mamanā-lag·îlis q!wāq!wap!Elag·îlis lax L!āqwag·ostEwa‘yōs q!ōmogwē g·īgăma‘ya; ye, yaa, hâ.

---

[1] That means, that he gave only whole, unbroken coppers.

SONG OF TSEX̣‘WĪD, CHIEF OF THE SĒNL!EM (TRADITIONAL SONG)

1. Go on! Great cause of fear, great means of causing fear, great cause of terror, | great terror of the chiefs. Yâ, helâ, hâ! |
2. Go on! Shout, oh, great Dzōnoq!wa! Try to terrorize the | chiefs under my own great name, Great-One-causing-Collapse, Great-One-causing-Weakness, ‖ Great-Surpassing-One, Great-One-Farthest-Ahead, Great-Only-Face, Great-Highest Dzōnoq!wa | among the chiefs. Helâ, hâ! Where is the one who is continually | tormented by me, who is made a speaker by me? Helâ, hâ! |
3. Do go on! Great LElaxt!odalał, great Āmāxŭlał, my own great name | ‘maxwălayīlis, Going-up-from-the-beach, great Q!ûmx̣‘-ElagˑIlis, great Mâ‘nakŭla, ‖ great G̣wēyōltsEla, great Kwax̣‘I-lanōkumē‘, great TsExtsExwālis, great TsEx̣‘wīd. | Where is the one who is continually tormented by me, | who is made a speaker by me? Helâ, hâ! |
4. Go on! Give away property at one time, that is given away in many parts, that is not given to everybody. | He tried first to invite the great one who is invited by me. Helâ ‖ hehe helâ! |

SONG OF TSEX̣‘WĪD, CHIEF OF THE SĒNL!EM (TRADITIONAL SONG)

1. Wäg·adzâ kˑ!lEmdzē k·ȧk·alE‘ma‘yodzē ts!ȧts!EndEk·!ayodzē ts!E-dEg·EmgēlēdzēsgˑIgˑEgȧmayâ helâ hâ.
2. Wäg·adzâ ōxwadzēya Dzōnoq!wadzēya ts!EndEk·!Elałxēs gˑIga-bEwa‘yōs q!ûlēxLEyadzē wäl‘ēdgˑiladzē ‘yȧk·ȧx·‘idgˑiladzē hē-‘wēyak·Ilidzē k·!ēs‘ōyȧk·Ilidzē ‘nȧ‘nEmsgEmēdzē dzonoq!wa-gīlidzēk·ats gˑIgˑEgȧmk·as‘ō helâ hâ. ‘wē‘stadzEn ‘yȧlasE‘wa mōmasasE‘wa ēyElkwīlasE‘wa helâ hâ.
3. Wäg·adzâ LElaxt!odalałdzē Ȧmāx̣ŭlałdzē q!ûlēxLEyadzē ‘maxwȧ-lagˑIlidzē G·ayōsdeyadzē Q!ûmx·ElagˑIlidzē Mâ‘nakŭladzē G̣we-‘yōltsEladzē Kwȧx·Ilanōkŭmēdzē TsExtsExwȧlēdzē TsEx̣‘wīdē-yadzē. ‘wē‘stadzEn ‘yȧlasE‘waxEn mōmasasE‘waxEn mōmasasE-‘waxEn ēyElkwīlasE‘wa, helâ hâ.
4. Wäg·adzE‘wa ‘nȧ‘namgE‘waLa q!wēq!wasE‘wa q!wänagˑilayo wE-yōbag·ilayo wäx·dē gˑIlgˑIlis LēlElaxg·En LElałEwax̣udzēg·a, helâ he he helâ.

Song of Q!umx·ōd, Chief of the Laälax·s'ɛndayo

1. I greatly fear our chief, O tribes! I tremble of this | great means
of causing fear, of his means of causing terror, of the great
cause of terror. | Let us try to calm down our chief, | O tribes,
else we shall be the object of our chief's anger, ‖ O tribes!
Wâ, hâ, hâ! |

2. Now it is finished, it is finished already what is to be given away,
to be thrown away by the | prince of our (chief from whom we)
always pick (property) and who feeds us, | O tribes, he who has
his own great name, great Amāxūlał, great P!ēp!adzɛyo, |
great P!āsɛlał, great Lǃāqwag·ila, great One-Farthest-ahead, ‖
chief. |

3. Behold it is nicely finished, O tribes! what you are doing, O tribes! |
You little ones who try to imitate below what is done in this
world at the great height | of the chiefs. Don't try in vain to
say this, chiefs, | just keep on walking along, walking ahead
of ‖ the little ones who deliberate, the little hard-struggling
ones, the little ones whom you have vanquished, | who promise to give away canoes, the little ones to whom property is
given, the little ones who call property, | the little ones who
work secretly for property, the little traitors, chiefs of the |
tribes. |

Song of Q!umx·ōd, Chief of the Laälax·s'ɛndayo

1. K·ilɛlēg·in 'walēpɛlasɛns g·īgăma'yēx, lēlqwălaLai. Lāpɛlēg·in
'walēpɛlasōx k·ak·alɛ'mayodzeya tsǃatsǃɛndɛk·layodzē tsǃɛndɛ-
g·ɛmgēlēdzē. Wanōlɛlax·ɛns yōilaLa yolɛ'mēixɛns g·īgăma-
'yēx, lēlqwălaLai, ålaLaxLɛns âlaɛmlax tsǃɛngŭm läxsɛns g·īgă-
ma'yēx, lēlqwălaLai', wâ, hâ, hâ.

2. Lādzēɛm lä gwâl alēsa gwălēx·'alisa wɛyōqumayō q!ŭmx·ōda'yosa
Lăwɛlgămēsɛnsǃɛnsʹ ha'yālâlasa papēwalasag·ɛns lēl-
qwălaLai. Wä, lēda q!ūlēxLɛ'yadzē Amāxūlaldzē, P!ēp!adzɛ-
yodzē, P!āsɛlaldzē, Lǃāqwag·iladzē, K·!ēs'oyak·!lidzē g·īg·ɛgă-
ma'ya.

3. Wăkūnałda'xōL lēlqwălaLai, 'wi'wălaqɛlēdzâs lēlqwălaLai, wäx·-
mɛnēxwaēx k!wēxabɛ'wēg·ilis gwēgwälag·ilisdɛmsa nāqogɛm-
lēdzēs g·īg·ɛgăma'ya. Gwäłas wūl'ɛm 'nēx·dzē yōLai g·īg·ɛgă-
ma'ya âlag·a'max·ōs hăyolisɛla qä'nakūlaLa g·āg·ɛlagɛmdalałxa
gēx·gaēsmɛnēxwa łɛlxumlēsmɛnēxwa 'yăqomēsmɛnēxwa sak·a-
xōdɛsgɛmlēs. Âmałał ăwɛlga'yomɛnēx gōLa'yomɛnēx mă-
mɛlx·tsǃɛ'wamɛnēx gwa'nāq!ēnoxumɛnēx, g·īg·ɛgăma'yas lēl-
qwălaLai.

Song of L!āsotī‘walis, Chief of the Yaēx·aǧemē‘ of the Q!ōmoyā‘yē

1. Wä, out of the way! wâ hâ hɛwä! Wä, out of the way! Turn your faces that I | may give way to my anger by striking my fellow-chiefs. Wä, hâ, yä! |

2. Wä, great potlatch! wâ hâ hɛwä! Wä, great potlatch, greatest potlatch! | The little supernatural ones only pretend, the little stubborn ones. They only ‖ sell one copper again and again and give it away to the little chiefs of the | tribes. Wâ, hâ, hɛwä! |

3. Ah, do not in vain ask for mercy, wâ, hâ hɛwä! Ah, do not in vain | ask for mercy and raise your hands, you with lolling tongues! I shall not be | foolish, I shall break, I shall let disappear the great (copper) that has the name ‖ K·!ɛnts!ēgum, the property of the great foolish one, the great extravagant one, | the great surpassing one, the one farthest ahead, the greatest Dzōnoq!wa among the | chiefs. Wâ hâ hɛwä! |

Song of L!āsotī‘walis, Chief of the Yaēx·aǧemē‘ of the Q!ōmoyā‘yē

1. Wä, g·o‘wala, wâ hâ hɛwä. Wä, g·o‘wala. Wä, ēqwala qɛn lâst!ɛqa‘ya qɛn k·lâk·lelak·lalēxɛn g·īg·ɛgăma‘yōta. Wâ, hâ, yä.

2. Wä, ‘wälasila, wâ, hâ, hɛwä. Wä, ‘walasila, wä ‘nōlag·ila, ha, ɛ‘wâmʟă ‘nawalax̣ᵘmɛnēxwa ōnēqwamɛnēxwa. Wä, ‘nɛmsgemē ʟläqwäs hēbelälayos qa‘s ămaxodayâsa g·āg·īg·ɛmmɛnēxwas lēɛlqwälaʟai. Wâ, hâ, hɛwä.

3. Ā gwala wŭl‘ɛm gāgɛk·lala, wâ hâ, hɛwä. Ā, gwala wŭl‘ɛm gāgɛk·lalak·a‘s ʟälaq!wälak·a‘s ɛl‘ɛlqŭla. Wa k·lēs‘maēʟɛn nōnl‘ēdeak·as tsōlexa‘yaʟa x·a‘yɛmg·ilaʟaxa ʟēgɛmx̣ᵘdzēyaʟax K·ɛnts!ēgumdzēyasēs yaēxʟɛnsa nɛnōlogelidzē wayadagēlidzē hēweyak·lidzē k·lēs‘oyak·lidzē dzōnoq!wagēlidzēs g·īg·ɛgämēk·as‘owa. Wâ, hâ, hɛwä.

Song of L!āqwadzē, Chief of the Haāyalik·awē of the Q!ōmoyā‘yē

1. Oh, great is our chief, tribes! Only let us praise | and praise the one who spreads terror, who tries to spread terror, | the chief of the great tribe, O tribes! Wâ, â hEwä! |

2. Shame is caused by the large amount of this great potlatch of our chief, || tribes! Jealousy is caused by the large amount of this great potlatch | of our chief, tribes! He is the great one who has the names | Great-One-looking-for Property, Great-Eldest-Potlatch of the greatest chief. | Evidently the great potlatch is made four times, ten times by the | chiefs of the tribes. Do try it, tribes! || Try to rival, try to jump up to the number of counting (property in the potlatch) | of our chief, tribes! Indeed the great Q!ōmoyâ‘yē | try to make you rich, tribes! Wâ, â hEwä! |

3. Shame is caused by the name of our chief, tribes! The great names, | his own names, Great-Right-Size-Face, Great-Four-Fathom-Face, || Great-Copper, our chief, tribes! He the great one had from the | beginning a chief's name, tribes! Wâ, â | hEwä, ha‘yē! the greatness of our chief! Ha, wâ, hEwä! |

Song of L!āqwadzē, Chief of the Haāyalik·awē of the Q!ōmoyā‘yē

1. ‘ya adzēyasEns g·īgăma‘yēx, lēlqwălaLai. Âlag·aEmax·Ens x·īla-‘yaLa x·asx·ela‘yaLa ts!EndEk·a‘yaLa ts!ats!EndEk·!ayoLa g·īgămēsa ‘wālatsEmadzē, lēlqwălaLai. Wâ, â hEwä.

2. Max·ts!ag·ilalai ‘wālasdEmasōx ‘wālasilayowaxsEns g·īgăma-‘yēx, lēlqwălaLai ōdzEgEmg·ilalē ‘wālasdEmasōx ‘wālasilayowaxsEns g·īgăma‘yēx, lēlqwălaLai. Hēdzēk·as‘maē LēgEmnokwa Lētax·Ladzē ‘nōlag·ila‘yodzēyaxsa wŭlgămēdzēx g·īgăma‘ya lālaxEntLai mōp!Enayo nEqăp!Enayo ‘wālasilayowa g·īg·EgămaxsalēlqwălaLai. Günx·‘idadzâs lēlqwălaLai. Hămxhămxwayala dEx^udExwa‘yaLa lâx ‘wāxax·dEmasōx hōsādzēyaxsEns g·īgăma‘yēx, lēlqwălaLai. ÂlaEm Q!ōmoyâ‘yēdzē q!āq!ōmg·ināsogwōs, lēlqwălaLai. Wâ, â hEwä.

3. Max·ts!ag·ila lä LēgEmasEns g·īgăma‘yēx, lēlqwălaLai LēgEmdzeyosax q!ŭlēxLE‘ya‘mâx Hēlop!Enk·EmlēdzēMōp!Enk·EmlēdzēL!āqwadzē‘yaxEns g·īgăma‘yēx, lēlqwălaLai. Hēdzēk·as‘Em gwālExLāyo g·īgăxLāyōsEns g·īgăma‘yēx, lēlqwălaLai. Wâ, â, hEwä, ha‘yē, adzē‘yasEns g·īgăma‘yēx. Ha, wâ, hEwä.

Song of Qwax·ila, Chief of the G·ēxsemx·s‛anaɫ of the Gōsg·imoxᵘ

1. I am the only great tree, I the chief! I am the only great tree, I the chief! | You here are right under me, tribes! You are my younger brothers under me, | tribes! You sit in the middle in the rear of the house, tribes! You surround me like a fence, | tribes! I am the first to give you property, tribes! ‖ I am your Eagle, tribes! Ya, ye, ā, ā, ye, ya! |

2. I wish you would bring your counter of property, tribes! | that he may in vain try to count what is going to be given away by the great copper-maker, | the chief. Ya, ye, ā, ā! |

3. Go on! raise the unattainable potlatch-pole, ‖ for this is the only thick tree, the only thick root | of the tribes. Ya, ye, ā, ā! |

4. Now our chief will become angry in the house, he will perform the dance of anger. | Our chief will perform the dance of fury. I shall suffer from | the short-life maker of our chief. Ya, ye, ā, ā! ‖

5. I only laugh at him, I sneer at him | who empties (the boxes) in his house, his potlatch-house, and the inviting-house that is the cause of hunger. | All the house-dishes are in the greatest house of our | chief. Ya, ye, ā, ā! |

Song of Qwax·ila, Chief of the G·ēxsemx·s‛anaɫ

1. ‛nEmts!agēs‛mEn g·īgămaha‛ya. ‛wa, ‛nEmts!agēs‛mEn g·īgăma-‛ya‛yē. G·as hĕl‛axElasg·ōs lēElqwălaLai'; g·as ts!ā‛yaxElasg·ōs lēElqwălaLai'; g·as naqoLĕwalēsg·ōs lēElqwălaLai'; g·as ʟ!ānē-gumnogwōs lēElqwălaLai'; g·as g·alaxa‛lagwōs lēElqwălaLai'; g·as kwakwēx·sē‛laxᵘg·ōs lēElqwălaLai'; Ya, ye, ā, ā, ye, ya.

2. Wä‛nēsʟas g·ăxaqElanoxᵘqe‛yēxēs q!āp!altolesōs lēElqwălaLai'; qa wŭllag·a‛miltsē hō‛yēg·ig·Ela lāx gEyaxōdayoLa ʟ!āqwag·iladzē g·īgăma‛ya. Ya, ye, ā, ā.

3. WäEntsōs ʟăx·‛īdē‛ya wäwē‛stalakwōs ‛mʌxᵘp!ēqelaēdzExōxs ‛nEmts!axᵘq!amaēx ʟEk!ŭgēlēdzē‛ya; g·as ʟEgwänEwē, g·as lē-Elqwălaʟai. Ya, ye, ā, ā.

4. LaEmxōʟEns yāk·īlēdzEmltsē‛ya. ‛wa, ‛yāk·!ēqElal lEns g·īgăma; Wä, ɫawisElal lEns g·īgăma. Wä, ăl‛Em‛mēsʟEn ‛yag·oyălē-dzē‛yaʟax wänEmg·iladzē‛yasEns g·īgăma. Ya, ye, ā, ā.

5. Ōq!amēg·in dälEmnoxᵘsē‛yag·in ōdzēq!amēg·in dāsdalEmnoxᵘsē-‛yaʟax lōpEmts!ălilas ‛māwasilaʟax pēpoēsgEm ʟēlasila‛ya. Wä, ‛nāxwalaEmxa lōqŭ‛liɫdzē‛yag·a g·ōxᵘg·ōkwalēg·ihēsEns g·īgăma. Ya, ye, ā, ā.

6. I am only followed by them as by young sawbill-ducks, ‖ I am 20
only one who breeds their chiefs who try to equal me, | who
only walk about in my house like speakers. Ya, ye, ā, ā! | I
am the only great tree, I the chief! Ya, ye, ā, ā! |

FEAST SONG OF NEG·ÄDZĒ, CHIEF OF THE HAǍNAḺENÂ OF THE
Q!ŌMOYÂ‘YĒ OF THE KWĀG·UḺ

1. I am the great chief who makes people ashamed. I am the great 1
chief who makes people ashamed. | Our chief brings shame to
the faces. | Our chief brings jealousy to the faces. Our chief
makes people cover their faces | by what he is doing in this
world ‖ all the time, from the beginning to the end of the year, 5
giving again and again oil feasts | to all the tribes, āwâ, ā wâ! |

2. I am the great chief who vanquishes, ha, ha! I am the great
chief who vanquishes, | for this true chief tried to go around the
world giving feasts, to raise the rank of this prince. Oh, go on ‖
as you have done before! Only at those who continue to turn 10
around in this world, | working hard, losing their tails (like
salmon) I sneer, at the chiefs under | the true chief. Have
mercy on them! Put oil on their | dry heads with brittle hair,

---

6. Ōq!amēg·in qŭnbēqElaqē‘yag·in ōdzēq!amēg·in qŭnbēqElālaqē-
‘yaḺax nōgwaq!amaē qExēk·Elaqē‘yaxēs g·īg·Egǎ‘mayōtas g·ī- 20
gǎmaxēs hōqwalīłōsxēs ElkwalīłŌs g·īgǎma. Ya, ye, ā; ā, ‘nEm-
ts!agēs‘mEn g·īgǎma. Ya, ye, ā, ā.

FEAST SONG OF NEG·ÄDZĒ, CHIEF OF THE HAǍNAḺENÂ OF THE
Q!ŌMOYÂ‘YĒ, OF THE KWĀG·UḺ

1. Nōx̣ᵘ max·ts!ag·iladzē g·īgǎma‘ya. Â, nōx̣ᵘ max·ts!ag·iladzē g·ī- 1
gǎma‘ya. ‘ya, max·ts!EgEmg·iladzEns g·īgǎma‘ya hēk·as‘â.
‘ya, ōdzEgEmg·iladzē g·īgǎma‘ya hēk·as‘â. ‘ya ‘nāx̣ŭmx·‘īdg·i-
ladzEns g·īgǎma‘ya hēk·as‘â, qa‘s gwǎlag·łisdEmdzē‘yasa
hälag·łidzē ‘wâx·sbEndaladzē x̣wâx̣wēliladzē mEnmEnlīłaxa ‘wī- 5
‘wElsgEmakwa lēElqwǎlaLai′, ā wâ, ā wâ.

2. Nōx̣ᵘ yāx·‘īdg·iladzē g·īgǎma‘ya, ha, ha. Nōx̣ᵘ ‘yāx·‘īdg·iladzē
g·īgǎma‘yaxōxs lādzēyaēłēx lalē‘stalēts!a k!wē‘latsē‘stalēsEla qa
ōmax·LEnasōx ḺǎwElgǎmēsa âlax g·īgǎma‘ya. Hā, hēlag·a‘E-
max·ōs gwǎlag·łīsa. Âlag·aEmax·ōs wāwax·sāxsdālagīlīsa mā- 10
mElk·alag·łīsa xwāk·!axsdalag·łīsasEn dāsda‘lEma lax g·igǎbE-
‘wēsā âlax g·īgǎma‘ya wǎg·axḺēlax·ōs wax‘ēdēyaLō L!ātEtōde-

those who do not comb their hair! I sneer | at the chiefs under
15 the true, real chief, ya wâ! I am ‖ the great chief who makes
people ashamed. |

MOURNING SONG FOR MŌDA'NA

1 1. Ye he he ya! It deprived me of my mind, when the moon went
down | at the edge of the waters. Ye he he ya! |
5 2. Ye he he ya! It deprived me of my breath, when the | mouse-
dancer began to gnaw on the water. Ye he he ya! |
10 3. Ye he he ya! It deprived me of my mind when Mōda'na began
to utter the cannibal-cry | on the water. Ye he he ya! |

Mōda'na, a hāmatsla of the Āwĭk·!ɛm of the Āwĭk·!ēnoxᵘ, and
his sister were drowned on Virgin Rock. This mourning song
(Lǃaqǃwalayo copper sound) is sung by all the men and women as-
sembled in the house of the deceased. The song is given with Mr.
Hunt's interlinear translation into Kwakiutl.

13 yaʟōxa lɛmx̱ŭtōlis tsōdzɛtōlis ʟ!ɛʟ!anōl̓xōlisxɛn dāsda'lɛmā lāx
g·ĭgabɛ'wāsa āla g·ĭgămē, hēk·as'â, ya wâ. Hā, nōx̱ᵘ max·ts!a-
15 g·iladzē hē g·ĭgăma'ya.

MOURNING SONG FOR MŌDA'NA

1 1. Ye he he ya la yax·ts!ēg·ilax·dēx ōwaxsdē lāx·dāyasē k··lōqunsa
Yē he he ya la. wä'masilax·dēxa nâqa'yē lāx·dāsē la k··lōgŭnsâ-
la Laēlaqā nō'sāk·as'ōx̱ᵘdē'ya. Ye he he ya.
lag·iʟa'yaxa 'mɛkŭlak·as'ōx̱ᵘdā. Ye he he ya.

5 2. Ye he he ya la yax·ts!ēg·ilax·dēx hē'yasbēs lāx·dāyasē k··lāk·!apa-
Yē he he ya la wä'masilax·dēxa hasa'yē yĭxs lāx·dāsē k··lāk·!apā-
lag·aʟē qaē k·!āpalālk·as'ōx̱ᵘdē'ya. Ye he he ya
g·ĭʟēxa g·ĭg·ɛlayatsagalalk·as'ōx·dā. Ye he he ya.

10 3. Ye he he ya la yax·ts!ēg·ilax·dēx ōwaxsdē lāx·dāyasē hamadzɛla-
Yē he he ya la wä'masilax·dēxa nâqa'yē lāx·dāsē hāmsham-
qwalag·ʟaē qa Mōda'nak·as'ōx̱ᵘdē'ya. Ye he he ya
ts!ālag·ʟaē yix Mōda'nak·as'ōx̱ᵘdā. Ye he he ya.

Feast Song

Traditional feast song of the Yaēx·agɛmē, a Kwēxa clan, ascribed to their ancestor Yīx·agɛmēʻ, who sang it at ʟɛx·sīwēʻ after his house at Ft. Rupert had been flooded by Q!ānēqēʻlakᵘ.

The poor dear ones are coming in, the children.¹ 1
They say he will speak.
They say he will get angry in his house.
They say he will not kill.
They say he will not kill at once. 5
They say he will not kill outright.
It is only said he gave enough to eat.
It is only said he satisfied their hunger.
It is only said he made them vomit.
It is just said he made up his mind to do it. 10
It is just said he told them to eat.
It is just said he put them across his back.²
Always doing mischief to him who does not finish the food given to him, ya ye ya ha, ya ye ya ha!
Let your servants, 15
Let those who have you for their chief,
Burn in your great house, chief!
So that those who have you for their chief burn up, true chief!
  Ya ye ya ha, ya ye ya ha!

Feast Song

Ăwalīʟɛlak·asʻōwa g·ig·iʻya. Ăwalīʟɛlak·asʻōwa g·ig·iʻya. 1
Laxʟeɛmʻlaē wăłdɛmnōkwa. Laxʟeɛmʻlaē wăłdɛmnōkwa.
Laxʟeɛmʻlaē ʻyāk·īlīla. Laxʟeɛmʻlaē ʻyāk·īlīla.
K·lēsʟaē wīʻyalag·īla. K·lēsʟaē wīʻyalag·īla.
K·lēsʻlaʟaē hēx·ʻīdēg·īla. K·lēsʻlaʟaē hēx·ʻīdēg·īla. 5
K·lēsʻlaʟaē hēbeg·īla. K·lēsʻlaʟaē hēbeg·īla.
Ấʻmaʻlaē mɛnłʻīdg·īla. Ấʻmaʻlaē mɛnłʻīdg·īla.
Ấʻmaʻlaē pōłʻīdg·īla. Ấʻmaʻlaē pōłʻīdg·īla.
Ấʻmaʻlaē hōxʻwidg·īla. Ấʻmaʻlaē hōxʻwidg·īla.
Āłɛmaʻlaē ăwɛlxʻidqēya. Āłɛmaʻlaē ăwɛlxʻidqēya. 10
Āłɛmaʻlaē hagwēg·īndqēya. Āłɛmaʻlaē hagwēg·īndqēya.
Āłɛmaʻlaē x̣wēlēg·īndqēya. Āłɛmaʻlaē x̣wēlēg·īndqēya.
ʻyāʻyak·ilakᵘ ʻnax̣wayu xa wāx·īlīł ʻnax̣waya.
  Ya ye ya ha. Ya ye ya ha.
Wēg·axʟē lax·ōs ōmēdēyaqōsu. Wēg·axʟē lax·ōs ōmēdēyaqōsa. 15
Wēg·axʟē lax·ōs g·īgēdēyaqōsa. Wēg·axʟē lax·ōs g·īgēdēyaqōsa.
X̣umx̣watâq laxs g·ōx̣ᵘdzēyaqōs g·īgămaʻyē.
Qa wēg·ēsōx q!ŭlx·ʻīdēsōx g·īgēdēyaqōs ăl g·īgămaʻya.
  Ya ye ya ha. Ya ye ya ha.

---

¹ Repetitions omitted.   ² As wolves do with their quarry.

20 Let your guests die of vomiting, chief!
Let your guests die of overfeeding, true chief!
Ya ye ya ha. Ya ye ye â!

Shaman's Songs
1.
(Introductory, telling how he acquired power from the Killer Whale.)

1. Wä, a ya a ha, I was carried under the sea by the supernatural power, the supernatural power. Wä a ya.
2. Wä, a ya a ha. I was taken under the sea by paddling by the supernatural power, the supernatural power. Wä a ya.
3. Wä, a ya a ha, and I was taken into the house of Hole-in-Middle-of-Sea the supernatural power, the supernatural power. Wä a ya.
4. Wä, a ya a ha, and I put on my neck the life-bringer neckring of Hole-in-Middle-of-Sea, the supernatural power. Wä a ya.
5. Wä, a ya a ha, I have had thrown into my stomach the life-bringer of Hole-in-Middle-of-Sea, the supernatural power. Wä a ya.
6. Wä, a ya a ha, the real life-bringer, the healer of this super natural power. Wä a ya.
7. Wä a ya a ha, the real long life giver, the healer of this super natural power. Wä a ya.

---

20 Wĕg·axʟē lax·ōx hōgwalēsᴇmōs ʟēʻlānᴇmaqōs g·ĭgăma'ya.
Wĕg·axʟē lax·ōx pōʟalēsᴇmōs ʟēʻlānᴇmaqōs âl g·ĭgăma'ya.
Ya ye ya ha. Ya ye ya â.

Shaman's Songs
1.

1. Wä, a ya a ha g·ag·ayapᴇlayuxᵘdōxs ʻnawalakwaäēaëxwa ʻnawalakwaäē wä aya.
2. Wä, a ya a he sĕsᴇʻwapᴇlayuxᵘdōxs ʻnawalakwaäēaëxwa ʻnawalakwaäē wä a ya.
3. Wä, a ya a ha läx·laēʟᴇma läx g·ōkwas ʟagoyᴇwēʟēs ʻnawalakwaäaëxwa ʻnawalakwaäē wä aya.
4. Wä, a ya a ha lan qax·ōsaʻyasōs q!wēq!ūlag·ïʻlayo qănäyōs ʟagoyᴇwēʟēs ʻnawalakwaäē wä aya.
5. Wä, a ya a ha lan mᴇgēsasōs q!wēq!ūlag·ïʻlayōs ʟagoyᴇwēʟēs ʻnawalakwaä wä aya.
6. Wä, a ya a ha q!wēq!ūlag·ilak·asʻōx hēlig·ayowaxsa ʻnawalakwëx wä a ya.
7. Wä, a ya a ha g·ïlg·ïldokwïlak·asʻōx hēlig·ayowaxsa ʻnawalakwëx wä aya.

2.

(Prayer to the Killer Whale before taking out the sickness.)

1. I beg you Supernatural Power that you take pity and make well this our friend.
2. I implore you, Supernatural Power that you take pity and take out this sickness of this our friend, Supernatural Power.
3. Oh, take pity that I may make alive this our friend, O Supernatural Power, that I may cure this our friend you go through (= passed through), Supernatural Power.
4. That I may obtain easily this sickness of this our friend, O Great Real Supernatural Power, you Great Life-Bringer, Supernatural Power.

3.

(Sung after the sickness has been taken out, while the Shaman is walking around the fire holding the sickness in his right hand.)

1. Wäē, wäē life-bringer to this supernatural power ha wa haē.
2. Wäē, wäē he will make him walk again, this supernatural power ha wa haē.
3. Wäē, wäē, he will take out the sickness, this supernatural power ha wa haē.
4. Wäē, wäē, I was taken around the world by this supernatural power, the long-life giver, the supernatural power ha wa haē.
5. Wäē, wäē. I was made to walk around the world by this supernatural power of Hole-in-Middle-of Sea, the supernatural power ha wa haē.

2.

1. YäesayEwŭnLôł ʻnawalakwäqōs wäxʻīdaōs hēlēxʻaLElaxgʻïns ʻnEmōkwĭkʻ.
2. HōwaxElEnLôł ʻnawalakwäqōs wäxʻīdaōs damōdakʻaxgʻa yägʻolEmgʻasgʻïns ʻnEmōkwĭkʻ, ʻnawalakwä.
3. Wᵉgʻa waxʻēdeaä qEn q!ŭlāxʻidamasēxgʻïns ʻnEmōkwĭkʻ, ʻnawalakwä, qEn hêlēxʻaLElēxgʻïns ʻnEmōkwĭkʻ yŭł lāxʻsEʻwa ʻnawalakwaä.
4. QEn waôłElalīlasēgʻa ts!ētslaxʻq!ōlEmgʻasgʻïns ʻnEmōkwĭkʻ, ʻnawalaxᵘdzēkʻas yŭL q!wēq!ŭlagʻiladzēs ʻnawalakwaä.

3.

1. Wäē, wäē q!wēq!ŭlahagʻilayahaLōx ʻnawalahakwä ha wa haē.
2. Wäē, wäē qasEhElēhēlēlayahaLōx ʻnawalahakwä ha wa haē.
3. Wäē, wäē damohadalayahaLōx ʻnawalahakwä ha wa haē.
4. Wäē, wäē, läēʻstalīsElayuxᵘdōx ʻnawalahakwäs gʻîlgʻīldokwīlas ʻnawalahakwä ha wa haē.
5. Wäē wäē, tEwēʻstalīsElayuxᵘdōx ʻnawalahakwäs LagʻoyEwīLēs ʻnawalahakwä ha wa haē.

4.

1. Try to make him go through (the whole ceremonial), giver of the power of going through, Supernatural One.
2. Try to make him pure all through, giver of purity, Supernatural One.
3. I shall not do harm to you. I shall restore you to life, Supernatural One.
4. Pray, bring life to our friend, you supernatural life-bringer, who has gone through, Supernatural One.

SHAMAN'S SONGS

1.

(*Sung when the Shaman enters carrying the Hemlock Ring for purifying the Patient.*)

1. I have been told to continue to heal him, by the good supernatural power.
2. I have been told to keep on putting the hemlock ring over him, by the Shaman-of-the-Sea, the good supernatural power.
3. I have been told to put back into our friend his soul, by the good supernatural power.
4. I have been told to give him long life, by the Long-Life-Giver-of-the-Sea, the Chief-of-High-Water, the good supernatural power.

4.

1. Lalax·sɛ‘wamatsōhōx·dɛnōx̣ᵘs lax·sɛ‘wahahahag·ila lax·sɛ‘wahag·ihehe ława wä wä he a wä he ahe ḷogwala.
2. G̣wāgŭlsɛ‘wamatsōhōx·dɛnōx̣ᵘs gŭlsɛ‘wahahahag·ila gŭlsɛ‘wahag·ihehe ławo wä wä he a wä he ahe ḷogwala.
3. Ya k·!eyohoshoʟɛla hoososnokᵘ, ya äyamēelalaha q!ŭlahayoho-ho ʟawa wä wä he a wä he ahe ḷogwala.
4. Wēg·a wax‘id q!ŭläx·‘idamasg·ins ‘nɛmōkŭk·, yūʟ q!wēq!ŭlag·ilas ‘nawalakᵘhahahahag·ila lax·sɛ‘wa wä wä wä he a wä he ahe ḷogwala.

SHAMAN'S SONGS

1.

1. ‘nēx·sɛ‘wahɛēx· qɛn hayahahalīlahahahaqēyahaēḷas ‘nawahalakwawaō.
2. ‘nēx·sɛ‘wahɛēx· qɛn qaqahahax·ilahahahaqēyahaiḷas wāwɛyahak·ilas ‘nawahahakwawaō.
3. ‘nēx·sɛ‘wahɛēx· qɛn lahag·ahahaʟɛlahahahasēyahaiḷas bɛkwa-‘yasɛns ‘nemōxōs ‘nawahalakwawaō.
4. ‘nex·sɛ‘wahɛēx· qɛn g·ĭlg·ĭldokwilahahahaqeyahaiḷas g·ĭlg·ĭldokwilaʟēs yayahaxwīyōg̣waʟes ‘nawahalakwawaō.

2.

(Sung while the Shaman, carrying the hemlock ring, walks up to the Patient.)

1. "Put our friend through the ring." Thus I was told by the supernatural power.
2. "Spray our friend!" Thus I was told by the supernatural power.
3. "Heal our friend!" Thus I was told by the supernatural power.
4. "Take out (the weakness) of our friend!" Thus I was told by the supernatural power.

3.

(Sung while the Ring is put over the Patient.)

1. I come and bring back this means of bringing to life our friend; Supernatural Power.
2. Come now means-of-bringing-to-life of our Shaman-of-the-Sea of our friend, Supernatural Power.
3. Make well all over our friend, that no ill may befall our poor friend, Supernatural Power.
4. Now you will protect our poor friend, that he may walk safely, Supernatural Power.

2.

1. Qāqax·īlaLEns ᵋnEmōkwa hao aha. ᵋnēx·sEᶜwag·asa ᶜnawahalakwa ha āhao.
2. X·Eyoqaᶜyalens ᶜnEmōkwa hao aha. ᶜnēx·sEᶜwag·asa ᶜnawahalakwa ha āhao,
3. Hēlik·aᶜyaLEns ᶜnemōkwa hao aha ᶜnēx·sEᶜwag·asa ᶜnawahalakwa ha āhao.
4. DamodālaLEns ᶜnEmōkwa hao aha. ᶜnēx·sEᶜwag·asa ᶜnawahalakwa ha āhao.

3.

1. G·āx·ᶜaLElodEnLasg·as qǃūlalāyEᶜwag·asEns ᶜnEmōkwēx ᶜnawahalakwa wāwā āhe.
2. G·āx·ᶜEmg·a qǃwēqǃūlag·īlayōgwas hēlik·ElaLēsEns ᶜnEmōkwēx ᶜnawahalakwa wāwā āhe.
3. Wāg·tīla hēḥiᶜlālaIxEns ᶜnEmōχᵘ qa k·leāsēs aᶜmēlasLEsEns ᶜnEmōkwēx ᶜnawahalakwa wāwā āhe.
4. Wā, laEms dadamEwiIxEns ᶜnEmōχōx qa hēhmālag·ḯlisītsEns ᶜnEmōkwēx, ᶜnawahalakwa wāwā āhe.

4.

(Sung while the Shaman walks around the fire with the Ring. After this song the ring is thrown into the fire while the people beat fast time.)

1. Now, Supernatural Power, cure our poor friend and make him well again, O Great Real Supernatural Power, Supernatural Power.
2. Now, Supernatural Power, turn him the right way and make well our friend here, You, Great Real Supernatural Power, Healer-of-the-Sea.
3. Now take this Supernatural Power, Spirit-of-the-Fire, this which will cure our friend here, You, Great Real Supernatural Power, Fire Spirit Woman.
4. And do protect our friend, you, Fire-Spirit-Woman, Great Supernatural Power of Q!omesila.

Now this give to your friend.

LOVE SONG[1]

1. Oh, how, my lady-love, can my thoughts be conveyed to you, my lady-love, on account of your deed, my lady-love?
2. In vain, my lady-love, did I wish to advise you, my lady-love, on account of your deed, my lady-love.
3. It is the object of laughter, my lady-love, it is the object of laughter, your deed, my lady-love.

4.

1. Wäg·îla ʻnawahalakᵘ hēli‘lälalg·ɛns ʻnɛmōx̣ōx qaʻs hēitsē‘stɛndaōsaqɛk·, yûł ʻnawahalax̣ᵘdzēk·ats ʻna‘nawalak·amak·.
2. Wäg·îla ʻnawahalakᵘ naqēʻstɛndɛxg·ɛns hēli‘lälasō‘gŭnsxg·ɛns ʻnɛmōx̣ōx, yûł ʻnawahalax̣ᵘdzēk·ats hayalik·ilaɛ̄.
3. Wäg·îla dädalalg·a ʻnawahalax̣ᵘs k!wax·ɫälaxg·ɛn hēli‘lä‘layogwaxɛns ʻnɛmōx̣ōx, yûł ʻnawahalax̣ᵘdzēk·ats k!wax·ɫälalîlanaga
4. Qaʻs wäg·iɫōs dädamɛwēlg·ɛns ʻnɛmōx̣ox, yûł k!wäx·ɫälalîlanagas ʻnawahalax̣ᵘdzēs q!ōmēsila.

Wä laʻmō lâl qästaya.

LOVE SONG

1. Wä′wiyamɛnqayaʻnēsɫa ha ha g·ī′yayayīyawäg·în wäʻldɛmēgēk·înälg·ōł g·ī′yayēya qaʻs gwaē′yaōs g·ī′yayayīyaha yī′yaayīya.
2. Wä′x·ax·dɛk· g·ī′yaya ha ha ha nēk·ayayīyaha qahan ɫō′xsʻälayōł g·ī′yayayīya qaʻs gwaēnayōs g·ī′yaya.
3. Dē′dalɛmsīlaɫahahai g·ī′yayayēa dēdalɛmsīla häs gwaē′nayīyahōs g·ī′yayīya.

---

[1] Song made by a man who was jilted by a young woman.

4. It is the object of contempt, my lady-love, it is the object of contempt, your deed, my lady-love.
5. Oh, if poor me could go, my lady-love! How can I go to you, my lady-love, on account of your deed, my lady-love?
6. Oh, if poor me could go, my lady-love, to make you happy, my lady-love, on account of your deed, my lady-love!
7. Now, I will go, my lady-love, go to make you happy, my lady-love, on account of your deed, my lady-love.
8. Farewell to you, my lady-love! Farewell, mistress on account of your deed, my lady-love!

RETORT TO THE PRECEDING LOVE SONG

1. O friends! I will now ask you about my love.
2. Where has my love gone, my love who is singing against me?
3. I ask you, who walks with my love.
4. Oh, where is my love, where is the love that I had for my love?
5. For I feel, really feel, foolish, because I acted foolishly against my love.

---

4. K·ĭ′lk·!ĭldɛmsīlaʟahahai g·ī′yayayē k·ĭ′lk·!ĭldɛmsīla hē gwaē′-nayīyahōs g·ī′yayīya.
5. Lä′naxwaŏ‘nēsʟanhahɛn g·ī′yayayīyak·as wā′wĭyamɛ′nqa laŏ′ɫ g·ī′yayayīya qa‘s gwaē′nayōs g·ī′yayayē.
6. Lä′naxwaŏ‘nēsʟɛnhahɛn g·ī′yayayē qɛn hā′yalɛlq !ɛlaēxɛn g·ī′yayayīya qa‘s gwaē′nayōs g·ī′yayayē.
7. Laɛ′mʟɛn g·ī′yayahaik·as lä′la‘yayīya qɛn hā′ɫɛlq!ɛlēʟŏɫ g·ī′yayayē qa‘s gwaē′nayōs g·ī′yayayē.
8. Hălā′k·asʟɛlax·ōos g·ī′yayayē yaa, hălā′k·asʟɛla adā′yayīya qa‘s gwaē′nayōs g·ī′yayē.

RETORT TO THE PRECEDING LOVE SONG

1· ‘ya, ‘nē‘nɛmō′kwaayas nō′gwawa la‘mɛn wuʟa′yaʟōʟawa, g·ī′yayayē.
2. ‘wīdzɛwē lē g·ī′yayaäxa yaha sa‘lā′laaē läx nō′gwawaēxɛn g·ī′yayayē.
3. La‘mɛn wŭʟā′yaʟōʟ ‘nā′max·sīsɛlōtas ayahē, nō′gwawa hē g·ī′yayayē.
4. ‘ya, ‘wi′stadzɛw‾ē] g·ī′hahēʟa aya gwēmalahatsɛn ā′lahɛn lā′xulaxɛn g·ī′yayayē.
5. Xg·ĭn ā′la‘mähēg·ĭn nän ō′ɫɛlqɛlasg·ĭn nɛnō′lōx‘wīdēyak· g·ī′yiyayayē.

6. For what I did caused people to laugh at me on account of what I did to you, my love.
7. For I am despised on account of my love for you, my true love, for you, my love.
8. For you have said that you will live in Knight Inlet.
9. Oh, Knight Inlet is far away, for that is the name of the place where my love is going.
10. Oh, Rivers Inlet is far away, for that is the name of the place where my love is going.
11. For he forgot of my love, my true love.
12. For in vain he goes about trying to find some one who will love him as I did, my love.
13. Don't try to leave me without turning back to my love, my love.
14. Oh, my love, turn back to your slave, who preserved your life.
15. I am downcast, and I cry for the love of my love.
16. But my life is killed by the words of my love.
17. Good-by, my love, my past true-love!

---

6. Xg·ĭn â'la‛mĕhĕg·ĭn dēdalɛmsîlaxɛngwē'x·dask·ĭnălaô g·ī'yayayē.
7. Xg·ĭn k·!ĭlk·!ĭldɛmsîlaēk· qaĕs gwĕmalasaôaxɛn â'la lăxulaxɛn g·ī'yayayē.
8. Xôhôs Lĕ'qɛlaĕlax Dzā'wadɛx·Laya qa‛s lā'halaĕ'yôs g·ī'yayayē.
9. ‛ya, qwĕ'saladzâ‛mĕLax Dzā'wadɛx·La‛ya, hĕ'ɛm Lĕ'qɛlasô‛sɛn g·ī'yayayē.
10. ‛ya, qwĕ'saladzâ‛mĕLax Wa'nuxᵘLaya, hĕ'ɛm Lĕ'qɛlasô‛sɛn g·ī'yayayē.
11. Qa‛s layt'nĕ‛staa'sLaxɛn gwē'malasa lāxɛn lă'xulaxɛn gī'yayayē.
12. Xôhĕs wā'x·‛mahĕk·as alĕ'‛stălayaxɛn ‛nă'max·st!alô'tɛn g·ī'yayayē.
13. Gwā'lɛlas xɛ'nLɛlahaĕk·as hĕgɛ'mlisôL qaĕs gwē'malasôs g·ī'yayayē.
14. ‛ya, ‛mɛlĕ'xLag·îlis‛ɛmxg·as q!a'k·og·ôs g·ī'yayayĕxg·as q!ŭlā'-layiwag·aôs g·ī'yayayē.
15. Halɛn xu'lsaya, halɛn q!wā'saya hĕ qa ayahĕ gwē'mălatsɛn g·ī'yayayē.
16. Lɛ‛lɛ'mg·itîlawĕst!a aya wā'ĭdɛmasɛn â'lahɛn la'xulaēlɛn g·ī'yayayē.
17. Hălā'k·asLɛlax·ôsahĕ g·ī'yaya xɛhɛn lă'xulax·dĕ g·i'yayayē.

Love-song of Tsāk·ēdek^u, Whose Lover Had Gone to Japan as a Sailor to Hunt Fur-seals

1. Ye ya aye ya! You are hard-hearted, you who say that you love me, you are hard-hearted, my dear!
2. Ye ya aye ya! You are cruel, you who say that you are love-sick for me, my dear!
3. Ye ya aye ya! Where are they going to take my love, my dear?
4. Ye ya aye ya! Where are they going to take my dear, that causes me to lie down sick, me, the slave of my dear?
5. Ye ya aye ya! They will take my dear far away, yaa ho! I shall be left behind, my true-love, for whom I pine, who keeps me alive, my dear!
6. Ye ya aye ya! They will take my dear out to sea far away haa! There the one is going for whom I pine, my master, for whom I am lovesick, my dear!

Love-song of Tsāk·ēdek^u, Whose Lover Had Gone to Japan as a Sailor to Hunt Fur-seals

1. Ye ya aye ya lams wāyadeyasg·as gwāyōEmg·ōs ăla łaxŭlag·as
   Ye ya aye ya. You are hard against me to whom you refer as really your true-love
   wa'yadayog·ōs, g·iya‘ya.
   of the hard-hearted one my dear.

2. Ye ya aye ya lams ăladēyasg·as gwāyōEmg·ōs ăla ts!Ex·tlag·ĭn
   Ye ya aye ya. You are cruel to me to whom you refer as really sick for
   gwēmalasg·ĭn lōł, g·iya‘ya.
   your love to me you my dear.

3. Ye ya aye ya ‘ya ‘wīyōdzE‘waLē lăn g·iya‘yaxEn ăla yĭn
   Ye ya aye ya. Oh, where will be taken my dear who really my
   łaxŭlayanLEn, g·iya‘ya.
   love my dear.

4. Ye ya aye ya ‘ya ‘wīyōdzE‘waLē lăn g·iya‘yaxEn qElgwōlEma-
   Ya ya aye ya. Oh where will he be taken my dear who is the cause of my
   EnLEn q!agwōdeyaxEn g·iya‘ya.
   lying sick abed I his slave my dear.

5. Ye ya aye ya ‘ya ha qwēsg·ilayōł lăn g·iya‘ya lăxa qwēsala yaa
   Ye ya aye ya. Oh he will be taken far my dear to far off oh
   ho boyōnox^uLEnxEn ăla łaxŭlaxEn ăla ts!Ex·tlaxEn q!ŭlăła-
   I shall be left really my love really my sickness means o!
   yōwaxEn, g·iya‘ya.
   keeping me alive my dear.

6. Ye ya aye ya ‘ya Lǃāsedayōł lăn g·iya‘ya lăxa qwēsala haa
   Ye ya aye ya. Oh he will be taken my dear to far off ha seaward
   hēEm lălaasen ălă ts!Ex·tlaxEn ‘wādzēdeyaxEn ăla ya ts!Ex·ǐ-
   that is where is going real my sickness my dog-owner really my
   laxEn g·iya‘ya.
   sickness my dear.

7. Ye ya aye ya! I wish I could go to you, my master, that I might make you happy, my dear, for I think you long for me, for my love, my dear.
8. Ye ya aye ya! I wish I could go to you, my dear! I wish I could make you dream that you embrace this one whom you love, my dear, the one for whom I pine, my dear!
9. Ye ya aye ya! I wish I could go to you to be your pillow, my dear! I wish I could go to you to be your feather bed, my dear! the one for whom I pine, who keeps me alive, my dear!
10. Ye ya aye ya! My lord, don't stay away too long! else I shall die of lonesomeness, my true-love; for already I long for you, my dear.
11. Ye ya aye ya! Now, farewell, my true-love, for whom I pine, who keeps me alive, my master, my dear!

---

7. Ye ya aye ya lānaxwaŏ⁵nēhesʟEn wāwŭyämEn qa lŏɬ qǃāgwi-
   Ye ya aye ya.   To go to you   I wish   in some way   that to you   slave-
   deya qEn hāyaɬElqǃElaŏʟ g·iya⁵ya qaxs lāg·anEmaēx x̣ŭ′lsŏʟ
   owner   that I   make you happy   my dear   for   perhaps   you long
   qaEn gwĕmalasē lāɬ g·iya⁵ya.
   for me   for your love   my dear.

8. Ye ya aye ya lānaxwaŏ⁵nēhesʟEn lŏʟ g·iya⁵ya qEn mĕmxēg·ila
   Ye ya aye ya.   To go to you   I wish   to you my dear   that   I make a dream
   qa⁵s mĕxElaŏs gEnālalīlg·as gwE⁵yŏEmg·ŏs ɬax̣ŭla, g·iya⁵ya-
   for you   to dream   to embrace me   whom you call   your love   my dear
   xEn āla tsǃEx·ˊīlaxEn g·iya⁵ya.
   my   real   sickness   my dear.

9. Ye ya aye ya lānaxwaŏ⁵nēhesʟEn qēnoɬŏs g·iya⁵ya, lānaxwa-
   Ye ya aye ya.   To go to you   I wish to be   your pillow   my dear   to go to you
   ⁵nēhesʟEn tsǃāg·iɬŏs g·iya⁵yaxEn ālaya tsǃEx·ˊīlaxEn qǃŭlāɬayŏ-
   I wish to be your feather bed   my dear   real   sickness   my means of
   waxEn g·iya⁵ya.
   living   my dear.

10. Ye ya aye ya wa gwala ādayak·as gayēstalŏɬ g·iya⁵ya āʟEk·
    Ye ya aye ya.   Oh   don't   my love   stay away long   my dear   else
    x̣ŭlyalīsEm lāxg·as gwE⁵yŏg·ŏs āla ɬax̣ŭlaxg·in la⁵mēk·   x̣ŭlsa
    I die of longing   this   whom you call   really (your) love for I   already   long
    qa⁵s, g·iya⁵ya.
    for you   my dear.

11. Ye ya aye ya wa hălā′k·as lax·īn ālaya ɬax̣ŭlaxEn ālaya
    Ye ya aye ya.   Oh   good-by   my   true   love   my true
    tsǃEx·qǃŏ′lEmEnLEn qǃŭlāɬayuwaxEn qǃāgwidēyaxEn g·iya⁵ya.
    sickness who will be my   life-bringer   my master   my dear.

Song of Menmenłeqelas, in Answer to the Preceding Song

1. Ye yaa ha ye ya! Stop, friends, and let us listen to the song that my dear sings for me, the one whom I am leaving so cruelly.
2. Ye yaa ha ye ya! Stop, friends, and let us listen to the weeping of my dear, my true-love, my dear!
3. Ye yaa ha ye ya! Whence, O friends! comes the sound of the one who is crying for me, my dear, my true-love, my dear?
4. Ye yaa ha ye ya! O friends! she whom I left behind is crying for me, my true-love, my true-love, my dear.
5. Ye yaa ha ye ya! Don't long for me! For you I am working, my true-love, for whom I pine, my dear, my true-love, my dear.

Song of Menmenłeqelas, in Answer to the Preceding Song

1. Ye yaa ha ye ya. Gwahas ʻnēʻnɛmōx̣ᵘ qahans hōʟɛlēxa
   Ye yaa ha ye ya. Stop friends that we listen
   sāyag·ĭmłɛlä qaha nōgwa ahan g·iyahaxɛn wayadayowa
   to the singing for me my dear left cruelly
   xɛhɛn g·iyaha.
   by me my dear.

2. Ye yaa ha ye ya. Gwahas ʻnēʻnɛmōx̣ᵘ qahans hōʟɛlēxaya
   Ye yaa ha ya ya. Stop friends that we listen to the
   q!waʻyāla qaha nōgwa ahan g·iyahaxɛn âlan łāx̣ŭlaxɛhɛn
   sound of cry- for me my dear my true- love
   ing
   g·iyaha.
   my dear.

3. Ye yaa ha ye ya. ʻya ʻwīheyaqɛnwēdzē ʻnēʻnɛmōx̣ᵘxaha
   Ye yaa ha ye ha. Oh whence great friends
   q!waʻyālä qaha nōgwa ahɛn g·iyahaxɛn âlan łāx̣ŭlaxɛhɛn
   the sound of for me my dear my true- love
   crying
   g·iyaha.
   my dear.

4. Ye yaa ha ye ya. ʻya, hĕk·asxōł ʻnēʻnɛmōx̣ᵘk·ahas yaha
   Ye yaa ha ye ya. Oh indeed it is she friends
   q!waʻyāla xɛhɛn hōdɛmaɛnʟɛn âlan łāx̣ŭlaxɛhɛn g·iyaha.
   who is crying whom I leave behind my true- love my dear.

5. Ye yaa ha ye ya. Gwăllahas x̣ŭlsayaxg·ĭn; sōmēx·ʻ ēaxɛlag·i-
   Ye yaa ha ye ya. Do not long for me you are the reason for
   hĕłtsxɛn âlan łāx̣ŭlaxɛhɛn, ts!ɛx·ʻłaxɛhɛn g·iyaxɛn âlan
   my working true my love my sickness my dear true my
   łāx̣ŭlaxɛhɛn g·iyaha.
   love my dear.

6. Ye yaa ha ye ya! Don't cry for me! I am working for you, my true mistress, my lady, my true-love, my dear.
7. Ye yaa ha ye ya! Don't long for me! I am coming back, my dear, my true-love, my dear.
8. Ye yaa ha ye ha! Don't cry for me! I am paddling toward you, my dear, my true-love, my dear.

SONG OF THE SAME AFTER HIS RETURN, WHEN TSĀK·ĒDEKᵘ HAD DESERTED HIM

1. Ye yaa ye ya ha! You are cruel to me, you are cruel to me, my dear!
2. Ye yaa ye ya ha! You are hard-hearted against me, you are hard-hearted against me, my love!
3. Ye yaa ye ya ha! You are surpassingly cruel, you are surpassingly cruel against me, for whom you pined.

---

6. Ye yaa ha ye ya. Gwăllahas q!wāsayaxg·ĭn; sōmēx· laxŭmāla-
   Ye yaa ha ye ya.   Don't   cry for me   you   are the reason
   g·ihēltsxEn ălan ᵋwādzēdēyaxEhEn q!āgwidēyaxEn ălan
   for my hard work   true my   dog-owner   my slave-owner   my true
   lāx̣ŭlaxEhEn g·iyaha.
   my love   my dear.

7. Ye yaa ha ye ya. Gwăllahas x̣ŭlsaya g·āxᵋmEn ēx·aᵋnakŭla lŏł
   Ye yaa ha ye ya.   Do not   long   for I am   nearing   you
   g·iyaᵋyaxEn ălan łāx̣ŭlaxEhEn g·iyaha.
   my dear   my true   love   my dear.

8. Ye yaa ha ye ya. Gwăllahas q!wāsaya g·āxᵋmEn sēx̣walālaLē
   Ye yaa ha ye ya.   Don't   cry   for I   come paddling
   lăhŏł g·iyaᵋyaxEn ălan łāx̣ŭlaxEhEn g·iyaha.
   to you   my dear   true   my love   my dear.

SONG OF THE SAME AFTER HIS RETURN, WHEN TSĀK·ĒDEKᵘ HAD DESERTED HIM

1. Ye yaa ye ya ha. Lams wāyadeyahasg·as wāyadayEwahēg·ōsa-
   Ye yaa ye ya ha.   Now you   are cruel to me   you are cruel to me
   hē g·iyaᵋya haa yiya.
   my dear.

2. Ye yaa ye ya ha. Lams ălădeyahasg·as ălădaᵋyEwahag·ōsahē
   Ye yaa ye ya ha.   Now you are strong-minded to me   you are strong-minded to me
   łax̣ŭla ha a ye ya.
   my love.

3. Ye yaa ye ya ha. Lams hăyagadēyahasg·as hăyagada-
   Ye yaa ye ya ha.   Now you   are too cruel to me   you are too cruel to me
   ᵋyahōg·ōsahḛ̄ts!Ex·ĭla̤ha a ye ya.
   my sickness.

4. Ye yaa ye ya ha! She pretends to be indifferent, not to love me, my true-love, my dear.
5. Ye yaa ye ya ha! Don't pretend too much that you are indifferent of the love that I hold for you, my dear!
6. Ye yaa ye ya ha! Else you may be too indifferent of the love that I hold for you, my dear!
7. Ye yaa ye ya ha! My dear, you are too indifferent of the love I hold for you, my dear!
8. Ye yaa ye ya ha! My dear, you go too far, your good name is going down, my dear!
9. Ye yaa ye ya ha! Don't try hereafter to follow me, my dear!
10. Ye yaa ye ya ha! Don't hereafter cry for me, my dear!

---

4. Ye yaa ye ya ha. WaʟesiᵋlālahasoxᵘdEla nōgwawahasEn âla
   Ye yaa ye ya ha. She acts as though she did not me my true-
                                          care for
   ‘łaxŭlahaaxen g·iyaᵋya.
   love   my   dear.

5. Ye yaa ye ya ha. Gwālɛlas xEnʟElahăk·as waʟesiᵋlālahaē laxs
   Ye yaa ye ya ha. Do not too much act as though you for
                                       did not care
   gwēmalasōsahā g·iyaᵋya.
   (my) love to you my dear.

6. Ye yaa ye ya ha. Ālas g·iyaᵋyahaĕk·as wāʟesk·Enlax lāxēs
   Ye yaa ye ya ha. Else   my dear   might overdo your   to
                     you   indifference
   gwēmalasōsahā g·iyaᵋya.
   (my) love to you my dear.

7. Ye yaa ye ya ha. LaEms g·iyaᵋyahaĕk·as yawaʟesk·tnōʟe
   Ye yaa ye ya ha. Now you   my dear   have overdone it
   lahaxs gwēmalahasōsahaē g·iyaᵋya.
     to   (my) love to you   my dear.

8. Ye yaa ye ya ha. LaEms g·iyaᵋyahaĕk·as yaētaxayahaē lax
   Ye yaa ye ya ha. Now you   my dear   have lowered (to)
   ʟēgEmk·ᵗnahałōs g·iyahayēya.
   your good name   my dear.

9. Ye yaa ye ya ha. K·ᵋlēsʟEs wŭlᵋEmahaĕk·as yalālasgEmahĕk·as
   Ye yaa ye ya ha. Not you   in vain   follow
                     will
   lahax nōgwawa haē yŏł g·iyaᵋya.
    (to)   me   you   my dear.

10. Ye yaa ye ya ha. Gwālɛlas wŭlᵋEmahaĕk·asya q!wāq!watsEmē-
    Ye yaa ye ya ha. Do not   in vain   cry for
    hēk·as lahax nōgwawa haē yohŏł g·iyaᵋya.
              me   you   my dear.

11. Ye yaa ye ya ha! Does not this make sick your heart, my dear?
12. Ye yaa ye ya ha! Friends, do not let us listen any longer to love-songs that are sung by those far away!
13. Ye yaa ye ya ha! Friends, it might be well if I took a new true-love, a dear one.
14. Ye yaa ye ya ha! Friends, it might be well if I had a new one for whom to pine, a dear one.
15. Ye yaa ye ya ha! I wish she would hear my love-song when I cry to my new love, my dear one!

LOVE-SONG OF THE DEAD, HEARD ON SHELL ISLAND

1. You are hard-hearted against me, you are hard-hearted against me, my dear, ha ha ye ya ha ha!
2. You are cruel against me, you are cruel against me, my dear, ha ha ye ya ha ha!

---

11. Ye yaa ye ya ha. Lɛ'maē tsǃɛx·'ílahāēlaxs nɛwaqĕdzɛwahaqōsa-
  Ye yaa ye ya ha. 'For it is sick your heart
 hē g·iyayahaha.
  my dear.

12. Ye yaa ye ya ha. Gwāhas 'nē'nɛmohōk^u qāhɛns hōʟēlāhaēxaya
  Ye yaa ye ya ha. Stop friends that we listen to the
 sala'lālahaha lāxa qwēsāla.
  love-song at far away.

13. Ye yaa ye ya ha. Ēx·dzâ 'nē'nɛmohōx^u qōho hēɛm lāxɛn
  Ye yaa ye ya ha. It would friends if that I should
   be good
 āłoʟanɛmaxɛn āla lāxūlaxɛn g·iya'ya.
  take a new true- love my dear.

14. Ye yaa ye ya ha. Ēx·dzâ 'nē'nɛmōx^u qoho hēɛm lāhaxɛn
  Ye yaa ye ya ha. It would friends if that I should
   be good
 āłōʟanɛmaxɛn āla tsǃɛx·'łaxɛn g·iya'ya.
  take a new one real sickness my dear.

15. Ye yaa ye ya ha. Ēx·'ɛm'nēsʟa hae aya wūlɛlahak·as qɛn
  Ye yaa ye ya ha. I wish she would hear
 qǃwäg·aʟɛlīsēxɛn āłōʟanɛmaxɛn g·iya'ya.
  my love song (crying) for my newly obtained my dear.

LOVE-SONG OF THE DEAD, HEARD ON SHELL ISLAND

1. Lams wayadēyahasg·as wayahadayɛwahag·ōsahē haē g·iya'ya
  You are hard-hearted against me hard-hearted against me my dear
 ha ha ye ya ha ha.
  ha ha ye ya ha ha.

2. Lams âladeyahasg·as âlahadayɛwahag·ōsahē haē g·iya'ya ha ha
  You are really cruel against me really cruel against me my dear ha ha
 ye ya ha ha.
  ye ya ha ha.

3. For I am tired waiting for you to come here, my dear, ha ha ye ya ha ha!
4. Now I shall cry differently on your account, my dear, ha ha ye ya ha ha!
5. Ah, I shall go down to the lower world, there I shall cry for you, my dear, ha ha ye ya ha ha!

PARTING SONG, SUNG BY TS!ESQWANĒ⁽ ON HIS DEATH-BED ONE DAY BEFORE HE DIED

1. Farewell, O friends! for I am leaving you, O friends! a ye ya ha a, a ye ya ha, aye ya ä!
2. Farewell, O brothers! for I am leaving you, O brothers! a ye ya ha a, a ye ya ha, aye ya ä!

---

3. Xg·in yayaēx⁽alēsēk·g·in nahɛnk·!agɛmlēhesōʟawa haē g·iya⁽ya
   For I   get tired   of waiting for you   my dear
   ha ha ye ya ha ha.
4. ⁽ya ōgŭxsâlēhēsʟɛhahɛn q!wats!ēnēhēʟa qahahas g·iya⁽ya ha
   Oh   differently I shall   cry   for you   my dear ha
   ha ye ya ha ha.
5. ⁽ya babanaxsâlēhehēsʟahahɛn q!wats!ēnēhēʟa qahahas g·iya⁽ya
   Oh   going downward I shall   shall cry   for you   my dear
   ha ha ye ya ha ha.

PARTING SONG, SUNG BY TS!ESQWANĒ⁽ ON HIS DEATH-BED ONE DAY BEFORE HE DIED

1. Halāk·asʟɛlahaha   ⁽nē⁽nɛmōhōx̣ᵘs   nōgwawahaē   xg·in
   Farewell   friends   mine   for I
   łowālēhehedeyahaēg·ōs ⁽nē⁽nɛmōkwa a ye ya haa, a ye ya ha, a
   am leaving you   friends
   ye ya ä.
2. Halāk·asʟɛlahaha   ⁽nāl⁽nɛmwŭhɛyōhots   nōgwawahaē   xg·in
   Farewell   brothers   mine   for I
   łōwalēhehehedeyahaēg·ōs ⁽nāl⁽nɛmwŭhɛyōhots a ye ya haa,
   am leaving you   brothers
   a ye ya ha, a ye ya ä.

3. O friends! do not take it too much to heart that I am leaving you, O friends! a ye ya ya a, a ye ya ha a, aye ya ä!
4. O brothers! do not take it too much to heart that I am leaving you, O brothers! a ye ya ha a, a ye ya ha a, aye ya ä!
5. O sisters! do not feel sorrowful because I am leaving you. O sisters! a ye ya ha a, a ye ya ha a, a ye ya ä!
6. I was told by the one who takes care of me that I shall not stay away long, that I shall come back to you, O friends! a ye ya ha a, a ye ya ha a, ye ya ä!
7. I mean, O friends! that you shall not feel too sorrowful when I leave you, O friends! a ye ya ya a, a ye ya ha a, ye ya ä!

---

3. Âɛmīlax·s ‘nē‘nɛmōhōx̣ᵘs nōgwawahaē k·!ēs xɛnLɛlahaēk·as
   Only   friends   mine   not   too much
xɛnL!ēqɛlaxg·ĭn   lōwalēhēhehēdeyahaēg·ōs   ‘nē‘nɛmōkwa
feel too much that I   leave you   friends
a ye ya haa, a ye ya haa, a ye ya ä.

4. Âɛmīlax·s ‘näl‘nɛmwŭhɛyōhots nōgwawahaē k·!ēs xɛnLɛlahaē-
   Only   brothers   mine   not   too
k·as xɛnL!ēqɛlaxg·ĭn lōwalēhehehedeyahaēg·ōs ‘näl‘nɛmwɛyot
much   feel too much that I   leave you   brothers
a ye ya haa, a ye ya haa, a ye ya ä.

5. K·!ēsLɛs wēhawaq!wahaēk·as wāhawōsɛlqɛlahaē qaha nōgwawa
   Do not   sisters   feel sad   for   me
haēxg·ĭn lōwalēhehehedeyahaēg·ōs wēwaq!wa a ye ya haa,
that I   leave you   sisters   a ye ya haa,
a ye ya haa, a ye ya ä.

6. ‘nēx·sɛwēhēg·ĭnLas axē‘lalähä g·ahaxɛnLax k·!ēsēhēLɛx
   I was told by   who does as he likes   to me   not I shall
gäyē‘stalał qɛhɛnLō g·ahaxL lähōl ‘nē‘nɛmōhōhōx̣ᵘs
stay away long   if I   come   to you   friends
nōgwawa a ye ya haa, a ye ya haa, a ye ya ä.
mine

7. Hē‘mēsɛhɛn ‘nē‘nak·ehēlē ‘nē‘nɛmōhōhōx̣ᵘs nōgwawa qahas
   That is my   reason of saying   friends   mine   that you
k·!ēsahōs xɛnLɛlahēk·as wä‘wōhōsɛlqɛlaxg·ĭn lōwalēhehehede-
not you   too much   feel sad that I   leave you
yag·ōs ‘nē‘nɛmōhōhōx̣ᵘs nōgwawa a ye ya haa, a ye ya haa,
friends   mine
a ye ya ä.

Parting Song

1. You are strong-minded to leave your lover here, your lover here, my dear!
2. You are true-minded to leave your pain here, your pain, my dear!
3. Where is he going, the one of surpassing strength of mind, my dear?
4. Oh, he is going far away. He will be taken to the pretty place named New York, my dear!
5. I shall ask all of you who walk the ground with me, my dear.
6. Is New York far away, where he will be taken, my love?
7. Oh, could I fly like a poor little raven by his side. my love!
8. Oh, could I, like a poor little raven, carry home news from him, my dear!
9. Oh, could I fly down by the side of my dear, my love!
10. Oh, could I lie down by the side of my dear, my pain!
11. The love for my dear kills my body, my master!
12. The words of him who keeps me alive kill my body, my dear!
13. For he said that he will not turn his face this way for two years, my love!

Parting Song

1. Wā′yadēyasg·as āya lā′xūlag·as āya lā′xūlag·aōs g·īheyaya.
2. Ālaaddēyasg·as āya tsʟEx·ĭ′lag·as āya tsʟEx·ĭ′lag·aōs g·īheyaya.
3. Wī′yohodzowaʟēxa hayā′gadēyasg·as ʟōmadahayEwag·aōs g·īheyaya.
4. ‘ya, qwēsg·ilaʟō lāhayūdzowaʟō lāx yōyōx̣ᵘʟaya ēk·as wāwitsEn g·īheyaya.
5. La‘mEn wūʟāyaʟōʟai nāmax·sīhesElōtas ayai nōhogwawahai g·īheyaya.
6. ya, qwēsaladzâ‘maē yōyox̣ᵘʟayaa lālahaā′yas āya āla lāhax̣ūlayiya.
7. LānahaxwaaonēsʟEn gwa‘winaōwa pʟEʟēlēhēnEwahīlxEn âla lāhax̣ūlayiya.
8. LānahaxwaaonēsʟEn gwa‘winaōwak·asa gwāgwax̣walg·īwēsEn g·īheyaya.
9. LānahaxwaaonēsʟEn nE′lamaxalīsalxEn g·īheyayalxEn āla lāhax̣ūlayiya.
10. LānahaxwaaonēsʟEn kūlāmaxalisalxEn g·īheyayaēlxEn tsʟEx·ĭ′layiya.
11. ʟe‘lEmg·itilaʟai āya gwēmalatsEn g·īheyayaēlxEn q!ā′gwidea.
12. ʟe‘lEmg·itilaʟai āya wāldEmasEn q!ūlā′laha‘yowalxEn g·īheyaya.
13. Xēxs ‘nēk·aēxs māmal‘EnxēleʟaI k·ēs gwāsgEmg·alisʟEn âla lāhax̣ūlayiya.

14. O my lord! O my dear! My master! My dear!
15. Oh, could I be the featherbed for you to lie down on it, my dear!
16. Oh, could I be the pillow, for your head to rest on, my dear!
17. Good by! Now I am downcast! Now I weep for my love.

WORKINGMAN'S SONG OF THE L̲ḕL̲ĕG̲ḕD OF THE Q!ŌMK·!UT!ES FOR HIS FIRST-BORN SON

1. When I am a man, I shall be a hunter, O father! ya ha ha ha!
2. When I am a man, I shall be a harpooneer, O father! ya ha ha ha!
3. When I am a man, I shall be a canoe-builder, O father! ya ha ha ha!
4. When I am a man, I shall be a board-maker, O father! ya ha ha ha!
5. When I am a man, I shall be a workman, O father! ya ha ha ha!
6. That there may be nothing of which you will be in want, O father! ya ha ha ha!

---

14. Āsehen adāyaa āsehen g·īyaaɫxen qlāgwideaɫxen g·īheyaya.
15. Lānahax̣waaonēsḻen tslāg·iɫk·ĭnaɫ qa kŭlsgemēsō'sen g·īheyaya.
16. Lanahax̣waaonēsḻen qēnoɫk·ĭnaɫ qa āya qēheɫtsemalūtsōsen g·īheyaya.
17. Hălā'k·asLelax·en la'men x̣ŭlsayawa, la'men qlwaā'sayaɫ qaen ɫax̣ŭlayaya.

WORKINGMAN'S SONG OF THE L̲ḕL̲ĕG̲ḕD OF THE Q!ŌMK·!UT!ES FOR HIS FIRST-BORN SON

1. Hants!ēnoqwi'lakwēk· lāqen g·āq!ēna'yē begwānemts!ēda das-
   Born to be a hunter   at   my becoming   a man,
   k!wä, ya ha ha ha.
   Father   ya ha ha ha.

2. Ālēwinoqwi'lakwēk· lāqen g·āq!ēna'yē begwānemts!ēda dask!wä,
   Born to be a spearsman   at my   becoming   a man,   Father.
   ya ha ha ha.
   ya ha ha ha.

3. Lēq!ēnoqwi'lakwēk· lāqen g·āq!ēna'yē begwānemts!ēda dask!wä,
   Born to be a canoe-builder at my   becoming   a man,   Father,
   ya ha ha ha.
   ya ha ha ha.

4. Łats!aēnoqwi'lakwēk· lāqen g·aq!ēna'yē begwānemts!ēda das-
   Born to be a board-splitter at my   becoming   a man,
   k!wä, ya ha ha ha.
   Father   ya ha ha ha.

5. Eaqelaēnoqwi'Lek· lāqen g·āq!ēna'yē begwānemts!ēda dask!wä,
   Will be a worker   at my   becoming   a man,   Father,
   ya ha ha ha.
   ya ha ha ha.

6. Qats k·!eâtsētsōs tsāyakwēyatsōs yaqēs 'nākwatsaōs āqēqs
   That you you will nothing   need   of   all   you
   desōtsōs dask!wä, ya ha ha ha.
   wanted by you, Father   ya ha ha ha.

Song of the Warrior K·ĭlem of the Nāk!wax·da'x" for His First-born Son

1. You were given by good fortune to your slave, you were given by good fortune to your slave, to come and take the place of your slave, wa ya ha ha!
2. O tribes! hide yourselves. I have come to be a man, and my name is Hellebore, wa ya ha ha!
3. Already are twisted the cedar-withes which I shall pass through the mouths of the heads that I obtain in war, for I am true Hellebore.
4. For I shall take in war the heads of the princes of the tribes, when I come to be a man,
5. That I may have your names, as was done by my father, who has your names for his names, wa ya ha ha!

The preceding is sung in the pronunciation of children. The regular form would be as follows:

1. HanLlēnoxwi'lakwēk· lāxɛn g·āx'ēna'yē bɛgwānɛmx·'ida datsā, ya ha ha ha.
2. Ālēwinoxwi'lakwēk· etc.
3. Lēq!ēnoxwi'lakwēk· etc.
4. Łat!aēnoxwi'lakwēk· etc.
5. ÊaxɛlaēnoxwīLɛk· etc.
6. Qas k.!êâsēLōs łâlaxwēlasōLōs lāxēs 'nāxwaLaōs āx'ēxsdɛsōLōs dātsā, ya ha ha ha.

Song of the Warrior K·ĭlem of the Nāk!wax·da'x" for His First-born Son

1. Wāwałtsɛnētsēs q!ātso; wāwałtsɛnētsēs q!ātso qa's dzāqētsōs
   Obtained-by-good-luck by your slave; obtained-by-good-luck by your slave that you come
   hēyaboyetsaxdzas q!atsos, wa ya ha ha.
   to take the place of your slave wa ya ha ha.

2. Wätsɛlya yēyqwayatsē wŭnwŭngɛmyēstsōł dzaq'mēts bɛgwā-
   Go on tribes hide yourselves for I have come to be a
   nɛmtsłēda qɛn dzēgadēs âxtsoyē, wa ya ha.
   man that I have name of hellebore (i.e. a cruel one), wa ya ha.

3. Dzāq'ɛmts gwalēts tsɛlbɛkᵘdzā dɛwēk· qa nayaqstsētsɛn
   Come already twisted cedar withes that you put through the mouths of my
   wīyānɛmtsa qēqadzak"tsaxdzɛn âyᵃtsɛk· âxtsoyē.
   obtained in war heads my really hellebore (i.e. cruel).

4. Yĭxdzɛn dzēdzāgɛmdzalēdzaq dzōdzaɛlgɛmayatsa yēyqwaya-
   For I shall take the first ones the princes of the tribes
   tsa'yē qɛn wīnatsōłdzɛn dzāqēk· bɛgwānɛmtsłēda.
   that I make war against when I come to be a man.

5. Qɛn dzaqētsɛn dzēdzɛgadzɛsēs dzēdzɛgɛmats yaq gwēts!ēdaa-
   That I come I have your names for my names as was done by
   tsəxs âsk!wats dzāqaēq dzēdzɛgadzɛs dzēdzɛgɛmōs.
   my father he obtained for his names your names.

SONG OF THE SON OF CHIEF HĒɫĀMAS OF THE NĀKǃWAX·DA‘X^u

1. By good luck was given to us our master, he who will be chief of the Nākǃwax·da‘x^u, ya hō wa ha!
2. Our master will take the princesses of the tribes to be his wives, ya hō wa ha!
3. So that the high-named coppers of the chiefs of the tribes will assemble around him, ya hō wa ha!
4. And I shall get the names and privileges of the chiefs of the tribes by marrying their princesses, ya hō wa ha!

The preceding is sung in the pronunciation of children. The regular form would be as follows:

1. Wāwalk·inēsēs qǃāk·ō; wāwalk·inēsēs qǃāk·ō qa‘s g·āxēʟōs hēlabolisālg·as qǃāk·ōg·ōs, wa ya ha ha.
2. Wāg·iɬ la lēlqwālaʟē wŭnwŭngɛmlēsʟōɬ g·āx‘mēk· bɛgwānɛmx·‘i‘da qɛn ʟēgadēs âxsōlē, wa ya ha ha.
3. G·āx‘mēk· gwāliɬ sɛlbɛx^ug·a dewēxɛk· qa nayax·stēɬtaɛn win‘ānɛmla qēqag·ix^uʟɛxg·in ālēlɛk· âxsōlēɬ.
4. Yixg·in g·ig·āgɛmdāliɬ qaxōx ʟōʟaɛlgāma‘yasa lēlqwālaʟa‘ya qɛn winasōig·in g·āxēk· bɛgwānɛmx·‘ida,
5. Qɛn g·āxēlɛn ʟēʟɛgadɛltsōx ʟēʟɛgɛmaxs lāx gwēx·‘idaasaxs âtsāxs g·āxaē ʟēʟɛgatsēs ʟēʟɛgɛmōs, wa ya ha ha.

SONG OF THE SON OF CHIEF HĒɫĀMAS OF THE NĀKǃWAX·DA‘X^u

1. Wāwaltsɛnētsōq wātsaɫaatsēxqwa dzēqayatsasa naɛnkǃwakda.
   Obtained-by-good-luck   Dog Owner   will be chief of the   Nākǃwax·da‘x^u
‘qwē ya hōwa ha.
  ya hōwa ha.
2. Dzēdzāgɛmdza‘yatsōq watsaɫaatsax tsǃēstsǃɛdēʟas g·ig·igāma-
  Daughters of head chiefs Dog Owner princesses of the chiefs of
‘yatsa yēyqŭyatsa‘yē qats gɛnɛmtsǃēda ya hōwa ha.
  the tribes for to become his wives ya hōwa ha.
3. Qats â‘mēʟ tsɛmqo‘nakŭyasōltsa dzēdzɛgadzē tsǃātsǃɛqwas
  That just come from all sides the great named coppers of
dzēdzɛgɛma‘yats yeyqŭyatsa‘yē ya hōwa ha.
  the chiefs of the tribes ya hōwa ha.
4. Wā, hē‘mētsɛn gɛdzādzɛmtsa lāq tsǃēstsǃɛdēʟas dzēdzɛgɛma-
  Oh, and that I shall get by marriage from the princesses of the chiefs of
‘yatsa yeyqŭyatsa‘ya dzēdzɛgɛmē dzē‘wa k·ǃēk·lowē ya
  tribes names and crests ya
hōwa ha.
  hōwa ha.

The preceeding is sung in the pronunciation of children. The regular form would be as follows:

1. Wāwalk·inē yōx Wāsaɫaasēxxwa g·iqalasaxsa Naɛnkǃwax·da-‘xwēx, ya hōwa ha.
2. G·ig·āgɛmdalaʟōx Wāsaɫaasax k·ǃēsk·ǃɛdēʟas g·ig·igāma‘yasa lēlqwālaʟa‘yē qas gɛnɛmx·‘ida, ya hōwa ha.
3. Qa‘s â‘mēɬ k·imqɛlasōltsa ʟēʟɛgadē ʟǃāʟǃɛqwas g·ig·igāma‘yasa lēlqwālaʟa‘yē, ya hōwa ha.
4. Wā, hē‘mēsɛn gɛg·ādanɛmʟ lāx k·ǃēsk·ǃɛdēʟas g·ig·igāma‘yasa lēlqwālaʟa‘yēs ʟēʟɛgɛmē ʟɛ‘wēs k·ǃēk·ǃɛs‘owē, ya hōwa ha.

Song of the Daughter of a Workingman

1. Our Treasure came here to dig clams for her mother and her old slave, ahē ahē ya!
2. Our Treasure came here to dig clover for her mother and her old slave, ahē ahē ya!
3. Our Treasure came here to dig cinquefoil for her mother and her old slave, ahē ahē ya!
4. O mother! make me a basket, that I may pick salmon-berries, salal-berries, and huckleberries for my old slave, ahē ahē ha!
5. Let him get ready who is to be my husband, that he may be ready to help my mother and my old slave, ahē ahē ya!

Song of the Daughter of a Workingman

1. Wāwaltsînēgadzada dzāqᴇk· qats yaʟēlqa dzawegayîmē qa-
   Obtained-by-good-luck-woman came to dig clams for
   dzās ăbāyaak· dzōgwats wayōʟᴇk·, ahē ahē ya.
   her mother here and this old dog ahē ahē ya.
2. Wāwaltsînēgadzada dzāqᴇk· qats ts!ōtsēqa t!ᴇxᵘtsōsē qadzas
   Obtained-by-good-luck-woman came to dig clover for her
   ăbāyaak· dzōgwats wayōʟᴇk·, ahē ahē ya.
   mother here and this old dog ahē ahē ya.
3. Wāwaltsînēgadzada dzāqᴇk· qats ts!ōtsēqa ʟᴇk·tsᴇmē qadzas
   Obtained-by-good-luck-woman came to dig cinquefoil for her
   ăbāyaak· dzōgwats wayōʟᴇk·, ahē ahē ya.
   mother here and this old dog ahē ahē ya.
4. Wädzeł ya ăbāyaa yᴇqēya qᴇn hămyatsēqa q!ᴇmdzᴇ-
   Go on now mother make a for me to pick berries salmon berries
   basket
   kwē dzᴇ‘wa nᴇgŭtsē dzᴇ‘wa gwädzᴇmē qatsōx wayōʟᴇk·,
   and salal-berries and huckleberries for this old dog
   ahē ahē ya.
   ahē ahē ya.
5. Wädzeł yaqē gwālaʟatsᴇn ʟa‘wŭyᴇmtsa qa ts!ēstsa gᴇmtsᴇx-
   Go on now be ready for my future husband that not he be lazy
   tsats qa dzēwayats qo ăbāyaak· dzᴇwōk· wāyoʟēk·, ahē
   to help me my mother here and this old dog ahē
   ahē ya.
   ahē ya.

The preceding is sung in the pronunciation of children. The regular form would be as follows:

1. Wāwalk·înēgag·ada g·āxᴇk· qa‘s yałēlxa g·āwēq!ānᴇmē qag·as ăbāyaak· ʟōgwas wayōłᴇk·, ahē ahē ya.
2. Wāwalk·înēgag·ada g·āxᴇk· qa‘s ts!ōsēxa t!ᴇxᵘsōsē qag·as ăbāyaak· ʟōgwas wayōłᴇk·, ahē ahē ya.
3. Wāwalk·înēgag·ada g·āxᴇk· qa‘s ts!ōsēxa ʟᴇx·sᴇmē qag·as ăbāyaak· ʟōgwas wayōłᴇk·, ahē ahē ya.
4. Wäg·ił la ăbāyaa lᴇxēla qᴇn hămyats!ēxa q!ᴇmdzᴇkwē ʟᴇ‘wa nᴇk!ŭłē ʟᴇ‘wa gwädᴇmē qaōx wayōłex, ahē ahē ya.
5. Wäg·ił lax·ī gwālałaʟᴇn lă‘wŭnᴇmʟaxa k·!ēsʟa q!ᴇmts!ᴇxʟał qa g·īwalalg·a ăbāyaak· ʟōgwa wayōłᴇk·, ahē ahē ya.

Song of Chief's Daughter

1. Be ready, O chiefs' sons of the tribes! to be my husbands; for I come to make my husband a great chief through my father, for I am mistress, ha ha aya ha ha aya!
2. I, mistress, come to be your wife, O princes of the chiefs of the tribes! I am seated on coppers, and have many names and privileges that will be given by my father to my future husband, ha ha aya ha ha aya!
3. For my belt has been woven by my mother, which I use when I look after the dishes that will be given as a marriage present by my father to him who shall be my husband, when many kinds of food shall be given in the marriage-feast by my father to him who shall be my husband, ha ha aya ha ha aya!

Song of Chief's Daughter

1. Wădzeł ya gwāLaLaLɛq dzōdzaɛygɛmēts dzēdzɛg·īmōts yēyqŭ-
   Now go on be ready princes of chiefs of the tribes
   yatsē qaɛn tsā‛wŭnɛmts!ēts qadzɛn hē‛mēdzɛn dzādzɛqēLē
   for my future husbands . for therefore I come
   qaɛn dzēdzɛqēyē qɛn tsā‛wŭnɛmtsa dzōgwa adātsaxdzɛn
   that I make a chief my husband with this my father who I
   waōts!aatsēk·, ha ha aya ha ha aya.
   his master ha ha aya ha ha aya.

2. Waōts!aatsɛntsaxdzɛn dzaqēk· qats gɛnɛmōts dzōdzaɛygɛmēts
   Master I shall come to be your wife princes of the
   dzēdzɛgămēts yēyqŭyatsē. ts!aqwadzɛn k!watsâyētsōkⁿ
   chiefs of the tribes. Coppers my seat
   gēnɛmdza ts!ēts!ɛsō dzōgwa dzēdzɛgɛmts qa yayōtsdza
   many privileges and names for given by
   adātsats yaqɛn tsā‛wŭnɛmtsa, ha ha aya, ha ha aya.
   my father to my husband ha ha aya ha ha aya.

3. Qaxts ya‛mēts gwaLdza yīpēdzas āda qaɛn wŭtsēdzanōtsɛ qɛntsō
   For now it is finished plated by my mother for my belt when I
   Lāyoqtsēyax LēLōqŭyīLalxdzētsāsdza adātsats yaqɛn tsā-
   take care of the future house dishes of my father to my future
   ‛wŭnɛmtsa qō wāwadzɛtsēs gēnɛmtsa hēmaōmatsōq ādatsaq
   *husband when he gives in the many kinds of food my father
                marriage feast*
   yaqɛn tsā‛wŭnɛmtsa, ha ha aya ha ha aya.
   to my future husband ha ha aya ha ha aya.

The preceding is sung in the pronunciation of children. The regular form would be as follows:

Song of Parents Who Want to Wake up their Son

Don't sleep! for your paddle fell into the water, and your spear. Don't sleep! for the ravens and crows are flying about.

Song of Parents Who Want to Wake up their Daughter

Don't sleep too much! Your digging-stick fell into the water, and your basket. Wake up! It is nearly low water. You will be late down on the beach.

1. Wäg·ił la gwăłałaLEx L̥ō̱L̥aElgămēs g·īg·igămēs lēlqwălaLē qEn łă‘wŭnEmL qaxg·în hĕ‘mēk· g·āg·Exēł qEn g·īg·aqîlēxEn łă‘wŭnEmLa L̥ōgwa ādatsaxg·în waōts!aasEk·, ha ha aya ha ha aya.
2. Waōts!aasEnLaxg·în g·āxēk· qa‘s genEmōs L̥ōL̥aElgămēs g·īg·igămēs lēlqwălaLē L!āqwag·în k!wadzâlîłtsōk" q!ēnEmg·a k·lē-k·!Es‘ō L̥ōgwa L̥ēL̥egEmk· qa layōłtsg·a ādatsa lāxEn łă‘wŭ-nEmLa, ha ha aya ha ha aya.
3. Qaxs la‘mēk· gwălg·a yîpēg·as āda qEn wŭsēg·anōL qEnLō łâlox-sîlaLEx lēłōqŭlīłElxLēLasg·a ādatsak· lāxEn łă‘wŭnEmLa qō wăwadzELEs q!ēnEmLa hēmaōmasōx ādatsax lāxEn łă‘wŭ-nEmLa, ha ha aya ha ha aya.

Song of Parents Who Want to Wake up their Son

‘ya gwăłyats mēqax ya‘mē tsēxtsēs tsēwayok"däōts dzE‘wēts
Oh   do not   sleep   now   it fell into   your paddle   and your
                                the water

măstōx·däōts. ‘ya gwăłyats mēqax yaEmk· ‘nākwa bELEmē‘staya-
harpoon.   Oh   do not   sleep   now   all   are flying

qēda gwă‘winaq dzE‘wa tsāqEyagak·.
ravens   and   crows.

The preceding is sung in the pronunciation of children. The regular form would be as follows:

‘ya gwăllas mēxax, la‘mē tēxstēs sē‘wayox"däōs L̥E‘wis măstōx"-däōs. ‘ya gwăllas mēxax, laEmk· ‘nāxwa p!ELEmē‘stālaxa gwă‘-winak· L̥E‘wa k·āxElagak·.

Song of Parents Who Want to Wake up their Daughter

‘ya, gwăłyats xEntsEya mēqax, ya‘mē tsēxtsēs ts!Eyak"däōts dzE-
Oh   do not   too much   sleep   now   it fell into   your digging stick   and
                                    the water

‘wēts yEqEyak·däōts. ‘ya, ts!Ets!ēdadzâdza, ya‘mōq ăyāq wŭydza-
your basket.   Oh   wake up   now   nearly   it stopped

yītsa x·îts!aqEyaq āLats aLEnts!ētsōts.
ebb-tide   else you will be late on the beach.

The preceding is sung in the pronunciation of children. The regular form would be as follows:

‘ya, gwăllas xEnLEla mēxax la‘mē tēxstēs k·līlax·däōs L̥E‘wis lE-xElāx·däōs. ‘ya, ts!Ex·‘îdadzâqa la‘mōx Elāq wŭlg·alīsa x·āts!axE-ax āLas ałEnts!ēsōL.

X. ADDENDA

Dog Hair (to p. 134)

You asked me about the dog wool of the early Kwakiutl people. | 1
I saw one dog of a chief whose name was | Nɛgˑädzē (Great Mountain), and Nɛgˑädzē was chief of the numaym Gˑīgˑîlgăm, | of the
ᴇwālas Kwāgˑuł, and the name of the great short legged ‖ dog was 5
Qālakwa. The hair of the dog was long | like wool, and it hung down
to the ground as he was walking about, | and the hair was not very
curly. The hair was very | fine. His eyes did not show on account
of | the hair that covered them. It looked as though he had no
feet, ‖ as he was walking about. | 10
(The reason why Qālakwa was the name of the dog of the chief |
Nɛgˑädzē, of the numaym Gˑīgˑîlgăm, of the ᴇwālas Kwāgˑuł, | was,
because Ōᴇmaxtǃalaᴌē met Qawadiliqăla paddling at Yaēxŭgˑīwanō. |
Then their minds were just like oil ‖ and water when they are poured 15
together and stirred. This was called by | people of olden times,
Qālakwa, for the oil turns white | when it is mixed with the water.
That is the meaning of the name of the dog | Qālakwa. I just wish
to talk about the meaning of the name | of the dog.) ‖

Dog Hair

Wä, hēɛmxaas wŭlāsᴇᴇwa pǃalᴇmdzâ ᴇwātsǃēsa gˑālē bᴇgwānᴇmsa 1
Kwāgˑuł, yîxs ᴇnemaᴇᴇn dōxwaʟᴇł ᴇwatsǃēsa gˑīgămaᴇyōł yîxa ʟēgadōłas Nᴇgˑädzē, yîxs gˑīgămaᴇyaē Nᴇgˑädzāsa ᴇnᴇᴇmēmotasa Gˑīgˑîlgămasa ᴇwālas Kwāgˑuł. Wä, la ʟēgadēda ᴇwālas tsǃɛłtsłoxᵘsēs
ᴇwātsǃᴇs Qālākwa. Wä, la gˑîlsgˑîltǃɛnaᴇyē hăbᴇsasa ᴇwatsǃē hē 5
gwēxˑs pǃalᴇm, yîxs dōkŭmgˑîlsᴇlaē hăbᴇsas lāx āwīnakǃūsaxs gˑîl-
ᴇnakŭlaē, yîxs kˑǃēsaē âlaᴇm tǃᴇmkwē hăbᴇsas. Wä, lä ʟōmaxˑᴇīd
wīwŭltowē hăbᴇsas. Wä, lä kˑǃēs nēᴇnłałēs gīgᴇyagᴇsē qaēs
hăbᴇsaxs laē xᴇsᴇmālaq lax kˑǃɛyâtsǃēnēxˑstǃaakwas gˑōgˑᴇgŭyosēxs
gˑîlᴇnakŭlaē. 10
(Wä, hēᴇm lāgˑiłas ʟēgadᴇs Qālakwaxa ᴇwātsǃāsa gwasxˑâlagˑîlisē
Nᴇgˑädzēxa gˑīgămaᴇyasa ᴇnᴇᴇmēmota Gˑīgˑîlgămasa ᴇwālas Kwāgˑuł
qaxs laē sēsaxoʟaᴇyē Ōᴇmaxtǃâlaʟēᴇ ʟōᴇ Qawadiliqăla lāx Yaēxŭgˑīwanō, wä, lä hēxˑᴇidaᴇmᴇɛl ᴇnᴇmxˑᴇīdē nēnâqaᴇyas hē gwēxˑsa ʟǃēᴇna
ʟᴇᴇwa ᴇwāpaxs laē gŭqâsōᴇ qaᴇs xwetǃētsᴇᴇwē. Wä, hēᴇm gwᴇᴇyâsa 15
gˑālē bᴇgwānᴇm qālakwē, yîxs laē ᴇmɛlxstoxᴇwidēda ʟǃēᴇna, yîxs
laē lālaqēda ʟǃēᴇna lāq. Wä, hēᴇmis ᴇnēnakˑīłtsa ʟēgᴇmasa ᴇwātsǃē
Qālakwa. Âᴇmᴇn ᴇnēxˑ qᴇn gwāgwēxˑsᴇalē lāx ᴇnēᴇnakˑīłasa ʟēgᴇmasa ᴇwātsǃē.)

1317

20 At the end of the winter, the hair of the dog was cut | and when this was done, the woman, the wife of | Neg·ādzē, whose name was K·!āmaxalas, took the dog hair and | washed it in running water. After she had done so, she hung it up for the | water to drip off, and
25 after all the water had dripped off, when it was ‖ not dry yet, she pulled it apart and pulled out the hairs singly | and put them down lengthwise at the place where she was sitting. When | all the hair had been pulled apart, the woman took her spindle and | her spinning box, and she put together three | hairs of different lengths. The ends were even and | she wound them around the spindle and she
30 spun them. Now the ‖ hairs were twisted in the same way as is done with nettle bark. When they were all twisted, | they were woven into the yellow cedar bark blanket. | If a man wears on his body a blanket with a hair braid, it is a sign that he is a chief, | and when the braid is of mountain goat wool, then he is a common man. ‖
35 Now, all braidings of the cedar bark blankets are entirely of cedar bark, | for I saw only one dog of this kind, when I was a little | boy. That is the end.

Prayer of the Salmon-Fisher (to p. 618)

1 When the salmon-fisher gets home, | and when he has caught many salmon, he goes into the river house | and immediately prays to his

---

20 Wä, g·îl‘ɛm‘lāwisē gwāł ts!awŭnxa laē t!ōsâlayowē hăbɛsas ōk!wina‘yasa ‘wäts!ē. Wä, g·îl‘mēsē gwāla laēda ts!ɛdāqē gɛnɛmas Nɛg·ādzēxa Lēgadɛs K·!āmaxa‘las äx‘ēdxa hăbɛsasa ‘wäts!ē qa‘s ts!ōx‘wīdɛq lāxa ts!aēsē wa. Wä, g·îl‘mēsē gwāla laē gēx‘wīdɛq qa ts!āoqâlēsa ‘wāpē lāq. Wä, g·îl‘mēsē gwāł ts!aōqūlēda ‘wāpē laqēxs
25 k··ēs‘maē lɛmx‘wīda. Wä, lā bēl‘īdɛq qa‘s lɛkwē ‘nāł‘nɛmts!aq!ɛmqaxa hăbɛsē qa‘s ʟ!ax‘alīlɛlēs lāxēs k!waēlasē. Wä, g·îl‘mēsē ‘wī‘la łɛgɛkwa hăbɛsē laē äx‘ēdēda ts!ɛdāqaxēs x·îlp!ɛxsdō ʟɛ‘wis q!ɛmgats!ē. Wä, lā q!ɛmx‘ēdɛq. Wä, la‘mē äxōdālaxa yūdux‘ts!aqē hăbɛsxa ts!ɛlts!ɛkwāmɛnkūla. Wä, lā ‘nɛmābał‘īda la qɛx·-
30 ‘aʟɛlōdāyos lāxēs x·îlp!ɛxsdō. Wä, lā x·îlp!ēda. Wä, la‘mē mēt!ēdɛq lax gwēg·i‘lasaxa gŭn. Wä, g·îl‘mēsē ‘wī‘la mēdɛkwa laē yîbɛmnuk‘sa hăbɛs‘ɛnē mēdɛk‘‘ lāxēs dēx‘‘sɛmē k·!ōbawasa. Wä, hēɛm māmalt!ēk·!ēsa ‘nɛx‘ūnālāxa hăbâsas yîbɛmaxs g·īgăma‘yaē ʟōxs p!āʟɛmaasa ‘mɛlxʟowē yîbɛmas ‘nɛx‘ūna‘yas wäx·ēda bɛgwä-
35 nɛmq!āla‘mē. Lā ‘nāxwaɛm mēdɛk‘‘ dēxwē yîbɛmas ‘nɛx‘ūna‘yas yîxs ‘nɛmaɛn dōx‘waʟɛlē hē gwēx·s ‘wāts!ɛxg·în hē‘maōłg·în ālē g·înānɛmē. Wä, laɛm lāba.

Prayer of the Salmon-Fisher

1 Wä, hē‘maaxs g·āxaē nä‘nakwēda yäłnɛk!wēnoxwaxa k·!ōtɛla, yîxs q!ɛyōʟaaxa k·!ōtɛla, wä, lā laēʟ lāxēs wiwamēdzats!ē g·ōkwa.

house to be good when he dries | his salmon. He only prays to it when he has many salmon. ‖ He does not pray when he does not get any salmon. |

This is the prayer of the salmon-fisher, when he | catches the first salmon with a hook: "Welcome, Swimmer. | I thank you, because I am still alive at this season when you come back to our | good place; for the reason why you come is that we may play together ‖ with my fishing tackle, Swimmer. Now, go home and | tell your friends that you had good luck on account of your coming here | and that they shall come with their wealth bringer, that I may get some of your wealth, | Swimmer; and also take away my sickness, | friend, supernatural one, Swimmer." Thus he says, while he is ‖ praying. |

This is only the prayer for the first salmon caught by trolling | or the first one caught with the hook in the river. All the | wise salmon-fishermen have different prayers, and there are salmon-fishermen who are not | wise, who do not care about ‖ the salmon that they have caught. The numayms are not owners of the prayers | of the salmon-fishermen, for the prayers belong | to those who work on the salmon. |

Wä, lä hĕx·ʻida tsǃɛlwaqaxēs g·ōkwē qa ĕk·ēs lɛmx̣ʻwidămaslɛxa xaʻmasē. Wä, lēx·aɛm tsǃɛlwaqax·dɛmsēxs qǃɛyōlaaxa k·ǃōtɛla. Wä, lä k·ǃēs tsǃɛlwaqaxs k·ǃeâsaē k·ǃōtoḻānɛmē.

Wä, g·aʻmēs tsǃɛlʻwaxʻidayosa yäłʻnɛkǃwēnoxwaxa k·ǃōtɛla lāxēs g·ālē ʻnɛm gāḻɛkwa lāxa k·ǃōtɛla: "Wä, gēlakʻasʻla mɛyoxwan qaxg·ĭn g·āxēk· g·āxʻaḻɛla lāxwa g·āxdɛmaqōs aēdaaqa lāxɛns aēx·dɛmēsēx qaxs hēʻmaaqōs g·āxĕłē qɛnuʻx̣ᵘ aɛmłqǃɛnwēsg·ada wīwak·ayogŭn lâL, mɛyoxwan. Wä, hāg·ĭʼ la näʻnakᵘlɛx qaʻs tsǃɛk·ǃâłɛlaōsaxɛns ʻnēʻnɛmōkwaxs hĕlaxaaqōs lāxēs g·āxʻēnaʻyōs qa g·āxēsē g·āxsʻalītsēs qǃɛqǃōmg·ilayâ qɛn hăyālalē lāxēs qǃē-qǃōmx·lɛnōs mɛyoxwan. Wä, hēʻmis qaʻs dāg·ĭlxḻâlaōsaxg·ĭn tsǃē-tsǃɛx·qǃōlɛmk·, qâst, yūl ʻnawălax̣ᵘs, mɛyoxwan," ʻnēk·ɛxs laē tsǃɛlwaqa.

Wä, lēx·aɛm tsǃɛlwaqasɛʻwa g·ālē lâḻanɛm k·ǃōtɛlaxa dōgwanɛm ḻōxs g·ālaē gāḻɛkᵘ lāxa wa. Wä, lä ʻnăx̣waɛm ōgŭʻlaʻmē tsǃɛlwɛ-qayâsa nēʻnâgadē yäłnɛkǃwēnoxwaxa k·ǃōtɛla. Wä, g·ĭlʻmēsē k·ǃeâs nâqēsa waōkwē yäłnɛkǃwēnoxwaxa k·ǃōtɛla lä k·ǃēs ʻmāg·ilaxēs lâ-ḻanɛm k·ǃōtɛla. Wä, lä k·ǃēs âxnōgwadēda ʻnâłʻnɛmēmasasa tsǃɛl-wagayâsa yēyäłnɛkǃwēnoxwaxa k·ǃōtɛla, yĭxs hɛsqǃâlɛmaaq tsǃɛl-wagayo lāxēs ēaxsɛʻwēda k·ǃōtɛla.

Prayer of the Halibut-Fisher (to p. 618)[1]

24 When the halibut-fisher of the Nāk!wax·dax^u, | or of the ʟ!aʟ!asi-
qwăla, goes out fishing, and when he arrives on the fishing ground, ||
25 he takes his hooks and his bait,—that is the skinned tentacles of the
octopus, | and he cuts off a piece one span | long. He cuts open one
side and spreads it out. | Then he takes his paddle and lays it across
both sides of his | fishing canoe in front of the place where the halibut-
30 fisher sits. || Then he takes his club and the spread | split tentacles
of the octopus, which he puts on the paddle on which the bait is to
be prepared, and he | pounds it with his club. He does not strike it
hard. | Therefore, the split bait, the tentacle of the octopus, becomes
thin. | As soon as he has made two of these, he takes his "younger
35 brother," || the halibut hook,—for thus the halibut hook is called by
the halibut-fisher,—and | he puts the bait on his "younger brother,"
the hook, and ties it on with string. | After he has done so, he takes
the crosspiece and hangs | the ends of his "younger brothers" (he
means the hooks) to both ends of it. They are put on with a half
hitch. | After he has done so, he takes the sinker and attaches it
40 between the hooks to the || crosspiece. After he has done so, he holds
the crosspiece in the middle and | speaks while he is praying to his
"younger brothers." He says to them: |

Prayer of the Halibut-Fisher

23 Wä, hēꞏmaaxs haē lōqwēda lōq!wēnoxwaxa p!āꞏyē yîsa Nāk!wax·-
daꞏx^u ʟᴇꞏwa ʟ!aʟ!asiqwăla, wä g·îlꞏmēsē lāg·aa lāxēs lōqwaꞏyē laē
25 dāx·ꞏîdxēs g·amōla ʟᴇꞏwa tēłēxa sābᴇkwē g·ōgŭyōsa tᴇq!wa. Wä,
lä tōt!ᴇts!ᴇndᴇq pa ꞏnāłꞏnᴇmp!ᴇnk·ēs lāxᴇns q!wāq!wax·ts!ānaꞏyēx,
yîx āwâsgᴇmasas. Wä, lä t!ōsꞏîdᴇx ăpsōt!ᴇnaꞏyas qaꞏs ʟᴇp!îdēq.
Wä, lä ăx·ꞏēdxēs sēꞏwayo qaꞏs pagāgᴇndēs lāx ꞏwāx·sōtāgaꞏyasēs
bākwaꞏlats!ē xwāk!ŭna lāx nalēlᴇxsas k!wāxdzasasa bakwaꞏlēno-
30 xwaxa p!āꞏyē. Wä, lä ăx·ꞏēdxēs haꞏyanō. Wä, lä ʟᴇbᴇdzōtsa ꞏyî-
ꞏmᴇlkwē g·ōgŭyōsa tᴇq!wa lāxa tēłēꞏladzo sēꞏwayo. Wä, lä t!ᴇlxŭl-
dzᴇwēsa haꞏyanō lāq lāqēs k·!ēsaē ēâłtsîlaxs laē t!ᴇlxŭldzᴇꞏwēq.
Wä, hēꞏmis lāg·îlas la âla la pᴇldzᴇwēda ꞏyîꞏmᴇlkwē tēl g·ōgŭyosa
tᴇq!wa. Wä, g·îlꞏmēsē gwāla maꞏłē ăxās laē dāx·ꞏîdxēs ts!āꞏyaxa
35 g·amōla gwᴇꞏyōsa bakwaꞏlēnoxwaxa p!āꞏyēs g·amōla. Wä, lä
ăx·ꞏaʟᴇlōtsa tēlē lāxēs ts!āꞏyēda g·amōla qaꞏs k·!ᴇlg·îłꞏᴇndēsa k·!îl-
k·ᴇma. Wä, g·îlꞏmēsē gwāla laē ăx·ꞏēdxēs ʟ!āk·!ōsē. Wä, lä gaxbᴇn-
dāłasēs ts!āts!aꞏya lax ꞏwâx·sbaꞏyas. Wä, lä maxꞏwaʟᴇlōts. Wä,
g·îlꞏmēsē gwāla laē ăx·ꞏēdxa qᴇlyagaꞏyē qaꞏs tᴇgwāgᴇndēs lāxa
40 ʟ!āk·!ōsē. Wä, g·îlꞏmēsē gwāla laē dâyᴇwēxa ʟ!āk·!ōsē. Wä, laꞏmē
yāq!ᴇg·aꞏła laē ts!ᴇlwaqaxēs ts!āts!aꞏya. Wä, lä ꞏnēk·aq:

---

[1] See also Jesup North Pacific Expedition, vol. V, pp. 476, lines 18-22; 478, lines 1-7, 18-22, 28-32.

"Oh, younger brothers, now you are dressed with your good dress. | 42 Now you will go and call | the Old-Woman, Smelling-Woman, Born-to-be-Giver-of-the-House, Flabby-Skin-in-Mouth, ‖ and invite those 45 whom I have named." Thus says the halibut-fisher and | puts into the water the crosspiece. |

He says so, and pays out the halibut fishing line. While | he is paying out the fishing line, the halibut-fisher | says, praying down into the water: ‖

"Now get ready for it, Smelling-Woman; do not watch it for a 50 long time, but give it to | every corner of your house, Born-to-be-Giver-of-the-House." |

As soon as the fishing line touches the bottom, he says: |

"Now, go for it, Smelling-Woman, do not play looking at your sweet-tasting | food, Born-to-be-Giver-of-the-House, but take it at once, go ahead, Old-Woman, ‖ go ahead and take your sweet-tasting 55 food, go ahead, go ahead, Flabby-Skin-in-Mouth. | Do not let me wait very long on the water, Old-Woman. Go ahead, go ahead, | my younger brothers are dressed with your sweet-tasting food, Old-Woman, | Flabby-Skin-in-Mouth." Thus he says. |

As soon as he gets a bite, he says, "Hold on, hold on, younger brother." ‖ Thus he says, while he is hauling up the fishing line. As 60 soon as he sees the | halibut, he takes his club and when the head

"Wä, ts!āts!aʻya laɛm sq!wālɛnkwa yīsōs ēk·ēx q!wālax·Lɛʻnaxōs 42 lāqōs q!wālax·Lɛʻna ts!āʻyak·as. Wä, laɛms lāł qaʻs Lēʻlālaōsaxa łɛk!wanaʻyēxa mēsagaxa ts!ālalīli·ʻlakwēxa łɛnbēL!ɛxō, qaʻs laōs ʻwīʻla Lēʻlālaxɛn la LēLɛqālasɛʻwa," ʻnēk·ēda bakwaʻlēnoxwaxa p!āʻ- 45 yaxs laē āxstɛndxēs L!āk·!osē.

Wä, lā ʻnēk·axs laē ts!ɛngŭnsɛlēs bakwalaanāʻyē. Wä, g·īlʻmēsē ts!ɛngŭnsɛlēda bakwaʻlaanāyɛxs laēda lōq!wēnoxwaxa p!āʻyē ʻnēk·ɛxs laē ts!ɛlwagɛnsɛla:

"Wä, gwāłałax, mēsagā. Gwāla gēp!ałtolisɛqᵘ qaʻs ts!ɛwana- 50 gēlɛlōsasōx ts!ālalīli·ʻlakwä."

Wä, g·īlʻmēse lāg·alē lōgwayâs laē ʻnēk·a:

"Wāg·īlaqō mēsagā. Gwāla âɛm dādogumaxs ēx·p!aq!ōsā ts!ā-lalīli·ʻlakwä, qaʻs hēx·ʻidaʻmōs dābɛndqwä. Wädzo łɛk!wanä. Wä-dzâg·aqᵘ lāxōs ēx·p!aq!ōsä. Wädzo, wädzo łɛnbēL!ɛxowä'. Gwäł- 55 dzosɛn xɛnLɛla gewäla ēsɛla, łɛk!wanä'. Wädzo, wädzo, laʻmō q!wālɛnkŭn ts!āts!aʻyäx yīsōs ēx·p!aq!ōsä', łɛk!wanä', yūL łɛnbē-L!ɛxowä'," ʻnēk·ē.

Wä, g·īlʻmēsē q!ɛx·ʻītsɛʻwa laē ʻnēk·a: "Dāła, dāłālaqō ts!āʻyä," ʻnēk·ɛxs laē dɛng·otâlaxēs lōgwayowē. Wä, g·īlʻmēsē dōx·ʻwaLɛlaxa 60 p!āʻyē lāē dâx·ʻīdxēs hāʻyanō. Wä, g·īlʻmēsē q!axŭmx·ʻīdēda p!āʻyē

62 comes out of the water, | he strikes it on the nose. Then the halibut-fisher says, | when he strikes the halibut: |
"Indeed, this does not sound bad on your head, Old-Woman, you
65 Flabby-Skin-in-Mouth, you Born-to-be-Giver-in-House, ‖ for, indeed, I came to do so to you with my club, | Old-Woman. Go now and tell your father, your mother, your uncle, | your aunt, your elder brothers, and your younger brothers, that you had good luck, because you came | into this, my fishing canoe." Thus he says, sending away | the soul of the halibut to go and tell the news to his relatives,
70 telling them that the place to which he came ‖ where he lay dead in the fishing canoe was good. |

Now he takes off the hook from the halibut and four times he puts the hook into the eyes of the halibut, saying: |
"Now, Old-Woman, look well at this sweet-smelling dress of our | younger brother, and tell your tribe, Old-Woman." Thus he says to it. ‖

75 Then he washes his hooks so that all the blood comes off, and when | it has all been washed off, he holds them up and prays to them, saying: |
"Oh, you good younger brother, now your dress has been washed. | Now you will go down again to call Old-Woman, Smelling-Woman, | Flabby-Skin-in-Mouth and Born-to-be-Giver-of-House, that they also
80 come here ‖ where Old-Woman has already come. Now, go, good younger brother." Thus he says, as he | puts it into the water. |

---

62 laē kwĕxʻîdᴇx xʻîndzasas. Wä, lä ʻnĕkʻēda bakwaʻlēnoxwaxa pIå-ʻyaxs laē kwĕxʻîdxa pIåʻyē:
"Âtlas ʻyākʻlälaLᴇʻma łᴇklwanēʻ, yūʟ łᴇnbēʟIᴇxō, yūl tslâlaliłi-
65 ʻlakᵘ. Qäʟaxs hēʻmaēx gʻäxēlē qᴇn hē gwēgʻilasgʻīn häyanōkᵘ lảʟ, łᴇklwanēʻ. Wä, hāgʻīlla tslᴇkʻlâłᴇlax āsa ʟō̆ʻ ábāsa ʟō̆ʻ qlūlēʻya ʟō̆ʻ ānēsa ʟō̆ʻ ʻnōʻnᴇlä ʟō̆ʻ tslāts laʻyāsēxs laaqōs hēlaxaxs gʻäxaēx gʻäxᴇxs läxgʻīn bakwaʻlatslēkʻ x̱wāklūna," ʻnēkʻᴇxs laē ʻyālaqas bᴇxʻūnaʻyasa pIåʻyē qa läs tslᴇkʻlâłᴇlaxēs ʟēʟᴇʟälâxs ēkʻaēs gʻäxē
70 yāgūxdzasa bakwaʻlatslē x̱wāklūna.

Wä, laʻmē äxōdxēs gʻamōlä läxa pIåʻyē. Wä, lä mōplᴇna äxʻa-ʟᴇlōtsēs gʻamōlä läx gēgayagᴇsasa pIåʻyē. Wä, lä ʻnēkʻa:
"Wēgʻa, łᴇklwanēʻ, hēłplałtâlaxwa ēxʻplax q̣lwalaxʻʟᴇnsᴇn tslä-tslaʻyax qaʻs layōs tslᴇkʻlâłᴇlaxēs gʻōkūlōtaōs, łᴇklwanēʻ," ʻnēkʻᴇq.
75 Wä, lä tslōx̱ʻwīdxēs gʻamōlä qa ʻwīʻlēs lawäyēda ᴇlkwa. Wä, gʻīlʻmēsē ʻwīla la tslōkwa, laē dzōx̱walaq qaʻs tslᴇlwaqēq. Wä, lä ʻnēkʻa:
"Wä, tslåʻyakʻas, laᴇms kwäkwaxōs qlwäqlwalaxʻlᴇʻnaqōs. Wä, hāgʻīlla ēdᴇnsaʟᴇx qaʻs ʟēʻlalaōsax łᴇklwanēʻ ʟō̆ʻ mēsagä ʟō̆ʻ łᴇnbē-ʟIᴇxâ ʟō̆ʻ tslâlaliłiʻlakwa qa gʻäxlagʻisē ōgwaqa laxōx gʻäxēx gʻäxa-
80 tsōx łᴇklwänaʻyēx. Wä, laᴇms lāʟōł, tslåʻyakʻas," ʻnēkʻᴇxs laē tslᴇnx̱ᵘstᴇndᴇq.

Then he just repeats the words which he first said when | he put 82
the halibut fishing line into the water. |

After he has finished fishing, he comes home to his house ‖ and as 85
soon as he arrives on the beach of his house, | the first thing done by
him is to untie the bait from the halibut hooks and to hang them on
the side of his | fishing canoe. After this has been done, he coils up
the | fishing line, and after this has been done, he steps out of his |
canoe carrying his fishing line which he hangs up ‖ at the place made 90
for hanging up the line. After this has been done, | he goes back to
his canoe and puts the hooks into his | hook box. After this has
been done, he hauls the halibut out | of his fishing canoe and puts
them all belly up | as he hauls them out. He does not allow the head
of the halibut to go down into the water ‖ at the side of the fishing 95
canoe when he first hauls them out, | for the first Indians said that
if the head of a halibut should be covered by water | when it is first
hauled out of the fishing canoe, it would immediately be | bad weather
and rain, and, therefore, they take care | not to let the head be
covered by water, when the halibut is hauled out of the fishing canoe
by the ‖ fisherman. After the fisherman has done so, he takes his 100
hook box, | and comes into the house. Then he puts down his
fishing | box in the place where nobody walks, and his wife | gives

Wä, läxaē ȃEm ꞌnEgEɫtōdxēs g·ālē wăɫdEmxs g·ālaē tsEnx̣ᵘ- 82
stEndxēs lōgwayowē.

Wä, g·îlꞌmēsē gwăɫ bākwalaxs g·āxaē nắꞌnakwa läxēs g·ōkwē.
Wä, g·îlꞌmēsē läg·aa läx ʟ!Emaꞌisasēs g·ōkwē, wä hēꞌmis g·îl äxꞌētsō- 85
ꞌsēxs laē qwēɫōdxa tēɫasēs g·îg·amola qaꞌs gēx̣wägEdalēs läxēs ba-
kwaꞌlats!ē x̣wākŭna. Wä, g·îlꞌmēsē gwăɫa laē aēkꞌla qEsꞌēdxēs
bakwalaänăꞌyē dEnEma. Wä, g·îlꞌmēsē g·wăɫa laē läɫtȃ läxēs ba-
kwalaats!ē x̣wāk!ŭna dālaxēs bakwalaänăꞌyē dEnEma qaꞌs lä gēx̣-
ꞌwīts läxa hēkwēlayē qa gēꞌwatsēs dEnEmē. Wä, g·îlꞌmēsē gwăɫa 90
lä aēdaaqa läxēs x̣wāk!ŭna qaꞌs lats!ōdēsēs g·īg·amola läxēs g·îm-
ꞌlats!ē g·îldase. Wä, g·îlꞌmēsē gwăɫa laē gax·sōɫtōdxa p!ŏp!ăꞌyē
läxēs bakwalaats!ē x̣wāk!ŭna laqēxs ꞌnāx̣waꞌmaē nEʟăɫēda p!ăyaxs
laē gax·sōɫtălaq. Wä, lä k·!ēs hēɫq!ăɫaq lEnsa maꞌlēgamanăsa
p!ăꞌyē läx ōgwäga·ꞌyasēs bakwalaats!ē x̣wāk!ŭna yīxs g·ālaē gax·sōɫ- 95
tōdEq, qaxs ꞌnēk·aēda g·ālē bāk!ŭmqēxs g·îlꞌmaē t!EpEma p!ăyaxs
g·ālaē gāx·sōɫtăyȃ läxa bakwalaats!ē x̣wāk!ŭna, laE hēx·ida ꞌyax·-
sEmx·ꞌidēda ꞌnŭla la ꞌyEyōgŭsa. Wä, hēꞌmis läg·iɫas aēk·!!lasōꞌ qa
k·!ēsēs t!EpEm läxa ꞌwāpaxs laē gax·sōɫtălayȃ p!ăꞌyasa bakwaꞌlē-
noxwaxa p!ăꞌyē. Wä, g·îlꞌmēsē gwăɫa, laē äxꞌēdxēs g·îmꞌlats!ē 100
g·îldas qaꞌs lä läxēs g·ōkwē. Wä, g·îlꞌmēsē hăng·aliɫaxēs g·îmꞌla-
ts!ē g·îldas läxa k·!ēsē qayatsa bēbEgwänEm laē g·EnEmas äxꞌēd
qa ʟ!Ex̣was. Wä, g·îlꞌmēsē ʟ!Ex̣waxs laē x̣wänaɫꞌidēda ts!Edāqē

him to eat. After he has eaten, the woman gets ready | to cut open
5 the halibut to take out the intestines on the beach; ‖ and when the
intestines of the halibut have been taken out, the woman | turns
inside out the stomach so that everything inside comes out, and she
looks for | cedar or hemlock sticks or a stone that might be in the
stomach, for | these bring good luck to the fisherman, these that were
named by me. | After the woman has finished, she calls her husband ‖
10 to haul up the halibut, and the woman draws | salt water and pours it
over the blood on the beach, so that | the blood may go down into
the gravel of the beach, for | the first Indians said that if a dog should
lick up the blood of the | halibut, the halibut would stop biting the
15 hook of the fisherman. ‖ After the woman had done so, she goes to
where she has put the halibut. . . . |

Prayer to the newly made halibut hook of the halibut-fisher. |

When he first puts in the bone tooth into the halibut hook and |
the attachment for the line, the bait string, the bark of devil's club
which is | wrapped around the lower end near the bone tooth at the
20 lower end of the halibut hook which is called ‖ bait holder; when all
this has been done, the halibut-fisher | holds up his newly made hook
and prays to it. | He says: |

"Oh, younger brother, now take care of what I am doing to you,
good younger brother, | now your dress has been put on, and you

qa⁽s lä pɛLōdālaxa pǃâ⁽yē ʟō⁽ qa lāwāyēs ⁽yax·yĭg·ĭ́las lāxa ʟǃɛma-
5 ⁽isē. Wä, g·ĭ́l⁽mēsē lāwä ⁽yax·yĭg·ĭ́lasa pǃâ⁽yē laēda tsǃɛdāq ʟǃɛ-
pǃɛxsɛmdxa mōqŭla qa ⁽wī⁽lēs lâits!âwē g·ētsǃɛwaq qa⁽s dōqwēx
k!waxʟō⁽laxa ʟō⁽ qǃwāxa ʟō⁽ tǃēsɛmlaxa g·itsǃâxa mōqŭla, qaxs
hē⁽maē ʟâʟōgwalasō⁽sa bakwa⁽lēnoxwaxa pǃâ⁽yēxɛn la ʟêʟɛqa-
lasɛ⁽wa. Wä, g·ĭ́l⁽mēsō gwâla tsǃɛdâqē laē ʟē⁽lâlaxēs lâ⁽wŭnɛmē
10 qa läs nɛxŭsdēsɛlaxa pǃâ⁽yē. Wä, lēda tsǃɛdāqē tsēx·⁽ı̆d lāxa
dɛmsx·ē ⁽wāpa qa⁽s lä gŭqās lāxa ɛlx·⁽ɛlgwisē lāxa ʟǃɛma⁽isē qa
⁽wī⁽lēs lābɛtalisa ɛlkwa lāxa t!atǃēdzɛmasa ʟǃɛma⁽isē qaxs
⁽nēk·aēda g·alē bāk!ŭmqēxs g·ĭ́l⁽mēlaxa ⁽watsǃē la k·ĭ́lqaxs ɛlkwāsa
pǃâ⁽yē lālaxē gwal qǃɛk·asō⁽sa pǃâ⁽ya bakwa⁽lēnoxwaxa pǃâ⁽yē. Wä,
15 g·ĭ́l⁽mēsē gwâla tsǃɛdāq laē läx la âxātsa pǃâ⁽yē. . . .

Tsǃɛlwagayoxa âltsɛmē ⁽yɛk·ō yı̆sa lōqǃwēnoxwaxa pǃâ⁽yē.
Yı̆xs g·ālaē gwâl ⁽wī⁽la äx·⁽aʟɛlōtsa x·āxx·āyē lāxa yɛk·ō ʟɛ⁽wa
hēg·īwa⁽yē, wä hē⁽mēsa tēlɛm ʟɛ⁽wa xɛk!ŭmasa ēx·⁽mē la qǃɛnē-
pǃɛnēxa ōxʟa⁽yasa x·axx·ā⁽yē ʟɛ⁽wa ōxʟa⁽yasa yɛk·ōxa ʟēgadɛs
20 tēłdɛma; wä, g·ĭ́l⁽mēsē ⁽wī⁽la laēda lōqǃwēnoxwaxa pǃâ⁽yē
dzōx̣wâlaxēs âltsɛmē ⁽yɛk·ō. Wä, la⁽mē tsǃɛlwaqaq. Wä, lä
⁽nēk·a:

"Wä, tsǃâ⁽ya laɛms yâʟ!ox⁽wı̆dʟɛx lāxɛn sēnataōʟ, tsǃâtsǃa-
⁽yak·as, la⁽mōx gwâl⁽aʟɛlōs gwēlgwâlāqōs. La⁽mēsɛn lâʟōs läx

will go to the ‖ village of Smelling-Woman, Born-to-be-Giver-of-the- 25
House, Old-Woman, Flabby-Skin-in-Mouth. Now | you will purify
yourselves, good younger brothers. Do not let go of your hold of
Smelling-Woman, | Born-to-be-Giver-in-the-House, Old-Woman,
Flabby-Skin-in-Mouth, when they take hold of you, good younger
brothers. | I shall blacken you, good younger brothers, with these
spruce branches, that you | may smell good, that you may soon be
smelled by Smelling-Woman, when I first put you into the water, ‖
good younger brothers." Thus he says and takes spruce branches 30
which he puts into | the fire of his house, and when they are burning,
he beats with them the | halibut hook which he calls his younger
brothers, and while he is beating them with the spruce branches, |
he says: |

"Now, good younger brothers, I am putting on you this sweet
smell, ‖ good younger brothers, that you may at once be smelled by 35
Smelling-Woman, Old-Woman, | Flabby-Skin-in-Mouth, Born-to-be-
Giver-in-House, when you first fall on the roof of their house, |
and then take hold of Smelling-Woman, Old-Woman, Flabby-Skin-in-
Mouth, Born-to-be-Giver-in-House, | when they come near you,
good younger brothers and do not let go of your hold ǀ when you take
hold of them." Thus he says. ‖

When his halibut hooks which he calls his younger brothers are all 40
black, | he hangs them up in the corner of his house. He goes into
the | woods and looks for a small spruce tree. When he finds it, |

---

g·ōkŭlasas mēsagä, tsǃalaliłiᵋlakwa, ɬɛkǃwana ɬɛnbēʟǃɛxâ. Wä, 25
laᵋmēts qǃēqɛlaʟōʟ, tsǃātsǃaᵋyak·as, gwāk·asnō dāwaqē lax mēsagä,
tsǃâlaliłiᵋlakwa, ɬɛkǃwana ɬɛnbēʟǃɛxâ qō dāg·aaʟɛlaʟōʟ, tsǃātsǃaᵋya-
k·as. Wä, laᵋmēsɛn tsǃōlᵋīdʟōʟ tsǃātsǃaᵋyak·as yīsg·ada ālēwasɛk· qaᵋs
ēx·pǃalēʟōs qaᵋs gɛyōlēʟōs mēdzɛɬʟɛs mēsagä qɛnʟō g·īl āxstɛnd-
ʟōʟ tsǃātsǃaᵋyak·as," ᵋnēk·ɛxs laē dāx·ᵋīdxa ālēwasē qaᵋs āxʟɛndēs lāx 30
lɛgwīlasēs g·ōkwē. Wä, g·īlᵋmēsē x·īx·ᵋēdɛxs laē xwāsas lāxēs
ᵋyīᵋyɛk·ōxēs gwɛᵋyō tsǃātsǃaᵋya. Wä, g·īlᵋmēsē xwāsᵋīts lāq laē
ᵋnēk·a:

"Wä, tsǃātsǃaᵋyak·as, laᵋmɛn āx·ᵋāʟɛlōtsg·ada ēx·pǃālak· lâʟ,
tsǃātsǃaᵋyak·as, qaᵋs hēx·ᵋidaᵋmōʟōs mēsᵋaʟɛɬʟɛs mēsagä, ɬɛkǃwanä, 35
ɬɛnbēʟǃɛxâ, tsǃâlaliłiᵋlakwa, qasō g·īɬ tēx·ᵋaʟäs lāx säläs g·ōkwasē.
Wä, hēᵋmēts dādalasʟōsax mēsagä, ɬɛkǃwanä ɬɛnbēʟǃɛxâ, tsǃâlaliłiᵋla-
kwa, qō g·ax ēx·abâlaʟōʟ, tsǃātsǃaᵋyak·as. Wä, las k·ǃēs dawāqēxs
laaqōs dāx·ᵋīdɛq," ᵋnēk·ē.

Wä, g·īlᵋmēsē la āla tsǃōtsǃɛɬtsɛmē ᵋyīᵋyɛk·âs yīx gwɛᵋꭚ âs tsǃātsǃa- 40
ᵋya, laē tēx·ᵋwalīlas lāxa onēgwīlasēs g·ōkwē. Wä, lä aʟēᵋsta lāxa
āʟǃē qaᵋs lä āläx wīswŭlᵋɛna ālēwadzɛma. Wä, g·īlᵋmēsē qǃāqēxs
laē āx·ᵋēdxēs k·ǃāwayo qaᵋs k·ǃimtǃɛxʟɛndēqxa ālä nɛqɛla. Wä

43 he takes his knife and cuts off at the bottom those that are really straight, and | when he has cut off four, the halibut-fisher speaks ||
45 and says, praying to those which he will use for making the crosspiece for the hooks: |

"Go on, take care, friends, for you yourselves have called me | that I may come to get you to take care of my younger brothers; | and also try hard to spread your sweet smell that you may be | desired by Smelling-Woman, Flabby-Skin-in-Mouth, Old-Woman, Born-to-
50 be-Giver-in-House, and call || them to come and take hold of my younger brothers | of whom you will take care and that you may not break apart when my younger brothers are taken hold of, | those of whom you will take care, friends, for you, yourselves, say that you are | unbreakable." Thus he says to them. |

55 Then he looks for good spruce roots, and he digs || around the bottom of large trees, and when he finds a thin, | long, straight root of a spruce tree, he pulls it out. | Sometimes the good root will be two fathoms long. | Then he cuts it off and when he has it, he speaks | and says, praying to the root: ||

60 "Oh, friend, come, for you, yourself, have called me to come and | get you, friend, now keep together with your uncommon | supernatural power, I mean that you will hold together our friends, the | crosspieces. Do not break apart when my younger brothers are

---

g·îl‘mēsē mōts!aqē k·!ĭmta‘yas laē yāq!ᴇg·a‘lēda lōq!wēnoxwaxa
45 p!â‘yē. Wä, la ‘nēk·axs laē ts!ᴇlweqaxa ʟ!ăk·!ōsalasē ălēwadzᴇma:
"Wäg·íl la yᴀʟ!ox‘wīdʟᴇx, ‘nē‘nᴇmōk", qaxs lᴇmaaqōs ʟē‘lāla g·ā-
xᴇn qᴇn g·āxē ăx‘ēdᴇx·da‘xōʟ qa‘s ăaxsīlēʟōsaxᴇn ts!āts!a‘yä. Wä,
hē‘mis qa‘s wălᴇmk·a‘mēʟōs k·ᴇxwasōs ĕx·p!āläqōs qa‘s mēdzᴇ-
łaōsas mēsagä, ɪᴇnbōʟ!ᴇxâ ɪᴇk!wana‘ya, ts!álaliłi‘lakwa qa‘s ʟē‘la-
50 laōsaq qa g·āxēs dăg·aaʟᴇlaxēs aaxsi‘lăk"ʟaōsᴇn ts!āts!a‘ya. Wä,
hē‘mis qa‘s k·!ēsaōs k·ōx‘wida qō dăg·aaʟᴇlasō‘ʟᴇn ts!āts!a‘yäxēs
aaxsi‘lak"ʟaōs, ‘nē‘nᴇmōk", qaxs q!wălēk·!ála‘māaqōs ‘nēk·ᴇxs
ts!ᴇxaĕx, ‘nē‘nᴇmōk"," ‘nēk·ᴇq.

Wä, lä alēx·‘ídᴇx ēk·a ʟōp!ᴇk·sa ălēwasē. Wä, la‘mē ‘läpax
55 eōxʟa‘yasa ʟᴇsʟᴇkwē ʟax·ʟ̂asa. Wä, g·íl‘mēsē q!āxa wīswŭl‘ᴇnē
g·îlsg·îlt!a naᴇnqala ʟ!ōp!ᴇk·sa ălēwasē, laē nᴇx‘wăqolsᴇlaq. Wä,
lä ‘nâl‘nᴇmp!ᴇna mâłp!ᴇnk· läxᴇns bāʟäqē ăwâsgᴇmasasa ēk·ē
ʟ!ōp!ᴇk·a, laē t!ōts!ᴇndᴇq. Wä, g·íl‘mēsē lâʟeq laē yāq!ᴇg·a‘la.
Wä, lä ‘nēk·ᴇxs laē ts!ᴇlwaqaxa ʟ!ōp!ᴇk·ē:
60 "Wä, qäst, gēlak·as‘la qaxs laaqōs ʟē‘lāla g·āxᴇn qᴇn sō‘mē äx‘ē-
tsōs, qäst. Wä, la‘mēts q!ap!ēx·säᴇmʟ ʟᴇ‘wōs k·!ēsēx aōms ‘nawă-
lakwaxᴇn ‘nē‘nak·iłē laᴇms dādᴇgăłaʟᴇxg·ins ‘nē‘nᴇmōkŭk· läx-
g·ada ʟ!ăk·!ōsᴇk·. Gwäk·asnō k·!äqox‘w ɪdʟō qō dăg·aaʟᴇla mē-

taken hold of | by Smelling-Woman, Flabby-Skin-in-Mouth, Old-Woman, Born-to-be-Giver-in-House." Thus he says to ‖ the roots. | 65
After he has prayed to the two young spruce trees and the | spruce roots, he carries them home. |

PRAYER OF A MAN WHO HAS BEEN BEWITCHED (to p. 618)

When a man thinks that he has been bewitched by another man 1 his enemy, | then the man who is getting sick goes into the woods | where different kinds of trees grow, and when he comes | to the middle of a patch of different trees, he sits down on the ground and ‖ speaks; and the man says: "Oh, friends, turn your faces to me, | 5 look through me, Supernatural-Ones, because | I have been bewitched, that I may die. I have come, Supernatural-Ones, to beg you | to take pity on me and to try to save my life, that I may live. Listen to me. | I beg your help, Supernatural-Ones, O Life-Bringers, ‖ Super- 10 natural-Ones, and this is what I ask of you, Supernatural-Ones, that you | may take away the power of witchcraft against me, Supernatural-Ones, you to whom | nothing is impossible, Supernatural-Ones. I mean that you | will let me dream a good dream this night."[1] | Thus says the man. ‖

---

sag·ä, ɪɛnbēʟ!ɛxâ, ɪɛk!wanaʻya, tsǃâlalitiʻlakwaxɛn tsǃātsǃaʻya,"
ʻnēk·ēxa ʟ!ōp!ɛk·ē. 65
Wä, g·îlʻmēsē gwāɬ tsǃɛlwaqaxa maʻlēdâlaxa âlēwadzɛmē ʟɛʻwa ʟ!ōp!ɛk·asa âlēwasē ʟâʻsa laē dālaq qaʻs näʻnak" lāxēs g·ōkwa.

PRAYER OF A MAN WHO HAS BEEN BEWITCHED

Wä, hēʻmɛxs k·ōtēda bɛgwānɛm laɛm ēqasōsēs häyōtē ōgüʻla 1 bɛgwānɛma, wä lēda la tsǃɛx·q!aʻnaküla bɛgwānɛm lāxa āʟ!ē lāxēs q!âlē q!aʻyatsa ʻwīʻwɛlmasē ʟax·ʟōsa. Wä, g·îlʻmēsē lāg·aa lāx nɛq!ɛgēʻlasasa ʻwīʻwɛlmasē ʟax·ʟōsa laē k!wāg·aɛlsa. Wä, lä yāq!ɛg·aʻla. Wä, lä ʻnēk·a: "Wēg·îlla ʻnēʻnɛmōk" ʻnɛmōgɛmx·ʻĭ- 5 dɛɬ qaʻs dōqumx·sɛndɛx·daʻxwaōs g·āxɛn; yūʟ ʻnäʻnäwalak" qax-g·în laʻmē ēqasō qɛn ɬɛʻlē. Wä, g·āxʻmēsɛn aēsayōʟ ʻnäʻnäwalak" qa ʻwāxʻēdaōs q!wāq!üla g·āxɛn qɛn q!ülē. Wä, hōʟēla g·āxɛn, yōʟaxs aēsayowēdaēx ʻnäʻnäwalak", yîx·daʻxōʟ q!wēq!ülag·îlas ʻnäʻnäwalakwa. Wä, g·aʻmēsɛn hawāxɛlasō lâʟ ʻnaʻnäwalak" qaʻs 10 wāg·îlōs bāxüs ēdamasxa ēgaʻyâ g·āxɛn ʻnäʻnäwalak" yōʟaxs k·!eâsaēx ʻwɛyōʟânɛma ʻnäʻnäwalakʻdzēk·as, ʻnēʻnak·îlē qaʻs wāg·ɛx·daʻx" lāg·îlaōs mēmxēg·îlaɬ qɛn ēx·ʟɛ mēxēɬxwa gānoʟēx,"
ʻnēk·ēda bɛgwānɛmē.

---

[1] This prayer was used by Nɛqâp!ɛnk·ʻɛm.

15 As soon as his prayer is at an end, he comes out of the woods, |
goes into his house and lies down on his bed. | He does not eat, because
he does not wish to dream another kind of dream, | but he wishes to
dream of what was told him by the supernatural spirits of the | trees.
20 Now the sick man does not think of anything but the ‖ supernatural
spirits of the trees. Many men say | that the dream comes from the
spirits of the trees who give instruction to the bewitched | man how
to cure himself and generally, the man gets well | after that. That
is the end. |
25 The Kwakiutl say this. Now you can see ‖ that the Indians
really believe in witchcraft, and therefore the men really | get sick
and they also believe that a good dream comes | when they find a
good saying of the supernatural spirits of the woods, and the faith |
of the man makes him get well. |

Prayer to the Lark (to p. 618)

30 When the lark is first seen by a man ‖ or a woman, and if he is a
wise man or she is a wise | woman, when they see the bird lark
sitting on a bush, | the man at once prays to him, | and says, praying
to the lark: "Welcome, | friend, we come to meet again. Now come
35 and protect ‖ me, Supernatural-One, that nothing evil may happen to

15 Wä, g·îl‘mēsē q!ŭlbē ts!ɛlwagɛmas g·āxaē g·āxwŭlt!a. Wä, lā
laēʟ lāxēs g·ōkwē qa‘s qɛlx̣‘walīlē lāxēs qɛlgwi‘lasē. Wä,
la‘mē ·k·!ēs hămx·‘īda, qaxs gwāq!ɛlaē g·āx mēx̣alas ōgŭ‘la mēx̣ē
lāxēs wälagɛla qa‘s mēxa‘ya g·āxʟa wäldɛm ‘nā‘nāwalakwasa ʟāx̣·-
ʟāsē. Wä, la‘mēda ts!ɛx·q!a bɛgwānɛm k·!eâs ōgŭ‘la g·īg·aēgē lāxa
20 ‘nā‘nāwalakwasa ʟāx·ʟāsē. Wä, lā q!ēnɛmt!ēda bɛgwānɛm ‘nē-
k·ɛxs g·āx‘maē mēx̣ɛlasa ‘nāwalakwasa ʟāsē g·āx ʟēxs‘ālaxa ēgɛkwē
bɛgwānɛm qa ēs‘aqaēnēs. Wä, lā q!ūnāla hēldɛk·ēda bɛgwānɛmē
lāxēq. Wä, laɛm lāba.
    Wä, laɛm Kwāg·uldzɛs wäldɛma. Wä, laɛms dōqŭlaqēxs ʟō-
25 ‘maē ōq!ŭsēda bāk!ŭmaxa ēqa. Wä, hē‘mis lāg·iłas ãlaɛm ts!ɛx·-
q!ɛx·‘īdēda bɛgwānɛm. Wä, lāxaē ōq!ŭsxēs g·āxē ēk· mēxa‘ya qa
ēk· wäldɛmsa ‘na‘nāwalakwasa ʟax·ʟâsasa âʟ!ē. Wä, la ōq!udza-
lats!āsa bɛgwānɛm hēɛm ēx·‘idamasɛq.

Prayer to the Lark

Wä, hēmaaxs g·ālaē dōx‘waʟɛlēda wāx‘waxolē yîsa bɛgwānɛm
30 ʟō‘ma wäx‘‘mē ts!ɛdāqa yîxs nâgadaē bɛgwānɛmē ʟōxs nâgadaē
ts!ɛdāqaēna‘yasa ts!ɛdāqē, wä, g·îl‘mēsē dōx‘waʟɛlaqēxs k!wāx̣ʟa-
wayaēda wāx‘waxolēxa ts!ēk!wa laē hēx·‘ida‘ma bɛgwānɛm ts!ɛl-
waqaq. Wä, lā ‘nēk·ɛxs laē ts!ɛlwaqaxa wāx‘waxolē: "Gēlak·as‘la,
qâst, g·āx‘ɛmxaɛns q!ālagâ. Wä, gēlag·a qa‘s wāg·iʟōs dādamɛ-

me, that I may not be sick, and | that I may not be overcome by those 36
of my fellowmen who plan to kill me, and | have mercy on me and give
that I may obtain everything easily, | whatever I work at, and that
property may come of its own accord | into my house, Supernatural-
One. (Bring it about by your ways) friend, ‖ and also take care 40
of the berries, make them bear much this year, | Supernatural-One,
friend." Thus says the man. |

This is also a prayer of the ancestors of the Kwakiutl. That | is
the end. |

DISPOSAL OF PROPERTY OF A DECEASED PERSON (to p. 710)

When the salmon-fisher gets sick | after he has finished unloading 1
the bundles of dried salmon, | he just stays one night in his house
before he dies. Then they do as | was done by the Indians of former
times. They immediately bury the man ‖ who has died; and when 5
those who have buried him come home, | the wife of the deceased
one at once tells all of the men | who belong to his numaym to carry
out the bundles of | dried salmon, to load them on the canoe of her
deceased husband, and to | put them on the beach outside of the
grave of her deceased husband, to be ‖ burned up as travelling-pro- 10
visions of her deceased husband; and also the oil and | all the fish-
hooks and the clothing and his canoe. |

---

wēł g·āxᴇn ᵋnăwalakᵘ qᴇn k·!eâsē ᵋyăg·asʟ lāxa tsǃᴇx·qǃōlᴇm ʟō͑ 35
qᴇn k·ǃēsē lâʟᴀnᴇmsa kǃwēx͑ālasᴇn bᴇxǔtē qᴇn łe͑łē. Wä, hē͑mis
qa͑s wäxaōs g·āxosasōs hōłemā͑latsǃāqǃōs g·āxᴇn qᴇn hōłamalēxa
ᵋnāxwaʟaᴇn qᴇn ēaxēnēʟ. Wä, hēmis qa wǔłēʟᴇlīsa ᵋnāxwa
dädᴇk·as lāxᴇn g·ōkwē, ᵋnăwalakᵘ lāxēs gwēx·sdᴇmōs, qāst. Wä,
yō͑mēsōs aaxsilasᴇ͑wa ʟǃōʟǃᴇpǃēmasēx qa wēg·iʟōs hēłămasʟᴇqō, 40
ᵋnăwalakᵘ, yōʟ, qāst," ᵋnēk·ēda bᴇgwānᴇm.

Wä, hăs͑ᴇmxaa tsǃᴇlwaga͑yōsa g·ālăsg·ada Kwāg·ułᴇk: Wä, laᴇm
lāba.

DISPOSAL OF PROPERTY OF A DECEASED PERSON

Wä, laᴇm hēx·ᵋidaᴇm tsǃᴇx·qǃᴇx·ᵋidēda yäłnᴇkǃwēnoxwaxa k·ǃō- 1
tᴇla, yīxs g·ālaē gwăł mᴇwēʟᴇlaxēs mēmatsǃabᴇkwē xa͑masa. Wä,
â͑misē xamaēł lāxēs g·ōkwaxs laē wīk·ᴇx͑ēda. Wä, lä lāx gwēg·i-
lasasa g·ālē bākǃuma, yīxs laē hēx·ᵋidaᴇm wǔnᴇmtaxa bᴇgwānᴇ-
maxs g·ālaē wēkǃᴇx͑ēda. Wä, g·īl͑mēsē g·āx ͑wī͑la nä͑nakwa wǔ- 5
nᴇmtāq laē hēx·ᵋida͑mē gᴇnᴇmx·däs ăxk·ǃālaxa ᵋnāxwa bēbᴇgwā-
nᴇmxa g·ayōłe lāx ᵋnᴇ͑mēmōtdäs qa läs mowᴇlsaxa mēmatsǃabᴇkwē
xa͑mas qa läs mōxsas lāx xwākǃǔnax·däsēs łă͑wǔnᴇmx·dē qa läs
ᵋmōgwalisas lāx ʟlāsa͑yas dᴇk·ălaasasēs łă͑wǔnᴇmx·dē, qa͑s ᵋwī͑łē
lᴇqwēlaq qa g·ᴇwǔlkᵘsēs łă͑wǔnᴇmx·dē. Wä, hē͑mēsa ʟǃē͑na, ʟō͑ 10
ᵋwī͑łē wīwak·ayox͑udäs ʟō͑ gwēłgwä͑lax·däs ʟō͑ xwākǃǔnax·däs.

12 When Lǃā̀lbē had died,—for that was the name of the salmon-
fisher, | and his wife's name was Lǃālamēg·iᶜlakᵘ, | and the name of
15 his son was LǃāʟǃElânEm, and the name of his ‖ daughter was
K·ǃēdēlēᶜlakᵘ—then not one dried salmon was taken by | Lǃālamēg·i-
ᶜlakᵘ for her food for her two children, for | the Indians of former
times said that for a long time there is no soul of the salmon-fisher, |
and, therefore, they call belonging to the dead the salmon | caught
20 by Lǃā̀lbē. It brings bad luck to those who eat anything ‖ caught
by one who died before he became sick; and the | Indians of olden
times said that only the own work of a man who dies | is put on the
fire; and the canoe that is made by the canoe builder before | he
dies is broken | and put on the fire; but if the canoe of a dead man
25 has been bought, ‖ after his death it is taken by his child; | and it is
the same with dried salmon when the dried salmon has been bought
by a woman | from another man. They do not burn it, if it had not
been put | into the house of her husband who died; but if | the dried
30 salmon was in the house when he died (it is burnt, for) ‖ they burn
everything that was in the house. |

As soon as a man, or woman, or a | little child, die, even when there
are | many people in the village, they all pour out the water in their
buckets, and | they draw fresh water from the spring or from the
river. ‖

---

12 Wä, laᶜmē lEᶜlē Lǃā̀lbēx·dē qaxs hēᶜmaē ʟēgEmsa yälnEkǃwēno-
xwaxa k·ǃōtEla. Wä, la ʟēgadē gEnEmx·däsēs Lālamēg·iᶜlakᵘ. Wä,
lä ʟēgadē bEgwānEm xŭnōxᵘsēs LǃāʟǃElânEm. Wä, lä ʟēgadē tsǃE-
15 däqē xŭnōxᵘsēs K·ǃēdēlēᶜlakᵘ. Wä, lä k·ǃeâs ᶜnEm xaᶜmas äxᶜētsōs
Lǃālamēg·iᶜlakᵘ qa haᶜmäs ʟEᶜwis maᶜlōkwē säsEma, qaxs ᶜnēk·aēda
g·ālē bākǃumqēxs gEyōlaē k·ǃeâsē bEx·ᶜŭnāᶜyasa yälnEkǃwēnoxwaxa
k·ǃōtEla. Wä, hēᶜmis läg·ilas ʟēgadEs ᶜyäg·Enōta xaᶜmasē yälnE-
gwanEms Lǃā̀lbēx·dē. Wä, laᶜlaē aEmsēda haᶜmāpaxa ᶜnāxwa äxä-
20 nEmsa la lEᶜla, yīxs k·ǃēsᶜmaē tsǃEx·qǃEx·ᶜīda. Wä, lä ᶜnēk·ēda g·ālē
bākǃumqēxs lēx·aᶜmaē laatsa ᶜēaxanEmasa bEgwānEmē laē lEᶜlxs
lEqwēlasEᶜwaē ʟEᶜwa xwākǃŭna ʟēqēsa ʟēqǃēnoxwē, yīxs g·îlᶜmaē
wīk·ǃEx·ᶜēdēda ʟēqǃēnoxwaxa xwākǃŭna laē hēx·ᶜida tsōtsox·sᶜEn-
tsEᶜwēda alōlaq xwākǃŭna qaᶜs lEqwēlayuwē. Wäx·i k·ǐlᶜwänE-
25 mēda la lEᶜl bEgwānEmxa xwākǃŭna la hēᶜlanEms xŭnōxᵘdäs. Wä,
lä hēEmxtǃ gwēx·sa xaᶜmasē yīxs g·îlᶜmaē k·îlᶜwanEma tsǃEdāqaxa
xaᶜmasē lāxa ōgŭᶜla bEgwānEma lä k·ǃēs lEqwēlaqēxs k·ǃēsaē g·äx
g·aēl lāxa g·ōkwē lāx wīk·ǃEx·ᶜēdaasēs lāᶜwŭnEmx·dē; wäx·i g·aēla
xaᶜmasē lāxa g·ōkwaxs laē wīk·ǃEx·ᶜēdāde bEgwānEmx·dē lä lE-
30 qwēla ᶜwīᶜlaxa g·ix·g·aēlē lāxa g·ōxᵘdäs.

Wä, g·îlᶜmēsē ᶜwīk·ǃEx·ᶜidēda bEgwānEm ʟōxs tsǃEdāqaē ʟōxs
wäx·ᶜmaē wEyōgomāla g·înānEma laē ᶜnāxwaᶜma wäx·ᶜEm qǃē-
nEm g·ōkŭla ᶜwīᶜla gŭqōdālaxa ᶜwäbEtsǃāwasēs nēnagatsǃē qaᶜs lä
tsäx ältā ᶜwäpa lāxēs qǃōlostäla ʟōxs häē tsEyēda wa.

Those who belong to the numaym of the deceased one go to the 35
house of the chief | of the numaym of the dead man, and they break
one side | of the house and carry out the dry salmon that was given
to the | chief and burn it on the sea side of the grave of the one who
died. | Then they finish, and give to the widow of the ‖ dead man, and 40
to his children, food and | clothing. |

Many a time, when I was a young man, I have seen what I am
talking about, | but now the ways of the Indians are different. |
They do not do now what was done by the men of olden times. ‖
That is the end. | 45

The Spirits of the Fire (to p. 749)

Now about The-One-Sitting-on-the-Fire. He is a man according 1
to the saying of the | Indians, when they talk about him in their
feasts, for when they put down in front | of the feasters the dishes,
then the man who puts down the dishes takes | some of the dried
salmon, breaks it into four pieces, dips it into ‖ oil, and throws it on 5
the fire of the feasting house. | He says, praying to The-One-Sitting-
on-the-Fire: |

"Now, The-One-Sitting-on-the-Fire, eat first of the breakfast of
our friends. | Please protect us so that no harm may come to us |

Wä, â'mēsa 'nāxwa g·ayōł lāx 'nEmēmotas lā lāx g·ōkwasa g·ĭgă- 35
ma'yas 'nE'mēmotasa la łE'l bEgwānEm qa's k·!Exsōdēxa āpsanā-
'yas g·ōkwas qa's mōwēlsElēxa L!awEndEmē xa'masa lāxa g·ĭgă-
ma'yē qa's lä lEqwēlaq lāx L!āsa'yas dEk·la'yasasa la łE'la. Wā-
laEm gwāla, qaxs â'maē la L!awEntasE'wē gEnEmx·dāsa la łE'lē bE-
gwānEmx·dē LE'wis sāsEmx·dāsēs 'nE'mēmotē qa ha'mās ɴō' qa 40
gwēłgwālas.

Wä, la'mEn dōqŭla q!ŭnālaxg·ĭn gwāgwēx·s'ālasEk· yĭxg·ĭn hē-
'maōłēk· ałē ałostā bEgwānEmē. Wä, lōx ōgŭx'ĭd lōxda ālēx
bāk!uma yĭxs k·!ēsaē la hē gwēg·ilē lāx gwēg·ilasasa g·ālē bEgwā-
nEma. Wä, laEm lāba. 45

The Spirits of the Fire

Wä, hē'maēda k!wax·Lāla yĭxs bEgwāmEmaē lāx wāłdEmasa bā- 1
k!umaxs gwāgwēx·s'ālaē lāqēxs k!wēlaē qaxs g·ĭl'maē k·āgEm'lĭla-
sE'wa k!wēlasa łōElq!wa laēda k·Elg·ĭsē bEgwānEm dāx·'ĭdxa g·a-
yōlē lāxa xa'masē qa's k·!ōk·ops'alēxa mōwē. Wä, lä ts!Ep!idEs
lāxa L!ē'na qa's āxLEndēs lāxa łEgwilasa k!wē'la'yats!ē g·ōkwa. 5
Wä, lä 'nēk·axs laē ts!Elwaqax k!wax·Lāla:

"Wä, k!wax·Lālā, laEms g·ĭlq!Es lāxg·a gaaxstēg·asg·Ens 'nē'nE-
mōkŭk·. Wäg·iłla dādamEwēł g·axEnu'x̣u qa k·!eâsēs 'yäg·asLEsōx;
wä, hē'mis qa's g·iwālaōs g·axEnu'x̣u qanu'x̣u hōłEmalēxEnux̣u

10 and help us to get easily ‖ all we are working for, you, The-One-Sitting-on-the-Fire." Thus he said, and the man himself | answers, and he says, "Yes, I will do so." | The man replies to what he said, for The-One-Sitting-on-the-Fire. | Then after the man has finished throwing on the fire the four pieces of dried salmon, | he tells the feasters to go ahead to eat the dried salmon. One man, I think, ‖
15 was annoyed at that person because | they gave first to eat to The-One-Sitting-on-the-Fire. Therefore, the man was asked by the | guest what The-One-Sitting-on-the-Fire was, a man or a | bird. |
Then the man who had fed The-One-Sitting-on-the-Fire answered
20 and ‖ said that The-One-Sitting-on-the-Fire was in their minds the | man of the fire of our house, and that the heat is a woman, | the wife of The-One-Sitting-on-the-Fire. The woman, the heat, is named | L!ētsaplilānaga (Heat-Under-the-Fire-Woman), for all the fires in the house and | the fires on the ground have heat, for the firewood
25 can not burn if there is ‖ not The-One-Sitting-on-the-Fire and his wife, L!ētsaplilānaga, near it, | for they are the life of the fire of the house, namely, The-One-Sitting-on-the-Fire and his | wife, L!ētsaplilānaga He is a real man, and | his wife, L!ētsaplilānaga, is a real woman. Thus said the man to the | guests. Some Indians say
30 that ‖ The-One-Sitting-on-the-Fire and L!ētsaplilānaga are helping spirits and others say that | The-One-Sitting-on-the-Fire is the soul

---

10 ʻnāx̣wa ēax̣ēnaʻya, qāstā k!waxᴸālä," ʻnēk·ᴇxs laē q!ūlēx·sʻᴇm nānaxʻmaʻya. Wä lā ʻnēk·ēda bᴇgwānᴇmē. "Wâ, hēʟᴇn gwālaʟē." Wä laʻmēda bᴇgwānᴇm nāʻnaxʻmē qa k!waxᴸāla lāxēs wāldᴇm. Wä, g·iʻlʻmēsē gwāłēda bᴇgwānᴇm āxʟālaxa mōx̣ʻwidał xaʻmasa laē wäxaxa k!wēłē qä wäg·is xᴇmxasʻidxa xaʻmasē. Wä, laᴇmxana-
15 wisē waʻnēqēda waōkwē bᴇgwānᴇmsa bᴇgwānᴇmaxs laē hē g·iʻl hămg·ilasᴇʻwē k!waxᴸāla. Wä, hēʻmis lāg·iʻlas wūʟāsᴇʻwēda bᴇgwānᴇmasa k!wēłē lāx gwēx·sdᴇmasa k!waxᴸāla ʟōʻ bᴇgwānᴇm ʟōʻ ts!ēk!wa.
Wä, lā nāʻnaxmaʻyēda bᴇgwānᴇmxa hămg·iʻlāx k!waxᴸāla. Wâ,
20 lā ʻnēk·a yīxs "ʻmäsaē k!waxᴸāla lāxēs nēʻnâqaʻyaqōs ēsaēʟa bᴇgwānᴇma ʟᴇgwiłasᴇns g·ig·ōkwē. Wä, lāʟa ts!ᴇdāqa ʟ!ēsʻala. Wä, hēᴇm gᴇnᴇms k!waxᴸālaxa ts!ᴇdūqē ʟ!ēsʻalaxa ʟēgadēda ts!ᴇdāqas ʟ!ēts!aplilānaga, yīxs ʻnāx̣waʻmaēda ʟᴇgwiłasa g·ig·ōkᵘ ʟᴇʻwa ʟᴇq!ūs lāxa āwinak!ūsē, yīxs k·!ᴇâsaē gwēxʻidaas x·ïxʻidēda ʟᴇqwäxs
25 k·!ēsaē la k!waxᴸāla ʟᴇʻwis gᴇnᴇmē ʟ!ētsaplilānaga la nᴇxwāla, qaxs hēʻmaē q!ūʻlayosa ʟᴇgwiłasa g·ōkwē yīx k!waxᴸāla ʟᴇʻwis gᴇnᴇmē ʟ!ētsaplilānagaxa âlak·!āla bᴇgwānᴇma. Wä, lāxaē âlak·!āla ts!ᴇdāqē gᴇnᴇmasē ʟ!ētsaplilānaga, ʻnēk·ēda bᴇgwānᴇmaxa k!wēłē. Wä, lāʟa ʻnēk·ēda waōkwē bāk!umqēxs hayalilagasaēda
30 k!waxᴸāla ʟōʻ ʟ!ētsaplilānaga. Wä, lā ʻnēk·ēda waōkwēqēxs hēʻmaē bᴇxʻūnēsa łēʻłē bᴇgwānᴇmē k!waxᴸāla. Wä, laʻlaē bᴇxʻūnēsa

of a dead person and that | ʟ!ētsaplîlānaga is the soul of a dead 32
woman. Many Indians say | that The-One-Sitting-on-the-Fire is a
man and ʟ!ētsaplîlānaga is a woman, | and the shamans say that
The-One-Sitting-on-the-Fire is a soul ‖ and that ʟ!ētsaplîlānaga, the 35
heat of the fire, is also a soul. |
No numaym of the tribes owns them. | That is all. |

TRIBUTE TO THE CHIEF (to p. 776)

This was also asked by you about the early Indians. Indeed, | 1
they work for the head chiefs of the numaym. | When the hunter
goes out hunting, and he gets many | seals, the hunter takes one of
the seals ‖ and gives the seals as a present to the | head chief of his 5
numaym; for he can not give one-half of them (to the chief),—even
if the hunter has obtained many | seals,—and give a feast with the
other half left from what he had given to the chief. | Therefore, the
hunter takes | one seal for food for his children and his wife. ‖ The 10
hunter, who does so, is treated well by the chief. | If a stingy hunter
gives half of his seals to the | chief because he prefers the price offered
by another | chief of another numaym, then the chief of | the hunter's
numaym tries to kill the hunter, and often ‖ the chief strikes the 15
hunter so that he dies, if | the chief is a bad man; and, therefore,

lɛˑlē tsǃɛdāqē ʟǃētsaplîlānaga. Wä, hētǃa qǃɛnɛma bākǃumxa ʻnēkˑa- 32
qēxs bɛgwānɛmaē kǃwaxˑʟāla, wä, lāˑlaē tsǃɛdāqē ʟǃētsaplîlānaga.
Wä, lāʟa ʻnēkˑēda pāxālaqēxs bɛxʻūnaʻyaē kǃwaxˑʟālāsa lɛgwîlē.
Wä, lālaxaē bɛxʻūnaʻyē ʟǃētsaplîlānaga yîsa ʟǃēsʻalasa lɛgwîlē. 35
Wä, laɛm kˑǃeâs äxnōgwadɛs lāxa ʻnɛʻmēmotasa lēlqwälaʟaʻyē.
Wä, laɛm lāba.

TRIBUTE TO THE CHIEF

Hēɛmxaas wŭlāsɛʻwaōs gwēgˑilasasa gˑālē bɛgwānɛmxs âlaʻmaē 1
ēaxɛla qaēs xāmagɛmaʻyē gˑīgămē lāxēs ʻnālʻnɛmēmasaē. Wä,
hēʻmaaxs hānaʟǃaēda hănʟǃēnoxwē. Wä, gˑîlʻmēsē qǃɛyōʟxa mē-
gwatē, wä, âʻmisa hănʟǃēnoxwē äxʻēdxa ʻnɛmsgɛmē mēgwata. Wä,
lā ʻwîʻla ʟǃɛʻwɛntasa mēgwatē laxēs xāmagɛmaʻyē gˑīgămē lāxēs 5
ʻnɛʻmēmotē, qaxs kˑǃeâsaē gwēxˑʻidaa nɛxsʻɛndxa wäxˑʻmē qǃɛnɛm
mēgwatsa hănʟǃēnoxwē qaʻs kǃwēlasēsa āpsɛxˑsäsa la lāxa gˑīgăma-
ʻyas. Wä, hēʻmis lāgˑiłas ʻnālʻnɛmpǃɛna äxʻēdēda hănʟǃēnoxwaxa
ʻnɛmsgɛmē mēgwat qa hamāsēs sāsɛmē ʟɛʻwis gɛnɛmē. Wä, hēɛm
aēkˑilasōʻsa gˑīgămaʻya hănʟǃēnoxwē hē gwēgˑilē. Wä, gˑîlʻmēsē 10
ʻyäxˑtsǃɛqēda hănʟǃēnoxwasēs mēgwatē qa nɛxsʻēsa la lāxa gˑīgă-
maʻyē yîxs łɛlwēqalaas kˑłōmasa ōgŭʻla gˑīgămēsa ōgŭxsɛmakwē
ʻnɛʻmēmota laē sɛnxˑʻīdēda gˑīgămaʻyas ʻnɛʻmēmotasa hănʟǃēnoxwē
qa gˑaʻyalatsa hănʟǃēnoxwē. Wä, la hē qǃŭnālatsēx kˑˑǃēlaxˑʻida-
ʻmaēda gˑīgămaʻyaxēs hănʟǃēnoxᵘdē qa łɛʻłēs, yîxs ʻyäxˑsɛʻmaē 15

17 the | chiefs of the various numayms own | hunters. The seals are
all given to the | chiefs by the hunters, for the meat of the seal is not
dried. ||
20 Mountain goat hunters, when they get ten | goats by hunting, give
five goats | to the chief of the numaym, and the goat hunter keeps |
the other five goats and dries the meat. Sometimes | the chief cuts
25 up the goat meat for his numaym, when || he wishes to do so. If he
wishes to dry it, | he does that way. When the chief is a good man,
he does not | take the goat away from the hunter by force, and the
good chief never thinks | that one-half given to him by the hunter is
not enough. If | a chief is bad, he wishes more than half to be
30 given || to him by the goat hunter, and if the goat hunter does not
wish to give | more than half of the goats, then the bad chief will take
them away by force. | Then the bad chief may kill | the goat hunter,
but generally the goat hunter | kills the bad chief, if he overdoes what
35 he says to the || hunter. |

Now I have finished talking about the goats and | I will talk about
dry salmon obtained by the salmon-fisher. | If one hundred are
caught by the salmon-fisher, | he gives twenty salmon to the

16 bɛgwānɛma g·īgăma‘yē. Wä, hēɛm lāg·iłas ‘nāx̣wa‘ma g·īg·ɛgăma-
‘yasa ālogwaq!ɛs ‘nāł‘nɛ‘mēmas ăx̣nōgwadɛsa hănʟ!ēnoxwē. Wä,
lēx·a‘mē mēgwatē ‘wī‘la la ʟ!ɛ‘wɛndɛmxa g·īgăma‘yasa hănʟ!ē-
noxwē, qaxs k·lēsaē x·iłasɛ‘wē ɛldzāsa mēgwatē.
20 Wä, hēɛmʟēda tɛ‘wī‘nēnoxwaxa ‘mɛlxʟō, yīxs g·īl‘maē lāstowa
‘mɛlxʟowē tɛ‘wī‘nēnānɛmsa tɛ‘wī‘nēnoxᵘ laē ts!āsa sɛk·!a ‘mē‘mɛl-
xʟō lāx g·īgăma‘yasēs ‘nɛ‘mēmotē. Wä, lēda tɛ‘wī‘nēnoxwē axēlaxa
sɛk·!a ‘mē‘mɛlxʟō qa‘s x·īłēq qa x·īlx·ɛłdēs. Wä, lā ‘nāł‘nɛmp!ɛna
sakwēlēda g·īgăma‘yaxa ‘mɛl‘mɛlq!a‘yē qaēs ‘nɛ‘mēmotē, yīxs ‘nē-
25 k·aē qa‘s hē gwēx·‘idē. Wä, lā g·īl‘ɛm ‘nēx· qa‘s x·īłēq la hēɛm
gwēx·‘īdɛq. Wä, laʟēda g·īgăma‘yē yīxs ēk·aē bɛgwānɛma k·!ēs
łēnɛmaxa ‘mɛlxʟō lāxa tɛ‘wī‘nēnoxwē. Wä, lāxaē k·!ēs k·!ōtēda
ēk·ē g·īgămēxa nɛxsaakwē ʟ!ɛ‘wɛndɛmsa tɛ‘wī‘nēnoxwaq. Wä, g·īl-
‘mēsē lɛmqēda g·īgăma‘yē laē ‘nēx· qa q!ēk·ōłts!a‘yēs ʟ!ɛ‘wɛndɛ-
30 masa tɛ‘wī‘nēnoxwaq ‘mɛlxʟō. Wä, g·īlmēsē yāx·stosa tɛ‘wī‘nē-
noxwasa q!ēk·!ołts!a‘yē ‘mɛlxʟōxs laē łēnɛmaxa ‘mē‘mɛlxʟōwēda
‘yāx·sɛ‘mē g·īgăma‘ya. Wä, hē‘mē la k·!ēlax·‘īdaatsa ‘yāx·sɛ‘mē
g·īgămēxa tɛ‘wī‘nēnoxᵘdē. Wä, lā q!ūnāla hēdēda tɛ‘wī‘nēnoxwē
k·!ēlax·‘īdxa ‘yāx·sɛ‘mē g·īgămēxs sābɛndaēs wāldɛmaxēs tɛ‘wī‘nē-
35 noxwē.

Wä, laɛmʟē gwāłaxg·īn gwāgwēx·s‘ałēq lāxa ‘mɛlxʟō. Wä, lɪ-
‘mēsɛn gwāgwēx·sɛx·‘īdɛł lāxa xamsīlāxa xa‘masēxa yäłnɛk!wē-
noxwaxa k·!ōtɛla. Wä, g·īl‘mēsē lāk·!ɛndē yäłnɛgwānɛmasa yäłnɛ-
k!wēnoxwē lāē ts!āsa małtsɛmg·ustā k·!ōtɛla lāxēs g·īgăma‘yē lāxēs

chief of his ‖ numaym, and sometimes more than twenty, | if 40
the chief and the salmon-fisher are both good-minded, | but when
the chief and the salmon-fisher are bad, | then the salmon given to
the chief is less, | for there are only ten salmon given by the ‖ fisher- 45
man to the chief. Sometimes, | the salmon-fisher has more than one
thousand dry salmon | caught in the river. Then generally the
chief | and the fisherman quarrel and often fight | until one of them
is killed, when the chief thinks that he has not been given enough, ‖
and this is done when both the chief and the fisherman are bad 50
people. | This is the end. |

Now I will talk about those who dig cinquefoil. | When the woman
and her husband | go to dig cinquefoil roots in their garden-beds,
when they arrive there, ‖ the woman who digs the cinquefoil roots 55
takes her digging stick and her two baskets and | goes to her garden-
bed and she sits down at the edge of the garden-bed and begins to
dig. | She throws the short roots into the larger basket and | she
throws the longer roots into the smaller basket. That | is the way in
which the women who dig cinquefoil roots do when they dig up their
garden beds. ‖ When the whole garden bed has been dug over, | she 60
throws the short roots into a small cedar-bark basket; and when the |
short roots have been put into one cedar-bark basket, she takes the

---

ʻnEʻmēmotē. Wä, lä ʻnāiʻnEmpǃEna häyāqax māltsEmgʻustâwa 40
kʻǃōtEla yîxs ʻnEmālaē ēsʻēkʻElēda gʻīgămaʻyē ʟEʻwa yälnEkǃwē-
noxwaxa kʻǃōtEla. Wá, gʻîlʻmēsō ʻnEmāla ʻyaēxʻsEma gʻīgămaʻyē
ʟEʻwa yälnEkǃwēnoxwaxa kʻǃōtEla laē hēmEnalaEm hōlala kʻǃōtEla
ʟǃEʻwEndEmsēxa gʻīgămaʻyē yîxs lastōʻmaēda kʻǃōtEla ʟǃEʻwEndEmsa
yälnEkǃwēnoxwē kʻǃōtEla lāxēs gʻīgămaʻyē; yîxs ʻnāiʻnEmpǃEnaē 45
häyāqax lōxsEmxʻʻîdē xaʻmāsasa yälnEkǃwēnoxwaxa kʻǃōtEla lāxēs
wamēdzasē wä. Wä, hēʻmis qǃūnāla xōmaiʻidaatsa gʻīgămaʻyē
ʟEʻwa yälnEkǃwēnoxwaxa kʻǃōtEla yîxs qǃūnālaē dādEgō, wä, lä
iEʻlnōkwa lāxēq yîxs kʻǃōtaēda gʻīgămaʻyax ʟǃEʻwEndEmaq. Wä,
hēEm hē gwēgʻilaxs ʻnEmālaē ʻyaēxʻsEm bēbEgwānEma gʻīgămaʻyē 50
ʟEʻwa yälnEkǃwēnoxwaxa kʻǃōtEla. Wä, laEm lāba.

Wä, laʻmēsEn ēdzaqwa gwâgwēxʻsʻalalāxa tsǃotsǃēnoxwaxa tʻEx^u-
sōsē yîxs gʻîlʻmaē la tsǃEwēsa tsǃotsǃēnoxwē tsǃEdāq ʟEʻwis lāʻwü-
nEmē lāxēs tǃEkʻēʻlakwē. Wä, gʻîlʻmēsē lāgʻaa lāqExs laēda tsǃotsǃē-
noxwē tsǃEdāq äxʻēdxēs tsǃōʻyaʻyo ʟEʻwis maltsEmē laElxaʻya qaʻs 55
lä lāxēs tǃEkʻēʻlakwē. Wä, lä kǃūnxElēsaxēs tǃEkʻēʻlakwē qaʻs tsǃō-
sʻîdē. Wä, lä tsǃExtsǃÁlasa tʻEx^{u}sōsē lāxa ʻwālasagawaʻyē iExaʻya. Wä,
lä tsǃExtsǃálasa ʟāxabâlis lāxa āmāyagawaʻyē iExaʻya. Wä, hēEm
gwēgʻilatsa tsǃotsǃēnoxwē tsǃEdāqExs tsǃōsaē lāxēs tǃEkʻēʻlakwē.
Wä, gʻîlʻmēsē ʻwîʻla la tsǃEwēkwē tǃEkʻēʻlakwas laē iEtsǃÁlasa tʻEx^u- 60
sōsē lāx ämʻămaʻyē ʟǃāʟǃabata. Wä, gʻîlʻmēsē ʻwîʻla läx iExtsǃE-
wakwa tǃetǃEgwatsǃē ʟǃāʟǃabata laē äxʻēdxa ʟāxabâlisē qaʻs iEkwē

63 long roots and pulls them out, | one at a time, and spreads them out on a mat. | Then she may count the long roots, that is, one hundred.
65 She ties them in the middle with a strip of narrow || cedar bark. That is called by the woman who digs cinquefoil roots "one | bundle of long roots," if it is put up in this way. When they are well tied in the middle, | the woman who digs cinquefoil roots puts them into a medium-sized basket, and | when the cedar-bark basket is full, she puts it away, for sometimes | there are many cedar-bark baskets with
70 long cinquefoil roots and also many || cedar-bark baskets with short cinquefoil roots. As soon as this has been done, she goes home to her winter | house. The cedar-bark baskets which are to be given to the | chief are put in a canoe in a separate place. As soon as the | woman who has taken the cinquefoil roots and her husband arrive on the beach of their house, | the man shouts to the chief and asks him
75 to come to meet him, and || the chief usually comes down at once to meet the woman who has dug the cinquefoil roots, | and when she arrives at the beach, the husband of the | woman who has taken the cinquefoil roots, shows the cedar-bark baskets with long roots to the chief. | He says to him, "These are given to you by my wife, chief," |
80 and the chief thanks him for his word. Then || the chief calls the young men to carry up from the beach the baskets with long cinquefoil roots. | He does not give any of the baskets with short cinquefoil

---

63 ʻnälʻnᴇmts!q!ᴇmkʻaq qaʻs k·ādᴇdzōdalēs ' lāxa lᴇbīlē lēʻwaʻya. Wä, lāxᴇntē hōsaᴇmxa Lāxabâlisē qa lākʻ!ᴇndēs lä yīʟō̱yōtsa ts!ēq!a-
65 dzō dᴇnas lāq. Wä, hēᴇm gwᴇʻyōsa ts!ōts!ēnoxwē ts!ᴇdāq ʻnᴇmx·sayok" lāxabâlisa hē gwälē. Wä, g·īlʻmēsē ʻwīʻla la yaēʟoyâdlaxs laē aëkʻ!ēda t!ōts!ēnoxwē ts!ᴇdāq äxts!âlas lāxa hēlʻa l!âbata. Wä, g·īlʻmēsē qōtʻlēda Lāxabats!ē l!âbata laē g·ēxaq, yīxs ʻnälʻnᴇmp!ᴇnaē q!ēnᴇma Lēʟaxabats!ē l!āl!ᴇbata. Wä, lāxaē q!ēnᴇma t!ētʻ!ᴇ-
70 gwats!ē l!āl!ᴇbata. Wä, g·īlʻmēsē gwala, laē näʻnak" lāxēs ts!âwūnxasē g·ōkwa. Wä, laᴇm gwâlᴇlaᴇm ōgūgᴇxsa lâlē l!ᴇʻwᴇndᴇmxa g·īgämaʻyē Lēʟaxabats!ē l!āl!ᴇbata. Wä, g·īlʻmēsē lāgʻalisēda ts!ōts!ēnoxwē ts!ᴇdāq ʟᴇʻwis lâʻwūnᴇmē läx l!ᴇmaʻisasēs g·ōkwē, laasa bᴇgwänᴇmē lâqūlaxa g·īgămaʻyē qaʻs ʟēʻlâlaq qa g·axēs lâlalaq. Wä,
75 hēxʻʻidats!ēmasʻmēsa g·īgămaʻyē g·äx g·āg·axalaxa ts!ōts!ēnoxwē ts!ᴇdāqa. Wä, g·īlʻmēsē lāg·aa lāxa g·äxʻalisē laēda laʻwūnᴇmasa ts!ōts!ēnoxwē ts!ᴇdāq nēlasa Lēʟaxabats!ē l!āl!ᴇbat lāxa g·īgămaʻyē. "Wä, laʻmōx ʟ!ᴇʻwᴇndᴇmsg·īn gᴇnᴇmk· lâʟ, g·īgămē," ʻnēkʻᴇq. Wä, âʻmisē moʻlēda g·īgămaʻyas wäldᴇmas. Wä, la-
80 ʻmēda g·īgămaʻyē Lēʻlâlaxa häʻyälʻa qa läs ʻmōsdēsaxa Lēʟaxabats!ē l!āl!ᴇbata. Wä, laᴇm kʻ!cāˆs l!ᴇʻwᴇndᴇms lāxa t!ētʻ!ᴇgwats!ē l!âL!ᴇbata lāxa g·īgămaʻyē, qaxs lēxʻaʻmaēda g·īgᴇgämaʻyē lᴇlaxap-

roots | to the chief, for the chiefs eat only the long cinquefoil roots, | 82
and the common men eat the short | cinquefoil roots. That is all. ||

And this is the way with all kinds of berry cakes. When | there are 85
five bundles of berry cakes obtained by the woman who has picked
the berries, she gives | one bundle of berry cakes to the wife of the chief.
There are five | cakes in one bundle of berry cakes. Often the wife of
the | chief thinks that one bundle of berry cakes is not enough; that is,
if the wife of the chief is a bad woman || and many times the two women 90
quarrel. | That is all. |

I have forgotten that there are sometimes fifty | bundles of dried
berry cakes: that is, more than two hundred berry cakes made by
the | woman who picked the berries;—if the woman is strong when ||
picking salal berries or currents or elderberries or huckleberries. 95
When | the berry picker has two hundred bundles of dried berry cakes, |
she gives forty bundles | to the wife of the chief. That is the way, for
there are many berry-picking | women who get more than two hundred
bundles of dried berries of || the different kinds of berries. | 100

Of all the different kinds of food, a little is | given to the chief by
those who belong to his numaym: clams, | mussels, small mussels,
and horse clams. | Of all of these, a little is given to the || wife of the 5

---

g·Exa Lăxabâlisē. Wä, hët!ēda bEgwānEmq!ălamē t!Et!aq"xa t!Ex- 83
"sōs. Wä, laEm lāba.

Wä, hē‘mēsa ‘năxwa qa‘s gwēx·sdEmaxa t!Eqa, yîxs g·îl‘maē 85
sEk·!ax·sayōkwē t!Eqāsa hămts!ēnoxwē ts!Edāqa, lä L!E‘wEntasa
‘nEmx·sayokwē t!Eqa läx gEnEmasa g·īgăma‘yē läxs sēsEk·!axsa-
gåɫaēda ‘nEmx·sayokwē t!Eqa. Wä, läxaē q!ūnāla k·!ōte gEnEmasa
g·īgăma‘yaxa ‘nEmx·sayokwē t!Eqa, yîxs ‘yax·sa‘maē ts!Edāqa
gEnEmasa g·īgăma‘yē. Wä, lä q!ūnāla xōmaɫ‘idēda ma‘lōkwē ts!ē- 90
daqa. Wä, laEm lāba.

Ā, hēxōḷEn L!Elēwisenxs ‘nāɫ‘nEmp!Enaē sEk·!asgEmg·ustâx·sa-
yokwa t!Eqa ḷōxs hăyāqa mä‘lp!Enyăg·Ex·sayokwa t!Eqa ăxānEmsa
hămts!ēnoxwē ts!Edāqa yîxs ɫăk!wēmasaē hămsēda ts!Edāqaxa
nEk!ûl ḷE‘wa q!ēsēna ḷE‘wa ts!ēx·ina ḷE‘wa gwādEm. Wä, hē- 95
‘maaxs mä‘lp!Enyag·Ex·sayokwaē ăxa‘yasa hămts!ēnoxwē ts!Edā-
qaxa t!Eqa. Wä, lä L!E‘wEntasa mōsgEmg·ustâx·sayokwē t!Eqa
läx gEnEmasa g·īgăma‘yē. Wä, hē‘mēq qaxs q!ēnEmaēda hămts!ē-
noxwē ts!ēdaq lâLxa hayāqäxa mâlp!Enyag·Ex·sayokwē t!Eqaxs
hămsaaxa L!ōL!Ep!ēmasē. 100

Wä, ‘năxwaEmḷēda ōgŭq!ēmas hēsha‘ma‘ya la xāL!a L!E‘wEn-
dEmxa g·īgămasa g·ayōɫ lax ‘nE‘mēmotasxa g·äwēq!änEm ḷE‘wa
k·!ōmats!ē ḷE‘wa xo‘lē ḷE‘wa laēsē ḷE‘wa mEt!āna‘yē. Wä, hä‘s-
taEm xāL!a L!E‘wEndEmsa ḷawēnoxwē ts!Edāqxa ts!ēts!Ek!wēmasaxa

chief by the woman who digs shell fish.—enough to be eaten by the wife of the | chief. I think this is all about this.|

This is another thing asked by you on the 22d of the | month of May: namely, about the hunter. When he has shot | three bears, he gives one to the chief of his numaym || and he keeps two bears; and when a sea hunter has killed three sea otters, | he gives one to the chief of his numaym. This is done with | everything that is obtained by hunters and sea hunters and | canoe builders. The canoe is generally given to the chief. | That is all about this. ||

This is another matter asked by you regarding the carvers of the chief | in his numaym. It is true what you say. Generally, | the chief and his carvers live together in one house. When the chief | wishes to change his house and to have carved | posts, then the chief just tells his carver that he wishes for || carved posts for his house. The carver knows | all the carvings that belong to his chief, and, therefore, | the chief never tells the carver what he is to carve on the posts of the | house, for the wood carver knows what he will carve, because | he knows all the carvings that belong to the chief. ||

Another man, belonging to the numaym of the chief, | has to get cedar trees to be carved by the wood carver. As soon as | the cedar trees lie on their backs on the beach of the house of the chief, the |

---

5 gᴇnᴇmasa gˑīgămaʻyē qa âᴇm hĕlkˑ!ᴇsalasō̆ʻ tsǃēkwasōsa gᴇnᴇmasa gˑīgămaʻyē. Wä, laxˑstǃaakᵘʻᴇm ʻwīʻla laxēq.

Wä, gˑaʻmēts ʻnᴇmxˑʻidăla wŭʟăsōʻxa maɫᴇxsagˑᴇyō ʻnăla lăxa ʻmᴇkŭläsa mᴇlēlasgᴇmxa hănʟǃēnoxwaxs gˑiłʻmaē hănʟᴇkwălaxa yūduxwē ʟǃăʻya laē tsǃâsa ʻnᴇmē lăxa gˑīgămaʻyasēs ʻnᴇʻmēmotē.

10 Wä, lä ăxēlaxa maʻłē ʟǃăʻya. Wăxˑī yūduxwa qǃăsa ălēwanᴇmsa ălēwinoxwē lăxaē tsǃâsa ʻnᴇmē lăxa gˑīgămaʻyasēs ʻnᴇʻmēmotēxa ʻnăxwa ʻyănᴇmsa hănʻᴇnʟǃēnoxwē ʟēʻwa ēsʻᴇlēnoxwē ʟōʻma ʟēᴇl- qǃēnoxwaxa xwăkǃûna, hēᴇmʟâł âᴇm qǃûnăla tsǃᴇʻwēxa gˑīgămaʻya xwăkǃûna. Wä, laᴇm lăba laxēq.

15 Wä, gˑaʻmēts ʻnᴇmxˑʻidăla wŭʟasōwa gˑîtǃēnoxwasa gˑīgămaʻyē lăxēs ʻnᴇʻmēmotē. Wä, âlaᴇm lăxēs wăldᴇmōs, yīxs qǃûnălaē ʻnᴇmaēłē gˑīgămaʻyē ʟᴇʻwis gˑîtǃēnoxwē. Wä, gˑiłʻmēsēda gˑīgă- maʻyē wăłaqēla qaʻs ʟǃăyōgŭlsēxēs gˑōkwē qa kˑǃēxˑkˑǃadzᴇkwēs ʟēʟămas, wä, âʻmēsa gˑīgămaʻyē nēłaxēs gˑîtǃēnoxwaxs ʻnēkˑaē qa

20 kˑǃēxˑkˑǃadzᴇkwēsa ʟēʟămasēs gˑōkwē. Wä, lēda gˑîtǃēnoxwē ʻnă- xwaᴇm qǃâʟᴇlax kˑǃēkˑǃᴇsʻâsēs gˑīgămaʻyē. Wä, hēʻmis lăgˑiłas gˑīgă- maʻyē hēwäxa nēłaxēs gˑîtǃēnoxwas gwēxˑsdᴇmʟas kˑǃăʟasa ʟēʟămasa gˑōkwē, qaxs hăsʻmēʟaxa gˑîtǃēnoxwē nâqēʟēs kˑǃăʟa, qaxs ʻnăxwa- ʻmaē qǃâʟᴇlax kˑǃēkˑǃᴇsʻâsēs gˑīgămaʻyē.

25 Wä, lăʟē ōgŭʻłaᴇm bᴇgwănᴇm gˑayōł lăx ʻnᴇʻmēmotasa gˑīgămaʻya la ʻwawīʻlaxa wilkwē qa kˑǃăsōsa gˑîtǃēnoxwē. Wä, gˑiłʻmēsē gˑäx kˑatᴇmgˑalisa wēlkwē lăx ʟǃēmaʻisas gˑōkwasa gˑīgămaʻyē, laēda

chief sends his speaker to call the different | numayms to come and 29
roll up the four cedar trees. ‖ When they are all in front of the chief's 30
house, the | chief's speaker tells the common men to roll up the | four
cedar trees. Then the chiefs just sit down outside, | watching the
tribe who are working hard, rolling up the four | cedar trees. The
carver shows them where to place the ‖ four cedar trees, on the ground. 35
When the four cedars are all up on the beach, | the speaker of the chief
tells all the men to sit down, | and when they are seated, the young
men of the chief's numaym | go into the chief's house and come out
carrying | blankets which they put down at the place where the chief's
speaker is standing, ‖ and he gives one pair to each | chief of the various 40
numayms, and to each group of two | common men one pair of blankets.
This is called by the | Indians, "obtained by rolling up the cedar tree."
After the speaker has given away the | blankets, the chief's speaker
asks the carver to ‖ carve the four cedars for posts of the chief's house, | 45
and he promises to pay fifty blankets | for each post: that is, two
hundred blankets | for the four posts, and the carver thanks him for |
what he has said. Then the carver carves the four posts, ‖ and when 50
he has finished them, the chief asks his speaker to go and invite | the

---

g·īgăma‘yē ‘yālaqasēs ă‘yīlkwē qa läs Lēx·Lᴇlsa ‘wīlaxa ălōgŭq!ᴇsē 28
‘năl‘nᴇmēmasa qa g·äxēs ‘wi‘la lēx·‘usdēsaxa mōts!aqē wīlkwa. Wä,
g·îl‘mēsē g·ax ‘wi‘la lāx ʟ!āsanâ‘yas g·ōkwasa g·īgăma‘yē laēda ᴇl- 30
kwäsa g·īgăma‘yē äxk·!ālaxa bēbᴇgwänᴇmq!ālamē qa lēx·‘usdēsēxa,
mōts!aqē wīlkwa. Wä, lax·da‘xwa g·īg·ᴇgăma‘yas âᴇm k!ŭts!ᴇs
x·īts!ax·īlaxēs g·ōkŭlōtaxs laē lăxŭmāla lēx·‘ŭsdēsᴇlaxa mōts!aqē
wīlkwa. Wä, lä hē‘ma g·ît!ēnoxwē ts!āts!ᴇmx·sīla qa k·atk·ᴇt!ātsa
mōts!aqē wīlkwa. Wä, g·îl‘mēsē ‘wī‘losdēsa mōts!aqē wīlkwa laēda 35
ᴇlkwäsa g·īgăma‘yē äxk·!ālaxa ‘năxwa bēbᴇgwänᴇm qa k!ŭs‘ᴇlsēs.
Wä, g·îl‘mēsē ‘wi‘la k!ŭs‘ᴇlsa laēda hă‘yāl‘äs ‘nᴇ‘mēmotasa g·īgă-
ma‘yē hōgwīʟa lāx g·ōkwasēs g·īgăma‘yē, qa‘s g·äxē ‘mōwᴇlsaxa
p!ᴇlxᴇlasgᴇmē, qa‘s g·äxē ‘mōgwaᴇlsaq lax ʟădzasasa ᴇlkwäsa g·ī-
găma‘yē. Wä, lä yāx‘wītsa ‘năl‘nᴇmxsa lāxa ‘năl‘nᴇmōkwē g·īg·ᴇ- 40
gămēsa ălōgŭq!ᴇsē ‘năl‘nᴇ‘mēmasa. Wä, lä maēma‘lōkwa bēbᴇgwä-
nᴇmq!ālaᴇm lāxa ‘năl‘nᴇmxsa p!ᴇlxᴇlasgᴇma. Wä, hēᴇm gwᴇ‘yōsa
bāk!umē lēx·‘usdēdzanᴇmxa wīlkwē. Wä, g·îl‘mēsē gwăl yaqwasa
p!ᴇlxᴇlasgᴇmē laēda ᴇlkwäsa g·īgăma‘yē hēlaxa g·ît!ēnoxwē qa
k·!ēx·‘īdēsēxa mōts!aqē wīlkwa qa ʟēʟāmʟᴇs g·ōxᵘʟasa g·īgăma‘yē. 45
Wä, lä gwăl‘ᴇlaᴇm hălaq!ᴇg·a‘ltsa sēsᴇk·!ax·sōkwē p!ᴇlxᴇlasgᴇm
lāxa ‘năl‘nᴇmts!aqē ʟāma. Wä, la‘mē mā‘lp!ᴇnyag·ᴇ p!ᴇlxᴇlasgᴇm
lāxa mōts!aqē ʟēʟāma. Wä, â‘misēda g·ît!ēnoxwē mō‘las wăldᴇ-
mas. Wä, la‘mēda g·ît!ēnoxwē k·!ēx·‘īdxa mōts!aqē ʟēʟāma. Wä,
g·îl‘mēsēsē gwăla laēda g·īgăma‘yē äxk!ālaxēs ᴇlkwē qa läs Lēx·Lᴇl- 50

52 various numayms to come and sit down outside | of the house. When
they have all come, the chief tells | his speaker that he will pay two
hundred blankets to the carver, | and after he has done so, the chief asks
55 the speaker to ‖ give to each man one blanket. | This is paid to them
by the chief for coming to watch him, as he pays the | carver. If the
chief should not pay the carver well, | then the chief would bring disgrace upon himself; for it is a disgrace | to him and his children and
60 their children, if he should ‖ not pay much to the carver and to the
painter | of the front of his house and of the posts: for the | carver and
the painter are different men; | and the board maker is also another
man. All this is paid for | by the chief with many blankets. That is
the end. ‖

---

1 The ways of the various numayms, when | the chief desires to give
a potlatch to the tribes, are different. This is called by the Indians |
"to give property into the house of the chief." When | the chief of a
5 numaym says that he intends to invite the tribes, and if ‖ the chief
has five hundred blankets in his house, then the chief | sends his two
speakers to go and call his numaym | to come into the house of the
chief; and when | the speakers go, they enter the doors of the houses

---

51 saxa ălŏgŭqǃEsē ᶜnālᶜEnēmāsa qa gᵎāxēs ᶜwīᶜla kǃŭsᶜElsa lax ʟlāsanā-
ᶜyasēs gᵎōkwē. Wä, gᵎîlᶜmēsē gᵎāx ᶜwīᶜla laēda gᵎīgămaᶜyē äxkᵎǃlā-
laxēs Elkwa qa hălaqāsēs māᶜlpǃEnyagᵎä pǃElxElasgEm lāxʟ gᵎîtǃē-
noxwē. Wä, gᵎîlᶜmēsē gwăla laēda gᵎīgămaᶜyē äxkᵎǃlālaxēs Elkwa qa
55 yāxᶜwitsēxa ᶜnāxwa bēbEgwānEmsa ᶜnālᶜnEmē pǃElxElasgEma. Wä,
laEm hălăgEmsa gᵎīgămaᶜyē qaxs gᵎāxaē dōqwalaqēxs laē hălăqaxa
gᵎîtǃēnoxwē. Wä hēᶜmaa qō kᵎǃēslaxa gᵎīgămaᶜyē ăēkᵎila hălăqaxa
gᵎîtǃēnoxwē lălaxē qǃŭlēxᵎsᶜEmlaxa gᵎīgămaᶜyē qǃEmägᵎila qaᶜs
qǃEmā ʟEᶜwis sāsEmē ʟōᶜ sāsEmʟas qaxs ᶜwālasaē qǃEmāsa gᵎīgăma-
60 ᶜyaxs kᵎǃēsaē qǃēnEmē hălăgEmasēxa gᵎîtǃēnoxwē ʟEᶜwa kᵎǃlatǃēno-
xwaxa tsāqEmaᶜyasa gᵎōkwē ʟEᶜwa ʟĕʟāmē yīxs ōgŭᶜlaᶜmaē bEgwā-
nEma gᵎîtǃēnoxwē. Wä, lāxaē ōgŭᶜlaEm bEgwānEma kᵎǃlatǃēnoxwē.
Wä, lāxaē ōgŭᶜlaEm bEgwānEmᴧ lătǃaēnoxwē. Wä, hēᶜstaEm hălă-
qasōᶜsa gᵎīgămaᶜyasa qǃēqǃEnEmē pǃElxElasgEma. Wä, laEm lāba.

---

1 Wä, la ōgŭqălaᶜmē gwēgᵎilasasa alŏgŭqǃEsō ᶜnEᶜmēmota, yīxs
pǃEtsǃēxsdaēs gᵎīgămaᶜyaxa lēlqwălaʟaᶜyē, yīx gwEᶜyâsa bākǃŭmē
pǃEdzēLasēs dādăkᵎasē laxēs gᵎīgămaᶜyē. Wä, hēᶜmaaxs laē ᶜnēkᵎēda
gᵎīgămaᶜyasa ᶜnEᶜmēma qaᶜs ʟēlElēxa lēlqwălaʟaᶜyē; yīxs āxēlaēda
5 gᵎīgămaᶜyaxa sEkᵎǃāpǃEnyagᵎē pǃElxElasgEma. Wä, läda gᵎīgămaᶜyē
ᶜyālaqasēs maᶜlōkwē äᶜyîlkᵘ qa läs ʟēxᵎʟElsa ᶜwīᶜlaxēs ᶜnEᶜmēmotē qa
gᵎāxēs ᶜwīᶜla gᵎāxEʟ läx gᵎōkwasēs gᵎīgămaᶜyē. Wä, gᵎîlᶜmēsē la

of those who are being called. | They stand in the door of the house 9
and say: ||
"We call for our chief, that we may come and listen to what he 10
will say | to us, numaym, wä, wō, wō. Come quickly, we are going
to call | only once." Thus they say and go out again. |
Then all the men guess that the chief is going | to ask to be helped
by his numaym in his potlatch. Therefore, they get ready and || all 15
the men and their wives talk together before | they go into the
chief's house. When what is to be contributed to the potlatch is
ready | they go into the chief's house. They do not | take their
blankets which are ready in the houses to be given to the chief. |
Then they all enter the house. When all the men are in the house, ||
the chief, himself, speaks and | says: | 20
"Thank you, numaym, that you have come to this our | house
here, great numaym. Indeed, this is the way of my | mind, great
numaym. I depend on it that you will stand behind me || in every- 25
thing, when I contend with the chiefs of the tribes. | Now, great
numaym, I will tell you about what I have in | mind. I want to
give a potlatch to the tribes. I have five hundred | blankets in my
house. Now you will | see whether that is enough to invite the
tribes with. || You will think that five hundred blankets are not 30

---

qās‘idēda ä‘yīlk^u laē laēʟ lax t!ɛx·ī́lāsa g·ōkwasēs ʟɛx·ʟɛlsasɛ‘wē. 8
Wä, lä q!wastōlīla lāx äwīʟɛlāsa t!ɛx·ī́lāsa g·ōkwē. Wä, lä ‘nēk·a:
"ʟɛx·ʟɛlsanu‘x^u qaɛns g·īgăma‘yēx qɛns lä hōʟēlaxōx wăldɛ- 10
mēxsdäxs g·äxɛns, ‘nɛ‘mēmot. Wä, wō, wō. Hālag·ī́līl la ‘nɛmp!ē-
nats!axstaɛmʟɛnu‘x^u" ‘nēk·ɛxs laē hōqŭwɛlsa.
Wä, gwăłɛla‘mēsa ‘näxwa bēbɛgwānɛm k·ōtaxēs g·īgăma‘yē laɛm
p!ɛdzēʟ!ālałxēs ‘nɛ‘mēmotē. Wä, hē‘mis lāg·iłas gwăłɛlaɛm q!ē-
q!ɛyōdēda ‘näxwa bēbɛgwānɛm ʟe‘wis gɛgɛnɛmaxs k·!ēs‘maē la 15
hōgwīʟa lāx g·ōkwasēs g·īgăma‘yē. Wä, g·īl‘mēsē gwăł‘alīłē p!ɛ-
dzēʟɛmʟas laē hōgwīʟa lāx g·ōkwasēs g·īgăma‘yē. Wä, la‘mē k·!ēs
dālaxa p!ɛlxɛlasgɛmēxēs la gwalīła qa‘s p!ɛdzēʟɛma lāxēs g·īgăma-
‘yaxs laē ‘wī‘la hōgwīʟa lāx g·ōkwē. Wä, g·īl‘mēsē ‘wī‘laēʟēda bɛgwā-
nɛmx·sä laasē q!ŭlēdzaqwa yāq!ɛg·a‘łēda g·īgăma‘yē. Wä, lä ‘nē- 20
k·a:
"Gēlag·a, ‘nɛ‘mēmot, gēlag·axs g·äxaēx g·äxēʟ lāxwa g·ōkwēx,
lāxɛns g·ōkwēx, ‘wālas ‘nɛ‘mēmot. Qăʟag·a gwăłaasg·asg·ɛn nă-
qēk· qa‘s, ‘wālas ‘nɛ‘mēmot, yīxg·ī́n hēlēqɛlēg·ī́nʟōs ʟawēg·ē g·äxɛn
qa ‘näxwa ʟōxgŭn yałok!wäg·ałēk· ʟō‘ g·īg·ɛgăma‘yasa lēlqwăłaʟa‘yē. 25
Wä, la‘mēsɛn nēłaʟōʟ, ‘wālas ‘nɛ‘mēmot, yīsg·a gwēg·alēdzasg·asg·ɛn
năqēk·, yīxg·ī́n p!ɛts!ēxsdēg·axa lēlqwăłaʟa‘yē. Wē, łāx sɛk·!a-
p!ɛnyag·ōxda p!ɛlxɛlasgɛmēx g·aēł lāxɛn g·ōkwēx. Wä, la‘mēts dō-
qwăłaʟɛq hēł‘ala‘maōx lāx ʟēła‘łayoxa lēlqwăłaʟa‘yē. Wä, g·īl-
‘ɛmłwīts k·!ōtaʟɛxa sɛk·!āp!ɛnyag·ēx p!ɛlxɛlasgɛma la‘mēts wäg·ił 30

31 enough, | and you will treat me as your chief, and you will give me your property for the potlatch, | great numaym, for it will not be in my name. It will be in your name, | and you will become famous among the tribes, when it is said that you have given your property for a potlatch, | that I may invite the tribes. Now look at your ‖
35 minds." Thus he says, and sits down. |

He waits in the house to hear what will be replied to his speech by the numaym. | All the men of his numaym only keep silent. | They all wait for the chief to speak who is next in rank under the head
40 chief | who is going to invite the tribes. The one ‖ next to the chief should begin to contribute property for the potlatch; for they begin at the head of the numaym, | according to rank [the seats] down to the one lowest in rank [last seat]. Therefore, they wait | for the one next to the chief to speak. When he arises | from his seat, he speaks and says: |

45 "Now rise, numaym, let us open our ‖ boxes to give property for the potlatch to our chief; | for will it be in our chief's name what we shall do? It will be in our | name what we shall do. Now, chief, just | spread out a mat that we may pile on it what we are going to give you for the potlatch." Thus he says, | and they all come out of the house of their chief. ‖

50 The man who is next to the chief goes out first. When | all the men are out, they | ask the man who is next to the chief how many |

---

31 g·āg·ēxsilał g·āxEn qa‛s wāg·iLōs p!EdzēLasēs dādak·asōs g·āxEn, ‛wālas ‛nE‛mēmot, qaxs k·!ēsēLa nōsL Lēgeml, yīxs hōs‛mēLa Lēgeml qasō lał ts!ēlwālal lāxwa lēlqwălaLa‛yax ‛nēx·sōl p!EdzēLasēs dādak·asōs qEn Lēla‛layōxa lēlqwălaLa‛yax. Wä, laEms dōqwalălxēs
35 nēnâqa‛yōs," ‛nēk·Exs laē k!wāg·alīla.

Wä, la‛mē ōlastōlił hawaLēlaax nä‛naxma‛yayōLas ‛nE‛mēmotasēx wāldEmas. Wä, â‛misē la ‛nāxwa tsEmōtălēda ‛nE‛mēmotas. Wä, la‛mē ‛nāxwa ōlala qa yāq!Eg·a‛lēsa g·īgabā‛yaxa g·īgăma‛yēxa Lēla‛laLaxa lēlqwălaLa‛yē, qaxs hēts!ēmasaē g·ālabEnd p!EdzēLēda mā-
40 k·ïlāxa g·īgăma‛yē qaxs g·ägEmdalaēda ‛nE‛mēma lāxēs LăLExwa‛yē gwăyōł lāxa mūk·!Exsda‛yē LăxwĂ‛ya. Wä, hē‛mis lāg·ilas hē ōlalasE‛wēda māk·ïlāxa g·īgăma‛yē qa yāq!Eg·a‛lēs. Wä, g·īl‛mēsē Lăx‛walił lāxēs k!waēlasē laē yāq!Eg·a‛la. Wä, lä ‛nēk·a:

"Wäg·īl la ‛wī‛la q!wāg·īlēLōl, ‛nE‛mēmot, qEns lä x·āwaxEns g·īl-
45 g·ïldasa qEns g·āxlag·ī p!EdzēLasEns dādak·asa lāxEns g·īgăma‛yēx. HesLaēLēxEns g·īgăma‛yēx LēgEmlEns gwēx·‛idaasLēx, nōsmēlg·īnsax LēgEmlxEns gwēx·‛idaasLēx. Wäg·illa g·īgămē‛ âEm Lap!ālīlas lē‛wa‛ya qa ‛mōdzōdālasïtsEnu‛x^u p!EdzēLEmLaōl," ‛nēk·Exs laē ‛wī‛la hōqůwElsa lāxa g·ōkwasēs g·īgăma‛yē.

50 Wä, laEm g·ālaba‛ya bEgwānEmxa māk·ïlāxa g·īgăma‛yē. Wä, g·īl‛mēsē ‛wī‛la hāqůwElsēda bēbEgwānEmē laē ‛nāxwa‛mēda bēbEgwānEmē la wůLaxa bEgwānEmēxa māk·ïlāxa g·īgăma‛yē lāx ‛wāxaas-

of his blankets he is going to give to the chief for the potlatch; and 53
when | that man is angry, he says: ||

"I am annoyed by our chief, because he asks us too often for 55
property | for his potlatch. I shall try to make him ashamed.
Therefore, | I shall give him one hundred blankets, that we | may
bury his name under our property. I wish that you | give for the
potlatch fifty, or forty, or ten pairs of blankets; || and from those who 60
are poor, shall come five pairs of blankets." | Thus says the man next
to the chief.

After he had finished his speech, they all carry on their shoulders
the blankets, | and the blankets owned by each man are piled up. |
When the blankets have all been brought in, || the men sit down 65
alongside of the blankets which they are going to contribute for the
potlatch; | only the one who is next to the chief stands next | to the
one hundred blankets which he is going to give for the potlatch. He
speaks, and says: |

"Now come, you numaym, let us treat our chief as a | chief."
And then he turns to the chief and says to him, || "Now look this way, 70
chief, and listen to what we | came here for to your house, chief. We
came here with good hearts | to you, chief. We give to you this
property for your potlatch, | that we may help you with what you
are doing all the time in behalf of my | name, for I am the body of

---

ʟasa pʟElxElasgEmē pʟEdzēʟEmʟasēxa gˑīgăma‛yē. Wä, gˑī‛mēsō 53
lāwisēda bEgwānEmē laē ‛nēkˑa:

"WanēqadzEnʟasEns gˑīgăma‛yaxs xEnʟElaē ‛nEnxwaākŭla pʟE- 55
dzēʟEla gˑāxEns. Wä, la‛mēsEn hamāxˑtsʟalaʟEq. Wä, hē‛mis
lāgˑilasōx lākˑʟEndē pʟElxElasgEmEn pʟEdzēʟEmʟaqō, qEns wägˑi
dzEmasōx ʟēgEmaxs yīsEns dădakˑasēx. Wä, lEn ‛nēxˑ qa‛s ‛nā-
xwa‛mēʟōs pʟEdzēʟas sEkˑ!axˑsōkᵘ ʟō‛ mōxˑsōkᵘ ʟō‛ nEqaxsa; wä
lāʟē sEkˑ!āxsa pʟElxElasgEmē gˑāgˑīlēʟa pʟEdzēʟEmsa wa‛yamāla," 60
‛nēkˑēda bEgwānEmēxa mākˑīlāxa gˑīgăma‛yē.

Wä, gˑī‛mēsē gwālē wāldEmas laē ‛wī‛la gEmxēʟElaxa pʟElxElas-
gEmē. Wä, la‛mē al‛owīla pʟElxElasgEmē, yīx āxasa ‛nāl‛nEmōkwē
bEgwānEma. Wä, gˑī‛mēsē ‛wī‛laēʟēda pʟElxElasgEmē laē ‛nāxwa-
‛mēda bEgwānEmē kʟŭdzEnwalītxēs pʟEdzēʟEmē pʟElxElasgEma. Wä, 65
lēxˑa‛mēsē ʟa‛wīlēda mākˑīlāxa gˑīgăma‛yē ʟE‛wEnwalītxēs pʟEdzē-
ʟEmē lākˑʟEndē pʟElxElasgEma. Wä, lä yäqʟEgˑa‛la. Wä, lä ‛nēkˑa:

"Gēlagˑa, gēlagˑa yōʟ ‛nE‛mēmot qEns gˑāxē gˑāgˑēxsīlaxEns gˑī-
găma‛yēx." Wä, lä gwēgEmxˑ‛id lāxa gˑīgăma‛yē. Wä, lä ‛nēkˑEq:
"Wägˑil la gwāsgEmxˑ‛īdʟōl, gˑīgămē‛ qa‛s hōʟēlaōsaxgˑanu‛xᵘ gˑaxē- 70
nēkˑ gˑāxēʟ lāxōs gˑōkwaqōs, gˑīgămē‛. GˑāxEnu‛xwasgˑada ēkˑEkˑ
nāqa‛ya lāʟ, gˑīgămē‛ gˑāxEnu‛xᵘ pʟEdzēʟasgˑada dādakˑasEkˑ lāʟ gˑī-
gămē‛ qEnu‛xᵘ gˑōx‛widaōʟ lāxōs hēmEnāla‛maqōs gwēgˑilasa qEn
ʟēgEmxgˑīn ōgwida‛yēgˑasēs ‛nE‛mēmotōs, gˑīgămē‛," lāxēs dālaaxa

75 your numaym, chief." Thus he says, holding || one pair of blankets in his hand while he is speaking. Then he says, "This | will be the rank of the new name of my child, according to my kindly feeling towards you, chief. | Now count, counter of the house." |

Then he counts one hundred blankets and after he has done so, | the one who is next to the chief is asked to go and count what is
80 contributed for the potlatch, || by the one next in rank, and the one next to the chief | speaks for his numaym. |

When all the blankets contributed for the potlatch have been put down, | the chief asks his numaym to bring out of his room the five hundred | blankets to be piled on top of the blankets given for the
85 potlatch. || Sometimes more than a | thousand blankets are given by the tribe to their chief for his potlatch. |—|

All the numaym fellows do not expect the chief to |return what is
90 given for the potlatch. Then the chief || gives away in the potlatch the blankets given to him. That is | all about this. |

Marriage Laws (to p. 782)

And this is the last, what you refer to, for me to answer. | You ask about a woman who is the daughter of a first husband. | When the
95 first husband dies, and (a woman) marries another || man, and she gives

75 ‘nEmxsa p!ElxElasgEmxs yāq!Ent!ālaē. Wä, lä ‘nēk·a: "LaEm ō‘mayōLEs ālē ḶēgEmsEn xŭnōkwaxg·ada ēg·ĭn nâqē qa‘s g·īgămē‘. Wä, wäg·a hōsElaLEx hawäsēmił."

Wä, lä hōs‘īdxa lāk·!Endē p!ElxElasgEma. Wä, g·īl‘mēsē gwăla laē ăxsE‘wa, yīxa māk·īläxa g·īgăma‘yē qa‘s lä hōs‘ēdEx p!EdzēḶE-
80 masa māk·īläq lāxēs Ḻăxwa‘yē. Wä, hēx·sä‘mēsa māk·īläxa g·īgăma‘yē yāq!Ent!āla qaēs ‘nE‘mēmote.

Wä, g·īl‘mēsē ‘wī‘la ăx‘ālīlēdu p!EdzēḶEmē p!ElxElasgEma laēda g·īgăma‘yē ăxk·!ālaxēs ‘nE‘mēmotē qa ăx‘wŭlts!ālīlēsēxa sEk·!āp!En-
‘yag·ē p!ElxElasgEma qa‘s g·āxē mEwēg·alīłas lāxa p!EdzēḶEmē
85 p!ElxElasgEma. Wä, la‘mē ‘nāl‘nEmp!Ena lāg·aa lāx hăyāqax lōxsEmx·‘īdēda p!EdzēḶEmē p!ElxElasgEmsa ‘nE‘mēmotaxēs g·īgăma‘yē.

Wä, la‘mē k·!ēs ‘nak·!alēda ‘năxwa ‘nE‘mēmotsa g·īgăma‘yē qa Ḻ!āyowēsa g·īgăma‘yaxēs p!EdzēḶEmaq. Wä, lE‘ma g·īgăma‘yē
90 p!Es‘ītsa p!EdzēḶEmē p!ElxElasgEm lāxa lēlqwălaLa‘yē. Wä, laEm lāba laxēq.

Marriage Laws

Wä, g·a‘mēs la ElxḶē gwE‘yōs qEn nā‘nax‘mēsōgwada, yīxs wŭLaāqōs lāxa ts!Edāqaxs ts!Edāqaēs xŭnōkwē lāxēs g·ālē lă‘wŭnEma. Wä, g·īl‘mēsē lE‘lē lă‘wŭnEmx·däs lāxaē lă‘wadEsa ōgŭ‘la‘mē
95 bEgwānEma. Wä, lä māyōl‘itsa bābagŭmē. Wä, g·īl‘mēsē ‘nE‘mala

birth to a boy; when both | he and his sister are full grown, the man 96
can not marry | his sister, because they have one mother, although |
their fathers are different men. I have never seen any one | do this,
and also nobody told me that this was done by any tribe. ‖ That is 100
the end. |

PROPERTY RIGHTS (to p. 787)

I have been asked by you about another thing, namely, the hun- 1
ters | of the numayms of the tribes. The hunters | of the different
numayms can not go hunting on the hunting grounds of the hunters |
of another numaym; for all the hunters ‖ own their hunting grounds, 5
and when a hunter sees | that another hunter goes to hunt on his |
hunting ground, then they fight, and generally one or | both are
killed. |

And the mountain-goat hunters do the same, | when the goat
hunter of a numaym, and the goat hunter of ‖ another numaym meet, 10
they fight immediately. And when one of them is beaten, | he is pushed
down the mountain. When he does not come | home for a long time, it
is said that he has fallen off from the mountain. Then they look in
vain for him | on his goat-hunting ground, and when his relatives do
not find him, | they guess that he has been pushed down from the
mountain by another goat hunter. ‖ For this was done recently to a 15

---

lāx nExLaax·ᵉida ḺE·wis wŭq!wa, wä, lä k·!eâs gwēx·ᵉidaas gEg·adēda 96
bEgwānEmasēs wŭq!wa qaxs ᵉnEmōx̣ᵘᵉmaē abEmpas. Wä, lä ōōgŭ-
ᵉlaEm bēbEgwānEmē ōmpda·ᵉxwas. Wä, laEm k·!eâsEn dōgŭł hē
gwēx·ᵉidē. Wä, lāxaa k·!eâs q!ayōł hē gwēx·ᵉitsa ᵉnāx̣wa lēlqwā-
laLa·ᵉya. Wä, laEm lāba.   100

PROPERTY RIGHTS

Wä, g·aᵉmēts ᵉnEmx·ᵉidāla wŭLā·ᵉsogwadaxa hănEnL !ēnoxwasa 1
ᵉnāłᵉnEmēmasasa lēlqwalaLa·ᵉyē, yīxs k·!ēâsaē gwēx·ᵉidaasa hănL !ē-
noxwasa ōgŭ·ᵉla ᵉnE·ᵉmēmōt la hănāL!a lāx hănEnLadāsa hănL !ēno-
xwasa ōgŭ·ᵉla ᵉnE·ᵉmēmota, yīxs ᵉnāx̣wa·ᵉmaē hănEnL !ēnoxwē āxnō-
gwadEsēs hănEnLadē. Wä, g·îłᵉmēsē dōxwaLElēda hănL !ēnoxwaxa 5
ōgŭᵉlādzEs hănL !ēnoxⁿ g·āx hănāL!a lāx hănEnLadās, laē xōmałᵉida.
Wä, lä q!ŭnāla łE·ᵉlnokwa ḻōxs ᵉnEmālaᵉmaē łēłEᵉla.

Wä, hēEmxaāwisē gwēg·ilēda tētEᵉwi·ᵉnēnoxwaxa ᵉmElxLō, yīxs
g·îłᵉmaē qāqasōlē tEᵉwi·ᵉnēnoxwasa ᵉnE·ᵉmēmōtē ḻōᵉ tEᵉwī·ᵉnēnoxwasa
ōgŭ·ᵉla ᵉnE·ᵉmēmota laē hēx·ᵉida xōmałᵉida. Wä, g·îłᵉmēsē wăLa 10
ᵉnEmōkwē lāq laē ḺELg·îłtōdzEma. Wä, g·îłᵉmēsē la gāła k·!ēs g·āx
nāᵉnakwa laē ᵉnēx·sōᵉ kŭk·â lāxa nEg·ä. Wä, wŭłᵉmēsē la ālāsōᵉ
lāxēs tētEwi·ᵉnadāxa ᵉmElxLowē. Wä, g·îłᵉmēsē k·!ēs q!āsEᵉwa laē
ḺēḺELâlās k·ōtaqē laEm ḺELg·îłtōdzEmsa ōgŭ·ᵉlā tEᵉwī·ᵉnēnoxⁿxa
ᵉmElxLō, yīxs āłᵉmaē hē gwēx·ᵉîtsEᵉwa Mādiłbē bEgwānEm lāx 15

75052—21—35 ᴇᴛʜ—ᴘᴛ 2——86

16 Madilbē' man at | Dzāwadē at the place Qaqētɛn not more than
thirty years | ago; for the Madilbē' have no hunting ground at
Dzāwadē. | It is said that a Madilbē' man whose name was
Q!ēq!ax̱'Lāla | saw two mountain goats walking about, not very high
20 up. || He told his wife to look after his canoe. He | stepped out of his
canoe and went up to where he had seen the two | mountain goats. It
was not long before his wife heard a sound | like the quarrelling of men.
Then it occurred to his wife that | her husband had gone goat hunt-
25 ing on the goat hunting ground of the numaym || G·īg·īlgăm, of the
Āwaīɪ̥ɛla, and she thought that her husband had been met | by them.
She never heard a shot fired by her husband, | and he never came back.
They looked for him, and | they found him below. There was only a
lump of blood on the rocks, and they never | discovered who had
30 done it. Often this is done by the goat hunters || at Dzāwadē and
Gwa'yē, and in the inlet of the | Nāk!wax·da'x"; and up to the pres-
ent day, it is very often done by the Āwīk·ēnox!ᵘ. | That is the end.

And it is also the same with the grounds for picking viburnum
35 berries of the various | numayms, for each numaym owns || berry-
picking grounds for all kinds of berries:—crab apples, viburnum, |
and salal berries, for they make berry cakes out of salal berries. They eat
berry cakes when | winter comes, and also cranberries, elderberries,

---

16 Dzāwadē, lāx ăxēs Qaqētɛnxa k·!ēs'ma hăyāqax yŭdux"sɛmg·ustă-
xɛnxēlaxa ts!āwŭnxē, yīx k·!eâsaē tɛ'wī'natsa Mădilba'yē lāx Dzā-
wadē. Wä, lä'laēda Mādilba'yē bɛgwănɛmxa ɭēgadɛs Q!ēq!ax·Lāla
dōx'waLɛlaxa mā'lē 'mɛlxɪ̱ō g·īlxmg·īlāla lāxa k·!ēs ēk·!āla. Wä,
20 lä'laē ăxk·!ālaxēs gɛnɛmē qa sāk·ēmēsexa x̣wāk!ūna. Wä, lä'laē
lălta lāxa x̣wāk!ūna qa's lē ēk·!ē'sta lāxēs dōqūlasaxa mā'lē
'mɛlxɪ̱owa. Wä, k·!ēs'lat!a gālaxs laē wūɭɛlē gɛnɛmasēxa hē
gwēx·s qatap!a bēbɛgwānɛma. Wä, lä'laē gɛnɛmas g·īg·aēx'īdqēxs
laēs lä'wŭnɛmē tɛ'wēx·axa 'mɛlxɪ̱ō lāx tetɛ'wi'nadāsa 'nɛ'mēmo-
25 tasa G·īg·ɛlgɛmasa Āwaīɭɛla. Wä, la'mē k·ōtaq lazm qăqɛsōlēs
lä'wŭnɛmē ɭɛ'wē. Wä, la'mē hēwāxa hănɪ̱ɛg·a'lē lä'wŭnɛmx·dās.
Wä, la'mē hēwāx·a g·āx aēdaaqa. Wä, lä ālāsɛ'wa. Wä, lä
q!āso'ma lāxa bā'nē'. Ăɛm la 'mɛk!wa ɛlkwa. Wä, lä k·!ēs
q!ä'stasɛ'wē hɛx·'īdɛq. Wä, lä q!ēp!ɛna hē gwēx·'idēda tētɛ'wi-
30 'nēnoxwaxa 'mɛlxɪ̱ō lāx Dzāwadē ɭō' Gwa'yē ɭɛ'wa wŭnāldɛmsasa
Nāk!wax·da'x"; wä, hēt!a ɭō'ma q!ūnālēda Āwīk·!ēnoxᵘ hē gwē-
g·ilaxwa āl'mēx 'nāla. Wä, laɛm lāba.

Wä, hēɛmxaāwisē gwēx·sa hēhɛmyadāxa t!ɛlsēsa al'ōgŭq!ɛsē
'nāl'nɛ'mēmota, qaxs 'nāxwa'maē ăxnōgwadēda 'nāl'nɛ'mēmasasa
35 hēhɛmyadāxa 'nāxwa ɭōɭ!ɛp!ēmasa, yīxa tsɛɭxwē ɭɛ'wa t!ɛls
ɭɛ'wa nɛk!ūlē qaxs t!ɛqag·ilaaxa nɛk!ūlē qa's t!ɛxt!aqxa lāɭa tslā-
wŭnx'īdɛɪ̱. Wä, hē'mēsa qēx·qalēs ɭɛ'wa ts!ēx·ina ɭɛ'wa q!ēsēna

currants, salmon berries, huckleberries, sea milkwort which are 38
called by the Dᴇnax·da‛xᵘ, Lǃäkǃum. These are nine kinds of
berries which are watched by the owners of the berry-picking 40
grounds against other numayms, for these are counted in great
feasts; those which were named by me. When it is seen that some-
body, from another numaym, comes to steal berries from the berry-
picking grounds, they fight at once, and often one of them, or both
of them, are killed. That is the end. 45

The numayms of all the tribes also all own rivers. They do not
allow the men of other numayms to come and use their river to
catch salmon. When a man disobeys and continues to catch
salmon, they fight and often both, or sometimes one of them, 50
is dead.

The owners of salmon traps or olachen traps fight frequently
when another man drives into the ground poles for a trap at the
trapping place of the owner of that place. Then, at once, they club 55
each other with poles. Generally, the one who drives the poles of
the fish trap into the ground is killed, and generally the real owner
of the fish trap remains alive, because the real owner of the fish
trap creeps up to the one who steals the place for the fish trap. He
just strikes him with a pole, standing behind him; or when the

Lᴇ‛wa qǃᴇmdzᴇkwē; wä, hē‛mēsa gwädᴇm Lᴇ‛wa qōtǃᴇxōlē yīxa 38
gwᴇ‛yōwasa Dᴇnax·da‛xᵘ Lǃäkǃum. Wä ‛nä‛nᴇmax·‛idalēda Lǃōlǃᴇ-
pǃēmasē âla qǃāqǃalālasōs ēxnōgwadäsa hēhᴇmyadē lāxa al‛ogŭqǃᴇsē 40
‛näl‛nᴇmēmasa; qaxs hä‛sta‛maē gᴇlōgwē lāxa ‛wälas kǃwēlasaxᴇn
la Lᴇ̣Lᴇqalasᴇ‛wa. Wä, g·îl‛mēsē dōx·‛waLᴇla g·âx g·îlōLa hämsa lāx
hämyadäsa g·ayōlē lāxa ōgŭ‛la ‛nᴇ‛mēmota laē hᴇx·‛idaᴇm xōma-
l‛ida. Wä, lāxaē qǃŭnāla lᴇ‛lēda ‛nᴇmōkwē lāq Lōxs ‛nᴇmäla‛maē
lēlᴇ‛la. Wä, laᴇm läba. 45

Wä, hē‛mēsa ‛näl‛nᴇmēmasasa ‛nāxwa lēlqwälaLa‛ya, yīxs ‛na-
xwa‛maē äxnōgwadᴇsa wî‛wa. Wä, lāxaē k·‛lēs hēlqǃalēda bᴇgwā-
nᴇmē g·ayōl lāxa ōgŭ‛la ‛nᴇ‛mēmōt g·ax wŭla lāxēs wa qa‛s galēxa
k·ǃōtᴇla. Wä, g·îl‛mēsē hatǃᴇlēda bᴇgwānᴇm galaxa k·ǃōtᴇla laē
xōmal‛ida. Wä, laᴇmxaē qǃŭnāla lēlᴇ‛l ‛nᴇmala Lōxs ‛nᴇmōxᵘ‛maē 50
lᴇ‛las.

Wä, hēᴇm Lōma qǃŭnāla xōmal‛idēda äxnōgwēdäsa Lawayâxa
k·ǃōtᴇla Lᴇ‛wa dzā‛xŭn, yīxs laēda ōgŭ‛la bᴇgwānᴇm dōx‛wēdᴇs
dzōxŭmasēs Lawayo lāx Lawayowasasa äxnōgwadās. Wä, laᴇm
âᴇm hēx·‛idaᴇm kwēxapǃᴇx·‛itsa dzōxum. Wä, lä hē qǃŭnāla lᴇ‛la 55
dēqwāxa dzōxumasa Lawayo. Wä, lä qǃŭnāla qǃŭlēda hēnoma
äxnōgwadäsa Lawayo, qaxs wŭnwanēk·aēda hēnoma äxnōgwadäsa
Lawayo lāxa g·îlōLäx Lawayowasas. Wä, äl‛mēsē kwēx·‛itsa dzō-
xum lāx bᴇgwānᴇmaxs laē Lawapǃēlēsᴇq. Wä, g·îl‛mēsē ‛nēk·ēda

60 real owner of the fish trap wishes | to spear with a spear the one who steals his fish-trap place, | then he spears him. Therefore, generally, the thief is killed, | because he does not hear, on account of the noise of the river. That is | the end. |

INHERITANCE (to p. 787)

1 I will talk, for example, about Lālēlīʟla, the one next to the | head chief of the numaym Gˑēxsɛm. Lālēlīʟla had for his wife | Tsǃālalīliʻlakᵘ, the princess of Gwēxˑsēsɛlasɛmēʻ. | Lālēlīʟla and Tsǃālalīliʻlakᵘ had not been living as husband and wife for a long 5 time before ‖ Tsǃālalīliʻlakᵘ was with child, and Tsǃālalīliʻlakᵘ had for her lover Âwaxălagˑīlis. | When Tsǃālalīliʻlakᵘ had been with child for five months, she left her | husband, Lālēlīʟla, for Gwēxˑsēsɛlasɛmēʻ had already paid the marriage debt to | Lālēlīʟla. Therefore Tsǃālalīliʻlakᵘ left her husband, | although she knew that she 10 was with child, and it was not long after Tsǃālalīliʻlakᵘ ‖ had left her husband Lālēlīʟla, when Âwaxălagˑīlis married Tsǃālalīliʻlakᵘ. | Now Tsǃālalīliʻlakᵘ was with child when she went into the house of her new | husband Âwaxălagˑīlis. Then Tsǃālalīliʻlakᵘ gave birth to | a boy, and Âwaxălagˑīlis gave the name Wāwałkˑinē to the | child borne by his wife. ‖

---

60 hēnoma ăxnōgwadāsa ʟāwayo qaʻs sɛkˑāses wūlba lāxa gˑīlōlāx ʟāwayowasas, laē sɛxˑʻīdɛq. Wā, hēʻmis lāgˑilas hē qǃūnāla hɛʻlēda gˑīlōlǃēkwē, qaxs kˑǃēsaē wūlɛla qaēda wākˑlālaēda wa. Wā, laɛm lāba.

INHERITANCE

1 Laʻmɛn ʻnēxˑdɛmanoxᵘlas Lālēlīʟla, yīxs makˑalaē lax xāmagɛmaē gˑīgāmēsa ʻnɛʻmēmotasa Gˑēxsɛm. Wā, la Lālēlīʟla gɛgˑadɛs Tsǃālalīliʻlakᵘ yīx kˑǃēdēlas Gwēxˑsēsɛlasɛmēʻ. Wā, lā gāla la hāʻyasɛkˑālē Lālēlīʟla ʟōʻ Tsǃālalīliʻlakᵘ. Wā, lā bɛwēxʻwidē Tsǃālalīli- 5 ʻlakᵘ. Wā, lā waʟadɛxˑʻīdē Tsǃālalīliʻlakwas Âwaxălagˑīlis. Wā, gˑīlʻmēsē la sɛkˑǃasgɛmgˑila bɛwēkwē Tsǃālalīliʻlakwaxs laē bāsēs lāʻwūnɛmē Lālēlīʟla qaxs lɛʻmaē qotēxˑa Gwēxˑsēsɛlasɛʻmaʻyax Lālēlīʟla. Wā, hēʻmis lāgˑilas Tsǃālalīliʻlakwē bāsēs lāʻwūnɛmaxs wāxˑʻmaē qǃāʟalaxs bɛwēkwaē. Wā, kˑǃēstǃa gāla Tsǃālalīliʻlakᵘ 10 bāsēs lāʻwūnɛmxˑdē Lālēlīʟlaxs laē qadzēʟē Âwaxălagˑīlis lax Tsǃālalīliʻlakᵘ. Wā, laʻmē Tsǃālalīliʻlakwē bɛwēgwɛʟɛla lāx gˑōkwasēs āł lāʻwūnɛmē Âwaxălagˑīlis. Wā, lā māyulʻīdē Tsǃālalīliʻlakwasa bābagūmē. Wā, lā hēʻmē Âwaxălagˑīlis ʟēxʻēdɛs Wāwałkˑīnē lāx māyōʟɛmasēs gɛnɛʻmē.

Then Lā́lēlīʟ!a took for his wife ʟ!ā́laga, the princess of Yā́xʟᴇn, | 15 chief of the numaym G·ī́g·ī́lgăm of the Nāk!wax·daʻxᵘ, | It must have been five years after Lā́lēlīʟ!a and his wife | ʟ!ā́laga had been married, when Lā́lēlīʟ!a thought that his wife ʟ!ā́laga would not have a child. | Then Lā́lēlīʟ!a invited all the tribes || to come to Fort 20 Rupert. As soon as all the tribes had come, | Lā́lēlīʟ!a gave away seven thousand blankets | to the tribes. |

Then Lā́lēlīʟ!a spoke and said to all the | chiefs of the tribes, "Now you shall call Hayosdḗsᴇlas the || son of Ts!ā́lalīlīʻlakᵘ. You shall 25 give property for my | son Hayosdḗsᴇlas in my place in my numaym the G·ḗxsᴇm, | for not I myself invited you, tribes, for I turn over | my property to my prince. Then Lā́lēlīʟ!a received property | in the the last seat of his numaym, the G·ḗxsᴇm, and Hayosdḗsᴇlas || received all the property that was returned for what was given by 30 Lā́lēlīʟ!a to the tribes. | Now Lā́lēlīʟ!a gave to him his property, and his privileges, and his names, and his | house with the double-headed serpent front, and a grizzly bear house dish, a | beaver house dish, a killer whale house dish, and a seal | house dish. All these were in the feast house of Lā́lēlīʟ!a; and || he also gave him the feast name 35 Kwax·sḗʻstala. | All these were given by Lā́lēlīʟ!a to his prince

---

Wä, laʻmē Lā́lēlīʟ!a gᴇg·adᴇs ʟ!ā́laga yīx k·lḗdelas Yā́xʟᴇn, yīx 15 g·ī́gămaʻyasa ʻnᴇʻmēmotasa G·ī́g·ī́lgamasa Nāk!waxʻdaʻxwē. Wä, lāxᴇntē sᴇk·!āxᴇnxē k!wēsäs häʻyasᴇk·Ālē Lā́lēlīʟ!a ʟᴇʻwis gᴇnᴇmē ʟ!ā́laga; wä, g·ī́lʻmēsē k·ōt!ḗdē Lā́lēlīʟ!a k·!ēs xū́ngwadᴇxʻī́d lāxēs gᴇnᴇmē ʟ!ā́laga laē Lā́lēlīʟ!a Lēlā́laxa ʻnā́xwa lēlqwā́laLaʻya qa g·ā́xēs lāx Tsā́xis. Wä, g·ī́lʻmēsē g·ā́x ʻwī́lg·alisēda lēlqwā́laLaʻyaxs 20 laē Lā́lēlīʟ!a yäxʻwitsa ă̱Lᴇbōp!ᴇnxʻī́dē p!ᴇlxᴇlasgᴇm lā́xa lēlqwā́laLaʻyē.

Wä, laʻmē Lā́lēlīʟ!a yāq!ᴇg·aʻla. Wä, lā ʻnēk·a lāxa ʻnā́xwa g·ī́g·ᴇgāmēsa lēlqwā́laLaʻya. "Laᴇms ʟ̱ᴇqᴇlaLᴇs Hayosdḗsᴇlas lāxᴇn xūnṓkwē lāx Ts!ā́lalī́lī́ʻlakwēx. Wä, laʻmēts lāl yaqwaīxᴇn xū́nōkwē 25 Hayosdḗsᴇlas lāxᴇn ʟā́xwaʻyē lāxᴇn ʻnᴇʻmēmota G·ḗxsᴇm, qaxs k·lēsaē nōgwa Lḗlᴇlōl, lēlqwā́laLē qaxg·īn xuyī́nxᵘsēlēg·axᴇn ʟā́wūlgămaʻyaxsᴇn dādᴇk·asēx." Wä, âʻmīsē Lā́lēlīʟ!a la yāqwasōʻ lāx māk·!axsdaʻyasēs ʻnᴇʻmēmota G·ḗxsᴇm. Wä, laʻmē Hayosdḗsᴇlas dāg·ēx yā́yagwaʻlayâ yäxʻwidayâs Lā́lēlīʟ!a lāxa lēlqwā́laLaʻyē. 30 Wä, laʻmē ʻwīʻla la Lā́lēlīʟ!āsēs dādᴇk·asē ʟᴇʻwis k·!ēk·!ᴇsʻō ʟᴇʻwis ʟ̱ḗʟᴇgᴇmē ʟᴇʻwis sī́sᴇyū́Lᴇwala g·ōkᵘ ʟᴇʻwa nᴇn lōqū́līl ʟᴇʻwa ʻnᴇmē tslāʻwē lōqū́līl ʟᴇʻwa ʻnᴇmē mäxʻēnoxᵘ lōqū́līl ʟᴇʻwa ʻnᴇmē mēgwat lōqū́līl, wä häʻstaᴇm mᴇxēl lāxa k!wēlaʻyatsǃē g·ōxᵘs Lā́lēlīʟ!a. Wä, hēʻmīsē k!wēladzᴇxʟā́yâs Lā́lēlīʟ!a yīx Kwā́x·sēʻstala. Wä, yū́wē- 35 ʻstaᴇm la lâdzᴇms Lā́lēlīʟ!a lāxēs ʟā́wᴇlgămaʻyē Hayosdḗsᴇlas, yīxs

37 Hayosdēsᴇlas; | for ʟāĕlīʟ!a was the eldest son of the children of his father X·āx·ᴇlq!ayōgwi‛lakᵘ | and therefore ʟāĕlīʟ!a owned all the privileges | of his father; and ʟāĕlīʟ!a also gave away his name when
40 he had invited the people, ‖ as I have already told, that is, to Hayosdē-sᴇlas. Now | Hayosdēsᴇlas owned them in his numaym G·ēxsᴇm, and also | the former seat of ʟāĕlīʟ!a, and nobody objected to what | ʟāĕlīʟ!a had done, for Hayosdēsᴇlas was his only son. |
45 Hayosdēsᴇlas put away all the house dishes, and the feast ‖ name Kwax·sē‛stala, and all that was given to him by his father | ʟāĕlīʟ!a, until the time when he would give a feast. That is called | by the Indians "putting away the privileges," when a feast is not immediately given and | a copper is not immediately given away by the father for his son. | .

Now they were going to give property to Hayosdēsᴇlas in the seat
50 of his father ‖ ʟāĕlīʟ!a and they gave property to ʟāĕlīʟ!a in the last seat of the | numaym G·ēxsᴇm, for he had now no seat, because he had given over his seat | to his son Hayosdēsᴇlas. |

Wāwalk·inē, that is Hayosdēsᴇlas, was always staying with his | mother, Ts!ᴀlalīli‛lakᵘ, who had now for her husband Āwaxᴀlag·ilis, ‖
55 and Āwaxᴀlag·ilis believed that Wāwalk·inē,—that is, | Hayosdēsᴇlas,—was his own son; and when Wāwalk·inē was grown up, | Āwaxᴀlag·ilis invited the different tribes on behalf of his | son

37 ‛nōlast!ᴇgᴇma‛yaē ʟāĕlīʟ!as sāsᴇmasēs ōmpwulē X·āx·ᴇlq!ayōgwi‛lakᵘ. Wä, hē‛mis lāg·iłas ‛wī‛la ʟāĕlīʟ!a äxnōgwadᴇs k·!ēk·!ᴇ-s‛āsēs ōmpwülē. Wä, lāxaē ʟāĕlīʟ!a lāsa ʟ̣ēgᴇmē qaxs ʟēłᴇlaē
40 yīxᴇn laᴇmx·dē wāłdᴇma yīx Hayosdēsᴇlas äxnōgwadᴇs laxēs ‛nᴇ‛mēmota G·ēxsᴇm ʟ̣ᴇ‛wa k!wäx·dās ʟāĕlīʟ!a. Wä, la k·!eās ‛yāx·‛yᴇk·ᴇx gwēx·‛idaasas ʟāĕlīʟ!a qaxs ‛nᴇmōx̣ᵘmaē xŭnōx̣ᵘsē Hayosdēsᴇlasē.

Wä, ā‛misē Hayosdēsᴇlas ‛wī‛la g·ēxaxa łōᴇlqŭlīlē ʟ̣ᴇ‛wa k!wē-
45 ładzᴇxʟäyo ʟ̣ēgᴇmē Kwax·sē‛stala ʟ̣ᴇ‛wa ‛nāx̣wa layōs ōmpasē, yīx ʟāĕlīʟ!a lālaa lāxēs k!wē‛latsłēxsdᴇx·‛īdᴇx·dᴇmʟa. Wä, hēᴇm gwᴇ‛yāsa bāk!um g·ēxaxēs k·!ēs‛o, xa k·!ēsē hēx·‛īd k!wēlas‛īda ʟ̣ᴇ‛wa k·!ēsē hēx·‛īd p!ᴇs‛ītsa ʟ!āqwa layōsa ōmpē lāxēs xŭnōkwē.

Wä, laʟē la‛mē Hayosdēsᴇlas yāqwasō‛ lāx ʟ̣āx̣wa‛yasēs ōmpē
50 ʟāĕlīʟ!a. Wä, la yāqwasᴇ‛wē ʟāĕlīʟ!a lāx māk·!ᴇxsdᵘ‛yasēs ‛nᴇ-‛mēmota G·ēxsᴇm, qaxs k·!ēâsaē la ʟ̣āx̣wa‛ya, qaxs laasēs ʟ̣āx̣wēx·dē lāxēs xŭnōkwē Hayosdēsᴇlas.

Wä, la‛mē hēx·sāᴇm la Wāwalk·inē, yīx Hayosdēsᴇlas q!ap!ēx·sᴇyotēs äbᴇmpē Ts!ᴀlalīli‛lakwaxs hāē la łā‛wŭnᴇmsē Āwaxᴀlag·ilis. Wä,
55 la‛mē ōq!ŭsmē Āwaxᴀlag·ilisē hēᴇm xŭngwadᴇs Wāwalk·ina‛yē, yīx Hayosdēsᴇlas. Wä, g·îl‛mēsē la nᴇxʟaax·‛īd bᴇgwānᴇmē Wāwalk·ina-‛yē laē Āwaxᴀlag·ilis ʟēłᴇlaxa ‛wī‛wᴇlsgāmakwē lēlqwālaʟa‛ya qaēs

Wāwalk·inē, and when all the different tribes had come, | Âwaxălag·ĭlis told all the chiefs of the ‖ tribes that not he, himself, had 60 invited them, but his prince, L!āqwag·ila, | (that was he who had the name Hayosdēsɛlas from his other father Lālēlīʟ!a), "and | also my seat at the head of all the eagles, as I | stand at the head of the tribes. Now it will go to my prince, L!āqwag·ila, | and this house, and what is in it, the red cedar bark (he meant the cannibal dance ‖ and the 65 other dances; therefore he named the red cedar bark), and | my chief's position. All these will go to L!āqwag·ila, and this | copper, about which all of you know, chiefs, this L!ɛsaxɛ‘layo | which is worth nine thousand blankets, and fifty | canoes, and six thousand button blankets, ‖ and two hundred and sixty silver bracelets, and 70 twenty | gold-backed bracelets, and more than seventy gold earrings, | and forty sewing machines, and twenty-five phonographs, | and fifty masks. These will go | to my prince L!āqwag·ila. Now he will give these poor things to you, ‖ tribes. You will give property 75 to me in the last seat of | my numaym, the Maămtag·ila." Thus said Âwaxălag·ĭlis. | Then he told them that he gave his position to him whom he considered his own son, L!āqwag·ila. L!āqwag·ila could | not give these away in marriage, the eagle position, and the name L!āqwag·ila, and the house, ‖ and the name which belongs to 80

---

xŭnōkwē Wāwalk·ina‘yē. Wä, g·ĭl‘mēsē g·āx ‘wīlg·alisa ‘wī‘wɛlsgă- 58 makwē lēlqwălaLa‘ya laē Âwaxălag·ĭlisē nēlaxa ‘năxwa g·ĭg·ɛgămēsa lēlqwălaLōxs k·!ēsaē hē Lēlalaq yīxs hăē Lăwɛlgăma‘yasē L!āqwag·ila, 60 yīxa Lēgadäs Hayosdēsɛlas läxēs ‘nɛmōkwē ōmpē Lālēlīʟ!a. "Wä, hē‘mēsɛn Lăxwa‘ya xämaba‘yasa ‘năxwax kwēkwēkwa; laxɛn gwălaasdē lēlqwălaLē. Laɛm läł läxɛn Lăwɛlgăma‘yē L!āqwag·ila. Wä, yu‘mēsa g·ōkwēx Lɛ‘wa g·ēxg·aēlēx läqᵘxa L!ăgɛkwēx (xa hămats!a Lɛ‘wa al‘ōgŭqăla lēläd ‘nē‘nak·ĭlts läg·ĭlas Lēx‘ēdxa L!ăgɛkwē) Lɛ‘wa 65 g·īq!ēna‘ya qɛn laɛm läł ‘wīläł läL L!āqwag·ila. Wä, yu‘mēsa L!āqwax yīxēs ‘năxwa‘maqōs q!ɛLɛla, g·ĭg·ɛgămēxōx L!ɛsaxɛ‘layō yīxs ‘nă‘nɛmp!ɛnx·‘ida‘xwaēx p!ɛlxɛlasgɛma, yu‘mēsa sɛk·!äsgɛmg·ostăx xwăxwăk!ŭna, yu‘mēsa q!ɛʟ!ɛp!ɛnyag·ēx q!ɛngäxtăla, yu‘mēsa q!aʟ!ɛx·sok·ălax dälēg·a k·!ōkŭla, yu‘mēsa măłtsɛmg·ustăx 70 kwălēg·ax k·!ōkŭla, yu‘mēsa mä‘małgŭnăltsɛmg·ustălax kwaskwăla. yu‘mēsa mōsgɛmg·ustăx masēna, yu‘mēsa sɛk·!agălax dɛnxts!ɛwakwa, yu‘mēsa sɛk·!äsgɛmg·ustăx yīxwīwa‘ya. Yu‘wē‘staɛm läł läxɛn Lăwɛlgămaōx L!āqwag·ilax. La‘mōx ‘yäg·ĭʟɛlaxōdLɛsōx lăʟ lēlqwălaLai!. Wä, âɛmłwīts läł yäqwał g·äxɛn läxa mäk·!ɛxs- 75 da‘yasɛn ‘nɛ‘mēmota Maămtag·ila," ‘nēk·ē Âwaxălag·ĭlis. Wä, la‘mē nēłaxs Lɛ‘maē lăsasēs g·ēq!ēnēx·dē läxēs ōq!udza‘yē hɛs‘ɛmq xŭnōkwē L!āqwag·ila. Wä, la k·!eăs gwēx·‘idaasē L!āqwag·ila k·!ēs‘ogŭlxʟalaxa kwēkwē Lɛ‘wa Lēgɛmē L!āqwag·ila Lɛ‘wa g·ōkwē. Wä, hē‘mēsa nūyambalisē Lēgɛmē Âwaxălag·ĭlis läx gɛg·adɛx·‘ĭdɛs 80

80 the beginning of the family history, Âwaxălag·ilis,—to him who might
marry | his princess; for this is the beginning of the name among the
Maămtag·ila; and | also the name L!āqwag·ila; and also the carved
house posts of the house | whose name is ‘nᴇmsgᴇmsᴇlaʟᴇlas.
Now Âwaxălag·ilis gave all his | privileges and his names to his
85 prince Lǃāqwag·ila, ‖ after this, and Âwaxălag·ilis was now a com-
mon man, or,—as it is called | by the Indians,—Âwaxălag·ilis was the
speaker of the house of Lǃāqwag·ila; for he was now | chief; for the
chief position was put into Lǃāqwag·ila by his father Âwaxălag·ilis. |
Now, after this, Lǃāqwag·ila, himself, was a prince on the | one side. ‖
90 Then Lǃāqwag·ila married Hämᴇntsag·ilayugwa, the | princess of
K·ǃādē, for K·ǃādē was head chief of the numaym | Lēʟᴇwag·ila of
the Dzāwadᴇēnoxᵘ. Lǃāqwag·ila had not long been married | with
his wife, Hämᴇntsag·ilayugwa, when they had a | son, and then
95 Lǃāqwag·ila gave his own child's ‖ name, Wāwaɫk·inē, to his child,
and when the | length of time that Lǃāqwag·ila had his child Wāwaɫk·i-
nē was four winters, | then his father-in-law, K·ǃādē, paid the mar-
riage debt, and the canoe mast was the | copper which has the name
"whale body," and the privileges given in marriage were the
ʟᴇwᴇlaxa | masks: the Qǃōmogwa mask, and the war dance, and
100 four chieftain ‖ dance masks which are all women's faces, the Dō-
gwēdᴇno mask, | and also the names. Now Lǃāqwag·ila changed his

---

81 k·ǃēdēɫas qaxs gwāɫᴇlaē ʟᴇgᴇmsa g·alg·alisasa Maămtag·ila ʟōᶜ
Lǃāqwag·ila. Wä, hēᶜmēsa k·ǃēxk·ǃadzᴇkwas ʟēʟāmēsa g·ōkwaxa
ʟēgadᴇs ‘nᴇmsgᴇmsᴇlaʟᴇᶜlas. Wä, laᶜmē ᶜwīᶜla lä Âwaxălag·ᵗlisasēs
‘năxwa k·ǃēk·ǃᴇsᶜō ʟᴇᶜwis ʟēʟᴇgᴇmē läxēs ʟăwᴇlgămaē Lǃāqwag·ila
85 laxēq. Wä, aᶜmēsē la bᴇgwănᴇmqǃālaᶜmē Âwaxălag·ᵗlisēxa gwᴇ-
ᶜyăsa g·ālē băkǃum ᴇlgwīɫō Âwaxălag·ᵗlisas Lǃāqǃwag·ila, yīxs hăē la
g·īgămaᶜya qaxs laē g·īqōdzᴇkᵘ lä Lǃāqwag·ilāsēs ōmpē Âwaxă-
lag·ᵗlisē. Wä, laᶜme qǃūlēx·sᶜᴇm la ʟăwᴇlgadē Lǃāqwag·ilāsēs ăpsō-
tǃᴇnaᶜyē läxēq.
90 Wä, lä gᴇg·adᴇx·ᶜīdē Lǃāqwag·ila yīs Hämᴇntsag·ilayugwa yīx
k·ǃēdēɫas K·ǃādē, yīxs xamagămaᶜyaē g·īgămaᶜyē Kǃādāsa ᶜnᴇᶜmē-
motasa Lēʟᴇwag·ilāsa Dzāwadᴇēnoxᵘ. Wä, lä k·ǃēs gäla hăyasᴇk·ălē
Lǃāqwag·ila ʟᴇᶜwis gᴇnᴇmē Hämᴇntsag·ilayugwa, wä lä xŭngwa-
dᴇx·ᶜītsa băbagumē. Wä, laᶜmē Lǃāqwag·ila ʟēx·ᶜētsēs g·īnᴇxʟăyo
95 ʟᴇgᴇmē Wāwaɫk·inaᶜyē läxēs xŭnōkwē. Wä, g·īlᶜmēsē mōxŭnxē
tsǃăwŭnxas la ᶜwāᶜwasdᴇms la xŭngwadē Lǃāqwag·ilăs Wāwaɫk·ina-
ᶜyē laē qōtex·asōᶜsēs nᴇgŭmpē K·ǃādē. Wä, laᴇm ʟăk·ᴇyaᶜya ʟǃa-
qwaxa ʟēgadᴇs Gwᴇᶜyīmk·ᴇn. Wä, lä k·ǃēsᶜogŭlxʟālaxa ʟᴇwᴇlaxa
yăxʟᴇnaxa qǃōmogwēgᴇmlē ʟᴇᶜwa hawīnalaɫ ʟᴇᶜwa ōᶜmalălᴇmlē mō
100 ᶜyaēxŭmɫtsa tsǃēdaqas gōgŭmaᶜyē ʟᴇᶜwa dōgwēdᴇnoɫᴇmlē. Wä,
hēᶜmēsē ʟēʟᴇgᴇmas. Wä, laᶜmē Lǃāqwag·ila ētǃēd Lǃāyoxʟäxēs

name again | to the name which he had obtained in marriage from 1
his father-in-law Kˑ!ādē. Now his name | obtained in marriage from
Kˑ!ādē was ᵋmɛmxˑō ᵋmāxwa, and now ʟ!āqwagˑila had the name |
ᵋmɛmxˑō ᵋmāxwa after this, and ᵋmɛmxˑō ᵋmāxwa ‖ put away his 5
name ʟ!āqwagˑila and his cannibal dance and all | the names, for
ᵋmɛmxˑō ᵋmāxwa could not give away | his name ʟ!āqwagˑila and
the name from his other father, ʟālēlīʟ!a, | Hayosdēsɛlas, and the
houses and everything in them, and the | privileges, to his younger
brother; and he could not ‖ give away the privileges obtained in 10
marriage and the houses of his two fathers, because they were |
privileges belonging to the beginning of the family of ʟ!āqwagˑila,
namely, of the first ᵋmāxū̆yalidzē, the ancestor | of the numaym
Maāmtagˑila. It was the same with | the name Hayosdēsɛlas from
the numaym Gˑēxsɛm. That is a name from the beginning of the
family, | and also the privileges, and the house. He could not ‖
give away in marriage the house and all I have named, that was 15
given by | ʟālēlīʟ!a to his prince Hayosdēsɛlas to the one who would
marry his princess | or his sister, for that is the power of the chiefs:
the family history, | the privileges, and their names, and the house,
and what is in it. | ʟ!āqwagˑila, that is ᵋmɛmxˑō ᵋmāxwa, can not
give away ‖ to his younger brother the privileges, and names, and 20
the house, and what is in it, which is the family history. | — |

Ḷēgɛmasa Ḷēgɛmgˑilxʟāᵋyasēs nɛgŭmpē Kˑ!ādē. Wä, laᵋme Ḷē- 2
gɛmgˑilxʟālē Kˑ!ādäx ᵋmɛmxˑō ᵋmāxwa. Wä, laᵋmē Ḷēgadē ʟ!āqwa-
gˑiläs ᵋmɛmxˑō ᵋmāxwa läxēq. Wä, āᵋmēse ᵋmɛmxˑō ᵋmāxwa
gˑēxaxēs Ḷēgɛmē ʟ!āqwagˑila ʟɛᵋwis hamatslaē ʟɛᵋwis ᵋnāxwa 5
ḶēḶɛgɛma qaxs kˑ!eāsaē gwēxˑᵋidaasē ᵋmɛmxˑō ᵋmāxwa lasēs
Ḷēgɛmē ʟ!āqwagˑila ʟɛᵋwis Ḷēgɛmē läxēs ᵋnɛmōkwē ōmpē ʟālēlīʟ!a,
yīx Hayōsdēsɛlas ʟɛᵋwa gˑigˑōkwē ʟɛᵋwa ᵋnäxwa gˑēxˑgˑaēł läq ʟɛᵋwa
kˑlēkˑ!ɛsᵋō läxēs ts!āᵋya. Wä, läxaē kˑleâs gwēxˑᵋidaas la kˑlēsᵋo-
gŭlxʟalaq ʟɛᵋwa gˑigˑōxᵘdäsēs maᵋlōkwē wiwōmpa qaxs nūyamba- 10
lisaēda kˑlēkˑ!ɛsᵋâs ʟ!āqwagˑila yīxa gˑälä ᵋmāxū̆yālidzē, yīx gˑîlgˑa-
lisasa ᵋnɛᵋmēmotasa Maāmtagˑila. Wä, läxaē hēɛm gwēxˑsē
Hayōsdēsɛlas läxes ᵋnɛᵋmēmota Gˑēxsɛm, yīxs nūyambalisaēs
Ḷēgɛma ʟɛᵋwa kˑlēkˑ!ɛsᵋō ʟɛᵋwa gˑōkwē. Laɛmxaē kˑleâs gwēxˑᵋi-
daas Ḷēgɛmgˑilxʟālaq ʟɛᵋwa gˑōkwē ʟɛᵋwa ᵋnäxū̆n ḶēḶɛqalasō̆ᵋ layōs 15
ʟālēlīʟ!a läxēs ʟāwɛlgāmaᵋyē Hayosdēsɛlasē lax gɛgˑadēs kˑlēdēłas
ʟō̆ᵋ wŭq!wäs, qaxs hēᵋmaē łāxwēsa gˑīgˑɛgāmaᵋyēs nūyambalisē
kˑlēkˑ!ɛsᵋā ʟɛᵋwis Ḷēgɛmē ʟɛᵋwis gˑōkwē ʟō̆ᵋ gˑēxˑgˑaēłaq. Wä, la
kˑleâs gwēxˑᵋidaas la ʟ!āqwagˑila, yīx ᵋmɛmxˑō ᵋmāxwa, yīsa
nūyambalis kˑlēkˑ!ɛsᵋo ʟɛᵋwa ḶēḶɛgɛmē ʟɛᵋwa gˑōkwē ʟō̆ᵋ gˑēxˑgˑaēłe 20
läq läxēs ts!āᵋya.

22 As soon as ᵉmɛmx·ō ᵉmāxwa showed the ʟɛwɛlaxa dance, which was given to him in marriage by his father-in-law | Kʻ!ādē, then ᵉmɛmx·ō ᵉmāxwa, that is ʟ!aqwag·ila, put away | everything, his name ʟ!aqwag·ila, and his cannibal name Kûnᵉwatɛlag·ilidzɛm, ‖ 25 and all his privileges, and what was in his house, all that he | obtained from Âwaxălag·îlis and what he obtained from his other father, | ʟălēlīʟ!a. He put away everything. Then the other | chiefs said that he put them into another crest box, for they do not | inter- 30 mingle the family privileges: the house, and what is in it, ‖ with the privileges obtained in marriage; the names, and the house, and every- thing in it; | and they do not allow the ʟɛwɛlaxa dance to enter the | winter ceremonial house. Therefore, they always give in marriage a house, when they pay the marriage debt to the | son-in-law, in the way as was done by Kʻ!ādē to his son-in-law ᵉmɛmx·ō ᵉmāxwa. |

35 Now ᵉmɛmx·ō ᵉmāxwa was ʟɛwɛlaxa dancer for the tribes, ‖ and after he had danced four times, four nights, he finished. | After he had done so four times, then he put away his ʟɛwɛlaxa dance. Then he gave away | to the tribes the amount paid by his father-in-law Kʻ!ādē, his marriage debt. Now | ᵉmɛmx·ō ᵉmāxwa continued to sing the ʟɛwɛlaxa song four | nights, one winter, and he did so for 40 four ‖ winters. Then he finished with it. Then | ᵉmɛmx·ō ᵉmāxwa put it away, and now ᵉmɛmx·ō ᵉmāxwa was called "ʟaᵉwɛlqo," (that is, a prince who has married the princess of a head chief), for he had

---

22 Wä, g·îlᵉmēsē ᵉmɛmx·ō ᵉmāxwa ʟɛwɛlaxa g·îlxʟălatsēs nɛgûmpē Kʻ!ādē laē ᵉwīᵉlaᵉmē ᵉmɛmx·ō ᵉmāxwa, yīx ʟ!āqwag·ila g·ēxaxēs ʟēgɛmē ʟ!āqwag·ila ʟɛᵉwis ʟēgɛmaxs hāmats!aē Kûnᵉwatɛlag·îli-
25 dzɛm ʟōᵉ nāxwēs kʻēkʻ!ɛsᵉō ʟɛᵉwa g·ēx·g·aēlax g·ōkwas ᵉnāxwaxa g·āyolē lāx Âwaxălag·îlis ʟɛᵉwa g·ayōlē lāx ᵉnɛmōkwē ōmps, yīx ʟălēlīʟ!a. Wä, laᵉmē ᵉwīᵉla g·ēxa. Wä, la ᵉnēk·ēda waōkwē g·îg·ɛgāmaᵉyaxs g·îts!ōdaas lāxēs kʻ!ēsᵉowats!ē g·îldasa, qaxs kʻ!ēsaē layap!alēda nūyambalisē kʻlēkʻ!ɛsᵉō ʟɛᵉwa g·ōkwē ʟōᵉ g·ēx·g·aēlaq
30 ʟɛᵉwa kʻ!ēsᵉogûlxʟaᵉyē ʟēgɛm ʟɛᵉwa g·ōkwē ʟɛᵉwa ᵉnāxwa g·ēx- g·aēlaq. Wä, lāxaē kʻ!ēs hēlq!olɛm lāda ʟɛwɛlaxa laēʟ lāxa ts!āgats!ē g·ōkwa, lāg·ilas hēmɛnāla g·ōkûlxʟalēda qotēx·axēs nɛgûmpē lax la gwēx·ᵉidaats Kʻ!ādāxēs nɛgûmpē ᵉmɛmx·â ᵉmāxwa.
Wä, laᵉmē ʟɛwɛlaxē ᵉmɛmx·â ᵉmāxwa qaēda lēlqwălaʟaᵉyē. Wä,
35 g·îlᵉmēsē gwāl mōp!ɛna yīxwaxa mōxsa gāgɛnoʟa laē gwālɛxs laē mōp!ɛna. Wä, laᵉmē g·ēxaxa ʟɛwɛlaxa. Wä, laᵉmē yāxᵉwitsa qōtēnanâsēs nɛgûmpē Kʻ!ādē lāxa lēlqwălaʟaᵉyē. Wä, laᵉmē ᵉmɛmx·â ᵉmāxwa hēmɛnālaɛm mōp!ɛnxwaᵉsa ᵉnāla lāsɛlaxa ʟɛwɛ- laxaxa gāgɛnōlēxa ᵉnɛmx·ɛnxē ts!āwûnxa. Wä, lä mōxᵉûnxē
40 ts!āwûnxas hē gwēg·ilē. Wä, laᵉme gwāl lāxēq. Wä, lawisʟa ᵉmɛmx·â ᵉmāxwa g·ēxaq lāxēq. Wä, hēɛm ʟēgadɛs ʟaᵉwɛlqo, yīx ᵉmɛmx·â ᵉmāxwa, yīxs ʟāwɛlgāmaᵉyaē la gɛg·adɛsa kʻ!ēdēlēsa xama-

for his wife the princess of the | head chief of the numaym Lĕlewag̔ila, 43
Kˑ!ădē. | Âwaxălag̔îlis was head chief of the numaym Maămtag̔ila; ||
he was the father of ᵋmɛmxˑō ᵋmā̱xwa, and Lălĕlîʟ!a was next to 45
K̔ᶦmk̔ᶦqɛwîd, | head chief of the numaym G̔ēxsɛm of the Gwētɛla. |

Therefore ᵋmɛmxˑō ᵋmā̱xwa was called "chief all around," | for
his mother Ts!ălalî̔lakᵘ was the princess of the chief of the
Ł̱awĕts!ēs, | G̱wēxˑsēsɛlasɛmē. Therefore ᵋmɛmxˑō ᵋmā̱xwa was
given two names, || "chief all around" and "prince all around," when 50
he was a man, | and when he was just a child, he was called "Lord
all around." |

When ᵋmɛmxˑō ᵋmā̱xwa finished his ʟɛwɛlaxa dance, | his younger
brother might also wish to show the ʟɛwɛlaxa which ᵋmɛmxˑō ᵋmā̱xwa
had obtained in marriage, | if his younger brother had a strong heart
and could obtain || as much property as his elder brother, ᵋmɛmxˑō 55
ᵋmā̱xwa, had given away to the tribes. If | his younger brother can
not get as much as was given away to the tribes | by his elder brother,
ᵋmɛmxˑō ᵋmā̱xwa would not give to his younger brother the ʟɛwɛlaxa
which he had obtained in marriage. | If he allows the ʟɛwɛlaxa to his
younger brother, then the | name obtained in marriage by ᵋmɛmxˑō
ᵋmā̱xwa does not go with it to his younger brother, for the name
ᵋmɛmxˑō ᵋmā̱xwa is not the name || for a younger brother, for only 60
the first | children of chiefs have this name. |

As soon as the younger brother of ᵋmɛmxˑō ᵋmā̱xwa finishes giving
away property to the tribes, | he gives back the ʟɛwɛlaxa dance to

---

gᵋămaᵋyaē g̔îgămēsa ᵋnɛᵋmēmotasa Lĕlewag̔ilē Kˑ!ădē. Wä, läxaē 43
xamagɛmâ g̔îgămēsa ᵋnɛᵋmēmotasa Maămtag̔ila, yîx Âwaxălag̔îlis,
yîx ōmpas ᵋmɛmxˑâ ᵋmā̱xwa. Wä, lä māk̔!läx K̔ᶦmk̔ᶦqɛwîdɛxa 45
xamagɛmaᵋyē g̔îgămēsa ᵋnɛᵋmēmotasa G̔ēxsɛmasa Gwētɛla.

Wä, hēᵋmis läg̔iʟas ʟɛqɛlasɛᵋwē ᵋmɛmxˑâ ᵋmā̱xwäs g̔ēxsēᵋstäla
qaēs ăbɛmpē Ts!ălalîlîᵋlakᵘ yîxs kˑ!ēdēlaas g̔îgămasa Ł̱awĕts!ēsē
G̱wēxˑsēsɛlasɛmaᵋyē. Wä, hēᵋmis läg̔iʟas maᵋlͭtsɛmē ʟɛqalayâx
ᵋmɛmxˑâ ᵋmā̱xwa yîxs g̔ēxsēᵋstala ʟ̱ōᵋ ʟɛwɛxsēᵋstala läxs laē bɛgwä- 50
nɛma. Wä, lä ʟɛqɛlasōᵋs adēᵋstalaxs hēᵋmaē ălēs g̔înănɛmē.

Wä, g̔îlᵋmēsē gwäl ʟɛwɛlaxa yîx ᵋmɛmxˑâ ᵋmā̱xwa laē ōgwaqa-
läxē ts!äᵋyäs nēlᵋidamasxa ʟɛwɛlaxaxa kˑ!ēsᵋogŭlxʟaᵋyax ᵋmɛmxˑâ
ᵋmā̱xwa, yîxs läk!wēmasaē näqaᵋyas ts!äᵋyäs qaᵋs lâʟɛx hä wäxē
yäxᵋwidayâsēs ᵋnōlē ᵋmɛmxˑâ ᵋmā̱xwäxa lĕlqwälaʟaᵋyē. Wä, g̔îl- 55
ᵋmēsē wiyōʟē ts!äᵋyäsēx yäxᵋwidayâsēxa lĕlqwälaʟaᵋyaxs laē yäxˑ-
stōsē ᵋmɛmxˑâ ᵋmā̱xwäsēs kˑ!ēsᵋoʟănɛma ʟɛwɛlaxa läxēs ts!äᵋya.
Wä, g̔îlᵋmēsē ēxˑstōtsa ʟɛwɛlaxa läxēs ts!äᵋya lä kˑ!ēs läda ʟɛgɛm-
g̔îlxʟaᵋyē yîx ᵋmɛmxˑâ ᵋmā̱xwa läx ts!äᵋyäs qaxs kˑ!ēsaē ʟɛgɛmsa
ts!äᵋyē yîx ᵋmɛmxˑâ ᵋmā̱xwa qaxs lēxˑaᵋmaēda ᵋnōlast!ɛgɛmaᵋyas 60
säsɛmasa g̔îg̔ɛgămaᵋyē ʟēgadɛs.

Wä, g̔îlᵋmēsē gwäl yäqwēda ts!äᵋyäs ᵋmɛmxˑâ ᵋmā̱xwäxa lĕlqwä-
laʟaᵋyaxs laē aēdaaqasa ʟɛwɛlaxa läxēs ᵋnōla qaxs kˑ!eâsaē gwēxˑ-

his elder brother, for he can not | keep it. The younger brother only
65 borrows the ḶEwElaxa from his ‖ elder brother ‘mᴇmx·ō ‘māx̣wa. |
The only time when the ḶEwElaxa, and the family history, | and
the house, and what is in it, and the privileges, and names, | can be
given to the younger brother, is when ‘mᴇmx·ō ‘māx̣wa says so when
he is dying, | for then the younger brother takes the privileges, and
70 the names, ‖ and the family history of the house, and everything in
it. | His tribe can not object to the last word of ‘mᴇmx·ō | ‘māx̣wa,
if he says so before he dies. |
But ‘mᴇmx·ō ‘māx̣wa can not give it to his younger brother, | if
75 he has a child Wawaḷk·inē; but if Wawaḷk·inē should die, ‖ and
‘mᴇmx·ō ‘māx̣wa has no other child from his wife | Hāmᴇntsag·i-
layugwa, then ‘mᴇmx·ō ‘māx̣wa will send away | his wife Hāmᴇn-
tsag·ilayugwa, as the former Indians used to do after | the marriage
debt had been paid, and if the child | Wawaḷk·inē had died. ‖
80 Then ‘mᴇmx·ō ‘māx̣wa married Ō‘mag·ilis, the princess of |
Nᴇg·ādzē, head chief of the numaym G·ig·ᴇlgăm | of the ‘wālas
Kwāguḷ. ‘mᴇmx·ō ‘māx̣wa wished to | have a child with his wife
Ō‘mag·ilis; but after | ‘mᴇmx·ō ‘māx̣wa and his wife Ō‘mag·ilis had
85 been married for seven ‖ winters, they never had a child. Then

---

‘idaas xᴇk·laaq qaxs ā‘maēda tsla‘ya ḶēkAnᴇmaxa ḶEwElaxa lāxēs
65 ‘nōlē ‘mᴇmx·â ‘māx̣wa.
Wä, lēx·a‘mēs lax·dᴇm lāxs xᴇk·la lāxa ḶEwElaxa ḶE‘wa nûyam-
balisē g·ōkᵘ ḶE‘wa g·ēx·g·aēlē lāq ḶE‘wa k·!ēk·!ᴇs‘ō ḶE‘wa ḶēḶE-
gᴇmē lāxa tsla‘ya qō nēk·!ᴇxḶa lāxē ‘mᴇmx·â ‘māx̣wāxs laē wawī-
k·!ᴇq!a qa hē‘mēsēs tsla‘ya hēlax k·!ēk·!ᴇs‘âs ḶE‘wis ḶēḶᴇgᴇmē
70 ḶE‘wis nūyambalisē g·ōkwa ḶE‘wa ‘nāx̣wa g·ēx·g·aēlᴇq. Wä, la
k·!eâs gwēx·‘idaasē g·ōkūlōtas qaqadālax wäldᴇmxḶās ‘mᴇmx·â
‘māx̣wāxs laē ‘nēk·!ᴇxḶaxs laē wawīk·!ᴇq!a.
Wä, lāḶa k·!eâs gwēx·‘idaas la ‘mᴇmx·â ‘māx̣wäs lāxēs tsla‘yāxs
lᴇ‘maē xūngwada yis Wāwaḷk·ina‘yē. Wä, qō lᴇ‘llaxē Wāwaḷk·ina-
75 ‘yē, wä·lä k·!ēs ēt!ēd xūngwadᴇx·‘īdē ‘mᴇmx·â ‘māx·wa lāxēs gᴇnᴇ-
mē Hāmᴇntsag·ilayugwa, wä lä k·ayawᴇlsa ‘mᴇmx·â ‘māx̣wāxēs
gᴇnᴇmē Hāmᴇntsag·ilayugwa läx gwēg·ilasasa g·ālē bāk!ūma qaxs
la‘mē gwāl qōtēx·asᴇ‘wa. Wä, hē‘mēsēxs laē lᴇ‘lēs xūnōx̣ᵘdē, yīx
Wāwaḷk·inēx·dē.
80 Wä, lä gᴇg·adᴇx·‘īdē ‘mᴇmx·â ‘māx̣wäs Ō‘mag·ilis, yīx k·!ēdēlas
Nᴇg·ādzē, yīxs xamagāma‘yaē g·īgāmēsa ‘nᴇ‘mēmotasa G·īg·ilgā-
masa ‘wālas Kwāg·uḷ. La‘mē ‘mᴇmx·â ‘māx̣wa wālaqēla qa‘s
xūngwadᴇx·‘īdē lāxēs gᴇnᴇmē Ō‘mag·ilis. Wä, lä āḶᴇbōx‘ūnxē
tsláwūnxas hāyasᴇk·âlē ‘mᴇmx·â ‘māx̣wa ḶE‘wis gᴇnᴇmē Ō‘mag·ilis.
85 Wä, lä hēwäxaᴇm laᴇm xūngwadᴇx·‘īda. Wä, la‘mē yax·‘īdē

ᴱmɛmxˑō ᴱmā̱xwa gave up | expecting to have a child with his wife 86
Ōᴱmagˑîlis. | — |

As soon as ᴱmɛmxˑō ᴱmā̱xwa died, his younger brother took all |
his privileges, and his house, and what was in it; the carved ‖ posts 90
of the house, and all the house dishes, and the carved settee | of the
first ʟ!āqwagˑila (which has a copper carving in the middle of the |
seat and a carved eagle at each end | of the back support of the seat;
that is the family history seat of | ʟ!āqwagˑila, the prince of ᴱmā̱x̱ŭ-
yalidzē), and the ‖ crest box which is carved all over. All this is in 95
the house. These | were all taken by the younger brother, for that
was the last word of his elder brother, | ᴱmɛmxˑō ᴱmā̱xwa, when he
died, and his numaym could not | disobey the wish of what the dead
chief said | to his younger brother. ‖

Sometimes the younger brother marries the widow of his elder 200
brother, | if the father-in-law has not paid the marriage debt to the
elder brother of the younger brother | before (the elder brother)
dies. The younger brother marries the widow of the | elder brother
only when she is a sensible woman. If the widow of the elder
brother is a foolish | woman, the younger brother is not allowed by
his ‖ numaym to marry the woman. | 5

The younger brother just puts away all the privileges until | he
gets married to somebody else. |

ᴱmɛmxˑâ ᴱmā̱xwa ᴱnākˑ!āła qaᴱs xŭngwadɛxˑᴱîdē lā̱xēs gɛnɛmē 86
Ōᴱmagˑîlis.

Wä, gˑîlᴱmēsē ʟɛᴱlē ᴱmɛmxˑâ ᴱmā̱xwa laē hēᴱmē ts!āᴱyās la ᴱwîᴱlō-
lɛx kˑ!ēkˑ!ɛsᴱōxudäs ʟɛᴱwis gˑōkwē ʟɛᴱwa gˑîxˑgˑaēlaqxa kˑ!ēkˑ!akwē
ʟēʟāmsa gˑōkwē ʟōᴱ ᴱwîᴱlēda łōɛlqŭlîlē ʟɛᴱwa kˑ!ēdzɛwakwas t!ēgˑas 90
k!waats!ēsa gˑālā ʟ!āqwagˑila, yîxs ʟ!āqwaē kˑ!ēdzâyax nɛgɛdzâ-
yasa k!waats!ē. Wä, lā ᴱnālᴱnɛmsgɛma kˑ!ēdzâᴱyē kwēku lā̱x
ᴱwā̱xˑsbaᴱyasa t!ēxˑdɛmāsa k!waats!ē. Wä, hēɛm nūyambalis
k!waats!ēs ʟ!āqwagˑilaxa ʟā̱wɛlgāmaᴱyas ᴱmā̱x̱ŭyälidzē. Wä,
hēᴱmisa kˑ!ēsgɛmala kˑ!ēsᴱowats!ē gˑîldasa, hēɛm haᴱnēł lā̱xa 95
gˑōkwē. Wä, hēɛm ᴱwîᴱla la ä̱xˑētsōᴱs ts!āᴱyās qaxs lɛᴱmaē
ᴱnēkˑ!ɛxʟaᴱyōs ᴱnōläs yîx ᴱmɛmxˑâ ᴱmā̱xwäxs laē wāwîkˑ!ɛq!a.
Wä, lā kˑ!eās gwēxˑᴱidaasē ᴱnɛᴱmēmotas ʟālēgwēgˑēx wāldɛmasa
gˑîgˑämaōłē ᴱmɛmxˑâ ᴱmā̱xwa qaēs ts!āᴱyaxˑdē.

Wä, lā ᴱnālᴱnɛmp!ɛna kwalōsa ts!āᴱyäx gɛnɛmxˑdäsēs ᴱnōlaxˑdē, 200
yîxs wîsōmalaē qōtēxˑᴱîdē nɛgŭmpdäsa ᴱnōlaxˑdäsa ts!āᴱyäxs laē
wîkˑ!ɛxᴱīda, yîxs lēxˑamaē kwalōdzatsa ts!āᴱyäx gɛnɛmxˑdäsēs
ᴱnōlaxˑdē yîxs nâgadaēda ts!ɛdāqē. Wä, gˑîlᴱmēsē nɛnōlowa ts!ɛ-
dāqē yîx gɛnɛmxˑdäsa ᴱnōlaxˑdē laē kˑ!ēs hēłq!olɛma ts!āᴱyāses
ᴱnɛᴱmēmotē gɛgˑadɛsa ts!ɛdāqē.   5

Wä, âᴱmēsa ts!āᴱyaxˑdē ᴱwîᴱla gˑēxaxa ᴱnā̱xwa kˑ!ēkˑ!ɛsᴱo lālaa
lā̱xēs gɛgˑadɛxˑᴱîdɛxˑdɛmʟa.

8   I will say again that all these are not given away in marriage to the |
son-in-law of the chief, namely, the family history, privileges, and
10 the names, ‖ and the house, and what is in it. The only privileges
which are given away in marriage are | those obtained in marriage,
and the names, and the house obtained in marriage, | and what is
in | it, and it goes to him who marries the daughter of the owner of
what I | talked about; for the privileges given | in marriage are those
obtained by marriage; | the privileges, and the house, and what is in
15 it; and they go to him who marries the princess. ‖ They only continually let go from one to the other what is obtained in marriage,
and | a man who has married shows once what he obtains in marriage,
when he | gives away the marriage debt paid by his father-in-law;
and after he has finished dancing, | he puts it away and waits for
his daughter to have a husband, | and when his daughter has a
20 husband, then he gives away the dances ‖ which I have named.
That is the end of this. |

This is the reason why it is said that the younger brother often
bewitches his elder brother, | that he may die quickly, because the
younger brother wishes to take the seat of his elder brother | after
he dies. That is the end. |

DOMESTIC QUARRELS (to p. 787)

It was seen by me how the deceased Nōlis, chief of the numaym ‖
25 Kŭkwāk!um, of the Q!ōmoyā‘yē, quarreled with his wife Gaax-

---

8   Wä, laɛmxaɛn ēdzaqwa ‘nĕk·a g·ā‘staɛm k·!ēs k·!ēs‘ogŭlxʟē lāxa
nɛgŭmpasa g·ig·ɛgăma‘ya nūyambalisē k·!ēk·!ɛs‘ā ʟɛ‘wa ʟēʟɛgɛmē
10 ʟɛ‘wa g·ōkwē ʟō‘ g·ēx·g·aĕlaq. Wä, lēx·a‘mēsa k·!ēs‘ogŭlxʟa‘yaxa
gɛg·adanɛmē k·!ēs‘o ʟɛ‘wa ʟēgɛmas ʟɛ‘wa ʟ·ōkŭlxʟa‘yē ʟō‘ g·ēx·-
g·aĕlaq lāxa la gɛg·adɛs tslɛdāqē xŭnōx̣ʷsa la äxnōgwadäsa āłɛn
wäldɛma, qaxs laē k·!ēs‘ogŭlxʟē ‘wī‘laxa ā!‘mē gɛg·adanɛm k·!ēk·!ɛs‘o ʟɛ‘wa g·ōkwē ʟō‘ g·ēx·g·aĕlaq lāxa la gɛg·adɛs k·!ēdēlas.
15 Wä, âx·säɛm hē gwēg·ila lolōsɛlēda gɛg·adanɛmē. Wä, lä ‘nɛmp!ɛ-
na‘ma gɛg·adē bɛgwānɛm nēl·idāmasxēs gɛg·adanɛmē yīxs laē yäx-
‘witsa qotēna‘yâs nɛgŭmpasēq. Wä, g·îl‘mēsē gwāl ‘yīxwaxs laē
g·ēxaq. Wä, la‘mē ēsɛla qa lä‘wadēsēs tslɛdāqē xŭnōkwa. Wä,
g·îl‘mēsē lä‘wadɛx·‘idē tslɛdāqē xŭnōx̣ʷs laē ‘wī‘la la k·!ēk·!ɛs‘o-
20 gŭlxʟalaxɛn läx·dē ʟēʟaqɛlasɛ‘wa. Wä, laɛm lāba laxēq.
Wä, hēɛm lāg·iłas q!ŭnāla ‘nēx·sō‘ ēqēda tslā‘yäxēs ‘nōla qa
hālabalis łɛ‘la, qaxs ‘nēk·aēda tslā‘ya qa‘s hē‘mē ʟāx̣ʷstōdxēs ‘nōla
qō łɛ‘łʟō. Wä, laɛm lāba.

DOMESTIC QUARRELS

Wä, g·a‘mēsɛn dōgŭlē Nōlisōłē, yīx g·īgăma‘yasa ‘nɛ‘mēmotasa
25 Kŭkwāk!ŭmasa Q!ōmoyā‘yē, yīxs ēɛnaē ʟɛ‘wis gɛnɛmē Gaaxstalas.

stālas. | As soon as it was learned that they quarreled, all the 26 Kwakiutl went to look at them, | and when the deceased Chief Nōlis saw the many | men who came to see them, he stopped quarreling with his wife, and then | Nōlis spoke and said, "Thank you, Kwakiutl, that you have come ‖ to see how we are quarreling. Now take away | 30 everything in this house and all the roof boards of my house." | Thus he said, and immediately all the men took everything | inside the house and the roof boards, and boxes, the bedding | and pillows and bed covers, and Nōlis and his wife ‖ had only the blankets on 35 their bodies. They went to live in | another house. Therefore a man and his wife among the Indians are afraid to quarrel. | I have seen that what I am talking about. | That is the end. |

BLOOD REVENGE (to p. 787)

Now I will answer what has been asked by you, when you wrote 1 to me | on the 25th of December. It is difficult what you refer to that I | am to answer, for, indeed, the new Kwakiutl speaking people | have changed the ways in which they are doing things from the ways of the early Indians. ‖

For the early Indians had no courthouse, | they had no judges 5 and they had no witnesses. | If one who belongs to another numaym

---

Wä, g·îl'mēsē q!āk·asōxs ēɛnaē laē 'wī'lēda Kwākūg·ulē ho'māq. 26
Wä, g·îl'mēsē g·īgămayōlē, yîx Nōlisōlē dōx'waʟɛlaxa q!ēnɛmē bē-bɛgwānɛm la hō'māq laē gwāl ēɛna ʟɛ'wis gɛnɛmē. Wä, lā yāq!ɛ-g·a'lē Nōlisōlē, wä, lā 'nēk·a: "Ġēlak·as'la Kwākūg·ul g·āxaaqōs hōmā g·āxɛnu'xwaxg·anu'xu ēɛnēk·. Wēg·a, 'wī'la āx'ēdxwa 'nā- 30 xwax g·îx·g·aēl lāxwa g·ōkwēx ʟō' 'wī'lōxda sälaxsɛn g·ōkwēx," 'nēk·ē. Wä, hēx·'ida'mēsa 'nāxwa bēbɛgwānɛm la āx'ēdxa 'nāxwa g·îx·g·aēl lāxa g·ōxudē ʟɛ'wis sälax·dē ʟɛ'wa g·ilg·ildasē ʟō' tslāg·ilas ʟɛ'wa qēqēnolē ʟō' mēmamas. Wä, ā'misē la hēl'ɛnālē Nōlisōlaxēs 'nɛx'ūna'yē ʟɛ'wis gɛnɛmē. Wä, ā'misē lax·da'xu kwākūls lāxa 35 ōgü'la g·ōkwa. Wä, hē'mis lāg·ilasa bāk!umē k·îlela ēɛna bɛgwā-mɛm ʟɛ'wis gɛnɛmē. Wä, laɛmxaɛn dōqülaxg·în gwāgwēx·s'āla-, sɛk·. Wä, laɛm lāba.

BLOOD REVENGE

La'mɛn ēt!ēdɛl nā'naxmēxēs wūlasɛ'wōsaxs laēx k·!āt!ēd g·āxɛn- 1 laxa sɛk·!axsagāla 'nālasa q!āxɛla, yîxs lāxwalaēs gwɛ'yōs qɛn nā'naxmēsɛ'wa qaxs āla'mēk· la ōgwax·'îdg·ada ālɛk· Kwākwak·ɛ-waku gwayi'lālas lāx gwayi'lāsasa g·îlx·dē bāk!uma.

Wä, hē'maēda g·ālē bāk!uma yîxs k·!eāsaē dādɛlēt!ats!ā. Wä, 5 lāxaē k·!eās dādɛlēt!aēnoxwa. Wä, lāxaē k·!eās q!eq!alak·!āla. Wä, g·îl'maēda g·āyolē lāxa ōgü'la 'nɛ'mēmot k·!ēlax·'îdxa wāx·'ɛm

8 kills even | a common man belonging to another numaym, then after
a short time, | they have a meeting. ||
10 Let me say, for example, that there was YāqoLElasEm, chief of
the | numaym G·ēxsEm of the Q!ōmoyā‘yē. MElēd killed him | and
MElēd belonged to the numaym Yaēx·agEmē‘ of the | Q!ōmoyā‘yē.
YāqoLElasEm had for his mother, Gwēk·i‘lakᵘ. | Nobody knew
15 where MElēd had gone. Then || it occurred to Gwēk·i‘lakᵘ to invite
the G·ēxsEm, the numaym of her | dead son, and as soon as the whole
numaym G·ēxsEm had come in, | Gwēk·i‘lakᵘ spoke and said,
"Come | numaym, G·ēxsEm, you who have no chief, for | your head
20 has been taken off, G·ēxsEm, and your numaym is disgraced || by the
numaym Yaēx·agEmē‘, and the disgrace will not be ended | for the
coming generations of the G·ēxsEm. Now, is it well in your minds |
that you do not kill in return, that the other one may die who killed |
your chief?" Thus she said to the numaym G·ēxsEm. Then |
Chief GwEyEmdzē,—for he was the second chief after YāqoLElasEm ||
25 in the numaym G·ēxsEm,—spoke and said: | "Listen to the word of
my aunt, about what has been done to our head chief | YāqoLE-
lasEm. Now we are disgraced, for we have disgraced | the future
generations of the numaym G·ēxsEm. Now all of you act, | you,
numaym G·ēxsEm. I mean all you warriors and young men. || You

8 âEm bEgwānEmq!ālaEmsa ōgü‘ladzas ‘nE‘mēmota, wä lā yāwas‘īd
k!wāx·‘ idēda.
10 Wēg·ax·īn ‘nēx·dEmanuxᵘs YāqoLalasEmaōlaxa g·īgāma‘yasa
‘nE‘mēmotasa G·ēxsEmasa Q!ōmoyā‘yē, wä, la k·!ēlax·‘īdē MElēdōla,
yīxs ‘nE‘mēmodadaō MElēdōlasa ‘nE‘mēmotasa Yaēx·agEma‘yasa
Q!ōmoyā‘yē. Wä, lā ābāyadē YāqoLElasEmaōlas Gwēk·i‘lakwōlē.
Wä, laEm k·!eās q!ÁLElax gwāgwaagasas MElēdōlē. Wä, la‘mē
15 Gwēk·i‘lakwōlē g·īg·ax·‘ēd qa‘s Lē‘lālēxa G·ēxsEm, yīx ‘nE‘mēmotasēs
xūnōxᵘdē. Wä, g·īl‘mēsē g·āx ‘wī‘lāēLē ‘nE‘mēmotasa G·ēxsEm laē
hē‘mē Gwēk·i‘lakwōlē yāq!Eg·a‘la. Wä, lā ‘nēk·a: "Wä, gēlag·a
‘nE‘mēmot G·ēxsEm, yōLaxs laēx q!ek·oma qaēs ōgumēx·dāōs la‘mē
lāwāyēs x·ōmsdāōs G·ēxsEm. LaEms q!āma‘laxēs ‘nE‘mēmaēnaōs
20 lāxa ‘nE‘mēmotasa Yaēx·agEma‘yēxa k·!ēsLa labaēnoxL q!āmāsēē El-
‘nakūlaLaōs ‘nE‘mēmota G·ēxsEm. Wä, lE‘maē ēk· lāxēs nē‘nā-
qayōs, la‘mas k·!ēs kwākwēxalaLa qa ōgwaqēs lE‘la kwēx·‘idāxēs
g·īgāmēx·dāōs," ‘nēk·ēxa ‘nE‘mēmotasa G·ēxsEm. Wä, lā yāq!Eg·a-
‘lēda g·īgāmaōlaē G·wEyïmdzēōlē, qaxs hē‘maē māk·‘lax YāqōLE-
25 lasEmaōla lāxa ‘nE‘mēmotasa G·ēxsEm. Wä, lā ‘nēk·a: "Wēg·a
hōLēlax wāldEmasEns ānēsē qa gwēx·‘idaasaxEns ōgūmēx·dāē Yā-
qōLElasEmēx·dā. La‘mEns q!āmāg·ilasō‘ qEns q!āma‘ya LE‘wa
El‘nakūlaLa ‘nE‘mēmotsa G·ēxsEm. Wä, wāg·īl la ‘nāxwa EmIqē, yūL,
‘nE‘mēmots G·ēxsEm, ‘nāxwa‘mEn ‘nēk·ōL bābakwa LE‘wūns ēałos-

shall hide (under your clothing) knives and | stab MɛlēdK as soon as 31
you see him, that we may wash off with blood | the disgrace which
he brought on us; and if you do not see him, | then kill his elder
brother Łalep!aʻlas." Thus he said. | After he had finished his
speech, they went out of the house of || YāqoLɛlasɛm, and from that 35
time on, the G·ēxsɛm all kept their | knives ready and hid small
axes. Mɛlēd | always kept the door of his house bolted. |

Now they knew that YāqoLɛlasɛm had been killed, and | all the
tribes knew that he had been killed by Mɛlēd. || Then the chiefs of 40
the tribes all pitied Gwēk·iʻlakᵘ, | and therefore the warriors of the
tribes watched for | Mɛlēd to kill him, when they should see him. |
However, he was seen at Dzāwadē, and immediately Gwaʻwina |
shot him. Then Melēd was dead. Gwaʻwina was a warrior || of 45
the Q!ămq!ămtɛlał, a numaym of the Dɛnax·daʻxᵘ. | Then Gwēk·i-
ʻlakᵘ paid Gwaʻwina a slave for | shooting Mɛlēd. |

It was wrong what was done by Gwēk·iʻlakᵘ, when she paid | a
slave to Gwaʻwina, when he had shot Mɛlēd; and it is a || disgrace to 50
the numaym G·ēxsɛm, for the one who shot Mɛlēd did not belong
to the numaym | G·ēxsɛm. The numaym G·ēxsɛm was beaten by

---

tâx. LaEms ʻnāxwaEmL q!wālaLɛlałxa k·!āwayo qaʻs hëx·ʻidaʻmaōs 31
ts!Exʻwīdɛx Mɛlēdāxs g·ālaē dōxʻwaLɛlaq qɛns ts!ōxōdēs ɛlkwäs
lāxɛns q!ămaʻyē lāq. Wä, g·īlʻɛmlwīsɛns k·!ēs dōxʻwaLɛlałqē laʻmē-
sɛns hēł k·!ēlax·ʻītsōlē ʻnōläsēxōx Łalep!ălasēx," ʻnēxʻlaē. Wä,
g·īlʻmēsē gwāłē wāłdɛmas laē ʻwīʻla la hōqŭwɛls lāxa g·ōkwas Yāqō-
LɛlasɛmE. Wä, hēʻmis g·āg·īLɛlatsa G·ēxsɛmē ʻwīʻla la gwāgwałałasa 35
k·!āwaʻyo Lɛʻwa q!wālaLɛlaxa sāyōbɛmē. Wä, laʻmē âɛm la hēmɛ-
nałaɛm la Lɛnēg·ɛkwē t!ɛx·īläs g·ōkwas Mɛlēdōłē.

Wä, laʻmē q!äła la k·!ēlāg·ɛkwē YāqōLɛlasɛmaōłē. Wä, laʻmē
ʻnāxwa q!ălēda lēɛlqwălaLaʻyaqēxs k·!ēlag·ɛkwaas Mɛlēdōłē. Wä,
laɛm ʻnāxwa wāsē g·īg·ɛgămaʻyasa lēɛlqwălaLaʻyas Gwēk·iʻlakwē. 40
Wä, hēʻmis lāg·iłas ʻnāxwaʻma băbabak!wäsa lēɛlqwălaLaʻyē hēłɛx
Mɛlēdōłē qaʻs hëx·ʻida k·!ēlax·ʻīdɛq qō dōxʻwaLɛlaLɛq.

Wä, hēʻlatla dōxʻwaLɛlē Dzāwādē. Wä, hëx·ʻidaʻmēsē Gwaʻwina
hănłʻīdɛq. Wä, laʻmē łɛʻlē MɛlēdɛxdE lāxēq yīxs băbak!waē
Gwaʻwina yīsa Q!ămq!ămtɛlałasa ʻnɛʻmēmotasa Dɛnax·daʻxᵘ. Wä, 45
laʻmē xŭnkwē Gwēk·iʻlakwasa q!āk·ō lāx Gwaʻwīna qaēs laēnaʻyē
hănłʻīdɛx Mɛlēdɛx·dē.

Wä, laʻmē ōdzaxa gwēx·ʻidaasas Gwēk·iʻlakwōłaxs laē xŭnkwasa
q!āk·ō lāx Gwaʻwina qaxs laē hanłʻīdɛx Mɛlēdōłē. Wä, laɛm q!ă-
mēsāɛmsa ʻnɛʻmēmotasa G·ēxsɛm qaxs k·!ēsaē hē g·ayōła ʻnɛʻmē- 50
motasa G·ēxsɛmē hănłʻīdäx Mɛlēdōłē. Wä, laʻmē yākʻâwē ʻnɛʻmē-

52 the numaym | Yaēx·agɛmē‛, and it is a disgrace | to the name of the numaym G·ēxsɛm, after that. |
55 Now if Mɛlēd had paid a copper, or if he had paid his ‖ daughter to marry the elder brother of the one whom he had shot, then the | numaym Yaēx·agɛmē‛ would have been disgraced, because he paid in order | not to be killed in return and so as not to die also. |
Therefore, when a man | kills his fellowman, he does not often pay
60 for it, for he thinks that when he gets a child, ‖ the child will be disgraced, if he had paid off in order not to be killed, | and only those pay off who are weak minded. |
If another man of the | numaym G·ēxsɛm had killed Mɛlēd, then there would be no | disgrace to the numaym G·ēxsɛm, and all the
65 men would have stopped talking ‖ about it, because only Mɛlēd | of the numaym Yaēx·agɛmē‛ would have died. |
Mɛlēd was a common man, and Yāqoʟɛlasɛm was the head chief | of the numaym G·ēxsɛm, and they paid | a slave to Gwa‛wina for
70 shooting Mɛlēd; so ‖ there were two, Yāqoʟɛlasɛm and a slave out of the numaym | G·ēxsɛm, and therefore the numaym | G·ēxsɛm was disgraced. |

---

52 motasa G·ēxsɛmē lāx ‛nɛ‛mēmotasa Yaēx·agɛma‛ye. Wä, la‛mē q!ămēs ʟēgɛmas ‛nɛ‛mēmotasa G·ēxsɛm lāxēq.
Wä, hē‛maa qō xŭnkwa Mɛlēdōlasa ʟ!āqwa ʟōxs xŭnkwaasēs
55 ts!ɛdāqē xŭnōkᵘ qa läs lä‛wadɛs ‛nōläsēs hănl‛ētsɛ‛wē, lālaxa ‛nɛ- ‛mēmotasa Yaēx·agɛma‛yē hēlax q!ăma‛lalax qaxs laē xŭnkwa qa‛s k·!ēsē kwäkwēxălasō‛ qa‛s lɛ‛lē ōgwaqa.
Wä, hē‛mis lāg·ilas k·!ēs q!ŭnāla xŭnkwēda bɛgwānɛmaxs k·lē- lax·‛īdaaxēs bɛxŭtē qaxs g·īg·aēqɛlaē qō xŭngwadɛx·‛īdlaxō lālaxē
60 q!ămālalaxē xŭnōkwasēxs xŭnkwaē qa‛s k·!ēsē k·!ēlax·‛ītsɛ‛wa. Wä, lēx·a‛mēs xŭnkwēda wāʟ!ɛmasas nâqa‛yē.
Wä, hē‛maa qō wāx·‛ɛm lāxsdēda ōgŭ‛la bɛgwānɛm g·a‛yōl lāxa ‛nɛ‛mēmotasa G·ēxsɛm k·!ēlax·‛īdɛx Mɛlēdō lālaxsdē k·!eās q!ă- mēsa ‛nɛ‛mēmotasa G·ēxsɛm. Wä, laɛm âɛmlaxsd q!wēl‛ida‛yo
65 laxēq yîsa ‛năxwa bɛgwānɛma, qaxs ‛nɛmōxᵘ‛maē lɛ‛lē Mɛlēdōlē lāxa ‛nɛ‛mēmotasa Yaēx·agɛma‛yē.
Wä, lāxaē bɛgwānɛmq!ălɛmē Mɛlēdōlē, wä, lā xamagɛmē g·ī- gămaē Yāqoʟɛlasɛmaōlasēs ‛nɛ‛mēmota G·ēxsɛm. Wä, lā xŭngu- ma q!āk·ō lāx G̱wa‛wina qaxs laē hănl‛īdɛx Mɛlēdōlē. Wä, laɛm
70 ma‛lōkwē Yāqoʟɛlasɛmaōlē ʟɛ‛wa q!āk·ō g·āg·tlil lāxa ‛nɛ‛mēmo- tasa G·ēxsɛm. Wä, hē‛misē lāg·ilas hēɛm q!ămalēda ‛nɛ‛mēmotasa G·ēxsɛm. Wä, laɛm lāba.

War Against the Sanetch (to p. 787)[1]

NEqāp!Enk·Em decided that his tribe should kill on account of the 1
death of his relatives.[2] |

I will first talk about (the time) when the news came to | NEqāp!-
Enk·Em about his sister LElēlElgawē, and her daughter | K·!ōx^u-
sē'stili'lak^u, and her father Q!ōmoxs'ala, brought || by the Kwāg·ul 5
when they arrived on the beach, coming from Victoria. |

Then the one who told the story said that they did not know how |
Q!ōmoxs'ala and his wife and his princess had died. They might
have been killed | by capsizing, or they might have died of drink,
for they had much whiskey which had been | bought by Q!ōmoxs'ala
at Victoria, the night when they started. || Thus said the one who 10
brought the news. |

And when the one who brought the news stopped speaking, |
NEqāp!Enk·Em at once went out of the house of the one who had told
the news, and went in to his own | house and told his nephew Hămdzid to clear the house; | and after Hămdzid had cleared the house, ||
NEqāp!Enk·Em spoke again to Hămdzid and asked him to go | into 15
the woods and break off the best kind of hemlock branches, many
of them. As soon as | Hămdzid had gone out, NEqāp!Enk·Em sent
his brother | Ts!āgEyōs to go quickly and call the ancestors of the
Kwāg·ul to come | into his house. The one who had been sent went

War Against the Sanetch

Dādalēt!a NEqāp!Enk·Emxēs g·ōkŭlōt qa nēdzapēlē. 1
Wä, hē'mEn g·īl gwāgwēx·s'ālasLExs g·āxaē ts!Ek·!ăl'ētsE'wē NEqāp!Enk·Emōlasēs wŭq!ōłaē LElīl'Elga'wē LE'wis ts!Edāqē xŭnōkwē
K·!ōx^usē'stēlī'lakwŭlē LE'wis ōmpwŭlē Q!ōmox·s'ālaōlē yīsa g·āx-
'alisē Kwāg·ul g·äx·'īd lāxa Ts!ā'masē. 5

Wä, la'mē 'nēk·ēda ts!Ek·!ăłElāqēxs k·!ēsaē q!ălē g·a'ya-
'lasas Q!ōmox·s'ālaōlē LE'wis gEnEmōlē LE'wis k·!ēdEldē Lō' k!ēla-
g·Ek^u Lō' qăbalīsEm Lō' 'nāgalisEm qaxs q!ēnEmaēda nEnq!ēma k·īl-
'wänEms Q!ōmox·s'ālaōlē lāxa Ts!ā'masē, yīx gānōLasēs Lăᴸax'ax-
dEmē, 'nēx·'laēda ts!Ek·!ăłEla. 10

Wä, g·īl'mēsē q!wēl'idēda ts!Ek·!ăłEla laasē ăEm hēx·'ida'mē NE-
qāp!Enk·Emōlē la'wEls lāxa g·ōkwasa ts!Ek·!ăłElaq qa's lä laēL lāxēs
g·ōkwē qa's ăxk·!ălēxēs Lōlē'yē Hămdzidōlē qa ēkwalīlēsēx g·ōkwas.
Wä, g·īl'mēsē gwāl ēkwa Hămdzidōlaxa g·ōkwē laē ēdzaqwa yāq!E-
g·a'lē NEqāp!Enk·Emōlax Hămdzidōlē. Wä, la'mē ăxk·!ălaq qa lās 15
lāxa āL!ē qa L!EqwāsēxEk·!a q!wäx qa q!ēnEmēsē. Wä, g·īl'mēsē
lāwElsē Hămdzidōlaxs laē NEqap!Enk·Emōl 'yālaqasēs 'nEmwEyot-
wŭlaē Ts!āgEyōswŭlē qa lās hā'labala LēxLElsaxa g·ālā Kwāg·ul qa
g·āxēs 'wī'la hōgwīL lāxg·ōkwas. Wä, hēx·'ida'mēsē lāda 'yālagEmē

---
[1] This happened in 1865. [2] Literally: "To pull under."

20 at once and ‖ called all the full-grown men, the ancestors of the | Kwāg·uɫ. |

At once all the full-grown men came into the house, | for, indeed, NEqāp!Enk·Em was really feared by his tribe. | As soon as all those 25 who had been called had come in, Hămdzid ‖ came into the house, carrying many hemlock branches | which he put down in front of the place where NEqāp!Enk·Em was sitting. Then | NEqāp!Enk·Em arose and spoke to his tribe, the Kwāg·uɫ, | and said, "Do I not wish you to come and listen to the way | my mind is on account of the news that arrived at our beach in regard to what has been done by my ‖ 30 brother-in-law, Q!ōmoxs‘ala, and my sister, LElēlElgawē, | and my niece, K·!ōxᵘsē‘stiliᵋlakᵘ. Now I | will ask you tribes who shall wail. Shall I do it or some one else?" | Thus he said, as he tried to take hold of the body[1] of his tribe. |

35 Immediately, a warrior, whose name was Hōxᵘhoxᵘdzē, ‖ replied to the speech of NEqāp!Enk·Em. He said, "Do not you | wail, Chief, let someone else wail among the tribes. | Now put up the cedar pole." Thus he said. |

Then Hămdzid took a cedar pole that had already been sharpened 40 at the end, | one fathom in length, and four fingers in ‖ thickness. He drove it into the floor as a holder for the hemlock wreath which

20 qa‘s lä Lēx·'LElsaxa ‘nāxwa ēâlak·!En bēbEgwānEmsa g·āläsa Kwāg·uɫ.

Wä, â‘misē hēx·‘idaEm g·āx ‘wi‘la hōgwēLa ēâlak·!En bēbEgwā- nEma qäʟaxs âlak·!älaē k·'ïlEmē NEqāp!Enk·Emōɫasēs g·ōkŭlōtē.

Wä, g·íɫ‘mēsē g·āx ‘wī‘laēʟēda Lēx·'LEldzänEmē g·āxaasē Hămdzi- 25 dōɫē g·āxēʟa lāxa g·ōkwē gEmxalaxa q!ēnEmē q!wāxa qa‘s gEmx- ‘alïɫēs läx ʟ!äs‘alïɫas k!waē‘lasas NEqāp!Enk·Emōɫē. Wä, la‘mē ʟâx- ‘walïɫē NEqāp!Enk·Emōɫē qa‘s ‘yäq!Eg·a‘ɫēxēs g·ōkŭlota Kwāg·uɫē.

Wä, lä ‘nēk·a: "ĒsaēʟEn âEm ‘nēk· qa‘s g·äxaōs hōʟēlax gwäɫaa- sasg·En nâqēk· qaōx ts!Ek·!älEmaxsa g·āx‘alisēx qa gwēx·‘idaasasEn 30 q!üɫēsdaē Q!ōmox·s‘alax·dä ʟE‘wEn wŭq!wax·daē LElïl‘Elga‘wēx·‘dä. Wä, hē‘mēsEn ʟō‘lēgasdäē K·!ōxE‘stēlï‘lakᵘdä. Wä, la‘mēsEn wŭʟāʟōɫ, g·ōlg·ŭkŭlōt, ăngwēda q!wāsaʟa ʟō‘ nōgwaEmɫ ʟō‘ ōgŭla- Emɫ," ‘nēx·‘ɫaēxs laē dādalētlaxēs g·ōkŭlōtē.

Wä, hēx·‘ida‘mēsa bâbak!waxa ʟēgadEs Hōxᵘhōxᵘdzē nä‘nax- 35 ‘mēx wäɫdEmas NEqāp!Enk·Emōɫē. Wä, lä ‘nēk·a: "Gwäla sō q!wāsax g·īgămē‘, ōgŭ‘la‘max·ī q!wāsä läxwa läɫlaqâlax. Wä, wēg·a ʟâg·alïlas k!waxʟāwa," ‘nēk·ē.

Wä, lä Hämdzidōɫē ăx·‘ēdxa gwa‘lïlē dzōdzoxᵘbaakᵘ k!waxʟa‘waxa ‘nEmp!Enk·as ‘wäsgEmasē lāxEns bāʟax; wä, lä mōdEnx·sâwē ‘wā- 40 g·idasas. Wä, lä dēx·‘walïlasa qEx·p!ēqʟasa q!wāxē wŭlk·Elaɫtsa

---
[1] In modern usage this word means "to judge."

was to be used by the | warriors. As soon as it had been driven in, | two warriors of the ʻwālas Kwāgʻuł came in; the one was named | G̣wāxwaLEyīgʻîlis, the other one was named Kʻîlᴇm, for these | were their warrior names, and each carried a ‖ wreath of hemlock branches. Then G̣wāxwaLEyīgʻîlis spoke and | said, "O! friend Yāgʻis,"—for that was the warrior name of NEqāp!ᴇnkʻᴇm, | Yāgʻis—"We came here, I and our friend Kʻîlᴇm, | to ask you to go to war that some one else may wail on account of our past sister. | This is one skull now. It shall be hung up ‖ on this post on the floor, the keeper of my promise." Thus he said and put it on the | post on the floor. |

As soon as he had finished, he said, "Very hungry for men | is this great raven," and as soon as his speech was at an end, | Kʻîlᴇm spoke and said, "I will sit in front of the steersman of ‖ your war canoe, friend Yāgʻis. I am not at all afraid of this new | world." Thus he said and put the wreath of hemlock on the post on the floor. | "This I obtained in war, one skull, which I put upon the | post on the floor, that keeps my promise." Thus said Kʻîlᴇm. |

As soon as his speech was at an end, ʟ!äxʻᴇlagʻîlis spoke. ‖ This was the name of a warrior of the numaym Maămtagʻila. | He said, "I want to eat men, real hungry for men is | this great cannibal." Thus he said and took the hemlock branch and | hung it on top of

---

bābabak!wa. Wä, hēʻmis ā̆lēs gwāł dēqwasᴇʻwa gʻāxaas hōgwiʟa 41 maʻlokwē bābabak!wasa ʻwālas Kwāgʻułxa ʟēgadēda ʻnᴇmōkwas G̣wāxwaLEyīgʻîlis; wä, lä, ʟēgadēda ʻnᴇmōkwas Kʻîlᴇm qaxs hēʻmaē bābabak!waxʟāyōsē. Wä, laʻmē q!wāłxᴇwᴇnkŭlaxa ʻnā̆łʻnᴇmē wᴇlgʻᴇkᵘ q!wāxa. Wä, lä yāq!ᴇgʻaʻłē G̣wāxwaLEyīgʻîlis. Wä, la 45 ʻnēkʻa: "ʻyā, qāst, Yāgʻis,"—hēᴇm bābak!waxʟāʻyōs NEqāp!ᴇnkʻᴇmē Yāgʻis,—gʻāxᴇnuʻx̣, ʟōgŭns ʻnᴇmōkŭkʻ, yīxgʻa Kʻîlᴇmkʻhawīnalō̆ł qa ōgŭʻlaʻmēʟēs q!wāsaʟa qaᴇns wŭq!waxʻdä. Wä, gʻaʻmē qāgᴇkʻgwa ʻnᴇmsgᴇmkʻ. Wä, laʻmēsᴇkʻ lāł qᴇxʻaʟᴇlał läxwᴇ. ʟaēlēxwa ā̆ʻlats!āxsa wāłdᴇm," ʻnēkʻᴇxs laē qᴇxʻᴇtōts läxa 50 ʟaēlē.

Wä, gʻîłʻmēsē gwāla la ʻnēkʻa, "ʟōmakʻ la pōsq!ax bᴇgwānᴇmaēgʻada ʻwālasᴇkʻ gwaʻwina." Wä, gʻîłʻmēsē lābē wāłdᴇmas laē yāq!ᴇgʻaʻłē Kʻîlᴇm, wä, lä ʻnēkʻa, "LāLᴇn k!wastᴇʻwēlᴇxsʟ läxēs wīʻnats!ēʟaōs qāst, Yāgʻis. Xᴇnʟᴇladzᴇn kʻlēs kʻîlᴇmxwa ā̆lēx 55 ʻnāla," ʻnēkʻᴇxs laē qᴇxʻᴇtōtsa wŭlgʻᴇkwē q!wāx läxa ʟaēlē. "Wä, hēʻmᴇn wīʻnānᴇma ʻnᴇmsgᴇm qāgʻᴇkwa lᴇn qᴇxʻā̆ʟᴇla läxwa ʟaēlēxwa ā̆ʻlats!āxsa wāłdᴇmē," ʻnēkʻē Kʻîlᴇm.

Wä, gʻîłʻmēsē q!ŭlbē wāłdᴇmas laē yaq!ᴇgʻaʻłē ʟ!äxʻᴇlagʻîlis, qaxs hēʻmaē bābak!waxʟāyas bābak!wāsa ʻnᴇʻmēmotasa Maămtagʻila. 60 Wä, lä ʻnēkʻa: "Bā̆xᵘbak!wᴇxsai', laᴇmkʻ ā̆la pōsq!ax bᴇgwānᴇmai' gʻada ʻwālasᴇkʻ hāmats!a," ʻnēkʻᴇxs laē ā̆xʻēdxa q!wāxē qaʻs lä

63 the post on the floor which held the wreath of hemlock branches, and
he said, | "This is one skull which I shall get when we go to war."
65 Thus he said and ‖ sat down. |

Then NEqāp!Enk·ᴇm arose and thanked | the warriors for what
they had said: "I mean you shall go and put the | wreath of hemlock
branches on this post on the floor, the one that keeps our promises," |
70 and he requested Hămdzid to make two wreaths ‖ of hemlock
branches. Hămdzid quickly made the | two wreathes and as soon
as he had done so, he gave them to | Yāg·is, for that was the warrior
name of NEqāp!Enk·ᴇm. He took | them and cried out "Wēêhē!"
for Yāg·is's dance was the fool dance, | and he said: "These two are
75 my skulls which I ‖ pull under my sister and my niece." Thus he
said and | put them on the cedar post which stood on the floor.
Then Yāg·is stopped speaking after this. |

Then all the common men arose in turn | and said, "We shall be
the crew of Yāg·is and your | friends." Thus said the men, one
by one. ‖

80 As soon as they had finished, Chief Q!ōmogwa | arose and spoke
He said: "Thank you | for what you have said, tribe, go now and
call the warrior women | to come also, in order that they may know
what they themselves have to do | when we go away to make war,"

---

63 gēxwatōts lāxa ʟaēłē qᴇp!ēqsa wŭlg·ᴇkwē q!wāxa. Wä, lā ꞌnēk·a:
"nᴇmsgᴇmg·ïn qag·ᴇkŭk· lāxᴇns wīnaēnēʟē," ꞌnēk·ᴇxs laē k!wā-
65 g·aꞌlīła.

Wä, laꞌmē ʟāxꞌulīlē NEqāp!Enk·ᴇmōłē qaꞌs mōꞌłēs wāłdᴇmasa
bābabak!wa "qag·ïn ꞌnēꞌnak·iłᴇk· qaxs laaqōs qᴇxꞌꞌāʟᴇlōdālasg·ada
wŭlg·ᴇkŭk· q!wāx lāxg·ada ʟaēłᴇk·, yïxg·ada âꞌlats!āxsa wāłdᴇm.
Wä, la ăxk·!āłax Hămdzidōłē qa wŭlg·ᴇkwēlēsēx maꞌła wŭlg·ᴇkᵘ
70 q!wāxa. Wä, la Hămdzidōłē haꞌnakwēlaxs laē wŭlg·ᴇkwēlaxa
maꞌłē wŭlg·ᴇkᵘ q!wāxa. Wä, g·ïłꞌmēsē gwāłē ăxaꞌyas laē ts!ăs lāx
Yāg·is qaxs hēꞌmaē bābak!waxʟāyōs NEqāp!Enk·ᴇmōłē. Wä, lā
dāx·ꞌidqēxs laē xwāk!ŭg·aꞌł wēêhēxa qaꞌs lādᴇnōkwaē Yāg·isasa
nōłᴇmała. Wä, lā ꞌnēk·a: "G·aꞌmᴇn qāg·ᴇxᵘʟᴇg·ada maꞌłtsᴇm qa
75 nēdzabᴇmsᴇn wŭq!wax·dä ʟᴇꞌwŭn ʟōꞌłēgasdä," ꞌnēk·ᴇxs laē qᴇx·ꞌa-
ʟᴇłōts lāxa ʟaēłē k!wax ʟāꞌwa. Wä, laᴇm q!wēłꞌïdē Yāg·is laxēq.

Wä, laꞌmē ʟ!āʟ!ayōgwaꞌłïłᴇla ʟāxꞌulīłᴇlēda ꞌnāxwa bēbᴇgwā-
nᴇmq!ālama qaꞌs ꞌnēk·ē, "ʟāłᴇn k!wēmʟōs Yāg·is ʟᴇꞌwōs ꞌnēꞌnᴇ-
mōkwaqōs," ꞌnēk·ēda bēbᴇgwānᴇmē lāxēs ꞌnāłꞌnᴇmōk!ŭmk·aēnaꞌyē.

80 Wä, g·ïłꞌmēsē gwāła laase ʟāxꞌulīłēda g·ĭgămaōłāꞌyē Q!ōmo-
gwaōłē. Wä, lā yâq!ᴇg·aꞌła; wä, lā ꞌnēk·a, "Wä, gēlak·asꞌłax·ōs
wāłdᴇmēx, g·ōkŭlōt. Wä, hāg·ax·ꞌï ʟēꞌłālasᴇꞌwēda wīꞌwiꞌnaxsᴇma
ts!ēdaqa qa g·āxꞌłag·ïsē ōgwaqa qa q!āłēsēxēs qᴇsʟaq gwēg·iꞌłasʟᴇ
qᴇnsō łāł g·äłał lāxᴇns wīnasōʟa," ꞌnēk·ē. "Wä, hēꞌmis qa gwāłᴇ-

(thus he said) "and that they may be ready ‖ to carry the breath- 85
receptacle kelp." Thus he said, and sent out Hămdzid. | Hămdzid
did not stay away long when the | wives of the warriors and the
wives of the crew of those who were going to war came in. | As soon
as the women came in, Q!ōmogwa said: | "Do not laugh. Just keep
in mind the breath of your husbands, ‖ when they cut off the heads 90
of the men whom they get in war." Thus he said. | In this way the
women came into the house in which they were talking about the
war. | They sat down at the right-hand side and | the men were
seated in the rear end. Not one | of the women laughed as they came
into the house, and while they were sitting down. ‖ Each carried in 95
one hand a dried kelp stem. | As soon as all were sitting down,
Chief | Q!ōmogwa spoke again and said: "Thank you, warrior
women. | You have done well to come at once, for this is the custom
followed in war that | nobody is called twice. Come, now, and give
the kelp stems to your ‖ husbands, that they may blow into them." 100
Thus he said, and sat down. |

Then all the warrior women arose and gave each | her stem of
kelp to her husband, and when their husbands had taken | the kelp
stems, they went back again and sat down at the place where they
had been sitting. | Then, at the same time, all the men blew into the
kelp stems, ‖ and when they stopped blowing, the stems were really 5

———

laᵋmēsē dălaxa hăsayaatsǃē ᵋwăᵋwadä," ᵋnēk·ᴇxs laē ᵋyălaqas Hăm- 85
dzidōlē. Wä, k·ǃēstǃa gäła Hămdzidōłaxs g·ăxaē hōgwēk·ᴇlaxa
gᴇgᴇnᴇınasa băbabakǃwa ʟōᵋ gᴇgᴇnᴇmasa kǃwēmʟasa wīnaʟē. Wä,
g·îlᵋmēsē g·ăx hōgwēʟᴇlēda tsǃēdaqē laē Q!ōmogwaôlē ᵋnēk·a:
"Gwaᵋnō dălᵋēdnōkwō; âᵋma g·īg·aēqᴇlax ławitsǃēnēʟasēs lēlăᵋwŭ-
nᴇmōs qō łăł qᴇk·aǐxēs wīᵋnănᴇmʟa bᴇgwănᴇmł," ᵋnēk·ē. Wä, 90
hēᵋmisē gwăłēda tsǃēdaqaxs g·ăxaē hōgwiʟᴇla łăxa wăwinxaᵋłatsǃē
g·ōkwa, qaᵋs kǃwasᵋăłiłᴇlē łăxa hēlk·ǃōdᴇnēgwīłas qaxs hăaʟał
kǃŭdzēlēda bēbᴇgwănᴇma ōgwiwaᵋłîlē. Wä, laᵋmē k·ǃeăs ᵋnᴇmōkᵘ
dăłᵋītsa tsǃēdaqaxs g·ăxaē hōgwiʟᴇla ʟōxs laē kǃŭsᵋăłîła. Wä,
laᵋmē ᵋnäxwaᴇm dăk·ǃōtalaxa ᵋnălᵋnᴇmē lᴇᵋmōkᵘ ᵋwăᵋwadä. Wä, 95
g·îlᵋmēsē ᵋwīᵋła kǃŭsᵋăłîła laasē ēdzaqwa yăqǃᴇg·aᵋlēda g·īgămaōłaē
Q!ōmogwaôlē. . Wä, lä ᵋnēk·a: "Gēlak·asᵋla wīᵋwinaxsᴇm. Wä,
laᴇms hēłaxaxs hēg·ałiłaēx g·ăxa qaxs yūᵋmaē aēk·ilasōsa wīna qa
k·ǃēsēs maᵋłpǃᴇna ʟēᵋłăłasᴇᵋwa. Wä, gēlag·a, tsǃăsa ᵋwăᵋwadēx łaxōs
lēlăᵋwŭnᴇmaqōs qa pōxᵘtsǃōdēsōxwaqᵘ," ᵋnēk·ᴇxs laē kǃwăg·ałîła. 100

Wä, lä ʟaxᵋŭlił ᵋnăxwēda wīᵋwīnaxsᴇmē qaᵋs lä tsǃăsa ᵋnălᵋnᴇmē
ᵋwăᵋwadē łăxēs lēlăᵋwŭnᴇmē. Wä, g·îlᵋmēsē dăx·ᵋîdē lēlăᵋwŭnᴇ-
masēxa ᵋwăᵋwadăxs g·ăxaē ētǃēd kǃŭsᵋăłił łăxēs g·îlx·dē kǃŭdzēᵋlasa.
Wä, laᵋmē ᵋnᴇmăg·îlîlēda bēbᴇgwănᴇmē pōxᵘtsǃåłaxa ᵋwăᵋwadē.
Wä, ăłᵋmēsē gwăł pōxᵘtsǃåłaqēxs laē ăłak·ǃăła la ᴇʟǃᴇk·a. Wä, lä 5

6 tight. They | tied the mouths of the kelp stems, all at the same
time, so that the breath should not leak through. | After they had
done so, they all at the same time took the round head of the kelp
stem, | squeezed it so that the breath inside should be pressed to one
end at the mouth of the kelp, | and when the round end of the kelp
10 stem was flat, they twisted it ‖ going towards the mouth of the kelp
stem, and when the twisting reached | the middle of the length of the
kelp stem, they tied it firmly so that | the air should not leak through.
And after they had done so, they turned to the | thin end of the kelp
stem and they twisted it so as to bring the air together in the | middle
15 of the kelp stem, and when it was five spans long ‖ where the air was
brought together, they took a strap of raw hide and tied it where |
they stopped twisting, and after tying it, they cut it off | from the
place where it was tied, four finger widths long. | After they had cut
off the ends, they bent it into a ring | and tied the ends together.
20 Now it was a neck ring, and after they had finished the ‖ breath-
holding kelp neck ring, the warriors and their | crew put them on
their necks. |

Then Q!ōmogwa arose and spoke. He spoke and | said: "Now
take care, warrior women. When you stay at home, | rub your
bodies all the time with hemlock branches, in the morning and in the
25 evening, ‖ as long as we are away, and take care of this which is |
the breath of your husbands. It will be put round your necks |

---

6 ᵋnEmāgîlīlExs laē mōgŭxstEndEx ăwāxstaᶜyas qa k·ēsēsē hatsâla.
Wä, g·îlᶜmēsē gwāla laē ᶜnEmāx·ᶜīd dāx·ᶜīdEx pōgŭxLāᶜyasa ᶜwāᶜwadē
qaᶜs q!wēsᶜīdEq qa läᶜs EnxbEndēda hasētslâwas lāxa ăwāxstaᶜyas.
Wä, g·îlᶜmēsē la pExsEma pōgŭxLāᶜyasa ᶜwāᶜwadäxs laē sElp!ēdEq
10 gwaᶜyōlEla lax ăwāxstaᶜyasa ᶜwāᶜwadē. Wä, g·îlᶜmēsē lāg·aē sElpa-
ᶜyas lāxa nEgōyâᶜyas ᶜwāsgEmasasa ᶜwaᶜwadē laē ăalaxs laē yîlᶜīdEq
qa k·lēsēs hatsâla. Wä, g·îlᶜmēsē gwāla laē xwēlᶜīdxa ᶜwāᶜwadē
lāxēs ᶜwîlbaᶜyē. Wä, lāxaē sElp!ēdEq qa lāsa hāsaᶜyē q!ap!ēᶜnakŭla
lāxa nEgōyâᶜyasa ᶜwāᶜwadē. Wä, g·îlᶜmēsē sEk·!äp!Enk·ē ᶜwāsgE-
15 masasa la q!äp!Eyatsa hāsaᶜyaxs laē ăx·ᶜēdxa k·!Elx·īwakwē qaᶜs
yîlᶜīdēs lax ᶜwālalaasasēs sElpaᶜyē. Wä, g·îlᶜmēsē gwāl yîLaq laē
t!ōsōdxa mōdEnē lāxEns q!wāq!wax·ts!ānaᶜyēx g·äg·îLEla lāxa
yîLaᶜyē. Wä, g·îlᶜmēsē t!ōsEwakwē ōbaᶜyasē laē wāx·ts!äg·iᶜlaq.
Wä, lāxaē yaLōdEx ōbaᶜyas. Wä, laᶜmē qEnxawaᶜya. Wä, g·îl-
20 ᶜmēsē gwāla hāsayaats!ē ᶜwāᶜwadēk·!En qEnxawaᶜya laē ᶜnāxwaᶜma
bābabak!wa LEᶜwis k!wēmē qEnxōts.

Wä, lā Lāx·ᶜŭlîlē Q!ōmogwaōlē. Wä, lā yāq!Eg·aᶜla. Wä, lā
ᶜnēk·a: "Wä, g·îlla yāL!âLEx yōL wīᶜwīnaxsEm, qasō ämlēxᵘLō qaxs
hēmEnäla ᶜmēLa qōs q!wäxētasa q!wāxaxa gēgaāla LEᶜwa dzädzEqwa
25 lāx wāwasālaasLaᶜnuxᵘ qag·ada lālg·ōs aaxsīᶜlaxᵘLEg·ada lāk· g·īts!E-
ᶜwatsg·a hasēg·asg·as lēlāᶜwŭnEmg·ōs qag·ō lāl qEx·ōdzEmł lax·-

when we go and sit down in our war canoes. | Then you shall all come 28
down to the beach wearing your belts. | You shall go to the place
where the war canoes are ‖ and there you shall take off the breath- 30
holding kelp neck rings of your husbands, | and put them round your
necks. Then | you shall wear them round your necks going up the
beach and do not look back at us | when we paddle away; and when
you go into your houses, | take off the breath-holding kelp stems and
hang them up at the head ends ‖ of your beds and never touch them 35
again | while we are away, and as soon as one of them bursts, you will
know that | one of us is killed, he to whom the kelp belongs in which his
breath is, and which burst; and also | I say that we will go quickly;
for I wish to start | to-morrow morning, so that the tribes may not
know that we are going to war." ‖ Thus he said and told the crew of 40
warriors to go ahead and to lift | two canoes from the beach, then to
put crosspieces under them; to burn the bottoms and | to rub off
the charcoal. "And after rubbing it off with old mats, | take tallow,
rub it on | to the height of the water line at the bottom of the canoes.
Now ‖ go out of the house!" said he, and they all went out of the 45
house in which the secret meeting | about the war was being held. |

Then the crew did what they had been told to do to the | canoes,
and it was not yet evening when they finished. Then they put | thin,

---

daʻxōL qEnuʻx^u lāł ʻwiʻlał k!wādzaxsalał laxEnuʻx^u wiʻnats!ēLēx xwā- 27
k!ŭna. Wä, g·āxLes ʻwiʻlamâlał yaēltsEmâlał hōqŭnts!ēs lāxa
L!Emaʻisē qaʻs laōs hēʻnakŭla lāxEnuʻx^u hăʻnēdzasasEnuʻx^u wiʻnats!e
xwāk!ŭna. Wä, hēʻmis lāl ăxōʻdaasłtsōs łēlăʻwŭnEmaqōsaxwa hāsa- 30
yaats!ēx ʻwāʻwadä qaʻs qēqEnxodālēsōx lāx·daʻxōL. Wä, g·ilʻmēts
ʻwiʻla la qēqEnxEwakwa g·āxaaqōs dzElxʻŭsdēsa k·ēs mElēxLa g·āxE-
nuʻxwaxg·anuʻx^u lāx· sēxʻwida. Wä, g·ilʻmēts hōgwıL lāxēs g·ig·ō-
kōs laaqōs qEx·ōdxwa hūsayaats!ēx ʻwāʻwadä qaʻs gēxʻwalıłaōsaq
lāx ōgwäxtâʻyasēs kuʻlēʻlasōs. Wä, hēwäxaʻmēts ōt!ēd ɭâbaʻlaq^u- 35
xEnuʻx^u ʻwāʻwāsâlaasē. Wä, g·ilʻmēsōx kwax·ʻida laʻs q!ālaxg·anuʻx^u
laʻmēk lEʻlnuk^u yıs hasēnukwasa g·ıtsʻławaxa kwax·ʻidē ʻwāʻwadä.
Wä, hēʻmēq lāxEns yasyaxwamōłt!aēnaʻyē qaxg·ın ʻnēk·ēk· qEnuʻx
ɭExaʻmēLEx łEnsLa qa wısomalēsōʻ q!ālōxda lēlqwălaLaʻyaxg·ıns
wınēLEk·," ʻnēk·Exs laē wäxElaxa k!wēmLasa bābabak!wa qa lālag·is 40
wıg·aʻlisaxa maʻlts!aqē xwāxwāk!ŭna qa gēgēbalisēs qa tsēnapēsēq;
wä, hēʻmis qa xŭlxʻsEmdēsēq. "Wä, g·ilʻmēts gwäl xŭlqwasa
k·!āk·obanē lāx ōsgEmaʻyas las ăx·ʻēdxa yāsEkwē qaʻs yāsExʻwi-
daōsaxa ʻwālałaasa t!Epâła lāx ăwābâʻyasa xwāxwak!ŭna. Wä,
wēg·a hōqŭwElsEx," ʻnēk·ē. Wä, laʻmē ʻwiʻla hōqŭwElsa k!wăl qaēs 45
wınaēnēLē.

Wä, laʻmē ăEm nEgEłtâyēda k!wēmax gwEʻyo qa gwēg·iʻlatsēxa
xwāxwāk!ŭna. Wä, k·!ēsʻmēsē dzāqwaxs laē gwăła. Wä, lä pāg·a-

50 short, bottom boards into them, not many, for ‖ war canoes are not
leaky. Now they were ready on the beach, | and when they finished
the work, they went back into the woods and | rubbed their bodies
with hemlock branches. They purified themselves for a little while;
and as soon as | it was late in the night, they all, with their wives,
went to bathe in the river; | and after they had done so, they went
55 home to their houses. Then ‖ the men and their wives lay down to
sleep in different beds. |
  In the morning, as soon as day came, Q!ōmogwa arose. He |
stood outside of the house and said aloud: "Do not | sleep, Kwāg·uł.
Let us start this fine day." Thus he said and | went into his house. ‖
60 He did not stay there long, before he came back carrying his gun,
and | paddle, and ammunition box, and also his mat | and two
blankets; and he went to where the war canoes were | and put aboard
what he was carrying, at the place where he was going to sit. | Then
65 all the warriors came out of the houses and ‖ went down to the place
where the war canoes were, and | put aboard their guns and paddles,
ammunition | boxes, mats, and two blankets, at the places where
they were going to sit. | They kept their traveling provisions in their
ammunition boxes, and each one carried | his own traveling provi-
sions when he went to war. ‖

  aLExsasa pElspElē ts!ăts!ax̣ᵘsᴇma qa pāxtsxa k·!ēsē q!ēnᴇma qaxs
50 k·!ēts!ēnoxwaē g·îlx·ēda wîʻnats!ē xwāk!ūna. Wä, laʻmē la gwālisa.
Wä, g·îlʻmēsē gwāla ēaxᴇlax·dē laē aʟēʻsta lāxa āʟ!ē qaʻs lē q!wā-
xētasa q!wāxē. Wä, laʻmē yāwasʻîd q!ɛ̣qala. Wä, g·îlʻmēsē la
gagāla gānoʟa laē ēt!ēd ʻwîʻla la laʻsta lāxa wä ʟᴇʻwis gᴇgᴇnᴇmē.
Wä, g·îlʻmēsē gwāla laē nāʻnakᵘ lāxēs g·ig·ōkwē. Wä, laʻmē alō-
55 gwaxʻalīlēda bēbᴇgwānᴇmē ʟᴇʻwis gᴇgᴇnᴇmaxs laē kŭlx·ʻîda.
  Wä, g·îlʻmēsē ʻnāx·ʻîdxa gaala laē ʟāx̣ʻwîdē Q!ōmogwaōlē qaʻs lä
ʟāx̣ʻwᴇls lāx ʟ!āsanûʻyasēs g·ōkwē. Wä, lä ʻnēk·a hāsᴇla: "Gwāllas
mēxax Kwāg·uł, qᴇns ālēx̣ʻwîdag·î ēk·ōxda ʻnālax," ʻnēk·ᴇxs laē
laēʟ lāxēs g·ōkwē.
60 Wä, k·!ēst!a gālaxs g·āxaē xwēlaqᴇwᴇls dālaxēs hănʟᴇm ʟᴇʻwa
sēʻwayo ʟᴇʻwis hănhănîk·ēdzats!ē g·îldasa; wä, hēʻmisa lēʻwaʻyē
ʟᴇʻwis maʻlē ʻnaᴇnx̣ʻūnaʻya qaʻs lä lāx hăʻnēdzasasēs wîʻnats!ēʟē
xwāk!ūna qaʻs lē ăxʻālᴇxsasēs daakwē lāxēs k!wāxdzasʟē. Wä,
g·āxē ʻwîʻlamāla hōqŭwᴇlsēda bābabak!wa lāxēs g·ig·ōkwē qaʻs lä
65 hōqŭnts!ēs lāx hăʻnēdzasasēs wîʻnats!ēʟē xwāk!ūna, qaʻs lāxat!
ăxʻālᴇxsasēs hănʟᴇmē ʟᴇʻwis sēʻwayō ʟᴇʻwa hănhănîk·ēdzats!ē g·îl-
das ʟᴇʻwa lēʻwaʻyē ʟᴇʻwa maʻlē ʻnaᴇnx̣ʻūnē lāxēs k!waxdzasʟē, yîxs
hāē g·îts!ᴇwē g·îwᴇlkwasēs hănhănîk·ēdzats!ē g·îldasa lāxēs ālowaē
qaʻs g·îwᴇlkwa wīna.

Then all the men stood on each side of the canoe | at the places 70
where they were going to sit. When all the men had come, | they
took up the canoe on each side and carried it into the deep water, so
that it did not touch | the beach, and then they put it down on the
water. | Then they went aboard and sat down. They were not
going to change their ‖ seats as long as they were away making war. | 75
When all were seated aboard, one man who was | not going to war
stood up outside of the house of Q!ōmogwa | carrying a baton and
when he saw that all the men who were going to war | were seated
aboard, wearing around their necks the kelp containing their breaths,
then he ‖ shouted aloud, "Wä ä ä," beating time on the front | 80
boards of the house. Then the wives of the warriors came | out of
their houses with blackened faces, and all wearing their belts. | They
ran down to the beach and went to the place where the | two war
canoes were staying. As soon as they were nearly ‖ there, the man 85
shouted again, "Wä ä ä," beating at the same time | on the front
boards of the house. | Then the wives of the crew came out of their
houses wearing belts, but their faces were not | blackened. They
ran down to the beach, and | when they were just running down to
the beach, the warriors threw ‖ the breath-carrying kelp neck rings 90
to their wives, | and the wives of the warriors just | met the wives

---

Wä, â‘misē la q!waxdzēlēsēda ‘nāxwa bēbɛgwānɛm lāx nɛqɛlāsēs 70
k!ŭdzɛxdzasʟē. Wä, g·îl‘mēsē ‘wī‘la g·āxēda bēbɛgwānɛmaxs laē
‘wī‘la dāg·āgɛndxa xwāk!ŭnāxs laē dāg·îlqālaq qa k·lēsēs ʟ̣ag·îlisɛla
lāxa ʟ!ɛma‘isē. Wä, lä taxt!as lāxa wŭngēsaxs laē hănstɛndɛq.
Wä, lē hōgŭxsa qa‘s k!ŭs‘āłɛxsē lāxa k·!ēsʟē ʟ!āʟ!ayokwāla k!wā-
dzasēx ‘wä‘wadzɛʟayālaʟas lāxēs wīnāʟē.   75
Wä, g·îl‘mēsē ‘wī‘la k!ŭs‘āłɛxsa, wä, lāasa ‘nɛmōkwē bɛgwānɛmxa
k·!ēsē g·ayôl lāxa wīna ʟ̣ás lāx ʟ!āsanâ‘yas g·ōkwas Q!ōmogwē
dālaxa t!ɛm‘yayō. Wä, g·îl‘mēsē dōqŭlaxa wīna bēbɛgwānɛm
‘wī‘la la k!ŭs‘āłɛxsa qēqɛnxâlaxa hēhasēts!ā́la ‘wä‘wadä, laēda bɛ-
gwānɛmē ‘nēk· hāsɛla, "Wä ä ä," ‘nɛmāx·‘îd ʟ̣ōxs laē ʟēxɛxsēg·ēx 80
tsagɛmasa g·ōkwē. Wä, g·āxēda gɛgɛnɛmasa bābabak!wa g·āxă-
wɛls lāxēs g·ig·ōkwē lāxēs ts!ōts!ɛłɛmakwaē. Wä, ‘nāxwaɛm wī-
wŭsēg·ɛkwū. Wä, la‘mē dzɛlx̣‘ŭnts!ēsɛla lāxa ʟ!ɛma‘isē qa‘s lē lāx
mɛxâ‘lasasa ma‘łts!aqē wī‘nats!ē x̣wāx̣wăk!ŭna. Wä, g·îl‘mēsē ɛlāq
lāg·aaxs laē ēdzaqwa ‘nēk·ēda bɛgwānɛmē, "Wä ä ä," ‘nɛmāx·‘îd 85
ʟ̣ōxs laē ʟēxɛxsēg·ēx tsāgɛmasa g·ōkwē. Wä, g·āxēda gɛgɛnɛmasa
k!wēmē g·āx‘wɛls lūxēs g·īg·ōkwē wīwŭsēg·ɛkwa. Wä, lä k·lēs
ts!ōts!ɛłɛmakwa. Wä, lä dzɛlx̣‘ŭnts!ēsɛla lāxa ʟ!ɛma‘isē. Wä,
hë‘mis ālēs dzɛlx̣ŭnts!ēsɛla lāxa ʟ!ɛma‘isaxs laē ts!ɛq!ɛxōdālēda
bābabak!wāsēs hēhasēts!ā́la ‘wä‘wadēk·!ɛn qēqɛnxawē lāxēs gɛgɛ- 90
nɛmē. Wä, â‘misē la naqō‘nakŭlaxa bābabak!waaxsɛm ts!ēdaqaxs

93 of the crew | who were running down to the beach. As soon as they
came to the place where the | two war canoes were floating, and
95 where ‖ their husbands were sitting aboard, then the husbands of
these women | took off the breath-containing kelp neck rings and
threw them over the necks of | their wives. As soon as all the women
had the breath-containing | kelp neck rings round their necks, they
came running up | the beach and went into their houses and hung up
200 the ‖ neck rings at the head ends of their beds. Then the men
started away | to make war. |

They did not ask other tribes to join in the war, as they were going
south, | for Yāg·is made war upon the people to the south | from
5 Comox down to the Indians of Victoria. ‖ None of them was to live,
if the warriors who paddled should happen to see them. |

Four days after they had left Fort Rupert, they arrived | at the
coast of the Sanetch. Now, the warriors felt badly, | for they had
not seen any canoe paddling about. Late at | night, the warriors
10 crossed the mouth of a bay, and they saw ‖ a fire on the beach at the
head of the bay, and | the warriors saw them walking about outside
from the fire. Then, | when they were talking to one another, the
warriors recognized that they belonged to the southern people. |
The warriors went back to the other side of the | point. They

---

92 g·āxaē dzɛlx̣ᶜūsdēsɛla lāxa ʟ!ɛmaᶜis ʟ̣ᴇᶜwa k!wēmaxsᴇm tsʟēdaqᴇxs
laē dzɛlx̣ᶜūnts!ēsɛla lāxa ʟ!ɛmaᶜisē. Wä, g·īlᶜmēsē lāg·aa lax mɛxâ-
ᶜlasasa maᶜɪts!aqē wīwiᶜnatslē x̣wāx̣wăk!ūna, wä, g·īlᶜmēsē lāg·aa lāx
95 k!wădzɛxdzasasēs lēlāᶜwūnɛmē, laasē lēlaᶜwūnɛmasasa tsʟēdaqē
āxōdxa hasētslâla ᶜwāᶜwadēk·!ɛn qēqɛnxawē qaᶜs tsʟɛq!ɛxodālēs
lāxēs gɛgɛnɛmē. Wä, g·īlᶜmēsē la ᶜwīᶜla qēqɛnxâlōda tsʟēdaqaxa
hasētslâla ᶜwāᶜwadēk·!ɛnē qēqɛnxawaᶜya, wä g·āxē dzɛlx̣ᶜūsdēsɛla
lāxa ʟ!ɛmaᶜisē qaᶜs lē hōgwīʟ lāxēs g·ig·ōkwē qaᶜs lē gōx̣ᶜwalītɛlasēs
200 qēqɛnxawaᶜyē lāx ōxtâlīlasēs g·aēlasē. Wä, laɛmʟē ʟɛxᶜēdōda
wīna.

Wä, laᶜmē k·!eâs qēlatsa wīna lāxa lēlqwälaʟaᶜyaxs laē ᶜnālōlɛla,
qaxs hāē wīnasōs Yāg·is, yīx Nɛqāp!ɛnk·ɛmōla, ᶜnāᶜnɛldzēxa g·āg·ī-
ʟɛla lāxa Q!ōmōx̣usē lāg·aa lāxa bāk!umasa Tsʟāmasē. Wä, hēɛm
5 k·!eâs q!ūlas qō dōx̣ᶜwaʟɛlaʟa wīnāq siōᶜnakūlał.

Wä, la mōp!ɛnx̣waᶜsē ᶜnālās bâsg·a Tsāxisɛk·. Wä, laɛm lāg·aa
lāx āwīnak·âlāsa Sānɛtsa. Wä, laᶜmē ᶜyāx·sɛmē nēᶜnâqaᶜyasa bāba-
bak!wa qaēxs k·!eâsaē dōgūl siōᶜnakūla. Wä, laɛmᶜlāwis gāla la
gānoʟa laasa wīna gēk·!ōdɛxstēxa ōtsʟâlīsē. Wä, lāᶜlaē dōx̣ᶜwaʟɛ-
10 ᶜlaxa lɛgwīsē lāx ōx̣ʟalīsasa ōtsʟâlīsē. Wä, lē dōqŭlaɛmᶜlāwisa wī-
nāxa bēbɛgwānɛmē g·ʽiyīmg·ʽīlisɛla lāx ʟ!āsaᶜyasa lɛgwīsē. Wä, lā-
ᶜlaēda wīna wūʟɛlaqēxs ᶜnānɛldzēdzɛsᶜmaē qaēs yāq!ɛndasē. Wä,
âɛmᶜlāwisa wīna k·!ax·ɛlaᶜya qaᶜs lē aēdaaqa lāx âpsādzɛᶜyasa
āwīlbaᶜyē. Wä, laɛmᶜlaē ᶜnēk· qaᶜs āłᶜmēl lāl k·ēlak·aʟxa ᶜnāᶜnɛldzē

intended to go later to kill the southern ‖ Indians, long after midnight. 15
Then | Gwāxwalɛyīg·ĭlis said that none of his friends was to shoot,
because | some one might be hurt, because it was dark. "Also, |
those whom we are going to kill are now all asleep. I mean that we
will only stab them." | Thus he said. Then all the warriors agreed
to what he had said. ‖ Gwāxwalɛyīg·ĭlis had a small axe as one 20
weapon with which he was going to kill, | and besides a large
knife; and all his friends had | knives with which to stab. |

Then Q!ōmogwa spoke and said: "Now | take care, warriors. Do
not let us hesitate to kill, for now we ‖ have found our salmon. Let 25
us go now and | handle them, for the sleep is really sweet in their
eyes." | Thus he said. Immediately, the warriors took their paddles
and | paddled stealthily. Then they arrived at the beach. | It was
a really sandy, fine beach. The warriors stepped out of the canoe ‖
carrying their daggers in their mouths, and went up the beach. | 30
Then the warriors saw that those whom they were going to kill
were | sleeping under the sail of a canoe. A post stood on the ground
at one end of the mast, | a post with a forked top. Then they all
opened the | front, and those whom they were going to kill were
fast asleep. ‖ The warriors saw that there were seven of them and | 35
two children. Then the warriors made ready. | They took hold of

---

bāk!um qō lāł gäłał gwāł nɛgēg·ēxa gānoLē. Wä, laɛm‘laē ‘nēk·ē 15
GwaxwaLɛyīg·ĭliswŭłē qa k·!eâsēs hānLasēs ‘nē‘nɛmōkwē, "āLɛns
yīlkwanux̣ᵘlax qaxs p!ɛdɛk·ĭlaēx. Wä, hē‘mēsēx ‘nāx̣wa‘maax
mēxaxɛns k·!ēlak·asōLax; ‘nē‘nak·ĭłē qɛns â‘mē ts!ɛx̣ᵘdɛqa," ‘nēx‘-
‘laē. Wä, laɛm‘laē ‘nāx̣wa ēx·‘ak·ēda ‘nāx̣wa bābak!wäx wăldɛ-
mas. Wä, laɛm‘laē säyōbɛmē ‘nɛm k·!ēlak·ElaLɛs GwāxwaLɛyīg·ĭ- 20
lis ōgŭ‘la läxa ‘wâlasē k·!āwa‘yō. Wä, laɛm‘lāwisLa ‘nāx̣waɛm
k·!āk·!ɛwa‘yō ts!ɛx̣wālaLas ‘nē‘nɛmōkwas.

Wä, lā‘laē yāq!ɛg·a‘łē Q!ōmogwaōłē. Wä, lā‘laē ‘nēk·a: "Wēg·a
yāL!ÂLEX bābak!ᵘ·. Gwālax·ɛns wayōst!ɛqa k·!ēlax·‘īda qaxg·ĭns
la‘mēk·q!āxwa k·!ōtɛläqɛns. Wä, wēg·ax·ɛns qɛns lālag·ĭ dādax·- 25
silax·‘ĭdqō qaxs lɛ‘maax âlak·!āla la ēx·p!astɛ‘wēsōx mēxaax," ‘nēx·-
‘laē. Wä, hēx·‘ĭdaɛm‘lāwisa bābak!wa dāx·‘ĭdxēs sēsɛwa‘yō qa‘s
‘nāx̣wē älēx̣ᵘstālaxs laē sēx̣‘wīda. Wä, lā‘laē lāg·alis läx L!ɛma‘ĭ-
sasxa âlaɛl ē‘g·ĭmēngwis ēg·ĭdzɛgwis. Wä, lā‘laē hōx‘wŭltâwēda bā-
babak!wa q!ēq!ag·ɛxstālaxēs ts!ēts!âyo k·!ēk·!awa‘yōxs laē hōx‘wŭs- 30
dēsɛla. Wä, laɛm‘laēda bābabak!wa dōqŭlaqēxs kŭ‘lābâyaēs k·!ē-
lak·asōLaxa yawabɛmasēs kŭmtsāla, yīxs â‘maē LALɛbɛlsēda yā-
wap!ēqaxa ‘nāł‘nɛmts!aqē qaxɛtō Lāms; wä, la‘mē ‘nāx̣wa lōsałē
L!āsgɛmas. Wä, lā‘laē âlak·!āla mēxa k·!ēlak·asōLas. Wä, laɛm-
‘laē dōqŭlēda bābabak!wäqēxs ăLɛbōkwaē. Wä, hē‘misa g·ĭnā- 35
nɛmē ma‘lōkwa. Wä, laɛm‘laē gwāx·gŭlsēda bābabak!wa. Wä,

38 one end of the | mast and they let it down, and therefore the sail was spread | over those who were lying under it. Then the warriors sat
40 down on ‖ the sail, and stabbed through it those whom they were killing. Then they took off | the sail cover, and Gwāxwalɛyīg‘ĭlis saw that the | girl was alive and unhurt. He took her as a slave. | Then he cut off the heads of two who had been killed by him. As soon as he had cut off the heads, | he cried "Ģo go go." He became
45 excited in his raven dance. ‖ Then Yāg‘is cut off the heads of two whom he had killed, and as soon as he had | cut off their heads, he shouted "Wɛē," for his dance was the fool dance. Then Hōxᵘhoxᵘ-dzē | cut off the head of one who had been killed by him, and after he had cut off the head, | he cried like the hōxᵘhokᵘ, for his dance was the hōxᵘhokᵘ. Then ʟ!äx‘ɛlag‘ĭlis | cut off the head of one whom he
50 had killed, and as soon as he cut off the head, ‖ he shouted "Hap hap hap," for his dance was the cannibal dance, and K‘îlɛm cut off | the head of one who was killed by him. And as soon as he had cut off the head, | he cried "Wohē," for his dance was the grizzly bear dance; and after all had | cut off the heads, they heard the sound of a gun fired. Then G‘ēxk‘ɛnis was shot in the shoulder, | and it was
55 not known who had fired the shot. Some of the ‖ warriors said that the sound of the firing came from one of the warriors' canoes. | G‘ēxk‘ɛnis did not feel a pain in the wound. Now | the crew of the warriors carried aboard their canoes the property of those whom they

---

37 laɛm‘lae dāx‘‘idēda ‘nāl‘nɛmōkwē g‘ayōl läxa wīnäx ‘wäx‘sba‘yasa yäwap!ēqē qa‘s k‘at!ɛlsēq. Wä, hē‘mis lāg‘ilas la ʟɛpsɛmdēda yū-wabɛmax kū‘läbâlasaq. Wä, ȧɛm‘lāwisa bäbabak!wa la k!wadzɛ-
40 dzōdxa yawabɛmē qa‘s ts!ɛxᵘsâlēxēs k‘!ēlak‘asɛ‘wē. Wä, la‘mē lēt!ē-tsɛ‘wēda yäwabɛm. Wä, la‘mē dōx‘walɛlē Gwāxwalɛyīg‘ĭlisaxa ts!äts!adagɛmē q!ūla, k‘!eâs yīlkwēs. Wä, la‘mē q!āk‘oʟänɛmaq. Wä, lä qax‘‘idxa ma‘lōkwē k‘!ēlag‘ɛxᵘs. G‘il‘mēsē gwal qāk‘axs laē gōgogoxa, laɛm xwāsa lāxēs gwāgwaxwalalaē Gwāxwalɛyīg‘ĭlis.
45 Wä, la Yāg‘is k‘ax‘‘idxa ma‘lōkwē k‘!ēlag‘ɛxᵘs. Wä, g‘il‘mēsē gwāl qak‘ɛxs laē wɛēxa qaxs lādɛnōkwaasa nōlɛmala. Wä, lä Hōxᵘhoxᵘ-dzē qax‘‘idxa ‘nɛmōkwē k‘!ēlag‘ɛxᵘs. Wä, g‘il‘mēsē gwāl qāk‘ɛxs laē hōxᵘhōkᵘxa‘ qaxs lādɛnokwaasa hōxᵘhōkᵘ. Wä, lä ʟ!äx‘alag‘alis qax‘‘idxa ‘nɛmōkwē k‘!ēlag‘īxᵘs. Wä, g‘il‘mēsē gwāl qak‘ɛxs laē
50 häphaphapxa qaxs lädanokwaasa hämats!a. Wä, la K‘îlɛm qax‘-‘idxa ‘nɛmōkwē k‘!ēlag‘ɛxᵘs. Wä, g‘il‘mēsē gwāl qāk‘ɛxs laē wohēxa qaxs lädanokwaasa nānē. Wä, g‘il‘mēsē gwāl ‘wī‘la qa-k‘axs laasa hänʟ!ɛg‘a‘la. Wä, la‘mē hänltsayap!aakwē G‘ēxk‘ɛnis-wūla. Wä, la‘mē k‘!ēs q!ālēda hänl‘idä. Wä, la ‘nēk‘ēda waōkwē
55 bäbabak!waqēxs hē‘maē g‘äk‘!ɛg‘a‘la hänʟ!ɛg‘a‘laēs wī‘nats!ē xwä-k!ūna. Wä, k‘!ēs gɛtɛlē G‘ēxk‘ɛniswūlaxēs hänʟa‘yē. Wä, la-‘mēda k!wēmasa bäbabak!wa ‘mōxsɛlax mɛm‘wälax‘dāsa la k‘!ēla-

had killed. | They never went to hide the bodies of those who had 58
been killed | in war. ‖

They started back and went home before daylight came. | After 60
they had gone a long way, daylight came in the morning, and immediately | the warriors scalped the heads, for a southeast wind was
blowing, | and they carried two sails on each war canoe | in the way
they do when they go to war, for they never sleep when ‖ the day is 65
favorable, for they change off, one-half of the crew going to sleep.
When the day is bad, | they carry the war canoes up and put them
down away | back in the woods. They do not all sleep at the same
time, but some keep watch | for canoes which go paddling by, for
even if they should be relatives, | they do not take mercy on them in
war. They would kill whomever they might ‖ see paddling by in a 70
canoe. Therefore, no | member of the tribes goes out paddling
when they know that warriors are traveling about. |

When the warriors had been out eleven days, they came back | to
Fort Rupert in the morning, singing the war song as they were coming in. | When they reached the beach of the house of Yāg·is, the
bows ‖ of the two war canoes heading in shore, Q!ōmogwa | stood up 75
and spoke. He said: "Now show yourselves, | GwētEla, Q!ōmoyâ‘yē,
‘wālas Kwāg·uł, Q!ōmk·!ut!Es, and | listen to me. I have come back
after going about to search for | those who were to die together with

---

g·Ekwa. Wä, la‘mē hēwäxa q!wâlał‘īdEx bēbEx"sōx"däsēs k·!ēlag·E- 58
kwa wī‘na.

Wä, g·āx‘laē ḺEx‘īda. Wä, g·āx‘mē nä‘nakwāxa k·ēs‘Em ‘nāx·‘ida. 60
Wä, lā qwēsg·ilaEm‘lāwisēxs laē ‘nāx·‘idxa gaāla. Wä, hēx·‘ida-
Em‘lāwisa bābabak!wa sap!ēdxēs qēqāg·Ekwē qaxs mEłasaē. Wä,
laEm‘laē maēmałts!aqEyālaxēs yēyawābEma ‘nał‘nEmts!aqē wī‘na-
ts!ē xwāk!ūna lāx gwēg·ilasasa wīna, yīxs hēwāxaē mēxa, yīxs
ēk·aēda ‘nāla qaxs ʟ!āʟ!ayōstâlaē mēxa. Wä, g·î‘mēsē ‘yāx·sEmēda 65
‘nāla laē ʟElx·‘īdxēs wī‘nats!ē xwāk!ūna qa läs hănāg·il‘as lāxa
āʟala‘lElsē lāxa āʟ!ē. Wä, lāxaē k·!ēs ‘nāxwa mēxa qaxs q!āq!ala-
‘laēda waōkwax sio‘nakŭlaxa xwāk!ūnaxa wāx·Em lāxa ḺEḺEḺâlalax
yīxs k·!ēâsaē māyaEnltsa wīna, yīxs ‘nāxwa‘maē k!ēlax·‘īdxēs g·ālē
dōx‘waḺEł sio‘nakŭla xwāk!ūna. Wä, hē‘mis lāg·ilas k·!eâs sē- 70
xwamē‘stālasa lēlqwăłaʟa‘yaxs q!ālaaxa wīna laEm sēxwaʟayālā.

Wä, hēłtEwēt!a ‘nEmxsag·Ewē ‘nāläsa wīnäxs g·āxaē aēdaaqa
lāxg·a TsāxisEk·xa gaāla lāxēs nElālaēna‘yaxs g·āxaē āḺEx·äla.
Wä, g·î‘mēsē g·āxalis lāx ʟ!Ema‘isas g·ōkwas Yāg·is lāxēs āʟag·iwa-
łaēda małts!aqē wī‘nats!ē xwāxwāk!ūna, wä, lā ḺāxE‘waɬExsē Q!ōmo- 75
gwaōłē. Wä, lā yāq!Eg·a‘lā. Wä, lā ‘nēk·a: "Wēg·a nēłEmâłāx
yōʟ GwētEl, Q!ōmoyâ‘yē, ‘wālas Kwāg·uł, Q!ōmk·!ut!Es qa‘s
hōʟēlaōs g·āxEn. G·āx‘mEn, g·āx‘mEn hala lāxEn laēna‘ye ālā qa

80 Lɛlēlɛlgawē and K·!oxʷsēᵃstīlī꜀laxᵘ" and ‖ Chief Q!ōmox·s꜀ala. This I have obtained in war." | Thus he said and shouted "Ye e e," and at the same time the warriors cried "Ye e e." Then | all the warriors became excited and held up the heads | which were now only scalps taken off, that they should be seen by those who had stayed at home. |

As soon as they had done so, they all stepped out of the war ‖ 85 canoes, and all the warriors carried in their hands | the heads, and the girl slave followed her | master Gwāxwaleyīg·ilis. As soon as they had gone into the houses, | they were called together in the house of the Chief | Ts!ɛxᵘts!aēs. ‖

90 I do not know what they said for I was not allowed | by my father to listen to their speeches, because G·ēxk·ɛnis had been shot, | and the warriors almost had a fight when they came home to | Fort Rupert, for they found out that Ts!āgayōs, the younger brother of | Yāg·is,—that is, Nɛqap!ɛnk·ɛm,—had shot G·ēxk·ɛnis, because ‖ 95 G·ēxk·ɛnis wanted to marry ʟ!āqwax·sā, the princess of Pɛl꜀nakūlag·ilis, | chief of the numaym Kūkwāk!ūm of the Q!ōmoyâ꜀yē. | First Ts!āgayōs had asked for ʟ!āqwax·sā, | but she had refused Ts!āgayōs, because he was a mischievous | man. G·ēxk·ɛnis was wanted by 300 ʟ!āqwax·sā, ‖ because he was not mischievous, and also because she

---

yāqolēswūts Lɛlēlɛlgawēx·dā ʟō꜀ K·!ōxʷsēᵃstēlī꜀laxᵘdā ʟɛ꜀wa g·īgă-
80 mēx·daē Q!ōmōx·salax·dā. Wā, g·a꜀mēsɛn wīnānɛmaxg·ada,"
꜀nēk·ɛxs laē yēēxa. Wā, lā ꜀nɛmādzaqwēda wīna yēēēxa. Wā, lā,
꜀nāxwa xwāxūsōwēda būbabak!wāxs laē dzōx꜀ōstōtsēs qēqag·ɛkwēxa
â꜀mē la sābɛkᵘ sɛ꜀ya qa dōx꜀waLɛlēs yīsa āmlēx·dē.

Wā, g·îl꜀mēsē gwāla laasē ꜀wī꜀la hōxwūltā lāxēs wī꜀nats!ēx·dē
85 xwāxwak!ūna. Wā, la꜀mē ꜀nāxwa꜀ma būbabak!wa dāk·!ōtɛlaxēs
qēqag·ɛkwē. Wā, hē꜀misa ts!āts!adagɛmē q!āk·â laɛm lāg·ēxēs
q!āgwidē Gwāxwaleg·ig·ilis. Wā, g·îl꜀mēsē la hōgwīʟ lāxēs g·īg·ō-
kwē laasē Lē꜀lālasɛ꜀wa qa꜀s lē L!ɛxwa lāx g·ōkwasa g·īgāmaōlaē
Ts!ɛxᵘts!aēsolē.

90 Wā, la꜀mɛn k·!ēs q!ālɛlax wāldɛmas qaxg·īn k·!ēsēk· hēlq!ōlɛm-
sɛn ōmpwūla la hōʟɛlax wāldɛmas qaēda hānʟakwē G·ēxk·ɛnisolē
yīxs hālsɛla꜀maē k·!ēs xōmal꜀idēda wīnax·dāxs q·āxaē nä꜀nakᵘ lāxg·a
Tsāxisɛk· qaxs laē q!āstasōxs hāē Ts!aga꜀yōsōlē yīx ts!ā꜀yās
Yāg·ise, yīx Nɛqap!ɛnk·ɛmōlē, hānl꜀īdɛx G·ēxk·ɛnisōlē g·āg·āg·īʟɛla
95 lax G·ēxk·ɛnisōlaxs g·ayālaax L!āqwax·sā k·!ēdēlas Pɛl꜀nakūla-
g·îlisōlē, yīx g·īgāmaōlasa ꜀nɛ꜀mēmotasa Kūkwāk!umasa Q!ōmo-
yâ꜀yē. Wā, la hē g·ālagawē g·āyālē Ts!āga꜀yōsōlax L!āqwax·sā.
Wā, lā꜀laē L!āqwax·sāōl ꜀yax·yɛk·ɛx Ts!āgɛyōlāxs âlētaēs bɛgwānē-
꜀mēna꜀yōl. Wā, hē꜀mis lāg·ilas hē āx꜀ɛxstsōs L!āqwax·sāōlē G·ēx-
300 k·ɛnisōlē qaxs k·!ēsē âlēta. Wā, lāxaē k·!ēs lɛmqa. Wā, hē꜀mis

was not proud; and for this reason | G·ēxk·ᴇnis was going to marry 1
ʟlāqwax·sä, when he would come | home after going to this war;
and, therefore, it was known by all | the men that Tslāgayōs had
shot him, because | Tslāgayōs had always threatened G·ēxk·ᴇnis,
if he should get ʟlāqwax·sä to be his ‖ wife, and therefore all the men 5
knew | that he had shot him. |

G·ēxk·ᴇnis never said a word about it. He | called the Gwētᴇla
to come to a feast in | his house, for G·ēxk·ᴇnis was the head chief of
the ‖ numaym ᴇlgūnwē of the Gwētᴇla. When all the guests had 10
come in, | only Tslāgayōs had not come to the feast. | Then G·ēxk·ᴇ-
nis sent two men to | call Tslāgayōs, and it was not long before
they came back | followed by Tslāgayōs. Tslāgayōs went right on
to the ‖ rear of the house and sat down there, and immediately | 15
they put dried salmon into the dishes for the guests. They | began
to eat, and after they had eaten they were given crab apples as a
second course. | After they had finished eating the crab apples,
G·ēxk·ᴇnis arose | and spoke. He said: "Welcome, Gwētᴇla. In-
deed, ‖ I called you to eat here, for the reason why I invited you is, 20
that you | chiefs may consider what you want to say on account of
the | great thing that has been done when I was shot, for there is

---

gwᴇʻyōs G·exk·ᴇnisōlē qäʻs qādzᴇlax·dᴇmx ʟlāqwax·sa qō g·āx 1
näʻnakᵘ lāxēs laēnaʻyē wīna. Wä, hēʻmis lāg·ilas qlalēda ʻnāxwa
bēbᴇgwānᴇmqēxs hēʻmaē Tslāgᴇʻyōsōlē hănlʻīdᴇq qaxs gwālᴇlaʻmaē
gēnalē Tslāgᴇʻyōsōlax G·ēxk·ᴇnīsōlē qō hē lālᴇx ʟlāqwax·sāōlē qaʻs
gᴇnᴇma. Wä, hēʻmis lāg·il ʻnāxwaʻma bēbᴇgwānᴇm qlălᴇlaqēxs 5
hēʻmaē Tslagᴇʻyōsōlē hănlʻīdᴇq.

Wä, laᴇm hēwäxaʻmē G·ēxk·ᴇnis wăldᴇmnōkwa. Wä, g·ílʻmēsē
aēx·ʻidālē hănʟaʻyas laē ʟēʻlālaxa Gwētᴇla qa läs ʻwiʻla klwēl lax
g·ōkwas lāxēs hēēnōʻmē xāmagămē g·igămaʻyē G·ēxk·ᴇnisōlasa
ʻnᴇʻmēmotasa ᴇlgūnwēsa Gwētᴇla. Wä, g·iʻᴇmʻlāwisē ʻwiʻlaēʟē 10
ʟēʻlānᴇmas, wä, laʻmē lēx·aʻmē Tslāgᴇyōsōlē k·les g·āxa lāxa klwēlē.
Wä, lāʻlaē G·ēxk·ᴇnisōlē ʻyālaqasa maʻlōkwē bēbᴇgwānᴇm qa läs
ētsēʻstax Tslāgᴇʻyōsōlē. Wä, k·lēsʻlatla gălaxs g·āxaē aēdaaqa
lāk·ᴇlax Tslāgᴇʻyōsōlē. Wä, laʻmē hēʻnakūlē Tslāgᴇʻyōsōlē lāxa
ōgwiwaʻlīʻlasa g·ōkwē, qaʻs lā klwāg·alīl lāq. Wä, hēx·ʻidaʻmēsē 15
k·ax·ʻidayowa xᴇmtslag·ala lōᴇlqlwa lāxa klwēlē. Wä, lax·daʻxwē
hămx·ʻīda. Wä, lā gwăla haʻmāpaxs laē hēleg·intsa tsᴇlxwē. Wä,
g·ilʻmēsē gwăl tsᴇlxᵘtsaxᵘxa tsᴇlxwē laasē ʟăxʻwalílē G·ēxk·ᴇnisōlē.
Wä, lā yāqlᴇg·aʻla; wä, lā ʻnēk·ā: "Gēlag·a Gwētᴇl, ālaʻmawēsᴇn hē
ʟēʻlalag·il qaʻs haʻmāpaōs qaxs hēg·in lāg·ila ʟēʻlalōl qaʻs wēg·ilōs 20
dōqwala g·ig·ᴇgămē qaʻs dōqwalaōs qa gwălaatsēs wăldᴇmlaōs qa
ʻwālasē gwēx·ʻidaastsōxda hănlʻēdēx g·āxᴇn, qaxs k·leăsaē ʻyax·sᴇm

23 nothing bad | in my heart. It is for you to say what we shall do with him." | Thus he said, and sat down. ‖

25 Then Neqāp!enk·ᴇm arose and spoke. | He said: "Now listen to me, tribe. If really my younger brother has | done this to that chief, I wish this Chief | G·ēxk·ᴇnis to accept my good word. I will buy him off | with my war canoe which I will give to you, Chief. I
30 paid sixty blankets ‖ for it; and also forty blankets | besides the canoe." Thus he said, and sat down. |

Then all the chiefs were grateful [for his words,] that he | bought him off, and that his younger brother should not be shot, for they had seen that | G·ēxk·ᴇnis was hiding a pistol. Now, after this, the
35 matter was straightened out ‖ for Ts!āgayōs, who would have been shot by G·ēxk·ᴇnis, if | the wise Neqāp!enk·ᴇm had not bought off Ts!āgayōs, so that he should not be shot. | Then all the men were happy and | went out of the feasting house. Now | G·ēxk·ᴇnis and Ts!āgayōs had one heart after this. ‖

40 Now another man married ʟ!āqwax·sä. | His name was Lē‘lēnoxᵘ of the numaym Dzᴇndzᴇnx·q!ayo of the ‘wālas | Kwāg·uł. He was the husband of ʟ!āqwax·sä. After | the warriors had been in Fort Rupert for four days, beginning from the time | when they

---

23 lāxᴇn nâqa‘yē lāx gwe‘yōʟasōxs qᴇnuᶝxᵘ gwēx·‘idaas ʟᴇ‘wōx;"
‘nēk·ē. Wä, lā k!wag·alīła.

25 Wä, hē‘misē Nᴇqāp!enk·ᴇmōłē ʟāx̣‘walīła qa‘s yāq!ᴇg·a‘łē. Wä, lā ‘nēk·a: "Wēg·a hōʟēlax g·ōkŭlōt qō âlaᴇm lāxᴇn ts!ā‘ya hē gwēx·‘idxwa g·īgāma‘yēx, wa, lāʟᴇn ᴀᴇm wāłaqēlaxwa g·īgāmaōx G·ēxk·ᴇnisēx dādalaxg·in ēk·īk· wāłdᴇma. Wä, la‘mēsᴇn xŭnkwas- g·in wī‘natsēk· x̣wāk!ūna łᴀʟ, g·īgāmē, yīxs q!ᴇʟ!ᴇx·sōkwaē p!ᴇʟxᴇ-
30 lasgᴇmaxᴇn k·īlōmaq. Wä, hē‘misa mōx̣ᵘsōkwē p!ᴇʟxᴇlasgᴇma ōgŭ‘la lāxa x̣wāk!ūna," ‘nēk·ᴇxs laē k!wāg·alīła.

Wä, la‘mē ‘nāx̣wa‘ma g·īg·ᴇgāma‘yē mō‘las wāłdᴇmas yīxs laē x̣ŭnkwa qa k·!ēsēs hāni‘ītsᴇ‘wēs ts!ā‘ya qaxs dōgŭ‘ła‘ē G·ēxk·ᴇ- nisōłas q!wāłaʟᴇlaaxa āpsōdᴇgᴇkwē. Wä, la‘mē naqē‘sta wāłdᴇmas
35 laxēq qaxs lᴇ‘ma‘ē hānì‘ētsō laxsdē Ts!āgᴇ‘yōs yīs G·ēxk·ᴇnis qō k·!ēs nâqᴇmałē Nᴇqap!ᴇnk·ᴇmōłē x̣ŭnkwa qa k·!ēsēs hāni‘ētsᴇ‘wē Ts!āgᴇyōsōłē. Wä, â‘misē la ēk·!ēqᴇlēda ‘nāx̣wa bēbᴇgwānᴇmxs laē hōqŭwᴇls lāxa k!wē‘la‘yats!ēx·dē g·ōkwa. Wä, la‘mē ‘nᴇmx·‘īdē nâqa‘yas G·ēxk·ᴇnis ʟō‘ Ts!āgᴇ‘yōs lāxēq.

40 Wä, lä, ōgŭ‘la‘mēsē la bᴇgwānᴇmē qādzēlax ʟ!āqwax·sāxa ʟē- gadā Lē‘lēnoxᵘ g·a‘yōł lāxa ‘nᴇ‘mēmotasa Dzᴇndzᴇnx·q!ayosa ‘wālas Kwāg·uł, yīx lā‘wŭnᴇmas ʟ!āqwax·sä. Wä, g·ī‘mē·ō mōp!ᴇnx̣wa‘sē ‘nālāsa wīna g·aēs lāxg·a Tsāxisᴇk· g·āg·īʟᴇla lāxēs g·īlx·dᴇmē g·āx nä‘nakwaxs wīnēx·dē, lā ‘yālagᴇmēda mōkwē ha‘yāł·a sāsᴇmsa

came back from war, four young men, sons of the ‖ warriors, were 45
sent out into the woods to cut seven poles, | two fathoms long, and two |
with forked tops, a little shorter than the first ones, and also a |
young cedar tree, four fathoms long, and also | long, twisted cedar to
tie up the heads which had been cut off by the ‖ warriors. The 50
young men were told to put them down | northeast of the fort near
to the houses of the white men at | Fort Rupert. |

Then the four young men went into the woods behind the fort and
chopped | down what they had been told to get, and when they had
them all chopped down, they carried ‖ what they had chopped down 55
and put it northeast of the fort; | and when they had brought them
all out, the warriors went to the fort and | made a frame to hang on
the heads which had been cut off. After they had made it, | the
warriors took the heads and | put them on top of the sharpened
poles. When all the ‖ heads had been put on, after the scalps had 60
been taken off to be | dried by the owner in his house, then they
took | eagle-down and put it on the heads and | after they had done
so, it was called "cut off heads hung up." | Now they remained there
until they would fall down, ‖ and they were seen by visitors from | 65
the various tribes who came to Fort Rupert. |

bababak!wa qa läs lāxa āLlē qa sōp!ēdēsēx āLEbōts!aqa maēmaḷ- 45
p!Enkᐧ lāxEns bāLāqē āwâsgEmasas. Wä, hē‘misē mālts!aqa
qēqExāla hälsElaEm ts!āts!akwālagawēs. Wä, hē‘misē ‘nEmts!aqa
dzEs‘Eqwaxa mōp!Enkᐧē lāxEns baLāqē ‘wāsgEmasas. Wä, hē‘misa
gᐧîlsgᐧîlt!a sElbEkᵘ dEwēx qa yîLEmsa yîlxᵘdEmaLaxa qēqagᐧEkwasa
bababak!wa. Wä, lä ‘nēxᐧsE‘wēda ha‘yāl‘a qa‘s lä wīx‘‘ElsElas lāxa 50
‘nālanâ‘yasa xūsEla lāxanExwāla lūx gᐧōk!wasasa gᐧōkwasa māmal‘a
lāxgᐧa TsāxesEkᐧ.

Wä, la‘mēsa mōkwē hă‘yāl‘a lāx āLa‘yasa xūsEla qa‘s sōp!ēdēxa
gwE‘yō qa āxsōs. Wä, gᐧîl‘mēsē ‘wī‘la sōbEkwa gᐧāxaē wīxᐧwŭl-
t!alaxēs sōbānEmē qa‘s lä wīx‘‘ElsElas lāxa āxāsa xūsEla. Wä, 55
gᐧîl‘mēsē ‘wîlgᐧaElsa laasa bababak!wa ‘wī‘la lāxa xūsEla qa‘s lä
kᐧlōmos‘Elsaxa yîlxᵘdEmaLasa qēqagᐧEkwas. Wä, gᐧîl‘mēsē gwālē
āxa‘yas laē ‘wī‘la āx‘ēdēda bababak!wāxēs qēqagᐧEkwē qa‘s lä
k!ŭdzEtodālas lāxa eēxᐧba dzōxūma. Wä, gᐧîl‘mēsē ‘wîlgᐧaaLElēda
qēqagᐧEkwēxa xEwēkwē, qaxs lE‘maaLal sāpo‘yEwē sE‘yaxᐧdäs qa‘s 60
lEmxwasE‘waēs ēxnōgwadās lāxēs gᐧigᐧōk‘wē. Wä, lä āx‘ētsE‘wē
qEmxwāsa kwēkwē qa‘s qEmx‘widayowē lāxa qēqagᐧEkwē. Wä,
gᐧîl‘mēsē gwāla, wä, la‘mē Lēgades yîlx‘wālaxa qēqāgEkwē lāxēs
lagwēdzasaxa. Wä, lä hēxᐧsäEm gwēsē lālaa lāxēs tēqamaxaxᐧ-
dEmLa. Wä, la‘mē dādogŭlbēsa gᐧāxē bāgŭns laxgᐧa TsāxisEkᐧ gᐧa- 65
yōl lāxa lēlqwālaLa‘yē.

67   This is called "pulling under." Some Indians call | this "kill to
die with the dead chief," the way this was done by NEqāp!ᴇnk·ᴇm,
when he went to war | and killed the chief Wäxᴇldᴇkᵘ, his wife, and
70 his ‖ two children, for the slave whom Gwāxwaʟᴇyīg·îlis brought
along was the | daughter of Wäxᴇldᴇkᵘ. |
He only had as his crew the others who had been in war, those who
did not | know what killed Q!ōmox·s⁽ala, his wife, and his princess; |
and Wäxᴇldᴇkᵘ and his crew were killed without cause. ‖
75 The Sanetch never made war on the Kwāg·uł, although the Kwāg·uł
expected | that they would come to make war, and therefore the
warriors always kept ready | and did not sleep nights. They also did
not | kill any of the Kwāg·uł who stayed in Victoria. |
80   I forgot one thing about ʟ!āqwamâga, the ‖ wife of G·ēxk·ᴇnis
who was wounded. Three days | after the warriors had left to go
to war, her breath-holding neck ring of seaweed became flabby. |
Therefore, ʟ!āqwax·sä cried all the time. I have never | seen the
neck ring. This is the end of the story about the war waged by |
NEqāp!ᴇnk·ᴇm. ‖

NEQĀP!ᴇnk·ᴇm's War Song Against the Sanetch

1. I began at the upper end of the tribes. | Serves them right! Serves
them right!|

---

67   Wä, hēᴇm ʟēgadᴇs nēdzapēla. Wä, lä ⁽nēk·ēda waōkwē bāk!ûm-
qēxs hagumg·īla yîx gwēx·⁽idaasas NEqāp!ᴇnk·ᴇmōɫaxs laē wīnaxēs
la k·!ēlak·asᴇ⁽wēda g·îgămaōlē Wäxᴇldᴇkᵘ ʟᴇ⁽wis gᴇnᴇmōlē ʟᴇ⁽wis
70 ma⁽lōkwē sāsᴇma, yîxs g·āxaē q!āk·ōs Gwāxwaʟᴇyīg·îlisa ts!ātsla-
dagᴇmē xŭnōxᵘs Wäxᴇldᴇkwōlē.
Wä, â⁽misē lēlōdadᴇsa waōkwē wī⁽nānᴇmsa wīnaxa k·!ēsē q!ÂʟE-
lax g·a⁽yālasas Q!ōmox·s⁽alaōł ʟᴇ⁽wis gᴇnᴇmōł ʟᴇ⁽wis k·!ēdēlōlē.
Wä, la⁽mē wůłᴇtsᴇ⁽wē Wäxᴇldᴇxᵘdē ʟᴇ⁽wis lēᴇlōtdē.
75   Wä, lä hē⁽wäxa⁽ma Sānatsa g·āx wīnaxa Kwāg·ulē qaxs nāk·!āla-
⁽maēda Kwāg·ułaq g·āx wīna lāg·iłas hēmᴇnālaᴇm gwāgwałalē bā-
babak!wäs. Laᴇm k·!ēs mēxaxa gaganōʟē. Wä, lāxaē k·!ēs k·lē-
lax·⁽îdaasa ts!āmasīläsa Kwāg·uł.
Wä, lāx· ⁽nᴇmx·⁽īdāłag·în ʟ!ᴇlēwēsōkᵘ, yîx ʟ!āqwamâga yîx gᴇ-
80 nᴇmas G·ēxk·ᴇnisxa hănʟᴇkwē, yîxs k·!ēs⁽maaᴇl yūduẋ⁽p!ᴇnxwa⁽sē
⁽nāla bâwēda wīnāxs laaᴇl p!ᴇłat!ēdē hasēts!āla qᴇnxawēs ⁽wä⁽wadē-
k·!în lāg·iłas ʟ!āqwamâga Âᴇm hä⁽yōlis q!wāsa. Wä, lᴇn hēwäxa
dōx⁽waʟᴇlaxa qᴇnxawa⁽yē. Wä, laᴇm lāba lāxa wāwinx·s⁽āla lāx
NEqāp!ᴇnk·ᴇmaxs wīnaē.

NEQĀP!ᴇnk·ᴇm's War Song Against the Sanetch

1. Lāx·dᴇn g·āg·a⁽yaxtolisᴇlax q!ēnᴇm lēlqwălaʟa yâ hâ hâ, yî-
łāla lai, yā hâ hâ, yîlāla lai, yā hâ hâ, wō wō.

2. I came downstream setting fire to the tribes everywhere with my fire bringer. | Serves them right! Serves them right! | — ‖
3. My name, just my name, killed them, I, the great Mover of the World. | Serves them right! Serves them right! |

MURDER AFTER THE DEATH OF A GWATS!ĒNOX^u CHILD (to p. 787)

There is another one who did the same as was done by NEqāp!- 1
ᴇnk·ᴇm, | when he went to war against the Sanetch, about which I talked before, on pp. 1363-1381. | It was when the child of Qāsᴇlas, Chief of the Gwats!ēnox^u, was sick. | That was the name of the chief and his new name was Wahēnox^u, ‖ which name came recently from 5
the Ts!ēgᴇʟēs'ādᴇx^u. His son died. | Then his brother 'māxwa came in, for | Qāsᴇlas and 'māxwa had one father, but two mothers, | and when 'māxwa sat down at the place where | the boy lay dead, ʟ!āqwag·idᴇk^u came in. He was the uncle ‖ of Qāsᴇlas, and he also 10
sat down. They were the only ones of the | Gwats!ēnox^u who came in, for they were afraid of Qāsᴇlas and of his brother, because | they were warriors. They put the boy into a coffin and | after they had done so, they buried him immediately. Qāsᴇlas never | spoke to his brother 'māxwa and to his uncle ‖ ʟ!āqwag·idᴇk^u. After they had 15

---

2. G·āx'mēsᴇn gwālēsᴇlag·in xŭmtxŭmdēsᴇlasg·in xŭmtxŭmtag·ilax lēlqwălaʟa yă hă hă, yilāla lai, yā hă hă, yilāla lai, yā hă hă, wō wō.
3. Ā'mx·dē ʟēgᴇmsdānaxᴇn ʟēgᴇmdzēyaxg·in yālag·iliseg·āx 'nāla, yā hă hă, yilāla lai, yā hă hă, yilāla lai, yā hă hă, wō wō.

MURDER AFTER THE DEATH OF A GWATS!ĒNOX^u CHILD

Wä, g·a'mēs 'nᴇmx·'idāla hē gwēx·'idaasas NEqāp!ᴇnk·ᴇmōłaxs 1
laē winaxa Sānatsaxᴇn g·ilx·dē gwāgwēx·s'ālasa lāx 1363-1381, yixs ts!ᴇx·qaē xŭnōkwas g·igăma'yasa Gwats!ēnox^u yix Qāsᴇlas, hēᴇm 'nᴇm ʟēgᴇmsa g·igăma'yē. Wä, lā ăl'ᴇm ʟēgadᴇs Wahēnox^u g·ayōʟaxa ʟēgᴇmē ălts lāxa Ts!ēgᴇʟēs'ādᴇx^u. Wä, lā wik·!ᴇx'ēdēda 5
bābagumē xŭnōxs. Wä, g·āxē g·āxēʟē 'nᴇmwᴇyotasē 'māxwa, yixs 'nᴇmōkwaē ōmpas Qāsᴇlas ʟō' 'māxwa. Wä, lā ma'lōkwē ēbᴇmpas. Wä, g·il'mēsē k!wāg·alilē 'māxwa lāx la yagwi'latsa wik̓·!ᴇx'idē bābagumē. Wä, g·āxē g·āxēʟē ʟ!āqwag·idᴇk^u yix q!ŭlē'yas Qāsᴇlas qa's k!wāg·alilē ōgwaqa. Wä, la'mē lēx·aᴇm g·āxsa 10
Gwats!ēnox^u g·āxēʟa qaxs k·ᴇlᴇmaē Qāsᴇlas ʟᴇ'wēs 'nᴇmwᴇyōtaxs bābabak!waē. Wä, lā lāts!ōtsa bābagŭmx·dē lāxa dᴇg·ats!ē. Wä, g·il'mēsē gwāla laē hēx·'idaᴇm wŭnᴇmtaq. Wä, la'mē hēwāxa yāq!ᴇg·a'lē Qāsᴇlasaxēs 'nᴇmwᴇyōtē 'māxwa ʟᴇ'wis q!ŭlē'yē ʟ!āqwag·idᴇkwē. Wä, g·il'mēsē gwāl wŭnᴇmta laē nā'nakwē Qāsᴇlas 15

16 buried them, Qāsɛlas went home | to his house, and ᵋmāxwa and
Lǃāqwagˑidɛkᵘ followed him and | sat down where Qāsɛlas was
seated. They had not been sitting there | a long time when Qāsɛlas
rose and went to the place where his two guns were standing. | He
20 took out one of them and spoke. ‖ He said, "Now I shall follow the
ways of my thoughts. | You will be the ones whom I pull under my
prince, both of you." Thus said | Qāsɛlas to ᵋmāxwa and Lǃāqwagˑi-
dɛkᵘ. |
Then ᵋmāxwa answered at once and said, "Do not | say that,
25 brother. There is smoke at Ōmanis and there are ‖ people to whom
it belongs. Let us go there." Thus said ᵋmāxwa to | his brother
and then Qāsɛlas agreed to what he said. |
Immediately they got ready, for it was morning, and the | three
of them started in a small canoe and paddled, each | carrying a gun,
30 and they carried their spears. ᵋmāxwa was ‖ sitting in the bow,
Qāsɛlas in the middle, and | Lǃāqwagˑidɛkᵘ was steersman. They
told their people that they were going hunting sea otters | at Kˑawaq
and Ayaaxsīweᵋ. They steered for it and the | Gwatsǃēnoxᵘ guessed
that they were going to kill some one to die with the | child, for they
35 started at once after they had buried ‖ the child. |
Then they steered for Kˑawaq, and as soon as they arrived there,
they tore off a | narrow strip of their blankets and tied it on firmly

---

16 lāxēs gˑōkwē. Wä, lä lāsgɛmaᵋyē ᵋmāxwa Lōᵋ Lǃāqwagˑīdɛkwaq qaᵋs
lä kǃūsᵋūlīł lāx kǃwaēlasas Qāsɛlas. Wä, kˑlēstǃa gaēl kǃūdzēla
laas Laxᵋūlīlē Qāsɛlasē qaᵋs lä lāx qǃwaēlasasēs maᵋltsᵋɛmē hănhăn-
Lɛma. Wä, là dāxˑīdxa ᵋnɛmsgɛmē lāq. Wä, lä yāqǃɛgˑaᵋla. Wä,
20 lä ᵋnēkˑa: "Lākˑasᵋmaēgˑīn dāxˑᵋidLɛxgˑa gwāłaasgˑasgˑīn nâqēkˑ,
sōkwasᵋɛmxatǃ nēdzɛmsɛn Lăwɛlgămaxˑdä, yōkˑasdaᵋxōL," ᵋnēkˑasē
Qāsɛlasax ᵋmāxwa Lōᵋ Lǃāqwagˑidɛkᵘ.
Wä, hētǃa ᵋmāxwa nâqɛmāla nāᵋnaxmēq. Wä, lä ᵋnēkˑa: Gwä-
ˑkˑasla ᵋnēxˑōɪ., ᵋnɛmwōt. Kwäxˑaxaē Ōmaᵋnisxē kwäxˑa lākˑasē
25 bɛgwānɛmsɛᵋwa. Wēkˑas lāgˑaxˑɛns laqēnē," ᵋnēkˑē ᵋmāxwäxēs
ᵋnɛmwɛyotē. Wä, laᵋmē ēxˑᵋakˑē Qāsɛlasax wāldɛmas.
Wä, hēxˑᵋidaᵋmēsē xwānałᵋida qaxs gaālaē. Wä, laᵋmē ălēxᵋwida
yūduxᵘtsǃălaxa xwāxwagūnaxs laē sēxᵋwida lāxēs qǃwāłxōᵋmaē
hănLatsa hănhănLɛmē. Wä, lä māstowaqɛlaxēs māstowē. Wä,
30 laᵋmē kǃwāgˑiwaᵋyē ᵋmāxwa. Wä, lä kǃwäyaᵋyē Qāsɛlas. Wä, lä
Lɛnxlaᵋyē Lǃāqwagˑīdɛkwē. Wä, laᵋmē ᵋnēkˑxēs gˑōkŭlōtaxs qǃā-
qǃasaēl lax Kˑāwaq Lōᵋ Ayaaxsīwē. Wä, lāxˑdaᵋxwē Lɛxᵋēda. Wä,
laᵋmē kˑōtēda Gwatsǃēnoxwaq laɛm lāł kˑǃēlakˑasōnukᵘL qa
hagumsēs xŭnōxᵘdē qaxs xɛnLɛlaē hēxˑᵋidaɛm Lɛxᵋēdɛxs laē gwāł
35 wŭnɛmtaxēs xŭnōxᵘdē.
Wä, lä Laxsgɛmēx Kˑāwaq. Wä, gˑīlᵋmēsē lāgˑaa lāqēxs laē xwä-
sōdxa tsǃēqǃadzō lāxēs ᵋnaɛnxᵋūnaᵋyē qaᵋs yīlātōdēs łalakǃwatǃas

on the | locks of their guns so that the powder should not get wet. |
The three death-bringing guns were loaded. ‖ Now a strong north- 40
west wind was springing up. Therefore | they at once hoisted their
sail and they went before the wind steering for | the village at Ōmanis.
They arrived at a shelter by the side of | the island in front of the
house. They took down their sail and | paddled ashore. ‖
Then NEngEmālis came to meet them, and NEngEmālis spoke | 45
and said, "It is a great thing that you paddle about, friends. Why |
did you travel thus on the water?" Thus he said. Then ʻmāxwa |
replied and said, "O Wonder, we were traveling about on the water, |
because we were trying in vain to hunt for sea otters at Kᵕawaq. ‖
Then a north wind sprang up and we came | to save ourselves here 50
at Ōmanis." Thus he said to him. |
Then NEngEmālis took the three guns | and said, "Come now and
eat in my house." | Thus he said as he was carrying the three guns,
and he went up ‖ the beach and went into his small house. Then | 55
ʻmāxwa, QāsElas and L!āqwagʻidEkᵘ went up the beach | and they
went into the house. They sat down and | ʻmāxwa saw in the house
Hănkwasōʻgwiʻlakᵘ and his wife, and also | the wife of NEngEmālis
and his boy. ‖ Hănkwasōʻgwiʻlakᵘ was lying on his back in the other 60

lāx sExˑsEkwäsēs hănhănʟEmē qa kˑ!ēsē k!ŭnxʻēdēda ts!ōlaʻyowē. 38
Wä, laʻmē ʻnāxwa la kˑ!ātsʟEwakᵘsa ɫEʻlgˑila, yîxs yŭduxᵘsEmaēda
hănhănʟEmē. Wä, laEm lōk!wēmasa yâlēda dzāq!wa lāgˑiɫas hëxˑʻi- 40
daEm yāwap!ētsēs yāwabEmē. Wä, lăʻmē nEq!ExLâɫaxs laē ʟâlax
Ōmaʻnis lāxa gˑōkŭla lāq. Wä, gˑîlʻmēsē lāgˑaa lāxa q!ōgŭnwaʻyas
ʻmEkŭmaʻyasa gˑōkwē laē yāwapaxōdxēs yāwabEmē. Wä, lä sēx-
ʻwida qaʻs lāgˑalisē.
Wä, gˑāxē NEngEmālisōɫē lālalaq. Wä, lä yāq!Egˑaʻɫē NEngEmā- 45
lisoɫaq. Wä, lä ʻnēkˑa: "Sakˑatsōs sēxʻwidaasēx āadats. ʻmāskˑasēs
hēgˑiɫkˑasaōs gwēgwälagˑELaʻyē," ʻnēkˑē. Wä, hēʻmisē ʻmāxwa nā-
ʻnaxmēq. Wä, lä ʻnēkˑa: "ĀlEmsilakˑasgˑanuʻxᵘ gwēgwälagˑELa-
ʻyaas wäxˑkˑasʻEmxaanuʻxᵘ q!āq!asaax q!ûsākˑasa lāxōx Kˑāwaqkˑa-
sēx. Wä, lākˑasōx dzāq!waxˑʻîdkˑasa. Wä, ōkwasʻEmxaanuʻxᵘ 50
gˑāxkˑas q!wāq!ŭla lākˑasxō Ōmaʻniskˑasēx," ʻnēkˑEq.
Wä, laʻmē NEngEmālis dāxˑʻîd ʻwîʻlaxa yŭduxᵘsEmē hănhănʟEma.
Wä, lä ʻnēkˑa: "Gēlakˑasla qaʻs layōs ʟ!ExwaxstakˑasˑlāxEn gˑōxwē,"
ʻnēkˑExs laē dālaxa yŭduxᵘsEmē hănhănʟEmaxs laē lâsdēsEla lāxa
ʟ!Emaʻisē qaʻs lä laēʟ lāxēs āmaʻyē gˑōkwa. Wä, laxˑdaʻxwē ʻmāxwa 55
Lōʻ QāsElas Lōʻ L!āqwagˑidEkwē hōxʻwŭsdēs lāxa ʟ!Emaʻisē qaʻs lä
hōgwīʟ lāxa gˑōkwē. Wä, lä k!ŭsʻāliɫa. Wä, laʻmē dōxʻwaLElē
ʻmāxwax Hănkwasōʻgwiʻlakᵘ ʟEʻwis gEnEmē, wä, hēʻmisē gEnEmas
NEngEmālis ʟEʻwis xŭnōkwē bābagum lāxa gˑōkwē lāxs âʻmaē
t!ēgˑilē Hănkwasōʻgwiʻlakᵘ lāx ăpsanēgwiɫasa gˑōkwasēs ts!ōxᵘʟEmē 60

62 corner in the house of his | grandson Nengemālis, whose wife gave
to eat to the visitors. | After she had given food to the visitors, the
woman sat down and | Nengemālis sat down where his wife was
65 seated and | lay on his back by the knees of his wife. ‖ Then ᴇmāxwa
spoke and said, "Now let us | look at our guns for they are all wet. |
We will start in the morning when it gets daylight." Thus he said. |
He rose and took the three guns and gave | one to Qāsᴇlas and one
70 to ʟ!āqwag·idᴇkᵘ. Then ᴇmāxwa sat down ‖ and they untied the
strips around the locks of the | guns and when they had untied them,
they were | ready. Then Qāsᴇlas spoke and said, "Now I | will tell
you the news, Chief. My prince died | to-day and you will go with
75 him." Thus he said, and shot at ‖ Hănkwasō'gwiᴇlakᵘ, and ʟ!āq-
wag·idᴇkᵘ shot at his | wife and ᴇmāxwa shot at Nengemālis, and
Nengemālis was killed, for the ball went through the back of |
Nengemālis and through the left side of his wife, | but she was not
80 dead. Then the woman rose and sang her sacred song, ‖ and the
wife of Hănkwasō'gwiᴇlakᵘ did the same. | Then Hănkwasō'gwiᴇlakᵘ
jumped through the corner of the house | and hid in the woods. He
and his wife were missed by those who shot at them. | They did not
shoot the son of | Nengemālis. The name of his child was ᴇnᴇmō-

---

61 Nengemālis. Wä, laᴇmē hămg·ilē genᴇmasēxa bāgŭnsē. Wä, g·îl-
ᴇmēsē gwāl hămg·īlaxa bāgŭnsaxs laē k!wāg·alīlēda tsʟᴇdāqē. Wä,
lē Nengemūlisē la k!wāg·alīl lāx k!waēlasasēs genᴇmē qa tʟēk·alē
lāx ōkwäx·aᴇyasēs genᴇmē.
65 Wä, lä yāq!ᴇg·aᴇlē ᴇmāxwa; wä, lä ᴇnēk·a: Wālag·ax·ens dōqwa-
xens hănhăn̥ʟemk·asax lak·asᴇmaaxsōnō k!ŭnxᴇēda qak·asansō ʟᴇx-
ᴇēdk·asʟax g·ilk·asēʟasō nānosᴇīdʟax gaālaʟa," ᴇnēk·ᴇxs laē ʟāxᴇūlîl
qaᴇs lä ăxᴇēdxa yūduxᵘsᴇmē hănhăn̥ʟem qaᴇs tsʟᴇwanaqēsa ᴇnāl-
ᴇnᴇmē lāx Qāsᴇlas ʟ̥ōᴇ ʟ!āqwag·idᴇkᵘ. Wä, lä k!wāg·alīlē ᴇmāxwa.
70 Wä, lä ᴇnemx·ᴇīdᴇxs laē qwēlālax yîʟemas sᴇx·sakwāsa hănhăn̥-
ʟem. Wä, g·îlᴇmēsē ᴇwiᴇla qwēlkwa, wä, laᴇmē ᴇnāxwa la gwālaʟa.
Wä, lä yāq!ᴇg·alē Qāsalas; wä, lä ᴇnēk·a: "Wālag·ax·en tsʟᴇk·!ā-
lᴇīdk·asōl g·īgāma. Wēk·!aqak·asxaen ʟāwelgămax·dāxō ᴇnālak·a-
sēx. Wä, lāk·asʟaxaas laqēnē," ᴇnēk·ᴇxs laē hănlᴇīda wāx·ᴇx
75 Hănkwasō'gwiᴇlakᵘ. Wä, la ʟ!āqwag·idᴇkᵘ wāx· hănlᴇīdᴇx
genᴇmas. Wä, la ᴇmāxwa hănlᴇīdᴇx Nengemalisdē. Wä, laᴇmē
hēbayē Nengemalisdē. Wä lēda ʟᴇᴇlgila hēx·sala lāx āwīg·aᴇyas
Nengemalisdē qaᴇs lä hēx·sāla lāx gᴇmxanōdaᴇyas genᴇmas. Wä,
la k··lēs lᴇᴇla. Wä, lēda tsʟᴇdāqē ʟaxᴇūlīl qaᴇs yālaqwēsēs yālaxᵘ-
80 ʟᴇnē. Wä, hëᴇmxaāwisē gwēx·ᴇīdē genᴇmas Hănkwasō'gwiᴇlakᵘ
yîxs lāaʟal dᴇxᵘsāwē Hănkwasō'gwiᴇlakwē lāxa ōnēgwīlasa g·ōkwē
qaᴇs lä ᴇwūna lāxa ōi ᴇē. Wä, laᴇm ʟēqwasōsa hănlᴇīdāq ʟeᴇwis ge-
nᴇmē. Wä, lä k··lēs hănlᴇētsr̥ᴇwēda bābagŭmē xŭnōkwas Nenge-
malisdēxa ʟēgadēda g·inănemas ᴇnᴇmōkwātāᴇyē. Wä, g·îlᴇmēsē

kwătâ'yē. After ‖ 'māx̣wa had shot, they went out of the house and 85
after they had loaded | their guns, they went home to their house. |
Now they went down to the beach and launched their canoe. |
It was not long after they had gone aboard their canoe, when the |
wife of NEnɢEmālis came out and took hold of the bow of the canoe
and ‖ the woman spoke and said, "'māx̣wa, do not start just yet, | 90
but shoot me also, that I may go to where my husband went. | Then
'māx̣wa shot her also and she died. | After that, QāsElas went home.
Two were killed | by 'māx̣wa, whom he paid to QāsElas that he might
live. ‖ Hănkwasō'gwi'lak", his wife, and the boy were not hurt. | 95

Then QāsElas and his crew felt good when they arrived at | Sēbaa
in the evening. 'māx̣wa had redeemed himself with two | whom he
had shot for QāsElas, that he might live.

It is not called war, if some one does as was done by QāsElas, ‖ but 100
it is called by the Indians "to die with those who are dead," these two
who were shot by | 'māx̣wa on account of the child of QāsElas.
They did not cut their heads off, and | there is no war song for
QāsElas when he came home after | they had killed two, NEnɢE-
mālis and his wife, | on the same day when the child of QāsElas died.
There would have been four, if ‖ QāsElas and ʟ!āqwag'idEk" had hit 5
Hănkwasō'gwi'lak" | and his wife, whom they tried to shoot. That
is the end. |

---

gwăl hănʟa 'māx̣wa laē hōqŭwEls lāxa g·ōkwaxs laē gwăl k·!ats!ōd- 85
xēs hănhănʟEmē. Wä, la'mē lăl nă'nax̣ᵘʟ lāxēs g·ōkwē.

Wä, la'mē hōqŭnts!ēs lāxa ʟ!Ema'isē qa's wī'x̣ᵘstEndēxēs x̣wäk!ŭna.
Wä, k·!ēs'mēsē laEm hōgŭxs lāxa x̣wäk!ŭnaxs g·āxaē g·āxawElsē gE-
nEmx·da's NEnɢEmālis qa's g·āxē dāg·Eyōdxa x̣wäk!ŭna. Wä, lä
yāq!Eg·a'lēda ts!Edāqē. Wä, lä 'nēk·a: "Gwällag·aamas ʟăʟEx'ax, 90
'māx̣wa, qa's ēt!ēdaōs hănł'īd g·āxEn qEn la'mē lāx lälaatsEn lā'wu-
nEmx·dä. Wä, la'mē hēEmxaē 'māx̣wa hănł'īdEq. Wä, la'mē ʟx̣'la.
Wä, g·āx'mē nä'nakwē QāsElas lāxEq. Wä, ma'lōkwē lE'lämatsE-
'was 'māx̣wa, yīx hălagEmasēx QāsElas qa's q!ŭlē. Wä, lä k·leâs
yīlkwēs Hănkwasō'gwi'lakwē ʟE'wis gEnEmē ʟE'wa băbagumē. 95

Wä, la'mē ēk·lēqElē QāsElas ʟE'wis lēElōtaxs laē lag·alis lāx Sē-
baaxa la dzāqwā. Wä, laEm xŭnkwē 'māx̣wasa ma'lōkwē hăn-
ʟExᵘs lāx QāsElasē qa's q!ŭlēxs hāē.

Wä, k·!ēs ʟēgadEs wīnēda hē gwēx·'ida, yīx gwēx·'idaasas QāsElas,
yīxs hē'maē gwE'yōsa bāk!umē hăgumg·ilasa ma'lōkwē hănʟExᵘs 100
'māx̣wa lāx xŭnōx̣ᵘdäs QāsElas. Wä, lä k·!ēs qax·'īdEq. Wä, lāxaē
k·!eâs nElā'layōs QāsElasaxs laē nä'nak" lāxēs g·ōkwē qaxs hēlāla-
'maē k·!ēlax·'īdxa ma'lōkwē yīx NEnɢEmālisdē ʟE'wis gEnEmx·däxa
wīk·!Ex'idEx·dEmas xŭnōx̣ᵘdäs QāsElas, yīxs mōkwēlaxsdē qō q!apē
QāsElas ʟō' ʟ!āqwag·idEkwaxēs wāx·i hănł'ītsE'wē Hănkwasō'gwi- 5
'lakwē ʟE'wis gEnEmē. Wä, laEm lāba.

The Kwakiutl Settle at Qālogwis (to p. 835)

1   Now I will answer what is asked by you, why the Kwakiutl | lived at Qālogwis. It was when the myth people were scattered, | when they discovered that the princes of the village had been | killed by
5   Mink. Their village site was really good; || for K!wēk!waxāwē‛ had made the village site of the myth people. |
Now for a long time there was no village there. Then | the Chief of the numaym Maǎmtag·ila, ‛maxŭyalidzē | came from where his house stood at K·!ōdagala, with his wife Aōmōl and his | three sons
10 and their wives and many children, || and also with two daughters and their husbands | and their many children. They travelled in four canoes, | for indeed they moved away from K·!ōdagala to look for a good | place for a village. They passed Fort Rupert, and | ‛maxŭyalidzē wished to go to ‛wīwEx̣ᵘdzEq. He arrived || at
15 ‛nōx̣ᵘdem and in vain he looked for water. He | did not find any. Then they paddled and went eastward and | he saw Qālogwis which was a very good village site. Then | ‛maxŭyalidzē and his sons-in-law unloaded their cargo at that place | and immediately they built houses there. ||
As soon as the houses were finished, Chief | ‛maxŭyalidzē said that
20 they would invite the tribes. Then he came | to Fort Rupert, for

---

The Kwakiutl Settle at Qālogwis

1   Wä, laEmx̣aEn nä‛naxmēlxēs wŭLāsE‛wōs lāx lāg·ilasa Kwāg·ul hē g·ōkŭlē Qālogwisē. Wä, hē‛maa‛laxs laē ‛wī‛la gwēgwal‛ēdēda nŭx̣ᵘ-nEmis yīxs laē q!ästa aLōlēnoxwaxēs LŌ̱laElgǎma‛yaxs laē k·!ē-lax·‛ītsōs L!ēsElag·i‛la. Wä, laEm‛lāwisē äla ēk·a g·ōx̣ᵘdEmsē qaxs
5   häsaax K!wēk!waxāwa‛yē äxa‛ya g·ōx̣ᵘdEmsasa nŭx̣ᵘnEmisē.
Wä, laEm‛lāwisē gäla la k·!eäs g·ōkŭla lāq. Wä, lä‛laē sEx‛widē g·īgăma‛yasa ‛nE‛mēmōtasa la Maǎmtag·ila, yīx ‛māx̣ŭyalidzē, g·äx·‛id lāxēs g·ōkwē lāx K·!ōdagala LE‛wis gEnEmē Aōmōl LE‛wis yŭdukᵘ bēbEgwānEm sāsEma LE‛wis gEgEnEmē LE‛wis q!ēnEmē sē-
10 sāsEma, hē‛mēsēs ma‛lōkwē ts!ēdaq sēsāsEma LE‛wis lēla‛wŭnEmē LŌ̱‛xaēs q!ēnEmē sēsāsEma. Wä, laEm‛laē mōts!aq x̣wāx̣wăk!ŭnē yä‛yats!äs, qäḷaxs lE‛maaEl ‛māwa bäs K·!ōdagāla qa‛s lä älä ēk·a lāx g·ōkŭlasē. Wä, lä‛laē hayāqalaxg·a Tsāx̣isEk·. Wä, laEm‛laē ‛māx̣ŭyalidzē ‛nēx· qa‛s lä lāxa ‛wī‛wEx̣ᵘdzEqē. Wä, lä‛laē lāg·aa
15 lāx ‛nōx̣ᵘdEma. Wä, laEm‛lāwis wāx· äläx ‛wāpas. Wä, lä‛laē k·!eäs q!äsōs. Wä, lä‛laē sēx‛wida qa‛s lä ‛nāloLa‛yala. Wä, lä‛laē dōx‛waLElax Qālogwisaxs älaē ēk· g·ōx̣ᵘdEmsa. Wä, laEm‛laē ‛māx̣ŭyalidzē ‛mōltōdxēs ‛mEmwāla lāq LE‛wis naEngŭmpē lāq. Wä, lä‛laē hēx·‛idax·‛da‛x̣ᵘ‛Em g·ōkwēla lāq.
20 Wä, g·îl‛Em‛lāwisē gwäḷē g·ig·ōkwēla‛yas laalasa g·īgăma‛yē ‛mā-x̣ŭyalidzē ‛nēx· qa‛s wäg·i Lēlelaxa lēlqwāḷaLa‛yō. Wä, g·äx‛Em-

that is where Ō‘maxt!ālaLē‘ and his | younger brother ‘wālas 23
‘nEmōgwis and his father, ‘wālas Kwāx‘ïlanokumē‘, lived. |

And before ‘maxūyalidzē invited them, the younger brother of ‖
Ō‘maxt!ālaLē‘ ‘wālas ‘nemōgwis dressed himself with his abalone 25
ear ornaments | and his abalone nose ornaments. Then Ō‘maxt!ā-
laLē‘ said, | "This (my) younger brother looks very much like a
chief. Now his name is G·ēxsEm | (chief's face) and that of the
generations following him." Thus he said. That is the beginning of
the | numaym G·ēxsEm, for the numaym of Ō‘maxt!ālaLē‘ were the
G·ïg·ïlgăm, ‖ and therefore it is said that the numaym G·ïg·ïlgăm | 30
was nursed on the right breast of their mother, and that the | numaym
G·ēxsEm was nursed on the left breast of their mother. | Therefore
they say that the numaym G·ēxsEm are descendants from the
younger brother, | and that the numaym G·ïg·ïlgăm are descendants
from the elder brother. I only wish ‖ to talk about this. Their 35
village was at K·!āq!a.

Now I will talk about ‘māxūyalidzē. He came | up to Xūdze-
dzālis, the village of Yïx·āgămē‘. | Then he invited him to come to
Qālogwis. Next ‘māxūyalidzē came | to Tāyagōł and he invited
Lālax·s‘Endayō and he went to ‖ L!āL!Eqwaxʟa and he invited 40
DzEnx·q!ayō and he went to Łe‘ladē | and invited Hayalik·awē‘, and
‘māxūyalidzē did not go beyond | Łe‘ladē, but came back. |

‘laē lāxg·a TsāxisEk· qaxs g·a‘maē g·ōkūlē Ō‘maxt!ālaLē ʟE‘wis 22
ts!ā‘yē ‘wālas ‘nEmōgwis ʟE‘wis ōmpē ‘wālas Kwāx·ïlanōkūma‘yē.

Wä, g·ālagawa‘yēsa lēłElē ‘māxūyalidzäs q!wālax·ax·dEmas ts!ā.
‘yas Ō‘maxt!ālaʟa‘yē, yïx ‘wālas ‘nEmōgwisē yïxs xōgEx^usa ëx·ts!Em- 25
Wä, lā‘laē k·ēdzēłbalaxa ëx·ts!Em. Wä, la‘laē ‘nēk·ē Ō‘maxt!ālaʟa-
‘yē: "Lō‘mak·asōx g·ēxsEmōx wīsax. Wä, la‘mēsōx ʟēgadʟes G·ēx-
sEm ʟE‘wis El‘nakūlaʟa," ‘nēx·‘laē. Wä, hë‘mis g·äg·ïʟElatsa
‘nE‘mēmotasa G·ēxsEm yïxs ‘nE‘mēmotas Ō‘maxt!ālaʟa‘ya G·ïg·ïl-
găm. Wä, hë‘mis lāg·ilas ‘nēx·sowa dza‘mēda ‘nE‘mēmotasa G·ïg·ïl- 30
gămax hëlk·!ōt!Ebâ‘yē dzamsēs äbEmpē. Wä, lā‘laē dza‘mēda
‘nE‘mēmotasa G·ēxsEmax gEmxot!Ebâ‘yē dzamsēs äbEmpē. Wä,
hë‘mis lāg·ilas ‘nēx·sō ämayEnxayawäda ‘nE‘mēmotasa G·ēxsEm.
Wä, lä ‘nōlawālila ‘nE‘mēmotasa G·ïg·ïlgăm. Wä, â‘mEn ‘nēx·g·ïn
gwāgwēx·sEx·‘ïdē lāq, yïxs häē g·ōkūlē K·!āqa. 35

Wä, la‘mēsEn gwagwēx·s‘ālał läx ‘māxūyalidzē. Wä, g·äx‘Em-
‘laē g·äx‘aʟEla läx XūdzEdzālis läx g·ōkūlasas Yïx·āgEma‘yē. Wä,
laEm‘laē lēłElaq qa läs läx Qālogwis. Wä, g·äx‘laē ‘māxūyalidzē
läx Tāyagōł. Wä, lä lēłElax Lālax·s‘Enda‘yo. Wa, lä läx ʟ!āʟ!a-
qwaxʟa. Wä, lä lēłElax DzEnx·q!a‘yo. Wä, lä läx Łe‘ladē. Wä, 40
lä lēłElax Hayalik·awa‘yē. Wä, hëEm‘laē wälē ‘maxūyalidzē Łe-
‘ladē, g·āxaē aēdaaqa.

And Hayalik·awē' came paddling after him, and, it is said, | the
45 five tribes traveled after him. Then ‖ they arrived at Qālogwis,
and 'māxūyalidzē gave away blankets | and lynx skins and dressed
deer skins and mink skin blankets and yellow-cedar blankets | to
those whom he had invited. |

After 'māxūyalidzē had given a potlatch to his guests, | then
50 'walas Kwāx'ilanōkūmē', the father of Ō'maxt!ālaLē' ‖ and of his
younger brother 'wālas 'nEmōgwis, and Yīx·āgāmē', and | Haya-
lik·awē' said that they would build houses at Q!ābē', and DzEnx·-
q!ayo | built a house at Ādap! and Lālax·s'Endayō built a house at
Qālogwis, | and after Lālax·s'Endayō had finished building his
house, | the ancestor of the numaym Kūkwāk!ūm came from
55 Wāq!anak^u ‖ and they at once built a house at Qālogwis, and then
came SēnL!ē | and he also built a house at Qālogwis, and |Walibā'yē
did the same, for he just came paddling along and saw | the smoke of
Ādap!. Then he paddled and went there, and | at once he built a
60 house; and Walibā'yē came from ‖ Gwaxʟāla, when he first became
a man. The ancestors of the | numayms LēʟEgēd and ʟēq!Em built
houses at Ādap! They | came from Ōs'Eq^u. That is how it hap-
pened that they came together. | Now they invited one another in
the villages Qālogwis and | Q!ābē' and Ādap! for they were ready in
65 the villages they had built. ‖ That is all now. |

---

43 Wä, g·äx'Em'laē Hayalik·awa'yē sē'wig·ēq. Wä, laEm'laē sē-
'wik·Elē 'maxūyalidzäxa sEk·lasgE'makwē lēlqwǎlaLa'ya. Wä, lā-
45 'laē lāg·aa lāx Qālogwisē. Wä, laEm'laē 'maxūyalidzē p!Esasa
'wālasx·ǎ ʟE'wa ǎlāg·īm ʟE'wa mEtsasgEm 'nEx'ūnē ʟE'wa k·lōba-
wasē lāxēs LēlE'lakwē.

Wä, g·îl'Em'lāwisē gwāl yāqwa 'māxūyalidzäxēs LēlE'lakwē laē
'nE'māla 'nēk·ē 'wālas Kwax'īlanokūma'yē yīx ōmpas Ō'maxt!āla-
50 La'yē, ʟE'wis ts!ā'yē 'wālas 'nEmōgwis ʟō' Yīx·āgEma'yē ʟō' Haya-
lik·awa'yē qa's lā g·ōkwīla lāx Q!āba'yē. Wä, lā DzEnx·q!a'yo
g·ōkwīla lāx Ādap!. Wä, lā Lālax·s'Enda'yo g·ōkwīla lāx Qālo-
gwisē. Wä, g·îl'Em'lāwisē gwālē g·ōkwīla'yas Lālax·s'Enda'yo g·ā-
xaas g·ālāsa 'nE'mēmotasa Kūkwāk!ūm g·āx·'īd lāx Wāq!anak^u.
55 Wä, lā'laē hēx·'idaEm g·ōkwīla lāx Qālogwisē. Wä, g·äx'laē SēnL!ē.
Wä, lā'laē ōgwaqa g·ōkwīla lāx Qālogwisē. Wä, hēEm'laxaāwisē
gwēx·'idē Wālibā'yē, yīxs ā'maē siō'nakūla. Wä, lā'laē dōx'waLE-
laxa kwax·'īla lāx Ādap!. Wä, lā'laē sēx'wid qa's lā lāq. Wä, lā-
'laē hēx·'idaEm g·ōkwīla lāq. Wä, laEm'laē Wālibā'yē g·äx·'īd lāx
60 Gwaxʟāla, yīxs häē g·īl bEgwānEmx·'idē. Wä, g·äx'laēda g·ālāsa
'nE'mēmotasa ʟēʟEgēdē ʟE'wa ʟēq!Em lāx Ādap! g·ōkwīla lāq; yīxs
häē g·äx·'īdē Ōs'Eq^u. Wä, hēEm gwēx·'idaatsēxs laē q!ap!ēx·'ida.
Wä, laEm LēlE'lap!ēda g·ōkūla lāx Qālogwisē ʟE'wa g·ōkūlā lax
Q!āba'yē ʟE'wa g·ōkūla lāx Ādap!ē, yīxs laē gwēgwalēs g·ig·ōkwila-
65 'yē. Wä, laEm lāba lāqēx.

XI. VOCABULARY

ABBREVIATIONS

M. Annual Report of the U. S. National Museum for 1895, Washington, D. C.

III. Publications of the Jesup North Pacific Expedition, Vol. III. Leyden, F. F. Brill.

V. Ibid., Vol. V.

X. Ibid., Vol. X.

C. Kwakiutl Tales, Columbia University Contributions to Anthropology, Vol. II.

R. Thirty-fifth Annual Report, Bureau of American Ethnology.

BAV. Boas Anniversary Volume, New York, G. E. Stechert, 1906.

    (New)   Newettee.
    (Kos)   Koskimo.
    (Gwa)   Gwasila.

The order of the Indian alphabet is as follows:

    ᴇ, a, ā, e (i), y, â, o (u), w.
    h
    b, p, p!
    m
    d, t, t!
    s
    dz, ts, ts!
    n
    g·, k·, k·!
    g^u (gw), k^u (kw), k!^{u} (k!w)
    g, q, q!
    l, ł, ʟ, ʟ̓, ʟ!

Words beginning with a glottal stop (ʻ) are placed with the following sound, because the occurrence or non-occurrence of the stop is not sufficiently certain.

Since y and e (i); w and o (u) are closely related, each of these groups is treated as a unit, so that y and w followed by vowels precede e and o followed by consonants.

KWAKIUTL-ENGLISH

E, a

ᴇⁿ exclamation indicating distress. III 305.14.
ā exclamation indicating pain. C 52.26.
ǎǎms bad luck, defiled. R 709.99.
   aᶜmēla to spoil, to make mistake, to bring ill luck. III 28.12; C 350.19 (Kos).
aatlǎlag·ila to cause constipation. R 576.94.
aǎnt eyebrows. III 87.23.
aǎgala Moneses reticulata, Nutt.
ay(a) to pay shaman. ēeᶜayapl. C 350.4 (Kos).
ayābagᴇs happy. C 296.9 (Kos); ayaqlᴇs. R 1256.6 (Kos).
aēdzē great. C 206.16.
aᶜyasō hand. R 114.77, eᶜeyasō pl. R 132.39.
āyag·ᴇkᵘ fine adzing.
aᶜyōe(ᴇla) to understand. III 238.30.
   aᶜayōtsla to try to understand.
aw- father.
   ōmp father. III 22.6; wīᶜwōmp pl. father and uncles, ancestors. C 28.25.
   ǎs your—III 19.1, ēâs pl. C 30.9.
   aᶜwāsǎla in company with father. III 277.34.
   aᶜwatsōᶜ step-father, mother's or father's sister's husband. C 86.24.
   âsk·lōt father's side; i. e., the numaym to which the father belongs. R 1076.56.
awᴇl- plain, distinct.
   awᴇlx·iya to shout (?) C 306.25 (Kos).
   awᴇlx·s plainly discernible. R 63.72.
   awᴇlplǎltō to become plainly discernible to eye. C 48.3; to convince oneself. III 154.16.
awᴇlq- to desire, to wait for something. C 246.12 (New).
   awᴇlqlas stingy, avaricious.
awᴇlx·iya to shout (?) C 306.25 (Kos).
āwāk·ᴇla slowly. R 701.32.

āwinagᴇmāla slow. R 626.64.
āwaqw(a) to sit on summer-seat. III 265.15.
awaqwēᶜ summer-seat. R 310.7.
awa- see wa.
awāqlas liberal. III 118.93.
aᶜwal(iᶜlāla) to walk about searching for something. R 705.3.
awēqw(a) a dying person leaves his relatives. R 714.34.
awila important. R 63.64.
āwō great, pl. III 22.10, R 95.32.
āwōdzᴇm great tribes.
āwōwaxᴇkǃūs coarse gravel on ground.
āwâxatslō to put inside. R 396.77.
aōwak· big sheet of water, ocean. III 103.93.
aōms man of ordinary power (probably only with k·lēs). III 33.35, C 52.14.
aōklūna (?) to pick for oneself. R 212.31.
ab- mother.
   abᴇmp mother; ēbᴇmp pl. mother and aunts.
   abāyad having a mother (from a stem abas-). III 25.16.
   abēnᶜ mother!
   abatsōᶜ step-mother; wife of father's or mother's brother.
abāsᴇma end (?) R 111.9.
ābanē maggots.
āps- one side.
   āpsadzēᶜ one side. C 66.31; R 62.42.
   āpsōt one side. R 71.329.
   āpsᴇyinx next year. R 352.31.
   āpsēk·ǃis adherents of one chief.
ām- closed up, tight.
   āmxa water-tight. R 92.37.
   āmtslō filled up entirely so that it forms a solid mass. R 95.36.
   āmxʟa a hand width. R 81.56, 147.22.
   āmxstōxᶜwid to close door. III 77.23; a hole. III 168.22.
amk·ᴇyēᶜ cover of bucket.
amᴇlkᵘ a ceremony III 231.20.

ăma small pl. III 18.10.
 amĕx·ᵋid to become small. III 40.8.
 ămaᵋɪ̄uxĕᵋ youngest child. III 174.23.
 ămâᵋyatsē fifth child.
amaᴇlla to notice. III 12.7; C 248.1 (New). (amalᴇla ?) to notice a danger signal.
ămaȯ̈l mother!
ămāk·l excrements, a mess. 224.23 (New).
 ămāx·ᵋid to soil. C 224.17 (New).
amaqa sham-fight at time of marriage. R 968.76.
ămaxō brant goose.
amyax- to praise, pray. X 195.26, C 336.1.
amōs to decorate. M 670.1.
ămt- to fish sea-eggs.
 ăamtla to fish sea-eggs. R 163.10.
 ămdᴇm sea-egg. C 130.20.
ămtĕᵋ boil, carbuncle.
amlēxᵘ- to stay at home. III 325.37; X 165.28.
ămɪ- to play. C 4.18.
amlqlᴇs remarkable. X 229.27.
adᴇmgūlē crane. C 360.4.
āda my dear! III 74.4; lord. C 334.16 (Kos); a person in the line of primogeniture.
 —mother!
ādăts father! III 29.26; my dear (woman)! C 314.23 (Kos).
ādaqwa to call to an assembly. C 348.10 (Kos).
ādaxᴇnĕsᴇlal to perform a Tongas dance. M 730.12.
at- sinew.
 ātlᴇm sinew. III 9.93.
 adĕg·ĕᵋ back sinew. R 158.40.
āsama red, long crab.
ăsx·i- to sneeze. III 470.29.
atsō grandfather!
aᵋnāk· enough. III 101.93.
anᵋanĕg·ila to do mischief. C 6.7; III 14.93.
ănēwas spruce (Kos); see alēxᵘ-
anēs father's, mother's sister. C 88.18; ēanēs pl. III 58.39.
anēqa to fetch firewood. III 45.35; (see aᵋnâ, ănkwĕᵋ, ănqa).
anĕxⁿsᵋâĕ what is left over. III 406.7; R 312.23.

aᵋnâ to fetch fire (see anēqa, ănkwĕᵋ, ănqa).
 anōbĕxs spark. R 273.82.
ănōgwa who? (Gwas), see ăngwa.
ant· to gather herring-spawn.
 aᴇnt herring-spawn. R 254.9.
ăns(ᵋalil) to lie down. X 171.42.
ăngwa who? III 67.31.
ănkwĕᵋ fire drill. III 352.8 (see anēqa, aᵋnâ, ănqa).
ănqa to light. C 440.32 (see anēqa, aᵋnâ, ănkwĕᵋ).
ănqūla cloudy. M 681.5.
 ănwĕᵋ cloud. III 127.3; X 86.11.
ăk· firmly. R 580.13.
ăg·anō master (?). C 162.16.
ăk·(a) salmon jumps. C 140.17, 142.3.
ăq- wide open. III 109.32.
 ăqăla open. R 90.83, 232.11.
 ăxᴇkᵘ wēlkᵘ hollow cedar.
āqᴇn omen. III 316.1.
axᵘ- to skim off. R 278.66.
 aawā foam. III 103.93.
ăx·plălaēs (? ēx·plălaēs). Heuchera micrantha, Dougl., alum root.
ăx·ᵋᴇlklūs a fabulous being carrying skull and thigh bones.
ăx- to do, to be, to take.
 ăxa C 144.2.
 ăxĕᵋ work. III 28.1.
 ăxăla to be. III 22.2.
 ăxstōd to open door. III 15.6.
 ăxĕla to keep. R 194.93; 231.27.
 ēaxᴇla to work. R 115.1.
 ăxās place. R 131.16,
 ăxᵋēxsd to desire. R 223.13.
 āaxsila to prepare. R 292.1.
 ăxmōt tracks. C 14.18.
ᴇla fast, firm, tight. III 63.38.
 ᴇlg·a ballast. R 183.9.
 ᴇldzō a new flat thing. R 130.34.
ălăg·ᵋlm dressed skin. III 51.24.
ᴇlâq almost. R 73.90.
ălaxwa lehal game. III 112.93.
ălā to search. R 60.5.
ălēxᵘ- to go sea hunting. R 222.24.
 ălĕᵋwas spruce. R 116.3.
 ălĕᵋwatslē hunting-canoe. R 174.3.
 ălĕᵋwadzᴇxᴇkūla spruce patch. R 111.4.
 ălĕᵋwinoxᵘ sea-hunter. R 175.13; ēeᵋălĕᵋwinoxᵋ pl. R 178.83.
 ăxᵋălĕᵋwatslᴇs Juniperus sibirica Burgsdorf.

ɛlwat(a)   to scratch. III 107.24.
ɛlmal̄-   to bury. C 94.18; 412.34.
ɛls-   sea-slug, holothuria. R 475.1.
   aᵋlas   R 475.1.
   ɛlsᵋaldza   a small holothuria.
ɛls-   meat.
   ɛldzēᵋ   meat. III 21.9.
ɛlk·(a)   to open clams. R 179.21.
ɛlkᵘ   attendant. III 26.19; aᵋyɩ̄lkᵘ pl. III 23.5.
   ɛlgûnwēᵋ   attendant side, name of a numaym.
ɛlkw(a)   blood. III 197.22.
   ɛlk·ŏd   to bleed. III 197.22.
ɛlqala   to arrive. X 64.29.
ɛlqw(a)   to put out tongue. C 214.17.
   ɛlqꞏlwēnoxᵘ   a person who takes dust out of eye with tongue.
ɛlxʟa   last, after. III 210.14.
   ɛlxʟala   to follow. III 54.26; to do last. R 99.37.
āl-   just. R 213.11.
   ālɛlxsdê   last. R 161.41.
   ālŏmas.   fresh, new. R 236.5.
   ālōlaq   new (canoe). R 125.4.
   ālɛxsɛm   fresh (stone). R 264.15.
   alta   fresh. R 308.75.
   alēg·a   to add new ones (=new on back). C 298.7 (Kos).
ālɛwil̄   different places in house. R 193.6.
āʟ   else. III 19.4.
āʟ-   inland, shoreward.
   āʟiēᵋ   inland. R 57.2.
   āʟaᵋnɛm   wolf. X 57.20; êaʟaᵋnɛm pl. X 57.18.
   āʟōlênoxᵘ   wolf. C 160.25.
   āʟ!asɛmk·   a fabulous inland people.
   āʟɛq!anɛm   land food (berries, roots, etc.). C 324.34; land birds. C 232.16.
āʟla(nuxᵘ)   (having as) servants. M 667.10.
aʟ(ɛla)   to break (a rope). C 38.8.
   alᵋīd   to tear, break (rope). R 323.4.
   aʟlālıʟ   death (=breath breaks). III 202.93.
āʟɛla   dentalia. III 89.14.
āʟalɛla   secret meeting in house.
aʟɛbalaa.   cooked black seaweed.
aʟɛbō   seven. R 61.25.
āʟ!ɛk·-   pregnant. C 274.17. (New)

ä

äsa   to urinate (woman). X 173.25.
   ädzas   urethra of woman.
äx̣wa   to enjoy. III 25.1.
   äx̣ūla   to desire.
   êyŏl   desired.

y

yɩ̄-   that. R 57.20; 63.61.
   yɩ̄x   that (object).
   yɩ̄s   with that (instrumental).
yɩ̄pa   to join together in a row long parallel objects. III 28.2.
   yɩ̄bɛlō   twined weaving of cedarbark in food mats. III 178.21.
yɩ̄mxsa   to burst. R 536.40.
yɩ̄mla   to cut, split game, to burst. R 248.35.
yɩ̄x·ɛn   plant, stem. R 190.39; 208.11.
yɩ̄nt-   to gnaw (beaver, rat, squirrel; not used for mouse). III 130.17.
yɩ̄nāsɛla   to be in canoe on water. C 380.12 (Gwas); war-canoe. III 469.34.
yɩ̄nēsa   to give food. C 346.1.
yɩ̄nk·a   to recompense. X 231.27; to take revenge. X 207.25.
   yāyɛng·ayoxawēᵋ   neck-ring of warrior. III 214.36.
yɩ̄nk·la   to throw with sling-stones. C 192.4.
   yûyɩ̄nk·lālayu   ? R 202.8.
yɩ̄k·ā   bent halibut-hook. V 472.6.
yɩ̄kwēᵋ   cover. R 81.68.
yɩ̄kwil̄   parents of twins. III 67.14.
yɩ̄qa   to knit a net. R 163.10.
   yayaqɛt!ênēga   spider (= net-making woman).
yɩ̄x·a   fast. III 467.27.
   yāyaᵋna   to try to be fast. III 231.39.
yix·stlōʟ   as you say! III 70.42.
yɛx̣wa   flood tide. R 72.66.
   yɩ̄x̣ūla   high-water. R 181.61.
   yaᵋx̣ᵘmōt   high-water mark. R 72.66.
   yēixoxsōʟ   deluge. C 82.10.
ᵋyɛx̣wa   to dance. III 72.31.
yɛx̣ᵘsɛmēᵋ   tallow. R 104.5 (see yāsɛkᵘ).
yɛxwa   land looms up.
yɩ̄lāla   serves him right! III 97.34.
yɩ̄ls(a)   to rub on. III 64.25.

yîlkw(a) to hurt. III 29.35.
  yîlk·lîg·a⁵ɪɛla to scold, to blame. C 14.24.
yîlkw(a) to carry long, stiff thing on shoulder. R 166.11.
yîlq(a) sore eyes.
  yāyîlqama Symphoricarpus racemosus.
yîlxw(a) to hang skulls of enemies on poles. 3.19.
  yîlxûla to hang over pole. III 157.5.
yîlxᵘs-
  yîlxᵘdzayu dancing-boards. C 100.26.
ᵉyîl(a) to spread legs. C 160.11.
yîL(a) to tie in bundles. III 28.22.
  yîʟɛm band for tying. R 112.26.
yā- to decline. C 52.5; to give up. C 344.8.
yā- to hang down loose. V 486.30.
ᵉya oh! (called from near by). III 11,11.
ᵉyâ oh! (called from a distance).
ya- to work, to do, to use.
  yānɛm game. III 22.13.
  yāla to continue. C 54.21.
  yā⁵yatslē canoe. R 129.11.
ᵉyāa mother! C 256.33 (New).
yāwap(a) to set sail. III 256.2.
  yāwap!êq mast. R 100.10.
  yāwabɛm sail. R 100.10.
yāwas- to do for a short while. R 110.39.
yāwix·- to move, to shake. C 186.17.
yām(g·iltāla) to drag along on water. C 208.1 (New).
yat- to rattle. III 459.33.
  yadɛn rattle. III 459.31.
  yāt!ɛq rattle. III 224.3.
yāsɛkᵘ fat. R 108.82 (see yɛxᵘsɛmê⁵).
ᵉyāk·- bad. C 18.21.
  ᵉyāk·alîl to get excited. M 670.8.
  ᵉyax·sɛm bad. C 160.25.
  ᵉyax·p!axsta to scold. C 362.10.
  ᵉyak·â to vanquish. C 6.13.
  ᵉyāg·îm sea-monster. C 34.27. ?
  ᵉyax·yɛg·îl intestines. R 174.25.
  ᵉyɛyāg·îs bad weather. R 253.14.
  ᵉyāg·îlwat inexperienced. R 177.60.
yaqᵘ- to lie dead. C 10.13.
yaqᵘ- to distribute, to give a potlatch. III 59.3.
yaqwê⁵ woodworm. C 198.24.

yaq!- to speak. R 218.9.
  yaq!ɛg·a⁵l to begin to speak. III 12.3.
  yaq!ɛnt!āla to speak. III 11.11.
yax⁵wid to fan fire, C 396.25.
yax(a) to melt. R 150.30.
yaxk·!(a) to hop on one foot (Koa yālk·!a).
yāla to be wrong. III 145.24; to vanquish. M 670.12.
ᵉyālaqa to send. III 102.36.
yālaq- ostentatious. III 448.31.
yāl(a) to dig clams. III 353.33 (New).
  yāya⁵lɛm clams. III 350.17.
yālk·!(a) to hop on one foot (Kos, Kwāg·uł yaxk·!a).
yaʟlâ take care. III 29.34.
yaʟlôpɛla to feel choked, asthma.
ᵉyā (exclamation of disgust). C 144.29; yāi. C 10.24.
yāwix·ila to give a winter dance. III 58.5, 85.17.
yāq- property.
  yāqala property. III 108.3.
  yāxᵘʟɛn paraphernalia. C 304.3.
yāgwik·!la armring. C 246.26, 28 (New).
yālaqw(a) to sing sacred song. III 150.30.
yɛx·stô to refuse to give up. III 224.29; R 224.20.
yeînɛkû(la) to fish salmon. III 305.4.
ᵉyāʟlô take care! C 124.18; 142.11.
ᵉyâ call from a distance. III 12.3.
yôxᵘ- wind.
  yâla wind. III 131.3.
  yɛ⁵wêʟ to blow into. III 103.9.
  (see yāwapa to set sail).
yāl(a) to appease, to tame, to calm. III 59.39.
yû that near thee. R 59.67.
ᵉyô⁵ya cold wind. R 95.43.
yûis to catch olachen in dipnet at end of weir.
yūduxⁿ three. R 202.41.
ᵉyôs(a) to eat with spoons. R 247.27.
  ᵉyô⁵yats!ē dish from which food is eaten with spoons. R 358.26.
  ᵉyɛwêkᵘ eaten with spoons (>ᵉyôs-kᵘ). R 323.18.
ᵉyôgwa rain. R 240.20.
  ᵉyôgûx·⁵id to begin to rain. R 203.51.

ʿyŭk!wa slate.
yŭlag·a to stay. III 406.18.
yōl- to drift. III 149.15.
  yōlala. to drift down.
ʿyăʿlăʟ to warn. C 14.1.
yŭʟ thou. R 675.44.

ē

êaw- plural of words in aw-. R 99.28.
êɛn to quarrel (referring only to husband and wife). R 742.8.
êwaqa to round a point. C 220.12 (New).
êp(a) to pinch. R 208.11.
  êbayu dice.
êpe- pl. of âps-. R 157.7.
êd- to harpoon (Koṣ). III 375.14.
êdɛm menstrual fluid. C 440.23.
êt- again.
  êdɛtâê⁴ great grandchild. C 312.22 (Koṣ).
  êt!ēd again. III 8.10.
  êdzaqwa to speak again. III 234.42;
  aēdaaqa to go back. R 68.81.
ês- not. C 148.25.
ês- to wait.
  êsɛla to wait. III 42.18.
  êsʿêsa to wait from time to time. C 174.19.
aêsayu to beg. III 173.21; C 60.20.
êsɛts!askᵘ wearing abalone shells in ears. III 104.37.
êsɛg·iwê⁴ added. R 65.19.
aitsik·asōʟ oh wonder! M 707.1.
êk· good. R 122.48; êsʿɛk· pl. R 200.41.
  ex·p!a sweet. C 142.13 Amelanchier florida. Lindley.
  êx·ʿak aéqɛla to like. C 146.20.
  êk·!êqɛla to be glad. X 3.31.
  êg·idzăla good weather. R 202.29.
  êg·îlwat expert. R 116.17.
  êk·ō to be victorious. C 104.32.
  êx·ba sharp. R 69.11.
  eg·is sand. R 190.31
  aêg·is fine weather. R 203.50.
  aêk·la well. R 58.34.
êk·¹ above. M 681.3.
  ek·!ćᵋsta to go up. C 386.21.
  êk·!ɛbāla slanting rafters of house (Koṣ); see pŭxᵘbāla (Kwāg·uł).
  ek·!ɛnxê⁴ upper edge. R 99.40.
êkw(a) to clear house. C 256.14.
  êgułɛud to cut off branches. R 151.25.

êq(a) to bewitch. III 426.30.
  ês·ʿaqa to put disease into tree for witchcraft or cure (=pêspata).
êx·(āla) to come near. R 216.21; C 222.16. êx·ag·aaʟɛla to approach. C 380.19.
êx·ʿak·a to agree. C 386.28.
êxdzō left on a flat thing. R 228.24. (see ax-).
êxɛnta to menstruate. C 440.25.
êxᵘmē devil's club (Fatsia horrida). V 473.21.
êxsɛm semen. III 285.9.
êʟ!ɛxədê⁴ precipice. R 173.11.
âg·iwê⁴ bow of canoe. R 96.59.
(â-) father, see aw-.
â- only. R 58.36, 195.9.

â

âʿ- only. C 18.14.
âʿê innocent, not having had sexual intercourse.
âya burden of song.
âtsao, âts! father! (addressed). III 90.34.
âx- C 18.25?
âxa foot of mountain. III 165.27 (awaxa).
âxsōlê Veratrum Eschholzianum (R. & S. Gray). R 175.8; a person of evil temper.
âla real. R 140.19.
âl- quickly.
  âltɪɛqɛla to run quickly. III 413.29; to handle roughly.
  êâltsila quickly. R 190.43; to treat roughly. R 187.24.
  âlbala quickly. R 302.42.
  âlita to do mischief. III 285.2, X 81.37.
âlis greedy, desirous to get wealth quickly.
âʟatla but later. III 146.8.

ō, w

ō (exclamation).
  ōxwa to cry "oh". M 668.6.
ō- noun of locality; before vowels aw-.
  ōbô⁴ point. R 197.13.
  âwîlbê⁴ point of land. R 254.2.
wŭʿyîms(ʿîd) to die. X 208.2 (New).
wŭyōq!wa to shove into. V 332.11.
  wŭyōq!ûx!aɛx·âyê⁴ jawbone.
wŭd(âla) cold. R 194.16.
  wŭdasō⁴ cooled. R 198.21.

wŭs- to rub herring spawn. R 422.13.
wŭdzɛkᵘ meat of salmon, cut off. R 223.9.
wŭsălê a small barnacle.
wŭy(ɛnxɛnd) to lift (edge). R 89.66.
wŭsêk· (ăla) to have on a belt.
   wŭsêg·anô belt. R 118.2.
wŭsd(ăla) wise, careful. III 397.4 (Kos).
ᶜwŭn(a) to hide. III 12.4.
wŭn(a) to drill.
wŭn(xʟă) to change (name). C 320.30 (Kos), see wăn(a).
wŭ(nsɛla) to be under water.
   wŭnsᶜid to sink. III 144.6.
ᶜwŭnɛmta to bury. III 67.20.
wŭnăla drunk, dazed. R 199.37.
wŭnwŭnx·ɪsa a bother! C 94.12.
wŭnăldɛm inlet. R 155.27.
wŭnqᵘ- pine wood.
   wŭnăgul red pine. R 88.45.
wŭnq(ɛla) deep. III 11.1; R 60.10.
wŭk·- to break off.
   wŭk·lăla noise of rolling rocks. III 196.25.
wŭq!äs frog. III 171.7; man with projecting eyes, green teeth, livid color.
wɛq!wa brother of sister, sister of brother, cousin of opposite sex. C 386.34, 390.13.
wŭxala layûgwa Ligusticum.
wɛ(la) to make a box by bending. R 62.51.
wŭl- to pick out (?).
   wiwɛlgɛmakᵘ all tribes. M 669.20.
   wɛlg·ɪltsoᶜwê picked out· III 258.5.
   wɛlg·ilas ? R 64.85, 9ᵟ, 1.
wŭl(a) to stop, to arrest. M 668.11; C 24.18.
   wŭlg·ustăla to ascend. M 684.21.
   wŭlᶜnakŭla to turn back. C 4.25.
wŭlêᶜxᵘ young seal. C 146.12.
wŭlɛlɛᶜlas easy (?). III 103.2.
wŭlôpa to eat roasted salmon.
wŭls- to succeed.
   wăwŭltsɛwax·ᶜid to try to go up river. C 22.7.
   wăwŭldzôwa to try one's luck. III 124.13.
wɛlk·(a) ring shaped. III 27.17.
   wɛlxsɛmala to tie up a box. III 286.10.
   wăwɛlgɛmêᶜ high tide. R 183.2.

wŭlgɛmêᶜ thick. III 310.22.
wŭlxwa love.
   wŭlxwas love charm.
   wŭlxkwas nanôlawayoxa ts!ɛdāq (love charm, means of making women foolish) Drosera rotundifolia L.
   wɛlxwaxsdêᶜ tail of salmon. R 223.7.
wŭl in vain. III 54.38.
wŭl(ɛxsa) to put (aboard) with hand (from a steep rock). R 215.63.
wŭlga a bird, diver.
wŭʟ(a) to ask, question. III 16.6.
   wŭʟɛla to hear. III 11.9.
wuʟ-
   wŭʟ!äx horn, antler. III 17.9; R 104.12.
wa river. R 190.33; water runs.
   waatslê gorge. C 14.10.
   waᶜstăla tributary of river. C 22.20.
   wăyalas slough. R 303.11.
   wămis fish obtained from river. C 46.5; R 231.3.
   wiwak·ayɛwatslê fisherman's hookbox; R 302.5.
   wăx·waᶜe branch of river. III 27.3.
   wiwabɛs pintail duck (=fond of river).
wa that is all! C 46.27.
ᶜwa- size, awa- pl.
   ᶜwadzô wide. R 62.50.
   ᶜwäsgɛm length. R 57.9.
   ᶜwäg·it thickness. R 84.50.
   ᶜwäbɛtslă depth. R 107.70.
   ᶜwäxaas number. R 81.55.
   ᶜwăwayas time. III 59.15.
wahaiya burden of song. M 706.9.
waileqayaʟa zigzag. M 670.1.
waya-
   wäᶜyapôlɛla a person of a rank not high enough to go to a chiefs' meeting, one who does not pay his debts. R 196.16.
   wăyatslăla to be feeble. C 54.5.
wăwɛsɛlilas ? R 358.25.
wăwulak·êsla clover roots. III 95.25.
wawôlaqula to shout for pain. C 54.10.
waôyak·ila tide-maker. C 378.8.
waogwaᶜla to break wind. C 264.27 (New), (xwêʟ!ɛg·aᵈl Kwăg·ul).
waôkᵘ several, others. R 71.52, 106.41.
wăwiyak·ila skirt.

wāwedᴇᴇlaqwa to cry "ho" while lifting copper. III 449.26.
ᴇwap water. R 74.5.
　　ᴇwāpageᴇ juice. R 115.89.
　　ᴇwāpala liquid. R 247.28.
　　ᴇwᴀᴇwāplᴀm fresh water. R 88.53.
wāmag·i goose. C 375, note.
ᴇwat-
　　ᴇwāᴇwadē kelp. R 192.18.
　　ᴇwādolk·ᴀ́la kelp-patch. R 177.50.
wat(ᴇla) to lead. C 36.5; to pull (up a canoe). R 97.81.
　　wādᴇnōtsᴇʟᴇxsdē sheets of sail. R 100.8.
　　wādᴇkᵘ dressed deerskin. R 296.80.
was(a) to spawn (herring). R 255.23.
ᴇwas- dog.
　　ᴇwatsīō dog. III 18.10; ᴇwaōtsᴇlē pl. C 394.10.
　　ᴇwāysyukᵘ hunting dog. III 18.7.
　　ᴇwāts! grandfather!
　　ᴇwādzᴇga grandmother!
　　ᴇwādzid master! (=dog owner).
　　ᴇwayad brave.
wās-
　　wāsᴇᴇlaxwa to be hungry. C 234.20 (New).
　　wāsdᴇᴇma pit of stomach. C 234.23 (New).
wās-
　　wāwatsla to give a marriage present. R 432.8.
　　wāwadzōlᴇm to please. III 152.1.
　　wīwusīla to desire sympathy. C 467.
wāwasᴇid to take a short time. C 222.7 (New).
wāuᴇm dead. III 97.30.
wān(a) to exchange places. C 224.11 (New).
waᴇnēᴇ herring. R 184.1.
wān(ala) poor. C 254.24 (New).
wānexᴇid to get impatient. III 327.30; X 14.11.
waᴇnexsila to maltreat. M 670.6.
wānola to cure. C 328.5 (Kos).
wāk·(ala) ring shaped. R 165.60.
wāx·bē bent at end. R 134.10.
wīwakūyēᴇ leaves of eel-grass. R 513.60.
wāgālos rainbow. III 110.21; C 384.15.
waqᶜ- cape.
　　wāxsā cape. III 29.42.
　　wāqūmd to wear cape. III 30.1.

(wī)waqōdēᴇ joints. R 79.13.
wāwaqlaᴀayu to beg for remains of feast; to eat with wife. R 308.74, 78.
wāqlonēxᵘsʟa oh! I forgot! III 115.23.
wāx· although. R 82.8.
wāx·s- on both sides. R 248.38.
ᴇwāxaas number. III 30.43.
wāx- to have mercy.
　　wāxᴇid to have mercy. III 54.8.
　　wāxlas please! C 388.11.
　　hawāxᴇᴇla to beg, to pray. III 41.28.
ᴇwāxᴇwaxūlē thrush. III 298.40.
wāxolaᴇwē water hemlock.
wālᴇmk·(a) to endeavor to do a thing well. III 64.11.
ᴇwāl(a) to stop. R 76.46 (see wūl-).
ᴇwālas large ring. III 26.1 (āwō pl.).
　　ᴇwālaas distance. R 110.26.
　　ᴇwālagᴇm size. R 135.20.
　　ᴇwālaᴇyas size. R 59.46.
　　ᴇwālᴇnsᴇlas depth of water. R 182.22.
　　ᴇwālaōdzas depth in water. R 180.34.
　　ᴇwālag·ustowē height. R 140.23.
　　ᴇwālasᴇaxaakᵘ a ceremonial (great one made to come from above).
　　ᴇwālasx·ē lynx (=big tooth). M 679.16).
　　ᴇwālasila to distribute blankets after sale of copper (=to do a great thing).
　　ᴇwālaʟa snow reaches to a certain height. C 14.3.
ᴇwālibāēᴇ feared one, warrior. III 60.40, 217.27.
wālā(la) being in a condition, state. III 231.33; V 357.17.
wālaq- to desire. III 410.6.
wāltsāx·ᴇid to be impressed. C 382.8. (Gwas).
　　wāldᴇm word. R 248.46; wish. III 25.3. wāldᴇm pl.
wāʟ- love.
　　wāᴇlāla to talk lovingly, to joke.
　　wāʟ(ᴇla) lover. C 208.4.
　　wāwaʟlᴇx·ᴇid to pity. III 33.6.
wāʟaqāla to listen to each other. III 362.21 (see wūʟ-, hōʟ-)
　　wāwaʟaq!a to inquire. C 160.1.
wä go on! well! III 7.6.
wäla to lift. R 96·64.
ᴇwē- how. C 22.5, where; III 44.24.

wi· not.
    wiyôʟ not to obtain. III 255.12.
    wêkˑᴇxᵋid cannot. M 683.1; C 148.19.
    wêkˑlᴇxᵋid to die.
    wibalisᴇm to be at end. R 177.71
    wiqlûs not to believe. C 366.12.
    wäʟa weak. C 58.30.
wiyālał to fear to die. C 320.21 (Koṣ).
wiyoqlûgê⁴ inside. R 102.10.
wiwaᵋqᵘ wolf. M 666.13.
wis male, male infant. III 296.1.
win(a) to go to war. III 241.40.
ᵋwêkˑ(a) to carry long, stiff thing (firewood, pole) on shoulder. III 252.43 (not used for canoe).
wêq(a) to lift. III 75.12.
wêqwa to shove a long thing. III 464.1.
    wiᵋxᵘstᴇnd to launch a canoe. R 192.85.
wêqw(a) brave. III 303.19.
ᵋwiᵋl(a) all. R 180.40.
ᵋwilᴇnkûla to carry all. R 210.7.
wilᴇm smooth side of tree. R 60.12.
wêl- cedar.
    wêlkᵘ cedar. R 60.5.
    wiᵋlᴇn consisting of cedar. R 141.32.
wił child (for wis in pronunciation of deer). C 160.20.
wił(a) thin. R 186.16; wiswûła pl. R 191.69.
wâs to feel sorry. C 320.19.
    wâsała to have pity. III 206.37.
    wâwadzôlᴇm to please. III 152.1.
    wiwasilaga to be poor. III 330.15.
wâkw(a) thick (layer). R 249.57.
wâłᴇnxê⁴ edges. R 70.24.
wo go ahead! R 97.66; yes C 142.17.
woi call of Winalag·ilis. C 30.16.
wôkw(a) to bark. III 423.2.
ôy(a) slow. R 46.93 (?)
ôp(a) to whisper. III 80.34.
ôᵋm(a) chieftainess. III 354.15.
    ôᵋmayo greatness (high rank).
ômat(a) pain ceases.
ôᵋmas great. C 192.1 (New).
ôᵋmis unusual. III 196.20; funny. C 150.11.
ôt(a) to perforate. C 118.18.
ôda(xˑᵋid) suddenly. III 412.21.
ôᵋsdê stone hammer. III 332.35 (Kos, New).
aôtslaqâla lengthwise (?). R 84.61.

aôkˑlîtna R 220.22.
ôdz(ała) wrong. C 374.26.
    ôdzᴇlqᴇla to feel uneasy. C 322.11 (Kos).
    aôtslᴇgâ food does not agree. R 342.3.
    ôdzig·ila to have an accident. C 16.13.
ôgûᵋła other, different. R 65.12.
    ôgwaqa also. III 8.9.
    ôguqała different. III 46.5.
ôqw(a) gray hair. C 312.20.
ôqwanê redbreasted hawk (?) owl (?). M 680.17.
ôqwała many clams roasting over fire.
ôqlûsa to believe. III 247.15.
ôxsaakᵘ single. III 464.14.
ôxʟ(āla) to carry on back (basket, deer, roots, cedar bark).
    ôxʟaakᵘ load. III 70.11.
    ôxʟᴇxᵋid to carry on back. R 72.-62.
    ôxʟôlᴇm pack strap. R 132.41.
    aôxʟaas pack strap. R. 110.35.
ôl(ała) to wait. III 344.8.
ôlalalahê (exclamation). C 206.16. (New).
ôlêg·in wolf.
ôłała slanting. R 69.92.

h

hᴇlkˑlä to protect. III 46.34.
hᴇlaxᵋid to pay. C 246.27 (New).
ha (exclamation). M 693.12.
hä(g·a) go on! III 64.9.
hai hamatsla's cry. M 691.3.
hayîmbᴇnd straight to end. R 193.14.
haya haya ha fool dancer's cry. M 706.1.
hayaᵋmâla to desire. C 78.3.
haiamôt sign, mark. C 22.23.
hâyasᴇkˑâla married couple. R 59.53.
hayäsᴇla to eat before going out. III 403.26; R 201.3. (see hëyäsᴇla).
hâyasᴇlalaʟᴇlaʟis cutting veins. M 695.9.
hayanôxa roundheaded (clubs). V 476.35.
hayâqa to pass. R 121.28, 272.73.
    hayêg·i to imitate. III 270.35.
    hayôsᴇla to go across. R 78.94.
    hayôt rival. III 248.12.
    hayôltlâla to bring out of woods. C 24.23.
hayalilagas invisible spirit. III 423.2; C 322.5.

hayaltsama to keep secret. C 24.29.
hayăLō told. M 683.15.
hayāL!ōla to warn. III 29.39. (See yāLîá).
hayēmamamai cry of kˑⁱnqalaLɛla. M 694.10.
haiōă bear dancer's cry. M 705.15.
hayŭ exclamation used when salmon is seen. C 142.2.
hayŏyiyi salmon dancer's cry. M 709.8.
hayō hai hō Dzŏnoq!wa's cry. M 711.2.
hayu hŭya wolf's cry. C 144.18.
hayŭtsɛla to make noise. M 669.6.
hăyŏqŏd to select. C 58.12.
haidai cannibal's cry. M 692.9.
hăwănaqa′qɛlŏtōl with matted pubic hair. C 134.8.
hawăkˑas great, dreadful. M 706.8.
hawăxɛla to beg. R 104.7. (See waxˑᵋ-.)
haᵋwinalɛla to frighten away. C 352.25; R 176.41.
habā′nē Clarengula hyemalis.
hahē burden of song. M 694.14.
hahogwala to meet. C 340.19 (Kos).
hap- to dip.
   hapstɛnd to dip into fluid. R 58.42.
   habayo brush. R 58.42.
hap- hair on body.
   haēptōma skins of animals. III 140.1.
   habɛsᵋanēˢ goatskin. C 12.9.
   habōldzɛm pubic hair.
   habaxsolē Ribes echinatum Lindl.
hap- cannibal cry.
haᵋm- to eat.
   haᵋmap to eat. R 233.42.
   haᵋmaēs edible parts. R 278.67.
   haᵋmōt remains of food. R 246.93.
   hamēxˑsila to cook. R 247.17.
   hamēxˑsilɛlgˑis cook. C 356.23.
   hēᵋmaōmas kinds of food. R 196.16.
   haᵋmawăla food. R 226.29.
   haᵋmsayo fork. R 375.54.
hămshāmts!ɛs a member of a cannibal society.
hāmats!a a member of a cannibal society. M 685.19.
hāmats!ɛlaqwa to utter cannibal cry. M 689.1.
hāmsiwēᵋ cannibal head mask. M 687.1.
hămsp!ēq pole erected in house of cannibal. M 691.5.

haᵋm-—Continued.
   hămala to keep in mouth.
   hămsgɛmd to swallow. III 152.10.
   haᵋmaats!ē pŏxūns stomach. R 406.28.
hamaˑnamē cry of salmon weir dancer. M 710.3.
hāmas a monster. M 708.7.
hămalɛla close together (?) III 452.36.
hămasɛlaı̓ wasp dancer (?) M 710.7.
   hamdzats!ē wasp nest. M 710.7.
hămɛIăLɛla to spread over, to cover (a fluid). R 144.31.
hamɛlq!ūla to admonish. C 386.15.
hamasɛlalis grebe.
   hāmaxsta grebe, name in myth.
hamanēkwa to be dazed. R 199.42.
hamanxūlaı̓ laughing dance. M 667.2.(?)
hamē′ monstrous! III 147.18.
hamō′ pidgeon (Columba fasciata).
hămōmō backbone. R 243.30.
hamōtɛena a plant.
hamt(ɛla) to carry a person or child on back. III 70.19; C 20.13.
hăms(a) to pick salmon berries. R 211.1.
hămkw(a) to put head down sideways.
hămx hămkˑ!a buzz; block for hoisting.
hămxw(a) to rush forward. X 82.6.
hăda pet. C 308.23 (Kos).
hădanē a fish (Anoplopoma fimbria).
hădō′ grandmother! C 142.7.
hăt!(ɛla) to disobey. III 45.19; to urge; C 344.7 (New).
hăs he. C 66.11.
hăs(a) to breathe. III 33.14; to leak. R 299.57.
   hăᵋyala noise of breathing.
   hasēᵋ breath, keepsake (from sweetheart).
   hăskˑaēdzēᵋ stomach piece of salmon (=giving short breath).
   hădzɛkᵘ washed in wolf's dung as protection against disease.
   hatsăla leaks through. R 299.57.
hăs(ɛla) aloud. R 97.66.
   hăts!ɛxsdō wolf's tail. C 232.4 (New).
hashēna to prepare. R 302.6.
hăsdɛxw(a) loose (moss). R 196.22.
hădzapama Achillea asplenifolia.
   hădzapamaxLawēᵋ Matricaria matricarioides (Ien.) Porter.
hatsawē dolphin. III 99.27.

hän- an open vessel is somewhere, *sing.*
   hānx·ᵋid canoe stops. III 79.2.
   hānᵋwāla canoe is on water. C 354.9.
   hanx·ᴌāla kettle (=open vessel on fire).
   haᵋnᴇm small kettle. R 373.12.
hanagwês Lumpenus Lampetaeformis.
hanbᴇnd to put end into mouth (for hämbᴇnd?) C 170.6.
haᵋn(āla) to continue. III 21.14.
hānasxawēᵋ collarbone of porpoise.
hänsk·a to request, to ask leave. R 319.3.
haᵋnakw(ēla) to do quickly. R 75.27.
hanēnaxᵘ to desire to go. III 403.20.
hanêq!(āla) to growl. R 35.24.
hānô a small fish. III 349.17.
hānkw(a) to curse.
hānq(ᴇla) to carry in one corner of blanket. C 42.25.
hānqwalaēnēᵋ bent. R 196.19.
hanxᵘ- humpback salmon.
   haᵋnōn humpback salmon. III 102.8.
hānx(a) to look into a hole. III 110.24.
hānʟ(a) to shoot.
   hānaʟ!ᴇm arrow. C 46.18.
hak!w(a) to remain in a certain state. C 204.22.
hāgw(ala) to watch. III 30.8.
haq(a) (face) swells. C 196.30.
haqw(āla) to lie face down. III 120.42; R 273.98.
   haq!wāyu chest of seal, sea lion (=means of lying on rock).
   haqwēnēk·ala to lie on top of one another. C 164.10; R 245.84.
hax·itlēd to open mask. C 82.25.
hax·ō (dog) howls. C 16.30, C 256.32.
haxhāqwamas to eat whole. C 154.11.
hᴇᵋxᵘtslᴇgᴇmāla canoe goes stern first. R 213.21 (hᴇᵋxᵘdzᴇgᴇmālà?)
häxw(a) to climb a tree. III 354.29; C 212.14.
(hāl- to kill).
   halāyu means of killing, death bringer. III 14.3.
hala to come back. III 213.10.
haᵋla(bala) quickly. R 124.99.
   halāg·a go away! C 160.3.
   halak·lāla to tell to hurry. C 18.3.
   halāxwa to eat quickly. C 382.21 (Gwas).

haᵋla(bala)- Continued.
   halāk·a to become small, to change in size quickly.
   hāᵋlamamalaga mouse. C 232.13 (New).
   häᵋlamālaga mouse (Kwag).
haᵋlāla to hesitate. III 460.6; C 316.5 (Kos).
häx̣ûlaɫ begging dance. C 320.25 (Kos).
halē insufficient, weak.
   halēkᵘ (war name) passionate, easily excited.
   halyôqwa to send forth weakness.
halo a fish (Stolephorus Perthecatus).
hālsᴇla almost. R 75.24.
haɫᴇxsᴇmd to spread over. X 62.9.
halāqa to pay. III 44.33.
halāxsa to send word. III 171.15; C 260.13.
häqa to pass. (See hayāqa.)
   häx·sᴇq!a to go over, to be too much (?) R 284.71.
häxᵘ to rock cradle. III 208.14.
hē that.
   hayînsᴇla to sink. C 6.2.
   häxᴇla to go down. R 403.9.
   hēbᴇndāla straight to end, the whole. R 114.71.
   hēmᴇnala always. R 61.37.
   hēᵋnakūla to move along to there. C 28.26.
   hēg·axsä still to continue. C 12.15.
   hēg·ustāla straight up. C 4.24.
   hēx·sᴇnd to split. R 70.20.
hēnēɫ R 299.73.
hämᴇnsᴇla to sink. R 297.31.
hēyadzō strip of berry cake.. R 269.1; rough surface (?) R 96.57.
   hayadzᴇwatslē box for strips of berrycakes. R 274.17.
hēyāsᴇla to eat breakfast before going out. III 403.26. (See hayāsᴇla.)
hēwägᴇmx·tslāna fingers tapering towards points.
hēwäxa never. R 92.40.
hēwiyōd R 242.23.
hēōd to faint. M 682.19; C 348.9 (Kos).
hēᴇnx summer. R 216.2.
hē he he he (exclamation). C 206.17 (New).
hēhek·a never. C 310.33 (Kos).
hēmotᴇlaēᵋ (war name).
hämōtᴇla (?).

hēsɛk(ūla) woman goes to live with husband. III 466.32.
hāyasɛk·āla married couple. III 67.9; R 59.53.
hēnak·lāla to speak badly of some one. M 669.18.
hēnak·(īla) to resort to some act as a last means. M 727.10.
hēg·usᵉōla to cause an accident. C 146.14.
hēk·lid to kill. C 104.12.
hēyakula C 182.31.
hēkwēla to make on purpose. R 250.87.
hēguɬɛn to follow a root in digging. R 195.20.
haiq!ɛnχūlag·ilis reaching in front of him. M 694.6.
hēx·(t!ē) fish head. R 223.3.
hɛx·hax· to eat fish head. R 338.39.
hɛxhakᵘ (?) hɛxhaqᵘ to eat salmon. R 307.51.
hēxwa to deny having done something.
haixwanōma to come to dance. (?) M 709.4.
hēl(a) right.
  hayalig·ila to make right, to tame a dancer. M 724.4.
  hāyālᵉa right size, pl. R 184.19.
  hāyālag·it right size. R 119.11.
  hāailak·emēᵉ shamans.
  hēlala to arrive in one day.
  hēlēg·ind to serve a second course in meal. R 323.19.
  hēlik·asō sacred. C 100.16.
  hēlomagɛm medium size. R 140.14.
  hēlg·as to arrive in one day (Kos).
  hēlala enough. R 72.56.
  hēla·ᶜlāla to put up right. R 206.27.
  hēloᵉmala to be in time. III 15.10.
  hēlogwila period of ten months.
  hēlk·!ōts!āna right hand. R 69.93.
  hēlq!āla to allow. C 54.8; R 171.79.
  hēlōʟ to get enough. R 84.43.
hēla (hēla?) to hire. R 211.3, 216.72.
hēᵉlos great-grandparent.
  hēᵉlōkwinē great-grandson. C 386.2.
  hēᵉlōkwinēgas great-granddaughter.
hōxwa to whistle (like steamer) to say "hō."
hō-
  hōᵉs small shed for mourners and sick people. III 53.39.
  hōgwaɛlsag·ila to make shed in woods. III 87.3.

hōi cry of Winālag·ilis. C 30.15.
hoɩp cry of shamans, intended to calm excited dancers. III 419.15.
hōwag·ila to warn X 186.16; to notify C 164.26.
hōmāla to look on. C 146.15.
hōmhōm blue grouse (Dendragopus obscurus fuliginosus).
hōt(a) to pass. X 196.4 (New); to leave, C 370.31 (Gwas).
hōs(a) to count. III 463.35; R 463.35.
  hɛwēkᵘ counted. R 435.70.
  hōdzatslē small shed for widow or sick people (counting-house?; see hō-).
hōs thine. III 107.37.
hōstalag·imo mythical name of ghosts. C 158.12.
hōsaxwatāla buzzing in ears.
(hōkᵘ).
  hōχᵘhōkᵘ a mythical cannibal bird. III 16.2.
  hoχᵘhokwayak· pelican (= hōxⁿ-hōkᵘ of sea).
hōqw(a) to vomit. III 449.16; to go, pl. R 307.56.
hōq!walē Glaux maritima var. obtusifolia (Fernald). R 194.1.
hōxw(a) to split v. w. III 256.23.
hōlala a little. R 237.27.
hōlɛm(ala) to acquire easily. III 139.43.
  hōlɛᵉmatsē nest of humming bird, a charm for obtaining property easily.
hōʟē(la) to listen.

b

bɛdē panther.
bɛn(a) underneath, below. R 176.37.
bɛn(a) to fit. R 98.7.
bɛns(a) bashful. III 458.4.
bɛk·ō to loan canoe. III 341.38.
(bɛkᵘ-)
  bɛgwānɛm man. R 77.78.
  bɛgwānɛmq!ala common man. V 441.15.
  begwis merman.
  bɛgwil common man. R 275.36.
  bɛguʟɛlēk·ila to have a secret husband. X 7.1.
  bɛkwēᵉ owl (Nyctala acadica).
  bɛkumāla man. C 312.6 (Kos).
  bɛk!ūs woodman (a fabulous being that takes drowned people). III 258.28.

(bɛĸᵘ-)—Continued.
bexûs part of a corpse.
bɛxᵘsô to appear. X 6.29. (See bûxsâ).)
bɛxᵉunê soul.
bâbagum boy.
bâbak!wa warrior. C. 338.5 (Kos).
bâguns. visitor. III 116.16.
bâk·awêᵋ body. R 185.6.
bâk!um. Indian (=real man).
bâxus secular. C 206.15.
bɛq!ul(ɛla) to be sleepy. III 37.14, 139.17; R 199.39.
baq!ûlâwê baʿ. III 308.41.
bex(a) to cut. R 299.69.
bɛxôt torch. III 422.17. (Hḙldzaʿqᵘ?)
bɛl(a) to forbid. C 246.21.
Bɛlxûla Bellacoola. III 466.34.
bɛlx(a) to spread out roots.
bâsamas to wear off, to chafe through.
bâsbɛlôᵋ fins of fish, porpoise. III 304.3.
bâk·â to meet. III 131.7 (bɛk·â C 6.25)
bâgwanê skate. III 266.36.
bâkw(a) to fish halibut. C 308.16 (Kos).
bâku(la) R 382.63.
bâkwênokᵘ (?) potlatch. III 426.21.
bêbak!wimê to endure. III 67.25.
baq!âla to smack lips.
bâxus secular. III 17.13.
bâbaxᵘsila to paint face (?) (p!êp!aq!ûgɛmd ?).
baxᵋwid to swell. C 26.15.
bɛwêkᵘ pregnant. III 67.11.
bôts!ê womb. X 172.41.
bôlagê ring of womb.
bôbogwêᵋ white pine. C 172.8.
bâbala jealous. III 68.31.
bâʟ(a) to stretch arms, fathom. R 57.8, 229,15.
—— albatross. C 64.7.
bêᵋnakûlas place of binding up. R 90.87.
bêx·a phosphorescence. R 176.45.
bɛndzâla to be phosphorescent on surface. R 176.44.
bɛnkᵘ (bênkᵘ) made to be phosphorescent. R 305.6.
bêlᵋîd to pull apart (moss). R 197.27.
bâ to leave. R 173.17.
bûxsâ to appear. III 58.12.
bôlᵋîd to swell. C 40.20.
bolxsdê musk-bag (of mink) (=swelling behind). C 142.22.
bolêxᵋwîd to bud. R 198.2.

p

pɛta to treat with medicine, to put disease into tree for cure. C 38.4.
pespɛtq!âla to treat a child with charms to give it power over animals.
(pɛs-) flounder
paês flounder R 181.51.
pɛpayɛm a fish (Lepidopsetta bilineata).
pâspɛs to eat flounder. R 417.68.
pâpaᵋya to fish flounders. R 157.1.
pɛsɛmâla to get easily. III 457.22.
pɛsɛnêᵋ skin. R 110.42. (See pask·ên.)
pɛnts!âla to put in. R 236.9.
pɛnpɛnsbêᵋ bladder at end of kelp. V 476.13.
(pɛngwid?) pɛnkwa (?)
pɛnq(a) to glare. M 729.10.
pɛnʟ(a) stout. III 49.15.
pɛk·lâla to talk wearily. III 450.20.
pɛk·ô coiled, imbricated basket.
pɛqw(a) pliable. R 90.81. (pêkwa?)
pɛx·(a) to heat.
pɛnkᵘ heated, blistered. R 352.44.
pɛx·it kelpfish Pleurogrammus (=heat on body). R 182.24.
pɛnêg·a to warm back. C 166.16.
pɛnâyo hook for kelpfish. R 152.2.
pɛxw(a) to float. R 68.20.
pôᵋnakûla to float along.
pâwaas place of floating. C 36.10.
pɛl(a) thin. R 164.25.
pɛlspɛla pl. R 134.5.
pɛlk·ata to be spread out. III 461.29; pɛlk·a to throw something flat. III 143.42.
pɛlk·iᵋlâla to dance turning around. C 292.15; to back water. R 414.9.
pɛlq-
pɛlpɛlq hammer. R 60.4.
pɛlgɛtôd to hammer top. III 91.38.
pɛlqalas material for hammer.
pɛʟ(a) fin of fish. R 242.24.
pɛʟâgêᵋ anal fin. R 230.7.
pɛʟ!ɛxawêᵋ pectoral fin. R 231.14.
pɛlpâʟ to eat fins. R 375.1.
pâ to split cedar boughs for basket making. III 138.17.
pâk·lôd to split off. R 69.200.
pawäla to peel off. R 121.30.
paêl floor of house. C 120.3; R 296.82.

paôla (paôLa ?) water rises. III 144.11.
pāpɛx·sâla to break to pieces (flat pieces ?). R 296.76.
pāpēsaᵋma a plant
pāpoqǃwamē a kind of kelp. C 470.
pāsk·ēn skin of mountain goat with hair. (See pɛsɛnēᵋ.)
pāq(a) to put down a flat thing, to catch ducks in flat net.
    paqôd to put down a flat thing. R 183.10.
    pagéł to put down a flat thing in house. R 273.89.
    paqǃaxsdēᵋ bottom of box. V 472.12; R 77.86.
    pāqwa to strike tail flat on water. III 321.25.
paχwa heart of porpoise.
pāx(âla) shaman, C 50.17.
    pāxasôᵋ to be treated by a shaman. C 100 16.
pāǃpaǃaābolas dish keeps full. C 264.11, note.
    pālapālaɪbōkwālas dish keeps full. C 264.11. (New).
pēk·ʟa marmot (Dɛnax·daᵋxᵘ).
pēs(ɛla) to go astray. III 158.17.
pētsǃɛxawēᵋ windpipe of porpoise (pō·sa?)
pēqw(a) to be soaked. V 440.26, R 155.17.
pɛʟ(a) to whistle?
    pēṭilbē whistling of nose. C 160 21.
pɛʟaxᵋwid (pɛʟaqwa) split by which board removed from tree runs outward. R 61.37.
pāla hungry. R 196.15.
    pōya hungry. C 296.14 (Kos).
pōsqǃa hungry. III 36.38.
pōs(a) to be fleshy. III 37.28; to swell. R 176.28.
pōxw(a) to blow
    pōxūns bladder. R 176.31.
    pōxutāᵋē bladder on top of fish line. V 478.2.
    pōxwas stomach C 222.3 (New). (Menziesia ferruginea Smith.)
pūxⁿbūla slanting rafters of house. X 62 17.
pōxpōqǃwa alder wood or kelp plugs. used for shooting, as toys.
pōt(a) satiated. III 21.13.

p!

pǃɛpǃās blind. III 95.26 (or pǃāpǃas. III 304.41).
pǃɛmx·sōd to put arms through straps of load. R 123.78.
pǃɛdɛk·(ǃla) dark. R 162.85.
pǃɛs(a) to flatten a basket, to give a potlatch to one's own tribe. III 93.1.
    pǃɛyayu blankets for potlatch.
pǃɛspǃɛyâ ear. III 46.38.
pǃɛnqǃala large bullhead, fish that lives on rocks.
pǃɛq(a) to taste. III 39.21.
pǃɛxû(la) to spawn. R 184.1.
pǃɛl(a) to pluck (feathers, hair). R 102.10.
    pǃɛlōs dried salmon heads (=plucked cheeks). R 231.1.
    pǃɛlɛm wool. III 361.22.
(pǃɛls-)
    pǃɛlɛms moss. R 196.22.
    pǃɛldzēk·ǃla moss on back. R 82.6.
    pǃɛlsɛnāla moss covered. R 98.3.
pǃɛlwump husband's sister and vice versa.
    pǃɛlwadzôł husband's sister and vice versa, if intermediate relative dead.
pǃɛlx(ɛla) fog. III 255.57.
    pǃɛlxɛlasgɛm woolen (white man's) blanket.
pǃɛlɛm(âla) to shut eyes. III 91.31.
pǃɛʟ(a) to fly. III 102.28.
    pǃépǃaʟōmas birds. C 30.13.
    pǃaʟɛkwē k·ǃlatsǃā charge of gun (=little things put into and made to fly).
pǃā to feel for something. III 137.4.
    pǃéχwa to feel of. III 360.13.
    pǃayōł to feel grateful.
    pǃēwayasdē tips of fluke of porpoise (=feelers on tail).
    pǃēwaxsdē flukes of porpoise. R 450.85.
pǃā(gʾustā) to raise. III 94.13.
pǃépǃaqǃugɛmd to paint face. III 115.38. (See bābaxⁿsila.)
pǃayōʟ giving away copper. III 448.18.
pǃēs(a) hard. R 185.6.
pǃōkw(a) to invite. III 112.28.
pǃōq(a) rotten (rope, mat, cloth).

p!â‘yĕ halibut. R 122.53.
p!â‘ya hungry (pâ‘ya?) C 314.31.
p!ŏk!ûn white-spotted body.
p!ŏqw(a) to pick off, break off (leaves, to break dog salmon). R 325.34.
p!ŏq!ûs an edible plant.

m

mɛdɛlqw(a) to boil. R 108.87. (mɛdɛlqûla.)
mɛt-, mɛtlanê‘ horseclam. R 91.8.
met(a) to twitch.
mɛdɛns to push spear under water. R 414.13.
mɛtlôs kidney fat. C 12.8; R 429.11.
mɛs-, mɛsɛla greedy for food. C 146.20.
    mɛdzés cannibal's whistle (=greedy inside). III 421.24.
    mɛskwa greedy one. C 212.16 (New).
    mɛsbê‘a kˑ!ilɛmasa gwa‘wina greedy pointed tongue of raven, used as charm on halibut hook.
mɛsê mɛsêkᵘ cry of hawk. C 154.9.
mɛsêqᵘ sea egg. R 154.11.
mɛslɛq!una insect. X 13.35.
mɛts(a) mink. C 176.10.
‘mɛn one (Hê!‘dza‘qᵘ).
    ‘mɛntslaqe‘yo one-horn-on-forehead (a fabulous mountain goat). C 8.15.
mɛn(a) to pick up. R 218.7; a small potlatch at which girl's clothing is thrown away to be picked up by the people.
‘mɛnāla fish jumps. III 167.11; R 350.45.
mɛnéqw(a).
    mɛnêx‘wid to return a favor. C 54.22.
‘mɛns(a) to measure. R 63.63.
    ‘mɛnêkᵘ measured. R 121.36.
    mɛnyayo measure. R 64.85.
mɛndzɛx‘íd to split. C 290.10.
mang·aLaxstalisɛla. M 682.2.
mɛnk‘- excrement.
    mɛnâx· excrement. C 224.12 (New).
    mɛng·edêq slime. III 147.4; clotted blood. III 198.19.
    mɛng·as anus. C 144.1; R 133.23.
    mɛnk·ásɛla to throw excrements. X 67.8.
mɛnga war canoe. C 340.14 (K o s). (mɛng·a ?).

mɛnxwăla to smile. M 667.2.
mɛnî- satiated.
    mɛnîmɛnîalil satiated in house. M 692.3.
    mèmɛnîtsɛm stones white hot (=enough on surface). V 408.26; R 94.3.
mɛg·is inside of plant (ʟatɛn).
mɛk·(a) to swallow. R 458.71.
‘mɛkw(a) a round thing is somewhere, to choke. R 341.69.
    ‘mɛk·!ɛxâ to choke. R 311.28.
    ‘mɛkwayind to put (stone) on top. R 314.8.
    ‘mɛgûtâla knob at end. R 149.22.
    ‘mɛk·âla III 242.2; ‘maămk·âla pl. island. M 675.19.
    ‘mɛkûla moon. C 70.1.
    ‘mɛk!ôbâ‘yê heart. R 454.70.
‘mɛkw(a) to smooth.
mɛgû- to put on, several objects. III 126.29.
    mɛgûg·it covered over. R 156.36.
‘mɛq(a) to let go from hand. III 127.33.
    mâmaq!a trying to let go, ceremonial in which the performer lets go from his hands an object representing supernatural power.
mɛq!watslê Allium recurvatum Rydb.
mɛqɛm a person rubbed with wolf's dung, blind for everything.
mɛx- hollow things are somewhere.
    mɛ‘xêl (boxes) are in house. C 360.23.
mɛmx·baîtslānê‘ branches. R 439.6.
mîx·(a) to strike with fist. C 262.31.
    mɛ‘nāla noise of striking with fist. III 250.5.
    mɛ‘natslê drum.
mɛxⁿ- to desire.
    mɛxûla M 674.7.
    mól thing desired.
‘mɛl(a) white. C 290.17.
    ‘mɛlxLô‘ mountain goat (=white haired). R 102.2.
    ‘mɛlk·!aês k!ōma white-bellied cop (Leptocottus armatus).
‘mɛl(a) to plait a rope. III 78.31; to take a turn on a trail.
    ‘mɛlêg·ind to twist thin strand into a rope. V 388.4.

mɛl- to light a fire.
    mɛlxˑLɛnd to light end. III 145.31.
    maᵋlēᶜ torch. III 145.30.
mɛlêgayu stone club (stone in hide with short handle).
mɛlêxɛla to travel in canoe. R 96.58.
    mɛlāwɛla to start across. C 16.2.
mɛls- to turn head.
    mɛlmɛlsɛla to turn head back. III 150.19.
    malêgɛmano halibut-head. R 243.41.
    mɛlêkᵘ turned. R 358.39.
ᶜmɛlqū̂(la) to remember. III 197.19 (mɛlq!ūxâla ? R 396.84).
mɛlxˑ(a) to drift. X 87.35.
mɛlxᶜwīd to moisten. R 92.24; to paint with rings. C 202.13.
mɛ̂la southeast wind. III 350.4.
mɛlêkˑ sockeye salmon. R 354.33.
mā to crawl, to swim. III 304.24; R 373.7.
    mamaêmas R 382.3; mamaômas. R 407.56 fish.
    masɛmagˑ'īlis fish. C 232.12 (New).
ma- to put down on stomach.
    manôlis to put down on stomach at side. R 408.2.
    maêdzɛkᵘ roasted. R 408.10.
māya- to regret an act, to have mercy.
    māyata X 57.22 (māyat!a).
    māyaxˑila to have mercy. III 471.17.
    māyaLas surpassing. M 709.5.
māyukwāla a game.
māyōL(a) to give birth. III 67.12.
    māyoLɛm newborn child. III 77.18.
maêlbɛnd to mark line with wedge. R 61.31.
    maêlbano marking wedge. R 81.58.
mawākˑ!a sea lion (Hêɫdzaᶜqᵘ), name of a copper.
ᶜmaôs(a) to work. C 256.18(Kos, New).
māp(a) to pluck. R 208.20.
    māpɛlala to pluck off (moss). R 196.24.
mamê bedcover. X 172.28; C 412.6.
    mamêkˑas property in house. III 109.20.
māmadas piece for tying on cross straps of basket. R 135.31

māmana hawk (various kinds) (=trying to strike from mîxˑa ?).
māmala white man. R 99.38.
mamâᶜma leaves. III 299.3; R 186.2.
ᶜmās what? III 44.9. ˑ
    ᶜmaênoxᵘ what tribe? C 158.9.
    ᶜmāyɛnx what season? X 166.29.
mās(a) to eat food consisting of several ingredients. R 342.9.
mas(a) stripe.
    māyos raccoon (=striped face). III 285.14; C 176.10.
    masLɛkˑala slant. R 804.50.
(mâsta) mustard (English.)
mastō harpoon. R 176.41.
mats!apa to make a bundle. R 126.25.
mâts!ena harlequin duck. C 222.4; (matsin?).
māgˑaanâ hair line for trolling hook.
māgˑagˑu grouse (in myth, and Nak!waxˑdaᶜxᵘ); III 308.30.
mākˑ(ala) being near by. R 61.23.
    maxˑbê next to end. R 75.38.
    mɛmkˑâla close together. R 245.84.
    māgˑilᶜɛm wɛqwa half brother, said by sister and vice versa, not of same mother.
ᶜmamagwaᶜlas hurt. III 451.24.
māmaLêkˑa swallow (Tachezoineta thalassina)
māmêma warbler; hawk(?). III 308.40.
maku(la) to feel fish nibble at line.
ᶜmaxw(a) potlatch. III 451.9; to carry property; C 324.20 (Kos).
    māwil sacred room of dancer. III 109.33.
māx̱ᵘ- to tie.
    māx̱ᶜbɛnd to tie knot in end. R 173.9.
max̱ᵘstɛnd to push into water. R 127.41.
max̱ᵘts!(a) to be ashamed. III 266.1.
max̱-
    maxᶜênoxᵘ killer whale. M 665.12: pl. maâmxᶜênoxᵘ, M 666.4
maxstâla raccoon (=striped eyes?)
malats!ɛs wash tub. M 729.1.
malaq(a) to make selvedge, braid at edge of basket. R 142.24.
    malaq(ɛla) mixed. R 298.48.
malô exclamation enabling person to stay under water.
mālis a kind of salmon-weir. III 83.10; C 94.1.

malēdzana medium-sized clam with rough shell.

malekw(a) to chew. III 387.37; R 290.13.

 malx̣ᵋwid to eat. C 312.8 (Kos).

maḻ two. R 226.18.

 malguṇāl eight. R 182.28.

 maḻg·ustâ twenty. R 272.72.

 māḻɛg·îyō twelve. R 117.37.

màl(a) bitter.

maltlàla to recognize. C 274.21.

mā fish. III 83.18.

 mēyoxwanê salmon. M 709.6.

mās head of double-pointed salmon spear. R 302.6.

mās meat of porpoise.

mēta to twist nettle bark, sinew, hair. V 48.5; R 158.42, 165.66.

mēs-, mēᵋmes penis. III 136.40.

 mēdzɛlɛxdzayo instrument of sea otter, for scraping inside of canoe.

mēs(a) to smell. X 167.4; R 182.25.

mēᵋstag·iᵋlakᵘ boiled guts. R 355.1.

mēg·(a) to caulk (canoe). III 100.29.

mēgwat seal. R 174.1, pl. mēmegwat C 64.15, mēɛmgwat

mēx·(a) to light a fire. III 158.15.

mēx·ídē porcupine. III 320.35.

mēx·ᵋíd hair seal takes line out.

mēx(a) to sleep. M 719.5.

 mēxɛla to dream. C 8.11.

mēᵋxⁿxwēwalis Myx cephalus.

mēʟ(a) to tease, to do mischief. III 51.35.

ᵋmɛgwē salmon weir. III 184.11.

mô four. C 54.2.

 hamôtslaqâla twenty-four. R 159.8.

 mösgɛmg·ustâ forty. R 158.35.

mô- to pile up. R 346.15.

 mɛwēʟ to take into house. R 239.32.

 māwa to move. C 248.10.

 ᵋmɛmwāla cargo of canoe. C 364.5.

 ᵋmɛwēs heap on beach. R 233.47. pl. mɛx·mɛwēs. R 191.53.

 môxs to load canoe. R 256.32.

mā cry of raven. C 248.9 (New).

 māwawô cry of crow. C 246.32 (New).

māla to carry many things on shoulder.

mōmas(a) to hurt. M 670.12.

mômux̣ⁿdē Abies grandis Lindl.,—amabilis Forbes. III 288.25.

mōmx̣ⁿsɛm dried whale meat. C 260.9.

mōmx̣ᵋūn white (bone). R 157.14.

môt(ɛla) to carry food from feast. R 234.49.

 mamôt food carried home. R 435.63.

môtlas balsam fir (Kos).

 môtlɛxadē camas.

môs(a) to lift clothes that one wears. M 724.6.

 môdzil chieftainess, wife of high chief.

mōemaᵋla ear ornament. C 118.17.

mōdzodala to cover. R 89.65.

mux̣ᵋwid to bite. C 214.17 (New).

ᵋmōkwā young fur seal.

mōkw(ala) to be tied up. R 223.18.

môqû(la) stomach of fish. R 411.32.

mōqw(a) to hide a feather in a gambling dance.

mōqw(a) yellowish.

 mogūg·a spoon of bighorn sheep horn (=yellow inside). R 579.51.

mawaê ᵋ bark of red pine (Kos).

 môx̣ⁿplêq pine tree (Kos).

môxūla dirty. BAV 113.14.

môᵋla to be grateful, to thank. III 66.30.

môl(a) rough.

 môlta spongy.

d

dɛyô(dzô) flat yellow cedar wood. R 163.22.

dɛwēx cedar twigs. III 27.15; R 71.33.

dɛma- to be out of sight. C 354.13.

dɛm- salt, sea.

 dɛmpla salt taste. R 356.42.

 dɛmsx·ä sea. R 97.72; salt.

dɛmgaᵋlas armpit. C 290.18.

 dɛmqola armpit. C 18.25.

dɛmx̣w(a) to touch privates of sleeping woman.

dɛmxsɛm basket of cedar bark with grass embroidery, like those of Nootka.

dɛmlēx̣u(la) to make rumbling noise. III 376.20.

dɛᵋn(a) sandstone. R 124.88.

dɛnēk·a to cut off strip of blubber. R 456.10, 12.

dɛnt-

 dɛntlēd to talk, discuss. III 145.15.

 dɛntɛla III 112.12.

dɛns- cedar bark.
dɛnɛm rope. III 53.1.
dɛnas bark of red cedar. R 89.76.
dɛnyas cedar bark (Kos).
dɛnasmis red cedar. III 78.11.
dɛnsɛn cedar bark rope. R 75.26.
dɛntsɛm (hat) of cedar bark. R 139.19.
dɛnx·ɛid to haul in rope. V 478.14.
dɛntsɪ̷ekᵘ dancing board. C 28.16. (dɛntsleq?)
dɛnxⁿ- to stand in a row. III 296.19.
dɛnwayâ anchor line. R 125.8.
dɛnx(ɛla) to sing. III 69.39.
dɛk·(a) to bury.
dɛx·pleq grave-tree. III 279.4.
dɛg·ɛɛya grave. III 57.11.
dɛx·(a) to open eyes. III 95.40.
dɛx·āla to keep eyes open. R 199.38.
dɛx·dɛx·ilil owl. III 308.40.
dɛx·dɛx·ine owl. C 338.15.
dɛx·(a) to soak. R 108.89, 425.20.
dɛx·dax· to eat soaked herring spawn. R 424.1.
dɛnkᵘ greased. C 356.17; R 425.20.
dɛngwatsle grease box. R 82.7.
dɛxw(a) to jump. C 212.27.
dɛwɪl to jump into house. M 679.12.
dɛx(a)
dɛxayu round pole and wedges with round point for splitting trees.
dɛxɛtôxɛwid to spread tongs. R 370.15.
dɛlx·(a) damp. R 125.13.
dɛldaɛmk·ila to make tools, utensils. III 189.17.
dā(la) to take, carry in hand. R 130.20.
daas handle. R 133.21; grip. R 109.15.
dâyôd to take in middle. R 119.15.
dâdaɛlg·is person who takes enemy's clothing for witchcraft.
dāg·ilēlɛm blankets given in advance in purchase of copper, to be returned later with interest (=put in hand in house).
dāx·dasa to commit rape (=to take and put on ground).
dābɛndg·ala to put an equal amount of blankets on a pile offered by a rival, thus accepting them.
dādɛgo to fight.
dāp(a) to tow. C 326.33.

dādɛk·âs proper y. C 104.30.
dādɛk·â to be jealous of each other. III 123.22.
dâda father!
(dādɛlēg·a silve: bracelet =dollar [silver] on back). III 449.5.
dādaôma proper y. C 256.26 (New).
dēdaɛmala to move things. III 408.32.
dādēqam white moss.
dās(a) to dive. C 66.28.
dāts father! III 135.3.
dāg·iɛnol fellow wife. III 142.18.
dāk·ɪntsleɛɛla fish jumps down beach. III 302.42.
dāl(ɛla) to laugh. III 97.16.
dāl(a) to unfold. III 338.41; R 228.21.
dɛlkᵘ unfolded. R 454.74.
dä to wipe. III 469.12.
dēg·idano towel for body.
degɛmyo towel for face. V 443.12.
dēxɛdano toilet sticks.
dēida loan at 100 per cent interest.
dewāna liver. R 245.79 (tlewāna?).
dēdɛmala property, provisions stored in house. C 104.31.
dēstôɛlax dolphin. (New).
dēstawîlkᵘ. (New).
dek·(a) seal, salmon dives. III 302.42.
dēqw(a) to punch. III 27.40; R 76.65; 133.5.
dēgwayu pile-driver. C 382.21.
dēxᵘ yellow cedar. R 129.1.
dēwal yellow cedar (Kos).
dēxūmanoɛs Dôqwaɛis hafted stone hammer (of Dôqwaɛis), not used by Kwāg·ul.
dɛlak·(ila) fish jumps. R 183.6; III 326.5.
dāp!ɛn(dzô) squid bones on surface. C 172.15; R 471.41.
dâqāla. V 441.20.
dômaq heart of wood. R 57.11.
dôdɛgwig·ēɛ Ulna barbata.
dôt-, dôt!āla to speak. C 314.2 (Kos).
dôdas words of song. C 318.26 (Kos).
dādodala to reply. C 254.19 (New).
dôs(a) to be poisoned by clams.
dôyad having poisonous clams. C 376.3.
dôstɛnd R 91.11.
dôsdɛk!wa Rubus macropetalus Dougl., -ursinus. C & S.

VOCABULARY 1407

dōkw(a) to troll. R 238.4; a seal feast. R 459.80.
dōgwił spine of porpoise.
dōxᵘdɛgwēs Menyanthes trifoliata. L.
dōqw(a) to see. R 173.19.
   dādoqwala to watch. M 667.11.
   dōgūł seen. R 119.25.
   dōxdoqwa to watch. R 151.15.
   dōdɛxᵘstolił to think. C 208.9 (Kos).
   dōxtslɛs seer.
   dōxᶜwaʟɛla to discover. III 41.34.
dōxᶜwūla to stretch a rope outside. R 158.36.
dōl(ɛla) numb, cramped.
   dōlɛmx·ᶜīd to have nightmare. M 669.4.

t

tɛwix·a to go goat hunting. III 7.3. (See tōxᵘ-).
   tɛwēᶜnēnoxᵘ goat-hunter. R 104.3.
tɛp(a) to break (dish, shell, bone). R 105.13.
tɛmɛlqw(a) to appease.
tɛms(a) wedge jumps out. C 218.7.
tɛmkw(a) to chop. R 82.15; to bite. C 332.22 (Kos).
tɛmx·(alis) plants show on ground, to sprout. R 194.2.
tɛml(ɛla) to throb.
tɛs(āla) to lean against. R 99.42.
   tɛs(āla) to sit with knees drawn up. III 87.12.
(tɛᶜna) for dɛᶜna sandstone. V 486.14.
tɛnk·- hill, lump.
   tɛnk·a to boil over. R 341.55; 478.54.
   tɛnk·la hill on rock. C 246.30.
   tɛnx·tsla lump inside. R 59.71.
tɛg·ēk·īla a small bird. (See tēg·ēg·ila).
tɛk·alāēnēᶜ R 170.60.
tɛk·āla to be full. C 26.15 (tɛnk·āla?).
tɛk·lēᶜ belly. R 174.30.
tɛk·lōs deer. C 200.23 (New).
   tɛxᶜūnēᶜ deer skin blanket. C 374.28 (Gwas).
tɛkᵘ- (tɛg- ?)
   tɛgūlɛxs to pull out of canoe. R 175.18.
   tētɛgɛnōd to take up at sides. R 220.30; 469.23.

tɛxᶜwīd to cut open (fish). R 410.1.
   tētɛxᵘbēᶜ soft places between ribs. R 428.3.
tɛkᵘ-
   tētak·ostōd to hang up. R 401.19(?).
tɛkoya blown off by steam. R 102.15.
tɛqù(la) a boil throbs.
tɛq!a mud on rock.
tɛq!w(a) octopus. R 151.23.
tɛxᵘmas bile, gall. R 450.85 (tɛx·-mas?).
tɛxɛm cedar withes. R 111.17.
tɛlp(a) to follow. III 107.6; C 400.23.
tɛlkwala to run. (Kos).
tɛltɛlxᵘbēᶜ cartilage at end. R 447.18.
tɛlk!w(āla) noise of splashing. X 168.28.
tɛlqw(a) soft. R 167.4; tender. R 402.21; weak (ripe). M 665.17; feather bed; to give blankets to owner of copper in advance of purchase.
tɛlts!(a) to warm oneself. III 212.7; C 304.24 (Kos).
ta to wade. III 356.5.
   tāstala, tāxᶜustala to wade up river.
tāyalts!ala a kind of preserved salmon. R 239.29.
taōd to bring. III 282.27.
   tōxᵘtōwalag·ila to go farther. M 703.2.
tāmīnas squirrel. III 357.29.
tānīs cannibal (Hĕldzaᶜqᵘ). M 693.9.
tāk·ap!a to strike together. III 215.10.
taq-
   tāgał olachen-net. V 486.1, 3.
   tāqēla to make an olachen net. V 486.1.
tāgwaqē man's breechclout.
tāsał to shove together. R 74.11.
tēs(a). elastic. V 497.39
tēnokwa to pole canoe. III 104.17.
teg·ēg·ila Brachyramphus marmoratus.
tēkᵘ-.
   tēguᶜnakūla to come in sight. X 186.2.
tēk!wāla to joke. III 24.6.
tēkᵘ- to hang.
   tēk·la suspender. V 388.10.
   tēgwił to hang in house. R 236.13.
   tētɛkwaʒɛla two baskets hung, one on back, one in front of body, in berrying.

tēq(a) to drop. X 153.14.
tēx·ᵋīd to jump. C 144.26.
tex·tex·alīl owl (Bubo virginianus).
tēxa hemlock leaves (Kos).
tēxatslē bladder of porpoise. R 450.89.
tēl(a) bait. III 293.2; R 162.82.
    tatēla to go to get bait. R 475.51.
tēlx·ᴇg·ᴇʟᴇyind to sprinkle. R 258.65.
tōxs bilgewater. R 371.3.
tōp(a) speck. R 202.22 (tlōpa?)
tᵘ (exclamation of mink). C 142.25.
tōx̣ᵘ-
    tᴇᶜwa to attack. III 468.24.
    tōxᶜwid war dance. C 28.16.
    tōᶜyag·a to commit suicide. III 122.8.
    tlōxwa to make trail by walking. C 14.16.
tōxᶜwid to spin.
tōlasᶜᴇla to break up. C 170.18.

t

tlᴇp(ᴇla) to be covered by some substance. R 154.36.
    tlᴇpᴇᴇm to be covered by water. R 288.62.
    tlᴇbēg·a to drive in. R 93.16.
tlᴇm(a) to sew with cedar twigs. III 302.29.
tlᴇm(a) to lash up. III 303.9.
    tlᴇmag·īm lashing. R 140.7.
tlᴇms(a) to beat time. III 86.6.
    tlᴇmᶜyayo baton. III 57.36.
    tlᴇmēdzo board for beating time. III 86.5.
tlᴇmsaēᶜ wart.
tlᴇmts! Unifolium dilatatum (Woods, Rydb.).
tlᴇmkw(a) to curdle, to shrink, to shrivel. BAV 120.15; R 57.8.
tlᴇmkᵘ chopped in short pieces. R 189.10. (Correct tᴇmkᵘ)
tlᴇmq(a) to pin. III 347.21.
tlᴇmx̣w(a) to pick gooseberries. R 221.1.
    tlᴇmx̣walē gooseberry. R 221.1.
    tlᴇmx̣ᵘmīs gooseberry bush.
tlᴇnaxtōl weaving frame for cedar bark blanket.
tlᴇntlᴇgō to marry in one's own family.
tlᴇns(a) to shelter against rain; shade. III 121.22; X 161.9.
tlᴇnsēlayo.
tlᴇmx· knot in wood. (tlᴇnx·?). V 332.12.

tlᴇnx(a) to walk with jerky motions.
tlᴇnx a bird.
t-ᴇnx-
    tlᴇntlᴇnxᴇdzō veins of leaf, ridges between grooves. R 275.25.
tlᴇk·(a) soil. R 73.79.
    tlᴇk·īᶜlakᵘ garden bed. R 189.14.
tlᴇgun a kind of canoe. III 287.16.
tlᴇkw(a) to butcher game, fish. R 411.30.
tlᴇkw(a) to poke with finger. C 66.4.
—— to take down. III 361.33.
tlᴇq(a) berry cake. R 269.9.
tlᴇqᵘ-
    tlᴇx̣ᵘsōs cinquefoil root. R 188.1.
    tlᴇqlwanō cinquefoil plant. R 190.40.
    tlᴇgūdzō cinquefoil garden. R 189.14.
    tlᴇx̣ᵘtlaqᵘ to eat cinquefoil roots. R 194.27.
    tlᴇx̣ᵘtlᴇqlūs a plant.
tlᴇx·-
    tlᴇx·īla door, trail. III 47.26; law. M 677.14.
    tlᴇx·a door, trail. C 310.11 (Kos).
    tlᴇx·ila to make trail. M 677.14.
    tlᴇx·ʟēᶜ ladder. C 104.25.
    tlᴇnnâyēᶜ side door. C 412.6.
tlᴇls(a) to split halibut, salmon. R 249.75.
    tlᴇlyayo knife for cutting halibut, salmon. R 245.56.
    tlᴇlēkᵘ sliced. R 251.200.
tlᴇls Viburnum Pauciflorum, Pylaine, berries. R 92.39.
    tlᴇlsmīs Viburnum bush. R 216.16.
tlᴇlkᵘ soft (tlᴇlqᵘ?). III 54.10.
tlᴇlqlaa female (fish).
tlᴇlx̣w(a) to soften by beating with wedge. R 296.83.
    tlᴇlōkᵘ pounded. R 130.32.
    tlᴇlwayo cedar bark beaten. R 129.17.
    tlᴇlwagayo III 197.14; tlᴇlwagano V 476.1; club.
tlᴇl- to gather blanket over shoulder. R 118.6.
tlā-
    tlāx·ᶜīd tree falls. R 57.7.
    tlāᶜs tree lies on ground. R 82.6.
    tlāᶜyala invisible, hidden. X 55.24.
    tlāyolᴇm sun protector. R 125.21.
    tlāx·ᶜīd to become invisible. C 176.17.

t!ăk·a   to lay down something soft under another thing.
   t!ăg·i!   bed mat.   M 726.7.
t!ăq-; (t!ăq-?)   round things lie on ground, to pick up stone.   R 164.28.
   t!ăgats!ē   stone basket.   R 287.35.
   t!ăgᴇm   load of stones.   R 295.56.
   t!ăqala   to carry stones, box.
   t!ēqwap   pile of wood and stones for steaming.   C 162.7; R 72.63.
   t!ăxᵋid   to pick up stones.   R 294.50.
   t!axts!ăla   to put stones into.
t!ăqᴇmli!ᴇla   to place before guests.   C 172.26.
t!ăqᵘ
   t!ăxᵋwid   to spear salmon.   R 303.11.
   t!ăqwaxsäla   to spear salmon in muddy water.
   t!ăt!aq!wa   to spear salmon (Mam.; Kwag).   R 303.10.
t!ăxᵋid   to turn right side up.   V 347.7.
t!ēwana   liver of porpoise.
t!ēᵋyō   hemlock branches for herrings to spawn on.   R 185.22.
t!ewäla   to be on water.   R 185.20.
t!ēp(a)   to step on.   R 351.13.
t!ēs(ᴇm)   stone.   R 68.89.
   t!at!ēdzᴇm   pebbles.   R 190.31.
   t!ēex·ä   stone edge.   III 96.18.
   t!ēsap!   to throw each other with stones.
   t!ēdzᴇdzō   slate (=flat stone).
t!ēnqw(a)   a dance.
t!ēk·(ala)   to lie on back.   III 256.38.
   t!ēx·dzō   settee.   C 394.6.
t!ēk·a   to sharpen knife.   III 91.4.
   t!ēg·ayo   whetstone.   R 68.89.
t!ăt!ēkwamak·a   curdled blood on water.   M 706.2.
t!ēqala   to bend back.   R 147.22.
t!at!äla   to await.   C 164.14.
t!ēx·(a), t!ēx·(t!a)   to carry round thing on shoulder.   III 27.36.
   t!ēnkᵘ   round thing carried on shoulder.
t!ēx·(a)   a fish (Anarhichas lupus).
t!ēqw(a)   to sip.
   t!ēgwayo   feasting ladle.
t!ēl(a)   to soak.   R 315.6.
   t!ēlt!a!   to eat soaked salmon.   R 316.20.
   t!ēlkᵘ   soaked.   V 441.22; R 441.47.

t!ăg·idzod   to put on stones.   R 433.26.
t!ōp!ᴇxLē̂ᵋ   fawn (tōp!ᴇxḷē̂ᵋ?).   C 160.17.
   t!ōtēwa   fawn.
t!ōt!ăla!   speckled hawk.
t!ōt!ō   star.   III 323.15.
   t!ōt!op!a   a fish (Sebastodes pinniger).
t!ōmᴇlē   a fish (Atheresthes stomias).
t!ōs(a)   to cut.   R 322.9, 104.12.
t!ōqᵘ-   gap, narrow opening.   R 140.12.
   t!ōit!oxsᴇm   open weave with small holes.   R 140.13.
t!ōq!üxstē̂ᵋ   wool tassel of blanket.
t!ōxw(a)   swell.   III 363.26.
———   to cut out intestines   R 405.9.
t!ōxwa   to spear salmon (Dᴇnax·daᵋxᵘ).
———   to mark trail.   C 14.16.

s

sᴇᵋya   hair.   R 158s.28; leaves of kelp.   R 255.25.
   sēsᴇᵋyak·!ᴇn   hair line.   R 158.43.
sᴇwᴇlkᵘ   twilled.   R 125.10.
sᴇp(a)   to throw a long thing.   C 2.17; canoe has headway.   R 97.75; to answer.   III 469.30; to be late.   III 459.12; rays of sun strike.
sᴇbᴇlx(a)   metallic noise.   III 152.34.
sᴇmk·(a)   to try out oil of olachen.   X 33.9; R 466.49.
   sᴇmyak·awē̂ᵋ   remains left after trying out oil of olachen.   R 299.58.
sᴇms   mouth.   C 142.22; R 446.11.
sᴇn(a)   to think, plan.   R 40.36.
   sēnat   dancer.   III 84.6.
   sēnat!ăla   to speak of a subject.   C 90.7.
sᴇng·a   to resolve.   C 24.23.
sᴇn-   entire.
   sᴇnbᴇnd   from beginning to end.   III 36.35.
sᴇnx·ᵋid   to be whole.   R 121.36.
sᵋᴇntsō   harpoon shaft.   C 86.19.
sᴇnq(a)   to peel off bark.   R 126.24.
sᴇk·(a)   to spear.   R 236.20.
   sᴇg·!nētē   obtained by spearing.   R 305.8.
sᴇg·ᴇnōdzē   one finger width.   R 117.39.
sᴇk·(äla)   to lie against.   R 274.18.
sᴇk·!(a)   five.   R 89.73.
sᴇq!(a)   to eat herring spawn.   R 425.24.
sᴇx·ᴇnē̂ᵋ.   R 87.13.

sɛx·ā́la to pick roots out of sand. R 190.44.
sɛxᵘtsā́ industrious. R 272.74; to agree. III 351.10.
sɛxᵘtsā́ measure from angle of thumb and first finger to tip of first finger.
sɛxᵘsɛm elongated. R 180.35 (sɛxᵘ-sɛm?).
sɛxsɛk·ḗᵋ long hair of goat. R 444.23.
sɛl(a) to drill. R 64.92.
sɛlɛm Vaccinium ovalifolium. R 300.78.
sɛlp(a) to twist. R 120.9.
sɛlt(ała) to be quiet. C 64.25.
sɛltl(ax·tsłānēᵋ) little finger. R 68.82.
sɛls- to pick out. III 237.27.
 sɛlgaakᵘ picked out.
sɛlqw(a) to twist. R 57.13.
 sɛlxsɛmāla twisted (=k!wéxᵘsɛ-māla).
 sɛlq!wētsa squint-eyed. V 478.5.
sɛlbɛxw(a) to squirt out of mouth. R 363.12.
saɛntsłō (sᵋɛntsō) harpoon shaft. R 157.2.
sa(xᵘ)- to stretch out, to wrap.
 sāx·ᵋid to stretch out. III 16.1.
 sāx·tsłanała to wrap around hand. R 106.37.
 saḗl diaphragm of porpoise. R 453.62.
 saōkᵘ board (=stretched?). III 8.7; R 96.57.
sāk·līqāla alive (?). C 24.11.
sāyɛna whole. R 190.43.
sāyopālg·iwala to send ahead (canoe). III 149.22.
sābɛnd to overdo. III 18.1, 149.22 (=stretch to end?).
sāaq sap. R 114.63.
sayōqᵘ pure, unmixed. R 269.5.
saōltala noise of falling objects. III 465.2.
sabɛx·ALɛla to hear. C 394.20.
sap(a) to skin. C 10.26; R 441.3; to flense. R 447.16.
saᵋdḗkwax·ᵋid horsefly. C 396.27.
sās(ɛm) children of one couple. III 45.6.
sas- spring salmon.
 sātsłɛm spring salmon (Salvalinus fontinalis). III 102.7.
 sāsasdē dry spring salmon. III 225.32.

sāk·aᵋya to watch canoe. X 9.32.
sāk·(a) to give away canoe. M 670.2.
sak·ōdḗᵋ joint of box. R 69.1.
sakw(a) to dig fern (Pteridium aquilinum). R 195.12.
 sāgum fern root. R 195.12.
sakwa to carve meat. III 20.5; R 448.45.
 saxᵘx·ā butcher knife. M 666.8; R 446.8.
 saxᵘdzō butcher board. C 174.11.
 sakwīla to give a seal feast. R 458.58.
 sāk!wis seal-oil. III 192.19.
saq!w(a) to peel off bark. R 131.13.
 sāq!waɛms maple tree. V 387.31.
 sāq!ōd to peel off bark. V 473.27.
 sēsaq!wamōt bark dish. III 254.36.
saxᵘsto R 109.14.
sāl(a) blind. C 266.3 (New).
sālaēdana fern (Polystichum munitum). C 292.12.
sāl(a) love song, mourning song. X 6.12; C 120.9.
sā to put up roof. III 137.30.
 sāla roof. III 45.24.
sē to put meat down. R 462.26.
sēp(a) to shine (sɛpa?)
sētk·!ot!ɛn to split in falling. III 184.5.
sīsiuL fabulous double-headed serpent. III 60.37.
sēsoklwa widgeon duck.
sēnat plan. R 81.63; dancer. (See sɛna.)
 sēnatała purpose. R 121.32.
sēnoqw(a) oblique. R 59.70.
 sēnogūdzōd to bevel. R 64.97.
sēk·łāqa cane (in use).
 sēk·łāganō cane. M 675.4.
sēq(a) to spear (devil fish). R 470.6.
sēx·(a) to peel sprouts. R 343.32; to eat sprouts.
sēxw(a) to paddle. III 255.38.
 sēᵋwayo paddle. R 127.49.
sēx(a)
 sēxᵋid mouth gets dry and sore. III 451.36.
sēłan grandchild's mate versus mate's grandparent.
sēlɛm snake.
 sēlis snake in belly. M 685.18.
sō thou. III 110.32.

VOCABULARY

sŏp(a) to chop. R 57.11.
   sŏbayu adze. R 57.2.
   sāyobɛm small adze. R 111.3.
sôx̯ᵘsôx̯ᵘ a cry of raven presaging rain (=dripping).
sôx̯ᵘts!ês R 131.8.

dz

dzɛbɛq(ɛla) to fit loosely. R 139.13.
dzɛm(a) to cover with soil, ashes. C 248.18 (New).
dzɛmx̯w(a) bluish.
   dzɛmx̯ᵘstō milky color. R 339.17.
   dzɛmᵋwa bluish stone for chisels.
   dzɛmôkᵘ milky. R 339.14.
dzɛt(a) to split roots. R 115.13 (ts!ɛta?)
   dzɛtaxôd to pull off cedar twigs. R 120.18.
dzɛsᵋêd to get warm. R 339.19.
dzɛsɛqᵘ young cedar. R 166.4 (dzɛᵋsɛk?)
dzɛndzɛdzō R 118.2.
dzɛndzɛngɛlɛxsɛla smell of canoe. C 262.4.
dzɛndzɛnk·lâla to deride. X 67.6.
dzɛndzɛnx·lɛm nettles.
dzɛk·(a) to rub. R 95.27.
dzɛgwat dried sockeye salmon (Gwas).
dzɛqw(a) mud, soil. III 283.10; R 88.36.
dzɛgut coal. R 58.40.
dzɛx·ína iron. V 494.16.
dzɛx·ína Adianthum pedatum L.
dzɛx(a) to split or crack (wood). R 141.29.
   dzɛxɛqᵘ poles. R 184.9.
dzɛx·(îla) to make war. III 350.23.
   dzêdzax·lɛn weapons.
dzɛlɛm tentacle of squid. V 475.33; R 471.32.
dzɛlākᵘ mutilated (fish).
dzɛᵋlâl lake. III 62.11; C 30.2.
dzɛlts!aakᵘ split. R 115.14.
dzɛlx̯w(ala) to run. III 103.2.
dzɛlt(a) to spread out herring spawn.
dzêdzɛltsîdzê anklets. III 205.22.
dzɛlts!ɛno cat's cradle (game).
dzaanxa to nod head in pity. III 122.19.
dzaᵋwûn Oncorhynchus nerka.
dzāᵋm breast. III 87.13.
   dzāma child sucks.
   dzamêsp!a taste of milk. V 478.4.
   dzɛmdzɛmx̯ûlas nipples of porpoise. R 450.87.
dzās(a) dark blue.

dzādzêq xûldzôs a fish (Hexagrammus superciliosus).
dzās(a) to pour over. R 245.76.
dzādzɛquma Opulaster capitatus(Pursh) Kuntze, used as a purgative.
dzak·înx point of double-headed salmon spear (Kos).
dzāk·ôd R 267.80.
dzākw(ala) opened out, uncoiled, resuming straight shape. R 116.15, 165.60.
dzāqw(a) evening. R 190.47.
   dzāqwaxstala supper.
dzāq!wa northwest wind. III 112.23.
   dzaᵋwûn silver salmon. R 241.28.
   dzādzôm small silver salmon. III 303.32.
   dzax̯wasdê dried silver salmon.
dzêdzax·lɛn weapons.
dzāx̯ûn olachen. R 299.58.
   dzāwadala to fish for olachen. R 198.7.
dzax̯ᵘeᵋɛnd to tear to pieces. X 191.28.
dzâl(a) heavy swell.
dzêg·ɛxdzɛm inner rounding of canoe bottom. V 363.4.
dzêg·îlɛnd to rub on paint. V 493.8.
dzêk·(a) to dig clams. III 422.14.
   dzêg·ayo digging stick for clams. R 72.73.
dzêk·(a) to cook huckleberries. R 297.27.
dzêg·as place of sprit. R 100.5.
dzêkw(a) to stretch out leg.
   dzêguns to spear halibut.
   dzêk!wayo hind flippers of seal (=means of stretching on rock); M 677.5; R 452.28.
dzêk!wis catfish oil. R 94.16.
dzêgum prong of salmon spear. R 175.14.
dzêl(a) fresh (fish). R 316.23.
dzâlê cockle. R 179.3.
dzôyaqêᵋ house with several platforms. X 62.23.
dzôp(a) to stuff into a hole. R 275.28.
   dzôbɛltala to dip up and down. R 75.27.
dzômêg·ał pole. R 127.44.
dzônoq!wa a monster. III 87.34.
   dzônoqwa to utter cry of dzônoq!wa.
   dzônogwês dzônoq!wa of sea.
dzôqw(a) to bend. R 122.58.
dzôx̯w(a) to lift. III 471.38; to promise potlatch. III 451.28.

dzŏx̣ᵘ- pole.
　　dzŏx̣ŭm pole. III 27.25.
　　dzŏdzɛx̣ūla to stiffen. III 27.25.
　　dzŏdzŏx̣ᵘbɛnd to sharpen ends. R 166.10.
　　dzădzɛᵋwa to fetch poles. III 78.7.

ts

tsɛyôsa to dip up. R 375.47.
tsɛbă'ma old cedar bark blanket.
tsɛmŏla stream runs against rocks (Āwik·!ênoxᵘ).
tsɛmôt(ăla) to be quiet, not to be allowed to speak. III 467.34.
tsɛmkᵘ-
　　tsɛmgwig·a broken back. III 319.40 (Nɛw =qugwêg·a Kwag).
tsɛs(a) to take refuge. C 84.21.
tsɛs(ăla) to press against (?). R 114.80.
tsɛnxwa fat. R 248.32.
tsɛk·(a) to cut out bushes, to cut out trail. III 142.42; R 159.10.
　　tsâyŏ ax. III 27.28.
　　tsăk·a to eat (split) sea eggs.
tsɛk·(a) to spin cedar bark into a single thread (Āwik·!ênoxᵘ).
tsĭk·!ɛmĭn stone adz.
tsɛkw(a) to roll together stones for salmon trap.
tsɛgɛł berries of Rubus Nutkanus (Rubacer villosus Rydb.).
tsɛq!ûs soil. C 222.25.
tsɛq!ûla diabase. III 154.13 (ts!ɛq!ûls?).
tsɛxᵋwid to gather mussels. C 262.16.
tsɛx̣w(a) tide runs.
　　tsɛx̣walôdala tide runs against rock.
　　tsɛx̣ūla cascade, to overflow.
tsāx̣wa to drip. R 235.32.
　　tsâx̣ᵘmĭs raindrop.
　　tsaôqwa liquid drips.
tsɛx·tsaångwĭs long prairie. III 323.7.
tsɛxᵘtsălas inclosure into which salmon go. C 370.19 (Gwas).
tsɛlx̣w(a) crab apple (Malus diversiflora [Bong] Roemer).
tsɛltsɛlê a berry. R 300.78.
tsɛlx(a) hail. III 103.1.
tsăs(a) to pour water on hot stones. R 74.14.
tsăsɛls to stretch a rope. V 493.92
　　tsăsᵋĭd to stretch a rope. V 494.1.
tsăsayaplăla to pass each other. C 100.22.
tsâtsêk·ĭna to find by chance. R 358.23.

tsăk·(a) to split sea eggs. X 115.15. (See tsɛk·a.)
tsak·=tsăg·ano Dryopteris spinulosa.
　　tsak·os root of——. R 195.1.
tsăq- board on edge.
　　tsăgɛm side board of house. III 50.2.
　　tsăqɛmêᶜ house front. R 343.18.
tsăx·(a) slippery. R 290.18.
tsăx·ɛns a kind of tough wood. R 182.7 (tslăx·ɛns?).
tsăxɛnêᶜ bark. R 126.22.
tsăxăla to walk with fast short steps.
tsăx(a)
　　tsăxĭs riverside beach.
tsă to draw water. III 43.18.
tsălayo bailer. R 74.4; milt of porpoise.
tsëx̣ṭa ladle. R 292.25.
tsɛyĭlg·ĭs water carrier. III 408.16.
tsăp! apron. 1lI 108.21 (tsăp?).
tsăplêdzêᶜ spawn of halibut. R 243.40.
tsăp!ɛsɛla female fish.
tsăma R 408.7.
tsêt(ɛla) to tilt. III 384.5; steep side hill, raft of driftwood.
tsêtsIɛxɛdala weir has long basket. III 302.12.
tsënsx̣ūla trouble. (?) M 705.17.
tsênŏma perch. C 206.14.
tsêkums to pick up ashes. X 83.8.
tsêk·(a) to pour in among.
tsêkw(a) to pry up with lever. R 182.11.
　　tsêgwayobêᶜ tip of paddle. R 182.11.
tsêq(a) to dip with feasting ladle.
tsêx·-
　　tsênabŏd to light fire underneath. R 287.40.
tsêx·(a) to trickle down. R 435.73.
tsêx(a) to melt (tallow). R 432.80 (or tsêx·a?).
tsêx(a) to kill wounded game. V 485.
tsêłaxabala water sprinkles down.
tsêłtsaångwĭs prairie (New).
tsŏp(ɛla) to paddle against tide.
tsŏp(a) black spot.
　　tsŏpamala jingo (=black-headed).
　　tsŏp!ɛpɛla female sandpiper (=black chested).
　　tsŏtsɛpts!ă golden plover (=black spots in armpits).
　　tsŏp!alê thrush. III 138.23.

VOCABULARY 1413

tsômôs to break out teeth. III 96.19.
tsôs(a) brittle. R 127.53.
tsɛwêk^u powdered. R 279.74.
tsôkw(a) canoe, box breaks. III 467.6.
tsôkwâla round mouth òf cannibal dancer. III 199.29.
tsóxw(a) to adze off fine chips. III 199.29.
    tsôk^u fine chipping.
    tsâyô adz for fine chipping.
tsô^ɛlexa brittle.

ts!

ts!ɛs-
    ts!ɛ^ɛyîm guts. III 344.5.
    ts!ɛsgûwê stomach of porpoise.
    ts!ɛyóxṭâ navel cord.
ts!ɛp(a) to dip food in oil or sirup. X 33.9.
    ts!ɛbats!ê oil dish. III 192.19.
ts!ɛm(âla) to point with finger. III 208.33.
    ts!ɛmâlax ts!anê^ɛ first finger. R 128.57.
ts-ɛ^ɛm(a) to melt away. X 229.15; R 430.49.
ts!ɛ^ɛmak^u graphite.
ts!ɛ^ɛmêg·ïnd to cover over. R 237.44.
ts!ɛmk·(a) careful with food, saving.
ts!ɛmqw(a) to crawl through a small hole; to bolt long strips of meat. C 38.5.
    ts!ɛmq!wa a fish (Asternopteryx gunnelliformis).
ts!'ɛt(a) a board, canoe, cracks (on account of sun). III 65.36.
    dzɛtlêd (?) to split roots. III 27.41.
ts!ɛdâq woman. R 59.57. ts!êdâq pl.
ts!ɛtx·âla to squirt out. X 151.3.
    ts!ɛtx·ênoê^ɛ clitoris.
ts!ɛs-
    ts!âts!a^ɛyîm eelgrass. R 181.21.
    ts!âts!ɛsmot dead eelgrass. R 72.66.
ts!ɛskw(a) golden-crowned sparrow. (Nak).
ts!ɛsts!ɛs golden-crowned sparrow. (Kos).
ts!ɛsqwanê golden-crowned sparrow. (Kwag). III 138.23.
ts!ɛsxawêq^u sandpiper.
ts!ɛts!ɛn rapids.
ts!ɛnâas R 224.25.

ts!ɛ^ɛnêxa guts of squid. V 492.37; guts. (Kos). C 332.30.
ts!ɛnêwa "bunch barnacles."
ts!ɛndɛk·a to be scared. III 449.13; C 348.5.
ts!ɛnk^u-
    ts!ɛnts!ɛnkwa to wash hands. R 308.77.
ts!ɛnkw(a) roasted dry salmon (from ts!ɛx·a).
ts!ɛnkw(a) to pay out line. R 177.61.
ts!ɛnkw(a) furious, sing. III 223.13.
    ts!ɛngûm cause of fury. C 126.5.
    ts!ɛnxwa furious. III 223.13 (New).
    (dzɛndzɛnk·lâla to deride. X 67.6?).
ts!ɛk·(âla) to be awake. III 137.13.
    ts!êts!êk·ila watchman. III 447.23.
ts!ɛk·lâl(ɛla) to tell news. III 49.34.
ts!ɛkw(a) short. R 81.58; pl. ts!ɛl-ts!ɛk^u. R 228.24.
ts!ɛkumêʟ tree stump.
ts!ɛq(a) to throw away (old, useless objects). R 121.34.
ts!ɛqw(a) dust (on clothes).
    ts!ɛxts!ɛq!ûs dust on ground.
ts!ɛq!ûls diabase. R 130.20. (tsɛ-q!ûls?).
ts!ɛx·(a) to singe. R 309.22.
ts!ɛx·(îla) sick. III 423.1.
    ts!ɛx·q!ólɛm sickness. C 50.14.
ts!ɛx·âs new (mat or blanket). III 64.15.
ts!ɛxw(a) to stab. III 270.20.
    ts!ɛwayo bone dagger.
ts!ɛx^ɛwalîl to dig up floor. R 256.31.
ts!ɛx(a) tough. R 122.51; elastic; to bend. R 82.8.
    ts!êts!ɛxêg·ê sapside of wood. R 112.37.
ts!ɛxô lin cod.
ts!ɛla^ɛyê spruce root basket. C 316.14 (Kos).
ts!ɛlâk·a old salmon with white skin. R 223.11.
ts!ɛlwaq(a) to praise. III 42.21; to supplicate. R 193.96.
(ts!ɛlk·)
    ts!ɛlts!ɛlk· feathers. III 14.9.
ts!ɛlgwa^ɛlâla eagle screeches. C 278.9.
ts!ɛlgwa^ɛl to forbid. C 232.26 (New).
ts!ɛlqw(a) hot. R 75.33.
ts!ɛlx·(a) fish go up river. III 71.3.

ts!ɛlk·(a) startled. X 189.42; scared. III 46.31.
ts!äxᵋalis. to drift ashore. C 364.22.
ts!ä(la) tide, current. III 227.10.
ts!ä⁽ya younger brother. III 46.23.
ts!aᵋwē beaver. III 130.17.
ts!äwŭnx winter. III 378.7.
ts!äp!ax leaves of red cedar. R 95.40.
ts!äs(a) to be taut. R 158.37. (See tsäsa?).
ts!ämēᵋ fish bait. R 223.5.
ts!ananană′ exclamation of Mink, for ananană′. C 158.15.
ts!änōsa to catch seals, deer in net. X 14.36.
ts!äs(a) whale blows. III 313.21.
ts!äts!alk·owa snipe.
ts!äs(ała) to resolve. III 467.39.
ts!änōq!wala to urge, ask. X 4.19.
ts!äg·ŏl old canoe. III 318.7.
ts!äts!ax·sila to caulk. C 278.22 (New).
ts!äk·(a) bird makes nest of soft material.
ts!äg·il bed. III 65.35.
ts!äk·iyɛnd to cover with soft material. R 185.50.
ts!äg·idzɛm first course in meal. R 384.38.
ts!äg(a) mountain goat (Ȧwik·!ēnoxᵘ). III 403.11.
ts!aq-
ts!äqŏd to peel off cedar bark. R 122.55.
ts!äqɛms outer cedar bark. R 121.25.
ts!äts!aqɛla to run out. R 302.42 (ts!äxɛla?).
ts!äqw(a) lean salmon. R 354.36.
ts!äx·ɛns Holodiscus arifolius Sweet., Sericotheca discolor (Pursh) Rydb. R 157.3.
ts!axᵋwid to open. R 309.27.
ts!älas(iᵋläla) to divide. R 369.25.
ts!äg·a to run with tide.
ts!äts!axⁿsɛm short board. R 186.20.
ts!äxsaéᵋ carved pole in front of house. III 221.3 (=stretched).
ts!aᵋlēq!a mica. III 138.42 (dzaᵋlēq!a?).
ts!ălts!äx·it pain in body.
ts!ēwalagɛkⁿ gutted, cleaned. R 416.47.
ts!ēs(a) to roast clams. M 682.5.
ts!ēts!aoqŭla to drip (melting). R 436.91.

ts!äq-
ts!ēts!eqa winter ceremonial. III 15.12; R 342.11.
ts!ägats!ē house in which winter ceremonial is held. III 11.13.
ts!ēsʟäla tongs. R 70.18.
ts!ēts!ɛg·ĭn name of grizzly bear. III 30.37.
ts!ēts!ɛxsdala blanket wrapped behind a man. III 302.12.
ts!ēts!asŏ tangled. C 386.10.
ts!ēnēᵋ? R 175.14.
ts!ēn(a) lean. R 313.31.
ts!ēg·olas crosswise (ts!ɛg·olas, short way). R 420.48.
ts!ēg·inaga gull. C 232.10 (New).
ts!ēkw(a) to eat clams. C 376.2 (Gwas).
ts!ēts!ɛk!wēmas shellfish. III 157.11.
ts-ēts!axᵋmōt clamshells. C 248.20 (New).
ts!ēkwayo hind flippers of seal (dzékwayo?).
ts!ēk!w(a) bird. III 60.28; gull.
ts!ēq!(a) narrow. R 128.57.
ts!ēqw(a) to travel over land.
ts!ēx·(a) to pick elderberries. R 167.3.
ts!ēx·ina elderberries. R 167.3.
ts!ēnano stems of——. R 255.7.
ts!ēx·mis Sambucus melanocarpa A. Gray.
ts!ēndzō elderberry cake. R 260.99.
ts!ēx·ɛwakᵘ cut. R 391.27.
ts!ēx·ts!ēkⁿ fish hawk. III 296.16.
ts!ēxᵘbēᵋ prong. R 154.8.
ts!ēlwa(la) to be famous. M 718.1.
ts!ă to give. R 158.31.
ts!ɛwana to distribute. R 410.14.
ts!ɛwēkⁿ net measure. R 163.3.
ts!ŏp!ax· mittens.
ts!äts!ŏstōᵋ to stop up holes. C 160.4.
ts!ōmax· barnacle. III 281.21 (Ȧwik·!ēnoxᵘ).
ts!äts!äma a barnacle (ts!ŏts!ōmax C 64.11).
ts!ŏs(a) to dig fern roots. R 143.30.
ts!ŏyayu digging stick. R 115.1.
ts!ŏts!ɛsbɛs scaup duck. C 64.12.
ts!ŏtsaga chickadee.
ts!ōn(a) thunderbird (Awaiʟɛla).
ts!ōqw(a) to ring like metal. III 215.9.
ts!ōqŭs(ɛla) to put into mouth. R 412.51.

tslóx̣w(a) to wash. R 228.26.
    tslôkᵘ washed. R 406.35.
    tslăwûnx winter. III 18.3.
tslôx̣ⁿbɛtalis to push into ground. R 194.6.
tslôx̣ᵘʟɛma grandson. III 51.29.
    tslôx̣ᵘʟɛmagas granddaughter.
tslôl- black.
    tslôlto black. R 58.42.
    tslôlna coal. R 91.7.
    tslôlᶜid it gets black. R 91.15.
    tslôlêqa blackish, dark red.
    tslôtslalmôt charcoal. R 94.20.
    tslôlôlaq horn spoon. R 102.2.
    tslôlayu powder. R 296.82.

n

nɛyimx·so lashed. R 165.63.
nɛp(a) to throw a round thing. III 104.18.
    nɛbayu stone club.
ᶜnɛm one. R 61.35.
    ᶜnɛmăbêᶜ square around. R 62.48.
    ᶜnɛmāsgɛm equal length. R 78.4.
    ᶜnɛmādzô level. R 78.88.
    ᶜnɛmāx·is the same. R 126.15.
    ᶜnɛmaêlut house fellows. C 58.7.
    ᶜnɛmāts two men who marry two sisters.
    ᶜnɛmâla together. C 256.17; equal. R 78.3.
    ᶜnɛᶜmêma, pl. ᶜnâlᶜnɛmêma family group (numaym). M 617.9; brothers. M 682.14.
    ᶜnɛᶜmêmot fellows of family group, (numaym). R 59.50.
    ᶜnɛmêg·a to agree. C 22.16.
    ᶜnɛmwôt friend, brother's brother, cousin of same sex. C 148.26.
    ᶜnɛmôkᵘ friend. M 706.8; one person.
    ᶜnâᶜnɛma nine. R 168.8.
ᶜnɛmsalês to land. R 215.52.
    ᶜnɛmsawil canoe goes across river.
nɛnămux̣ᶜula to go to see. III 46.22.
nɛnkw(a) to send with message.
nɛnwaqɛns to foretell. III 32.7.
nɛg·ă mountain. R 173.2, pl. naɛng·a. C 174.21.
nɛk·(a) to steam. R 334.2.
nɛgûmp parent-in-law, child-in-law, nephew's wife, niece's husband and vice versâ. III 51.17.

nɛgûmp—Continued.
    nɛgûbêtsôl parent-in-law, child-in-law, nephew's wife, niece's husband and vice versâ after death of intermediate relative.
    nênɛgwăyad each having sons-in-law. R 436.3.
nɛkⁿ-
    nɛkûla to travel at night.
    nɛgwīs to catch salmon at night. R 305.2.
nɛkw(a) to pick salal berries. R 208.2.
    nɛk!ûl salal berry. R 60.76.
    nɛgûdzâ salal berry cake. C 356.26.
nɛk·ɛlăla to walk on rock.
nɛqa(?) to find by chance.
    nɛqɛls to find on ground. M 678.1.
nɛgês not moving(?).
nɛq- middle, straight.
    nɛgɛdzô middle of flat thing. R 64.86.
    nɛgɛnôs straight edge. R 63.71.
    nɛgɛxɪăla to bend over.
    nɛgɛltôd to do the same. R 200.17.
    nɛgêg·ê midnight. III 85.27.
    nɛgôyâᶜyê middle. R 100.15.
    pl. naɛngoyâᶜyê. III 43.20.
    nɛgôyoxsdala half full. R 103.34.
    nɛqɛmg·ustâ straight up. R 61.6.
    nɛqa to go right on. C 148.17.
    nɛqa ten. R 82.19.
    nɛqag·iwala to start bow first. R 97.75.
    nɛqăla noon. R 358.40.
    nɛqâlaxstâla dinner.
    nɛqô to meet, to take revenge. III 469.28; C 346.19 (nâqô?).
    nɛqɪɛbôd half fathom. R 96.52.
    nɛxsêᶜ half. R 160.38.
    nɛxstâᶜya to touch. R 86.96.
    nănaqsǎila to steer, to guide. III 79.32, 312.15; R 177.67.
    nânaxtôᶜ flush. R 84.62.
    năqɛmk·a just in time.
    năqɛlx·ᶜid to feel uneasy. X 5.4.
    năxsaapla mixed, half. R 190.34.
    năxsᶜilăla to hesitate.
nɛqwa to swallow. R 342.15.
ᶜnax̣ᵘ- to cover with blanket.
    ᶜnăwɛm cover. R 251.11.
    ᶜnax̣ᶜwid to cover. R 124.83.
    ᶜnɛx̣ᶜûnê blanket. R 210.14.
    ᶜnôkᵘ covered. R 240.17.
    ᶜnăkûyăla to be covered. R 271.38.

nɛxw(ăła) near. R 88.44.
  nŏᵋyo medicine put near back of pregnant woman.
nɛx̣ⁿsók̇ᵘ spoiled child.
nɛxāq goose. C 64.2.
  nānaxagɛm brant goose. C 362.26.
  nāxaqlɛm goose. C 362.25.
nɛxɛlił to paddle against wind. III 351.21.
nɛxᵋusta to walk up river. III 70.23.
nɛxLaäx·ᵋid to become full grown. III 180.7.
nɛla to sing. C 320.26 (Kos).
  nɛlᵋyō song. C 320.15 (Kos).
nɛl(x·ᵋid) to fly. C 260.1 (New).
ᵋnɛla laughing goose. III 84.10.
nɛl(ɛla) to shake. X 85.7.
nɛLa to lie on back. R 168.13.
ᵋnā(la) day, light, south. R 77.80.
  ᵋnaqūla light. R 123.82.
  ᵋnāxwatslē window.
  ᵋnalôlɛla to go south. X 3.11.
nā(la) to dare. III 144.38.
naê̯ᵋ snow (on ground). C 14.4.
naênax̣ᵘ to go home. (New.)
ᵋnawalak̇ⁿ supernatural power. III 59.40.
  ᵋnawalakutāwē tips of hemlock.
  ᵋnanwalaguxLawê̯ᵋ little bunches growing on hemlock.
namê̯ᵋyastôd all go to one place.
nāsa to cover. R 336.34.
  naᵋyîm cover. R 165.52.
nân grizzly bear III 33.24.
  nɛngɛmł grizzly bear mask. III 33.24.
nānag-
  nānageg·a to obey. C 440.2.
  nānaxᵋmê̯ to reply. III 52.15.
  nānaxtslō to imitate. III 85.13;
nâᵋnêLɛlêLɛla to repeat. C 12.24.
nanóx̣ᵋwid to become uneasy. C 78.33.
nênasa unavailable. III 449.31.
nak·l(ała) to expect. III 151.21.
  nānukᵘ expected. III 124.10.
  ᵋnê̯ᵋnak·îł to look in house. III 163.33.
ᵋnakwê̯ᵋsta thorough. III 185.13.
nāqa to drink. R 199.35.
  nagatslê̯ bucket. R 88.53.
  nɛnqlêma whisky. R 199.35.
  nagayu drinking tube.
nax·ɛla swamp.
naqê̯ᵋsta to be covered. III 177.8

ᵋnāx̣w(a) all. R 73.97.
  ᵋnānx̣wêmas all kinds of things. C 120.22.
naᵋxⁿ vulva. III 46.36.
ᵋnāla south, up river. III 7.1. (See ᵋnāla day.)
  ᵋnɛlbɛnd to go up river. M 676.14.
  ᵋnɛldzê̯ up river. R 223.12.
ᵋnālɛnx the most valued. III 178.37.
nâłɛm black cod. III 359.2.
nāłamê̯ R 207.40.
nāLlê̯ wolverene. III 44.39.
nâᵋnakⁿ to go home. R 58.31.
nâg·ê̯ large basket of berry picker. R 208.13.
  nānaagɛm small front basket of berry picker. R 208.13.
ᵋnāl(a) to carry a string of fish. III 184.20 to haul a string of fish down river.
nês(a) to pull out. R 195.1.
  nêtslênoxᵘ one who catches devilfish. R 151.22.
nêtslê̯ᵋ red cod. R 253.2.
ᵋnêg·(a) night. III 394.33 (Kos);
  nêkūla to travel at night. III 115.19.
ᵋnêk· to say. R 203.59; to wish. III 261.8.
  ᵋnênk·lêqɛla to think. C 20.10.
nêqw(a) foetus dies before birth. III 184.28.
nêqw(a) dirty water. R 283.53.
nêx(a) to pull. III 23.1; R 116.6.
nêt(a) to show. R 160.38; to tell. III 17.10; R 425.27.
nâqê̯ᵋ mind. R 244.55.
  nâqamała without sense. C 148.4.
  nāxsâla without sense. C 150.14.
  nāxsāla nobleman. V 441.16.
  nâqlɛgê̯ᵋ song leader, V 441.19
  nâqadê̯ song leader.
nāła to threaten. C 94.12.
nôgwa IIII 17.1.
nômas old man. III 61.42; grandfather!; place at which sea monsters are believed to live.
  nômadził old man who has given up his rank.
nôs mine. III 53.24.
nūsnɛlaa Aruncus sylvestris Kost.
nôs(a) to tell a myth, story. C 376.7.
  nûyam a myth. X 3.1.
  nɛwêlɛm house story. C 308.9.

VOCABULARY

nu⁵sē moon (name of a copper) (Hĕl-dza⁵qⁿ).
nûn wolf. III 278,34.
nóx̣wa small blueberries. R 300.78.
nôxᵘsᴇmd to cover. R 190.38 (?).
nóx̣wa to aim. III 139.24; nâla to aim. III 127.10.
nóx̣ᵘnokwax̣ʟa little thing! C 154.14
nôx⁵wid to heat (?) R 148.44.
nuxᵘnē⁵mis animals of mythical times. III 223.11.
⁵nôl(a) elder brother, sister. III 131.9.
    ⁵nôlast!ᴇgᴇmē⁵ eldest brother. III 45.18.
    ⁵nôlawâlił the line of first-born individuals of a family (= g·î).
    ⁵nôlax·ts!anē⁵ second finger, R 106.55.
nŭl- foolish.
    nᴇnô⁵lô foolish. III 73.20.
    nᴇnôłᴇmlis to be out of mind. C 362.28.
    nôʟa scared
    nôlnēqalaʟa troubled. M 717.3.

g·

g·îyē ? R 165.51.
g·îwēs frost. R 186.3.
g·îpa to tuck in between. C 18.23,
g·îmx̣wa a hump hangs on something (?).
    g·îmx̣walił to lie on face in house. C 296.14.
    g·îmx̣ⁿsē⁵sta to hang head. III 329.26.
    g·îmwûlba hump on nose.
g·îmî- fishhook,
    g·îm⁵lats!ē fish-hook box. V 472.4 (New) (= wiwak·ayᴇwats!ē Kwag).
    g·āmo⁵la fishhook. III 292.30 (New).
g·ᴇta to work in wood, to carve (erroneously k·îta). III 422.32.
g·îⁿwa to add. R 70.27.
g·îⁿs how many? III 457.4.
    g·îⁿôx̣ᵘ how many people? C 374.31.
g·înî- child.
    g·înânᴇm child. III 59.42.
    g·înlax̣ʟē child's name.
    g·înłid having children. C 104.11.
    g·ig·aôłnukⁿ parents. III 54.18.
    g·aôłg·îx̣ⁿ parents. C 276.11 (New).
g·ᴇxw(a) canoe drifts away.
g·îxw(a) steelhead salmon. III 303.25.

g·îl(a) first. III 13.14.
    g·îldzᴇs ancestors. C 300.23 (g·îlts!ᴇs ?).
    g·âla first. III 7.1; ancestor. R 223.16.
    g·äx̣g·îlaēʟ ancestors. C 12.26.
    g·âlaba to lead. C 386.31.
    g·âlog·iwē⁵ leader. III 8.6.
    g·âlᴇmalg·iwē⁵ foreleg. R 117.39.
g·îl(a) to walk on four feet, to trot. M 666.19.
    g·ayîmg·îlsᴇla pl. R 233.40.
    g·îlôłt!ᴇnd to step out on four feet, like wolves. C 24.31.
    g·îla grizzly bear. C 384.19 (Dᴇnax·da⁵x̣ⁿ).
    g·îlg·aēmas animals. III 18.8.
    g·îlg·aômas animals.
    g·îg·îlᴇm ermine.
g·îlalaʟᴇla to dry salmon lengthwise on poles.
g·îlēxwits!a water ousel.
g·îlôʟ(a) to steal. R 223.19.
g·îl⁵wa canoe. C 310.6 (Kos). (See g·ā⁵lâ.)
    g·îlx̣wîla to make a canoe.
g·îlp(a) to count. R 435.70.
g·îlt!(a) long. III 78.7.
    g·îldas long blanket box, box for ceremonial objects. R 59.67.
    g·îlt!ᴇx̣ʟâla long handled (ladle). R 258.56.
    g·îlts!ānē bala long span (tip of thumb to tip of second finger)
g·îlx·(a) leaky. R 91.16.
    g·îlxas urethra ? (= ʟladzâxs New);
g·a this. R 88.24.
g·ayanâla to know. C 56.1 (?).
g·āya-
    g·āya⁵nakûla to come from. C 60.31.
    g·āyôʟ to obtain from. III 26.11.
    g·āyagas place from which one comes. III 150.25.
    g·äx·⁵id to come from. R 120.21.
    g·äg·îʟᴇla from. R 60.13.
    g·āyānᴇm obtained from. R 235.21.
    g·āya⁵las cause. C 160.1; R 397·86, 409.32.
g·a⁵yâla to ask in marriage. C 328.33 (Kos).
g·āwēq!ānᴇm small clams. III 134.23. R 72.73.
g·āg·îma small debts. III 452.1.

g·ăg·ōmas shadow on ground. III, 354.20.
g·ăg·ōna to request somebody to do a thing for one. V 494.6.
g·ăx to come. R 88.52.
g·ăxɛmōdaɬa to give marriage presents. C 306.26 (Kos).
g·alala birds expect danger and raise their heads (g·o⁵lăla?).
g·ă⁵lă canoe. III 127.6. (See g·î⁵wa).
g·aʟewala g·omaga a fish. (Hydrolagus collici).
g·ăg·īwăla twelve days. R 129.19.
g·ăxɛla selfish.
g·ăɬa loan at 100 per cent interest; to owe. R 432.10.
g·ī- to be, to put.
    g·ēs to be on ground.
    g·ïtsɬōd to put in. R 205.9.
    g·a⁵yas place where something is. R 225.43.
    g·a⁵yasîla to make room. R 226.15.
    g·aèl to be on floor. R 75.31.
    g·aèlas bedroom. III 22.5.
    g·iyɛmtsɬă to be in. pl. R 126.12.
    g·ïxsă stern seat in canoe. R 395.23.
g·īg·a(êqa) to resolve. C 20.6; R 111.2.
g·i⁵wăla to help. III 166.3 (see g·ôx̱⁵wid, g·ôx̱wala).
g·ī lord. III 101.22; line of eldest children. C 16.29.
    g·īya my dear! C 70.3.
g·īs-
    g·īnp man's brother's wife, wife's sister. III 207.21; X 201.27.
    g·ēdzôl man's brother's wife, wife's sister, intermediate relative dead.
    g·ēsg·as to make love to sister-in-law.
g·īg·ɛ⁵yatsaga mouse. III 38.15.
g·īg·ïltăla to purify. C 326.19 (Kos, Gwas).
g·īg·ä tooth. III 96.19.
g·ïg-
    g·īgămē⁵ chief. III 25.13.
    g·ïqamēnē⁵ chief's families. R 396.65.
    g·īgabâ⁵yē lower chief. M 671.13.
    g·ăg·ēxsīla to treat like a chief. C 106.2.
    g·īgad subjects. those who have a chief. III 7.2.
    g·āgɛl second chief. C 384.3.
g·ēxᵘsō to cross land. C 104.13.

g·ēx·sôg·ug·ɛyôx̱⁵sayôkᵘ one hundred bundles. R 192.76.
g·īxa to sharpen knife, saw; to grind. III 96.19; to polish with gritstone. R 103.31; to rub. R 103.28.
g·ēxa to put away. R 58.45.
g·īlayo winkle.
g·ōmaga liver (?). R 94.17.
g·ôtlaɬa loon. (Kos)
g·ôgûyo foot. R 114.76.
g·ôx̱⁵wid to help. R 242.7. (See g·i⁵wăla.)
    g·äwǎlapla to help each other. R 285.90.
g·ôkᵘ house. R 58.31.
    g·ôkûla to dwell. III 7.1; village. C 24.19 (g·ôx̱wa C 376.10 [Gwas]).
    g·ôkûlôt tribe. III 30.31, pl. g·ôl·g·okûlôt. R 319.2.
    g·ôkwaôt tribe. C 308.15 (Kos).
    g·ôx̱ⁿdɛms village site. R 204.66.
    g·ôgwad house owner. R 241.41.
    g·ôkuns woman married outside of her own tribe goes to get property from her father for feast.
g·o⁵lala to expect unseen danger; to be uneasy. X 170.38.
g·ôl- provisions.
    g·īwŭlkᵘ traveling provisions. V 480.9, pl. g·ôlg·iwē⁵. C 162.3.
    g·ăg·o⁵la to try to get provisions. X 193.28.
    g·ôltăla supper.

k·

k·îp(ɛla) to carry wood in arms. III 334.7.
    k·ăpa; k·ăpa(ɬa) to embrace. C 220.9.
k·ïmtsɬâlil to keep. R 396.71.
k·îm⁵ya to catch hamatsla. III 232.24; ends of circle meet. C 36.19.
k·îmta to pluck off, clean berries. R 264.9.
    k·îmtăla to clean crabapples. R 216.73.
k·ïtlaʟɛlôd to fit in. R 152.33.
k·ïtlɛlax̱ʟa cranky (canoe). C 64.9.
k·ɛsplōlē Ribes laxiflorus Pursh.
k·ïtslɛxsdē tail of porpoise.
k·īna to scoop up. X 168.35.
k·ɛnqalaʟɛla attendant of cannibal. III 414.27.
k·ɛnqôx⁵wid to meet. C 172.16.

k·ĭnx·(a)   to roll.   III 301.26.
   k·ā́nēᵋ   hoop for game.   III 296.37.
k·ĭnxstā́la   to have mouth in water.   C 166.24.
   k·ĭ́nqa   to apply mouth;   k·ĭ́nx-ᵋaʟɛla.   C 54.25.
k·ĭ́q(a)   canoes meet, people strike heads together.
   k·ā́qō   canoes meet.
   k·ĭqalôd   to nudge.   C 18.2.
   k·ĭqēta   to raise head (dog).   C 10.12.
   k·ɛgɛdzō   to put down fish.   R 229.3.
k·ā́k·ɛwa   to wait(?).   R 318.17.
k·ɛxw(a)   whale blows.   III 312.14; steam blows off.   V 473.6.
   k·ɛᵋwas   blow hole of whale, porpoise, etc.
k·î́x(ɛlāga)   crow.   III 47.30.
   k·ɛxp!ā́la   smell of crow.
   k·lā́na   crow.   (New.)
k·î́x(ā́la)   stench.   III 319.14.   (See k·il·)
k·ɛlā́kᵘ   muskrat.
k·ɛlǵɛlɛg·î́nd   to lick off inside (?).
k·ĭ́lx·(a)   circle, round, to turn a grindstone.
   k·ĭ́lx·sta   a round pond with steep sides.   III 143.3.
   k·ĭ́lx·ᵋid   to revolve.
   k·ĭ́lx·sto   round.   C 392.32.
   k·ik·î́lnala.   trying to encircle (novice).   III 59.24.
   k·ak·î́lx·ala   to bulge.   R 57.17.
k·ĭ́lxw(a)   to buy.   R 289.86.
   k·î́lōm   price.   C 86.2.
k·ĭ́lx(a)   to strike face (?).
k·ĭ́l(wustala)   to lift.   R 430.49.
k·ĭ́l(ɛla)   afraid.   III 46.7.
   k·î́lɛm   dreaded.   M 717.2.
k·ā-   to put down a dish.   III 81.32.
   k·ax·dzamôlîl   V 442.16.
k·aᵋya   to drive away.   C 340.4.
k·ām(a)   wing (cut off).   III 313.17.
k·āmaxk·amaq!astô   snapping door.   C 272.6 (k·amak·amaqaᵋstô?).
k·at(a)   to put down a long thing.   R 175.13.
   k·adɛdzôd   to put down a long thing on a flat thing.   R 62.56.
   k·laādɛm   sticks that hold salmon flat in tongs.
   k·āk·ɛtɛnxéᵋ   side pieces of drying-frame.   R 271.51.
   k·ādayôl   ruler.   R 260.98.

k·as-
   k·ā́ts!ɛnaq   spoon.   R 102.2.
   k·ā́dzatslô   spoon basket.   R 238.12.
   k·î́k·ā́dzɛm   small wooden spoon.   R 290.4.
   k·asᵋid   to distribute spoons.   R 407.51.
   k·asēla   to make spoons.   R 103.27.
k·as(a)   to shred cedar bark.
   k·ā́dzɛkᵘ   shredded cedar bark.   III 58.35.
   k·asêléᵋ   cedar bark being shredded.   R 134.32.
   k·ā́yayô   R 109.16, k·adzayo   R 109.4; instrument for shredding.
k·atslā́ēnéᵋ   (?) R 248.39.
k·ā́nē   punk, fungus on trees.
   k·ĭnk·ĭnk·ĭɛs   fungi on ground (=echo).
k·anéᵋ   hoop game.   (See k·ĭnx·a.)
k·āk·î́ltsɛma   to try to bring back with pole a round thing floating on water.   III 102.26.
k·ā́qɛlgéᵋ   canoe passes through (charcoal).   C 268.7.
   k·ā́qɛlā́tsɛmd   to slice crosswise.   R 348.5.
k·axᵋaʟɛlôd   to put stick backward.   R 76.51(?).
k·ā́x   cry of crow.   C 246.32.
k·ā́l(a)   to carry clamshells.   V 493.2.
k·ēs(a)   to light matches.   R 505.22.
k·in(a)   to scoop up olachen or herrings.   X 168.35.
k·ā́x·   story name of Mink.   M 712.8.
k·î́xw(a)   hair is brown.
k·êx(a)   to scrape.   R 115.85.
   k·êxayo   cockleshell for scraping skins.
   k·exā́la   to scrape off.   R 268.90.
k·eltslā́la   to pile up.   R 526.1.
k·êʟ(a)   to fish with net.   C 102.29.
   k·êʟɛm   net.   C 104.9.
k·ā́t-   ?
   k·ɛk·ā́t!ā́la   to warn.   C 344.3, 356.21 (Koe).
   k·ā́tlala   talker(?).
k·ôt(a)   to guess.   R 72.56.
k·ôs(ɛla)   to scrape off scales.   R 345.17.
k·ôgwis   pearl shell.
   k·ôkwêxtā́la   button blanket.   III 449.5.
k·ôqw(a)   to break stick, copper.   III 448.34; R 403.13.

k·ōqw(a) to bend.
  klōgwayo instrument for bending. R 71.42.
k·ōxw(a) to cool off, lukewarm. R 144.34.
k·ōˁlēs thin, lean. III 345.20.
k·ōl(a) water sinks. III 143.33 (river is nearly dry, Kwag).
  k·ōlēs low water in stream (Nimkish).

k·!

k·!ɛwɛlkᵘ cut in thick pieces. R 250.92; square; R 147.17.
k·!ɛp(a) twisted. V 496.7 (k·!ɛlpa?).
k·!ɪp(āla) to hold with tongs, R 348.53.
  k·!ɪpʟāla tongs. R 74.9, 434.35.
k·!ɪmˁa to surround. C 26.3 (k·ɪ́mˁya?).
k·!ɛmāqɛla calm. R 413.1.
  k·!āmʟax calm (New).
k·!ɪmyaxʟa joint where side of box is nailed together. R 276.17.
k·!ɪ́mˁy(a) to lock door, to bar behind oneself.
k·!ɛmt(a) to notch, to cut across. R 106.46, 152.6.
k·!ɛms(a) to rough out canoe. V 344.32.
k·!ɛmnē a fish (Clupea Pallasii).
k·!ɪ́mʟ(a) to adz. R 58.34; 103.24.
  k·!ɪ́mtōd to adz top. R 65.19 (? k·!ɪ́mʟtōd?).
  k·!ɛyímsāla to adz holes through. R 170.53.
  k·!ēk·ɛx·sɛwakᵘ holes cut out. R 170.52.
k·!ɪ́dɛlāwē kingfisher. III 296.16.
  k·!ɛdāwē kingfisher (New).
k·!ɪ́dɛlx(ɛla) dizzy. III 247.34.
k·!ɪ́dēg·ēˁ to cut neck (?). R 223.4 (k·!ɪ́lēg·ēˁ?).
—— dorsal fin, X 192.20; R 227.4
k·!ɪ́t(a) to weave wickerwork. R 100.1; to make a fence, a drying frame; to weave cedar bark. R 137.26.
  k·!ɪtɛla wattling. III 189.5.
  k·!ɪ́tk·!ɛdēs fence. III 28.2; frame for drying berries. R 231.10.
  k·!ɪ́dɛm woof. R 138.48.
  k·!ɪ́tdɛmiɬ weaving frame. R 142.22.
k·!ɛsk·!ɛsa holding slack. R 131.15.
k·!ɛswūʟa to keep secret. C 380.3 (Gwas).

k·!ɛtslē fungus growing on trees (burnt).
k·!ɛˁn(āla) (hair, horns) are loose. R 102.11.
k·!ɛng·aliɬ to go to get. R 88.51.
  k·!ɛnɛmg·aliɬ to look over. R 191.59.
k·!ɛnāesa to feel cold. III 45.29.
k·!ɛnwis spider crab.
k·!ɛnōt Chiton. III 344.37.
k·!ɛnx·ˁīd to select. V 440.40.
k·!ɛnxw(a) (hair is) matted.
k·!ɪ́nxw(a) (?) shaky, unsteady. III 312.6.
  k·!ɛnwala cranky on water (canoe).
k·!ɪ́k·(a) to pull (backward); to pull, stretch skins. III 139.40.
  k·laˁnakūla (?) III 352.25.
  k·!ɪ́k·ʟɛnakūla to go ashore backward. R 414.10.
k·!ɪ́k·!aōkᵘ skunk cabbage.
  gwēx·s k·!ɪ́k·!aōkᵘ plantain (=like skunk cabbage).
k·!ɛq(a) to pay in advance, to throw salmon on blanket on ground, to pile up blankets. III 453.19, to count blankets or mats.
k·!ɛqw(a) to pull out (something easily). V 387.20.
  k·!ɪ́q!ūs poles. C 24.13.
  k·!ɪ́q!ūs young spruce.
  k·!ēk·!aguxstaliɬ to hold in mouth. C 184.21.
  k·!ɪ́xˁwɛlsɛla to put sticks in ground. C 148.9.
  k·!ɪ́qūxstɛnd arrow strikes notch. C 122.24.
k·!ɛxw(a) to blow out. R 389.29.
k·!·ɪ́x·(a) to defecate (dog salmon or halibut). III 293.29.
k·!ɪ́xɛmx·ˁīd to keep eyes shut. C 208.14.
k·!ɪ́lɛm tongue. III 197.10.
  k·!ɛlk·!ɛlxˁɛn to lick off. C 388.17.
  k·!ɪ́lk·as a plant (=tongue of ground).
k·!ɪ́lākᵘ digging stick. R 72.73.
  k·!ɪ́lēg·ēˁ dorsal fin (?) R 227.4
k·!ɪ́lp(a) to twist. R 37.4.
k·!ɛlp!āla copper smell. III 64.8.
k·!ɪ́lt(a) mouthful. R 290.13.
k·!ɛltama to despise. III 437.5, R 409.29.

k·!ĭlk·(a) to tie strings on (?). R 139.5, 17.
k·!ĭlx·p!ĕq handle of digging stick. R 147.28.
k·!ĭlg·ĭk^u stitch in open work-basket (tying).
k·!ĭlq(a) man urinates. III 264.25.
k·!ĭlx·(a) raw. R 368.34; unripe. R 232.14.
k·!ĭlx(a) fire is extinguished (k·!ĭlqa?).
k·!ĭlxᵋīd to extinguish. R 127.39.
k·!ĭlx(ɛla) a thorny plant with milky juice.
k·!ĭl(a) to shake off. R 209.2.
k·!ĭldzō to shake off on flat thing. R 221.2.
k·!ĭltoᵋnakŭla it gets dark (?). R 190.47.
k·ḷaak·!ĕdɛxʟā wax wing (= flat knot on head).
k·!ā to take sand, berries in hand. R 203.58.
k·laxⁿsā to draw (head) back through something. C 392.29.
k·!ā to go backward. III 352.15; R 131.15.
k·!ɛx·ᵋalis to back canoe. R 193.98 (k·!äx·ᵋalis?).
k·!āyaxw(a) to be half dry (salmon). R 316.4.
k·!aŏk^u skunk cabbage. R 335.21; only reduplicated k·!ĭk·!aŏk^u.
k·!āwas dry halibut. R 130.33.
k·āwadzagēs mantle of mussel. V 487.35.
k·!āwaq!a Hĕłdzâᵋq^u name for Dzōnoq!wa; name of a copper.
k·!āp(a) to gnaw (mouse). III 370.41.
k·!āpk·!apas shrew.
k·!āma Salmo Clarkii.
k·!amaɛm Salmo Clarkii stomias.
k·!āmadz(ēna) cascade.
k·!āmxᵘ-
k·!āmōma hemlock needles. R 184.3, 423.25.
k·!āk·ɛmwa to try to get hemlock needles.
k·!ād(a) a fish (Platichthys stellatus).
k·!ādâᵋya being on a flat thing. III 307.26. (k·!adzâᵋya?)
k·!āt(a) to paint. R 236.15 (k·!ât!a?).
k·!âtaas paint dish. R 58.40.
k·!ātłénox^u painter. R 236.15.
k·!asaxa white owl.
k·!ēk·!ādzēg·ēᵋ hand tied behind. III 158.38.

k·!asŏ married couple separates; husband divorces his wife.
k·!adzalats!ē ant (= gathers in hole in ground, see k·!ā to take sand in hand).
k·!āna crow (New); name of copper (Hĕłdzaᵋq^u).
k·!ak·!aqwāma Chamaenerium spicatum (Lam) D. F. Gray.
k·!āk·!êʟaᵋma Scirpus microcarpus Presl.
k·!āk·!osaᵋma Struthiopteris spicans (S) Weiss.
k·!āq(a) foundation of logs. M 679.19.
k·!āxsĕᵋstɛnd to place logs around. III 277.19.
k·!āgĭl staging in house. R 167.31.
k·!āgɛdzo (?) to put fish on flat thing. R 403.4. (k·!ĭgɛdzō).
k·!āxw(a) to shave (= xɛlxwa). III 253.11.
k·!āwayu (shaving) knife. III 266.34.
k·!âk^u shaved, whittled. R 79.15.
k·!âwats!ē carved box. C 304.2.
k·!axdɛm beam, long pole. R 167.19.
k·!āł(ɛla) to steam. R 74.17.
k·!āła to menstruate. C 350.23 (Kos).
k·!ɛlalāmas to be out of breath.
k·!ālmĭs womb. III 46.34.
k·!āʟ(a) to throw a flat thing.
k·!äd(a) third finger.
k·!ă to cut blubber. C 258.16; to carve wood. III 99.20.
k·!ĕyôł whale blubber. III 383.29.
k·!ĕk^u carved figure. III 122.14.
k·!eᵋyāla virgin. III 219.14.
k·!eōxᵋwid to disappear. C 80.12.
k·!ĕt(ăła) to sit still (?)
k·!ēdèł chief's eldest daughter. III 220.7, pl. k·!ēsk·!ēdèł. R 126.13.
k·!ēdad having a princess. C 107.4.
k·!ĕt(a) to gather grass.
k·!ĕt!ɛm grass. R 188.50.
k·!ēs not. R 57.4.
k·!eâs nothing, none. R 57.4.
k·!ēsāła to hang down. R 271.51.
k·!ēsᵋō crest, privilege. III 121.32.
k·!ĕk·!ēsʟɛn dreadful body; cliff. III 369.30.
k·!ĕk·!ēsnēqalag·ila to frighten. III 483.25.
k·!ēq(a) to have headway (as canoe after paddles stop).
k·!ēgɛm water cutter of canoe. R 176.49.

k·!ēx·sōd to cut (?) R 169.46.
k·!ēx̣w(a) slave runs away, escapes. III 34.31.
k·!ēxk·!ɛxēs a diver.
k·!ēl(a) slime. R 245.79.
k·!ēlak·(a) to strike with weapon. III 98.28.
k·!êʟ(a) to cut grass or seaweed with sharp edge.
   k·!êʟɛnx knife(?). III 270.21 (Koɛ).
   k·!ēk·!êʟɛmak^u scarred (name of a mountain in Knight Inlet).
k·!ōp(a) to tear a flat thing. R 319.21.
   k·!āk·!obanē old mat. III 178.10.
   k·!ōbawas cedar bark blanket. III 92.35.
k·!ât to throw away. X 115.32. (to throw sweepings out of house.)
k·!ō^{ɛ}ma bullhead. C 210.33. (k!ō^{ɛ}ma?)
k·!ōmats!ē dried clams. III 134.2.
k·!ōmēs boiled gills. R 407.43.
   k·!ōmstag·i^{ɛ}lak^u gill soup. R 407.59.
k·!ōdɛn half a finger width, from palm to back. R 62.43.
k·!ōdagē clitoris.
k·!ōt(ala) to put on edge. R 387.16.
   k·!ōtɛla salmon. R 223.6.
k·!ōs(a) to bend edge of box; corner of walls of house. R 75.43.
k·!ōdzōd to tear off. R 163.24.
k·!ōk^u- to stand on edge.
   k·!ōgwidzēs edge. III 68.22.
   k·!ōkumlil board front. X 4.40.
   k·!ōkula bracelet. III 449.6.
k·!ōk!ulnōs triangular. R 147.21.
k·!ōqû(la) to carry a basket in one hand. R 264.19.
   k·!ōgwas handle. R 139.8.
k·!ōxw(a) shaman sucks out disease. (See k·!ixwa?).
   k·!âts!ē dish into which shaman spits sickness.
k·!ōxw(a) to fold. III 338.39.
k·!ōxug·al to cut. (?) R 103.33.
k·!âlag·iʟē^ɛ to open shells on water C 224.3.
k·!ōlōt! porpoise. III 207.29; R 174.2.
k·!ōlox^u dried salmon with three sticks across, hanging from tail. R 236.17.
k·!ōʟ!a rough. R 103.26.

gw

gwa- down river.
   gwaē^ɛ down river, north. III 7.2.
gwāsɛm tears. III 470.1.
gwasōd to place side by side. R 93.2.
gwats!(a) to chafe through.
gwanup! to try each other (gwɛnup! ?).
gwāna(x·^{ɛ}id) to bend over, to double up. R 110.28.
   gwanâla bent over. R 138.45.
   gwānagɛk^u bent over. R 135.24.
gwā^{ɛ}nala to consider. III 473.38; R 69.7.
   gwanâla to expect. C 34.20.
gwāgwatala (?) III 286.23.
gwagōlɛmx·sila to make salmon trap (Āwik·!ēnox^u) C 374.21.
gwāgûltama (from gûlta) fireweed, Chamaenerium augustifolium.
gwāq!ɛla to wish, to prevent (?) R 187.24.
gwax^{u}gugwis seaweed. C 354.2.
gwälɛxs to go away in canoe. R 99.45.
gwêx·^{ɛ}id to awaken (k!wêx·^{ɛ}id?) III 251.4.
gwēgwēgwē oyster catcher.
gwēla to scatter (sticks, clothes, blankets). R 261.30.
gûdēna golden-eye duck.
gut(a) to untie. R 369.9.
gus(a) to wash. X 197.26 (New).
gun(a) to try. R 102.10.
gunēp alder wood. C 68.9.
gûnt!(a) heavy. R 195.27.
gungōlLālis making fall before him.
gunxats!ē basket for hykwa.
gûq(a) to pour. R 47.7.
gûlt(a) fire flames. III 45.31.
   gûldɛm flicker. C 132.16.
gulkwit to rub body (with hemlock branches?). C 30.2.
goul(ɛla) to walk down river, C 24.9.
gûʟ!ɛsa to keep, to leave standing. R 269.12.

kw

kwapōd to tear off. R 95.25.
kwas(a) to kick. X 60.13; R 176.49.
kwaskwas bluejay. III 361.29, (kwɛskwɛs?) III 49.28.
(kwak^u-) Kwāg·ul name of tribe.
kwax·^{ɛ}(id) to smoke. R 150.25.

kwax̣w(a) hole. III 72.39.
kwax̣w(a) lungs of porpoise.
kwālatsĭɛm making sleepy(?). R 339.29.
kwālᵋ(id) to decrease, to be used up(?). C 360.34.
kwäs(a) to wash with urine. III 62.18, kwāsa (New). C 194.9.
kwätslē chamber vessel. M 684.7.
kwêg·aᵋl call of bluejay (?). III 49.33, or to cry (?), klwêg·aᵋl.
kwēs(a) to spit. R 58.39.
kwêkᵘ eagle. III 92.29.
kwêkux̣ⁿd marmot. R 422.6.
kwêq(a) to rave. III 224.26.
kwêxɛlis C 10.5.
kwêx(a) to club. III 242.5.
kumb(a) to stoop.
kwilk·â wren. C 226.23 (New).
kūt(ȧla), or kutɛla low-sided, shallow basket. R 140.12.
kūtȧla log sinks in deep water.
kūsȧla to pluck off leaves. R 259.78.
kusx·(ɛsgɛmlis) splashing. R 183.5.
kusx·āla streak of spray, fluid runs out. III 345.35; C 44.15.
kuᵋn(a) mink. III 362.1 (New).
kūns(a) to steam in oven underground. R 90.78.
kūnyas oven. R 164.46.
kūns(a) clouds roll along. III 112.2.
kūnsɛmaxa clouds roll down. C 12.10.
kūnx̣w(a) to thunder. M 685.12.
kūk·(a) a person falls. III 407.13.
kūk·(a) berries burst. R 270.27 (qūk·a?).
kūq(a) to split. R 57.5, 82.16.
kūxsᵋɛnd to split. R 57.10.
kūx(a) flow. R 341.61.
kūkūmx·a ruffed grouse.
kuxȧlas a berry, Vaccinium globulare Rydb.
kul(a) to lie, several persons. III 25.5.
kwɛlɛlîtslēnoxᵘ able to reach. R 129.9.
kulēyêᵋ reed mat. R 94.15.
kulx̣w(a) grayish. R 296.78.
kuîtsɛmala sunken rock, awash.

k!w

k!wɛᵋyîm crew of warriors. III 212.14.
k!wä(la) to sit, one person. III 8.1.
k!waxṭāla steersman. C 352.13.
k!wsäpa man gives property to wife's father, to get back wife who left him.
k!wäwaqayō instrument for cutting off heads. M 706.7.
k!wät(a) to stake in gambling. C 234.16 (New).
k!wäs mussels. C 224.3 (New).
k!waᵋsta cup.
k!wäk!wayaakᵘ tried to be made light. (or k!wäk!wɛyaakᵘ). R 140.21.
k!wäk!watama a tree, Populus balsamifera L.
k!wäk!ūnwayo paint for protecting face against sun.
k!waq-.
k!waxʟāwêᵋ cedar wood. R 59.62.
k!wäk!waqla to try to get cedar wood.
k!walōᵋs to marry brother's widow.
k!wäs sleeping place of seals. R 178.85.
k!wätslē canoe. C 296.10. (Kos.)
k!wäg·ila quite (?). III 22.9.
k!wē(g·aᵋl) child cries. III 207.31.
k!wêt(a) to pry open. C 246.1.
k!wêt(a) to make a groove. R 58.38.
k!wêtaa a barnacle. (gwêtaa ? k!wêtlsa ?).
k!wēs(a) to snow. III 392.20.
k!wēsmis snow. C 12.20.
k!wēnalᵋid to move. III 57.30.
k!wêx̣ᵘsɛmäla twisted. R 78.99. (=sɛlɪ̄sɛmäla.)
k!wêx(a) to plan. III 302.5.
k!wêl(a) feaster. III 235.41.
k!wäx̣ᵘmōt slow match. C 248.18; sucked. R 358.33.
k!wɛyaakᵘ steamed. R 334.1.
k!uyōqᵘ proud. C 244.15 (New).
k!up(a) to break with hands (dry salmon, branches). III 411.4.
k!ōᵋma bullhead. III 149.17. (k·lōᵋma ?).
k!omēs R 382.55.
k!umaĺ battledoor and shuttlecock.
k!ōmōs(a) to be a model, pattern of something. C 86.28.
k!ŭmt(a) to suck. III 126.29.
k!ŭmsʟ!a a fish (Hemilepidotus tilesius).
k!ŭml-
k!ŭmɛlx·ᶠîd to burn. R 102.9.
k!ŭmla to burn.
k!ŭmʟ(a) to shrink back. C 40.22.
k!ut(a) to stick on. R 299.60.
k!wêk!ūtsɛm sticking on. R 420.40.
k!utāl blanket. C 190.17. (New.)

k!ûs(āla) to sit, several persons. R 246.88.
k!ûdzɛłɛnē to take off fish from hook (or k!ûldzɛłɛnē ?). R 181.51.
k!ûtsɛm light of weight. R 140.21.
k!ûsē light clay. R 190.34.
k!ûtsle̥ʼ leather, hide, skin. III 89.29.
k!unaxw(a) to split boards. C 196.1. (New.)
k!ûnq(a) wet. R 314.26.
k!ûk·ɛlis to budge, can be moved. III 372.19.
k!ûk·!ɛg·aʼl noise of bursting. III 186.8.
k!ûxw(a) sunburnt. R 431.71.
k!uq- ? k!ux- ? to tow. (Kos.)
k!uxsdɛlē to tow. C 332.6 (Kos).
k!ûl(a) to pull out hair, to pluck off. III 87.22.
k!ûlp(a) to pick off berries. R 206.29.
k!ûlk!ûlpsʼāla to tear a bird to pieces. C 190.3 (New).
k!ûls(a) to take fish out of trap. R 183.1.
k!ulxʼēd to sight. V 360.9.

g̣

gaāgas eye (New); heart of wood (New). C 218.24.
gɛyagɛs eye.
gatsētseʼya bunion.
gɛyôl long ago. R 77.82.
gɛbsłalîlɛla R 113.51.
gɛlôq!w(āla) raven's cry. M 689.10.
gɛbɛlôxstâʼyē eye. R 395.43.
gap!ɛqa to tuck in. III 128.20.
gɛmôt(a) wolf howls. M 711.15.
gɛms dead fern leaves, moss. R 257.48.
gɛmx(a) to carry blankets, branches, etc., on arms. III 453.3; R 343.30.
gɛmx(axdzē) left side (of canoe). R 97.69.
gɛmɪxw(āla) to hold head bent down. R 272.77.
gɛdɛlôq!witsēʼ navel.
gɛna baby girl. III 207.40.
gɛnk·(a) thick, pasty, thick fog. III 255.38.
gɛnla beware! III 394.22 (Kos).
gɛnɛm wife (stem gɛg·-). R 72.73.
gɛg·ad having a wife. R 65.30.
gāgak·!āla to woo. C 64.18.
gāgak·!ālayu wooing song. C 298.17.
gɛgɛlāl red-breasted robin.
gɛgôqᵘ swan. III 61.32.

gɛxᵘsɛq!ɛnd to spread, throw something over a rope or a log. III 79.11.
gɛl(ɛm) rib. III 43.38.
gɛlaôl bone club. C 310.18.
gɛlɛmx·ä strainer made of ribs. R 411.44.
gɛlx·ʼîd to scold. III 320.21.
gɛlēs(ɛla) to screech. III 295.34.
gɛlēʼ wave. III 256.20.
gɛlēx·ʼwid to bend down. R 210.25.
gɛlôgwa to be bent? III 295.33.
gāʟɛkᵘ hooked.
gɛlp(a) to grasp with hands. III 126.26.
gɛls(a) to smear on. R 299.64. (q!ɛls?)
gɛlyayo paint. R 58.43.
gɛltsɛlɛm mussel shell knife. R 242.16.
gɛlq(a) to lift. III 127.28; to swim. III 375.4 (Kos).
gɛlxʼēd to spin two threads of bark together. V 486.29.
gɛlxw(a) to count on fingers. III 449.12.
gɛlx(mɛs) rosebush.
gɛgɛlx rose fruit.
ga(āla) morning. R 95.39.
gaaxstēʼ breakfast. R 253.20.
gay- across. R 374.26.
gēyała crosswise. R 412.48.
gēbēʼ crosspiece at end. R 272.66.
gaya- to come from. III 39.31.
gait hat. C 236.2 (qait?). (New, Kos).
gatô grandfather!
gasx·ɛx·ʼîd to carry (see gaxᵘsāla, gax·sɛx·ʼîd?) R 236.21.
gādzɛq starfish. III 312.14.
gadzɛq(āla) woven in broad strips. R 137.34.
gānʼ mother!
gānaôʼ mother!
gānadzē grandmother!
ganôl night. R 120.12.
gagɛmp grandfather.
gāgas grandmother.
gāgɛ(k·!îg·aʼl) to apologize for something that has been said.
gagɛlwaɛms fir tree. III 309.1.
gāgēsāmak· jellyfish.
gāgɛx·aʼmē Galium Aporine L.
gāxʼɛn to straddle. R 133.22.
gāxsq!ɛnd to step over a log or a rope.
gaxayu adz. V 347.8.
gāxwûtôd to hang down. C 156.3.
gaxᵘsāla to carry on fingers. III 306.37.

gaᵋl(a) reproach. III 451.27.
galôpala crosswise, a line crosses over. R 134.7.
  galôdayu trolling hook. R 158.45.
gaᵋlôlɛm objection. III 451.27.
gāʟɛla go! (Kos).
gaʟ(a) to fish with hook. III 329.21.
gēᵋ(s) long (on ground). R 86.6.
  gäla long time. III 39.37; R 82.8.
gēla come! III 261.10.
gēmas old salmon. R 315.3. old mat. R 519.42.
gāg·iwäla twelve R 276.13.
gēt(a) fresh (fish). R 245.86.
gēsdɛm Heracleum lanatum Michx.
gātsɛm claw. III 313.43.
gētslā to beg III 105.15.
gēᵋnāl(a) to threaten. X 8.3.
gēn louse. III 293.40.
gēᵋnē salmon roe. R 58.39.
gēx̣w(a) to hang. R 225.9.
  gēwas deer. III 94.17; hanging place.
gwa. stop! C 160.18.
  gwāla finished. III 18.12.
gwaéxsd to desire. C 328.19 (Kos).
gwayak·!āla to stop. R 294.52.
gwāyuku heavy. III 455.2.
gwädɛm huckleberry. R 296.1.
  gwāta to pick huckleberries (?).
gwaseéd to mention, to refer to. III 16.10.
  gwɛᵋyô referred to. R 131.8.
gwās(a) this side of something, less.
  gwas(ôlɛla) to approach. III 8.3.
gwa(g·ustāla) to raise head. III 293.18.
gûyôlɛla direction ?
gwāgwaxmɛs. big alder tree.
gwax̣ᵘ-
  gwaᵋwina raven. III 110.1.
gwāgwēx·sᵋäla to talk. R 60.1.
gwāx̣ᵘgûwa a fish (Calamus penna).
gwax̣(a) streaks on body.
  gwax̣ᵋnēs dog salmon. R 58.39.
gwāl(a) finished, ready. R 57.14.
gwalas lizard. III 261.33.
gwaʟ(ɛla) to groan (q!waʟɛla?). C 54.10.
gwämag·iw(ala) to go stern first. R 212.12.
gwē(g·ila) to do thus. III 369.25.
  gwēx·s like. R 59.67.
  gwēx·sdɛm kind. R 140.18.
  gwāla thus. R 58.26.

gwēdz(a) sparrow. III 13.14.
gwēk·-
  gwɛᵋyim whale. III 310.31.
  gwagwēk·la to go whaling. M 667.9.
gwēlgwäla property, clothing. R 351.14.
gûyinxē straight edge. R 65.5.
gûyôʟas place of catching halibut. R 253.2.
gôbɛta scales. R 409.31.
gūms ochre. III 330.41.
  gûmyasap!a to give first potlatch (from gûms ochre).
gotl(a) to punch with fist.
gotlāla cry of loon. III 228.16.
gôs dew. R 240.18.
  gegôsɛmala to perspire. R 407.59.
Gôsg·imux̣ᵘ name of tribe, Koskimo.
gogôs sawbill duck. III 461.31.
gûn nettle, nettle fibre. R 163.1.
qûn(a) to pay debt. III 451.41 (qwans, guna?).
gûnēᵋ ashes. R 150.35.
ǥôgumēᵋ face. R 129.77.
gogûlg·ēᵋ core. R 106.37.
gôgûlɛtôᵋ blossoms. R 201.8.
gwēgux·ᵋisɛlas ragged looks. C 24.8.
gox̣w(a) to scoop up (goqwa?). R 237.39.
  goxnyind to scoop up.
gol(a) to stir, to draw inward. R 423.25, to skim off; R 423.28.
gol(a) trout. III 102.9.
golalē salmon berry. C 196.31 (New).
gûᵋlēk· gum. X 234.3; a fish (Sebastodes alutus).
gôgulbɛs "tallow eater." C 420.4.
gôlôl to scoop out guts. R 242.21.

q

qɛp(a) to upset, to empty out. R 59.68.
qɛbɛkwēl ghost dance (Awailɛla). C 414.15.
qɛmt(a) to notch. R 9.92.
  qɛmqɛmdɛnôdzɛnd to notch at each side R 103.24.
qɛmkw(a) to snap together (jaws); to cry eagle. M 679.12.
qɛmx(a) to strip off with fingers.
  qɛmxāla to strip off herring spawn with fingers. R 254.9.
qɛt(a) to spread, to string bow. C 48.10; R 337.31.
  qadɛm spreading-sticks for drying salmon.

qɛt(a)—Continued.
   qêqɛdɛnōlɛmtŏᵋ side support. R 95.33.
   qɛttslŏ to insert needle for knitting net. R 163.2.
   qatét!êd to cut crosswise. R 387.23, to cut blocks out of tree.
qɛs(a) to coil up. R 176.30.
qɛs his.
   qɛsmāq his own. R 433.13.
qɛns(a) to adz. V 362.35.
qɛnq(a) to snap. C 420.5.
   qɛnqlāla cry of eagle (Dɛnax·daᵋxᵘ).
qɛk·(a) to pick Cornus Canadensis (qɛk·laālê). R 220.1.
qɛk·laālê Cornus Canadensis L.
qɛkw(a) to collapse (house).
qɛx·(a) to wind around. R 306.30.
   qɛnas waist. R 221.9.
   qɛx·ɛstêᵋ hoop at mouth of net. R 164.36.
   qɛx·îmêᵋ headring. III 18.6.
   qîx·ŏd to take off what is wound around. III 18.10.
   qanāyu ring for purification.
   qɛnxāla to tie around neck. R 208.10.
qɛxw(a) to cohabit. C 204.11 (New, Kos).
qɛx·(ɛla) R 254.3 pole with forked top.
   qɛxᵋɛnêᵋ R 175.14, fork of a tree (=forked body).
qɛx·(a) pole on rock.
qɛkw(a) to notch. R 227.14.
qɛlᵋya plover, Aegialites semipalmata.
qɛldɛm post. III 401.6.
qɛlk·(a) to be tired after work. III 24.10.
qɛlkw(a) to lie down. R 391.27.
   qɛlgwil to lie down in house, i. e., to be sick abed. III 282.39.
qɛlxw(a) to mix. R 301.34.
qɛlx(a) to lay eggs.
   qāqɛlxᵋa to go after eggs; to spear salmon (Dzaw).
   qɛlxŏd to give birth. X 201.26 (New).
   qɛlxk·laêsᵋîd to conceive. X 201.22 (New).
   qɛlxatslê nest. III 92.29.
   qɛlxêla to nest. C 376.13 (Gwas).
   qɛlxamênêᵋ egg. C 376.15 (Gwas).
qa that, and R 57.4.
qaālqŏxsîdzêᵋ ankle. X 150.37.

qābîx·(a) heat of fire on body. III 116.42.
   qabêᵋnad having heat.
   qāqabîᵋnɛm burnt by heat.
qamxw(a) down of bird. III 153.35.
   qamxᵘqamwis fruits of k·lāk·laxqwaᵋmê.
qat(a) to disagree.
   qatap!a to disagree with each other.
qeqapâlŏl double. R 126.11.
qās(a) to walk. R 60.4.
qasŏ to promise a feast. R 438.30.
qāst friend! C 54.23.
qak·(a) to cut off head. R 243.41, 332.31.
qagutāla overhanging. C 18.8.
qāqak·ɛn to tie mat to back. R 200.10.
qāqadala to disobey. III 104.13.
qāqēk·lāla to ask for mercy
   qāqek·lîg·âᵋl to ask for mercy. C 32.3.
qāqêtɛn gulches, grooves in stone.
   qāqɛtɛmd to cut crosswise. 353.9.
qāqomxwama Eryophorum gracile Koch.
qaq!ā frame for drying herring spawn. R 254.4.
qaᵋlas T-shaped piece of copper.
qä(ʟa) indeed. III 16.11.
qês(a) to shine, smooth. R 60.76.
qênŏl pillow. III 283.32.
qêxâgɛms bare ground where a village has been burnt. C 248.25 (New, Kwag).
qêl(a) to visit. III 78.12.
qô if. R 75.29.
qwāp(a) (mat, calico, etc.) tears. R 406.17.
qwāsamak·a to bloom. III 299.6.
qwāk·!ɛnêᵋ twigs on body (of tree). R 112.27.
qwaqêᵋ. R 174.31.
qwāq(a) to split fish lengthwise (q!wāqa? k!wāqa?). C 208.20; R 174.25.
   qwāgayo butcher knife. V 493.22.
   qwaqêᵋ belly cut open. R 174.31.
qwāgwilbê lance. III 471.34.
qwāqê scratch (Nak).
qwaᵋnās(k·as) friends! (Āwîk·!ênoxⁿ).
qwāq!wanê heron. III 296.15.
qwāq!ᵘ heron (New).
qwāxw(a) to appear, to show oneself. C 36.1.
   qwaxulis olachen run. R 92.36.
qwêda go away! III 461.33; C 70.20.
qwês(ala) far. R 91.2.
   qwêᵋsāla distance in time. R 144.38.

qwēs(ala)—Continued.
   qwēsila to go far. R 61.17.
   qwēsɛlis gāgɛmp great-great-grandfather.
   qwēsɛnxɛlis gāgɛmp father of great-great-grandfather.
   qwēsaaxsɛm woman married far away.
qwêl(a) to untie. R 185.23.
qôm(a) thumb. R 57.20.
qôt(a) to pick (qôt!xolé). R 218.1.
   qôt!xolê choke cherry (?). R 218.1.
qotēx·(a) to pay marriage debt. III 462.11.
qôtl(a) full. R 72.61.
qus(a) to peel off. R 121.38.
qôs thine. III 102.4.
qôsnêᵋ gills. R 223.2.
qûnq!ûg·aᵋl to groan in sleep. X 96.28.
qûk·(a) to burst. R 236.9 (or kûk·a).
qoqw(a) lump.
ququnapa young saw-bill ducks. C 380.6 (Gwas).
quq!ûg·aᵋl to stir in sleep. C 412.3.
qôqw(a) to put hollow thing on side. R 239.33.
qûx(a) gray, dusty, flour. R 95.22.
   qûxstâ lime colored. C 386.16.
   qwɛx clay. C 232.10 (New).
qûxalas a berry (=nóxwa). R 300.82.
qôxᵋwid to lift. R 431.60.
qûl(ba) end (of rope, story). C 160.15.
qôᵋla to wish. C 318.5 (Kos).
qôloqw(a) knob. R 436.87.
   qologwa·u bird arrow. C 122.26.
qauᵋlôma beaver face (name of copper) (Hēldzaᵋqᵘ).
qôlôs mythical bird. M 711.11.
qul(a) waves strike. III 256.22.
   qulɛm drifted ashore. R 335.15.
   kultsɛmala (qultsɛmala?). sunken rock.
quʟ(a) tassel, to tear in strips. III 89.8; R 121.26.
qoł(ɛla) crooked (wedge, trail, line). V 345.37.

q!

q!ɛbɛgwis sand. C 270.2 (New).
q!ɛm(a) disgrace. C 38.6.
q!ɛm(a) to splice.
   q!ɛmbɛndayu splice.
q!ɛmt(a) to sing. III 69.19.

q!ɛms(a) lazy, reluctant. R 391.26.
q!ams(a) to pick salmon berries.
   q!ɛmdzɛkᵘ salmon berry. R 140.18.
q!ɛmkw(a) to bite off something hard, to graze. III 10.3; C 196.7.
   q!ɛmg·īmbala barbed points. III 103.24.
q!âmax herring. III 376.21; C 190.21 (Kos, New).
q!ɛmq(a) to mend net, to splice netting twine.
q!ɛmł-
   q!ɛmlala meat. R 243.40.
   q!ɛmlqał to eat meat. R 417.69.
q!ɛt(a) to mend, to patch canoe. III 29.18.
q!ɛs(a) to eat meat. III 21.11.
q!ɛs(ᵋīd) to take revenge. III 136.33.
q!ɛsāʟɛla to fit accurately, to press on. R 91.14.
   q!ɛsᵋɛnêᵋ shirt (=fit to body?) C 42.19.
   q!ɛsmɛnkᵘ settled down, to draw breath. R 261.32; C 422.10.
q!ɛn(a) to sew. R 110.44.
   q!ɛnyo thread. R 158.41.
   q!aq!anuł blanket of skins sewed together. C 90.12.
   q!anq!aqlāwalis milky way (=seam of heaven). M 691.5.
   q!âq!anayuxᵘtsłânêᵋ thimble.
q!ɛnêp(ɛnd) to wrap up. R 264.12.
q!ɛns(a) to gather Cryptochiton. R 293.21.
   q!ɛnas Cryptochiton. R 151.8.
q!ɛns(a) to mend (cloth, net, basket, mat). C 162.19.
q!ɛnkᵘ sticky (spawn). R 235.1.
   q!anqa sticky. R 393.14.
q!ɛk·(a) to bite. R 247.18.
   q!âq!ag·ɛtɛwa tern (Sterna paradisea) (=trying to bite bead).
   q!ɛg·ês steel trap (=bite on beach).
q!ɛk·!ɛlsa entangled rope.
q!ɛkᵘ broken (paddle). R 298.39.
q!ɛq!ɛnê Crataegus rivularis, Pursh. C 390.28.
q!ɛk·ōla to pull out fishbones.
q!ɛxᵋwûłts!â (ashes) fly out. C 396.26.
q!ɛx·sɛmaᵋlił slow match. C 248.18.
q!ɛxɛmēn Peucedanum leiocarpum. R 175.8.

qɛlêxˑsɛm self. R 308.67.
qɛlt(a) to cut with chisel, to break copper. V 344.5.
 qɛldayu chisel. V 344.3.
qɛls oil, grease. R 331.10. (gɛls?)
 qɛlêkᵘ smeared. R 148.52.
qɛls(a) to throw (anchor) into water. C 138.20.
 qɛldzɛm anchor. V 487.31.
qɛlxû(la) to coil up. R 111.13.
 qɛlkᵘ harpoon line. R 175.7; plaited line (qlāla to plait a rope).
qlaᶜlawē worm. III 101.32.
 qɛlᶜwad having worms.
qɛlx(a) to wrinkle.
qɛl̄(a) to carry in arms. III 464.32; to put sling over hanging horizontal pole.
 qɛlêl hanging pole, scaffolding. R 125.8.
 qɛldɛma horizontal pole from which other horizontal pole is suspended.
 qɛlɛm sling for suspending horizontal pole from other horizontal pole.
 qɛlāla to carry child in arms, cannibal carries body in arms.
qɛlla six. III 60.1; R 182.27.
qlā to find. R 57.5.
 qlāxˑsïd to lead. V 441.14.
 qlāqêgˑila to know. C 6.14.
qlāqɛLlɛga to be tangled up in bushes. C 390.29.
qlāqlêxˑsila to have much work to do. R 252.22.
qlāl(a) to know, to learn. M 684.16; C 28.17.
 qlālêdē famous.
 qlāqlala to watch. R 177.58.
 qlāqla to notice. C 296.24 (Koa).
 qlālɛla to know. R 200.7.
qlāᶜyānas woman who hates her husband, or vice versâ. C 76.31.
qlāyaxa to be surprised. (See qlê-much.)
qlayāxᵘtslāla hand adz (=kicker?)
 qlayaxᵘstanal handle of hand adz.
qlayôkᵘ ripe. R 269.13. qlayôqᵘ(?).
qlabôqᵘ putrid remains of olachen. R 299.58.
qlāp(a) to hit a mark. C 390.2; R 176.48.
qlaplā(la) to gather. R 112.38.
qlāmaLɛla uncle. C 314.4 (Koa).

qlam-
 qlamqlamkˑlāla to change the subject after a discussion. III 448.30.
qlatɛs frog. C 108.9.
qlās(a) sea otter. C 350.5.
qlas(a) to notch. R 167.27.
qlās(ɛla) to mind, to take notice. C 176.25.
 qlātsɛwêᶜ known. R 195.15.
qlɛᶜsoxᶜwid to fit well (a patch); to put together (poles, canoes, boards). R 110.29.
qlātsô grandfather! (child's pronunciation for qlākˑô SLAVE).
qlanäx(ɛla) to soar down. C 74.10.
qlākˑultslālis crowded in house. M 693.15.
qlā(kˑ!egˑaᶜl) sound of snapping jaws. C 338.24 (Koa).
qlākᵘ- slave.
 qlākˑô slave. C 62.22.
 qlāqlwaxo loaning with high interest (=selling slave).
 qlāgwid master (= slave owner). III 24.10.
qlāᶜla to watch, know.
qlāqlɛmala to watch. III 34.27.
 qlāgɛmlil to wait. X 187.32.
qlāqaᶜwa a fish (Scorpaena Brasiliensis) (Āwikˑlênoxᵘ, =tlêxˑa Kwāgˑul).
 qlāqlaqaᶜwa to fish for——.
qlāqlaqlêᶜ middle piece of salmon. R 226.14.
qlāxˑqlɛlis kelp of beach. R 177.51.
 qlāxqlalis (New) (?). C 8.6.
 qlāᶜlad having kelp.
qlāxw(a) to emerge. III 230.41.
qlāxstɛnd to feed visitors, to retort. R 207.37.
qlālaLɛlē spirit of Lɛwɛlaxa. III 450.7. (=renowned, known?).
qlāl̄(ᶜid) to stink (meat). R 340.39.
 qlalkᵘ rotten meat, rotten salmon spawn.
qlā(la) to plait a rope. V 486.38.
qlalɛyo pack strap. R 141.31.
qlākˑ(a) to feel pain; to regret a loss. III 341.1; C 48.20, 328.1.
qlê(nɛm) many. III 257.15.
 qlāyaxa to be surprised X 200.37.
 qlaᶜyôx expensive. C 84.28.
 qleyôL to get much. C 12.25.

q!ē(nɛm)—Continued.
    q!ēq!ēk·lēs to eat much all the time. R 269.5.
    q!ēq!ēk!wāla to lie. C 208.14.
    q!eyōt to talk. C 362.11.
    q!ayaqɛla to trouble oneself. III 54.38.
q!ámx·tslēsō⁵ observed. X 151.40.
q!ēp!ēn(ē⁵sta) to tie around. R 76.57.
q!ēs(a) to pick currants. R 208.1.
    q!ēsēna Ribes bracteosus, Dougl. R 208.1.
q!ēdz(a) Salmo Clarkii Pleuriticus.
    q!áq!edzaa to catch——.
q!ēs(p!ɛx·⁵īd) to get a moldy tåste or smell. R 225.45.
q!ēdzáxbax·⁵īdaas branching river. R 119.16.
q!ēg·aa unused part, more than it can hold. R 250.87.
q!ēq(a) to purify. C 336.20 (Koɛ).
    q!ēqɛla to purify. III 105.28.
q!ēx(a) to gather driftwood. R 287.25.
    q!ēxa⁵la driftwood. R 71.44.
q!ēxōtōd to hang on top. III 422.19.
q!ēl(a) mosquito (Koɛ).
q!á⁵yâ⁵ē middle (child). III 174.16.
q!ō water standing. III 62.34.
    q!ō⁵s pond. III 62.34.
    q!ō!ostâla spring.
q!waats!ɛq snail. III 364.35 (q!wɛats!ē) q!wāt!ɛx. C 232.18 (Koɛ).
q!wā(la) to stand, several. III 148.10.
    q!waēltɛnd to drive in wedges. R 168.11.
    q!wāq!wax·tslānē⁵ fingers. R 57.9.
    q!wāg·flɛnē⁵ twigs standing on upper side of fallen tree. R 112.27.
    q!waats!ē wedge bag. R 60.3.
    q!wayō⁵s lower jaw. III 28.19.
q!wayots!a soft end of fern root. R 195.22.
q!waq(īla) to split salmon. R 239.5.
    q!waxsē⁵ split salmon. R 240.10.
    q!wāgad having split salmon.
q!wāp(a) to twist off, to tear off (cloth, calico).
q!wās(a) to wail, weep. C 14.6.
    q!wēq!wasa to beg.
q!wāk·lɛnē⁵ cedar twigs R 112.34.
q!wāqwa⁵la to turn black of smoke. R 133.8.

q!wāx hemlock branches. III 18.4.
    q!wax⁵as hemlock-tree. R 264.4.
    q!wāxēt to wash body with hemlock branches. III 61.40.
q!wāx(a) to grow. R 189.10.
    q!waxɛns spring (=growing season). R 149.2.
    q!wāq!waxɛm. R 194.2, q!wāsq!ɛxɛla plants R 200.15.
q!wāxsɛmd to rub on surface.
q!wālax·a to dress. III 62.8. (See q!ōxōd.)
q!wāl⁵ɛl⁵yō canoe strikes beach. C 270.12 (New).
q!wāl(a) village is destroyed and people killed in war.
q!wāl(mɛs) salmon berry bush. R 198.2.
    q!walɛm salmon berry sprouts. R 428.58.
q!walōbɛs soot; burnt clothing. R 374.38.
q!wālōts!ō to pound in. R 321.34.
q!walxo each. R 128.71.
q!wāk·ɛla Sebastodes ciliatus. R 392.53.
q!wēg·a⁵l to cry. III 285.11.
q!wēt(a) to split bark. R 117.39.
q!wēs(a) to squeeze. R 95.25.
    q!wēts!ɛxōd to strangle(=to squeeze neck). III 136.32.
    q!wēdzas grip (of paddle). R 128.64.
q!wēqû(la) to wrap, twist. R 71.35.
q!wēq!wēq!wē petrel, Oceanodroma furcata.
q!wēl(a) to break (basket), to crush. R 267.83.
q!wēl(a) to be silent. C 330.29.
    q!wēl⁵īd to stop speaking. C 386.17.
q!ōya to rub (like clothes). R 228.28.
q!ūp(a) to drop a crumb. III 37.6; R 188.46.
q!ōp(a) to cohabit. III 283.32.
    q!op!ēx·lɛnd to put ends together. R 112.21.
q!ūm(ba) it is at an end. C 336.15 (Koɛ).
q!ōma(la) rich. III 36.8.
q!ōmas crab. C 382.28.
q!ōmala to wail. III 141.38.
q!umt(a) to poke into ground. R 170.61.
q!umx·(a) to roll off, like a rock slide. III 196.37.

1430 ETHNOLOGY OF THE KWAKIUTL [ETH. ANN. 35

q!udādzɛq snail. III 231.34 (Äwîk·!ēnox^u).
q!ôdaq horned grebe (Colymbus auritus).
q!ut(a) scar. III 360.40.
q!ôt(a) to push off canoe, to poke. III 396.12; R 367.1.
q!ôs—
  q!ômas crab. C 382.28.
  q!aq!ôts!a to try to catch crabs.
q!usa to tie on. R 378.22 (?).
  q!udzɛmk·înd to tie with knot. R 176.33.
q!ôsnē^ɛ gills. R 242.20.
q!ôs(a) to offer for sale. C 84.16.
q!unām(ē^ɛstala) to walk about. C 100.22.
q!unāla often. R 177.56.
q!ûns(a) to dig lupines. R 198.1.
  q!wa^ɛnē lupine. R 198.1.
q!ukw(a) dull. III 332.43.
q!ôqw(a) calm. R 99.45.
q!ôq!ôyu fish bones. R 237.28.
q!wɛqāla bright light. C 66.33.
q!ôq!waqô flood stops rising. V 478.8.
q!ôq!o^ɛna neck. R 174.22.
q!ûxtô to reach point. R 230.26.
q!ôxsawanē Rumex occidentalis. S. Wats.
q!ôxts!ôd to dress. III 15.10.
  q!ôxôd to undress. X 3.17.
q!ôx^uq!olis holes on sandy beach into which water runs (=xwāk!waēs).
q!ulp!altāla spearsman sees salmon distinctly in clear water. R 182.24.
q!ûl(a) to live. III 67.15.
q!ulāʟ(ɛla) to hide. III 145.35.
q!ulēx·s self. R 180.39.
  q!ûlyaxa tree falls by itself. III 252.39.
q!ulē^ɛ uncle. III 140.32.
  q!ulēk·lôt father's, mother's cousin.
q!ulēs wife's brother. C 412.7.
q!ôlēdzô R 240.16.
q!ôlg·ila to finish (?). III 141.1.
q!ûls(a) to rot, decay (wood). R 77.82.
  q!ulyak^u old man. R 334.69.
q!ôl(a) to boil with stones. R 172.15.
q!āʟɛla to know. III 300.36; R 102.11.
q!ûl(x·ɛîd) to burn to ashes. III 92.7.
  q!wālôbɛs soot. R 256.20.
q!ul(a) to scratch. R 352.27.

x·

x·îm(a) to set a snare. C 36.19; to become entangled. R 177.63.
  x·î^ɛmayu snare. III 71.10.

x·ît(a) to raise head. III 17.6; to remove pressure; to attract. C 270.5.
x·îs(a) to disappear. R 224.20.
  x·îsɛlîl to disappear in house III 449.3.
x·îsāxôd to take off roof. R 183.9.
x·îdzɛx·a mouldy. R 225.44.
x·înt(a) to buzz, whirr.
  x·îndayu bull-roarer.
x·îns(a) to grunt, breathe heavily through nose. C 180.4.
  x·îndzas nose. R 102.14.
x·înk·(a) to repent. X 207.25.
x·îk·!(a) to take out of tongs. R 371.22 (x·îk·a ?).
x·îqw(a) to stretch head out. III 306.22.
x·îl(a) ribs of halibut. R 243.32.
x·îlp(a) to turn around. III 65.8.
x·îlt(a) to saw. R 109.8.
x·îlk^u—
  x·îlx·îlk!ut!ɛqa to wriggle through. R 177.55.
x·îl(a) to dry in wind, smoke, or sun. R 129.2.
x·āasx·ɛnt!ē Erythronium giganteum Lindl. R 197.1.
x·āts!a ebbtide. R 183.4.
x·ākwayasdē dried clams. III 157.10.
x·âlx·ɛngēs Dodecantheon pauciflorum (Durand).
x·āxa (x·āqa?) to blow on C 192.14 (New).
x·î^ɛyôlag·itɛla (?). III 286.28.
x·itɛmg·îʟɛla to rub off (?). R 386.9.
  x·îtlēd to split (?). R 122.60.
xîs(âla) to show teeth. C 28.13.
  x·îsîwē^ɛ wolf-head mask (= showing teeth on forehead).
x·îts!ax·î!a to examine, look on.
x·îk·(a) to strip off. R 256.17.
x·îkw(a) belt (?). III 231.29.
x·îq(ɛla) to be on fire. R 127.40.
  x·îxsɛmala red-hot stones. R 105.31.
x·ôbē Charitonetta albicola female. C 66.1.
  x·ôx·ûpstala female of Oidemia Deglandi.
x·ôpx·op owl, Megascops ario Kennicottii.
x·ôms head. C 366.17.
x·ôt(a) head of seal, porpoise.
x·ôs(a!a) to be at rest III 7.4.

x·ôkw(a) to dig lily bulbs. R 203.43.
x·ōkum Fritillaria kamtchatkensis Kar. R 201.8.
x·ôx̣w(a) to be open. R 175.20.
x·ox̣ᵘpɛtaᵋx̣ᵘ Charitonetta, female. C 224.2.

x̣w

x̣wās(a) to get excited. III 205.11.
x̣wayɛnk!wa to be attacked. X 185.6.
x̣wakᵘ- canoe.
   x̣wāk!ūna canoe. R 95.37.
   x̣wäx̣wagūm little canoe. R 94.2.
x̣wākw(a) to croak. III 171.13.
x̣wāl- to put crosswise.
   x̣wālayīnd to put crosswise on top. III 336.31.
   x̣wéx̣wała to wrestle. X 82.6.
   x̣wālaqē interlocking logs in front of house.
   x̣ūlkᵘ placed crosswise (name of place).
x̣wēm horizontal woof of fish basket (?); twining. R 135.14.
x̣wēt(a) a long thing sticks out. III 143.26; to lift by the knees a person who lies down and turn him back overhead (a game); lifting a mast at the end (a game).
x̣wēs(a) to receive a marriage present. R 432.10.
x̣wēkw(a) to utter cannibal cry. III 181.34.
x̣wēgax̣stē top binding of cedar twig fish basket (x̣weqa?).
x̣wēq(a) to swing. III 19.11.
x̣wēl(a) backward, again, to turn over. III 472.13.
   x̣wēlaqa to pass back. R 62.55.
   x̣wäx̣wēlēk·la wolf (=trying to turn [throw] over on back [namely, a deer])
x̣ūp(a) hole, hollow. R 167.26.
x̣umt(a) to catch fire. III 228.4.
x̣ut(a) water sinks. X 61.30.
x̣us(a) to whip, to strike with sticks. III 279.10; R 366.14.
x̣ūsɛla fort. III 166.39.
x̣ôx̣ūsdē dried roasted salmon heads. R 331.1.
x̣ūlp- hollow.
   x̣ūlboyāla hollow in middle. R 70.15; 148.35.
x̣ūls(a) to wither, shrivel up, to be downcast. III 43.41; R 187.43.

x

xɛwēqᵘ head severed from body. R 102.3; skull. III 168.28.
xɛmōmō backbone. R 428.6.
xɛms- to make rattling noise. C 268.26.
   xɛmsɛmēk·īn scallop shells. III 239.12.
xɛms(a) to give in potlatch to head tribe. R 771.80.
xɛmx·ᵋīd to move, shift (?). R 100.49.
xɛmx̣ᵋw(id) to chew. C 52.16.
xɛmōkᵘ brittle.
xɛtxɛt!a an umbelliferous plant, Cicuta.
   xɛtɛm carrot (?). R 200.1.
xɛs-
   xɛtsɛm box. R 63.65.
   xɛsēla to make a box. R 63.65.
   x̣āxɛdzɛm a small box. C 60.5.
xɛs(a) to put down branches. R 162.84.
xɛts!a unfinished (paddle). V 497.7.
xɛn-
   xɛnx·ᵋīd to undress. III 65.7.
   xaᵋnāla naked. C 342.34; a fish (Catharichthys sordidus).
xɛnyas to startle. III 207.14.
xɛLt!ɛg·aᵋł to snore. C 410.33.
xɛnL(ɛla) very. R 95.43.
xɛk·!(a) to stay away, to perish. III 33.7; to stay in form. R 104.48.
xɛk!ūm pine bark. III 390.11.
   xɛxᵘmɛs pine. III 120.15; R 229.14.
   x̣āk!umas III 257.39.
   xɛx̣ᵋūna bark. C 250.27 (New).
xɛgɛm comb. C 386.2; R 126.12.
xɛqw(a) to gather stones. III 341.34.
   xɛqwēᵋ stones on fire. V 364.36.
xēxɛxstowakᵘ eyes. R 349.23.
xɛl-
   xɛlx·ᵋīd to strain. R 389.20.
   xɛlᵋyō strainer. C 316.19 (Koɛ).
   xɛlōsa to scoop up. R 378.9.
   xɛlōdzayu scoop net for sea eggs. R 163.9.
   xɛlōsp!ēq handle of scoop net for sea eggs. R 166.72.
   xɛlxɛlpɛlił ɛla to scrape together.
   xɛlxɛlstaālax·ᵋīd to tear with teeth. X 20.35.
xīlt(a) to saw.
xɛlq!w(a) basin, dish. III 449.7.
xɛlx̣wāla crooked knife. R 58.37.
xɛlᵋīd to break (paddle). III 215.18.

xaêl wife leaves husband and stays in other house.
xaāp! cradle. III 53.42.
    xaābɛkᵘ cradled, i. e., with flattened head.
xaᵋyôlisêxtâᵋyê east wind. III 112.24.
xaᵋwa fur seal.
xaᵋwê loon. III 221.1.
xāp(a) to grasp. III 61.15.
xāma- alone, orphan.
    xāxamāla orphans, common people. C 86.16, 354.2.
    xāmax·ᵋîd to be alone. III 35.43.
    xamsgɛmêᵋ head chief. III 449.19.
xamax·ᵋîd self. III 469.2; R 281.9.
    xāmax·ts!āna to eat with hands. R 238.34.
xāmak·l!ng·aᵋlîl to cover over in house. III 57.25.
xɛms- dry salmon.
    xaᵋmas dry salmon. III 54.10; R 315.1.
    xamsxas to eat dry salmon.
xaᵋmā(la) to stay overnight. III 195.16.
xamag·aaLɛla not to go near (?).
    xamaᵋstalis to be awake overnight. R 158.32.
xām(ala) two things in close contact.
xās(a) rotten (blanket, mat), boiled. R 293.8.
    xats!ɛs fungus growing on trees.
xāsbɛχū(la) to make noise. III 360.30.
xak·!adzā backbone of fish. R 226.18.
xāq bone. R 308.79.
xaxts!a boiled to pieces (?). (See xāsa.)
xālaês shell of shellfish. R 91.7.
xāɫᵋîd to laugh aloud.
xāLl(akᵘ) a little. R 67.64.
    xaLêk·!ɛs to eat a little. C 224.17.
xaLāla to touch each other. III 215.13.
xeyāp!ê twig in neck (?). III 362.31.
xéᵋm(a) to creep sitting (like an infant).
    xêmg·îls to move, stir. X 4.21.
xêtôd to take off blanket. III 186.14.
xêkw(a) to sweep. V 440.38.
xêgwayo broom (eagle's wing). V 440.35.
xéxêxê talkative geese. C 356.22.
xêL(a) fish nibbles.
xêLɛla to shout "O!"
    xêlxɛla C 178.26, 32.

xā to split wood. III 365.17.
xwāᵋmag·āgês to put mouth to corner of bucket. R 401.31.
xwat(a) testicles.
xwat!(a) wren. III 96.22.
xwāsôd to tear off. R 249.165.
xwānal̯(ɛla) ready. R 143.13.
(haᵋnôn) xwāk·!ano female salmon.
xwakw(a) to pour into. III 284.28.
    xwāk!waês holes in quicksand into which water runs.
xwāL(a) to cut fish. III 198.2.
    xwāʟayo fish knife. C 142.6.
xwäxwê a dance. III 152.26.
xwêt(a) to stir. R 91.8.
xwéᵋ⁴(a) quartz. III 111.20.
xwêlô to spawn. R 223.11.
xɛwêlêᵋ legs of tongs. R 230.31.
xômaL(ɛla) to quarrel. R 223.18.
xūmdê land otter. III 264.22.
xūt(a) to cut. III 377.6.
    xūdāyo knife. M 666.8.
    xūdêg·ê groove.
xôt(a) to fish sea eggs with net.
xôs(ɛla) to sprinkle. M 684.5.
xûts seal blubber.
    xūdzêg·a sap. V 345.20.
xun(āla) to tremble. III 152.33.
xunkᵘ-
    xunôkᵘ child. III 29.40.
    xūngôᵋ stepchild.
    xūngum daughter paid for service to shaman; to settle a feud by a payment.
    xūnk!wāla to promise daughter in marriage. X 10.21.
xûk·!(a) crack in rock.
xôkw(a) to split. III 145.31.
    xāla to split. V 345.7.
    xôkᵘ split. R 63.80.
xôgum ear ornament. X 11.14.
xôᵋla mussels. R 181.2.
xwêxūlêxsɛmakᵘ rolled up. R 361.17.
xolêgwaqê name of ring in game k·anê.
xôlôs a mythical bird (= qôlôs kwāg·uł). C 370.12 (Gwas).
xôᵋlôs a kind of salmon weir. R 161.61.
xūlt(a) to mark. R 65.10.
xūldzôs a fish (Hexagrammus octogrammus).
xūlk·ê groove. V 369.26.

xŭlqwa rough. III 359.11.
    xŭlgwis shark.
    xŭlgŭm dogfish.
    xŭlqŭmax·sa Lama cornubica.
xŏla entangled.
    xŏlêx̣wala confused, matted. III 107.24.
xŏxulk·!ĭmôt (xolk·-) clamshells. R 148.41.

l

lɛ‘wa sky.
lɛwŭlx̣w(a) to be contorted. C 330.14 (Koe).
lɛmx̣w(a) dry. R 181.59.
    lɛmx̣ᵘdɛma drying rack. R 296.77.
lɛmxêqɛnd to clap gunwale. C 4.23.
lɛs(a) to strike with a round thing, with a stone. R 299.60; to crush. R 94.21.
lɛg·òl visitor (New).
lɛk·(a) to hammer, to throw stones. III 161.3; R 271.54; to put stones (a game). X 170.32; to batter stone.
    lɛk·laa stone. C 382.21 (Koe, New).
lɛkw(a) weak.
    lɛk!wāla to speak with faint voice. C 150.5.
lɛkûmq!ɛs to wonder. X 10.6.
lɛgŏsa k·ɛxɛlâga (crow's strawberry) Gonnania oregana (Nutt.) Britton.
lɛq(a) to put down soft things. III 354.16; R 429.19; to make berry cakes. R 279.87.
    lɛgaplāla coot, male (=splash on nape of neck) Oidemia perspicillata.
    lɛgɛm a plant placed as a poultice on swellings.
lɛx(‘ēd) to batter a stone. C 382.21 (Gwas.) lɛxa.
lɛqw(a) fire. III 459.12: fuel. R 357.5.
    leqŭla to camp.
    lɛxᵘdɛms camp site. III 448.17.
    lélqwalaLē‘ tribe. III 12.10.
lɛq!(a) to stick on (as crystal on rock).
lɛx‘wid to be tired. C 236.6 (New).
lɛxē‘ basket made of spruce root. R 72.61.
lɛxŏ to cough. III 352.26.
la to go.
    lɛlga to mix. R 279.77.
    laêL to enter sing. R 241.1.
    lawä to come off. R 57.8.
        lawämas to remove. R 223.9.

la—Continued.
    lāg·aa to reach. R 131.9.
    lāk·!ɛsɛla to eat. C 250.2 (New).
        lélak·!ɛdzē provisions. III 191.19.
    lāk·!ɛnd one hundred. R 232.8.
    lāx to.
    lālaqa to penetrate. R 95.27.
    lalala to meet. R 405.2.
    lŏL to obtain. R 232.8.
la now.
laës mussel. III 94.32.
lālapɛla to be scared. III 449.25.
‘lapa to dig. R 73.88.
lāk·!înē dreaded.
‘lāgwala to wail, to shout. III 47.18; to call. III 264.26.
lax·mo‘s piled up on ground. III 454.1.
laq!wadɛkᵘ bundle. III 54.11.
laxla‘xᵘ yellow-beaked cormorant (Phalacrocorax pelagicus resplendens).
lălaLas (?) C 14.20.
lêp(a) to gamble. C 234.14.
lēd(a) ceremonial III 84.5.
lēt(a) to uncover. R 246.89.
lêx·lɛk·!ĭs a plant, echo (?). III 290.21.
lēx·(a) only. R 96.57.
lēx·(a) to roll, turn over. R 292.2.
    lênêg·ê‘ having a round back. R 168.27 (lêx·-êg·-ê‘).
    lēx·sēt fish basket. III 27.16.
lēx(a) wide open. III 125.8; R 57.15.
lēxŏd to pull wedge or drill out of a hole. R 77.67.
lēɛlwalaas to stop. C 22.29.
lē‘lôt crew. R 97.78.
lélqwălaLē‘ tribe. R 58.24. (See lɛqwa.)
lâs. R 242.5.
lôp(a) empty. III 311.3.
    lŏpóL to get nothing.
lôt(!ēd) to uncover. R 336.36.
lŏe(a) to uncover. R 240.19.
lŏqw(a) to fish halibut. R 247.18.
    lôgwayo fishline. V 478.17.
    lôgwanâ‘yē fishline. R 122.52.
lâq hemlock sap. III 217.32.
    lâxmɛs hemlock tree. III 257.39.
    lôq!was hemlock sap (Koe).
lôxᵘméqa cloyed. R 308.71.
lŏxw(a) to roll. III 19.12.
    lôɛlxsɛm ball. R 156.29.
lôlasăla patches.
lôl(a) ghosts visit a village.
    lâ‘lēnoxᵘ ghost III 106.1.

l

lɛwŭms to rise in throat. R 290.21.
lɛm(āla) canoe at anchor, sea otter asleep on water.
lɛmyo rope. C 332.4 (=dɛnɛm Kwag) (Kos).
lɛmp!ɛxˑᵋid to overcome bitter taste.
lɛmyāla noise of sipping.
lɛmdɛlta slippery. R 355.18.
lɛᵋmĕᵋlats!ē sacred room of novice. III 86.20.
lɛt(a) to catch herrings with rake. V 324.27.
lɛtlɛdēs branch of river. X 32.30.
lɛn- to miss.
   lɛnĕᵋsta to forget. III 25.3.
   lɛngˑils to lose way. III 163.22.
   lɛndzōd to scatter roots on flat (mat). R 187.39.
lɛnɛm salal bushes. R 206.22.
lĕnokūla salal bushes. R 210.21.
lɛnᵋwŭm bird cherry bark. R 157.5.
lɛnbɛl!ɛxōᵋ wrinkled mouth. V 478.4.
lɛnt(a) to blow nose. III 354.16.
   lɛndɛqwē mucus of nose.
lɛnt(a) pliable, soft and tough. R 355.13, 260.6.
lɛns(a) to-morrow. III 21.14; next day. R 246.87.
   lɛnsᵋwûl yesterday.
lɛngˑaa to long. III 23.12.
lɛnx(a) green. R 285.81.
   lɛnlɛnxᵋɛn brass. III 449.6.
lɛk!ɛq!ɛtɛn a small sea animal.
lɛkw(a) to gather Polypodium glycorrhiza. D. Eaton.
   lɛkwaĕᵋ Polypodium glycorrhiza. D.C. Eaton; ——hesperium Mason.
lɛkw(a) to pull off (branch), to lift. R 264.4, 314.13.
   lɛk!wisē bow. C 384.25.
   lɛk!wits!ɛm bowstring. III 138.19.
lɛk!ûtāla tight. R 361.11. (See lâkᵘ-.)
lɛkᵘ-
   lɛgûdzōᵋwē meatboard. III 43.32.
lɛk!wanēᵋ old woman. C 386.5; lɛɛlk!wanēᵋ. pl. R 195.28.
lɛq(a) to gather seaweed. R 185.14.
   lɛq!ɛstɛn seaweed. R 185.15.
lɛqw(a) brains. III 48.27; R 248.41.
lɛxw(a) to eat sea eggs. C 246.5 (New).
   lɛᵋwa sea egg. C 244.28.
lɛxᶜûlxˑᵋid to feel about. R 224.26.

lɛx(a) to put down (roots, grass). R 74.17, 73.94.
   lɛxāla bundle.
lɛᵋl(a) dead. R 174.21.
   lɛᵋlɛmgˑitlēd to get numb. R 199.39.
   lɛlɛᵋlkˑlîna to faint. C 52.2.
   lɛᵋlwiqɛla to be anxious. C 134.12; X 57.5.
laaq(a) to shake off from a mat or blanket. R 264.13.
lĕlaanxˑᵋid to become mysterious. C 467.
lawis angry, fearless. X 57.11.
laᵋmaxsdɛnd to become inaudible C 268.4 (New).
   laᵋmagēkˑila fourth ring in hoop game.
latl(a) to split boards. III 182.8; R 96.57.
laaq(a) to overturn. M 669.8.
lāqanuk overhanging.
laxˑtsleᵋmala to be not near enough to see distinctly.
lāxᵘ to love.
   lāxûla to love. III 120.21; C 58.12; valuable. R 370.35.
   lāᵋwŭnɛm husband.
   lāxumala difficult. C 36.19.
   lālaxwīla to be in trouble, need C 68.5; III 259.39.
lāx(a) to itch.
lālkˑlu mallard duck, Anas boschas. III 95.38.
lākˑ(a) canoe breaks.
lēɛlxˑɛn round. R 88.46.
lēs(a) fair (light complexion). X 197.24.
lēɛla to find (?). X 87.37.
lēnɛm to rob, take away. III 299.29.
   lēnɛmapla to quarrel. X 113.5 (=to take away from one another).
lēᵋnoqwa rough. R 63.79.
lēnoqwāla beating (?). R 134.31.
lalĕᵋwata to play with dolls. III 45.11.
lēxᵘ- mat.
   lēᵋwēᵋ mat. III 24.3, lēɛlwēᵋ pl. R 191.53.
   lēxwila to make a mat. R 126.16.
   lēᵋwaᵋyasa tslaᵋwē water lily (Nymphaea polysepala) (=beavers' mat).
lēlɛgwēgˑēᵋ outer layer of bark. (lɛkᵘ-ēgˑ-a strong back (?). R 124.93.
lāyɛnx autumn. R 216.2.

VOCABULARY 1435

(lăk!wĕmas strength. R 285.89).
lōwaʟ(a) to leave. III 101.20.
lŏt(a) to cohabit. C 180.2.
lăkw(a) strong. R 168.15.
lŏq!wē dish. R 57.2.
    lŏqûlî̆ house dish. C 300.15.
lŏq!ûbâno brisket. R 428.2.
lŏxw(a) to turn head away. III 154.22.
lŏx(ts!âla) to be in——. R 424.48.

L

ʟɛp(a) to spread. R 94.2; second potlatch.
    ʟɛbɛm spreader; tongs for holding board.
    ʟɛplétsaᵉ hide armor.
ʟɛmxᵘ- perch.
    ʟɛmô, ʟɛmwēᵉ perch. R 183.1.
    ʟɛmxᵘʟaxᵘ to eat perch. R 412.56.
ʟɛms(a) to turn away for shame. III 448.2.
ʟɛmk·(a) to split wood. III 263.8.
    ʟɛmg·ayu wedge. R 61.20.
ʟɛmq(a) proud. C 416.13.
ʟɛm!(a) to break by pressure from inside. III 197.17.
ʟɛt(a) to flop, to be stretched out. III 347.20.
    ʟɛtɛmî hat. R 206.17 (=stretching over face).
    ʟɛtēwēᵉ eye shade (=stretching on forehead).
ʟɛsâla to skip on water. III 348.27.
ʟɛtsâ hole drilled in slanting direction.
ʟɛnäk·asdē never blunted. C 218.13. (New.)
ʟɛnᵋy(a) to split wood through center of tree.
ʟɛnqw(a) to break up (fish). R 400.60.
ʟɛnqâla to stand on. R 145.24.
ʟɛnq!w(a) rotten (wood). III 99.19.
ʟɛnîx·ô to push boards together end to end. C 24.16.
ʟɛg·îkᵘ harpoon point. R 175.21. (See ʟ̣ɛg·îkᵘ.)
ʟɛgɛkᵘ marten. III 70.12.
ʟɛgɛldzēs oily beach.
ʟɛq(a) to fish with fish basket. R 409.26.
    ʟɛgɛm round fish basket. R 403.2.
ʟɛq(a) to slap. R 432.75.

ʟɛq(a) soaked. III 121.19.
ʟɛqêla to do something against one's will.
ʟɛq!ɛms old leaves or berries, when dropping off. R 518.27.
ʟɛq!ɛxôlē Distegia (Lonicera) involucrata (Richards & Cockwell).
ʟɛq!ɛxsdē flat-bottomed. R 134.3.
ʟɛxᵋwid to apply hand, to rub. X 224.18.
ʟɛx(ts!ôd) to put in. R 257.38 (or ʟoxᵘ ?).
ʟɛlêyiya to capsize. M 719.1.
ʟɛlg·ila to bother.
ʟɛl(x·ᵋîd) to scoop out. R 235.27.
ʟɛl(âla) to carry canoe up or down the beach. III 466.85; R 174.5.
ʟɛlgwā̆ᵋlᵋîd to wail. C 140.8.
ʟaabits!ô small, dangerous place. C 336.22 (Kos).
ʟâwayâla to survive. C 22.6.
ʟâp(a) to hesitate (on account of danger).
ʟâs(a) to push a long or flat thing. III 19.5; R 306.40.
    ʟastôd to drive in a peg. R 302.51.
ʟasʟ!ɛxdzô tough. R 292.3.
ʟâq(a) rancid.
ʟâq(a) wet through.
ʟâqwa, ʟâxdɛn width of flat hand. V 287.24.
ʟaqw(a) to press, to push away. R 279.85 X 171.30.
ʟâx·(a) to louse. III 120.32.
ʟaxabâlis long roots of cinquefoil, which lie under short roots. R 189.9.
ʟâxumâla much (?).
ʟaxdzɛm taken aboard. C 302.34 (Kos).
ʟaᵋlêdzɛs place where canoe is. C 310.8 (Kos).
ʟalêgwig·a to refuse. III 114.12.
    ʟɛɛlgwat disagreeing. C 14.24.
ʟâʟɛdzɛnwēᵉ a pin. III 231.27.
ʟânɛxâla slanting. R 90.93.
ʟêwanâla to make turmoil. M 707.1.
ʟês(ɛla) to find dead animals. C 8.15, 26.17.
ʟês(a) to put up. III 264.33; R 126.30.
ʟêk·ustôd a piece of salmon for decoy for dogfish.
ʟêq(a) to chop out, to make canoe. V 324.2.
    ʟêq!ēnoxⁿ canoe builder. V 324.1; R 94.2.

LĕguLêla stiff. V 478.6.
Lêqw(a) to miss (not to hit). III 71.23; to move (village). C 322.24 (Kos).
   Lĕgŭltôd to make mistake, to disobey. C 66.30.
   Lĕqwaxa to split down (a salmon). R 227.1.
Lĕxᵉêd to beat time. III 106.21.
   Lĕxɛm baton. C 318.10 (Kos).
Lêlx·ᵉîd to land. III 466.34.
Lĕł(ɛla) to invite. C 26.23.
Lĕlkłwâla to tell a lie. III 37.28.
Lâyâᵉlił shelf in house. X 55.37.
Lôma very. R 61.37.
Lôxᵘ(ᵉstɛnd) to put roots (into water). R 109.29 (Lɛxᵘ- ?).
Lôlaxôd to put between. R 287.31.

Ḷ

Ḷô̂ᵉ and. R 59.56; III 29.42.
Ḷɛᵉwa III 15.9.
Ḷɛwûlgămêᵉ prince, chief's eldest son. III 7.2; Sebastodes serrieps (=prince of red cod).
Ḷɛwɛlaxa a ceremonial. III 226.28, 448.11.
Ḷɛma scab. C 38.16.
Ḷɛms(ᵉîd) to scratch. C 54.4.
Ḷɛtâlalai head ashore! C 64.4.
Ḷɛnêx·ᵉîd to bar (door). III 35.31.
Ḷɛnʟ(a) to peck. III 158.36.
   Ḷâʟanail woodpecker. C 190.8.
Ḷɛgɛkᵘ barbed harpoon point. V 501.13 (or Lɛgɛkᵘ ?).
Ḷɛk·(a) to gather cinquefoil.
   Ḷɛx·sɛm Argentina occidentalis. Rydb.
   Ḷɛg·ɛdzô cinquefoil garden. R 186.8.
Ḷɛkᵘ thick. R 250.183. ḶɛsḶɛkᵘ pl. III 27.15.
Ḷɛx·ɛxs canoe thwart. V 501.22.
Ḷɛxîxsa to whistle. III 471.21.
Ḷɛx(a) to start in canoe. III 112.32.
Ḷɛx(a) to have pungent smell.
Ḷɛxᵉw(îd) to insert finger into vagina. III 97.1.
Ḷâwikᵘ eaten entirely. III 217.7.
Ḷâp(a) to peg. R 77.84.
   Ḷâbɛm peg. III 79.13.
Ḷâm post of house. R 167.18.
Ḷamêᵉsta to hang head. III 16.3.
Ḷatłɛxlêᵉ stern seat of canoe. V 349.

ḶatƐn a plant. (See also mɛg·îs.)
Ḷânut wedge. X 202.24.
Ḷaxᵘ- to stand sing.
   Ḷâwayu salmon weir. III 26.40; R 183.1. Ḷôyu (Kos).
   Ḷâwatsḷê box. R 283.36.
   Ḷâpḷêq mast. R 99.39.
   Ḷâsgɛmd to steer. C 352.18.
   Ḷaxwa steep.
   Ḷaxᵉwaᵉla to kneel. III 8.5.
   Ḷaxᵉwid to rise. III 27.34.
   Ḷaxwêᵉ rank (=standing).
   Ḷaxᵘsdala stone ax. C 310.5. (Kos); tomcod (Microgadus).
   Ḷâla to stand upright. R 173.12.
   Ḷâs R 153.20; pl. Ḷax·Ḷôᵉs tree. C 142.17; pl. Ḷâx·Ḷaᵉs. C 324.28 (Kos).
   Ḷâg·aᵉyê dorsal fin (=standing on back).
Ḷâxwat!a to go clam digging. X 87.32.
Ḷêwula oil tried out. R 94.16.
ḶêaḶɛna mosquito. R 206.14.
Ḷêk·ô to borrow at low rate of interest. III 53.1.
   Ḷêk·ômas to lend. III 208.38.
Ḷêq(ɛla) to name. R 149.23.
   Ḷeqɛm name. R 60.78.
Ḷêxsᵉ(âla) to advise. C 8.14.
Ḷêqêsê III 151.22.
Ḷâyâla battle-ax.
Ḷâbala to touch. R 261.36.
Ḷâla sweetheart. III 23.13.
ḶêḶɛḶâla relatives. R 269.10.
Ḷôᵉ and.
Ḷɛᵉwa (before definite nouns).
Ḷôgw(êᵉ) treasure, supernatural power.
   Ḷôgwala to acquire supernatural power. III 78.2.
Ḷôᵉlê nephew. III 474.30.
Ḷôᵉlêga niece. III 85.21.

L!

L!ɛwɛls elk. III 31.16.
L!ɛwâ beautiful! C 70.14; III 449.23.
L!ɛp(a) to climb a smooth pole. III 386.24.
L!ɛbas implement for moulding. R 103.40.
L!ɛmaᵉis beach. R 72.60.
L!ɛmâklûbêᵉ breastbone. III 175.18.
L!ɛmaxûla.
L!ɛms(a) to emit sparks. III 288.22.

L!ɛmkw(a) to play with throwing sticks. III 105.1.
  L!ɛmgwayu sticks for game. III 105.2.
L!ɛmg·iu saw-bill duck, female (Merganser serrator). C 380.9.
L!ɛmq!a yew tree. V 324.2.
L!ɛmxw(a) stiff, hard, brittle. III 449.32; R 153.19.
L!ɛml(a) to lose voice. R 342.17.
L!ɛdâ oh, how nice! III 450.6.
L!ɛt(a) to make love, seduce. III 325.11.
  L!ātɛnē to make love. C 216.18; X 3.7.
  L!ɛtaʻyas Limnorchis stricta (Lindl.) Rydb., ——borealis (Cham.) Rydb.
  L!āqwa L!ɛtaʻyas Corallorhiza Mertensiana Boug.
L!ɛsâla spearsman cannot see salmon distinctly.
L!ɛnx·ʻid to stick on. III 37.7.
L!ɛnk·- branch.
  L!ɛnx·ʻɛnêʻ having branches. R 120.18.
  L!ɛnāk· branch. R 151.25.
L!ɛnêqw(a) lightning. III 112.10.
L!ɛnk·(a) tight, tense; after-taste.
L!ɛnq(a) to punch. R 375.52; to prick, to push. R 177.51.
  L!ɛnqala to support. R 102.18.
L!ɛnxad owner of crab apples. C 212.14 (New).
L!ɛkw(a) to gather seaweeds. R 88.41.
  L!ɛsL!ɛkᵘ seaweed. III 282.1.
  L!ɛsL!ɛk!ûs Peltigera canina membranacea, love charm (=seaweed of ground).
L!ɛkumāla hēlāmas Scorpaena grandicornis.
L!ɛqw(a) to break off branches. R 439.6.
L!ɛx·ē semen. X 177.16.
L!ɛx·- to char. R 524.11.
L!ɛx·(a) to roast fern root. III 138.2; R 343.38.
L!ɛxw(a) to eat after a journey. R 166.1.
L!ɛxʻâla to stop crying. C 16.31.
L!āLɛxɛnwēʻ side stick. R 169.50.
L!ɛxbɛtɛnd (L!ɛnx-?) to push into. R 121.24.

L!ɛxwāʻna. C 380.23 (Gwas).
L!ɛl(tɛlâʻlil) to push person (into room). III 239.19.
L!ɛlʻnakûla whale is blowing. X 193.34 (New).
L!ɛlēwa to forget. III 110.15.
  L!ɛlgɛmx·ʻid to leave off. III 173.36.
L!ɛla brittle. R 122.54.
  L!ɛltô stye.
L!aasô person sees sacred apparition in woods.
L!aāL!ē buffle head, male (Charitonetta albeola). C 174.4.
L!aē black bear. R 124.87.
L!aya monstrous!
L!ayā side (?). III 208.28.
L!āL!aʻyats!ē twins. III 322.13.
L!āyak·a thin.
L!ayô to exchange. III 77.41.
L!âʻwɛnta to give. C 360.8.
L!ābat basket made of cedar bark. III 114.35; R 130.37.
L!ap(sta) to dip into water. C 190.24 (New).
L!ādɛm hair oil. C 392.5.
L!ās- outside, seaward, direction in house towards fire.
  L!āsakᵘ seaside. R 130.26.
  L!āsanâʻyē place in front of house. R 124.98.
  L!āsagwis beach. C 326.6 (Kos).
L!āsē whale blubber. C 258.28 (New).
L!adzâxs urethra (New).
L!āk·ɛmala heaping full. R 272.58 (L!āk·ɛmala).
L!āk·lôs crosspiece of set of halibut hooks. V 479.13.
L!āgwats!a. R 292.29.
L!ākwa measure from thumb to tip of bent first finger, from elbow of one arm to tip of fingers of other.
L!āk!wa Gasilurus aculeatus.
L!āq(a) to stretch a line, to fish black cod. III 359.2.
L!āqawasLalamas to make a pyre III 97.26.
L!āqw(a) red. R 422.9.
  L!āqwa copper.
  L!āgɛkᵘ red cedar bark.
  L!āL!ɛq!ûxLa Cornus stolonifera Michx.

Lʼāxʽĕm spoon. III 347.8 (Kos).
Lʼāxᵉwaᵉla to kneel on rock. III 8.5.
Lʼāx(a) stiff (twigs, etc.). R 355.13.
LʼāLʼaxam a small bag. C 142.10.
Lʼāɫ(a) to spout. III 125.24.
LʼāsmEs alder tree. R 273.81.
Lʼākᵘ mixed with oil. R 291.1.
Lʼēkw(a) to pick chokecherries. R 218.6.
    Lʼāklûm chokecherry. R 218.6.
LʼēpʼEqaɫa to be turned inside out. R 406.32.
Lʼēs(a) skin. III 261.26.
Lʼēs(a) to shine. III 112.27; to heat. R 94.11.
    Lʼēsâla hot. M 671.5.
    LʼēsEla sun. M 665.4; R 94.11.
Lʼēsīla to hate. III 425.40.
Lʼēsila blind in one eye.
Lʼēsdaq snow goose (Chen hyperborea). III 356.22.
Lʼēᵉna olachen oil. III 101.36; R 92.37.
Lʼēq- never blunted. III 333.23.
Lʼēqɫ(a) clay. R 190.35.
Lʼēxʽ(a) to break up. X 163.23; (a house, a hill).
Lʼēxʽsta to tumble into water (seals). R 178.86.
Lʼēx(a) yellow.
    LʼēxᵉEn sea lion (=yellow body). III 81.16.
Lʼexâ morning sky. III 385.30.

Lʼēxʽs(a) to scatter (fire). III 336.41.
LʼāsEla to make love, seduce. III 287.34; C 160.14.
LʼāxmEs large alder tree.
Lʼōbanē cormorant (Phalacrocorax pelagicus robustus). III 291.24.
LʼōbElxa dead cedar.
Lʼōpdē mucus of vagina. X 177.16.
Lʼōpa to roast. III 21.7; ripe III 298.41; R 218.2.
    LʼōLʼEpʼēmas berries. C 384.9 (Gwas).
    Lʼōpsayo tongs. C 380.30.
    LʼōLʼōpʼEnx season when berries are ripe. R 211.2.
Lʼōpaēs low water. C 244.20 (New).
LʼōLʼEbasᵉīd to cut holes. R 440.19.
LʼōpʼEkʽ root. III 78.10.
Lʼōt(a) to bend outward. R 406.17.
    LʼōtʼEm war canoe (DzawadᵉEnoxᵘ).
LʼōsᵉnakʽElis to turn up ends. III 266.35.
Lʼōkw(a) to tear up, scrape hides. C 102.4.
    Lʼōkʼūla to peel bark. R 126.22.
Lʼōqw(a) bare.
LʼōxsEm red cod (Sebastodes caurinus).
Lʼōxᵘ ice; to freeze (congeal). C 16.1: R 431.61.
LʼōxLʼox oyster.
Lʼōɫela to scold. III 105.23.

ENGLISH–KWAKIUTL

a

abalone gwalēts!a.
abalone ear ornament ēsɛts!aak^u.
above ēk·!
acquire easily, to hŏɫ-.
add, to g·îna, g·înwa.
added on to a measure ēsɛg·iwē^ɛ.
adherents of one chief āpsēk·îts. (See āps-.)
admonish, to hamɛlq!ala.
advise, to ʟ́ɛxs^ɛala.
adze, to k·!îmʟ-.
—— sŏp-.
—— with long-handled adz qɛns^ɛīd.
adz, hand q!ayax^uts!âla.
adz for fine chiseling ts!āyŏ (Koś).
adzing, fine āyag·ɛk^u.
afraid, to be k·îl-.
after taste ʟ!ɛnk·a.
again ēt-.
—— x̱wēɫ.
agree, to sɛx^uts!a. (See industrious, to be willing. inclined.
—— hanēnax^u (?)
—— ēx·^ɛak·a.
aim, to nŏx^u-, nâ.
albatross bāʟa.
alder gunēp.
alder, big ʟ!âxmɛs.
—— big gwāgwaxmɛs.
—— young ʟ!âsmɛs.
all ^ɛnaxwa.
—— ^ɛwî^ɛɫ-.
almost halsɛla.
—— ɛlaq.
aloud hāsɛla.
although wāx·.
always hēmɛnala.
ancestors wi^ɛwŏmp. (See aw-.)
anchor q!ɛldzɛm.
anchor, to q!ɛls-, q!ɛlstɛnd.
    anchored q!ɛlsâla.
    canoe at anchor ʟɛmwāla
anchor line dɛmwayâ.
—— q!ɛldzaanâ.
and ɫó^ɛ.
—— qa.

angry lâwis.
ankle qaâlqoxsidzē^ɛ.
ant k·!adzalats!ē.
anus mɛng·as.
appear, to qwāx̱wa pl.
appease, to yāla.
apply hand to something, to ʟɛqwa.
approach, to gwāsa.
apron tsāp.
armpit dɛmga^ɛlas.
arrow, bird- qo^ɛlogwayo.
arrow hānaʟ!ɛm. (See hânʟa.)
as you say! yîxstlôʟ.
ascend, to wîlg·ustâla.
ashamed max^uts-.
ashes guna.
ask, to (to question) wuʟa.
—— some one to do a thing (to request) g·âg·ona.
—— in marriage g·a^ɛyâla.
assemble, to name^ɛyastôd.
asthma yāʟ!ôpɛla.
astray, to go pēsɛla.
attack, to, to be attacked x̱wayɛnk!wa.
attendant ɛlk^u.
aunt anēs.
—— mother and aunts ēbɛmp. (See ab-.)
autumn ɫâyɛnx, ʟâînx.
avaricious awɛlq!as.
await, to t!at!āla.
awake, to ts!ɛx·^ɛīd.
awaken, to gwēx·^ɛīd.
—— by crying. qunq!ag·a^ɛɫnŏk^u.
(away in canoe?) gwâɫɛxs.
awry k!wēx^usɛmaɫ.
ax, battle- ʟ́âyâla.

b

back x̱wēɫ-.
back canoe, to k·!ɛx·^ɛalis.
backbone of fish xɛmŏmo.
—— xak·!ɛdzâ.
—— salmon q!ôq!ûyŏ.
back rest tsaq!ɛxē^ɛ.
backward, to go k·lâ.
bad yak·-.
bad luck ââms.
bad taste q!ēs(p!a)-.

1439

Ła̱it têł-.
bake, to kŭnsa.
ball la̱lox̱ᵉᴇm.
balsam fir môt-.
bar, to ʟe̱nex̱·ᵉîd.
bark tsax̱ᴇnêᵉ.
—— tsła̱q.
—— of pine x̱ᴇk!um.
—— of red pine mawaêᵉ.
—— of bird cherry. !ᴇnᵉwum.
bark, to (dog) wôkwa.
bark box ła̱ᵉwatsa.
barnacle qła̱nᴇs (Chiton).
—— tsłômax̱· (Awîk·!ênoxⁿ).
—— small tsłôtsłoma.
—— wasa̱lê.
—— k!wêtaa.
bashful bᴇnsa.
basin, dish x̱ᴇlq!wa.
basket of cedar bark. ʟ!a̱bat.
—— cedar twigs and spruce roots. lᴇxêᵉ.
—— for dentalia gunxatsłê.
—— large one for berrying, carried on back na̱g·ê.
—— small one for berrying, carried on chest na̱naagᴇmê.
—— low sided kŭtsła.
—— coiled pᴇk·ô.
bat baq!ûlawê. (See bᴇq!ᵘ-.)
batter a stone, to lᴇk·a, lᴇxa.
battle xômał-.
battledoor and shuttlecock k!uma̱ła.
be, to ax-.
—— ya-.
—— g·i-, g·a-.
—— a hollow thing upright ha̱n-.
—— a round thing ᵉmᴇkᵘ-.
—— hollow things upright mex-.
—— round things tła̱q.
—— k·!a.
—— pl. mᴇqᵘ-.
—— on water tłewa̱la.
—— long thing k·at-.
beach ʟ!ᴇmaᵉis.
—— of broken shells q!ᴇbêlêtsłᴇgwîs.
beam k·!axdᴇm.
bear (black) ʟ!aêᵉ.
—— (grizzly) na̱n.
—— g·îh.
beat time, to ʟêxa.
—— t!ᴇmsa.
beating? łênoqwała. (See rough.)
beautiful! ʟ!ᴇwâ, ʟ!ᴇdâ.

beaver tsła̱ᵉwê.
—— face q!auᵉlôma. name of a copper, (Heiłdzaᵉqⁿ).
bedcover mᴇma, ma̱mê.
beg, to ês-.
—— gets!â.
—— for remains of food wâwaq!aaa̱ya.
—— hawa̱xᴇla.
begging dance ha̱xûlał.
Bellacoola Bᴇlxula.
believe, to ôq!us-.
belly tᴇk·la̱.
below bᴇn-.
belt x·îkᵘ-.
—— wusêg·anô.
bent wak·-.
—— to bend head sideways hamkᵘ-.
bent ha̱nqwałaênêᵉ.
bend, to têᵉ(nakûla).
—— back t!êqała.
—— dzôxwa, dzôx̱ᵉwid.
—— tsłᴇxa (tough ?).
—— k·ôqwa.
—— head gᴇmx̱wa.
—— gᴇlêxwa.
—— gwa̱naqa.
—— outward ʟlôta.
berry, a ʟ!êgwa.
—— qot!xolê.
—— qᴇk·!aalê.
—— -cake t!ᴇqa.
—— lᴇqa.
—— in long strips hêyadzô.
—— to make lᴇqa.
best ᵉna̱lᴇnx (?).
beware! gᴇnła (Kos).
bewitch, to êq-.
bile tᴇx̱ᵘmas.
binding, top - of fish basket x̱wêgaxstê.
bird ts!êk!wa.
—— a tᴇg·êk·łla.
—— t!ᴇnx.
—— a mythical qôlôs.
birth, to give- qᴇlxôd (Kos, New).
—— —— ma̱yuʟa.
bite, to mux̱ᵉwid (New).
—— tᴇmkwa.
—— q!ᴇk·a.
bitter ma̱la.
black tsôpa.
—— tslôła.
blackish tsłôłêqa.
blackened q!waxêᵉ.
bladder pôx̱uns.

VOCABULARY

bladder at end of kelp pɛnpɛnsbḗ.
—— of porpoise téxatsle̥.
blanket ᶜnɛxᶜunḗ.
—— wool p!ɛlp!ɛlasgɛm.
—— k!utaal (New).
blind p!ɛp!äs.
—— on one eye ʟ!ésīla.
block for hoisting hamx·hamk·!a.
blood ɛlkwa.
to bloom qwāsamak·a.
blossom gē̆gū̆lɛtō.
blow, to k·uxᵘ-.
—— póxwa.
—— off by steam tɛk·ōyō.
—— on x·âxêʟ.
—— (whale) ʟ!ɛlᶜ.
—— —— k·ī̆xwa.
blow, to yäla.
—— nose ɬɛnta.
blubber of whale ʟ!âsē.
—— k·!eyōl.
blubber xuts.
blue jay kū̆skū̆s, kwaskuas.
blunted, never ʟ!êqa.
board ɬat-.
—— short tsläts!axᵘsɛm.
—— dancing- yī̆lxᵘdzayu.
body of man bāk·awēᶜ.
boil, a amtēᶜ.
boil, to mɛdɛlqwa.
—— with stones q!ō̆l.
—— elderberries dzëk·a.
bone xāq.
borrow, to ʟ̥ek·ō̆.
both sides wax·s.
bother, to ʟɛlg·ila. 29 D.
bother! O wunwunx·ī̆sa.
bow ɬɛk!wisē.
bowstring ɬak!wīts!ɛm.
box xɛs-, xatsɛm.
—— to make wɛl-.
—— bark ʟ̥āwats!ē.
—— high k·!lī̆myaxt̥a.
—— g·ī̆ldas.
bracelet, silver dādɛlēg·a.
braid, to (hair) gagɛlxʟala.
braid, selvedge of basketry malaq-.
brains ɬɛqwa.
branch ʟ!ɛnx·-, ʟ!ɛnak·.
—— largest ʟ!ɛmaxū̆la.
—— of river ɬɛtɬɛdēs.
branching q!êts!axba (= many long ends).

brant goose ɛmaxo.
brave wēqwa.
—— wāyadē.
—— ʟlōqwa.
breechcloth, man's tāgwaqē.
breadth (see size) ᶜwa, awa.
break rope, to āʟ-.
—— off leaves p!ō̆kwa.
—— dish, shells, bone tɛpa.
—— out teeth tsōmō̄s-.
—— a canoe, a box breaks tsōkwa.
—— sea eggs teōtsō̄x·sɛnd.
—— copper or stick k·ō̆qwa.
—— with hands k!upa.
—— off leaves kū̆sâla.
—— basket q!wêɬa.
—— paddle xɛlᶜīd.
—— by weight of body ʟɛmɬa.
—— salmon ʟɛnx·ᶜwīd.
—— off branches ʟ!ɛqwa.
—— walls of house ʟ!ēx·a.
—— wind wsogwaᵈla (New).
—— xwêʟ!ɛg·aᶜl.
break fast, to.
—— before going out hēyasɛla.
breastbone ʟ!ɛmāk·labaᶜyē.
breathe, to hāsɛla.
breathe through nose, to x·ī̆nsa.
bring, to taō̆d.
brittle tsōsa.
—— tsō̆lexa.
—— xɛmō̆kᵘ.
—— ʟɛmxwa.
—— ʟ!ɛla, ʟ!ɛla (wood).
broad (see size) ᶜwa, awa.
broken (paddle) q!ɛkwas.
brother wɛqlwa.
—— elder ᶜnō̆la.
—— younger tslāᶜya.
—— wife's brother q!ulês.
brown (hair) k·ī̆xwa.
browned by fire kulxᶜwīd.
bud, to bolēxᶜwīd.
—— tɛmx·-.
bullhead p!ɛnq!ala.
—— k!oᶜma.
bull-roarer x·ī̆ndayu.
bundle, to make a- matslap-.
—— ɬāq!wadɛkᵘ.
—— ɬɛxâla.
burn, to k!umɬ-.
—— x·ī̆q-.
—— to ashes q!ulx·ᶜīd.

75052—21—35 ETH—PT 2——42

burst, to (berries) k!wûk·a.
—— yīmta.
—— quk·a.
bury, to dɛk·a.
—— wunɛmta.
—— ɛlmalē̆d
bush, a ʟ!ɛq!ɛxólčɛms.
butcher goat, to qwaxᵋid.
buy, to k·îlxwa.
buzz hamx·hamk·!a.
buzz, whirr, to x·înda.

c

call, to ᵋlaq!û̄g·aᵋl.
calm, to yûla.
calm q!ôq, q!oxᵘ-.
—— k·!ɛma.
camas môt!ɛxsdē̆.
camp, to laxᵘ-.
cane sĕk·!aganô.
—— sĕk·!äqɛla.
cannibal tänis (Heiłdzaᵋqᵘ).
—— hämatsla.
canoe xwäkᵘ-.
—— t!ɛgun.
—— g·aᵋlâ.
  war- yînäsɛla.
  war- mɛng·a.
  war- ʟ!ôt!ɛm (Dzawadɛē̆noxᵘ).
—— goes without paddling k·lē̆qa.
cape wâxᵘsô, waxᵘ-.
capsize, to ʟɛlē̆yiya.
carbuncle, boil âmtē̆ᵋ.
careful wusdäla (Kos).
—— ĕk·aĕk·ila.
carry on shoulder, to—a stiff, long object yîlkᵘ-.
—— a stiff, long object, excepting canoes wôk·-.
—— on back, basket, meat, roots, cedar bark, bundles ôxʟ·-.
—— a child or an adult person hamtɛla.
—— in fold or corner of blanket hânq- (ɛla).
—— property maôxᵋwid.
—— food home from feast môtɛla.
—— many things on shoulder mâla.
—— da
—— a basket hanging on back, another one on chest, for berrying tô̆tɛkwasɛla.
—— round thing on shoulder t!ô̆x·-.
—— fish strung on a line nä-.

carry an empty dish, a clamshell k·äla.
—— wood in arms pressed against chest k·îpɛla.
—— in hands k·!ôqᵘ-.
—— wood or blanket in arms pressed against chest gɛmxa.
—— fish on fingers gasx·ɛx·ᵋîd.
—— —— gaxⁿsäla.
—— a line around something gulôp-.
—— a child in arms; cannibal dancer carrying corpse in arms q!ɛläla.
—— canoe ʟɛlxᵋîd, ʟɛlʟɛlbɛnd, ʟäla- ʟɛlod.
carve wood, to k·!ē̆.
—— meat sakwa.
cascade k·lämadzēna.
catch halibut, to gûyôʟ-.
—— herrings ɬɛta, ʟɛta (?).
—— squid nēsa (=to pull out).
catch olachen in dip net, to yûis.
catfish dzē̆nomaga.
—— oil dzĕk!wis.
caulk, to mē̆g·a.
cease, to, pain ômata.
cedar wĕlkᵘ.
—— young dzɛsɛkᵘ.
—— dead ʟlôbɛlxa.
—— yellow dɛwĕx.
cedar-bark dɛns-.
—— twigs q!wäk·!ɛnčᵋ?
—— leaves tslap!ax.
—— withes tɛxɛm.
—— wood k!waxʟawê̆.
—— basket, embroidered dɛmxsɛm.
—— twigs dɛwĕx.
—— -bark, yellow dĕxᵘ.
—— wood, yellow dɛyô.
—— -bark blanket, yellow k·!ôbaxᵘ-.
ceremony, a ʟɛwôlaxu.
—— kwêxala.
—— xwáxwê̆.
—— tslêtsleqa.
—— amɛlkᵘ.
chafe through, to, (rope) gwatsa.
change, to ʟĕxᵋwid.
—— ᵋmɛxᵘ-.
—— in size quickly halâk·a.
charcoal dzɛgutô.
charge of gun k·!atslâ.
charm, a q!ēqalčᵋ.
chest of seal, sealion haq!wäyu. (See haqwäla.)
chew, to xɛmxᵋwid.

VOCABULARY 1443

chew, to malēkwa.
chickadee tslōtsaga.
chief g·īgāmē⁵.
—— xamāgEmē.
—— adherents of one âpsēk·lis. (*See* âps-.)
chieftainess ō⁵ma.
—— mōdzīl.
child (young individual) g·inl-.
—— youngest âma·inxī⁵. (*See* âma.)
—— fifth âmā⁵yatsē. (*See* âma.)
—— of a person xunōk".
children of one couple sā⁵Em.
chisel q!Eldayu.
Chiton k·!Enōt.
choke, to mEkwa.
chokecherry Llāk!ūm.
—— qotlalē.
chop with adz, to sōpa.
—— tEmkwa, t!emkwa.
cinquefoil lEk"-.
—— -roots laxubâlis.
circle k·îlx·a.
clam g·âwēqlânEm.
—— dried x·âkwayasdē.
—— —— k·lōmatsla.
—— -shell xōxulk·lîmōt.
clap together, to qEmkwa, q!Emkwa.
claws of bear, cat gâtslEm.
clay lleqla.
clean berries, to k·imta.
cliff k·lēk·lēslEn.
climb, a tree, to hâxwa.
climb a smooth pole, to llEpa.
clitoris k·lōdagē.
close door, to âmxstōx⁵wid. (*See* âm.)
closed up âm-.
clothing gwēlgwâla.
cloud anwē⁵.
cloudy anqûla.
clover t!Eq"-.
cloyed lâ⁵lasa.
club, to kwēxa.
—— t!Eixwa.
club, round-headed hayano.
—— stone mElēgayu.
coal tslōlna.
cockles dzâlē.
cod, black nâlEm.
—— red llōxsEm.
—— laxstala.
—— nētslē.
cohabit, to q!ōpa.
—— lEtu.

cohabit, to lālâbala.
—— q!ōsEla.
—— qEx⁵wid (New).
coil up, to q!Elx".
—— qEsa.
cold wûda-
collapse, to qEkwa
collarbone of porpoise hânāsxō⁵.
comb hair, to xap (!ēnox").
comb xEgEm.
come, to g·äx.
come! gēla.
come back, to hala.
—— in sight tēkulōd, tēx"-.
common people bEk"-.
concave side of branch llEmwēg·ē.
condition ⁵wâlâlaas.
confused xolêxwala.
consider, to gwânala.
contact, two things in close xâmala.
continue, to ha⁵na.
convince one's self, to- awElplaltō. (*See* awEl-.)
cook, to llōp-.
—— huckleberries dzēk·n.
—— fern roots l!Ena.
cool off, to k·ōx"-.
cool (?) x·ōx·ûpetâla.
coot, male lEgEplala.
copper Llāqwa.
—— smell k·lElplâla.
core gōgulg·ō⁵.
cormorant Llōbanē⁵.
—— yellow beaked laxla⁵x".
corn on toe gatsētsE⁵yu (= eye of foot).
cough, to lExō.
count on fingers, to gElx"-
—— hōsa.
—— mats or blankets k·lEqa.
cover yîkûyē⁵; âmk·Eyē⁵. (*See* âm-.)
cover, to mEg-.
—— hamElq-.
—— mōdzodala.
—— with water, earth t!Ep-.
—— t!ak·Eyind with grass.
—— tslEmēg·īud.
—— nâs⁵id.
—— ⁵nEx"-.
—— ⁵nak"-.
—— naqō⁵sta.
—— with hands q!wâx·⁵id.
—— head with ashes q!wâlōbEltsEmlil.
crab q!ōmas.

crab, to catch- q!aq!ótsa.
crab apple lιɛnx (Kos).
—— tsɛlxwa.
crack in rock xŭk·!a.
crack, to hôxwamas.
cradle xaâp!.
crane adɛmgûlê.
crawl, to mā.
creep sitting, to (infant) xê⁵ma.
crew lêlôt.
—— of warriors k!wɛyím.
croak, to xwak^u-.
crooked gɛlôg^u-.
—— (wedge) qôlɛla.
cross, to gadzɛxêdaas.
crossing (?) k·!ílk·-.
crosspiece of halibut hook L!âk·!ôs.
crosspiece xwâlbê-.
crosswise gê, gag-, gal-.
crow k·!ɛlâ͜ga.
—— k·lâna (Heɫdza⁵q^u).
crush, to lɛsa.
—— in mortar q!wêl-.
cry of shaman hô⁵p.
—— hāmatsla hap.
—— ghost ham.
cry, to utter cannibal xwêkwa.
—— cry, loon gotlâla.
—— raven qâloqwala.
—— indicating rain (drip) sôx^usox^u.
cry, to (infant) q!wêg·al, k!wêg·a⁵l?
Cryptochiton q!ɛns-.
cup k!wa⁵sta.
curdled blood on water tlâtlêkwamak·a.
curly hair, thick bushes k·!ɛnxwa.
—— t!ɛmkwa.
currant q!êsêna.
cut fish, to xwâla.
—— open game qwâqa.
—— off head qak·a.
—— to pieces qat-.
—— with chisel q!ɛls-.
—— xûta.
—— t!ôsa.
—— off branches êgulɛnd.
—— meat, left on skin wûs-, wûs-.
—— veins hâyasɛlalaLɛlaLis.
—— to bɛx-.
—— fish t!ɛg-.
—— out intestines t!ôxwa-.
—— —— tsɛk·a.
—— off naxsaap!
—— —— k·!ɛ-.
—— —— k·!ɛmt-.

cut, neck k·!ílêg·ê⁵, k·!ídêg·ê⁵.?
—— —— k·lêx·sôd.
—— grass seaweed k·lêla.
—— k·lôxug·a⁵l (?).
cutter of canoe, water- k·lêgɛm.

d

dagger tslɛwayo.
dance lêda.
dance, to yɛxwa.
dance, a tlênqwa.
—— amɛlk^u.
dare, to nâla.
dark color tsôpa.
—— red tslôlêqa.
—— plɛdɛk·-.
—— to get k·!ílto⁵nakula?
daub, to q!upa.
day ⁵nâla.
dazed wunâla.
—— hamanêk^u-.
dead lɛ⁵la.
dear, my- ! âda.
death wânɛm.
—— cause of g·âya⁵las.
death bringer halâyu. (See hal-.)
debts, small g·âg·ima.
decay, to q!ulsa.
decorate, to amôe-.
decoy for dogfish, salmon as— Lêk·ustôd.
deep (see size) ⁵wa, awa.
—— in water wûnqɛla.
deer tsɛk·lôs (New).
—— gêwas.
—— skin, dressed wâdɛk^u.
defecate dried salmon or halibut, to k·!íx·a.
defiled âAms-.
Dɛnax·da⁵x^u name of tribe.
dentalia âlɛla.
deny, to yɛx·stô.
—— haya⁵mâla.
—— having done something hêxwa.
depth (see size) ⁵wa, awa.
desire, to mɛx^u-.
—— gwâq!ɛla.
—— âxûla.
—— wâl-.
—— to go hanênax^u.
—— awɛlq.
destroy, to q!wâl⁵íd.
devilfish tɛq!wa.
devil's-club êx^umê.
devise, to k!wêxa.

VOCABULARY

dew gŏsa.
diabase tslɛq!ûls (tsɛq!ûls ?).
diaphragm of porpoise saêl. (*See* sa.)
die, to lɛɛl-.
—— wuɛyimsɛîd (New).
—— foetus dies nêqwa.
different ŏguɛla
—— plans in house ălɛwîl.
difficult lăxumăla.
dig, to ɛlap-.
—— roots tslôsa.
—— clams dzêk·a.
—— up ts!ɛxɛwalîl.
—— to go to dig clams ʟaxwat!a.
digging stick k·!îlăkᵘ.
dip, to ʟ!apu (New).
—— hap-.
—— dzōpa-.
—— with feasting spoon, tsêqa.
—— water tsä.
dirty mŏxula.
—— water nêqwa.
disappear, to x·îsa.
—— hăk!wa.
—— t!ëx·ɛîd.
—— dɛmăx·ɛîd.
discover, to q!oʟ!aʟɛla.
fish lŏq!wê.
—— xɛlq!wa.
—— into which shaman s̓pits sickness k·!âts!ê.
disobey, to hat!ɛla.
—— qăqadala.
distance (*see* size) ɛwa. awa.
distinct, plain awɛl-.
distinctly q!ûl-.
distressed, to be q!wălɛîd *pl.*
distribute, to yăqwa.
dive, to dăsa.
diver (bird), a k·!ŏxk·!ɛxês·
—— wûlga.
dizzy k·!ɛdɛlqa.
do, to ax-.
—— for a while yăwas-
—— well wălɛmx·ɛîd.
dog ɛwăs-.
dogfish xûlgûm.
dogwood (Cornus stolonifera) ʟ!aʟ!ɛ-q!ûxʟa.
dolphin hatsawê.
—— dëstoɛlax (New).
done, roasted, ripe ʟ!ōbɛkᵘ.
don't! gwa.
door t!ɛx·-.

double qeqapâ!ŏl.
doubt, to nŏl-.
down of bird qamxwa.
down river gwa-.
downcast xûlsa.
draw water, to tsä.
dreaded lăk·!inê.
dreadful hawăk·as.
—— k·!êk·!ês.
dress, to q!wălax·a.
—— q!ŏx-.
drift, to mɛlx·a (?).
—— yŏla.
—— away canoe, g·ɛxwa.
—— ashore qulɛm.
driftwood, to get q!ëxa.
drill, to mɛl- (?).
—— sɛl-.
—— wuna.
drink, to năqa.
drip, to (from a leak) tsăxwa.
drive in posts, etc., to dɛqwa.
—— —— wedges q!waêltɛnd.
—— (?) maêl-.
—— away k·aɛya.
drop, to têx-.
—— têq-.
—— a small object, to daub q!ûpa.
—— cherries, etc. k!ûlp·.
drunk wunăla.
dry, to lɛmxwa.
—— to hang up to x·îl-.
—— clams yăla (New).
dry, half salmon k·!ăyaxwa.
—— quarter fish dzëlêɛlakᵘ.
—— mouth gets sêxɛîd.
duck, saw-bill (female) ʟ!ɛmqɛyo.
—— gogŏɛs.
—— bufflehead x·ŏbê.
—— —— (male) ʟ!aăʟ!ê.
—— mallard lalk·!u.
—— scaup tslŏts!ɛsbɛs (= winkl eater).
—— widgeon sêsok!wa.
—— harlequin măts!êna.
—— long-tailed sea- hahânê.
dull q!ukwa.
dust qux-.

e

eagle kwêkᵘ.
ear pîɛsp!ɛyâɛ.
—— ornament xŏgum.
east wind xaɛyolisêxtâɛyê

1445

easy wulĕLEⁱlas (?)
eat, to haⁱm-.
—— with spoon yôsa-
—— after journey L!Exwa.
—— before going out hayāsEla.
—— entirely Lāwikᵘ.
—— whole haxhāqwamas.
—— roasted oluchen wulōpa.
—— sprouts séxˑa.
—— clams ts!ékwa.
—— meat q!Esa.
—— mixed food māsa.
—— quickly halāxwa.
ebb tide xˑats!a.
echo lĕkˑ-.
edge wâlEnxôⁱ.
—— of box kˑ!ôsⱶ.
eel grass ts!āts!ayîm.
eggs, to go after- qāqElxⁱa.
eight malgunal,.
elastic tésa.
elderberries, to gather ts!éxˑ-.
elk L!EwEls.
elongated sExⁿsEm.
else ᴅL-.
embrace, to kˑāpa.
emerge, to q!āxula.
employ, to lōpa.
end abāsEma.
—— from —— to hayîmbEnd
endeavor, to walEmx ⁱid.
endogamy t!Ent!aqô.
endure, to bêbak!wimê.
enough anākˑ.
equal ⁱnEma.
escape, to kˑ!éxwa.
even, though waxˑ.
evening dzāqwa.
exceed, to hayāqa.
exchange, to L!ayô.
excited, to get yākˑ-.
—— xwâsa.
exclamation of distress Eⁿˑ
—— indicating pain ā.
excrement mEnkˑa.
expect, to gwānala.
—— nākˑa.
—— tĕkⁿ-.
—— birds —— danger and raise heads.
gˑalala.
expected nāmêtsôxd (?).
expert ĕgˑîlwat.
extinguish fire, to kˑ!ilqa, kˑ!ilxa.

eye gañga (New).
—— gEyagEs.
—— gabElôxstâⁱyê.
eyebrows aăn.

f

fabulous being ExˑⁱElk!us.
face gôgûmêⁱ.
faint, to hêôd.
fair, light complexion lêsa.
fall, to, tree t!a-.
—— têx-.
—— person kûkˑa.
—— making all —— before him gungoⁱ-
lalisk·asa.
famous q!ālaédé.
fan fire, to yaxⁱwid.
far qwêsa.
=go away! qwêda.
fasten, to tEx"-..
fat, tallow yāsEkᵘ.
—— tsEnxwa.
—— kidney—— mEt!ôs.
—— of intestines yaxⁿsEmé.
father ômp (See aw-.)
—— ādats.
—— dāda.
—— datsas.
—— āts.
—— said by girl ātsaô.
—— dāts.
father and uncles wiⁱwômp. (See aw-.)
fathom bāLa.
fawn t!ôbêwa (=spots).
fear, to haⁱlala.
—— nôl.
fearless lāwis.
feast k!wêl-.
feel, to p!êxⁿ-..
—— a fish bite mākula.
—— cold kˑ!Enāêsa.
—— heat q!ākˑ-.
—— about lExⁱûlxˑⁱid.
fern (Polystichum munitum) sālaê-
dana.
—— -root tsākˑôs.
—— sākⁿ-.
—— dead fronds gEms.
fight, to xômal-.
filled up entirely, so that it forms a solid
mass āmtslô. (See ām-.)
fin of fish bāsbElêⁱ.
—— pEL-.

fin, dorsal k·lĭdĕg·ĕ⁽.
finch, gold- mamäma.
find, to q!ā.
—— lĕsᴇla.
—— by chance nᴇq-.
fingers q!waq!wax·ts!anĕ⁽.
—— little sᴇlt!a.
—— third k·!äda.
—— half a finger thickness k·!ōdᴇn.
—— one-and-a-half — widths sᴇg·inō-
  dzĕ.
finished gwāl.
fir gāgᴇlwaᴇms.
fire gûlta.
—— lᴇqwa.
—— to catch xumta.
—— —— x·îq-.
—— to fetch anâ.
—— to start mêx·-.
fire drill angwĕ.
firewood, to get anĕq-.
firm ᴇl-.
firmly łᴇkᵘ-.
first g·îl.
fish mä.
fish, old, with white skin ts!ᴇläk·a
—— a small- hânô.
—— Stolephorus Perthecatus halô.
—— Myxocephalus mêxⁿxwĕmalis.
—— Sebastodes pinniger t!ôtlop!a.
—— Anarhichos lupus t!éx·a.
—— Astheruthes stomias t!ômᴇlĕ.
—— Hydrolagus collici g·aᴌewala
  g·omagṇ.
—— Clupea Pallasii k·!ᴇmnĕ.
—— Salmo Clarkii k·!aṃa.
—— Platychthys stellatus k·!äda.
—— Petromyzon marinus k!waäk!um-
  t!a.
—— Hemilepidotus k!umaᴌ!a
—— Kyphosus sectatrix gwäxêdᴇkⁿ
  ᴌämô.
—— Calamus penna gwaxgûwa.
—— Sebastodes mystinus q!wäk·ᴇla.
—— —— Hopkinsi gwaagûlx·ᴇsta.
—— Scorpaena q!äqawa.
—— Cathorichthys sordidus xā⁽nala.
—— Hexagrammus xûldzôs, pᴇx·it.
—— Cetorrhinus xûlgwês.
—— Kyphosus, Cymatogaster ᴌamô.
—— Scorpaena grandicornis ᴌ!ᴇkomälu
  hêlämas.
—— Gasilurus aculeatus ᴌ!ak!wa.

fish with hook, to gaṇa.
—— net k·ĕᴌa.
—— fish trap ᴌᴇqa.
—— black cod ᴌ!äqa(was).
—— salmon yäinᴇkᵘ-.
—— halibut bäkᵘ-.
—— lôqwa.
fish basket lêxsêt.
fishbone q!ôq!ôyu.
fish hawk ts!êx·ts!êkᵘ.
fish head hêx·t!ê.
fish line ᴌ!ägayo.
fish trap ᴌᴇqa.
—— entrance to xôlôs.
fit, to bᴇna.
fit in, to k·ît!aᴌᴇlôd.
fit close, to q!ᴇsäᴌᴇla.
—— loosely, to dzᴇbᴇqᴇla.
five sᴇk·!a.
fix hooks and spears for fishing, to
  hashēnaqa.
flat paq-.
flat-bottomed ᴌᴇq!ᴇxsdĕ.
flatten, to p!ᴇs(a).
flence, to sap(a).
fleshy, to become pôs(⁽id).
flicker, red-winged gûldᴇm.
flipper gᴇlq!ayu.
float, to pᴇxwa, pô-.
float pᴇwaxbê⁽.
—— head out of water, to gᴇmxäla.
flood tide yᴇxwa.
flop, to ᴌᴇla.
flounder paôs.
flour qûxᵋx.
flukes of porpoise p!ĕwaxsdĕ⁽.
fly, to p!ᴇla.
—— nᴇlx·⁽id (New).
—— out (ashes) q!ᴇx-.
foam, froth a⁽awä.
fog p!ᴇlx-.
fold, to k·!ôx⁽wa.
—— dzôqwa.
—— q!asô-.
follow, to tᴇlpa.
—— lines of roots hêgulᴇn.
foolish nûl-.
—— one! ô⁽mîs.
foot g·ôg·ᴇyo, g·ôgwᴇyä.
—— of mountain äxṇ.
forbid, to bᴇla.
forget, to ᴌ!ᴇlĕwa.
forgot, I—! wôq!onêxⁿs¡a.

foretell, to nɛnwaqɛms.
forty mōsgɛmg·ustâ.
foundation of crossed logs. k·!āqa.
four mō.
frame for drying berries. k·!îtk·!ɛdês.
fresh (fish) gēta.
—— dzēʟa.
friend ᴇnɛmôkᵘ.
friend! qāst.
frightened, to be hawînalaɬ.
frog wôq!äs.
—— q!atɛs.
from g·ä-, g·aya.
frost g·îwēs.
froth, foam aᴇawä.
full qôt!a.
full, heaping ʟ!āk·ɛmalis, ʟ!āk·ɛmaʟa.
fun, to make, of xāɬᴇîd.
fungus on trees k·anē, k·înk·-.
—— alder k·!êtsǃ
fur seal xnᴇwa.
—— young ᴇmôkwa.

g

gamble, to lēpa.
game, a māyukwāla.
—— hiding a feather in a gambling dance môqwa.
garden t!ɛk·iᴇlakᵘ.
gather, to q!ap!ē.
—— berries, sand in hand, to k·!ā.
—— blanket over shoulder, to t!ɛɬ-.
generally q!unāla.
get easily, to pɛsɛmāla.
—— to go to k·!ɛng·aliɬ (?).
ghost lâᴇlēnoxᵘ (lôʟ-).
ghost dance qɛbɛkwēɬ, lôlôʟalaɬ.
gills q!ôsnēᴇ.
girl, tslāts!ɛdagɛm.
——. infant gɛna.
give, to ts!â.
—— away copper, to p!âyôʟ.
—— canoe, to sag·ēʟ!ɛxâla.
—— food, to yînɛsɛla.
—— seats in house, to q!āg·alēlɛm.
—— up, to yāyaēq-, yāx·ᴇîd.
—— —— yāx·tsō.
glare pɛnq·.
gnaw (mouse), to k·!āp-.
—— (beaver) ᴇyɛnta, ᴇyînᴇyat-.
go, to sing. la.
go, to pl. hoqᵘ-.
go ahead! wo.
go away! halāg·a.

go to and fro through kelp, to tslāts!ɛlx-sālax·ᴇîd.
—— out of sight t!āyala, t!ēx·ᴇîd.
—— to see nɛnāmuxᴇula.
golden eye gûdēna.
good ēk·.
goose ᴇnɛla.
—— nɛxāq.
—— brant nanaxagɛm, āmaxô.
gooseberry t!ɛmxwa.
grandchild tslôxᵘʟɛma.
grandchild's mate sēlan.
grandfather gagɛmp.
—— atsō.
—— gatsō.
—— gatō.
—— q!atsō.
—— ᴇwāts!
—— ᴇwayôɬ.
—— nōmas.
grandmother gāgas.
—— ganadzē·.
grandmother! hadô.
grandparent, mate's sēlan.
grasp with talons, to xāpa.
—— —— hands gɛlpa.
grass k·!ētɛm, k·!ēta.
grateful p!ayôɬ.
gravel, coarse, on ground āwôwaxɛk!ûs. (See āwô.)
grease, to q!ɛlsa (gɛlsa ?).
—— smell dɛnkw·-.
great sing. ᴇwālas.
—— —— ō·ᴇmas (New).
—— —— aēdzē.
—— pl. āwô.
great-grandparent hēᴇlô.
—— grandchild hēᴇlokwinē.
grebe hamasɛlalis.
—— horned q!ôdaq·.
greedy ālis.
—— mɛsɛla.
green ɬɛnx.
greet, to awɛlp-.
grey qux-, q!waxē?.
—— kûlxwa.
—— hair ôqwa.
grindstone, to turn a - k·îlxa.
grip daas.
groan, to gwaʟɛla.
ground t!ɛk·a.
grouse, ruffled kûkûmx·a.
—— blue hômhom.
—— —— māg·ag·o.

grooves, to make k!wêt-.
grooves qâqêtɛn.
grooved all over (veined) t!ɛnx-.
grow, to q!wāxa.
grown, to become full- nɛxLaäx·ᵉîd.
growl, to hanêq-.
grumble, to dɛntɛla.
grunt, to x·ix·ᵉinq!wālɛxtäᵉyê.
guess, to k·ōta.
guide, to nānaqaᵉsila.
gulches qâqêtɛn.
gull, a small q!āq!ag·ɛtɛwa (tries to bite tops).
gum gwɛᵉlêk·, gulx·-.
guts tsiɛyîm.

h.

hair of head sɛᵉya.
—— of body hap-.
—— long, of goat sɛxsɛk·êᵉ.
hair oil L!ādɛm.
half nɛq-, nɛxs-.
halibut p!āêᵉ.
—— dried k·lāwas.
—— head malêgɛmano.
hammer pɛlpɛlq.
—— ōᵉsdê (Kos).
—— hafted dêxumanos Dôqwais.
hammer, to lɛsa.
hand aᵉyasô.
a hand width āmxLa. (See ām-.)
hang, to tekᵘ-.
—— k·!êsâla (?).
—— up to dry x·îla.
hang, to gêxwa.
—— mat, cloth over a log or a rope, to gêxⁿsɛq!ɛnd.
—— on top, to q!êxôtôd.
—— over, to Lata.
—— head, to gîmxⁿsa, Lamêᵉsta.
—— loose, to yā.
happy ayâbagɛs (Kos).
hard p!ēs-.
—— Lɛmxwa.
harpoon, to êd- (Kos).
harpoon, salmon mäs, mästô.
—— -line q!ɛlkᵘ, q!olkⁿ.
—— -point, barbed Lɛg·îkᵘ, Lɛg·îkᵘ.
—— -shaft sɛɛnts!ô, sᵉɛntsô.
hat Lɛtɛm!.
—— to wear Lɛtɛmāla.
hate, to L!êsila.
man hates his wife, or vice versâ q!aᵉyānas.

haul (out of canoe), to gax·sôltâla.
—— up canoe, to Lɛlx·ᵉîd.
have in hand, to gôxsɛm.
hawk, red-breasted ôqwanê.
—— chicken māmana.
—— speckled t!ot!âlał.
he has-.
head x·ôms.
—— of seal x·ôta.
—— of fish hêx·tê.
—— of halibut malêgɛmano.
—— cut off xɛwêqᵘ.
head of fish, dried and roasted x·ôxwas.
head ashore, to Lɛtâlal(ai′).
headway, canoe makes - after paddlers stop paddling sɛpa.
heap up, to mô-.
hear, to wuLɛla.
heart of wood dômaq.
—— of porpoise paxwa.
heat L!êsala.
heat, to pɛx·-.
—— nôxᵉwid.
—— tallow and lick it off, to tsêx·a-xɛla.
heavy gunts.
—— gwāyukᵘ.
hellebore, blue âxsolê.
help, to g·ôkⁿ-, g·ôxᵉwid.
—— g·îᵉwāla.
hemlock, water- wāxolawêᵉ.
hemlock tree q!wäx.
—— branches for herrings to spawn on t!êᵉyô.
—— leaves têxa (Kos).
—— k·lāmamô (k·!ɛmo-).
—— sap lâq.
heron qûq!wanê, qwāq!wanê.
herring waᵉnêᵉ.
—— q!āma (New, Kos).
hesitate, to Lāpa.
—— haᵉlāla.
hidden from view t!āᵉyała.
hide, to q!ulāL.
—— ᵉwuna.
high ēk·!.
high water yɛxwa.
hill tɛnk·-.
hire, to hēla.
hit, to q!apa.
hold, to da.
—— up, to dzôxwa.
—— in mouth, to hams-.
hole kwaxᵘ-.

hole xup!ĕd.
holes on beach in sand into which water runs. q!ôxᵘq!olis, xwăk!waès.
—— under tree qwaq!ûs.
hollow xulp-.
—— xup-.
—— lōpa.
—— in middle xûflboyălê.
hollow out wood with adz, to ʟēqa.
holothuria, a small ɛlsᵋaltsa.
hook gaʟ-.
—— hooked gaʟɛkᵘ.
—— halibut- yɛk·u-.
—— —— g·amoᵋla (g·îmł-).
hop on one foot, to yăxk!a.
—— —— —— yălk·!a (Kos).
horn wuʟ!ăx.
horse clam mɛt-.
horsefly saᵋdĕkwax·ᵋîd.
hot ts!ɛlqwa.
house g·ôkᵘ.
—— woman married out of tribe goes to get property from father's house g·ôkûnê.
—— with several platforms dzŏyaq.
how many g·îns.
howl, to qămotala.
—— (dog) hax·ŏ.
huckleberry gwădɛm.
humming bird k!waăk!umt!a.
hundred g·ėx·sŏg·ug·ɛyôxᵋsayôkᵘ.
hungry pôs, păla.
—— wăsɛlaxwa.
hunt, to, mountain goats tɛwîx·a.
—— sea mammals alĕxwa.
hurry, to tell to- halak·!ăla. (See haᵋla-.)
hurt, to mômasila.
—— yîlkwa.
husband lăᵋwûnɛm. (See lăxᵘ-.)

i

I nŏgwa.
—— yᴉn.
ice ʟ!ôxᵘ.
if qô.
imitate, to nănageg·a, nanaxsto.
—— hayêg·i.
impatient, to be wăniq-.
important awîla.
indeed qä(ʟa).
Indian băk!um.
indistinctly visible in water ʟ!ɛsăla.
—— —— on account of distance laxᵘ-ts!ĕᵋmala.

industrious (?) sɛxᵘts!a. (See to agree.)
inexperienced yăg·îlwaat.
inland aʟ!.
inlet wunăldɛms.
innocent, (not having had sexual intercourse) aᵋê.
insects mɛsʟɛq!una.
inside wîyoq!ugêᵋ.
insist, to hat!ɛla.
intestines yax·yîg·îl.
invite, to ʟēᵋlăla.
—— p!êkwa.
island ᵋmɛk·ăla.
itch, to lăxa.

j

jaw, lower q!wayô*s.
jealous băbaᵋla.
—— two wives are —— of each other dădɛk·ă.
jellyfish gŏgĕsămak·.
jerky walk t!ɛnx-.
jingo, black-headed tsŏpamala.
joint waqôdêᵋ.
—— of box săk·ôdêᵋ.
joke, to têkᵘ-.
jokingly, to talk —— wăᵋlăla.
juice săaq.
jump, to dɛxᵘ-.
—— têx·ᵋîd.
—— salmon ăk·a'.
—— fish out of water dĕlax·ᵋîd, ᵋmɛnăla.
—— wedge —— out tɛmsᵋîd.
jumping sea animal, a q!ɛtayatsê.
just aɫ.
—— wăx·a.

k

keep full, to păłpalaăbolas (?).
kelp łɛq!ɛstɛn.
—— ʟ!ɛsʟ!ɛkᵘ.
—— bottle, ᵋwă ᵋwădô.
kelp fish pɛx·ît.
kelp patch q!axq!ɛlĕs.
kick, to kwăsᵋîd.
—— (bow of canoe kwats!ɛxʟasx·ă.)
kidney galgĕnêᵋ.
—— fat mɛt!ôs.
kill, to łɛᵋlămas.
—— (hal-).
—— hèx·ᵋîd.
—— wounded game tsêxa.
—— means of killing, death bringer halăyu.

killer whale māx̣ᵋēnoxᵘ.
kĭnqalaɫɛla (a dancer). k·înqalaɫɛla.
kingfisher k·!idɛlâwĕ.
—— k·!ɛdāwē (Kos.).
kneel down, to ʟ!āx̣ᵋwuᵋla.
knife, mussel shell gɛltalɛm.
—— crooked xɛlx̣wala.
knit, to -- net yɛq-.
knot in wood t!ɛmx· (?), t!ɛnx· (?).
know, to q!āl-.
—— q!âʟɛla.
Kwakiutl Kwāg·uɫ.

l

ladder t!ɛxlēᵋ.
lance qwāgwiɫbē.
land, to ʟᴇ́lx·ᵋid.
—— ᵋnɛmsa.
—— stern first aʟ-.
land otter xumdē.
large ᵋwālas (Kwag), óᵋmas (New) sing., pl. āwâ.
lash, to malaq-.
—— t!ɛma-.
lashing nɛyɛnx̣sâlas.
last aɫ, ɛlx̣ṭāla.
laugh, to dāɫᵋid.
—— aloud xāɫᵋid.
laughing dance hamanx̣olaɫ.
lay down, to ʟ!ā-.
—— before guests t!āqɛmliɫɛla.
layer, outer -- of bark lēɫɛgwōg·óᵋ.
lazy q!amsa.
Leader K·!ēsx·äᵋlis (name).
leaf mamāma.
leaky ʟɛxa.
—— g·ᴉ́lx·a
lean ts!ēna.
—— (stomach) k·óᵋlēs.
lean on, to haqwa.
—— against sɛk·äla.
—— —— tɛs-.
leather k!otalēᵋ.
leave, to bō.
—— ɫōwaʟa.
—— off ʟ!ɛlgɛmx·ᵋid.
—— standing gûʟ!ɛsa.
—— husband xaēɫ.
left (side) gɛmx·.
legs of tongs xɛwēlēᵋ.
lehaɫ ālaxwa.
length, see size ᵋwa, âwa.
lengthwise, close together aōdzaqâla.

less- gwas-.
let go, to mɛx-.
let out line, to ʟ!āq-.
level ᵋnɛma.
levirate k!walōᵋs.
liberal awāq!as.
lick, to k·ɛlgɛɫɛg·ĭnd.
lie on ground (tree), to t!ā(g·iɫ).
—— on back t!ēk·-.
—— —— —— nɛʟāla.
—— —— —— edge k·!ōtɛla.
—— across a canoe gēk·!ōdɛxstē.
—— sick qɛlkwa.
—— face down haqw(ála).
—— face down on top of one another. haqwēnēk·ala. (See haqwāla.)
—— dead yaqwa.
lie, to pl. kul-.
lie, to tell a ʟēlk!wāla.
life q!ūla.
lift a copper, to wāwēdzɛlaqwa.
lift, to wāla.
—— stick on shoulder wēk·-.
—— clothes worn mōsa-.
—— stones t!āq-.
—— gɛlqa.
—— ʟ!ɛlg·ostōd.
lifter, bark- ʟ!ōk!ᵘ-.
light of weight k!ūs-, k!wāk!wayaakᵘ.
light (of day) ᵋnaqūla.
light fire, to ānqa-.
—— mɛla-.
—— mēx·a.
—— tsēx·a.
—— also: bright light q!wuqāla.
lightning ʟ!ɛnēqwa.
like gwēx·s.
lily-bulb (Fritillaria) x·ōkum.
limp (soft) lɛnt-.
line is taken out by hair-seal mēx·ᵋid.
listen, to hōʟēla.
—— wāʟaqūla,
little, a xāʟ!, xaʟ̣ē-.
—— hōlala.
live, to q!ūla.
liver t!ēwana, dewana.
—— g·ōmaga.
lizard gwūlas.
load, to mō.
—— canoe mōxs.
loan, to bɛk·ō.
loan at 100 per cent dēida.
—— g·āla.
—— gwēla.

lock door, to k·lĭmya.
long (see size) ᵋwa, ăwa.
long (of space) g·îlt!a.
long, to !ɛng·aa.
long time gē, gɛyŏl-.
look, to dŏqwa.
—— into hole hânx(a).
—— on hōmâla.
loon xaᵋwē.
—— g·otlâla (Kos).
loop x·îma.
—— on basket for carrying-strap mā-madas.
loose; hair, horn gets —— k·!ɛna.
lord g·î.
lose, to k·!înâla.
—— moss hâsdɛxwa.
louse, to Lāx·a.
love wūlxwa.
—— łaxᵘ-.
—— to make L!âsa.
—— —— L!ɛta.
—— —— Lâtɛnēᵋ.
lover wātas.
low bɛna.
—— stream is k·ŏlēs.
luck, bad âāms, âᵋmēła.
lump tɛnk·a.
—— qŏqwa.
lungs kwaxwa.
lupine q!waᵋnē, q!ûns-.

m

mad kwêgɛkᵘ.
maggots âbanē.
make tools, to dɛłdaɛmk·ila.
male wisɛm.
maltreat, to wāᵋnēxsila.
man bɛkⁿ-.
mantle of mussel k·āwadzēgas.
many q!ē·.
mark a line, to xûlta.
—— trail t!ŏxwa.
marmot pêk·la (Dɛnax·daᵋxⁿ).
—— kwēkuxⁿd.
married couple hēs-, hayasɛk·âla.
marten lɛgɛkⁿ.
mast ʟap!ēq.
—— yāwap!ēq.
master âg·anŏ.
mat łēxᵘ- (łēᵋwōᵋ).
—— old k·lâk·lobanē.

matted xolêxwa.
—— hair k·!ɛnxwa.
—— pubic hair hāwanaqaqɛlâlŏl.
measure, to mɛns-.
—— by spanning with hand or arms bāʟ-.
meat, flesh ɛls-.
—— q!ɛmlala, q!ɛml-.
meat-board lɛga-.
medicine pɛt-.
meet, to bak·ŏ.
—— ends of circle k·îmᵋya.
meet, to k·înqŏxᵋwid.
meeting, in house âlalɛls.
melt, to yaxa.
mend, to q!ɛnsa.
—— q!ɛta.
menstrual blood ēdɛm.
—— k·lâlmɛs=steam.
menstruate, to ēxɛnd.
mention, to gwasᵋēd.
mercy, to have maya-.
—— wāxᵋ-.
mercy, not to have halyŏquła.
mess, a (excrements) âmāk·-.
message, to send a nɛnkwa.
metallic noise sɛbɛlxa, sɛpɛlxa (?).
middle nɛq-.
—— q!âyâyē.
—— part of salmon q!âq!aq!ē.
milk dzaᵋm.
milt of porpoise tsâlayo.
mine nŏs.
mink mɛisa.
—— kuᵋnaᵋ (Ne).
—— myth name k·êx·.
mischief, to do anᵋanêg·ila.
mischievous âlɛtē.
miss, to lɛnēᵋsta.
—— Lēqwa, lɛqwa.
mistake, to make Lēqw(a) aᵋmēl(a).
mittens tslŏplax·.
mixed g·i(qē).
—— qɛlxwa.
—— malaqɛla.
—— with oil L!âkwē.
model k·lomŏsēᵋ.
moisten, to mɛlxᵋûnd.
monster, a dzŏnoq!wa.
—— k·lâwaq!a (the same, Hēłdzaᵋqᵘ). also name of copper.
monstrous! hamē.
—— L!aya.

moon ᵋmɛkûla.
— nōsē (Hĕłdzaᵋqᵘ).
morning gaāla.
— sky ʟ!ēxâ.
mosquito ʟêsʟêna, ʟêsʟɛna.
— q!ēla (Kos).
— moss gɛms, gams.
— p!ɛls-.
— white dādeqam.
mother abɛmp. (See ab-.)
— āmaôł.
— āda.
— abēnᵋ.
— ganᵋ.
— yaa.
— and aunts ĕbɛmp.
mould, to ʟ!ɛp-.
mouldy, to get x·ídzɛx·ᵋíd, x·ídɛx·a.
— dɛlx·a.
— side of steep mountain qwĕqûxôł.
mountain nɛg·â.
— -goat ᵋmɛlxLôᵋ.
mouse g·ig·ɛyatsaga = loved woman.
— hāᵋlamalaga (Kwag), hāᵋlamâlaga (New).
mouth sɛms.
— to have, in water k·înxstāla.
mouthful k·!îlta (?).
mouthful, to hold in mouth k·lêk·!aguxstalił.
move, to, stir xĕmg·îls.
— k!wênalᵋíd.
— Lêqwa.
— about yāwix·îla.
much ʟâxumāla.
— Lôma.
— too- xɛnLɛla.
mucus of vagina ʟ!ôpdē (?).
mud (on rock) tɛq!a.
— of swamps nax·ɛla.
musk-bag bôlxɛdē = lump at backside.
mussel xôᵋla.
— laês.
mustard mâsta (loan word).
myth, to tell nôs-.
myth people nûxnēᵋmis.

n

naked xāᵋnala.
name ʟêq-.
narrow tslɛqla.
navel gɛdɛlāq!witsēᵋ.
near nɛxwāła.
— mak·-.
near, to go ëx·ᵋala.

neck q!ôq!ôᵋna.
neck-ring of warrior yāyɛng·ayoxawēᵋ.
nephew ʟôᵋlē.
nest qɛlxatslē.
net, olachen- tāq-.
net measure tslɛwêkᵘ.
nettle guna.
never hĕwäxa.
new al-.
next mak·-.
— day łɛns.
— year âpɛɛyînx. (See âpɛ-.)
nibble (fish) to xēla.
niece ʟôlêgas.
night ganoʟ.
— nɛk·- (Kos).
— to leave over— xamas
nightmare dôlɛmx·ᵋíd.
nine times ᵋnāᵋnɛmap!ɛnk·.
nobleman nâxsôla.
noise to make hayôtɛla.
— — dɛmlêxula.
— — xâsbɛxula (Ne, Kos).
noise of falling objects sâoltalag·itsumk·asᵋo.
noon nɛqāla.
nose x·îndzas.
not ês-.
— k·!ê(s).
— wê.
— obtained wänɛm.
notch, to qɛmta, k·!ɛmt- (?).
— q!akᵘ, qɛx-.
notched top qaxɛto'.
notch q!asa-
notch, to k·îmʟ- (?).
notice, to amaɛlía.
notice, to take q!âsɛla.
notify, to hôwag·íla.
now and then yāla.
numaym ᵋnɛᵋmēma.
numb, to get dôlɛmx·ᵋíd.
number (see size) ᵋwa, äwa.

o

oblique sēnôqᵘ-.
observed q!âmx·tslêsô.
ocean aôwak·.
ochre gûms-.
offer for sale, to q!ôsa.
often q!unāla.
oh ᵋya, ᵋyä.
— ô.
oil ʟ!êᵋna.
— taste ʟāqa.

oil, seal- sāk!wis.
—— q!ɛls.
oil, tried out ḻēwula.
—— mixed with- ʟläkwē.
oily stones on beach ʟɛgɛldzēs.
olachen dzaxum.
o'd q!ūlyak^u.
—— to get—and tired out wa^ɛyats!ôq^u-.
—— man nōmas.
—— woman lɛk!wanē.
omen âqɛn.
one side âps-.
one ^ɛnɛm.
only â-.
—— lēx·a.
open âq-.
—— to x·ôx^ɛwid. x·âux·^ɛid (Ne).
—— eyes, to dîx·-
—— mask hax·it!ēd.
—— clams ɛlk·a.
opening, small t!ôq^u-, t!ôlt!ax^u.
ordinary, man of—powers aôms
orphan xâmax·^ɛid.
ostentatious yâlaq-.
other waôk^u.
—— ^ɛnɛm.
out of sight t!ɛp-,—underground t!ɛbɛtô.
outside, seaward ʟ!âsa.
ouzel, water g·ilɛxwits!a.
overcome (taste), to lɛmp!ɛx·^ɛid.
overdo, to sâbɛnd.
overhanging qagûtâla.
overturn, to laûqu.
owl x·ôpx·ôp.
—— white k·lasaxa.
—— —— ôqwanē (?).
—— —— dɛx·dɛx·ɛli!.
—— small bɛkwayē.
own qɛsmâ^ɛq.
oyster-catcher gwēgwegwē.

p

pack-strap q!aleyô.
paddle, to sēxwa.
—— edgewise k·lôkwalamas.
—— against wind nɛxɛlēl.
—— —— tide tsôpɛla.
paint, to gɛls-.
—— k·lâta.
—— face bâbax^usila (?) p!ēp!aq!ugɛmd (?).
—— to protect face against sun k!wâk!unwayo.
paint of whites gɛlyayu.

panther bɛdē.
parent-in-law nɛgûmp.
pass, to hôta.
—— hâyâqa.
patch hole in canoe, to q!asa.
patches lôlasâla.
pay, to halâqa.
—— in advance k·lɛqa.
pay shaman, to aya.
—— debt (?) quna.
—— marriage-debt qotôx·a.
pearl shell k·ôgwis.
peck, to ḻɛnḻa.
peel bark, to sɛnqa.
—— —— —— ts!âqa.
—— —— qusa.
—— —— sâq!ôd.
peg, to ḻapa.
pelican hôx^uhokwayak·.
penis mēs-.
perch ʟɛmwa.
perch-oil dzēk!wēs.
perforate, to ôda.
perish, to xɛk·!a.
petrel q!wēq!wēq!wē.
phosphorescence bēx·a.
pick berries, to hâmsa.
—— off berries k!ûlpa.
—— out mɛna.
—— —— sɛlsa.
—— up stone t!âqɛlis.
—— —— roots lɛx^ɛēd.
—— —— up k!ûl-
—— —— roots out of sand sɛx·âla.
—— for oneself aôk!ûna.
picked out ^ɛwîlg·îltsɛ^ɛwô^ɛ.
pidgeon hamô.
pile up, to k·lîga.
—— mô-.
piled up on ground lâx·mos.
—— —— flat things môk^u-.
pillow gēnulas.
pin, a ḻâlɛdzɛnwē.
—— t!ɛmqa.
pinch, to ēpa.
pine bark mawē^ɛ (Koʂ).
pine môx^ɛplēq. mômux^udē.
—— mot-
—— red wûnâgûl.
pity wâsa ·, waôx^ɛēd (Ne).
place side by side. to gwasôd.
place, to ḏa.
place g·a^ɛyos.

plain, distinct awɛl-
plait, to gɛlxᵋîd, q!ɛlx- ?
—— rope qlâɫa.
plan sēnat. sɛn-
plant yîsx·ɛn.
plants:
    Moneses reticulata Nutt., ——uniflora (L) A. Gray aāgala.
    Heucheria micrantha Dougl. ɛx·p!ālaês.
    Symphoricarpus racemosus Michx. yāyîlqama.
    Amelanchier florida Lindley ëx·p!a.
    Liguticum sp. (Canbyi C & R?) wɛxaʟalayugwa.
    Drosera rotundifolia wɛlxkwês.
    Oenanthe sarmentosa Presl. (?) wāxûlāwê.
    Ribes echinatum hābaxaolē.
    ? hamōtsena.
    Achillea asplenifolia, —— borealis Boug., Chamomilla swaveolens (Pursh.), Rydb. = Matricaria discoidea D. C. hādzapama.
    Matricaria matricarioides hadzapamxʟêᵋ.
    Glaux maritima hôq!walê.
    ? pā′pesaᵋmê.
    Menziesia ferruginea Smith. pôxwas.
    Allium recurvatum Rydb. mɛq!watslê.
    Rubus macropetalus hôsdɛk!wa.
    Menyanthes trifoliata dôxdɛgwês.
    Unifolium dilatatum t!ɛmtsl
    ? t!ɛxt!ɛqus.
    Pteris aquilina pubescens Kuntze. Pteridium. sāgum
    Vaccinium ovalifolium sɛlɛm.
    Adianthum pedatum L. dzɛx·iᵋna.
    Opulaster capitatus (Pursh.) Kuntze dzādzêqwam.
    Rubacer tormentosum Rydb. tsɛgɛl.
    Aruncus sylvestris nûsnɛlaa.
    Gaulteria Shallon Pursh. (berry.) nɛk!ûlê.
    Ribes laxiflorus k·ɛsp!olê.
    Elymus arenarius L. k·!ɛt!ɛm.
    (?) k·îilxɛla (thorny, with milky juice).
    Chamaenerium spicatum (Lam.) S. F. Gray k·lāk·laqwama.
    Scirpus microcarpus Presl. k·lāk·!eʟaᵋmê.

plants—continued.
    Struthiopteris spicans (L.) Underw. k·lāk·!waᵋma.
    k·lāk·lôsaᵋma.
    Athyrium cyclosorum Rupr. (?) gɛms (all kinds of old fern fronds).
    Galium Aporine L. gāgêx·aᵋma.
    Heracleum lanatum gêsdɛm.
    Chamaerion angustifolium gwāgultama.
    Populus balsamifera k!wak!watama.
    ? gāgóxaᵋmê (a vine).
    Chamaepericlineum u n a l a s k e n s e (=Cornus) qɛk·laolê.
    Eriophorum gracile Koch qāqomxwama.
    Crataegus rivularis q!ɛq!ɛnê, q!aq!anê.
    Peucedanum leiocarpum q!ɛxmên.
    Rumex occidentalis S. Wats. q!ôxsawanê.
    Cicuta sp. (occidentalis Greene?, vagens Greene). xɛtxɛt!ɛs. xɛtxɛt!a.
    Fritillaria x·ôkum.
    Erythronium giganteum Lindl. x·aā′x·înt!ê.
    ? xɛtɛm (umbelliferous plant).
    strawberry lɛgó.
    Gonnania oregana (Nutt.) Britton lɛgôsa k·ɛxɛlāga.
    Sericotheca (Holodiscus) discolor (Pursh.) Rydb. łɛnwûm.
    Polypodium glycorrhiza D. C., —— hesperium Mason, Eaton łɛk!wā.
    Argentina occidentalis Rydb. ʟɛx·sɛm.
    Gaulteria Shallon Pursh. łɛnɛmx·dê (plant).
    ? ʟatɛn.
    Limnorchis stricta, Corralorhiza ʟ!ɛt!aᵋyas.
    Peltigera canina membranacea Ach. ʟ!ɛsʟ!ɛk!ûs.
    Distegia (Lonicera) involucrata ʟ!ɛq!ɛxólê.
play, to amł-
—— with dolls lalêᵋwaha.
—— throwing sticks ʟ!ɛmkwa.
pliable łɛnd-
—— pɛqwa-.
plover with white wing and neck qɛłᵋya.

plover, golden tsôtsɛptsla̱ (=black in armpits).
pluck, to, —— out mā̱pa (moss).
—— off bushes k!up-.
—— —— berries k·ɪ́mta.
—— out (hair) pʟɛl-.
plug a hole, to dzō̱pa, tslā̱tslō̱stō.
—— for popgun pō̱x"poq!wa.
point, to tslɛmā̱la.
poisoned by clams, to be dō̱sa.
poke with finger, to tlɛkwa.
—— into ground q!ū̱mta.
pole dzō̱x̱um.
—— dzɛxɛqᵘ (young cedar).
—— punting dzomē̱g·al.
policeman tslē̱tslē̱k·ila (= keeping awake).
polish, to g·é̱xa.
—— x̱ū̱lxazmd.
pond q!ō̱.
poor wā̱nala.
porcupine mē̱x·ı̆dē̱.
porpoise k·!ō̱lō̱t!.
post ʟā̱m.
—— qɛ́ldɛm.
potlatch plɛsa.
—— first of a person gō̱miasap!a, bakwē̱nokᵘ (?).
—— great ᶜmax̱wa.
pound with wedge or beater, to tlɛlx̱ᵘ-.
pound, to ʟɛsa, ʟɛg·a.
pour out, to dzā̱sa.
—— in among tsē̱k·a, guq-.
—— out qɛp-.
—— into x̱wakᵘ-.
—— (afterward) x̱ā̱ʟ!ax̱ṯā̱la.
—— into, from a mat laatslō̱d.
—— on tsā̱dzɛlɛnē̱ᶜ.
—— in q!wā̱lotslɛᶜwakᵘ.
powder tslō̱layo.
praise, pray, to amyax(ala)
—— pray, to tslɛlwaqa.
precipice ē̱ʟ!ɛxsdalaa.
pregnant bɛwē̱kᵘ.
—— qɛlxk·!aḉsa (Ne).
preserved salmon xamas.
—— clams k·!ō̱matslē̱.
—— halibut k·lā̱was.
press, to tɛs-.
—— ʟaqwa.
—— on q!ɛsā̱ʟɛla.
—— against tsɛsā̱la.
prevent, to gwanala.

prince ʟā̱wɛlgamē̱ᶜ.
princess k·lē̱dē̱l.
privilege k·lē̱sᶜō.
promise daughter in marriage, to xunk!wā̱la.
—— potlatch dzō̱x̱wa.
—— feast qā̱sō.
prong of harpoon dzē̱gum.
—— tslexᵘbē̱ᶜ.
proper, right hē̱l-.
property yā̱q-.
—— dā̱dzk·as.
—— dā̱daō̱ma (Ne).
—— dē̱damā̱la (Ne).
—— in house maᶜmē̱k·as.
—— —— dā̱ldā̱naxᵘ (Ne).
—— —— gwē̱lgwā̱la.
protect, to hɛlk·la.
protect against sun, to tlaya-.
proud ʟɛmqa.
provisions lē̱lak·ɪ̆ɛdzē̱.
—— dē̱damā̱la.
—— traveling —— g·iwū̱lkᵘ.
pry open, to k!wē̱ta.
—— off with point tsē̱kᵘ-.
puff, to, breathe heavily sɛlpɛxᶜwid.
pull up canoe, to wā̱t-.
—— apart (moss) bē̱lᶜid.
—— out of canoe tɛgu̱lɛxs.
pull off cedar-twigs, to dzɛta.
—— through nɛyī̱msā̱las.
—— out nē̱sa.
pull, to nē̱xala.
—— backward k·axᶜaʟɛlō̱d.
—— k·lik·a.
—— out of hole k·lɛqa.
—— sticks, plants out of ground, disease out of body k·!ɛqwa.
—— out hair k!ula.
—— up gɛ́lqa.
—— out (guts) golō̱l.
—— (fish-bones) q!ɛk·ola.
—— off qus-.
—— up finger after pressing x·ita.
—— through x·ix-.
—— out of hole lē̱xwa.
pull, to ɪ̆ɛta.
—— lɛkwa.
—— out branch lɛkū̱mwā̱la.
—— out lɛk·ō̱k·ō̱d.
punch with fist, to gotla, ʟlɛnqa.
pungent. to have—smell ʟɛxᶜē̱d.

punk k·anē.
punt, to tēno-.
pure, unmixed sayōq^u-.
purify, to q!ēqɛla.
—— g·ig·ĭltăla.
purpose sēnat.
purpose, made on —— hēk^u-.
push, to wiq^u-.
—— into water mo^{ɛ}x^{u}stɛnd.
—— —— ground tslōx^u-.
—— point q!umt-.
—— canoe offshore q!ōt-.
—— long or flat thing ʟāsa, ʟ!ɛnq-.
—— stick out, to ʟ!ɛx-, ʟ!ɛl-.
put, to ax-.
—— into mouth hanbɛnd (?).
—— arms through carrying-strap p!ɛm-.
—— in pɛntslăla.
—— into water mōx^{u}stɛnd.
—— corner of blanket over shoulder t!ɛl-.
—— right side up t!ăx^{ɛ}alis.
—— up să.
—— berry cakes into box tslɛnk^u-.
—— down branches tslăk·-.
—— —— (meat) sē.
—— away g·i, g·ēx·^{ɛ}id, g·a-.
—— —— g·ēxa.
—— down k·a.
—— —— fish k·ĭgɛdzōd.
—— head on pole k·!iq!uxsdɛnd.
—— of enemy on pole yilxwa.
—— k·la.
—— down long thing k·at-.
—— on edge k·lōt-.
—— point on harpoon k·lōxbɛnd.
—— up poles or staging, to qax-.
—— between q!axstɛnd.
—— ends together q!ōp!ē-.
—— head out x·íqwa.
—— crosswise xwăla, (xŭlk^u put).
—— down xɛmsa.
—— —— branches xɛs-.
—— —— stones xɛq^u-.
—— —— soft things ʟɛqa.
—— into vagina ʟɛx^{ɛ}wid.
—— down stones ʟɛx- (?), ʟox- (?).
—— up ʟa.
—— away ʟăqwa.
—— —— over fire ʟēsa.
—— between ʟōlaxōd.
—— upon fire ʟ!ɛx·lɛnd.

putrid (olachen, tried out) q!abōq^u.
pyre ʟ!ăqawas.

q

quarrel, to qatap!a.
—— husband and wife ēɛn.
quartz xwē^{ɛ}la.
quick yix·a.
—— ēăltsīla.
—— hanak^u.
—— ha^{ɛ}la-.
quiet sɛlta.
quite k!wăg·ila

r

raccoon mayus, mayustăla.
rack k·!ĭtk·!ɛdēs.
raft of driftwood tsēta.
rafter pux^{u}băla.
—— ēk·!ɛbăla (Koɛ).
rain yŏgwa.
rainbow wugălōs.
raindrop tsăx^{u}mis.
raise, to p!ăg·ustă.
—— wēq-.
—— head gwăg·ustăla.
—— —— x·ita. (=to pull up).
rancid ʟăqa (?).
rattle yat-.
rave, to kwēqaya.
raven gwax^u-, gwa^{ɛ}wīna.
raw k·!ĭlx·a.
real ăla.
reach end, to q!ŭxtō.
reach, able to kwɛʟɛlits!ēnox^u.
—— snow reaches up to —— wălaʟa.
—— water —— up to t!ap-.
reaching in front haiq!ɛnxolag·!lis.
ready gwăɫ.
—— in house gwăx·gwɛlit.
ready, to be xwănaʟ-.
—— q!ăq!ēx·sila.
recognize, to ^{ɛ}mal̄t!ē-.
red ʟ!ăqwa.
red-hot x·iq-.
reed mat kulē^{ɛ}ē.
referred to gwɛ^{ɛ}yō.
refuse, to ʟălēgwig·a.
regret an act, to măya.
—— a loss q!ēk·a.
relatives ʟăla. ʟ̥ɛʟ̥ɛʟ̥ăla.
reluctant q!ămsa.

75052—21—35 ɛth—pt 2——43

reluctantly, to do lɛqêla.
remain, to, in a certain state hakłw(a).
remains, left over anêx̣ᵘsâê⁼.
remember a thing, to ᶜmɛlqûla.
remove, to ʟêqwa.
repent, to x·ix·înk·!ô.
reproach, to q!ɛm-.
—— ga⁼la.
repurchase a wife, to k!wsâpa.
request, to hanâk·a.
resolve, to g·ig·aêx⁼êd.
resort to, to, as a last means hênak·a.
rest, to x·ôsa.
—— nɛgês.
return home, to nä⁼nakᵘ.
revenge, to take q!ɛs⁼îd.
—— yînk·a.
rib gɛlɛm.
—— of halibut x·îla.
rich q!ômała.
ridge on board made by adzing. t!ɛnx-. (See vein of leaf.)
ridicule, to q!ɛm-.
right hêl-.
ring wûlx-, wɛlk·-, wɛlg- (?).
—— shaped wâk -.
—— game k·anê⁼.
—— —— xolêgwaqê (=shaking hands between legs).
—— fourth ring in game lä⁼magêk·ila.
—— to paint—on mɛlx⁼wid.
ring like metal, to ts!ôqwa.
ringing noise in ear hôsaxwatâla.
ripe q!ayôkᵘ, q!ayôqwa.
—— ʟ!ôpa.
rise, to, waves q!ɛnêpôstâ.
—— water paôl-.
—— in throat ʟɛwâms.
rival hayôt.
river wa.
road t!ɛx·îla, t!ɛx·a (Ne).
roast, to ʟ!ôpa.
—— clams ts!êsa.
—— many on fire ôqwała.
rob, to łɛnɛm-.
robin, red-breasted gɛgɛläł.
rock cradle, to häxûla.
rock, awash kułtsɛmâla.
rockslide q!ûmx·ôd.
roe, salmon gê⁼nê.
roll, to lôx·wa.
—— turn over lôx·a.
—— clouds kûnsa.

roll down, to q!ûmx·axa.
roll (like hoop?), to k·înx·a.
—— noise of —ing rocks wuk·läla.
roof säla.
roof-board saôkᵘ.
room, to make (=to stretch out) sa-.
room g·a⁼yas.
root ʟ!ôp!ɛk·.
rope, tangled q!ɛk·!ɛlsa.
rose gɛgɛlx, gɛlx.
rot, to q!äl⁼îd.
—— wood ʟ!ɛnqwa.
—— rope p!êqa.
—— mat, blanket xasa, q!ûlsa.
rough out canoe, to k·l!ms-.
rough surface hëyadzâ, môł-, k.!ôłaxûlqwa, łênoqwa.
round k·ɛlk·ɛla.
—— lôxsɛm.
—— łêɛlx·⁼ɛn.
—— mouth of hamats!a tsôkwâla.
—— inner rounding of canoe bottom dzêg·ɛxdzɛm.
row, to get into a xômał-.
rub, to yîls-.
—— through bâsamas, dêg·a.
rub, to dzɛk·a.
—— on dzêg·łlɛmd.
—— body gûlkwit.
—— to soften q!ôya, q!wax̣ᵘsɛmd.
rubbed with wolf's dung, person, blind for everything mɛqɛm.
run, to dzɛlxwa.
—— q!ûl-.
—— out kusx·äla.
—— water q!ô.
—— —— wa.
—— line out, to ts!ɛnkwa.
—— before wind nɛq!ɛx̣ɩäla.
—— olachen— qwax̣ulis.
—— seal runs out with line mêx·⁼îd.
rush forward, to hamx̣ᵘ-.
rush mat kułêyê⁼. (See reed mat.)

S

sacred room of novice łɛmkᵘ-.
sail yäwap-.
salal-berries, to pick nɛkwa.
—— berry nɛk!ułe.
—— —— bush łɛnɛm, łɛnɛmx·dê.
—— —— —— łênokûla.
salmon k·lôtɛla.

salmon, dog- gwaxnis.
—— humpback hanx̣ᵘ-, haʿnôn.
—— Oncorrhynchus gorbacha (female) haʿnon xwāk·!ana.
—— Salmo Clarkii q!ēdza.
—— silver dzaʿwun.
—— sockeye mɛłèk·.
—— spring sās-.
—— steelhead g·ɛxwa.
—— preserved xaʿmas.
—— dried t!ɛlêkᵘ.
—— —— with three sticks across to keep flat k·lôlôxᵘ.
—— preserved tāyałts!ala.
—— trap, fence k·łítɛla.
—— weir mālis.
—— —— xôʿlôs.
—— tail wɛlxwaxsdêʿ.
salmon-berry q!ɛmdzɛkᵘ, q!amdzɛkᵘ.
—— ǫolalê (Ne).
—— —— bush q!wāłmis.
salt dɛm-, dɛmsx·ē.
same ʿnɛm(a).
sand ëg·is. (See ök·.)
sandpiper (female) tsöp!ɛpɛla (=black on cheek).
sandstone dɛʿna.
sap sāaq.
—— xôdzêg·ēʿ.
satiated, to be pôlʿîd.
—— mɛnł-.
saw, to x·îlta.
say, to ʿnëk·.
scab ḷɛmēʿ.
scales gôbɛta.
scallop shells xɛmsɛmêk·în.
scar q!ûta.
scared, to be lālapɛla.
scatter, to gwēła.
—— roots łɛndzôd, ʟ!ēx·s.
scold, to ʟłôła, gɛlx·ʿîd.
scoop out a groove, to k!wēta.
scoop out, to ʟɛł-.
—— up goxᵘ-.
—— —— herrings k·ina.
—— —— sea-eggs xɛlôs.
scorch, to q!wāq!ûqûya-
scrape, to, with net xɛl-, xɛlpɛlg·a-yaas, k·ëxa.
—— off k·îxāla.
scratch, to ɛlwad.
—— q!ûła.
—— xɛlpa.
—— ḷɛmsʿîd.

scratcher q!ûlāyu.
screech, to gɛlôs.
sea dɛm(sx·ä).
—— animal, a small łɛkłɛqłɛtɛn.
sea-egg ămt-, ămdɛm.
—— sea eggs, to fish āamt!a.
sea-egg mɛsêqᵘ-.
seal mēgwat.
—— young wulêʿxᵘ.
—— to give a sealfeast sakwēla.
sealion ʟ!ēxʿɛn.
—— mawak·a (Hêłdzaʿqᵘ).
sea-otter q!āsa.
search, to ālà.
—— wāwiʿla (=to try to get all).
sea-slug āʿlas.
seaward ʟłāsa.
seaweeds q!ăxq!alis (Ne).
—— łɛq-.
—— ʟ!ɛsʟ!ɛkᵘ.
secular baxus.
seduce, to ʟ!ɛta.
see, to dôqwa.
—— secret in woods ʟłasû.
seesaw āʿyāk·a.
select, to k·!ɛnx·ʿîd.
—— hayôqôd.
selected tribes wīwûlqɛmakᵘ.
self xama-.
—— q!ûlēxʿsɛm.
selfish g·äxɛla.
selvedge malaqa.
semen ʟ!ɛx·û.
—— êxsɛm.
send, to ʿyūlaqa.
—— halāqa.
—— canoe ahead sāyapālg·iwala.
separate (married couple), to k·łasô.
serpent, double-headed sisiuʟ.
servant āʟɛla.
serves him right! yîlāla.
set before, to k·a.
set dish down as one is walking, to k·ā-k·abala.
seven āḷɛbô.
sever head, to k!wāwaqayo.
sew, to q!ɛna, q!ana.
sew wood, to t!ɛm-.
shadow qābix·a, t!ɛns-.
—— on ground g·āg·ômas.
shake, to nałɛłtala, nɛłɛla.
—— off dirt, berries, water k·łîla, łaaq-.
shallow (basket) kûtāla.

sham-fight amaqa.
shaman pāxāla.
shark xulqŏmax·a.
sharpen, to g·ēxa.
—— knife t!ēk·a, t!!k·a.
—— pole dzŏx\u-.
shattered gwēlaxwa.
shave with knife, to k·!āx\u-; xɛlx̣wa.
shed for sick people or mourners hŏ-.
sheets wat-.
shelf in house Lāyā\ɛlil.
shell of shellfish xālaĕs.
—— —— mussel xŏxułk·!ĭmŏt.
shellfish ts!ēk\u-; ts!ētalɛk!wēmas.
shelter t!ɛns-.
shift, to xɛmx·\ɛid.
shine, to qĕsa.
—— sēpa, sɛpa.
shirt q!ɛs\ɛnĕ\ɛ.
shoot, to hănL(a).
short ts!ɛkwa.
shout, to \ɛlaqu-.
—— xĕLɛla-.
—— q!wĕg·a\ɛl.
—— awɛlx·iya.
shove apart, to k·!qɛdzŏ.
—— in wuyŏqluq.
—— together tāsāl-.
show, to nēła.
—— oneself bûxsā.
—— teeth x·isala.
shred cedar-bark, to k·asa.
shrink back, to k!ŭmLa.
—— skin t!ɛmk\u-.
shrivel up, to x̣ūlsa.
shut eyes, to p!ałɛmg·alił, p!ɛłɛmāła.
shut, to keep eyes k·!ixɛmx·\ɛid.
side (?) Llayā.
—— sticks of frame L!āL!ɛxɛnx.
—— of tree without knots wilɛm.
—— side hill, steep tsĕta.
sight, to k!ŭlx\ɛēd.
sinew at!ɛm.
sing, to q!ɛmta.
—— dɛnxɛla.
—— sacred song yālaqwa.
single ŏxsaak\u.
singly \ɛnɛm.
sink, to, water x·uta, x̣ut!ēd.
—— k·ŏla (Nimkish).
—— wûnsɛla.
—— log, deep in water kūtāla.
sinker of hook q!ɛlyayayŏ.

sip, to t!ēqwa.
—— with noise łɛmyāla.
sister, said by man waq!wa.
—— -in-law of woman p!ɛlwûmp.
—— -in-law of man g·inp.
sit, to *sing.* k!wa.
—— *pl.* k!ûs-.
—— on summer-seat āwaqw(a).
six q!ɛl!-.
size \ɛwa, āwa-, \ɛwālas.
skate bāgwanĕ.
skim off, to āx\ɛwid.
skin Llĕs.
—— k!ûtsa.
—— of fish pɛsɛnĕ\ɛ.
—— of goat without hair pāsk·ēn.
—— dressed ālāg·im.
skin, to sāpŏd.
skip on water, to Lɛsāla.
skirt wāwiyak·ila.
skull xawĕq\u.
skunk-cabbage k·laŏk\u.
sky lɛ\ɛwa.
slack k·!ɛsk·!ɛsa.
slant masLlɛk·ala.
——, to gɛlāx̣\u (?), qɛlēx\u\ɛnakūla.
—— hole Lɛtsā.
slanting ŏłała (?).
—— Lānexała.
slap, to Lɛqa.
slate yŭk!wa.
slave q!āk\u-, q!āk·ŏ.
sleep, to mĕxa.
sleeping-place of seal k!wāsu.
sleepy bɛq!ûlɛla.
slice fish, to t!ɛlsa.
slime mɛng·ɛdcq.
—— of fish k·lē\ɛla.
sling yĭnk·!ayo.
slippery tsāx·a.
slow ŏya, aŏyas.
smack lips, to baq!āla (p!aq ?).
small, *pl.* āma.
—— to become —— holāk·a, āmĕ-x·\ɛid.
smear, to gɛlsa, q!ɛlsa (?).
smell, to mēsɛla.
smile, to mɛnx\ɛwid.
smoke kwax·ila.
smooth qĕsa.
—— mɛkwa.
—— \ɛnɛm.
—— side of tree wilɛm.

snail q!wɛatslē.
—— with house q!waātslaq, q!ûdādzɛq (?).
snake sēlɛm.
snapping door k·lāmaxk·lamaqlastō.
—— sound of qɛnqlāla.
snare x·imayo.
—— to x·ima-.
sneeze, to aax·i.
snore, to xɛnt!ɛg·aᵋl.
snow naᵋya.
—— to k!wēsa.
snow-geese ʟ!ēsdaq.
soak, to t!ēła.
—— pēqwa, ʟɛqa.
soar, to q!aᵋnē-.
socket of salmon spear-head pɛk·lɛxsdē.
soft tɛlqwa.
soft end of root q!wayotsla.
soften anger, to tɛmɛlqwa.
soil dzɛqwa.
—— t!ɛk·a.
—— to āmāk·-.
song, love sāl-.
son-in-law nɛgûmp.
soot q!wałōbɛs.
sore eyes yîlqa.
soul bɛxᵋunēᵋ.
southeast wind mɛła, mēʟa ?
span baʟa.
—— thumb to bent first finger ʟlākwa.
—— angle of thumb to tip of first finger sɛxᵘtslā (?).
spark anōbēx.
—— to emit —s ʟ!ɛmsa.
sparrow gwēdza.
spawn, to p!ɛxuʟa.
—— xwēlō.
—— , to (herring) wasa.
spawn of salmon gēᵋna.
—— of herring aɛnt.
—— —— halibut tsäplēdzē.
speak, to yāq!-.
—— dōt- (Kos, Ne).
—— badly of some one hēnak·lāla.
spear, to sɛk·a.
—— salmon t!āqwa, t!ātlaq!wa.
—— —— qāqɛlxᵋa (Dzawadɛēnoxᵘ).
—— —— t!ōxwa (Dɛnax·daᵋxᵘ).
—— devilfish sēq(a).
—— to bring in a floating object with a pole k·āk·îłtsɛma.

speck, spot tōpāla.
spectator, to be a x·îtslax·îla.
spider-crab k·lînwîs.
spin sinew, nettlebark, to, mēt!a, tōxᵘ-.
—— double thread gɛlxᵋid.
spine of porpoise (?) dōgwił.
spirit, a q!ālaʟɛlē.
—— hayałilagas.
spit, to kwēsa.
splash, to tɛlk!wāla.
—— kusx·ɛsgɛmlis.
splice in warp of basket q!amyû.
split open game, to yîmła.
split, to hōxᵘ-.
—— roots, wood pa-, tōl-.
—— in falling sētk·lōt!ɛn, tslɛta, dzɛta, dzɛxa, dzɛltslaakᵘ, kûq-.
split boards, to k!unaxwa, k!wāq-.
—— salmon q!wā(xs)-, q!wēta, x·it!ēdamas.
—— wood xōts!ēg·a, xōxᵘ-.
—— boards łat!a.
—— fuel ʟɛmk·a.
—— wood ʟɛnᵋya.
—— down salmon ʟēqwaxa.
split, to; split runs outward in board making pēlaxᵋwîd.
splitting bone (?) sɛg·ɛnōdzē (one and one-half finger-widths ?).
splitting trees, implement for dɛxayo.
spoil, to aᵋmēł(a).
spoiled child nɛxᵘsōkᵘ.
spongy mołta.
spoon k·as-, k·atslēnaq, ʟlāx·ēm.
spot, speck tōpāla.
spout, to ʟ!ālᵋid.
spread over, to haʟɛxsɛmd.
—— legs yîʟa.
—— roots lɛlx-, gwēl-.
—— legs gāxała.
—— tree qɛta, q!wāxɛmd.
—— out sea-grass, kelp łɛx-, ʟɛp-.
—— out stomach ʟ!ēp!ɛqała.
sprig in neck xeyāp!ē.
sprinkle, to tēlx·ɛg·ɛʟɛyînd (t!ēlx·ɛg·ɛʟɛyînd?), xōsa.
—— down tsēłaxalala.
sprout, to tɛmx·alîs.
spruce ālēxᵋ-.
—— ānēwas (Kos).
—— young k·lîq!us (stuck in ground).
square k·lɛwulxᵘ-.
—— timbers k·lēk·lɛwûlxᵋûn.

squeeze, to q!wêsa.
—— in, to qɛta.
—— out, to x·ix·ts!öd (x·îk·- to strip off).
squid bones dâp!ɛndzô.
squirrel tămînas.
squirt out of mouth, to sɛÍbɛx̣ᵁ-.
—— to ts!ɛtx·-.
stab with knife, to ts!ɛx̣wa.
staging q!ɛl-, qaq!â-, k·!agîl.
stake, to xɛnyas
stand, to *sing.* ḷax̣ᵁ-.
—— *pl.* q!wa-.
—— apart tsaq-.
—— on (?) lɛnqâla.
—— on edge k·!ôx̣ᶜwîd.
—— in row dɛnx̣ᵁ-.
—— —— —— haqowênêk·ala.
standing water q!ô-.
star t!ôt!ô.
starfish gâdzɛq. (*See* cross.)
start (canoe), to sap-, sɛpa, ḷɛx̣ᶜêd.
starve, to pôx·ᶜîd.
stay, to lɛlâlᶜa.
—— with gwâgwatala.
—— at home âmlêx̣ᵁ-.
—— away xɛk·!a.
—— over night xaᶜma.
—— in form xak·!âla.
steal, to g·îlôl.
steam, to nɛk·a, q!ôla, k·!âla.
steelhead-salmon g·ɛxwa.
steep tsêta.
stem of plant yîsx·ɛn.
stench k·îxûla.
step on, to t!êpa.
—— over a log, to gâx̣ᵁsɛq!ɛnd.
step-father aᶜwatsôᶜ. (*See* aw-.)
step-mother abatsôᶜ. (*See* ab-.)
stern-seat of canoe ḷat!ɛxḷêᶜ.
stern first, to go hɛᶜx̣ᵁdzɛgɛmâla, gwäma-.
stick on, to l!ɛnx·ᶜîd, k!ûta.
—— out xwêta.
sticky q!ɛnkwa, q!anqa.
stiff l!âxa, lêguLêla, lɛmx̣wa.
—— (to set) lɛmqa.
stingy awɛlq!as.
stir, to quq!ug·ala.
——, move xêmg·îls.
—— ripple gol-.
—— a fluid xwêta.
stomach of halibut môqûla.
—— pit of wasdɛᶜma.

stone t!êsɛm.
—— lɛk·!aa (Ne).
—— and wood, pile of t!êqwap.
—— dagger nɛbayu, ḷaxstala.
stop, to gwa-, wula, wâla, gwayak·!âla.
—— crying L!ɛxᶜâla.
—— flood stops rising q!ôq!waqô.
—— speaking q!wêla.
storm yôgwa.
stout pɛnla.
straddle, to gaxᶜɛn.
straight ːɛqa.
straighten out a bend, to, an elastic object dzakwa.
streak kûsx·âla.
—— red —s on body gwaxa.
—— —— when washing body wêpa.
stretch out, to lɛta, l!âq-.
stretch rope, to dôxwa.
—— out, make room sa, dzêk·a.
—— leg dzêkwa.
—— skins k·!îk·a.
strew on, to q!ûpa.
strike with fist, to mîx·a.
strike something on water, canoe k·îqa.
strike together, to k·!ɛqaxsdɛndâlap!a
—— with weapon k·!êlak·a.
—— —— fist got!a.
—— waves qûl-.
—— with sticks xñsa.
—— with round thing lɛsa.
—— branches with hands lɛqɛlgâs.
string qûla.
string têgwêlɛm.
string up, to têtɛx̣ᵁbala.
—— bow qata.
strip off, to x·îk·âla, qɛmxâla.
striped mas-.
strips, in wîwɛlx·s.
strong lôkᵁ-.
stye l!ɛltô.
suck, to k!ûmta.
—— shaman sucks disease k·lôxwa.
suddenly ôdax·ᶜîd.
suffer, to lâlax̣wila.
suicide, to commit q!ûlôg·ila.
summer hêɛnx.
summer-seat awaqwêᶜ.
sun l!êsɛla.
supernatural power ᶜnâwalakᵁ.
supper g·ôltâla.
surpass, to (?) mâyaLas.

surprised, to be q!áyaxa (from q!ō- many).
swallow māmaɫek·la.
swallow, to nɛxwa.
swamp nax·ɛla.
swan gɛgôqᵘ.
sweep, to; to clear house ĕkwa, xĕkwa, xĕkŭldzôd.
sweetheart ɫâla.
swell t!ôxwa.
swell, to bôla, pôsᵋīd, haqa.
swim, to ma.
—— gɛlqa (Kos).
swing, to xwĕxᵋīd.

t

tail of porpoise k·îts!ɛxsdē.
—— fish tsɫäsnēᵋ.
take, to ax-, da, sɛnx- (?).
—— with tongs k·!!pa.
—— down t!ɛkᵘ-.
—— by side tĕtɛgɛnôd.
—— spoon out of box tsɛg(u̇ɫts!ôd).
—— out ɫɛxᵘ-.
—— with hands xamax·ts!äna.
—— fish out of water k!ûlsa.
—— fish off line k!ûsa.
—— up stones tsĕkulis (?).
—— off roof x·ɛsäxôd.
—— hold (?) q!waɫxo-.
take off blanket, to x·ĕtôd.
take care yāɫ!â.
talk, to dɛntɛla.
—— gwägwĕx·sᵋala.
talkative, to be k·ât!ala (?).
tallow yɛxⁿsɛmēᵋ.
tallow-eater (?) gôguɫbɛts!ala.
tangled xôlᵋîd.
—— rope q!ɛk·!ɛlsa, q!âq!ɛɫ!ɛga, ts!ĕ-ts!asôᵋ.
tapering fingers hĕwägɛmx·ts!äna.
taste, to p!ɛqa.
taut tsɫäsa.
tear a flat thing, to k·lôpa.
—— off k·lôdzôd, kwapôd.
—— to pieces k!uɫk!uɫpsᵋala (Ne).
—— calico, mat qwäpa.
—— in strips quɫɛm-
—— off xwäsodala.
—— up ɫ!ôkwa.
tears gwäsɛm.
teaze, to mĕɫa.
tell, to nĕla.
ten nɛqa.

tense, tight ɫ!ɛnk·a.
testicles (?) xwata, xwäxadɛnē.
thank, to môla.
that yî-, hē.
—— (conjunction) qa.
thick and round ɫɛkwa.
—— —— flat wâkᵘ.
—— paste, fog gɛnk·a, wŭlgɛmē.
—— with —— bark wäxᵘwûnēᵋ.
thicket (?) q!ɛq!anêl.
thin pɛl-.
——, slim wîl-, ɫ!äyak·a.
thine qôsa, hôsa.
think, to sɛna.
this yû-, g·a-.
this side gwas-.
thorough (?) ᵋnäkwēᵋsta.
thou sô.
thought of; referred to gwɛᵋyô.
thread q!anyu.
threaten, to gĕnała. nâla.
three yûduxᵘ.
throb, to tɛmlɛla.
—— (a boil) tɛkula.
throw down flat thing, to pɛlk·a.
—— long thing sɛpa.
—— round thing, stone ᶠnɛpa.
—— away (things that are of no further use) ts!ɛqa.
—— with sling yînk·la.
throw down salmon, to; to count mats, blankets k·!ɛqa.
—— into fire t!axts!âla, ts!axɫâla.
—— sweepings out of house k·lât.
—— on, to spread over gɛxᵘsɛq!ɛnd.
—— anchor q!ɛlsa, q!ɛlstɛnd.
—— stones ɫɛk·a (game).
thrush waxᵘwaxolē, tsôp!alē.
thumb qôma.
thumping noise kûnwata.
thunder kunx̣wa.
thus gwĕ-.
thwart ɫɛx·ɛxsē.
tide x·ats!a.
—— maker waôyak·ila.
tie, to yîɫ-.
—— with half hitch mäx̣uyîd, môkwa.
—— string on k·!ɛlk·a.
—— hands held back k·l̄îts!ēg·ēᵋ.
—— around qɛx·a.
—— mat to back qāqak·ɛn.
—— around q!ēpɛn-.
—— on q!ûs-.
—— with knot q!udzɛmk·lînd.

tight, closed up ăm-.
tight, tense Lǃɛnk·a.
— covered entirely ámxa.
tilt hollow vessel, to qôqwa, qôqwaLā-mas, qǃôxwa, qôqwa, tsêta.
tired qɛlk·a.
toilet-sticks dē⁽xsdanô.
to-morrow ɬɛnsa, ɬɛnsLa.
Tongas ādaxɛnēsɛla.
tongs tsǃêsLāla, k·ǁpLālaa.
tongue k·ǃlɛm.
— to put out ɛlqwa.
tooth g·ig·ä.
torch bɛxôt.
touch, to Labala, nɛxstá⁽ya.
— each other xāLāla.
tough LasLǃɛxdzô, tsǃɛxa, tǃɛmkᵘ.
tow, to dāpa.
towards gwa, gwagw-, gûyînx-.
towel dēdɛg·ɛyô.
trail tǃɛx·îla.
travel by canoe, to mɛlêxɛla.
— over land tsǃêqwa.
treasure, to find a Lôgwê.
tree Lôs.
tremble, to xunāla.
triangular k·lôk!uǃnôs.
tribe g·ôkûlôt, lɛlqwālaLê⁽.
trickle down, to tsêx·axɛla.
troll, to dôkwa.
trolling hook galôdeyu (Kos).
— line of hair māg·aanowê.
trouble tsênaxula.
trouble oneself, to qǃayaqɛla (qǃô- many).
trout gôla.
try, to guna.
— one's strength gwanL-.
— one's luck wāwuldzôwa.
— out oil sɛmk·a.
tub, wash- mālatsǃɛs.
tuck in, to dzôpa, gapǃɛqa.
— between g·îpa.
tumble into water (seal), to Lǃêx·sta.
turmoil Lɛaanālag·ilitsum.
turn, to mɛl-.
— head mɛlsɛla.
— right side up taxa-, gwē⁽sta.
— back qǃwāqwala.
— around x·îlpa.
— over xwêla.
— — lêx·a.
— head away lôxwa.

turn, inside out Lǃêpa.
— up ends Lǃôsnak·ɛlîs.
— away face in shame Lɛmsa.
twelve gäg·iwāla, g·äg·iwala (?)
twenty maltsɛmg·ustâ.
twice malpǃɛn.
twilled sɛwɛlkᵘ.
twining xwêmê-.
twins LǃāLǃa⁽yatsǃê.
— mother of — yîkwîl.
— name of yäyîxwê.
twist, to mɛt-, mɛl-, sɛlpa-, sɛlqwa, k·ǁpɛla.
— off qǃwap, qǃwêqula.
— to pieces pǃôqwa.
twisted box kǃwêxᵘsɛmala, sɛlxsɛmala.
twitch, to mɛta.
two ma⁽l.

u

ulna barbata dôdɛgwig·ē⁽.
unassailable nēnas⁽îd.
uncle qǃulê.
uncles wî⁽wômp. (See aw-.)
uncoil, to dzakwa.
uncover, to lôs⁽îd, lêtlêd, xāmak·ǃîn- ga⁽lîl.
under bɛn.
understand, to s⁽yôsɛla.
undress, to xɛnx⁽îd, lêta.
uneasy, to be nānox⁽wîd, g·ô⁽lala.
unfinished (paddle) xɛtsla.
unfold, to dāl⁽îd.
unmixed, pure sayôqwa.
unripe, raw k·ǃɛlx·ʜ.
unsteady (canoe) k·ǃɛnwāla.
untie, to max·-, gata.gudɛsgɛmd, qwêla.
unusual ô⁽mîs.
up êk·ǃ
— river ⁽nal-, ⁽nɛl-.
upset, to qɛp-, qapa.
urethra g·îlxas, Lǃadzâxs (Ne).
urinate, to, man k·ǁlqa.
— woman äsa.
urine kwätsǃê,

v

vain, in wuǃ-.
vaccinium globulosum kuxālas.
vagina ⁽ns⁽xᵘ.
vanish, to hăkǃwa.
vanquished yālasô⁽.
vein of leaf, ridge tǃɛnx-.

VOCABULARY

very Lôma, xᴇnlᴇla.
vetches k·!âk·!aqwâma.
viburnum t!ᴇls.
virgin k·!ĕ⁵yäla.
visible, salmon is —— in clear water q!ulbaⁱtâla.
visit, to qêla.
vomit, to hôqwa.
vulva ⁵na⁵x̣ᵘ.

W

wade, to ta.
wail, to q!wa⁵sa, ⁵laqᵘ-, q!ömala, lᴇl·gwa⁵l⁵id.
waist qᴇnas. (*See* qᴇx·-.)
wait, to ôlala, ĕsᴇla.
—— for something awᴇlq-.
walk, to qūsa, tôx̣ᵘ-.
—— on four feet g·îla.
—— up river nᴇx⁵usta.
—— on rock nᴇk·ᴇlâla.
—— about q!unâmĕ⁵stala.
walking-place g·âyagas.
want, to be in ⁵alux̣wîla.
war wîna.
warm oneself, to tᴇlts-.
warn, to hayôʟ!ala.
warning cry, birds utter —— âma⁵lᴇla.
wart t!ᴇmsē⁵.
wash, to tslôx̣ᵘ- gus⁵id (Ne).
—— hands ts!ᴇnkwa.
—— with urine kwâsa.
—— washed in wolf's dung as protection hâdzᴇkᵘ.
wasp nest hamdzats!ê.
watch, to q!â⁵la, q!âq!ala, q!âgᴇma⁵la, dôqwa, hâgw(a⁵la).
water ⁵wâp.
water lily lĕ⁵wa⁵yasa ts!âwĕ (=beaver's mat).
water-logged (canoe) lâk·âla.
water-tight âmxa. (*See* âm-.)
wave gᴇlē⁵.
waxwing k·!aak·!ĕdᴇxlâ (=flat knot on head).
weak lᴇkwâla, waôyats!âlu, halē.
weary, to grow pᴇk·!âla.
weave mat, to k·!ᴇta, yîpa.
—— in broad strips gadzᴇqa⁵la.
weaving-frame for blanket, cape t!ᴇnaxtôl.
wedge ʟânut, lᴇmk·a.
—— -bag q!waats!ê, ʟadats!ê.

weir for salmon ʟâwayo, ⁵mᴇ⁵wê.
well! wä.
well ĕg·akᵘ.
wet lᴇx⁵ĕd, k!ûnqa.
—— through ʟâqa.
wet, to mᴇlx⁵ûnd.
whale gwêk·-.
—— dried —meat mômxᵘsᴇm.
what ⁵mas.
where ⁵wi-.
whisper, to ôpa.
whistle, to ʟᴇx·îxsa, pêl-.
—— steamer whistles hôxwa.
white ⁵mᴇla.
—— (bone) mômx⁵un.
—— spotted body p!ôk!un.
—— hot mᴇnl-.
—— man mâma⁵la.
who ângwa.
whole sᴇn, säg·ᴇna (?).
wide and broad ⁵wadzo.
wide and round lêxa.
width of flat hand laxdᴇn.
wife gᴇg·-.
—— fellow— dag·inol.
wild lâwis.
wind, cold yôya.
wind around, to qᴇx·a.
—— up, to k·!îlk·-.
windpipe pĕts!ᴇxô⁵.
wing k·âma.
winkle g·îlayu.
winter tᴇlâwûnx.
wipe, to dä.
wise wusdâla (Kos).
wish, to ⁵nêk·.
—— some one to die, to curse hânkw(a).
witchcraft ĕqa, ĕs⁵aqa.
with ʟô⁵.
wither, to x̣ûlsa.
withered leaves, berries lᴇq!ᴇms.
withes, cedar— dᴇwêx.
wolf âlanᴇm.
—— xwâxwĕlêk·!a (trying to throw on back *viz.* deer); wiwaqᵘ, nûn, olêg·în, alôlênoxᵘ.
wolverene nâʟlē.
woman ts!ᴇdâq.
wonder, to lᴇkûmq!us (=weak).
wood, a tough— ts!âx·îns.
wood, fire— lᴇqwa.
—— drift wood q!ĕxala.

woodpecker (Gardner's) Lǎʟanaiɬ.
woods qǃwaxolkwala.
woodworm yāqwē.
woof of basket x̱wēm.
wool pǃaʟɛm.
word wāldɛm, *pl.* wâldɛm.
work, to ya-, maôsᵋîd (Ne).
—— in wood. g·ɛta.
worm qǃaᵋlawê.
wrap, to qǃɛnêp-.
—— around sā (?).
—— around in hand sax·tsǃanala, qǃwêqula.
wrapped behind a man, blanket tǃêtsǃ-ɛxsdāla.
wrecked (canoe) ɬǎk·ǃa.

wren xwātǃa, kwǐlk·â (New).
wriggle through, to x·ǐlx·ǐlkǃutǃɛyu (?).
wrinkle, to qǃɛlxa.
wrinkled mouth ɬɛnbɛʟǃɛxôᵋ.

Y

year, next âpsɛyînx. (*See* âps-.)
yellow ʟǃêxa.
yellowish môqwa.
yew-tree ʟǃɛmqǃa.
yield, to lɛᵋlaêxᵋêd.
youngest child ǎmaᵋînxêᵋ. (*See* ǎma-.)
youth hêᵋla.

Z

zigzag waileqayaʟa.

XII. CRITICAL REMARKS

While a full critical discussion of the material contained in the present volume must be reserved for another occasion, it seems desirable to add a few remarks which indicate its character and value from the points of view of contents and form. The method of collection and the evidence for the reliability of the material as such were briefly set forth in the introduction. On the whole, discrepancies are so few in number and the period of recording is so long that the information as such evidently deserves full confidence. Furthermore, wherever I have been able to check it with my own inquiries among various individuals belonging to various tribes, I find the agreement quite satisfactory.

The phonetic rendering of the material is not quite what it should be. The writer is so inconsistent in the use of accents and quantities that for all the records made in later years I have dispensed entirely with accents. All the material recorded before 1901 was read to me and corrected according to the reading. For some time after this year I added accents according to my knowledge of the language, but since the clear memory of the pronunciation gradually weakened, I preferred to omit accents altogether rather than trust to my judgment.

In the reproduction of sounds there are a few difficulties. The difference between voiced sounds and fortes is not always recognized by Mr. Hunt. The sounds b and $p!$, d and $t!$, $g^{\cdot}$ and $k^{\cdot}!$, g and $k!$, $\underline{g}$ and $\underline{q}!$, $\underline{L}$ and $L!$, dz and $ts!$ are often confused, particularly the two last-named pairs. Whenever I call Mr. Hunt's attention to these sounds he distinguishes them clearly, and I have sent him long vocabularies with doubtful sounds which he has corrected, and these corrections are undoubtedly valid. It is not necessary to quote examples from his texts to illustrate this point, because these errors appear throughout the whole period, although they are much more frequent in the early years than in the later ones. During the first few years voiceless and voiced sounds were also sometimes confused.

The distinction between $x^{\cdot}$, x^u, and x is also uncertain. The transition of $x^{\cdot}$ into $^{\epsilon}n$, of x^u into $^{\epsilon}w$, and of x into $^{\epsilon}x$ before certain suffixes makes the distinction of these sounds possible whenever appropriate forms are found. I have tried to correct these sounds accordingly. In a few cases the discovery of such changes was made after the first part of the book was in print, so that there are a number of inconsistencies of this kind in the text.

Mr. Hunt found it most difficult to write the combination $^ɛx^u$, which is found in his texts generally in the form *aox*, because the *u* position of the labalized *x* is synchronous with the *x*. Since the combination *aox* occurs also in a number of words, there is a doubt sometimes what is meant.

The vowels *e* and *i*, and *o* and *u*, are equivalent and must be considered each pair as the same sound, the character of which is determined by the accompanying consonants. On the other hand, *ē* and *â* are undoubtedly distinct from *e* and *o*. This distinction appears clearly in a number of grammatical forms. I do not believe that the distinction has been consistently made by Mr. Hunt.

Much uncertainty prevails in regard to ɛ and *a*. Particularly in the composition of *wɛ* and *wa* I am always uncertain whether we should read *ŭ* or *wa*. Individually and dialectically there is much variation in regard to the pronunciation of these sounds. Nevertheless, the two are undoubtedly distinct, but I have not been able to determine in every case which is the right sound.

In all cases where a labialized *k* sound precedes a vowel Mr. Hunt prefers *wɛ* to *ŭ*. He writes, for instance, *gwɛ* rather than *gŭ*. I find that in my own records collected in 1900 I used both methods of writing, apparently differing according to the individual informant. In Mr. Hunt's writings the same is true in the case of the diphthong *au*, for which he prefers ɛw as in *ᵋnɛwalak*ᵘ or *ᵋnawalak*ᵘ rather than *ᵋnaualak*ᵘ.

Certain grammatical mannerisms appear in the texts, sometimes continued over a fairly long period of time and changing from year to year. In the texts which I collected myself from other informants and which were published in the Columbia University Contributions to Anthropology, Volume II (Kwakiutl Tales), the subject, when a definite common noun without possessive pronoun, is almost always introduced by -*ēda*. Mr. Hunt uses in certain periods of his writing almost always the form -*a* instead of -*ēda*. In my text this form is very rare. At still other times he uses -*xa*, which is the pronominal element for the object and for the apposition. In many cases this form is evidently wrong, while in others it may be explained and accepted in the sense that the subject is conceived as an apposition. I am under the impression that in the dialects north of Fort Rupert this usage occurs rather frequently, although I am not certain that this explains Mr. Hunt's temporary mannerism.

From time to time other errors appear, as, for instance, the use of verbal forms in -*a* after the conjunctional *qa*, which should always be followed by an -*ē* in the verbal suffix. Uncertainties regarding the final vowels -*a*, -*ē*, -*ē*ᵋ, -*a*ᵋ*ya* and -*â*, -*ō*, -*ō*ᵋ*wē*, -*ō*ᵋ*yē*, *ōyē*ᵋ appear in almost all parts of the text.

A few definite examples in regard to these matters are given in the following lines.

In answer to specific inquiries, Mr. Hunt has given the following forms as correct:

1. Wä, lāᵋlaē yāqǃɛg·aᵋla qǃûlyakwē bɛgwänɛma.
   Wä, lāᵋlaē yāqǃɛg·aᵋlêda qǃûlyakwē begwänɛma.
   Then, it is said, spoke the old (absent, invisible) man. The second form points out the subject more emphatically.
2. Laɛm ᵋnɛxᵋûntsēs Lǃɛntsɛmē ᵋnɛxᵋûnaᵋya.
   Laɛm ᵋnɛxᵋûndɛsēs Lǃɛntsɛmē ᵋnɛxᵋûnaᵋya.
   Now he put on his bearskin blanket. The second form is more emphatic in regard to time sequence(?).
3. Wä, g·îlᵋɛmᵋlāwisē qǃûlbaxa tsaxāla laaᵋlasē dɛnxᵋēdɛsa qǃɛmdɛmē.
   Wä, g·îlᵋɛmᵋlāwisē qǃûlbēda tsaxālāxa laaᵋlasē dɛnxᵋêtsa qǃɛmdɛmē.

As soon, it is said, as the time beating was at an end they sang the song. In the former sentence tsaxālā is object, in the latter subject. In the former the subordinate clause is not introduced. In the latter it is introduced by -xs and the time sequence is emphasized.

4. Lä dɛnxᵋēdēda bɛgwänɛm
   The (near, visible) man sang.
   Lä dɛnxᵋēdxa bɛgwänɛma.
   The (absent, invisible) man sang. In this and the following the subject must be conceived as apposition.
   Lä dɛnxᵋēd yîxa bɛgwänɛmêᵋ.
   The (pointed out) man sang.
5. Wä, laɛmᵋlaē hēwäxa x·îslēdaxa g·ōkwē.
   Wä, laɛmᵋlaē hēwäxa xᵋîsᵋēdēda g·ōkwē.
   Then the house never disappeared.

The original manuscripts of the data published here and in Volumes III, V, and X of the Publication of the Jesup North Pacific Expedition and in the Kwakiutl Tales, Columbia University Contributions to Anthropology, have been deposited in the Library of Columbia University.

On account of the variation in phonetic writing and in grammatical form which occur from time to time, it seems necessary to give a chronological table of the order in which the manuscripts were received.

The following abbreviations have been used: C for Columbia University Contributions to Anthropology, Volume II, Kwakiutl Tales; III, V, X, for Volumes III, V, X, of the Publications of the Jesup North Pacific Expedition. All other references refer to page and line of the present volume: 620.1, for instance, means page 620, line 1.

SERIES I.—MATERIAL COLLECTED 1899–1901

Manuscript.	Printed page.	Manuscript.	Printed page.
(1–622)	(Published in III)	663–693	620.1–637.25

SERIES II.—MATERIAL COLLECED IN 19 0

Manuscript.	Printed page.	Manuscript.	Printed page.
(1–39)	(Published in C)	75–84	705.1–710.3
40–49	644.1–648.18	(85–107)	(Published in C)
50–55	603.1–605.65	(108–472)	(Published in X)
(56–74)	(Published in X)	473–479	1279.1–1282.70

SERIES III.—MATERIAL COLLECTED 1903-1904

Manuscript.	Printed page.
1′–659′	Published in C and X, also including Nootka Traditions in English
659′–685′	English
685′–718′	Not published
719′–721′	309.19–310.35
722′–726′	315.1–316.34
727′–728′	V 429
728′–731′	316.1–317.21
731′–732′	V 429
732′–733′	317.22–318.32
734′–735′	308.1–309.18
736′–737′	309.15–309.18
738′–743′	318.1–319.35
743′–746′	236.17–237.46
746′–751′	322.1–323.27
752′–754′	225.1–226.16
754′–766′	V 430–433 and 323.1–325.40
766′–771′	227.1–228.38
771′–777′	V 433–435
777′–778′	325.1–325.8
778′–779′	223.1–223.10
779′–781′	226.1–227.33
781′–784′	V 435–436
784′–785′	325.9–326.20
785′–788′	V 436, 437
788′–791′	326.20–327.38
791′–820′	Not published
821′–825′	229.1–230.36
825′–843′	V 437–443
843′–845′	312.1–312.21
845′–847′	V 427, 428
847′	312.21–313.26
848′–857′	305.1–318.81
857′–862′	223.11–225.47
862′–868′	319.1–322.56
869′–870′	313.27–313.38
870′–874′	310.1–311.36
875′–876′	302.1–302.13
876′–877′	609.1–609.8
877′–880′	303.14–304.47
881′–882′	609.10–610.20
882′–885′	313.1–315.33
886′–888′	230.1–231.25
889′–892′	327.1–328.31
892′–893′	241.28–241.42
893′–896′	328.32–329.56
896′–902′	610.21–612.78
902′–907′	348.1–350.4
907′–912′	231.1–234.54
913′–917′	329.1–331.43
918′–924′	Not published
925′–927′	238.15–239.40
927′–933′	350.1–353.52
933′–934′	612.79–613.88
934′–937′	239.1–240.27
937′–943′	346.1–348.57
943′–945′	234.1–235.20
945′–953′	331.1–334.72
953′–955′	237.1–238.14
955′–957′	342.1–343.27
958′–959′	235.1–235.14
959′–966′	339.14–342.82
967′–968′	235.1–236.16
968′–971′	343.28–344.50
971′–975′	344.1–346.36
975′–980′	334.1–336.45
981′	Not published
982′–985′	336.1–338.42
985′–986′	338.1–339.13
987′–990′	353.1–354.38
990′–995′	355.1–357.52
996′–1011′	V 472–480
1011′–1030′	241.1–249.71
1030′–1034′	357.1–359.42
1034′–1042′	249.71–252.33
1043′–1091′	360.1–379.39
1091′	V 480
1091′–1096′	V 332–333
1096′–1102′	V 480–482
1102′–1131′	379.1–391.24
1131′–1133′	253.1–253.21
1134′–1137′	391.25–393.62
1138′	185.13–186.18
1139′–1141′	292.1–293.22
1141′–1142′	483.1–484.18
1142′–1147′	293.23–295.67
1148′–1152′	Not published
1153′–1156′	514.1–515.34
1156′–1158′	295.68–296.85
1158′–1159′	515.1–516.12
1159′–1162′	184.1–185.24
1162′–1166′	254.1–255.32
1167′–1181′	422.13–428.56
1181′–1182′	195.1–196.13
1182′–1199′	517.1–524.47
1200′–1203′	516.13–517.41
1203′	428.57–428.60
1304′–1329′	Not published
1330′–1334′	1298–1299
1342′–1344′	1293

Series IV.—Material Collected in 1908

Manuscript.	Printed page.	Manuscript.	Printed page.
192–196	152.1–154.37	535–536	614.28–615.43
196–198	185.1–185.13	536–557	474.36–483.69
199–204	V 483–485	557–558	154.1–154.18
204–211	405.1–408.67	558–573	488.1–494.4
211–222	393.1–397.97	573–581	163.1–166.75
222–230	V 376–387	581–591	494.1–498.88
231–232	613.1–614.15	592–610	499.1–506.51
233–236	V 388–389	611–613	150.1–151.21
236–239	181.1–183.36	613–619	506.1–509.18
239–243	408.1–409.36	620–630	484.19–488.55
243–250	V 485–488	630–634	509.19–510.52
250–258	397.1–400.68	635–637	155.19–156.45
258–261	400.1–402.35	638–646	510.1–514.78
261–263	402.1–403.29	646–649	498.1–499.19
263–268	403.1–405.43	649–654	159.1–160.41
269–272	617.1–618.29	654–659	161.42–162.86
273–285	V 350–355	660–662	183.1–184.20
286–290	V 324–325	662–668	410.1–412.65
290–293	109.17–111.46	669–670	413.66–413.83
293–336	V 355–367	670–671	157.1–157.11
295	615.44–615.49	672–680	413.1–418.91
317–318	615.50–616.59	681–684	157.12–158.49
336–339	173.1–174.35	684–690	178.1–181.62
339–343	441.1–442.33	690–698	418.1–421.82
343–351	428.1–432.84	699–704	146.1–148.57
351–361	432.1–436.94	704–711	115.1–118.56
361–371	436.1–441.48	711–720	134.1–138.58
371–377	443.15–446.19	720–723	142.16–143.11
377–378	443.1–443.14	723–729	186.1–188.60
379–384	102.1–104.52	729–750	527.1–534.31
385–387	143.12–144.38	751–768	188.1–193.96
387–398	120.15–125.15	765–766	618.1–619.10
399–401	125.1–127.36	768–773	166.1–167.32
401–403	109.1–109.17	773–775	193.97–194.27
403–411	127.37–130.38	775–799	535.1–544.11
411–419	94.1–97.85	791a–792a	194.1–195.11
420–421	120.1–120.14	792a–796a	557.1–559.46
421–423	93.1–94.23	797a	195.12–195.28
423–430	98.12–101.40	799a–802	524.1–526.35
431–436	57.1–59.60	803–804	196.14–197.31
437–457	V 496–504	804–807	526.1–527.21
457–465	446.1–450	807–809	197.1–198.22
466	750.4–750.8	809–823	544.1–550.26
466–467	608.23–609.32	824–828	198.1–200.42
467–468	V 501	828–837	550.1–553.35
469–470	608.15–608.22	838–842	149.1–150.42
469–477	174.1–178.91	843	139.18–139.22
477–520	451.1–470.46	843–845	200.1–201.22
479–480	607.9–608.14	845–856	553.1–557.96
520–522	151.22–152.36	857–858	619.15–619.28
522–534	470.1–474.35	857–863	130.1–132.42

Series IV.—Material Collected in 1908—Continued

Manuscript.	Printed page.	Manuscript.	Printed page.
863–864	139.1–140.8	1101–1104	754.1–755.28
864–867	144.1–146.33	1104–1109	581.35–583.16
867–874	201.1–203.55	1109–1118	296.1–300.82
874–926	60.1–81.72	1119	216.1–216.2
926–928	203.56–204.72	1119–1122	118.1–119.29
928–939	560.1–564.23	1122–1124	138.1–139.17
940	204.1–204.31	1124–1128	216.3–218.44
940–942	155.1–155.18	1129–1140	281.1–285.97
942–944	204.3–205.23	1140–1167	82.1–92.42
944–955	255.1–260.11	1167–1179	755.1–760.10
955–963	167.1–171.86	1179–1185	300.1–302.55
964–967	260.12–262.55	1186–1189	583.17–585.51
967–970	132.1–134.34	1189–1192	585.1–586.25
971–973	262.55–263.79	1192–1193	211.1–211.6
973–982	564.24–569.19	1193–1196	140.17–141.42
983–988	205.1–207.53	1196–1199	211.7–212.33
988–1000	264.1–269.14	1199–1201	760.1–761.22
1001–1002	59.61–60.78	1202–1219	586.1–593.55
1002–1017	269.1–275.38	1220–1228	213.1–214.73
1017–1025	569.1–572.29	1228–1234	286.1–288.45
1026–1030	208.1–209.37	1234–1237	171.1–172.27
1030–1043	275.1–281.25	1237–1242	288.45–289.88
1044	572.1–572.4	1242–1275	762.1–775.55
1044–1054	104.1–108.98	1276–1283	593.1–596.38.
1054–1055	572.1–572.5	1284–1288	218.1–219.39
1055–1061	751.1–754.82	1288–1295	290.1–292.33
1061–1079	572.6–580.68	1295–1297	775.1–776.22
1079–1089	111.1–115.90	1298–1300	220.1–221.26
1089–1091	140.9–142.15	1300–1302	596.1–597.16
1091–1092	607.3–607.8	1303–1304	221.1–222.25
1091–1097	209.1–211.40	1305–1315	597.17–601.10
1097–1101	580.1–581.34		

Series V.—Material Collected in 1916

Manuscript.	Printed page.	Manuscript.	Printed page.
1–19	1080.1–1089.83	47	Not published
19–30	649.1–653.8	48–153	891.1–938.11
30–38	1089.88–1093.72	154–442	951.1–1073.38
39–41	653.9–654.33	443–446	793–794
41–43	606.1–607.29	446–450	1296–1298
44–46	655.34–655.57		

Series VI.—Material Collected after 1916

Manuscript.	Printed page.	Manuscript.	Printed page.
1–115	836.1–891.41	430–432	693.43–694.67
116–120	Not published	433	Not published
121–140	733.1–742.89	434–437	1246.55–1248.91
141′	Not published	437–440	1221.1–1222.30
141–315	1179.1–1246.54	441–501	1121.1–1147.78
316–337	1301–1315	502–538	820.1–835.44
337–430	656.1–699.53	539–543	795–801

SERIES VI.—MATERIAL COLLECTED AFTER 1916—Continued

Manuscript.	Printed page.	Manuscript.	Printed page.
543	835.45–835.49	947–950	782.1–784.27
544–547	Not published	951–962	788.1–793.29
547–562	1073.1–1080.41	951′–962′	Not published
563	Not published	963–1158	Not published
564–566	785.21–786.50	1159–1166	702.1–705.69
567–569	Not published	1167′–1172′	Not published
570–600	938.1–951.79	1167–1183	637.1–644.47
600′–606	802.1–804.59	1184–1223	Not published
607–681	1147.1–1179.67	1224–1227	1317.1–1318.37
682–739	1093.1–1117.84	1228–1241	Not published
739–742	779.1–780.26	1242–1295	1363.1–1385.6
743–749	699.1–702.56	1297–1320	1348.1–1358.23
749–757	776.1–779.64	1321–1352	Not published
758–760	Not published	1353′–1360′	Not published
761–796	713.1–728.16	1353–1360	1359.1–1362.72
797–832	805.1–820.81	1361–1370	Not published
832–841	1117.1–1121.88	1371–1382	1333.1–1338.6
842–847	784.1–787.35	1383–1392	Not published
842′–855′	Not published	1392–1397	1329.1–1331.45
848–886	1263.1–1277.69	1397–1398	1358.24–1359.38
856′–869′	1256.1–1260.22	1399–1405	1386.1–1388.65
870′–880′	Not published	1405–1411	1345.1–1348.63
881′–898′	742.1–749.59	1411–1412	1344.92–1345.100
899′–902′	Not published	1413–1416	1331.1–1333.37
900–904	Not published	1417–1421	1327.1–1329.43
905–910	781.1–782.40	1422–1433	1318.1–1324.15
911–912	Not published	1434–1436	Not published
913–916	728.1–729.31	1437–1442	1324.16–1327.67
917–919	Not published	1442–1446	Not published
920–927	729.32–733.2	1447	1338.7–1338.14
928–940	Not published	1447–1455	1340.1–1344.91
941–947	1290–1292	1455–1460	1338.15–1340.64

INDEX

	Page.
ABALONE NAMES	1267, 1275
of the Awik·!ᴇnoxᵘ, origin of	1261
of the Gwaʻsᴇla, origin of	1269
ABALONE SHELLS	1069, 1262, 1272
ADVISORS—	
supernatural	1131
invisible	1123, 1127
ASSEMBLY	928, 975
of chiefs of numayms	907
of numaym	891, 898, 958, 978, 981, 987, 994, 1008, 1029, 1031, 1037, 1042, 1054, 1063, 1091, 1360
of tribe	1012, 1358–1364, 1377
of tribe after death	1067
ATTENDANTS—	
of Cannibal	856, 861
of dancer	848, 873
Ãwik·!ᴇnoxᵘ, origin of Abalone names of	1261
BAIT FOR HALIBUT FISHING	1320
BATHING, for purification	1123
BATON, death-bringing	1216
BAX̣ᵛBAKWᴀ̄LANUX̣ᵛsīWAᵉ	1222
BEAVER DISH	806, 811, 814, 815, 816, 840, 962, 1040, 1349
BEGGING DANCE	856
BELIEFS—	
regarding food caught by deceased person	1330
regarding stones in stomach of halibut	1324
BERRY-CAKES, as tribute to chief	1337
BIRD-DANCE	876, 877
BIRDS, carvings of	807, 810
BIRTH—	
gifts four days after	841–842
of a child, announced to grandparents	877
BLANKETS—	
counting of	1055, 1067–1068
given in feast	1062
BLOOD MONEY	1362, 1378
BLOOD REVENGE	1359–1362
BLUE-GROUSE, as giver of supernatural power	1093
BLUEJAY, carries back men from spirit country	1120–1121
BRACELETS, copper	937
BROTHER, younger, rights of	1355
BULLHEAD DISH	813, 816, 818
BURIAL	973, 1067
tree	1120
BURNT-POINT	1139
CAMAS	893
CANNIBAL	1208
attendants of	856, 861
ceremonial	1167
dances of	1240

	Page.
CANNIBAL—Continued.	
excitement of	1070
head-mask	1174
mask	1148
pacified	1071, 1073
Rivers Inlet ceremony of	1176
CANNIBAL-AT-NORTH-END-OF-WORLD	856
CANNIBAL-DANCE	848, 850, 856, 860, 895, 909, 917, 929, 935, 1000, 1001, 1004, 1005, 1017, 1018, 1035, 1374
introduction among Nāk!wax·daᵉxᵘ	1011
put away permanently	862
CANNIBAL-DANCER	959, 982, 1007, 1081, 1084
and companions	1237
attendants of	848
eats feast	855
pacification of	937
performance of	1008, 1010
purification of	1009
slave killed for	1017
CANNIBAL MASKS	1000
CANNIBAL-POLE	856
CANNIBAL SPIRIT	1209
house of	1224, 1233
killed	1230–1233
CANNIBAL TAMER	1061, 1084
CANNIBAL WHISTLE	1070
CANOES—	
as tribute to chief	1338
four, in marriage ceremonial	1004
self-paddling	1221, 1222
war, preparation of	1369
wooing	1029, 1051, 1055
CARVINGS	856, 1119
bird	807, 810
crane	810
eagle	806, 810
grizzly-bear	805, 806, 856
representing men	814
wolf	820, 856, 1119
CEDAR-BARK—	
red and white	1005–1006
rings of, for nōnlᴇm	1035
white, burnt for purification	1173
CEDAR-BARK, red	849, 856, 867, 868, 1004, 1018, 1155
for speaker in Winter ceremonial	899
head ring of	850, 1154, 1197
neck ring of	874, 1071
represented on housepost	805
worn by shaman	1217
CEREMONIAL—	
Cannibal	1167
of Comox	892
See also Winter ceremonial.	
CEREMONIAL NUMBER. See Four.	

1475

1476 INDEX

	Page.
CHARCOAL, for painting face	899
CHIEF—	
festival after death of	1088, 1091–1092
leaves his tribe	863
of Sparrow society	1152
potlatch property given to	878
relation of, to tribe	1273–1277, 1333–1344
titles of	1354–1355
tribute to	1333–1344
young men work for	1043
CHIEF FOOL DANCE	966
CHIEFTAINESS DANCE	1148
CHILD—	
illegitimate	1073, 1094, 1106
ten months old, painting of	933
CHILDREN—	
divided in separation	895
singeing of hair of	825, 827
uninitiated	919
CINQUEFOIL ROOT, as tribute to chief	1335–1337
COMB	1224
COMOX	895
ceremonial of	892
marriage with	951
CONTEST BETWEEN MEN OF SUPERNATURAL POWER	1139–1147
COPPER, bracelets of	937
COPPERS	856,
	861, 883, 884, 889, 890, 903, 964, 969, 1024, 1072, 1079, 1083, 1087, 1088, 1111, 1112, 1113, 1114, 1351, 1352.
breaking of	822, 1115–1117
painted on house front	805
price of	1024, 1026
sale of	1115
CORPSE, used in ceremonial dances	1008–1009
COUNTING OF BLANKETS	1055
CRANE CARVINGS	810
CREST BOX	1354
CRUEL DANCERS	1158–1159
CUSTOMS—	
regarding blood of halibut	1324
regarding breath of warriors	1366, 1372
regarding fishing tackle	1323
regarding hauling of halibut	1322
regarding use of hemlock wreaths	1364–1365
regarding warriors' wives	1367
DANCE—	
Begging	856
Bird	876, 877
Chief fool	966
Chieftainess	1148
Dog	895
Double-headed serpent	959, 1085
Eagle	1004
Food	100
Fool	1374
Frog	928, 935, 959
Great Bear	1086
Great dance from above	1085
Great Fool	1086
Healing	876, 877, 1148
Hō̱x̱hok̓	1374

	Page.
DANCE—Continued.	
Land-otter	1034
Mosquito	1034
Mouse	1013
Nōtem	834
Nōnlem	1034–1037
of Chief's daughter	979, 995, 996
of Princess	1026, 1049–1050
Potlatch	896
Raven	1374
Salmon	895
Scattering	1035
Shaman	1004, 1005, 1018, 1019
Speaker	896
Thrower	965, 1035
Wasp	1158–1159
See also Cannibal; Fire; Ghost; Grizzly-bear; Hāmshāmts!Es; Rich-woman; War; Winter.	
DANCE HOUSE, speakers of	1164
DANCER—	
attendants of	873
cut into pieces	1143, 1145
substitute for	1034
transformation of	875
DANCERS, cruel	1158–1159
DANCING-APRON	873, 874
DANCING-HOUSE	870
DEATH—	
burning of property after	1329, 1330
caused by shame	1104
disposal of property after	1329–1331
water poured out after	1330
DECAPITATION IN WAR	1015
DENTALIA	1025
DEVIL-FISH, used as bait	1320
DISHES. See Beaver; Bullhead; Double-headed serpent; Dzonoq!wa; Eagle; Grizzly-bear; House-dishes; Killerwhale; Qolos; Seal; Sealion; Sea-monster; Sea-otter; Thunderbird; Whale; Wolf.	
DOG—	
hair of	1317
skin taken off of	1256
DOGS, protectors against enemies and witchcraft	835
DOG-DANCE	895
DOORWAY, in form of raven	1119
DOUBLE-HEADED SERPENT	812, 820, 952, 1117
carving of	805, 806, 1119
dance	959, 1085
dish	805, 849, 901, 1023, 1025
mask of	953
painting of	1349
representation of	816
sickness produced by spearing	1118
DREAM OF SUPERNATURAL BEING	946
DREAMS	1328
DZENDZENX'Q!AYO	815
DZŌNOQ!WA	1026, 1122
DZŌNOQ!WA DISH	806, 807, 813, 814, 1024, 1040
DZŌNOQ!WA LADLE	1024
DZŌNOQ!WA-OF-THE-SEA DISH	816
DZŌNOQ!WA POST	806

INDEX 1477

Eagle—	Page.
as watchman	856
dance	1004
dish	805, 814, 849
Eagle-down	1155, 1156, 1221
used in Winter ceremonial	809
Eagles—	
carved	805, 810
of Kwag·uł	820-822
rank of	1080
Eaters, new name of Winter dance society	1158
ElgūnwēⁱTHE	811, 1104
Face paint	1221
Family—	
histories	836-1277
privileges	1353, 1358
separation of	838
Father maltreats his son	1097, 1180
Feast	865, 991-993, 1043, 1060, 1072, 1114
and potlatch combined	1027
blankets given in	1062
house	1349
of chiefs	1115
name	841, 888
song of Neg·ḗdzē	1291
songs	1045, 1061, 1293
Feather mountain	1221
Festival after death of chief	1088, 1091-1092
Fight, sham	1051, 1056
Fire—	
in dance house	1219
spirits of	1209, 1331-1333
Fire dance	848, 1001, 1004, 1005, 1019, 1070
Fire dancer	1081, 1084
performance of	1010
Fishtraps, as property of numayms	1347
Flooding of house, magical	1143, 1144
Food dance	1000
Pool dance	1374
Fool dancers	1158-1159
Fort Rupert	882
establishment by Hudson Bay Company	973
removal to	1109
Four, the ceremonial number—	
four assistants of Hamshamtsḗs	1169
four canoes in marriage ceremonial	1004
four dancers	877, 892, 893, 1071
four dances given in marriage	851
four-day period for wearing cedarbark rings in nōnlem	1035
four days	818
four days interval	1202
four days, invitation for	1041
four days preparation for feast	1024
four days, purification after	1138
four days singing in ceremonial	869, 870
four heralds of Sparrow society	1178
four house-dishes	805, 962
four invitations to Winter ceremonial	1171
four men as messengers	1043
four months, novice stays away for	850
four months, time of initiation of novice	1149
four nights, dancers disappear for	977
four novices	1037
four slaves	969
four songs for ceremonial	873, 874, 1168

Four, the ceremonial number—Contd.	Page.
four songs of nōnlem	1034
four speakers	873, 877, 962, 1081
four steps, house with	954
four times bathing for purification	1123
four winter dances	966
four winters, cannibal dancer performance for	1017
four winters, period of dance of cannibal	1175
four wooing canoes	1029, 1051
four years, period of initiation	1130
Frog-dance	928, 935, 959
Frog dancer, song of	935
Frog war-dance	851, 897, 910, 1208
Frog whistle	1070
Game, as tribute to chief	1335
G·ā́xsēm	805, 816
G·ā́xsēm, Naḵwax·da̱ˣxᵘ, legend of	1179
Ghost-dance	897, 902, 904, 905, 906-928, 935, 959
lasso of	909
preparation for	906-913
Ghost dancer	1155, 1164
effect of, upon other dancers	911, 917-918
lassoing of	924-927
sacred room of	922
song of	915-917
Ghosts, cry of	911
Gift, supernatural	944
Gifts, four days after birth of child	841-842
G·īo·lg·ā́m	814
Girl, driven out after illegitimate marriage	1098
Great bear dance	1096
Great dance from above	1085
Great fool dance	1096
Greeting	852
form of	839
Grizzly-bear—	
carving of	805, 806, 856
house of	1224
painting of	806, 811
Grizzly-bear-at-door-of-Cannibal-at-North-End-of-World	858
Grizzly-bear dance	856, 895, 966, 1035, 1374
Grizzly-bear dancers	1158-1159
Grizzly-bear dish	805, 806, 807, 812, 816, 849, 864, 962, 1040, 1349
Grizzly-bear ladle	1024
Grizzly-bear of the sea, split, painting of	811
Grizzly-bear posts	805, 806
Gwa·ḗela, origin of Ahalone names of	1269
Gwḗtela	805
Hā́inalḗnā	812
Haáyalik·awēⁱ dance	813, 978
Hair—	
of children, singeing of	825, 827
of dog	1317
Hair-oil	1224
Halibut—	
belief concerning	1324
fisher, prayer of	1320-27
fishing, bait for	1320
methods of hauling ashore	1323
Hā́mshāmtsēs	876, 877, 902, 943, 947-948, 996, 1132, 1135, 1148, 1158-1159
assistants of	1168, 1171, 1175
bites spectators	1127

1478　INDEX

Hĭmshĭmtsĭes—Continued.　Page.
　ceremony of Kwăg·ul................... 1176
　cry of............................... 1127, 1150
　dance of.... 1000, 1086, 1127, 1171–1172, 1174–1175
　purification of....................... 1172–1173
Harpoon, as supernatural treasure......... 818
Head-mask........................... 874, 1208
　with ermine skins.................. 867, 868, 873
Head-ring—
　of mixed plants......................... 1195
　of red cedar-bark................. 880, 1154, 1197
Head-Winter-Dancer...... 1122, 1138, 1141, 1147
Head-without-Body.... 1132, 1140, 1165, 1169, 1171
　as protector of prince.................. 1126
Heads, exhibited after war................ 1379
Healing-dance.................... 876, 877, 1146
Hĕlĭk·ĭlaĹ................................ 869
Hĕmasxdô................................ 816
Hemlock branches...................... 1144
　for purification................... 1128, 1149
　used in ceremonial................. 1133, 1174
Heralds............................ 1162, 1170
　of Winter dance....................... 1159
Histories, family..................... 836–1277
History of the Dzendzenx·qlayo........ 1060
Host-song............................... 812
House—
　as supernatural treasure.............. 1203
　carvings of............................ 1041
　given in marriage............. 806, 964, 984
　of sea-monster......................... 809
　supernatural.......................... 1131
　with four steps................... 954, 960
House beams, payment for........... 1338–1339
House-dishes.................... 805, 806, 807, 809,
　　811, 814, 815, 816, 840, 849, 888, 958, 962, 991,
　　1023, 1025, 1033, 1040, 1059, 1061, 1062, 1349
House posts............................ 946, 1352
　payment for...................... 1338–1339
Hôxʷhokʷ dance......................... 1374
Hôxʷhokʷ dancers....................... 1159
Hôxʷhokʷ post.......................... 805
Hudson Bay Company, establishment of
　Fort Rupert by......................... 973
Hunters, taken to sea-monsters' house...... 809
Hunting grounds, as property of nu-
　mayms............................ 1345–1347
Inheritance........... 1113, 1114, 1348–1358
　of Eagle seats........................ 823
Initiation........ 860, 877, 904, 942, 969, 1122–1138, 1153
Insult—
　potlatch to numaym as.............. 1030
　small marriage gift as............... 1030
Invisible adviser................. 1123, 1127
Invitation.... 866, 990, 1041, 1045, 1060, 1156–57, 1170
　formal, Rivers Inlet.................. 1179
　to assembly.......................... 1012
　to ceremonial..................... 871–872
　to Winter ceremonial......... 920, 1151, 1156
　to Winter dance............... 899, 900, 914
Jealousy........................... 1261, 1377
Judicial procedure, absence of......... 1359
Killerwhale, painting of............ 813, 817
Killerwhale dish................ 807, 809,
　　810, 811, 813, 815, 816, 864, 888, 962, 991, 1349
Killerwhales, house of.................. 817
Kŭkwĭkĭum.......................... 806, 811

Kwakiutl—　Page.
　removal to Fort Rupert............. 976–977
　settle at Qălogwis..................... 1336
　social divisions of................. 79,–835
Kwĕxa.................................. 811
Kwĕxagĭla............................. 1221
LaĹlax·s'ĕndayu......................... 807
Land-otter dance...................... 1034
Lĭxsa............................ 814, 1093
Legend of G·ĕxsĕm, Nakĭwax·daʼxʷ..... 1179
Legend of the Naxnakʷula, Qwĕqʷ-
　sôtĭĕnox·............................ 1349
Ļĕļĕgĕd................................. 820
Ļĕqĭem................................. 817
Levirate......................... 1077, 1357
Ļewelaxa...................... 1222, 3352, 1354
Ļewelaxa ceremonial............... 867–875
Love-song—
　of the dead........................... 1036
　of Tsăk·ădekʷ........................ 1301
　retort to............................. 1299
Love songs............................ 1298
Lôyalaĺawa............................ 805
Maăntag·ila................... 805, 936–951
　history of......................... 801–938
Mădĭlbĕ, origin of................. 950–951
Magic fly............................. 1224
Mĭmaqĭa....................... 876, 877, 902
Man transformed into dog............ 1357
Marriage............... 1028, 1029, 1031, 1089,
　　1050, 1063, 1079, 1980, 1085–1086, 1089,, 1100
　among northern tribes........... 1092–1093
　ceremonial................... 1054–1058, 1067
　debt........................... 964, 1352
　debt, payment of................ 1085, 1087
　gift........................ 840, 843, 845, 855,
　　860, 862, 864, 865, 866, 867, 876, 880, 882, 886, 887,
　　888, 889, 894, 896, 901–902, 964, 1033, 1352–1353
　gift, as insult....................... 1030
　illegitimate. 1075, 1094, 1097, 1105, 1108–1109, 1111
　laws.......................... 1344–1346
　mat.................................. 1059
　names transmitted.................... 834
　of chief prevented by tribe........... 977
　payment........ 892, 901, 955, 961, 968, 969, 987
　sham................................ 1013
　sham battle at.................. 968, 1022
　with the Comox...................... 951
　with the Năkĭwax·daʼxʷ............. 1003
Married couple—
　residence of........................ 1062
　separation of . 895, 960, 1000, 1020, 1031, 1035, 1348
Masks......... 875, 1005, 1008, 1019, 1194, 1210, 1352
　burned............................. 1198
　Cannibal........................... 1000
　double-headed...................... 850
　for Winter ceremonial.............. 1178
　xwăxwĕ........................ 892, 893
Meetings, secret..................... 1212
Menstruation, influence of.......... 1173
Messenger of chief.................. 1051
Messengers........................... 974
Moon, painting of..................... 869
Mosquito dance...................... 1034
Mosquitoes, origin of................ 1233
Mountain-goat, house of.............. 1224
Mountain goats, as tribute to chief... 1334

INDEX 1479

	Page.
MOURNING SONG FOR MŌDAⁿNA	1292
MOUSE DANCE	1018
MOUSE-WOMAN	1163
MURDER	1277
after death of Gwatsĕ́nōxᵘ child	1381-1385
by drowning	1262
NAENXI·I OF THE KOSKIMO, story of the	1256
NAME—	
as marriage gift	876, 881, 882, 883, 884, 887
ceremonial	871
change of	1026, 1030, 1037, 1038, 1050, 1062, 1073-1075, 1095, 1096, 1104
given by father	843
given by father-in-law	842, 863
given by supernatural being	945, 1204
given in marriage	838, 840, 842, 851, 856, 888, 896, 897, 903, 940, 950, 956, 962, 969, 980, 982, 984, 988
given in potlatch	994
given to child	838, 1348
given to daughter's son	838, 858-859, 864, 866, 879
given to son-in-law	858
obtained by possession of whale	838
of infant	989
of new-born child	1089
of ten-months old child	897, 980, 1090
NAME-KEEPERS	822
NAMES—	
abalone	1261, 1267, 1269, 1275
feast	841, 888
from father's and mother's sides	848, 1076
hereditary	822
invented	1094, 1095, 1097, 1104
mythological origin of	823, 824
new	1107
of Kwag·uł eagles and numayms	820-822
put away	1354
secular	899, 903, 1084, 1085
winter	895, 899, 914, 1084
NAXNAXU·LA, Qwēqᵘsōt!ᴇnoxᵘ, legend of the	1249
NECK-RINGS, cedar-bark	874, 1071
NŌLEM DANCE	834
NŪNłEM CEREMONIAL DANCE	1084-1037
NOVICE—	
capture of	953, 957, 966, 996, 1137
disappearance of	899
house of	1149
return of	1137, 1160-1165
stays away for four months	850
tamed	874
NOVICES	1037
brought back	928
NUMAYM	1025
assembly of	891, 898, 981, 1003, 1037, 1045, 1083, 1360
establishment of new	1095, 1103
NUMAYMS—	
Fishtraps as property of	1347
house-dishes of	805, 820
hunting grounds as property of	1345-1347
list of	825-835
names of canoes of	795-801
names of chiefs of	795-801
names of dogs of	795-801
names of houses of	795-801
paintings on houses of	805-820

	Page.
NUMAYMS—Continued.	
place of origin of	795-801
quarrel between	1121
rank of	1046
relations between	1107
rivers as property of	1347
NUMBER, CEREMONIAL. See Four, the ceremonial number.	
OCHER	893
OIL AND WATER MIXED	1317
OIL POURED INTO FIRE IN FEAST	812
OLACHEN	1003
OLALA	1018, 1176
PAINTING—	
for winter ceremonial	1165
of wolf	811
PAINTINGS—	
of killerwhale	813, 817
of sun	907
of whale	811, 813, 816
on houses of numayms	805-820
PARTING SONG	1307, 1309
PAYMENT TO WOOD-CARVERS	1289
PEARL SHELLS	1270
PEARL-SHELL-MAKER	1271
POLYGAMY	897, 980, 1018, 1028, 1031, 1261
POTLATCH	841, 844, 863, 865, 866, 869, 873, 875, 877, 879, 881, 883, 887, 888, 890, 894, 901, 903, 958, 963, 967, 970, 972, 974, 983, 985, 997, 1013, 1021, 1028, 1029, 1072, 1079, 1095, 1349, 1351
as insult	1030
assistance rendered by tribe	1340-1344
dance	898
first, of child	993
PRAYER—	
of halibut fisher	1320-1327
of man who has been bewitched	1327-1328
of salmon fisher	1318-1319
to fire	1331-1333
to halibut	1321-1322
to halibut hook	1322, 1324-1327
to lark	1328
to trees	1327-1328
PRIMOGENITURE	823
PRINCE BEATEN BY FATHER	1192
PRINCESSES	1155, 1173
PRIVILEGES—	
family	1353, 1358
hereditary	824
put away	1350
PROPERTY RIGHTS	1345-1348
PURIFICATION	904, 937, 942, 947, 965, 1123, 1139, 1140, 1149, 1181, 1182, 1183, 1368, 1370
by supernatural beings	1200-1201
of cannibal dancer	1009
Qôłos, painting of, on house	815
Qôłos DISH	815
Q!ōmᴇ·tᵘtıes	817
Q!ōmogwa	808, 870
Q!ōmoyA·yē	811
QUARRELS, domestic	1358-1359
RANK	1078
and position transferred from parent to son	1089
given up by old man	1349, 1351
of numaym	1046
of tribes	968
rise in	1113

	Page.
RATTLE	850, 868, 910, 1186
RATTLES, shell	892
RAVEN—	
as doorway of house	1119
carving of	820, 856
dance	874
REVENGE	1359–1362
payment for	1361
RICH-WOMAN DANCE	848, 850, 861, 1001, 1004, 1005, 1019
RICH-WOMAN DANCER	1051, 1084
performance of	1008–1009, 1010
RICH-WOMAN WHISTLE	1070
RING OF CHIEF BROKEN	1115
RINGS OF CANNIBAL DANCER AND HIS COMPANIONS	1242–1243
RIVERS, as property of numayms	1347
RIVERS INLET	1202
ceremony of Cannibal	1176
Winter ceremonial of	1167
ROCK, transformation into	1147
ROOMS, sacred. See Sacred rooms.	
SACRED ROOM	869, 874, 1006, 1007, 1073, 1132, 1165, 1169, 1199, 1211
of Cannibal and his companions	1244–1246
SACRED SONG OF WAR DANCER	1136
SACRED SONGS	872, 874, 892, 962, 929, 936, 955, 1004, 1005, 1053, 1025, 1131, 1137, 1138, 1241
SACRIFICE TO FIRE	1331–1333
SALMON, dry, as tribute to chief	1334–1335
SALMON-DANCE	895
SALMON FISHER, prayer of	1316–1319
SCALPING	1016
SCATTERING DANCE	1035
SEA-MONSTER, house of	808
SEA-OTTERS, in house of Q!ōmogwa	809
SEAL	1026
distribution of, according to rank	1043
SEAL DISH	809, 810, 815, 888, 991, 1023, 1349
SEAL FEAST	1045–1046, 1047–1049
tradition of	815
SEAL SOCIETY	1159
SEALION DISH	809, 810, 1033, 1059
SEALION-STOMACH DISH	818
SEALS—	
as tribute to chief	1333–1334
cooking of, in feast	1044
SEA-MONSTER DISH	1033, 1059
SEA-OTTER DISH	811, 818, 888, 1033, 1059
SEAT—	
given up by old man	1022
of Princess	1005
SEATS—	
in order of rank of numaym	1046
of tribe in feast	990–991
SECRET SOCIETIES, members become excited in war	1374
SECRET SONGS	910
SECULAR SEASON	1025
SĒNLIEM	807
SEPARATION—	
marriage gifts kept after	1038
of married couple	895, 960, 986–987, 1000, 1019, 1020, 1031, 1088, 1082–1083, 1348

	Page.
SERPENT. See Double-headed serpent.	
SHAMAN	1141, 1216, 1218, 1259
dance	1004, 1005, 1018, 1019
dancer, performance of	1009
power of, transmitted to child	1076
songs	1294–1298
SHELLS, abalone	1069, 1262, 1272
SICK CARRIED AWAY BY SPIRITS	1113
SICKNESS REMOVED BY SHAMAN	1217
SLAVES	856, 865, 866, 869, 877, 878, 880, 881, 882, 887, 889, 890, 961, 962, 1015, 1024, 1027, 1039, 1040, 1042, 1094, 1104, 1374
descendants of	1096
killed for Cannibal dancer	1017
sent hunting	840
SLOW-MATCH	1006
SON, younger, treatment of	1097
SONG KEEPERS	1162
SONG LEADER	893, 1007, 1010, 1043
SONGS	1279–1315
feast	1045, 1051, 1293
host	812
love	1296, 1301, 1306
making Cannibal spirit sleep	1246
mourning	1292
of Cannibal dancer	930–934
of Chief's daughter	1314
of daughter of workingman	1313
of Ēwanuxᵘdsē	1285
of Ghost-dancer	915–917
of L'ā̱q̕ōLas	1282
of L!āqwadsā	1298
of L!āsoti‡walis	1288
of Menmenlēqelas	1303, 1304
of parents	1315
of Q!ume̱·ōd	1287
of Qwax·ila	1290
of speaker	1279
of Tsex‡wid	1286
of son of Chief	1312
of warrior K·!lem	1311
of winter ceremonial	1230
order of, in feast	1045–1050
parting	1307, 1309
rhythm of	1169, 1194, 1197
sacred	872, 874, 892, 962, 929, 936, 955, 1004, 1005, 1053, 1131, 1137, 1138, 1241
sacred, of war dancer	1136
secret	910
war, of Neqāpienk·em's against the sanetch	1380
workingman's	1310
SOULS—	
of animals	1220
of trees	1220
return, of to body	1021
SPARROW NAME	949
SPARROW SOCIETY	905, 909, 911, 917, 921, 936, 952, 997, 1150, 1151, 1152, 1161
canes of	899, 1154, 1156
chief of	1153–1154
SPEAKERS	899, 956, 1003
SPEAKERS' DANCE	898, 1085, 1148
SPEAKING-POSTS	805, 840, 945
SPEECH, wooing	1052, 1055
SPINNING OF DOG'S HAIR	1313

INDEX

	Page.
SPIRIT OF FIRE	1209, 1331-1333
SPIRITS—	
house of	1119-1120
village of	1119
SPOONS, as marriage gift	890, 891
SPRUCE TREE, twisting of, as trial of strength	1125
STONE	1224
transformation into	1216
STORY OF THE LE̱LE̱G̱E̱DE̱, Qlō̱mk·!ut!es, Kwag·ul	1117
STORY OF THE NAENSX·Ī OF THE KOSKIMO	1256
SUCCESSION	824, 852, 863, 901, 937-938, 967, 973, 975, 980, 984, 998, 999, 1001, 1002, 1021-1022, 1038, 1078, 1089, 1090, 1091, 1092, 1107, 1111, 1204, 1350, 1351
laws of	1107
rules of	1087
SUICIDE, attempt at	1181
SUN, painting of, on house	807
SUPERNATURAL—	
advisers	1131
being appears to novice	1182
being, house of	1185, et sec.
beings	1182
gift	944
house	1131
power caught in hands	1135
treasure	818, 1093
TALLOW, for painting face	899
THROWER DANCE	965, 1035
THROWING-DANCE	928
song of	934-935
THUNDERBIRD	816
carries prince around world	1129
carved	806
dancers	1159, 1166
dish	815
song of	1130, 1146
THUNDERSTORM, magical	1147
TRADITION—	
of origin of house of the Leq!em	817-820
of separation of Kwag·ul tribes	831-832
TREE BURIAL	1120
TRIAL OF STRENGTH	1125
TRIBE, assembly of	1363-1364, 1377
TRIBUTE	1031, 1039
to chief	1333-1344
TWIN CHILDREN	882
URINE, as restorative	911
VISITORS	852
invited	847, 867, 879, 883
VOMITING BEAM	812
WAIL OF L!ALIAQÔL, a Nāk!wax·da⁵x⁻ woman	885-891
WAIL OF L!AL!EQWASILA, a Gwa⁵sela woman	836-885
ᵋWĪLAS KWĀG·UL	815
WAR	1276-1277
against the Sanetch	1363-1380
canoes, preparation of	1369
council	1364
dance	902, 905, 910, 928, 959, 1000, 1085, 1086
dancer	982, 1133-1135, 1159, 1166

	Page.
WAR—Continued.	
decapitation in	1374
members of secret societies become excited in	1374
party, departure of	1370-1371
to avenge insult	1014-1015
WARRIOR	1222
WARRIORS, return of	1374-1375
WASP DANCERS	1158-1159
WATER AND OIL MIXED	1317
WATER OF LIFE	1237
WĀWĀLIBA⁵ YE̱	816
WĀXAP!ALASō⁵ (Le̱Lēg̱ed, Qlō̱mk·!ut!es, Kwag·ul)	1121
WEAVING	1318
WHALE—	
as ancestor	836, 885
painting of	811, 813, 816
WHALE DISH	807, 809, 810, 811, 813, 814, 815, 816, 818, 854, 991, 1033, 1059
WHALE SOCIETY	920, 922, 928, 935, 936
WHISTLE—	
Cannibal	1070
for winter dance	899, 901, 1153
frog	1070
rich-woman	1070
WHISTLES	874, 911, 1004, 1005, 1208
WINTER CEREMONIAL	851, 895, 952, 959, 965, 978, 996, 1131
as marriage gift	848
as marriage price	1081
chiefs discuss secrets of	907-912
given to escape punishment	1152
joking in	1162
meeting before	914-917
painting for	1165
secret meetings for	1151
See also Dance.	
WINTER DANCE	1083
as marriage gift	876
ceremonial, recent development of	1167
house	1198
house, names of	1150
house, speaker of	1158
house, supernatural gift	945
performed for four winters	1219
song	1210
spirits, driving away of	1160
WINTER NAMES	895, 899, 914, 1084
WITCHCRAFT	862
WOLF—	
carving of	820, 856, 1119
painting of, on post	811
WOLF DISH	805, 806, 812, 816, 840, 849, 864, 888, 962, 1023, 1040
WOLF HOUSE-DISH	1025
WOMAN ROOTED TO THE GROUND	1223
WOOD CARVERS, payment to	1339
WOOING	862, 955, 1004
WOOING CANOES	1029, 1051, 1065
WOOING SPEECHES	1052, 1065
WORKINGMAN'S SONG	1310
XWE̱XWĒ	892, 895, 896
YAE̱X·AG̱E̱ME̱	813

75052—21—35 ETH—PT 2——45

DATE DUE		
LUU MAR - 6 1984		

STANFORD UNIVERSITY LIBRARIES
STANFORD, CALIFORNIA 94305

CPSIA information can be obtained
at www.ICGtesting.com
Printed in the USA
LVHW032204200520
656143LV00009B/1637